Herrn Dr. Adem mit freundlichen
Grüßen

17/09/07

Drukarczyk / Ernst
Branchenorientierte Unternehmensbewertung

Branchenorientierte Unternehmensbewertung

Herausgegeben von
Prof. Dr. Dr. h.c. Jochen Drukarczyk
Professor für Betriebswirtschaftslehre, insbes. Finanzierung
an der Universität Regensburg

und

Prof. Dr. Dr. Dietmar Ernst
Professor für Corporate Finance
an der Hochschule für Wirtschaft und Umwelt (HfWU)
Nürtingen-Geislingen

2., überarbeitete und erweiterte Auflage

Verlag Franz Vahlen München

ISBN 978-3-8006-3427-9

© 2007 Franz Vahlen GmbH
Wilhelmstraße 9, 80801 München
Satz: Textservice Zink
Neue Steige 33, 74869 Schwarzach
Druck und Bindung: Druckhaus „Thomas Müntzer"
Neustädter Str. 1-4, 99947 Bad Langensalza
Gedruckt auf säurefreiem, alterungsbeständigem Papier
(hergestellt aus chlorfrei gebleichtem Zellstoff)

Vorwort zur zweiten Auflage

Das Thema „Branchenorientierte Unternehmensbewertung" ist auf große Resonanz gestoßen. Dies bestätigt die von uns vermutete Relevanz dieses bisher in der Literatur nur am Rande behandelten, aber für die Bewertungs- und Transaktionspraxis so wichtigen Aufgabengebietes. Über die positiven Rückmeldungen zahlreicher Experten von Banken, Investmentbanken, Wirtschaftsprüfungsgesellschaften, Unternehmensberatungen sowie Finanz- und Strategieabteilungen von Unternehmen haben wir uns sehr gefreut und möchten dafür herzlich danken. In der zweiten Auflage haben wir unser Konzept beibehalten, aber um sechs neue Beiträge erweitert. Das Spektrum der Beiträge zur branchenorientierten Unternehmensbewertung wird damit deutlich breiter. Das Thema „Branchenorientierte Unternehmensbewertung" wird uns weiterhin intensiv beschäftigen. Wir freuen uns auf einen intensiven Wissens- und Erfahrungsaustausch.

Danken möchten wir dem Verlag Vahlen und seinen Mitarbeitern für die stets angenehme und konstruktive Zusammenarbeit.

Wir wünschen unseren Lesern eine interessante und erkenntnisreiche Lektüre.

Regensburg und Nürtingen, im Juni 2007
Jochen Drukarczyk
Dietmar Ernst

Vorwort zur ersten Auflage

Der Bereich Unternehmensbewertung ist seit den ersten Schritten der Betriebswirtschaftslehre in die wissenschaftliche Selbständigkeit Bestandteil der Forschung und zählt unverändert zu den spannenden und intensiv bearbeiteten Problemfeldern. Ein Blick in ein annähernd repräsentatives Literaturverzeichnis bestätigt dies auf Anhieb. Für diese Dauer-Aktualität der Thematik gibt es eine Reihe von Gründen:

- Bewertungskalküle stehen im Zentrum eines Überlappungsbereiches zahlreicher Teildisziplinen wie Jahresabschlussanalyse, Prognosemethoden, Finanzierungsstrategien, Unternehmensplanung, Besteuerungsregeln, Gesellschaftsrecht und Wettbewerbsanalyse.
- Die Vielfalt an Bewertungsmethoden ist groß. Dies hängt nicht vorrangig mit den historischen Entwicklungslinien zusammen, gemäß denen die Unternehmensbewertungslehre sich entwickelt hat: Von Einzelbewertungsansätzen wie dem Substanzwert ausgehend, über Mischverfahren (Mittelwert-Ansatz, Methode der Goodwill-Abschreibung, Methode der Übergewinnkapitalisierung) fortschreitend zu den Gesamtbewertungsverfahren, die üblicherweise untergliedert werden in DCF-Ansätze, Multiplikator-gestützte Ansätze und (inzwischen etwas an den Rand gerückt) den Realoptions-Ansatz. Vielmehr scheint sich herauszuschälen, dass bestimmte Wert- oder Preisfindungsansätze bestimmte ökonomische Vorteile haben könnten. So wird diskutiert, für welche Problemstellungen welcher DCF-Ansatz – APV-Ansatz, WACC-Ansatz, Equity-Ansatz oder Total-Cashflow-Ansatz – geeignet sein könnte. Eine ernsthafte Debatte, ob und warum Multiplikator-gestützte Ansätze neben DCF-Kalkülen ökonomisch begründet eingesetzt werden könnten, und wie leistungsfähige Multiplikatoren gewonnen werden können, hat gerade begonnen.
- Unternehmenswerte sind bewertungszweckabhängig. Es ist ein Unterschied, ob im Rahmen einer nicht dominierten Verhandlungssituation oder im Rahmen einer Sachlage zu bewerten ist, in der einer Partei die Abbruchoption fehlt (z.B. angemessene Abfindung i.S.v. § 305 AktG; Barabfindung im Rahmen der Squeeze-out-Regelung des AktG). Es ist bewertungsrelevant, ob der Bewerter als Schiedsgutachter oder als Parteiberater tätig ist. Es ist wichtig, ob ein handelsrechtlicher Bewertungsanlass (Impairment test für den Ansatz einer Beteiligung oder für den Wertansatz des Goodwill) oder ein steuerrechtlicher Bewertungsanlass (z.B. Stuttgarter Verfahren) vorliegt. Und es ist schließlich bewertungsrelevant, wie Gesetzgeber und Rechtsprechung die „angemessene Abfindung" bei zwangsweisem Ausscheiden von Minderheiten ökonomisch interpretieren. Die Diskussion um den korrekturbedürftigen Bewertungsstandard S 1 des IDW aus 2000 und die Überlegungen zur Neufassung des Standards S 1 in den Jahren 2004 und 2005 beleuchten diesen wichtigen Aspekt.
- Schließlich ist auf die erheblichen Transfers von Vermögen zu verweisen, die ausgelöst durch Käufe bzw. Verkäufe von Unternehmen und Beteiligungen, stattfinden. Und es sind insbesondere die hohen Misserfolgsraten von Aufkaufstrategien von Unternehmen, deren Ursachen genauer zu analysieren wären. Das Institute of Mergers & Acquisitions (IMA) berichtet, gestützt auf eine Untersuchung, dass Käufe von Unternehmen mit Um-

sätzen kleiner als eine Milliarde Euro in 55% der Fälle, Käufe von Unternehmen mit Umsätzen größer als eine Milliarde Euro in nur 39% der Fälle zum Erfolg führen. Flops führen zu einer signifikanten Wertvernichtung beim erwerbenden Unternehmen. Copeland/Koller/Murrin (1994) berichten ganz ähnliche Resultate. Sie prüfen, ob das aufkaufende Unternehmen auf die Zukäufe angemessene Kapitalkosten verdient. Im positiven Fall gilt dies als Erfolgskriterium. *Abbildung V-1* zeigt die ernüchternden Ergebnisse:

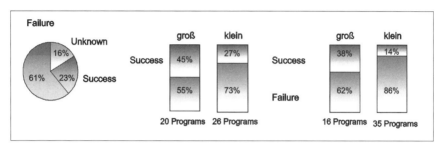

Abbildung V-1: Flop-Raten nach Copeland/Koller/Murrin

Als große (kleine) Projekte gelten Käufe, deren Kaufpreise größer (kleiner) als 10% des Marktwertes des Eigenkapitals des aufkaufenden Unternehmens sind. Copeland u.a. folgern, dass die Erfolgswahrscheinlichkeit „50/50 at best" ist.

Dieses Ergebnis ist beunruhigend und wirft Fragen nach den potenziellen Ursachen der hohen Misserfolgswahrscheinlichkeit auf. Die erste Antwort ist, dass Aufkäufer zu hohe Preise zahlen. Natürlich ist dies nicht der Kern der Sache. Dieser liegt in den Antworten, aus welchen Gründen zu hohe Preise gezahlt werden. Copeland u.a. geben vier potenzielle Antworten:

- über-optimistische Einschätzung des Marktpotenzials, was sich regelmäßig in der Annahme hoher und langlebiger Wachstumsparameter niederschlägt,
- Überschätzung von Synergien,
- der durch einen Bieterwettbewerb ausgelöste Sog, mangelhafte bzw. oberflächliche Due Diligence des Zielunternehmens und
- Integrationsprobleme.

Die beiden ersten Ursachen sind engstens verknüpft mit den Charakteristika der Branche, in denen das Zielunternehmen operiert. Dass die Misserfolgswahrscheinlichkeit für Käufe von Unternehmen, die aus der Sicht des Käufers in nicht verwandten Geschäftsfeldern operieren, besonders hoch sind, gestattet die Hypothese, dass Branchenkenntnisse bei der Bewertung von Unternehmen von herausragender Bedeutung sind.

Die Branchenspezifität der Bewertung ist somit nicht akademische Spielerei, sondern von entscheidender praktischer Relevanz. Ihre Bedeutung ist, so vermuten wir jedenfalls, weit höher als die Wertrelevanz der sog. tax shields, die in der wissenschaftlichen Literatur mit kaum zu überbietender Ausdauer diskutiert werden, obwohl ihr Werteinfluss mit zunehmender Erkenntnis über die Wirkungszusammenhänge schrumpft.

Die hier vorgelegte Aufsatzsammlung geht von der Vorstellung aus, dass der sachverständige Bewerter von der Branchenanalyse zur Prüfung der Unternehmensplanung und dann zum Bewertungskalkül übergeht. Er folgt m.a.W. dem in Abbildung V-2 dargestellten Ablauf.

```
┌─────────────────────────────────────────────────────────────┐
│           Branchenorientierte Unternehmensbewertung         │
└─────────────────────────────────────────────────────────────┘

┌──────────────────┐    ┌──────────────────┐    ┌──────────────────┐
│                  │    │  Unternehmens-   │    │  Unternehmens-   │
│  Branchenanalyse │    │     planung      │    │    bewertung     │
└──────────────────┘    └──────────────────┘    └──────────────────┘
```

Abbildung V-2: Branchenanalyse im Kontext der Unternehmensbewertung

Man kann diesen Ablauf durch Verweis auf die Prozessbausteine stützen, die im Fall eines Beratungsmandats für den Kauf bzw. den Verkauf anzutreffen sind.

Dass die Qualität der Bewertungsergebnisse maßgeblich von der Begründetheit der Planzahlen abhängt, muss nicht betont werden. Dennoch werden Branchenanalyse und Ableitung potenzieller Planzahlen in der Bewertungsliteratur eher stiefmütterlich behandelt.

Eine plausible und nachvollziehbare Planung setzt unabdingbar voraus, dass der Planer die Besonderheiten der Branche, in der sich das zu bewertende Unternehmen befindet, kennt und in seine Planung integriert. Jede Branche hat eigene Merkmale und Gesetzmäßigkeiten, die in der Planung abgebildet werden müssen. Hierzu zählen etwa

- Wettbewerbsumfeld in der Branche (oligopolistische oder polypolistische Strukturen),
- Intensität des Wettbewerbs in der Branche,
- Abhängigkeiten von Kunden und Lieferanten in der Branche,
- Verteilung der Marktanteile der Unternehmen in der Branche,
- wichtigste in- und ausländische Märkte und deren unterschiedliche Bedeutung in der Zukunft,
- Abhängigkeit der Branche von gesamtwirtschaftlichen Konjunkturzyklen,
- Existenz brancheneigener wirtschaftlicher Zyklen,
- Besonderheiten der Auftragsvergabe innerhalb der Branche,
- Reichweite der Aufträge und Horizont der Planbarkeit in der Branche,
- jetzige und zu erwartende künftige Schlüsseltechnologien innerhalb der Branche und Grad ihrer Substituierbarkeit
- Wachstumsperspektiven der Branche ausgedrückt in Umsätzen und Reinvestitionsbedarfen,
- branchenübliche Kostenstrukturen und Margen.

Wir hoffen, dass wir mit dieser Sammlung von Aufsätzen einen Beitrag leisten können, um branchenbezogene Wissensdefizite zu verkleinern. Allen beteiligten Autoren gilt unser aufrichtiger Dank für ihre Kooperationsbereitschaft und ihr Engagement.

Regensburg und Nürtingen, im Januar 2006   *Jochen Drukarczyk*
                                                        Dietmar Ernst

Inhaltsübersicht

Vorwort zur zweiten Auflage V
Vorwort zur ersten Auflage VII
Abbildungsverzeichnis XIII

Prolog 1

1 Bewertung von Kfz-Zulieferunternehmen
Matthias Pohl und Bjoern Thielen 11

2 Bewertung von Anlagenbauunternehmen
Sigrid Krolle und Jan-Dirk Sommerkamp 31

3 Bewertung von Medienunternehmen
Karl Ulrich 59

4 Bewertung von Handelsunternehmen
Jürgen Elfers 75

5 Bewertung von Banken
Nick Adamus und Thorsten Koch 133

6 Bewertung von Versicherungsunternehmen
Alfred Graßl und Martin Beck 165

7 Bewertung von Leasingunternehmen
Konrad Fritz Göller und Erik Schlumberger 195

8 Bewertung von Private Equity-Gesellschaften
Werner Gleißner 227

9 Bewertung von Steuerberatungs- und Wirtschaftsprüfungsgesellschaften
Matthias Popp 255

10 Bewertung von Rechtsanwaltskanzleien
Ulrich Nehm 277

11 Bewertung von Software-Unternehmen
Marcus O. Klosterberg 293

12 Bewertung von IT-Dienstleistungsunternehmen
Alex Paiusco und Saki Riffner 315

13 Bewertung von Halbleiterunternehmen
Volker Stoll 335

14 Bewertung von Telekommunikationsunternehmen
Sonia Rabussier 355

15 Bewertung von Biotechnologie-Unternehmen
Kerstin M. Bode-Greuel und Joachim M. Greuel 375

16 Bewertung von Pharmaunternehmen
Heike Merk und Wolfgang Merk 395

17 Bewertung von Krankenhäusern
Georg A. Teichmann 423

18 Bewertung von Arztpraxen, Zahnarztpraxen und Medizinischen Versorgungszentren
Wolfgang Merk 441

19 Bewertung von Fußballunternehmen
Vera-Carina Elter 471

20 Bewertung von Stadtwerken
Wilhelm Schierle 491

21 Bewertung von Immobilien
Karl-Werner Schulte und Gerrit Leopoldsberger 515

22 Bewertung von Immobilienunternehmen
Wolfgang Schäfers und Frank J. Matzen 537

23 Bewertung von Hotelimmobilien
Matthias Schröder und Ulrike Schüler 581

24 Bewertung von Beteiligungen an Containerschiffen
Michael Ketterl 611

Die Herausgeber 655
Die Autoren 657
Stichwortverzeichnis 671

Abbildungsverzeichnis

Abbildung V-1: Flop-Raten nach Copeland/Koller/Murrin VIII
Abbildung V-2: Branchenanalyse im Kontext der Unternehmensbewertung . . IX
Abbildung 1-1: Anstieg der Modellvielfalt bei den Automobilherstellern 12
Abbildung 1-2: Verteilung der Wertschöpfung in der Automobilindustrie . . . 14
Abbildung 1-3: Regionales Wachstum in der Automobilindustrie 17
Abbildung 1-4: Kunden-Modell-Mix 20
Abbildung 1-5: Festlegung der Projektwahrscheinlichkeit 21
Abbildung 1-6: Quantifizierung der Umsatzchancen bzw. -risiken 22
Abbildung 1-7: Darstellung der Ermittlung des Flow to Equity für
die Autozuliefer GmbH 26
Abbildung 1-8: Wesentliche Finanzkennzahlen für die Autozuliefer GmbH . . 26
Abbildung 1-9: Ermittlung des Equity Value für die Autozuliefer GmbH . . . 27
Abbildung 1-10: Vergleich der Kennzahlen der Autozuliefer GmbH mit
denen europäischer börsennotierter Automobilzulieferer 28
Abbildung 1-11: Vergleich der Multiplikatoren der Autozuliefer GmbH
mit denen europäischer börsennotierter Automobilzulieferer 29
Abbildung 2-1: Wertschöpfungstiefe im Anlagenbau 34
Abbildung 2-2: Typischer zeitlicher Ablauf eines Lump-Sum-Turn-
Key-Projektes 35
Abbildung 2-3: Risiko-Volumen-Profil 36
Abbildung 2-4: „Wanderzirkus-Effekt" im Anlagenbau 37
Abbildung 2-5: Mögliche Entwicklung der Liquidität von Anlagebau-
projekten im Zeitablauf 40
Abbildung 2-6: Gegenuberstellung historischer und geplanter Projekte 43
Abbildung 2-7: Konzernverflechtung 51
Abbildung 2-8: Gewinn- und Verlustrechnung des Zielunternehmens 52
Abbildung 2-9: Bilanz des Zielunternehmens 52
Abbildung 2-10: Basisdaten Vergleichsunternehmen 53
Abbildung 2-11: Multiplikatoren der Vergleichsunternehmen 54
Abbildung 2-12: Wertbandbreite 54
Abbildung 2-13: Wertbandbreite aus eingeschränkter Peergroup 55
Abbildung 2-14: Herleitung Eigenkapitalwert des Zielunternehmens 56
Abbildung 4-1: Entwicklung der Beschäftigtenzahlen im deutschen
Einzelhandel 78

Abbildung 4-2: Entwicklung des Einzelhandelsumsatzes im engeren Sinne in Deutschland 78

Abbildung 4-3: Entwicklung des Marktanteils der Lebensmittel-Discounter am Lebensmitteleinzelhandel 79

Abbildung 4-4: Anteil des Lebensmittelhandels am deutschen Einzelhandelsumsatz i.e.S. 82

Abbildung 4-5: Lebensmittelhandel und Non-Food-Handel im konjunkturellen Zyklus 83

Abbildung 4-6: Entwicklung des NWC für ausgewählte Handelsunternehmen . 84

Abbildung 4-7: Entwicklung des Einzelhandelsumsatzes und der Verkaufsflächen (indexiert mit 1993 = 100) 85

Abbildung 4-8: Versorgung der Bevölkerung mit Verkaufsflächen in ausgewählten europäischen Handelsmärkten 86

Abbildung 4-9: Filialdichte im Universal-Lebensmitteleinzelhandel in Europa .. 86

Abbildung 4-10: Entwicklung der Umsätze pro qm Verkaufsfläche ausgewählter europäischer SB-Warenhaus-Betreiber 87

Abbildung 4-11: Entwicklung des Umsatzniveaus (Umsatz pro qm Verkaufsfläche) in Ostdeutschland versus Westdeutschland 88

Abbildung 4-12: Capex/Sales Ratio als Indikation für die Kapitalintensität im Lebensmittelhandel 89

Abbildung 4-13: Umsatzentwicklung ausgewählter europäischer Lebensmitttelhändler im internationalen Vergleich 90

Abbildung 4-14: Umsatzwachstum am Beispiel von Douglas und Metro Group 91

Abbildung 4-15: Entwicklung des operativen Ergebnisses von Real Polska (Metro Group) 92

Abbildung 4-16: Entwicklung des operativen Ergebnisses von Casino Polska .. 92

Abbildung 4-17: Tescos Investitionen in den Aufbau des europäischen Geschäfts 93

Abbildung 4-18: Tescos Investitionen in den Aufbau des asiatischen Geschäfts 93

Abbildung 4-19: Commitments given by Casino (Puts) 99

Abbildung 4-20: Commitments received by Casino (Calls) 99

Abbildung 4-21: Entwicklung der Mietverpflichtungen aus Leasing-Verträgen der Metro Group 100

Abbildung 4-22: EV/EBITDA-Multiplikatoren ausgewählter französischer Lebensmitteleinzelhändler 104

Abbildung 4-23: Entwicklung der Flächenproduktivitäten im englischen Supermarktgeschäft 105

Abbildung 4-24: Entwicklung des operativen Ergebnisses (EBIT) pro qm Verkaufsfläche im englischen Supermarktgeschäft 106

Abbildung 4-25: Profitabilitätstrends pro qm Verkaufsfläche im englischen Supermarktgeschäft (indexiert mit 1996 = 100) 106

Abbildungsverzeichnis XV

Abbildung 4-26: Profitabilität pro qm Verkaufsfläche im englischen
Supermarktgeschäft im Peergroup-Vergleich (indexiert mit Tesco = 100) . . 106

Abbildung 4-27: Return on Capital Employed (RoCE)-Berechnungen
für ausgewählte europäische Lebensmittelhändler 108

Abbildung 4-28: Immobilienveräußerung führt zur Erhöhung des RoCE . . . 109

Abbildung 4-29: Ausgewählte Unternehmen des deutschen und
des europäischen Handels im Hinblick auf die Immobilienpolitik 113

Abbildung 4-30: Anteil der Standorte in Eigenbesitz für ausgewählte
Vertriebslinien 114

Abbildung 4-31: Entwicklung der angegebenen durchschnittlichen
Fremdkapitalkosten ausgewählter Händler 119

Abbildung 4-32: Anforderungen an die Segmentberichterstattung
gemäß IAS 14 122

Abbildung 4-33: Dynamik des Anstiegs der Ertragsqualität von Tesco
in Asien 123

Abbildung 4-34: Ermittlungskonzeption WACC für Douglas, Hagen 125

Abbildung 4-35: Ermittlungskonzeption WACC für KarstadtQuelle, Essen . . 126

Abbildung 4-36: Ermittlungskonzeption WACC für Metro Group,
Düsseldorf 126

Abbildung 4-37: Entwicklung des Regionalbeitrages von Lateinamerika
am Beispiel Carrefour 129

Abbildung 5-1: Größte Banken nach Marktkapitalisierung 1995 -2004 134

Abbildung 5-2: Kapitalmarktperformance europäischer Finanzdienstleister . . . 135

Abbildung 5-3: Kapitalmarktperformance nach Geschäftsfeldern 136

Abbildung 5-4: Konsolidierungspotenzial in europäischen Bankmärkten 138

Abbildung 5-5: Erwartete Eigenfinanzierungskraft europäischer Banken 139

Abbildung 5-6: Bewertungsdifferenzen zwischen guten und schlechten
Performern 140

Abbildung 5-7: Werttreiberbaum im Bankgeschäft 141

Abbildung 5-8: Geschäftsfeldspezifische Erfolgskennziffern 142

Abbildung 5-9: Werttreiberbaum für Einlagengeschäft 143

Abbildung 5-10: Korrelation von Bankergebnissen mit makroökonomischen
Parametern 144

Abbildung 5-11: Szenarioanalyse zur Plausibilisierung
der Plandatenermittlung 145

Abbildung 5-12: Bedeutung der Risikovorsorge bei deutschen Banken 146

Abbildung 5-13: Konsistenzprüfung Risikovorsorge vs. tatsächliche Ausfälle . . 147

Abbildung 5-14: Zusammenhang zwischen Ratingentwicklung
und Ausfallraten 148

Abbildung 5-15: Fristentransformationsergebnis in Abhängigkeit vom Verlauf
der Zinskurve 149

Abbildung 5-16: Bedeutung des Fristentransformationsergebnisses
bei ausgewählten Banken 150
Abbildung 5-17: Bedeutung des Ratings in Abhängigkeit
vom Geschäftsmodell 151
Abbildung 5-18: Bewertungsdimensionen von Ratingagenturen 152
Abbildung 5-19: Ergebniswirkung von Rating Upgrades/Downgrades 153
Abbildung 5-20: Equity- vs. Entity-Ansatz der Unternehmensbewertung 155
Abbildung 5-21: Historische Bedeutung der Außenfinanzierung
bei deutschen Banken 156
Abbildung 5-22: Berechnung der potenziell ausschüttbaren Dividende 157
Abbildung 5-23: Berücksichtigung des Verschuldungsgrads bei
der Bestimmung von EK-Kosten 158
Abbildung 5-24: Korrelation zwischen Delta Brutto-Zinseinnahmen
und -Zinsaufwendungen 159
Abbildung 5-25: Überblick über häufig verwendete Marktmultiplikatoren ... 160
Abbildung 5-26: Dekomposition von M/B Ratios bei europäischen
Finanzdienstleistern 161
Abbildung 5-27: Anteil langfristiger Wachstumserwartungen bei europäischen
Finanzdienstleistern 162
Abbildung 6-1: Übersicht Unterscheidung Versicherungsunternehmen
nach Versicherungsarten 169
Abbildung 6-2: Bilanzstruktur eines Versicherungsunternehmens 172
Abbildung 6-3: Aufbau der externen Ergebnisrechnung 175
Abbildung 6-4: Entwicklung Abwicklungsergebnis 183
Abbildung 6-5: Aufteilung nach Kostenartengruppen 185
Abbildung 6-6: Verteilung auf Funktionsbereiche 185
Abbildung 6-7: Entwicklung des Zinsträgers 187
Abbildung 6-8: Bewertungsmodul 190
Abbildung 7-1: Gewinn- und Verlustrechnung einer Leasinggesellschaft 205
Abbildung 7-2: Wichtige Bilanzposten 206
Abbildung 7-3: Erweitertes betriebswirtschaftliches Eigenkapital 215
Abbildung 7-4: Alt-Vertragsbestand 216
Abbildung 7-5: Leasingvermögen 218
Abbildung 7-6: Passiver Rechnungsabgrenzungsposten 219
Abbildung 7-7: Umsatzerlöse 219
Abbildung 7-8: Sonstige Verbindlichkeiten 219
Abbildung 7-9: Vermarktungsergebnis 220
Abbildung 7-10: Vergangenheitsjahre und zusammengefasste Planung 220
Abbildung 7-11: DCF-Equity-Verfahren 221
Abbildung 7-12: Substanzwertrechnung 223
Abbildung 8-1: Risiko-Rendite-Profil 229

Abbildungsverzeichnis   XVII

Abbildung 8-2: Fallunterscheidung: Rendite bei möglicher Insolvenz 234
Abbildung 8-3: Vollkommene Kapitalmärkte und ihre realen Probleme 240
Abbildung 8-4: Unternehmensmodell mit Risikowirkung auf die GuV 241
Abbildung 8-5: Monte-Carlo-Simulation als Methodik
zur Risikoaggregation 242
Abbildung 8-6: Eigenkapitalbedarf und Gesamtkapital 243
Abbildung 8-7: Wichtige Parameter einer Beteiligung 249
Abbildung 8-8: Dichtefunktion der Eigenkapitalrendite der Gesellschaft 249
Abbildung 8-9: Ergebnisse 250
Abbildung 8-10: Risiko-Rendite-Profil 251
Abbildung 9-1: Grundstruktur des Entscheidungsmodells 257
Abbildung 9-2: Fünf-Faktoren-Modell 258
Abbildung 9-3: Eckpunkte kanzleidimensionaler Bewertung 261
Abbildung 9-4: Berechnung des Praxiswerts nach dem modifizierten
Ertragswertverfahren 262
Abbildung 9-5: Vergleichsrechnung zur Ableitung des Praxiswerts 265
Abbildung 9-6: Äquivalente implizite Lebensdauer gegenüber
Umsatzmultiplikatoren 266
Abbildung 9-7: Verwässerungseffekt 271
Abbildung 9-8: Veräußerungsbesteuerung von Mitunternehmeranteilen 273
Abbildung 11-1: Private Equity Investitionen in 2004 in Europa, unterteilt
nach Technologiesektoren 294
Abbildung 11-2: Strukturelle Aufteilung der Umsätze des globalen
Software-Marktes von 1997 bis 2003 295
Abbildung 11-3: Weltweite Herstellerkonzentration in der Software-
Branche 295
Abbildung 11-4: Volumen verschiedener ITK-Segmente in der Bundesrepublik
Deutschland 296
Abbildung 11-5: Umsatzquellen eines Software-Unternehmens 301
Abbildung 11-6: Charts verschiedener Sektor-Indizes der Software-Branche .. 305
Abbildung 11-7: Multiplikatoren und Marketmultiples 311
Abbildung 11-8: Lebenszyklusphasen mit geeigneten Wertbestimmungs-
verfahren 314
Abbildung 12-1: Ablauf Analyse und Bewertungsprozess 315
Abbildung 12-2: Wertschöpfungspyramide 316
Abbildung 12-3: Weltweit führende IT-Dienstleister 317
Abbildung 12-4: Führende IT-Dienstleister in Deutschland 318
Abbildung 12-5: Antizyklisches Wachstum von Outsourcing-Umsätzen 318
Abbildung 12-6: Entwicklung BIP vs. Wachstum IT-Ausgaben 319
Abbildung 12-7: Aufteilung IT-Ausgaben in Europa in 2006E 320
Abbildung 12-8: Transaktionen im IT-Dienstleistungssektor 321

Abbildung 12-9: Outsourcing Transaktionen 322
Abbildung 12-10: Offshoring Potential und Entwicklung 2004-2012E 323
Abbildung 12-11: Offshoring Aktivität nach Ländern 323
Abbildung 12-12: Anteil Indiens am IT-Dienstleistungsmarkt 324
Abbildung 12-13: Umsatzmodell 327
Abbildung 12-14: Wertschöpfungspyramide und EBIT-Margen 328
Abbildung 12-15: DCF-Analyse 330
Abbildung 12-16: Sensitivitätsanalyse 331
Abbildung 12-17: Multiplikatorenanalyse 332
Abbildung 13-1: Veränderung der Konzentration der Halbleiterbranche 337
Abbildung 13-2: Wachstum der Weltregionen 338
Abbildung 13-3: Objektivierte Innovationsstärke 339
Abbildung 13-4: Entwicklung der PCs, deren Betriebssysteme sowie
   der Arbeitsspeicher 340
Abbildung 13-5: Volatile Preise verursachen Planungsunsicherheit 341
Abbildung 13-6: Prognose des weltweiten Angebots via Produktionsüberblick . 342
Abbildung 13-7: Wachstum und Investitionen unterliegen starker Zyklik 343
Abbildung 13-8: Globale Peergroup 346
Abbildung 13-9: Ausführliche Definition des investierten Kapitals 347
Abbildung 13-10: Korrektur der Bewertung beim Segment Kommunikation
   von Infineon 348
Abbildung 13-11: Regressiv geschätzte faire Multiples 351
Abbildung 13-12: Bewertung via Potentialzuordnung 352
Abbildung 13-13: Berechnung des fairen Werts mittels geschätzter,
   fairer Multiples 353
Abbildung 14-1: Telekommunikationsdienstmarkt in Deutschland 356
Abbildung 14-2: Umsatzverteilung der Telekommunikationsdienste
   nach Bereichen weltweit 357
Abbildung 14-3: Umsatzverteilung der Telekommunikationsdienste
   nach Regionen weltweit 357
Abbildung 14-4: Hauptergebnisse in der deutschen Regulierung in 2004
   und 2005 359
Abbildung 14-5: Umsatzentwicklung im deutschen Festnetzbereich 360
Abbildung 14-6: Wettbewerber im deutschen Festnetz nach
   Kundenanzahl (in Mio.) 361
Abbildung 14-7: Kabel- und DSL-Breitbandanschlüsse je 100 Haushalte 2004 . 362
Abbildung 14-8: Anteil der Ex-Monopolisten an retail DSL-Anschlüssen 363
Abbildung 14-9: UMTS-Teilnehmer 2004 im internationalen Vergleich 364
Abbildung 14-10: WLAN-Hotspots je 100.000 Einwohner 2004 365
Abbildung 14-11: Umsatzentwicklung im deutschen Mobilfunkbereich 366
Abbildung 14-12: Diskontierungsverfahren 368

Abbildung 14-13: Annahmen zur DCF Bewertung von Telekommunikationsdienstanbietern 369

Abbildung 14-14: DCF-Modell von Telecom Italia 370

Abbildung 14-15: Sum-of-the-Parts-Bewertung von Telecom Italia 371

Abbildung 14-16: Working Capital in der Telekommunikationsdienstbranche (in Mrd. €) 372

Abbildung 14-17: Investitionen in der Telekommunikationsdienstbranche (in Mrd. €) 373

Abbildung 14-18: Überblick über die Bewertung der Telekommunikationsdienstunternehmen in Europa 373

Abbildung 14-19: Überblick über die Bewertung der Telekommunikationsdienstunternehmen in Europa 374

Abbildung 15-1: Net Present Value (NPV) 378

Abbildung 15-2: Capital Asset Pricing Model (CAPM) 379

Abbildung 15-3: Durchschnittlicher gewichteter Kapitalkostensatz (WACC) .. 379

Abbildung 15-4: Entscheidungsbaum für einen Wirkstoff in Phase I 381

Abbildung 15-5: Vereinfachter Entscheidungsbaum 381

Abbildung 15-6: Cashflow des Projekts BB1 382

Abbildung 15-7: Berechnung des erweiterten NPV 383

Abbildung 15-8: Monte-Carlo-Simulation: NPV-Verteilung 383

Abbildung 15-9: Monte-Carlo-Simulation: Umsatzverteilung im Jahr 5 384

Abbildung 15-10: Monte-Carlo-Simulation: Entwicklung der erwarteten Umsätze mit Darstellung der Vertrauensintervalle 385

Abbildung 15-11: Wertentwicklung nach Erreichen der Meilensteine 388

Abbildung 15-12: Steigerung des Projektwerts durch den Einsatz Risiko-reduzierender Technologien 390

Abbildung 16-1: Entwicklung des Weltpharmamarktes von 1999 bis 2004 .. 396

Abbildung 16-2: Verteilung des Weltpharmamarktes 2004 auf Regionen ... 397

Abbildung 16-3: Top 20 Pharmaunternehmen (2002) 398

Abbildung 16-4: Pharmabetriebe nach Größenklassen 399

Abbildung 16-5: Rektangularisierung der Morbiditätskurve 404

Abbildung 16-6: Der F&E-Prozess von Originatoren 409

Abbildung 16-7: F&E-Ausgaben von Originatoren und erwarteter F&E-Erfolg, 2001, eigene Darstellung 411

Abbildung 16-8: Ausgewählte Fusionen/Akquisitionen und Umsatzmultiples, eigene Darstellung 420

Abbildung 17-1: Struktur der Krankenhausfinanzierung 427

Abbildung 17-2: Stufenweise Anpassung krankenhausindividueller Basisfallwerte an landesweiten Basisfallwert 429

Abbildung 17-3: Personalkosten im Krankenhaus 435

Abbildung 17-4: Sachkosten der Krankenhäuser 1999 437

Abbildung 18-1: Betriebswirtschaftliche Spezifika von Arzt- und
Zahnarztpraxen aus der Perspektive spezieller Betriebswirtschaftslehren 448

Abbildung 18-2: Ideeller Praxiswert in Euro bei Einzelpraxisübernahme
und -überführung sowie bei Gemeinschaftspraxisübernahme und
-beitritt in Westdeutschland nach Arztgruppen 2004/2005 463

Abbildung 18-3: Sachwert in Euro bei Einzelpraxisübernahme und
-überführung sowie bei Gemeinschaftspraxisübernahme und -beitritt in
Westdeutschland nach Arztgruppen 2004/2005 464

Abbildung 18-4: Ideeller Wert und Sachwert in Euro bei Einzelpraxisübernahme in Ostdeutschland nach Arztgruppen 2004/2005 465

Abbildung 18-5: Zeitliche Entwicklung des durchschnittlichen ideellen Wertes
und des Substanzwertes bei Einzelpraxisübernahmen von 1988/89
bis 2004/2005 465

Abbildung 18-6: Investitionsvolumen bei Einzelpraxisübernahme in den
alten Bundesländern bei Zahnärzten 2004/2005 466

Abbildung 18-7: Investitionsvolumen bei Einzelpraxisübernahme
in den neuen Bundesländern bei Zahnärzten 2004/2005 466

Abbildung 18-8: Goodwill als Erfahrungssatz in Prozent des letzten Umsatzes .. 467

Abbildung 18-9: Goodwill in Prozent des letzten Umsatzes
des Bewertungsobjektes bei Arzt- und Zahnarztpraxen 2004-2006 468

Abbildung 19-1: Durchschnittlich aktiviertes Spielervermögen
in der 1. Bundesliga 475

Abbildung 19-2: trademark vs. brand 482

Abbildung 19-3: Bewertungsanlässe 483

Abbildung 19-4: Fußballunternehmen der Bundesliga mit ausgegliederter
Kapitalgesellschaft, Stand: 19. Dezember 2006 485

Abbildung 19-5: Methoden zur Markenbewertung 486

Abbildung 19-6: Beispiel für den Wert einer Marke 487

Abbildung 19-7: Football brands and their value 2002 and 2004 489

Abbildung 21-1: Erweitertes Nettoanlage- bzw. Immobilienvermögen 2003 .. 516

Abbildung 21-2: Schematischer Ablauf des Vergleichswertverfahrens 522

Abbildung 21-3: Schematischer Ablauf des Ertragswertverfahrens 523

Abbildung 21-4: Beispielhafte Liegenschaftszinssätze 524

Abbildung 21-5: Beispielhafte wirtschaftliche Gesamtnutzungsdauern 525

Abbildung 21-6: Schematischer Ablauf des Sachwertverfahrens 526

Abbildung 21-7: Term and Reversion Model 528

Abbildung 21-8: Top Slicing Model 529

Abbildung 21-9: Beispielhafte DCF-Analyse 530

Abbildung 21-10: Entscheidungsbaum für die Immobilienbilanzierung 532

Abbildung 22-1: Bewertung anhand von Multiplikatoren 544

Abbildung 22-2: Berechnung des Ergebnisses nach DVFA/SG 545

Abbildung 22-3: Berechnung des Unternehmenswertes mittels KGV 546

Abbildung 22-4: Berechnung des Net Asset Value (vereinfachte Darstellung) . 551
Abbildung 22-5: Übersicht über die DCF-Methoden 554
Abbildung 22-6: Schema zur Berechnung eines Free Cashflows 559
Abbildung 22-7: Eigenkapitalkostensatz nach dem Capital Asset
Pricing-Model 560
Abbildung 22-8: Betafaktoren europäischer Immobilien-Aktiengesellschaften . 560
Abbildung 22-9: Ermittlung des Free Cashflows 563
Abbildung 22-10: Ermittlung der Renditeforderung 565
Abbildung 22-11: Ermittlung Renditeforderung der Eigenkapitalgeber 566
Abbldung 22-12: Ermittlung des Wertes bei vollständiger
Eigenkapitalfinanzierung 567
Abbildung 22-13: Ermittlung des Wertes der Unternehmensteuervorteile . . . 568
Abbildung 22-14: Ermittlung des Wertes des Einkommensteuereffektes I . . . 569
Abbildung 22-15: Ermittlung des Wertes des Einkommensteuereffektes II . . . 570
Abbildung 22-16: Ermittlung des Wertes der Objektfinanzierung 571
Abbildung 22-17: Ermittlung des Wertes der Unternehmensfinanzierung . . . 571
Abbildung 22-18: Ermittlung des Wertes des Eigenkapitals 572
Abbildung 22-19: Ermittlung impliziter Multiplikatoren 573
Abbildung 22-20: Einfluss einzelner Veränderungen auf
den Unternehmenswert 573
Abbildung 23-1: Einkünfte aus dem internationalen Tourismus 582
Abbildung 23-2: Internationale Ankünfte 582
Abbildung 23-3: Ankünfte und Übernachtungen in Deutschland von 1992
bis 2005 583
Abbildung 23-4: Die weltweit größten Hotelgesellschaften 584
Abbildung 23-5: Europäische Städte im Vergleich 586
Abbildung 23-6: Vor- und Nachteile von Pacht- und Managementverträgen . 587
Abbildung 23-7: Schematische Darstellung nach USALI 592
Abbildung 23-8: Gegenüberstellung relevanter Cash-flows 594
Abbildung 23-9: Pachtszenarien 595
Abbildung 23-10: Interpretation im Markt erzielter Vervielfältiger bei
Hoteltransaktionen 596
Abbildung 23-11: Schematisierte Ergebnisrechnung des Fallbeispiels 599
Abbildung 23-12: Erträge und Aufwendungen Logis 599
Abbildung 23-13: Erträge und Aufwendungen Speisen und Getränke 600
Abbildung 23-14: Erträge und Aufwendungen sonstige Abteilungen 601
Abbildung 23-15: Zusammensetzung der Erträge 601
Abbildung 23-16: Summe Abteilungsergebnisse 602
Abbildung 23-17: Zusammensetzung der Gemeinkosten 602
Abbildung 23-18: Betriebsergebnis nach Gemeinkosten 603
Abbildung 23-19: Relevante Cash-flows nach Vertragsvarianten 604

Abbildung 23-20: Relevante Cash-flows nach Vertragsvarianten
im Prognosezeitraum 604
Abbildung 23-21: Ertragswertermittlung 605
Abbildung 23-22: Überleitung zum Market Value 606
Abbildung 23-23: Beispiel einer Überschlagsrechnung (1.000stel Methode) ... 607
Abbildung 24-1: Aufbau eines Schiffsfonds 613
Abbildung 24-2: Charterraten für Containerschiffe verschiedener
Größenklassen 617
Abbildung 24-3: Verteilung der Nettoeinzahlungen 623
Abbildung 24-4: Zahlungsverteilung des Investitionsprojektes 627
Abbildung 24-5: Zahlungsverteilungen von I_1 und I_2 629
Abbildung 24-6: Zahlungsverteilung und Berechnung der Kovarianz ... 631
Abbildung 24-7: Verteilung der Charterraten und Ermittlung der Kovarianz .. 632
Abbildung 24-8: Phasen und Diskontierungssätze 634
Abbildung 24-9: Größenklassen und Diskontierungssätze 634
Abbildung 24-10: Risikogehalt der Ansprüche der Eigentümer 635
Abbildung 24-11: Charterraten und Regressionsgerade 636
Abbildung 24-12: Verteilungen von Verträgen 637
Abbildung 24-13: Diskontierung von Verträgen 638
Abbildung 24-14: Risikoprämien für Schiffsbetriebskosten 640
Abbildung 24-15: Empirische Restverkaufserlöse 641
Abbildung 24-16: Bestimmung der Restnutzungsdauer 642
Abbildung 24-17: Ermittlung der Restnutzungsdauer – Variante I 644
Abbildung 24-18: Ermittlung von E^F – Variante I 645
Abbildung 24-19: Ermittlung der Restnutzungsdauer – Variante II 647
Abbildung 24-20: Ermittlung von E^F – Variante II 648
Abbildung 24-21: Entziehbare Überschüsse der „NV Portugal Senator"
– Variante I 650
Abbildung 24-22: Entziehbare Überschüsse der „NV Portugal Senator"
– Variante II 651

Prolog

Matthias Pohl und Bjoern Thielen legen in ihrem Beitrag „Bewertung von Kfz-Zulieferunternehmen" Fokus auf Besonderheiten und Lieferbeziehungen in der Automobilzulieferindustrie. Die Besonderheit der Bewertung von Automobilzulieferern ist weniger in der Anwendung spezieller Bewertungsverfahren als in der hohen Planungssicherheit zu sehen. Dies kann insbesondere durch unternehmensbezogene Analysen erreicht werden. Die Autoren zeigen auf, dass die jeweiligen Auftrags- und Projektbücher des zu bewertenden Unternehmens eine entscheidende Rolle in der Unternehmensanalyse spielen, da daraus Umsatzchancen sowie zukünftige Cash-flows abgeleitet werden können. Relativ stabile Absatzmärkte und die langfristigen Lieferbeziehungen zwischen den Fahrzeugherstellern und Zulieferunternehmen ermöglichen eine genaue Plausibilisierung der Planungen. Somit erreichen die Inputdaten für die anschließende Unternehmensbewertung ein hohes Qualitätsniveau. Als Bewertungsverfahren finden in der Automobilzulieferindustrie die gängigen Methoden (DCF- und Multiplikatorenverfahren) Anwendung. Spezifische Verfahren existieren nicht. Die Auswahl der jeweiligen Verfahren hängt vom Bewertungszweck und den zur Verfügung stehenden Informationen ab. Die Autoren entwickeln ein Beispiel für den Equity-Ansatz der DCF-Methode und das Multiplikatorenverfahren zur Bewertung eines Automobilzulieferunternehmens.

Sigrid Krolle und Jan-Dirk Sommerkamp greifen die Frage nach der Bewertung von Unternehmen im Großanlagenbau auf. Die Verfasser beginnen mit einer sehr informativen Führung durch „die wunderbare Welt des Großanlagenbaus". Diese Welt kann gekennzeichnet werden durch die Ingenieurleistungen im Bau von Kraftwerken, Hütten- und Walzwerken, Chemieanlagen, Anlagen zur Gasverflüssigung, der Papier- und Textilindustrie, der Bauindustrie u.ä. Unter ökonomischem Aspekt tragen die Wertschöpfungstiefe, die Vielfalt der Vertragsformen und Risikoteilungen, die Wucht der Marktrisiken und die mit der Langfristigkeit der Projekterstellung verknüpften Finanzierungsarchitekturen, Bürgschaften und Garantien zur wundersamen und hochkomplexen Welt des Anlagenbaus bei. Die Autoren erläutern dann, warum Eigenschaften des Geschäfts die Analyse von Planungsrechnungen erschwert. Die prinzipielle Bewertungsproblematik wird nur gestreift, da sie als bekannt unterstellt wird. Krolle und Sommerkamp argumentieren, dass der Bewertungsanlass in dieser Branche häufig zum Einsatz des Multiplikatoransatzes führen wird, weshalb eine Konzentration auf den Multiplikatoransatz erfolgt. Als für den Großanlagenbau spezifische Problemfelder werden die Zyklizität der Überschüsse, die Liquiditätsbestände und die häufige Einbettung der Großanlagenbau-Tochter in einen Konzern ausgewählt. Ein Beispiel aus der Praxis, das den Multiplikatoransatz nutzt und die oben angedeuteten Bewertungsbesonderheiten verdeutlichen soll, beschließt den Beitrag.

Karl Ulrich analysiert in seinem Beitrag die Bewertung von Medienunternehmen, eine Branche, die sowohl das traditionelle Verlagswesen als auch moderne Medien (TV, Kino, Musikverlage und Internet-Provider) umfasst. Die Bewertung von Medienunternehmen in der Praxis erweist sich als sehr problematisch. Die Hauptursache dafür liegt darin, dass immaterielle Vermögensgegenstände einen wesentlichen Anteil an den Vermögensgegenständen von Medienunternehmen ausmachen. Diese immateriellen Vermögensgegenstände werden jedoch im Rahmen gängiger Bewertungsansätze nur unzureichend erfasst. Hinzu kommt, dass in der Medienbewertung bis dato noch keine allgemein anerkannten Standards zur Messung oder Einschätzung dieser Vermögensgegenstände und Werte existieren. Lösungsansätze bieten die Royalty-Savings-Methode und die Excess-Operating-Profits-Methode. Bei der Royalty-Savings-Methode wird der Wert bestehender Nutzungsrechte bestimmt, indem die durch den Besitz der Rechte möglichen Einsparungen (zum Beispiel an Lizenzkosten) ermittelt werden. Darüber hinaus kann noch die Excess-Operating-Profits-Methode angewendet werden, um den Wert einer bestimmten Stufe der Wertschöpfungskette zu bestimmen. Bei dieser Methode werden zwei Unternehmen der gleichen Branche verglichen. Unterschiede in der Profitabilität der betrachteten Unternehmen können dann auf die unterschiedliche Gestaltung der verschiedenen Stufen der Wertschöpfungskette zurückgeführt werden. Der Autor liefert interessante Einblicke in die Besonderheiten der Bewertung von Medienunternehmen, insbesondere in die Bewertung von Intellectual Property. Danach zeigt er beispielhaft auf, wie die Bewertung einer marktführenden Formatbibliothek erfolgt.

Jürgen Elfers gibt in seinem Beitrag ein umfassendes und detailliertes Bild von Handelsunternehmen und beschreibt die Unterschiede zwischen Einzel- und Großhandelsunternehmen. Er stellt dar, welche Werttreiber den Wert eines Handelsunternehmens bestimmen und wie diese aus Sicht eines Analysten zu bewerten sind. Ferner geht er auf die Bedeutung von Handelsimmobilien ein. Der Unternehmensbewertung vorgelagert ist aus Analystensicht die Analyse der wichtigsten finanzwirtschaftlichen Kennzahlen und eine Peer-Group-Analyse, um das zu bewertende Unternehmen in den Branchenkontext einzuordnen. Hierzu zählt auch die Ermittlung prognosefähiger Ergebnisse als Grundlage für Unternehmensbewertungen. Bei der Bewertung von Handelsunternehmens finden die Substanzwertmethode (insbesondere im Immobilienbereich), Multiplikatorenverfahren, Sum-of-parts als spezifisches Multiplikatorenverfahren und Diskontierungsverfahren Anwendung. Der Autor belegt seine Ausführungen mit zahlreichen Beispielen und gibt konkrete Hinweise, mit welchen Methoden spezifische Unternehmen zu bewerten sind.

Nick Adamus und Thorsten Koch gehen in ihrem Beitrag auf die Besonderheiten bei der Bewertung von Banken ein. Die Autoren zeigen, dass die fundamentale, d.h. an Zukunftserfolgen orientierte Unternehmensbewertung auch bei Banken die in Theorie und Praxis am weitesten verbreitete und akzeptierte Bewertungsmethode ist. Banken unterliegen im Vergleich zu Industrieunternehmen dabei jedoch einigen methodischen Besonderheiten. Dazu zählt neben dem Aufbau des Jahresabschlusses insbesondere die Fokussierung auf die Anwendung des Equity-Ansatzes bei der DCF-Bewertung. Dieser ähnelt dem Dividend Discounted Model. Wenn Marktmultiplikatoren zur Vereinfachung oder zur Plausibilisierung herangezogen werden, verwendet man primär Kennziffern, die sich ebenfalls auf Eigenkapital- anstatt auf Gesamtkapitalziffern beziehen. Neben den konzeptionellen Besonderheiten stellen die Prognose zukünftiger Erfolgsgrößen, die starke Abhängigkeit von volkswirtschaftlichen Schwankungen, die geringe Transparenz bezüglich genutzter Bewertungsspielräume (z.B. im Kreditportfolio) sowie die Nachhaltigkeit von Handelsergebnissen und des Fristentransformationsbeitrags Herausforderungen bei der Bewertung von Banken dar.

Der Beitrag von Alfred Graßl und Martin Beck beschäftigt sich mit der Bewertung von Versicherungsunternehmen. Versicherungsunternehmen unterscheiden sich von klassischen Industrieunternehmen in ihrer Leistungserstellung und den zulässigen Rechtsformen. In Abhängigkeit vom Bewertungsanlass und der zu bewertenden Versicherungssparte werden unterschiedliche Bewertungsmethoden verwendet, zu denen der Embedded Value, der Appraisal Value, Liquidationsverfahren, Multiplikatorverfahren und das Ertragswert-Verfahren zählen. Die Discounted-Cash-Flow-Methode ist bei der Bewertung von Versicherungsunternehmen in der Praxis nicht relevant, da für die Versicherungstechnik keine detaillierten Cash-Flow-Größen geplant werden. Alfred Graßl und Martin Beck zeigen in ihrem Beitrag die Besonderheiten der Versicherungswirtschaft anhand unterschiedlicher Versicherungssparten und Rechtsformen auf. Auf Grund der Vielzahl unterschiedlicher Versicherungssparten konzentrieren sich die Autoren bei ihren Ausführungen auf Schaden-/Unfall-Versicherungsunternehmen. Anhand dieser Versicherungssparte wird dargelegt, welche bewertungsrelevanten versicherungstechnischen Besonderheiten im Jahresabschluss auftreten. Die Bewertung von Versicherungsunternehmen erfolgt anhand der Ertragswertmethode. Dabei wird auf branchenspezifische Aspekte detailliert eingegangen.

Konrad Fritz Göller und Erik Schlumberger zeigen auf, wie Leasingunternehmen in der Praxis zu bewerten sind. Sie beginnen ihren Beitrag mit einer Abgrenzung von Leasingarten (Operate-Leasing versus Finanzierungs-Leasing), der Charakterisierung des deutschen Leasingmarktes und den Vorteilen des Leasings gegenüber anderen Finanzierungsformen. Die Werttreiber im Leasinggeschäft vermitteln vertiefte Einblicke in diese Branche und bilden die Grundlage für die Planung eines Leasingunternehmens. Die Autoren erläutern die Bilanz- und GuV-Positionen eines Leasingunternehmens und die Vorgehensweise der Detail- und Grobplanung. Ähnlich der Bewertung von Banken und Versicherungsunternehmen wird auch bei der Bewertung von Leasingunternehmen auf den Equity-Ansatz der DCF-Methode zurück gegriffen. Zusätzlich findet aber auch die Substanzwertmethode im Sinne einer Liquidationswertermittlung Anwendung. Sie ist trotz der berechtigten Vorbehalte gegenüber dieser Methode ein häufig in der Praxis anzutreffendes, branchentypisches Bewertungsverfahren für Leasinggesellschaften. Die Anwendung beider Bewertungsverfahren wird von den Autoren anhand eines Fall-Beispiels ausführlich demonstriert. Abschließend werden die Ergebnisse gegenüber gestellt und Schlussfolgerungen gezogen.

Mit seinem Beitrag zur Bewertung von Private Equity-Gesellschaften beleuchtet Werner Gleißner Unternehmen, die Eigenkapitalbeteiligungen an anderen Unternehmen halten. Das vom Autor vorgestellte Bewertungsmodell erlaubt die Prognose der zukünftig erwarteten Rendite einer Kapitalbeteiligungsgesellschaft in Abhängigkeit nachvollziehbarer und damit diskutierbarer Werttreiber. Die Abbildung des Geschäftsmodells im Unternehmensbewertungsverfahren ermöglicht auch den Vergleich und die Optimierung alternativer strategischer Positionierungen von Kapitalbeteiligungsgesellschaften. Die aus den prognostizierten Renditen abgeleitete Unternehmensbewertung wird mit Hilfe der Sicherheitsäquivalenzmethode vorgenommen. Eine weitere Besonderheit des Ansatzes ist die explizite Berücksichtigung einzelner Risiken als mögliche Abweichungen der tatsächlichen Ausprägung der Werttreiber von den Planwerten. Diese werden durch geeignete Verteilungsfunktionen erfasst. Die Aggregation der Risiken zur Bestimmung des Gesamtrisikos und des Eigenkapitalbedarfs als Risikomaß wird mit Hilfe einer Monte Carlo-Simulation durchgeführt. Im Vergleich zur traditionellen Bewertung unter der Annahme vollkommener Kapitalmärkte wird erläutert, wie die Bewertung mit einem risikodeckungsorientierten Konzept, d.h. unter Bezugnahme auf den Eigenkapitalbedarf als Risikomaß, erfolgen kann. Dieser Risikodeckungsansatz der Unternehmensbewertung trägt Marktunvollkommenheiten (z.B. schlecht diversifizierten Portfolios, Kosten der Insolvenz und einem Informationsvorteil der Unternehmensführung gegenüber dem Kapitalmarkt) Rechnung.

Matthias Popp untersucht in seinem Beitrag die Bewertung von Steuerberatungs- und Wirtschaftsprüfungskanzleien – zwei Berufsgruppen, die selbst wichtige Beiträge für die Unternehmensbewertung in Deutschland geleistet haben und leisten. Der Berufsstand der Wirtschaftsprüfer empfiehlt u.a., den Wert des Eigenkapitals durch den Barwert der mit dem Eigentum verbundenen Nettozuflüsse an die Unternehmenseigner zu bestimmen. Interessanterweise richtet sich jedoch die gegenwärtige Praxis der Bewertung von Steuerberatungs- und Wirtschaftsprüfungskanzleien nicht nach diesem Grundsatz. Hier werden weitgehend Umsatzverfahren angewandt, die den Kaufpreis als einen bestimmten Prozentsatz des Jahresumsatzes festlegen. Die Bundessteuerberaterkammer empfiehlt ihren Mitgliedern die Anwendung eines modifizierten Umsatzverfahrens zur Ermittlung des Praxiswerts. Nach deren Auffassung setzt sich der Wert einer Steuerberaterkanzlei aus dem Substanz- und Praxiswert zusammen. Zur Bewertung von Wirtschaftsprüfungsgesellschaften hat das IDW anhand praktischer Erfahrungen einige Eckpunkte zusammengestellt. Im Mittelpunkt steht die Aussage, dass maßgebend für den Wert einer Wirtschaftsprüfungsgesellschaft der übertragbare Mandantenstamm sei. Auf Grundlage des nachhaltigen Jahresumsatzes erfolgt eine Festlegung des Veräußerungswertes in einer Bandbreite des nachhaltigen Jahresumsatzes. Die Praxiseinrichtung ist, falls sie übernommen werden soll, gesondert neben dem Praxiswert zu berücksichtigen. Der Autor zeigt in seinem Beitrag neben traditionellen Bewertungsmethoden neue Konzepte einer kanzleidimensionalen Unternehmensbewertung, die auch den ertragswertbasierten Bewertungsansatz umfasst. Ferner geht er auf die Themen der Veräußerungsgewinnbesteuerung und das Primat der Kaufpreisanpassung über die Wertermittlung ein.

Ulrich Nehm's Beitrag befasst sich mit der Bewertung kleiner bzw. mittlerer Anwaltspraxen, schließt also Bewertungskalküle für Großsozietäten bzw. anwaltliche Kapitalgesellschaften aus. Bewertungsanlässe sind Verkauf, Einbringung in eine bestehende Sozietät, Ausscheiden aus einer Sozietät und die Bewertung im Rahmen der Berechnung von Zugewinnen. Die notwendige Zustimmung der Mandanten zur ggf. erforderlichen Übertragung der Mandate wird als gegeben vorausgesetzt. Der Verfasser startet mit dem Verweis auf die Bewertungsempfehlungen des Ausschusses der Bundesrechtsanwaltskammer (BRAK) von 1991 bzw. 2004. Diese Empfehlungen sehen den Kanzleiwert als nachhaltig personengebunden und empfehlen eine Vorgehensweise, die mit dem Substanzwert der Kanzlei startet und ggf. einen Goodwill aufsetzt. Diese Goodwill-Berechnung baut auf einer auf Vergangenheitszahlen ruhenden Umsatzprognose auf, die um außerordentliche personenbezogene bzw. außerordentlich anwaltsbezogene Einnahmen zu bereinigen ist. Der Verfasser unterstreicht zu Recht, dass diese Bewertungsregel nicht auf alle Bewertungsanlässe passt. Abzuziehen sind Umsätze aus Notariatstätigkeit, da die Notarkanzlei kein veräußerliches Wirtschaftsgut ist. Der bereinigte Umsatz pro Jahr ist nach BRAK mit einem Bewertungsfaktor zwischen 0,3 und 1,3 zu multiplizieren, wobei die potentiellen Determinanten dieses Umsatzmultiplikators immerhin aufgelistet werden. Da der subjektive Wert einer Kanzlei erheblich vom Arbeitseinsatz des Anwalts (der Anwälte) abhängt, spielt der „kalkulatorische Anwaltslohn" eine Rolle. Die Positionen von BRAK erscheinen in den Ausführungen von Nehm als nicht ganz klar: Die Empfehlung 1992 lautete, die Höhe eines Richtergehaltes zuzüglich Ortszuschlag zuzüglich eines Aufschlages i.H.v. 40% als Ausgleich für Kranken- und Altersvorsorge in Abzug zu bringen, die ein Freiberufler selbst finanzieren müsste. Die hinter der Abzugsempfehlung stehende Idee ist, nur das das (risikolose) Alternativeinkommen übersteigende Einkommen (für das stellvertretend die bereinigten Umsätze stehen) zur Bewertung des Goodwill heranzuziehen. Die BRAK-Empfehlung 2004 gibt das Konzept des kalkulatorischen Anwaltslohns völlig auf; eine Begründung wird nicht geliefert. Nehm erläutert, dass dies zu Bewertungsfehlern führen kann. Der Verfasser liefert zwei kleine Praxisbeispiele. Diese Beispiele verdeutlichen den rudimentären Charakter der Bewertungsempfehlungen von BRAK.

Eingangs gibt Marcus O. Klosterberg einen Einblick in Größe, Struktur und Wachstum der Branche der Software-Produzenten und verweist auf Besonderheiten der Branche, die eine Bewertung zu einem anspruchsvollen Geschäft machen: kurze Produktlebenszyklen, hohe Innovationsrate, hohe Anfangsinvestitionen, ganz begrenzte Patentfähigkeit (jedenfalls ins Europa), Softwarepiraterie, elegante und schnelle Vertriebswege. Das Problem der Bewertung besteht somit in der kompetenten Einschätzung von Produkten, Märkten und Strategien. Der Verfasser nimmt die Sicht eines Finanzinvestors ein und prüft bekannte methodische Ansätze auf ihre Eignung bzw. Nicht-Eignung für Wertermittlungen in der Softwarebranche. Interessant sind die Begründungen von Marcus O. Klosterberg für die These, dass der zweckkonforme Einsatz eines Bewertungsverfahrens für Unternehmen der Softwarebranche von der Position im Lebenszyklus abhängt, in dem sich das Unternehmen befindet.

Alex Paiusco und Saki Riffner stellen ein Konzept zur Bewertung von IT-Dienstleistungsunternehmen vor. Die Autoren zeigen auf, dass sich IT-Service-Unternehmen vereinfachend in vier Gruppen einteilen lassen: Infrastrukturanbieter, Outsourcinganbieter, Systemintegratoren und IT-Berater. Die IT-Dienstleistungsbranche ist mittlerweile zu einem globalen Industriezweig mit einem Jahresumsatz von über 600 Milliarden USD angewachsen, wobei fast die Hälfte auf den amerikanischen Raum entfällt. Das Marktwachstum im Bereich IT-Services ist keineswegs stetig, sondern hängt von konjunkturellen Entwicklungen und zyklischen Schwankungen ab. Zudem ist ein zunehmender Trend zur Industriekonsolidierung zu beobachten. Gründe für Unternehmenstransaktionen sind die Notwendigkeit einer kritischen Masse, geographische Expansion sowie der Zukauf von Expertenwissen und Produkten. Ferner ist das so genannte Offshoring, also das Verlagern von IT-Dienstleistungen in Länder, in denen eine kostengünstigere Bereitstellung möglich ist, verstärkt zu beobachten. Bei der Bewertung von IT-Dienstleistungsunternehmen wird auf den DCF-Ansatz und die Multiplikatorverfahren zurückgegriffen.

Volker Stoll berichtet über die Bewertung von Halbleiterunternehmen. Dabei wird deutlich, dass wie bei keiner anderen Branche eine Bewertung des Halbleitersektors von der Marktentwicklung und den Unternehmensprodukten abhängt. Die Berücksichtigung der technologischen und strategischen Positionierung erfordert eine fundierte Branchenkenntnis. Grundsätzlich können in der Halbleiterindustrie sowohl Marktentwicklungen als auch Zyklen langfristig antizipiert werden. Auf kurzfristige Sicht ziehen hingegen Preisvolatilitäten auf Grund des nach wie vor hohen einstelligen bis knapp zweistelligen prozentualen Branchenwachstums starke Kursreaktionen und Wertveränderungen nach sich. Der Autor zeigt auf, dass bei Vorliegen einer guten Strategie und der richtigen Produktpalette die Unternehmenswerte bei hohen Margen und in der Regel hohem Wachstum exponentiell ansteigen. Ist hingegen die Produktpalette weniger attraktiv und die Technologieplattform nicht sonderlich aussichtsreich, gilt lediglich der Buchwert mit moderaten Auf- oder Abschlägen als Bewertungsmaßstab.

Sonia Rabussier analysiert die Telekommunikationsbranche und geht auf die Bewertung von Telekommunikationsunternehmen ein. Die Telekommunikationsbranche ist einem großen Umbruchprozess unterworfen, der durch Privatisierung, Deregulierung und zahlreiche große Unternehmenstransaktionen gekennzeichnet ist. Unter den Telekommunikationsdiensten werden sowohl die Sprach- und Mobiltelefonie als auch die Datenübertragung verstanden. Die Netzinfrastruktur und die Herstellung der Endgeräte werden unter dem allgemeineren Begriff der Telekommunikation, nicht aber unter dem der Telekomunikationsdienste, eingegliedert. Sonia Rabussier beschreibt in interessanter und detaillierter Weise die unterschiedlichen Geschäftsfelder der Telekommunikationsdienste, wobei sie auch auf technologische Entwicklungen und internationale Vergleiche eingeht. Die Bewertung von Telekommunikationsunternehmen stellt aus ihrer Sicht einen „alltäglichen Prozess" dar, bei dem die DCF-Verfahren, das Verfahren Sum-of-the-Parts sowie Multiplikator-Verfahren Einsatz finden. Am Beispiel der Telecom Italia und anderer Telekommunikationsunternehmen zeigt sie die Vorgehensweise bei Anwendung der einzelnen Bewertungsverfahren auf.

Kerstin M. Bode-Greuel und Joachim M. Greuel behandeln die Bewertung von Biotech-Untenehmen. Die quantitative finanzielle Evaluation von Investitionen im Biotechnologiesektor ist eine komplexe Aufgabe. Biotechnologieunternehmen beschäftigen sich typischerweise mit innovativen Technologien und Entwicklungskandidaten, die durch besondere Unsicherheitsfaktoren gekennzeichnet sind. Die Anwendungen und Auswirkungen einer Technologie sind oft noch nicht definiert und die Wirkungsmechanismen neuer Arzneistoffe nicht validiert. Der Wert von Biotechnologieunternehmen ist von den antizipierten zukünftigen Produktentwicklungen und Umsatzerlösen sowie von den erwarteten Cash-flows einer Technologieplattform abhängig. Des Weiteren tragen Intellectual-Property-Rechte, gut ausgebildete Wissenschaftler und umfassende Erfahrungen des Managementteams zum Wert eines Unternehmens bei. Die Autoren beschreiben in ihrem Beitrag ein weithin anerkanntes Finanzmodell, eine erweiterte Version des Net Present Value (NPV)-Algorithmus, der an die Bedürfnisse von F&E-orientierten Branchen angepasst wurde. In der erweiterten Version des Net Present Value werden nicht nur F&E und geschäftliche Risiken berücksichtigt, sondern auch die Auswirkungen operativer Optionen und alternativer Entwicklungsstrategien auf den Wert von F&E-Projekten. Die Biotech-Branche ist eine der wenigen Branche, in der Elemente des Realoptions-Ansatzes Anwendung finden.

Heike und Wolfgang Merk widmen sich in ihrem Beitrag dem schwierigen Thema der Bewertung von Pharmaunternehmen. Die Herausforderung der Bewertung eines Unternehmens aus der Pharmazeutischen Industrie besteht in den komplexen Entwicklungsprozessen, der zunehmenden Internationalisierung und der starken Regulierung sowie den Besonderheiten des Gesundheitsmarktes. Das Unternehmen und die Unternehmensumwelt auf Chancen und Risiken zu untersuchen, erfordert ganz besondere Anstrengungen und Kenntnisse. Die Autoren geben einen tiefen Einblick in den pharmazeutischen Sektor und die Besonderheiten bei der Bewertung von Pharmaunternehmen. Sie zeigen auf, dass die Wahl des Bewertungsverfahrens nicht der entscheidende Punkt bei der Unternehmensbewertung ist. Vielmehr steht die inhaltlich richtige Einschätzung der Risiken und deren adäquate Abbildung in finanzieller Hinsicht im Vordergrund. Häufig gibt es dafür keine Standard-Regeln, sondern es hängt ab von der Informationsqualität, über die der Bewerter verfügt bzw. von dessen Fähigkeit, den Markt und das Unternehmen adäquat einzuschätzen.

Georg A. Teichmann greift das Problem der Bewertung von Krankenhäusern auf. Er argumentiert, dass die erwerbswirtschaftliche Zielsetzung auch für Krankenhäuser Platz greift und dass daher DCF-Methoden zum Einsatz kommen können. Die Benutzung von Multiplikatoren sei nur ganz begrenzt hilfreich, da es an Transaktionen vergleichbarer Projekte fehle. Der Verfasser beschreibt eingangs die Rahmenbedingungen, die für die Bewertung relevant sind: Zugangsschranken, die sog. duale Finanzierung sowie die Grundzüge des diagnoseorientierten Vergütungssystems (GDRG). Letzteres bewirkt, dass die Vergütung eines Krankenhauses nicht auf Basis der fallspezifischen verursachten Kosten erfolgt, sondern auf Basis der Kosten, die im Mittel bei allen Krankenhäusern anfallen. Nach einem Blick auf die Krankenhaus-spezifischen Erfolgsfaktoren, die wegen des GDRG nur mittelbar umsatzbezogen sind, werden die besonderen Bewertungsaspekte bei Krankenhäusern hervorgehoben: Planungszeiträume von mindestens 5 Jahren, Struktur der Fallzahlen (ambulante vs. stationäre Fallzahlen), die Struktur der Aufwendungen, die wegen der weitgehend regulierten Einnahmenseite entscheidendes Gewicht hat. Der Verfasser liefert empirische Daten zur Struktur dieser Aufwendungen.

Wolfgang Merk stellt die Bewertung von Arzt- und Zahnarztpraxen sowie von Medizinschen Versorgungszentren vor. Der Autor führt aus, dass es sich bei der Bewertung von Arzt- und Zahnarztpraxen unabhängig von dem Bewertungsanlass und von der Bewertungsmethode eingebürgert hat, zwischen ideellem Wert und materiellem Wert zu unterscheiden. Dabei wird der „ideelle" Wert als derjenige Wert definiert, der sich aus der Zusammenfassung der bisher erworbenen Positionen und Beziehungen einer gut eingeführten, allgemein bekannten Praxis mit festem Patienten-/Überweiserstamm und gut geführter Dokumentation und der daraus folgenden Möglichkeit einer Auswertung und Weiterarbeit für einen Praxisübernehmer ergibt. Unter dem materiellen Wert einer Praxis wird üblicherweise der Zeitwert unter Fortführungsgesichtspunkten verstanden. Für die Bewertung von Arzt- und Zahnarztpraxen sowie von Medizinischen Versorgungszentren finden sich Faustformeln, die Richtlinie der Bundesärztekammer zur Bewertung von Arztpraxen, die Indexierte Basis-Teilwert-Methode, die Ertragswertmethode und die DCF-Verfahren. Der Autor weist darauf hin, dass es sich – Ertragswertmethode und DCF-Verfahren ausgenommen – bei allen genannten Methoden nicht um theoretisch fundierte Bewertungsmethoden auf Basis eines investitionstheoretischen Kalküls handelt, sondern um mehr oder weniger stark vereinfachte Methoden zur Kaufpreisfindung. Weil sie im Zusammenhang mit der Bewertung von Arzt- und Zahnarztpraxen häufig als „Bewertungsmethode" diskutiert werden, werden sie von ihm thematisiert.

Vera Carina Elter beschäftigt sich mit einem Thema, das zunehmend Aufmerksamkeit gewinnt: der Bewertung von Fußballunternehmen. Sportvereine werden zu umsatzstarken Wirtschaftsunternehmen, die sich vorrangig aus der Vermarktung des Sports und nur noch zu einem geringen Teil aus Mitgliederbeiträgen finanzieren. Sportveranstaltungen werden immer häufiger zu kommerziellen Events, die durch den Verkauf von medialen Rechten sowie Werbe- oder sonstigen Rechten refinanziert werden. Vor diesem Hintergrund gehören mediale Verwertungs-, Werbe-, Marken- und Vermarktungs-, Transfersowie Ticketingrechte zu den wesentlichen Vermögenswerten der Vereine und sind gleichzeitig wichtige Werttreiber und Erfolgsfaktoren im operativen Geschäft. Die Autorin behandelt die Bewertung von Fußballvereinen am Beispiel der Bewertung von Markenrechten und Transferrechten (= Spielervermögen). Dabei werden wichtige Aspekte der Bewertung von immateriellen Vermögenswerten deutlich.

In dem Beitrag Bewertung von Stadtwerken geht Wilhelm Schierle auf eine Branche ein, die durch große Veränderungen, ausgelöst durch zunehmende Liberalisierung gekennzeichnet ist. Da Stadtwerke einen spezifischen Business-Mix aufweisen, bedarf es zunächst einer fundierten Unternehmensanalyse. Er reicht von der reinen Stromversorgung bis hin zum umfassenden Multi-Utility-Portfolio. Neben der klassischen Erbringung von Versorgungsleistungen in den Sparten Strom, Gas, Fernwärme und Wasser, die zu den sog. leitungsgebundenen und damit kapitalintensiven Geschäftsfeldern gerechnet werden, können weitere Versorgungsaktivitäten hinzukommen, die sich auf die Abwasserentsorgung, die Abfallwirtschaft, den öffentlichen Personennahverkehr, aber auch auf die Telekommunikation und das Betreiben von Parkhäusern erstrecken können. Eine neue und sehr aktuelle Bewertungsdiskussion ergibt sich bei Bewertungsfragen anlässlich der Beendigung von Konzessionsverträgen. Vor dem Hintergrund der neuen rechtlichen und wirtschaftlichen Rahmenbedingungen für den reinen Netzbetrieb eröffnet sich eine zentrale Bewertungsfrage: Ist der Sachzeitwert oder Ertragswert maßgeblich? Der Sachzeitwert ist eine Art Substanzwert und in der Regel definiert als Herstellungswert der Versorgungsanlagen zum Übergabezeitpunkt unter Berücksichtigung der bisherigen Nutzungsdauer und des technischen Erhaltungszustandes.

Karl-Werner Schulte und Gerrit Leopoldsberger behandeln die Bewertung von Immobilien. Sie geben einen Überblick über die relevanten Parteien am Markt und die Besonderheiten des Marktes für Immobilien: regionale Teilmärkte, relative Intransparenz, lange Zeitbedarfe um annähernde Markträumungsbedingungen zu realisieren, Zyklizität. Drei Verfahren werden vorgestellt: Vergleichswertverfahren – der Vergleich erfolgt mit vergleichbaren Grundstücken bzw. Immobilien –, das Ertragswertverfahren und das Sachwertverfahren, das Bodenwert und Wert der baulichen Anlagen getrennt ermittelt und den Wert der baulichen Anlagen vorrangig an den fortgeschriebenen Herstellungskosten festmacht, und deshalb, wie die Verfasser betonen, häufig zu marktfernen Werten führt. Schulte und Leopoldsberger gehen auch auf nicht normierte Verfahren ein, die vorrangig aus dem angelsächsischen Raum kommen: income approach, cost approach, growth implicit model. Einfache Beispiele erläutern die Prinzipien der jeweiligen Wertansätze. Nach einem kurzen Ausflug in die grundlegenden Bestimmungen zur Bewertung von Immobilien im Rahmen der Rechnungslegungsnormen (HGB bzw. IAS/IFRS) geben die Verfasser Hinweise auf die Möglichkeiten der Gewinnung von Marktdaten. Ein ganz einfaches Beispiel zur Bewertung mittels des Ertragswertes beendet den Beitrag.

Wolfgang Schäfers und Frank J. Matzen unterstreichen die Bedeutung einer „richtigen" Bewertung von Immobilienunternehmen und belegen die besondere Aktualität durch Verweis auf einige bemerkenswerte aktuelle Transaktionen. Das Interesse der Autoren gilt bestandshaltenden Immobiliengesellschaften. Sie heben hervor, dass die Bewertung von Immobiliengesellschaften wegen der regionalen Differenzierung von Preisen erheblich vom Bestand der Objekte abhänge (Region, Alters- und Mieterstruktur) und behandeln drei zu unterscheidende Ansätze: marktwertorientierte, substanzwertorientierte und fundamentalwertorientierte. Marktwertorientierte Ansätze versuchen das Preisfindungswissen aus vergangenen Transaktionen oder Börsenpreisen auf das zu bewertende Unternehmen zu übertragen. Die Autoren zeigen die potentiellen Fallstricke eindringlich auf. Sie behandeln dann eher kursorisch den Net Asset Value (NAV), eine Konzeption, die auf den Verkehrswert des Eigenkapitals einzelner Objekte abstellt und den Wert des Eigenkapitals der Immobiliengesellschaft als Summe der Einzelwerte begreift. Damit werden Transformations- und Bündelungsleistungen des Managements der Immobiliengesellschaft ausgeblendet. Differenzen zwischen Unternehmenswert und Summe der NAV sind also zu erwarten. Der fundamentalwertorientierte Ansatz wird über eine intensive Darstellung der Bewertung mittels einer DCF-Methode erläutert: Prognose von Mieteinnahmen, Betriebskosten, Modernisierungsinvestitionen, Steuern, Finanzierung und Kapitalkosten. Eine realitätsnahe Fallstudie vertieft die vorhergehenden Erläuterungen und zeigt die Anwendung des APV-Ansatzes im Detail auf.

Matthias Schröder und Ulrike Schüler zeigen in ihrem Beitrag auf, dass sich eine Bewertung von Hotelimmobilien nur schwer nach einem vorgegebenen Schema durchführen lässt. Die hohe Komplexität der Werteinflussfaktoren erfordert für die Bewertung der Spezialimmobilie Hotel hohe Kenntnisse der Branche und der Märkte. Die Autoren legen dar, dass sich die zunehmende Marktmacht internationaler Hotelgesellschaften nicht nur auf die Struktur der Hotelmärkte, sondern auch verstärkt auf die Betriebsformen auswirken wird. Managementverträge oder Verträge mit einer umsatz- und/oder ergebnisabhängigen Komponente werden die in der Vergangenheit vorherrschende Vertragsform des Festpachtvertrages ablösen. Wesentliche Besonderheiten der Hotelbewertung sind die komplexen Werteinflussfaktoren, stark eingeschränkte Dritt-/Nachverwendungsmöglichkeit, die Maßgeblichkeit des Wertschöpfungspotenzials des Hotelbetriebes für die Bewertung und die geringe Transparenz der Hotelmärkte.

Michael Ketterl entwickelt ein Modell zur Bewertung von Beteiligungen an Containerschiffen. Dieses Thema ist vor dem Hintergrund eines wachsenden Interesses am Zweitmarkt für Beteiligungen an geschlossenen (Schiffs)Fonds interessant. Die Beteiligung an geschlossenen Fonds ist oft Bestandteil der Anlagestrategie vermögender Privatinvestoren in Deutschland. Dabei beteiligen sie sich typischerweise an Immobilien- oder Schiffsfonds. Diese Anlagealternativen haben einen gravierenden Nachteil: der Ausstieg während der Laufzeit ist nur schwer oder gar nicht möglich. Das hat zwei Gründe. Zum einen verfallen regelmäßig steuerliche Verlustvorträge, die das Investment oft erst attraktiv machen, zum anderen finden sich wegen der häufig bestehenden Informationsnachteile schwer Käufer, die bereit sind in den Fonds einzusteigen. Der Autor zeigt auf, dass die DCF-Methoden auf die Bewertung von Containerschiffen gut anwendbar sind. Der APV-Ansatz ist dabei dem Equity-Ansatz überlegen, da er in der Lage ist, unter der gegebenen autonomen Finanzierungspolitik ein eigenständiges Bewertungsergebnis abzuleiten.

1 Bewertung von Kfz-Zulieferunternehmen

von *Matthias Pohl* und *Bjoern Thielen**

1.1 Beschreibung der Branchenmerkmale	11
1.1.1 Struktur der Automobilzulieferindustrie	11
1.1.2 Geschäftsbeziehungen innerhalb der Zulieferpyramide	15
1.1.3 Anforderungen an die Zulieferunternehmen	15
1.1.4 Marktaussichten	16
1.2 Unternehmensbezogene Analysen, Unternehmensplanung	17
1.2.1 Beurteilung der Ausgangssituation	18
1.2.2 Umsatzplausibilisierung anhand einer Analyse des Auftrags- und Projektbuches	19
1.2.2.1 Ausgangsbasis	19
1.2.2.2 Auftragsbuch	19
1.2.2.3 Projektbuch	21
1.2.2.4 Umsatzchancen und -risiken	22
1.2.2.5 Ergebnisentwicklung	23
1.2.2.6 Fazit	24
1.2.3 Unternehmensbewertung	24
1.2.3.1 Bewertung	25
1.2.3.2 Plausibilisierung	27
1.3 Zusammenfassung	29

1.1 Beschreibung der Branchenmerkmale

1.1.1 Struktur der Automobilzulieferindustrie

Der Blick auf die Entwicklungen in der Automobilindustrie während der vergangenen Dekade umfasst im Wesentlichen drei Aspekte. Erstens die zahlreichen Zusammenschlüsse und Übernahmen innerhalb der Branche sowohl bei den Fahrzeugherstellern als auch bei den Zulieferunternehmen, zweitens die stark angestiegene Vielfalt neuer Fahrzeugtypen und -varianten sowie drittens die Internationalisierung des Geschäftes.

Die Konsolidierung der Branche zeigt sich in der Konzentration von weltweit 25 eigenständigen Pkw-Automobilherstellern im Jahr 1990 auf aktuell 13 Konzerne. Prognosen gehen davon aus, dass in den kommenden Jahren nur noch sieben bis acht unabhängige Automobilkonzerne am Markt sein werden. Auch bei der Anzahl der Zulieferunternehmen hat sich diese Tendenz bemerkbar gemacht. Gab es im Jahr 1990 noch rund 30.000

---

* Matthias Pohl und Bjoern Thielen, beide Landesbank Baden-Württemberg, Stuttgart.

Unternehmen weltweit, welche Produkte und Dienstleistungen für die Automobilhersteller bereitstellten, so waren es bereits im Jahr 2000 nur noch 5.600 Unternehmen. Diese Anzahl soll nach Einschätzung der Unternehmensberatung *McKinsey* bis zum Jahr 2010 auf 3.000 bis 3.500 zurückgehen.

Gleichzeitig haben alle Fahrzeughersteller ihre Produktpolitik modifiziert und ihr Produktprogramm erweitert. Jeder Hersteller bedient inzwischen mit seinen Marken und Fahrzeugmodellen (z.B. *AUDI A4, BMW 3er, Mercedes E-Klasse*) möglichst viele Fahrzeugsegmente (z.B. Kleinwagen, Mittelklasse, Oberklasse, Luxus), in denen wiederum zahlreiche Derivate (z.B. Limousine, Kombi, Cabrio) mit dem Bestreben einer vollständigen Marktabdeckung angeboten werden. Durch den Mix von Konzepten ist zudem eine Vielzahl von Subsegmenten bzw. Nischen (z.B. Minivans) entstanden.

Abbildung 1-1 zeigt diesen Trend eindrucksvoll. So haben beispielsweise *BMW, DaimlerChrysler* und *VW* die Anzahl der Karosserievarianten zwischen 1980 und 2000 dramatisch erhöht.

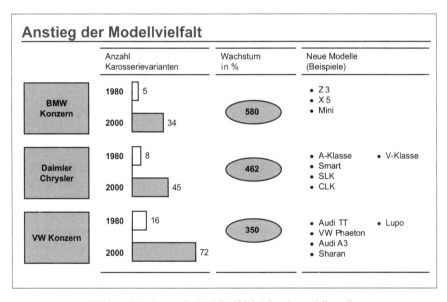

Abbildung 1-1: Anstieg der Modellvielfalt bei den Automobilherstellern

Der Zusammenschluss und die Konzentration der Hersteller zu großen Konzernen hat deren Internationalität und globale Aufstellung untermauert. Um Märkte näher bedienen zu können und um Kostenstrukturen zu optimieren, sind weltweit Produktionsstandorte und Produktionsnetzwerke entstanden. Da auch im Ausland die bestehenden Lieferantenbeziehungen aus dem Heimatmarkt bevorzugt werden, wurden die inländischen Zulieferer aufgefordert, die Fahrzeughersteller in neue Regionen und Märkte zu begleiten.

Trotz dieser übergeordneten Entwicklungen haben sich die Struktur und der Grundaufbau der Zulieferbranche insgesamt nicht wesentlich verändert. Nach wie vor sind die Unternehmen entlang der Zulieferpyramide organisiert, an deren Spitze die Fahrzeughersteller (OEMs – Original Equipment Manufacturer) stehen. Unterhalb der Fahrzeughersteller haben sich auf erster Ebene (Tier-1) die so genannten System- und Modullieferanten positioniert. Systemlieferanten bieten funktional zusammen gehörende Produkte (z.B. Bremsen, Lüftung) an, während Modullieferanten räumlich zusammen gehörende Produkte (z.B. Sitze, Stoßfänger) liefern. Die nachfolgende zweite Ebene (Tier-2) umfasst die Komponentenlieferanten, d.h. diese Unternehmen produzieren Produkte wie mechanisch bearbeitete Guss- oder Schmiedeteile, Produkte aus Kunststoffspritzguss oder Kunststoffpressteile, sowie auch Standardprodukte wie Elektromotoren. Die nächste Ebene der Pyramide stellen die Teilelieferanten dar, welche „einfache" Teile wie Schrauben, Muttern, Schläuche oder auch Halbzeuge, wie z.B. Folien herstellen. Die unterste Ebene der Pyramide bilden die Rohstofflieferanten, wie z.B. Stahlhersteller oder Hersteller von Kunststoffgranulaten. Durch diese Lieferantenstruktur und Bündelung von Aufgaben hat sich auch das Lieferantenmanagement für die Fahrzeughersteller vereinfacht. Anstatt wie früher mit ca. 1.000 Lieferanten zusammen zu arbeiten, stehen die Hersteller heute nur noch mit maximal 200 Lieferanten pro Fahrzeugmodell in direktem Kontakt.

Die Aufgabenverteilung zwischen dem OEM und den Zulieferunternehmen sowie den einzelnen Unternehmen auf den verschiedenen Ebenen der Zulieferpyramide ist variabel definiert und nicht starr und wird für jedes Fahrzeugmodell entsprechend definiert. Kriterien wie geplante Stückzahlen sowie die vorhandenen Fertigungsstrukturen spielen hierbei eine entscheidende Rolle. So hat beispielsweise die Zulieferstruktur für den aktuellen *VW Golf* mit einer geplanten Jahresstückzahl zwischen 550.000 und 600.000 Einheiten und mehreren Montagestandorten (Wolfsburg, Mosel, Brüssel, Südafrika) eine andere Struktur als die Zulieferpyramide für die *Mercedes S-Klasse* mit einer Jahresstückzahl von ca. 85.000 Einheiten und einem einzigen Montagestandort (Sindelfingen). Dabei ist nicht nur die Anzahl der Lieferanten pro Pyramidenebene unterschiedlich, auch die Verteilung der Wertschöpfungsumfänge und die Lieferabhängigkeiten unterscheiden sich jeweils. Beispielsweise werden die Sitze für die *S-Klasse* von *Mercedes* selbst „inhouse" gefertigt, d.h. ein Lieferant von Sitzkomponenten (metallische Sitzstrukturen, Sitzpolster etc.) liefert als klassischer Tier-2-Lieferant seine Produkte direkt an *Mercedes*, während beim *VW Golf* die Sitzmontage durch Modullieferanten (*Johnson Controls, Sitec*) erfolgt, welche in der Regel in unmittelbarer Nähe der Werke angesiedelt sind. In diesem Fall werden die einzelnen Sitzkomponenten innerhalb der Pyramide von der zweiten zunächst in die erste Ebene geliefert, dort erfolgt die Sitzmontage und die Lieferung an den OEM.

Um die steigende Anzahl von Fahrzeugmodellen und die daraus resultierende Komplexität beherrschen zu können, aber auch um entsprechende Größeneffekte zu nutzen, haben die OEMs so genannte Fahrzeugplattformen definiert. Diese Plattformen legen eine Basis fest, auf der verschiedene Fahrzeugmodelle aufgebaut werden. So umfasst in der *Volkswagen-Gruppe* die so genannte *Golf*-Plattform (aktuelle Bezeichnung PQ35) nicht nur den *VW Golf, Touran* und *Caddy*, sondern auch den *Audi A3*, den *Seat Altea, Leon/ Toledo* und den *Skoda Octavia*. Die Plattform umfasst neben dem gemeinsamen Grundaufbau i.d.R. auch eine Vielzahl von Teilen oder Komponenten, welche in allen Fahrzeugen Verwendung finden (Gleichteile). Die Differenzierung und markentypische Ausprägung erfolgt dann über das Karosseriedesign und Ausstattungsvarianten. Plattformen bieten so erhebliche Mengeneffekte für diejenigen Zulieferer, die als Plattform-Lieferant definiert wurden (z.B. umfasst die gesamte *Golf*-Plattform ein Produktionsvolumen von ca. 1,2 Mio. Fahrzeugen in 2004, wovon ca. 550 Einheiten auf den Golf entfallen). In diesem Fall setzt sich die Zulieferpyramide für ein einzelnes Fahrzeugmodell aus den Zulieferern für die Plattform und den Zulieferern für die modell- bzw. markenspezifischen Produkte zusammen.

Ein wesentlicher Aspekt der Aufgabenteilung innerhalb der Zulieferpyramide ist auch dadurch bestimmt, welche Kernkompetenzen der Fahrzeughersteller durch eigenes Knowhow abdecken will und welche Nicht-Kernkompetenzen an die Zulieferindustrie übertragen werden. Traditionell besetzen die Fahrzeughersteller die Fahrzeugentwicklung, die Herstellung der Fahrzeugkarosserie, die Fahrzeuglackierung, die Herstellung des Antriebsstrangs (Motor, Getriebe) sowie die Fahrzeugendmontage. Auch Markenpflege, Marketing und Vertrieb zählen zu den Domänen der Hersteller. In den letzten Jahren haben sich die OEMs in unterschiedlichem Maße auf diese Kernkompetenzen konzentriert und sukzessive Verantwortung für weniger relevante Bereiche an Zulieferer übertragen. Abbildung 1-2 zeigt, wie sich bis 2010 der Wertschöpfungsanteil zwischen Hersteller und Zulieferer in der Produktion und in der Entwicklung zugunsten der Zulieferer verschieben wird.

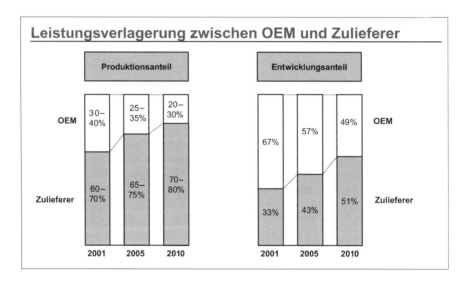

Abbildung 1-2: Verteilung der Wertschöpfung in der Automobilindustrie

Eine ähnliche Entwicklung existiert auch auf den Zulieferebenen. So gibt beispielsweise ein Modullieferant, der sich auf die Entwicklung und Montage seines Produktes konzentriert, die eigene Komponentenfertigung an einen Lieferanten auf der zweiten Ebene ab. Weiter ist es durchaus üblich, dass Lieferanten aus der zweiten Ebene für die Entwicklung eines gesamten Moduls oder Systems verantwortlich sind, selbst wenn dieser Lieferant später nicht direkt an den Fahrzeughersteller liefert. Dies ist immer dann der Fall, wenn der Zulieferer aus der zweiten Ebene entscheidende Komponenten für das gesamte Modul oder System liefert.

Somit entsteht in Abhängigkeit von definierten Kernkompetenzen bei OEMs und Zulieferunternehmen, von Plattformkonzepten und fahrzeugspezifischen Fertigungsstrukturen ein flexibles Gebilde entlang der beschriebenen Pyramidenstruktur. Diese hat während der Entwicklungsphase eine andere Ausprägung, als während der Fertigungsphase. Um diese gestiegenen Anforderungen zu bewältigen, bilden Zulieferer zunehmend projektbezogene Allianzen, Gemeinschaftsunternehmen (z.B. *INTEDIS*) oder auch Netzwerke mit dem Ziel, in neue Geschäftsfelder vorzudringen. D.h. die Pyramide wird zunehmend durchsetzt mit projektspezifischen oder langfristig angelegten Allianzen zwischen einzelnen Zulieferunternehmen, die sich innerhalb einzelner Ebenen abspielen oder über verschiedene Ebenen hinweg etabliert sind.

1.1.2 Geschäftsbeziehungen innerhalb der Zulieferpyramide

Obwohl die Struktur der Zulieferpyramide von vielen verschiedenen Einflussfaktoren abhängig ist und sehr unterschiedliche Ausprägungen annehmen kann, ist die Form der Geschäftsbeziehungen zwischen den beteiligten Partnern stark standardisiert.

Je nach Abhängigkeit vom Produkt erfolgt die Vergabe der Zulieferaufträge lange vor dem Produktionsstart des Fahrzeugmodells während der Entwicklungsphase. Nach einer gewissen Angebotsphase, wird das Zulieferunternehmen bestimmt, das für alle erforderlichen Aktivitäten und Maßnahmen während der Entwicklungsphase (u.a. Koordination der Sublieferanten, Investitionen in Werkzeuge etc.) und für die spätere Produktion zu den vereinbarten Konditionen (Mengen, Preise) verantwortlich ist.

Nachdem die Lieferanten für die einzelnen Teile, Komponenten, Systeme und Module bestimmt wurden, bleibt diese Geschäftsbeziehung normalerweise über den gesamten Lebenszyklus des relevanten Fahrzeugmodells bestehen. Abhängig von dem Fahrzeugmodell beträgt der Lebenszyklus i.d.R. 5 bis 7 Jahre, bis das Modell durch die Nachfolgegeneration abgelöst wird. Zudem handelt es sich in den meisten Fällen um eine exklusive Geschäftsbeziehung, d.h. für jedes Produkt innerhalb der Pyramide existiert nur ein Lieferant. Diese so genannte Single-Source-Beziehung (nur eine Bezugsquelle) hat sich in der Branche überwiegend durchgesetzt. Dadurch entsteht eine hohe Abhängigkeit zwischen den einzelnen Parteien, mit allen Vor- und Nachteilen.

Die Zulieferer können somit die hohen Vorlaufkosten aus Entwicklung, Werkzeugen und Anlagen auf große Stückzahlen umlegen, mit den entsprechenden Kostendegressionseffekten. Zudem bietet diese Art von Geschäftsbeziehung eine hohe Planungssicherheit für die beteiligten Lieferanten, da auf Basis der erwarteten Stückzahlen des relevanten Fahrzeugmodells die Umsatzentwicklung über den Produktlebenszyklus bestimmt werden kann.

Im Gegenzug fordern die Fahrzeughersteller von den Zulieferunternehmen für die langen Vertragslaufzeiten entsprechende Preisnachlässe, die ca. 1% bis 3% pro Jahr betragen. Einige OEMs vereinbaren diese Preisnachlässe bereits bei der Vertragsunterzeichnung für die gesamte Laufzeit, andere OEMs wiederum verhandeln die Preisnachlässe jahresweise.

1.1.3 Anforderungen an die Zulieferunternehmen

Um diese Veränderungen positiv als Chancen zu nutzen, mussten die Zulieferunternehmen in den letzten Jahren ihre Prozesse und Strukturen modifizieren. Neben den nach wie vor hohen Qualitätsansprüchen zwingen Kostendruck und Preisreduzierung zu operativen Konsequenzen. Hinzu kommt, dass es für Automobilhersteller selbstverständlich geworden ist, dass die Zulieferer den OEMs ins Ausland folgen. Auch bei Entwicklungskompetenz und Innovationskraft sind die Zulieferer entsprechend gefragt, was insgesamt zu einem erhöhten Investitions- und Finanzierungsbedarf führt. Da die Entwicklungsdauer in der Automobilindustrie bis zu drei Jahre dauert, fließt der „Return" dieser Investitionen in Form von Umsätzen und Erträgen den Unternehmen erst mittelfristig zu, d.h. die Unternehmen müssen in der Lage sein, diese Aktivitäten vorzufinanzieren. Weiter kommt hinzu, dass die Vorbereitungskosten für die anschließende Produktion, wie z.B. die Kosten für Werkzeuge oder die Investitionen in neue Anlagen die Finanzierungsfähigkeit eines Unternehmens zusätzlich in Anspruch nehmen. In der Vergangenheit haben die Fahrzeughersteller die Werkzeugkosten entsprechend dem Zielerreichungsgrad bezahlt. Heute werden die Kosten erst nach einem fehlerfreien Produktionsstart beglichen, d.h. der Zulieferer muss einen Großteil der Werkzeugkosten zwischenfinanzieren.

Als Chance zu sehen sind diese entstandenen Strukturen aber auch im Sinne der Stärkung der eigenen Positionierung und Wettbewerbsdifferenzierung. Ein Zulieferer, dem es gelingt durch eigene Ideen und Ansätze frühzeitig und proaktiv in die Entwicklungs- und Planungsprozesse seines Kunden eingebunden zu werden, kann sich so als wichtiger Partner positionieren. Zahlreiche neue Technologien sind von Zulieferunternehmen initiiert, entwickelt und zur Serienreife gebracht worden. Für Zulieferer mit der entsprechenden Kompetenz und Innovationskraft bedeutet dies zusätzliche Wachstumsmöglichkeiten und Absatzchancen. Für weniger innovative Zulieferer kann dies auch Einbußen bei ihren Marktchancen bzw. der Marktpositionierung zur Folge haben, da ihre bisherigen Produkte durch neue Technologien ersetzt werden. Dies kann beispielsweise der Fall sein, wenn sich neue Materialien bzw. Verfahren durchsetzen (z.B. Kunststoffe statt Metall) oder bisherige mechanische Applikationen ganz oder teilweise durch elektronische Anwendungen ersetzt werden.

1.1.4 Marktaussichten

Die globale jährliche Automobilproduktion wird von heute rund 60 Mio. auf 70 Mio. Einheiten im Jahr 2009 ansteigen und in der Langzeitprojektion auf das Jahr 2014 auf über 77 Mio. Die Produktionsstandorte und Absatzmärkte wachsen dabei jedoch unterschiedlich. Während Westeuropa und Nordamerika ihr Volumen von je etwa 16-18 Mio. Einheiten halten werden, wird Wachstum insbesondere in Asien (v.a. China), Osteuropa und Südamerika stattfinden. Durch Unterschiede in der Marktsättigung und im Nachfrageverhalten werden sowohl in den neuen als auch in den etablierten Märkten regional angepasste Fahrzeugmodelle erforderlich sein, um die Nachfrage optimal zu befriedigen. Die Markterwartungen unterstellen auch in den nächsten Jahren eine Fortsetzung der bisherigen Veränderungsdynamik. Die bereits global tätigen Automobilhersteller werden versuchen, schnell weiter in die Wachstumsregionen vorzudringen und sich zu etablieren. Sie erwarten und fordern, dass ihre Zulieferer diese Expansion begleiten, da eine funktionierende Zulieferstruktur einen entscheidenden Erfolgsfaktor bei der Internationalisierung darstellt. Das Wachstum der regionalen Wertschöpfung zeigt Abbildung 1-3. Trotz der hohen Wachstumsraten in den neuen Märkten wie China oder Südamerika bleiben die traditionellen Märkte wie NAFTA, Europa und Japan die volumenstärksten Regionen.

Somit bieten sich in Zukunft für die Zulieferer sowohl Chancen als auch Herausforderungen gleichermaßen. Der Aufbau internationaler Produktionsstandorte, die Übernahme zusätzlicher Wertschöpfungsaktivitäten und die Profilierung bzgl. Produkt- und Leistungsportfolio erfordern eine solide Finanzierungsgrundlage und klare Führungssysteme

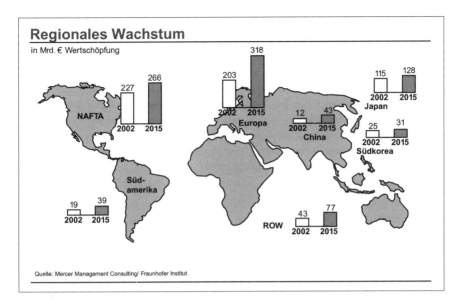

Abbildung 1-3: Regionales Wachstum in der Automobilindustrie

und -strukturen. Da viele Unternehmen aus der Zulieferindustrie diese Anforderungen nicht oder nur teilweise erfüllen, wird sich die Konsolidierung der Branche, insbesondere bei den Zulieferunternehmen der zweiten Ebene in den nächsten Jahren fortsetzen.

1.2 Unternehmensbezogene Analysen, Unternehmensplanung und -bewertung

Die Beurteilung und Bewertung des Einzelunternehmens sollte drei einzelne Phasen durchlaufen, die aufeinander aufbauen. Zuerst gilt es die Ausgangsposition des Unternehmens innerhalb der Branche festzustellen und zu beurteilen. Dabei muss im Wesentlichen die Frage geklärt werden, wie nachhaltig die aktuelle Position zu bewerten ist bzw. welche Veränderungen notwendig sind, um auch zukünftig im Wettbewerb bestehen zu können. Dies kann durch die Absicherung der heutigen Position oder durch eine Veränderung der Positionierung erfolgen.

In einem zweiten Schritt muss die Zukunftsplanung plausibilisiert werden. Die Branche bietet hierzu aufgrund der langfristigen Vertragsbeziehungen gute Voraussetzungen, dies mit Hilfe einer Analyse des Auftrags- und Projektbuches durchzuführen.

Die plausibilisierte Zukunftsplanung fließt abschließend in die klassische Unternehmensbewertung ein, die mit den üblichen Verfahren (bevorzugt wird das DCF-Modell) durchgeführt wird.

1.2.1 Beurteilung der Ausgangssituation

Automobilzulieferer rekrutieren sich aus einer Vielzahl von verschiedenen Segmenten (Metallbe- und -verarbeitung, Herstellung von Elektro- und Elektronikkomponenten, Kunststoffbe- und -verarbeitung usw.). So hat ein Metallgießer andere (Kosten-)Strukturen als ein Hersteller von Sensoren bzw. elektronischen Bauelementen. Um nun aus den bekannten branchenübergreifenden Entwicklungen konkrete Überlegungen zu einem Einzelunternehmen anzustellen, ist eine dezidierte Betrachtung notwendig. Die beschriebenen Ausprägungen und Relationen der Branche bilden dabei einen Orientierungsrahmen, um die Positionierung eines Unternehmens besser zu bestimmen. Wichtig ist hierbei, das Geschäftsmodell eines Automobilzulieferers zu analysieren und dessen strategische Ausrichtung zu hinterfragen.

Aus den bisherigen Ausführungen wird erkennbar, dass sich Zulieferunternehmen entlang der Wertschöpfungskette bzw. innerhalb von Zulieferpyramiden an sehr unterschiedlichen Positionen wiederfinden. Nicht zwangsläufig ist die Zuordnung als Tier-1-Lieferant die beste zu erreichende Position. Ein Unternehmen ist vielmehr von der spezifischen Produkt- und Leistungskompetenz gekennzeichnet. So kann sich ein klassischer Lieferant der dritten Ebene aufgrund seiner Produkte, seiner Produktionsverfahren, seiner Innovationskraft oder durch die Besetzung einer bestimmten Nische eine nachhaltige Position erarbeitet haben, die sich durch gute Kundenbeziehungen und profitables Wachstum auszeichnet.

Bei einem Unternehmen gilt es daher festzustellen, wie mit den spezifischen Bedingungen und Anforderungen des Marktes bisher umgegangen wurde und wie die zukünftige Weichenstellung erfolgt. Diese Positionsbestimmung setzt sich aus einer Vielzahl von Daten und Fakten zusammen, wobei an dieser Stelle sehr stark auf qualitative und quantitative Aussagen und Zusammenhänge eingegangen wird. Wichtig ist nicht nur eine Vergangenheitsbetrachtung oder die Bestimmung des Status quo vorzunehmen, sondern anhand der Zukunftsaussichten des Unternehmens die Plangrößen bzw. die unternehmerischen Zukunftsaussichten abzuleiten, die maßgeblich für die Unternehmenspositionierung sind.

Nachfolgend sind einige Fragenkomplexe und Kriterien aufgelistet, welche im Rahmen einer Einzelbetrachtung genauer geprüft werden sollten. Je nach Anlass und Zweck einer derartigen Unternehmensanalyse können oder müssen die Kriterien erweitert bzw. in unterschiedlichen Detaillierungsstufen untersucht werden. Dies ist auch unter dem Aspekt des hierfür notwendigen Zeit- und Ressourcenaufwandes und dem generellen Zugang bzw. der Verfügbarkeit der benötigten Informationen und Daten zu berücksichtigen. Alle Ergebnisse aus dieser systematischen Daten- und Informationszusammenstellung sollten neben der individuellen Bewertung branchenüblichen Messgrößen und Erfahrungswerten gegenübergestellt werden:

- Produkt- und Leistungsumfang: Vorhandene Fertigungstiefe, Umfang der zugekauften Komponenten, Umfang der eingesetzten Technologien und Verfahren, technische Ausstattung und Infrastrukturen
- Position innerhalb der Lieferantenpyramide während der Entwicklungs- und Produktionsphase
- Besondere Kompetenzen bzw. objektiv nachweisbare Alleinstellungsmerkmale (z.B. Produktionsverfahren, spezielles Know-how usw.) und Differenzierungsmerkmale des Produktes (Kosten vs. Technologie)

- Einbindung des Unternehmens in den Entwicklungs- und Produktionsprozess
- Innovationskraft: Eigene/kundenunabhängige Entwicklungen, existierende Patente bzw. Schutzrechte, Anteil „neuer" Produkte
- Kundenstruktur, Kundenmix, Abhängigkeitsgrade
- Lieferantenstruktur, Abhängigkeiten von Sublieferanten und oder Materialien
- Wettbewerber und Wettbewerbsumfeld: Wettbewerbsvergleich im Zusammenhang mit Marktanforderungen und Marktattraktivität
- Zukünftige Branchenentwicklung: gesetzgeberische Maßnahmen, technologische Trends und daraus entstehende Substitutionsgefahren

Anhand dieser Kriterien kann eine erste Aussage über die strategische Positionierung des Unternehmens abgeleitet werden, die mit Hilfe der weiteren Analysebausteine vertieft werden muss.

1.2.2 Umsatzplausibilisierung anhand einer Analyse des Auftrags- und Projektbuches

Die Struktur der Automobilindustrie bietet im Gegensatz zu vielen anderen Branchen die Möglichkeit, die zukünftige Entwicklung auf Basis langfristiger Verträge abzubilden und zu prognostizieren. Somit kann die Umsatzentwicklung anhand von Preis-Mengen-Gerüsten detailliert aufgebaut und nachvollzogen werden. Mit Hilfe von branchenspezifischen externen Datenquellen (z.B. Produktions- und Absatzzahlen für Fahrzeugmodelle) können die Angaben der Unternehmen verifiziert und plausibilisiert werden.

Mit dieser Methodik kann die Umsatzplanung des Businessplanes überprüft und ggf. durch Zu- oder Abschläge korrigiert werden. Zudem können die zukünftigen Auswirkungen auf die Ergebnissituation durch Veränderungen im Kunden/Produkt-Mix bzw. der Kostenstruktur analysiert werden.

1.2.2.1 Ausgangsbasis

Die Umsatzplanung und -entwicklung eines Unternehmens orientiert sich im Wesentlichen an bereits fixierten Aufträgen sowie Aufträgen im Verhandlungsstadium (Projekte). Die Unternehmen führen hierzu – wie nachfolgend beschrieben – Detailinformationen zu den jeweiligen Einzelaufträgen und -projekten strukturiert bzw. tabellarisch in einem Auftrags- und Projektbuch zusammen. Die auf diese Weise bereitgestellten Daten dienen nun als Ausgangsbasis für das Analysemodell und werden mit qualitativen und quantitativen Methoden betrachtet und analysiert. Hierbei kommen neben vorrangig faktengetriebenen Datenquellen für die Stückzahlauswertung (z.B. Automobilmarkt-Prognosen von Global Insight oder CSM) auch branchenübliche Erfahrungswerte zur Unterlegung und Plausibilisierung der vorliegenden Daten zum Einsatz.

1.2.2.2 Auftragsbuch

Für alle wesentlichen Aufträge, die bereits im Hause des Zulieferers sind, d.h. diese befinden sich bereits in der Produktion oder der zukünftige Auftrag ist durch den Kunden schriftlich bestätigt (Nomination Letter), wird für die Analyse ein Preis-/Mengengerüst erstellt, das die geplanten Preise und Stückzahlen und die daraus resultierenden erwarteten Umsätze für das laufende Geschäftsjahr und die nächsten vier bis fünf Jahre enthält.

Zudem werden der entsprechende Kunde/Auftraggeber, die relevante Fahrzeugbaureihe und die Lieferquote für die einzelnen Aufträge angegeben (bei einem SingleSource-Lieferanten beträgt die Quote 100%). Bei Lieferanten der zweiten Ebene (Tier-2) müssen die Informationen bezüglich der Fahrzeugmodelle ggf. über den jeweils direkten Kunden, also den System- oder Modullieferanten (Tier-1) erfragt werden. Wichtig ist es, hierbei auch die Lieferquote des direkten Lieferanten zum Fahrzeughersteller zu kennen. Eine SingleSource-Beziehung zwischen Tier-2- und Tier-1-Lieferant ist aus Sicht des Tier-2-Lieferanten weniger stabil, wenn der Tier-1-Lieferant keine SingleSource-Position gegenüber dem Fahrzeughersteller hat. Ergänzend ist für den einzelnen Auftrag zu spezifizieren, ob es sich bei dem entsprechenden Zulieferprodukt um ein Serienteil, ein Ersatzteil, ein Sonderausstattungsteil oder um ein Teil für eine Sonderfahrzeugvariante handelt.

Bei der qualitativen Analyse steht die Beurteilung von möglichen Risiken im Vordergrund. Aufschlussreicher als die übliche Auswertung der Kundenstruktur ist die Zusammensetzung des Auftragsvolumens nach Fahrzeugmodellen, d.h. wie verteilen sich die Umsätze auf die verschiedenen Fahrzeugmodelle, wird eine gemeinsame Plattform (z.B. in der *VW-Gruppe*) komplett beliefert, in welchen Fahrzeugsegmenten sind die Produkte des Zulieferunternehmens zu finden usw. Durch eine Kombination dieser beiden Analysen können die Abhängigkeiten im Kunden-/Modell-Mix dargestellt und die entsprechenden Risiken abgeleitet werden. Die in Abbildung 1-4 gezeigte Matrix wird als aktuelle Auswertung und in Gegenüberstellung zu einem Prognosehorizont (z.B. in drei Jahren) zur Ableitung der zeitlichen Veränderungen herangezogen.

Bei der quantitativen Analyse werden die angegebenen Stückzahl- und Preisentwicklungen untersucht. Mit Hilfe von bestätigten Werten aus der Vergangenheit und neutralen externen Prognosen kann das Mengengerüst des Auftragsbestandes gut plausibilisiert wer-

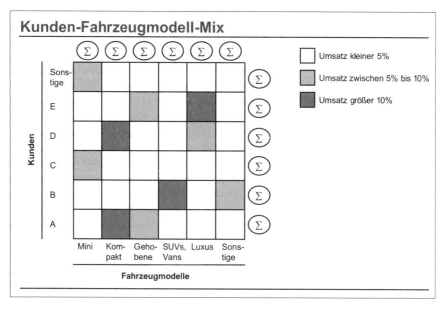

Abbildung 1-4: Kunden-Modell-Mix

den. Dabei ist die eindeutige Zuordnung zwischen gelieferten Teilen und der entsprechenden Fahrzeugvariante sicherzustellen.

Zudem müssen die erwarteten Preisveränderungen (meist Preisreduzierungen) berücksichtigt werden. Hierzu kann – soweit vorhanden – die bereits getroffenen Vereinbarungen aus den Lieferverträgen übernommen werden. Ebenso kann die durchschnittliche Preisentwicklung herangezogen werden, wobei nach einzelnen Kunden unterschieden werden sollte, da hier oftmals sehr unterschiedliche Preisveränderungen feststellbar sind. Im Durchschnitt muss über alle Aufträge hinweg mit einer jährlichen Preisreduzierung von ca. 1,5 bis 2,5% gerechnet werden.

1.2.2.3 Projektbuch

Der zweite Analyseschwerpunkt konzentriert sich auf die zukünftigen im sogenannten Projektbuch geführten Auftragspotentiale. Hier sind diejenigen Einzelprojekte aufgelistet, die sich aktuell in Verhandlung mit dem jeweiligen Kunden befinden, bei denen allerdings noch keine Auftragsbestätigung vorliegt. Um die Auftragswahrscheinlichkeit der einzelnen Projekte abschätzen zu können, sind diese nach Verhandlungsstadium und Kundenbeziehung zu segmentieren (siehe Abbildung 1-5).

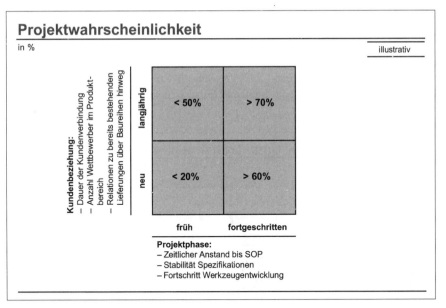

Abbildung 1-5: Festlegung der Projektwahrscheinlichkeit

Projekte mit Neukunden, die sich in einem frühen Verhandlungsstadium befinden, haben eine niedrigere Auftragswahrscheinlichkeit als Projekte mit bestehenden Kunden, bei denen beispielsweise ein Nachfolgeauftrag für die nächste Fahrzeuggeneration verhandelt wird. Weitere Kriterien zur Bestimmung der Wahrscheinlichkeit sind die Zeitdauer bis zum Produktionsstart (SOP – Start of Production) (je länger der Zeitraum ist, umso eher hat der Kunde die Möglichkeit den Lieferanten ohne große Mehrkosten zu wechseln), die

Stabilität der festgelegten Spezifikationen (Ideenwettbewerb vs. Festlegung der Materialspezifikation) und der Umfang der bereits geleisteten Entwicklungs- und Konstruktionsleistungen (erste Konstruktionsskizzen vs. Erstellung von Funktionsmustern und Beginn der Werkzeugkonstruktion). Der Blick auf die Kundenbeziehung hinterfragt u.a. die Dauer und Beständigkeit der Kundenverbindung und auch die Relation des avisierten Projektes zu bereits bestehenden Lieferverpflichtungen über die spezifische Fahrzeugbaureihen des Herstellers hinweg.

Mit Hilfe der definierten Wahrscheinlichkeit kann das zukünftige Umsatzpotenzial berechnet werden. Hierzu bieten sich grundsätzlich zwei Möglichkeiten an, entweder wird der jeweilige Umsatz mit der festgelegten Wahrscheinlichkeit gewichtet (bei einer 75%igen Wahrscheinlichkeit wird aus einem jährlichen Umsatzvolumen von 1,0 Mio. € ein Umsatzpotenzial von 750.000 €). Alternativ ist die Anwendung der digitalen Methode möglich: Projekte mit einer Auftragswahrscheinlichkeit größer 50% werden voll gewertet, Projekte mit einer Wahrscheinlichkeit kleiner 50% finden in dieser Aufstellung keine Berücksichtigung. Der Vergleich der beiden Ansätze zeigt meist geringe Unterschiede, nur bei Unternehmen, die vergleichsweise wenig Großprojekte in der Projektliste haben, können größere Unterschiede zwischen den beiden Methoden auftreten.

Analog zur Vorgehensweise bei den bestehenden Aufträgen werden die genannten Projekte ebenso hinsichtlich des unterstellten Preis-/Mengengerüstes sowie der Kunden-Modell-Mix-Auswertung plausibilisiert.

1.2.2.4 Umsatzchancen und -risiken

Die aus der Analyse des Auftrags- und Projektbuches hergeleitete Umsatzentwicklung stellt somit eine transparente und fundierte Umsatzdarstellung für die nächsten Jahre dar

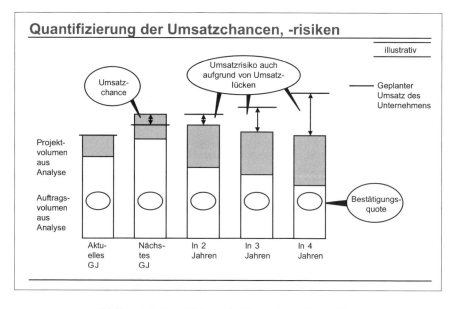

Abbildung 1-6: Quantifizierung der Umsatzchancen bzw. -risiken

(vgl. Abbildung 1-6). Die Abweichungen zu dem vom Unternehmen erstellten Businessplan quantifiziert sowohl die jeweiligen Umsatzchancen, d.h. eine positivere Umsatzentwicklung als vom Unternehmen angenommen, als auch die Umsatzrisiken, d.h. negativere Entwicklung als geplant für die nächsten Jahre. Häufig findet sich in den Planungen neben den Aufträgen und Projekten auch noch eine so genannte „Umsatzlücke", d.h. es wird mit zusätzlichem Umsatzpotenzial gerechnet, welches zwar zum aktuellen Betrachtungszeitraum noch nicht näher spezifizierbar ist, jedoch vom Unternehmen aufgrund von Vergabezyklen, Kundenbeziehungen, neuen Produkten und Marktdurchdringung als machbar angenommen wird. Als Orientierung sollte dieser Wert für die nächsten zwei bis drei Jahre im Bereich eines einstelligen Prozentanteils am beauftragten/projektierten Umsatzvolumen liegen.

Der Anteil der Aufträge (aktuelle, bestätigte) am Gesamtumsatz wird durch die Bestätigungsquote festgelegt. Diese Quote ist ein Indiz für das zukünftige Umsatzrisiko. Aufgrund der langfristigen Verträge und der langen Vorlaufzeiten im Rahmen der Auftragsvergabe sollte die Bestätigungsquote für das laufende Geschäftsjahr größer 95% sein. Für das folgende Geschäftsjahr bewegt sich eine branchenübliche Quote bei ca. 85 bis 90% und für das übernächste Geschäftsjahr bei ca. 70%.

1.2.2.5 Ergebnisentwicklung

Die Bestimmung der Chancen und Risiken auf der Ergebnisseite sind wesentlich schwerer zu quantifizieren als dies umsatzseitig möglich ist. Dennoch gibt es Indizien für mögliche Ertragsrisiken. Aus den Veränderungen der Umsatzstruktur können Auswirkungen auf die Ertragslage abgeleitet werden. Verschiebungen im Kunden-Produkt-Mix führen zu Verschiebungen auf der Ergebnisseite. Meist wird mit Premiumherstellern wie BMW, DaimlerChrysler oder Audi ein höherer Deckungsbeitrag realisiert als mit Volumenhersteller wie Volkswagen, Opel oder Ford. In Geschäftsjahren mit vielen Produktneuanläufen sind höhere Kosten zu erwarten als in „normalen" Zeiten, da Produktanläufe eine intensivere Betreuung- und eine höhere Aufmerksamkeit hinsichtlich Qualität benötigen.

Weiter gibt die Analyse der Kostenstruktur einen Hinweis auf mögliche Ergebniseinflüsse. Die Höhe der variablen Kosten (Materialkosten, Kosten für bezogene Leistungen (u.a. Zeitarbeiter)) spielt hierbei eine wesentliche Rolle. Ein hoher Anteil an variablen Kosten reduziert zunächst das Ergebnisrisiko, da dieser Kostenanteil mit der Umsatzentwicklung atmet.

Andererseits birgt diese Situation die Gefahr, dass Erhöhungen auf der Materialkostenseite, die nicht im Preis weitergegeben werden können, zu einer signifikanten Verschlechterung des Ergebnisses führen. Viele mittelständische Zulieferer befinden sich in einer „Sandwich"-Position. Auf der Abnehmerseite stehen mächtige Fahrzeughersteller, die ihre jährlichen Preisreduzierungen fordern, während sich auf der Lieferantenseite häufig ebenfalls Großkonzerne z.B. für Kunststoffgranulate oder Stahl befinden. Der Anteil der einzelnen Zulieferer am Umsatz dieser Rohmateriallieferanten ist häufig marginal und Preisreduzierungen auf der Materialseite können nur schwer durchgesetzt werden. Die aktuellen Entwicklungen beim Stahlpreis zeigen die Situation ganz eklatant. Viele Zulieferunternehmen sind in ihrer Existenz bedroht, wenn z.B. die Stahlpreiserhöhungen nicht im Verkaufspreis weitergegeben werden können.

Bei Materialien, die von der Entwicklung der Weltmarktpreise abhängig sind (z.B. Aluminium), werden häufig Preisgleitklauseln vereinbart, wobei die Veränderungen im Materialpreis im Verkaufspreis des Zulieferproduktes zeitversetzt (ca. drei bis sechs Monate) an den Kunden weitergegeben werden.

Hinsichtlich der Fixkosten sind für die großen Kostenpositionen, wie z.b. Personal die übliche Kostenentwicklungen zu unterstellen, die ggf. durch Einsparungen aufgrund von Produktivitätsfortschritten, veränderter Fertigungstechnologien oder Umsatzmix kompensiert werden können.

Letztendlich lassen sich ergebniswirksame Kriterien mit Blick auf die Vorgehensweise des Unternehmens hinsichtlich Kalkulationsschema oder Deckungsbeitragsrechnungen identifizieren. Wettbewerbsdifferenzierende Faktoren eines Zulieferers wie beispielsweise Alleinstellungsmerkmale bei Produkten oder Prozessen oder auch besondere wertschöpfungsrelevante Leistungen sind schwer quantifizierbar, sollten jedoch als „soft facts" der reinen Datenbetrachtung beigestellt werden.

1.2.2.6 Fazit

Mit Hilfe dieses Analysemodells lässt sich die Umsatz- und Ergebnisentwicklung des jeweiligen Unternehmens fundiert evaluieren. Die Ergebnisse bieten dem Unternehmen selbst einen kritischen Blick auf die gemachten Annahmen und Prognosen und bilden die Grundlage für die unterstellte Businessplanentwicklung, die im dritten Analyseschritt in die Unternehmensbewertung eingeht.

1.2.3 Unternehmensbewertung

Das Besondere an der Bewertung von Automobilzulieferern ist weniger in der Anwendung spezieller Bewertungsverfahren als in der hohen Planungssicherheit zu sehen. Die Auswahl der Bewertungsverfahren steht dagegen eher im Zusammenhang mit dem Bewertungszweck.

Ein Investment-Analyst einer Bank wird ein börsennotiertes Unternehmen in der Regel mit dem DCF-Modell nach dem Entity-Ansatz bewerten. Dies ist sinnvoll, da er normalerweise nur eingeschränkt Zugang zu Informationen über die mittelfristige Entwicklung der Bilanz und insbesondere der Finanzierungsstruktur besitzt. Ein strategischer Investor oder auch ein Finanzinvestor verfügen beim Kauf und Verkauf eines Unternehmens über detaillierte Informationen zum Unternehmen. Im DCF-Modell nach dem Equity-Verfahren werden alle Cashflow-relevanten Informationen berücksichtigt und seine Anwendung ist deshalb in diesen Fällen zu empfehlen. Das DCF-Verfahren nach dem Equity-Ansatz bietet beispielsweise den Vorteil, dass sich im Zeitablauf stark verändernde Kapitalstrukturen, wie sie für eine Akquisitionsfinanzierung typisch sind, am besten abbilden lassen.

Am Beispiel der Autozuliefer GmbH wird der Fall dargestellt, dass auf Basis der erhobenen und plausibilisierten Informationen eine Bewertung für einen Finanzinvestor durchgeführt wird. Das Bewertungskalkül eines strategischen Investors unterscheidet sich von dem eines Finanzinvestors dadurch, dass der strategische Investor mit Synergien rechnet und häufig auch eine geringere Eigenkapitalrendite ansetzt. Ein Grund für die geringere geforderte Eigenkapitalrendite ist, dass der strategische Investor aufgrund seiner Branchenkompetenz die Risiken in der Planung besser einschätzen kann.

Für die Bewertung wird als erstes die mit Hilfe der Auftrags- und Projektbuchanalyse plausibilisierte Unternehmensplanung erstellt. Diese umfasst im Wesentlichen die Umsatz- und Ergebnisentwicklung für die nächsten Jahre. Basierend auf der letzten Stichtagsbilanz, der vorhandenen Investitionspla-nung und der Working Capital-Planung wird eine integierte Planbilanz entwickelt.

Die Investitionsplanung und damit das Anlagevermögen lassen sich aus den Details des Auftrags- und Projektbuches ableiten. Im Einzelnen geht es um Investitionen, die im Zusammenhang mit neuen Aufträgen stehen, wie z.B. Werkzeuge, benötigte neue Produktionsanlagen oder die Erneuerung bestehender Anlagen, sowie die Vorlaufkosten des Produktionsanlaufes oder strategische Investitionen wie z.B. in neue Produktionsstandorte oder Forschungsaktivitäten.

Die Planung des Working-Capital basiert sowohl auf Erfahrungswerten als auch auf vertraglichen Gegebenheiten. Beispielsweise wird in den Verträgen mit den OEMs vereinbart, inwiefern Konsignationslager vorzuhalten sind und wann der Eigentumsübergang erfolgt. Eine üblicherweise pauschalierte Planung des Working-Capital über Laufzeiten wie Lagerhaltungsdauer, Debitorendauer oder Kreditorendauer bildet dies nur unzureichend ab.

Die Finanzplanung beruht auf abgeschlossenen Kreditverträgen und auf Annahmen zur Refinanzierung von Investitionen mit Fremdkapital und hängt wesentlich von der Bonität des zu bewertenden Unternehmens ab. Je besser die Bonität eines Unternehmens umso flexibler kann die Finanzplanung gestaltet werden.

Die Ausschüttungen ergeben sich als Residualgröße. Der Equity-Ansatz unterstellt, dass der Gewinn, der nach Investitionen/Desinvestitionen ins Anlagevermögen, in das Working Capital und nach Tilgung/Aufnahme von Finanzverbindlichkeiten verbleibt, ausgeschüttet wird.

1.2.3.1 Bewertung

Im Folgenden wird am Beispiel der Autozuliefer GmbH kurz dargestellt, wie auf Basis plausibilisierter Planzahlen bewertet wird. Besonderheiten wie unterjährige Bewertung, Anteile Dritter an vollkonsolidierten Tochterunternehmen oder Pensionsverbindlichkeiten werden in der nachfolgenden Darstellung ausgeblendet.

Für das DCF-Modell nach dem Equity-Ansatz werden als erstes aus der integrierten Planungsrechnung wie in Abbildung 1-7 die Flow-to-Equity ermittelt. In Abbildung 1-8 sind die wesentlichen Finanzkennzahlen für die Planungsrechnung abgebildet.

Für die Bewertung wurde ein Planungshorizont von fünf Jahren unterstellt und danach in den Endwert, den Terminal Value, übergegangen. Die Länge des Planunghorizonts steht in direktem Zusammenhang mit der Reichweite und der Güte des Auftrags- und Projektbuches. Ein solides Auftrags- und Projektbuch bietet die Basis für eine längere Detailplanungsphase.

Die Planzahlen für den Terminal Value wurden aus denen des letzten Planjahres auf Basis einer nominellen langfristigen Wachstumsrate von 1% abgeleitet. Eine Wachstumsrate von 1% unterstellt im Wesentlichen einen Inflationsausgleich.

in Mio. €	t = 0	t = 1	t = 2	t = 3	t = 4	t = 5	TV
[=] Umsatz	1.347,0	1.485,0	1.522,1	1.570,8	1.676,1	1.758,2	1.775,8
[=] EBIT	57,3	75,8	53,1	59,6	73,9	76,2	77,0
[-] Zinsaufwand	14,8	16,9	18,3	17,5	16,6	15,0	14,2
[=] EBT (adjusted)	42,5	58,9	34,8	42,1	57,3	61,2	62,8
[-] Steuern (adjustiert)	17,0	23,6	13,9	16,8	22,9	24,5	25,1
[=] EAT (adjusted)	25,5	35,3	20,9	25,3	34,4	36,7	37,7
[=] Anlagevermögen	315,6	348,1	351,7	368,6	371,5	371,4	375,1
[+] Abschreibungen	56,5	66,7	75,0	78,7	86,0	89,5	90,4
[-] Investitionen	112,9	99,2	78,6	95,6	88,9	89,4	94,1
[+] Vorräte	134,5	152,1	148,1	153,6	164,0	171,9	
[+] Forderungen aLuL	159,3	233,5	243,5	246,6	263,1	276,0	
[+] Sonstige Vermögensgegenstände	44,5	43,7	44,1	45,6	48,6	51,0	
[-] Erhaltene Anzahlungen	1,5	3,2	3,1	3,2	3,3	3,6	
[-] Verbindlichkeiten aLuL	170,4	175,0	179,5	185,4	196,9	205,9	
[-] Sonstige Verbindlichkeiten	82,3	96,8	98,9	102,1	108,9	114,3	
[=] Working Capital	84,1	154,3	154,2	155,1	166,6	175,1	176,9
[-] Veränderungen Working Capital	-20,8	70,2	-0,1	0,9	11,5	8,5	1,8
[=] Rückstellungen	85,6	103,1	108,0	113,0	120,6	127,1	128,4
[+] Veränderungen Rückstellungen	0,0	17,5	4,9	5,0	7,6	6,5	1,3
[+] Langfristige Bankverbindlich. keiten	122,3	182,4	161,0	158,0	150,0	130,6	
[+] Kurzfristige Bankverbindlichkeiten	75,8	69,5	74,4	72,1	62,4	57,5	
[=] Zinstragendes Fremdkapital	198,1	251,9	235,4	230,1	212,4	188,1	190,0
[+] Veränderungen zinstragendes FK	1,5	53,8	-16,5	-5,3	-17,7	-24,3	1,9
[=] Flow to Equity (FtE)	-8,6	3,9	5,8	7,2	9,9	10,5	35,4

Abbildung 1-7: Darstellung der Ermittlung des Flow to Equity für die Autozuliefer GmbH

	t = 0	t = 1	t = 2	t = 3	t = 4	t = 5	TV
Umsatzwachstum	15,6 %	10,2 %	2,5 %	3,2 %	6,7 %	4,9 %	1,0 %
EBITDA-Marge	8,4 %	9,6 %	8,4 %	8,8 %	9,5 %	9,4 %	9,4 %
EBIT-Marge	4,3 %	5,1 %	3,5 %	3,8 %	4,4 %	4,3 %	4,3 %
Zinssatz für zinstragende Verb.	7,5 %	7,5 %	7,5 %	7,5 %	7,5 %	7,5 %	7,5 %
Steuerquote	40,0 %	40,0 %	40,0 %	40,0 %	40,0 %	40,0 %	40,0 %
Wachstum Anlagevermögen	21,8 %	10,3 %	1,0 %	4,8 %	0,8 %	0,0 %	1,0 %
Abschreibungsquote	4,2 %	4,5 %	4,9 %	5,0 %	5,1 %	5,1 %	5,1 %
Investitionsquote	8,4 %	6,7 %	5,2 %	6,1 %	5,3 %	5,1 %	5,3 %
Working Capital Quote	6,2 %	10,4 %	10,1 %	9,9 %	9,9 %	10,0 %	10,0 %
Rückstellungsquote	6,4 %	6,9 %	7,1 %	7,2 %	7,2 %	7,2 %	7,2 %

Abbildung 1-8: Wesentliche Finanzkennzahlen für die Autozuliefer GmbH

Der Diskontierungszinssatz für die Autozuliefer GmbH ergibt sich für den Finanzinvestor aus der geforderten Eigenkapitalrendite. Diese beträgt für den Finanzinvestor im dargestellten Beispiel 15%.

Die Ermittlung des Eigenkapitalwertes, des Equity Value ist in Abbildung 1-9 dargestellt. Der Eigenkapitalwert ist die Summe der mit dem Eigenkapitalzinssatz diskontierten Flow-to-Equity plus Kasse und Finanzanlagen. Die Kasse und die Finanzanlagen sind additiv zu berücksichtigen, da ihre laufenden Erträge im dargestellten Beispiel nicht in die Ermittlung der Flow-to-Equity eingeflossen sind.

in Mio. €		t = 1	t = 2	t = 3	t = 4	t = 5	TV
Flow to Equity (FtE)		3,9	5,8	7,2	9,9	10,5	35,4
Terminal Value (TV)							252,6
Diskontierungszins	15,0%						
Wachstum	1,0%						
Diskontierungsfaktor		0,8696	0,7561	0,6575	0,5718	0,4972	0,4972
Barwert (PV) der Flow to Equity		3,4	4,4	4,7	5,6	5,2	125,6
[+] PV der FtE	23,4	12,3%					
[+] PV des Terminal Value	125,6	66,1%					
[+] Kasse und Finanzanlagen	40,9	21,5%					
[=] Equity Value	189,8						

Abbildung 1-9: Ermittlung des Equity Value für die Autozuliefer GmbH

1.2.3.2 Plausibilisierung

Der Vergleich der Bewertung der Autozuliefer GmbH mit der Bewertung börsennotierter europäischer Automobilzulieferer offenbart, wie sich die Autozuliefer GmbH gegenüber diesen positioniert. In den Vergleich wurden Automobilzulieferer aufgenommen, die ihren Sitz in Europa haben und für die Analystenschätzungen für Umsatz, EBITDA, EBIT und Gewinn je Aktie (EPS) zum Erhebungszeitpunkt im September 2004 existierten. In der Vergleichsgruppe finden sich beispielsweise Unternehmen die Bremsen, Kabelbäume, Reifen oder Sitze herstellen. Die Vergleichsgruppe ist so weit zu fassen, da für jedes spezielle Teilgebiet zu wenige Unternehmen börsennotiert bzw. groß genug sind, um von Analysten gecovert zu werden.

Im Marktvergleich (vgl. Abbildung 1-10) zeigt sich, dass die Autozuliefer GmbH schon zu den mittelgroßen Unternehmen der Branche in Europa gehört. Allerdings besitzt das Unternehmen vergleichsweise schlechte Margen.

Zudem sind die Bewertungsmultiplikatoren auf Basis des oben ermittelten Unternehmenswertes im Vergleich mit den Multiplikatoren börsennotierter Vergleichsunternehmen zum Teil deutlich niedriger (vgl. Abbildung 1-11). Hierin spiegelt sich die im Vergleich zur Börse höhere geforderte Eigenkapitalrendite des Finanzinvestors wieder. Wird die Autozuliefer GmbH mit einer am Kapitalmarkt orientierten Eigenkapitalrendite von 11% diskontiert, erhöht sich der Unternehmenswert. Der EV/EBIT-Multiplikator für das Jahr 2005 mit 8,2 und der KGV-Multiplikator mit 12,9 liegen dann im Marktdurchschnitt. Eine Eigenkapitalrendite von 11% entspricht einem risikolosen Zins von 5% plus

	Market Cap in Mio. €	EV in Mio. €	Umsatz in Mio. € 2004	2005	EBITDA-Marge 2004	2005	EBIT-Marge 2004	2005
Autoliv Inc	3.253	4.027	4.936	5.266	13,3 %	13,5 %	8,3 %	8,6 %
Beru AG	570	494	390	431	22,1 %	22,1 %	14,9 %	15,0 %
Brembo SpA	393	536	690	752	16,0 %	16,3 %	9,0 %	9,5 %
Continental AG	5.966	7.286	12.554	13.613	13,3 %	13,9 %	8,1 %	8,7 %
ElringKlinger AG	507	612	442	463	23,3 %	23,4 %	14,4 %	15,2 %
Faurecia	1.416	3.175	10.557	11.012	6,5 %	6,8 %	2,4 %	2,6 %
Georg Fischer AG	709	1.324	2.287	2.401	9,9 %	11,0 %	4,9 %	6,3 %
GKN PLC	2.345	3.532	6.604	5.876	10,4 %	10,6 %	7,3 %	5,7 %
Kolbenschmidt Pierburg AG	854	962	1.987	2.069	12,2 %	12,3 %	5,8 %	6,2 %
Leoni AG	475	747	1.212	1.427	9,9 %	10,6 %	5,2 %	6,5 %
Michelin (CGdE)	6.483	10.004	15.969	16.554	13,7 %	14,2 %	8,2 %	8,7 %
Nokian Renkaat Oyj	936	1.072	612	686	23,6 %	23,6 %	17,1 %	17,3 %
Phoenix AG	271	561	1.131	1.186	8,3 %	8,9 %	4,2 %	4,7 %
Pirelli & C SpA	2.751	5.034	6.863	7.120	10,4 %	11,1 %	5,2 %	6,0 %
Valeo SA	2.777	3.510	9.472	9.940	10,8 %	1,1 %	4,8 %	5,2 %
Median					12,2 %	12,3 %	7,3 %	6,5 %
Autozuliefer GmbH	190	347	1.485	1.522	9,6 %	8,4 %	5,1 %	3,5 %

Abbildung 1-10: Vergleich der Kennzahlen der Autozuliefer GmbH mit denen europäischer börsennotierter Automobilzulieferer

dem Produkt aus der Marktrisikoprämie in Höhe von 5,5 % und dem Branchenbeta in Höhe von 1,1.

Daneben schlägt sich in den Multiplikatoren ein anderes Margengefüge nieder. So ist die Autozuliefer GmbH auf Basis der Umsatz- und EV/EBITDA-Multiplikatoren deutlich niedriger bewertet als auf Basis der EV/EBIT- und der KGV-Multiplikatoren. Dies liegt an den sehr unterschiedlichen Geschäftsmodellen der einzelnen Automobilzulieferer und den damit verbundenen deutlich unterschiedlichen Anlageintensitäten. Höhere Anlagenintensitäten bedeuten vergleichsweise höhere Investitionen, was zu höheren Abschreibungen und höheren EBITDA-Werten führt. Der EV/EBITDA-Multiplikatoren fällt daher niedriger aus. Der Vergleich bzw. die vergleichende Bewertung (Market Approach) sollte deshalb sinnvollerweise auf Basis von EV/EBIT- und KGV-Multiplikatoren erfolgen.

Die Bewertung mit diesen kapitalmarktorientierten Multiplikatoren führt für das Jahr 2005 zu einem Unternehmenswert der Autozuliefer GmbH von € 305 Mio. bei Anwendung des EV/EBIT-Multiplikators und von € 267 Mio. bei Anwendung des KGV-Multiplikators. Diese Werte sind konsistent mit dem DCF-Modell bei Verwendung eines kapitalmarktorientierten Eigenkapitalzinssatzes in Höhe von 11 % (vgl. oben), was zu einem Unternehmenswert von € 277 Mio. führt.

Das Jahr 2004 ist aufgrund des relativ späten Erhebungszeitpunktes (September 2004) nur bedingt vergleichbar. Zum Erhebungszeitpunkt waren die Zahlen der Autozuliefer GmbH für t = 1 weitgehend sicher. Aufgrund von mehreren Produktanläufen wurde für t = 2 und t = 3 allerdings mit niedrigeren Margen gerechnet. Die Entwicklung der Planzahlen der Autozuliefer GmbH für 2004 (t = 1) und 2005 (t = 2) weicht deshalb deutlich von der Entwicklung bei den Vergleichsunternehmen ab. Aus diesem Grund ist das Jahr 2004 für eine vergleichende Bewertung nicht geeignet.

	EV/Sales		EV/EBITA		EV/EBIT		KGV	
	2004	2005	2004	2005	2004	2005	2004	2005
Autoliv Inc (Sweden)	0,82	0,76	6,1	5,7	9,9	8,8	12,9	11,6
Beru AG	1,27	1,15	5,7	5,2	8,5	7,7	14,3	12,9
Brembo SpA	0,78	0,71	4,9	4,4	8,6	7,5	12,9	11,4
Continental AG	0,58	0,54	4,4	3,9	7,1	6,1	12,8	10,1
ElringKlinger AG	1,39	1,32	5,9	5,6	9,6	8,7	15,2	13,3
Faurecia	0,30	0,29	4,6	4,2	12,4	11,1	27,9	17,1
Georg Fischer AG	0,58	0,55	5,9	5,0	11,8	8,7	13,2	9,2
GKN PLC	0,53	0,60	5,1	5,7	7,4	10,5	12,9	13,9
Kolbenschmidt Pierburg AG	0,48	0,47	4,0	3,8	8,3	7,5	14,5	12,4
Leoni AG	0,62	0,52	6,2	4,9	11,8	8,1	11,9	8,6
Michelin (CGdE)	0,63	0,60	4,6	4,3	7,6	7,0	10,2	9,0
Nokian Renkaat Oyj	1,75	1,56	7,4	6,6	10,2	9,0	14,0	12,2
Phoenix AG	0,50	0,47	6,0	5,3	11,9	10,0	16,3	13,0
Pirelli & C SpA	0,73	0,71	7,1	6,4	14,2	11,8	22,9	16,3
Valeo SA	0,37	0,35	3,4	3,2	7,7	6,8	16,3	14,5
Median	0,62	0,60	5,7	5,0	9,6	8,7	14,0	12,4
Autozuliefer GmbH	0,23	0,23	2,4	2,7	4,6	6,5	5,3	8,8

Abbildung 1-11: Vergleich der Multiplikatoren der Autozuliefer GmbH mit denen europäischer börsennotierter Automobilzulieferer

Eine Bewertung auf Basis der Multiplikatoren für das Kalenderjahr 2006 war zum Erhebungszeitpunkt nicht möglich, da nur vereinzelt Analystenschätzungen vorlagen und so keine belastbaren kapitalmarktorientierten Multiplikatoren ableitbar waren.

1.3 Zusammenfassung

Die Ausführungen hinsichtlich der Branchenstruktur und den Geschäftsbeziehungen innerhalb der Automobilzulieferindustrie zeigen die guten Voraussetzungen für eine langfristige und quantitativ unterlegte Planung auf. Relativ stabile Absatzmärkte und die langfristigen Lieferbeziehungen zwischen den Fahrzeugherstellern und Zulieferunternehmen ermöglichen eine genaue Plausibilisierung der Planungen. Somit erreichen die Inputdaten für die abschließende Unternehmensbewertung ein hohes Qualitätsniveau, was letztendlich der Unternehmensbewertung – unabhängig vom Verfahren – zugute kommt.

2 Bewertung von Anlagenbauunternehmen

von *Sigrid Krolle* und *Jan-Dirk Sommerkamp*[*]

2.1 Die wunderbare Welt des Großanlagenbaus	31
2.1.1 Vorbemerkung	31
2.1.2 Wesentliche Merkmale	33
2.1.2.1 Geschäftsmodelle	33
2.1.2.2 Leistungsbezogene Merkmale	36
2.1.2.3 Finanzwirtschaftliche Merkmale	38
2.2 Analyse der Planungsrechnung	41
2.3 Bewertung künftig erwarteter Zahlungsströme	43
2.3.1 Kurzdarstellung üblicher Bewertungsverfahren	43
2.3.2 Branchenspezifische Problemfelder in der Unternehmensbewertung	45
2.3.2.1 Zyklik (charakteristische Ergebnisschwankung)	46
2.3.2.2 Liquidität und Anzahlungen	47
2.3.2.3 Mutter-Tochter-Konzernverbund	50
2.4 Praxisbeispiel	51
2.5 Schlussbemerkung	57
2.6 Literatur	57

2.1 Die wunderbare Welt des Großanlagenbaus

2.1.1 Vorbemerkung[1]

Theoretisch scheinen die meisten Bewertungsfragen gelöst. In der praktischen Umsetzung erweist sich dies jedoch häufig als Trugschluss. Denn eine Vielzahl von Bewertungsfragen stellt sich häufig erst im konkreten Fall in einer Weise, wie sie sich die Theorie selten stellt oder stellen muss. Hierzu gehören z.B. Fragen der Datenbeschaffung und -verfügbarkeit sowie der Umgang mit diesen (z.B. Ermittlung und Behandlung von stillen Reserven, Diskontierungsfaktoren oder Multiplikatoren). Ebenso kann sich in der Praxis der Blickwinkel je nach „Bewertungszweck" verändern, ein Begriff, den es in der reinen Kapitalmarkttheorie nicht gibt. Regelmäßig ergeben sich vor allem aus branchenspezifischen Aspekten Problemstellungen, wie im konkreten Fall bewertungstheoretische Erkenntnisse umzusetzen sind.

---

[*] Sigrid Krolle und Jan-Dirk Sommerkamp, beide PWC Corporate Finance GmbH, Frankfurt am Main.
[1] Wir möchten an dieser Stelle Herrn *Hans-Peter Ilgner*, ChemAdvice GmbH, für seine Diskussionsbereitschaft und wichtigen Anregungen bei der Darstellung der anlagenbau-spezifischen Charakteristika danken.

In diesem Kapitel werden Bewertungsprobleme von Unternehmen des deutschen Anlagenbaus behandelt. Denn diese Branche weist in besonderem Maße solche, vor allem in der praktischen Umsetzung denn in der Theorie bestehende Probleme der Unternehmensbewertung auf. Der Verband Deutscher Maschinen- und Anlagenbau e.V. (VDMA) merkt an, dass „die Charakteristik des Großanlagenbaus [...] eine positive Wahrnehmung der Unternehmen durch die Kapitalmärkte [erschweren, d. Verf.]. Komplexität, Langfristigkeit sowie fallweise hohe Projektrisiken verunsichern Analysten und kommen dem kurzfristigen Interesse von Investoren nicht entgegen".[2]

Die Hintergründe für diese Einschätzung sind vielfältig. Sie liegen zum einen im breiten Spektrum der von Anlagenbauern angebotenen Leistungen und der Verschiedenartigkeit der möglichen Leistungsspektren und Vertragsgestaltungen (Geschäftsmodelle). Die hiermit verbundene Divergenz in Risiko, Wachstumschancen, Kostenstruktur und Profitabilität erschwert zwangsläufig die grundsätzlich auf einem Vergleich basierende Bewertung[3] der zu dieser Branche gehörenden Unternehmen. Weitere besondere Merkmale des Anlagenbaus liegen im hohen Exportanteil sowie der Langfristigkeit der Projekte. Der Auftragseingang ist diskontinuierlich und folgt keinem gleichförmigen konjunkturellen Zyklus. Des Weiteren bedürfen einzelne Teilaspekte besonderer Wertung, die im Normalfall von eher untergeordneter Bedeutung sind. Hierzu gehört der Umgang mit dem für Anlagenbauer typischen hohen Kassenbestand, die besondere Abrechnungsweise ebenso wie die Wertung der für das Geschäft notwendigen, aber außerhalb der Bilanz bestehenden Avalverbindlichkeiten und Konzernbürgschaften. In Deutschland kommt hinzu, dass die meisten Unternehmen in Konzernen mit ganz anderen geschäftlichen Schwerpunkten eingebunden sind, z.B. *Uhde GmbH* beim Stahlkonzern *Thyssen-Krupp AG, Bayer Technologie Services GmbH* beim Chemiekonzern *Bayer AG, MAN Ferrostaal AG* beim Industriemaschinenkonzern MAN AG. Dies ist häufig mit einer Reihe von Informationsdefiziten vor allem in Bezug auf die Leistungsfähigkeit und die Risiken des Anlagengeschäftes verbunden. Zum anderen sind bei der Bewertung eines so eingebetteten Anlagebauers eventuelle finanzielle Verflechtungen je nach Bewertungszweck unterschiedlich zu berücksichtigen.

Die grundsätzlich auf der Vergangenheitsanalyse aufbauende Bewertung setzt somit ein hohes Verständnis der jeweiligen Erfolgsfaktoren sowohl des zu bewertenden Unternehmens als auch der zum Vergleich herangezogenen Unternehmen voraus. Deshalb werden wir im ersten Teil dieses Beitrags die wesentlichen Charakteristika von Anlagenbauern und deren Marktumfeld skizzieren; wir werden uns dabei auf die in Deutschland vertretenen Modelle beschränken. Andere Länder weisen hier zum Teil gravierende Unterschiede auf, auf die wir hier nicht weiter eingehen. Im zweiten Teil werden wir – soweit möglich – für einige problematische Teilaspekte bei der Bewertung von Anlagenbauern Lösungsvorschläge darstellen.

---

[2] Dr. *Aldo Belloni*, Sprecher des Vorstandes der Arbeitsgemeinschaft Großanlagenbau, Pressekonferenz am 26. März 2003, Frankfurt/Main.
[3] Vgl. *Moxter, A.* (1983), S. 123.

2.1.2 Wesentliche Merkmale

2.1.2.1 Geschäftsmodelle

Nach einer Definition des Fachverbandes Großanlagenbau des *VDMA* verfügen Anlagenbauunternehmen über die

„Fähigkeit, alleine auf Basis umfassender Kenntnis des verfahrenstechnischen Prozessablaufs ein- oder mehrmals jährlich für Produktions- und Energieerzeugungsanlagen der Industrie Großprojekte von mindestens 20.000 Ingenieurstunden zu planen, zu konstruieren, die Ausrüstung für sie herzustellen oder weltweit einzukaufen, zu liefern, zu montieren, in Betrieb zu setzen und die notwendige Finanzierung bereitzustellen."

Die Tiefe des Leistungsangebots der im Anlagenbau tätigen Unternehmen erstreckt sich von der Erbringung rein konzeptioneller Planungen über die Lieferung und Montage einzelner Komponenten und Systeme bis hin zum vollständigen Betrieb komplexer Großprojekte. Die Angebotsfülle im Anlagenbau wird sehr wesentlich durch die Nachfragebreite der Abnehmerindustrien bestimmt:[4] So zählen sich Hersteller von Armaturen und Mess- und Regeltechnik gleichermaßen zum Anlagenbau wie Erbauer von Pharma- und Kraftwerksanlagen. Mit seiner starken Technologieorientierung zeigt der Anlagenbau eine Ausprägung, wie sie eher im mittelständisch geprägten Maschinenbau anzutreffen ist. Gleichzeitig kommen allerdings insbesondere in internationalen Großprojekten Anforderungen an das Projekt- und Risikomanagement sowie Finanzierungskonzepte zum Tragen, wie sie aus der Bauindustrie bekannt sind. Im Folgenden werden unter Anlagenbauern diejenigen Unternehmen verstanden, die der Definition des *VDMA* entsprechen, also Unternehmen, die Produktions- und Energieerzeugungsanlagen herstellen.

Die angebotenen Leistungen bei der Durchführung eines Investitionsprojektes lassen sich generell in die fünf Wertschöpfungsstufen Konzeption und Technologiedesign, Basic Engineering, Detail Engineering und Beschaffung, Bau & Montage und Inbetriebnahme untergliedern.[5] Die Konzeption und das Technologiedesign beinhalten neben der Festlegung der anzuwendenden Technologie auch die Erstellung von Machbarkeitsstudien und die Durchführung von Wirtschaftlichkeitsberechnungen. Für den Fall, dass eine Anlage gebaut werden soll, die auf einem Verfahren beruht, für die es noch keine Prozesstechnologie gibt, so genannte „First-of-its-kind"-Anlagen, muss in dieser Stufe zunächst das Verfahren entweder selbst oder von externen Dienstleistern entwickelt werden. Dies geschieht häufig in Zusammenarbeit mit den Auftraggebern.

In der Stufe Basic Engineering wird auf Basis des bei der Konzeption festgelegten Technologiedesigns (Technology Packageing) zudem u.a. der verfahrenstechnische Ablauf, die Prozessbeschreibung sowie das Instrumentierungskonzept festgelegt. In der Phase des Detail Engineering werden Spezifikationsarbeiten für den Aufstellungsplan, die erforderlichen Apparate und Anlagenkomponenten durchgeführt, auf deren Basis dann die notwendigen Materialien, Ausrüstungen und Montagearbeiten ausgeschrieben und eingekauft

---

[4] Im Jahr 2003 stellte der Kraftwerksbau, die Hütten- und Walzwerke und der Chemieanlagenbau die bedeutendsten Sparte dar. Weitere Industriezweige sind die Luft- und Gasverflüssigung, Zellstoff-, Papier- und Textilindustrie, Bau- und Baustoffindustrie, Rohstoffgewinnung und -aufbereitung im Bergbau, Anorganische Chemie sowie Umwelttechnik.

[5] Vgl. *Schlüter, V./Hoff, D.* (2003); *Höffgen, E./Schweitzer, M.* (Hrsg.) (1991), S. 41 ff.

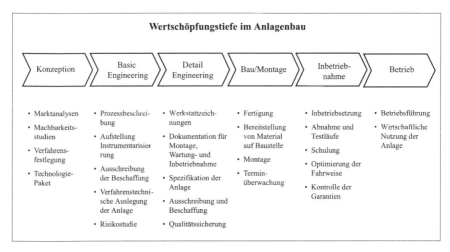

Abbildung 2-1: Wertschöpfungstiefe im Anlagenbau

(Procurement) werden. Anschließend wir die Anlage gebaut und nach Funktionsprüfungen an den Auftraggeber übergeben.

Differenziert man weiter nach dem Umfang der angebotenen Leistungskomponenten des Vertrages, d.h. allgemein nach dem zu tragenden Risiko für den Auftragnehmer, so lassen sich generell folgende Vertragsformen unterscheiden:

- Lump-Sum-Turn-Key-Vertrag (LSTK),
- Engineering-Procurement-Construction-Vertrag (EPC),
- Build-Operate-Transfer-Vertrag (BOT) und
- Engineering-Vertrag.

LSTK-Verträge haben die schlüsselfertige Bereitstellung einer kompletten Anlage (oder bestimmter Leistungskomponenten z.B. Lump Sum Procure and Build-Vertäge) von der Konzeption über die Montage bis hin zur Inbetriebnahme zu einem vertraglich vereinbarten Festpreis und garantierten Termin zum Inhalt. Dabei müssen sowohl zugesicherte qualitative als auch quantitative Eigenschaften der Anlage in einem vorgegebenen Zeitrahmen erfüllt werden. Diese Vertragsform erfordert, wie alle anderen Formen auch, im Vorfeld der Angebotsabgabe neben einer detaillierten Vorkalkulation auch eine Einschätzung, ob hinreichend Technologie-Know-how zur Errichtung der Anlage vorhanden ist. Unternehmen, die über keine proprietären Prozesstechnologien verfügen, erwerben häufig Lizenzen zur Anwendung einer Fremdtechnologie; werden dann noch die Montage und die Inbetriebnahme der Anlage an Subkontraktoren vergeben, verbleiben nur noch Prozesssteuerungsfunktionen im Sinne einer organisatorischen und finanziellen Verantwortung beim eigentlichen Auftragnehmer. Diese Form ist im Pharma- und Chemieanlagenbau zu beobachten, da dort häufig kundenspezifische Verfahren, z.B. bei der Herstellung von Chemikalien und Wirkstoffen, eingesetzt werden.

Die Vertragsform EPC stellt eine Unterform des LSTK-Vertrags dar. Sie beinhaltet die Dienstleistungspakete Basic und Detailed Engineering, Beschaffung sowie Montage. Der Leistungsumfang gegenüber dem LSTK-Vertragsmodell reduziert sich somit um die vorgelagerte Konzeptionsstufe und Inbetriebnahme und damit um die Haftung für die Funktionsfähigkeit der eingesetzten Technologie. Diese Vertragsform ist neben der LSTK die am häufigsten gewählte; sie findet vor allem Anwendung im Zusammenhang mit der Errichtung von Anlagen nach lizensierten Prozessen.

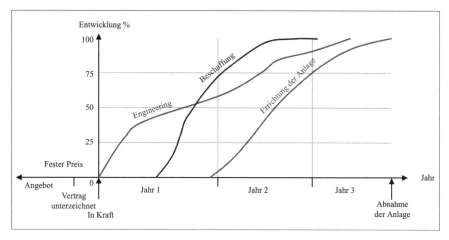

Abbildung 2-2: *Typischer zeitlicher Ablauf eines Lump-Sum-Turn-Key-Projektes*

BOT-Verträge beinhalten die Errichtung sowie den Betrieb der Anlagen durch den Auftragnehmer. Die Anlage wird zunächst auf Basis einer vom Auftraggeber erteilten Konzession vom Anlagenbauer zeitlich befristet betrieben und dann zu einem vereinbarten späteren Zeitpunkt (z.B. nach 10 bis 30 Jahre) oder sukzessive an den Auftraggeber übergeben. Die Anwendung dieses Modells erfolgt häufig als Form der Projektfinanzierung bei komplexen Anlagen und Einrichtungen, die von der öffentlichen Hand in Auftrag gegeben werden z.B. Energiegewinnung, Abfallbeseitigung oder Flughäfen etc.

Reine Engineering-Verträge können einerseits nur Überwachungstätigkeiten beinhalten, auf der anderen Seite haben sie auch den Erwerb und die Beschaffung von Material und Fremdleistungen auf Rechnung des Auftragnehmers oder Auftraggebers zum Inhalt. Der Auftragsnehmer erhält i.d.R. einen festen Margensatz auf sein eigenes Leistungspaket, während sein finanzielles Risiko aus Planungsfehlern auf die Höhe des Auftragswertes begrenzt ist.

Differenziert man nach der Art der Leistungsabrechnung, so lassen sich im Wesentlichen die Abrechnung nach fixiertem Festpreis (Lump-Sum) und nach angefallendem Aufwand (Cost-plus-Vertrag) unterscheiden. Das höchste finanzielle Risiko im Vergleich zu weniger umfänglichen Vertragsformen gehen Großanlagenbauer durch die Vereinbarung von LS-Verträgen ein. Typischerweise fallen bei dieser Vertragsform Baufortschritt und Gewinnerzielung weit auseinander, denn Abschlagszahlungen werden i.d.R. pro fertiggestelltem Bauabschnitt geleistet. Gibt es Verzögerungen bei der Fertigstellung von Abschnitten oder der Gesamtanlage, werden eingeplante regelmäßige Teilzahlungen des Auftraggebers zurückgehalten und erst nach erfolgreicher Erreichung von Projekt-Milestones ausgezahlt. Durch solche Zahlungsverschiebungen kann die Auftragskalkulation bereits empfindlich gestört werden. Denn die Verzinsung von (zeitlich begrenzten) Liquiditätsüberschüssen aus dem Vorlauf der Anzahlungen gegenüber den entstehenden Projektkosten ist i.d.R. fester Kalkulationsbestandteil. Verträge nach dem Cost-plus-Verfahren (Cost Reimbursable Contract) hingegen zeichnen sich durch ein vergleichsweise geringes Risiko aus, da sich der Erstattungsbetrag durch den Auftraggeber nach dem tatsächlich angefallenen Aufwand bemisst. Das Risiko der Auftragsdurchführung und somit auch eines möglichen Mehraufwandes durch Verzögerungen werden vollständig vom Auftraggeber getragen. Zudem wird eine Gewinnmarge praktisch garantiert. Lediglich bei der Vertragsvariante, deren Leistungsumfang die Beschaffung beinhaltet, trägt die ausführende Anlagenbaugesellschaft das Risiko, dass die zu beschaffenden Bauteile den vorher festgelegten Spezifikationen entsprechen und termingerecht vorhanden sind.

Ordnet man die Vertrags- und Leistungsklassen nach ihrem durchschnittlichen Auftragsvolumen, der tendenziell erzielbaren Marge und dem potenziellen operativen Risiko, so ergibt sich folgendes Bild:

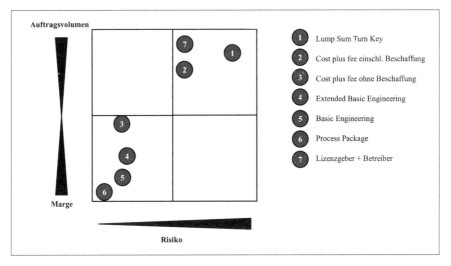

Abbildung 2-3: Risiko-Volumen-Profil

2.1.2.2 Leistungsbezogene Merkmale

Unternehmen im Großanlagenbau sind erheblichen Risiken ausgesetzt, sowohl aus dem Marktumfeld der Abnehmerindustrien und des eigenen Marktes, den verhandelten Vertragskonditionen als auch den projekt-immanenten, operativen Risiken aus der Durchführung der baulichen Maßnahmen. Im Folgenden werden die zwei Hauptrisikogruppen „Operatives Risiko" und „Marktrisiko" kurz erläutert, die für die Einschätzung zukünftiger Erträge eines Anlagenbauunternehmens von Bedeutung sind.

2.1.2.2.1 Marktrisiken

Bei der Analyse des Marktumfeldes spielen makroökonomische Faktoren wie globale und lokale Konjunktur- und Wachstumsaussichten, die Wettbewerbssituation in der eigenen

Branche und insbesondere die Nachfragesituation in den Abnehmerindustrien eine wichtige Rolle.[6]

In diesem Zusammenhang sind die für Anlagenbauer charakteristischen Schwankungen ihrer Unternehmensergebnisse beziehungsweise die Diskontinuität der Auftragseingänge von großer Bedeutung, denn die Branche ist stark von konjunkturbedingten Nachfrageschwankungen sowie Sonderentwicklungen in einzelnen Regionen beeinflusst. Die nachstehende Graphik illustriert diese regional versetzte, typische Schwankungsbreite der Auftragslage des gesamten Anlagenbaus in Deutschland:

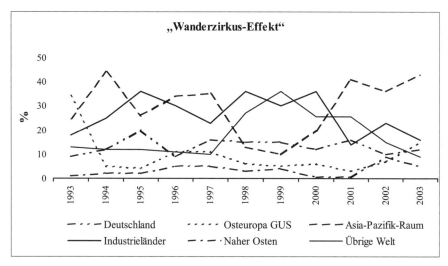

Quelle: *VDMA Geschäftsbericht 2002, eigene Berechnungen*

Abbildung 2-4: „Wanderzirkus-Effekt" im Anlagenbau

Wenngleich durch die regionale Nachfrageverschiebung ein nahezu „geglättetes" Gesamtbild entsteht, ist der einzelne Anlagenbauer doch tendenziell der Schwankungsbreite ausgesetzt, wie sie sich in den Einzelmärkten widerspiegelt. Denn die jeweiligen regionalen Nachfragesituationen betreffen normalerweise nicht den Großanlagenbau in der gesamten Breite seiner Angebotspalette, sondern resultiert immer aus einzelnen Abnehmerindustrien. So ist beispielsweise die Auslandsnachfrage nach Kraftwerksanlagen bei deutschen Anbietern von Energietechnik in den Jahren 1998 bis 2002 maßgeblich von US-amerikanischen Energieversorgungsunternehmen bestimmt worden. In den USA fand zu dieser Zeit eine Modernisierung und Erweiterung bestehender Anlagenkapazitäten (Liberalisierung des Strommarktes) statt, der zu einer Sonderkonjunktur im Segment Kraftwerksan-

---

[6] Der Markt für Stahl und Anlagen zur Stahlherstellung beispielsweise erlebt gegenwärtig eine große Nachfragesteigerung aus China, da dort zahlreiche privatwirtschaftliche und staatliche Investitionsprogramme zur Modernisierung der Infrastruktur initiiert wurden. Dies hat auf der anderen Seite den Aufbau zusätzlicher Produktionskapazitäten, unter Umständen sogar von Überkapazitäten im Markt zur Folge, sodass negative Auswirkungen auf die zukünftige Nachfrage nach Anlagen zur Stahlherstellung erwartet werden können.

lagen führte.[7] Solche temporären Effekte sind weder als nachhaltig zu werten, noch werden sie zwangsläufig von anderen Regionen abgelöst.

2.1.2.2.2 Operative Risiken

Die operativen Risiken beim Bau von Großanlagen leiten sich in erster Linie aus der gewählten Vertragsform ab, dem vereinbarten Leistungsumfang, der Komplexität sowie möglicher weiterer individueller Vereinbarungen hinsichtlich Risikoübernahmen durch den Anlagenbauer oder den Auftraggeber. Finanzielle Lasten auf Seiten des Anbieters entstehen bereits im Ausschreibungsprozess (Tendering) vor der möglichen Erteilung eines Auftrags in Form von Planungs- und Projektierungsleistungen. Der Anbieter trägt insofern das Risiko, dass unabhängig vom Zustandekommen eines Vertrages diese Kosten nicht erstattet werden (Angebots- oder Entwicklungsrisiko).[8] Insbesondere bei deutschen Großanlagenbauern mit einer erwiesenermaßen hohen Technologiekompetenz (im Gegensatz zu amerikanischen Unternehmen, die häufig auf Fremdlizenzen zurückgreifen) spielt die Kontrolle dieses Risikos eine wichtige Rolle.

Unabhängig von der Vertragsform bedarf jedes Projekt einer sorgfältigen Vorkalkulation. Dies gilt im Besonderen für Projekte auf Basis von LSTK-Verträgen. Denn hier geht jede Fehlkalkulation zu Lasten der Gewinnmarge (Kalkulationsrisiko) oder der Chance, den Auftrag zu gewinnen. Fehlkalkulationen können ihre Ursachen in endogenen Faktoren (Unterlassung, Unerfahrenheit etc.) und exogenen Faktoren wie Preisrisiken (Wechselkurse, Finanzierungskosten etc.) oder Bezugsrisiken (Zahlungsausfall, Fertigungsmängel bei bezogenen Leistungen etc.) haben. Preisrisiken wirken sich insbesondere auf Beschaffungspreise sowie die erhaltenen Abschlags- und Endzahlungen aus. Die Erstellung einer zuverlässigen Vorkalkulation ist insbesondere dann schwierig, wenn Spezialanlagen im Auftrag des Kunden erst noch entwickelt werden (First-of-its-kind-Anlagen). Für diese Anlagen liegen noch keine Erfahrungswerte bezüglich des Kostenrahmens und möglicher technischer Risiken vor, so dass die Gefahr unkalkulierter Risiken besonders hoch ist. Den höheren Risiken bei LSTK sollte mit einem ausreichend hohen Gewinnaufschlag beim Angebotspreis Rechnung getragen werden.

Während die vorgenannten Risiken ihre Entstehung zumeist außerhalb der Unternehmenssphäre haben, liegen die Nichtfertigstellung, verzögerte Fertigstellung, mangelnde Leistungsfähigkeit (technisches Risiko) der Anlage sowie die Überschreitung geplanter und fixierter Investitionskosten (Fertigungsrisiken) allein in der Verantwortung des Anlagenbauers. Wird der Termin der Inbetriebnahme nicht eingehalten oder zugesagte Leistungsmerkmale nicht erreicht, sind häufig Konventionalstrafen und Pönale fällig, die bis zu ca. 15 bis 20% der Auftragssumme liegen.[9]

2.1.2.3 Finanzwirtschaftliche Merkmale

Bedingt durch die besonderen Charakteristika von langfristigen Fertigungsprojekten zeigen sich bei Anlagenbauern typische bilanzielle und finanzwirtschaftliche Merkmale. Zum

---

[7] *VDMA*-Geschäftsbericht 2002, S. 21.
[8] Dabei werden die Kosten für die Angebotserstellung mit bis zu 5% des Auftragswertes veranschlagt, aber nur etwas 5 bis 10% münden in einen Vertragsabschluss. (Vgl. *Kümpel, Th.* (1999), Fn. 129 und angegebene Literatur; *Höffgen, E./Schweitzer, M.* (Hrsg.) (1991), S. 17.
[9] Vgl. *Höffgen, E./Schweitzer, M.* (Hrsg.) (1991), S. 20.

einen wird die Bilanz auf der Aktivseite als Umlaufvermögen überwiegend von Anlagen im Bau und unfertigen Erzeugnisse, erhaltenen Anzahlungen,[10] Forderungen aus Lieferungen und Leistungen und liquiden Mitteln gebildet, während die Passivseite zumeist von Rückstellungen und Verbindlichkeiten aus Lieferungen und Leistungen geprägt wird. Auf der Ertragsseite spiegelt sich die Charakteristik der langfristigen Auftragsfertigung insbesondere durch Schwankungen auf der Umsatzseite wider, die je nach zugrunde gelegter Rechnungslegungsvorschrift noch verstärkt wird.[11]

Die Diskontinuität der Aufträge und der Zahlungseingänge sowie die Langfristigkeit der risikobehafteten Projekte wirken sich insbesondere auf die kurz- bis mittelfristige Liquidität des Unternehmens und dort insbesondere auf die Finanzierung des Working Capital aus. Die Liquiditätssituation der Gesellschaft ist nicht allein durch den stichtagsbezogenen, bilanziellen Bestand an liquiden Mitteln dargestellt, sondern zudem durch das Portfolio der laufenden Projekte, der damit verbundenen Kosten und der mit dem Portfolio verbundenen Risiken. Während bei Projekten mit Cost-plus-Fertigungsverträgen die ausführende Gesellschaft bei Projektbeginn zunächst selbst eine Vorfinanzierung der laufenden Bautätigkeit stellt, und dann mit dem Baufortschritt laufend abrechnet, werden bei LSTK- und BOT-Verträgen neben einer Anzahlung zu Beginn des Projektes je nach Baufortschritt weitere Abschlagszahlungen vom Auftraggeber geleistet. Vielfach werden aber auch Zahlungen bis zum Projektende zurückgehalten oder wie bei BOT-Verträgen, über das Ende hinaus finanziert. Ein so genanntes Cash-Cost-Diagramm (Abbildung 2.5) zeigt, zu welchem Zeitpunkt Zahlungen in welcher Höhe voraussichtlich anfallen werden und wie die Liquiditätssituation zu diesem Zeitpunkt aussieht. Daraus lassen sich Unter- und Überdeckungen erkennen, die entweder temporär auftreten oder dauerhaft bestehen bleiben. In beiden Fällen muss für einen Ausgleich gesorgt werden (Brückenfinanzierung, Lieferantenkredite etc.).

Die Liquiditätssituation des Anlagenbauers (zumindest in Deutschland) erfährt bisweilen dadurch Entspannung, dass die Finanzierungsaktivitäten in einen Konzern eingebunden sind.

Das überdurchschnittliche Risikopotenzial der Projekte findet insbesondere in der Rückstellungsbildung sowie außerbilanziellen Risikopositionen, wie z.B. Garantien, ihren Niederschlag. Generell werden zunächst pauschal in Form von Prozentsätzen, aber auch für einzelne laufende Aufträge Auftragsrückstellungen z.B. für Gewährleistungen, zeitlich begrenzte Garantien, nachlaufende Kosten und Sachleistungsverpflichtungen sowie ggf. Verlustrückstellungen (aus schwebenden Geschäften) gebildet. Neben der bilanziellen Erfassung und Absicherung von Risiken, die nach Erstellung der Anlage entstehen können, spielt für Anlagenbauer das potenzielle Risiko eines Totalausfalls eines Projektes vor Arbeitsbeginn eine zentrale Rolle, da daraus zumeist sehr große finanzielle Belastungen folgen. Angesichts der Größe der Projekte und der Tatsache, dass die Gesellschaften ten-

---

[10] An- und Zwischenzahlungen sind nach HGB erfolgsneutral zu buchen. Dem Wesen nach stellen Teilzahlungen Kredite da, die bis zur Erfüllung des schwebenden Vertrages unter der Positionen „erhaltene Anzahlungen auf Bestellungen" zu passivieren sind. Alternativ ist eine aktivische Absetzung zu den Vorräten möglich. Vgl. *Kümpel, Th.* (1999).

[11] Die Probleme, die sich aus der Langfristigkeit der Projekte für die Darstellung der Ertragslage im Jahresabschluss ergeben, sind hinlänglich bekannt. Vgl. auch *Freidank, C.-Ch.* (1989) S. 1197-1204 und die dort angegebene Literatur.

denziell im Vergleich zu den Projektvolumen und -risiken über eine nur geringe Eigenkapitaldecke verfügen, verlangen Auftraggeber regelmäßig Sicherheiten in Form von Bürgschaften.[12] Der Anlagenbauer wird bei besonders großen Projekten aufgefordert, vor Projektbeginn eine Fertigungsgarantie zu stellen, die bei Problemen im Projekt, etwa durch die Lieferunfähigkeit eines Anbieters, durch den Auftraggeber gezogen werden kann. Der Ausweis solcher Eventualverbindlichkeiten erfolgt außerhalb der Bilanz (off balance sheet liabilities).

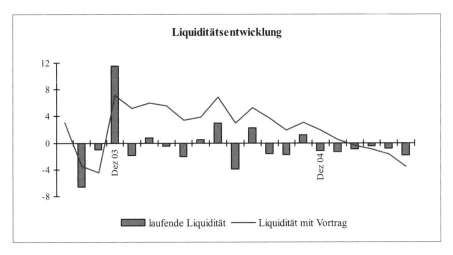

Abbildung 2-5: Mögliche Entwicklung der Liquidität von Anlagebauprojekten im Zeitablauf

Da die Projektvolumina häufig deutlich größer sind als das Haftungskapital (Eigenkapital) und entsprechende Sicherheiten nicht gestellt werden können, tritt anstelle eines Kreditinstitutes oftmals die Muttergesellschaft im Namen ihrer Tochtergesellschaften in verschiedenartige Sicherungsvereinbarungen (sog. „performance and financial assurances" z.B. Konzernbürgschaften, Patronatserklärungen, Letter of Comfort) ein. Dies hat den Vorteil, dass mögliche Ausfälle von der meist finanzstärkeren und solventeren Mutter-

---

[12] Avalkredit ist die Kreditgewährung eines Kreditinstituts durch Übernahme einer Bürgschaft oder einer Garantie im Kundenauftrag gegen Zahlung einer Avalprovision. Der Kreditvertrag kann so gestaltet sein, dass ein Avalrahmen eingeräumt wird, bis zu dem das Kreditinstitut bereit ist, Bürgschaften und Garantien zu übernehmen. Das Kreditinstitut verpflichtet sich gegenüber einem Dritten, auf erste Anforderung zu zahlen. Es stellt somit seine eigene Kreditwürdigkeit zur Verfügung („Kreditleihe"). In der Haftungserklärung verpflichtet sich das Kreditinstitut i) für die Erfüllung der Verbindlichkeit des Kreditnehmers gegenüber dem Dritten einzustehen (Schuldhaftung/Bürgschaft) oder ii) für die finanzielle Absicherung des Dritten zu sorgen, wenn ein vom Kreditnehmer versprochener Erfolg nicht eintritt (Erfolgshaftung/Garantie). Wenn das Kreditinstitut aus der übernommenen Bürgschaft/Garantie in Anspruch genommen wird, nimmt es gem. Kreditvertrag auf den Kreditnehmer Rückgriff. Aus Sicht des Kreditnehmers hat diese Form der Besicherung den Vorteil, dass eine Bereitstellung einer Sicherheitsleistung ohne wesentlichen Einsatz von liquiden Mitteln erfolgt. Abzugrenzen sind davon Anzahlungsavale, die zu Beginn vom Auftraggeber gefordert werden, wenn noch keine Leistung, wohl aber eine Anzahlung erfolgte. Vgl. *Jurscha, H.-P.* (2005).

und/oder anderen Konzerngesellschaften abgefedert werden können. Erst durch diese zusätzliche Sicherung können die für die Auftragsannahme notwendigen Avale häufig überhaupt erst gestellt werden.

Diese leistungs- und finanzwirtschaftlichen Merkmale im Anlagenbau spielen insofern für die Bewertung eine wichtige Rolle, als dass die verschiedenen interessengesteuerten Bilanzierungssysteme erhebliche und variierende Gestaltungsspielräume und Reservenlegungen zulassen. So kann die Bewertung der im Bau befindlichen Anlagen (Vorräte) offensichtlich ein ganz unterschiedliches Bild der Vermögens- aber auch der Ertragslage wiedergeben, wenn Vorräte resp. noch nicht abgerechnete langfristige Aufträge nach dem Grad der Fertigstellung (Percentage of Completion-Methode/Teilgewinnrealisierung) oder dem Zeitpunkt der Gewinnrealisierung (Completed-Contract-Method) bewertet werden[13] oder bei der Ermittlung der Herstellkosten nur Einzelkosten oder auch anteilige Gemeinkosten (Vollkostenansatz) eingehen. Die Grundproblematik der langfristigen Auftragsfertigung besteht in einer Asynchronität zwischen der Auftragsdauer und der handelsrechtlich vorgeschriebenen, jährlichen Berichterstattung. Ähnliche Gestaltungsspielräume gibt es bei der Bemessung der Rückstellungen. Insofern ist es für den externen Bilanzleser schwierig, die ökonomischen Aufwendungen und Erträge den einzelnen Geschäftsjahren während der Leistungserstellung zuzurechnen und sich ein Bild über die tatsächliche Vermögens- und Ertragslage des Unternehmens in den einzelnen Berichtsperioden zu machen.[14]

2.2 Analyse der Planungsrechnung

In der Praxis der Unternehmensbewertung ist es üblich, entweder eine vorliegende Planungsrechnung anhand der Entwicklung der Gesellschaft in der Vergangenheit zu plausibilisieren oder, wenn keine Planungsrechnung vorliegt, die Vergangenheit als Indikator für die zukünftig zu erwartenden Erfolge heranzuziehen.[15] In beiden Fällen muss die Analyse der Historie den Charakteristika der jeweiligen Branche des Bewertungsobjektes Rechnung tragen. In dieser schlichten Formulierung einer sachgerechten Vorgehensweise sind gleichzeitig ziemlich alle Schwierigkeiten verborgen, die der Anlagenbau zu bieten hat. So erfordern die oben skizzierten bilanziellen Gestaltungsspielräume erst einmal, diese zu identifizieren und in ihren Auswirkungen auf die in der Vergangenheit dargestellten Erfolge zu interpretieren.

Die Vergangenheitsanalyse in der üblichen Form stößt auch insofern schnell an Grenzen, als sowohl die Schwankungsbreite als auch die Größenordnung des Ertrages nur bedingt einem regelmäßigen konjunkturellen Zyklus folgen. Sie hängt zusätzlich von einer Vielzahl anderer z.T. schwer prognostizierbarer Faktoren ab, wie (diskontinuierliche) Großaufträge, Realisierung von Projektrisiken und unterschiedliche Zusammensetzung des Projektportfolios. Denn im Anlagenbau werden mehrere Projekte/Aufträge mit unterschiedlichen Anfangs- und Abschlusszeiten, unterschiedlichen Leistungen und entsprechend unterschiedlichem Gewinn und Risiko über einen längeren Zeitraum abgewickelt. Das Bild des Unternehmens, das sich in der Bilanz und der Gewinn- und Verlustrechnung darstellt, ist somit das

---

[13] Alternativ wird auch versucht, durch Teilabnahmen des Projektes eine Teilgewinnrealisierung zu erzeugen. Vgl. *Kümpel, Th.* (1999).
[14] Vgl. *Kümpel, Th.* (1999).
[15] Vgl. *Institut der Wirtschaftsprüfer* in Deutschland (2002), Abschnitt A, Tz 167-177.

Bild unterschiedlicher, sich überlagernder Projektzyklen. Ziel der Vergangenheitsanalyse ist es somit, das zu bewertende Unternehmen auf einer Art „Produktionskurve" zu positionieren. Sie soll Aufschluss darüber geben, welche Faktoren die Umsatz-, Ertrags- und Vermögenssituation in der Vergangenheit beeinflusst haben und wie diese sich unter welchen makroökonomischen Bedingungen voraussichtlich in der Zukunft darstellen.

Abweichend von vielen anderen Industrien ist der Umsatz einzelner Perioden von Anlagenbauern zumindest nach deutschem Handelsrecht nur von geringer Aussagekraft, weil mehr oder weniger zufällige Abrechnungen von teilweise langjährigen (Groß-)projekten im jeweiligen Betrachtungszeitraum ausgewiesen werden. Die ausgewiesenen Umsatzerlöse können periodenweise stark schwanken, je nachdem, wie viel der kalkulierten Projekterlöse in der jeweiligen Periode vereinnahmt werden konnten. Die Leistungsfähigkeit eines Anlagenbauers spiegelt sich deshalb nicht allein in den Umsatzerlösen, sondern vor allem in der Entwicklung der Gesamtleistung wider. Die Gesamtleistung ergänzt den Umsatz um die Veränderung der Bestände an fertigen und unfertigen Erzeugnissen im Berichtsjahr, sodass Schwankungen in den Umsatzerlösen teilweise durch den Ausweis der Gesamtleistung korrigiert werden. Aber auch die „Gesamtleistung" hat immer noch „Interpretationslücken", weil Gewinnbestandteile nicht periodengerecht nach Baufortschritt, sondern (bestenfalls) mit abrechenbarer Teilgewinnrealisierung zur Gesamtleistung ausgewiesen wird. Hier sind ggf. Korrekturen um die Bildung (Bestandserhöhung) und Auflösung (Bestandsabbau) von stillen Reserven notwendig, will man einen periodengerechten Gewinn und somit auch die Zyklik des zu bewertenden Unternehmens analysieren und mit der Ertragslage anderer Unternehmen vergleichen. Ein weiterer wichtiger Anhaltspunkt für die zukünftige Umsatz- und Ertragslage der Gesellschaft ergibt sich aus Informationen zum aktuellen (Backlog) und geplanten Projekt- und Auftragsbestand (New Business). Im Vordergrund der Analyse der Auftragshistorie sollte dabei weniger die reine Quantität, d.h. die Anzahl der Projekte und deren Volumen, als vielmehr die Qualität der Projekte stehen, denn sie gibt Aufschluss über mögliche Folgerisiken aus laufenden Projekten und liefert Anhaltspunkte über mögliche zukünftige Risikoquellen. Die Analysen können z.B. die Frage nach der Art und der Ertragskraft der in der Vergangenheit durchgeführten Projekte und ihrer Vorkalkulation beinhalten. Das mit der Projektart einhergehende Risiko ist maßgeblich durch die angebotene Wertschöpfungstiefe bestimmt.

Die Analyse der Vergangenheit kann neben üblichen rein bilanziellen und ertragsorientierten Analysen auch unterstützende (stichprobenartige) Untersuchungen hinsichtlich der Güte der Projektkalkulation, die regelmäßig im Rahmen der Angebotserstellung/Ausschreibung vorgenommen wird, einschließen. Die Projektkalkulationen werden um so sicherer sein, je öfter diese Art von Projekt durchgeführt wurde. Für Einzelprojekte (First-of-its-kind-Projekte), für die es keine historischen Erfahrungswerte gibt, steigt das Kalkulations- und Erfüllungsrisiko mit dem Umfang des Projektes. Die Analyse der Projektvor- und -nachkalkulation (Gegenüberstellung von geplanten und tatsächlich erreichten Kosten und Erlösen) kann insofern Anhaltspunkte über Fehlkalkulationen und mögliche generelle Risikoquellen liefern, die bei der Planung zukünftiger Projekterträge von Bedeutung sind. Die Qualität der Projektvorkalkulation ist insbesondere bei den Anlagenbauern ein wichtiger vorgelagerter Arbeitsschritt, die schlüsselfertige Anlagen zu Festpreisen anbieten; jede Fehlkalkulation geht zu Lasten der geplanten Ertragslage. Häufig wird der Grundstein für verlustreiche Projekte bereits im Vorfeld der Angebotsabgabe bei der Projektkalkulation gelegt.

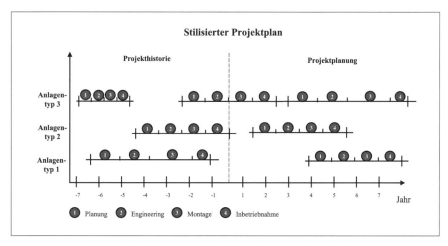

Abbildung 2-6: Gegenüberstellung historischer und geplanter Projekte

Durch die Analyse der Projekthistorie können Einmaleffekte identifiziert werden, die mögliche Gründe für Umsatzschwankungen aufzeigen. Zudem weist die Historie auf mögliche Veränderungen in der Projektstruktur hin, d.h. inwieweit bspw. mehr Projekte mit höherer Marge durchgeführt werden oder

ob eine Portfoliobereinigung stattgefunden hat. Sie hilft zudem bei der Beurteilung der Angemessenheit der bilanziellen Darstellung der Risiken bei der Rückstellungsbildung und zeigt, welche Risiken sich im Schnitt realisieren.

Die Analysen zur Auftragshistorie bilden regelmäßig den Ausgangspunkt für Plausibilitätsüberlegungen der Planungsrechnungen, die der Bewertung zugrunde gelegt werden sollen. Der Schwerpunkt liegt dabei nicht auf der rein quantitativen, sondern wiederum auf der qualitativen Ebene. Plausibilisierungsüberlegungen können, aufbauend auf den Ergebnissen der Vergangenheitsanalyse, neben der Analyse der Planungsmethode und der historischen Planungssicherheit, z.B. ferner der Frage nach der Ermittlung der zugrunde gelegten Gewichtung der Auftragswahrscheinlichkeiten und der ausreichenden Berücksichtigung von finanziellen Risiken aus abgeschlossenen und laufenden Projekten im Planungshorizont zum Inhalt haben.

2.3 Bewertung künftig erwarteter Zahlungsströme

2.3.1 Kurzdarstellung üblicher Bewertungsverfahren

Im Folgenden werden die für unseren Bewertungskontext notwendigen Grundzüge der jeweiligen Bewertungsverfahren gegenübergestellt und die branchenspezifischen Adjustierungen erläutert.[16] Die Ausführungen sind auf spezifische Bewertungsprobleme des Anlagenbaus, wie die Abbildung der Zyklik, der Zahlungsverflechtungen zwischen Mutter

---

[16] Vgl. zur ausführlichen Darstellung der Methoden: *Damodaran, A.* (2001); zu in Einzelfällen notwendigen Adjustierungen im Multiplikatorverfahren: *Krolle et al.* (2005).

und Anlagenbautochter sowie die Berücksichtigung der liquiden Mittel fokussiert. Standardbewertungsfragen werden hingegen nicht thematisiert.

Grundsätzlich können Unternehmen der Anlagenbaubranche mit allen in der Theorie verfügbaren Bewertungsverfahren bewertet werden. Zu den in der Praxis gängigen Verfahren gehören vor allem die auf dem Barwertkalkül beruhenden Verfahren wie Discounted-Cashflow- (DCF) und Ertragswert-Methode sowie die eher im Investmentbanking verbreitete marktpreisorientierte Multiplikatormethode (z.B. Kurs-Gewinn-Verhältnis, EV/EBIT).[17] Beide Verfahrensarten folgen prinzipiell den gleichen Grundsätzen, insbesondere sind sie zukunftsorientiert.[18] Sie unterscheiden sich jedoch in der Rechentechnik. Die im Anlagenbau bestehenden branchenspezifischen Merkmale erfordern in den verschiedenen Methoden unterschiedliche Berücksichtigung, begünstigen aber keins der Verfahren in der Anwendung. Die verschiedenen Verfahren sind ineinander überführbar, und unter bestimmten (idealtypischen) Bedingungen kann der Multiplikator als ewige Rentenbewertung interpretiert werden.[19] Der Bewertungsanlass wird in dieser Branche zudem häufig im Rahmen von Transaktionen zu finden sein, bei denen überwiegend das Multiplikatorverfahren angewandt wird. Aus diesen Gründen werden wir die branchenspezifischen Merkmale und deren Berücksichtigung in der Unternehmensbewertung (vgl. auch Praxisbeispiel in Abschnitt 2.4) überwiegend anhand der Multiplikatormethode darstellen und nur in Einzelaspekten auf (abweichende) Umsetzungsprobleme im Barwertkalkül (z.B. DCF-Methode) verweisen.

Das Konzept der marktpreisorientierten Bewertung ist im grundlegenden Verständnis mit den Barwertkalkülen vergleichbar, bei denen über eine explizite Planphase die erwarteten Erträge oder Cashflows diskontiert werden. Die sich anschließende nicht explizite Planphase wird als „ewige Rente" zum sog. Terminal Value abgebildet. Die „ewige Rente" ist als nachhaltig entziehbarer Zahlungsstrom, ggf. korrigiert um einen konstanten Wachstumsfaktor, zu formulieren. Die Diskontierung erfolgt mit einem risikoadjustierten Zinssatz, der in der Regel aus Marktdaten vergleichbarer Unternehmen (Vergleichsunternehmen, Peergroup) abgeleitet wird. Demgegenüber wird in der marktpreisorientierten Bewertung der Marktwert eines zu bewertenden Unternehmens (Zielunternehmen) durch Übertragung geeigneter Preisrelationen (Multiplikatoren), definiert als Vielfaches einer Erfolgsgröße, ermittelt. Diese Preisrelationen werden ebenfalls aus Marktdaten vergleichbarer Unternehmen hergeleitet. Sie basieren auf einer prognostizierten Erfolgsgröße eines in der Zukunft liegenden Geschäftsjahres (sog. Basisjahr). Grundsätzlich kann man die verschiedenen Multiplikatoren zunächst danach unterscheiden, ob sie direkt auf das Eigenkapital (z.B. Kurs-Gewinn-Verhältnis) oder das Gesamtkapital (z.B. EV/EBIT oder EV/EBITDA)[20] eines Unternehmens verweisen. Die Gesamtkapital-Multiplikatoren basieren immer auf Bezugsgrößen, aus denen die Ansprüche aller Kapitalgeber zu bedienen sind.[21]

---

[17] EV= Enterprise Value; EBIT = Earnings Before Interests and Taxes.
[18] Beim marktpreisorientierten Bewertungsverfahren wird implizit die Wertfindungsfähigkeit des Marktes unterstellt (vgl. *Westerfelhaus, H.* [2001], S. 673), wobei die Marktpreise die erwartete Entwicklung der Unternehmen und der makroökonomischen Einflussfaktoren abbilden und nicht die vergangenen (vgl. *Bausch, A.* [2000] S. 454).
[19] Vgl. *Wagner, Th.* (2002), S. 6; *Ballwieser, W.* (1991), S. 87.
[20] EBITDA= Earnings Before Interests, Taxes, Depreciation and Amortisation.
[21] Zur möglichen weiteren Kategorisierung der Multiplikatoren in Abhängigkeit der Bezugsgrößen vgl. z.B. *Wagner, Th.* (2002).

Entsprechend sind, vergleichbar zum DCF, von einem solchen Gesamtkapitalwert die Fremdkapitalpositionen abzuziehen, um zum Eigenkapitalwert zu gelangen. Die verschiedenen Multiplikatoren sind keineswegs gleichwertig und können somit auch nicht beliebig zur Unternehmensbewertung herangezogen werden,[22] wenngleich sich in der Praxis vereinzelt eingebürgert hat, aus möglichst vielen Multiplikatoren Durchschnitte zu bilden und hierüber den gesuchten Unternehmenswert abzuleiten.

Die Vergleichsunternehmen sind möglichst durch ähnliche Geschäftstätigkeit gekennzeichnet.[23] Der multiplizierte Erfolg des Basisjahres kommt in etwa der Bedeutung des Terminal Value im Barwertkalkül gleich.[24] Entsprechend sind an das Basisjahr resp. an die Bezugsgrößen die gleichen Kriterien, insbesondere das der Nachhaltigkeit und implizit der Zukunftsbezogenheit, zu stellen wie an die „ewige Rente" in der Barwertkalkulation.

Vergleichbar zum Barwertkalkül gilt im Multiplikatorverfahren, dass das Basisjahr möglichst weit in der Zukunft liegen sollte, will man mehr oder weniger willkürliche Anpassungen aufgrund untypischer Ertragssituationen vermeiden. Mangels hinreichend weiter Prognosen für die Vergleichsunternehmen kann dem Erfordernis eines nachhaltigen Ergebnisses („ewige Rente") bei zyklischen Unternehmen, wie z.B. Anlagenbauern, häufig jedoch nicht genügend Rechnung getragen werden. Vielmehr wird man eine mehr oder weniger große Bandbreite adäquater Multiplikatoren am Markt finden, je nachdem, welcher zyklischen Phase das zugrunde zu legende Ergebnis zugeschrieben wird. Dies stellt besondere Anforderungen an die Gruppe der Vergleichsunternehmen.

Im Barwertkalkül wie im Multiplikatorverfahren sind Anpassungen erforderlich, die sowohl einzelne Bilanzpositionen (Kasse, Rückstellungen u.Ä.) als auch einzelne Erfolgsgrößen (z.B. Reservenlegung/-auflösung in angearbeiteten Projekten) betreffen.[25] Die für die Bewertung von Anlagenbauern wichtigsten notwendigen Adjustierungen sind im nachstehenden Abschnitt skizziert.

2.3.2 Branchenspezifische Problemfelder in der Unternehmensbewertung

Aus der Vielzahl analytischer und bewertungstheoretischer Fragestellungen, die man in diesem Beitrag abhandeln könnte, haben wir im nachstehend skizzierten Beispiel (vgl. Abschnitt 2.4) drei Kernfragen isoliert. Sie beziehen sich auf den Umgang mit der Zyklik, die gleichzeitig in die Frage geeigneter Vergleichsunternehmen greift. Ein weiterer kritischer Aspekt ist der Umgang mit der vorhandenen Liquidität, die in dieser Branche typischerweise sehr hoch ist und immer wieder zu Diskussionen innerhalb von Transaktionsbewertungen führt. Zusätzliche Probleme kann der Aspekt der Konzernverflechtung aufwerfen. Denn eine für bestimmte Bewertungsanlässe erforderliche und in den meisten Fällen recht unproblematische „stand alone"-Definition erhält hierdurch eine sehr viel komplexere Struktur. Dieser Sachverhalt ist nicht zwangsläufig auf Anlagenbauer beschränkt, in dieser Konstellation aber vor allem in dieser Branche zu finden.

---

[22] Vgl. ausführlich hierzu: *Krolle et al.* (2005).
[23] Vgl. *Cornell, B.* (1993); *Bausch, A.* (2000); *Sanfleber-Decher, M.* (1992), S. 597.
[24] Vgl. *Wagner Th.* (2002).
[25] Vgl. auch Ermittlung des DVFA/SG-Ergebnis in: *Busse v. Colbe et al.* (Hrsg.) (2000).

2.3.2.1 Zyklik

Unabhängig vom angewandten Verfahren besteht ein Kernproblem in der Unternehmensbewertung im Umgang mit stark schwankenden Ergebnissen aufgrund zyklischer Nachfrage im Zeitablauf. Dies betrifft sowohl die Plausibilisierung der Ergebnisprognosen als auch die Bewertung der prognostizierten Ergebnisse. Die Prognose erfordert vor allem eine relativ gründliche Analyse der gegenwärtigen Auftragssituation, des Projektportfolios sowie der konjunkturellen Rahmenbedingungen in den unterschiedlichen Absatzmärkten (vgl. hierzu auch Abschnitt 2.1.2.2.1). Aus dem Auftragsbestand, der kalkulierten Marge sowie dem tendenziell aus der Vergangenheit abzuleitenden Risiko der Fehlkalkulation sind möglichst weit in die Zukunft reichende Ergebnisprognosen herzuleiten. Während sich im Barwertkalkül, aufsetzend auf diesen Prognosen normalerweise der Unternehmenswert maßgeblich aus der „ewigen Rente" ableitet, ergibt sich der Unternehmenswert in der marktpreisorientierten Bewertung als das Vielfache des prognostizierten Ergebnisses eines festzulegenden Basisjahres in der Zukunft. Im Hinblick auf die typischen Schwankungen dieser Ergebnisse folgt daraus, dass je nach Bewertungsverfahren unterschiedliche Lösungen für die Referenzgröße gefunden werden müssen. Soll der Unternehmenswert mit Hilfe des Barwertkalküls bestimmt werden, so ist sicher zu stellen, dass die „ewige Rente" auf einer Erfolgsgröße gebildet wird, die über die zyklischen Schwankungen hinweg als nachhaltig erzielbar angesehen werden kann. In der Regel wird man dies sicherstellen, indem der Planungshorizont hinreichend lang gewählt wird, um zumindest einen Ergebniszyklus vollständig abgebildet zu haben und um ein im Schnitt der Schwankungsbreite liegendes Ergebnis der Berechnung des Terminal Value zugrunde legen zu können.

Im Multiplikatorverfahren erfordert der zyklische Ergebnisverlauf hingegen eine sehr sorgfältige Analyse der heran zu ziehenden Vergleichsunternehmen. Denn die verfügbaren Prognosen reichen in der Regel nicht aus, um über den Zyklus hinweg ein nachhaltiges Ergebnis im Sinne einer ewigen Rente abzuleiten. Daher basiert die marktpreisorientierte Bewertung auf einem unmittelbareren und umfänglicheren Vergleich von am Markt beobachteten Unternehmenswerten als dies für den ebenfalls aus Markdaten abzuleitenden Zinssatz im Barwertkalkül gilt. Der Zinssatz bildet in erster Linie das generelle Schwankungsrisiko der Ergebnisse ab. Insofern ist es ausreichend, wenn die herangezogenen Vergleichsunternehmen grundsätzlich einer ähnlichen Schwankungsbreite (Risiko) und ähnlichen mikro- (Produktionsverfahren, Wertschöpfungstiefe u.Ä.) und makroökonomischen (Konjunktur, Währungsrisiken u.Ä.) Einflussfaktoren unterliegen.[26] In der Höhe des Multiplikators wird, anders als beim Zinssatz, hingegen auch die (unterschiedliche) „Qualität" des Ergebnisses im Basisjahr im Hinblick auf den nachgelagerten Ergebnisverlauf mitbewertet: Der adäquate Multiplikator von zyklischen Vergleichsunternehmen wird eher niedrig sein, wenn das prognostizierte Ergebnis innerhalb der typischen Schwankungsbreite hoch ist. Korrespondierend wird im zyklischen Tief, den zu erwartenden zyklischen Aufschwung vorwegnehmend, der Multiplikator eher hoch sein. Aus dieser Systematik der Marktbewertung folgt, dass es zwar nicht notwendig ist (und man wird es in der Praxis auch kaum finden), ein über die zyklischen Schwankungen hinweg geglättetes, nachhaltiges Ergebnis im Sinne einer ewigen Rente zu prognostizieren, jedoch über das „normale" Ausmaß hinaus die Übereinstimmung der Vergleichsunternehmen gefordert

---

[26] Vgl. *Cornell, B.* (1993), S. 60.

ist. Denn es reicht nun nicht, dass die herangezogenen Vergleichsunternehmen generell einer ähnlichen, aber zeitlich versetzten Schwankungsbreite unterliegen. Vielmehr muss die zyklische „Qualität" im gewählten Basisjahr innerhalb der Peergroup weitgehend übereinstimmen. Multiplikatoren von Vergleichsunternehmen, die auf Basis eher niedriger Erfolgsgrößen gebildet werden, können nicht auf Erfolgsgrößen (EBIT, EBITDA) übertragen werden, die sich eher am oberen Ende der zyklischen Schwankungsbreite bewegen und vice versa.

Ähnliche Übereinstimmung der „Ergebnisqualität" zwischen Vergleichsunternehmen und zu bewertendem Unternehmen ist im Hinblick auf die im Anlagenbau sehr vielfältigen Möglichkeiten der Ergebnisgestaltung insbesondere nach HGB erforderlich. Diese sind bei Methoden nach dem Barwertkalkül wiederum von untergeordneter Bedeutung, weil davon ausgegangen werden kann, dass sich Reservenlegung (typischerweise im Aufschwung) und Auflösung (typischerweise im Abschwung) im Schnitt ausgleichen. In der Multiplikatorbewertung hingegen können sie die Ergebnisqualität und damit die Vergleichbarkeit der hierauf gebildeten Multiplikatoren beeinträchtigen. So sind am Markt beobachtbare Preisrelationen von „konservativ" bilanzierenden Unternehmen nicht ohne weiteres auf die entsprechenden Erfolgsgrößen weniger konservativ bilanzierender Unternehmen zu übertragen, weil die Ergebnisschwankungen im ersten Fall bereits durch bilanzielle Disposition geglättet werden.[27] Die Gruppe der Anlagenbauer, die unter Branchenaspekten grundsätzlich als Peergroup in Betracht käme, wird hierdurch und aufgrund ihrer ohnehin unterschiedlichen regionalen Schwerpunkte, unterschiedlichen Abnehmerindustrien und Techniken zwangsläufig stark eingeschränkt. In Einzelfällen kann es sogar notwendig sein, die Peergroup auf ein Unternehmen zu verdichten, was der Ergebnisqualität bei sorgfältiger Analyse und hoher Übereinstimmung zum Zielunternehmen aber nicht notwendigerweise Abbruch tut.

Findet man unter diesen Restriktionen keine geeigneten Vergleichsunternehmen, bliebe noch die Möglichkeit einer näherungsweisen Bewertung, indem die Ergebnisprognosen der Vergleichsunternehmen „harmonisiert" werden. Dies kann beispielsweise dadurch erfolgen, dass die Ableitung der Multiplikatoren abweichend von der generellen Empfehlung nicht für alle betrachteten Unternehmen auf dem selben Basisjahr aufsetzt, sondern stattdessen unterschiedliche Basisjahre gewählt werden, um den Ergebniszyklus „gleichnamig" zu machen. Unterschiedlich genutzte bilanzrechtliche Ansatz- und Bewertungswahlrechte können durch Adjustierungen der identifizierten Reservenlegung und Auflösung harmonisiert werden, um die Vergleichbarkeit der am Markt beobachteten Preisrelationen herzustellen. Es wird aber immer eine Annäherung bleiben, weil es sehr subjektive Schätzungen sind, denen ein Marktpreis zugeordnet wird, der sich vielleicht unter ganz anderen Erwartungen am Markt gebildet hat.

2.3.2.2 Liquidität und Anzahlungen

Bedingt durch die Charakteristik des Projektgeschäfts werden beim Anlagenbauer bereits zu Beginn des Projektes Anzahlungen vom Kunden vereinnahmt, die teilweise zur De-

---

[27] Die Autoren sind sich darüber im Klaren, dass dieser Analyseschritt mit einem erheblichen Aufwand verbunden sein kann, um die notwendigen Informationen über die Ausschöpfung von Gestaltungsspielräumen zu erlangen. Ein solches Informationsdefizit wirkt sich zwangläufig auf die Qualität der Bewertungsergebnisse aus.

ckung laufender Zahlungsverpflichtungen aus anderen Projekten, vor allem aber zur Finanzierung des angezahlten Projektes herangezogen werden. Die meisten Anlagenbauer (wie übrigens auch Bauunternehmen) verfügen daher über einen hohen Bestand an liquiden oder quasi liquiden Mitteln.[28] Dieser Bestand unterliegt naturgemäß großen Schwankungen im Jahresverlauf, weil er letztlich der Kostendeckung langlaufender Projekte, teilweise aber auch der Darstellung von Avalen dient.

Nun finden sich in der Praxis der Unternehmensbewertung zwei unterschiedliche Ansätze, die Liquidität bzw. die hierauf erzielten Zinserträge zu berücksichtigen. In der sog. Netto-Version[29] werden die liquiden Mittel (Kasse) mit dem Fremdkapital zum so genannten Netto-Fremdkapital (net debt), die Zinserträge mit Zinsaufwendungen zum Zinsergebnis saldiert. Im Barwertkalkül entspricht diese Vorgehensweise einer separaten Bewertung des Kassenbestandes, der mit seinem Nominalwert den diskontierten operativen Cashflows (ohne Zinserträge) hinzuaddiert wird. Diese Vorgehensweise hat sich z.T. unreflektiert in der Bewertungspraxis eingebürgert. Tatsächlich unterstellt diese Vorgehensweise aber, dass die Kasse nicht betriebsnotwendig ist, also entweder dem Unternehmen problemlos entzogen[30] oder zur Ablösung von (teurem) Fremdkapital herangezogen werden kann. Die (prognostizierten) Zinserträge unterliegen in dem Fall nicht dem operativen Risiko. Demgegenüber werden in der sog. Brutto-Version Zinserträge als Teil des operativen Risikos und die Kasse als betriebsnotwendiges Working Capital behandelt.[31]

Für den resultierenden Unternehmenswert macht diese Unterscheidung zwischen betriebsnotwendigen und nicht betriebsnotwendigen liquiden Mitteln und somit der Netto- oder Bruttoerfassung immer dann einen großen Unterschied, wenn Soll- und Habenzinssätze bei gleichzeitig hohem Kassenbestand nennenswert auseinanderfallen und/oder die jeweiligen Stichtagsgrößen von Fremdkapital und liquiden Mitteln erheblich vom Jahresdurchschnitt der einzelnen Perioden abweichen. Denn eine Saldierung hätte dann zur Folge, dass Ansprüche von Fremdkapitalgebern, die aus dem EBIT oder Cashflow zu bedienen sind, ganz oder teilweise (in Höhe der Zinssatzdifferenzen) negiert würden. Nun ist der Bedarf an liquiden Mitteln wegen der oben erläuterten Projekt- und Finanzierungsstruktur bei Unternehmen des Anlagenbaus grundsätzlich deutlich höher als bei Unternehmen der meisten anderen Branchen. Daher ist eine genaue Analyse des Kassencharakters vor allem dann notwendig, wenn ein Unternehmen über einen deutlich höheren Bestand an liquiden Mitteln verfügt als die Vergleichsunternehmen.[32] Hieraus alleine ist noch nicht abzuleiten, dass und in welchem Umfang die Kasse nicht betriebsnotwendig ist und eine Saldierung gegen Fremdkapital vorgenommen werden darf. Denn Anlagenbauer halten zwar durchschnittlich 10% der Bilanzsumme in Cashpositionen, hierbei sind jedoch Quoten von 3% bis zu 25% möglich. Solche Unterschiede können in unterschiedlicher Projektstruktur und unterschiedlichen Entscheidungen hinsichtlich der Finanzie-

---

[28] Vgl. *Born, K.* (2001), S. 354.
[29] Vgl. ausführlich *Krolle et al.* (2005); Kapitel 3.
[30] Vgl. IdW S 1 n.F., Tz 68. WP-Handbuch A 148, S. 49 ff.
[31] Diese Unterscheidung folgt dem Grundsatz der Ertragsbewertung, wonach alle betriebsnotwendigen, also für die Aufrechterhaltung des an bewertenden betriebsnotwendigen Vermögenswerte zu erfassen sind. Vgl. *Schmalenbach, E.* (1949). Ebenso: *Copeland, T. et al.* (2000) S. 202.
[32] Wenn ähnliche Strukturen hinsichtlich des Kassenbestandes und deren Betriebsnotwendigkeit zwischen den Vergleichsunternehmen gegeben ist, ist eine Saldierung im Multiplikatorverfahren unschädlich.

rung und hinsichtlich der Inanspruchnahme von Zahlungszielen in Verbindung mit der Projektkalkulation begründet sein: So ist der operative Liquiditätsbedarf umso höher, je weniger kontinuierlich und je länger die Zahlungszyklen aus dem operativen Prozess sind. Daher verweisen auch große Unterschiede im Kassenbestand noch nicht auf Überschussliquidität. Es können folglich zur Identifizierung der betriebsnotwendigen Kasse letztlich nur die unternehmensindividuellen Verhältnisse herangezogen werden.

Der externe Analyst wird sich im Wesentlichen auf Plausibilisierungen anhand verschiedener Kriterien des jeweils betrachteten Unternehmens stützen müssen, um die liquiden Mittel in eine der beiden Kategorien „betriebsnotwendig" und „nicht betriebsnotwendig" einordnen zu können. Es muss sichergestellt sein, dass die als betriebsnotwendig definierte Kasse ausreicht, den unterjährigen maximalen Liquiditätsbedarf zu decken. Dies kann beispielsweise anhand so genannter Cash-Cost-Kurven verprobt werden. Außerdem muss der unterstellte Liquiditätsbedarf mit dem Business-Plan korrespondieren (vgl. notwendige Finanzierungsrechnung für Investitionen, Entwicklung von Working- Capital-Bedarfs). Zu Letzterem gehört auch die Unterlegung von betriebsnotwendigen Avalen. Denn diese sind im notwendigen Ausmaß und den prognostizierten Konditionen häufig nur darstellbar, weil das Unternehmen über entsprechende liquide Mittel verfügt. Würde man diese dem Unternehmen entziehen, könnte entweder das Auftragsvolumen nicht in geplantem Umfang wahrgenommen werden oder die operative Marge verschlechterte sich aufgrund höherer Avalgebühren. Deshalb sind häufig verhältnismäßig niedrige Haben-Zinssätze auf Kassenbestände nicht aufgrund einer sachgerechten Marktbewertung und Risikotransformation zustande gekommen, die erlauben würden, solche Bestände gegen den Marktwert von Fremdkapital zu verrechnen, sondern sie sind aus betrieblicher Notwendigkeit in Kauf zu nehmen, weil eine andere Verwendung der (quasi) liquiden Mittel nicht in Betracht kommt. Insofern bleibt in einem solchen Fall nur, sie in den operativen Unternehmenswert einzubeziehen (Brutto-Version).[33]

Verfügt man als externer Bewerter nicht über verlässliche Daten hinsichtlich des im Jahresverlauf benötigten Kassenbestandes, kann ein solcher überschlägig über die Relation von Zinsertrag und Kassenbestand abgeleitet werden. Ergibt sich aus dieser Relation ein Zinssatz, der deutlich unter dem gleichzeitig für Fremdkapital zu zahlenden Zinssatz oder deutlich unter marktüblichen Haben-Zinssätzen liegt, ist davon auszugehen, dass die Kasse weitestgehend betriebsnotwendig ist. Denn entweder steht nur ein Bruchteil des Stichtagswertes tatsächlich ganzjährig zur Verfügung und/oder kann zumindest nicht laufzeitkongruent zum Fremdkapital angelegt werden. Denn man wird nicht per se unterstellen können, dass das Unternehmen freiwillig teures Fremdkapital zur Finanzierung des operativen Geschäftes aufnimmt, wenn gleichzeitig nur relativ niedrige Habenzinsen auf Überschussliquidität erzielt werden können.

In Einzelfällen können aber auch bei Anlagebauern Teile der Kasse nicht betriebsnotwendig sein und somit ohne Beeinträchtigung des Geschäftes entzogen werden. Einige Unternehmen bauen liquide Mittel zur Unterlegung der in dieser Branche ebenfalls weit verbreiteten Pensionsverpflichtungen auf.[34] In diesem Fall kommt eine Saldierung der

---

[33] Vgl. auch *Schmalenbach, E.* (1949).
[34] In der Regel haben solche Unternehmen auch keine (teuren) Bankdarlehen zur Finanzierung des operativen Geschäftes in Anspruch genommen. Zur generellen Behandlung von Pensionsrückstellungen im Multiplikatorverfahren vgl. *Schmitt, G.* in *Krolle et al.* (2005), Kapitel 4.

Rückstellungen mit liquiden Mitteln (und des Zinsaufwandes gegen Zinserträge) in Betracht. Denn die (überschüssigen) liquiden Mittel können laufzeitkongruent zu den Pensionsverpflichtungen angelegt werden, sodass keine allzu großen Differenzen zwischen der Zinsbedienung und den erzielbaren Zinserträgen auftreten dürften.

2.3.2.3 Mutter-Tochter-Konzernverbund

Die Abrechnungspraxis von Anlagenbauprojekten und die damit verbundene Thematik um den Kassenbestand bekommt in Deutschland noch eine weitere, sehr viel komplexere Komponente als die oben beschriebene durch die Tatsache, dass die deutschen Anlagenbauunternehmen häufig in Konzerne und somit in das konzernweite Cashmanagement eingebettet sind. In der Regel bedeutet dies, dass die über Anzahlungen lange vor Kostenentstehung verfügbaren liquiden Mittel im Konzern genutzt werden können, um die Fremdfinanzierung so gering wie möglich zu halten. Umgekehrt stellt der Konzern der Anlagebau-Tochtergesellschaft Bürgschaften zur Verfügung oder sichert die Avale der Banken, ohne die der Anlagebauer keine Projektaufträge bekäme. Diese wechselseitige Verflechtung führt dazu, dass eine in der Praxis häufig gefragte, bei Transaktionen notwendige „stand alone"-Bewertung nicht mehr trivial ist.

Im Rahmen von Transaktionsverhandlungen basiert die Wertfindung häufig auf einfachen Multiplikator-Ansätzen, wie Transaktionswert = $EBIT^{TARGET}$ $EV/EBIT^{PEER}$. Solche manchmal ganz sinnvollen indikativen Bewertungen sind für im Konzern verbundene Anlagenbauer denkbar ungeeignet: Denn der ablesbare EBIT eines verbundenen und zu bewertenden Anlagenbauers ist aufgrund der finanziellen Verflechtung im Cashpool einerseits, der Avaldeckung andererseits selten derjenige, der ihm in einer „stand alone"-Betrachtung zugeschrieben werden kann. Vielmehr muss geklärt werden, welcher Zinsertrag dem Anlagenbauer zusätzlich aus dem Konzernergebnis zuzurechnen ist, weil (zeitweise) überschüssige liquide Mittel der Konzernfinanzierung zur Verfügung gestellt werden. Andererseits steht dem eine Avaldeckung durch die Bonität des Konzerns gegenüber, die der Anlagenbauer allein stehend häufig nicht oder nicht zu den Konzernkonditionen realisieren kann. Zumindest aber sind ihm diese Eventualverbindlichkeiten und die hieraus gegebenenfalls resultierenden Nachteile für die Finanzierungskonditionen des Konzerns ursächlich zuzurechnen.[35] Somit muss zunächst sichergestellt sein, dass das ökonomische Ergebnis des Anlagenbauers korrekt identifiziert wird. Aus Sicht des Verkäufers wiederum bestimmt sich abweichend von einer solchen „stand alone"-Betrachtung der (Grenz-)Wert, zu dem der Verkauf des Anlagebaus sinnvoll ist, einschließlich eventueller Vor- oder Nachteile, die sich per Saldo im Konzern aus der finanziellen Verflechtung ergeben.[36] Insofern kann aus Verkäufersicht eine solche Wertbeitragsbetrachtung von derjenigen des potenziellen Käufers, vor allem aber von einer „stand alone"-Bewertung abweichen.

---

[35] Eventualverbindlichkeiten haben bei hinreichender Eintrittswahrscheinlichkeit Einfluss auf die Bonitätsnoten der Ratingagenturen und somit auf die Finanzierungskonditionen der beurteilten Unternehmen.

[36] Beispielsweise können Verbundvorteile in der Finanzierung (Arbitrage) realisiert werden, wenn Differenzen in Soll- und Habenzinssätzen aufgrund von Unvollkommenheiten des Marktes auftreten.

Die Zusammenhänge sind nachstehend graphisch zusammengefasst:

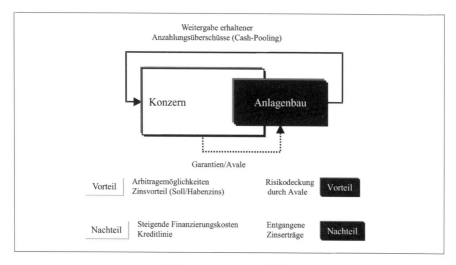

Abbildung 2-7: Konzernverflechtung

Soll also im Rahmen einer Bewertung ermittelt werden, welcher Veräußerungspreis gerade noch hoch genug ist, um den Wertbeitrag des Anlagenbauers zum Konzern auszugleichen, sind mindestens die oben dargestellten gegenläufigen Werttreiber aus dem Konzernverbund einzubeziehen.

2.4 Praxisbeispiel

In den vorangegangenen Abschnitten haben wir die wesentlichen Merkmale der Branche sowie deren theoretische Behandlung bei der Unternehmensbewertung mit der Multiplikatormethode skizziert. Sie alle in einem Beispiel zu illustrieren, würde wegen der Vielzahl der möglichen Problemstellungen und damit verbundenen Analyseschritten den Rahmen an dieser Stelle sprengen. Deshalb haben wir die Umsetzung in der Praxis im nachstehenden, vereinfachten Beispiel auf die branchenspezifischen Teilaspekte „hoher Liquiditätsbestand", Identifizierung von Vergleichsunternehmen unter Berücksichtigung der Zyklik sowie die Konzernverflechtung begrenzt. Über das zu bewertende Unternehmen sowie mögliche Vergleichsunternehmen liegen die nachstehenden Informationen vor:

Das zu bewertende Unternehmen (Zielunternehmen) ist ein international tätiger metallurgischer Anlagenbauer. Der Markt für Stahlherstellungs- und -verarbeitungsanlagen stagnierte in den letzten Jahren, jedoch konnte das Unternehmen insbesondere von der hohen Stahlnachfrage in China profitieren:

Gewinn- und Verlustrechnung	2003	2004	2005
Auftragseingang	1.872	2.394	2.860
Umsatz	2.234	2.028	2.600
EBT	**92**	**142**	**166**
+ Zinsaufwand	50	42	44
− Zinsergebnis aus Überschussliquidität	-35	-35	-35
+/− a. o. Ergebnis	0	-12	0
= **EBIT (brutto)**	**107**	**137**	**175**
+ Abschreibungen	44	44	38
= **EBITDA (brutto)**	**151**	**181**	**213**

Abbildung 2-8: Gewinn- und Verlustrechnung des Zielunternehmens[37]

Der aktuell hohe Auftragseingang steht hauptsächlich im Zusammenhang mit der seit einigen Jahren stark gestiegenen Stahlnachfrage in China. Eine weitreichende Konsolidierung der chinesischen Stahlhersteller wird in absehbarer Zeit erwartet, was zwangsläufig mit einer Abkühlung der derzeitigen Auftragslage für die Lieferanten der Anlagen verbunden sein wird. In der Regel gehen solche Nachfrageabschwächungen mit Überschuskapazitäten und entsprechendem Wettbewerbsdruck einher. Insofern sind die für 2005 erwarteten Gewinne nicht als nachhaltig, zumindest nicht als nennenswert ausbaubar in einem grundsätzlich stagnierenden Markt anzunehmen.

Die Bilanz des zu bewertenden Unternehmens zeigt in den wichtigsten Positionen folgendes Bild:

Plan-Bilanz zum 31.12.2004			
Aktiva		**Passiva**	
Anlagevermögen	535	**Eigenkapital**	**1.288**
		Pensionsrückstellung	778
		Übrige Rückstellung	472
Umlaufvermögen	**3.250**	**Rückstellungen**	**1.250**
davon quasi liquide Mittel	*1.814*	Bankverbindlichkeiten	90
		Sonstige	511
		Erhaltene Anzahlung	646
		Verbindlichkeiten	**1.247**
Bilanzsumme	**3.785**	**Bilanzsumme**	**3.785**
		Avale	470

Abbildung 2-9: Bilanz des Zielunternehmens

Wie bereits oben erläutert, ist im Anlagenbau eine hohe Kasse üblich und auch betriebsnotwendig. Das Ausmaß ist im Einzelfall zu analysieren. Für diesen Beispielsfall haben wir angenommen, dass die (quasi) liquiden Mittel mit 1.114 überwiegend operativ notwendig

---

[37] Die saldierten Zinserträge errechnen sich hier aus einer angenommenen nicht betriebsnotwendigen Kasse in Höhe 700 und einem Zinssatz von 5%. Die verbleibende betriebsnotwendige Kasse von 1.114 deckt die Anzahlungen und Avale. Ein Zinssatz von 5% wurde auch für die verzinslichen Fremdmittel (Pensionsrückstellungen und Bankverbindlichkeiten) angesetzt.

(Working Capital) sind. Der verbleibende (nicht betriebsnotwendige) Betrag von 700 kann für Bewertungszwecke saldiert werden. Der (bewertungsrelevante) EBIT errechnet sich dann, indem der EBT (Earnings before Taxes) um die auf die nicht betriebsnotwendige Kasse erzielten Zinserträge von 35 gekürzt und die (betriebsnotwendigen) Zinsaufwendungen erhöht wird.

Am Markt können nun aus einer zunächst groben Auswahl möglicher Vergleichsunternehmen Preisrelationen abgeleitet werden, die auf die entsprechenden bewertungsrelevanten Erfolgsgrößen des zu bewertenden Unternehmens zu übertragen sind.

In der überwiegenden Praxis der Multiplikatorbewertung hat sich durchgesetzt, Enterprise-Value-Multiplikatoren (EV-Multiplikatoren), die entweder auf den Umsatz, EBIT oder den EBITDA Bezug nehmen, für die Bewertung heranzuziehen. Als Basisjahr haben wir für das Bewertungsbeispiel das Jahr 2005 gewählt, weil nicht nur die Reichweite der Prognosen, sondern auch die Analysedichte verfügbarer Prognosen für Vergleichsunternehmen die Qualität der Bewertung bestimmt und nur für diesen Zeitraum hinreichend viele Ergebnisprognosen für die Vergleichsunternehmen verfügbar sind. Die entsprechenden Kennzahlen[38] für die Wertermittlung des Zielunternehmens könnten wie folgt aussehen:[39, 40]

Peer	Markt-kapitali-sierung	Verzinsliches Fremdkapital	Cash	Enterprise Value	Umsatz 2005e	EBIT 2005e	EBITDA 2005e
V1 (Druckmaschinen)	2.148	895	415	3.043	3.645	315	454
V2 (Hüttenwerke)	200	468	393	668	1.210	106	125
V3 (Förderanlagen)	3.905	1.414	339	5.789	4.415	330	58
V4 (Produktions-anlagen, Stahl)	519	270	180	789	1.250	73	98
Zielunternehmen	gesucht		1.814	gesucht	2.600	175	213

Abbildung 2-10: Basisdaten Vergleichsunternehmen

Auf der Basis dieser Multiplikatoren und der grob gewählten Gruppe der Vergleichsunternehmen (Peer) ergäbe sich nachstehende Wertbandbreite für den Gesamtunternehmenswert (EV) des Zielunternehmens:[41]

---

[38] Die Kennzahlen sind mehr oder weniger fiktiv an verschiedene börsennotierte Anlagenbauer im weiteren Sinne angelehnt.
[39] Nachrichtlich: betriebsnotwendige Liquiditätsbestände (Stichtagsgröße).
[40] Der EV wurde berechnet aus dem verzinslichen Fremdkapital und der Marktkapitalisierung, ggf. unter Abzug des Kassenbestandes, der nicht betriebsnotwendig ist. Entsprechend wurde der Teil der Zinserträge, der aus nicht betriebsnotwendiger Kasse erzielt wird, im EBIT und EBITDA gekürzt. Zur empfehlenswerten vollständigen Definition vgl. *Krolle et al.*, (2005) Kapitel 3.
[41] Auf die Darstellung von Eigenkapitalmultiplikatoren (z.B. Kurs-Gewinn-Verhältnis) haben wir hier verzichtet, weil diese häufig wegen zu unterschiedlicher Kapitalstruktur und unpräziser Definition im Hinblick auf nicht betriebsnotwendiges Vermögen ungeeignet sind.

Multiplikatoren Peer	EV/Umsatz 2005e	EV/EBIT 2005e	EV/EBITDA 2005e
V1 (Druckmaschinen)	0,8	9,7	6,7
V2 (Hüttenwerke)	0,6	6,3	5,3
V3 (Förderanlagen)	1,3	17,5	9,1
V4 (Produktionsanlagen, Stahl)	0,6	10,8	8,1
Min	0,6	6,3	5,3
Max	1,3	17,5	9,1

Abbildung 2-11: Multiplikatoren der Vergleichsunternehmen

Wendet man die Ober- und Untergrenzen der aus der Vergleichsgruppe abgeleiteten Multiplikatoren auf die Bezugsgrößen des zu bewertenden Unternehmens an, so ergibt sich folgende Wertbandbreite:

Wertbandbreite	EV/Umsatz 2005e	EV/EBIT 2005e	EV/EBITDA 2005e
Enterprise Value Min	1.560	1.103	1.129
Enterprise Value Max	3.380	3.063	1.938

Abbildung 2-12: Wertbandbreite

Die Streubreite der Ergebnisse verweist bereits darauf, dass eine einfache Durchschnitts- oder auch Medianbildung sowohl über die Vergleichsunternehmen als auch über die verschiedenen Multiplikatoren nicht geeignet ist, um Aussagen über den Wert des hier in Frage stehenden Unternehmens zu machen. Vielmehr streuen die Werte deshalb, weil die gewählten Vergleichsunternehmen zwar alle dem Anlagenbau zugeordnet werden, die Branche jedoch sehr heterogen hinsichtlich des angebotenen Leistungsspektrums, der Wertschöpfungstiefe, der Absatzmärkte und Technologie ist. Somit unterscheiden sie sich zwangsläufig in den wesentlichen Werttreibern, wie Wachstumserwartung, Ertragsrisiken (abhängig auch von der zyklischen Phase der Absatzmärkte) und Profitabilität. Dies drückt sich sowohl in der Bandbreite der absoluten Multiplikatoren über die verschiedenen Unternehmen hinweg, als auch in den unterschiedlichen Relationen der verschiedenen Multiplikatoren einzelner Vergleichsunternehmen zueinander aus.

So verweist das Verhältnis der Multiplikatoren EV/Umsatz und EV/EBIT von Unternehmen 1 und 3 (V1; V3) zwar auf eine ähnliche Fähigkeit, aus dem Umsatz Erträge zu erzielen (Profitabilität), die große Diskrepanz in der absoluten Höhe beider Multiplikatoren verweist aber auf sehr unterschiedliche Wachstumserwartungen des Marktes nach dem Basisjahr. Umgekehrt verweisen die Multiplikatoren von V1 und V4 im ähnlich hohen EV/EBIT auf vergleichbare Erwartungen des Marktes hinsichtlich der Wachstumschancen und Risiken beider Unternehmen,[42] allerdings weist V4 eine deutlich geringere Umsatz-

---

[42] Der EV/EBIT wird in dieser Interpretation gelesen als Kehrwert des WACC bzw. als Multiplikator in der ewigen Rente im Barwertkalkül, ggf. korrigiert um Wachstumsfaktor. Vgl. *Ballwieser, W.* (1991).

rendite auf als V1 (ablesbar im Verhältnis EV/Umsatz und EV/EBIT). Ohne hier im Einzelnen auf die konkreten Werttreiber der Peergroup einzugehen,[43] zeigt sich an der rein formalen Analyse, dass die geforderte Vergleichbarkeit der Peergroup nicht bereits mit der Zugehörigkeit zu einer Branche erfüllt ist. Außerdem ist der Bewerter in der Wahl seiner Multiplikatoren keineswegs frei.

Vielmehr ist bei der Auswahl aus der Vielzahl von Preisrelationen, die zur Bewertung eines Unternehmens herangezogen werden können, darauf zu achten, welche für Anlagenbauer adäquat sind. Unterschiedliche Profitabilität und unterschiedliche Technik (Kapitalintensität) schränken die Vergleichbarkeit der Unternehmen noch nicht zwangsläufig ein. Allerdings können Preisrelationen, die auf Bezugsgrößen basieren, die vom bewertungsrelevanten Ergebnis zu weit entfernt sind (z.B. Umsatz oder Gesamtleistung oder nicht GuV-basierte Kennzahlen, wie Auftragsbestand) gerade in der Branche der Anlagenbauer irreführend sein. Denn die Fähigkeit, aus solchen Kenngrößen (wertrelevante) Erträge zu generieren, kann infolge der heterogenen Struktur der Branche sehr breit streuen.[44] Daher ist auch der in der Praxis gerne verwandte EBITDA eine nur bedingt aussagekräftige Referenzgröße. Denn wie in allen reifen Unternehmen oder Märkten sind die Abschreibungen vor allem Aufwand, der zwar für sich genommen nicht liquiditätswirksam ist, aber früher oder später zur Substanzerhaltung doch reinvestiert werden muss. Nur vereinzelt wird man über diese Referenzgröße Schwankungen oder unterschiedliche Investitionsphasen der Vergleichsunternehmen abgrenzen können, ohne gleichzeitig Verzerrungen durch unterschiedliche Kapitalintensität zu erzeugen. Es verbleibt somit nur, innerhalb der Branche[45] eine genaue Analyse nach den oben ausführlich erläuterten unterschiedlichen Werttreibern vorzunehmen. Eine solche Analyse kann z.B. mit Hilfe einer Matrix vorgenommen werden, die es erlaubt, das zu bewertende Unternehmen je nach Ausprägung der Werttreiber innerhalb der sich ergebenden Bandbreite einzuordnen. In der oben dargestellten Peergroup befindet sich nur ein Unternehmen (V2) des gleichen Absatzmarktes und ähnlicher Technologie, ein weiteres (V4) bedient den Markt der Hütten- und Walzwerke zumindest noch teilweise. Da es bei der Bewertung des Zielunternehmens mit Hilfe der Multiplikatoren darauf ankommt, möglichst auch einen ähnlichen zyklischen Zustand zu erfassen und für das Zielunternehmen anzunehmen ist, dass das zyklische Hoch erreicht, wenn nicht überschritten ist, ist V3 in jedem Fall auszuschließen, weil die Höhe der Multiplikatoren noch erhebliche Wachstumsphantasie signalisiert, die für das Zielunternehmen infolge der (zumindest partiell) bereits überhitzten Stahlnachfrage nicht anzunehmen ist.

Auf Basis der enger gefassten Peergroup (V2, V4) verdichtet sich der Wert dann auch zu:

Wertbandbreite aus V2, V4	EV/Umsatz 2005e	EV/EBIT 2005e	EV/EBITDA 2005e
Enterprise Value Min	1.560	1.103	1.129
Enterprise Value Max	1.560	1.890	1.725

Abbildung 2-13: Wertbandbreite aus eingeschränkter Peergroup

---

[43] Die beobachtbaren Differenzen sind auch selten monokausal.
[44] Vgl. auch *Schwetzler, B./Warfsmann, J.* in *Krolle, S. et al.* (2005).
[45] Es ist durchaus auch denkbar, branchenübergreifend Vergleichsunternehmen einzubeziehen (z.B. Bauunternehmen), wenn die wesentlichen wertbestimmenden Merkmale übereinstimmen; vgl. hierzu auch *Cornell, B.* (1993).

Es verbleibt sowohl über die Vergleichsunternehmen als auch über die gewählten Multiplikatoren hinweg immer noch eine nicht unbeachtliche, wenn auch gegenüber der groben Peergroup deutlich aussagekräftigere Wertbandbreite. Insbesondere die zwischen Umsatz- und Ergebnisgrößen differierenden Unternehmenswerte können ihre Ursache in unterschiedlicher Rechnungslegung und/oder unterschiedlicher Ausnutzung von Ansatz- oder Bewertungswahlrechten der betrachteten Unternehmen haben, die hier aber nicht weiter analysiert werden sollen.

Soll vom Gesamtunternehmenswert auf den Wert des Eigenkapitals übergeleitet werden, ist der besonderen Definition des EV's Rechnung zu tragen. Dies bedeutet im vorliegenden Fall, dass Teile der Kasse von 700 und die hierauf erzielten Erträge von 35 nicht in die Unternehmensbewertung einbezogen wurden. Sie sind dem EV hinzuzurechnen. Umgekehrt sind alle Ansprüche fremder Kapitalgeber, die aus dem bewerteten EBIT oder EBITDA zu bedienen sind, in Abzug zu bringen.

Der Eigenkapitalwert im vorliegenden Beispiel berechnet sich demzufolge wie folgt:[46, 47]

Herleitung Eigenkapitalwert	
Enterprise Value	1.496
nicht betriebsnotwendige Kasse	700
Bankverbindlichkeiten	−90
Pensionsrückstellungen	−778
Wert des Eigenkapitals	**1.328**

Abbildung 2-14: Herleitung Eigenkapitalwert des Zielunternehmens

Wird das Beispiel nun dahingehend variiert, dass der Bereich Anlagenbau in einen Konzern eingebettet ist und sich dies insbesondere in einer finanziellen Verflechtung ausdrückt, sind weitere Aspekte für eine sachgerechte Bewertung zu beachten. Außerdem können die Ergebnisse vom „Bewertungszweck" abhängig sein.

Die Verflechtung könnte beispielsweise so aussehen, dass der Anlagenbauer selbst keine liquiden Mittel hält, weil Anzahlungen aus den Projektaufträgen unmittelbar dem Cashpool des Konzerns zur Verfügung gestellt werden und die betriebsnotwendigen liquiden Mittel entsprechend der anfallenden Projektkosten aus diesem wieder zeitgerecht zur Verfügung gestellt werden. Der Konzern optimiert durch ein solches Pooling seinen Bedarf an Fremdmitteln.

Die Erfolgsrechnung und die bewertungsrelevanten Kennziffern (EBT, EBIT und EBITDA) des Anlagenbauers enthielten demzufolge keine Zinserträge. Für eine „stand alone"-Bewertung sind die Kennziffern dann so zu adjustieren, wie sie ohne Konzernverflechtung entstanden wären, d.h. dem Anlagenbauer sind ursachengerecht noch Zinserträge zuzurechnen, die er auf dem durchschnittlich verfügbaren Kassenbestand hätte erzie-

---

[46] Der Enterprise Value ist aus dem Mittelwert des EV/EBIT-Multiplikators abgeleitet.
[47] Es wird angenommen, dass der Bilanzwert dem Marktwert der Pensionsverpflichtungen entspricht. Sonstige Rückstellungen wären noch zusätzlich mit ihrem Barwert vom EV abzusetzen, sofern sie den Bodensatz als dauerhaft zur Verfügung stehende Finanzierung übersteigen und eine Auszahlung/Inanspruchnahme wahrscheinlich ist. Dies wurde hier nicht weiter analysiert.

len können. Stellt der Konzern andererseits dem Anlagenbauer Bürgschaften zur Verfügung und/oder haftet für die von Banken gestellten Avale, ist außerdem zu prüfen, ob und unter welchen Bedingungen (Konditionen) der Anlagenbauer „stand alone" in diese anstelle des Konzerns eintreten kann.

Ein solcher „stand alone"-Wert muss nicht zwangsläufig mit dem „Verkäufergrenzpreis" übereinstimmen. Letzter richtet sich vielmehr nach dem „Wertbeitrag" des Anlagebaus für den Konzern. Angenommen, der Konzern könnte in der obigen Variante in Höhe des Liquiditätsbestandes des Anlagenbauers von 1.814 durchschnittlich 5% Zinsaufwendungen für Kredite einsparen, während der Anlagenbauer „stand alone" nur 2,5% Habenzinsen realisieren könnte, wäre ein zusätzlicher Wertbeitrag, der nur im Verbund realisiert werden kann, in Höhe von 2,5% × 1.814 = 45 dem ermittelten „stand alone"-Unternehmenswert zuzurechnen, will man den (Grenz-)preis des Veräußerers ermitteln. Stellt der Konzern umgekehrt dem Anlagenbauer Bürgschaften zur Verfügung, die wiederum seine Finanzierungskonditionen erhöhen, wären die für den Konzern hieraus resultierenden Effekte hingegen vom Unternehmenswert abzusetzen. Erst aus einer solchen übergreifenden Wertbeitragsanalyse kann letztlich geschlossen werden, ob und zu welchem Preis die Veräußerung des Anlagenbaubereichs sinnvoll wäre.

2.5 Schlussbemerkung

Bereits an dem unter Abschnitt 2.4 dargestellten, sehr vereinfachten Beispiel wird deutlich, dass die Bewertung von Anlagenbauern, sei es mit Hilfe von Multiplikatoren oder mit Hilfe eines Barwertkalküls, ein hohes Verständnis der in dieser Branche tätigen Unternehmen erfordert. Der Informationsbedarf des Kapitalmarktes geht dabei wegen der vielfältigen und nicht leicht zu interpretierenden Einflussfaktoren weit über das Maß für die meisten anderen Branchen hinaus. Aufgrund der sehr unterschiedlichen Ausprägungen der Unternehmen, die als Anlagenbauer charakterisiert werden, kommt der Bereitstellung relevanter und kapitalmarktorientierter Informationen durch den Anlagenbauer selbst, aber auch im Rahmen der Berichterstattung der Konzerngesellschaften deshalb große Bedeutung zu. Gerade börsennotierte deutsche Muttergesellschaften, bei denen der Anlagenbau nicht den Tätigkeitsschwerpunkt bildet, haben die Möglichkeit, durch Aufklärung über die Charakteristik des Anlagenbaus Wahrnehmungslücken zu schließen und zusätzliche Wertbeiträge des Anlagenbaus zu heben.

Die Komplexität des Anlagenbaugeschäftes kann sicher nicht ohne weiteres verändert werden. Allerdings haben die Unternehmen oder deren Mütter es in der Hand, das Verständnis des Kapitalmarktes zu erhöhen und so zumindest teilweise die negative Wahrnehmung dieser Branche durch Kapitalmarkt positiv zu beeinflussen.

2.6 Literatur

Ballwieser, W. (1991): Unternehmensbewertung beim Management Buy-Out, in: *Baetge, J.* (Hrsg.): Akquisition und Unternehmensbewertung, Schriften des Instituts für Revisionswesen, Düsseldorf 1991, S. 81-96

Bausch, A. (2000): Die Multiplikator-Methode, in: Finanzbetrieb 7-8/2000. S. 448-459

Born, K. (2001): Bilanzanalyse international, Schäffer/Pöschel Verlag S. 354

Busse v. Colbe, W. et al. (Hrsg.) (2000): Ergebnis nach DVFA/SG, Deutsche Vereinigung für Finanzanalyse und Anlageberatung und Schmalenbachgesellschaft, 3. Auflage, Stuttgart 2000

Copeland, T. et al. (2000): Unternehmenswert, Campus Verlag, Frankfurt 2000, S. 202 f.

Cornell, B. (1993): Corporate Valuation-Tools for Effective Appraisal and Decision Making, Illinois 1993

Damodaran, A. (2001), The dark side of Valuation − Valuing old tech, new tech, and new economy companies, New York 2001

Freidank, C.-Ch. (1989): Erfolgsrealisierung bei langfristigen Fertigungsprozessen, in: Der Betrieb, 42 Jg., S. 1197-1204

Höffgen, E./Schweitzer, M. (Hrsg.) (1991): Beiträge zur Betriebswirtschaft des Anlagenbaus, Arbeitskreis Internes Rechnungswesen der Schmalenbach-Gesellschaft − Deutsche Gesellschaft für Betriebswirtschaft e.V., Sonderheft, Düsseldorf 1991

Institut der Wirtschaftsprüfer in Deutschland e.V. (2002): Wirtschaftprüferhandbuch 2002, Handbuch für Rechnungslegung, Prüfung und Beratung, Band II, 12. Auflage, Düsseldorf 2002

Jurscha, H.-P. (2005): Kredit, Darlehen, Kreditsurrogate (Skript), Internet: www.docju.de

Kümpel, Th. (1999): Vergleich der Bilanzierung und Bewertung von erfolgversprechenden langfristigen Fertigungsaufträgen nach deutscher und US-amerikanischer Rechnungslegung vor dem Hintergrund der internationalen Rechnungslegungsharmonisierung − 1998. − XIX, 293 S. − Univ., FB 05, Diss., Duisburg 1999

Krolle, S./Schmitt, G./Schwetzler, B. (Hrsg.) (2005): Multiplikatorverfahren in der Unternehmensbewertung, Stuttgart 2005. (geplantes Erscheinungsdatum: März 2005)

Moxter, A. (1983): Grundsätze ordnungsgemäßer Unternehmensbewertung, 2. Aufl., Wiesbaden 1983

Sanfleber-Decher, M. (1992): Unternehmensbewertung in den USA, in: Die Wirtschaftsprüfung, Heft 20/1992, S. 597

Schlüter, V./Hoff, D. (2003): Erfolgsmodelle von Anlagenplanungsunternehmen in der Feinchemie, in: Chemie Ingenieur Technik (75), 5/2003

Schmalenbach, E. (1949): Die Beteiligungsfinanzierung, 7. verbesserte Auflage, Westdeutscher Verlag, Köln und Opladen, 1949

Wagner, Th. (2002): Multiplikatorbewertung, in: Barthel, C.W. (Hrsg.): Handbuch der Unternehmensbewertung, Regensburg 2002

Westerfelhaus, H. (2001): IDW-Unternehmensbewertung verkennt Anforderungen der Praxis, Neue Zeitschrift für Gesellschaftsrecht, 4. Jahrgang, Heft 15, 2001, S. 673-720

3 Bewertung von Medienunternehmen

von *Karl Ulrich* ★

> „Truth is stranger than fiction."
> *(Zitat aus Jim Jarmuschs Film „Stranger than Paradise")*

3.1 Bewegung in der Medienlandschaft – Stagflation bei den
  Bewertungsmethoden!? 60
3.2 Besonderheiten der Unternehmensbewertung in der Medienbranche 63
  3.2.1 Eine kleine Systematik traditioneller und spezieller Bewertungssätze . . 63
  3.2.2 Besonderheiten bei der Bewertung von Medienunternehmen 66
  3.2.3 Zur Bewertung von Intellectual Property 67
3.3 Beispiel: Die Bewertung einer marktführenden Formatbibliothek 68
  3.3.1 Die Ausgangssituation 68
  3.3.2 Die Herausforderung 68
  3.3.3 Die pragmatische Lösung 69
3.4 Kritische Entscheidungen in der Entwicklung und Einführung neuer
  Formate wirkungsvoll unterstützen 72

Jenseits der transaktionsbezogenen Bewertung medialer Vermögenswerte, etwa aus Anlass eines bevorstehenden Börsengangs oder bei geplanten Firmenübernahmen, kann eine nicht nur finanzdaten-, sondern auch geschäftsbezogene Bewertung von Intellectual Property die Steuerung von Entwicklungsprozessen medialer Inhalte unterstützen. Das Management muss sich dann bei der Entwicklung und Einführung neuer Formate nicht allein auf seinen unternehmerischen Sinn verlassen. Stattdessen werden die unternehmerischen Produktionsentscheidungen durch Ansätze wie das hier beschriebene Lebenszyklusmodell objektiviert: Die sicherlich unabdingbare Intuition kann sich auf ein rationales Gerüst stützen.

Die verbesserten Möglichkeiten, Formate zu bewerten und deren Entwicklung zu prognostizieren, und die Transparenz, die durch die objektivierten Bewertungsmaßstäbe erreicht wird, ist auch Voraussetzung für eine verbesserte Ressourcenallokation. Dies gilt umso mehr im kreativen Prozess und in dessen Übersetzung in die Projektentwicklung, wo an definierten „Kann-Bruchstellen" – etwa in den Phasen Ideenfindung, vermarktbare Konzeptskizze, Storyboard, Demo/Pilot, etc. – jeweils konstruktiv-kritisch der Work-in-Progress auf seine Erfolgswahrscheinlichkeit hin bewertet wird.

★ Dr. Karl Ulrich, Roland Berger Strategy Consultants GmbH, München.

3.1 Bewegung in der Medienlandschaft – Stagflation bei den Bewertungsmethoden!?

Spektakuläre Unternehmenstransaktionen haben in den letzten Jahren querbeet durch die unterschiedlichen Medienbranchen für Aufsehen und reichlich Schlagzeilen gesorgt. Zu den Glanzlichtern der Merger & Acquisitions-Aktivitäten – dabei sei hier beispielhaft nur auf veröffentlichte Fälle verwiesen – zählte die Fusion von *BertelsmannSpringer* und *Kluwer Academic Publishing (KAP)* zu *Springer Science + Business Media*. Regisseure und Financiers dieser Verschmelzung waren die Private-Equity-Gesellschaften *Cinven* und *Candover*, die die beiden Wissenschafts- und Lehrbuchverlage erworben haben – *KAP* für rund 600 Mio. €, *BertelsmannSpringer* für rund 1,1 Mrd. €. Das neu entstandene Verlagskonglomerat ist nun hinter dem britisch-niederländischen Unternehmen *Reed Elsevier* weltweit zur Nummer zwei unter den Wissenschaftsverlagen avanciert.

Eine andere Transaktion mit einem Rekordvolumen von über 3,7 Mrd. € stellte im August 2003 der Verkauf der italienischen „Gelben Seiten" (*Seat Pagine Gialli*) an eine Investorengruppe dar. M&A-Aktivitäten lassen sich auch im Druckereisektor beobachten: *Arvato/Maul Belser*, *Gruner + Jahr* und *Axel Springer* fassten ihre Tiefdruckaktivitäten zusammen, um in ihrem Marktsegment einen europäischen Marktanteil von 25% zu erreichen. Rege Betriebsamkeit ist auch bei Transaktionen im Zeitschriftensektor zu beobachten. Zwei aktuelle Beispiele für das Titel-Wechsel-Dich-Spiel aus dem ersten Quartal 2005: Der *Axel Springer-Verlag* hat das *Journal für die Frau* an *Hubert Burda Media* verkauft. Die Axel-Springer-Tochtergesellschaft *Finanzen Verlag* übernimmt von der Düsseldorfer *Handelsblatt GmbH* das Wirtschaftsmagazin Euro.

Auch in der Fernsehlandschaft sind Veränderungen der Besitzverhältnisse und unternehmerischen Kontrolle beinahe an der Tagesordnung. Beispielsweise übernimmt die *ProSiebenSat.1 Media AG* weitere 51,6% an der *Euvia Media KG*. Damit hält sie 100% der Anteile an der Management- und Beteiligungsholding für Transaktionsfernsehen, die den Fernsehsender *9 live* und den Reiseverkaufssender *sonnenklar TV* betreibt. Das Volumen dieser Transaktion beläuft sich auf 115 Mio. €. Die *ProSiebenSat.1 Media AG* wird aktuell ihrerseits von *Axel Springer* übernommen; hier stehen letzte Details der Transaktionsdurchführung und Genehmigungen noch aus.

Auch in naher Zukunft wird der M&A-Markt im Mediensektor in Bewegung bleiben. Dafür sprechen weitere konkret laufende Projekte; und nicht zuletzt entsprechende Ankündigungen tun ihr Übriges: Auf ihren Bilanzpressekonferenzen 2005 haben Branchenschwergewichte wie die *RTL Group* oder *Gruner+Jahr* bereits betont, für Zukäufe gerüstet zu sein. Die wesentlichen Treiber dafür erscheinen stabil:

- Neue technologiebasierte Anwendungen, beispielsweise zu beobachten in der weiter fortschreitenden Digitalisierung der elektronischen Inhalte,
- marktbedingte Konzentrationstendenzen beispielsweise bei Mediaagenturen und im Tief- wie im Offsetdruck,
- der Wettbewerb neuer medialer Kanäle und stationärer wie mobiler Plattformen, beispielsweise durch die Verknüpfung der Kernkommunikationsfunktionen Telefonie, Internet und Unterhaltung im Triple Play,
- die parallele Vermarktbarkeit von Medieninhalten über unterschiedliche Trägermedien, mit ersten Auflösungserscheinungen der klassischen Medienverwertungskette,

- und u.a. dadurch induzierte neue Finanzierungsmöglichkeiten im kreativen Prozess und in der Vermarktung,
- Größenvorteile bei der Abwehr von Übernahmen,
- schließlich veränderte Geschäfts- und Erlösverteilungsmodelle beispielsweise zwischen Werbekunden und Endkunden sowie im Verhältnis Abonnement zu Einzelverkauf.
- Die zunehmende internationale Öffnung der Medienmärkte tut ihr Übriges.

Die diversen M&A-Transaktionen, aus deren langer Liste hier nur ein begrenzter Ausschnitt angesprochen sei, bieten den Beteiligten und Betroffenen der Medienszene wie auch den Investmentbankern und Private-Equity-Häusern reichlich Gesprächsstoff. Und bisweilen ist das Fazit solcher Unterhaltungen, dass die Hoffnungen, die an solche Deals geknüpft wurden, wie Seifenblasen an der Wirklichkeit zerplatzt sind. Ein Beispiel für die Nicht-Erfüllung hoch fliegender Erwartungen ist die *Bundesdruckerei:* Im Zuge ihrer Privatisierung wurde das Bundesunternehmen im Jahr 2000 für den Preis von 1,1 Mrd. € übernommen. Drei Jahre später trennten sich die Erwerber mit drastischen Verlusten von dieser Beteiligung.

Dies mag ein extremes Beispiel sein, aber es ist beileibe nicht der einzige Fall, in dem die Preise und Konditionen einer Transaktion ungläubiges Kopfschütteln bezüglich der Bewertung von Medienunternehmen hervorrufen. Die Preisfindung und die ihr zugrunde liegende Bewertung erscheinen manchmal nur schwer nachvollziehbar – zumal dann, wenn beinahe reflexhaft besondere strategische Investitionskomponenten betont werden. In der retrospektiven Betrachtung ist man freilich immer schlauer; die Gefahr altkluger Kommentierungen lauert hinter jedem Deal, und unternehmerisches Denken spiegelt sie auch nicht wider. Eine Auseinandersetzung mit der Diskrepanz zwischen der Unternehmensbewertung „auf dem Papier" und in der Realität läuft in die falsche Richtung, wenn sich die Kritik gegen die zur Verfügung stehende Methodik richtet. Das Methodenspektrum und Angebot von Navigatoren zur Bewertung intangibler bzw. immaterieller Wirtschaftsgüter und intellektuellem Kapital ist aus finanztechnischer wie aus regulatorischer Perspektive umfassend genug. Das eigentliche Problem ist eine empirische Lücke: Diese klafft zwischen erstens dem verfügbaren Methodenangebot, zweitens dessen realistisch praktikablen Einsatzmöglichkeiten in Medienfragestellungen und nicht zuletzt drittens der Bereitschaft, im konkreten Fall tatsächlich auf dieses Angebot zurückzugreifen. Es ist müßig, bezüglich dieser Anwendungslücke die Schuldfrage zu stellen. Und angesichts des mittlerweile vorhandenen Methodenarsenals müsste eigentlich das Klagelied verstummen, das in regelmäßigen Abständen über die vorgeblich allzu komplizierte Bewertung immaterieller Vermögensgegenstände in Medienunternehmen angestimmt wird.

Spannender als dieses Lamento ist eine entscheidende Entwicklung, die derzeit zu beobachten ist: Ungeachtet der empirischen Lücke zeichnet sich in der aktuellen Bewertungspraxis in Medienunternehmen das Schließen einer ganz anderen Kluft ab: Bisher wurden Bewertungsfragen von Medienunternehmen aus zwei verschiedenen Blickwinkeln betrachtet, nämlich entweder aus der Perspektive der transaktionsbezogenen Wertermittlung oder aus der Perspektive des Wertmanagements. Bei Ersterer geht es darum, „aus gegebenem Anlass" in allen Spielarten von M&A-Prozessen den Wert eines Unternehmens festzustellen, etwa beim geplanten Kauf oder Verkauf von Unternehmen, Medienobjekten, Medienformaten, Medienmarken, Lizenzen und Rechten an medialen Inhalten. Im Kontext des strategischen Wertmanagements spielen Bewertungsfragen eine ganz andere Rolle. Wertmanagement bedeutet die Orientierung aller unternehmerischen Entscheidungen – über die Allokation von Ressourcen bis zur Zusammensetzung des Portfolios – am Ziel, den Unternehmenswert zu steigern. Wachstum und Investment ist demnach nur in jenen Bereichen sinnvoll, die positive Beiträge zum Unternehmenswert leisten. Das heißt, weitere Mittel fließen nur dorthin, wo mindestens die Kapitalkosten verdient werden – oder dieses Ziel zumindest in absehbarer Zeit mit vertretbarem Aufwand erreicht werden kann. Daraus folgt, dass die Erfolgsbeiträge einzelner Mediengeschäfte wertorientiert gemessen werden müssen. Für die wertorientierte Steuerung eines Unternehmens ist es deshalb unabdingbar, dass Managemententscheidungen durch Ex-ante-Analysen und Bewertungen ihrer in finanzwirtschaftlichen Kategorien formulierten möglichen Auswirkungen auf den Unternehmenswert fundiert werden.

Wir verfolgen inzwischen einen Ansatz, der eine Brücke zwischen den Perspektiven der Preisermittlung aus Anlass geplanter Transaktionen und der wertorientierten Unternehmenssteuerung schlägt. Der Kerngedanke dieses Ansatzes ist das Schaffen bzw. Erhöhen der Transparenz medialer Werte. Diese hat positive Auswirkungen in mehreren Bereichen: Die strategische Position lässt sich besser bestimmen, die operative Leistungsfähigkeit erhöhen und nicht zuletzt kann der Unternehmenswert gesteigert werden, denn Transparenz ist die Conditio sine qua non für die wertorientierte Steuerung des Medienunternehmens.

Welche Adressaten haben wir im Blick, wenn wir von „Medienunternehmen" sprechen? Wir beziehen unsere Bewertungsfragestellungen teils auf private, teils auf öffentlich-rechtliche Organisationen, die mit Hilfe der verschiedenen Trägermedien (Zeitungen/Zeitschriften, Bücher, Radio, Fernsehen, Internet etc.) mediale Inhalte jeglicher Art erstellen, aufbereiten und einem breiten Publikum zugänglich machen. Die medialen Inhalte verfolgen Ziele wie Unterhaltung, Information und Bildung, Reflexion sozialer, politischer, wirtschaftlicher und ästhetischer Zusammenhänge sowie Dokumentation und Bereitstellung von Serviceleistungen.

Wir betrachten somit diejenigen Unternehmen und Organisationen, deren Kerngeschäft sich innerhalb der Medienwertschöpfungsketten bewegt – angefangen von der Erstellung der Inhalte hin bis zu deren Aufbereitung und Vertrieb. Dabei lässt sich eine Unterteilung in Print- und elektronische Medien vornehmen.

Zu den betrachteten Print-Medien zählen Zeitungs- und Zeitschriftenverlage, Buchverlage, Fachinformationsverlage, Nachrichtenagenturen, Kommunikations-, Werbe- und Mediaagenturen, Direktmarketing-Provider und Druckerei-betriebe. Zu den einbezogenen elektronischen Medien gehören TV-Sender, TV-Vermarkter, TV-Produktion und -Co-Produktion, Kino-/Filmproduktion, Verleih und Kinobetriebe, Radiosender und Radiovermarkter, Musikverlage sowie Internet-Provider.

Ganz erhebliche Unterschiede weisen die einzelnen Geschäftsmodelle der Medienunternehmen auf. Wesentliche strukturelle Differenzierungsmerkmale sind zum Beispiel:

- Breite und Tiefe des Kundenstamms
- *Stabilität des Kundenstamms* – Determinanten dafür sind etwa das Verhältnis Abonnement zu Einzelverkauf oder die Relation zwischen strukturell ähnlichen Produkten und Produktserien gegenüber Einzelprodukten
- Projektorientierte vs. laufende Leistungserstellung
- *Erlösmodelle* – Hier lassen sich beispielsweise unterscheiden: Verkauf der Medien an Endkunden bzw. Absatzmittler, Verkauf von Anzeigen und Werbeflächen und -zeiten

an Werbekunden und Agenturen, Lizensierung, Syndication, Abonnement- und „Per Use"-Modelle
- *Risikoposition der jeweiligen Erlösquellen* – Wichtige Kriterien dabei sind Konjunkturabhängigkeit, Abhängigkeit von der Gattungsentscheidung, Qualität der Inhalte, Halbwertszeit von Formaten und Angeboten, (qualitätsunabhängiger) Neuerungsdruck, Wechselbarrieren, Audience Flow, Verfügbarkeit direkter Alternativen, Veränderungen im Nutzungsverhalten
- *Kreative Freiheitsgrade* – Es besteht zum Beispiel eine Wechselwirkung zwischen dem Grad der Bindung an ein bestimmtes Format und den kreativen Spielräumen bei der Erstellung medialer Inhalte
- *Technologische Treiber* – beispielsweise Digitalisierung von Inhalten, neue Zugänge, Plattformen und Applikationen/Anwendungen
- *Unterschiedliche Nutzungsdauer und -intensität*, Wiederverwertbarkeit und Mehrfachnutzung, Aktualität
- *Markenaffinität* – Je spezieller die medialen Inhalte, desto enger ist tendenziell die Markenbindung

Diese strukturellen Kriterien determinieren die medialen Inhalte und ihre jeweiligen Geschäftscharakteristika – und über diese auch die Anforderungen an ihre sachgerechte Bewertung.

3.2 Besonderheiten der Unternehmensbewertung in der Medienbranche

3.2.1 Eine kleine Systematik traditioneller und spezieller Bewertungsansätze

Die traditionellen Ansätze zur Unternehmensbewertung lassen sich grundsätzlich in drei Kategorien einteilen:
- einkommensbasierte Bewertungsansätze
- marktbasierte Bewertungsansätze
- vermögensbasierte Bewertungsansätze

Einkommensbasierte Bewertungsansätze bewerten ein Unternehmen anhand seiner erwarteten Umsatz- und Cashflow-Entwicklung. Hierbei werden die geplanten Ausgaben und die zu erwartenden Einnahmen prognostiziert und dann anhand einer entsprechenden risikoadjustierten Zinsrate auf den Gegenwartswert abdiskontiert.

Häufig kommt dabei die Discounted-Cashflow (DCF)-Methode zum Einsatz. Sie basiert auf der Betrachtung der zukünftigen Cashflows, die ein Unternehmen unter Einbeziehung von Risikoaspekten (Discount Rate) erzielen kann. Die bei solchen Analysen angewendeten Diskontierungsraten werden in der Regel branchenspezifisch berechnet; üblicherweise nehmen sie keinen direkten Bezug auf die spezifischen Gegebenheiten eines Unternehmens und seines Geschäftsmodells, werden jedoch über CAPM und Rating unternehmensspezifisch adjustiert.

Einkommensbasierte Bewertungsansätze sind vermutlich die zuverlässigste und sinnvollste Methode der Unternehmensbewertung, wenn sich die zukünftigen Cashflows mit relativ hoher Sicherheit vorhersagen lassen. Dies ist vor allem bei solchen Unternehmen der Fall, die eindeutig bestimmbare Produkte an einen relativ festen Kundenstamm veräußern. Weniger geeignet sind diese Ansätze hingegen für Unternehmen, bei denen wie etwa in der Filmproduktion das Projektgeschäft dominiert. Hier sind die einkommensbasierten Methoden aufgrund der schlechteren Prognostizierbarkeit zukünftiger Projektinhalte mit einem größeren Fehlerrisiko behaftet. Dies gilt umso mehr, wenn die Projekte durch einen hohen Grad an Kreativität und Innovation gekennzeichnet sind oder die wesentlichen Erfolgsfaktoren entweder nicht langfristig an das Unternehmen gebunden sind (zum Beispiel Personal) oder leicht von anderen Unternehmen übernommen werden können.

Um ein klares Bild über die erzielbaren zukünftigen Einkünfte zu gewinnen, müssen grundsätzlich auch bei einkommensbasierten Bewertungsansätzen die im Unternehmen zur Verfügung stehenden Ressourcen betrachtet werden, also die materiellen und immateriellen Vermögensgegenstände (inkl. Goodwill). Ein besonderes Thema stellt dabei die Betrachtung der immateriellen Vermögensgegenstände dar: Wie stark hängen etwa die zukünftig erwartbaren Einkünfte von der Unternehmensmarke ab, und wie stabil ist deren Einfluss? Zu betrachten im Sinne des angloamerikanischen Company Value ist also der Wert in der Bilanz, die stille Goodwill-Reserve und der darüber hinausgehende Net Present Value der erwartbaren Cashflows.

Marktbasierte Bewertungsansätze bestimmen den Wert eines Unternehmens über einen direkten Vergleich mit relevanten Wettbewerbern. Hier werden Multiples bestimmt, über die sich der Unternehmenswert anhand der Erfolgskennzahlen des betrachteten Unternehmens (zum Beispiel EBITA) ermitteln lässt. Multiples stellen dabei Faktoren dar, mit denen die Unternehmenskennzahlen multipliziert werden, um den Unternehmenswert zu bestimmen. Dabei gibt es verschiedene Möglichkeiten zur Bildung dieser Multiples: So können sie aus der Betrachtung börsennotierter Unternehmen des gleichen Branchenzweigs oder aus der Analyse von Verkaufstransaktionen vergleichbarer Unternehmen abgeleitet werden.

Eine marktbasierte Unternehmensbewertung liefert jedoch nur unter der Voraussetzung brauchbare und zufrieden stellende Ergebnisse, dass die betrachteten Unternehmen eine möglichst gute Vergleichbarkeit aufweisen. Eine Gegenüberstellung von Äpfeln und Birnen beeinträchtigt die Ergebnisse erheblich. Gegebenenfalls müssen signifikante Unterschiede ausgeglichen oder bei der Interpretation der Bewertung berücksichtigt werden. Damit marktbasierte Ansätze funktionieren, müssen noch zwei weitere Voraussetzungen erfüllt sein: Eine ausreichende Menge vergleichbarer Unternehmen muss bereits bewertet worden sein; andernfalls lassen sich keine aussagekräftigen Kennzahlen ableiten. Des Weiteren müssen Zeitreihenanalysen der Multiples und ihrer Entwicklung verfügbar sein, damit sich die angesetzten Multiples sach- und marktgerecht einordnen lassen.

In der Praxis existieren jedoch nur wenige Unternehmen, die direkt mit dem zu bewertenden Unternehmen vergleichbar sind *und* deren Kennzahlen zur Verfügung stehen. Dies führt häufig dazu, dass bei dieser Bewertungsmethode die spezifischen Gegebenheiten eines Unternehmens wie Marktposition, Ressourcenpool, historische Erfolgsentwicklung etc. nicht berücksichtigt werden. Darüber hinaus weisen die Vergleichsunternehmen oftmals eine sehr große Bandbreite hinsichtlich der Multiples auf, sodass für den Wert des Unternehmens in der Regel nur eine sehr vage Wert-Spanne bestimmt werden kann.

Diesen skizzierten Schwächen zum Trotz bieten marktbasierte Bewertungsansätze den Vorteil, dass sie zur Plausibilisierung von Werten herangezogen werden können, die durch andere Verfahren ermittelt worden sind. Außerdem sind marktbasierte Methoden eine relativ unkomplizierte Möglichkeit, den Wert eines Unternehmens abzuschätzen.

Vermögensbasierte Bewertungsansätze bewerten Unternehmen nach dem Netto-Unternehmensvermögen, d.h. dem gesamten Unternehmensvermögen abzüglich der gesamten Verbindlichkeiten. Hierbei müssen die in der Unternehmensbilanz aufgezeigten Vermögenspositionen jedoch häufig neu bewertet werden: Die in der Bilanz ausgewiesenen Werte entsprechen nämlich häufig nicht dem realen Wert der Vermögenspositionen, da die gesetzlichen Bewertungsvorschriften in vielen Fällen zu einer verzerrten Darstellung der Vermögenswerte führen; dies jenseits einer Marktwert-Betrachtung des Eigenkapitals.

Bei der Neubewertung der Vermögenspositionen kann auf Marktpreise zurückgegriffen werden, sofern ein aktiver Markt für ähnliche Vermögensgegenstände existiert. Oder es können die Kosten für die Wiederbeschaffung des Vermögensgegenstandes als Wertmaßstab herangezogen werden. Ein dritter möglicher Ansatz ist die einkommensorientierte Bewertung von Vermögensgegenständen, bei dem die durch den Vermögensgegenstand erzielbaren Cashflows geschätzt und dann auf den Gegenwartswert abdiskontiert werden.

Die vermögensbasierten Bewertungsansätze stellen den konservativsten Ansatz unter den traditionellen Bewertungsmethoden dar. Ihr Konzept basiert auf der grundsätzlichen Überlegung, dass nicht das zukünftige Erfolgspotenzial den Wert eines Unternehmens bestimmt, sondern der Gegenwartswert des bestehenden Vermögens. Aus dem Vermögen abzuleitende Profite werden somit nicht betrachtet.

Besonders wegen dieser Prämisse stellt die Bewertung der immateriellen Vermögensgegenstände auch bei der vermögensbasierten Unternehmensbewertung häufig ein Problem dar: Bisher existieren noch keine durchgängig anerkannten Bewertungsstandards für immaterielle Vermögensgegenstände oder – darunter subsummierbar – die Goodwill-Positionen. Beim Goodwill handelt es sich um den (zum Beispiel von einem potenziellen Käufer zugesprochenen) Wertbestandteil eines Unternehmens, der unter Berücksichtigung der Ertragserwartungen über den Substanzwert der materiellen und immateriellen Vermögensgegenstände unter Abzug der Verbindlichkeiten hinausgeht.

Neben den beschriebenen traditionellen Bewertungsansätzen existieren weitere Ansätze, die beispielsweise immaterielle Vermögensgegenstände oder einzelne Stufen der Wertschöpfungskette bewerten. Solche Teilbewertungen lassen sich gezielt einsetzen, wenn es darum geht, den über die traditionellen Bewertungsansätze hergeleiteten Unternehmenswert zu plausibilisieren oder zu validieren.

Eine Möglichkeit, immaterielle Vermögensgegenstände zu bewerten, bietet beispielsweise die **Royalty-Savings-Methode**. Um den Wert bestehender Nutzungsrechte zu bestimmen, werden die durch den Besitz der Rechte möglichen Einsparungen (zum Beispiel an Lizenzkosten) bestimmt.

Darüber hinaus kann die **Excess-Operating-Profits-Methode** angewendet werden, um den Wert einer bestimmten Stufe der Wertschöpfungskette zu bestimmen. Bei dieser Methode werden zwei Unternehmen der gleichen Branche verglichen. Unterschiede in der Profitabilität der betrachteten Unternehmen können dann auf die unterschiedliche Gestaltung der verschiedenen Stufen der Wertschöpfungskette zurückgeführt werden.

3.2.2 Besonderheiten bei der Bewertung von Medienunternehmen

Über 80% der befragten Top-Manager führender Medienkonzerne beklagen, dass der Aktienpreis zum Teil weit unter dem eigentlichen Wert ihres Unternehmens liege, so das Ergebnis einer Reihe von Untersuchungen. Diese Aussage gibt einen deutlichen Hinweis darauf, dass die traditionellen Bewertungsansätze bei der Bewertung von Medienunternehmen offensichtlich Unzulänglichkeiten aufweisen – bzw. zumindest darauf, dass die immateriellen Vermögensgegenstände aufgrund von Risikoerwägungen sehr vorsichtig bewertet werden.

Warum erweist sich die Bewertung von Medienunternehmen in der Praxis als derart problematisch? Die Hauptursache dafür liegt darin, dass immaterielle Vermögensgegenstände einen wesentlichen Anteil an den Vermögensgegenständen von Medienunternehmen ausmachen. Diese immateriellen Vermögensgegenstände werden jedoch im Rahmen gängiger Bewertungsansätze nur unzureichend erfasst. Hinzu kommt, dass in der Medienbewertung bis dato noch keine allgemein anerkannten Standards zur Messung oder Einschätzung dieser Vermögensgegenstände und Werte existieren. Der Wert von Medienunternehmen, deren Kerngeschäft es ist, selbst erstellte oder von Dritten bezogene Inhalte über die zur Verfügung stehenden Medien (Zeitungen/Zeitschriften, Bücher, CDs/DVDs, TV/Radio, Internet, mobile Endgeräte) einem breiten Publikum zugänglich zu machen, lässt sich deshalb anhand der traditionellen Bewertungsmaßstäbe nur in wenigen Fällen mit ausreichender Genauigkeit bestimmen.

Zu diesen wenigen Fällen zählen Zeitungsverlage: Hier ist eine Bestimmung des Unternehmenswertes noch relativ gut möglich: Zeitungsverlage verkaufen täglich ein physisches Produkt, neben dem Einzelverkauf an eine zum Großteil beständige Kundengruppe, die Abonnenten. Aufgrund der bei Regionalzeitungen häufig monopolartigen Stellung in der betreffenden Region und der hohen Bindung der Kunden an das Objekt ist die Fluktuation der Endkunden relativ gering und wird selbst durch mittlere Qualitätsschwankungen des Produkts nur allmählich und mäßig beeinflusst. Sowohl die Verkaufserlöse als auch die Herstellungskosten der Objekte lassen sich auf Basis der bisherigen Performance des Unternehmens relativ genau prognostizieren.

Demgegenüber können die Anzeigen- und Werbeerlöse, die zweite Umsatzquelle, größere Schwankungen in der zukünftigen Erlössituation hervorrufen, nämlich dann, wenn bedingt durch konjunkturelle Faktoren die Bereitschaft der Anzeigenkunden zurückgeht, in Werbeflächen und Anzeigen zu investieren. Geht man allerdings von stabilen Kundengruppen aus, kann auch hier das unternehmensinterne Risiko hinsichtlich der Umsatzerlöse zumindest relativ zu anderen Medienbranchen als gering betrachtet werden. Da die Umsatz- und Kostengrößen eines solchen Zeitungsverlages mit relativ guter Prognosequalität vorhergesagt werden können, ist auch eine relativ belastbare Bewertung eines solchen Unternehmens anhand des traditionellen einkommensbasierten Bewertungsansatzes möglich.

Völlig anders verhält es sich jedoch bei denjenigen Medienunternehmen, deren Kerngeschäft stärkeren Projektcharakter hat. Dessen Produkte werden in der Regel vom Kunden jedes Mal neu und zum Teil auch einzeln erworben, wie dies zum Beispiel bei Buch- und Musikverlagen, Fernsehproduktionsfirmen etc. der Fall ist. Im Gegensatz zum abonnementbasierten Geschäftsmodell von Zeitungsverlagen muss hier der Kunde immer wieder aufs Neue von der Qualität einer Produktinnovation überzeugt und zum Kauf animiert werden. Der zukünftige Erfolg solcher Unternehmen hängt somit von deren Fähigkeit ab, für den Kunden interessante Inhalte zu identifizieren, zu akquirieren oder selbst zu entwickeln, diese aufzubereiten und einer möglichst breiten Kundengruppe zu attraktiven Konditionen anzubieten.

Theoretisch ist jeder dieser Stufen der Wertschöpfungskette ein monetärer Wert zuzuordnen, der zum Gesamtwert der betrachteten Unternehmung beiträgt. Praktisch lassen sich diese Werte jedoch nur unzureichend bestimmen, da es sich hauptsächlich um immaterielle Vermögensgegenstände und um Goodwill-Positionen handelt. Immerhin kann man sich über die Bewertung der einzelnen Vermögenspositionen und Wertschöpfungsstufen dem reellen Wert des Unternehmens annähern. Eine Schlüsselrolle spielt dabei die Bewertung des Intellectual Property des Unternehmens.

3.2.3 Zur Bewertung von Intellectual Property

Die Basis für das Geschäft von Medienunternehmen bilden (Nutzungs-)Rechte und Lizenzen, das Intellectual Property. Diese Eigentumsrechte sind gerade als Werttreiber für Medienunternehmen von entscheidender Bedeutung. Dazu gehören geschützte oder bereits produzierte Konzepte (zum Beispiel Fernsehformate), Inhalte (zum Beispiel produzierte Fernsehshows, Texte oder Musikstücke), Marken (zum Beispiel „Gute Zeiten, Schlechte Zeiten") sowie territoriale Verwertungsrechte für die Konzepte, Inhalte oder Marken. Unter Nutzungsrechten sind grundsätzlich sowohl die Rechte für Produktion und Vertrieb der originären Konzepte/Inhalte zu verstehen als auch die Weiterverwendung der Konzepte/Inhalte oder Marken über andere Kanäle (zum Beispiel Spiele zu

TV-Shows, Internet-Anwendungen, Musik als Klingeltöne für das Handy etc.). Solche Nutzungsrechte umfassen ebenfalls die Vorabrechte an noch nicht erstellten Inhalten/Konzepten wie etwa Produktions- und Vertriebsrechte an den nächsten drei Werken eines bekannten Künstlers.

Die umfassende Sicherung der Nutzungsrechte ermöglicht den Medienunternehmen mittels dieser bestehenden immateriellen Vermögensgegenstände zukünftig Umsätze zu erwirtschaften. In der Regel ist der auf Basis der bestehenden Rechte erwirtschaftete Anteil am Gesamtumsatz des Unternehmens zumindest in der nahen Zukunft relativ hoch, sodass durch eine Bewertung des Intellectual Property bereits ein großer Anteil der kurz- bis mittelfristigen Umsätze des betrachteten Unternehmens abgeschätzt werden kann. Allerdings ist der Wert eines Rechts a priori nicht zu bestimmen. Aus diesem Grund werden bei der Verhandlung der Nutzungsrechte in den meisten Fällen flexible Lizenzkonditionen vereinbart, die sich an dem vom Lizenznehmer erzielten Umsatz orientieren und ex post abgerechnet werden. Aufgrund dieser Unwägbarkeiten scheint eine detaillierte Umsatzplanung auf Objektebene kaum sinnvoll zu sein. Aber auch eine lineare Extrapolation der Umsätze mit den bereits im Portfolio befindlichen Rechten und Produkten reicht nicht aus, um ein Ergebnis zu ermitteln, das den Wert des Intellectual Property realistisch wiedergibt.

In der Praxis ergeben sich daraus Komplikationen, denn die Bewertung eines Medienunternehmens im Ganzen bedingt eine Bewertung der einzelnen Positionen des immateriellen Vermögens, also auch des Intellectual Property. Diese Schwierigkeit galt es in dem Fallbeispiel zu lösen, das im folgenden Abschnitt beschrieben wird. Konkret ging es um die Bewertung der Formatbibliothek eines TV-Produzenten. Um den Wert solcher immateriellen Vermögensgegenstände wie Formaten zu bestimmen, kann man auf verschiedene Methoden zurückgreifen, die eine aggregierte Bewertung des Intellectual Property ermöglichen.

So kann zunächst auf der bestehenden Umsatzplanung aufgesetzt und die **Royalty-Savings-Methode** angewendet werden. Hierzu ist zunächst zu bestimmen, welcher Anteil der zukünftig geplanten Umsätze auf Basis der bereits in der Bibliothek enthaltenen Formate erwirtschaftet wird, und wie hoch der Anteil neuer Formatentwicklungen an den geplanten Umsätzen ist. Darüber hinaus muss eine durchschnittliche Lizenzgebühr festgelegt werden, die für die Lizenzierung externer Formate zu entrichten wäre. Hieraus lassen sich dann Antworten auf zwei Fragen ableiten: Wie hoch ist die Einsparung an Lizenzgebühren, die durch das Eigentum an den bestehenden Rechten erzielbar ist? Wie hoch ist der direkte Wert der Format-Bibliothek für das Unternehmen?

Weitere Möglichkeiten zur Bewertung von immateriellen Vermögensgegenständen ergeben sich, wenn operative Daten mit den Finanzdaten kombiniert werden. Dies ermöglicht eine Bewertung, die den realen Verhältnissen des Unternehmens entspricht. Ein solcher Ansatz zur Bewertung der Formatbibliothek basiert auf dem von uns entwickelten **Lebenszyklus-Modell** von Produkten, das im Folgenden vorgestellt wird.

3.3 Beispiel: Die Bewertung einer marktführenden Formatbibliothek

3.3.1 Die Ausgangssituation

Unser Kunde gehört zu den weltweit führenden TV-Produktionsunternehmensgruppen und ist mit einem international agierenden Konzern verbunden. Das Geschäftsmodell unseres Klienten ist die Kreation und internationale Verwertung von Infotainment- und Entertainment-Formaten, die über mehr als 20 Landesgesellschaften direkt an nationale Broadcaster verkauft werden. Die bekanntesten Formate sind internationale Blockbuster. Zusätzlich werden auch Drittformate akquiriert und verwertet.

Im Rahmen eines umfassenden Wertsteigerungsprogramms haben wir eine Bewertung vorgenommen und Wertsteigerungsansätze für die immateriellen Vermögenswerte der umfangreichen Formatbibliothek des TV-Produzenten erarbeitet. Mehr als 1.000 Formate gehören zu dieser Bibliothek, etwa ein Viertel davon war in den letzten drei Jahren signifikant aktiv; mit dem Rest wurden seit 2002 geringfügigere oder keine Umsätze generiert. Für die Bewertung der Formatbibliothek waren zwei Dimensionen maßgeblich: Zum einen der „Stand-alone"-Wert, also der eigentliche Verkaufswert der Bibliothek, zum anderen aber vor allem die „Going-Concern-Betrachtung", also der Wert unter der Perspektive vorhandener, zeitlich unbegrenzter Verwertungsmöglichkeiten der Unternehmensgruppe.

3.3.2 Die Herausforderung

Die Schwierigkeiten bei der Bewertung rührten daher, dass Prognosen über die Lebensdauer und den Erfolg eines Formats eigentlich unmöglich sind: Selbst überaus erfolgreiche Formate können bereits nach einer Aussendung wieder eingestellt werden. Andere Formate hingegen entwickeln sich zu Blockbustern, die weltweit verwertet werden können –

dies zum Teil nach langen Liegezeiten. Die goldene Regel der Innovationsforschung scheint auch hier zu greifen: die richtigen Rahmenbedingungen und Faktoren müssen zusammentreffen.

Wenn aber Vorhersagen über die Zukunftsperspektiven einzelner Formate eher vage und spekulativ bleiben müssen, ergibt sich daraus fast zwingend, dass die eingangs erwähnten klassischen Ansätze bei der Bewertung der Bibliothek zu kurz greifen. Die eingeschränkte Tauglichkeit dieser herkömmlichen Methoden ist leicht erklärbar: Die traditionellen Bewertungsansätze setzen voraus, dass sich die Umsätze auf Objektbasis prognostizieren lassen. Nur auf dieser Basis ist eine seriöse Diskontierung zukünftiger Cashflows möglich. Eine Lösungsmöglichkeit besteht in der Belegung des Terminal Value mit einem zusätzlichen Risikofaktor, der die zeitliche Unsicherheit der Planungsannahmen widerspiegelt.

Einen weiteren Ansatz einer Lösung für die Problematik bei der Bewertung von Formaten bietet die Royalty-Savings-Methode. Diese bestimmt – wie bereits erwähnt – den Wert bestehender Nutzungsrechte über die potenziellen Einsparungen, die sich durch den Besitz der Rechte erzielen lassen. So ist durch die Berücksichtigung der strategischen Planung eine Aussage darüber möglich, ob und in welchem Umfang sich mit den im eigenen Besitz befindlichen Formaten zukünftige Lizenzzahlungen über einen zu definierenden absehbaren Zeitraum einsparen lassen.

Aber auch die Anwendung der Royalty-Savings-Methode erweist sich angesichts eines zentralen Problems bei der Bewertung der Formatbibliothek als unzureichendes Instrument: Um den Wert der Formatbibliothek über die potenziellen Einsparungen bei Lizenzkosten zu ermitteln, müssten – bei Unterstellung flexibler Lizenzgebühren (das heißt in Prozent vom zukünftig erzielten Umsatz) – die zukünftigen Umsatzströme quantifizierbar sein, die auf Basis der in der Bibliothek enthaltenen Formate erzielt werden. Hierzu ist eine genaue Aufteilung der in der Business-Planung vorgesehenen Umsätze auf bestehende Formate und noch zu entwickelnde Formate vorzunehmen. Diese Trennung lässt sich nur durch Expertenschätzungen oder durch historische Vergleiche der Gesamtumsatzentwicklung über alle Formate vornehmen. Es ist offensichtlich, dass diese Art und Weise keine exakten Ableitungen auf detaillierter Ebene zulässt. Genau dies wäre aber eine wesentliche Bedingung, um eine valide Bewertung vorzunehmen. Traditionelle Bewertungsansätze sind demnach nicht in der Lage, einen Weg aus diesem Dilemma zu weisen.

3.3.3 Die pragmatische Lösung

Bei der Suche nach der Lösung des Bewertungsproblems war eine der Prämissen, dass eine valide Bewertung die Kriterien einer analytisch fundierten Herleitung und Plausibilisierung erfüllen muss. Um diese Voraussetzungen zu schaffen, lösten wir uns von einer rein finanzwirtschaftlichen Sichtweise und betrachteten die Formate jetzt auch aus der unmittelbar geschäftsbezogenen Perspektive. Diese Kombination von operativen Daten mit Finanzdaten ermöglicht eine Bewertung, die den realen Verhältnissen entspricht. Als Grundlage eines solchen, auf historisch operativen und finanziellen Daten basierenden Ansatzes zur Bewertung der immateriellen Vermögensgegenstände der Formatbibliothek wurde ein mehrstufiges Lebenszyklusmodell entwickelt.

Unterstellt man den in einem Unternehmen vorhandenen immateriellen Vermögensgegenständen einen durchschnittlichen Lebenszyklus, der durch bestimmte Parameter beschreibbar ist, so lassen sich verschiedene Meilensteine identifizieren, die über den weiteren Verlauf des Lebenszyklus entscheiden. Anhand dieser Meilensteine können die bereits vorhandenen Rechte und Produkte in ihrer Position im Lebenszyklus kategorisiert werden, und der Restwert der Rechte kann genauer bestimmt werden. Für jede Kategorie können dann die Formate bzw. deren Umsätze mit Wahrscheinlichkeiten errechnet werden, mit denen die Produkte auch in der nächsten betrachteten Periode noch auf dem Markt sind; außerdem lassen sich Veränderungsparameter bestimmen, die Hinweise darauf geben, wie sich der durch einzelne Produkte erzielte Umsatz in der jeweils betrachteten Periode entwickeln wird. Über diese Wahrscheinlichkeiten und Veränderungsparameter können dann die Umsätze in den einzelnen Kategorien abgeschätzt werden.

Die Recherchen bei dem TV-Produzenten ergaben, dass sich zwar der Lebenszyklus eines Formats nicht vorhersagen lässt, aber die Entwicklungsmuster erfolgreicher Formate starke Ähnlichkeiten aufweisen. Auf Basis dieser Erkenntnis wurde das Modell eines mehrstufigen Lebenszyklus für TV-Formate abgeleitet, der diese Entwicklungsmuster widerspiegelt.

Aus unternehmerischer Perspektive sind die ersten drei Lebensjahre eines Formats entscheidend: In diesem Zeitraum fallen die Würfel, ob das Format ein langfristiger Erfolg wird, ein Blockbuster, oder ob es in der Versenkung verschwindet. Die Erfahrung der Vergangenheit zeigt, dass die meisten neu entwickelten Formate von den Fernsehstationen lediglich ein Jahr lang gesendet werden. Dann werden sie durch ein neues Format ausgetauscht. Nur wenige, überdurchschnittlich erfolgreiche Formate werden von den Sendern auch im zweiten Jahr erneut gesendet. Dies hängt nicht zwingend vom wirtschaftlichen Erfolg der ersten Staffel ab, denn für Broadcaster sind daneben auch andere Faktoren wie Zielgruppen-Affinität, Audience Flow etc. von entscheidender Bedeutung. Wenn das Format auch im zweiten Lebensjahr noch außergewöhnlich hohe Erfolge aufweist und deshalb von den Fernsehsendern auch noch im dritten Jahr gesendet wird, dann steigt die Wahrscheinlichkeit, dass das Format im nächsten Jahr ein weiteres Mal produziert und gegebenenfalls auch international von anderen Sendestationen übernommen wird.

Vor diesem Erfahrungshintergrund lassen sich vereinfacht drei Meilensteine im Lebenszyklus eines Formats identifizieren:

- *Einführung* – Das Format wird zum ersten Mal in einem Land ausgestrahlt
- *Fortführung/Wiederholung* – Der TV-Sender entscheidet, ob das Format im nächsten Jahr erneut produziert und ausgestrahlt werden soll
- *Mehrfachwiederholung/Internationale Expansion* – Die Neuauflage erhöht die Chancen erheblich, dass ein Format auch in anderen Ländern gesendet wird und/oder immer wieder neue Staffeln produziert werden

Ausgehend von diesen Meilensteinen lassen sich für das bewusst einfach gehaltene Portfolio des TV-Produzenten die Formate in folgende Kategorien einordnen:

- „*Question marks*" – Alle Formate, die zum ersten Mal geplant werden
- „*Rising stars*" – Alle Formate, die bereits zum zweiten Mal geplant werden
- „*Blockbuster*" – Alle Formate, die bereits zum dritten Mal geplant werden.

Diese Kategorien unterscheiden sich nicht nur durch ihre Laufzeit, sondern auch durch die jeweils erzielbaren Margen. So weisen die „Question Marks" mit etwa 20% typischerweise eine deutlich geringere EBITA-Marge auf als „Rising Stars" (25%) oder „Blockbuster" (30%). Diese Spannbreite der Margen ist darauf zurückzuführen, dass die Produktionseffizienz im Zeitverlauf in der Regel zunimmt. Außerdem verbessert sich die Verhandlungsposition gegenüber den Broadcastern.

Für eine Prognose der zukünftigen Umsatzerwartungen reicht allerdings die Zuordnung der Formate in die jeweiligen Kategorien nicht aus. Neben dieser Klassifizierung müssen auch noch die spezifischen Wahrscheinlichkeiten ermittelt werden, dass ein Format den jeweils nächsten Meilenstein erreicht. Diese Ermittlung kann auf Basis der historischen Unternehmensdaten vorgenommen werden: Für jede wird eine Kennzahl bestimmt; diese setzt sich aus der durchschnittlichen Wahrscheinlichkeit für weitere (Folge-)Produktionen der Formate in der jeweiligen Kategorie und der Umsatzveränderung im Fall einer Wiederholung zusammen. Die entsprechenden Kennzahlen lassen sich dadurch ermitteln, dass eine ähnliche Kategorisierung der Formate aus der Perspektive der vergangenen Jahre vorgenommen wird. Daraus können dann die spezifische Wahrscheinlichkeit, mit der ein Format die nächst höhere Kategorie erreicht, sowie daraus resultierende Veränderungen des Wertes bestimmt werden.

Für die einzelnen Kategorien ergibt sich nach dieser Vorgehensweise folgendes Bild:

- In der Kategorie der „Question Marks" wird voraussichtlich etwa die Hälfte der enthaltenen Formate im Folgejahr ein weiteres Mal produziert. Das Umsatzvolumen wird dabei als konstant angenommen, sodass sich insgesamt ein Faktor von 50% ergibt.
- In der Kategorie der „Rising Stars" beträgt die Wahrscheinlichkeit, dass die darin enthaltenen Formate weiterhin produziert werden, ebenfalls 50%. Allerdings erhöht sich hier der Umsatz je weiter produziertem Format auf 120% des bisher erzielten Umsatzwertes, da etwa 20% der Formate zusätzlich in einem weiteren Land produziert werden. Insgesamt ergibt sich somit ein Faktor von 60%.
- In der Kategorie der „Blockbuster" steigt die Wahrscheinlichkeit einer wiederholten Produktion der Formate auf rund 66% an. Immerhin ein Drittel der produzierten Formate wird darüber hinaus in einem weiteren Land produziert, sodass sich insgesamt ein Faktor von 88% ergibt.

Die Ermittlung der Eintrittswahrscheinlichkeiten aus den historischen Unternehmensdaten spiegelt dabei immer die aktuelle Entwicklungstendenz des Unternehmens in der jüngsten Vergangenheit wider. Veränderungen in dieser Verwertungshistorie können durch eine jährliche „Kalibrierung" in der Bewertung berücksichtigt werden. Dies gewährleistet, dass die jeweils gültige strategische Ausrichtung adäquat in die Ermittlung der Wahrscheinlichkeitsfaktoren einfließt, was bei der ausschließlichen Fortschreibung von Ex-post-Kategorien nicht der Fall wäre.

Auf dem Fundament des Lebenszyklusmodells und der dadurch ermöglichten Kategorisierung lässt sich nun der Wert der Formatbibliothek ermitteln: Zunächst werden dafür die bisherigen Umsätze der Portfolio-Cluster mit ihren jeweiligen Eintrittswahrscheinlichkeiten multipliziert und so die für die kommenden Jahre zu erwartenden Umsätze und Margen errechnet.

Um zum Gesamtwert der Formatbibliothek zu gelangen, wurden anschließend die für die Jahre 2005 bis 2014 ermittelten EBITA-Ergebnisse der einzelnen Kategorien analog zur Discounted-Cashflow-Methode auf den Gegenwartswert abdiskontiert und zum Gesamtwert summiert. Für die Diskontierung wurde ein risikoadjustierter Zinssatz verwendet. Auf diese Weise ergab sich ein Going-Concern-Wert der Formatbibliothek, der den Stand-alone-Wert der Bibliothek deutlich übertrifft. Einige wesentliche Komponenten haben sich in jüngsten Lizenzierungsvereinbarungen im europäischen Entertainment-Markt bestätigt.

Hervorzuheben ist der Zusatznutzen, den diese Methode der Wertermittlung der Geschäftsführung und den Kreativverantwortlichen unseres Kunden bringt. Durch die Gegenüberstellung der erwarteten Umsätze in den einzelnen Kategorien wird auch deutlich, wie groß der Umsatzanteil ist, der durch neue Formate und/oder Akquisitionen erwirtschaftet werden muss.

3.4 Kritische Entscheidungen in der Entwicklung und Einführung neuer Formate wirkungsvoll unterstützen

In der täglichen Praxis haben die Bewerter immer wieder die Spannung der Dichotomie zwischen der Praktikabilität und der Genauigkeit der verwendeten Bewertungsansätze zu überbrücken. Häufig erweisen sich fundamentale Bewertungsansätze als untaugliche Instrumente, um einen zuverlässigen Unternehmenswert zu ermitteln, der die realen Gegebenheiten des Medienunternehmens, seiner Marktpartner und seines Umfelds widerspiegelt. Die Gründe dafür liegen unserer Erfahrung nach weniger darin, dass sich die traditionellen und medienspezifischen Bewertungsmethoden im individuellen Fall als nicht praktikabel erweisen; vielmehr scheitern sie am Mangel valider und in sich konsistenter Grunddaten und/oder an der Zeit, diese zu ermitteln und mit realistischem Aufwand-Nutzen-Verhältnis adäquat aufzubereiten. In vielen Fällen ist zu beobachten, dass sich die Bewerter von einer schlechten Datenlage nicht abschrecken lassen und fundamentale Bewertungsansätze anwenden. Das fatale Ergebnis dieses Bemühens ist eine Scheingenauigkeit, die nicht selten in die Irre führt.

In der Regel wird bei der quantitativen Bewertung auch ausschließlich auf finanziellen Unternehmensdaten aufgesetzt, in die Einflussgrößen eingehen, die die eigentlich anzulegenden Bewertungsmaßstäbe verzerren. Operative Daten – also zum Beispiel Titel, Anzahl der Staffeln oder Programmvolumen eines Formats – werden tendenziell unterrepräsentiert; dies obgleich sie die Bewertung de facto mit deutlich höherem Hebel beeinflussen können. Die fehlende eindeutige und konsistente Brücke zwischen operativen und finanziellen Datensätzen, also letztlich zwischen den Qualitäts-, Mengen- und Wertgerüsten dürfte nicht zuletzt ein Resultat der unzureichenden Pflege bzw. Erfassung operativer Daten sein. Dazu gehören zum Beispiel nicht ausreichend lange Zeitreihen von Formatdaten, inkonsistente oder ungenaue Erfassung in unterschiedlichen und nicht trennscharfen Kategorien, Lücken in der Abbildung, Doppelerfassungen, um nur einige zu nennen. Dies ist nicht nur auf die teilweise laxe Disziplin beim Umgang mit Daten zurückzuführen. Häufig ist die Datenbasis deshalb unbrauchbar, weil einheitliche Bewertungsmaßstäbe fehlen: *Wir alle messen fleißig, aber unsere Lineale haben verschiedene Skalierungen.*

Ein weiteres wesentliches Problem bei der Bewertung von medialen Inhalten wie TV-Formaten ist die Schwierigkeit, die inhaltlichen Kategorien des Entwicklungsprozesses von Formaten eindeutig in finanzwirtschaftliche Kategorien zu „übersetzen". Das Controlling in Medienunternehmen darf hier nicht kapitulieren und sich auf eine ausschließlich finanzielle Perspektive beschränken, sondern kann durchaus ein ausgeprägtes und gelebtes Bewusstsein für die operativen Prozesse entwickeln. Deren konsistente, realistisch detaillierte und aggregationsfähige Erhebung und Pflege ist sicherzustellen. In vielen Fällen trägt eine fundierte Analyse der operativen Daten dazu bei, die Unternehmensbewertung aufgrund finanzieller Daten zu unterstützen oder zu validieren.

Auch wenn bei publizitätspflichtigen Unternehmen nach US GAAP II die Unternehmenswertermittlung zum Standardvorgehen gehört, beobachten wir immer noch die Tendenz, dass exakte Bewertungen der wesentlichen Vermögenswerte vor allem transaktionsbezogen, also beispielsweise aus Anlass eines bevorstehenden Börsengangs oder bei geplanten Firmenübernahmen vorgenommen werden. Wir haben schon am Anfang dieses Beitrags deutlich gemacht, dass die interne Bewertung im Rahmen der strategischen und operativen Unternehmenssteuerung dem Management viele wertvolle Erkenntnisse liefern kann. Konkret liegt ein Steuerungsaspekt beispielsweise darin, dass sich das Management bei der Entwicklung und Einführung neuer Formate nicht allein auf sein unternehmerisches „Bauchgefühl" verlassen muss. Unternehmerische Entscheidungen werden durch Ansätze wie das beschriebene Lebenszyklusmodell objektiviert und dadurch unterstützt. Mit anderen Worten: Die sicherlich notwendige Intuition kann sich auf ein rationales Gerüst stützen. Die durch unseren Ansatz verbesserten Möglichkeiten, Formate zu bewerten und deren Entwicklung zu prognostizieren, tragen erheblich zur wertorientierten Steuerung des jeweiligen Medienunternehmens bei: Die Transparenz, die durch die objektivierten Bewertungsmaßstäbe erreicht wird, ist auch die Voraussetzung für eine Ressourcenallokation, die den Anforderungen der Wertorientierung genügt. Dies gilt umso mehr im kreativen Prozess und in dessen Übersetzung in die Projektentwicklung, wo an wohl definierten „Kann-Bruchstellen" – etwa in den Phasen Ideenfindung, vermarktbare Konzeptskizze, Storyboard, Demo/Pilot etc. – jeweils konstruktiv-kritisch der Work-in-Progress auf seine Erfolgswahrscheinlichkeit hin bewertet wird. In dieser Bewertung geht es zum jeweiligen Entwicklungszeitpunkt nicht allein um die „Go/NoGo"-Entscheidung, sondern auch um eine aus der Wertentwicklungsperspektive bestmögliche Alimentierung und Unterstützung des jeweiligen Content-Entwicklungsprojektes. Damit wird im Mikrokosmos der tagtäglichen kreativen Medienarbeit der Nukleus für das unstrittige Ziel eines jeden Unternehmens, den Unternehmenswert zu maximieren, gelegt. Machen wir in den Medienunternehmen die beschriebenen bewertungsbezogenen „Hausaufgaben", so können wir die operativen Treiber der Wertentwicklung der Formate, Objekte und Geschäftsaktivitäten genau beobachten. Valide Bewertungsmaßstäbe und konsistente Daten spielen in diesem spannenden Film die Hauptrolle.

Am Ende ist jede Bewertung zum Zeitpunkt ihrer Durchführung eine Fiktion – eine Fiktion, die durch ihre Bewährung am Markt als Realität eingelöst werden muss, sei es im Erfolg des laufenden Geschäftsbetriebs oder in dem der Transaktion. Oder um nochmals mit Jim Jarmuschs „Stranger than Paradise" zu sprechen: Die Wahrheit ist manchmal unwirklicher als jede Fiktion. Eben!

4 Bewertung von Handelsunternehmen

von *Jürgen Elfers* *

4.1 Charakterisierung der Branche Handel	76
4.1.1 Einleitende konzeptionelle Bemerkungen zur Handelsbranche	76
4.1.2 Grundvoraussetzungen zum Betreiben eines Handelsgeschäfts	80
4.1.3 Anmerkungen zu den branchenspezifischen Besonderheiten im Handel	81
4.1.3.1 Differenzierung von Handelsunternehmen auf Basis finanzwirtschaftlicher Überlegungen	82
4.1.3.2 Handelsunternehmen im Branchenkontext	85
4.1.3.3 Europäisierung bzw. Globalisierung des Handels	88
4.1.3.4 Sektorkonsolidierung verzerrt die Transparenz für den externen Betrachter	94
4.1.3.5 Pensionszusagen und Off-balance sheet liabilities	97
4.1.3.5.1 Pensionszusagen	
4.1.3.5.2 Off-balance sheet liabilities	
4.2 Handelsimmobilien – weitgehend wertlose Backsteine?	101
4.2.1 Verständnis des IDW zum Substanzwert	101
4.2.2 Konzentrische Expansion um das Heimatgebiet oder die „Gnade der frühen Geburt"	102
4.2.2.1 Baunutzungsverordnungen	102
4.2.2.2 Marktführer in Regionalmärkten durch die „Gnade der frühen Geburt"	102
4.2.2.3 Regionale Marktdominanz am Beispiel Frankreich	102
4.2.3 Werden Immobilienwerte hinreichend in der Unternehmensbewertung abgebildet?	104
4.2.4 Handelsimmobilienbewertung auf Basis eines „best of class"-Konzepts	105
4.2.5 Immobilienrenditen deutlich unter den Renditen des Handelsgeschäfts	108
4.2.6 Handelsimmobilien unter Einstandspreisen für ausgewählte Händler verfügbar	111
4.2.7 Immobilienbesitz stark durch die Art der Vertriebsform determiniert	111
4.2.8 Individuelle Beurteilung von Immobilienportfolios der Unternehmen	112
4.3 Ermittlung der Plandaten der Unternehmensbewertung	114

---

[1] Dr. Jürgen Elfers, Commerzbank AG, Frankfurt am Main.

4.3.1 Basisanforderungen 114
4.3.2 Ermittlung prognosefähiger Ergebnisse als Grundlage für
   Unternehmensbewertungen 115
4.3.3 Grundlegende Überlegungen zu den benötigten Daten für die
   jeweiligen Bewertungskonzepte 115
   4.3.3.1 Substanzwertverfahren 117
   4.3.3.2 Multiplikatorverfahren 118
      4.3.3.2.1 Marktkapitalisierung 97
      4.3.3.2.2 Nicht betriebsnotwendiges Vermögen und Minderheitenanteile . . . 119
      4.3.3.2.3 Zinstragende Verbindlichkeiten (Bruttoverschuldung) 119
      4.3.3.2.4 Pensionsverpflichtungen 119
      4.3.3.2.5 Liquide Mittel 119
      4.3.3.2.6 Operating leases 120
      4.3.3.2.7 EBITDAR als relevante Erfolgsgröße 120
      4.3.3.2.8 Eliminierung wesentlicher Sondereinflüsse 121
   4.3.3.3 Sum-of-parts als spezifisches Multiplikatorverfahren 121
   4.3.3.4 Diskontierungsverfahren mit Focus auf den
      „Discounted Cashflow" (DCF) 122
      4.3.3.4.1 Einleitende Anmerkungen 122
      4.3.3.4.2 Prognose der Cashflow-Ströme bei Wachstumsunternehmen . . . 123
      4.3.3.4.3 Prognose der Cashflow-Ströme bei ertragsschwachen
         Unternehmen 124
      4.3.3.4.4 Kapitalisierungszinsätze 124
4.4 Branchenspezifische Unternehmensbewertung 127
   4.4.1 Einleitung 127
   4.4.2 Die von uns präferierten Bewertungskonzeptionen 127
      4.4.2.1 Substanzwertverfahren 128
      4.4.2.2 Multiplikatorverfahren 128
      4.4.2.3 Sum-of-parts als spezifisches Multiplikatorverfahren 128
      4.4.2.4 Diskontierungsverfahren 128
         4.4.2.4.1 Lange Prognoseperioden als Kernproblem 128
         4.4.2.4.2 Terminal Value-Problematik 129
      4.4.2.5 Wertschaffung im Handel über Immobilien und Brand Name 129
         4.4.2.5.1 Immobilien 129
         4.4.2.5.2 Brand Name 130
4.5 Literatur 130

4.1 Charakterisierung der Branche Handel

4.1.1 Einleitende konzeptionelle Bemerkungen zur Handelsbranche

In vereinfachender Darstellung plädieren wir im Hinblick auf ein sachgerechtes Betrachten des Problemfeldes zunächst für eine Differenzierung des Handels nach Großhandel und Einzelhandel. Der Großhandel ist dem Einzelhandel nicht nur eine Stufe vorgelagert, sondern basiert auch auf anderen Elementen der Wertschöpfung. Er „umfasst alle Aktivitäten des Verkaufs von Gütern und Dienstleistungen zum Zweck des Wiederverkaufs oder

Einsatzes in einem Unternehmen, sofern diese den Hauptgeschäftsgegenstand des Unternehmens darstellen ...".[1]

Prof. Dr. Müller-Hagedorn sieht im Großhandel „einen Wirtschaftszweig, dem nicht nur von der Zahl der Unternehmen und Beschäftigten, sondern auch vom Umsatz und der Wertschöpfung her eine bedeutende Rolle zukommt."[2] Allerdings, so räumt er ein, „ist die geringe Öffentlichkeitspräsenz darauf zurückzuführen, dass der Großhandel sehr differenziert auftritt, man denke nur an den Stahlhandel, den Pharmahandel, den Holzhandel, das Pressegrosso usw.".[3] Wir wollen in unserer Betrachtung nur kurz auf die wesentlichen Bereiche des Großhandels beispielhaft eingehen.

Aus unserer Sicht bietet es sich an, den Großhandel mit Blick auf die folgenden Zielgruppen zu betrachten:

- Lebensmittelhändler als Wiederverkäufer (bspw. selbständige *EDEKA*-, *REWE*- oder *Spar*-Supermarktbetreiber)
- Professionelle Kunden (bspw. im Food-Bereich Gaststätten, Restaurants, Hotels oder Caterer und selbständige Dienstleister im Non-Food-Bereich)
- Franchisees (bspw. im Food-Bereich Convenience Stores, Wein-Fachgeschäfte wie *Jacques' Wein-Depot* etc.)
- Non-Food-Händler als Wiederverkäufer (bspw. selbständige Bekleidungs-, Schuh-, PC- oder Elektronic-Händler)
- Apotheken mit dem Bedürfnis einer täglichen Belieferung auch kleinster Artikelmengen

Im Gegensatz zum Einzelhändler benötigt der Großhändler keinen Endkundenkontakt. Wenn wir bspw. einmal das Geschäftsmodell des Lebensmittelgroßhandels beleuchten, dann kann man konstatieren, dass der Großhändler nur wenige Distributionszentren benötigt, von denen aus die angeschlossenen selbständigen Supermarktbetreiber beliefert werden. Deshalb beinhalten die Investitionen in Standorte kein implizites Standortrisiko, ganz im Gegensatz zur traditionellen Einzelhandelsverkaufsfläche, die durch Verlagerung der Kundenströme oder Überbesatz erheblichen Wertveränderungsrisiken ausgesetzt sein kann. Darüber hinaus sind die Kunden des Großhandels (in unserem Beispiel die selbständigen *EDEKA*-, *REWE*- oder *Spar*-Supermarktbetreiber) weitgehend loyal, und dies ist der zweite wesentliche Differenzierungsfaktor.

Diese Kombination aus vergleichsweise geringen Standortrisiken und hoher Kundenloyalität erachten wir als charakteritisch für ein Geschäftsmodell, dass nur einen geringen Risikograd aufweist. Deshalb reflektiert die Bewertung von Großhandelsunternehmen i.d.R. diesen Sachverhalt durch vergleichsweise geringe Risikoprämien. Entsprechend lassen sich an der Börse auch nur geringe Kurs/Umsatz- oder Kurs/Gewinn-Multiples für Großhändler realisieren. Trotz des vergleichsweise stabilen Geschäftsmodell kann aber auch ein Unternehmen des Lebensmittelgroßhandels dann an den Abgrund geraten, wenn, wie im Beispiel der *Spar Handels-AG* geschehen, schwere Managementfehler und hoher Wettbewerbsdruck zusammentreffen.

---

[1] Reisinger, H./Srnka, K.J. (1999).
[2] Müller-Hagedorn, L. (2003), S. 5.
[3] Müller-Hagedorn, L. (2003), S. 5.

Der Einzelhandel repräsentiert ein enorm bedeutungsvolles Segment der deutschen Wirtschaft, das hochaggregiert 266.608 Unternehmen mit 2,83 Mio. Beschäftigten (davon 50,4% Teilzeitarbeitskräfte) und einem Umsatzvolumen von € 328 Mrd. (ohne Mehrwertsteuer) umfasst (Daten für 2001).[4] Aktuellere Daten für die Beschäftigtenzahlen liegen für das Jahr 2003 vor. Danach waren im Einzelhandel insgesamt 2,744 Mio. Menschen beschäftigt.[5]

Jahr (in 1.000)	Vollzeit- beschäftigte	Teilzeitbe- schäftigte	Beschäftigte insgesamt	– davon Voll- zeit (in %)	– davon Teil- zeit (in %)
1995	1.598	1.361	2.959	54,0	46,0
1996	1.544	1.385	2.929	52,7	47,3
1997	1.479	1.410	2.889	51,2	48,8
1998	1.439	1.434	2.873	50,1	49,9
1999	1.426	1.402	2.828	50,4	49,6
2000	1.424	1.402	2.826	50,4	49,6
2001	1.404	1.429	2.833	49,6	50,4
2002	1.365	1.436	2.801	48,7	51,3
2003	1.305	1.439	2.744	47,6	52,4

Quelle: *BAG, HDE, Metro Group, Commerzbank Corporates & Markets*

Abbildung 4-1: Entwicklung der Beschäftigtenzahlen im deutschen Einzelhandel

Zusammen mit dem Großhandel, der 1,142 Mio. Beschäftigte repräsentiert, fanden in 2003 in Deutschland 3,886 Mio. Menschen Beschäftigung.[6] Insgesamt repräsentiert der Handel 10,5% an der Bruttowertschöpfung in Deutschland.[7] Experten unterscheiden

Jahr	Einzelhandels- umsatz i.e.S. (Mrd. €)	Veränderungsrate in %	Privater Konsum (Mrd. €)	Anteil des Einzel- handels am privaten Konsum (%)
1995	368,5	0,8	1.023,4	36,0
1996	368,0	-0,1	1.052,0	35,0
1997	362,9	-1,4	1.079,4	33,6
1998	367,1	1,2	1.110,5	33,1
1999	369,1	0,5	1.149,6	32,1
2000	375,8	1,8	1.190,0	31,6
2001	380,5	1,2	1.232,7	30,9
2002	374,2	-1,7	1.236,5	30,3
2003	371,5	-0,7	1.247,7	29,8

Quelle: *EHI, HDE, BAG, Commerzbank Corporates & Markets*

Abbildung 4-2: Entwicklung des Einzelhandelsumsatzes im engeren Sinne in Deutschland

---

[4] EHI – EuroHandelsinstitut GmbH (2004), S. 104; Metro Group (2004 b), S. 5 und S. 136.
[5] Metro Group (2004 b), S. 136.
[6] Metro Group (2004 b), S. 136.
[7] Metro Group (2004 b), S. 2.

noch zwischen dem Einzelhandel im weiteren Sinne (Umsatzvolumen € 509 Mrd. in 2003)[8] – und dem Einzelhandel im engeren Sinne (€ 374 Mrd.).[9]

Der Einzelhandel im weiteren Sinne (i.w.S.) umfasst neben dem von uns als Kernthema dieses Referats verstandenen Einzelhandel im engeren Sinne (i.e.S.) zusätzlich noch den Einzelhandel mit Autos und Reifen, den Einzelhandel mit Benzin und Gas/Öl sowie den Einzelhandel mit pharmazeutischen Produkten (z.B. Apotheken).

Der Einzelhandel im engeren Sinne umfasst danach alle anderen handelbaren Güter des täglichen Bedarfs sowie langlebige Konsumgüter. Darunter wollen wir in stark vereinfachter Betrachtung Lebensmittel (im Folgenden auch als „Food" bezeichnet) einerseits und Bekleidung, Schuhe, Gartengeräte, Haushaltswaren, Konsumelektronik, Möbel und Produkte des persönlichen Bedarfs wie z.B. Kosmetik oder Parfümerieprodukte („Non-Food") andererseits subsumieren.

Im Zuge der zunehmenden Professionalisierung der Dienstleistungswelt haben sich für diese Segmente spezialisierte Handelsformen herausgebildet, die ganz eigene Charakteristika und Wertschöpfungsaspekte aufweisen. Deshalb spricht man unter Branchenexperten häufig von „DIY-Stores" für großflächige Baumärkte, von speziellen Gartencentern, Drogeriemärkten, Consumer Electronics Stores oder von riesigen Möbelhäusern (bspw. dem in 2004 eröffneten *Segmüller-Haus* am Standort Darmstadt-Weiterstadt mit 45.000 qm Verkaufsfläche).

Die beiden zuletzt genannten Termini lassen sich auch unter dem Oberbegriff „Category killer" subsumieren. Dieser Begriff weist darauf hin, dass großflächige Spezialisten den traditionell selbständigen und kleinteiligen Einzelhandel aus der Wettbewerbslandschaft verdrängen. Aber auch im Lebensmittelhandel gewinnt die Profilierung über ein hochspezi-

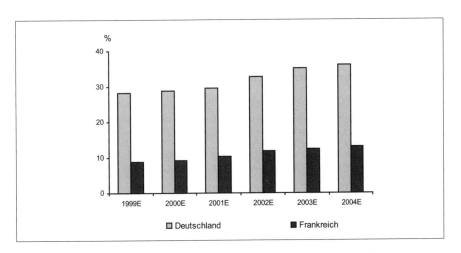

Quelle: *GfK, BVL, Hyparlo, Sofrès Distribution/Secodip, Commerzbank Corporates & Markets estimates*

Abbildung 4-3: Entwicklung des Marktanteils der Lebensmittel-Discounter am Lebensmitteleinzelhandel

---

[8] EHI – EuroHandelsinstitut GmbH (2004), S. 106.
[9] EHI – EuroHandelsinstitut GmbH (2004), S. 107.

alisiertes Vertriebskonzept dramatisch an Bedeutung, was sich in den vergangenen Jahren in ständig steigenden Marktanteilen der sich auf ein begrenztes Sortiment beschränkenden Lebensmitteldiscounter ausgedrückt hat. Die Marktanteilsverschiebungen sowohl bei Food als auch bei Non-Food werden sich auch in den kommenden Jahren fortsetzen und weitere Konsolidierungsbemühungen auslösen.

Aus unserer Sicht gilt das Subsegment des Lebensmittelhandels aus den vorgenannten Gründen als besonders interessant für die Problemstellung der Unternehmensbewertung. Da der Lebensmittelhandel darüber hinaus 35% des Einzelhandelsumsatzes i.e.S. in Deutschland repräsentiert,[10] bietet es sich an, die folgenden Ausführungen und Überlegungen primär auf dieses Subsegment des Handels zu fokussieren.

Zunächst jedoch wollen wir der Vollständigkeit halber noch auf eine Differenzierung des Einzelhandels i.e.S. nach stationärem Handel und Versandhandel verweisen. Der Versandhandel wiederum lässt sich ebenfalls untergliedern, und zwar nach

- geschäftlichen und privaten Endkunden (als Beispiele können repräsentativ *Hach* als Werbemittelversender und *Hawesko* als Weinversender genannt werden)
- breitem oder tiefem und spezialisiertem Sortiment (als Beispiele können repräsentativ *Neckermann*, *Otto* oder *Quelle* als „Big book"-Versender und *Walz* als Babysortimentsspezialist genannt werden)
- Food- oder Non-Food-Orientierung
- traditioneller oder moderner Prägung (bspw. Kataloghändler oder Online-Vertriebskanal).

Nach diesen einleitenden Bemerkungen zur konzeptionellen Gliederung der Handelsbetriebe sind die Grundvoraussetzungen zum Betreiben eines Handelsgeschäfts sowie die branchenspezifischen Besonderheiten des Handelsgeschäftes zu diskutieren. Dabei wollen wir uns angesichts der Vielfalt der in der Praxis zu beobachtenden Vertriebsformen im Hinblick auf eine gewünschte Komplexitätsreduktion primär mit dem Lebensmitteleinzelhandel beschäftigen.

4.1.2 Grundvoraussetzungen zum Betreiben eines Handelsgeschäfts

Aus unserer Sicht gelten in vereinfachter Darstellung die folgenden Aspekte als elementare Grundvoraussetzungen zum Betreiben eines Handelsgeschäfts: Standorte, Verkaufsfläche, Logistik, Service- oder Konditionenfokus und Brand Name.

Der traditionelle Einzelhändler benötigt für sein Geschäftsmodell zunächst einen **Standort**, an dem er sein Warenangebot mit potenziellen Kunden zusammenbringen kann. Die Standortqualität kann ausschlaggebend für den Erfolg des Geschäftsmodells sein und Einzelhändler präferieren entweder hochfrequentierte Lagen (Fußgängerzonen der Innenstädte, Shopping Center oder Bahnhöfe), Wohnlagen (kleinere Geschäfte für die Nahversorgung, Convenience Stores, Food Discounter) oder die Grüne Wiese (Verbrauchermärkte, SB-Warenhäuser etc.). Zunehmend gelten auch Tankstellen als gewünschte Standorte für Convenience Stores.

Die angestrebte **Verkaufsfläche** sollte sich beziehen auf das Kaufkraftpotenzial der Region, das voraussichtliche Einzugsgebiet („Catchment area") und das lokale Wettbewerbs-

---

[10] EHI – EuroHandelsinstitut GmbH (2004), S. 110.

umfeld. Zunehmend gewinnt aber auch die Schaffung von Einkaufsambiente und Sortimentskompetenz an Einfluss auf die Standortgröße. Während bspw. *Media Markt* und *Saturn* als Consumer Electronics-Töchter der *Metro Group* noch vor drei bis fünf Jahren mit einer durchschnittlichen Verkaufsfläche von 2.500 qm bis 2.800 qm an den Start gingen, werden heute Flächen von 4.000 qm bis 6.000 qm und mehr präferiert. Während noch Anfang der neunziger Jahre die durchschnittliche Verkaufsfläche von *Douglas* Parfümerien bei 100 qm lag, hat sich dieser Wert auf zuletzt 230 qm mehr als verdoppelt. Für Flagship Stores mietet *Douglas* Verkaufsflächen von über 1.500 qm an, es bestehen heute sogar Parfümerie-Filialen mit mehr als 2.000 qm Verkaufsfläche.

Moderne Online-Händler benötigen zwar keine Verkaufsflächen mehr, müssen dafür aber erhebliche Marketing-Summen in die Gewinnung von Kundenkontakten investieren. Ein entscheidender Wettbewerbsvorteil für diese Händler ist eine ausgefeilte **Logistik**. Logistikkompetenz gilt allerdings heute generell für alle Handelsunternehmen als unabdingbare Kernkompetenz. Nur mit überlegener Logistik lassen sich zeitgemäße Produkte zur richtigen Zeit am richtigen Ort in der richtigen Menge zum richtigen Preis vorhalten. Entscheidend ist dabei, diese Leistung bei vergleichsweise geringen Aufwendungen darstellen zu können.

Ist die Ware erst einmal im Regal und damit in Kundenkontakt, entscheidet der Umsetzungsgrad von selbstgewähltem **Service- oder Konditionenfokus** über den Erfolg des Vertriebskonzeptes. Heute lassen sich in der Positionierung des Wettbewerbs in vereinfachter Betrachtung überwiegend Preisaggressivität, profillose Mitte oder Premiumsegment als Attribute der Vertriebskonzeption feststellen. Die Konditionenpolitik und damit die Preisaggressivität bestimmt der Grad der Serviceorientierung. Die zunehmende Polarisierung in der deutschen Gesellschaft reflektiert sich zunehmend auch in weiten Bereichen des Einzelhandels, wobei die preisaggressiven Discounter und die Premiumanbieter auf der Gewinnerseite zu stehen scheinen.

Wenn alle bisher erwähnten Aspekte in perfekter Weise über Jahre und Jahrzehnte zusammenspielen, dann gelingt wenigen ausgewählten Unternehmen die Etablierung einer Handelsmarke, einer sog. „Retail Brand". Als **„Brand Name"** (in Deutschland bspw. *ALDI, Hennes & Mauritz, Media Markt/Saturn, Metro Cash & Carry, Douglas* Parfümerien) ernten vereinzelte Händler dann die Früchte ihrer jahrelangen Arbeit bspw. in Form von Überrenditen (hervorgerufen durch leicht erhöhte Regalpreise, die eine loyale Kundschaft zu zahlen bereit ist – *Douglas* Parfümerien) oder von erhöhtem Wachstumsmomentum (jeder Shopping Center-Manager wünscht sich bspw. *Media Markt/Saturn* als Frequenzbringer).

4.1.3 Anmerkungen zu den branchenspezifischen Besonderheiten im Handel

Um den Leser für die handelsspezifischen Probleme der Unternehmensbewertung zu sensibilisieren, wollen wir die genannten Grundvoraussetzungen zum Betreiben eines Handelsgeschäfts einbetten in Anmerkungen zu den branchenspezifischen Besonderheiten im Handel. Im Hinblick auf die gebotene Praxisnähe haben wir unsere nachfolgenden Beobachtungen unterlegt mit entsprechenden Praxisbeispielen, die allerdings keinen Anspruch auf Vollständigkeit erheben können.

4.1.3.1 Differenzierung von Handelsunternehmen auf Basis finanzwirtschaftlicher Überlegungen

In unserer Einleitung haben wir bereits eine erste Differenzierung von Handelsunternehmen vorgenommen. Nachfolgend erfolgt ein zweiter Differenzierungsansatz, der eng auch mit finanzwirtschaftlichen Überlegungen korrespondiert. Wir differenzieren Handelsunternehmen nunmehr nach

- der Natur des Geschäfts: Food (eher konjunkturresistent) und/oder Non-Food (höhere Abhängigkeit vom Konjunkturzyklus),
- dem Einsatz betriebsnotwendigen Kapitals (positives oder negatives Net Working Capital (NWC), wobei in unserem Verständnis und bei vereinfachter Kalkulation negatives NWC die Tatsache widerspiegelt, dass Warenvorräte und Kundenforderungen in der Summe kleiner sind als die auf der Passivseite ausgewiesenen Lieferantenverbindlichkeiten),
- dem Generierungspotential von Cashflow,
- der Positionierung im Wettbewerb: Preisaggressivität, profillose Mitte oder Premiumsegment (alternativ: Brand Name),
- der Standortfrage: Eigenbesitz und/oder Leasing.

Noch Anfang der vergangenen Dekade galt der Lebensmittelhandel als vergleichsweise konjunkturresistent und erfreute sich der Zugriffsmöglichkeit auf Bankkredite zur Expansionsfinanzierung zu günstigen Konditionen, die nicht in vollem Umfang das Risikoprofil zu reflektieren schienen. Mittlerweile hat sich das Blatt gewendet und für viele Lebensmittelhändler (und andere Händler) sind neue Kreditzusagen nur zu relativ schlech-

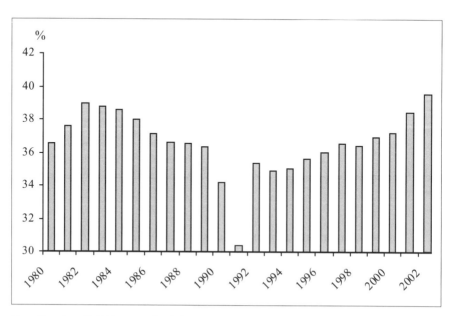

Note: Datenlage für 1991 verzerrt durch die statistischen Probleme in der Abbildung des Beitrittgebiets
Quelle: *HDE, BAG, BVL, Commerzbank Corporates & Markets*

Abbildung 4-4: Anteil des Lebensmittelhandels am deutschen Einzelhandelsumsatz i.e.S.

teren Konditionen zu bekommen. Die zurückhaltende Einstellung der Banken ggü. dieser Branche ist das Resultat eines intensivierten Verdrängungswettbewerbs, der Ertragskraft oder gar Überlebensfähigkeit in Frage stellen ließ. Insgesamt lässt sich jedoch konstatieren, dass sich die Nachfrage nach Lebensmitteln im Vergleich zu Non-Food-Produkten in den letzten Jahren besser entwickelt hat.

Zusätzlich haben die deutschen Lebensmittelhändler, angeführt von den Food-Discountern, ihre Non-Food-Sortimente permanent ausgeweitet und somit neue Umsatzpotenziale erschlossen. Internationale Vorreiter dieses Trends sind insbesondere *ASDA* und *Tesco* in England, aber auch viele Superstores in den USA. Die höheren Handelsspannen im Non-Food-Sortiment ermöglichen den Händlern einigermaßen stabile operative Margen bei gleichzeitig reduzierten Preisen im Kerngeschäft Lebensmittel. In einem ersten Zwischenfazit können wir, auch unter Auswertung der nachfolgenden Tabelle, feststellen, dass das Food-Geschäft eine höhere Konjunkturresistenz als der Non-Food-Handel zu haben scheint.

Jahr	Einzelhandelsumsatz i. e. S. (Mrd. €)	– davon Food (Mrd. €)	– davon Non-Food (Mrd. €)	GPD (Mrd. €)	Wachstumsgap Food versus GDP (in bp)	Wachstumsgap Non-Food versus GDP (in bp)
1999	369,1	136,3	232,8	1.979,0	-72	-281
2000	375,8	139,8	236,0	2.030,0	-3	-119
2001	380,5	146,4	234,1	2.074,0	256	-300
2002	374,2	148,0	226,2	2.110,0	-64	-511
2003	371,5	150,1	221,4	2.129,0	50	-299

Quelle: *HDE, BAG, BVL, Commerzbank Corporates & Markets*

Abbildung 4-5: Lebensmittelhandel und Non-Food-Handel im konjunkturellen Zyklus

Insbesondere im Lebensmittelhandel ermöglicht sich das Betreiben des Geschäftes weitgehend mit negativem Net Working Capital (NWC), weil ein hoher Warenumschlag dafür sorgt, dass die Ware bereits verkauft ist, bevor der Unternehmer die Rechnungen seiner Lieferanten begleichen muss. Dieses besonders im europäischen Lebensmittelhandel zu beobachtende Phänomen negativer Betriebsmittel führt einerseits dazu, dass das Geschäftsmodell finanzielle Mittel nur für den Aufbau von Standorten oder Logistikzentren erfordert. Andererseits liegt darin auch die treibende Kraft für Expansion: Je höher bspw. das negative NWC relativ zum Umsatz, desto mehr Cashflow generiert das Geschäftsmodell bei ansteigenden Umsätzen. In Europa erscheint aus unserer Sicht *Carrefour* der Champion des NWC-Management mit Werten für das negative NWC relativ zum Umsatz von über 10%. Aber auch die deutschen Food-Discounter sowie ausgewählte Verbrauchermarkt- und SB-Warenhaus-Betreiber erfreuen sich an negativen Betriebsmittelerfordernissen. Ganz im Gegensatz dazu benötigen klassische Non-Food-Geschäfte üblicherweise hohe positive Betriebsmittel, weil in vereinfachter Betrachtung die Warenumschlagshäufigkeit in Relation zu den verabredeten Zahlungszielen zu gering ist.

Die Kombination aus vergleichsweise hoher Konjunkturresistenz und negativen Betriebsmittelerfordernissen sollte den Lebensmittelhändlern bei Vermeidung operativer Fehler ein hohes Cashflow-Potenzial ermöglichen. Wenn dann noch die Positionierung im

Wettbewerb durch Preisaggressivität gekennzeichnet ist und der Händler darüber hinaus einen „Brand Name" etabliert hat, dann handelt es sich bei der Vertriebsform um eine hochattraktive Cash Cow, die hohe Bewertungsprämien versprechen kann.

Wenn dann die Unternehmenseigner den generierten Cash nicht aus dem Unternehmen abziehen, sondern in neue Standorte investieren (i.d.R. geschieht dies in Deutschland durch Ausschüttung und Reinvestition über separate Immobiliengesellschaften der Unternehmenseigner – Beispiele hierfür verbinden sich u.a. mit den Handelshäusern *ALDI, Globus, HIT, Lidl* oder *Kaufland*) und somit über Jahrzehnte hochwertige Immobilienportfolios entwickeln, dann hat das Handelshaus eine Marktposition geschaffen, die vom Wertbewerb nur schwer angreifbar ist.

Unternehmen (in % vom Umsatz)	1996	1997	1998	1999	2000	2001	2002	2003
Ahold	-1,2	-0,8	-0,9	-0,8	-0,8	-0,2	-0,2	-0,4
Carrefour	-8,6	-10,4	-10,6	-14,8	-10,7	-12,1	-11,0	-11,5
Casino	-6,6	-7,5	-6,6	-10,3	-9,8	-6,9	-7,5	-8,9
Delhaize	2,3	2,5	1,9	2,4	0,9	-1,7	-1,8	-2,1
Metro	-3,5	-0,5	-4,0	-0,5	-0,9	-2,8	-2,9	-4,8
Sainsbury's	-6,3	-6,9	-6,2	-6,4	-5,1	-7,0	-7,4	-6,5
Tesco	-6,2	-6,0	-5,8	-5,6	-7,6	-7,0	-7,3	-7,0
Douglas	14,2	12,3	15,1	13,6	10,1	10,2	8,0	8,8
KarstadtQuelle					16,6	16,2	16,5	13,4

Quelle: *Companies, Commerzbank Corporates & Markets*

Abbildung 4-6: Entwicklung des NWC für ausgewählte Handelsunternehmen

Die Bedeutung der Fragestellung Eigenbesitz versus Leasing erachten wir im Handel und auch für die Bewertung von Handelsunternehmen für so relevant, dass wir darauf noch separat und detailliert eingehen werden. Generell bestimmt sich der Wert eines Unternehmens durch den Barwert der mit dem Eigentum an dem Unternehmen verbundenen Nettozuflüsse. Oder anders ausgedrückt: Der Wert eines Unternehmens leitet sich allein aus seiner Eigenschaft ab, finanzielle Überschüsse zu generieren. In diesem Verständnis kommt dem Substanzwert bei der Ermittlung des Unternehmenswerts keine eigenständige Bedeutung zu.[11]

Wir sind jedoch der Ansicht, dass der Handel nicht mit anderen Industriesektoren direkt vergleichbar ist, weil die Standortfrage und damit die Erschließung von Endkundenkontakten entscheidende Wettbewerbsvorteile für den Absatzerfolg eines Handelsunternehmens bieten kann. Vereinfacht sei an dieser Stelle gesagt, dass im Verdrängungswettbewerb die Mietaufwendungen über den Preis verdient werden müssen, während für einen in Eigenbesitz befindlichen Standort nur solange Cash-Outflows zu leisten sind, wie die Finanzierung läuft. Auch lassen sich ggf. erforderliche Modernisierungsmaßnahmen bei in Eigenbesitz befindlichen Standorten schneller und günstiger realisieren, was zu einem Wettbewerbsvorsprung führen kann.

---

[11] IDW (2004), S. 4, Satz 6.

Der CEO der *Metro Group, Dr. Körber,* hat sich kürzlich dezidiert zum Thema Immobilien wie folgt geäußert: „Jeder Mietvertrag ist endlich und das erhöht für 1A-Lagen bei der Vertragsfortsetzung das Risiko. Auf der anderen Seite haben wir die sich ändernden Spielregeln der Rating-Agenturen, die im Prinzip Eigentum ‚positiver' sehen als Leasingverpflichtungen. Verschuldungstechnisch ist Eigentum besser, weil man den Cashflow ausweist."[12] Es wird klar, dass die Thematik Eigenbesitz versus Leasing sehr komplex und stark von der individuellen Situation eines Handelsgeschäftes abhängig ist. Deshalb werden wir uns im Fortgang der Analyse gesondert mit dieser Fragestellung beschäftigen müssen (vgl. Abschnitt 4.2).

4.1.3.2 Handelsunternehmen im Branchenkontext

Seit etwa zehn Jahren und nach dem Auslaufen des Wiedervereinigungsbooms beobachtet man in Deutschland **sinkende bzw. stagnierende Einzelhandelsumsätze**. Da sich die Verkaufsflächen schneller ausweiten als die Handelsumsätze, entsteht ein Verdrängungswettbewerb, der an Intensität seinesgleichen in Europa sucht, und der zu nur geringer Produktpreisinflation bzw. gar zu Deflation innerhalb der Branche führt.

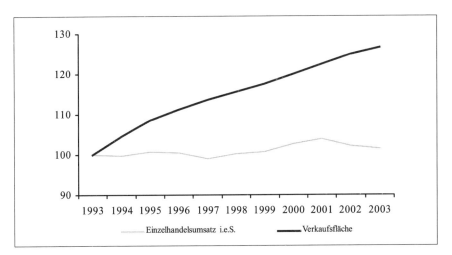

Quelle: *Aengevelt Research, BAG, HDE, IfH, Concepta, Metro Holding AG, Metro AG, Commerzbank Corporates & Markets*

Abbildung 4-7: Entwicklung des Einzelhandelsumsatzes und der Verkaufsflächen (indexiert mit 1993 = 100)

Die aggressive Expansion der Lebensmitteldiscounter, aber auch die fortgesetzte Entwicklung von Shopping Centern hat dazu geführt, dass Deutschland innerhalb Europas eine führende Position in der **Versorgung der Bevölkerung mit Verkaufsflächen** im Handel einnimmt.[13]

---

[12] Börsenzeitung (2005), S. 11.
[13] Elfers, J. (2004 e), S. 11-12.

Im Subsegment des Lebensmitteleinzelhandels mit Verkaufsflächen von über 400 qm ist die Filialdichte pro Einwohner in Deutschland weitaus größer als in allen wichtigen europäischen Einzelhandelsmärkten. In der modernen Handelsdistribution gelten 400 qm Verkaufsfläche als Untergrenze zur Darstellung von erforderlichen Sortimenten einerseits und zur Bewältigung der Volumina im Massenmarkt Food andererseits. Unsere nachfolgende Übersicht verdeutlicht, dass in relativer Betrachtung in Deutschland mehr als doppelt so viele Standorte der modernen Lebensmitteldistribution um Kunden werben, wie in England oder Frankreich.

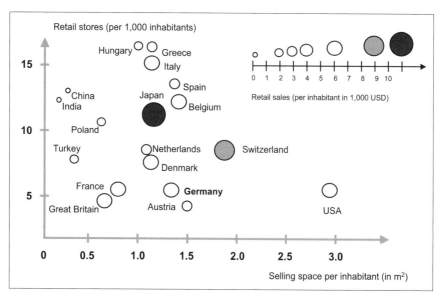

Quelle: *Heinrich O. E. Birr*, Vice President International Affairs, *Metro Group, Commerzbank Corporates & Markets*

Abbildung 4-8: Versorgung der Bevölkerung mit Verkaufsflächen in ausgewählten europäischen Handelsmärkten

Land (Anzahl Filialen je 1 Mio. Einwohner, 2003)	Geschäfte von 400 qm bis 2.499 qm Verkaufsfläche	Geschäfte ab 2.500 qm Verkaufsfläche	Gesamt-wert	Indexiert mit Deutschland = 100
Deutschland	223,8	19,5	243,3	100,0
Niederlande	179,8	3,1	182,9	75,2
Italien	163,4	8,4	171,8	70,6
Spanien	136,1	8,4	144,5	59,4
Frankreich	99,3	20,2	119,5	49,1
England	87,8	22,1	109,9	45,2

Quelle: *IGD European Grocery Retailing* 2004, *A. C. Nielsen, Metro Group, Commerzbank Corporates & Markets*

Abbildung 4-9: Filialdichte im Universal-Lebensmitteleinzelhandel in Europa

Die stagnierenden bis rückläufigen Einzelhandelsumsätze sind zwar ein guter Indikator für die eingetrübte Konsumentenstimmung. In Verbindung mit dem existierenden hohen Verkaufsflächenbestand zeigt sich jedoch, dass deutsche Handelsunternehmen im europäischen Vergleich die geringsten qm-Umsätze erzielen. Die nachfolgende Tabelle zeigt auf, wie sich die **Umsätze pro qm Verkaufsfläche** (auch bezeichnet als Flächenproduktivität) ausgewählter europäischer SB-Warenhaus-Betreiber jeweils in ihren Heimatmärkten in den vergangenen Jahren entwickelt haben. Gegenüber England und Frankreich ergeben sich Produktivitätsrückstände von über 70% und 55%.

Unternehmen (€ pro qm)	Land	2000	2003
ASDA (Wal-Mart, nur UK)	UK	17.469	17.649
Tesco (nur UK)	UK	18.604	17.046
Sainsbury's (nur UK)	UK	17.032	14.360
Carrefour (nur französische SB-Warenhäuser)	Frankreich	11.658	11.527
Géant (Casino, nur Frankreich)	Frankreich	8.887	9.354
Carrefour Centro Commerciales (Carrefour, Spanien)	Spanien	5.377	5.759
Feira Nova (Jeronimo Martins, Portugal)	Portugal	6.486	5.566
Marktkauf (AVA, nur Deutschland)	Deutschland	4.895	4.918
Real (Metro, nur Deutschland)	Deutschland	4.101	4.188

Quelle: Companies, Commerzbank Corporates & Markets

Abbildung 4-10: Entwicklung der Umsätze pro qm Verkaufsfläche ausgewählter europäischer SB-Warenhaus-Betreiber

Auch innerhalb Deutschlands gibt es deutliche Unterschiede in der Flächenproduktivität. Intuitiv würde man vermuten, dass die Umsätze pro qm Verkaufsfläche in den östlichen Bundesländern angesichts von hoher Arbeitslosigkeit, fortgesetzer Abwanderung, niedrigerer verfügbarer Einkommen und einem Überangebot an Verkaufsfläche hinter den westdeutschen Werten zurückbleiben. Dass dies sogar sehr dramatisch der Fall ist zeigt die folgende Tabelle mit unseren Kalkulationen für den gesamten Einzelhandel i.e.S.[14] Zusätzlich zu den geringen qm-Umsätzen ist noch zu berücksichtigen, dass i.d.R. höhere Mieten bzw. höhere Investitionen für moderne Standorte von den Händlern in der Gewinn- und Verlustrechnung (GuV) verarbeitet werden müssen.

Angesichts der niedrigen Umsätze pro qm Verkaufsfläche fällt es den deutschen Unternehmen im internationalen Vergleich sehr schwer, zu den Gewinnmargen der europäischen Händler aufzuschließen. Der Cocktail aus niedrigen Umsatzrenditen, einem wachsenden Überangebot an Verkaufsflächen und ständig steigenden Investitionserfordernissen für neue Standorte verschärft den Verdrängungswettbewerb. **Der Einzelhandel zählt deshalb für viele kreditgebenden Banken nicht mehr zum strategisch wichtigen Kreditportfolio.** Aus diesem Grund kann man konstatieren, dass Expansionsfinanzierung bzw. Modernisierungsinvestitionen nur noch wenigen Unternehmen bzw. Vertriebsformen des Handels gelingen.

Unternehmen, die kaum noch Cashflow generieren, fällt es zunehmend schwerer, einen Modernisierungsstau im Standortportfolio zu vermeiden, einfach deshalb, weil sowohl In-

---

[14] Elfers, J. (2002), S. 26-28; Elfers, J. (2004 e), S. 14.

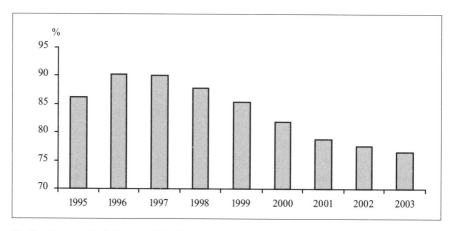

Quelle: Commmerzbank Corporates & Markets

Abbildung 4-11: Entwicklung des Umsatzniveaus (Umsatz pro qm Verkaufsfläche) in Ostdeutschland versus Westdeutschland

vestoren als auch kreditgebende Banken für ihr Exposure eine deutlich gestiegene Risikoprämie einfordern, was eigentlich erforderliche Modernisierungsinvestitionen bereits im Ansatz als unrentabel erscheinen lassen könnte. Aktuelle Beispiele für derartige Finanzierungsschwierigkeiten stellen *KarstadtQuelle* (innerstädtisches Warenhaus als Kerngeschäft) in Deutschland, *Laurus* (Supermarkt-Betreiber) in den Niederlanden oder *J. Sainsbury's* (Supermarkt-Betreiber) in England dar.

4.1.3.3 Europäisierung bzw. Globalisierung des Handels

In Deutschland entwickelte Vertriebsformen expandieren seit über 30 Jahren in der Welt des internationalen Lebensmittelhandels und die folgenden Termini stehen heute repräsentativ für den Erfolg deutscher Lebensmittelhändler im Ausland: Hard Discount Stores, Cash & Carry und Superstores oder Compact Hypermarkets.[15]

Der Begriff des **Hard Discount Stores** ist zusammen mit seinem Pendant des Soft Discount Stores zu subsummieren unter dem Begriff des Lebensmitteldiscounters. *ALDI* und *Lidl* gelten international als Synonym für die aggressiven und expansiven Hard Discount Stores, während *Penny* und *Plus* in Deutschland oder *Colruyt* (Belgien) und *Leader Price* (Frankreich) als Soft Discount Stores gelten.

Das von *Metro* entwickelte Konzept der **Cash&Carry-Märkte** hat sich seit Unternehmensgründung vor mehr als 40 Jahren global erfolgreich durchgesetzt und die *Metro-Cash&Carry*-Märkte sind heute in allen europäischen Zielmärkten mit der Ausnahme von England Marktführer in ihrem jeweiligen Subsegment. Darüber hinaus hat die Metro Group das Konzept bereits in vier asiatischen Ländern eingeführt.[16]

---

[15] Elfers, J. (2004 a), S. 10-15.
[16] Elfers, J. (2004 b), S. 15-67.

Der Begriff der **Superstores** oder **Compact Hypermarkets** erfordert zunächst einmal definitorische Klarheit. Im großflächigen Lebensmittelhandel bezeichnen wir Standorte mit über 2.500 qm und weniger als 5.000 qm Verkaufsfläche als Verbrauchermärkte (Superstores). Noch größere Standorte, die auch bis zu 20.000 qm Verkaufsfläche aufweisen können, werden als SB-Warenhäuser (Hypermarkets) bezeichnet. In beiden Vertriebsformen findet sich ein Sortimentsangebot, welches neben Food entweder auch selektive Non-Food-Sortimente (Verbrauchermärkte) oder ein breites Non-Food-Sortiment (SB-Warenhäuser) umfasst.

Waren die Standortgrößen im Grenzbereich zwischen Verbrauchermarkt und SB-Warenhaus zunächst weniger vom Vertriebskonzept als von den baurechtlichen Möglichkeiten des Mikrostandortes bestimmt, so hat die *Schwarz-Gruppe* mit *Kaufland* einen großflächigen und preisaggressiven Vertriebstyp nach der deutschen Wiedervereinigung entwickelt, der die Vorzüge beider Vertriebsformen verbindet.

Mit durchschnittlichen Verkaufsflächen von 4.000 qm bis etwa 5.500 qm wird dieser Typ, der bereits flächendeckend in Ostdeutschland und der Tschechischen Republik vertreten ist, gegenwärtig in zentral- und osteuropäischen Ländern ausgerollt.[17] Aus unserer Sicht umschreibt der Begriff Compact Hypermarket diese Standorte bestens.

Hard Discount Stores, Cash & Carry und Superstores oder Compact Hypermarkets repräsentieren die Erfolgsmodelle deutscher Händler, die auch im europäischen Ausland ausgerollt werden. Primär geht es dabei um eine weitgehend industrialisierte und effiziente moderne Distribution, die den Kunden das Einkaufen zum günstigsten Preis für ihren jeweiligen Warenkorb ermöglicht. Deshalb setzt sich die in Deutschland seit vielen Jahren beobachtete Ausweitung von Marktanteilen dieser Händler (*ALDI, Lidl, Metro Cash & Carry, Kaufland*) im Ausland ungebrochen fort.

Unternehmen (in % vom Umsatz)	1996	1997	1998	1999	2000	2001	2002	2003
Ahold – US Food Retail	67	58	72	62	67	70	68	71
Carrefour – Asien	50	53	68	63	53	55	62	71
Metro Group – nur C & C Osteuropa	25	22	22	23	23	24	25	26
Tesco – Europa (exkl. UK)	68	69	104	111	107	100	112	103
Tesco – Asien			149	121	111	98	95	91
ALDI Süd	23	23	25	25	24	20	22	20
Lidl	35	39	43	43	42	40	38	36

Note: Daten für *ALDI Süd* ohne nicht-europäisches Geschäft
Quelle: *Commerzbank Corporates & Markets estimates*

Abbildung 4-12: Capex/Sales Ratio als Indikation für die Kapitalintensität im Lebensmittelhandel

Auf die mittlere Frist wird sich damit der in reifen Märkten wie Deutschland bestehende Verdrängungswettbewerb auch in den neuen Märkten Zentral- und Osteuropas einstellen. Dies wird erhebliche negative Implikationen für solche Händler haben, die sich in einer ersten Euphorie-Phase mit hohen Investitionen eine Marktpräsenz in diesen Märkten auf-

---

[17] Elfers, J. (2004 c), S. 16-34; Elfers, J. (2004 d), S. 38-44.

gebaut haben.[18] Wir empfehlen deshalb bei einer Bewertung von Handelsaktiva in neuen Märkten Zentraleuropas zunächst auf das Verhältnis von akkumulierten Investitionen zu erzielbaren annualisierten Umsätzen (Capex/Sales Ratio als so genannte Capital Intensity) zu achten, um daraus Erkenntnisse über mögliche Fehlallokationen von Resssourcen zu gewinnen, wie sie bereits etliche westeuropäische Händler in Zentral- und Osteuropa zu erleiden hatten.

Die Bewertung grenzüberschreitender Handelsaktivitäten führt zu einer erheblichen Zunahme von Komplexitätsgraden, weil das internationale Geschäft anderen und für die Bewertung einer nationalen Handelskette irrelevanten Risiken (bspw. politische oder Währungsrisiken) unterliegen kann. Trotzdem ist eine Beschäftigung mit dem europäischen oder globalen Handelsszenario für die Bewertung von Handelsunternehmen unabdingbar, weil ein hoher nationaler Geschäftsfokus als Synonym für unterdurchschnittliches Umsatz- und Ergebniswachstum eines Handelsunternehmens gelten muss (als Beispiele seien *AVA* in Deutschland oder *J. Sainsbury's* und *Safeway* in England angeführt). Als Ausnahme für unterdurchschnittliches Umsatzwachstum in einem reifen Markt kann man aus unserer Sicht nur *Wal-Mart* anführen, dessen Siegeszug in den USA nach wie vor niemand aufzuhalten in der Lage erscheint.[19]

Umsatz (Mio. €)	1996	1997	1998	1999	2000	2001	2002	2003	CAGR (%)
Ahold	16.580	22.947	26.484	33.560	40.833	54.213	62.683	56.068	19,0
AVA	4.208	4.628	4.491	4.498	4.709	4.935	4.829	4.956	2,4
Carrefour	23.615	25.805	27.409	37.364	64.802	69.486	68.729	70.486	16,9
Casino	10.190	11.625	14.156	15.638	19.073	21.984	22.857	22.983	12,3
Delhaize	10.222	12.608	12.912	14.310	18.168	21.396	20.688	18.820	9,1
Metro	28.138	29.045	46.887	43.833	46.930	49.522	51.526	53.595	9,6
Sainsbury's	16.015	20.969	24.542	24.583	28.306	27.655	27.161	24.767	6,4
Tesco	16.603	23.792	25.625	28.398	34.451	38.115	41.355	44.522	15,1

Quelle: *Companies, Commerzbank Corporates & Markets*

Abbildung 4-13: Umsatzentwicklung ausgewählter europäischer Lebensmitttelhändler im internationalen Vergleich

Für viele deutsche Händler sowohl im Food- wie auch im Non-Food-Bereich wird das Umsatzwachstum zunehmend aus dem Auslandsgeschäft gespeist oder das Ausland stellt gar den einzigen Wachstumstreiber dar. Beispielhaft haben wir für diesen Trend einmal unter Rückgriff auf die prominentesten Vertreter des börsennotierten deutschen Handels in den Bereichen Food (*Metro Group*) und Non-Food (*Douglas*) aufgezeigt, wie bedeutungsvoll das Umsatzwachstum des Auslandsgeschäfts zum Konzernwachstum beiträgt.

Jedem Branchenanalytiker muss bei dieser Betrachtung jedoch klar in Erinnerung bleiben, dass die Internationalisierung des Handels Chancen und Risiken beinhaltet. Ein frühzeitiger Einstieg in einen vielversprechenden Markt ermöglicht das vergleichsweise günstige Erschließen enormer Nachfragepotenziale bei gleichzeitigem Abschöpfen von

---

[18] Elfers, J. (2004 g), S. 1–42.
[19] Elfers, J. (2003 d), S. 10–13.

Unternehmen (Mio. €)	2000	2004	CAGR (%)	Durchschnittliches jährliches Umsatzplus (Mio. €)
Douglas Umsatz	2.139,3	2.288,0	1,4	29,7
– davon Heimatmarkt	1.688,8	1.596,0	-1,1	-18,6
– davon Auslandsbeitrag	450,5	692,0	9,0	48,3
Umsatzanteil Ausland (%)	21,1	30,2		
Metro Umsatz	46.930,0	56.409,0	3,7	1.895,8
– davon Heimatmarkt	27.141,0	28.803,0	1,2	332,4
– davon Auslandsbeitrag	19.789,0	27.606,0	6,9	1.563,4
Umsatzanteil Ausland (%)	42,2	48,9		

Quelle: *Companies, Commerzbank Corporates & Markets*

Abbildung 4-14: Umsatzwachstum am Beispiel von Douglas und Metro Group

Pionierrenditen. Letzteres war sicherlich Anfang bis Mitte der neunziger Jahre in Polen und Anfangs dieser Dekade in Moskau möglich.[20] Wenn ein Händler diese Marktfenster optimal zu nutzen verstanden hat, konnte dies die Basis für eine erhebliche Wertsteigerung von ehemals getätigten Investitionen legen. Wenn sich dann noch in der Überhitzungsphase eines Marktes Konsolidierungstrends vollziehen und man zum richtigen Zeitpunkt Veräußerungsgespräche über ein Netzwerk von Standorten mit interessierten Wettbewerbern führten kann, bieten sich ungeahnte Möglichkeiten für Vermögenswertsteigerungen an.

Diese Strategie des „first in first out" hat der *Dohle-Gruppe* für ihre polnischen SB-Warenhaus-Aktivitäten bspw. zu einem Veräußerungserlös von € 600 Mio. im Jahr 2002 verholfen. Dabei ist zu berücksichtigen, das die *Dohle-Gruppe* in die 13 damals bestehenden Standorte im Durchschnitt etwa € 12 Mio. investiert hatte.

Hinzu kamen zwar noch zwei in Bau befindliche Standorte, doch selbst bei 15 Standorten ergibt sich ein rechnerischer Durchschnittserlös von € 40 Mio. pro Standort. Bei dieser Transaktion konnte also von der *Dohle-Gruppe* eine Wertsteigerung um mehr als den Faktor 3 für die Investitionen in das betriebsnotwendige Vermögen (Substanzwert) realisiert werden. Operative Nettozuflüsse waren bei dieser Transaktion und der unterliegenden Bewertung der retail assets zu ignorieren, weil die treibenden Faktoren in diesem Deal Konsolidierungsüberlegungen und Synergiepotenziale zu sein schienen.

Sicher lässt sich eine Strategie des „first in first out" nur in Ausnahmefällen umsetzen. Üblicher ist das aggressive Erschließen eines neuen Marktes mit dem Ziel der nachhaltigen Marktführerschaft. Wie schwer dabei das Erreichen des operativen Break-even sein kann, zeigt sich dann, wenn das Zielland von der Bevölkerung her groß genug ist, um die „Champions League des europäischen oder des globalen Handels" anzulocken. Beispiele hierfür sind sicherlich Polen[21] und am aktuellen Rand China. Die nachfolgenden Tabellen zeigen auf, dass zwei der führenden europäischen SB-Warenhaus-Betreiber auch fast zehn Jahre nach dem Markteintritt kumuliert noch nicht den Break-even in Polen erreicht haben.

---

[20] Elfers, J. (2003 c), S. 29-47.
[21] Becker, K./Elfers, J. (2001), S. 46-81; Elfers, J. (2001), S. 78-83.

(Mio. €)	1996	1997	1998	1999	2000	2001	2002	2003
Umsatz	n. a.	66	197	384	675	766	701	615
Jahresveränderung in %			199,5	94,5	75,8	13,5	-8,5	-12,3
Umsatz pro qm Verkaufsfläche	n. a.	1.910	3.216	3.094	3.795	3.830	3.432	2.899
Jahresveränderung in %			68,4	-3,8	22,7	0,9	-10,4	-15,5
Operatives Ergebnis	n. a.	-18,3	-36,2	-55,0	-41,0	-25,0	-21,0	-6,0
Operative Marge in %		-27,8	-18,3	-14,3	-6,1	-3,3	-3,0	-1,0
Akkumuliertes Ergebnis		-18,3	-54,5	-109,5	-150,5	-175,5	-196,5	-202,5

Quelle: *Company, Commerzbank Corporates & Markets*

Abbildung 4-15: Entwicklung des operativen Ergebnisses von Real Polska (Metro Group)

(Mio. €)	1996	1997	1998	1999	2000	2001	2002	2003
Umsatz	9	112	228	374	636	818	874	746
Jahresveränderung in %		1.187,7	103,7	64,2	69,9	28,7	6,7	-14,6
Umsatz pro qm Verkaufsfläche	1.086	5.889	6.512	4.482	4.520	4.465	3.808	2.844
Jahresveränderung in %		442,2	10,6	-31,2	0,8	-1,2	-14,7	-25,3
Operatives Ergebnis	-6,9	-5,3	-2,6	-2,9	10,2	11,2	-23,5	-17,3
Operative Marge in %	-78,9	-4,8	-1,1	-0,8	1,6	1,4	-2,7	-2,3
Akkumuliertes Ergebnis	-6,9	-12,2	-14,8	-17,7	-7,5	3,7	-19,8	-37,1

Quelle: *Company, Commerzbank Corporates & Markets*

Abbildung 4-16: Entwicklung des operativen Ergebnisses von Casino Polska

Investoren und kreditgebende Banken sollten sich auch keinerlei Illusionen hinsichtlich des Kapitalbedarfs für die Internationalisierung hingeben. Aus unserer Sicht wird häufig der hohe Kapitalbedarf zum Aufbau einer nationalen Präsenz in einem Zielmarkt erheblich unterschätzt. Deshalb sei in diesem Zusammenhang nochmals erwähnt, dass der Handel sich ganz wesentlich von anderen Industriesektoren unterscheidet:

- Handelsunternehmen benötigen den Endkontakt mit Kunden für den Absatzerfolg. Deshalb sind Standorte an allen hochfrequentierten Lagen erforderlich.
- Lieferanten versuchen immer noch bei den Einkaufskonditionen auf Basis der nationalen Marktbedeutung zu verhandeln. Zwar wird bei der Konditionierung am Ende der europäischen Bedeutung des Händlers Rechnung getragen (gängige Termini sind in diesem Zusammenhang in Deutschland „Werbekostenzuschüsse" oder in Frankreich die „marge arrièrre"), allerdings bestehen für ein europäisches Handelshaus immer noch starke nationale Unterschiede in den Einkaufskonditionen. Deshalb ist ein möglichst schneller Aufbau eines nationalen Netzwerkes für jeden Zielmarkt das Gebot der Stunde.
- Ein Produzent kann bspw. mit einer Investition von € 100 Mio. an einem Standort in Zentraleuropa den gesamten zentraleuropäischen Markt befriedigen. Ein SB-Warenhaus-Betreiber jedoch kann mit der gleichen Investitionssumme zwei, bestenfalls jedoch drei SB-Warenhäuser in einem Zielmarkt errichten.

Um den zuletzt genannten Effekt plastisch aufzuzeigen, muss man verstehen, dass der Händler mit einer Investition von € 100 Mio. noch nicht einmal Platzhirsch in Budapest, Prag oder Warschau werden kann. Je weiter man nach Osten expandiert, desto teurer wird die Präsenz. *Tesco* hat in seine ersten Homeplus-Standorte in Korea bspw. GBP 60 Mio. (€ 85 Mio.) pro Standort investiert, während die jüngsten Bemühungen von *Ito Yokado* zur Entwicklung von SB-Warenhäusern (durchschnittliche Verkaufsfläche von 10.000 qm) mit Shopping Mall in Japan auch über zehn Jahre nach dem Platzen der dortigen Immobilienblase noch durchschnittliche Investitionen von USD 96,5 Mio. erfordern.[22] Das Erschließen allein des koreanischen Marktes mit SB-Warenhäusern hat auch bei *Carrefour* bisher Investitionen von weit über € 1 Mrd. erfordert.[23]

(Mio. £)	1993	1994	1995	1996	1997	1998	1999	2000	2001	2002	2003
Nettoumsatz	253	446	534	769	1.481	1.167	1.374	1.756	2.203	2.664	3.385
Jahresveränderung in %		76	20	44	93	-21	18	28	25	21	27
Akquisitionen (akkumuliertes Investment)		158	182	212	321	718	718	718	718	1.118	1.193
Capex (akkumuliertes Investment)		12	62	104	204	308	500	813	1.161	1.486	1.865	2.308
Capital employed		170	244	316	525	1.026	1.218	1.531	1.879	2.204	2.983	3.501
Kapitalintensität (%)		67	55	59	68	69	104	111	107	100	112	103

Quelle: *Company, Commerzbank Corporates & Markets*

Abbildung 4-17: Tescos Investitionen in den Aufbau des europäischen Geschäfts

(Mio. £)	1998	1999	2000	2001	2002	2003
Nettoumsatz	156	464	860	1.398	2.031	2.669
Jahresveränderung in %		197	85	63	45	31
Anzahl der SB-Warenhäuser	14	19	32	50	71	90
Akquisitionen (akkumuliertes Investment)	206	348	348	348	365	538
Capex (akkumuliertes Investment)	27	213	603	1.029	1.556	1.878
Capital employed	233	561	951	1.377	1.921	2.416
Kapitalintensität (%)	149	121	111	98	95	91
Capex pro Standort (Mio. £)		17	30	30	28	27	27
Capex pro Standort (Mio. €)		25	45	49	44	43	39

Quelle: *Company, Commerzbank Corporates & Markets*

Abbildung 4-18: Tescos Investitionen in den Aufbau des asiatischen Geschäfts

---

[22] Planet Retail (2005), S. 1.
[23] Planet Retail (2004), S. 1.

Als Zwischenfazit muss man deshalb ganz klar konstatieren, dass die Internationalisierung der Geschäftsbasis zwar insbesondere von deutschen Händlern und Investoren sehr gewünscht wird, dass aber nur wenige Händler den Zugriff auf den hohen Kapitalbedarf haben, der für eine nachhaltige Marktführerschaft geboten erscheint. Beispielhaft wollen wir an dieser Stelle einmal aufzeigen, welche Investitionen einer der europäischen Marktführer im Lebensmittelhandel bisher zum Aufbau des Geschäfts in Europa und Asien allokiert hat.

Angesichts der hohen Kapitalintensität erscheinen aus unserer Sicht Investitionen in die Internationalisierung des Handels nur dann vielversprechend, wenn man sich entweder auf einen oder wenige Zielmärkte oder auf ein überlegenes Vertriebskonzept fokussiert.[24] Aus deutscher Sicht erscheinen dabei die folgenden Ansätze interessant:

- Aufbau eines Vetriebsnetzes in ausgewählten Ländern, wie beispielsweise *Dohle* mit der SB-Warenhauslinie *HIT* ehemals in Polen und aktuell in Bulgarien oder *Globus* in der tschechischen Republik.
- Fokussierung auf Hard Discount Stores, Cash & Carry und Superstores oder Compact Hypermarkets, die konzeptionell eine weitgehend industrialisierte und effiziente moderne Distribution repräsentieren und damit das Einkaufen zum günstigsten Preis ermöglichen.[25]

4.1.3.4 Sektorkonsolidierung verzerrt die Transparenz für den externen Betrachter

Insbesondere Handelsunternehmen aus dem Lebenseinzelmittelhandel (LEH) haben sich historisch gesehen konzentrisch zum Gründungsstandort entwickelt. Mit zunehmender Größe ergaben sich stark verbesserte Einkaufskonditionen und Zahlungsziele. Das im LEH übliche negative NWC förderte den Trend zur Unternehmensgröße und damit die Sektorkonsolidierung. Akquisitionen inflationierten den aktivierten Goodwill und erforderten Kompromisse bei Anteilserwerben (50%, 51%). Besonders Ende der neunziger Jahre ist es zu einem wahren Akquisitionsboom gekommen, während die Unternehmen des LEH in den vergangenen Jahren überwiegend auf eine Entschuldung fokussiert waren.

Für den externen Betrachter ergeben sich aus Akquisitionen Zusatzprobleme bei der Unternehmensbewertung, da der Akquisiteur entweder für Cashflow (*Ahold* – *Stop & Shop*), für Marktanteil (*AVA* – *Nanz*), für ein strategisches Markteintrittsvehikel (*Wal-Mart* – *Interspar*, *Wal-Mart* – *ASDA*) oder für die Verteidigung der Marktposition (*Metro* – *Allkauf*; *Metro* – *Kriegbaum*-Reaktionen auf die *Interspar*-Akquisition in 1998 durch Wal-Mart auf dem deutschen Markt) zahlt. Schon bei der Frage der fairen Bewertung der Kaufpreise für akquirierte Unternehmen stehen externe Betrachter oft in Ermangelung von Detailinformationen über akquirierte Unternehmen vor einer unlösbaren Aufgabe. Hierzu seien nachfolgend nur einige Aspekte genannt:

- Ein geplanter Unternehmenskauf birgt immer das Risiko, das Umsätze im Vorfeld bereits durch weitgehend unprofitables Geschäft auf Betreiben des Verkäufers inflationiert werden (*AVA* – *Nanz*). An der Börse mag sich kurzfristig ein Strohfeuer angesichts der gelungenen Marktanteilsausweitung einstellen, der „Kater" kommt jedoch dann, wenn Restrukturierungsbedarf geboten und der erwartete Cashflow abgetaucht ist (*AVA* – *Hauser*).

---

[24] Elfers, J. (2004 c), S. 16-39.
[25] Elfers, J. (2004 h), S. 1-55.

- Akquisitionspreise können dadurch niedrig erscheinen, dass bspw. im Vorfeld eines geplanten Verkaufs existierende Mietverträge durch neue, langlaufende Mietverträge mit erhöhten Mietzinsen ersetzt werden (denkbar dann, wenn der bisherige Unternehmenseigner gleichzeitig Eigner der Standorte ist). In diesem Fall ist der Kaufpreis für einen Unternehmenserwerb durch das akquirierende Unternehmen anteilig erst noch zu erwirtschaften (*Spar Handels-AG – Pfannkuch, Laurus –* spanische Supermärkte).

- Akquisitionen können noch Jahre nach den getätigten Maßnahmen hohe Ergebnisbelastungen für eine gebotene Integration der Einheiten erzeugen (*Ahold – Stop & Shop/ Giant Landover –* primär im Hinblick auf IT-Systeme). Auch das Setzen auf das falsche Management (*Douglas – Integration Christ* (akquiriert 1995)) oder auf die falsche Vertriebsphilosophie (*Metro Group – Allkauf* (akquiriert 1998)) kann im Integrationsprozess über Jahre Gewinne wegschmelzen und Synergiepotenziale gar nicht erst entstehen lassen.

- Durch Konsolidierung von akquirierten Unternehmen entsteht auf der Holding-Ebene ein Portfolio von Beteiligungen, an denen, obwohl voll konsolidiert, der Akquisiteur häufig weniger als 100% hält. Minderheitenanteile sind aber sowohl beim Umsatz als auch beim operativen Ergebnis dann zu adjustieren, wenn die Unternehmensbewertung auf Multiplikatorverfahren wie EV/Sales oder EV/EBITDA abstellt (vgl. Abschnitt 4.3.3.2). In der Praxis sind diese Minderheitenanteile lange Zeit ignoriert worden, obwohl vielen der börsennotierten Handelsunternehmen wesentliche Vertriebsformate nicht zu 100% gehörten (*Casino – Leader Price/Franprix, Jeronimo Martins – Jeronimo Martins Retail (JMR), Metro Group – Media Markt/Saturn*). Erst der Betrugsskandal bei *Ahold* hat die breite Bereichsöffentlichkeit dafür sensibilisiert, dass wesentliche Umsatz- und Ergebnisteile eigentlich nicht hätten voll konsolidiert werden dürfen (*ICA-JV* in Skandinavien, *Jeronimo Martins-JV* in Portugal). Bei den oben genannten Unternehmen ist zwar die Vollkonsolidierung gerechtfertigt, aber viele der Kapitalmarktexperten hatten auf Basis von Multiple-Bewertungen Minderheitenanteile an den Umsatz- und Ergebnisgrößen nicht adjustiert.

Bei der Problematik der Adjustierung von Minderheitenanteilen sehen sich die externen Betrachter gleich mit einer Vielzahl von Herausforderungen konfrontiert. Wir widmen diesem Aspekt daher in einem Exkurs zusätzliche Aufmerksamkeit.

Würdigung der Pflichtangaben zum Konsolidierungskreis am Beispiel der Metro Group

Die Pflichtangaben zum Thema „Konsolidierungskreis und assoziierte Unternehmen" der *Metro Group* können den Informationsanforderungen der Börse und der Unternehmensbewerter für einen transparenten und fairen Mechanismus zur Bewertung der *Metro Group* nicht entsprechen.[26] Auch eine „Übersicht der wesentlichen Konzerngesellschaften"[27] genügt nicht den Anforderungen der Transparenz im Hinblick auf den Beteiligungskreis. Hierzu ist aus unserer Sicht eine Einsicht in die vollständige Aufstellung der Konzerngesellschaften beim Handelsregister des Amtsgerichts des Gesellschaftssitzes erforderlich. Nachfolgend haben wir Beispiele zu Problemen in der Analyse der Übersicht der wesentlichen Konzerngesellschaften der *Metro Group* aufgeführt, wohlgemerkt nicht als Kritik am

---

[26] Metro Group (2004 a), S. 138-140.
[27] Metro Group (2004 a), S. 205.

Unternehmen selbst, sondern als „show case" zur Sensibilisierung der Problematik für den externen Betrachter:
- Metro Cash & Carry International Holding GmbH 100,00%
- Media-Saturn Holding GmbH 75,41%

In einem Investoren-Handout vom Dezember 1997 hatte die *Metro* die Beteiligungsstruktur ihrer internationalen *Cash & Carry*-Aktivitäten im Zuge eines erheblichen Anteilserwerbs von der *Metro Holding* und der *SHV Makro* transparent gemacht. Danach bestanden nach der Mehrheitsübernahme in folgenden Ländern Anteile Dritter an den jeweiligen Operationen weiter:
- Griechenland und Marokko (Anteile Dritter: 10%)
- Rumänien (15%)
- Frankreich und Ungarn (20%)
- Österreich (27%)
- China (40% am operativen Geschäft, kompliziertere Struktur am Grundbesitz)
- Türkei (50% am operativen Geschäft, 0% am Grundbesitz)

Seitdem hat die *Metro Group* von *Carrefour* die Anteile Dritter in Frankreich und Ungarn komplett erworben,[28] und ist mit einem Joint Venture-Partner nach Japan expandiert, der einen 20%-Anteil am dortigen Geschäft hält.

Nur eine aktuelle Einsicht in das Beteiligungsportfolio der *Metro AG* gemäß § 313 HGB verschafft dem externen Analysten Transparenz über die komplexe Struktur der Beteiligungsverhältnisse, die bei einem Unternehmen wie der *Metro* knapp 20 Seiten umfasst.

Allein die verbleibenden Länder mit *JV*-Partnern repräsentierten 2003 ein Umsatzvolumen von € 3,1 Mrd. bzw. 12,4% vom Spartenumsatz (5,8% vom Konzernumsatz), für die Anteile Dritter zu berücksichtigen sind. Problematisch wird die Analyse für den externen Betrachter dadurch, dass man unterschiedliche Profitabilitäten für die einzelnen Länder-Operationen unterstellen muss.

Bei der Analyse der Consumer Electronics-Division (*Media Markt/Saturn*) ist über den beschriebenen Anteil Dritter hinaus zu berücksichtigen, dass die jeweiligen Marktleiter eine Beteiligung in Höhe von knapp 10% an der Filiale halten, für die sie verantwortlich sind. Bei dieser Konstruktion können bspw. im Konsolidierungsvorgang und bei der anschließenden Bewertung folgende Aspekte relevant sein:
- Deckt die 10%-Beteiligung des Filialleiters sowohl den kalkulatorischen Unternehmerlohn als auch die Erfolgsbeteiligung ab?
- Wird der Ergebnisausweis auf Spartenebene vor oder nach Erfolgsbeteiligung für den Filialleiter gezeigt?

Wie wir aufgezeigt haben, können bei den Unternehmen Minderheiten-Anteile sowohl in unterschiedlichen Divisionen als auch in unterschiedlichen Ländern bestehen. Für beide Ansatzpunkte (Divisionen, Länder) gilt, dass deren Fähigkeiten zum Generien von Free Cashflow deutlich vom Konzerndurchschnitt abweichen können. Deshalb ist für den externen Betrachter dann ein detailliertes Bottom-up-Modell unverzichtbar, wenn die Minderheitenanteile als relevante Einflussgröße für den Unternehmenswert identifiziert werden müssen.

---

[28] Metro Group (2002), S. 13.

4.1.3.5 Pensionszusagen und Off-balance sheet liabilities

4.1.3.5.1 Pensionszusagen

Akquisitionen werden heute sehr genau im Hinblick auf mögliche Unterdeckungen von Pensionsfonds analysiert (bspw. im Jahr 2004 bei den Geboten für die *Big Food Group* sowie bei *Marks & Spencer*), weil seit der nunmehr langjährigen Börsenflaute Deckungslücken bei den Pensionszusagen für potenzielle Investoren erhebliche Risiken repräsentieren können. Unterdeckungen bei Pensionszusagen stellen im Handel primär dann ein Risikopotenzial dar, wenn das zu bewertende Unternehmen bereits eine lange Historie hinter sich hat. In diesem Fall wurden i.d.R. Pensionszusagen auf Basis von „defined benefits" vor Jahrzehnten großzügig gewährt. Dem Management jüngerer Unternehmen waren die hohen Belastungen von Pensionszusagen bereits so transparent, so dass es entweder gar nicht erst zu entsprechenden Vereinbarungen mit der Arbeitnehmerschaft gekommen ist. Als Alternative konnte aber bestenfalls noch ein Systemwechsel von „defined benefits" auf „defined contributions" in Frage kommen.

In den vergangenen Jahren waren etliche internationale Händler, deren Verpflichtungen bereits seit Jahren von externen Dritten im Wege von Aktien- oder Bondportfolios gemanagt wurden, zu höheren jährlichen Dotierungen der Pensionsfonds verpflichtet worden. Dies hat bei den betroffenen Unternehmen zu hohen zweistelligen Mio.-Euro-Zusatzbelastungen geführt. Bei *Tesco* bspw. sind die Aufwendungen für Pensionszusagen von GBP 114 Mio. in 2002/03 auf GBP 152 Mio. in 2003/04 gestiegen (33%,[29] während bei *Ahold* diese Aufwendungen innerhalb von zwei Jahren von € 116 Mio. in 2001 auf € 199 Mio. in 2003 gestiegen sind).[30]

So hat sich *Ahold* bspw. im November 2003 anlässlich einer überlebenswichtigen Kapitalerhöhung[31] zu den Pensionsrisiken wie folgt geäußert: „We have a number of defined benefit pension plans, covering the majority of our employees in the Netherlands and in the United States. Pension plan assets principally consist of long-term interest-earning investments, quoted equity security and real estate. The performance of stock markets could have a material impact on our financial condition, as approximately 50% of European plan assets and approximately 60% of U.S. plan assets are equity securities. The poor performance of the stock markets in fiscal 2001 and fiscal 2002 had a negative influence on the investment results of our pension funds, resulting in additional pension charges, pension premiums and payments to such funds. Pension charges for fiscal 2003 are expected to be approximately € 85 million higher than in fiscal 2002. Furthermore, we recognized an additional minimum unfunded pension liability of approximately € 204 million (pre-tax) at fiscal year-end 2002."[32] Bezogen auf das ausgewiesene und um Einmaleffekte und Goodwill-Abschreibungen adjustierte operative Ergebnis des Geschäftsjahres 2003 von € 1.065 Mio. repräsentiert dieses Mehr an Pensionsaufwendungen immerhin einen negativen Ergebniseffekt von 7,4%.

In Deutschland haben die Unternehmen in den vergangenen Jahren verstärkt versucht, sich von den impliziten Pensionsrisiken zu befreien. Ein gängiger Weg ist dabei die Aus-

---

[29] Tesco (2004), S. 49.
[30] Ahold (2004), S. 118.
[31] Vgl. zu den Hintergründen der Ahold-Krise des Jahres 2003 bspw. Elfers, J. (2004 f.), S. 7-22.
[32] Ahold (2003), S. 26.

gliederung von Pensionsansprüchen im Rahmen von Contractual Trust Agreements (CTA), wobei dann den ausgebuchten Pensionsverpflichtungen Aktiva gegenübergestellt werden müssen, deren Fähigkeit zum Generieren von Cash als ausreichend für die eingegangenen Pensionsverpflichtungen angesehen werden muss. In aller Regel führt dies bei den betroffenen Unternehmen und damit bei den Anteilseignern zu einem massiven Abfluss von Aktiva (Handelsimmobilien, Beteiligungen etc.).

Im Fall der *KarstadtQuelle AG* bspw. wurden neben ausgewählten Warenhaus-Immobilien auch Industriebeteiligungen in die Stiftung eingebracht, die im Rahmen des CTA gegründet worden war. Reichen die Erträge der Stiftung (i.d.R. Mieterträge, Dividenden, Veräußerungserlöse etc.) nicht zur Deckung der Pensionsverpflichtungen aus, bspw. weil geplante Objektveräußerungen aufgrund einer negativen Entwicklung der Immobilienpreise nur mit erheblichen Abschlägen realisierbar sein könnten, besteht bei der *KarstadtQuelle AG* eine Nachschusspflicht. Zu diesen Risiken hat sich *KarstadtQuelle AG* im November 2004 anlässlich einer überlebenswichtigen Kapitalerhöhung wie folgt geäußert: „Ein Teil des Immobilienvermögens wurde zu Marktwerten auf einen Pensionsfonds übertragen ... Erweisen sich die Objekte als nicht in vollem Umfang werthaltig, hätte dies wesentliche negative Auswirkungen auf die Vermögens- und Ertragslage des *KarstadtQuelle*-Konzerns. Aus der möglichen Verschlechterung von Marktwerten der ausgegliederten Immobilien ergäbe sich bei Saldierung gemäß IAS 19 eine Deckungslücke zwischen Planvermögen und Pensionsverpflichtung. Dies würde saldiert zu höheren Pensionsrückstellungen im Konzern mit der Folge sich verschlechternder Bilanzrelationen führen."[33]

Angesichts der aufgezeigten Risiken aus Pensionszusagen ist im Einzelfall genau zu prüfen, welche Risiken sich aus diesem Aspekt i.S.v. zukünftigen Cash-Outflows ableiten lassen können.

4.1.3.5.2 Off-balance sheet liabilities

Neben den bereits angesprochenen Pensionszusagen können etliche weitere Aspekte die Fähigkeiten eines Unternehmens zur Generierung von Free Cashflow negativ beeinflussen.

Wir möchten auf diese Aspekte nur dann eingehen, wenn es sich um einzelhandelstypische Phänomene handelt. Darüber hinaus ist deren Bedeutung für die zukünftigen zu prognostizierenden Cashflow-Stöme ausschlaggebend für die Relevanz einer Diskussion in diesem Zusammenhang.

Puts und Calls: Zunächst einmal findet die Konzentrationsbewegung im Einzelhandel sehr stark über Akquisitionen statt, wobei sich die Akquisiteure häufig zunächst an den gewünschten Zielunternehmen mit variierenden Anteilen von 25% bis zu 75% beteiligen. Dies erfolgt einerseits, um das Know-how und die Kompetenz des Managements des akquirierten Unternehmens langfristig zu binden, andererseits kann es aber auch der erklärte Wille eines Unternehmensgründers sein, noch solange in aktiver Managementfunktion tätig zu sein, wie es die Gesundheit erlaubt. In diesem Fall wird i.d.R. die Vereinbarung einer sukzessiven Anteilsaufstockung getroffen. Um sicherzustellen, dass am Ende keine Einmischung durch einen unerwünschten Dritten erfolgt, werden in gängiger Praxis zwi-

---

[33] KarstadtQuelle (2004), S. 22-23.

4 Bewertung von Handelsunternehmen

Before 2006					
Subject of the option			Expiry Date	Amount (EURm)	Comments
Vindémia 1st tranche	33.34%	70%	April 2004 to Sept. 2006	189	Put exercisable from April 2004 by Groupe Bourbon
Disco	50%	100%	1999 to 2021	87	Distant expiry date
FP / LP	70%	100%	1997 to 2020	923 +240	Distant expiry date and little benefit for the two parties to exercise in the short term
From 2006					
Subject of the option			Expiry Date	Amount (EURm)	Comments
Monoprix	50%	100%	January 11, 2006 at the earliest	864	Put exercisable from January 2006 by GL
Vindémia 2nd tranche	70%	100%	April 2007 to September 2009	120	Put exercisable from April 2007 by Groupe Bourbon

Source: Company

The only major commitment (promise to buy) between now and 2006 concerns Franprix / Leader Price

Quelle: *Company, Commerzbank Corporates & Markets*

Abbildung 4-19: Commitments given by Casino (Puts)

Before 2006				
Subject of the option		Expiry Date	Amount (EURm)	Comments
Laurus	38.7% => 51%	2008	67	Assessed value = EUR0.90 per share
FP / LP	70% => 100%	1997 to 2020	1,061	Distant expiry date and little benefit for the two parties to exercise in the short term
From 2006				
Subject of the option		Expiry Date	Amount (EURm)	Comments
Vindémia 1st tranche	33.34% => 70%	Sept. 2006	189	Call for Casino in 2006
Monoprix	50% => 60% / 100%	April 1, 2009 at the earliest	Expert price +21%	Call for Casino from April 2009
Vindémia 2nd tranche	70% => 100%	Sept. 2009	120	Call for Casino 2009

The only option the Group is likely to exercise before 2006 concerns Laurus (EUR 67 million)

Quelle: *Company, Commerzbank Corporates & Markets*

Abbildung 4-20: Commitments received by Casino (Calls)

schen Akquisiteur und Verkäufer für die noch ausstehende Anteile Calls oder Puts oder eine Mischung aus beiden geschrieben. Damit gehen Akquisiteure weitgehend definierte Verpflichtungen ein, die die zukünftige finanzielle Situation erheblich belasten können. Als prominente Beispiele standen in den letzten Jahren der ICA-Put, den *Ahold* 1999/ 2000 beim 50%-Erwerb von ICA für die ausstehenden 50% eingegangen war, und das komplexe Konstrukt von Casino mit Anteilsaufstockungen über unterschiedliche Puts und Calls (*Monoprix, Leader Price/Franprix, CBD, Laurus, Vindemia*) im Fokus des Kapitalmarktes.

Verpflichtungen aus Projektentwicklungen

Die *KarstadtQuelle AG* hat in den vergangenen Jahren im Zuge von angestreb-ten Standort-Modernisierungen und angesichts sich abzeichnender Liquiditätsengpässe Projektentwicklungen im Rahmen von Sale-and-lease-back-Maßnahmen angegangen, die nunmehr zu Verlusten aus Mietverpflichtungen in dreistelliger Millionenhöhe führen können. Entscheidend bei dieser Transaktion war das Ansinnen von *KarstadtQuelle*, dem Objektentwickler gegenüber als Generalmieter auftreten zu können. Da sich das Handelsklima in Deutschland seit dem Abschluss der Verträge jedoch deutlich verschlechtert hat, lassen sich im Zuge einer geplanten Untervermietung die eingegangenen Verpflichtungen nicht mehr durchreichen.[34]

Operating leases

Verpflichtungen aus Operating-Lease-Verträgen werden ohne Berücksichtigung von Verlängerungsoptionen als off-balance sheet liabilities bilanziert. Dieses Ausblenden von Verlängerungsoptionen erachten wir aus mehreren Gründen für problematisch. Einerseits werden im Handel Mietverträge mit Verlängerungsoptionen als Standard angesehen und angesichts der in Westeuropa zunehmend restriktiveren Genehmigungspraxis für großflächige Standorte (Shopping Center, SB-Warenhäuser) wird nur in seltenen Fällen auf das Ausüben einer solchen Option verzichtet. Im deutschen LEH ist bspw. ein Mietvertrag über 15 Jahre oder 20 Jahre mit jeweils zwei auf fünf Jahre befristeten Verlängerungsoptionen Standard.[35] International und bezogen auf die innerstädtischen Einkaufsstraßen finden bspw. heute Mietverträge über sechs Jahre mit einer über sechs Jahre laufenden Verlängerungsoption Anwendung.

(Mio. €)	2000	2001	2002	2003
Umsatz	46.930	49.522	51.526	53.595
Indexiert mit 2000 = 100	100	106	110	114
Mietverpflichtungen aus Operating Leases	10.536	14.880	14.796	11.555
Indexiert mit 2000 = 100	100	141	140	110

Quelle: *Company, Commerzbank Corporates & Markets*

Abbildung 4-21: Entwicklung der Mietverpflichtungen aus Leasing-Verträgen der Metro Group

Das bilanzielle Ausblenden von Verlängerungsoptionen ist zwar angesichts sich schnell wandelnder Kundenströme und schwankender Qualitäten von Einzelhandelslagen unternehmerisch korrekt, weil der Händler keine Garantie über das Nutzen einer Option zu geben vermag. Allerdings ignoriert dann ein Unternehmensbewerter bewusst zukünftige Eventualverpflichtungen, die in der Totalperiode eine größere Annäherung von Eigenbesitz und Leasing ermöglichen würden. Diese Verpflichtungen aus Mietverträgen können darüber hinaus sehr starken Schwankungen unterliegen, wie das Beispiel für die *Metro*

---

[34] KarstadtQuelle (2004), S. 27 und S. 67-68.
[35] MEAG (2004), S. 6.

Group für die Jahre 2000 bis 2003 sehr plastisch zeigt. Bei den Daten ist zu berücksichtigen, dass aus der Re-Konsolidierung der Asset Immobilienbeteiligungen (*AIB*, originäre Endkonsolidierung des Einzelhandelsimmobilienbesitzes auf die AIB per Ende Dezember 1999) Verpflichtungen aus Operating Leases in Höhe von € 3,335 Mrd. in 2003 weggefallen sind.

Mit den voranstehend diskutierten Überlegungen zu off-balance sheet liabilities und ihren möglichen Auswirkungen sollten sich alle externen Unternehmensbewerter aus unserer Sicht vertraut machen, weil die zugrunde liegenden Aspekte die Fähigkeit eines Unternehmens zur zukünftigen Generierung von Free Cashflow stark negativ beeinflussen könnten. Im Hinblick auf die Verpflichtungen aus Mietverträgen kommt noch hinzu, dass die ausgewiesenen Verpflichtungen im Rahmen einer komparativen Analyse nicht ausreichen, um bspw. über Mietmultiplikatoren eine Vergleichbarkeit von Unternehmen mit Präferenz für Eigenbesitz mit solchen Unternehmen herzustellen, die primär auf eine schlanke operative Struktur und damit überwiegend auf Mietverträge setzen.

4.2 Handelsimmobilien – weitgehend wertlose Backsteine?

4.2.1 Verständnis des IDW zum Substanzwert

Das *Institut der Deutschen Wirtschaftsprüfer* (*IDW*) hat am 9.12.2004 in einer Neufassung einen Standard „Grundsätze zur Durchführung von Unternehmensbewertungen (IDW ES 1 n.F.)" verabschiedet, nach dem sich der Wert eines Unternehmens allein aus seiner Eigenschaft ableitet, finanzielle Überschüsse für die Unternehmenseigner zu erwirtschaften.[36] Dem Substanzwert, dem generell bei der Ermittlung des Unternehmenswertes keine eigenständige Bedeutung zukommen soll, wurde unter dem Gliederungspunkt „Besonderheiten bei der Unternehmensbewertung" ein separates Kapitel gewidmet.[37]

Das *IDW* definiert den Substanzwert als „Rekonstruktions- oder Wiederbeschaffungswert aller im Unternehmen vorhandenen immateriellen und materiellen Werte (und Schulden)".[38] In Ergänzung wird ausgeführt, dass dem Substanzwert „grundsätzlich der direkte Bezug zu künftigen finanziellen Überschüssen (fehlt). Daher kommt ihm bei der Ermittlung des Unternehmenswertes keine eigenständige Bedeutung zu."[39] Substanzwerte, so wird weiter ausgeführt, „sind vom Wirtschaftsprüfer nur dann zu ermitteln, wenn dies im Auftrag für das Bewertungsgutachten ausdrücklich festgelegt ist".[40] Der Unternehmenswert wird deshalb als Zukunftserfolgswert nach dem Ertragswertverfahren oder nach dem Discounted-Cashflow-Verfahren ermittelt.[41]

---

[36] IDW (2004), S. 4.
[37] IDW (2004), S. 40.
[38] IDW (2004), S. 40.
[39] IDW (2004), S. 40.
[40] IDW (2004), S. 40.
[41] IDW (2004), S. 5.

4.2.2 Konzentrische Expansion um das Heimatgebiet oder die „Gnade der frühen Geburt"

4.2.2.1 Baunutzungsverordnungen

Im Gegensatz zu sonstigen Gewerbeimmobilien unterliegt die Neuansiedlung von Handelsimmobilien hohen genehmigungsrechtlichen Restriktionen, wie sie in Deutschland im § 11 Abs. 3 der Verordnung über die bauliche Nutzung der Grundstücke (Baunutzungsverordnung, BauNVO) definiert sind (beispielhaft für Westeuropa wird verwiesen auf das „Lois de cadenas" (Padlock Law) in Belgien, das „loi Royer" (von 1973) und danach das „loi Raffarin" (von 1996) in Frankreich oder die Planning Policy Guidance (insbesondere PPG 6: Town Centres and Retail Development und PPG 13: Transport) in England). Die restriktive Genehmigung von neuen Standorten hat historisch insbesondere im LEH zur Dominanz regionaler Märkte durch diejenigen Unternehmen geführt, die sich durch die „Gnade der frühen Geburt" einen Netzwerkvorsprung haben aufbauen können.

4.2.2.2 Marktführer in Regionalmärkten durch die „Gnade der frühen Geburt"

Im Rhein-Main-Gebiet, dem wichtigsten Regionalmarkt Deutschlands, verfügt bspw. die *REWE*-Gruppe über ein so dichtes Vertriebsnetz an Standorten, die heute nicht mehr duplizierbar sind, dass dem Unternehmen kaum jemand seine marktführende Position in diesem Regionalmarkt streitig machen kann. London und der Südosten Englands sind gemessen an der Kaufkraft der wichtigste europäischen Regionalmarkt für den LEH, aber auch für den Non-Food-Handel. Dieser Markt wird dominiert von *Tesco* und *J. Sainsbury's*, während die Nummer zwei (*ASDA/Wal-Mart* – Head Office in Leeds/Yorkshire) und die Nummer vier (*Morrison Supermarkets* – Head Office in Bradford/Yorkshire) des englischen Lebensmittelhandels sich darüber beklagen, kaum über Standorte im wichtigsten englischen Regionalmarkt zu verfügen. Auch im holländischen LEH verfügt Marktführer *Albert Heijn* über die besten Standorte, wenn als Kriterien Kundenfrequenz und bequeme Erreichbarkeit angesetzt werden.

4.2.2.3 Regionale Marktdominanz am Beispiel Frankreich

Auch in Frankreich gibt es historisch gewachsene und durch Akquisitionen und/oder Kooperationen verstärkte regionale Marktführerschaften im SB-Warenhaus-Segment, die in vereinfachter Betrachtung folgende Aussagen erlauben:[42]

- *Auchan* hat sich nach der Eröffnung seines ersten Supermarketes in Roubaix (Region Nord Picardie Champagne) und nach der Eröffnung des ersten Hypermarchés in Roncq/Tourcoing (1967) vor den Toren von Roubaix eine sehr starke Position im Nordwesten Frankreichs aufgebaut. Vergleichbar starkt vetreten ist *Auchan* nur noch in der Ile de France und damit in der Hauptstadt Paris.
- Für Marktführer *Carrefour* findet sich der Ursprung in Annecy (Region Rhone Alpes), wo 1959 der erste Supermarkt eröffnet wurde. 1963 folgte die Eröffnung des ersten

---

[42] Vgl. auch Direction Des Entreprises commerciales, artisanales et de services (2002), S. 297-312; vgl. zur Profilierung des französischen LEH bspw. Elfers, J. (2002 b), S. 16-33.

Hypermarchés in Sainte-Geneviève-de-Bois (Essonne, Ile de France). Heute betreibt *Carrefour* in der Region Rhone Alpes über 30 seiner 216 französischen SB-Warenhäuser (per 31.12.2004). Darüber hinaus verfügt *Carrefour* über ein bedeutendes Exposure in der Ile de France (Paris und Umgebung), an der Côte d'Azur und in der Nord Picardie Champagne.

- Nach der Eröffnung des ersten Hypermarchés in Garges-Les-Gonesse (Region Ile de France, 1969) hat sich die Vertriebslinie *Cora* (Groupe Louis Delhaize) auf die Regionen Alsace Lorraine, Nord Picardie Champagne und Ile de France konzentriert. Im gesamten Rest des französischen Hexagone ist man mit weniger als 15 SB-Warenhäusern nur marginal präsent.
- *Casino* hat seinen Ursprung in Saint Etienne (Region Rhone Alpes) und der erste Supermarkt der Gruppe wurde 1960 in Grenoble eröffnet. Erst 1970 wurde das erste SB-Warenhaus in Marseille (Region Provence Alpes Côte d'Azur) eröffnet. Die heutige starke Marktpositionen ist besonders ausgeprägt in den Regionen Rhone Alpes und Côte d'Azur, während die Präsenz ihrer Vertriebslinie Géant in der Ile de France kaum wahrzunehmen ist.
- Die Hypermarchés von *Système U* (Vertriebslinie: *Hyper U*, etabliert 1989) weisen eine starke Präsenz vor allem in den Regionen Ouest Atlantique, Centre Maine Val de Loire und Midi auf.
- *Leclerc* hat seiner ersten Hypermarché 1964 in Landerneau (Region Bretagne) eröffnet und ist heute besonders prominent mit SB-Warenhäusern in den Regionen Sud Ouest, Ouest Atlantique, Bretagne und Normandie vertreten.

Auch in Frankreich gibt es regional starke SB-Warenhaus-Unternehmen, die zu klein für eine nationale Expansion waren, die aber in ihren jeweiligen Region durchaus eine Platzhirsch-Funktion aufgebaut haben. Diese Unternehmen haben im Laufe der Jahre ihre Eigenständigkeit dadurch zu erhalten versucht, dass sie sich über Franchise-Verträge dem Erfolg der Marktführer angeschlossen haben. Unter dem Logo des Marktführers *Carrefour* bspw. werden heute SB-Warenhäuser in vielen Regionen Frankreichs von Mittelständlern betrieben, die in Einzelfällen sogar börsennotiert sind. Diesen Mittelständlern, die ihre Selbständigkeit weitgehend behalten haben, ist eines gemein: ihnen gehören die Immobilien, in denen sie ihr Handelsgeschäft betreiben. Im Wesentlichen sei auf folgende Unternehmen verwiesen:

- *Groupe Provencia* (Region Rhone Alpes, Head Office in Annecy-Le-Vieux mit Geschäftsschwerpunkt in den Departements Haute-Savoie und Savoie)
- *Guyenne et Gascogne* (Region Sud Ouest, Head Office in Bayonne mit Geschäftsschwerpunkt in den Städten Biarritz/Bayonne, börsennotiertes Unternehmen)
- *Hyparlo* (Region Rhone Alpes, Head Office in Charbonnières-les-Bains mit Geschäftsschwerpunkt in den Städten Chambéry/Annecy, börsennotiertes Unternehmen)

Unser kleiner Exkurs in die französische Handelslandschaft zeigt, das bspw. das SB-Warenhaus-Geschäft bestimmt wird durch diejenigen Unternehmen, die sich frühzeitig an interessanten Standorten haben etablieren können.

Als mit der Ausweitung von Verkaufsflächen Rufe nach staatlicher Regulierung laut wurden, führten restriktivere Genehmigungsverfahren praktisch zu einem Bestandsschutz dieser großflächigen Objekte, was die Börsenbewertung von SB-Warenhaus-Unternehmen dramatisch ansteigen ließ (vgl. Einführung des Loi Raffarin in Frankreich in 1996 und die

Unternehmen	1996	1997	1998	1999	2000	2001	2002	2003	2004
Carrefour	11,6	13,5	12,1	14,4	14,8	12,6	10,2	8,9	8,1
Casino	6,5	7,2	12,8	14,6	12,3	11,5	9,7	8,3	8,1

Quelle: *Commerzbank Corporates & Markets*

Abbildung 4-22: EV/EBITDA-Multiplikatoren ausgewählter französischer Lebensmitteleinzelhändler

nachfolgenden Multiple-Ausweitungen und damit die Höherbewertungen der großen französischen Food-Händler).

4.2.3 Werden Immobilienwerte hinreichend in der Unternehmensbewertung abgebildet?

Wir haben aufgezeigt, dass sich Unternehmen häufig auch deshalb am Markt halten können, weil ihnen durch die „Gnade der frühen Geburt" Handelsstandorte in exzellenter Güte und Qualität zugefallen sind, die sich heute nicht mehr duplizieren lassen. Genau nach diesem Aspekt unterscheidet sich der Handel ganz erheblich von anderen Industriesektoren, für die es häufig komplett irrelevant ist, an welchem Standort sich eine Produktionsstätte befindet.

Deshalb gilt für die große Mehrheit der Industriesektoren, dass ein Substanzwert i.S.v. Rekonstruktions- oder Wiederbeschaffungswert durch den Aufbau eines identischen Unternehmens reproduziert werden könnte. Aus genau diesem Grund der Reproduzierbarkeit kommt dem Substanzwert im Allgemeinen bei der Unternehmensbewertung keine eigenständige Bedeutung zu.

Handelsstandorte jedoch lassen sich keinesfalls beliebig reproduzieren, zumindest nicht in reifen Volkswirtschaften, weil sich innerstädtische Fußgängerzonen oder Shopping Center in Gewerbegebieten mit exzellenter verkehrstechnischer Erschließung nicht duplizieren lassen. Verkaufsflächen weiten sich zwar auch in reifen Volkswirtschaften fortgesetzt aus, dabei werden jedoch zunehmend von Investoren Kompromisse bei Güte und Qualität eines Standortes zu akzeptieren sein.

Nur selten entstehen Pilotprojekte wie das Centro Oberhausen (eröffnet 1996), das dem „destination shopping" ganz neue Akzente verliehen hat (Autobahnanschlüsse: u.a. A 2, A 3, A 40, A 42, A 516, 10.500 kostenlose Parkplätze). Und wenn der Ausweis neuer Ansiedlungsprojekte auf der „Grünen Wiese" verabschiedet ist, hängt die Genehmigung eines neuen Standortes auch von den Auswirkungen auf verkehrstechnischen Rückstau und damit von der generellen Umweltbelastung ab. Solche Überlegungen können auch dann die Ansiedlung eines neuen Standortes verhindern, wenn im Allgemeinen die Ansicht besteht, dass dadurch die Versorgungslage der Haushalte in der Region verbessert würde. Im Frankfurter Norden bspw. plant *Ikea* sein drittes Haus im Rhein-Main-Gebiet (Niedereschbach, 25.000 qm Verkaufsfläche, geplante Eröffnung in 2006)[43] direkt am Bad Homburger Autobahnkreuz (A 5, A 661).

---

[43] FAZ (2004 b), S. 41.

Widerstand gegen die Ausweisung des Standortes zum „Sondergebiet großflächiger Einzelhandel" kommt insbesondere von Verkehrskonzeptexperten, die darauf verweisen, dass *Ikea* als Kundenmagnet in Wiesbaden-Wallau schon Rückstaus produziert hat, die das Wiesbadener Kreuz (A 66, A 3) stillgelegt haben.

Wenn also Standorte in bester Lage (1A-Lage in der Fußgängerzone, Grüne-Wiese-Standort mit exzellenter verkehrstechnischer Anbindung, Shopping-Center-Standort mit hoher Magnetfunktion für Frequenzgeneration) nicht reproduzierbar sind, dann muss diesen Standorten auch ein Knappheitswert zukommen. Aus unserer Sicht reflektiert die primäre Fokussierung der Unternehmensbewertung auf die erwarteten zukünftigen Nettozuflüsse die Bedingungen im Handel nur unzureichend.

Vereinfacht gesagt können aus den von uns erwähnten Gründen der „Gnade der frühen Geburt" exzellente Standorte in den Händen von unterduchschnittlich kompetenten Händlern liegen. Würde ein anderer bzw. kompetenterer Händler aus einem Standort in bester Lage einen höheren operativen Erfolg erwirtschaften können? Wenn dem so wäre, welchen Einfluss hätte dann diese Erkenntnis auf die Höhe des Unternehmenswertes des betrachteten Händlers? Zur Beantwortung dieser Fragen möchten wir in einem kleinen Exkurs auf den im Jahr 2003 in England geführten Übernahmekampf von *Safeway PLC* (Nr. vier im Markt der großen nationalen Supermarktbetreiber Englands) eingehen, bei dem Marktführer *Tesco*, *Wal-Mart* über ihre englische Dependance *ASDA* und *J. Sainsbury's* ebenso wie die Nummer fünf im Markt, *Morrison Supermarkets*, Übernahmeangebote abgegeben hatten.

4.2.4 Handelsimmobilienbewertung auf Basis eines „best of class"-Konzepts

Im englischen Lebensmitteleinzelhandel, der spätestens seit der Übernahme von *ASDA* durch *Wal-Mart* im Jahr 1999 an Wettbewerbsintensität gewonnen hatte, haben sich in den vergangenen Jahren erhebliche Produktivitätsunterschiede zwischen dem Marktführer *Tesco* und *Morrison Supermarkets* einerseits sowie *J. Sainsbury's* und *Safeway PLC* anderseits herausgebildet. So hat *Tesco* bspw. im Jahr 2002 20% mehr Umsatz pro qm Verkaufsfläche erzielt als der Übernahmekandidat *Safeway PLC*.[44]

Umsatz pro qm Verkaufsfläche (£)	1996	1997	1998	1999	2000	2001	2002	2003
ASDA	8.677	9.147	9.562	10.421	10.642	10.981	11.638	12.215
Safeway	7.357	7.614	8.001	8.095	8.581	8.984	8.931	n. a.
Sainsbury's	10.470	10.687	10.630	10.367	10.376	10.595	10.134	9.939
Tesco	10.284	11.007	10.918	11.095	11.334	11.722	11.273	11.797
WM Morrison's	8.006	8.239	8.405	9.135	10.037	10.519	11.052	12.024

Quelle: *Companies, Commerzbank Corporates & Markets*

Abbildung 4-23: Entwicklung der Flächenproduktivitäten im englischen Supermarktgeschäft

---

[44] Vgl. zum Übernahmekampf um Safeway PLC bspw. Elfers, J. (2003 a), S. 1-32.

Noch dramatischer sind die Produktivitätsunterschiede im Hinblick auf den Ergebnisbeitrag pro qm Verkaufsfläche ausgefallen. Wir haben dazu bei allen Unternehmen ausschließlich auf den Ergebnisbeitrag im Heimatmarkt abgestellt und diesen dann in Relation zu der verfügbaren Verkaufsfläche gesetzt. Dabei zeigt sich, dass Marktführer *Tesco* den Ergebnisbeitrag pro qm Verkaufsfläche in den vergangenen sieben Jahren um 22% steigern konnte, während bei *Safeway* die gleiche Größe (EBIT pro qm) um 20% gefallen ist. In der Konsequenz lässt sich konstatieren, dass Marktführer *Tesco* im Hinblick auf die Profitäbilität pro qm Verkaufsfläche in 2002 40% mehr Ergebnis erwirtschaftet hatte als *Safeway PLC*.

EBIT pro qm Verkaufsfläche (£)	1996	1997	1998	1999	2000	2001	2002	2003
ASDA	464	497	508	179	549	508	578	647
Safeway	516	447	449	335	416	437	411	n. a.
Sainsbury's	634	650	583	426	371	387	416	394
Tesco	596	643	634	650	679	709	686	727
WM Morrison's	507	540	552	565	588	622	682	748

Quelle: *Companies, Commerzbank Corporates & Markets*

Abbildung 4-24: Entwicklung des operativen Ergebnisses (EBIT) pro qm Verkaufsfläche im englischen Supermarktgeschäft

EBIT pro qm Verkaufsfläche (indexiert mit 1996 = 100)	1996	1997	1998	1999	2000	2001	2002	2003
ASDA (1996=100)	100	107	109	39	118	109	124	139
Safeway (1996 =100)	100	87	87	65	81	85	80	n. a.
Sainsbury's (1996 =100)	100	103	92	67	59	61	66	62
Tesco (1996 =100)	100	108	106	109	114	119	115	122
WM Morrison's (1996=100)	100	107	109	112	116	123	135	148

Quelle: *Companies, Commerzbank Corporates & Markets*

Abbildung 4-25: Profitabilitätstrends pro qm Verkaufsfläche im englischen Supermarktgeschäft (indexiert mit 1996=100)

Profitabilitätsvergleich (Tesco = 100)	1996	1997	1998	1999	2000	2001	2002	2003
ASDA	78	77	80	28	81	72	84	89
Safeway	87	70	71	52	61	62	60	n. a.
Sainsbury's	106	101	92	66	55	55	61	54
Tesco	100	100	100	100	100	100	100	100
WM Morrison's	85	84	87	87	87	88	99	103

Quelle: *Companies, Commerzbank Corporates & Markets*

Abbildung 4-26: Profitabilität pro qm Verkaufsfläche im englischen Supermarktgeschäft im Peergroup-Vergleich (indexiert mit Tesco=100)

Bei diesem Szenario kamen die Immobilienexperten von *DTZ Debenham Tie Leung Limited* (kurz: *DTZ*) in ihrer Studie zur fairen Marktbewertung des Immobilienportfolios von *Safeway PLC* auf einen best-of-class-Ansatz,[45] den wir vereinfacht wie folgt zusammenfassen wollen:

Immobilieninvestoren bewerten Handelsimmobilien in stark vereinfachter Darstellung auf Basis von Mietmultiples,[46] denen wiederum gesicherte Cashflow-Ströme aus Mietzahlungen zugrunde liegen.

Mietaufwendungen lassen sich auf Basis einer standortbezogenen Gewinn- und Verlustrechnung als relative Größe zum Umsatz ausdrücken. Händler haben bei der Anmietung von Standorten eine klare Idee von einem Maximalwert, den diese als Mietaufwandsquote bezeichnete Größe nicht überschreiten sollte (bspw. 5% bis 8% vom Nettoumsatz), um die Profitabilität eines Standortes nicht zu gefährden. Wenn ein Händler bspw. 6% als Mietaufwand verkraften kann, dann könnte die absolute Höhe der jährlichen Mietzahlung durch die Flächenproduktivität determiniert werden.

Wenn also *Tesco* den durchschnittlichen *Safeway*-Standort betreiben würde, könnte die jährliche Mietzahlung bei gleicher Mietaufwandsquote um 20% steigen. Würde man dann noch berücksichtigen, dass *Tesco* pro qm Verkaufsfläche 40% mehr operatives Ergebnis einfährt als *Safeway*, könnte *Tesco* bei nur geringfügig sinkender operativer Ergebnismarge sogar eine höhere Mietaufwandsquote verkraften als *Safeway PLC*. Damit wird sehr schnell klar, dass der Wertansatz für individuelle Handelsimmobilien, die als nicht duplizierbar gelten, sehr stark davon abhängig ist, wer Nutzer dieser Immobilien ist.

Wenn also in einem freien Markt allein über Angebot und Nachfrage die Nutzung von individuellen Immobilien bestimmt würde, dann würden diese Standorte immer den „best-of-class"-Händlern zufallen. Dass dies in einem freien Markt immer so sein würde, zeigt ein ganz simples Beispiel zu dem Fall *Safeway PLC*. In den sieben Jahren zwischen 1996 und 2003 hat sich bei *J. Sainsbury's* ein Rückgang des operativen Ergebnisses pro qm Verkaufsfläche um 38% eingestellt (vgl. Abbildung 4-24). Im direkten Vergleich zu Marktführer *Tesco* generiert *J. Sainsbury's* 46% weniger EBIT pro qm Verkaufsfläche (vgl. Abbildung 4-26). Würde also *J. Sainsbury's* bei dem *Safeway*-Bieterprozess im Wege eines gegenüber *Tesco* höheren Gebotes zum Zuge gekommen sein, wäre den Aktionären sofort klar gewesen, dass mit der Akquisition Vermögen vernichtet worden wäre. Man kann den Marktführer nicht aus finanziell gesunden Überlegungen heraus überbieten, wenn man einen erheblichen Produktivitätsrückstand aufweist. Für einen weitgehend freien Markt, der keinen Eingriffen staatlicher Regulierung unterliegt, käme es deshalb im Bieterprozess fast immer zum Erfolg des „best-of-class"-Händlers. Wenn dem aber so ist, dann verbietet sich die Bewertung der Zielunternehmen einzig auf Basis der zukünftigen finanziellen Nettozuflüsse.

Da es den freien Markt zwischen Angebot und Nachfrage in kaum einem Land gibt, konnte am Ende die Nummer fünf im englischen Lebensmittelmarkt, *Morrison Supermarkets*, ein Unternehmen übernehmen, dass 62% mehr Mitarbeiter hatte und über einen größeren Marktanteil verfügte (10,0% ggü. 5,8%).[47] Dies gelang zu dem noch deshalb be-

---
[45] Smith, C.H. (2003): S. 3-11.
[46] Vgl. hierzu für Deutschland bspw. Brockhoff & Partner (2001), S. 26.
[47] The Guardian (2003), 14.1.2003.

sonders günstig, weil die Competition Commission und der Office of Fair Trading (OFT) den anderen Interessenten *Tesco, Asda* und *J. Sainsbury's* eine Komplettübernahme verboten hatten.[48] Zwar ist in diesem Beispiel der „best-of-class"-Ansatz in der Kaufpreisfindung nicht verwirklicht worden, er eignet sich aber aus unserer Sicht gut für ähnlich gelagerte Fälle in den sich noch entwickelnden Volkswirtschaften Zentraleuropas und Asiens.

4.2.5 Immobilienrenditen deutlich unter den Renditen des Handelsgeschäfts

Die Frage pro oder contra Handelsimmobilien ist nur sehr schwer und i.d.R. nur unter Bezugnahme auf ein spezielles Unternehmen zu beantworten. Dennoch gibt es Marktbeobachter, die aus simplen ökonomischen Zusammenhängen heraus einen Standpunkt zu dieser Problematik beziehen können. Einen guten Ansatzpunkt zur analytischen Aufarbeitung der Thematik liefert ein Blick auf den Return on Capital Employed (RoCE). Unter Zugrundelegung eines einheitlichen Kalkulationsverfahrens für den RoCE kann man zu Werten zwischen 8% und 15% kommen. Unsere Berechnungen basieren in starker Anlehnung an *Tesco* auf ein im Lebensmittelhandel im allgemeinen übliches Konzept.[49] Hierzu wird das operative Ergebnis nach Steuern, aber vor Zinsaufwendungen in Relation gesetzt zur Summe aus jahresdurchschnittlichen Beträgen für Immaterielle Vermögensgegenstände, für das Anlagevermögen, für die Investments in assoziierte und verbundene Unternehmen, für das Net Working Capital sowie für die langfristigen Rückstellungen.

Unternehmen	1996	1997	1998	1999	2000	2001	2002	2003	Avg RoCE
Ahold	11,8	12,1	11,6	12,8	11,4	9,3	-0,8	4,8	9,1
Carrefour	10,6	10,0	9,4	9,1	11,2	11,4	12,8	14,1	11,1
Casino	7,1	7,4	7,6	6,8	7,1	7,7	9,0	10,2	7,8
Metro Group		6,2	7,5	5,7	5,7	7,8	7,4	8,4	6,1
Tesco	11,2	11,8	11,6	11,0	10,5	10,4	9,7	9,7	10,7

Note: Konzeptioneller Ansatz in Anlehnung an das Kalkulationsmodell von Tesco
Quelle: *Companies, Commerzbank Corporates & Markets*

Abbildung 4-27: Return on Capital Employed (RoCE)-Berechnungen für ausgewählte europäische Lebensmittelhändler

Nach Berechnungen von *Roland Berger Strategy Consultants* weisen Immobilienfonds mit einem hohen Anteil an Handelsimmobilien nur eine durchschnittliche Rendite von ca. 4% auf.[50] Damit wird deutlich, dass Investitionen in Handelsimmobilien im Vergleich mit Investitionen in das operative Handelsgeschäft deutlich inferiore Renditen versprechen.

Um diese Effekte herauszuarbeiten, kann man den RoCE des Unternehmens mit einer um das Immobilienvermögen bereinigten Rendite vergleichen. Dazu schlagen *Roland Ber-*

---

[48] Department of Trade and Industry (2003), S. 1-2; Competition Commission (2003).
[49] Vgl. zur Konzeption bspw. Tesco (2004 a), S. 2.
[50] Bauer, A. 2004), S. 23.

ger Strategy Consultants vor, aus dem Capital Employed die Immobilienbuchwerte herauszurechnen und in einem zweiten Schritt das operative Ergebnis um einen theoretischen Mietaufwand zu kürzen. Dabei wird aus Praktikersicht vorgeschlagen, einen theoretischen Mietaufwand von 6% der Immobilienbuchwerte anzusetzen.[51]

Auf Basis ihrer Kalkulationen kommen *Roland Berger Strategy Consultants* zu der Erkenntnis, dass eine Immobilienveräußerung zu einer Erhöhung des RoCE und damit zu einer Erhöhung des Unternehmenswertes führen würde. Die von *Roland Berger Strategy Consultants* vorgelegten Ergebnisse haben wir in Abbildung 4-28 veranschaulicht. Bei der Kalkulation des RoCE für das Jahr 2002 haben sich nur marginale Abweichungen zu den von uns vorher präsentierten Werten eingestellt.

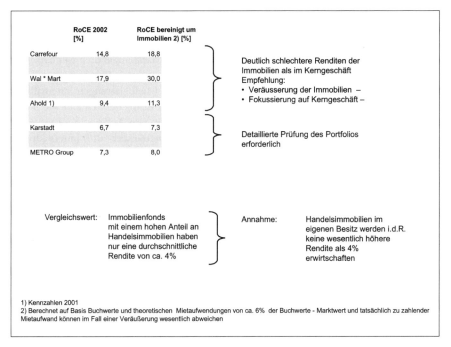

Quelle: *Roland Berger Strategy Consultants, Commerzbank Corporates & Markets*

Abbildung 4-28: Immobilienveräußerung führt zur Erhöhung des RoCE

Die Botschaft lautet, dass mit Investitionen in Handelsimmobilien deutlich schlechtere Renditen als im Kerngeschäft erzielbar sind. Deshalb wird eine Fokussierung auf das Kerngeschäft empfohlen. Diese Zusammenhänge von Immobilienbesitz, Ergebnisverbesserungspotenzial und Marktwertsteigerungen dürfte auch die Antriebsfeder für etliche Handelsunternehmen in den letzten Jahren dazu gewesen sein, zunehmend auf Sale-and-lease-back-Transaktionen zu setzen (bspw. *Ahold, Carrefour, Tesco*).

---

[51] Bauer, A. (2004), S. 24.

Roland Berger Strategy Consultants geht jedoch noch einen Schritt weiter und vertritt die Position, dass viele Wachstumsführer des internationalen Handels bewusst auf Immobilieneigentum verzichten.

In diesen Zusammenhang genannt werden u.a. *Inditex* und *Hennes & Mauritz*.[52] Wir wollen diesen Schritt nicht mitgehen und nehmen vielmehr die Position ein, dass das Business-Modell verlangt, sich als Fashion Retailer immer in den 1A-Lagen der innerstädtischen Fußgängerzonen ansiedeln zu müssen. Diese wenigen 1A-Standorte wurden in den europäischen Metropolen jedoch bereits vor Jahrzehnten oder Jahrhunderten verteilt, und ein funktionierender Markt für derartige Lokationen ist kaum vorhanden.

Wenn aber doch einmal ein Standort verfügbar wäre, dann würde der Erwerb gerade für noch relativ junge Unternehmen nur schwer finanziell zu stemmen sein. Hohe Erwerbspreise würden Einschnitte bei anderen Expansionsprojekten erfordern, und könnten erst bei nachhaltigem und jahrelangem Erfolg eines Unternehmens Sinn machen. Aber selbst mit hohen finanziellen Spielräumen kann man viele Standorte nicht kaufen, selbst wenn man dies wollte (einfach deshalb, weil sie i.d.R. nicht am Markt angeboten werden). Und so müssen sich moderne Fashion Retailer konzeptionell mit ihrem Business-Modell darauf ausrichten, auch hohe wöchentliche oder monatliche Mietbelastungen innerhalb der Gewinn- und Verlustrechnung verarbeiten zu können. Der Erfolg der Händler wie *Inditex* und *Hennes & Mauritz* ist auch damit zu erklären, dass man von Anfang an nur über extrem hohe Warenumschlagshäufigkeiten in den Mietwettbewerb um innerstädtische Standorte eintreten konnte.

Darüber hinaus kann man auch der Ansicht sein, dass für bestimmte Kategorien von Handelsimmobilien deutlich höhere Renditen als die von *Roland Berger Strategy Consultants* unterstellten 4% zu erzielen sind. Wir denken in diesem Zusammenhang insbesondere an die Vertriebsformen Discount Store, Compact Hypermarket und Cash & Carry Store, die ja aus deutscher Sicht eine besondere Bedeutung in der europäischen Handelslandschaft erlangt haben. So investiert die *Metro Group* bspw. in Immobilienbesitz durch den Auf- und Ausbau ihres internationalen Netzwerkes an Cash & Carry-Standorten. Da die *Metro Group* als Finanzholding stark von Renditeorientierung getrieben ist, muss es Gründe dafür geben, zumindest für die Cash & Carry-Division ein Immobilienportfolio aufzubauen.

Solche Gründe müssen nicht notwendigerweise in finanzwirtschaftlichen Überlegungen liegen. Da Cash & Carry sich in der Regel als erstes Vertriebskonzept und frühzeitig in einen sich entwickelnden Markt begibt, sind Grundstücke noch vergleichsweise billig zu erwerben. Immobilienentwickler und -finanzierer verlangen jedoch üblicherweise in sich entwickelnden Ländern aufgrund höherer politischer und ökonomischer Risiken eine adäquate Abbildung erheblicher Risikoprämien im Mietzins, was für den Einzelhändler den Aufbau eines angemieteten Vertriebsnetzes als uninteressant erscheinen lassen könnte. Durch einen frühzeitigen Erwerb von Grundstückseigentum sichert sich *Metro* damit auch das Entwicklungspotenzial an einem Standort, was bei nachhaltig positiver Entwicklung des Zielmarktes mit dem Aufbau stiller Reserven einhergeht.

Ganz generell sehen wir die Kombination aus Gewinnerkonzepten mit vergleichsweise günstig zu erwerbendem Immobilieneigentum als geeignet an, die genannten Erfahrungs-

---

[52] Bauer, A. (2004), S. 20.

werte für Immobilienrenditen deutlich zu übertreffen. Insgesamt jedoch dürfte unter dem Strich mit dem operativen Geschäft deshalb mehr Rendite zu erwirtschaften sein, weil man ohnehin über ein Gewinnerkonzept verfügt. Alles in allem dürfte für eine Antwort auf die Frage auf Immobilienbesitz oder Anmietung eine detaillierte Prüfung des Unternehmensportfolios entscheidend sein.

4.2.6 Handelsimmobilien unter Einstandspreisen für ausgewählte Händler verfügbar

Ein weiterer wichtiger Aspekt bei der Frage Eigentum oder Anmietung steht in Zusammenhang mit dem Angebot für die Anmietung von Verkaufsflächen. Objektentwickler oder Shopping-Center-Manager benötigen attraktive Mieter als Frequenzbringer für ihre Standorte (sog. „anchor tenants"). Die wenigen Händler, die die Fähigkeit zur Generierung von Kundenfrequenz haben, sind sich ihrer Bedeutung als Ankermieter voll bewusst. So kommt es bspw., dass Handelsunternehmen des Elektroniksektors wie *Media Markt* oder *Saturn* (beide gehören zur *Metro Group*) häufig Mietkonditionen angeboten bekommen, zu denen man nicht selbst bauen könnte. Der Schlüssel des Erfolges liegt in der Magnetfunktion für einen Standort, von der auch andere Händler als Mieter profitieren können. Von diesen anderen Händlern würden dann Objektentwickler oder Shopping-Center-Manager höhere Mieten erwarten.

Auch das französische SB-Warenhaus-Unternehmen *Carrefour* ist sich seiner Rolle als Ankerbetreiber voll bewusst. Aus diesem Grund entwickelt *Carrefour* in Süd- und Zentraleuropa SB-Warenhaus-Standorte mit vorgeschalteter Shopping-Mall und veräußert dann nur den Mall-Teil des Objekts später an einen Shopping-Center-Manager (z.B. an *Klepierre*).[53] Die Tatsache, dass *Carrefour* als Ankerbetreiber der Shopping Center feststeht, garantiert den Mietern der Mall eine hohe Frequenz und bietet *Carrefour* ein Wertsteigerungspotenzial resultierend aus einer späteren Veräußerung, die im Zeitablauf hohe außerordentliche Erträge aus Anlageabgang verspricht. Statt einen Standort als Frequenzbringer unter dem fairen Marktwert anzumieten, entwickelt *Carrefour* einen Standort in einem Zielland mit der Vision, den zu schaffenden Mehrwert aus der *Carrefour*-Funktion als Ankerbetreiber zu einem späteren Zeitpunkt zu monetisieren.

4.2.7 Immobilienbesitz stark durch die Art der Vertriebsform determiniert

Wir vertreten die Ansicht, dass die Frage Immobilienbesitz oder Anmietung auch sehr stark in Abhängigkeit von der Vertriebsform zu sehen ist. Nachfolgend wollen wir kurz die aus unserer Sicht relevanten Aspekte mit den unterschiedlichen Vertriebsformen zusammenbringen.

Warenhaus

- Alt – meist in innerstädtischen Fußgängerzonen in Eigenbesitz
- Neu – meist in Shopping Centern und angemietet

---

[53] Vgl. hierzu auch die Presseveröffentlichungen Carrefour (2000); Carrefour (2004 a).

SB-Warenhaus

- Präferiert wird klar der Eigenbesitz (*Carrefour, Globus, Tesco, Wal-Mart*)
- In wettbewerbsintensiven Märkten wie England und Frankreich besteht hoher Modernisierungsdruck. Ein permanentes Upgrade der Standorte an den Zeitgeist erfordert Verhandlungen mit den Immobilieninhabern und dies läuft für den Händler in den meisten Fällen auf einen ungünstigen Kompromiss und nicht zuletzt höhere Mietzinsen hinaus. Deshalb wird in diesen Ländern das Eigentum an Immobilienbesitz gegenüber einer Anmietung klar favorisiert.
- Das häufig veraltete Erscheinungsbild von SB-Warenhäusern in Deutschland liegt zum Teil an dem Desinteresse von Immobilieneignern zur Standortmodernisierung, aber auch an den für den Händler damit verbundenen Aufwendungen (bspw. des Abschreibens der Modernisierungsinvestitionen über die Restlaufdauer eines Mietvertrages).
- Mietverträge sind aus unserer Sicht primär dann sinnvoll, wenn es sich um Objekte in Shopping Centern handelt, oder wenn man schnell in einem neuen Markt eine nationale Präsenz aufbauen will.

Supermarkt

- Alt – meist in zentraler Lage und deshalb angemietet
- Neu – meist nah an Wohngebieten und als maßgeschneidertes Konzept an die Bedürfnisse der Händler durch einen Immobilienentwickler angepasst (angemietet)

Verbrauchermarkt

- Am Stadtrand oder auf der „grünen Wiese" und deshalb primär in Eigenbesitz
- Deutlich geringerer Modernisierungsdruck als bei einem SB-Warenhaus – deshalb bestünde eigentlich kein Erfordernis zum Betreiben von Verbrauchermärkten in Eigenbesitz

Discount Stores

- Bestens für Eigenbesitz geeignet, weil überschaubares Investitionsvolumen und sehr kurze Payback-Zeiten
- Durch den Wettbewerb der Anbieter um Standorte entsteht hoher Marktdruck und daraus resultieren zunehmend erhöhte Investitionsrisiken

Convenience Stores

- Die Notwendigkeit zur Präsenz in hochfrequentierten Lagen erfordert das Anmieten von Standorten
- Alternative: *JV* mit einem Benzinunternehmen zum gemeinsamen Entwickeln von Tankstellen-Shops

4.2.8 Individuelle Beurteilung von Immobilienportfolios der Unternehmen

Wir sind der Ansicht, dass das Thema Immobilienbesitz nicht einheitlich für die Frage der Unternehmensbewertung entschieden werden kann. Häufig kann der Immobilienanteil an der Bilanzsumme oder am gesamten Standortnetz abhängig sein von der ganz speziellen Unternehmenshistorie, aber auch vom Free Cashflow, vom Expansionspotenzial oder einfach von den Sicherheitsüberlegungen der Händler. Die nachfolgende Übersicht veranschaulicht, dass die bekanntesten deutschen und europäischen Händler in großer Zahl entweder dem Immobilienbesitz (freehold) oder dem Leasing (leasehold) zugeordnet werden können.

Überwiegend Eigenbesitz	Überwiegend Anmietung von Standorten
ALDI	Ahold
AVA (Marktkauf – Grundstücksgesellschaften)	Douglas Parfümerien
Carrefour SB-Warenhäuser	Hennes & Mauritz
Dohle Polska (vor dem Tesco-Deal)	Inditex (Zara)
Globus Holding (SB-Warenhaus)	Media Markt/Saturn
Hornbach Baumärkte	
(vor Finanzierungsengpässen)	Metro Cash & Carry Deutschland
Metro Cash & Carry International	Praktiker Baumärkte
Tesco	REWE (finanzielle Restriktionen)
WM Morrison (Superstores)	Sainsbury's (finanzielle Restriktionen)

Quelle: Commerzbank Corporates & Markets

Abbildung 4-29: Ausgewählte Unternehmen des deutschen und des europäischen Handels im Hinblick auf die Immobilienpolitik

In einer weitergehenden Analyse haben wir für ausgewählte deutsche und europäische Händler einmal übersichtsartig zusammengestellt, welche Präferenzen sich für ausgewählte Vertriebslinien in Zusammenhang mit der Immobilienfrage erkennen lassen. Interessant erscheint uns, dass *Metro Cash & Carry* in der Internationalisierung des Geschäftsmodells vollständig auf Eigenbesitz setzt. Von den großen europäischen Lebensmittelhändlern haben sich *Carrefour* und *Tesco* ganz eindeutig zum Immobilienbesitz bekannt. Von den 336 SB-Warenhäusern, die *Carrefour* per Jahresende 2003 in Frankreich, Italien und Spanien betrieben hatte, befanden sich 81,8% in Eigenbesitz.[54] Auf Konzernbasis befinden sich bei *Tesco* zwischen 75% und 80% aller Standorte in Eigenbesitz. Zur Immobilien-Strategie des Unternehmens in England hat sich *Tesco's* Group Treasurer *Nick Mourant* anlässlich der Global Real Estate Institute Summit Conference am 13.9.2004 in Paris wie folgt geäußert: „The company had chosen to retain ownership of 90% of its freehold assets because it gave it a competitive advantage in food retailing, where marketing campaigns or price moves are quickly matched by rivals."[55]

Klar erkennen lässt sich in unserer Übersicht auch, dass die Frage Immobilienbesitz versus Leasing eher durch rechtliche Rahmenbedingungen als durch finanzwirtschaftliche Überlegungen determiniert wird. In diesem Zusammenhang möchten wir auf die Immobilienpolitik von *Carrefour* in Ostasien verweisen. *Carrefour* betreibt 85% seiner koreanischen SB-Warenhäuser in Eigenbesitz, während der Vergleichswert für China nur bei 13% liegt. Wenn sich Unternehmen primär als Finanzholding sehen (bspw. *Ahold* oder auch *Douglas* in Deutschland), dann scheint der Immobilienanteil vergleichsweise niedrig zu sein.

---

[54] Carrefour (2004 d), S. 6.
[55] Hays, S. (2004).

Vertriebslinie	Unternehmen	Anteil der Standorte in Eigenbesitz (%)
Metro Cash & Carry (International)	Metro Group	100
Géant hypermarkets (Frankreich)	Casino Group	95
Karstadt (Karstadt Warenhaus AG)	KarstadtQuelle	90
Carrefour hypermarkets (Südkorea)	Carrefour Group	85
Carrefour hypermarkets (Frankreich, Italien, Spanien)	Carrefour Group	82
ALDI Süd (Deutschland)	ALDI GmbH & Co. oHG	80
Lidl (UK)	Schwarz Group	80
Tesco	Tesco	75–80
Carrefour, Champion, Dia etc globally	Carrefour Group	64
Casino supermarkets (Frankreich)	Casino Group	60
Lidl (Deutschland)	Schwarz Group	35
Albert Heijn (Niederlande)	Ahold	25–30
Carrefour hypermarkets (China)	Carrefour Group	13
Stop & Shop, Giant, Tops (US Food Retail)	Ahold	12
Franprix/Leader Price food discount stores (Fankreich)	Casino Group	10
Metro Cash & Carry (Deutschland)	Metro Group	0
Media/Saturn (Deutschland)	Metro Group	0
Media/Saturn (International)	Metro Group	0
Douglas Parfümerien (Deutschland)	Douglas Holding	0
Douglas Parfümerien (International)	Douglas Holding	0
Christ (Deutschland)	Douglas Holding	0

Quelle: *Companies, Roland Berger Strategy Consultants, Commerzbank Corporates & Markets*

Abbildung 4-30: Anteil der Standorte in Eigenbesitz für ausgewählte Vertriebslinien

4.3 Ermittlung der Plandaten der Unternehmensbewertung

4.3.1 Basisanforderungen

Jeder mit der Aufgabe einer Unternehmensbewertung befasste Analyst sollte sich im Vorfeld mit der zu betrachtenden Branche intensiv auseinandersetzen. Wir empfehlen die Betrachtung wesentlicher finanzwirtschaftlicher Kennzahlen in der historischen Entwicklung für das zu betrachtende Unternehmen und im Rahmen einer Peergroup-Analyse als Grundlage für die adäquate Einordnung des zu betrachtenden Unternehmens in den Branchenkontext. Aus der Praxis unserer täglichen Arbeit hat sich die Betrachtung folgender Daten und Kennzahlen als hilfreich erwiesen:

- Umsatzwachstum (mehrjährig, und idealerweise über einen gesamten Konjunkturzyklus hinweg)
- Umsatzwachstum bereinigt um neu hinzugekommene Verkaufsflächen (sog. flächenbereinigtes Umsatzwachstum, engl.: like-for-like sales)
- Operative Ergebnismarge im Hinblick auf absolute Höhe und auf Entwicklung im Zeitablauf
- Investitionsquote im Hinblick auf absolute Höhe und auf Entwicklung im Zeitablauf
- Interest Cover und Gearing (Year-end net debt/equity)
- Net debt/EBITDA oder Net debt/EBITDAR

- EV/Sales, EV/EBITDA oder EV/EBITDAR im Hinblick auf absolute Höhe und auf Entwicklung im Zeitablauf
- EV/Capital employed

4.3.2 Ermittlung prognosefähiger Ergebnisse als Grundlage für Unternehmensbewertungen

Für eine Prognose zukünftiger Cashflows und operativer Ergebnisse von Unternehmen ist es entscheidend, berichtete Jahresabschlussinformationen um alle wesentlichen Sondereinflüsse zu bereinigen, die einen nicht regelmäßig wiederkehrenden Charakter haben.[56] Überlegungen zur Ergebnisprognose zielen darauf ab, „eine möglichst zutreffende Ausgangssituation für die unternehmensindividuelle Zukunftsbeurteilung zu schaffen".[57] Diese Ausgangslage ist durch weitergehende Analysen unter Verwendung zusätzlicher Informationen aus dem Jahresabschluss (Bilanz, Gewinn- und Verlustrechnung, Anhang), der Segmentberichterstattung, der Kapitalflussrechnung, der Eigenkapitalveränderungsrechnung und dem Lagebericht[58] zu ermitteln.

Die Ermittlung prognosefähiger Ergebnisse fokussiert insbesondere auf Sachverhalte mit nicht regelmäßig wiederkehrenden Ergebniseinflüssen sowie auf die Bedeutung unterschiedlicher Bilanzierungsmethoden. Unter dem ersten Aspekt lassen sich die folgenden Ergebnisauswirkungen subsumieren:[59]

- Änderung von Bilanzierungsmethoden,
- Nichtfortführung von Geschäftstätigkeiten,
- außerordentliche Ereignisse,
- Änderung von Wertansätzen, und
- andere nicht regelmäßig wiederkehrende Sachverhalte.

Eine Unterschiedlichkeit angewendeter Bilanzierungssysteme (z.B. IAS/IFRS, US-GAAP oder HGB) ist für die Prognose von Ergebnissen einzelner Unternehmen nicht relevant. Unterschiede in angewendeten Bilanzierungsmethoden sind jedoch dann relevant, „wenn über die individuelle Ergebnisprognose hinaus Unternehmensvergleiche zu Börsenkursbeurteilungen bzw. Kaufpreisermittlungen vorgenommen werden".[60]

4.3.3 Grundlegende Überlegungen zu den benötigten Daten für die jeweiligen Bewertungskonzepte

Von den drei nachfolgend vorgestellten Verfahren der Unternehmensbewertung gilt das Substanzwertverfahren heute nur noch in Ausnahmefällen als anwendbar, und zwar dann, „wenn dies im Auftrag für das Bewertungsgutachten ausdrücklich festgelegt ist".[61] Der Substanzwert trifft keine Aussage über die zukünftige Ertragskraft eines zu betrachtenden

---

[56] Arbeitskreis DVFA/Schmalenbachgesellschaft e.V. (2003), S. 1913-1917.
[57] Arbeitskreis DVFA/Schmalenbachgesellschaft e.V. (2003), S. 1913.
[58] Vgl. zu den Anforderungen an den Lagebericht aus Sicht der Analysten bspw. Elfers, J. (2003), S. 1-20.
[59] Arbeitskreis DVFA/Schmalenbachgesellschaft e.V. (2003), S. 1914.
[60] Arbeitskreis DVFA/Schmalenbachgesellschaft e.V. (2003), S. 1916.
[61] IDW (2004), S. 40.

Unternehmens. Er wird ermittelt als Summe der im Unternehmen vorhandenen Vermögensgegenstände abzüglich der Schulden.

Im Vergleich von Multiplikatorverfahren und Diskontierungsmethoden liegt das wesentliche Unterscheidungskriterium darin, „dass Multiplikatormethoden statischer Natur sind, d.h. lediglich die finanziellen Überschüsse einer Zeitperiode (i.d.R. ein Geschäftsjahr) zugrunde legen. Diskontierungsverfahren zählen zu den dynamischen Methoden, indem grundsätzlich mehrere Perioden in die Wertermittlung eingehen."[62]

In der Praxis wird eine hohe Akzeptanz von **Multiplikatorverfahren** beobachtet, und zwar im Wesentlichen begründet durch die folgenden drei Aspekte:[63]

- Multiplikatorverfahren sind marktorientierte Bewertungsmethoden,
- Multiplikatorverfahren sind einfach anzuwenden, und
- Multiplikatorverfahren haben eine hohe Verbreitung und ermöglichen eine leichte Vergleichbarkeit.

Multiplikatorverfahren liefern Ergebnisse, die sich unmittelbar aus den Marktdaten von börsennotierten Vergleichsunternehmen ableiten lassen. Als ganz entscheidend für den Erfolg einer Unternehmensbewertung auf Basis von Multiplikatorverfahren kann sich die Zusammenstellung einer so genannten „peer group" von Vergleichsunternehmen erweisen. „Wesentlich ist die Vergleichbarkeit der Risiko-, Wachstums- und Renditeerwartungen der einzelnen Unternehmen mit dem zu bewertenden Unternehmen".[64] Weiter wird ausgeführt, dass häufig eine Vergleichbarkeit nur eingeschränkt möglich ist, „… da die Risikostrukturen potenzieller Vergleichsunternehmen meist zu unterschiedlich sind. Dabei spielen Aspekte wie Kapitalstruktur, Marktpositionierung, Produkt- und Dienstleistungsportfolio, Unternehmensgröße und Qualität des Managements eine entscheidende Rolle."[65]

Eine kapitalwertorientierte Bewertung (z.B. Discounted Cashflow, DCF) ist i.d.R. sehr komplex und aufwendig, während die auf den ersten Blick als einfach erscheinende Anwendbarkeit von Multiplikatorverfahren als einer der Gründe für die weit verbreitete Anwendung dieser Art der Unternehmensbewertung hervorgehoben wird.[66] Allerdings wird auch warnend die folgende Position zu den Multiplikatorverfahren bezogen: „Betrachtet man jedoch mögliche Fehlerquellen bei der Ermittlung eines nachhaltigen Ergebnisses bzw. Cashflows, fordert die sachgerechte Anwendung einer Multiplikatormethode doch einen erheblichen Arbeitsaufwand, der häufig nicht unwesentlich geringer als bei der Anwendung eines Diskontierungsverfahrens ist."[67] Als Hauptfehlerquellen werden im Hinblick auf Multiplikatorverfahren genannt:[68]

- Fortschreibung von Einmaleffekten (siehe Abschnitt 4.3.2)
- Hockey-Stick-Effekte bzw. Turn-Around-Effekte (insbesondere beim Übergang von einer verlustreichen Investitionsphase in eine Gewinnphase bei wachsendem Reifegrad eines Vertriebsnetzes)

---

[62] Creutzmann, A./Deser, N. (2005), S. 1.
[63] Creutzmann, A./Deser, N. (2005), S. 2.
[64] Creutzmann, A./Deser, N. (2005), S. 2.
[65] Creutzmann, A./Deser, N. (2005), S. 3.
[66] Creutzmann, A./Deser, N. (2005), S. 3.
[67] Creutzmann, A./Deser, N. (2005), S. 3.
[68] Creutzmann, A./Deser, N. (2005), S. 3.

- Negative oder stark schwankende Ergebnisse (eine hohe Ergebnisvolatilität ist im Einzelhandel weniger ausgeprägt als in anderen Industriesektoren)
- Anwendung unterschiedlicher Rechnungslegungsvorschriften (betrifft bspw. Pensionsverpflichtungen, Restrukturierungsaufwendungen oder Mitarbeiterbeteiligungsmodelle)

Dem interessierten Leser ist das aktuelle Buch von *Krolle/Schmitt/Schwetzler* zu den Multiplikatorverfahren in der Unternehmensbewertung insbesondere deshalb zu empfehlen, weil neben der konzeptionellen Behandlung des Themas auch auf Spezialprobleme bei der Anwendung von Multiplikatorverfahren (Leasingverpflichtungen, Pensionsverpflichtungen, Existenz steuerlicher Verlustvorträge relevant bspw. bei *KarstadtQuelle* oder bei der *Metro Group*), Stock Options) eingegangen wird.

Diskontierungsverfahren versuchen die Ertragsperspektiven eines Unternehmens in vereinfachter Betrachtung in zwei Phasen abzubilden. Detaillierten Prognosen über einen Zeitraum von i.d.R. drei bis acht Jahren (Phase I) schließt sich eine unendliche Zeitperiode an (Phase II). „Für diese Phase II wird ein sog. nachhaltiges Ergebnis, das sich häufig aus den Ergebnissen der vorangegangenen Phase I ableitet, ermittelt und mit einem um einen Wachstumsabschlag reduzierten Kapitalisierungszins diskontiert. Je kürzer der Planungshorizont in Phase I, desto größer ist der Anteil des Restwertes der Phase II am Gesamtwert."[69] Dieser Restwert wird häufig auch als Terminal Value bezeichnet.

Nachfolgend wollen wir die grundlegenden Überlegungen zu den benötigten Daten für die jeweiligen Bewertungskonzepte diskutieren. Dabei haben wir auf Unternehmen, für die die jeweiligen Aspekten eine hohe Praxisrelevanz haben, gesondert verwiesen.

4.3.3.1 Substanzwertverfahren

Zunächst wollen wir die aus unserer Sicht wichtigsten Aspekte stichwortartig profilieren.

- Faire Marktpreise der betriebsnotwenigen Aktiva (Standorte, Verkaufsflächen, Logistik etc.)
- Bewertung von eigengenutzten Immobilien (das DTZ-Konzept mit Best-of-class-Approach)
- Immobilienbewertung auf Basis von Güte und Qualität und eventuell vorhandenen Modernisierungsstaus (*KarstadtQuelle, J. Sainsbury's* oder *Safeway PLC* vor der Übernahme durch *Morrison Supermarkets*)
- Bewertung von Mietverträgen i.S.v. impliziten stillen Reserven oder Lasten (gegenwärtig dürften bspw. bei *J. Sainsbury's* in den Mietverträgen eher stille Reserven schlummern, während bei vielen Mietverträgen deutscher Supermarktbetreiber in Ostdeutschland stille Lasten zu vermuten sind)
- Der „Was ist wirklich wichtig"-Ansatz: Unternehmenszentrale oder Logistik können wertlos für einen Akquisiteur sein
- Liquidationswerte des nicht betriebsnotwendigen Vermögens
- Fremdkapital zu Markt- oder Nominalwerten (wir optieren für Marktwerte)
- Der Substanzwertansatz stellt die Untergrenze für einen Unternehmenserwerb dar. Da aber ein Akquisiteur glaubt, im Geschäft besser zu performen, als der Übernahmekandidat, werden immaterielle Werte (Brand Name etc.) ignoriert.
- Pensionsrückstellungen

---

[69] Creutzmann, A./Deser, N. (2005), S. 1.

Die BBE Unternehmensberatung hat einen strukturierten Ansatz zur Due Dilligence im Einzelhandel veröffentlicht, in dem im Hinblick auf Einzelhandelsstandorte folgende Fragen aufgeworfen werden:[70]

- Wie sind die einzelnen Standorte bezüglich Kaufkraft, Kundenfrequenz und Wettbewerbsstruktur zu beurteilen?
- Wie werden sich diese Standorte aller Voraussicht nach entwickeln?
- Wie sieht der aktuelle Marktwert dieser Grundstücke aus?
- Welche baurechtlichen Vorschriften sind möglicherweise zu beachten?
- Welche Kosten können aus Altlasten entstehen?
- Genügen Gebäude und Betriebsausstattung den aktuellen Anforderungen?
- Wie ist der Investitionsbedarf für die kommenden Jahre einzuschätzen?
- Wie ist die Laufzeit der Mietverträge?
- Sind die Konditionen marktüblich?

4.3.3.2 Multiplikatorverfahren

Bei den Multiplikatorverfahren unterscheidet man in der Bewertungspraxis zwischen Enterprise-Value-Multiplikatoren und Equity-Value-Multiplikatoren. Der Enterprise Value spiegelt den Unternehmenswert aus Sicht der Eigentümer und Gläubiger wider und repräsentiert somit den Unternehmenswert aus Gesamtkapitalsicht. Dafür gilt vereinfacht folgende Formel:

$$\text{Enterprise Value} = \text{Market Capitalization} + \text{Interest-bearing Debt} - \text{Cash}$$

Equity-Value-Multiplikatoren basieren auf der Marktkapitalisierung (im Blickfeld stehen dabei entweder der Preis einer Aktie (bspw. beim Kurs-Gewinn-Verhältnis (KGV)) oder der Marktwert aller Aktien (bspw. bei der Relation Kurs/Buchwert-Verhältnis). Die Marktkapitalisierung entspricht somit dem Preis, den ein Käufer für sämtliche umlaufenden Aktien eines Unternehmens bezahlen müsste.

4.3.3.2.1 Marktkapitalisierung

Für die Ermittlung der Marktkapitalisierung schlagen wir das nachfolgend beschriebene Konzept vor, dass sehr stark ausgerichtet ist auf eine Glättung von Aktienkursen. Unser Ansatz beruht darauf, dass Börsenkurse nicht notwendigerweise zu jedem Zeitpunkt den wahren Wert eines Unternehmens widerspiegeln. Börsenkurse können stochastischen Schwankungen unterliegen, die nicht immer mit der tatsächlichen Wertentwicklung eines Unternehmens erklärt werden können. Die Verwendung von Wochen-, Monats- oder Jahresdurchschnittskursen zur Glättung dieser Schwankungen wird gemeinhin aber als nicht vereinbar mit der Annahme der Informationseffizienz der Kapitalmärkte angesehen. Deshalb erscheint zwar die Auswahl einer entsprechenden Glättungsperiode nur schwer begründbar,[71] wir präferieren jedoch trotzdem den Ansatz einer Glättung von Kursschwankungen.

- Die Marktkapitalisierung ermitteln wir grundsätzlich auf Basis von Jahresdurchschnittskursen.
- Sie ist getrennt zu ermitteln für Stammaktien und Vorzugsaktien.

---

[70] Burbach, K. (2004), S. 3-10.
[71] Creutzmann, A./Deser, N. (2005), S. 8.

- Sie ist immer auf Basis aller jahresdurchschnittlich ausstehenden Aktien und nicht nur bezogen auf den Free Float zu ermitteln.

4.3.3.2.2 Nicht betriebsnotwendiges Vermögen und Minderheitenanteile

- Nicht betriebsnotwendiges Vermögen (peripheral assets) empfehlen wir zu Marktwerten zu bereinigen (repräsentiert alle Aktiva, die nicht dem originären Geschäftszweck dienen – üblicherweise langfristige Finanzanlagen).
- Die Marktkapitalisierung der Minderheitenanteile von voll konsolidierten Unternehmen ist entweder der Marktkapitalisierung hinzuzufügen oder alternativ sind Umsatz, EBITDAR, EBITDA oder EBIT um Minderheitenanteile zu kürzen.

4.3.3.2.3 Zinstragende Verbindlichkeiten (Bruttoverschuldung)

- Jahresendwerte sind wg. der hohen Abhängigkeit des Handels vom Weihnachtsgeschäfts nur bedingt aussagefähig (hoher Cash-Bestand in der Kasse).
- Jahresdurchschnittswerte lassen sich bei unterjähriger Berichterstattung arithmetisch ermitteln (bspw. auf Basis der Quartalsberichtserstattung).
- Eine alternative Ermittlung der Jahresdurchschnittswerte ermöglicht sich über die angegebenen Durchschnittskosten des Fremdkapitals (als Divisor zum ausgewiesenen Zinsaufwand).
- Unternehmen wie *Carrefour, Casino, J. Sainsbury's* oder *Tesco* geben die durchschnittlichen Fremdkapitalkosten in Analysten-Präsentationen oder im Geschäftsbericht an.[72]
- Dieses Konzept beruht auf der Betrachtung von Effektivbeträgen (keine Nominalwert-Betrachtung).
- Die von den einzelnen Unternehmen getätigten Angaben zu den durchschnittlichen Fremdkapitalkosten sind allerdings nur bedingt brauchbar, weil in die Berechnungen auch die Auswirkungen von Derivatgeschäften einfließen können.

Unternehmen (%)	1996	1997	1998	1999	2000	2001	2002	2003
Carrefour	n. a.	n. a.	n. a.	n. a.	n. a.	n. a.	4,4	3,6
Casino	5,4	3,4	3,6	3,2	4,5	4,8	4,2	4,5
J. Sainsbury	7,5	7,9	8,2	7,9	8,2	5,9	n. a.	n. a.
Tesco	7,8	8,1	7,1	6,8	6,6	6,3	5,7	5,6

Quelle: *Companies, Commerzbank Corporates & Markets*

Abbildung 4-31: Entwicklung der angegebenen durchschnittlichen Fremdkapitalkosten ausgewählter Händler

4.3.3.2.4 Pensionsverpflichtungen

- Pensionsverpflichtungen (soweit vorhanden, werden sie von den Unternehmens als Finanzierungsinstrument genutzt und sind als Verbindlichkeiten dem EV hinzuzufügen)

4.3.3.2.5 Liquide Mittel

- Liquide Mittel
- Wertpapiere des Umlaufvermögens

---

[72] Carrfeour (2004 b), S. 23; Tesco (2004 b), S. 4.

Als Ergebnis dieser mathematischen Übung gelangen wir zum EV auf Basis des „ausgewiesenen" Fremdkapitals, d.h. es erfolgte eine Nichtberücksichtigung von Mietverträgen für Standorte auf Basis von Operating Leases.

4.3.3.2.6 Operating leases

Eine umfassende Betrachtung der Aktiva erfordert jedoch die volle Berücksichtigung der Schulden, die im Zusammenhang mit angemieteten Standorten stehen. Mietverpflichtungen sind als Off-balance-sheet-Verpflichtungen im Anhang angegeben. Allerdings beziehen sich diese Angaben nur auf die Restlaufdauer der angemieteten Standorte – ohne Berücksichtigung einer eventuell möglichen Wahrnehmung von Verlängerungsoptionen. Angaben zu den Verpflichtungen aus Leasing-Geschäften können extremen Schwankungen unterlegen sein und wir möchten in diesem Zusammenhang auf den Ausweis von Off-balance-sheet-Verpflichtungen im Geschäftsbericht der *Metro Group* für die Jahre 2000 und 2001 verweisen (*vgl. Abbildung 4-21*).

Eine Berücksichtigung von Off-balance sheet-Mietverpflichtungen stellt Unternehmen mit unterschiedlichen Präferenzen für Eigenbesitz oder Leasing auf der Verschuldungsseite gleich. Wie sehr dies geboten ist, zeigt unsere tabellarische Übersicht der Anteile von Verkaufsflächen in Eigenbesitz für ausgewählte Händler (*vgl. Abbildung 4-30*).

Erweitert man die Betrachtung der Aktiva um angemietete Standorte, dann muss mit der dadurch initiierten Erhöhung der Verschuldung auch auf eine andere Bezugsgröße abgestellt werden, da die EV-Konzeption auf dem Grundgedanken beruht, dass die Finanzstruktur nicht den Unternehmenswert beeinflusst. Deshalb gilt: **Die Erweiterung um Operating Leases macht eine Betrachtung von Erfolgsgrößen vor Mietzahlungen erforderlich!**

4.3.3.2.7 EBITDAR als relevante Erfolgsgröße

Gemeinhin wird der EV in Relation gesetzt zu Umsatz, EBIT(DA) oder Capital Employed. Wir wollen im Rahmen unserer Fokussierung auf die Erfolgsgrößen abstellen und empfehlen deshalb eine Betrachtung auf Basis von EBITDA als relevante Bezugsgröße, wobei allerdings die Goodwill-Abschreibungen nur noch im Wege von Impairments zu berücksichtigen sind, nachdem die Anfang des Jahres 2004 vom International Accounting Standards Board (IASB) verabschiedeten überarbeiteten Fassungen des IAS 36 (Impairment of Assets) und des IAS 38 (Intangible Assets) im Zusammenhang mit IFRS 3 (Business Combinations) Goodwill-Abschreibungen zugunsten von regelmäßigen Impairments abgeschafft haben. Somit ist ein nach den Grundsätzen von IFRS 3, IAS 36 und IAS 38 ermittelter Geschäfts- oder Firmenwert nicht mehr planmäßig abzuschreiben, sondern nach IAS 36 rückwirkend jährlich auf Werthaltigkeit zu prüfen.[73] Insbesondere IFRS 3.54 schreibt vor, dass der Goodwill keiner planmäßigen Abschreibung mehr unterliegt, sondern einmal jährlich einem „impairment test" zu unterziehen ist.

Will man im Rahmen von Multiplikatorverfahren auf ein Portfolio von Vergleichsunternehmen sachgerecht zugreifen, dann ist eine Nivellierung der Unterschiede in der Fragestellung des Eigentums an Handelsimmobilien zu empfehlen. Wenn also die Off-balance-sheet-Verpflichtungen verschuldungserhöhend einbezogen werden, dann ist entsprechend bei der Ertragsgröße auf ein Ergebnis vor Mietzahlungen abzustellen.

---

[73] Küting, K./Gattung, A./Wirth, J. (2004), S. 248.

4.3.3.2.8 Eliminierung wesentlicher Sondereinflüsse

Nach IAS/IFRS sind Ausweisfragen in der Gewinn- und Verlustrechnung „relativ flexibel geregelt".[74] Zwar sind wichtige Ergebnisauswirkungen aus Methodenänderungen, nicht fortgeführten Geschäftstätigkeiten sowie außerordentlichen Ereignissen entweder in der Gewinn- und Verlustrechnung separat auszuweisen oder im Anhang darzustellen. Eine gesonderte Ermittlung dieser Effekte im ausgewiesenen Ergebnis je Aktie erfolgt jedoch nicht (vgl. ebenda). Unternehmen wie *Carrefour* bspw. werden bei der erstmaligen Präsentation des Jahresabschlusses nach IFRS in Umsetzung von IAS 1 (Presentation of Financial Statements) auf das bisher gesondert in der Gewinn- und Verlustrechnung ausgewiesene „non-recurring income"[75] verzichten.

Der *Arbeitskreis DVFA/Schmalenbachgesellschaft e.V.* empfiehlt deshalb, „auf Basis sämtlicher veröffentlichten Abschlussinformationen eigene Analysen durchzuführen und die wesentlichen Sondereinflüsse selbst zu quantifizieren oder die vom Management des Unternehmens durchgeführten Analysen und ergebnisbereinigenden Hilfsrechnungen (pro forma earnings) als Grundlage der eigenen Auswertungen zu übernehmen".[76] Auch aus unserer Sicht erscheint eine Bereinigung bestimmter Sachverhalte im Rahmen einer Peergroup-Vergleichbarkeit geboten (vgl. 3.2), insbesondere dann, wenn

- hohe Impairments als one-offs die unterliegende Ergebnisentwicklung verzerren (bspw. zuletzt bei *Ahold* in erheblichem Ausmaß beobachtet, aber auch bei *J. Sainsbury's* im Rahmen der fehlgeschlagenen Investitionen in die Modernisierung der Logistik)
- hohe a.o. Erträge/Verluste aus Anlageabgang (nicht der Verkauf einzelner Immobilien im Rahmen von Sale-and-lease-back-Transaktionen), vorliegen, die aus dem (Teil-)Verkauf einer Sparte resultieren können (bspw. zuletzt bei Ahold durch den Rückzug aus Übersee-Märkten wie Argentinien, Brasilien etc.)

4.3.3.3 Sum-of-parts als spezifisches Multiplikatorverfahren

Benötigt wird für eine Sum-of-parts-Analyse eine umfassende Segmentberichterstattung, wobei den Unternehmen weitgehend überlassen bleibt, welche Zuordnung auf Primärsegmente und Sekundärsegmente vorgenommen wird (vgl. IAS 14 Segment Reporting).[77] Gemäß IAS 14.26 bestimmt der vorherrschende Ursprung und die Art der Risiken und Erträge eines Unternehmens, ob dessen primäres Segmentsberichtformat Geschäftssegmente oder geographische Segmente sein werden.

Aus unserer Sicht macht eine Sum-of-parts-Analyse dann Sinn, wenn die dem externen Betrachter zur Verfügung stehenden Daten eine Bewertung dem Charakter nach unterschiedlicher Geschäftsfelder ermöglichen. Da IAS 14 jedoch nur eine detaillierte Veröffentlichung von Daten für die Primärsegmente vorsieht und bei den Sekundärsegementen Minimalansprüche an die Veröffentlichung formuliert hat, fällt es vielen heterogen aufgestellten Unternehmen leicht, die wahre Ertragskraft wesentlicher Geschäftsfelder hinter dem Vorhang einer Primärsegmentberichterstattung auf Basis von Regionen zu verbergen.

---

[74] Arbeitskreis DVFA/Schmalenbachgesellschaft e.V. (2003), S. 1914.
[75] Carrefour (2004 c), S. 74 und S. 833-34.
[76] Arbeitskreis DVFA/Schmalenbachgesellschaft e.V. (2003), S. 1914.
[77] International Accounting Standards Board (2004), Kap. 14.

Während deutsche Unternehmen in ihrer IAS-Berichterstattung als Frontrunner zwar Transparenz-Standards gesetzt haben (*Metro Group, KarstadtQuelle*), kommen im Jahr 2005 die europäischen Unternehmen in ihrer IFRS-Anwendung mit einem Minderaufwand an Berichterstattung als Nachzügler an den Markt und verkaufen die konzeptionelle Präsentation ihrer Daten als Transparenzgewinn aus IFRS-Umsetzung. *Carrefour* bspw. plant weder eine Quartalsberichterstattung noch eine detaillierte Veröffentlichung von Ergebniszahlen nach Primär- und Sekundärsegmenten. Aus heutiger Sicht darf der Kapitalmarkt von *Carrefour* im Primärsegment Einblick in die regionale Berichterstattung erwarten. Im Rahmen der Sekundärsegmente erfolgt die einfache Angabe von Umsatz, Capex und Capital Employed für die wichtigen Bereiche *Carrefour Hypermärkte, Champion Supermärkte* und *Dia Discount Stores*.[78] Allein aus diesem Grund der für den externen Betrachter geringen Verfügbarkeit von für eine Segmentbewertung relevanten Daten lässt sich aus unserer Sicht eine Sum-of-parts-Bewertung für viele Unternehmen kaum valide durchführen.

P+L and balance sheet items	Level 1	Level 2
Sales	✓	✓
EBIT	✓	
Net book value of assets	✓	✓
Depreciation	✓	
Significant non-cash expenses	✓	
Net income of companies accounted by the equity method	✓	
Liabilities net book value	✓	
angible and intangible assets capex	✓	✓
Reconciliation with the consolidated financial statement	✓	

Quelle: IFRS, Commerzbank Corporates & Markets

Abbildung 4-32: Anforderungen an die Segmentberichterstattung gemäß IAS 14

Wir halten eine Segmentberichterstattung für mindestens drei Jahre für geboten, um daraus einen sinnvollen und nachhaltigen Ergebnistrend für die Zukunft der in Frage stehenden Sparte/Division ableiten zu können. Als Mindestanforderungen für die Datenbasis sehen wir Umsatz, EBITDAR, EBT, Net profit und Capex an.

4.3.3.4 Diskontierungsverfahren mit Focus auf den „Discounted Cashflow" (DCF)

4.3.3.4.1 Einleitende Anmerkungen

Gemäß *IDW* bestimmt sich der Wert eines Unternehmens „... durch den Barwert der mit dem Eigentum an dem Unternehmen verbundenen Nettozuflüsse. Zur Ermittlung dieses Barwertes wird ein Kapitalisierungszinssatz verwendet, der die Rendite aus einer zur Investition in das zu bewertende Unternehmen adäquaten Alternativanlage repräsentiert".[79] Vereinfacht gesagt repräsentiert dieser Kapitalisierungszinssatz einen Zinssatz für risikolose Kapitalanlagen, wie beispielsweise deutsche Bundesanleihen plus einem Aufschlag für das Unternehmerrisiko.

---

[78] Carrefour (2004 e), S. 28.
[79] IDW (2004), S. 4.

Der Risikozuschlag ist abhängig von der Branche, der Konkurrenzsituation, von Ertragsschwankungen etc. In der Rechtssprechung schwanken die Kapitalisierungszinssätze zwischen fünf und zwölf Prozent.[80] Das Kernproblem bei allen Diskontierungsverfahren ist, dass die Höhe des Kapitalisierungszinssatzes erheblichen Einfluss auf die Höhe des Unternehmenswertes ausübt.

Zunächst jedoch muss der Fokus auf die Ermittlung der zu prognostizierenden zukünftigen Ertrags- bzw. Free-Cashflow-Ströme gerichtet werden. In vereinfachter Darstellung wollen wir hierunter nachfolgend ausschließlich jene finanziellen Überschüsse verstehen, die unter Berücksichtigung gesellschaftsrechtlicher Ausschüttungsgrenzen allen Kapitalgebern des Unternehmens zur Verfügung stehen (Free Cashflow). Diese Free Cashflows „stellen finanzielle Überschüsse nach Investitionen und Unternehmenssteuern, jedoch vor Zinsen, sowie nach Veränderung des Nettoumlaufvermögens dar".[81]

4.3.3.4.2 Prognose der Cashflow-Ströme bei Wachstumsunternehmen

Wachstumsunternehmen des Handels lassen sich charakterisieren durch hohe Investitionen in den Aufbau von Vertriebsnetzen in neue Märkte und Regionen, die zunächst wachsenden Kapitalbedarf und gleichzeitig sinkende operative Ertragsqualitäten implizieren. Diese Entwicklungen haben sich insbesondere bei folgenden führenden europäischen Lebensmittelhändlern beobachten lassen:

- *Carrefour:* Aggressive Expansion nach Ostasien seit dem Markteintritt in Taiwan in 1989 und insbesondere in den letzten zwei Jahren in China
- *Metro Group:* Starke Fokussierung der Expansionsaktivitäten auf zentral- und osteuropäische Märkte seit dem Markteintritt in Ungarn und Polen jeweils 1994
- *Tesco:* Erhebliche Investitionen wurden in Auslandsmärkten seit dem Markteintritt auf den europäischen Kontinent (1993) und der Expansion nach Asien (1998) vorgenommen

Bei diesen Unternehmen liefern Vergangenheitsergebnisse kaum geeignete Anhaltspunkte für die Prognose zukünftiger Entwicklungen, zumal die Dynamik des Ergebnisanstiegs ab einem gewissen Reifegrad für externe Beobachter nur sehr schwer einzuschätzen ist. Wir wollen unsere Sicht anhand der Erfolgsgeschichte von *Tesco* in Asien unterlegen und verweisen auf die in der nachfolgenden Tabelle aufgezeigte Entwicklung der EBIT-Margen.

Asien (Mio. £)	1998	1999	2000	2001	2002	2003
Umsatz	156,0	464,0	860,0	1.398,0	2.031,0	2.669,0
Jahresveränderung in %		197,4	85,3	62,6	45,3	31,4
EBIT	-2,0	-1,0	4,0	29,0	71,0	122,0
Jahresveränderung in %		n/a	n/a	625,0	144,8	71,8
EBIT Marge (%)	-1,3	-0,2	0,5	2,1	3,5	4,6

Quelle: *Company, Commerzbank Corporates & Markets*

Abbildung 4-33: Dynamik des Anstiegs der Ertragsqualität von Tesco in Asien

---

[80] Bundesministerium für Wirtschaft und Arbeit (2004).
[81] IDW (2004), S. 32.

Für externe Beobachter ist es sehr schwer, diese Entwicklungen in der Dynamik und Ausprägung zu antizipieren. Dass diese Entwicklungen aber immer wieder vorkommen, hatte zuletzt auch *Dr. Körber*, der CEO der *Metro Group* in einem Interview mit der Börsenzeitung angedeutet. Darin hieß es, dass die Metro etwa zwei Drittel der Investitionen außerhalb Deutschlands tätigte. Die logische Folge sei dann, so der CEO, „dass der Auslandsanteil etwa um zwei Prozentpunkte jährlich wächst ... Darüber hinaus profitieren wir von unserer Osteuropa-Strategie. In den meisten Ländern sind wir bereits aus der investiven Phase heraus."[82] Auch hier wird es also auf die mittlere Frist eine Veränderung in den operativen Margen geben, die im Ausmaß von externen Analysten nur sehr schwer in den Prognosen abgebildet werden kann.

4.3.3.4.3 Prognose der Cashflow-Ströme bei ertragsschwachen Unternehmen

Viele Unternehmen insbesondere im deutschen Einzelhandel und darin wiederum im Lebensmittel- und im Textileinzelhandel gelten als ertragsschwach. Ein Unternehmen ist dann als ertragsschwach zu bezeichnen, „wenn seine Kapitalverzinsung nachhaltig geringer als der Kapitalisierungszinssatz ist. Eine andauernde Ertragsschwäche kann zur Insolvenz wegen Zahlungsunfähigkeit und Überschuldung führen."[83]

In diesen Fällen hat der Unternehmensbewerter neben der Beurteilung von Fortführungskonzepten auch Zerschlagungskonzeptionen in die Überlegungen einfließen zu lassen.

„Wird bei der Bewertung ertragsschwacher Unternehmen von deren Fortführung ausgegangen, ist der Bestimmung des zugrunde zu legenden Unternehmenskonzepts besondere Bedeutung beizumessen."[84]

Entscheidend bei einem solchen Fall (bspw. aktuell *KarstadtQuelle* oder *Laurus* in den Niederlanden) ist, ob im konzeptionellen Vorgehen nur bereits eingeleitete Maßnahmen zur Überwindung der Ertragsschwäche berücksichtigt werden, oder ob auch geplante, aber noch nicht eingeleitete Maßnahmen eingearbeitet werden.

4.3.3.4.4 Kapitalisierungszinssätze

Unabhängig von den adressierten Problemen der Abbildung von Unternehmensspezifika und Wettbewerbsszenarien in der Prognose zukünftiger Free-Cashflow-Ströme ist noch darüber zu diskutieren, mit welchem Kapitalisierungszins der entsprechende Barwert des Unternehmens ermittelt werden sollte. Stichworte wie Zinssatz für risikolose Kapitalanlagen und Aufschlag für das Unternehmerrisiko waren bereits gefallen, ohne aber bereits eine Eingrenzung der unter Abschnitt 4.3.3.4.1 erwähnten Kapitalisierungszinssätze von fünf bis zwölf Prozent vorgenommen zu haben.

Die führenden börsennotierten Unternehmen des deutschen Handels steuern ihre Investitionen seit Jahren nach dem Economic Value Added (EVA)-Konzept von *Stern Stewart*,[85] nach dem die Unternehmen dann Wert schaffen, wenn die mit einer Investition verbundenen Kapitalkosten von den zu erwartenden operativen Ergebnissen übertroffen werden. Der EVA repräsentiert also die Differenz zwischen dem operativen Ergebnis und den Kos-

---

[82] Börsenzeitung (2005), S. 11.
[83] IDW (2004), S. 36.
[84] IDW (2004), S. 36.
[85] Stern Stewart (1999), S. 1-4; Stern Stewart (2000), S. 1-18; Ziegler, T./Pertl, M. (2003), S. 1-21.

ten für das eingesetzte Kapital. Letztere werden als Kapitalkostensatz oder Weighted Average Costs of Capital (WACC) bezeichnet und entsprechen den Renditeerwartungen der Eigen- und Fremdkapitalgeber. Zur Kalkulation des WACC kommt die folgende Formel zur Anwendung:

WACC = Eigenkapitalanteil · Eigenkapitalkostensatz + Fremdkapitalanteil · Fremdkapitalkostensatz nach Steuern

Die führenden Handelsunternehmen Deutschlands kommunizieren dem Kapitalmarkt seit Jahren die von ihnen verwendeten WACC für ihre Investitionsentscheidungen, seitdem die *Metro Group* unter der Ägide ihres CEO *Dr. Körber* im Jahr 1999 mit der Veröffentlichung ihres WACC begonnen hatte.[86] Diese dienen allerdings in erster Linie der Beantwortung der Fragestellung, ob vom Management ökonomische Werte geschaffen worden sind.

Wenn die Unternehmen aber ihre Investitionsentscheidungen für zukünftige Investitionsprojekte nach diesen Kriterien steuern, dann sollte der Unternehmensbewerter ähnliche Kapitalisierungszinssätze zur Anwendung kommen lassen. Würde er bspw. einen höheren Zins präferieren, dann würden damit die nach dem EVA-Konzept zu erwartenden ökonomischen Wertschaffungen des Managements z.T. ignoriert werden (entsprechend würde ein niedrigerer Kapitalisierungszins ein überpositives Bild vom wahren Unternehmenswert zeichnen, während das Unternehmen selbst viele Projekte gar nicht zur Realisierung kommen lassen würde).

Interessant ist an den nachfolgend dargestellten Übersichten für *Douglas, KarstadtQuelle* und *Metro Group*, dass die von den Unternehmen in Anwendung gebrachten WACC sich sehr stark gleichen, obwohl unterschiedliche Wachstumsperspektiven, Risikoprofile sowie erheblich voneinander abweichende Betafaktoren vorliegen.

WACC (%)	2001E	2002E	2003E	2004
WACC (stated)	6,5	6,5	6,5	6,5
Risk-free interest rate	4,7	4,7	4,7	4,1
Beta factor	0,7	0,7	0,7	0,7
Market risk premium	6,0	6,0	6,0	6,0
Equity capital costs (calculated)	8,6	8,6	8,6	8,0
Risk-free interest rate	4,7	4,7	4,7	4,1
Risk premium	0,9	0,9	0,9	0,9
Costs of debt pre-tax (calculated)	5,6	5,6	5,6	5,0
Marginal tax rate (%)	40,0	40,0	40,0	40,0
Costs of borrowed capital (calculated)	3,4	3,4	3,4	3,0
Ratio of equity capital to borrowed capital (%)	60,0	60,0	60,0	70,0
WACC (calculated)	6,5	6,5	6,5	6,5

Quelle: *Company, Commerzbank Corporates & Markets*

Abbildung 4-34: Ermittlungskonzeption WACC für Douglas, Hagen

---

[86] Metro Group (1999), S. 30.

WACC (%)	2000E	2001E	2002E	2003E	2004E
WACC (stated)	7,0	7,0	6,5	6,5	
Risk-free interest rate	4,7	4,8	4,8	4,0	
Beta factor	1,2	1,2	1,1	1,1	
Market risk premium	5,5	5,5	5,5	6,0	
Equity capital costs (calculated)	11,3	11,4	10,9	10,6	
Risk-free interest rate	4,7	4,8	4,8	4,0	
Risk premium	0,5	0,5	0,5	0,7	
Costs of debt pre-tax (calculated)	5,2	5,3	5,3	4,7	
Marginal tax rate (%)	39,0	39,0	39,0	39,0	
Costs of borrowed capital (calculated)	3,2	3,2	3,2	2,9	
Costs of pension schemes	6,0	6,0	6,0	6,0	
Costs of pension schemes (stated)	6,0	6,0	6,0	6,0	
Marginal tax rate (%)	39,0	39,0	39,0	39,0	
Costs of pension capital (calculated)	3,7	3,7	3,7	3,7	
Ratio of equity capital to borrowed capital (%)	41,0	41,0	41,0	47,0	
Ratio of debt capital to borrowed capital (%)	41,0	41,0	41,0	47,0	
WACC (calculated)	6,6	6,7	6,4	6,5	
WACC (stated)	7,0	7,0	6,5	6,5	
Mismatch	**0,4**	**0,3**	**0,1**	**0,0**	

Quelle: *Company, Copmmerzbank Corporates & Markets*

Abbildung 4-35: Ermittlungskonzeption WACC für KarstadtQuelle, Essen

WACC (%)	1997E	1998	1999	2000	2001	2002	2003	2004
WACC (stated)	8,0	7,0	7,0	7,0	7,3	7,3	6,5	6,5
Risk-free interest rate	5,4	4,6	4,7	4,7	4,8	4,8	4,0	4,0
Beta factor	1,2	1,1	1,0	1,0	1,0	1,0	1,0	1,0
Market risk premium	6,0	6,0	6,0	6,0	6,0	6,0	6,0	6,0
Equity capital costs (calculated)	12,6	11,2	10,7	10,7	10,8	10,8	10,0	10,0
Risk-free interest rate	5,4	4,6	4,7	4,7	4,8	4,8	4,0	4,0
Risk premium	0,8	0,8	1,1	1,1	1,5	1,5	2,0	2,0
Costs of debt pre-tax (calculated)	6,2	5,4	5,8	5,8	6,3	6,3	6,0	6,0
Marginal tax rate (%)	45,0	45,0	45,0	45,0	40,0	40,0	40,0	40,0
Costs of borrowed capital (calculated)	3,4	3,0	3,2	3,2	3,8	3,8	3,6	3,6
Ratio of equity capital to borrowed capital (%)	50,0	50,0	50,0	50,0	50,0	50,0	46,0	46,0
WACC (calculated)	8,0	7,1	6,9	6,9	7,3	7,3	6,5	6,5
WACC (stated)	8,0	7,0	7,0	7,0	7,3	7,3	6,5	6,5
Mismatch	**0,0**	**-0,1**	**0,1**	**0,1**	**0,0**	**0,0**	**0,0**	**0,0**

Quelle: *Company, Commerzbank Corporates & Markets*

Abbildung 4-36: Ermittlungskonzeption WACC für Metro Group, Düsseldorf

Gerade das Beispiel der ausgeprägten finanziellen Krise bei *KarstadtQuelle* zeigt jedoch, dass die in Ansatz gebrachten WACC nicht immer das wahre Risikoprofil eines Unternehmens widerspiegeln. Für das Jahr 2005 ist für *KarstadtQuelle* von einem WACC von etwa 9% bis 10% auszugehen, womit sich aber kaum noch erforderliche Modernisierungsinvestitionen für das Warenhaus rechtfertigen lassen dürften.

4.4 Branchenspezifische Unternehmensbewertung

4.4.1 Einleitung

Die Analyse zur Unternehmensbewertung mündet immer nur in eine Momentaufnahme und gewonnene Erkenntnisse sind kaum über den Tag hinaus verwendbar. Dies gilt insbesondere im Handel, bei dem die einzelnen Unternehmen jeden Tag wieder um die Gunst der Kunden buhlen müssen. Vereinfacht gesagt sind Lebensmittel Commodities, die der Verbraucher jeden Tag zum günstigsten Preis bei den für ihn bequem erreichbaren Nahversorgern, Discountern, Supermärkten, Kaufhäusern, Verbrauchermärkten oder SB-Warenhäusern erwerben kann. Im Zweifel bekommt er mit dem Werbeflyer der Konkurrenz bei der Einkaufsstätte seiner Wahl den gleichen Sonderpreis für ein identisches Produkt gestellt. Dieser tägliche Wettbewerb um die Gunst der Kunden kann allerdings kürzerfristig zu sonderaktionsbedingtem Margendruck oder gar zu einem nationalen Preiskrieg (aktuell bspw. in Frankreich und den Niederlanden) führen. Diese Aspekte sich möglicherweise schnell verändernder Rahmenbedingungen gelten in diesem Ausmaß in kaum einer anderen Branche, weil entweder Produkte nicht direkt vergleichbar sind oder auf intelligente Art von Unternehmen hohe Wechselhürden für Kunden etabliert wurden (gilt für Banken, Versicherungen oder Telekommunikationsunternehmen).

Je komplexer das Unternehmensmodell im Hinblick auf Kapitalstruktur, Marktpositionierung, Produkt- und Dienstleistungsportfolio, Unternehmensgröße und Qualität des Managements, desto schwieriger ist die Vergleichbarkeit mit einer peer group (vgl. Abschnitt 4.3.3). Engagements in unterschiedlichen Feldern des Handels (bspw. Cash & Carry versus Category Killer, Food Discounter versus Supermarkt, SB-Warenhaus versus Kaufhaus, Lebensmittel- versus Non-Food-Schwerpunkt) führen zu unterschiedlichen Risiko-, Wachstums- und Renditeerwartungen sowohl von Management als auch von Investoren. Als wesentliche Parameter der Bewertungskonzeption gelten Wachstumsprognosen sowie die zu unterstellenden Kapitalkosten bei den Diskontierungsverfahren.

Insgesamt war es unser Anliegen, dem Leser das Verständnis dafür zu vermitteln, dass für Unternehmen des Einzelhandels und auch innerhalb einer „peer group" unterschiedliche Verfahren (Substanzwertverfahren, Multiplikatorverfahren, Diskontierungsverfahren) sehr sinnvoll sein können. Wir plädieren deshalb für eine einzelfallabhängige Vorgehensweise zur Bewertung von Handelsunternehmen.

4.4.2 Die von uns präferierten Bewertungskonzeptionen

Die nachfolgenden Ausführungen versuchen eine Verbindung von speziellen Bewertungsverfahren mit den dafür besonders geeigneten Unternehmen des Handels herzustellen. Wir haben dabei auch mit Hilfe von stichwortartigen Begründungen die von uns präferierte Zuordnung von Handelsunternehmen zu Bewertungsmethoden unterlegt. Dabei ist ein stringentes Vorgehen nicht ratsam, weil man durch die Applikation von zwei oder mehr Bewertungsverfahren auch unterstellte Thesen auf Konsistenz prüfen kann.

4.4.2.1 Substanzwertverfahren

Wir empfehlen eine Bewertung der betriebsnotwendigen Aktiva zu fairen Marktpreisen für folgende Unternehmen:

- *AVA* (Deutschland): Aufkauf durch EDEKA, keine Vision für Großflächen
- *Laurus* (Niederlande): Allein nicht mehr überlebensfähig, deshalb nur Substanz
- *Safeway* PLC (UK): Allein nicht mehr überlebensfähig, deshalb nur Substanz im Blickfeld des Übernahmekampfes im Jahr 2003
- *J. Sainsbury's* (UK): Hoher Konkurrenz- und Margendruck, deshalb nur Fokus auf Substanz

4.4.2.2 Multiplikatorverfahren

Wir empfehlen eine Bewertung auf Basis von EV/Sales und/oder EV/EBITDAR für folgende Unternehmen:

- *AVA* (Deutschland)
- *Carrefour* (Frankreich)
- *Casino* (Frankreich)
- *Delhaize* (Belgien)
- J. Sainsbury's (UK)
- Morrisons (UK)
- *Tesco* (UK)

4.4.2.3 Sum-of-parts als spezifisches Multiplikatorverfahren

- *Ahold* (Niederlande): Niederlande, US Food Retail, US Foodservice
- *Delhaize* (Belgien): US Food Retail, Belgien, Europe
- *Metro Group* (Deutschland): Vielfältige Vertriebsformen

4.4.2.4 Diskontierungsverfahren

Wir möchten nochmals hervorheben, dass aus unserer Sicht die Diskontierungsverfahren deshalb nur eingeschränkt brauchbar sind, weil der hohe Einfluss des Restwertes (Terminal Values) auf den Unternehmenswert zu unangebrachten Schlüssen verleiten könnte.

4.4.2.5 Lange Prognoseperioden als Kernproblem

Das Kernproblem von Diskontierungsverfahren besteht in der langen Prognoseperiode, auf der die Datensätze aufbauen müssen. Obwohl der Handel lange Zeit als relativ sicheres Feld der unternehmerischen Betätigung galt (regulierte nationale Märkte, in denen der Engpassfakor für Verdrängungswettbewerb i.d.R. die Verfügbarkeit neuer Verkaufsflächen darstellt), ist im Zeitalter des globalen Wettbewerbs und der damit verbundenen Konsolidierungsaktivitäten aller großen Player eine scharfe Erosion von Ertragsqualitäten durchaus auch in sehr kurzer Zeit beobachtet worden. So hat bspw. *J. Sainsbury* in Großbritannien innerhalb des Kalendarjahres 2004 drei Gewinnwarnungen veröffentlicht. Auch die Dynamik, mit der der *KarstadtQuelle-Konzern* im Jahr 2004 an den Rand der Illiquidität und des Bankrotts geschlidderd ist, dürfte viele Branchenexperten überrascht haben.

4.4.2.5.1 Terminal-Value-Problematik

In den vergangenen Jahren hat sich mehrfach eine große Diskrepanz zwischen Konsensus-Erwartungen über Unternehmensgewinne und den tatsächlich berichteten Gewinnen eingestellt. Mit Blick auf Währungsentwicklungen ergibt sich eine noch größere Unsicherheit gerade im Hinblick auf Unternehmen, die ihr Unternehmensprofil in großer Abhängigkeit zum US-Dollar entwickelt haben (bspw. *Ahold, Delhaize*). Wenn wir bspw. die US-Dollar/Euro-Entwicklung indexieren mit 2001=100, dann hat der US-Dollar innerhalb von nur drei Jahren 39% an Wert verloren (kalkuliert auf Basis von Jahresdurchschnittskursen). Noch dramatischer können die Wechselkursauswirkungen sein, wenn Währungen unter Abwertungsdruck geraten. Wir haben die Dramatik der Ergebnisabschmelzungen auf Basis der südamerikanischen Währungsrisiken in Argentinien und Brasilien am Beispiel *Carrefour* einmal plastisch in Abbildung 4-37 aufgezeigt, die *Carrefour's* Latainamerika-Engagement profiliert (Argentinien, Brasilien, Kolumbien, Mexico und Chile, wobei man sich allerdings per Jahresende 2003 aus Chile zurückgezogen hatte).

Lateinamerika (Mio. €)	1997	1998	1999	2000	2001	2002	2003
Umsatz exkl. VAT	5.738,6	6.222,2	5.521,4	9.598,0	8.440,5	5.382,0	4.619,0
Jahresveränderung in %	19,2	8,4	-11,3	73,8	-12,1	-36,2	-14,2
EBITDA	367,9	434,3	396,7	594,6	366,1	207,1	163,7
Jahresveränderung in %		18,0	-8,7	49,9	-38,4	-43,4	-21,0
EBITDA Marge (%)	6,4	7,0	7,2	6,2	4,3	3,8	3,5
Abschreibungen	171,4	195,1	198,1	357,6	312,9	183,7	151,1
Jahresveränderung in %		13,8	1,5	80,5	-12,5	-41,3	-17,7
Abschreibungsquote	3,0	3,1	3,6	3,7	3,7	3,4	3,3
Operatives Ergebnis	196,5	239,2	198,6	237,0	53,2	23,4	12,6
Jahresveränderung in %		21,7	-17,0	19,3	-77,6	-56,0	-46,2
EBITA Marge (%)	3,4	3,8	3,6	2,5	0,6	0,4	0,3

Quelle: *Company, Commerzbank Corporates & Markets*

Abbildung 4-37: Entwicklung des Regionalbeitrages von Lateinamerika am Beispiel Carrefour

Der aufgezeigte dramatische Rückgang im EBITA von € 237 Mio. in 2000 auf € 13 Mio. in 2003 (indexiertes Niveau von 5,3% vom Ausgangswert bei einem indexierten Umsatz von 48,1%) zeigt überdeutlich auch auf, dass derartige Währungskrisen nicht nur translatorische Effekte repräsentieren. Je weniger Konfidenz im Hinblick auf die Prognoseperiode besteht, desto deutlicher tritt mit Blick auf die Diskontierungsverfahren die Restwert-Problematik hervor.

4.4.2.6 Wertschaffung im Handel über Immobilien und Brand Name

Nachhaltige Wertschaffung erfolgt im Handel primär über zwei Aspekte: Immobilien und Brand Name. Beide Aspekte wollen wir abschließend insbesondere im Hinblick auf die Implikationen für die Anwendung von Diskontierungsverfahren beleuchten.

4.4.2.6.1 Immobilien

Immobilien bilden die beste Voraussetzung für Preisaggressivität im Verdrängungswettbewerb, weil bei abgeschriebenen Objekten ein struktureller GuV-Vorteil ggü. Wettbewerbern mit Mietzahlungen besteht. Deshalb ermöglicht sich für Unternehmen mit Handelsimmobilienportfolio im Szenario des Verdrängungswettbewerb eine Prognose zukünftiger Gewinne mit größerer Eintrittswahrscheinlichkeit. Die hohe Bedeutung des Restwertes bei Diskontierungsverfahren schließt aber aus unserer Sicht eine breite Anwendung des Konzepts für Einzelhandelsunternehmen weitgehend aus.

4.4.2.6.2 Brand Name

Die Etablierung eines Brand Names dauert im Handel i.d.R. Jahre, wenn nicht gar Jahrzehnte. Ist ein Brand Name erst einmal etabliert, hat man einen unschätzbaren Wettbewerbsvorteil erreicht, weil zwar Preise oder ein Retail-Konzept, nicht aber ein Brand Name kopierbar sind. Dies erklärt nach Aussage von *Dr. Körber*, dem CEO der *Metro Group* auch, „... warum es auch im schwierigen deutschen Umfeld eine Vielzahl erfolgreicher Händler gibt".[87] In diesem Zusammenhang fallen ausnahmslos die Namen von zu starken Marken gewordenen Handelsketten wie *Ikea, ALDI, Lidl, Zara* oder *Hennes & Mauritz*.[88]

Auch und gerade im Hinblick auf den anhaltenden Erfolg von Brand Names empfiehlt sich aus unserer Sicht die Anwendung von Diskontierungsverfahren im Handel primär bei Unternehmen, für die diese Voraussetzungen zutreffen:

- *Ahold: Albert Heijn* in den Niederlanden, *Stop & Shop* in New England
- ALDI
- Carrefour: Carrefour Hypermarkets
- Delhaize: Delhaize in Belgien, Hannaford in New England
- Metro Group: Cash & Carry, Media/Saturn
- Morrisons
- Tesco

4.5 Literatur

Ahold (2003): 2 for 3 rights offering of common shares, Zaandam, 26.11.2003

Ahold (2004): Annual Report 2003, Zaandam 2004

Arbeitskreis DVFA/Schmalenbachgesellschaft e.V. (2003): Empfehlungen zur Ermittlung prognosefähiger Ergebnisse, in: Der Betrieb, 56. Jg. (2003), Nr. 36, S. 1913-1917

Bauer, A. (2004): Retail Real Estate Management als Werttreiber, Vortrag auf dem Deutschen Handelsimmobilienkongress in Köln am 23.3.2004, Vortrags-Handout

Becker, K./Elfers, J. (2001): The Hypermarket Sector in Poland, in: Executive Outlook, 1. Jg. (2001), S. 46-81

Börsenzeitung (2005): Interview mit Hans-Joachim Körber, Metro-Vorstandsvorsitzender: In diesem Jahr ist von Dividendenkontinuität auszugehen, in: Börsenzeitung vom 24.2.2005, S. 11

Brockhoff & Partner (2001): Die Kaufpreise als Multiplikatoren der Jahresnettomiete, in: Der Markt, Essen 2001, S. 26

Bundesministerium für Wirtschaft und Arbeit (2004): Initiative Unternehmensnachfolge – Ertragswertmethode, Berlin 2004

Burbach, K. (2004): Due Dilligence im Einzelhandel, Köln, 2004

---

[87] FAZ (2004 a), S. 16.
[88] FAZ (2004 a), S. 16.

Carrefour (2000): Partenariat entre Carrefour et Klepierre sur les galeries marchandes en Europe, Paris 18.7.2000

Carrefour (2004 a): Carrefour poursuit sa stratégie d'amélioration de la rentabilité de ses investissements, Paris 7.1.2004

Carrefour (2004 b): 2003 Results Presentation, Paris 4.3.2004

Carrefour (2004 c): Annual Report 2003, Paris 2004

Carrefour (2004 d): Carrefour crée une société fonciere Européenne „Carrefour Property", Paris 18.11.2004

Carrefour (2004 e): Transition to IFRS, Paris 16.12.2004

Competition Commission (2003): Safeway plc and ASDA Group Limited (owned by Wal-Mart Stores Inc.); Wm Morrison Supermarkets PLC; J Sainsbury plc; and Tesco plc – A report on the mergers in contemplation, London 18.8.2003

Creutzmann, A./Deser, N. (2005): Einführung, in: Krolle, S./Schmitt, G./Schwetzler, B. (Hrsg.): Multiplikatorverfahren in der Unternehmensbewertung, Stuttgart 2005

Department of Trade and Industry (2003): Patricia Hewitt Accepts Competition Commission's Conclusions in Safeway Mergers Inquiries, London 26.9.2003

Direction des Entreprises commerciales, artisanales et de services (2002): La Grande et Moyenne Distribution en France, Édition 2000-2001, Paris 2002, S. 297-312

Elfers, J. (2001): Winners and Losers in Poland's Hypermarket Battle, in: Food International, 4. Jg. (2001), Nr. 2, S. 78-83

Elfers, J. (2002 a): Value Growth in German Food Retailing, in: Executive Outlook, 2. Jg. (2002), Nr. 1, S. 24-37

Elfers, J. (2002 b): French Food Retailing in Profile, Vortrag auf dem CIES-The Food Business-Forum-Kongress „Food Business Fashion – The new frontiers of retailing" in Paris am 20.10.2002, Vortrags-Handout S. 16-33

Elfers, J. (2003 a): Safeway – The takeover battle, in: Commerzbank Securities (Hrsg.): Pan European Research, Frankfurt 2003

Elfers, J. (2003 b): Anforderungen an das Reporting aus Analystensicht, Vortrag auf der 4. Handelsblatt-Jahrestagung „Konzernrechnungswesen" in Bergisch-Gladbach am 17.9.2003, Vortrags-Handout

Elfers, J. (2003 c): Metro Group – Excellent risk return potential in Russia, in: Commerzbank Securities (Hrsg.): Pan European Research, Frankfurt 2003

Elfers, J. (2003 d): Wal-Mart – Supermacht mit Visionen, in: Lebensmittel Praxis, 55. Jg. (2003), Nr. 24, S. 10-13

Elfers, J. (2004 a): Deutsche Händler im Ausland – Die besten Konzepte, in: Lebensmittel Praxis, 56. Jg. (2004), Nr. 5, S. 10-15

Elfers, J. (2004 b): Metro Group – A new look at Cash & Carry, in: Commerzbank Securities (Hrsg.): Pan European Research, Frankfurt 2004

Elfers, J. (2004 c): Industrialisation of food retailing – the success of Schwarz Group, Vortrag auf dem CIES-The Food Business-Forum-Kongress „The CIES World Food Business Summit" in Rom am 17.6.2004, Vortrags-Handout S. 16-34

Elfers, J. (2004 d): Kaufland's Killing Concept, in: Food International, 7. Jg. (2004), Nr. 3, S. 38-44

Elfers, J. (2004 e): LEH in Deutschland – Zu viel Flächen, in: Lebensmittel Praxis, 56. Jg. (2004), Nr. 17, S. 10-16

Elfers, J. (2004 f.): What can jeopardize the sustainability of brands?, Vortrag auf der „6th Global Retail & Consumer business School" von PriceWaterhouseCoopers in Düsseldorf am 7.10.2004, Vortrags-Handout

Elfers, J. (2004 g): Smart discounting – more than just low price points, Vortrag auf dem CIES-The Food Business-Forum-Kongress „Smart Shopping – what do customers really value?" in Prag am 24.10.2004, Vortrags-Handout

Elfers, J. (2004 h): Discount, services ou proximité? Quelles nouvelles formes de distribution?, Vortrag auf dem IFM-Kongress „Marques et Proximité: l'avenir de commerce?" in Paris am 23.11.2004, Vortrags-Handout

EHI – EuroHandelsinstitut GmbH (2004): Handel aktuell 2004, Köln 2004

FAZ (2004 a): Das FAZ-Gespräch: Hans-Joachim Körber: Der scharfe Wettbewerb verzeiht heute keine Fehler mehr, FAZ vom 4.12.2004, S. 16

FAZ (2004 b): Bald ist Billy zum Greifen nahe, FAZ vom 29.12.2004, S. 41

Guardian (2003): Who'll be going down the aisle, Guardian vom 14.1.2003

Hays, S. (2004): Tesco says will wait and see on UK property trusts, in: Reuters (Hrsg.), Paris 14.9.2004

Institut der Deutschen Wirtschaftsprüfer (IDW) (2004): Entwurf einer Neufassung des IDW Standards: Grundsätze zur Durchführung von Unternehmensbewertungen (IDW ES 1 n.F.), Düsseldorf 2004

International Accounting Standards Board (2004): IAS 14 Segmentberichterstattung, in: International Accounting Standards Board (Hrsg.): International Financial Reporting Standards IFRS, Stuttgart 2004

KarstadtQuelle (2004): Verkaufsprospekt vom 26. November 2004 für 93.041.375 neue, auf den Inhaber lautende Stammaktien ohne Nennbetrag, Essen 2004

Küting, K./Gattung, A./Wirth, J. (2004): Zeitpunkt der erstmaligen Aussetzung der planmäßigen Abschreibung des Geschäfts- oder Firmenwertes nach IFRS 3, in: KoR – Zeitschrift für internationale und kapitalmarktorientierte Rechnungslegung, 4. Jg. (2004), Nr. 6, S. 247-249

MEAG (2004): MEAG German SuperStores – Der Immobilienspezialfonds für institutionelle Investoren, München 2004

Metro Group (1999): Analysts meeting 1999, Düsseldorf 26.5.1999, S. 30

Metro Group (2002): Geschäftsbericht 2001, Düsseldorf 2002

Metro Group (2004 a): Geschäftsbericht 2003, Düsseldorf 2004

Metro Group (2004 b): Metro-Handelslexikon 2004/05, Düsseldorf 2004

Müller-Hagedorn, L. (2003): Einführung zu den Beiträgen „Großhandel – Ausgewählte Branchen und Probleme, in: Handel im Fokus, Mitteilungen des Instituts für Handelsforschung an der Universität zu Köln, 55. Jg. (2003), Heft 1, S. 5-7

Planet Retail (2004): Carrefour Reiterates Investments in South Korea, in: Daily Retail News vom 7.12.2004, S. 1

Planet Retail (2005): Ito Yokado Moves into Shopping Centres, in: Daily Retail News vom 20.1.2005, S. 1

Reisinger, H./Srnka, K.J.: Online Lexikon der Marketingbegriffe, Wien, 1999

Smith, C.H. (2003): Valuation of a portfolio of 201 Safeway PLC properties, DTZ Debenham Tie Leung Limited (Hrsg.), London, 24.1.2003, in: Safeway PLC: Property valuation – GBP 2 billion surplus equivalent to additional 184 p per share, London, 24.1.2003

Stern Stewart (1999): EVA Works – The Superior Stock Market Performance of Stern Stewart Clients, New York 1999

Stern Stewart (2000): EVA – Der Weg zur Wertsteigerung, München 2000

Tesco (2004 a): Tesco Announces Share Placing, London 13.1.2004

Tesco (2004 b): Annual Report and Financial Statements 2004, Cheshunt 2004

Ziegler, T./Pertl, M. (2003): Wertorientierte Unternehmensführung im Handel – Das Beispiel der Metro Group, Vortrag auf dem Deutschen Handelskongress 2003 in Berlin am 13.11.2003, Vortrags-Handout

5 Bewertung von Banken

von *Nick Adamus* und *Thorsten Koch*★

5.1 Charakterisierung der Branche	133
5.1.1 Banking – ein Regionenvergleich	134
5.1.2 Banking in Europa – eine Äraanalyse von 1994 bis heute	135
5.1.3 Mergers & Acquisitions – eine Konstante über die Zeit	137
5.2 Ermittlung der Plandaten der Unternehmensbewertung	140
5.2.1 Anforderungen an die Plandatenermittlung	141
5.2.1.1 Grundstruktur	141
5.2.1.2 Unterscheidung geschäftsfeldspezifischer Werttreiber	142
5.2.2 Historische Trends als Indikator für zukünftige Performance im Bankensektor	143
5.2.3 Sonderprobleme der Plandatenermittlung	145
5.2.3.1 Interpretation und Prognose von Daten zur Risikovorsorge	145
5.2.3.2 Interpretation und Prognose des Fristentransformationsergebnisses	148
5.2.3.3 Dynamische Betrachtung von Ratingveränderungen	151
5.2.3.3.1 Einflussfaktoren für Bankenratings	152
5.2.3.3.2 Ganzheitliche Betrachtung der Ergebniswirkung von Up-/Downgrades	153
5.3 Bankenspezifische Methoden der Unternehmensbewertung	154
5.3.1 Ertragswertbasierter Ansatz	154
5.3.1.1 Vorteilhaftigkeit der Nettomethode	154
5.3.1.2 Berücksichtigung notwendiger Gewinnthesaurierungen	155
5.3.2 Exkurs: Bestimmung der Eigenkapitalkosten – mit oder ohne Leverage-Effekt?	157
5.3.3 Praktische Anwendung von Marktmultiplikatoren im Bankensektor	159
5.4 Zusammenfassung	163

5.1 Charakterisierung der Branche

In diesem einführenden Abschnitt wollen wir zunächst einen groben Überblick über den Bankensektor und ein paar charakteristische Phänomene geben. Dabei geht es uns auch darum, unterschiedliche Entwicklungen der Bransche im Regionen- und Geschäftsfeldvergleich herauszuarbeiten, auf die man sich bei der Unternehmensbewertung von Banken einstellen muss.

★ Nick Adamus, Zürich und Dr. Thorsten Koch, Frankfurt am Main.

5.1.1 Banking – ein Regionenvergleich

In 1990 war die *Industrial Bank of Japan* nach Marktkapitalisierung das weltweit größte Finanzinstitut – mehr als dreimal so groß wie die *Deutsche Bank*, damals das größte europäische Institut. Ende 2004 befand sich die *Industrial Bank of Japan* selbst nach Fusion mit der *Dai-Ichi Kangyo Bank* und der *Fuji Bank* zur *Mizuho Holdings* nicht einmal mehr unter den Top 10, ein Schicksal, das sie aufgrund der dortigen Wirtschafts- und Bankenkrise zu diesem Zeitpunkt mit fast allen japanischen Banken teilte (*Abbildung 5-1*).

GRÖSSTE BANKEN WELTWEIT NACH MARKTKAPITALISIERUNG
in Mio. USD

Dezember 1995		Dezember 2000		Dezember 2004	
Industrial Bank of Japan	71.352	Citigroup	244.306	Citigroup	250.042
Mitsubishi Bank	67.861	HSBC Holdings	144.919	Bank of America	189.801
Sumitomo Bank	66.687	ING Group	83.163	HSBC Holdings	187.172
Fuji Bank	64.040	Bank of America	80.267	JP Morgan Chase	138.972
Dai-Ichi Kangyo Bank	61.415	UBS	76.998	Royal Bank of Scotland	106.386
Sanwa Bank	59.059	Royal Bank of Scotland	67.395	Wells Fargo	105.150
Sakura Bank	43.486	JP Morgan Chase	63.049	UBS	94.742
Bank of Tokyo	35.799	Mizuho Financial Group	60.790	Wachovia	84.365
Asahi Bank	29.263	Credit Suisse Group	60.646	Santander (BCSH)	77.404
Citicorp	28.585	Barclays Bank	54.846	Barclays Bank	72.647
Tokai Bank	28.325	Deutsche Bank	54.554	ING Group	66.526
Lloyds TSB Group	26.139	Santander (BCSH)	51.477	Bank of Tokyo Mitsubishi	66.060
Deutsche Bank	23.257	Bank of Tokyo Mitsubishi	49.582	BNP Paribas	63.920
Union Bank of Switzerland	22.764	BNP Paribas	41.894	HBOS	63.162
CS Holding	18.983	ABN Amro Bank	36.373	Morgan Stanley	60.356

Quelle: The Banker, Datastream

Abbildung 5-1: Größte Banken nach Marktkapitalisierung 1995 -2004

Ganz anders stellt sich die Entwicklung in den USA dar, wo viele Institute einen großen Sprung nach vorn gemacht haben. Die Deregulierung hat hier in den vergangenen zehn Jahren zu einer dramatischen nationalen Konsolidierungswelle geführt, da die Revision des Glass-Steagall Act die Trennung zwischen Commercial und Investment Banking zum Teil aufhob und es den großen Instituten wie z.B. *JP Morgan* oder *Citigroup* erlaubte, in das attraktive Kapitalmarktgeschäft einzusteigen. Zum anderen wurden die State Laws dahin gehend geändert, dass regionenübergreifende Institute entstehen konnten wie z.B. die heutige *Bank of America* (inzwischen fusioniert mit *NationsBank* und *Fleet Boston Financial*). Die zunehmend kompetitiven Marktstrukturen mit einem hohen Anteil börsennotierter Institute bildeten zusätzlich gute Rahmenbedingungen für die stetige Verbesserung der Kostenstrukturen.

Während sich die Marktkapitalisierung der Top-5-US-Banken damit in den vergangenen zehn Jahren fast verzehnfacht hat und die asiatischen Topinstitute im gleichen Zeitraum ihren Wert halbierten, liegt Europa bei dieser Betrachtung nicht nur geografisch in der Mitte: Die Top-5-Banken konnten ihren Wert bis 2004 immerhin vervierfachen. Hier hat sich, wenn auch aus anderen Beweggründen, ein ähnlich dramatischer Wandel vollzogen wie in den USA.

5.1.2 Banking in Europa – eine Äraanalyse

Wirft man einen Blick auf die Kapitalmarktentwicklung, so ist zu erkennen, dass der europäische Bankensektor zwischen 1994 und 2004 mit 16% jährlicher Gesamtaktionärsrendite (Total Return to Shareholders – TRS) eine gute Verzinsung erzielte (*Abbildung 5-2*). Die Entwicklung verlief jedoch phasenweise unterschiedlich. Wie konnten sich die Institute auf die volatile Kapitalmarktentwicklung einstellen? Was haben die Banken inzwischen gelernt? Um diese Frage zu beantworten, muss man drei Abschnitte unterscheiden:

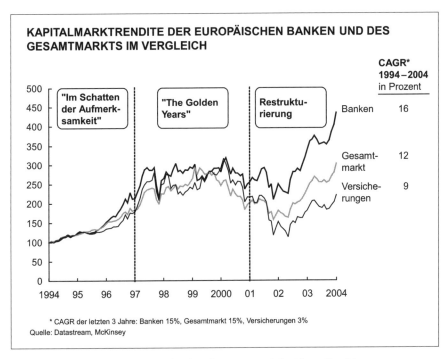

Abbildung 5-2: Kapitalmarktperformance europäischer Finanzdienstleister

- 1994 bis 1997: „Im Schatten der Aufmerksamkeit": gekennzeichnet durch relativ stabile Erträge, vor allem aus dem Kreditgeschäft, sowie einen noch geringen Anteil an Provisionserträgen, aber eine dennoch stabile Risikovorsorge in Zeiten guter volkswirtschaftlicher Entwicklung
- 1997 bis 2001: „The Golden Years": gekennzeichnet durch die zunehmende Bedeutung des kapitalmarktabhängigen Geschäfts, insbesondere aufgrund des veränderten Anlegerverhaltens, der Entwicklung einer Aktienkultur und einer zunehmenden Anzahl an Börsengängen von Wachstumsunternehmen

- 2001 bis 2004: offene Krise, Restrukturierung und Erholung: gekennzeichnet durch dramatische Ertragseinbußen auf Grund starrer Kostenstrukturen bei gleichzeitig ansteigender Risikovorsorge in einem stagnierenden Wirtschaftsumfeld; erste sichtbare Restrukturierungserfolge.

Diese drei Phasen lassen sich mit wenigen Ausnahmen in allen großen europäischen Kernländern wiederfinden, wobei die Ausprägung der Phasen und das exakte Timing in den einzelnen Märkten zum Teil voneinander abweichen. Dies liegt sowohl an unterschiedlichen wirtschaftlichen Rahmenbedingungen (Arbeitsmarkt, Kapitalmarkt) als auch an der unterschiedlichen Bedeutung von einzelnen Bankprodukten (z.B. Kredit- vs. Kapitalmarktfinanzierung).

Während die nationalen Bankmärkte in den einzelnen Phasen in Summe eine vergleichbare Entwicklung durchgemacht haben, zeigen sich zwischen den einzelnen Geschäftsfeldern große Unterschiede. In der Boomphase von 1997 bis 2001 haben z.B. alle Segmente den Gesamtmarktindex geschlagen (*Abbildung 5-3*).

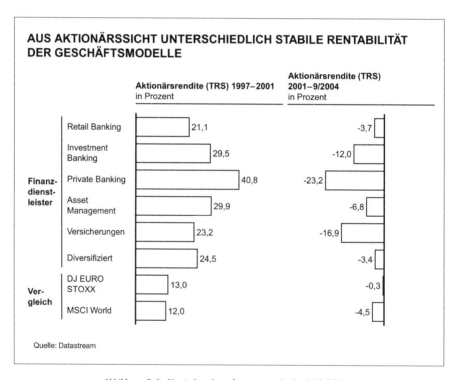

Abbildung 5-3: Kapitalmarktperformance nach Geschäftsfeldern

Die steigenden Aktienkurse haben in dieser Phase bei Banken eine multiplikative Wirkung gehabt, z.B. im Eigenhandel, im Wertpapiergeschäft mit Privatkunden und natürlich im Corporate Finance (M&A und Aktienemissionen). In der Folgeperiode (2001 bis 2004) zeigte sich jedoch, dass die Geschäftsmodelle in schwachen Jahren unterschiedlich sensitiv auf die externen Einflüsse reagieren. Dies lässt sich am Beispiel Retail Banking erkennen: Obwohl die Aktienkurse dramatisch zurückgingen, blieben den Instituten die relativ stabilen Erträge aus dem Kredit- und Einlagengeschäft. Das Geschäftsmodell Retail Banking zählt aufgrund dieser Resistenz zu den defensiveren Branchen im Bankgeschäft. Den Kontrastpunkt bildet hierzu überraschenderweise das traditionell als stabil geltende Private Banking, das sich auf die Vermögensanlage konzentriert. Aufgrund des fokussierten Produktangebots fehlten dieser Branche die notwendigen Kompensationsmöglichkeiten, was sich in einer überdurchschnittlich schlechten Kapitalmarktperformance niedergeschlagen hat.

Diese Unterschiede in den Geschäftsmodellen sind wesentlich für die Unternehmensbewertung. Nur vor dem Hintergrund eines detaillierten Verständnisses der wesentlichen Werttreiber je Bereich lässt sich die Plandatenerhebung sinnvoll strukturieren und letztendlich auch plausibilisieren. Diesem Thema widmen wir uns im zweiten Abschnitt dieses Kapitels.

5.1.3 Mergers & Acquisitions – eine Konstante über die Zeit

Unternehmensbewertung wird in der Öffentlichkeit häufig im Zusammenhang mit M&A-Aktivitäten diskutiert – in den letzten Jahren ein Dauerbrenner im Bankensektor, insbesondere in Europa. Von den 100 größten europäischen Banken waren zwei Drittel an signifikanten M&A-Transaktionen beteiligt, entweder als Übernahmekandidat oder als Käufer.

Die meisten dieser Transaktionen involvierten andere Banken aus den Top 100 und sind Ausdruck der dramatischen Konsolidierungsbewegung innerhalb nationaler Märkte. Die Wettbewerbskonzentration hat daher inzwischen in den meisten europäischen Märkten die Grenze des Möglichen erreicht. Die größten fünf Institute haben hier einen gemeinsamen Marktanteil von mindestens 60%. Ausnahmen hiervon sind Deutschland und zu etwas geringerem Grade auch Italien. In beiden Märkten spielen Sparkassen und Genossenschaftsbanken eine große Rolle (*Abbildung 5-4*).

Diese Beobachtungen gelten zunächst nur auf nationaler Ebene. Europa ist insgesamt betrachtet noch weit davon entfernt, ein integrierter Markt zu sein:

- Zwischen 80 und 90% der Bankenaktiva werden in den jeweiligen Märkten (mit Ausnahme von Großbritannien) von inländischen Instituten kontrolliert.
- Mehr als die Hälfte der Top-50-Banken erwirtschaftet mehr als 80% ihrer Erträge in ihren jeweiligen Heimatmärkten.
- Etwa 40% aller europäischen Bankenaktiva werden von nicht börsennotierten Unternehmen (z.B. Sparkassen, Genossenschaftsbanken) kontrolliert, in einzelnen Ländern ist dieser Anteil sogar noch deutlich höher.

Wird sich dies in absehbarer Zeit ändern? In der Vergangenheit konnten die hohen Erwartungen an eine Welle grenzüberschreitender Fusionen de facto nicht erfüllt werden. Kapitalmarktexperten bleiben in Summe skeptisch, ob das vorhandene Synergiepotenzial tatsächlich die hohen Akquisitionsprämien rechtfertigt. Sind die Akquisitionen von *Abbey National* durch die *Banco Santander* bzw. der HypoVereinsbank durch Unicredits ein Startschuss für eine neue Ära? Es gibt zahlreiche Gründe, das Thema weiter aufmerksam zu verfolgen. Hierzu gehören insbesondere die gestiegene Eigenfinanzierungskraft der Kreditinstitute, abnehmende regulatorische und rechtliche Barrieren, sich abzeichnende globale Geschäftsmodelle sowie die Grenzen organischer Profitabilitätssteigerung.

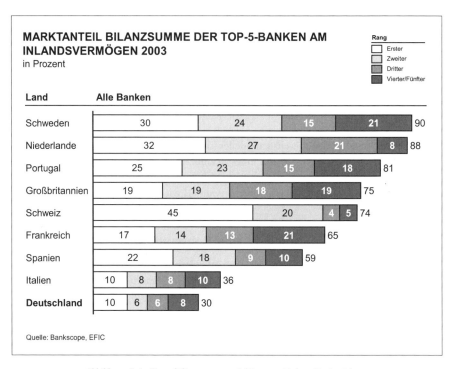

Abbildung 5-4: Konsolidierungspotenzial in europäischen Bankmärkten

Nach einer *McKinsey*-Analyse wird die Summe der zwischen 2004 und 2006 generierten freien Cashflows bei den großen Banken über 150 Mio. € (*Abbildung 5-5*) betragen. Einen Beitrag zu dieser Kapitalstärkung leisten die signifikant verbesserten Tier-1-Quoten, die inzwischen deutlich über den regulatorischen Mindestquoten liegen (hierbei sind die erwarteten Anpassungen aus den neuen Basel II-Richtlinien zur Eigenkapitalausstattung der Kreditinstitute noch nicht berücksichtigt). Dies ist sowohl auf das freundlichere Kreditumfeld als auch auf die Verbesserung der Risiko- und Kapitalmanagementsysteme in den Instituten zurückzuführen. Zusätzlich steigen die Gewinnerwartungen wieder an, da die strukturellen Kapazitätsanpassungen der letzten Jahre jetzt ihren vollen Niederschlag finden und die Institute sich über neue Produkte (z.B. Alternativanlagen wie Discount-Zertifikate oder Hedgefonds etc.) besser auf die stagnierenden Kapitalmärkte eingestellt haben. Diese gestärkte Kapitalbasis wird den Spielraum für weiteres organisches und externes Wachstum vergrößern.

Ein weiterer Faktor, der für eine zunehmende M&A-Aktivität spricht, ist die stärkere Spreizung des relativen Bewertungsverhältnisses von profitablen „Top-Performern" zu weniger profitablen Instituten (*Abbildung 5-6*).

Aus Sicht eines Entscheidungsträgers aus der Top-Performer-Kategorie, der keine Barakquisition plant, sondern die Transaktion über Ausgabe eigener Aktien finanzieren möchte, bedeutet eine hohe Spreizung der Market-to-Book Ratio – d.h. des Verhältnisses von Marktkapitalisierung zu ausgewiesenem Eigenkapital – einen günstigen Akquisitionszeitpunkt. Seine Aktie ist als Akquisitionswährung im Verhältnis zum Kurs des möglichen

Targets hoch bewertet und ermöglicht daher dort einen günstigen Einstieg. Umgekehrt ist der Zeitpunkt bei geringer Bewertungsdifferenz aus Sicht eines leistungsstarken Käufers ungünstig.

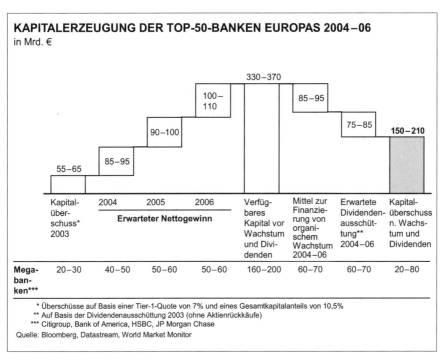

Abbildung 5-5: Erwartete Eigenfinanzierungskraft europäischer Banken

In Krisenzeiten (z.B. Sommer 2003) wurden vor allem die schlechteren Performer vom Kapitalmarkt mit niedrigen Bewertungsansätzen „bestraft": Das Verlustpotenzial bei diesen Unternehmen wurde z.B. aufgrund intransparenter Portfolioqualität oder unterdurchschnittlicher Risikomanagements besonders hoch bewertet. Umgekehrt profitierten die Leistungsträger in Aufschwungphasen nicht in gleichem Maße – eine Bewertungsasymmetrie, die u.a. auf die Marktreife und damit den begrenzten zu verteilenden Profit in den meisten europäischen Ländern zurückzuführen ist. Seit Anfang 2004 steigt die Bewertungsdifferenz jedoch wieder zugunsten der Top-Performer an. Dieser Trend macht aktienrefinanzierte Akquisitionen für profitable Institute zunehmend attraktiv.

Die M&A-bezogenen Wachstumsoptionen sind jedoch differenziert zu bewerten. Während das häufig kostengetriebene inländische Konsolidierungspotenzial in den meisten Ländern ausgereizt ist, sehen wir zunehmendes Potenzial durch kleinere Akquisitionen, die gezielt zur Verstärkung in einzelnen Produkt- und Marktsegmenten genutzt wurden, wie z.B. die Vielzahl von Transaktionen in den Bereichen Private Banking oder Konsumentenfinanzierung belegt. Allerdings gilt aus Sicht der Unternehmensbewertung: je spezieller der Akquisitionsfokus, umso differenzierter die Anforderungen an die Modellierung. Die Werttreiber sind spezifisch und müssen entsprechend differenziert analysiert

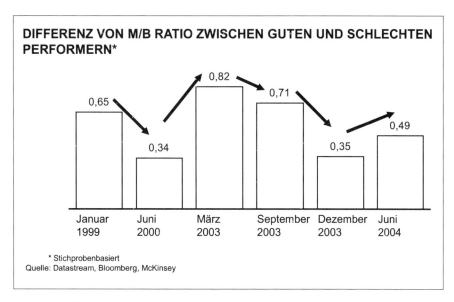

Abbildung 5-6: Bewertungsdifferenzen zwischen guten und schlechten Performern

werden. Vor diesem Hintergrund geht es im Folgenden darum, einige ausgewählte Aspekte, die bei der Bewertung von Banken und ihren geschäftsfeldspezifischen Wachstumsstrategien zu berücksichtigen sind, zu erläutern.

Zusammenfassend ist festzuhalten, dass die Bankenbranche in den letzten Jahrzehnten einem dramatischen Wandel unterlegen ist, der sich auch in einer Verschiebung der internationalen Kräfteverhältnisse niedergeschlagen hat. Fusionen und Akquisitionen haben in diesem Zeitraum mit jeweils unterschiedlichen regionalen Schwerpunkten eine große Rolle gespielt und werden dies voraussichtlich auch in Zukunft tun. Die Unternehmensbewertung von Banken und ihren Geschäftsfeldern – die ansonsten vor allem ein zentrales internes Steuerungsinstrument darstellt – erfüllt in diesem Kontext eine wichtige Funktion.

5.2 Ermittlung der Plandaten der Unternehmensbewertung

In diesem Abschnitt geht es um die Herausforderung der Plandatenermittlung im Kontext der Unternehmensbewertung von Banken. Da der Fokus auf unternehmensspezifischen Faktoren liegt, verzichten wir hier auf eine Darstellung der Grundlagen zukunftsorientierter Ertragswertverfahren und verweisen auf die entsprechende weiterführende Literatur, z.B. „Unternehmensbewertung" von *Copeland/Koller/Murrin*.

Nach einer kurzen Einleitung zu den grundsätzlichen Anforderungen an die Plandatenermittlung in Abhängigkeit von Anlass und Bewertungsobjekt werden wir dann auf den einfachsten Indikator für die zukünftige Entwicklung eingehen: historische Zeitreihen. Aufgrund der starken Abhängigkeit der Bankergebnisse von makroökonomischen Parametern lassen sich hier bereits interessante Erkenntnisse gewinnen, die zur Generierung und Plausibilisierung von Prognosedaten genutzt werden können. Ausführlicher werden wir dann auf drei Sonderprobleme bei der Plandatenermittlung eingehen, die direkt mit dem Geschäftsmodell eines Finanzintermediärs zusammenhängen: die Prognose der Risikovorsorge sowie des Fristentransformationsergebnisses und die Berücksichtigung von Ratingveränderungen.

5.2.1 Anforderungen an die Plandatenermittlung

5.2.1.1 Grundstruktur

Die praktisch und theoretisch am weitesten etablierte und akzeptierte Methode der Unternehmensbewertung ist das so genannte Zukunftserfolgswertverfahren, das je nach betrachteter Erfolgsgröße auch Discounted-Cashflow-Methode oder Ertragswertverfahren genannt wird. Ausgangspunkt für diese Methode ist immer eine periodische Erfolgsrechnung (z.B. Gewinn-und-Verlust-Rechnung, Cashflow-Rechnung). Über eine Prognose der zukünftigen Ergebnisentwicklung und die Diskontierung mit einem risikoadjustierten Zinssatz wird ein Barwert ermittelt, der die Basis für unternehmerische Entscheidungen darstellen kann. Für die Gesamtbankebene ist in der folgenden Abbildung eine typische Ergebnisstruktur (Zinsergebnis, Provisionsergebnis, operative Kosten) dargestellt (*Abbildung 5-7*).

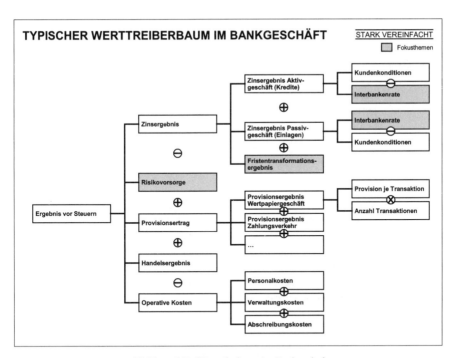

Abbildung 5-7: Werttreiberbaum im Bankgeschäft

Besondere Bedeutung hat bei Banken das Zinsergebnis, zum einen da es bei den meisten Banken noch heute mehr als 50% der Gesamterträge darstellt, zum anderen weil das Ergebnis in hohem Maße sensitiv auf Veränderungen makroökonomischer Parameter reagiert. Aus diesem Grund vertiefen wir in den folgenden Kapiteln neben der Prognose der Risikovorsorge insbesondere auch die Modellierung des Fristentransformationsergebnisses sowie die Auswirkungen von Ratingveränderungen.

5.2.1.2 Unterscheidung geschäftsfeldspezifischer Werttreiber

Je nach Zweck der Unternehmensbewertung wird bei der Prognose ein unterschiedlicher Detaillierungsgrad gefordert. Für die Outside-in-Perspektive, die häufig in M&A-Situationen erforderlich ist, sind zwei Kernfragen zu beantworten:

- Welcher Teil des aktuellen Ergebnisses spiegelt die nachhaltige Ertragskraft des Instituts wider und welche Ergebniskomponenten sind außerperiodisch/außerordentlich?
- Was ist das nachhaltige organische Wachstumspotenzial?

Strategische Käufer hinterfragen zusätzlich Synergien, die potenziell bereits im Preis des Targets reflektiert sind. Für interne Zwecke, wie z.B. die wertorientierte Unternehmenssteuerung, kommt es vor allem auf die möglichst präzise Modellierung der Werttreiber pro Geschäftsfeld an, um direkt den Einfluss von einzelnen Managemententscheidungen abbilden zu können – das relative Wertverhältnis ist hier häufig entscheidender als das absolute Niveau. In *Abbildung 5-8* sind einige mögliche Erfolgskennziffern für die wesentlichen Geschäftsbereiche zusammengefasst.

GESCHÄFTSFELDSPEZIFISCHE ERFOLGSKENNZIFFERN BEI BANKEN — BEISPIELE

Retail Banking
- Neukundenanzahl
- Abschlussquote
- Cross-Selling-Quote
- Cost-Income-Ratio
- ...

Private Banking
- Neukundenanzahl
- AuM-Zufluss
- Provisions-Zinsergebnis-Ratio
- Ertragsmarge
- Cost-Income-Ratio
- ...

Wholesale Banking
- League-Table-Positionen
- Provisions-Zinsergebnis-Ratio
- Share of Wallet
- Risikovorsorgequote
- Anteil Hausbankbeziehungen
- ...

Asset Management
- AuM-Zufluss
- Umsatzmarge
- Investment Performance
- Cost-Income-Ratio
- ...

Abbildung 5-8: Geschäftsfeldspezifische Erfolgskennziffern

Jedes Bewertungsmodell zielt auf eine bestimmte Ergebnisgröße ab – unabhängig davon, mit welchen Annahmen oder in welcher Granularität diese ermittelt wurde. Die Qualität der Bewertung hängt daher in hohem Maße davon ab, ob die Detaillierung der Inputdaten auf die wertrelevantesten Elemente fokussiert wird. Wenn man in einem ersten groben Wettbewerberbenchmarking die kritischen Erfolgsfaktoren des Bewertungsobjekts erhoben hat (z.B. derzeit geringe Cross-Selling-Quote im Retail Banking oder gute League-Table-Position bei bestimmten Kapitalmarktprodukten), lässt sich das Bewertungsmodell an den „richtigen" Stellen detaillieren. Selbst für ein vermeintlich simples Produkt wie eine Spareinlage kann eine Vielzahl von Inputparametern erhoben und modelliert werden, um letztendlich eine verdichtete Ergebnisgröße zu erhalten (*Abbildung 5-9*).

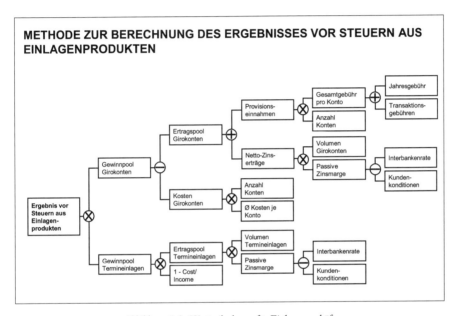

Abbildung 5-9: Werttreiberbaum für Einlagengeschäft

Mit diesen Ausführungen sollte verdeutlicht werden, dass es keine standardisierbare Modellierungsstruktur für Banken oder ihre Geschäftsbereiche geben kann. Vielmehr kommt es vor der Plandatenermittlung darauf an, ein Verständnis für die wertsensitiven Bereiche des „Bewertungsobjekts" zu gewinnen, um auf dieser Basis dann die kritischen Bereiche möglichst detailliert und transparent zu modellieren.

Der Preis für diese detaillierte Modellierung institutsspezifischer Werttreiber ist der Mangel an vergleichbaren Wettbewerberbenchmarks zur Plausibilisierung. Hier muss der Entscheidungsträger auf einer höheren Aggregationsebene agieren und sich an den einfachen Leistungskennziffern (KPIs) orientieren, die konsistent über Zeit und auch für Wettbewerber relativ leicht ermittelbar sind, z.B. die Cost-Income Ratio im Retail Banking oder die Risikovorsorgequote im Corporate Banking.

5.2.2 Historische Trends als Indikator für zukünftige Performance im Bankensektor

Ausgangspunkt für die Prognose von Plandaten sind häufig historische Zeitreihen. Zwar kann die Vergangenheit nie ein verlässlicher Indikator für die zukünftige Entwicklung sein, wohl aber hilft die Analyse historischer Zeitreihen, das Verständnis für Zusammenhänge zwischen internen und externen Parametern zu verbessern.

Dieses Verständnis ist besonders für Banken relevant, da sie in ihrer Aufgabe als Finanzintermediär über den Ausgleich zwischen Spar- und Investitionsverhalten sowohl eine Fristen- als auch eine Risikotransformationsfunktion wahrnehmen. Damit sind sie naturgemäß stärker als andere Dienstleistungsunternehmen von volkswirtschaftlichen Schwankungen betroffen. Eine hohe Korrelation der deutschen Bankergebnisse mit gesamtwirtschaftlichen Parametern ist daher keine Überraschung. Für den Zeitraum von 1980 bis 2002 haben wir eine entsprechende Analyse mit folgenden Ergebnissen durchgeführt (*Abbildung 5-10*):

- Die bankbetrieblichen Erträge korrelieren in hohem Maße (R^2 von 92%) mit dem Bruttosozialprodukt; ähnlich hoch ist die Korrelation von Provisionsergebnis und DAX-Entwicklung.
- Negativ korreliert sind jedoch langfristiges Zinsniveau und Zinsergebnis einer Bank. Dies liegt z.B. am möglichen Ausbau des Kreditgeschäfts bei niedrigem Zinsniveau oder der in Summe günstigeren Refinanzierung der Bank an den Kapitalmärkten.

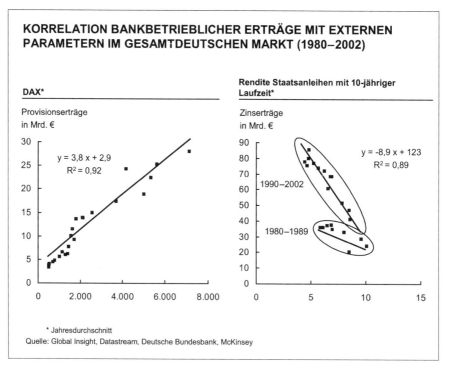

Abbildung 5-10: Korrelation von Bankergebnissen mit makroökonomischen Parametern

Die Kenntnis der genannten Zusammenhänge löst nun nicht das grundsätzliche Prognoseproblem des Entscheidungsträgers. Allerdings lassen sich auf diese Weise ansatzweise die wesentlichen Ziel-Ergebnisgrößen plausibilisieren. In dem folgenden Beispielfall haben

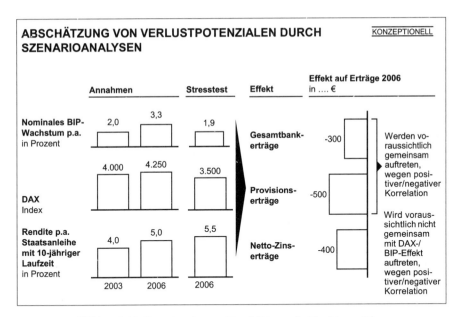

Abbildung 5-11: Szenarioanalyse zur Plausibilisierung der Plandatenermittlung

wir die Sensitivität der Erträge auf drei Kernparameter getestet und sind zu interessanten Ergebnissen gekommen (*Abbildung 5-11*).

Isoliert betrachtet ist die Annahme bezüglich der Kapitalmarktentwicklung innerhalb der ersten drei Jahre der Planungsperiode besonders wertsensitiv: Liegt in diesem Beispiel der vom Institut nicht beeinflussbare Kapitalmarktindex nur 15% unter der Planannahme, so würden gemäß der Korrelationsanalyse die Gesamterträge der Bank um einen ähnlichen Prozentsatz sinken – bei hohen Fixkosten kann das leicht das gesamte geplante Betriebsergebnis für diese Planperiode aufzehren. Diese Erkenntnis kann kritische Annahmen transparent machen und damit helfen, die Risiken eines möglichen Investments zu verstehen und ggf. im Rahmen von weitergehenden Portfolioentscheidungen aktiv zu managen. Szenarioanalysen bezüglich exogener und auch endogener Parameteränderungen bleiben damit ein Kernelement jeder Unternehmensbewertung.

5.2.3 Sonderprobleme der Plandatenermittlung

Nach diesem kurzen Überblick über die Aussagekraft historischer Trends und den Zusammenhang zwischen Bankerfolg und makroökonomischen Faktoren soll der Fokus jetzt auf einigen ausgewählten Problemen der Plandatenermittlung liegen, die sich spezifisch für Banken ergeben. Hierzu zählt u.E. die Prognose der Risikovorsorge (vor allem im Kreditgeschäft), des Treasury-Ergebnisses (im engeren Sinne: der Fristentransformationsbeitrag) sowie der Auswirkungen von Ratingveränderungen.

5.2.3.1 Interpretation und Prognose von Daten zur Risikovorsorge

Drei Kernfragen stellen sich dem Bewerter: (1) Welche Bedeutung hat die Risikovorsorge für die Branche insgesamt und für das Bewertungsobjekt im Einzelnen? (2) Ist die bisher gebildete Risikovorsorge angesichts des Anteils problembehafteter Kredite adäquat, d.h., gibt es nach heutigem Wissen ggf. stille Reserven oder Lasten? (3) Wie wird sich die Risikovorsorge in den nächsten Jahren vor dem Hintergrund konjunktureller Schwankungen entwickeln?

(1) Die Risikovorsorge von Banken hatte in den letzten Jahren stets eine hohe Bedeutung. Dies ist keine Überraschung, wenn man bedenkt, dass eine wesentliche Funktion von Banken in der Übernahme und dem Management von Risiken besteht. Wenn man einzelne Subsektoren analysiert, erkennt man jedoch, dass der Anteil der Risikovorsorge sehr stark variiert (*Abbildung 5-12*). Für eine Stichprobe von deutschen Retail-Banken mussten im Durchschnitt der letzten Jahre fast 60% des operativen Ergebnisses zur Abdeckung der Risikovorsorge herangezogen werden, bei einer Stichprobe von Corporate-Banken betrug dieser Anteil gar über 80%.

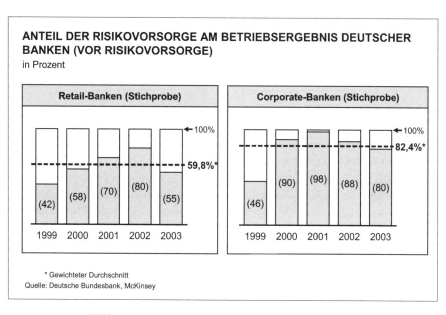

Abbildung 5-12: Bedeutung der Risikovorsorge bei deutschen Banken

Dies liegt daran, dass Corporate-Banken in Deutschland derzeit einen deutlich größeren Anteil ihres Ergebnisses im klassischen Kreditgeschäft erwirtschaften. Gleichzeitig bestehen in diesem Segment häufig ausgeprägte Größenkonzentrationseffekte, was zusätzlichen Risikovorsorgebedarf bedeutet.

(2) Die Ausnutzung von Bewertungsspielräumen erschwert dem Externen vor allem die Beurteilung der Adäquanz der gebildeten Risikovorsorge – das Kernproblem des Bankensektors in den letzten Jahren. Bei der Unternehmensbewertung ist man hier in besonderem Maße abhängig von der Granularität der verfügbaren Informationen.

Allerdings lässt sich über eine Zeitreihenanalyse des Verhältnisses von Risikovorsorgebildung und tatsächlichem Abschreibungsbedarf zumindest eine grobe Indikation bezüglich möglicher stiller Lasten oder Reserven gewinnen. In dem folgenden konzeptionellen Beispiel (*Abbildung 5-13*) wurden für die im Jahr 2000 erstmals zu Problemfällen erklärten Engagements 300 Mio. € als Risikovorsorge eingeplant. Der später festgestellte definitive Abschreibungsbedarf lag jedoch mit 390 Mio. € deutlich darüber. Dieser Trend hat sich in dem Beispielfall auch in den Folgejahren fortgesetzt, so dass man hinterfragen muss, ob nicht das Gesamtportfolio zwischen 20 und 25% unterprovisioniert ist. In diesem Fall müsste eine entsprechende Wertminderung in Ansatz gebracht werden.

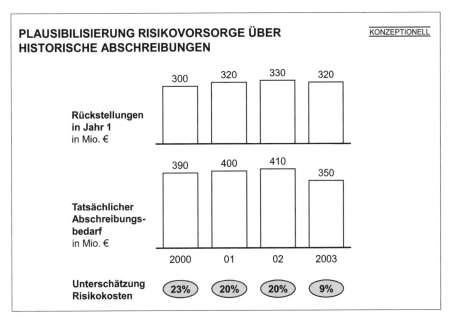

Abbildung 5-13: Konsistenzprüfung Risikovorsorge vs. tatsächliche Ausfälle

Eine zweite Möglichkeit, die Plausibilität der periodischen Risikovorsorge zu beurteilen, besteht im Vergleich der jeweiligen Vorsorgebestände, die inzwischen von den meisten Instituten veröffentlicht werden. Die Abdeckungsquote (Vorsorgebestand in Prozent des Kreditvolumens) ist neben der Qualität des Portfolios – wie vorn bereits angeführt – in hohem Maße auch vom Geschäftsmodell und der Rückstellungspolitik der Bank abhängig. Corporate-Banken benötigen in der Regel aufgrund ihrer Größenkonzentrationseffekte eine höhere Abdeckungsquote als Retail-Banken.

(3) Wenn man auf Basis der Datenhistorie zur Risikovorsorgebildung zu dem Schluss gelangt ist, dass im Hinblick auf die tatsächlich eingetretenen Ausfälle keine systematische Über- oder Unterprovisionierung ersichtlich ist und ein Vergleich der Risikovorsorgequote mit den Wettbewerbern einen ausreichenden Puffer bestätigt, dann kann man sich dem dritten Fragenkomplex widmen: Wie wird sich die Risikovorsorge entwickeln? Auf diese Frage hätte wahrscheinlich jeder Bankmanager gerne eine verlässliche Antwort und wird häufig genug von der Realität überrascht.

Auch hier gibt es einige Anhaltspunkte aus der Historie (*Abbildung 5-14*). In den vergangenen 20 Jahren konnte man feststellen, dass die Ausfallquote mit einem gewissen Zeitverzug mit der Ratingentwicklung korreliert. Auf Basis einer Analyse der jüngsten Ratingentwicklungen in den für das Institut relevanten Kreditmärkten ließe sich so u.U. eine grobe Abschätzung für den zukünftig zu erwartenden Trend bei der Risikovorsorge ableiten.

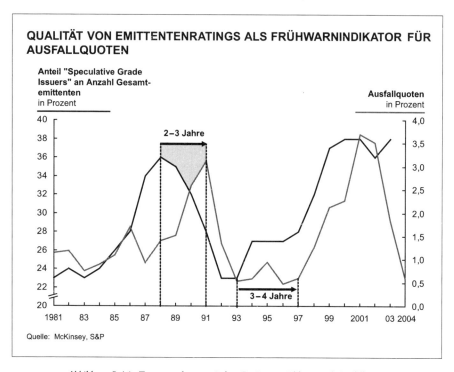

Abbildung 5-14: Zusammenhang zwischen Ratingentwicklung und Ausfallraten

Mit der Ratingentwicklung von Unternehmen haben wir hier nur einen möglichen Indikator für das Kreditrisiko dargestellt. Häufig werden auch Parameter wie BSP-Wachstum, Arbeitslosigkeit oder Stimmungsindizes herangezogen, die wiederum selbst stark mit Parametern wie Emittentenratings korrelieren. In Summe gilt für die Prognose der Risikovorsorge: Wenn die Abdeckungsquote in der Ausgangslage nicht angemessen zu beurteilen ist – diese lässt sich ohne detaillierte Einblicke in die Qualität des Kreditportfolios nur sehr grob über Wettbewerberbenchmarks abschätzen –, ist eine Prognose des weiteren Risikovorsorgebedarfs in den Folgejahren nur über Szenarioanalysen möglich.

5.2.3.2 Interpretation und Prognose des Fristentransformationsergebnisses

Das Zinsergebnis macht bei europäischen Banken typischerweise über 50% der Gesamterträge aus, bei Sparkassen und Genossenschaftsbanken mit einem hohen Anteil an Kredit- und Einlagengeschäft zum Teil auch deutlich mehr. Wie in der Einleitung dargestellt, teilt sich das Zinsergebnis in aktivische und passivische Konditionsbeiträge sowie das so genannte Fristentransformationsergebnis auf. Dieses wird von zwei Faktoren bestimmt: dem Verlauf der Zinskurve und der Fristenstruktur der Bilanzpositionen. Bei einer (normalen) ansteigenden Zinsstruktur kann eine Bank positive Fristentransformationsergebnisse erzielen, wenn sie langfristige Kreditvergaben mit kurzfristigen Einlagen/Verbindlichkeiten refinanziert, wie dies häufig bei Universalbanken der Fall ist. Vereinfacht gilt die Logik: Je flacher die Zinskurve verläuft, umso geringer fällt das Transformationsergebnis aus, bis es im Extremfall einer inversen Zinsstruktur auch negativ ausfallen kann (*Abbildung 5-15*).

Während eine Prognose von aktivischen und passivischen Konditionsbeiträgen in Marktbereichen durch häufig gut verfügbare Annahmen zu Wirtschaftswachstum, Entwicklungen des Wettbewerbsumfelds sowie der eigenen Vertriebs-/Marktstrategie auch für Außenstehende zumindest annähernd möglich ist, lässt sich das zukünftig zu erwartende Fristentransformationsergebnis einer Bank ohne Detailinformationen fast unmöglich modellieren. Dieses hängt fast ausschließlich am zentral verantworteten Asset/Liability Management (ALM) der Bank, dessen Strategie über die reine Bilanz hinausgeht und z.B. über Zinsderivate und -swaps sehr flexibel auf Marktveränderungen reagieren kann.

Die Strategie wird hier häufig von subjektiven Einschätzungen der Bank zur zukünftigen Zinsentwicklung getrieben. Für den externen Bewerter gibt es jedoch zwei Ansatzpunkte, um den Fristentransformationsbeitrag einer Bank abzuschätzen. Wenn man zumindest über approximative Informationen über die Fristenstruktur der wesentlichen Bilanzpositionen verfügt (in Deutschland ist eine Fristengliederung in groben Blöcken Bestandteil der externen Rechnungslegung), kann man die durchschnittliche Laufzeit der aktivischen Zinspositionen denen der Passivseite gegenüberstellen.

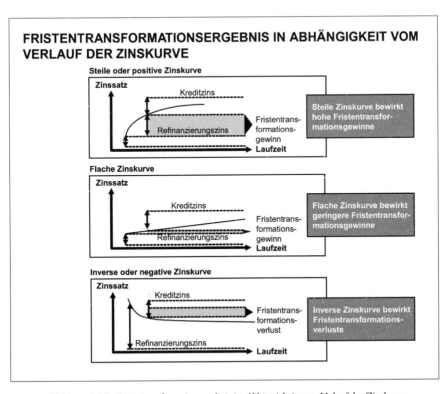

Abbildung 5-15: Fristentransformationsergebnis in Abhängigkeit vom Verlauf der Zinskurve

Der Fristentransformationsbeitrag ergibt sich auf dieser Basis durch Multiplikation der aktuellen Zinsdifferenz zwischen den ermittelten Laufzeiten mit dem zugrunde gelegten Bilanzvolumen. Bei der Analyse der aktivischen und passivischen Zinslaufzeiten sollten idealerweise auch die nicht bilanzwirksamen Zinspositionen, wie z.B. Zinsswaps, berücksichtigt werden, über die sich häufig gute Informationen im Anhang des Jahresabschlussberichts finden.

Eine Prognose des zukünftigen Fristentransformationsbeitrags erfordert Annahmen zu zwei Fragen: (a) Wie entwickelt sich die Fristendifferenz in den nächsten Jahren? (b) Wie entwickelt sich die Zinskurve? Aufgrund der zunehmenden Nutzung von Zinsderivaten kann eine Bank sehr kurzfristig das Fristenprofil verändern, sodass zu (a) von außen kaum verlässliche Prognosen möglich sind. Allerdings kann man den Einfluss von Zinskurvenänderungen auf das Transformationsergebnis simulieren und dabei ganz dezidiert auch die Informationen nutzen, die auf den Terminmärkten verfügbar sind.

Die zweite Möglichkeit zur Ermittlung des Fristentransformationsergebnisses erfordert Einblick in das Management Accounting einer Bank. Hier werden üblicherweise periodisch die Konditionsbeiträge der aktivischen und passivischen Zinsgeschäfte erfasst. Stellt man die Summe der Konditionsbeiträge dem ausgewiesenen Gesamtzinsüberschuss gegenüber, kann man ceteris paribus das Fristentransformationsergebnis einer Bank als Residualgröße bestimmen. Hinsichtlich der zukünftigen Entwicklung bleibt auch hier nur der Rückgriff auf Simulationen zukünftiger Zinsszenarien.

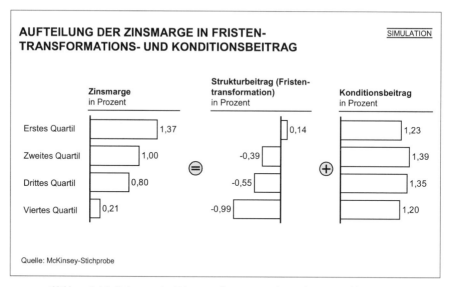

Abbildung 5-16: Bedeutung des Fristentransformationsergebnisses bei ausgewählten Banken

Zum Abschluss dieser Überlegungen möchten wir noch ein Praxisbeispiel anfügen. Eine stichprobenbasierte McKinsey-Simulation hat belegt, dass der Fristentransformationsbeitrag innerhalb der gleichen Beobachtungsperiode (d.h. bei gegebener Zinsstruktur) von Bank zu Bank dramatisch unterschiedlich sein kann. In der Untersuchung konnte beispielsweise nur das erste Quartil der Banken überhaupt ein positives Transformationsergebnis ausweisen (*Abbildung 5-16*), alle anderen machten Verluste, im untersten Quartil gar fast in Höhe des erwirtschafteten Kundenbeitrags. Dies verdeutlicht nochmals die hohe Bedeutung dieser in der Unternehmensbewertung von Banken häufig vernachlässigten Ergebniskomponente.

5.2.3.3 Dynamische Betrachtung von Ratingveränderungen

Das Rating ist bei Banken aufgrund ihrer Intermediationsfunktion von zentraler Bedeutung und daher im Rahmen der Unternehmensbewertung besonders zu berücksichtigen. Nach dem Motto „Wasser fließt nur bergab – Kredit auch" muss das Mindestrating einer Geschäftsbank stets höher sein als das der Zielkundensegmente (*Abbildung 5-17*).

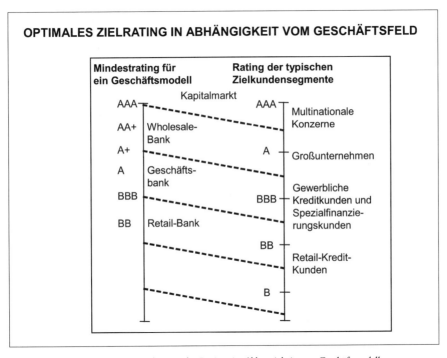

Abbildung 5-17: Bedeutung des Ratings in Abhängigkeit vom Geschäftsmodell

Nur wenn ich mich als Bank (zumindest über eine Mischkalkulation) günstiger refinanzieren kann als mein Kunde, bin ich ein attraktiver Kreditgeber – ansonsten könnte sich der Kunde zu attraktiveren Konditionen selbst am Kapitalmarkt refinanzieren. Wholesale-Banken müssen daher naturgemäß über ein besseres Mindestrating verfügen als Retail-Banken, da für Privatkunden die Finanzierungsalternativen beschränkter sind.

Im Kontext der Unternehmensbewertung wirkt das Rating direkt auf die Refinanzierungskosten der Bank und damit auf die Zinsmargen. In *Abbildung 5-7* wurde bereits dargestellt, dass sich aktivische und passivische Konditionsbeiträge durch Gegenüberstellung von Kundenkondition und fristenkongruenter Refinanzierung am Interbankenmarkt ergeben. In einem reifen Markt sind wettbewerbsfähige Kundenkonditionen meist fest vorgegeben, so dass eine Veränderung der Refinanzierungskonditionen direkt auf die Zinsmarge und damit auch auf den Unternehmenswert „durchschlägt". Zwei Kernfragen sind in diesem Zusammenhang zu beantworten: (1) Welche Parameter bestimmen das Rating und wie entwickeln sich diese über den Prognosehorizont? (2) Welche Auswirkungen hätte eine Ratingveränderung auf das Periodenergebnis und den Unternehmenswert?

5.2.3.3.1 Einflussfaktoren für Bankenratings

Ratingagenturen berücksichtigen bei der Festlegung des Ratings eine Vielzahl von Faktoren (*Abbildung 5-18*), sodass eine Prognose entsprechend mehrdimensional angelegt sein muss. Neben der reinen Kapitalstärke, die man z.B. anhand der aufsichtsrechtlichen Kern- und Gesamtkapitalquoten beurteilen kann, hat bei den Ratingagenturen die zukünftige Ertragskraft hohen Einfluss. Risiko als dritte Dimension der Ratingbestimmung wird häufig an der (meist nicht quantifizierbaren) Qualität des Risikomanagements in den Dimensionen Organisation, Prozesse und Instrumente festgemacht. Zusätzlich wird im Rahmen der aufsichtsrechtlichen Neuregelungen um Basel II auch eine Gegenüberstellung von intern ermitteltem ökonomischem Risikokapitalbedarf (Value at Risk) und Risikodeckungsmasse gefordert.

TYPISCHE BEWERTUNGSRASTER VON RATINGAGENTUREN

Agentur A	Agentur B	Bonitätsrating
Kapital	Kapitalisierung	
	Refinanzierung und Liquidität	Kapitalstärke
	Finanzielle Flexibilität	
Geschäftsumfeld	Management und Strategie	
Managementstrategie	Marktposition	
Franchise Value	Gewinne	Zukünftige Ertragskraft
Gewinnpotenzial		
Eigentümerstruktur/Governance		
Risikoprofil und Risikomanagement	Risiko*	
	Risikomanagement	Risiko
	Risikostreuung	

* Wirtschaftliches Risiko, Branchenrisiko, Kreditrisiko, Marktrisiko

Abbildung 5-18: Bewertungsdimensionen von Ratingagenturen

Im Rahmen einer Outside-in-Unternehmensbewertung lassen sich von diesen Faktoren meist lediglich die Kern- und die Gesamtkapitalquoten modellieren. In der Praxis wird dabei in der Regel die Kapitalquote auf dem Niveau fixiert, das ceteris paribus der Erhaltung des Zielratings genügt. Damit wird implizit die Ausschüttungsfähigkeit des Instituts modelliert, da bei Wachstum in stark unterlegungspflichtigen Geschäften ein Großteil des Ergebnisses zur Kapitalstärkung (und damit zur Ratingerhaltung) thesauriert werden muss und somit nicht zur Ausschüttung an die Aktionäre zur Verfügung steht. Dies hat bei der für Banken anzuwendenden Equity-Bewertung einen signifikanten Werteinfluss – ein Thema, auf das wir in Abschnitt 5.3 noch näher eingehen werden.

5.2.3.3.2 Ganzheitliche Betrachtung der Ergebniswirkung von Up-/Downgrades

Während die Basisbewertung in der Praxis auf ein Zielrating normiert wird, ist es erforderlich, den Einfluss einer möglichen Ratingveränderung, die sich z.B. aufgrund externer Parameterveränderungen ergeben kann, separat zu erfassen und zu bewerten. Die Mehrdimensionalität des Einflusses wird an folgendem Beispiel deutlich (*Abbildung 5-19*): Die Bank, deren Rating sich von „A" auf „BBB" verschlechtert hat, erleidet direkt einen Refinanzierungsnachteil, der mehr als ein Drittel des Betriebsergebnisses (-35%) aufzehrt. Zusätzlich ist ein indirekter Effekt zu quantifizieren, der diesen Effekt noch verstärkt: Durch die Ratingverschlechterung reduziert sich die Anzahl der möglichen Geschäftspartner auf der Aktiv- und auf der Passivseite, da diese häufig in ihren Kredit- und/oder Geschäftsbestimmungen an ein bestimmtes Mindestrating gebunden sind. Z.B. dürfen gewisse Handelsgeschäfte (FX, Derivate) im Interbankenmarkt nur mit Gegenparteien gemacht werden, die eine bestimmte Mindestbonität aufweisen. In dem Beispielfall verliert das Institut hierdurch weitere 6% des Betriebsergebnisses, ein Effekt, der in der nächsten Stufe (von „BBB" auf „BB") noch ausgeprägter ausfallen würde.

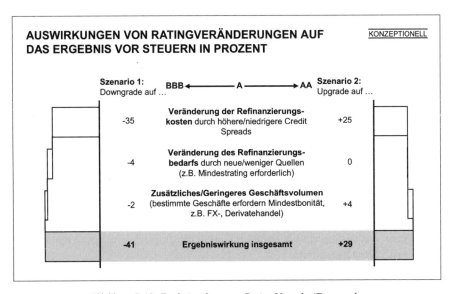

Abbildung 5-19: Ergebniswirkung von Rating Upgrades/Downgrades

Es gibt zwei Möglichkeiten, den Werteffekt dieser Szenarien zu bestimmen. Ideal wäre eine vollständige Erfassung der direkten und indirekten Ergebnisveränderung der möglichen Szenarien im Rahmen des Gesamtmodells. Dies erfordert jedoch ein sehr genaues Verständnis der Werttreiber bis auf Produktebene, da andernfalls keine Abschätzung der

Geschäftsvolumeneinbußen möglich ist. Alternativ kann man vereinfachend das zusätzliche Kapital abschätzen, das von den Aktionären im Falle eines „externen Ratingschocks" zuzuführen wäre, um das ursprüngliche Zielrating zu halten.

Die drei hier dargestellten Probleme der im Bankensektor besonders kritischen Erfolgspositionen (Risikovorsorge, Fristentransformation, Refinanzierung) stellen den Entscheidungsträger in der Praxis immer wieder vor die gleichen Herausforderungen – die entscheidende Frage ist hier stets, welche Prognosegenauigkeit mit internen vs. externen Informationen überhaupt möglich ist. Hier ist letztendlich immer ein pragmatisches Vorgehen zu empfehlen, bei dem Wettbewerberbenchmarks, historische Zeitreihen und fokussierte Vertiefungen/Szenarioanalysen der kritischen Werttreiber zusammenspielen müssen.

5.3 Bankenspezifische Methoden der Unternehmensbewertung

5.3.1 Ertragswertbasierter Ansatz

Aufgrund der institutionellen Unterschiede zwischen Banken und Industrieunternehmen sind bei der Ermittlung ihres Zukunftserfolgswerts einige Besonderheiten zu berücksichtigen, ohne dass man notwendigerweise vom Erfordernis eines eigenständigen Bewertungsansatzes sprechen muss. Hierbei handelt es sich um die Vorteilhaftigkeit der Nettoberechnung eines Eigenkapitalwerts sowie die Konzeption einer Erfolgsgröße unter Berücksichtigung notwendiger Gewinnthesaurierungen.

5.3.1.1 Vorteilhaftigkeit der Nettomethode

In Theorie und Praxis wird zwischen Brutto- bzw. Gesamtkapitalverfahren (Entity-Ansatz) auf der einen und Netto- bzw. Eigenkapitalverfahren (Equity-Ansatz) auf der anderen Seite unterschieden (*Abbildung 5-20*). Es besteht jedoch bisher keine Einigkeit darüber, welchem Verfahren der Vorzug zu geben ist. Während beim Nettoverfahren die den Anteilseignern zustehende Erfolgsgröße (Gewinn oder Cashflow) direkt mit den Eigenkapitalkosten diskontiert wird, berechnet sich der Unternehmenswert beim Bruttoverfahren indirekt in drei Schritten:

- Ermittlung und Prognose der sowohl Eigen- als auch Fremdkapitalgebern zur Befriedigung ihrer Ansprüche zur Verfügung stehenden Erfolgsgröße
- Diskontierung dieser Zahlungsreihe mit einem entsprechend der Kapitalstruktur gewichteten Kalkulationszinsfuß aus Eigen- und Fremdkapitalkosten zur Ermittlung des Brutto-Unternehmenswerts
- Berechnung des Netto-Unternehmenswerts durch Abzug des Marktwerts der Verbindlichkeiten

Allgemein hat somit der Bruttoansatz den Vorteil, Geschäftsfelder bewerten zu können, ohne eine Annahme über die individuelle Refinanzierungsstruktur treffen zu müssen. Zum Vergleich der Wertschöpfung einzelner Geschäftsfelder bietet diese Abstraktion vom Verschuldungsgrad einen Vorteil. Aus zwei wesentlichen Gründen ist jedoch bei Banken eine Nettoberechnung des Eigenkapitals gegenüber einer Bruttoberechnung inklusive Fremdkapital zu bevorzugen.

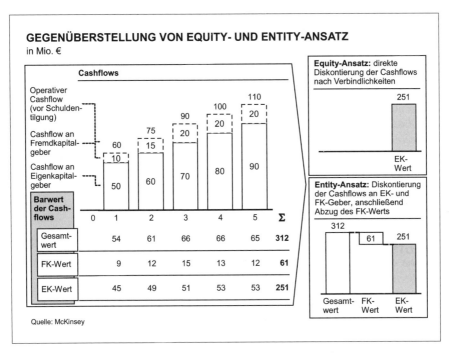

Abbildung 5-20: Equity- vs. Entity-Ansatz der Unternehmensbewertung

Die Refinanzierung zählt bei Banken anders als bei Industrieunternehmen zum operativen Geschäft. Dies zeigt sich z.B. am Einsatz absatzpolitischer Instrumente zur Erzielung positiver Zinskonditionsbeiträge aus Kundeneinlagen. Die Nettomethode bringt die Zinsaufwendungen direkt in Abzug und ermöglicht dadurch eine adäquate Abbildung des operativen Werts.

Gegen die Verwendung der Bruttomethode bei Banken spricht ferner die Schwierigkeit, den hierfür notwendigen Marktwert der Bankverbindlichkeiten zu ermitteln. Sicht- und Spareinlagen werden an keinem Kapitalmarkt gehandelt, sodass für sie kein täglicher Marktwert festgestellt wird. Die Alternative, diese Positionen zu Nennwerten anzusetzen, führt jedoch zu einer Überbewertung der Verbindlichkeiten, da die Opportunitätskosten am Kapitalmarkt über den tatsächlichen Zinsaufwendungen liegen können. Im Extremfall, d.h. bei Sichteinlagen, ist der Betrag der direkten Zinsaufwendungen nahezu null. Nur über die erforderliche Mindestreserve ergeben sich Opportunitätskosten für Banken. Die Abschätzung des Marktwerts über eine Barwertrechnung, die nur bei Kenntnis oder Annahme einer effektiven Laufzeit möglich ist, würde in diesem Fall zu einem Ergebnis unter Nominalwert führen.

5.3.1.2 Berücksichtigung notwendiger Gewinnthesaurierungen

Besondere Aufmerksamkeit erfordern die rechtlichen Auflagen zur Erhaltung einer angemessenen Eigenkapitalausstattung, z.B. in Form des KWG in Deutschland. Da man die Gewinnthesaurierung einer Bank als aufsichtsrechtlich bedingten Ausschüttungsverzicht der Aktionäre verstehen muss, ist die Erfolgsgröße, die für potenzielle Dividendenzahlungen zur Verfügung steht, um den Betrag zu kürzen, der zur Erfüllung der Eigenkapitalquoten benötigt wird. Dies ist vergleichbar mit der Berücksichtigung von Investitionen in das Working Capital bei Industrieunternehmen, wo starkes Umsatzwachstum z.B. einen entsprechend höheren Lagerbestand erfordert und damit Kapital bindet, das nicht zur Ausschüttung an die Aktionäre zur Verfügung steht. So stellt auch das Institut der Wirtschaftsprüfer fest: „Nachhaltig entnahmefähig ist nur der Erfolg bzw. Einnahmenüberschuss, soweit er nicht zur Erhaltung dieser erfolgsbildenden Substanz notwendig ist". Entsprechend muss die Geschäftspolitik einer Bank darauf ausgerichtet sein, das Wachstum und die Rentabilität des operativen Geschäfts so zu steuern, dass neben der notwendigen Gewinnthesaurierung eine Ausschüttung an die Aktionäre möglich ist. Reicht das Selbstfinanzierungspotenzial der Bank hierfür nicht aus, so ist eine externe Kapitalaufnahme erforderlich, die mit negativem Vorzeichen in die Bewertung eingehen muss.

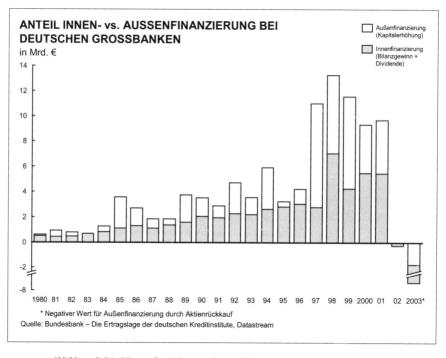

Abbildung 5-21: Historische Bedeutung der Außenfinanzierung bei deutschen Banken

Dies gilt unabhängig von der Branche. Während jedoch Industrieunternehmen ihr weiteres Wachstum zumindest theoretisch allein durch Fremdkapital finanzieren können, steht dem bei Banken das Aufsichtsrecht entgegen. Die vorhergehende Abbildung (*Abbildung 5-21*) zeigt, dass die deutschen Großbanken in den zwei letzten Jahrzehnten regelmäßig auf externe Finanzierungsquellen angewiesen waren, um eine adäquate Kapitalausstattung zu gewährleisten. Erst in den letzten Jahren hat sich dieser Trend verlangsamt und einzelne Institute haben sogar Aktienrückkaufprogramme gestartet. Vor diesem Hintergrund kann man die Berechnung der freien Überschüsse für die Aktionäre in Anlehnung an den traditionellen Cashflow-Aufbau für Industrieunternehmen mit einigen Modifikationen, insbesondere der Berücksichtigung der notwendigen Gewinnthesaurierungen, vornehmen (*Abbildung 5-22*).

Will man den Wert nicht für die Gesamtbank, sondern für einen einzelnen Geschäftsbereich ermitteln, ergibt sich hier ein Sonderproblem bei Banken – die Überschussermittlung ist hier in besonderem Maße auf die implizite Bildung von Teilbilanzen angewiesen, d.h. Aktiva und Passiva müssen weitestgehend auf Bereiche alloziert und dann zur Modellierung von zukünftigen Zinsbeiträgen auch prognostiziert werden.

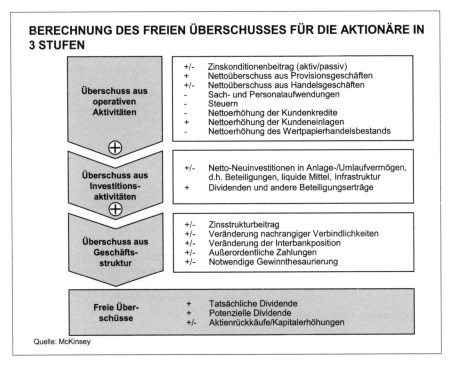

Abbildung 5-22: Berechnung der potenziell ausschüttbaren Dividende

5.3.2 Exkurs: Bestimmung der Eigenkapitalkosten – mit oder ohne Leverage-Effekt?

Grundsätzlich erfolgt auch bei Banken die Bestimmung der Eigenkapitalkosten über kapitalmarkttheoretische Modelle wie das CAPM (Capital Asset Pricing Model) oder die APT (Arbitrage Pricing Theory). Auch wenn sie aufgrund der zahlreichen restriktiven Modellannahmen kritisiert werden, bleiben Kapitalmarktverfahren wegen der mangelnden Alternativen insbesondere in der Praxis der Unternehmensbewertung von großer Bedeutung. Wenn es um die Bewertung einer börsennotierten Bank geht, lassen sich über das CAPM empirisch Eigenkapitalkosten schätzen. Schwieriger wird es, wenn eine Division oder ein nicht börsennotiertes Unternehmen bewertet werden muss. Dann stellt sich die Frage nach der Auswahl börsennotierter Vergleichsinstitute. In der Praxis sucht man sich Unternehmen, die in der selben Branche mit einem ähnlichen Geschäftsmodell operieren.

Zusätzlich erfolgt üblicherweise (bei Industrieunternehmen) eine Bereinigung um einen möglicherweise unterschiedlichen Verschuldungsgrad. Letzterem liegt der Gedanke zugrunde, dass Aktionäre eines ansonsten gleichartigen Unternehmens eine Rendite verlangen, die mit dem Verschuldungsgrad und damit dem Konkursrisiko steigt. Der Verschuldungsgrad spielt jedoch bei der Bewertung von Banken in der Praxis keine Rolle, da bei ihnen (anders als bei Industrieunternehmen) Geschäftsrisiko und „Refinanzierungsrisiko" häufig eng miteinander verknüpft sind (*Abbildung 5-23*).

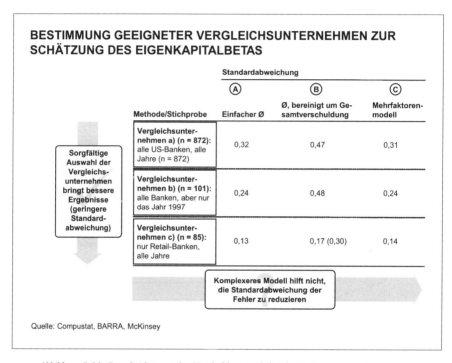

Abbildung 5-23: Berücksichtigung des Verschuldungsgrads bei der Bestimmung von EK-Kosten

Eine Analyse zeigt tatsächlich, dass sich die Schätzgenauigkeit für das Eigenkapitalbeta (als wesentliche Komponente der Eigenkapitalkostenformel nach CAPM) einer nicht börsennotierten Bank nicht verbessert, wenn man versucht, das Ergebnis um unterschiedliche Verschuldungsgrade zu bereinigen. Wichtiger ist vielmehr die sorgfältige Bestimmung von Vergleichsunternehmen, die bezüglich Geschäftsmodell und Kundenstamm geeignet sind.

Der wesentliche Grund hierfür ist, dass ein Großteil des Geschäftsrisikos von Banken von den Fremdkapitalgebern absorbiert wird – dies ist insbesondere dann der Fall, wenn sich das Institut weitestgehend fristenkongruent refinanziert. Für die wesentlichen US-Banken kann man feststellen, dass de facto nur 14% der Fluktuation der aktivischen Erträge von den Eigenkapitalgebern getragen werden müssen (*Abbildung 5-24*). Dieser Anteil ist jedoch – wie Beispiele belegen – höher bei Instituten mit ausgeprägter Fristentransformation; gleichzeitig entstehen bei diesen höhere Eigenkapitalkosten. Im Ergebnis bedeutet dies für die Bestimmung der Eigenkapitalkosten von Banken: Der Fokus muss auf der

Auswahl geeigneter Vergleichsunternehmen liegen. Die Berücksichtigung eines unterschiedlichen Verschuldungsgrads – ein übliches Vorgehen bei der Bewertung von Industrieunternehmen – verzerrt die Berechnung und läuft dem grundsätzlichen Geschäftsmodell von Banken zuwider. Der Verschuldungsgrad ist jedoch nicht irrelevant für die Ergebnisberechnung. Er wirkt direkt auf die Refinanzierungskosten gegenüber Fremdkapitalgebern und damit, wie im zweiten Kapitel ausgeführt, auf die Zinsmargen.

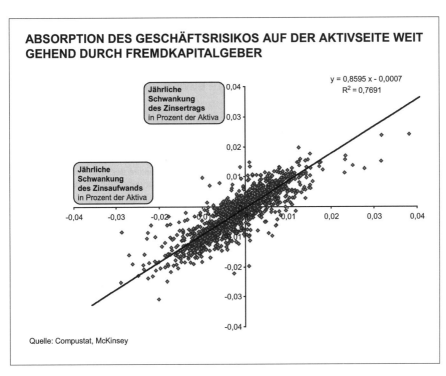

Abbildung 5-24: Korrelation zwischen Delta Brutto-Zinseinnahmen und -Zinsaufwendungen

5.3.3 Praktische Anwendung von Marktmultiplikatoren im Bankensektor

Im Gegensatz zur DCF-basierten fundamentalen Unternehmensbewertung haben Marktwerte naturgemäß eine geringere entscheidungstheoretische Fundierung, da sie keine Bewertungsmethode, sondern Bewertungsergebnisse sind. Im engeren Sinn wird hierunter der Börsenwert von notierten Unternehmen verstanden. Es handelt sich dann um einen Gleichgewichtspreis, der sich durch das Zusammenspiel von Angebot und Nachfrage ergibt. Marktwertorientierte Vergleichsverfahren haben in den USA traditionell eine stärkere Bedeutung als in Deutschland. Es wird zwar auch hier anerkannt, dass diese Methode Anhaltspunkte zur Beurteilung von Unternehmenswerten liefert, sie wird jedoch nicht als gleichwertige Alternative zu einer fundierten Unternehmensbewertung betrachtet. Kritisiert werden insbesondere eine mangelnde theoretische Ableitung sowie die fehlende intersubjektive Nachprüfbarkeit.

Der Grundgedanke bei der Verwendung von Marktmultiplikatoren ist die Annahme, dass gleiche Wertmaßstäbe für in bestimmten Dimensionen ähnliche Unternehmen gelten. Voraussetzung einer marktorientierten Bewertung sind jedoch die Verfügbarkeit der entsprechenden Informationen sowie eine möglichst detaillierte Analyse des Vergleichbarkeitsgrads der ausgewählten Unternehmen. Der Unternehmenswert ergibt sich danach aus der Multiplikation eines durchschnittlich berechneten Multiplikators mit der entsprechenden Finanzkennzahl des zu bewertenden Unternehmens. Auch wenn Marktwerte in erster Linie als Praktikerverfahren gelten, ermöglicht ihre Berücksichtigung u.U. eine Plausibilisierung der investitionstheoretischen Ergebnisse (*Abbildung 5-25*).

ÜBERBLICK MULTIPLIKATORBASIERTE BEWERTUNGSANSÄTZE

Relevant für Banken

Multiplikator	Ansatz	Beschreibung
Market/Book	Marktbewertung in Relation zum bilanziellen Eigenkapital	Gesamtmarktkapitalisierung geteilt durch das ausgewiesene Eigenkapital
Price/Earnings	Implizit erwartetes Gewinnwachstum	Börsenkurs der Aktie geteilt durch den verfügbaren Nettogewinn pro Aktie
Price/Cashflow	Erwartete Entwicklung der Cashflows	Börsenkurs der Aktie geteilt durch den verfügbaren Cashflow pro Aktie
Price/Revenues	Marktbewertung in Relation zum Umfang des operativen Geschäfts	Gesamtmarktkapitalisierung geteilt durch die Erträge
Dividendenrendite	Bewertung auf Basis der erwarteten Dividendenentwicklung	Dividende pro Aktie geteilt durch den aktuellen Börsenkurs
Price/AuM*	Marktbewertung relativ zu den Assets, die Gebührenerträge generieren	Gesamtmarktkapitalisierung geteilt durch die Assets under Management

* AuM = Assets under Management; Multiplikator am relevantesten für Asset Manager und Privatbanken
Quelle: Bloomberg, McKinsey

Abbildung 5-25: Überblick über häufig verwendete Marktmultiplikatoren

Der geläufigste Ertragsmultiplikator im Bankensektor ist die Price-Earnings (P/E) Ratio, auch Kurs-Gewinn-Verhältnis (KGV) genannt. Diese setzt den aktuellen Aktienkurs (P) des Unternehmens in Bezug zum geschätzten Gewinn pro Aktie der Folgeperiode (E). Dieser „Preis für jeden zukünftigen Euro Gewinn" ist von Bank zu Bank unterschiedlich und wird vor allem davon beeinflusst, wie hoch und volatil das zukünftige Gewinnwachstum ist. Von zwei Banken mit gleicher aktueller Ertragskraft – gemessen am Gewinn pro Aktie der laufenden bzw. nächsten Periode – bewertet der Investor naturgemäß das Unternehmen höher, das die stabileren, langfristig stärker wachsenden und besser ausschüttbaren zukünftigen Gewinne verspricht. Untersucht man die

P/E Ratios der großen europäischen Banken, stellt man fest, dass mit einem Bestimmtheitsmaß von fast 60% das zukünftig zu erwartende Gewinnwachstum (in diesem Fall der

Jahre 2003 bis 2005) der Haupterklärungsfaktor für unterschiedlich hohe P/E-Multiplikatoren im Bankensektor ist.

Der zweite wichtige Marktmultiplikator ist die Market-to-Book (M/B) Ratio, definiert als Verhältnis von Marktkapitalisierung zu ausgewiesenem (Buch-)Eigenkapital. Da bei einigen Instituten stille Reserven eine große Rolle spielen, werden von Investment-Banken auch häufig bereinigte M/B Ratios ausgewiesen, bei denen der Nenner um die stillen Reserven adjustiert wird. Der Preis, den ein Investor für das vorhandene Eigenkapital zu zahlen bereit ist, hängt von zwei Faktoren ab: der aktuellen Eigenkapitalrentabilität und den Wachstumserwartungen. Das M/B-Verhältnis lässt sich entsprechend mathematisch als Produkt des RoE, hier dargestellt als Quotient von E (Earnings) und B (Book Value of Equity), und der P/E Ratio fassen.

$$\frac{M}{B} = \frac{E}{B} \, (RoE) \times \frac{P(M)}{E}$$

Ein Vergleich der M/B Ratios von verschiedenen Instituten bzw. ganzen Branchen zeigt nur, für welche Unternehmen Investoren derzeit bereit sind, einen höheren Preis zu bezahlen, aber nicht warum (*Abbildung 5-26*). Zerlegt man die M/B Ratio in die genannten Bestandteile RoE und P/E Ratio, so sind zusätzliche Einsichten möglich. Private Banking ist in Europa beispielsweise als Branche mit einer durchschnittlichen M/B Ratio von 3,1 am höchsten bewertet. Dabei liegt der RoE mit durchschnittlich 17,2% nur im Mittelfeld; allerdings sind die impliziten Wachstumserwartungen (P/E) höher als in anderen Branchen (außer im Asset Management).

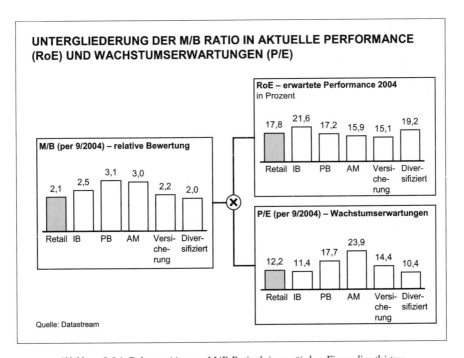

Abbildung 5-26: Dekomposition von M/B Ratios bei europäischen Finanzdienstleistern

Zwar sind RoE und P/E multiplikativ verknüpft, ihr Erklärungsgrad bezüglich des M/B-Verhältnisses kann jedoch sehr unterschiedlich sein. Eine Analyse für die Stichprobe der Retail-Banken verdeutlicht dies. Die Korrelation zwischen M/B Ratio und RoE ist mit 0,78 relativ hoch, zwischen M/B Ratio und P/E jedoch mit nur 0,15 sehr niedrig. Dies bedeutet, dass sich der Kapitalmarkt bei der Bewertung von Retail-Bank-Aktien vor allem auf die aktuelle bzw. kurzfristig zu erwartende Profitabilität konzentriert – kurzfristige Wachstumserwartungen sind zwar nicht homogen, aber weniger wertdifferenzierend als langfristige. Dies ist bei anderen Branchen nicht ganz so ausgeprägt, wie die nachfolgende Abbildung verdeutlicht (*Abbildung 5-27*).

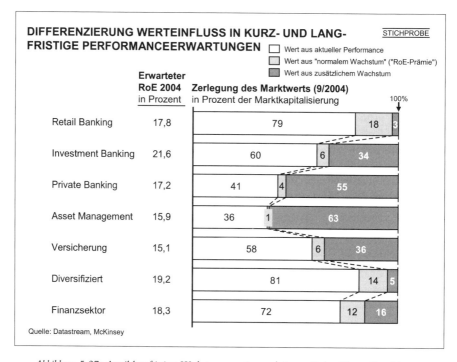

Abbildung 5-27: Anteil langfristiger Wachstumserwartungen bei europäischen Finanzdienstleistern

Diese Zahlen können zur Plausibilisierung eines fundamental ermittelten Unternehmenswerts herangezogen werden, indem man beispielsweise die erwartete Rentabilität des Bewertungsobjekts (RoE in $t+1$) mit den durchschnittlichen Branchen P/E multipliziert und das resultierende M/B-Verhältnis mit dem Ergebnis des DCF-Modells vergleicht. Dabei ist es wichtig, sich bei der Auswahl der Vergleichsunternehmen nicht auf den nationalen Markt zu beschränken, sondern auch internationale Banken in die Analyse einzubeziehen. Strategische und finanzielle Investoren agieren zunehmend international – entsprechend muss man sich als Unternehmen diesen Bewertungsmaßstäben stellen.

Während man in Summe feststellen kann, dass DCF-Bewertungen die theoretisch korrekte Methode darstellen, kommt man in der Praxis um die Plausibilisierung über Marktmultiplikatoren kaum herum. Sehr häufig werden Verhandlungen mit Fokus auf Marktmultiplikatoren geführt. Dies sollte jedoch stets mit einem guten Verständnis der zugrunde liegenden ökonomischen Zusammenhänge erfolgen, die jedoch erst in einem DCF-Modell explizit gemacht werden.

5.4 Zusammenfassung

Die fundamentale, d.h. an Zukunftserfolgen orientierte Unternehmensbewertung ist auch bei Banken die in Theorie und Praxis am weitesten verbreitete und akzeptierte Methode. Banken unterliegen im Vergleich zu Industrieunternehmen dabei jedoch einigen methodischen Besonderheiten, insbesondere hinsichtlich der Vorteilhaftigkeit der Anwendung des Equity-Ansatzes bei der DCF-Bewertung. Wenn Marktmultiplikatoren zur Vereinfachung oder zur Plausibilisierung herangezogen werden, verwendet man in dieser Branche entsprechend primär Kennziffern, die sich auf Eigenkapital- (P/E, M/B) anstatt auf Gesamtkapitalziffern (EV/EBIT) beziehen.

Mit der Berücksichtigung dieser konzeptionellen Besonderheiten ist aber nur ein kleiner Teil der Herausforderung „Bewertung von Banken" bewältigt. Die Prognose zukünftiger Erfolgsgrößen ist bei Banken, insbesondere dann, wenn nur öffentlich verfügbare Informationen vorliegen, besonders schwierig. Dies liegt zum einen an der starken Abhängigkeit von volkswirtschaftlichen Schwankungen, zum anderen an der geringen Transparenz bezüglich genutzter Bewertungsspielräume (z.B. im Kreditportfolio) sowie der Nachhaltigkeit von Handelsergebnissen und des Fristentransformationsbeitrags.

Mit den hier vorgestellten Ansätzen kann jedoch die Unsicherheit bei diesem Prognoseproblem deutlich reduziert werden. Folgende Regeln lassen sich zusammenfassend festhalten:

(1) Fokussieren Sie die Modellierung auf die wichtigsten Werttreiber des Instituts – eine Auseinandersetzung mit den wichtigsten Ertrags-, Kosten- und Wachstumstreibern hilft bei der Priorisierung.

(2) Verwenden Sie ausreichend Zeit auf die Plausibilisierung der Risikovorsorge, indem Sie den Risikovorsorgebestand dem vergleichbarer Wettbewerber gegenüberstellen, die Historie der tatsächlichen Ausfälle mit der Rückstellungsbildung vergleichen und sich anhand der Ratingentwicklung ein Bild von dem zu erwartenden Risikovorsorgebedarf machen.

(3) Zerbrechen Sie sich als Außenstehender nicht den Kopf über die Nachhaltigkeit eines Fristentransformationsergebnisses – ohne interne Daten ist eine Bestimmung nicht möglich. Versuchen Sie, über eine Abschätzung von Konditionsbeiträgen das ALM-Ergebnis als Residuum zu berechnen. Wenn dies in den letzten Jahren einen einigermaßen stabilen Anteil am gesamten Zinsergebnis hatte, dann kann man diesen Ergebnisbeitrag als teilweise nachhaltig annehmen.

(4) Die Anwendung der Nettomethode ist bei Banken Standard – die anzusetzenden Eigenkapitalkosten lassen sich am besten empirisch über Kapitalmarktmodelle ableiten bzw. bei nicht quotierten Unternehmen über entsprechende börsennotierte Vergleichsunternehmen. Bei der Auswahl der Vergleichsunternehmen kommt es insbesondere auf die Gleichartigkeit des Geschäftsmodells an und weniger auf den Verschuldungsgrad.

(5) Plausibilisieren Sie die von Ihnen prognostizierte Ergebnisentwicklung über in sich geschlossen modellierte Szenarien. Die empirischen Korrelationen mit den zukünftigen volkswirtschaftlichen Gesamtgrößen geben hier einen wichtigen Anhaltspunkt, insbesondere bezüglich der Frage, wie sich das Wachstum implizit auf organische Komponenten und echte Marktanteilsgewinne aufteilt.

(6) Nutzen Sie Marktmultiplikatoren zur Plausibilisierung von bestimmten Ergebnissen oder um implizite (objektive) Wachstumserwartungen eines Instituts oder einer Industrie herauszufiltern. Diese müssen nicht mit Ihren eigenen (subjektiven) übereinstimmen. Dies liegt daran, dass Marktwerte Preise, d.h. tatsächlich zustande gekommene Einigungswerte zwischen Käufer und Verkäufer, darstellen, während fundamentale, subjektiv ermittelte DCF-Werte Grenzpreise sind, d.h. Preisober-/untergrenzen aus Sicht eines potenziellen Käufers/Verkäufers.

Diese Hinweise können nicht die verbleibende Prognoseunsicherheit beheben, die jedem zukunftsorientierten Ansatz immanent ist, wohl aber den Fokus des Bewerters auf die entscheidenden Bewertungsparameter lenken und somit das Verhältnis von Analyse- und Prognoseaufwand zu Bewertungsqualität, d.h. -genauigkeit, verbessern. Wichtig ist immer die Ausgangsfrage: Was wollen Sie mit der Unternehmensbewertung erreichen? Je nachdem, ob es um die Ermittlung eines absoluten Werts für ein Gesamtinstitut, die Gegenüberstellung von Marktwert und fundamentalem Zukunftserfolgswert oder um ein tiefer gehendes Verständnis des Werteinflusses einzelner Werttreiber geht, muss der Detaillierungsschwerpunkt der Unternehmensbewertung anders gesetzt werden.

Dies gilt vor allem für außergewöhnliche Bewertungsanlässe, wenn zusätzlich das richtige Timing, d.h. die zeitnahe Bereitstellung von Bewertungsinformationen, genauso wichtig ist wie eine hohe Prognose- und damit auch Bewertungsqualität. Beispiel M&A-Situationen: Marktwertschwankungen eines börsengehandelten Kaufobjektes können hier innerhalb eines volatilen Jahres wie z.B. in 2003 ein Vielfaches der erwarteten Synergien ausmachen und damit über Wertsteigerung oder Wertvernichtung der Transaktion aus Sicht der Aktionäre des Käufers entscheiden. Die objektive „Richtigkeit" eines fundamental ermittelten Unternehmenswertes tritt dann etwas in den Hintergrund.

6 Bewertung von Versicherungsunternehmen

von *Alfred Graßl* und *Martin Beck**

6.1 Einleitung	166
6.2 Bewertungsrelevante Grundlagen der Versicherungswirtschaft	167
6.2.1 Differenzierung von Versicherungsunternehmen nach Sparten	167
6.2.2 Differenzierung von Versicherungsunternehmen nach Rechtsformen	169
6.2.3 Methoden zur Bewertung von Versicherungsunternehmen	170
6.3 Erläuterung bewertungsrelevanter versicherungstechnischer Besonderheiten im Jahresabschluss	171
6.3.1 Bilanz	171
6.3.1.1 Aktiva	172
6.3.1.1.1 Kapitalanlagen	172
6.3.1.1.2 Forderungen aus dem selbst abgeschlossenen Versicherungsgeschäft (Forderungen s.a.G.)	172
6.3.1.1.3 Sonstige Aktiva	172
6.3.1.2 Passiva	172
6.3.1.2.1 Versicherungstechnische Rückstellungen	172
6.3.1.2.2 Beitragsüberträge	173
6.3.1.2.3 Schadenrückstellung (Rückstellung für noch nicht abgewickelte Versicherungsfälle)	173
6.3.1.2.4 Schwankungsrückstellung und ähnliche Rückstellungen	173
6.3.1.2.5 Sonstige versicherungstechnische Rückstellungen	174
6.3.1.2.6 Andere Rückstellungen	174
6.3.1.2.7 Verbindlichkeiten aus dem selbst abgeschlossenen Versicherungsgeschäft (Verbindlichkeiten s.a.G.)	174
6.3.1.2.8 Sonstige Passiva	174
6.3.2 Aufbau der Gewinn- und Verlustrechnung	174
6.3.2.1 Verdiente Beiträge brutto	175
6.3.2.2 Aufwendungen für Versicherungsfälle brutto	175
6.3.2.3 Aufwendungen für den Versicherungsbetrieb brutto	175
6.3.2.4 Übriges versicherungstechnisches Ergebnis	175
6.3.2.5 Rückversicherungsergebnis	176
6.3.2.6 Kapitalanlageergebnis	176
6.3.2.7 Übriges Ergebnis	176
6.3.3 Solvabilität	176
6.4 Ermittlung des Unternehmenswerts	177
6.4.1 Kapitalisierungszinssatz	178

---

* Alfred Graßl und Martin Beck, DBO Deutsche Warentreuhand AG, München.

6.4.1.1 Risikozuschlag 180
6.4.1.2 Wachstumsabschlag 180
6.4.2 Vergangenheitsanalyse 181
6.4.2.1 Kostensatz 182
6.4.2.2 Geschäftsjahresschadenquote 182
6.4.2.3 Combined Ratio 182
6.4.2.4 Abwicklungsquote 182
6.4.2.5 Nicht versicherungstechnisches Ergebnis 183
6.4.3 Prognoserechnungen 183
6.4.3.1 Beiträge 184
6.4.3.2 Kostenteilung 184
6.4.3.3 Aufwendungen für Versicherungsfälle 186
6.4.3.4 Aufwendungen für den Versicherungsbetrieb 186
6.4.3.5 Rückversicherungsergebnis 186
6.4.3.6 Kapitalanlageergebnis 187
6.4.3.7 Übriges Ergebnis 188
6.4.4 Gutachterliche Bewertungskorrekturen in der Prognoserechnung 188
6.4.5 Branchenspezifische Aspekte 189
6.4.5.1 Nicht betriebsnotwendiges Vermögen 189
6.4.5.2 Behandlung stiller Reserven 189
6.4.6 Modularer Aufbau der Ertragswertermittlung eines Schaden-/
Unfallversicherungsunternehmens 190
6.5 Schlussbemerkung und Zusammenfassung 190
6.6 Literaturverzeichnis 191

6.1 Einleitung

Seit geraumer Zeit ist in der Versicherungswirtschaft eine stetige Zunahme der Anlässe für eine Unternehmensbewertung zu verzeichnen. Die Bewertungsanlässe ergeben sich aus gesetzlichen Vorschriften, insbesondere aus dem Aktiengesetz,[1] dem Umwandlungsgesetz[2] und anderen gesetzlichen Vorschriften[3] sowie aus unternehmerischen Initiativen.[4]

---

[1] Z.B. Unternehmensverträge (Gewinnabführungs- oder Beherrschungsvertrag: Angemessener Ausgleich § 304 AktG; Abfindung §§ 305, 320b AktG), Ausschluss von Minderheitsaktionären (sog. Squeeze-Out [§ 327a ff. AktG]).

[2] Z.B. Verschmelzungen (§ 9 UmwG), Auf- und Abspaltungen (§ 125 UmwG).

[3] Z.B. Impairment-Test (nach: IDW Stellungnahme zur Rechnungslegung: Anwendung des IDW S 1 bei der Bewertung von Beteiligungen und sonstigen Unternehmensteilen für die Zwecke eines handelsrechtlichen Jahresabschlusses [IDW RS HFA 10], verabschiedet vom Hauptfachausschuss [HFA] am 29.9.2003). Zur Internationalen Rechnungslegung nach IFRS vgl. IAS 36, Börseneinführung (Initial Public Offering [IPO]) oder die Demutualisierung (= Umwandlung [§§ 207, 208 UmwG]; Wechsel der Rechtsform eines Versicherungsvereins auf Gegenseitigkeit zu einer Versicherungsaktiengesellschaft, vgl. Biewer, A. [1998], S. 1-3).

[4] Beispielsweise Kauf oder Verkauf von Unternehmen, Bestandsübertragungen von Versicherungsbeständen und Unternehmensumstrukturierungen; bei Bestandsübertragungen vgl. *Sauer, R.* (2003), S. 1-32.

Die verstärkte unternehmerische Initiative ist zum einen aus Konzentrationstendenzen und den damit verbundenen verstärkten Merger & Acquisition- Aktivitäten in der Branche zu erklären.[5] Durch Übernahmen und Fusionen wurde versucht, Marktanteilsgewinne und damit verbunden, Economic of Scale zu schaffen. In Europa kam es hierdurch zunächst zu Unternehmensübernahmen im Heimatmarkt und der Schaffung einer dominanten Marktposition. Durch die Einführung einer einheitlichen Währung in Europa und des daraus entstehenden einheitlichen Marktes kam es danach zu einem Konzentrationsprozess auf europäischer Ebene. Beispiele für Übernahmen zur Absicherung der Position im Heimatmarkt sind die ERGO Versicherungsgruppe, Züricher Versicherungsgruppe Deutschland und AMB Generali Deutschland.

Daneben ist auch bei Versicherungsunternehmen eine verstärkte Tendenz der Unternehmenssteuerung zur wertorientierten Unternehmensführung anstelle traditioneller Jahresabschlussgrößen, wie Beitragsvolumen oder Jahresüberschuss zu verzeichnen.[6] In diesem Zusammenhang wird der Erfolg eines Versicherungsunternehmens vor allem anhand der Veränderung des Unternehmenswertes pro Periode gemessen.

Zur Unternehmensbewertung von Industrieunternehmen finden sich in der einschlägigen Bewertungsliteratur eine Vielzahl von Aufsätzen, Schriften und Monographien. Im Prozess der Leistungserstellung unterscheidet sich ein Industrieunternehmen von einem Versicherungsunternehmen jedoch erheblich. Unterschiede lassen sich schon bei der ersten Betrachtung der Bilanz und Ergebnisrechnung eines Versicherungsunternehmens erkennen. Deshalb sind auch die Bewertungsansätze für Versicherungsunternehmen, die Versicherungsschutz[7] als Leistungserstellung erbringen, gegenüber den herkömmlichen Ansätzen für Industrieunternehmen zu modifizieren.

Dieser Beitrag gibt einen kurzen Einblick in die Praxis der Bewertung von Versicherungsunternehmen, deren Bedeutung aufgrund der aufgezeigten Entwicklungen zugenommen hat. Im Folgenden werden zunächst versicherungstechnische Grundlagen erläutert, um anschließend, basierend auf den allgemeinen methodischen Grundsätzen der Unternehmensbewertung, auf die Ertragswertermittlung eines Schaden-/Unfallversicherungsunternehmens einzugehen. Der modulare Aufbau dieser Unternehmensbewertung wird am Ende als Zusammenfassung dargestellt.

6.2 Bewertungsrelevante Grundlagen der Versicherungswirtschaft

6.2.1 Differenzierung von Versicherungsunternehmen nach Sparten

Grundsätzlich lassen sich zwei Haupttypen von Versicherungsunternehmen unterscheiden: die Individualversicherung und die Sozialversicherung. Für die Sozialversicherung

---

[5] Vgl. *Kern, H.* (1999), S. 218.
[6] Vgl. *Buck, H.* (1997), S. 1660-1668; *Dombert, A./Robens, B., H.* (1997), S. 1696-1700; *Hancock, J./Huber, P./Koch, P.* (2002), *Oletzky, T.* (1998); *Oletzky, T./Schulenburg, J.-M. Graf von der* (1998), S. 66, *Stevens, A./Krall, M.* (2000), S. 80-82.
[7] Das Produkt Versicherungsschutz gewährt dem Versicherungsnehmer oder einem geschädigten Dritten die Aufwendungen im Versicherungsfall zu ersetzen, die zur Beseitigung des Schadens, auf den sich der Versicherungsschutz bezieht, anfallen, vgl. *Helten, E.* (1989), Sp. 2178.

besteht weitestgehend gesetzliche Versicherungspflicht (z.B. Renten-, Kranken- oder Arbeitslosenversicherung). Der Abschluss einer Individualversicherung ist dagegen weitgehend freiwillig. Die Individualversicherung lässt sich weiter unterteilen in Personenversicherungen (Lebens- und Krankenversicherung), Schaden-/Unfallversicherungen (z.B. Feuer- oder Hausratversicherung) sowie die Rückversicherung.

Lebensversicherungsunternehmen bieten meist lang laufende Verträge, die im Todesfall oder nach Vertragsablauf eine monatliche Rente oder eine Einmalzahlung leisten. Private Krankenversicherungen bieten Personen, die nicht in der gesetzlichen Krankenversicherung versichert sind, unterschiedlichen Versicherungsschutz bei Krankheit (z.B. Krankenhauskosten oder Krankentagegeld). Schaden-/Unfallversicherungen decken Schäden an konkret umschriebenen Sachen/Gegenständen (z.B. Hausrat), Haftungsrisiken oder Personenschäden ab.

Ein Schaden-/Unfallversicherungsunternehmen (auch Kompositversicherung) betreibt typischerweise folgende Sparten:[8]

- Unfallversicherung,
- Haftpflichtversicherung,
- Kraftfahrzeugversicherung,
- Feuer- und Sachversicherung,
- verbundene Hausrat- und Gebäudeversicherung,
- Spezialversicherungen (z.B. Kredit- und Kautionsversicherung).

Alle bisher beschriebenen Versicherungsunternehmen können auch unter dem Begriff Erstversicherung subsumiert werden. Im Gegensatz dazu stehen die Rückversicherungsunternehmen. Die Rückversicherung übernimmt gegen Zahlung einer Rückversicherungsprämie Teile des Risikos des Erstversicherers. Vereinfacht kann der Rückversicherer als „Versicherung der Versicherer" bezeichnet werden. Die Vertragsbeziehungen zwischen Erst- und Rückversicherungsunternehmen sind vielfältig und komplex. Als Haupttypen werden proportionale Verträge (Quoten- und Summenexzedentenverträge) und nicht proportionale Verträge (z.B. Schadenexzedentenverträge) unterschieden. Hinsichtlich der Art der vertraglichen Bindung ist die obligatorische Rückversicherung (feste Vereinbarungen) von der fakultativen Rückversicherung (zusätzliche freiwillige Vereinbarungen) zu trennen.

Die aufgezeigte Differenzierung lässt sich, wie in Abb. 6-1 gezeigt, zusammenfassen.

Im Folgenden wird im Wesentlichen die Bewertung von Schaden-/Unfallversicherungsunternehmen im Rahmen der Erstversicherung (selbst abgeschlossenes Geschäft) erläutert.[9] Auf eine Darstellung des in Rückdeckung genommenen Geschäfts wird aus Vereinfachungsgründen verzichtet.

---

[8] Zu den einzelnen Versicherungszweigen eines Kompositversicherungsunternehmens vgl. *Hartung, T.* (2000), S. 144.
[9] Zur Bewertung von Lebensversicherungsunternehmen vgl. *Pfaffenzeller, F.* (1995), *Sieben, G.* (1994): S. 479-506, *Gessner, P./Zwiesler, H.-J.* (1996), S. 226-231.

Erstversicherungsunternehmen	
Individualversicherung	**Sozialversicherung** (gesetzliche Versicherungspflicht)
Personenversicherung Lebens- und Krankenversicherung Schaden-/Unfallversicherung z. B. Kraftfahrzeug-, Haftpflichtversicherung	Rentenversicherung Krankenversicherung Arbeitslosenversicherung
Rückversicherungsunternehmen	
(Versicherung der Versicherer) obligatorische Rückversicherung fakultative Rückversicherung	

Abbildung 6-1: Übersicht Unterscheidung Versicherungsunternehmen nach Versicherungsarten

6.2.2 Differenzierung von Versicherungsunternehmen nach Rechtsformen

Besonderheiten zu Industrieunternehmen lassen sich nicht nur im Bereich der Leistungserstellung erkennen. Versicherungsunternehmen unterliegen partiell auch anderen unternehmensexternen Rahmenbedingungen. Eine bedeutende Restriktion sind die zulässigen Rechtsformen von Versicherungsunternehmen.[10] Aus der Wahl der Rechtsform und der daraus resultierenden Eigentümerstruktur können sich bewertungsrelevante Auswirkungen hinsichtlich der Ziele zwischen Eigentümern und Versicherungsunternehmen ergeben.

Erstversicherungsunternehmen können nach dem Gesetz über die Beaufsichtigung der Versicherungsunternehmen[11] gemäß § 7 Abs. 1 VAG als

- Aktiengesellschaft,
- Versicherungsverein auf Gegenseitigkeit (VVaG) sowie als
- Körperschaft und Anstalt des öffentlichen Rechts betrieben werden.

Hinsichtlich der Rechtsform Aktiengesellschaft bestehen keine Branchenspezifika. Deshalb wird nachfolgend kurz auf die besonderen Rechtsformen von Versicherungsunternehmen eingegangen.

Eine spezielle Rechtsform für Unternehmen der Versicherungswirtschaft stellt der Versicherungsverein auf Gegenseitigkeit (VVaG) dar.[12] Die Gesellschaft betreibt ihr Geschäft nach dem Grundsatz der Gegenseitigkeit. Dabei weist sie die Besonderheit der Übereinstimmung von Versicherungsnehmern und Mitgliedern[13] auf. Ihr wirtschaftliches Ziel ist nicht die Gewinnmaximierung für Aktionäre, sondern einen möglichst preisgünstigen Versicherungsschutz für die versicherten Mitglieder zu bieten. Einem VVaG ist die Eigenkapitalbeschaffung nur eingeschränkt über die Thesaurierung von Gewinnen möglich.

---

[10] Vgl. § 7 Abs. 1 VAG.
[11] Kurz: Versicherungsaufsichtsgesetz oder VAG.
[12] Zur Bedeutung und historischen Entwicklung von VVaG vgl. *Weber, N.* (1998), S. 1274.
[13] Vgl. *Farny, D.* (1995), S. 172, *Kalwar, H.* (1982), S. 4-6.

Eine Emission sowie der Handel von als Eigentumsrechten verbrieften Finanztiteln ist nicht zulässig.[14] Aufgrund der Übereinstimmung zwischen Versicherungsnehmern und Mitgliedern sind bei der Bewertung eines Versicherungsunternehmens in dieser Rechtsform die ausschüttungsfähigen Überschüsse besonders nach Art und Struktur zu prüfen, ob diese aufgrund einer Rückerstattung an den Versicherungsnehmer erfolgen, oder eine Gewinnausschüttung an die Mitglieder darstellen.[15]

Körperschaften und Anstalten des öffentlichen Rechts[16] sind eine mitgliedschaftlich verfasste und unabhängig vom Wechsel der Mitglieder bestehende Organisationsform. Historisch wurden diese Unternehmen von Staats wegen gegründet, um den zum Teil gesetzlich vorgeschriebenen[17] Versicherungsschutz anzubieten. Zur Erweiterung der Eigenkapitalbasis steht Versicherungsunternehmen dieser Rechtsform wie bei dem VVaG, nur die Thesaurierung von Gewinnen zur Verfügung.

Darüber hinaus müssen Versicherungsunternehmen mit Sitz im Ausland, die in Deutschland das Direktversicherungsgeschäft betreiben, gemäß §§ 105 ff. VAG eine Niederlassung errichten.

Die folgenden Ausführungen beziehen sich auf ein Versicherungsunternehmen, das in der Rechtsform der Aktiengesellschaft betrieben wird, da diese Rechtsform bei Versicherungsunternehmen überwiegt.[18]

6.2.3 Methoden zur Bewertung von Versicherungsunternehmen

In Abhängigkeit vom Bewertungsanlass und der zu bewertenden Versicherungssparte werden unterschiedliche Bewertungsmethoden verwendet. Bei ausschließlich finanziellen Zielsetzungen wird der Wert eines Unternehmens nach heutigem Verständnis durch den Barwert der aus dem Unternehmen zukünftig realisierbaren Nettoausschüttungen an die Anteilseigner ermittelt. Geeignete Bewertungsmethoden, die den Unternehmenswert als Zukunftserfolgswert ermitteln, sind das Ertragswertverfahren und die Discounted-Cashflow-Methode. Bei der Bewertung von Versicherungsunternehmen ist die Discounted-Cashflow-Methode in der Praxis nicht relevant, da für die Versicherungstechnik keine detaillierten Cashflow-Größen geplant werden.

In der Praxis werden ergänzend, in Abhängigkeit von der Zielsetzung, unter anderem folgende wesentliche Verfahren angewandt:

- Embedded Value,
- Appraisal Value,
- Multiplikatorverfahren und
- Liquidationswertverfahren.

---

[14] Zur Bildung von Eigenkapital sowie weiterer Einschränkungen vgl. *Braeß, P.* (1964), S. 4-5, *Farny, D.* (1995), S. 185.
[15] Für die detaillierte Behandlung vgl. *Hartung, T.* (2000), S. 123.
[16] Träger sind Gebietskörperschaften wie Bundesländer, Gemeinden oder öffentlich-rechtliche Kreditinstitute.
[17] Z.B. die bis 1994 gesetzlich vorgeschriebene Gebäudebrandversicherung.
[18] Zur Übersicht der Versicherungsgesellschaften in Deutschland und deren Rechtsformen vgl. *Hartung, T.* (2000) S. 122.

Der Embedded Value und der Appraisal Value sind Bewertungsverfahren überwiegend für Versicherungsunternehmen der Sparten Leben- und Krankenversicherung. Diese Größe setzt sich aus dem Wert des aktuellen Versicherungsportfeuilles, des Leben- und Krankenversicherungsgeschäftes, dem so genannten In-Force-Value und dem Net-Asset-Value des Unternehmens zusammen. Der In-Force-Value ist der Barwert der künftigen Deckungsbeiträge aus dem aktuellen Versicherungsbestand unter der Annahme, dass kein weiteres Neugeschäft gezeichnet wird. Zur Ermittlung des In-Force-Value müssen verschiedene versicherungsspezifische Annahmen[19] getroffen werden, die in Abhängigkeit von den gesetzten Prämissen zu unterschiedlichen Schätzwerten führen können. Durch die Nichtberücksichtigung des Neugeschäfts wird das bestehende, zukünftig nutzbare Know-how, insbesondere das Wachstumspotenzial des Versicherungsunternehmens, nicht berücksichtigt. Der Wettbewerb in Europa vollzieht sich jedoch derzeit gerade über die verschiedenen Vertriebsmöglichkeiten (Multi-Channel-Ansatz). Praxisbeispiele sind Kooperationsabkommen großer Versicherungsgruppen mit Banken.

Eine Weiterentwicklung des Embedded Value ist der Appraisal Value. Dieser baut auf dem Embedded Value auf und berücksichtigt das zukünftige Wachstum des Unternehmens und somit auch das Wachstumspotenzial aus dem Neugeschäft des Versicherungsunternehmens. Jedoch werden beim Appraisal Value die bisherigen Bewertungsannahmen übernommen. Damit wird das gesamte Bewertungsergebnis des Appraisal Value, auch unter Einbeziehung des Neugeschäfts, nicht wesentlich verbessert.

Die Bewertung mit Hilfe von Multiplikatoren sind vereinfachende Verfahren und bilden im Markt zu beobachtende Kennziffern beispielsweise aus vergangenen Transaktionen ab (Kaufpreis eines Versicherungsunternehmens in Relation zum Prämienvolumen).

Als Methode zur Abbildung des Zukunftserfolgswertes nehmen wir auf das Ertragswertverfahren nach dem Standard des Instituts der Wirtschaftsprüfer in Deutschland e.V. „Entwurf des Standards Grundsätze zur Durchführung von Unternehmensbewertungen" (IDW ES 1 n.F.) Bezug.

6.3 Erläuterung bewertungsrelevanter versicherungstechnischer Besonderheiten im Jahresabschluss

Zum besseren Verständnis der Bewertungsvorgänge bei Versicherungsunternehmen werden im Folgenden die wesentlichen Posten der Bilanz und Gewinn- und Verlustrechnung[20] eines Schaden-/Unfallversicherungsunternehmens erläutert.

6.3.1 Bilanz

Die für die Unternehmensbewertung relevanten Posten der Bilanz eines Schaden-/Unfallversicherungsunternehmens zeigt die nachfolgende Abbildung 6-2:

---

[19] Annahmen über die versicherungstechnischen Rückstellungen, das Alter des Versicherungsbestandes, die Stornoquote, die erzielbaren Renditen sowie über den Diskontierungsfaktor.
[20] Versicherungsunternehmen sind bei der Gliederung der Bilanz und Gewinn- und Verlustrechnung an die Formblätter 1 bis 3 der RechVersV gebunden.

Aktiva	Passiva

Kapitalanlagen
  Grundbesitz
  Beteiligungen
  Aktien
  festverzinsliche
  Wertpapiere
  Darlehen, Hypotheken
Forderungen s.a.G.
sonstige Aktiva
	Eigenkapital
	  gezeichnetes Kapital
	  Rücklagen
	versicherungstechnische
	Rückstellungen
	  Beitragsüberträge
	  Schadenrückstellungen
	  Schwankungsrückstellungen
	  andere Rückstellungen
	Andere Rückstellungen
	Verbindlichkeiten s.a.G.
	sonstige Passiva

Abbildung 6-2: Bilanzstruktur eines Versicherungsunternehmens

6.3.1.1 Aktiva

6.3.1.1.1 Kapitalanlagen

Die Kapitalanlagen eines Versicherungsunternehmens werden durch die Vorschriften zur Bedeckung wesentlich von der Höhe der versicherungstechnischen Passiva bestimmt. Ihr Volumen ist darüber hinaus von der Entwicklung der Beiträge, Zinsen und Versicherungsleistungen abhängig.

Die Anlagestruktur (Asset-Klassen[21]) für das gebundene Vermögen, das der Bedeckung der versicherungstechnischen Passiva dient, ist nach § 54 VAG in der Verordnung über die Anlage des gebundenen Vermögens von Versicherungsunternehmen normiert, steht also grundsätzlich nicht ausschließlich im Ermessen des Versicherungsunternehmens.

6.3.1.1.2 Forderungen aus dem selbst abgeschlossenen Versicherungsgeschäft (Forderungen s.a.G.)

Der Posten beinhaltet Forderungen an Versicherungsnehmer, Versicherungsvermittler sowie Mitglieds- und Trägerunternehmen.

6.3.1.1.3 Sonstige Aktiva

Bei den sonstigen Aktiva handelt es sich überwiegend um Betriebs- und Geschäftsausstattung, Forderungen aus dem konzerninternen Verrechnungsverkehr, Sonstige Forderungen/Vermögensgegenstände und Rechnungsabgrenzungsposten, die hier nicht näher erläutert werden.

6.3.1.2 Passiva

6.3.1.2.1 Versicherungstechnische Rückstellungen

Es handelt sich um Rückstellungen, die mit dem Versicherungsgeschäft unmittelbar zusammenhängen, damit die dauernde Erfüllbarkeit aus den Versicherungsverträgen ge-

---

[21] Z.B. festverzinsliche Wertpapiere, Aktien oder Immobilien.

währleistet ist.[22] Sie sind durch entsprechende Kapitalanlagen (gebundenes Vermögen) gemäß § 54 VAG in Verbindung mit der AnlV zu bedecken.

6.3.1.2.2 Beitragsüberträge

Entgegen dem Wortlaut handelt es sich inhaltlich nicht um eine Rückstellung, sondern um einen transitorischen Passivposten. Darunter werden im laufenden Geschäftsjahr vereinnahmte Versicherungsprämien gebucht, die erst für eine bestimmte Zeit nach dem Abschlussstichtag ertragswirksam werden.[23]

6.3.1.2.3 Schadenrückstellung (Rückstellung für noch nicht abgewickelte Versicherungsfälle)

Die Schadenrückstellung ist für Schaden-/Unfallversicherungsunternehmen von hoher Wertrelevanz. Sie umfasst Verpflichtungen aus am Abschlussstichtag bereits eingetretenen, aber noch nicht (vollständig) abgewickelten Versicherungsfällen. Sie setzt sich aus Einzelrückstellungen je Schadenfall, der Spätschadenreserve (am Bilanzstichtag bereits eingetretene oder verursachte, aber bei Schließung des Schadenregisters noch nicht gemeldete Schäden) sowie der Rückstellung für Schadenregulierungskosten zusammen.[24] Die Schadenrückstellung ist um Forderungen aus Regressen, Provenues und Teilungsabkommen (RPT-Forderungen) zu kürzen. Da die Höhe der Schadenrückstellung häufig nur im Wege der Schätzung zu ermitteln ist, besteht für das Versicherungsunternehmen im Rahmen zulässiger Ermessensspielräume die Möglichkeit der Bildung von Bewertungsreserven. Weicht der Betrag der tatsächlichen Versicherungsleistungen von dem dafür reservierten Betrag in der Rückstellung ab, ergeben sich Abwicklungsgewinne oder -verluste.

6.3.1.2.4 Schwankungsrückstellung und ähnliche Rückstellungen

Die Schwankungsrückstellung ist zum Ausgleich der Volatilitäten im Schadenverlauf künftiger Jahre gesetzlich zwingend zu bilden, wenn insbesondere nach den Erfahrungen in dem betreffenden Versicherungszweig mit erheblichen Schwankungen der jährlichen Aufwendungen für Versicherungsfälle zu rechnen ist, die Schwankungen nicht jeweils durch Beiträge ausgeglichen werden und die Schwankungen nicht durch Rückversicherung gedeckt sind.[25]

Das Verfahren zur Bildung der Schwankungsrückstellung und der ihr ähnlichen Rückstellungen ist in § 341 h HGB, §§ 29 und 30 RechVersV festgelegt und für die handelsrechtliche Rechnungsregelung zwingend zu beachten.[26] Aufgrund der vorgegebenen Ermittlungsverfahren erforderliche künftige Zuführungen zur Schwankungsrückstellung sind demnach als Aufwand zu berücksichtigen. Sie stehen damit nicht für Ausschüttungen an die Anteilseigner zur Verfügung. Gleichwohl erhöhen die Schwankungsrückstellung und die ihr ähnlichen Rückstellungen betriebswirtschaftlich als zusätzliches Risikokapital die künftige Ertragskraft des Unternehmens. Daher wird in einem Teil der Literatur zur Bewertung von Versicherungsunternehmen die Schwankungsrückstellung zum Eigenkapital

---

[22] Vgl. *Farny, D.* (1992), S. 129.
[23] Vgl. *Farny, D.* (1992), S. 130, *Treuberg, H. Graf von / Angermayer, B.* (1995), S. 277-278.
[24] Vgl. *Treuberg, H. Graf von / Angermayer, B.* (1995), S. 299.
[25] Vgl. *Farny, D.* (1992), S. 133; *Jäger, B.* (1991), S. 160, *Treuberg, H. Graf von / Angermayer, B.* (1995), S. 311.
[26] Zur Ermittlung der Schwankungsrückstellung vgl. *Schradin, H., R.* (1994), S. 230-231; *Karten, W.* (1988), S. 763-764.

gerechnet und die Veränderung in der Zukunft bei der Ermittlung des Ertragswertes nicht berücksichtigt. Diesen Überlegungen folgend werden bei der Ermittlung des Ertragswertes die Veränderungen der Schwankungsrückstellung nicht ertragsmindernd bzw. ertragserhöhend angesetzt.

Unter ähnlichen Rückstellungen werden Rückstellungen für normierte Großrisiken (Pharmarisiken und Atomrisiken) erfasst.

6.3.1.2.5 Sonstige versicherungstechnische Rückstellungen

Hierzu gehören im Wesentlichen die Stornorückstellung[27] zu den Beiträgen aus dem selbst abgeschlossenen Versicherungsgeschäft sowie die Rückstellung für drohende Verluste[28] für die einzelnen Versicherungszweige oder Versicherungsarten des selbstabgeschlossenen oder des in Rückdeckung übernommenen Versicherungsgeschäfts.

6.3.1.2.6 Andere Rückstellungen

Der Posten beinhaltet überwiegend nichtversicherungstechnische Rückstellungen, insbesondere Personal-, Steuer- und Pensionsrückstellungen.[29]

6.3.1.2.7 Verbindlichkeiten aus dem selbst abgeschlossenen Versicherungsgeschäft (Verbindlichkeiten s.a.G.)

Der Posten Verbindlichkeiten s.a.G. beinhaltet Verbindlichkeiten gegenüber Versicherungsnehmern, Versicherungsvermittlern, Mitglieds- und Trägerunternehmen sowie noch nicht ausgezahlte Versicherungsleistungen oder Provisionen für Versicherungsvermittler.[30]

6.3.1.2.8 Sonstige Passiva

Bei den übrigen Passiva handelt es sich überwiegend um konzerninterne Verrechnungen, Verbindlichkeiten aus bezogenen Leistungen und Rechnungsabgrenzungsposten, auf die hier nicht näher eingegangen wird.

6.3.2 Aufbau der Gewinn- und Verlustrechnung

Die Gewinn- und Verlustrechnung eines Schaden-/Unfallversicherungsunternehmens unterscheidet sich grundsätzlich von der eines Industrieunternehmens. Dabei wird nicht nach dem Umsatz- bzw. Gesamtkostenprinzip gegliedert, sondern nach der

- versicherungstechnischen Rechnung und der
- nichtversicherungstechnischen Rechnung.

Unter der versicherungstechnischen Rechnung bzw. der nichtversicherungstechnischen Rechnung lassen sich die nachfolgenden wesentlichen Posten zum Zweck der Unternehmensbewertung wie folgt zusammenfassen:

---

[27] Vgl. *Farny, D.* (1992), S. 135.
[28] Vgl. *Farny, D.* (1992), S. 135.
[29] Vgl. *Farny, D.* (1992), S. 136; (1995), *Treuberg, H. Graf von/Angermyer, B.* (1995), S. 341-344.
[30] Vgl. *Treuberg, H. Graf von/Angermyer, B.* (1995), S. 349.

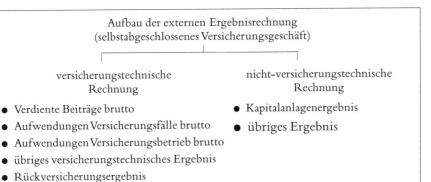

Abbildung 6-3: *Aufbau der externen Ergebnisrechnung*

6.3.2.1 Verdiente Beiträge brutto

Verdiente Beiträge sind Beitragseinnahmen, die Ertrag des Geschäftsjahres sind. Zu ihrer Ermittlung werden zu den gebuchten Bruttobeiträgen, das sind die im Geschäftsjahr fällig gewordenen Bruttobeiträge des selbst abgeschlossenen Geschäfts, die auf das Geschäftsjahr entfallenden Beitragsüberträge des Vorjahres hinzugerechnet und die auf zukünftige Geschäftsjahre entfallenden Beiträge (Beitragsüberträge des Geschäftsjahres) abgezogen. Rückversicherungsbeiträge und Anteile der Rückversicherer an den Beitragsüberträgen bleiben unberücksichtigt.

6.3.2.2 Aufwendungen für Versicherungsfälle brutto

Der Posten umfasst den Geschäftsjahresschadenaufwand (Zahlungen für Versicherungsfälle und Zuführung zur Schadenreserve) sowie das Abwicklungsergebnis der Vorjahresschadenreserve. Anteile der Rückversicherer bleiben unberücksichtigt.

6.3.2.3 Aufwendungen für den Versicherungsbetrieb brutto

In dem Posten sind die aus der Kostenteilung abgeleiteten Verwaltungsaufwendungen (Personal- und Sachaufwendungen) und die Abschlussaufwendungen enthalten. Diese Aufwendungen zuzüglich der kalkulatorischen Mietaufwendungen für eigengenutzte Grundstücke sind den Funktionsbereichen Regulierung von Versicherungsfällen, Abschluss von Versicherungsverträgen, Verwaltung von Versicherungsverträgen, zuzuordnen. Anteile der Rückversicherer bleiben unberücksichtigt.

6.3.2.4 Übriges versicherungstechnisches Ergebnis

Hier werden die Veränderungen der sonstigen versicherungstechnischen Brutto-Rückstellungen sowie die sonstigen versicherungstechnischen Bruttoerträge und -aufwendungen zusammengefasst.

6.3.2.5 Rückversicherungsergebnis

Da bisher alle versicherungstechnischen Posten brutto erfasst wurden, wird für Zwecke der Bewertung im Rückversicherungsergebnis der Saldo aus Erträgen und Aufwendungen der den jeweiligen Posten zugeordneten Rückversicherungsanteile ausgewiesen.

6.3.2.6 Kapitalanlageergebnis

Im Kapitalanlageergebnis werden die Erträge und Aufwendungen aus den einzelnen Kapitalanlagekategorien ausgewiesen. Bei den Erträgen werden die laufenden Erträge gesondert von den Veräußerungsgewinnen und Zuschreibungen erfasst, die Aufwendungen setzen sich im Wesentlichen aus Verwaltungs- und Zinsaufwendungen, Abschreibungen und Veräußerungsverlusten zusammen.

6.3.2.7 Übriges Ergebnis

Im übrigen Ergebnis (ohne Steuern) ist der Saldo aus geleisteten und empfangenen Dienstleistungen, sonstigen Erträgen und Aufwendungen sowie außerordentlichen Erträgen und Aufwendungen zusammengefasst.

6.3.3 Solvabilität

Unter der Solvabilität wird allgemein die Fähigkeit von Versicherungsunternehmen verstanden, ihre Existenz und die dauernde Erfüllbarkeit der eingegangenen Verpflichtungen jederzeit durch ausreichende Eigenmittel sicherzustellen.

Die Solvabilität wird von den Versicherungsaufsichtsbehörden im Rahmen der Finanzaufsicht überwacht. Nach § 53c VAG in Verbindung mit der Kapitalausstattungsverordnung sind Versicherungsunternehmen verpflichtet, zur Sicherstellung der dauernden Erfüllbarkeit der Verträge „freie unbelastete Eigenmittel"[31] mindestens in Höhe einer Solvabilitätsspanne zu bilden, die sich nach dem gesamten Geschäftsumfang bemisst. Die Solvabilitätsspanne bezeichnet den Betrag der erforderlichen Eigenmittel in Relation zu den jährlichen Beitragseinnahmen (Beitragsindex) oder nach den durchschnittlichen Aufwendungen für Versicherungsfälle der letzten drei Geschäftsjahre (Schadenindex). Der höher ermittelte Index wird dem maßgeblichen Eigenkapital gegenübergestellt.[32]

Bei der Bewertung von Versicherungsunternehmen ist die Einhaltung der Solvabilitätsspanne eine strenge Nebenbedingung bei der Ermittlung des ausschüttungsfähigen Ergebnisses. Im Rahmen der Plausibilisierung der Planung ist die hinreichende Solvabilitätsspanne als Ausschüttungsrestriktion zwingend zu beachten. Das geplante Beitragswachstum und die Qualität der gezeichneten Risiken wirken sich unmittelbar auf das notwendige Solvabilitätsniveau aus. Damit ist die Eigenkapitalausstattung eine entscheidende Restriktion für das geplante Wachstum eines Versicherungsunternehmens.

Im Rahmen der EU-Gesetzgebung sind die Anforderungen aus Solvency I aktuell schon zu berücksichtigen. Darüber hinaus sind aus dem weiteren Solvency-II-Projekt erhebliche Auswirkungen auf die Eigenkapitalanforderungen und damit auf die künfti-

---

[31] Vgl. *Farny, D.* (1995), S. 689-691.
[32] Zur Ermittlung der Solvabilitätsspanne vgl. *Farny, D.* (1995), S. 682-688.

gen Werte der Versicherungsunternehmen zu erwarten. Mit einer Transformation der Solvency-II-Anforderungen wird nach heutigem Diskussionsstand nicht vor dem Jahr 2008 gerechnet.

6.4 Ermittlung des Unternehmenswerts

Der Unternehmenswert eines Versicherungsunternehmens kann, wie oben bereits dargestellt, unterschiedlich ermittelt werden. Für die objektivierte Unternehmensbewertung stehen gemäß IDW ES 1 (n.F.)[33] sowohl die traditionelle Ertragswertmethode als auch die Discounted-Cashflow-Methode zur Verfügung. Im Folgenden wird die Vorgehensweise zur Bewertung nach der Ertragswertmethode ausführlich dargestellt. Wie oben bereits beschrieben wird auf die Bewertung mit Hilfe der Discounted-Cashflow-Methode nicht eingegangen, da sie für die Bewertung von Versicherungsunternehmen keine Praxisrelevanz besitzt.

Nach IDW ES 1 (n.F.) wird in der Funktion des neutralen Gutachters der Unternehmenswert als typisierter Zukunftserfolgswert ermittelt, der sich unter der Annahme einer grundsätzlich unveränderten Fortführung des Unternehmens im Rahmen des vorhandenen Unternehmenskonzepts, bezogen auf eine Alternativinvestition am Kapitalmarkt ergibt (objektivierter Unternehmenswert). Für den Unternehmenswert gelten die Status-quo- und die Stand-alone-Prämisse. Strukturänderungen sowie Restrukturierungsmaßnahmen und andere Maßnahmen, Investitionen und Desinvestitionen, die am Bewertungsstichtag noch nicht hinreichend konkretisiert bzw. eingeleitet sind, bleiben bei der Bewertung außer Betracht.

Der objektivierte Unternehmenswert stellt einen Erfolgswert aus der Sicht eines inländischen, unbeschränkt steuerpflichtigen Anteilseigners bei Fortführung des Unternehmens in unverändertem Konzept dar. Dieser Zukunftserfolgswert kann auch als ein Wert interpretiert werden, den ein beliebiger potenzieller Erwerber bei der Kaufpreisermittlung des Unternehmens diesem zugrunde legen würde. Bei der Ermittlung eines objektivierten Unternehmenswerts sind als Nettoeinnahmen der Unternehmenseigner diejenigen finanziellen Überschüsse zugrunde zu legen, die nach Berücksichtigung des zum Bewertungsstichtag dokumentierten Unternehmenskonzepts und rechtlicher Restriktionen zur Ausschüttung zur Verfügung stehen.

Die zur Ermittlung des Unternehmenswerts zu diskontierenden Nettoeinnahmen der Unternehmenseigner hängen vor allem von der Fähigkeit des Unternehmens ab, finanzielle Überschüsse zu erwirtschaften. Eine Unternehmensbewertung setzt daher eine Prognose der entziehbaren finanziellen Überschüsse des Unternehmens voraus. Diese werden durch die im Bewertungszeitpunkt vorhandene materielle Substanz des Unternehmens, seine Innovationskraft, seine Produktgestaltung und Marktposition, seine innere Organisation sowie sein disponierendes Management bestimmt.

---

[33] *IDW* S 1 (2000); Ende Dezember 2004 hat das IDW einen Entwurf des Standards Grundsätze zur Unternehmensbewertungen (IDW ES 1 n.F.) veröffentlicht. Es handelt sich hierbei um eine Weiterentwicklung des IDW S 1. Wesentliche Neuerungen sind die Annahme von Aktien als Alternativanlage und die empfohlene Verwendung eines Nachsteuer-CAPM anstatt des Standard-CAPM zur Ableitung der Alternativrendite; vgl. *Peemöller, V.H./Beckmann, C./Meitner, M.* (2005), S. 90-96.

Das zentrale Moment bei der Ertragswertermittlung stellt die Prognose der mit der Unsicherheit der Zukunftserwartungen behafteten künftigen Nettoeinnahmen der Anteilseigner dar. Bei der vorzunehmenden Schätzung sind Chancen und Risiken in gleicher Weise zu würdigen. Die in der Vergangenheit tatsächlich erzielten Überschüsse geben hierfür oftmals eine erste Orientierung.

Sofern in der Planung zwei Phasen unterschieden werden, sind in der ersten Phase der Planung (sog. Detailplanungsphase) die Ausschüttungen und die Verwendung der thesaurierten Beträge auf der Basis des individuellen Unternehmenskonzepts und unter Berücksichtigung der bisherigen und geplanten Ausschüttungspolitik, der Eigenkapitalausstattung und der steuerlichen Rahmenbedingungen zu bestimmen. In der zweiten Phase wird grundsätzlich typisierend unterstellt, dass das Ausschüttungsverhalten des zu bewertenden Unternehmens äquivalent zum Ausschüttungsverhalten der alternativen Anlage ist. Die Wiederanlage der thesaurierten Beträge erfolgt typisierend kapitalwertneutral. Im Rahmen von Bewertungen werden sie zumeist durch eine Hinzurechnung der thesaurierten Beträge zu den Ausschüttungen wertgleich abgebildet.

Bei der Bestimmung der Nettoeinnahmen der Unternehmenseigner sind die Thesaurierungen finanzieller Überschüsse des Unternehmens sowie deren Verwendung für Investitionen, zur Tilgung von Fremdkapital oder zur Rückführung von Eigenkapital (z.B. Aktienrückkauf) zu berücksichtigen.

Als betriebliche Ertragsteuern sind die Gewerbeertragsteuer und die Körperschaftsteuer einschließlich Solidaritätszuschlag zu berücksichtigen.

Entsprechend IDW ES 1 (n.F.) wird auf einen im Inland unbeschränkt steuerpflichtigen, als natürliche Person gedachten Anteilseigner abgestellt, der als ausschließliches finanzielles Ziel die Erzielung von Nettoeinnahmen aus dem zu bewertenden Unternehmen verfolgt und die Unternehmensanteile im Privatvermögen hält. Insofern werden persönliche Steuern der Anteilseigner in Form einer typisierten Einkommensteuerbelastung von 35% bei der Ermittlung der Wertbeiträge aus Dividenden unter Beachtung des Halbeinkünfteverfahrens berücksichtigt.

6.4.1 Kapitalisierungszinssatz

Die künftigen Nettozuflüsse an die Anteilseigner sind unter Berücksichtigung der Ertragsteuern des Unternehmens und aufgrund des Eigentums am Unternehmen entstehenden persönlichen Ertragsteuern der Anteilseigner zu ermitteln. Die Nettoeinnahmen der Anteilseigner aus dem Unternehmen sind mit dem Kapitalisierungszinssatz auf den Bewertungsstichtag abzuzinsen, um sie mit den dem Investor zur Verfügung stehenden Anlagealternativen vergleichbar zu machen. Im Rahmen der Ermittlung objektivierter Unternehmenswerte sind Typisierungen erforderlich, ohne die eine praktikable, von den subjektiven Vorstellungen und Wertschätzungen eines Investors losgelöste Herleitung eines Unternehmenswerts nicht möglich ist. Dies gilt insbesondere für die Ableitung des Kapitalisierungszinssatzes.

Der Kapitalisierungszinssatz wird aus der Rendite abgeleitet, die ein Investor aus einer Alternativinvestition erzielen kann, denn im Rahmen der Kapitalisierung werden die künftigen finanziellen Überschüsse aus dem zu bewertenden Unternehmen an den künftigen finanziellen Überschüssen gemessen, die aus einer Alternativinvestition zu erwarten sind. Der Kapitalisierungszinssatz muss daher den Unterschieden der finanziellen Überschüsse aus dem Bewertungsobjekt und dem Vergleichsobjekt Rechnung tragen. Die aus dieser alternativen Kapitalverwendung fließenden Vorteile müssen mit den erwarteten Nettoausschüttungen aus dem Bewertungsobjekt hinsichtlich ihrer Höhe, ihrer zeitlichen Struktur, ihres Sicherheitsgrades und ihrer Besteuerung vergleichbar sein. Die Alternative zum Bewertungsobjekt stellt somit die aus dieser Anlagemöglichkeit erzielbare Rendite dar (Kapitalisierungszinssatz). Als Ausgangsgrößen für die Bestimmung von Alternativrenditen kommen insbesondere Kapitalmarktrenditen für Unternehmensbeteiligungen (in Form eines Aktienportfolios) in Betracht. Renditen für Unternehmensanteile lassen sich grundsätzlich in einen risikolosen und eine von den Anteilseignern aufgrund der Übernahme unternehmerischen Risikos geforderten Risikoprämie zerlegen. Die risikolose Komponente des Kapitalisierungszinssatzes wird hierbei regelmäßig aus der sicheren Rendite einer Staatsanleihe ermittelt (Basiszinssatz). Der risikobehaftete Anteil ist dann die Differenz aus der Rendite der Alternativanlage und dem Basiszins.

Auf der Grundlage der Weiterentwicklung der Grundsätze zur Durchführung von Unternehmensbewertungen nach IDW ES 1 n.F. vom 9. Dezember 2004 sind die Ertragsteuern der Anteilseigner, die unmittelbar aus dem Eigentum an dem Unternehmen resultieren, bei der Wertermittlung zu berücksichtigen. Dies resultiert aus der Tatsache, dass die finanziellen Überschüsse aus dem Bewertungsobjekt mit den aus einer gleichartigen Alternativinvestition in Unternehmen zu erzielenden finanziellen Überschüsse zu vergleichen sind.

Bei der Ermittlung eines objektivierten Unternehmenswerts ist typisierend auf Renditen von am Kapitalmarkt notierten Unternehmensanteilen als Ausgangsgröße abzustellen. Da die finanziellen Überschüsse aus der alternativ am Kapitalmarkt zu tätigenden Anlage der persönlichen Ertragsbesteuerung der Anteilseigner unterliegen, ist auch der Kapitalisierungszinssatz unter Berücksichtigung der Steuerbelastung zu ermitteln. Dabei ist der unterschiedlichen Besteuerung von Dividenden und Kursgewinnen als Bestandteilen von Aktienrenditen Rechnung zu tragen.

Grundsätzlich unterscheidet sich die Besteuerung von Dividendenzahlungen und Kursgewinnen insoweit, als Dividendenzahlungen nach dem Halbeinkünfteverfahren hälftig mit Einkommensteuer belastet werden, während Kursgewinne unter der Annahme, dass eine wesentliche Beteiligung vorliegt und eine Veräußerung nicht zu Spekulationsgewinnen führt, steuerfrei gestellt werden.

Zur Versteuerung der Dividendenzahlungen ist ein typisierter Einkommensteuersatz von 35% anzusetzen, der bewusst von den individuellen steuerlichen Verhältnissen der Anteilseigner abstrahiert. Aufgrund des Halbeinkünfteverfahrens ergibt sich hieraus ein effektiver typisierter Steuersatz von 17,5%.

In der Praxis wird der Kapitalisierungszinssatz durch Zerlegung in die drei folgenden Komponenten abgeleitet:

- Basiszinssatz nach persönlicher Einkommensteuer,
- Risikozuschlag und
- Wachstumsabschlag.

An dieser Stelle wird keine weiterführende Betrachtung der Ableitung der einzelnen Komponenten vorgenommen, da dies keine branchenspezifische Vorgehensweise verlangt, sondern der allgemeinen Bewertungsliteratur entnommen werden kann. Vielmehr werden praxisrelevante zum Teil empirische Erkenntnisse einzelner Komponenten, wie die spartenspezifischen Risikozuschläge und die Berücksichtigung des Wachstumsabschlages dargestellt.

6.4.1.1 Risikozuschlag

Mit den spartenspezifischen Risikozuschlägen für Lebens-, Kranken- und Schaden-/Unfallversicherungen soll der unterschiedlichen Risikoeinschätzung Rechnung getragen werden. In der Vergangenheit wurden zu unterschiedlichen Bewertungsanlässen für Schaden-/Unfallversicherungsunternehmen Bandbreiten für Risikozuschläge zwischen 2%- und 4%-Punkten angesetzt.

Bei der Bestimmung von Beta-Faktoren für Versicherungsunternehmen treten insbesondere Schwierigkeiten bei der Zusammenstellung einer Gruppe von Vergleichsunternehmen hinsichtlich der Portfolio-/Risikostruktur des Versicherungsbestandes und des Geschäftsmodells auf. Daher ist in den bisherigen Gutachten auf eine Ableitung von Beta Faktoren zugunsten einer pauschalen Festlegung des Risikozuschlags häufig verzichtet worden.

6.4.1.2 Wachstumsabschlag

Der Kapitalisierungszinssatz enthält zumindest theoretisch einen Zuschlag für Geldentwertungsrisiken. Unternehmensgewinne ändern sich aber nicht zwangsläufig mit der Geldentwertungsrate. Soweit also beim Kapitalisierungszinssatz ein Abschlag wegen der in ihm enthaltenen zukünftigen Geldentwertungsrate vorgenommen wird, ist damit unterstellt, dass die Unternehmensgewinne tatsächlich nach Maßgabe dieses Geldentwertungsabschlags wachsen werden (Wachstumsabschlag). Insbesondere Versicherungsunternehmen nehmen hier eine Sonderstellung ein, weil bei ihnen überwiegend nominelle Geldwerte vorliegen. Bei ihnen wird daher, wenn überhaupt, nur ein geringer Abschlag angesetzt.

Bei Versicherungsunternehmen können von der Geldentwertung folgende Ergebniskomponenten betroffen sein:

- Prämienaufkommen,
- Schadenszahlungen,
- Kosten des Versicherungsbetriebs und
- Erträge aus Kapitalanlagen.

Grundsätzlich ist beim Ansatz eines Wachstumsabschlages zu plausibilisieren, wie das Unternehmen steigende Kosten kompensieren kann bzw. ob die Wettbewerbsverhältnisse eine Überwälzung dieser Kostensteigerungen zulassen. Eine jährliche Gewinnsteigerung in Höhe der jährlichen Geldentwertungsrate kann deshalb nicht ohne weiteres angenommen werden, da eine solche Annahme unterstellt, dass inflationäre Kostensteigerungen grundsätzlich in prozentual gleichem Ausmaß in den Prämien weitergegeben werden können.[34] In der Vergangenheit wurden zu unterschiedlichen Bewertungsanlässen für Schaden-/Unfallversicherungsunternehmen Bandbreiten für Wachstumsabschläge zwischen 0,5 Prozent und 1 Prozentpunkten angesetzt.

---

[34] Vgl. *Großfeld, B.* (2002), S. 150, *Richter, H.* (1994), S. 1474-1475.

6.4.2 Vergangenheitsanalyse

Im Rahmen der Vergangenheitsanalyse werden die Erträge und Aufwendungen der Vergangenheit um bestimmte Komponenten bereinigt, um auf diese Weise ein dem normalen Geschäftsverlauf entsprechendes Ergebnis zu ermitteln, das als Ausgangsbasis für die Ermittlung der am Bewertungsstichtag vorhandenen Ertragskraft dienen kann. Zielsetzung der Bereinigung der Vergangenheitserfolgsrechnung ist die Ermittlung von vergleichbaren Ergebnissen, die als Kontrollmaßstäbe für die prognostizierte künftige Entwicklung dienen sollen.

Grundlage der Vergangenheitsanalyse bilden in der Regel die geprüften Jahresabschlüsse und das Meldewesen gegenüber der BaFin des in die Untersuchung einbezogenen Zeitraums (Referenzperiode). Darüber hinaus stehen in der Praxis bei der Bewertung von Schaden-/Unfallversicherungsunternehmen folgende wesentliche Datengrundlagen zur Verfügung:

- Bestandsführung,
- Vertriebscontrolling,
- Schadenreservierung,
- Entwicklung der Abwicklungsergebnisse,
- Rückversicherungsbeziehungen,
- Asset Management,
- Kostenrechnung,
- Managementinformationssysteme und
- externe Vergleichsdaten (BaFin, GDV, Branchenreports).

Eine Analyse der entsprechenden Planungen der Vergangenheit (Referenzperiode) einschließlich der Soll-/Ist-Abweichungen, spezifiziert nach wesentlichen Versicherungssparten, bietet Aufschlüsse über die Planungsqualität des zu bewertenden Unternehmens.

Mit Hilfe der dargestellten Datenbasis lassen sich alle wesentlichen wertbestimmenden Faktoren, die Einfluss auf die Ergebnisentwicklung haben, untersuchen. Ausgehend von einer differenzierten Betrachtung der Versicherungssparten werden die Tarife, Schäden, Abwicklungsergebnisse, Vertriebs- und Provisionsstrukturen, Rückversicherungsergebnisse und andere wesentliche versicherungstechnische Parameter analysiert. Die dabei gewonnenen Informationen müssen ergänzend durch Bildung geeigneter Kennziffern[35] (z.B. für die Bestandsanalyse, zu den Prämien, Aufwendungen, Rückstellungen, Kapitalanlagen usw.) verdichtet werden.

Bereinigungen der Vergangenheitsergebnisse sind z.B. bei den Aufwendungen für Versicherungsfälle vorzunehmen, um Schadenquoten abzuleiten, die um außergewöhnliche Schadenereignisse korrigiert sind. Dabei sind im Wesentlichen Sanierungen der Risikostruktur des Versicherungsbestands, diskontinuierliche Schadenereignisse wie Großschäden, Sturm- oder Überschwemmungsjahre und sonstige Katastrophen zu bereinigen.

Die zu erwartenden Schadenzahlungen können dabei mit Hilfe der Chain-Ladder-Methode[36] ergänzend plausibilisiert werden, einem mathematisch statistischen Verfahren,

---

[35] Kennzahlen zur Analyse von Versicherungsunternehmen vgl. *Farny, D.* (1992), S. 171-183, *Holz, R.* (1999), S. 1687-1688.

[36] Allgemein zu mathematisch-statistischen Verfahren vgl. *IDW RS VFA 3*, zur Chain-Ladder-Methode und anderen Verfahren vgl. ausführlich *Schmidt, K.D.* (2004), S. 55-64.

das durch Extrapolation historischer Schadendaten die erwarteten zukünftigen Schadenleistungen wiedergibt. Dieses Verfahren setzt jedoch größere homogene Grundgesamtheiten voraus, wie z.B. im Kraftfahrt-Versicherungsgeschäft.

Die Veränderung der Schwankungsrückstellung ist zu eliminieren, da diese Rückstellung bewertungstechnisch als unversteuertes Eigenkapital behandelt wird.

Ebenso sind die Veränderungen der Drohverlustrückstellung aufgrund der Unmaßgeblichkeit des Imparitätsprinzips in der Unternehmensbewertung zu bereinigen.

Beim Rückversicherungsergebnis ist eine Analyse der Vertragsstruktur erforderlich, um sicherzustellen, dass Referenz- und Planperioden mit vertraglich vereinbarten Quoten- und Exzedentenabgaben belastet sind. Probleme bestehen insbesondere bei der Analyse von nicht proportionalen Rückversicherungsverträgen, wie z.B. Stop-loss Verträgen. Diese Verträge dienen primär der Limitierung von Schadenquoten durch Übernahme von versicherungstechnischen Verlusten in speziellen Fällen.

Die nur beispielhaft dargestellten Korrekturen der Vergangenheitsergebnisse sind für jeden Ertrags- und Aufwandsposten vorzunehmen, um zu einer „normalisierten" Gewinn- und Verlustrechnung als Ausgangsbasis für die folgende Planung zu gelangen.

Da die Planung der Schäden und Kosten in Relation zu den Beiträgen erfolgt, werden für die Vergangenheit wesentliche Kennziffern (Kostensatz, Geschäftsjahresschadenquote, Abwicklungsquote) ermittelt. Die Folgewirkungen der dargestellten Bereinigungen auf die Zinsträger und somit auf das Kapitalanlageergebnis sind zu berücksichtigen.

6.4.2.1 Kostensatz

Der Kostensatz drückt das Verhältnis aus den Kosten (Provisionen, Personal- und Sachkosten, Gesamtkosten) zu den gebuchten Beiträgen aus.

6.4.2.2 Geschäftsjahresschadenquote

Die Geschäftsjahresschadenquote ermittelt sich aus dem Verhältnis von Schäden (Schadenzahlungen, Zuführung zu Schadenrückstellungen, Schadenaufwand insgesamt) zu verdienten Beiträgen.

6.4.2.3 Combined Ratio

Die Combined Ratio setzt sich aus Schaden- und Kostenquote zusammen. Eine Combined Ratio von unter 100%-Punkten bedeutet somit ein positives versicherungstechnisches Ergebnis.

6.4.2.4 Abwicklungsquote

Das Verhältnis aus Abwicklungsergebnis und Schadenreserve zu Beginn des Geschäftsjahres stellt die Abwicklungsquote dar. Das Abwicklungsergebnis der aus dem Vorjahr übernommenen Rückstellungen für noch nicht abgewickelte Versicherungsfälle errechnet sich grundsätzlich wie folgt:

> Rückstellungen für noch nicht abgewickelte Vorjahres-Versicherungsfälle zu Beginn des Geschäftsjahres
>
> ./. Zahlungen im Geschäftsjahr für Vorjahres-Versicherungsfälle
>
> ./. Rückstellung für noch nicht abgewickelte Vorjahres-Versicherungsfälle am Ende des Geschäftsjahres

Abbildung 6-4: Entwicklung Abwicklungsergebnis

Die Analyse der Abwicklungsquote ist für die Beurteilung der ausreichenden Reservierung für künftige Schadenleistungen von wesentlicher Bedeutung. Aufsichtsrechtlich wird eine positive Abwicklungsquote erwartet. Sollte die Analyse negative Abwicklungsquoten ergeben, bedeutet dies eine nicht ausreichende Reservierung für künftige Schadenleistungen. Für die Wertermittlung ist die Festlegung einer angemessenen Abwicklungsquote wesentliche Kennziffer zur Plausibilisierung der geplanten Schadenreserve.

6.4.2.5 Nicht versicherungstechnisches Ergebnis

Beim nicht versicherungstechnischen Ergebnis ist insbesondere das Ergebnis aus Kapitalanlagen der Referenzperiode nach Ertragsquellen zu analysieren. Dabei sind zunächst die Entwicklung der Zinsträger und der Grad ihrer Bedeckung zu untersuchen. Die Zinsträger sind dabei um Beteiligungen zu korrigieren, die einer gesonderten Bewertung unterliegen. Entsprechend ist das Beteiligungsergebnis aus dem Kapitalanlageergebnis zu eliminieren. Des Weiteren sind die erzielten Renditen der Vergangenheit aus den einzelnen Asset-Klassen wichtige Grundlage für die Planung künftiger Ergebnisse. Wegen des erheblichen Ertragspotenzials stiller Reserven sind diese an Hand der Entwicklung von Marktwerten zu analysieren und zu quantifizieren.

6.4.3 Prognoserechnungen

Wie bereits dargestellt, ist die Ermittlung der zukünftigen Ertragsüberschüsse üblicherweise in zwei Phasen unterteilt. Phase I umfasst die detaillierte Planungsrechnung als Ergebnis des integrierten Planungsprozesses des Versicherungsunternehmens. Die Phase II bildet die Phase der sog. Ewigen Rente bzw. Normjahr (Terminal Value), für die unter Berücksichtigung der detailliert prognostizierten Ergebnisse und der strategischen Planung ein nachhaltig verfügbares Ergebnis ermittelt wird.

Die Planung der Ertrags- und Aufwandsströme eines Versicherungsunternehmens hat grundsätzlich auf der Basis einer integrierten Bilanz und Gewinn- und Verlustrechnung zu erfolgen. Wegen der vorgegebenen Bedeckung der geplanten versicherungstechnischen Passiva durch die geplanten Kapitalanlagen wird das Kapitalanlageergebnis von der versicherungstechnischen Planung wesentlich bestimmt. In einem weiteren Planungsschritt werden im Rahmen des Asset Liability Matching (ALM) die Verfügbarkeit der Kapitalanlagenergebnisse mit den versicherungstechnischen Verpflichtungen abgestimmt und die Struktur der Kapitalanlagen (Asset Allocation) festgelegt.

Im Folgenden werden die Planungsgrundlagen der wichtigsten Posten der Ergebnisrechnung eines Schaden-/Unfallversicherungsunternehmens erläutert:

6.4.3.1 Beiträge

Die Entwicklung der Beiträge hat neben dem Kapitalanlageergebnis eine erhebliche Bedeutung für den Unternehmenswert in der Prognoserechnung. Grundlage der Plausibilisierung der Prognose bilden die Prämienentwicklungen der vergangenen Jahre für die einzelnen Sparten. Die festgestellte Entwicklung kann einen ersten Anhaltspunkt für die zukünftige Entwicklung bieten. Zusätzlich ist aber eine Analyse der Unternehmensstrategie (z.B. Firmen- oder Privatkunden) und der wesentlichen Marktdeterminanten wie beispielsweise

- gesetzliche Veränderungen,
- Produktpalette (z.B. Konzentration auf Versicherungszweige),
- Vertriebswege (z.B. Banken, Makler, Außendienst),
- Marktentwicklung (Wachstumsmarkt oder Bestandssanierung),
- Nachfrageentwicklung sowie
- Wettbewerbssituation

vorzunehmen.

Mit den gewonnenen Erkenntnissen aus den zukunftsorientierten Analysen und der Entwicklung in den vergangenen Jahren lässt sich in der Praxis meist ausreichend genau die geplante Beitragsentwicklung und damit die Angemessenheit des geplanten Wachstums plausibilisieren.

6.4.3.2 Kostenteilung

Bevor die Prognose der Posten „Aufwendungen für Versicherungsfälle" und „Aufwendungen für den Versicherungsbetrieb" erläutert wird, soll kurz auf das für Versicherungsunternehmen geltende Prinzip der Kostenteilung detaillierter eingegangen werden.

Die Aufwendungen eines Versicherungsunternehmens werden in der Kostenrechnung zunächst nach ihren Kostenarten erfasst. Anschließend werden die angefallenen Aufwendungen im Rahmen einer branchenspezifischen Kostenteilung den unternehmerischen Funktionsbereichen zugerechnet und die auf diese Weise umgegliederten Aufwendungen in der Gewinn- und Verlustrechnung erfasst. Funktionsbereichsaufwendungen sind z.B. Aufwendungen für Versicherungsfälle, Aufwendungen für den Versicherungsbetrieb und Aufwendungen für die Verwaltung von Kapitalanlagen und sonstige Aufwendungen. Die Zuordnung der Aufwendungen orientiert sich am Prinzip der Verursachung und ggf anderen geeigneten Bezugsgrößen ... Für Zwecke der Unternehmensbewertung ist zunächst die Entwicklung der geplanten Kostenarten vor Kostenteilung unter Berücksichtigung des geplanten Beitragswachstums gesondert zu analysieren.

Innerhalb der Kostenarten sind Cost-Cutting-Programme, Effizienzsteigerungsprogramme sowie die Personalkostenentwicklung zu berücksichtigen. Ergänzend sind die

EDV-Kosten im Hinblick auf Anforderungen an die wertorientierte Steuerung einzubeziehen.

Die Aufwendungen für den Versicherungsbetrieb können nach folgender Aufteilung nach Kostenartengruppen vorgenommen werden:

	2004 T€	Vorjahr T€	Veränderung T€	%
Provisionen und sonstige Bezüge der Vermittler				
Löhne und Gehälter				
Soziale Abgaben und Unterstützung				
Aufwendungen für Altersversorgung				
Persönliche Aufwendungen				
Provisionen Partnergeschäft				
Reiseaufwand				
Raumaufwand				
Aufwand für Bürobedarf				
Werbeaufwand				
Aufwand für EDV-Anlagen				
Abschreibungen				
Vergütungen für bezogene Dienstleistungen				
Provisionen übernommenes Geschäft				
Übrige Aufwendungen				
Sächliche Aufwendungen				
Gesamtkosten				

Abbildung 6-5: Aufteilung nach Kostenartengruppen

Der Aufteilung nach Kostenarten folgt die Zuordnung zu den Funktionsbereichen. Dabei müssen die Gesamtaufwendungen nach Kostenarten mit den Gesamtkosten (brutto) verteilt auf die einzelnen Funktionsbereiche insgesamt übereinstimmen.

	2004 T€	Vorjahr T€	Veränderung T€	%
Aufwendungen für Versicherungsfälle				
Aufwendungen für Versicherungsbetrieb				
a) Abschlussaufwendungen				
b) Verwaltungsaufwendungen				
Aufwendungen für Altersversorgung				
Aufwendungen für Kapitalanlagen				
Sonstige Aufwendungen				
Gesamtkosten				

Abbildung 6-6: Verteilung auf Funktionsbereiche

6.4.3.3 Aufwendungen für Versicherungsfälle

Für die Prognose des Schadenaufwands ergeben sich die zwei wesentliche Problemstellungen. der Ermittlung der zukünftigen Schadenleistungen und die Behandlung der stillen Reserven in den am Bewertungsstichtag vorhandenen Schadenrückstellungen (Abwicklungsquote).

Die Prognose basiert auf dem geplanten Schadenbedarf, der im Allgemeinen nicht absolut, sondern als Verhältnis von erwartetem Schadenaufwand zu den verdienten Beiträgen ermittelt wird (Schadenquote). Die um die Abwicklungsergebnisse bereinigten Schadenquoten nach Anfalljahren der letzten fünf bis zehn Jahre bilden für die Plausibilisierung der Schadenleistungen eine aussagefähige Basis. Die Länge der in die Betrachtung einzubeziehenden Referenzperiode ist je nach Art des betriebenen Versicherungszweigs unterschiedlich. Zur Plausibilisierung der Endschadenquote sind – wie bereits dargestellt – mathematisch statistische Verfahren (Chain Ladder) entwickelt worden, deren Anwendbarkeit bzw. Genauigkeit von der Größe und Homogenität des Schadenbestands als Grundgesamtheit abhängig ist.

Auf die Behandlung von stillen Reserven wird unten gesondert eingegangen.

6.4.3.4 Aufwendungen für den Versicherungsbetrieb

Für die Prognose der künftigen Provisionsaufwendungen ist insbesondere das letzte Jahr der Referenzperiode zu analysieren, da sich hier der gegenwärtige Stand der Vertragsbeziehungen besonders widerspiegelt. Für die Zukunft ist zu klären, ob von gleichen Vertragsbedingungen und Vertriebsstrukturen ausgegangen werden kann. Für die Planung der Abschlussprovisionen ist die Entwicklung des Neugeschäfts für die Unternehmensbewertung besonders zu berücksichtigen.

Die angefallenen Personal- und Sachkosten werden entsprechend dem Vollkostenprinzip nach möglichst verursachungsgerechten Schlüsseln auf die Versicherungszweige und Funktionsbereiche verteilt. Eine Analyse hat zu untersuchen, ob die Zuordnungskriterien eine kontinuierliche Entwicklung der Kostenquoten ergeben.

6.4.3.5 Rückversicherungsergebnis

Die Rückversicherung eines Schaden-/Unfallversicherungsunternehmens besteht in der Regel aus einer proportionalen Basisdeckung durch Quoten- oder Summenexzedentenverträge sowie einer Zusatzdeckung für Spitzenrisiken durch Schadenexzedentenverträge (z.B. Stop-Loss-Vertrag).

Die Prognose des in Rückdeckung gegebenen Geschäfts (passive Rückversicherung) ist je nach Art der Rückversicherung in einer detaillierten Rechnung nicht üblich. Bei nicht proportionalen Rückversicherung kann unterstellt werden, dass dem Rückversicherer zumindest eine nachhaltige Vergütung für die Übernahme des Risikos bleibt, die das zu bewertende Unternehmen als Kostenfaktor belastet.

Rückversicherungsverträge, die neben der Funktion der Risikobegrenzung auch der Finanzierung des Erstversicherers dienen (Financial-Reinsurance-Verträge) können das Prognoseergebnis stark beeinträchtigen und müssen daher bezüglich ihrer Auswirkungen auf die Wertermittlung gesondert berücksichtigt werden.

Unabhängig hiervon ist zu beachten, dass das Rückversicherungsgeschäft zyklisch verläuft und der Prognosezeitraum davon tangiert werden kann. Bei der Wertermittlung im Prognosezeitraum sind positive Rückversicherungsergebnisse kritisch zu würdigen und zu plausibilisieren. Für die Phase II ist auch ein Rückversicherungsunternehmen gezwungen, nachhaltig wirtschaftlich zu handeln und für den Risikotransfer eine angemessene Prämie zu erzielen.

6.4.3.6 Kapitalanlageergebnis

Das Volumen ist wesentlich von der Höhe und der Struktur der versicherungstechnischen Passiva abhängig. Die Anlageformen für das gebundene Vermögen nach § 54 VAG sind in der Verordnung über die Anlage des gebundenen Vermögens von Versicherungsunternehmen (AnlV) normiert. Da das versicherungstechnische Ergebnis bei der Bewertung eines Schaden-/Unfallversicherungsunternehmens in der Regel nur leicht positiv bzw. negativ ist, kommt dem Kapitalanlageergebnis eine besondere wertbestimmende Bedeutung zu. Dabei wird das Ergebnis sowohl von der Entwicklung des Volumens der Zinsträger (Eigenkapital und versicherungstechnische Rückstellungen zum Bewertungsstichtag) als auch von den erzielbaren Durchschnittsrenditen in Abhängigkeit von der gewählten Asset Allocation der Kapitalanlagen bestimmt.

Die Entwicklung des Zinsträgers kann nach folgendem Schema strukturiert werden:

```
1. Eigenkapital ohne Bilanzgewinn          ⎫
2. Planung der versicherungstechnischen Passiva  ⎬  bilanzieller Zinsträger
                                           ⎭
   • Änderung der geplanten Schaden- und Kostenquoten
3. wesentliche bewertungstechnische Korrekturen
   • Schwankungsreserve
   • Eliminierung der gesondert bewerteten Beteiligungen
4. Berücksichtigung der Bedeckungsquote
   • Verhältnis der Kapitalanlagen zum Zinsträger
   • Prüfung Solvabilität
5. Ermittlung des mittleren Kapitalanlagenbestandes
6. Ermittlung der laufenden Ergebnisse der Kapitalanlagen
./. Verwaltungskosten für Kapitalanlagen
= Kapitalanlageergebnis
```

Abbildung 6-7: Entwicklung des Zinsträgers

Für die Höhe der Ergebnisse aus Kapitalanlagen sind die Entwicklung der Zinsträger und die erzielbaren Renditen maßgeblich. Ausgehend von den Kapitalanlagebeständen zum Bewertungsstichtag wird die Entwicklung der Kapitalanlagen auf der Grundlage der versicherungstechnischen Passiva und der übrigen Passiva geplant. Im Rahmen der Wertermittlung für gesondert bewertete Unternehmen sind sowohl der entsprechende anteilige Zinsträger (Buchwert der Beteiligung) als auch das Beteiligungsergebnis zu eliminieren. Innerhalb der Kapitalanlagen, deren Prognose auf der Basis einer integrierten Planung für Bilanz und Gewinn- und Verlustrechung zu erfolgen hat, werden für die verschiedenen Anlagekategorien (Immobilien, festverzinsliche Wertpapiere, Aktien.) unter Berücksichtigung der Markterwartungen Durchschnittsrenditen abgeleitet und entsprechend der Assetklassen differenziert verzinst. Die Gewichtung der Anlagekategorien erfolgt entsprechend der geplanten Kapitalanlagestrategie der Gesellschaft unter Berücksichtigung gesetzlicher Restriktionen.

Bei Aktien und festverzinslichen Wertpapieren sowie Investmentzertifikaten berechnet sich die Periodenrentabilität aus der Relation der laufenden Erträge zum eingesetzten Kapital. Bei der Berechnung sind sowohl die Gewinne aus realisierten stillen Reserven als auch die Verluste zu berücksichtigen. Wegen der heterogenen Rentabilitäten sind die einzelnen Anlageformen getrennt zu untersuchen.

Bei den festverzinslichen Wertpapieren wird der Bestand nach Fälligkeiten und Zinssätzen strukturiert. Im Prognosezeitraum wird für die fälligen Wertpapiere eine Wieder- bzw. Neuanlage zum erwarteten Zinssatz unterstellt. Für das außerordentliche Ergebnis werden die realisierten Gewinne und Verluste der Planung in die Wertermittlung übernommen

Bei wesentlichen Beteiligungen oder Anteilen an verbundenen Unternehmen wird eine gesonderte Ertragswertermittlung durchgeführt, da die Ausschüttungen der Unternehmen aufgrund der Stellung des Mutterunternehmens durch deren Belange beeinflusst werden können (Beherrschungsvertrag).

Wegen der erheblichen Wertrelevanz ist die Prognose der zukünftig erzielbaren Kapitalanlageergebnisse besonders sorgfältig durchzuführen und hinreichend detailliert abzusichern.

6.4.3.7 Übriges Ergebnis

Bei der Planung des übrigen Ergebnisses sind insbesondere die geplanten Auswirkungen von konzerninternen Dienstleistungsbeziehungen hinsichtlich möglicher Erfolgsverlagerungen zu plausibilisieren.

6.4.4 Gutachterliche Bewertungskorrekturen in der Prognoserechnung

Nach der Plausibilisierung und Analyse der vom Versicherungsunternehmen vorgelegten Planungen können folgende wesentliche gutachterliche Korrekturen sowohl in der versicherungstechnischen als auch in der nichtversicherungstechnischen Rechnung notwendig werden:

- nominale Bereinigung von Planungsansätzen,
- Anpassung der Schadenquoten in der Planungsphase,
- Normalisierung der Abwicklungsergebnisse,
- Anpassung der Kosten- und Provisionsquoten,
- Normalisierung des Rückversicherungsergebnisses
- Bereinigung außerordentlicher Sachverhalte im Normjahr (terminal-value) und
- Eliminierung von Änderungen der Schwankungs- und Drohverlustrückstellungen

Des Weiteren sind die Folgewirkungen der dargestellten versicherungstechnischen Korrekturen auf die Zinsträger und somit auf das Zinsträgerergebnis zu berücksichtigen.

6.4.5 Branchenspezifische Aspekte

6.4.5.1 Nicht betriebsnotwendiges Vermögen

Neben dem betriebsnotwendigen Vermögen, das seinen Niederschlag im Ertragswert findet, kann ein Unternehmen noch über so genanntes nicht betriebsnotwendiges Vermögen verfügen. Hierbei handelt es sich um die in einem Unternehmen vorhandenen Vermögensgegenstände, die einzeln veräußert werden können, ohne dabei die Fortführung des Unternehmens zu beeinträchtigen und die einen gegenüber ihrem Ertragswert höheren Veräußerungswert haben. Diese Gegenstände werden außerhalb der Ertragswertermittlung der betriebsnotwendigen Vermögensteile gesondert mit den erzielbaren Nettoüberschüssen aus der Einzelveräußerung angesetzt und ergeben zusammen mit dem Ertragswert des betriebsnotwendigen Vermögens den Wert des Unternehmens.

Diese Aussage gilt nur sehr eingeschränkt für Versicherungsunternehmen. Auch wenn sich das Versicherungsunternehmen im Einzelfall von Kapitalanlagen trennen könnte, gehören diese funktional zum operativen Geschäft einer Versicherung, da die Vorleistungen der Versicherungsnehmer in Form von Prämienzahlungen einem zwangsläufigen Anlagebedarf unterliegen. Die Leistung der Versicherung ergibt sich erst zu einem späteren Zeitpunkt im Versicherungsfall. Dieser wirtschaftlichen Sachlage trägt rechtlich die Anlageverordnung Rechnung, wonach ein Versicherungsunternehmen sein gebundenes Vermögen nur in bestimmten Anlagen halten darf. In der Praxis wird daher bei der Bewertung von Versicherungsunternehmen grundsätzlich unterstellt, dass das gesamte Vermögen betriebsnotwendig ist.

6.4.5.2 Behandlung stiller Reserven

Stille Reserven können sich bei einem Versicherungsunternehmen sowohl im Kapitalanlagenbereich (Marktwerte > Buchwerte) als auch im Bereich der versicherungstechnischen Rückstellungen (Buchwerte > voraussichtliche Inanspruchnahme; Schätzreserven) ergeben. Diese stillen Reserven sind im Rahmen von Unternehmensbewertungen vor allem dann kritisch zu hinterfragen, wenn Abfindungszahlungen[37] an ausscheidende Kleinaktionäre zu ermitteln sind. Die stillen Reserven werden in der Praxis in der Regel wie folgt berücksichtigt:

Stille Reserven im Kapitalanlagevermögen

Die stillen Reserven zum Bewertungsstichtag werden in einen konstanten jährlich ausschüttungsfähigen Ertrag (Annuität) mit dem risikoadjustierten Zinssatz umgerechnet und damit in der Phase der ewigen Rente berücksichtigt.

Bei Vorliegen einer Kapitalanlageplanung auf Marktwertbasis für die wesentlichen Assetklassen Immobilien, Aktien, festverzinsliche und variabel verzinsliche Wertpapiere können die stillen Reserven über die nachhaltig erwartete Marktrendite im Terminal Value berücksichtigt werden.

Schätzreserven in den versicherungstechnischen Rückstellungen

Bei der Ableitung der nachhaltigen Schadenquote wird das Niveau der Schätzreserven i.d.R. pauschal berücksichtigt.

---

[37] Abfindungszahlungen gemäß §§ 305, 327b AktG.

6.4.6 Modularer Aufbau der Ertragswertermittlung eines Schaden-/ Unfallversicherungsunternehmens

Im Folgenden werden kurz typisierend die Komponenten der Ertragswertermittlung aufgezeigt. Die ersten Spalten dienen der Vergangenheitsanlayse und der Plausibilisierung der Unternehmensplanung. Die Planungsperioden der Phase I sind in den darauffolgenden Spalten abgebildet. Das Normjahr bzw. der Terminal Value wird aus der letzten Spalte ermittelt.

	Referenzperiode	Phase I	Terminal Value
Verdiente Beiträge Brutto			
Aufwendungen Versicherungsfälle brutto			
Aufwendungen Versicherungsbetrieb brutto			
Übriges versicherungstechnisches Ergebnis			
Rückversicherungsergebnis			
Versicherungstechnisches Ergebnis netto			
Bereinigtes Kapitalanlageergebnis			
Übriges nichttechnisches Ergebnis			
Ergebnis vor Ertragsteuern			
Unternehmenssteuern			
Ergebnis nach Unternehmenssteuern			
Wertbeitrag aus Thesaurierungen			
Ausschüttungen			
Einkommensteuer auf Ausschüttungen			
Nettoeinnahmen			

Abbildung 6-8: Bewertungsmodul

6.5 Schlussbemerkung und Zusammenfassung

Die europäische Versicherungswirtschaft zählt trotz ungünstiger gesamtwirtschaftlicher Rahmenbedingungen weiterhin zu den Wachstumsbranchen in Europa. Die demographische Entwicklung sowie die zögerlichen Reformen der Sozialversicherungssysteme lassen europaweit die Notwendigkeit zur privaten Vorsorge immer deutlicher erkennen.

Die einleitend genannte Konzentrationstendenz wird sich auch in den kommenden Jahren verstärkt fortsetzen und zu einer weiteren Marktbereinigung führen.

Im Rahmen dieser Entwicklung ergeben sich, auch zukünftig vielfältige Anlässe für die Bewertung von Versicherungsunternehmen, die häufig auch im Zusammenhang mit einer weiteren Reorganisation international tätiger Versicherungskonzerne stehen.

Der Artikel zeigt das wesentliche Vorgehen in der Bewertung eines Schaden-/Unfallversicherungsunternehmens auf der Grundlage des Ertragswertverfahren auf, da die Planungsprozesse in der Versicherungswirtschaft nicht vollständig auf integrierte Cashflow-Planungen ausgerichtet, sondern primär erfolgsorientiert sind.

Vor dem Hintergrund der derzeitigen Ertragssituation von Versicherungsunternehmen wird zunehmend eine Combined Ratio (zusammengefasste Schaden- und Kostenquote) von etwa 100%, d.h. ein ausgeglichenes versicherungstechnisches Ergebnis angestrebt. Die nachhaltige Entwicklung des versicherungstechnischen Ergebnisses im Terminal Value ist auf Basis differenzierter Spartenergebnisrechnungen unter Berücksichtigung der Rückversicherungsbeziehungen zu plausibilisieren.

Dem Kapitalanlageergebnis kommt eine erhebliche wertrelevante Bedeutung zu. Es wird entscheidend von den künftigen Marktentwicklungen und erwarteten Renditen für die wesentlichen Assetklassen Immobilien, Aktien, festverzinsliche und variabel verzinsliche Wertpapiere geprägt.

Die aufsichtsrechtlichen Restriktionen zur Bedeckung der Passiva durch entsprechende Kapitalanlagen (gebundenes Vermögen nach § 54 VAG) und die Vorschriften über die Eigenkapitalausstattung (§ 53c VAG) haben wesentlichen Einfluss auf das Werteniveau.

Im Rahmen des bestehenden Solvency-II-Projekts werden Methoden diskutiert, die den Eigenkapitalbedarf eines Versicherungsunternehmens indivuell auf die jeweilige Risikosituation adjustieren. Aus der Transformation der Solvency-II-Vorschriften erwarten wir Auswirkungen auf die Planungsprozesse sowie auf die Analyse und Wertfindung/Rating von Versicherungsunternehmen.

6.6 Literatur

Biewer, A. (1998): Die Umwandlung eines Versicherungsvereins auf Gegenseitigkeit in eine Aktiengesellschaft, Karlsruhe 1998

Braeß, P. (1964): Die Bedeutung des Eigenkapitals in der Versicherungswirtschaft, in: Zeitschrift für die gesamte Versicherungswissenschaft, 53. Jg., Nr. 1, S. 1-20, hier: S. 4-5, Farny, Dieter (1995): Versicherungsbetriebslehre, 2. Auflage, Karlsruhe 1995, S. 185

Buck, H. (1997): Die Anwendung des Shareholder Value-Konzepts zur Steuerung von Versicherungsunternehmen: Die Steigerung des Unternehmenswertes durch wertorientierte Managementstrategien, in: Versicherungswirtschaft, 52. Jg., Nr. 23, S. 1660-1668

Dombert, A./Robens, B., H. (1997): Ein Modell zur Optimierung des Shareholder Value bei Schadenversicherungsunternehmen, in: Versicherungswirtschaft, 52. Jg., Nr. 23, S. 1696-1700

Farny, D. (1992): Buchführung und Periodenrechnung im Versicherungsunternehmen, 4. Auflage, Wiesbaden 1992

Farny, D. (1995): Versicherungsbetriebslehre, 2. Auflage, Karlsruhe 1995

Fickert, R./Sieber, E. (1992): Mittelflussrechnungen – Führungsinstrumente für Versicherungen, in: Spremann, Klaus/Zur, Eberhard (Hrsg.): Controlling, Wiesbaden 1992, S. 597-618

Gessner, P./Zwiesler, H.-J. (1996): Was darf ein Lebensversicherungsunternehmen kosten?, in: Versicherungswirtschaft, 51. Jg., Nr. 4, S. 226-231

Großfeld, B. (2002): Unternehmens- und Anteilsbewertung im Gesellschaftsrecht, 4. Aufl., Köln 2002

Hancock, J./Huber, P./Koch, P. (2002): Management des Unternehmenswerts: So schaffen Versicherer Shareholder-Value, Publikation der Schweizerischen Rückversicherungs-Gesellschaft, Zürich 2002

Hartung, T. (2000): Unternehmensbewertung von Versicherungsgesellschaften, Dissertation Universität München, Wiesbaden 2000

Hartung, T. (2001): Kritische Betrachtung marktorientierter Kapitalkostenbestimmung bei der Bewertung von Versicherungsunternehmen, in: Zeitschrift für die gesamte Versicherungswirtschaft, 90. Band, Nr. 4, S. 635-645

Helten, E. (1981): Methoden und Grenzen der Prognose im Versicherungsunternehmen, in: Zeitschrift für die gesamte Versicherungswirtschaft, 70 Jg., Nr. 3, S. 335-365

Helten, E. (1989): Planung in Versicherungsunternehmungen, in: Szyperski, Norbert/Wienand, Udo (Hrsg.): Enzyklopädie der Betriebswirtschaftslehre, Band 9: Handwörterbuch der Planung, Stuttgart 1989, Sp. 2177-2185

Holz, R. (1999): Die private Krankenversicherungswirtschaft, in Versicherungswirtschaft, 54. Jg., Nr. 22, S. 1685-1689

IDW WP-Handbuch (2002): Institut der Wirtschaftsprüfer in Deutschland e.V. (Hrsg.): Wirtschaftsprüferhandbuch 2002 – Handbuch für Rechnungslegung, Prüfung und Beratung – Band II; 12. Auflage; Düsseldorf; 2002

IDW S 1 (2000): Standard: Grundsätze zur Durchführung von Unternehmensbewertungen, in WPg; 53. Jg. (2000), Nr. 1, S. 825-842

IDW RS HFA 10 (2003): Stellungnahme zur Rechnungslegung: Anwendung des IDW S 1 bei der Bewertung von Beteiligungen und sonstigen Unternehmensteilen für die Zwecke eines handelsrechtlichen Jahresabschlusses [IDW RS HFA 10], in WPg, 56. Jg. (2003), Nr. 22, S. 1257-1258; Redaktionelle Änderungen in WPg, 57. Jg. (2004), Nr. 8, S. 434

IDW ES 1 n.F. (2005): Entwurf des Standards Grundsätze zur Durchführung von Unternehmensbewertungen (IDW ES 1 n.F.), in WPg, 58. Jg. (2005), Nr. 1-2, S. 28-32

IDW RS VFA 3 (2005): Die Bewertung der Schadenrückstellung von Schaden-/Unfallversicherungsunternehmen, in WPg, 58. Jg. (2005) Nr. 3, S. 102-104

Jäger, B. (1991): Rückstellungen für drohende Verluste aus schwebenden Geschäften in den Bilanzen von Versicherungsunternehmen, Wiesbaden 1991

Kalwar, H. (1982): Probleme der Kapitalbildung bei den Versicherungsvereinen auf Gegenseitigkeit, Frankfurter Vorträge zum Versicherungswesen Nr. 5 Karlsruhe 1982

Karten, W. (1988): Schwankungsrückstellung, in: Farny, Dieter/Helten, Elmar et al. (Hrsg.): Handwörterbuch der Versicherung, Karlsruhe 1988, S. 763-765

Kern, H. (1999): „Is big really beautiful?" – Alternativen zur Merger-Mania im Versicherungssektor, in: Versicherungswirtschaft, 54 Jg., Nr. 4, S. 218-220

Kielholz, W. (2000): The Cost of Capital for Insurance Companies, in: The Geneva Papers on Risk and Insurance, Vol. 25, No. 1, S. 4-24

Oletzky, T./Schulenburg, J.-M. Graf von der (1998): Shareholder Value Management Strategie in Versicherungsunternehmen, in: Zeitschrift für die gesamte Versicherungswissenschaft, 87. Jg., Nr. 1/2, S. 65-93

Oletzky, Torsten (1998): Wertorientierte Steuerung von Versicherungsunternehmen: Ein Steuerungskonzept auf Grundlage des Shareholder-Value-Ansatzes, Karlsruhe 1998

Peemöller, V.H./Beckmann, C./Meitner, M. (2005): Einsatz eines Nachsteuer-CAPM bei der Bestimmung objektivierter Unternehmenswerte – eine kritische Analyse des IDW ES 1 n.F., in: Betriebs-Berater, 60. Jg., Heft 2, S. 90-96

Pfaffenzeller, F. (1995): Verfahren zur Bewertung eines Lebensversicherungsunternehmens, Ulm 1995

Richter, H. (1994): Die Bewertung von Versicherungsunternehmen aus der Sicht des Wirtschaftsprüfers, in: Ballwieser, Wolfgang et al. (Hrsg.): Bilanzrecht und Kapitalmarkt: Festschrift zum 65. Geburtstag von Adolf Moxter, Düsseldorf 1994, S. 1457, 1474 f.

Sauer, R. (2003): Ein investororientiertes Modell zur Bewertung von Versicherungsverträgen, INRIVER-Institut für Betriebswirtschaftliche Risikoforschung und Versicherungswirtschaft, Manuskript Nr. 45, München 2003

Schmidt, K.D. (2004): Chain-Ladder Verfahren, in: Radtke, M., Schmidt, K.D. (Hrsg.): Handbuch der Schadenreservierung, Karlsruhe 2004, S. 55-64

Schradin, H.R. (1994): Erfolgsorientiertes Versicherungsmanagement: Betriebswirtschaftliche Steuerungskonzepte auf risikotheoretischer Grundlage, Karlsruhe 1994

Sieben, G. (1994): Zur Ermittlung des Gesamtwertes von Lebensversicherungsgesellschaften – eine Analyse aus Sicht der Unternehmensbewertungstheorie, in: Schwebler, Robert et al. (Hrsg.): Dieter Farny und die Versicherungswissenschaft, Karlsruhe 1994, S. 479-506

Stevens, A./Krall, M. (2000): Wertorientiertes Management – Die bevorstehende Revolution in der Versicherungsbranche, in: Zeitschrift für Versicherungswesen, 51. Jg., Nr. 3, S. 80-82

Treuberg, H. Graf von/Angermayer, B. (1995): Jahresabschluss von Versicherungsunternehmen: Handbuch zum Versicherungsbilanzrichtlinien-Gesetz und zur RechVersV, Stuttgart 1995

Weber, N. (1998): Die Demutualisierung von Versicherungsvereinen, in: Versicherungswirtschaft, 53. Jg., Nr. 18, S. 1274-1277

Weiler, W. (1980): Grundprobleme einer Finanzierungstheorie der Versicherungsaktiengesellschaft, Dissertation Universität Köln, Köln 1980

WestLB Research GmbH (1999): Bewertung von Versicherungsunternehmen in Euroland – Ein quantitativer Ansatz zur Messung des Shareholder Value, o.O. 1999

7 Bewertung von Leasingunternehmen

von *Konrad Fritz Göller* und *Erik Schlumberger*[*]

7.1 Der Leasing-Begriff und der deutsche Leasing-Markt	195
7.2 Wettbewerbsvorteile des Leasings gegenüber anderen Finanzierungsformen	197
7.3 Werttreiber im Leasinggeschäft	199
7.4 Ermittlung von Plandaten bei Leasingunternehmen	203
7.4.1 Planung bilanzieller Größen versus direkte Planung von Ein- und Auszahlungen	203
7.4.2 Detailplanungsphase	207
7.4.3 Grobplanungsphase und nachhaltiges Jahr	210
7.5 Bewertungsmethoden	210
7.5.1 Grundgedanke der Substanzwertrechnung	210
7.5.2 Inhalt der Substanzwertrechnung	212
7.6 Bewertungsbeispiel	216
7.6.1 Beschreibung des Bewertungsobjektes	216
7.6.2 Planungsrechnung	216
7.6.2.1 Alt-Vertragsbestand	216
7.6.2.2 Neuvertragsvolumen	218
7.6.3 Bewertung nach der DCF-Equity-Methode	221
7.6.4 Bewertung nach der Substanzwertmethode	222
7.6.5 Resumée	224
7.7 Literatur	225

7.1 Der Leasing-Begriff und der deutsche Leasing-Markt

Eine präzise Definition des Begriffs „Leasing" ist aufgrund der uneinheitlichen Verwendung dieser Bezeichnung in der Literatur und in der Praxis nicht möglich.[1] Ein Leasingvertrag ist ein Gebrauchsüberlassungsvertrag, welcher die Vermietung von Wirtschaftsgütern über einen festgelegten Zeitraum regelt. Für die Nutzung der Mobilien oder Immobilien entrichtet der Mieter (Leasingnehmer) an den Vermieter (Leasinggeber) ein vereinbartes Nutzungsentgelt. Damit besteht eine Parallelität des Leasinggeschäftes zur Miete, jedoch aufgrund der unterschiedlichen Gestaltungen, z.B. bei den Rechten und

---

[*] Konrad Fritz Göller, KPMG Deutsche Treuhand-Gesellschaft AG, München und Dr. Erik Schlumberger, Friedrichshafener Treuhand GmbH Wirtschaftsprüfungsgesellschaft, Friedrichshafen.

[1] Vgl. die Systematisierungsvorschläge von *Bieg, H.* (1997), S. 2-3.

Pflichten der einzelnen Vertragsparteien, keine rechtliche Identität.[2] Beide Formen ermöglichen den eigentumslosen Gebrauch von Wirtschaftsgütern und dadurch einen Verzicht auf den Einsatz von Eigenkapital für den Besitz der jeweiligen Vermögensgegenstände. Die Investitionen der Leasing-Branche machten im Jahre 2003 circa 18,4% der gesamtwirtschaftlichen Investition in Deutschland aus.[3] Im Jahre 1971 betrug dieser Anteil noch 2,1%.[4] Damit wird ein bedeutender Teil der Investitionen in der deutschen Volkswirtschaft durch Leasing finanziert.

Man kann grundsätzlich zwischen Operate-Leasing und Finanzierungs-Leasing-Vereinbarungen unterscheiden. Das Operate-Leasing hat den Charakter einer kurz- bis mittelfristigen Vermietung, wobei während der Vertragslaufzeit keine Vollamortisation der Investitionskosten des Leasinggebers erzielt wird. Bestehende Operate-Leasingverträge werden oft ein- oder mehrmalig verlängert (so insbesondere bei Produktionsanlagen, Maschinen oder IT), seltener dagegen an andere Leasingnehmer neu vermietet. In vielen Fällen, wie z.B. beim Fahrzeug-Leasing wird jedoch bei Mietende direkt der Abverkauf angestrebt. Die objektbezogenen Risiken, z.B. die Wartungsaufwendungen oder die Gefahr des Diebstahl oder der Zerstörung des Leasing-Objektes, liegen bei Operate-Leasing-Vereinbarungen häufig beim Leasinggeber. Diese Risiken werden bei der Kalkulation der Leasingraten berücksichtigt. Beim Finanzierungs-Leasing werden diese Risiken fast immer vertraglich auf den Leasingnehmer übertragen. In den mittel- bis langfristigen Finanzierungs-Leasingverträgen ist eine unkündbare Grundmietzeit vereinbart, welche jedoch kürzer als die betriebsgewöhnliche Nutzungsdauer des Leasing-Gegenstandes ist,[5] um eine handels- und steuerbilanzielle Zurechnung zum Leasinggeber zu ermöglichen.

Rund 82% der Neuinvestitionen im Leasing-Geschäft im Jahre 2003 entfielen auf Mobilien und rund 18% entfielen im gleichen Zeitraum auf Neuinvestitionen in immobile Wirtschaftsgüter.[6] Diese höhere Leasing-Quote bei Investitionen in Mobilien ist auf die bessere Leasing-Fähigkeit aufgrund der Fungibilität mobiler Wirtschaftsgüter zurückzuführen. Die Leasing-Fähigkeit hängt entscheidend von der einfachen und kostengünstigen Verwertbarkeit des Gegenstandes nach Ablauf der Grundmietzeit bzw. im Insolvenzfall des Leasingnehmers ab.[7] Mit einem Anteil von 50,1% (€ 23,5 Mrd.) an den gesamten Leasing-Investitionen im Jahre 2003 stellte das Straßenfahrzeug-Leasing den bedeutendsten Teil des Leasing-Geschäfts dar, gefolgt von Büromaschinen bzw. IT-Anlagen und dem Leasing von Produktionsmaschinen.[8] Es ist allerdings festzustellen, dass es fast nichts gibt, was nicht in Deutschland auch geleast werden könnte, wie z.B. exklusive Sportboote, Musik-Instrumente, Ladeneinrichtungen, Möbel, Kran- und Hebeanlagen, Geldautomaten usw. sowie immaterielle Vermögensgegenstände (insbesondere Software).

Die Anzahl der Leasing-Gesellschaften am deutschen Markt ist seit Mitte 2003 rückläufig. Dies betrifft vor allem die großen Leasing-Gesellschaften, deren Anzahl um 11% abnahm. Dies ist auf Marktbereinigungen durch Übernahmen, Liquidationen und Fusionen sowie

---

[2] Vgl. *Büschgen, H.* (1998), S. 2.
[3] Vgl. *Bundesverband Deutscher Leasing-Unternehmen* (2003 a), S. 7.
[4] Vgl. *Spittler, H.J.* (2002), S. 18.
[5] Vgl. *Spittler*, a.a.O., S. 21.
[6] Vgl. *Bundesverband Deutscher Leasing-Unternehmen* (2003 a), S. 8.
[7] Vgl. *Spittler*, a.a.O., S. 28.
[8] Vgl. *Bundesverband Deutscher Leasing-Unternehmen*, a.a.O., S. 8.

auf Entflechtungen und Neugruppierungen von Finanzdienstleistern zurückzuführen. Von den derzeit ca. 2.000 inländischen Leasing-Gesellschaften haben rund 10% eine Marktbedeutung. Örtlich ist eine Konzentration der Leasingunternehmen auf die wirtschaftlichen Ballungsräume zu beobachten, mit München vor Frankfurt als Spitzenreiter mit 59 Instituten,[9] wobei aus gewerbesteuerlichen Gründen in vielen Fällen Gemeinden mit niedrigen Gewerbesteuerhebesätzen gewählt werden (z.B. Grünwald bei München). Neben der Nähe zu den Kunden erscheint der Zugang zu qualifizierten Mitarbeitern ein Hauptgrund dafür zu sein.

Die Unternehmen des deutschen Leasingmarkts lassen sich in herstellerabhängige, bankenabhängige und unabhängige Leasinggesellschaften einteilen.[10] Alle Autohersteller von Bedeutung nutzen das Mobilienleasing über eigene Tochtergesellschaften als Vertriebskanal. Fast alle anderen bedeutenden Leasinggesellschaften werden von Finanzdienstleistungsinstituten gehalten.[11] Von Herstellern und Banken unabhängige Leasinggesellschaften werden immer stärker zurückgedrängt.[12] Die enge Verbindung zu einem Kreditinstitut führt zu Vorteilen bei der Refinanzierung der einzelnen Leasinganbieter[13] und die vorhandene Kompetenzen in den Bereichen Kredit- und Zinsrisikosteuerung sowie die Vertriebskapazitäten des jeweiligen Kreditinstitutes können intensiver genutzt werden.

7.2 Wettbewerbsvorteile des Leasings gegenüber anderen Finanzierungsformen

Das Leasen eines Wirtschaftsgutes stellt eine flexible Finanzierungsalternative für den Leasingnehmer im Rahmen von Investitionsentscheidungen dar. Der Erfolg des Leasings z.B. gegenüber der reinen Fremdkapitalfinanzierung aus Sicht der Leasingkunden basiert situationsabhängig auf einer Vielzahl oft ganz unterschiedlicher Faktoren.[14] Im gewerblichen Leasing sind dies zunächst **steuerliche Effekte** (Steuerstundung durch Vorziehen von Mietaufwand gegenüber der Abschreibung beim Kauf, Vermeidung von gewerbesteuerlichen Dauerschuldzinsen, aber auch das gezielte Heben von stillen Reserven durch Sale-and-lease-back), die teilweise sogar das Hauptmotiv sind. Dies erklärt auch die hohe Verunsicherung der Leasingbranche durch die immer wieder aufkommenden Pläne des Gesetzgebers, eine Leasingsteuer einzuführen (teilweise Nichabzugsfähigkeit von Leasingaufwendungen als Betriebsausgabe), die in den Jahren 2002 und 2003 zu spürbaren Einbußen im Leasingneugeschäft geführt haben.[15] Die Nutzung steuerlicher Gestaltungsspielräume wird als ein wesentlicher Grund für die Zunahme des Leasings als Finanzierungsform in den vergangenen 20 Jahren genannt. Eine Verkürzung allein darauf greift jedoch zu kurz.[16]

---

[9] Vgl. *Wassermann, H.* (2003 a), S. 244.
[10] Vgl. *Bundesverband Deutscher Leasing-Unternehmen*, a.a.O., S. 12.
[11] Vgl. *Wassermann, H.* (2003 a), S. 250.
[12] Vgl. *Wendels, T.H.* (2003), S. 76.
[13] Vgl. *Spittler, H.J.* (2002), S. 34.
[14] Siehe bspw. die Analyse von *Tacke, H.* (1997), S. 6-10.
[15] Vgl. *Bundesverband Deutscher Leasing-Unternehmen* (2002), S. 7.
[16] Vgl. *Wendels, T.H.* (2003), S. 4.

Neben den steuerlichen Aspekten des Leasings[17] bestehen weitere Anreize für den Leasingnehmer, wie z.B. die Verbesserung der Liquidität und der Finanzierungskosten, die Wahrung einer bestimmten Eigenkapital-Fremdkapital-Relation oder die Erhaltung von Kreditspielräumen und der unternehmerischen Flexibilität.[18] Insbesondere die *Verbesserung der Eigenkapitalquote* wegen der Off-balance-Wirkung,[19] die Absenkung der Kapitalbindung und die Möglichkeit, über die Grenzen des klassischen Bankkredits hinaus Finanzierungsquellen zu erschließen werden zunehmend als Gründe für die nahezu permanente Erhöhung der Leasingquoten im gewerblichen Leasing genannt. Dieser Trend wird mit der durch Basel II eingeforderten stärkeren Risikodifferenzierung der Kreditkonditionen durch die Geschäftsbanken und die beobachtete Kreditzurückhaltung noch beschleunigt. Zudem hat das Leasing über die Mietratengestaltung und den Bilanzstruktureffekt auch direkt Auswirkungen auf Erfolgssteuerungsrechnungen und Shareholder-Value-Betrachtungen wie z.B. die EVA-Methode.[20]

Durch die Auslagerung von Leasinggütern in eigens dafür gegründete Zweckgesellschaften (insbesondere im Bereich der Big Tickets, also Immobilien, Flugzeuge u.a. wertmäßig großvolumige Wirtschaftsgüter) können im Rahmen von Finanzierungs-Leasing-Verträgen klare organisatorische, rechtliche und finanzielle Gestaltungen geschaffen werden, welche z.B. eine Separierung von Zahlungsansprüchen externer Kreditgeber ermöglichen und damit den Zugang zu einer günstigeren Finanzierung sichern.[21] Ein weiterer Vorteil des Leasings gegenüber der reinen Fremdkapitalfinanzierung besteht in den vom Leasinggeber zunehmend angebotenen komplementären Dienstleistungen.[22] Eine eigens darauf spezialisierte Einheit der Leasinggesellschaft kann bspw. im Immobilienleasing das Baukostencontrolling und die Baubetreuung abwickeln oder etwa bei Fahrzeugen zusätzliche Dienstleistungen im Bereich der Wartung und der Reparatur übernehmen.[23] Der Leasingnehmer kann auch vom speziellen Know-how und den Einkaufsvorteilen des Leasing-Anbieters profitieren (so häufig beim IT-Leasing).

Im Privat-Leasing hat fast nur das Pkw-Leasing sowie in geringerem Umfang das Leasing von höherwertigen Konsumgütern (PCs, Handys, Möbel) eine erhebliche Bedeutung. Vorteilhaft aus Sicht der Kunden ist insbesondere die vielfach einfache und schnelle Abwicklung, die teilweise geringeren Anforderungen an die Bonität bzw. deren Nachweis, die Abwälzung des Marktwertrisikos und des Instandhaltungsrisikos auf den Leasinggeber und die Möglichkeit, die Mietdauer individuell festlegen zu können. Kostenvorteile können sich zudem im Rahmen der gezielten absatzpolitischen Subventionierung einzelner Leasinggüter durch die Hersteller in Form von besonders niedrigen Zinssätzen ergeben. In der Regel lassen sich aber auch beim Barkauf entsprechende Nachlässe realisieren, sodass meist neben der reinen Kreditierung keine sonstigen finanziellen Vorteile im Vordergrund stehen.

---

[17] Vgl. die weitgehend immer noch gültige Analyse von *Bordewin* (1996), S. 1435-1462.
[18] Vgl. *Büschgen, H.* (1998), S. 3.
[19] *Feinen, K.* (1999 a), S. 1.
[20] Vgl. *Bengsch, V.* (2001), S. 23.
[21] Vgl. *Fahrholz, B.* (1998), S. 144.
[22] Vgl. *Büschgen, H.* (1998), S. 49.
[23] Vgl. *Fahrholz, B.* (1998), S. 143.

7.3 Werttreiber im Leasinggeschäft

Die im vorigen Abschnitt beschriebenen Wettbewerbsvorteile des Leasings definieren auch den Rahmen der für das Leasinggeschäft relevanten Werttreiber. Je mehr dieser Wettbewerbsvorteile als Werttreiber begriffen und durch ein Leasingunternehmen aktiv im Markt genutzt werden können, desto höher wird die Wertschöpfung und umso stabiler werden die Erlöse im Zeitablauf sein.

Im Bereich der Massen-Wirtschaftsgüter, wie z.B. bei Kraftfahrzeugen, bei welchen das Leasinggeschäft durch einen hohen Standardisierungsgrad gekennzeichnet ist, können Leasinggesellschaften bspw. Größenvorteile bei der Beschaffung durch hohe Volumina erlangen. Durch die Spezialisierung auf ein bestimmtes Produkt ergeben sich ggf. Informationsvorteile und ein Wissensvorsprung gegenüber Wettbewerbern. Schließlich kann durch die Schaffung standardisierter und effizienter Geschäftsprozesse (z.B. Antragsbearbeitung per Internet,[24] web-based asset management) ein Vorteil gegenüber Kreditinstituten geschaffen werden. Insbesondere flexible Lösungen und die unbürokratische Abwicklung (z.B. Mitfinanzierung von immateriellen Vermögensgegenständen, Sale-and-leaseback, nichlineare Mietratenverläufe, Akzeptanz offener Restwerte etc.) ist ein vom Mittelstand häufig genannter Wettbewerbsvorteil des Leasings.

Nachfolgend werden die wichtigsten Werttreiber überblickartig beschrieben:

(a) Konditionenvorteile

Idealtypisch ergibt sich die Leasingkondition in weitgehender Analogie zum Kreditgeschäft der Geschäftsbanken aus der Berücksichtigung folgender Parameter:

- Kosten der fristenkongruenten Refinanzierung
- Kosten der Vertragsanbahnung/Vertriebskosten
- Kosten der Vertragsadministration
- kalkulatorische Kreditausfallkosten und Restwertwagnis (soweit offener Restwert)
- nicht weiterbelastbare Kosten (Versicherungen, Steuern, Gutachterkosten)
- Gewinnmarge

Bei der Refinanzierung haben die Geschäftsbanken regelmäßig günstigere Refinanzierungsmöglichkeiten als bankenunabhängige Leasinggesellschaften aufgrund des besseren Ratings. Bei den Kosten der Vertragsanbahnung, Vertriebskosten sowie Verwaltungskosten sind dagegen die Leasingunternehmen aufgrund effizienterer Geschäftsprozesse und teilweise geringerer Gehalts- und Sachkosten meist spürbar im Vorteil.

Aufgrund der besseren Rechtsposition des Leasinggebers im Insolvenzfall (bei einer weiteren Nutzung des Leasinggegenstandes nach Stellung des Insolvenzantrages und nach Eröffnung des Insolvenzverfahrens ist der Insolvenzverwalter zur Zahlung der Nutzungsentgelte verpflichtet[25]) gegenüber einem Kreditgeber und der im Vergleich zu einem Kreditinstitut häufig besseren Vermarktungskompetenz aufgrund der Spezialisierung auf bestimmte Leasinggüter sind Leasingunternehmen in der Lage, auch Leasingverträge noch zu akzeptieren, bei denen die Finanzierungsentscheidung allein auf Basis der Boni-

---

[24] So wirbt bspw. die ATHLON Car Lease Germany mit ihrer E-Business-Lösung, wonach sich alle wesentlichen Geschäftsvorfälle kostengünstig über die Internet-Applikation abwickeln lassen.
[25] Vgl. *Kindler, S. u. Köchling, M.* (2004), S. 59.

tätseinschätzung des Leasingnehmers nicht zu befürworten wäre. So wird bspw. im Pkw-Leasing klassischerweise kalkuliert, dass die Differenz zwischen dem Marktwert des Fahrzeugs und der noch offenen Restzahlungsverpflichtung des Leasingnehmers im Insolvenzfall i.d.R. nicht mehr als 20% beträgt. Unter Einschluss von bei weniger guten Bonitäten üblichen Leasingsonderzahlungen oder Mietkautionen, der Akzeptanz nur gängiger Pkw-Modelle und Ausstattungsvarianten und der schnellen Reaktionszeit bei Zahlungsverzögerungen[26] ist der Ausfall ("Loss given default") meist geringer als bei Banken, die vergleichbare Vermögenswerte finanzieren. Insgesamt gelingt es so einigen Leasinggesellschaften, einen echten Konditionsvorteil zu generieren, da Banken bzw. banknahe Leasingunternehmen aus Risiko- und Kostenerwägungen heraus nicht konkurrieren können.

(b) Zinsspanne/Fristentransformation

Leasingunternehmen erzielen in der Regel eine positive Zinsmarge, indem sie sich die Refinanzierungen günstiger beschaffen als sie die Konditionen am Markt anbieten. Dies erfolgt in Deutschland aus gewerbesteuerlichen Gründen im Wesentlichen über die Forfaitierung[27] von Leasingraten und Restwerten[28] sowie in meist wesentlich geringerem Umfang über fristenkongruente Bankdarlehen. Zunehmend berücksichtigen die refinanzierenden Banken beim Ankauf von Forderungen neben dem Kreditausfallrisiko des Leasingnehmers und der Werthaltigkeit des als Sicherung dienenden Leasingguts auch das sog. Servicing-Risiko des Leasinggebers. Im weitesten Sinne handelt es sich um mögliche Einreden der Nicht- oder Schlechtleistung gegen den Leasinggeber, die ggf. zur Kürzung der Leasingentgelte berechtigen können. Zudem haftet nach derzeitigem Umsatzsteuerrecht der rechtliche Eigentümer der Leasingforderung für die ordnungsmäßige Abführung der Umsatzsteuer, sodass die Forderungsankäufer hieraus ein erhebliches Umsatzsteuerrisiko übernehmen. Deswegen fordern die Refinanzierer der Leasinggesellschaften zunehmend höhere Eigenkapitalquoten als Risikopuffer und verlangen teilweise die Besicherung ihrer Finanzierungen durch Hinterlegung von Cash-Depots oder ähnlicher Absicherungsinstrumente. Insgesamt ist tendenziell eine Verteuerung der Refinanzierung bzw. ein höherer Abwicklungsaufwand bei den Leasinggesellschaften zu verzeichnen, sodass das Erzielen einer spürbaren Zinsspanne bei gleichzeitiger Abwälzung des Ausfallrisikos schwieriger wird.

Für größere Volumina erfolgt die Refinanzierung auch über Sale-and-leaseback-Modelle mit Herstellern oder Banken, teilweise unter Nutzung von Zweckgesellschaften sowie zunehmend auch über Verbriefungen[29] ("ABS", Asset-Backed-Securities-Programme), die sich ab einer jährlichen Kreditaufnahme von ca. € 40 bis 50 Mio. trotz der erheblichen

---

[26] Die bedeutenden Autoleasingunternehmen arbeiten mit professionellen Inkasso-Büros und Sicherstellern zusammen.

[27] Vgl. *Milatz, J.E.* (1996), Seite 841 und BMF vom 9. Januar 1996, Schreiben betr. bilanz- und gewerbesteuerliche Behandlung der Forfaitierung von Forderungen aus Leasing-Verträgen.

[28] Diese erfolgt i.d.R. regresslos, also unter Übertragung des Kreditausfallrisikos, um die gewerbesteuerliche Hinzurechnung von Dauerschuldzinsen beim Leasinggeber gemäß § 8 Nr. 1 GewStG zu vermeiden. Die Restwertforfaitierungen werden steuerlich allerdings wie Darlehen behandelt. Banken haben mit § 19 GewStDV ein sog. Bankenprivileg und unterliegen somit dieser Steuerbelastung nicht.

[29] Vgl. *Engelland, F./Lütje, G.* (1996), S. 517 und *Tacke, H.* (1997), S. 8-10.

fixen Programm-Kosten[30] als konkurrenzfähig mit anderen Finanzierungsformen erweisen. Nur wenige Leasingunternehmen betreiben darüber hinaus in größerem Umfang Fristentransformation,[31] also die Generierung einer Zinsspanne aus der unterschiedlichen Verzinsung kurzfristiger gegenüber längerfristiger Finanzierungen, etwa durch rollierende Aufnahme von Bankkrediten oder sonstiger Finanzierungen.

(c) Vermarktung gebrauchter Leasinggüter/Restwertchancen

Die Mobilienleasingunternehmen, insbesondere in den Bereichen Automobil, Informationstechnologie und Medizintechnik, erzielen ihre Margen zunehmend aus der Vermarktung der gebrauchten Leasinggüter nach Mietende über Mietverlängerungen oder Verkäufe. Während im Privatkundensegment immer noch mit Ausnahme des Autoleasings das Vollamortisationsleasing[32] vorherrscht, bevorzugen die gewerblichen Leasingkunden zunehmend das echte Operate Leasing[33] mit oft zusätzlich noch variablen Nutzungs- bzw. Rückgabemöglichkeiten. Während in der Vergangenheit die Übernahme von Restwertrisiken eher als notwendiges Übel angesehen wurde, begreifen Leasinggesellschaften die Möglichkeit einer aktiven Restwertpolitik unter Nutzung verschiedenster Vertriebskanäle für die Leasingrückläufer zunehmend als einen der bedeutendsten Wettbewerbsvorsprünge gegenüber reinen Kreditgebern.[34] In Bereichen mit relativ stabilen und aufnahmefähigen Gebrauchtmärkten wie für Pkw, Lkw, Omnibusse, Spezialfahrzeuge, Kräne, Medizintechnik werden teilweise mehr als 50% der Neuinvestitionen über Leasing finanziert und erhebliche Anteile davon über die Leasinggesellschaften nach Mietende vermarktet. Zur Steuerung der Restwertrisiken werden zunehmend moderne Prognosemodelle genutzt, z.B. die aus der Marktrisikosteuerung von Banken bekannten Value-at-Risk-Konzepte.[35] Aufgrund der hohen Markttransparenz und des intensiven Wettbewerbs erzielen einige Leasinggesellschaften im reinen Leasing nur noch geringe Margen und können nur über die Mehrerlöse aus Verkäufen nach Mietende bzw. Mietverlängerungen überhaupt profitabel wirtschaften.

---

[30] Neben den externen Kosten für das Aufsetzen der Struktur, der rechtlichen und steuerlichen Überprüfung und den Ratings (diese sind i.d.R. jährlich zu erneuern) sind dies die internen Kosten für die Verwaltung und das Debitorenmanagement sowie für das Controlling und die Berichterstattung an die ankaufende Zweckgesellschaft.

[31] Bei einer normalen Zinsstrukturkurve steigt der Zinssatz für Geldaufnahmen oder -anlagen kontinuierlich mit der Laufzeit an, da der Geld- und Kapitalmarkt sich die Unsicherheit hinsichtlich künftiger Marktpreisentwicklungen (Inflationsraten, Wechselkurse, Bonitätsschwankungen) und der wirtschaftlichen Rahmenbedingungen über einen risikoangepassten Zinssatz entlohnen lässt.

[32] Vollamortisation bedeutet, dass alle Kosten des Leasinggebers zuzüglich seiner Marge bereits über feste Mieten bzw. Leasingsonder- oder Mietschlusszahlungen gedeckt sind. Es verbleibt somit kein Restwertrisiko aus den Leasinggütern nach Mietende.

[33] Ein echter Operating-Lease hat zur Folge, dass der Leasinggeber nach Mietende erst durch die freihändige Vermarktung seine Kosten amortisiert und demzufolge ein erhebliches Marktrisiko trägt.

[34] So werden bspw. gebrauchte IT-Geräte sowie Medizintechnik und teilweise auch Anlagen und Maschinen über spezialisierte Zwischenhändler und Vermittler in die für gebrauchte und damit günstige Wirtschaftsgüter sehr aufnahmefähigen Märkte in Süd- und Osteuropa, Russland, aber auch Südamerika verkauft.

[35] Vgl. *Riess, M.S.* (2004), S. 8-14.

(d) Strukturierungshonorare/Vermittlungshonorare sowie Factoring

Die Verrechnung von Honoraren für die Strukturierung bzw. Vermittlung von Leasinggeschäften ist insbesondere im Immobilien- und Flugzeugleasing verbreitet. Hinzu treten i.d.R. laufende Managementgebühren und Verwaltungshonorare für die Betreuung und Verwaltung der regelmäßig speziell für die Transaktion errichteten Leasingobjektgesellschaften. Teilweise vermitteln kleinere Leasingunternehmen Leasingverträge gegen Entgelt an Wettbewerber, wenn eine eigene Abwicklung des Leasingvertrags nicht möglich erscheint oder forfaitieren ihre Leasingraten an dritte Leasingunternehmen, weil die Geschäftsbanken einen Ankauf wegen fehlender Mindestvolumina als zu unattraktiv ablehnen.

(e) Erbringung von Dienst- und Serviceleistungen als Ergänzung zur Gebrauchsüberlassung

Zusätzliche Serviceleistungen spielen eine zunehmende Rolle bei der wachsenden Marktdurchdringung des Leasings in Deutschland.[36] Angeboten werden bspw. die Beratung bei der Auswahl und Beschaffung der Vermögenswerte, die Baubetreuung bei Immobilien,[37] die Übernahme von Wartungs- und Reparaturdienstleistungen[38] sowie die Bereitstellung von Ersatzgeräten, die Bereitstellung von Daten für ein aktives Asset Management[39] oder die Abwicklung von Reklamationen bzw. Garantiefällen.

Im Bereich des gewerblichen Pkw-Leasings geht dies bereits soweit, dass die Fuhrparkmanagementunternehmen unter Beachtung der Dienstwagenregelungen ihrer Großkunden selbständig einen bedeutenden Teil der administrativen Vorgänge abwickeln und so eine erhebliche Reduktion des Verwaltungsaufwands bei den Kunden eintritt, der die dafür anfallenden Serviceentgelte spürbar übertrifft und zu tatsächlichen Kosteneinsparungen führt.[40]

(f) Zusätzliche Finanzdienstleistungen

Die meisten deutschen Leasingunternehmen beschränken ihre Finanzdienstleistungen auf Leasing- und Mietkaufverträge, bieten aber mangels Kreditinstitutseigenschaft keine Kredite an. Im Pkw-Leasing wird vielfach das Vermitteln von Kfz-Policen für Versicherungsunternehmen betrieben und so Zusatzmargen generiert. Daneben werden oft auch versicherungsähnliche Leistungen zusätzlich zum Leasingvertrag angeboten, wie z.B. die sog.

---

[36] Vgl. *Städtler, A.* (2005), S. 18.
[37] Zu den Motiven und Vorteilen einiger Varianten des Immobilienleasings (Übertragung steuerlicher Rücklagen, Vermeidung von Grunderwerbsteuer) vgl. *Bordwin, A./Tonner, N.* (2003), S. 129-140.
[38] Über Rahmenkontrakte mit ausgewählten Händlern werden günstige Möglichkeiten der Wartung und Reparatur der Wirtschaftsgüter (insbesondere bei Fahrzeugen und IT) vereinbart. Die Händler versprechen sich eine höhere Auslastung ihrer Werkstätten.
[39] Hierunter wird i.d.R. das Generieren und Aufbereiten von umfangreichen Informationen über die Zusammensetzung (Gerätetypen, Alter, Einsatzorte usw.) des Leasingportfolios eines Kunden und die darauf entfallenden Kosten verstanden. Die Leasingkunden versprechen sich daraus ein Absenken der „Total-cost of ownership", da mehr Transparenz über die Zusammensetzung der Kosten gewonnen wird und bspw. Als-ob-Analysen (z.B. was kostet es, alle geleasten IT-Geräte auf ein neues Betriebssystem umzurüsten) erleichtert werden.
[40] Vgl. *Schulz, J.* (1999), Seite 17.

Restschuldversicherung,[41] die Übernahme von Wartung und Reparatur, die Ersatzwagengarantie[42] oder die Versicherung gegen Kratzschäden,[43] die jeweils so kalkuliert sind, dass bei normalem Verlauf eine positive Marge über die Vertragslaufzeit erwirtschaftet wird. Im IT-Leasing werden zunehmend Modelle angeboten, in denen dem Leasinggeber eine flexible Austausch- oder Innovationsoption zu festgelegten Konditionen auf Basis einer Art Kreditlinie eingeräumt wird. Damit kann der Leasingnehmer ohne erneute Kreditverhandlungen jeweils nach Bedarf seine Leasinggüter erneuern bzw. flexibel austauschen.

Insgesamt sind im deutschen Leasingmarkt bei weitem noch nicht alle Möglichkeiten zusätzlicher Finanzprodukte etabliert und auf breiter Ebene im Angebot. Dies dürfte auch an der mittelständischen Prägung vieler Leasingunternehmen liegen.

7.4 Ermittlung von Plandaten bei Leasingunternehmen

Die üblicherweise im Rahmen einer Unternehmensbewertung angewandten Discounted Cashflow-Verfahren (DCF) ermitteln den Unternehmenswert (= Zukunftserfolgswert) als Barwert der künftigen finanziellen Überschüsse aus dem betriebsnotwendigen Vermögen, die sich bei einer Fortführung des Unternehmens ergeben, zuzüglich dem Wert des nicht betriebsnotwendigen Vermögens.[44] Bestimmt werden die zukünftigen finanziellen Überschüsse über eine Unternehmensplanung. Ziel der Unternehmensplanung für Bewertungszwecke ist die Prognose der bewertungsrelevanten Überschüsse. Bewertungsrelevant sind sämtliche dem Leasingunternehmen im Zeitablauf entziehbaren Überschüsse, die den Eigentümern des Leasingunternehmens zufließen. Der finanzielle Zufluss (= Cashflow) stellt sich bei den Eigentümern als Einzahlung, beim Unternehmen als Auszahlung in Form von Gewinnausschüttungen oder Kapitalrückzahlungen dar (Zuflussprinzip).[45]

7.4.1 Planung bilanzieller Größen versus direkte Planung von Ein- und Auszahlungen

Das Zuflussprinzip folgt unmittelbar der Grundannahme, wonach sich der Wert eines Unternehmens aus den Zielvorstellungen der Eigentümer in Form eines nutzenmaximieren-

---

[41] Im Falle der Privatinsolvenz übernimmt diese die Restschuld des Leasingnehmers aus dem Leasingvertrag nach Anrechnung des Vermarktungserlöses des Fahrzeugs abzüglich der Kosten der vorzeitigen Vertragsbeendigung.
[42] Bei Diebstahl, Reparatur oder Wartung des Fahrzeugs wird ein Ersatzfahrzeug zur Verfügung gestellt.
[43] Die Leasinggesellschaft übernimmt die Kosten für einen überdurchschnittlichen Verschleiß durch Kratzer.
[44] Alternativ zum Fortführungswert kann ein Liquidationswert ermittelt werden. Dieser ist dann relevant, wenn der Barwert der aus der Zerschlagung des Unternehmens resultierenden Überschüsse höher ist als der Barwert der zukünftigen Überschüsse bei Fortführung des Unternehmens. In den folgenden Betrachtungen unterstellen wir, dass der Fortführungswert den Liquidationswert übersteigt.
[45] Das Zuflussprinzip gilt dabei unabhängig vom gewählten Bewertungsansatz (Equity, WACC, APV). Der gewählte Bewertungsansatz hat lediglich Einfluss auf die im Rahmen der Cashflow-Bestimmung zu treffende Finanzierungsannahme des Bewertungsobjektes.

den Konsumstroms ableitet. Bilanzielle Überschüsse, wie der Jahresüberschuss oder der Bilanzgewinn, sind nur dann korrekte bewertungsrelevante Überschüsse, wenn sie dem finanziellen Zufluss bei den Investoren entsprechen. Die direkte Planung von Zahlungsgrößen ist jedoch mit Problemen behaftet: Steuerliche Bemessungsgrundlagen beruhen auf bilanziellen Größen und nicht auf Ein- und Auszahlungen. Gleiches gilt für handelsrechtliche Ausschüttungsbeschränkungen, die ebenfalls nur im Rahmen von Bilanzen und Gewinn- und Verlustrechnungen bestimmt und berücksichtigt werden können. Ferner bietet die Modellierung von Plan-Bilanzen und Plan-Gewinn- und Verlustrechnungen zahlreiche Vorteile gegenüber der direkten Planung von Ein- und Auszahlungen. So ermöglicht sie sämtliche Informationen wie z.B. Investitionen, Finanzierung und Working Capital unter Berücksichtigung aller Interdependenzen innerhalb eines geschlossenen Modells vollständig und konsistent zu erfassen, was implizit eine Abstimmung sämtlicher Einzelplanungen erzwingt. Der ausschließlichen Betrachtung von Ein- und Auszahlungen fehlt dieser geschlossene Modellcharakter und es werden leicht Informationen bzw. Rückwirkungen einzelner Plangrößen auf andere Plangrößen übersehen. Ferner ermöglichen bilanzielle Plangrößen einen Vergleich mit Vergangenheitsdaten, die üblicherweise ebenfalls in bilanzieller Form vorliegen.

Unsere nachfolgenden Ausführungen unterstellen daher eine Planung in Form von Bilanzen und Gewinn- und Verlustrechnungen. Aufbauend auf dieser bilanziellen Planung kann in einem zweiten Schritt der bewertungsrelevante Cashflow, unter Berücksichtigung des gewählten Bewertungsansatzes und der damit verbundenen Finanzierungsfiktion, abgeleitet werden. Im Rahmen der bilanziellen Planung treffen wir folgende Basisannahmen:

- die Leasingverträge sind so gestaltet, dass die bilanzielle Erfassung der Leasinggegenstände beim Leasinggeber erfolgt (Operate-Leasing);
- die Plan-Bilanzen und Plan-Gewinn- und -Verlustrechnungen basieren auf deutschen handelsrechtlichen Rechnungslegungsgrundsätzen (HGB).

Entsprechend der Geschäftstätigkeit kann die Gewinn- und Verlustrechnung einer Leasinggesellschaft für Planungszwecke entsprechend folgendem Grobraster gegliedert werden:[46]

Das **Leasingergebnis** bringt den Ergebnisbeitrag aus dem eigentlichen Leasinggeschäft zum Ausdruck. Von den Leasingraten (=Umsatzerlöse) werden die auf das Leasingvermögen entfallenden Abschreibungen und die Refinanzierungszinsen in Abzug gebracht. Die Refinanzierungszinsen können dabei unterteilt werden in Darlehenszinsen, soweit das Leasingvermögen über Bankdarlehen finanziert wird, und in Zinsaufwand, der aus dem Forderungsverkauf von zukünftigen Leasingraten resultiert, soweit das Leasingvermögen über Forfaitierung finanziert wird. Erfolgt die Finanzierung über Forfaitierung, so entstehen Zinsaufwendungen in Höhe der Differenz zwischen der Summe der forfaitierten Leasingraten (nominal) und dem Kaufpreis der forfaitierenden Bank. Das **Vermarktungsergebnis** setzt sich aus den Verkaufserlösen der Leasinggegenstände nach Ablauf der Grundmietzeit und den diesen gegenüberstehenden Buchwerten zusammen. Da in der Praxis zur Herbeiführung eines möglichst niedrigen steuerlichen Ergebnisses und damit

---

[46] Die Aufspaltung erleichtert Risiko-, Sensitivitäts- und Vergleichsanalysen und trägt damit zur Planungsvereinfachung bei.

```
  Umsatzerlöse
./. Abschreibungen
./. Refinanzierungszinsen
 = Leasingergebnis (1)
  Verkaufserlöse
./. Buchwertabgänge
 = Vermarkungsergebnis (2)
  Serviceerlöse
./. Serviceaufwendungen
 = Serviceergebnis (3)
  Bruttoergebnis =(1)+(2)+(3)
./. Risikoergebnis
  Nettoergebnis
./. Personal- und Sachaufwand, sonstiger betrieblicher Aufwand
./. Finanzergebnis
  Ergebnis vor Ertragsteuern
```

Abbildung 7-1: Gewinn- und Verlustrechnung einer Leasinggesellschaft

der Senkung der Steuerbelastung möglichst hohe planmäßige Abschreibungen angesetzt werden, übersteigen die verrechneten Abschreibungen oftmals den tatsächlichen Werteverzehr. Das Vermarktungsergebnis ist mithin in vielen Fällen positiv. Die gegebenenfalls zu hoch vorgenommenen Abschreibungen und damit das zu niedrig ausgewiesene Leasingergebnis während der Vertragslaufzeit werden im Zeitpunkt des Verkaufs der Leasinggegenstände korrigiert. Das Servicegeschäft kann je nach Leasinggegenstand unterschiedlich ausgestaltet sein. Das **Servicergebnis** ergibt sich als Erlöse aus dem Servicegeschäft abzüglich der diesen Erlösen direkt zurechenbaren Aufwendungen. In der Praxis zeigt sich, dass das Serviceergebnis oftmals einen erheblichen Beitrag zum Gesamtergebnis des Leasingunternehmens leistet. Aufgrund der teilweise hohen Fragmentierung des Leasingmarktes und der daraus resultierenden starken Konkurrenzsituation, die nur geringe Margen im eigentlichen Leasinggeschäft zulässt, ist es für die Leasingunternehmen zunehmend wichtig, zusätzliche Einnahmequellen im Servicebereich zu generieren.

Das **Risikoergebnis** bringt zum einen Forderungsausfälle zum Ausdruck, soweit diese von der Leasinggesellschaft zu tragen sind und keine entsprechende Absicherung besteht, zum anderen umfasst es nicht geplante Wertminderungen des Leasingvermögens und damit Verluste im Rahmen der Nachvermarktung. Hinsichtlich der Personal- und Sachaufwendungen und der sonstigen betrieblichen Aufwendungen bestehen keine branchentypischen Besonderheiten.[47] Das Finanzergebnis kann u.a. Beteiligungserträge aus Beteiligungen an Tochterunternehmen enthalten und Zinserträge und -aufwendungen aus dem Kontokorrent.

---

[47] Für Planungszwecke ist aber zu beachten, dass die Aufrechterhaltung effizienter IT-Systeme zur Geschäftsabwicklung z.T. erhebliche Investitionen impliziert.

Die wichtigsten Bilanzposten eines Leasingunternehmens für Planungszwecke sind:

Aktiva	Passiva
Leasingvermögen	Eigenkapital
Nicht leasingbezogenes Vermögen	Nicht refinanzierungsbezogene Schulden
	Refinanzierung des Leasinggebers
	Bankdarlehen
	Passiver RAP (Leasingraten)
	Sonstige Verbindlichkeiten (Restwerte)

Abbildung 7-2: Wichtige Bilanzposten

Das Leasingvermögen repräsentiert den Buchwert sämtlicher Leasinggegenstände. Das nicht leasingbezogene Vermögen beinhaltet insbesondere sonstiges Anlagevermögen, Forderungen aus Lieferungen und Leistungen und sonstige Vermögensgegenstände. Die nicht refinanzierungsbezogenen Schulden umfassen Rückstellungen, Verbindlichkeiten aus Lieferungen und Leistungen und sonstige Verbindlichkeiten. Hinsichtlich des nicht leasingbezogenen Vermögens und der nicht leasingbezogenen Schulden bestehen meist keine branchentypischen Besonderheiten. Ein für Leasinggesellschaften wichtiger Bestandteil der Bilanz stellen Posten im Zusammenhang mit der Refinanzierung des Leasingvermögens dar. Bankdarlehen sind im Regelfall von untergeordneter Bedeutung. Weit überwiegend refinanzieren sich Leasingunternehmen über die Forfaitierung von zukünftigen Leasingraten und Restwerten. Soweit eine Leasinggesellschaft zukünftige Leasingraten regresslos forfaitiert, spiegelt sich dies im passiven Rechnungsabgrenzungsposten wider. In Höhe des Kaufpreises für die Leasingraten hat die Leasinggesellschaft einen passiven Rechnungsabgrenzungsposten zu bilden. Dieser wird aus steuerlichen Gründen meist linear über die Grundmietzeit aufgelöst[48] und der Aufwandssaldo aus dem Auflösungsbetrag und der höheren an die Bank abzuführenden Leasingrate entweder gegen die Umsatzerlöse gekürzt oder als Zinsaufwand separat ausgewiesen. Der passive Rechnungsabgrenzungsposten ist mithin ein Speicher für zukünftige Umsatzerlöse.

Forfaitiert die Leasinggesellschaft auch die Restwerte, so hat sie in Höhe des hierfür erhaltenen Zahlungsmittelzuflusses eine sonstige Verbindlichkeit zu passivieren. Die Differenz zwischen dem Zahlungsmittelzufluss und dem kalkulierten Restwert stellt Zinsaufwand dar. Aus steuerlichen Gründen wird dieser meist in gleichen Jahresbeträgen auf die Grundmietzeit verteilt und die sonstige Verbindlichkeit entsprechend erhöht, sodass diese nach Ablauf der Grundmietzeit dem kalkulierten Restwert entspricht. Bei der Abbildung von Leasingverträgen und deren Refinanzierung im handelsrechtlichen Jahresabschluss ist der Grundsatz der verlustfreien Restabwicklung zu beachten.[49]

---

[48] Nach IFRS und US-GAAP ist die Auflösung finanzmathematisch vorzunehmen. Dies wäre handelsrechtlich zwar auch zulässig, wird aber u.a. wegen des Aufwands der Überleitung auf die steuerlich gebotene lineare Auflösung nur selten angewandt.

[49] Vgl. HFA 1/1989, Tz F 3.

7.4.2 Detailplanungsphase

Die Unternehmensbewertung geht im Rahmen des Fortführungswertes i.d.R. von einer unendlichen Lebensdauer des Unternehmens aus. Damit stellt sich die Frage für welchen Zeitraum eine Planung für Bewertungszwecke sinnvoll durchgeführt werden kann. Aus unternehmensinternen und -externen Gründen ergibt sich zwangsläufig ein Horizont für die Prognose, jenseits dessen die Quantifizierung von Plandaten nur noch auf globale Annahmen gestützt werden kann.[50]

In der Praxis hat es sich als hilfreich erwiesen, die Prognose der Plandaten auf unterschiedliche Zukunftsphasen zu verteilen. Unter der Detailplanungsphase wird üblicherweise ein kurz- bis mittelfristiger Planungszeitraum verstanden, innerhalb dessen eine relativ detaillierte Prognose der Posten der Gewinn- und Verlustrechnung und der Bilanz möglich erscheint. Die Detailplanungsphase umfasst für Bewertungszwecke in der Regel die Budgetplanung für das Folgejahr und die Mittelfristplanung, insgesamt mithin rund drei bis fünf Jahre.

Ausgangspunkt der Planung sind Überlegungen zu den wesentlichen wertbestimmenden Faktoren eines Unternehmens. Diese sind in Abhängigkeit von der Geschäftstätigkeit des Unternehmens festzulegen und zu planen. Sofern wesentliche wertbestimmende Faktoren nicht direkt bilanziellen Größen entsprechen, sind sie in einem zweiten Schritt in bilanzielle Größen zu transformieren. Bei einer Leasinggesellschaft sind insbesondere folgende wertbestimmende Faktoren relevant:

- das Neuvertragsvolumen pro Planjahr, ggf. unterteilt in verschiedene Vertragsgruppen (Grundmietzeit, Mietsonderzahlung) und die sich daraus, unter Berücksichtigung des für die Leasinggesellschaft erzielbaren Effektivzinssatzes, ergebenden Leasingraten;
- die kalkulierten Restverkaufserlöse, die Abschreibungsdauer und -methode und die sich ggf. ergebenden Buchgewinne und -verluste nach Ablauf der Grundmietzeit;
- die Finanzierung des Neuvertragsvolumens über eigene finanzielle Mittel, über Bankdarlehen oder über den Verkauf zukünftiger Leasingraten und Restwerte (Forfaitierung);
- die Fortentwicklung des Vertragsaltbestands einschließlich Annahmen zu Mietverlängerungen;
- die Risikokosten;
- Ergebnisse aus dem Servicegeschäft;
- Personalaufwand, Sachaufwand und sonstiger betrieblicher Aufwand.

Bei der Festlegung und Überführung der wertbestimmenden Faktoren in bilanzielle Größen ist zu berücksichtigen, dass die Festlegung der Plangrößen für ein Jahr aufgrund der mehrjährigen Laufzeiten der Leasingverträge kalkulierbare Effekte auf nachfolgende Geschäftsjahre hat. So beeinflusst z.B. ein geplantes Neuvertragsvolumen für das erste Planjahr die nachfolgenden Planjahre, da in diesen Jahren die aus dem Vertrag vereinbarten Leasingraten vereinnahmt werden. Die einzelnen Jahre können daher nicht unabhängig voneinander geplant werden. Es ergibt sich ein Planungsmodell, das sich dadurch auszeichnet, dass die Planung eines Jahres auch durch die Vorjahre beeinflusst ist.

Hauptwerttreiber und damit Ausgangspunkt der Planung ist das Neuvertragsvolumen zu Anschaffungskosten (= Mietberechnungsgrundlage). Es bietet sich an, für die einzelnen

---
[50] Vgl. *Wirtschaftsprüfer-Handbuch* 2002, S. 60.

Planjahre der Detailplanungsphase das zu erwartende Neuvertragsvolumen festzulegen und ggf. eine Unterscheidung nach verschiedenen Vertragstypen vorzunehmen. Da i.d.R. eine Vielzahl von unterschiedlichen Vertragstypen vorliegt, sind im Sinne der Praktikabilität vereinfachende Annahmen zu treffen. Neben der Laufzeit der Verträge, sind die Mietsonderzahlungen zu Beginn der Grundmietzeit, die Restwerte (= kalkulierte Restverkaufserlöse) und die vom Leasingunternehmen erzielbare Effektivverzinsung je Vertragstyp zu planen. Darauf aufbauend lassen sich die Leasingraten in Summe je Vertragstyp berechnen. Zusammenfassend sind demnach für diesen einfachen Fall – von einer Forfaitierung der Leasingraten und der Restwerte sowie Mietverlängerungsoptionen sei zunächst abgesehen – die folgenden Parameter pro Vertragsgruppe und Planjahr festzulegen:

- Neuvertragsvolumen (= Mietberechnungsgrundlage)
- Mietsonderzahlung
- Grundmietzeit
- Restmietwert
- Effektivverzinsung

Darauf aufbauend lassen sich bestimmte Bilanzposten und Posten der Gewinn- und Verlustrechnung für das entsprechende Planjahr sowie für Folgejahre, soweit sie durch die Vertragsabschlüsse im betrachteten Planjahr beeinflusst sind, ableiten.

(a) Sachanlagevermögen/Abschreibungen: Das Sachanlagevermögen entwickelt sich unter Berücksichtigung des Sachanlagen-Altbestands, der darauf noch zu verrechnenden Abschreibungen (ersichtlich aus der Abschreibungs-Vorschau) zuzüglich des in den Planjahren angesetzten Neuvertragsvolumens abzüglich der wiederum darauf zu verrechnenden Abschreibungen.

(b) Passiver Rechnungsabgrenzungsposten: Die Mietsonderzahlungen werden in einem passiven Rechnungsabgrenzungsposten eingestellt. Die Auflösung erfolgt linear über die Grundmietzeit gegen die Umsatzerlöse.

(c) Umsatzerlöse: Die Leasingraten bestimmen sich aus der geplanten Effektivverzinsung unter Berücksichtigung des geplanten Neuvertragvolumens, der Mietsonderzahlungen und der kalkulierten Restwerte. Dabei ist zu berücksichtigen, dass die Umsatzerlöse nicht nur durch die im Planjahr angesetzten Neuverträge beeinflusst werden, sondern in Abhängigkeit von der Laufzeit der Verträge auch von den Vertragsabschlüssen vorangegangener Geschäftsjahre. Die Umsatzerlöse, die noch aus dem Vertragsaltbestand resultieren, lassen sich in der Regel aus den Controlling- oder Rechnungswesensystemen der Leasingunternehmen entnehmen. Ferner ist Teil der Umsatzerlöse die lineare Auflösung der passiv abgegrenzten Mietsonderzahlungen. Weitere Umsatzerlöse, wie z.B. aus Serviceleistungen, die oft in einem bestimmten Verhältnis zum Leasingvolumen korrelieren, können in Abhängigkeit von anderen relevanten Werttreibern, wie z.B. der Summe des Leasing-Vertragsbestands, für das jeweilige Jahr geplant werden.

(d) Buchgewinne und -verluste als Teil der sonstigen betrieblichen Erträge und Aufwendungen: Für den Fall, dass der geplante Restbuchwert (= geplante Anschaffungskosten abzüglich geplanter Abschreibungen) niedriger oder höher ist als der kalkulierte Restwert zum Ende der Grundmietzeit, kommt es in Höhe der Differenz zu Gewinnen bzw. Verlusten im Jahr des geplanten Verkaufs. Ausgelöst wird diese Differenz durch die Bestrebung der Unternehmen, die steuerlich maximal zulässigen Abschreibungen zum Ansatz zu bringen, die oftmals den tatsächlichen Werteverzehr übersteigen. Für die Unternehmensplanung lassen sich die Buchgewinne bzw. -verluste aus den Informationen zur Planung des Neuvertragsvolumens ableiten. Im Rahmen der Planung des Neuvertragsvolumens werden sowohl die Anschaffungskosten, die Grundmietzeit und die Abschreibungsmethode als auch die kalkulierten Restwerte festgelegt.

(e) Finanzierung: Im Rahmen eines integrierten Planungsmodells, welches einen automatischen Bilanzausgleich herstellt, wird der erforderliche Finanzierungsbedarf (Plan-Aktiva > Plan-Passiva) der sich u.a. aus den geplanten Neuinvestitionen ergibt, durch zinspflichtiges Fremdkapital gedeckt. Die daraus resultierenden Zinsaufwendungen müssen im Rahmen eines iterativen Prozesses – die Zinsaufwendungen mindern den Bilanzgewinn und damit die Passiva und führen somit ihrerseits zu einem Finanzierungsbedarf – in der Gewinn- und Verlustrechnung erfasst werden, was in einem MS-Excel-Modell modelliert werden kann.

In der Praxis wird ein Großteil der zukünftigen Leasingraten und der Restwerte forfaitiert, d.h. an eine Bank verkauft. Das Ausfallrisiko aus diesen zukünftigen Forderungen trägt damit i.d.R. die forfaitierende Bank. Der Leasinggesellschaft fließen finanzielle Mittel in Höhe des Barwertes der forfaitierten Leasingraten und der forfaitierten Restwerte (Diskontiert mit dem Forfaitierungszinssatz) zu, die zur Finanzierung des Neugeschäftsvolumens eingesetzt werden können. Die Brutto-Marge, die die Leasinggesellschaft erwirtschaftet, spiegelt sich im sog. Spread wider, der die Differenz zwischen der erzielbaren Effektivverzinsung der Leasinggesellschaft und dem Forfaitierungszinssatz der Banken angibt.

(f) Forfaitierung der Leasingraten: In Höhe des Barwertes der Leasingraten, abgezinst mit dem Forfaitierungszinssatz, ist ein passiver Rechnungsabgrenzungsposten zu bilden. Dieser ist in den Folgejahren planmäßig aufzulösen. Dabei können grundsätzlich zwei Verfahren unterschieden werden. Bei der Nettomethode wird der lineare Auflösungsbetrag als Umsatzerlös erfasst. Bei der Bruttomethode erfolgt die Auflösung ebenfalls linear, die Gegenbuchung bei den Umsatzerlösen wird jedoch in Höhe der Leasingrate, d.h. nominal und nicht abgezinst erfasst. Die Differenz zwischen dem Auflösungsbetrag und der Leasingrate wird als Zinsaufwand gebucht.[51]

(g) Forfaitierung der Restwerte: In Höhe des Barwertes der Restwerte ist eine sonstige Verbindlichkeit zu bilden. Diese wird linear erhöht, bis sie am Ende der Grundmietzeit dem kalkulierten Restmietwert entspricht. Der Erhöhungsbetrag wird in der Gewinn- und Verlustrechnung als Zinsaufwand erfasst.

Auch die Forfaitierung der Leasingraten und der Restwerte lässt sich in einem Planungsmodell problemlos bilanziell abbilden. Für jedes Planjahr sind zusätzlich die Forfaitierungsquote, d.h. der Anteil am Neuvertragsvolumen der forfaitiert wird und der Forfaitierungszinssatz festzulegen. Aus diesen Informationen können dann der passive Rechnungsabgrenzungsposten (Leasingraten), die sonstige Verbindlichkeit (Restwerte) und die entsprechenden Ertrags- und Aufwandsbuchungen abgeleitet werden.

---

[51] Netto- und Bruttomethode führen zum gleichen Jahresergebnis. Für Zwecke des Jahresabschlusses ist der Bruttomethode der Vorzug zu geben, da der unsaldierte Ausweis aussagekräftiger ist. Für Planungszwecke bietet sich die Nettomethode an, da der Planungsaufwand geringer ist.

7.4.3 Grobplanungsphase und nachhaltiges Jahr

Nach der Detailplanungsphase schließt sich meist eine Grobplanungsphase und dann das nachhaltige Jahr an. Das nachhaltige Jahr (auch sog. Rentenjahr) ist notwendig, um der im Regelfall unbeschränkten Lebensdauer eines Unternehmens Rechnung zu tragen. Die im nachhaltigen Jahr angesetzten Ergebnisgrößen werden als ewige Rente erwartet. Die Grobplanungsphase ist notwendig, um die Detailplanungsphase in das nachhaltige Jahr überzuleiten. Insbesondere bei Leasinggesellschaften ist die Planung einzelner Jahre auch abhängig von der Planung der Vorjahre. Es ist daher vielfach nicht möglich, unmittelbar an die Detailplanungsphase ein nachhaltiges Jahr anzuschließen. Um den eingeschwungenen, nachhaltigen Zustand zu erreichen, ist die Planung um eine Grobplanungsphase zu erweitern. Innerhalb der Grobplanungsphase werden die Planungsparameter auf der nachhaltig erwarteten Größe konstant gehalten. Führt die Erweiterung der Grobplanungsphase um ein weiteres Jahr zu keiner Änderung mehr in den Posten der Bilanz und Gewinn- und Verlustrechnung, ist der eingeschwungene Zustand und damit das nachhaltige Jahr erreicht.

7.5 Bewertungsmethoden

Die Bewertungsmethoden liefern die finanzmathematische Rechentechnik, mit Hilfe derer der Unternehmenswert (= Marktwert des Eigenkapitals) auf Basis der Planzahlen bestimmt werden kann. Die gängigsten Verfahren zur Bewertung eines Unternehmens stellen die DCF-Verfahren dar. Sie basieren auf der Diskontierung von zukünftigen entziehbaren Überschüssen (Cashflows), die auf Grundlage der Unternehmensplanung abgeleitet werden können. Da die Methodik der DCF-Verfahren unabhängig von der Branche des Bewertungsobjektes Gültigkeit hat und die DCF-Verfahren auch keine Besonderheiten im Hinblick auf die Bewertung von Leasingunternehmen aufweisen, werden wir im theoretischen Teil dieses Beitrags nicht näher auf sie eingehen. Lediglich im Bewertungsbeispiel (Abschnitt 7.6) werden wir die Bewertung auch nach der DCF-Equity-Methode darstellen. Ausführlich betrachten wollen wir nachfolgend das so genannte Substanzwertverfahren für Leasinggesellschaften, da es sich hierbei um ein in der Praxis häufig anzutreffendes, branchentypisches Bewertungsverfahren für Leasinggesellschaften handelt.

7.5.1 Grundgedanke der Substanzwertrechnung

Banken verdichten zur Steuerung und Kontrolle ihres Zinsgeschäfts Ihre zinstragenden Aktiva und Passiva zum Gesamtbarwert des Zinsbuchs (ggf. unter Einbeziehung des Handelsbuchs für zum Handel bestimmte Finanzinstrumente), um zu erkennen, welche kumulativen Erfolgswirkungen sich nach Abwicklung ihres Portfolios vermutlich ergeben. Ein ähnliches Steuerungsinstrument stellt die Substanzwertrechnung, teilweise auch Deckungsbeitragsrechnung oder stille Reserven-Rechnung genannt, für Leasingunternehmen dar. Grundkonzept der Substanzwertrechnung ist die Verdichtung sämtlicher erwarteter künftiger Ergebniswirkungen des Leasingvertragsbestands eines Unternehmens auf den Bewertungsstichtag. Unter Hinzurechnung des bilanziellen Eigenkapitals zum Substanzwert ergibt sich das betriebswirtschaftliche Eigenkapital der Gesellschaft, wobei stille Reserven oder Lasten aus nicht dem Leasinggeschäft zuzuordnenden Geschäftsaktivitäten dabei oft vereinfachungsbedingt unberücksichtigt bleiben.

Die Addition der Veränderung des Substanzwertes zum handelsrechtlichen Jahresergebnis ergibt das betriebswirtschaftliche Ergebnis der Leasinggesellschaft als objektiver Erfolgsmaßstab und Steuerungsgröße. Die Verzerrungen im handelsrechtlichen Ergebnis aus degressiven Abschreibungen auf Leasingvermögen und aus zu Vertragsbeginn anfallenden Einmalkosten (für Vermittler, Berater, Gutachter, Vertrieb) werden über die Hinzurechnung der Veränderung des Substanzwertes korrigiert. Noch exakter wird diese Betrachtung, wenn zusätzlich die kalkulatorischen Risikokosten in Abzug gebracht werden, da andernfalls bei besonders bonitätsschwachem Neugeschäft ein besonders gutes Ergebnis zustande kommt, da diese Kunden als Ausgleich für das erhöhte Insolvenzrisiko in der Regel wesentlich höhere Zinsen bzw. Leasingraten zu leisten haben und deswegen der kalkulatorische Barwertüberschuss (Marge vor Risikokosten) höher ist als bei guten Bonitäten.

Mit Hilfe der Substanzwertrechnung ist es möglich,

- den wirtschaftlichen Erfolg einer Periode zu ermitteln,
- Höhe, Zusammensetzung und Veränderung der stillen Reserven im Leasingvertragsbestand abzuschätzen sowie
- das wirtschaftliche Eigenkapital im Sinne eines Risikodeckungspotenzials zu bestimmen.

Genau genommen ermittelt man bei den in Deutschland[52] üblichen Substanzwertverfahren den Endwert des Eigenkapitals, den die zu untersuchende Leasinggesellschaft erreichen wird, wenn alle Leasingverträge abgewickelt, sämtliches Vermietvermögen veräußert und alle Finanzierungen und Schulden getilgt sind, wobei Ertragsteuern ausser Acht bleiben. Eine betriebswirtschaftlich eigentlich sinnvolle Abzinsung des am Ende der Betrachtungsperiode sich ergebenden bilanziellen Eigenkapitals auf den in der Gegenwart liegenden Bewertungsstichtag wird bei für Steuerungs- und Überwachungszwecke oder für Refinanzierungspartner angefertigten Substanzwertrechnungen i.d.R. nicht vorgenommen.

Der Sinn der Substanzwertrechnung im Bereich der Unternehmensbewertung liegt darin, eine Art Liquidationswert als Mindestwert des zu betrachtenden Leasingunternehmens zu ermitteln. Dieser ist dann relevant, wenn es bei realistischer Betrachtung unwahrscheinlich ist, dass das zu bewertende Leasingunternehmen mit seinem derzeitigen Geschäftsmodell und seinen gegebenen Refinanzierungsmöglichkeiten nachhaltig einen Barwertüberschuss erzielen kann, der die erwarteten Vertriebs-, Verwaltungs- und Risikokosten deckt sowie eine angemessene Eigenkapitalverzinsung ergibt. Dieser Zusammenhang ist bei der im deutschen Leasingmarkt beobachtbaren Marktbereinigung (insbesondere der Aufkauf von Leasingunternehmen durch kapitalstarke Wettbewerber) deutlich erkennbar. Vielen kleineren Leasinggesellschaften gelingt es nicht mehr, ihr Neugeschäft und insbesondere ihre offenen Restwerte zu konkurrenzfähigen Konditionen zu refinanzieren, und zudem die oft nicht unerheblichen Investitionen in moderne Geschäftsabwicklungssysteme, die Entwicklung neuer Finanzierungs- und Service-Produkte und die Aus- und Fortbildung der Mitarbeiter zu tätigen. Zusammenfassend wird

---

[52] In Deutschland ist insbesondere der in 2003 vom betriebswirtschaftlichen Ausschuss des Bundesverbandes Deutscher Leasing-Unternehmen e.V. (BDL) in Zusammenarbeit mit einigen öffentlich-rechtlichen Banken entwickelte Standard zur Substanzwertermittlung weit verbreitet (vgl. BdL, Substanzwertrechnung für Mobilien-Leasinggesellschaften, veröffentlicht im Herbst 2003).

beim Substanzwertverfahren lediglich die Abwicklung des Altgeschäfts betrachtet ohne Berücksichtigung eines möglichen Neugeschäfts.

7.5.2 Inhalt der Substanzwertrechnung

Erster Schritt der Substanzwertermittlung ist die Kalkulation der in zukünftigen Geschäftsperioden aus dem vertraglich gesicherten Leasingvertragsbestand **noch anfallenden Leasingerträge**[53] bei ordnungsgemäßer Abwicklung der Leasingverträge sowie der Refinanzierungen. Als Vertragsbestand sind alle am Bewertungsstichtag rechtsgültigen, also wirksam in Gang gesetzte Leasingverträge, zu berücksichtigen. Ergebnisse aus nach dem Bewertungsstichtag abgeschlossenen Verträgen und Vertragsänderungen sind dann zwingend zu berücksichtigen, wenn Vermögensgegenstände (zur Vermietung bestimmtes Vermietvermögen) für weitgehend sicher erwartete Vertragsabschlüsse zum Bewertungsstichtag bereits angeschafft worden sind. Soweit in den Leasingerlösen Bestandteile enthalten sind, die vollständig an Dritte weitergeleitet werden (z.B. Prämien für Versicherungen, Wartungs- und Serviceentgelte), werden diese vereinfachend gleich von den Leasingerlösen gekürzt, anstatt dann auch die entsprechenden Aufwendungen abzubilden.

Als zukünftige Ertragskomponente gilt zunächst der **Barwert der nicht forderungsverkauften Leasingforderungen**, da diese dem Unternehmen auch effektiv zufließen. Diese Erlöse werden mit einem marktüblichen, risikoadäquaten Zinssatz auf den Barwert abgezinst, falls sie über Eigenkapital refinanziert sind, bzw. anhand der tatsächlich kontrahierten (bzw. bei variabler Refinanzierung anhand der geschätzten) Refinanzierungszinssätze, soweit entsprechende Darlehen aufgenommen wurden. Die Substanzwertrechnung geht zunächst immer von einer vollständigen Fremdfinanzierung aus. Die Korrektur für die nur fiktive volle Fremdfinanzierung erfolgt im Anlageergebnis (Ergebnis aus der Anlage zinsfreier Mittel).

Weitere zukünftige Erträge ergeben sich durch **Auflösung der passiven Rechnungsabgrenzungsposten** für regresslos forfaitierte Leasingverträge (Wegfall der noch bestehenden Leistungsverpflichtung), die im Zusammenhang mit verkauften Leasingforderungen sowie für durch den Leasingnehmer geleistete Mietvoraus- oder Mietsonderzahlungen gebildet wurden. Passiv abgegrenzte zukünftige Erträge aus Mietvorauszahlungen, aus degressiven Leasingraten sowie Quartalsmietraten, die nicht mit dem Stichtag zusammenfallen, vervollständigen die Reihe der vertraglich kontrahierten Erträge aus Leasingverträgen, die bilanziell noch nicht realisiert wurden.

Zweiter Schritt ist der Abzug der zukünftigen **Abschreibungen auf Vermietvermögen** (Summe der Restbuchwerte des Vermietvermögens zum Bewertungsstichtag). Soweit bereits Verluste im Leasingvertragsbestand durch Restwert- bzw. Drohverlustrückstellungen[54] berücksichtigt wurden, ist dies zu korrigieren, um eine Doppelerfassung zu vermeiden.

---

[53] Erträge zum Barwert (Nettomethode; alternativ kann der zukünftige Zinsaufwand auch vom Nominalwert der Leasingerträge abgezogen werden (Bruttomethode)).

[54] Vorsorgen sind zwar im Regelfalle durch außerplanmäßige Abschreibungen auf das Vermietvermögen zu erfassen. In einigen Fällen entfällt jedoch der zu antizipierende Aufwand nicht auf einen durch künftige Leasingeinnahmen ungedeckten Restbuchwert des Leasingvermögens, sondern bspw. auf pauschalen passivisch vorgenommenen Risikovorsorgen, z.B. für verlustbehaftete Dienstleistungen oder Rückkaufgarantien etc.

Im dritten Schritt sind die **Risikokosten** (Ausfall von nicht regresslos forfaitierten Leasingraten und sonstigen Forderungen und Nachvermarktungsverluste sowie ggf. Gewährleistungen) zu bestimmen. Diese sollten die aktuelle Entwicklung der Bonität des Leasingportofolios und der Marktwerte der Leasingobjekte berücksichtigen. Anhaltspunkte stellen Ausfallstatistiken der Vergangenheit und Prognosen von Marktforschungsunternehmen[55] für die Zukunft über die Entwicklung der noch zu erzielenden Marktpreise dar.[56] Gewerbe- und Körperschaftsteuer auf den künftigen Gewinn werden im klassischen Substanzwertschema nicht betrachtet. Lediglich die **Gewerbesteuer** wird abgezogen, soweit sie aus der Hinzurechnung von Dauerschuldzinsen aus Darlehen und forfaitierten Restwerten[57] resultiert.

Ermessensbehaftet ist die Abschätzung der **künftigen Verwaltungskosten** für die Abwicklung des Vertragsbestands. Diese umfassen Aufwendungen für die reguläre Betreuung der Leasingkunden (Debitoren- und Schadenmanagement, Bearbeitung von Anfragen aller Art etc.). Es werden alle direkt und indirekt der Abwicklung zuordenbaren Kosten einbezogen ohne Aufwendungen für den Vertrieb oder die allgemeine Unternehmensfortführung. Da hierbei oft Zuordnungsschwierigkeiten bestehen, behilft man sich in der Praxis oftmals mit Erfahrungswerten, die bei nichtkomplexem Leasinggeschäft bspw. in einer Bandbreite von € 15 bis 30 pro Mietschein und Monat liegen.

Letzter Schritt zur Berechnung des Substanzwertes im engeren Sinne ist die Kalkulation der **Nachvermarktungserlöse** für das Vermietvermögen (Mietverlängerungen bzw. Verkäufe) bei Auslaufen der Verträge. Auch wenn Leasingunternehmen hier häufig über langjährige Erfahrungswerte verfügen, ist doch kritisch zu hinterfragen, ob das bisherige Verhalten der Kunden auch in Zukunft anhalten wird. Die freihändige Vermarktung[58] ist bei marktgängigen und wertstabilen Wirtschaftsgütern für die Leasinggeber je nach Höhe des offenen Restwerts ggf. vorteilhaft gegenüber der Verlängerung. Häufig ist jedoch die Verlängerung die ertragreichere Variante, da keine bzw. nur unwesentliche Vermarktungs-, Transport- und Rücknahmekosten anfallen. Die hier auftretenden Unwägbarkeiten werden meist durch pauschale Abschläge vom kalkulierten Restwert berücksichtigt. Diese Erlöse werden in der Praxis oft zum Barwert angesetzt, auch wenn dies für alle anderen Aufwendungen und Erträge der Substanzwertrechnung vereinfachend nicht erfolgt.

Das im Leasinggeschäft übliche **Ergebnis aus dem Einsatz zinsfreier Mittel** (sog. Anlageergebnis, also der Zinsertrag aus nicht refinanzierten Leasingverträgen (Finanzierung über den eigenen freien Cashflow), aus der Ausnutzung von Zahlungszielen der Lieferanten bzw. aus der vorschüssigen Vereinnahmung von Raten bei nachschüssiger Abführung

---

[55] Im Autobereich ist dies bspw. Eurotax-Schwacke, im Bereich der Flugzeuge Avitas, bei IT-Hardware bspw. International Data Corporation und Gartner Group.
[56] Siehe auch *Feinen, K.* (1999 b), S. 41.
[57] Gemäß BMF-Schreiben betr. Bilanz- und gewerbesteuerliche Behandlung der Forfaitierung von Forderungen aus Leasing-Verträgen, vom 9. Januar 1996., Abs. IV, ist die Forfaitierung von Restwerten als Dauerschuld anzusehen.
[58] Diese ist auch im Falle nicht vorhandener Kaufoptionen der Leasingkunden dann nicht uneingeschränkt möglich, wenn eine nachhaltige Kundenerwartung vorhanden ist (insbesondere bei den Leasingverträgen mit Andienungsrecht des Leasinggebers), dass die Leasinggüter in etwa zum kalkulierten Restwert übernommen werden können. Die Leasinggesellschaft gefährdet dann ihr Neugeschäft, weil die Kunden den Leasinggesellschaften Nachvermarktungsgewinne oberhalb gewisser Bandbreiten nicht zu gewähren bereit sind.

an die refinanzierende Bank) ist eine notwendige Korrektur, da zunächst bei der Ermittlung der Refinanzierungsaufwands ein volle Fremdfinanzierung unterstellt wird.

Berücksichtig man schließlich noch die künftigen Erlöse aus nach dem Bewertungsstichtag beginnenden Leasingverträgen[59] kommt man in der Summe zum erweiterten Substanzwert. Unter Addition des bilanziellen Eigenkapitals erhält man das **erweiterte betriebswirtschaftliche Eigenkapital**, das aus Sicht der refinanzierenden Banken häufig als Kenngröße für die Risikotragfähigkeit des Leasingunternehmens herangezogen wird. Der Substanzwert entspricht nicht dem zukünftigen Zahlungsmittelüberschuss, da Leasingunternehmen die Erlöse aus dem Leasinggeschäft wegen der i.d.R. betriebenen Forfaitierung, vereinnahmter Leasingsonderzahlungen, Vormieten etc. überwiegend vorschüssig vereinnahmen und oftmals einen erheblichen Bestand an offenen Lieferantenrechnungen aufweisen.

Dies sei an einem einfachen **Zahlenbeispiel** veranschaulicht:

Ein rein fremdfinanzierter Leasinggeber vermietet als einzigen Geschäftsvorfall eine zu T€ 100 angeschaffte Anlage für Bruttomietraten von T€ 120, die er sofort für T€ 110 an einen Bank forfaitiert, d.h. der gesamte Zinsaufwand fällt unmittelbar zu Leasingbeginn an. Die Bilanz sieht dann zu Beginn des Leasingvertrags nach Tilgung der Lieferantenschuld von T€ 100 aus dem Forfaitierungserlös von T€ 110 wie folgt aus (von Steuern und sonstigen Kosten wird abstrahiert):

AKTIVA		PASSIVA	
Leasingvermögen	100	Eigenkapital	0
Liquide Mittel	10	Passiver RAP	110

Das Eigenkapital beträgt T€ 0 und der Substanzwert T€ 10, der dem Saldo aus den Restbuchwerten des Leasingvermögens und des passiven Rechnungsabgrenzungspostens entspricht. Mithin ist im Beispiel nicht mehr mit dem Zufluss von weiteren liquiden Mitteln zu rechnen, es sei denn das Leasingvermögen hat einen Restwert größer null. Es ist auch erkennbar, dass bei der weiteren Abwicklung des Vermögens die Entwicklung des Eigenkapitals als auch des Substanzwerts (die Summe ist in jedem Fall 10) davon abhängt, wie das Leasingvermögen abgeschrieben (linear, degressiv, Vereinfachungen) bzw. der passiven Rechnungsabgrenzungsposten aufgelöst wird (linear, finanzmathematisch).

Kritisch zu hinterfragen ist bei jeder Substanzwertrechnung, ob alle relevanten Bereinigungen vollzogen wurden. Aufgrund der hohen Individualität des Leasinggeschäfts mit allen Varianten von Leasingratenverläufen (vorschüssig, nachschüssig, Mietpausen, Sonderzahlungen), bilanziell bereits antizipierten Verlusten (außerplanmäßige Abschreibungen auf Vermietvermögen, Drohverlustrückstellungen, Wertberichtigungen) und den mitunter komplexen Effekten aus der Übernahme oder der vorzeitigen Ablösung bzw. Änderung von Leasingverträgen gilt es, die Vollständigkeit der notwendigen Korrekturen durch geeignete Kontrollrechnungen sicherzustellen.

---

[59] Diese sind teilweise noch mit Unsicherheiten behaftet, wenn bspw. im Leasingvertrag vereinbart ist, dass die Leasingzahlungen erst mit Abnahme der Leasinggüter nach erfolgter technischer Prüfung eingefordert werden können. Der Leasinggeber trägt also trotz regelmäßig üblicher Abwälzung des Gewährleistungsrisikos auf den Leasingnehmer das Risiko, dass bei Schlechtleistung des Lieferanten der Leasingvertrag nicht wirksam zustande kommt.

	Substanzwertrechnung (Muster nach der Nettomethode)
	mit Überleitung zum erweiterten betriebswirtschaftlichen Eigenkapital
I.	**+ Zukünftige Erträge, soweit vertraglich unterlegt:**
	Barwert der ausstehenden, zukünftig fälligen, nicht forderungsverkauften Leasingforderungen aus kontrahierten Leasingverträgen mit Mietbeginn bis zum Bilanzstichtag
	Passive Rechnungsabgrenzungsposten bezüglich der zukünftigen Erträge aus Leasingverträgen mit Leasingbeginn bis zum Bilanzstichtag für verkaufte Leasingforderungen und Leasingvoraus-/Leasingsonderzahlungen
II.	**./. Zukünftige Aufwendungen:**
	Restbuchwert des Vermietvermögens (abzüglich enthaltene Buchwerte von Leasingobjekten mit Mietbeginn nach dem Bewertungsstichtag) ggf. zzgl. Mietaufwand für Subleasing-Verträge (bei Refinanzierung über Sale-and-lease-back)
	Risikoabschlag auf künftige Leasingforderungen und Restwerte
	Gewerbesteuer auf Dauerschulden
	Künftige Verwaltungskosten für die Abwicklung des Vertragsbestandes
III.	**+ Barwert der erwarteten, nicht garantierten Vermarktungs- oder Nachmieterlöse**
IV.	**= Substanzwert des bilanzierten Vertrags- und Objektbestandes (Substanzwert im engeren Sinne)**
	+ erwartetes zukünftiges Ergebnis aus dem Einsatz zinsfreier Mittel
	+ Deckungsbeitrag aus dem kontrahierten Leasingvertragsbestand mit Anschaffungskosten vor dem Bewertungsstichtag und Mietbeginn nach dem Stichtag
V.	**= Erweiterter Substanzwert**
	+ Bilanzielles Eigenkapital zum Bewertungsstichtag
VI.	**= Erweitertes betriebswirtschaftliches Eigenkapital**

Abbildung 7-3: Erweitertes betriebswirtschaftliches Eigenkapital

Das erweiterte betriebswirtschaftliche Eigenkapital stellt noch keinen methodisch zutreffenden Liquidationswert bei echter Abwicklung des Leasingunternehmens dar, da weder Kosten der Beendigung des laufenden Betriebs (Kosten aus der Auflösung von Arbeitsverträgen und sonstigen Dauerschuldverhältnissen wie etwa Mieten für Geschäftsräume etc.) noch Ertragsteuern (abgesehen von den Gewerbesteuern auf Dauerschuldzinsen) berücksichtig sind.

Aus Sicht eines Erwerbers ist regelmäßig davon auszugehen, dass zumindest Teile der bei Vollabwicklung anfallenden Aufwendungen vermeidbar sind bzw. die Übernahme eines eingerichteten Unternehmens sogar vorteilhaft im Sinne ersparter Aufwendungen und der Gewinnung nützlicher Kunden-, Lieferanten- und Bankenkontakte ist. Auch der Erwerber ist ertragsteuerpflichtig, so dass die noch anfallenden Ertragsteuern auf den laut Substanzwertrechnung erwarteten Gewinn (es sei denn bspw. bei Vorhandensein von steuerlichen Risiken bzw. noch nutzbaren Verlustvorträgen oder noch übertragbaren Rücklagen nach § 6b EStG) meist bei der Substanzwertermittlung selbst keine große Rolle spielen. Das erweiterte betriebswirtschaftliche Eigenkapital stellt somit einen weitgehend objektiven Ausgangspunkt für die verhandelnden Parteien dar.

7.6 Bewertungsbeispiel

7.6.1 Beschreibung des Bewertungsobjektes

Bewertet werden soll die XY Leasing GmbH zum 31. Dezember 2004 (= Bewertungsstichtag). Das Geschäftsjahr der XY Leasing GmbH entspricht dem Kalenderjahr. Die XY Leasing GmbH ist eine hersteller- und bankenunabhängige Leasinggesellschaft. Ihre Geschäftstätigkeit umfasst insbesondere das Fahrzeugleasing an Privat- und Firmenkunden. Die Gesellschaft verwaltet derzeit ca. 2.500 Verträge. Die Verträge der XY Leasing GmbH sehen eine unkündbare Grundmietzeit von zwei Jahren vor. Nach Ablauf der Grundmietzeit werden die Fahrzeuge im Regelfall veräußert, soweit Andienungsrechte gegenüber dem Leasingnehmer bestehen, werden diese ausgeübt. Mietverlängerungen sind selten. Die XY Leasing GmbH refinanziert ihr Leasingvermögen im Wesentlichen durch Forfaitierung. Hierbei werden sowohl zukünftige Leasingraten als auch kalkulierte Restwerte an Banken verkauft. Kurzfristige Liquiditätsengpässe werden durch Kontokorrentkredite gedeckt. Die Ergebnisse der XY Leasing GmbH in den letzten drei Vergangenheitsjahren 2002 bis 2004 sind in Tabelle 1 (vgl. Abschnitt 7.6.6.2) dargestellt. Auf Basis einer Vergangenheitsanalyse wurde das Risikoergebnis aus den handelsrechtlichen Jahresabschlüssen separiert und für Zwecke der Planung gesondert ausgewiesen.

7.6.2 Planungsrechnung

Die Planungsrechnung der XY Leasing GmbH kann unterteilt werden in Ergebniseinflüsse resultierend aus dem Vertragsbestand zum Bewertungsstichtag (= Alt-Vertragsbestand) sowie aus dem in der Zukunft geplantem Neuvertragsvolumen.

7.6.2.1 Alt-Vertragsbestand

Die Weiterentwicklung des Alt-Vertragsbestands kann aus den Datenbanken des Rechnungswesens, die im Regelfall alle relevanten Informationen je geschlossenem Vertrag beinhalten, entnommen werden. Im vorliegenden Fall liefert das Rechnungswesen der XY Leasing GmbH folgende Angaben hinsichtlich der Projektion des Alt-Vertragsbestands:

Leasingvermögen	2005 T€	2006 T€	Sonstige Verb. (Restwerte)	2005 T€
Anfangsbestand	63.000	8.500	Anfangsbestand	40.000
./. Abschreibungen gemäß Vorschau	14.500	2.500	Aufzinsung	3.200
./. geplante Abgänge zu Buchwerten	40.000	6.000	./. Abgang	38.000
Endbestand	8.500	0	Endbestand	5.200

PRAP (Leasingraten)	2005 T€	2006 T€	Umsatzlöse	2005 T€
Anfangsbestand	19.000	2.000	aus forfaitierten Leasingraten	17.000
./. Auflösung gegen Umsatzlöse	17.000	2.000	aus nicht forfaitierten Leasingraten	1.500
Endbestand	2.000	0	Gesamt	18.500

Vermarktungsergebnis	2005 T€	2006 T€
Verkaufserlöse aus forfaitierten Restwerten	38.000	5.400
Verkaufserlöse aus nicht forfaitierten Restwerten	3.000	600
./. geplante Abgänge zu Buchwerten	40.000	6.000
Gesamt	1.000	0

Abbildung 7-4: Alt-Vertragsbestand

Das **Leasingvermögen** zum Bewertungsstichtag (= Alt-Vertragsvolumen) vermindert sich um die Abschreibungen gemäß Abschreibungs-Vorschau und um die planmäßigen Abgänge zu Buchwerten zum Ende der den jeweiligen Verträgen zugrunde liegenden Grundmietzeit.[60] Zum Ende des Geschäftsjahres 2006 ist das Alt-Vertragsvolumen vollständig abgeschrieben bzw. abgegangen.

Der zum Bewertungsstichtag vorhandene **passive Rechnungsabgrenzungsposten (Leasingraten)** wurde ursprünglich in Höhe des Barwertes der forfaitierten Leasingraten, d.h. des zugeflossenen Kaufpreises für den Verkauf der zukünftigen Leasingraten gebildet. Er wird linear während der Grundmietzeit aufgelöst.[61] Wir gehen vereinfachend von einer Erfassung nach der Nettomethode aus, d.h. der Auflösungsbetrag entspricht den zu buchenden Umsatzerlösen. Aus den Rechnungswesensystemen der XY Leasing GmbH lässt sich entnehmen, dass im Jahr 2005 T€ 17.000 und im Jahr 2006 T€ 2.000 gegen die Umsatzerlöse aufgelöst werden. Zum Ende des Jahres 2006 ist das im passiven Rechnungsabgrenzungsposten gespeicherte Umsatzvolumen der Altverträge vollständig aufgebraucht.

Die **sonstigen Verbindlichkeiten** betreffend die Restwerte wurden ursprünglich in Höhe der Barwerte der forfaitierten Restwerte gebildet. Sie werden linear während der Grundmietzeit bis zum geplanten Abgang des Leasinggegenstandes erhöht, bis sie zum geplanten Verkaufszeitpunkt den kalkulierten Restwerten entsprechen. Wird der Leasinggegenstand verkauft, so wird der Restbuchwert gegen die sonstige Verbindlichkeit ausgebucht. Ein Liquiditätszufluss erfolgt hierbei auf Ebene der Leasinggesellschaft nicht, da bereits zum Zeitpunkt der Forfaitierung die Liquiditätsvereinnahmung erfolgte. Der Zinsaufwand der aus der Erhöhung der sonstigen Verbindlichkeit resultiert, wird im Leasingergebnis unter Refinanzierungsaufwand ausgewiesen.

Die **Umsatzerlöse** aus dem Vertrags-Altbestand ergeben sich aus der Entwicklung des passiven Rechnungsabgrenzungspostens, soweit zukünftige Leasingraten forfaitiert wurden, zuzüglich der nicht forfaitierten Leasingraten. Die nicht forfaitierten Leasingraten betragen bei der XY Leasing GmbH gemäß einer Systemauswertung T€ 1.500 in 2005 und T€ 500 in 2006. In den Folgejahren fallen aus dem Alt-Vertragsbestand keine Umsatzerlöse mehr an.

Das **Vermarktungsergebnis** entspricht dem Saldo der geplanten Verkaufserlöse nach Ende der Grundmietzeit abzüglich der entsprechenden Restbuchwerte. Soweit die Restwerte forfaitiert wurden, entsprechen die erwarteten Verkaufserlöse den planmäßigen Abgängen der sonstigen Verbindlichkeit (Restwerte).[62] Bei der XY Leasing GmbH zeigt die Vorschau über die Entwicklung der sonstigen Verbindlichkeit (Restwerte), dass in 2005 T€ 38.000 und in 2006 T€ 5.400 an kalkulierten Restwerten abgehen. Ferner zeigt eine weitere Systemauswertung, dass in 2005 und 2006 T€ 3.000 bzw. T€ 600 Verkaufserlöse (=kalkulierte Restwerte) aus nicht forfaitierten Restwerten des Vertrags-Altbestands erwartet werden.

Aus den vorstehend aufgeführten Informationen, die i.d.R. problemlos aus dem Rechnungswesensystem von Leasingunternehmen entnommen werden können, kann der Alt-Vertragsbestand bilanziell weiterentwickelt werden. So kann z.B. das Leasing- und das Vermark-

---

[60] Wir unterstellen vereinfachend, dass Mietverlängerungen nicht vorkommen.
[61] Vgl. *Maus, G.* (1996), S. 137, mit dem Hinweis, dass zumindest handelsrechtlich auch andere Auflösungarten denkbar sind, etwa am Kostenverlauf orientiert oder finanzmathematisch.
[62] Unter der Annahme, dass ein Verkaufserlös in Höhe des ursprünglich kalkulierten Restwertes erzielt werden kann.

tungsergebnis, soweit es auf den Alt-Vertragsbestand entfällt, vollständig abgebildet werden. Ferner sind in der Bilanz das Leasingvermögen, der passive Rechnungsabgrenzungsposten (Leasingraten) und die sonstige Verbindlichkeiten (Restwerte) determiniert.

7.6.2.2 Neuvertragsvolumen

Die XY Leasing GmbH geht davon aus, dass beginnend ab dem ersten Planjahr 2005 ein jährliches Neugeschäftsvolumen zu Anschaffungskosten von rd. Mio. € 80 generiert werden kann. Die Grundmietzeit der neuen Verträge wird mit durchschnittlich zwei Jahren beziffert. Die Abschreibungen auf das Neugeschäftsvolumen erfolgen linear mit 20% jährlich. Die Gesellschaft geht davon aus, dass der kalkulierte Restwert (=Veräußerungserlös) zum Ende der Grundmietzeit etwa 61% der ursprünglichen Anschaffungskosten beträgt. Bezogen auf jährliche Anschaffungskosten von T€ 80.000 beträgt der kalkulierte Restwert je Tranche mithin T€ 48.800, der Buchwert im Zeitpunkt des Abgangs T€ 48.000.

Die Erfahrungen in der Vergangenheit haben gezeigt, dass die XY Leasing GmbH eine Effektivverzinsung von rund 9% p.a. im Leasingbereich erzielen konnte. Von dieser Verzinsung wird auch für die Zukunft ausgegangen. Unter Berücksichtigung der Anschaffungskosten, der Grundmietzeit und des kalkulierten Restwertes ergeben sich jährliche Leasingraten von T€ 22.128.[63] Die Gesellschaft plant, entsprechend der Vorgehensweise in der Vergangenheit, den Großteil der zukünftigen Leasingraten und der kalkulierten Restwerte zu forfaitieren. Das Management der XY Leasing GmbH schätzt, dass zukünftig rund 90% der Leasingraten und der kalkulierten Restwerte an Banken verkauft werden. Der derzeitige Forfaitierungszinssatz beträgt 8%, zukünftige Änderungen des Forfaitierungszinssatzes werden nicht erwartet. Der auf Basis des jährlichen Neugeschäftsvolumens resultierende passive Rechnungsabgrenzungsposten (Leasingraten) beträgt mithin je Tranche T€ 35.514, die sonstigen Verbindlichkeiten (Restwerte) je Tranche T€ 37.654.[64]

Die vorstehenden Annahmen determinieren einen Großteil der wichtigen Bilanzposten und Posten der Gewinn- und Verlustrechnung:

Leasingvermögen	2005 T€	2006 T€	2007 T€	2008 T€
Anfangsbestand	0	64.000	64.000	64.000
Neugeschäftsvolumen zu Anschaffungskosten	80.000	80.000	80.000	80.000
./. Abschreibungen auf Neugeschäftsvolumen 2005	16.000	16.000		
./. Abschreibungen auf Neugeschäftsvolumen 2006		16.000	16.000	
./. Abschreibungen auf Neugeschäftsvolumen 2007			16.000	16.000
./. Abschreibungen auf Neugeschäftsvolumen 2008				16.000
Summe Abschreibungen auf Neugeschäftsvolumen	*16.000*	*32.000*	*32.000*	*32.000*
./. geplante Abgänge zu BW aus Neugeschäftsv. 2005		48.000		
./. geplante Abgänge zu BW aus Neugeschäftsv. 2006			48.000	
./. geplante Abgänge zu BW aus Neugeschäftsv. 2007				48.000
Summe Buchwertabgänge von Neugeschäftsvolumen		*48.000*	*48.000*	*48.000*
Endbestand Leasingvermögen aus Neugeschäft	**64.000**	**64.000**	**64.000**	**64.000**

Abbildung 7-5: Leasingvermögen

---

[63] $22.128 \cdot (1{,}09)^{-1} + 22.128 \cdot (1{,}09)^{-2} + 48.800 \cdot (1{,}09)^{-2} = 80.000$.

[64] $22.128 \cdot 0{,}9 \cdot (1{,}08)^{-1} + 22.128 \cdot 0{,}9 \cdot (1{,}08)^{-2} = 35.514$ bzw. $48.800 \star 0{,}9 \cdot (1{,}08)^{-2} = 37.654$.

Das Leasingvermögen erhöht sich jährlich um das erwartete Neugeschäftsvolumen zu Anschaffungskosten. Die Anschreibungsquote beträgt 20% p.a. Nach Ablauf der Grundmietzeit erfolgt der Abgang zu Buchwerten.[65]

PRAP (Leasingraten)	2005 T€	2006 T€	2007 T€	2008 T€
Anfangsbestand	0	17.757	17.757	17.757
Zugang	35.514	35.514	35.514	35.514
./. Auflösung gegen Umsatzerlöse	17.757	35.514	35.514	35.514
Endbestand	17.757	17.757	17.757	17.757

Abbildung 7-6: Passiver Rechnungsabgrenzungsposten

Umsatzerlöse	2005 T€	2006 T€	2007 T€	2008 T€
Leasingraten nicht forfaitiert				
Leasingraten aus Neugeschäftsvolumen 2005	2.213	2.213		
Leasingraten aus Neugeschäftsvolumen 2006		2.213	2.213	
Leasingraten aus Neugeschäftsvolumen 2007			2.213	2.213
Leasingraten aus Neugeschäftsvolumen 2008				2.213
Summe Leasingraten nicht forfaitiert	2.213	4.426	4.426	4.426
Umsatzerlöse aus forfaitierten Leasingraten	17.757	35.514	35.514	35.514
Summe	19.970	39.940	39.940	39.940

Abbildung 7-7: Umsatzerlöse

Die Umsatzerlöse ergeben sich aus den Leasingraten soweit diese nicht forfaitiert sind (10%). Forfaitierte Leasingraten werden durch lineare Auflösung des passiven Rechnungsabgrenzungspostens umsatzwirksam.

Sonstige Verb. (Restwerte)	2005 T€	2006 T€	2007 T€	2008 T€
Anfangsbestand	0	40.787	40.787	40.787
Zugang	37.654	37.654	37.654	37.654
Aufzinsung (Refinanzierungsaufwand)	3.133	6.266	6.266	6.266
./. Abgang	0	43.920	43.920	43.920
Endbestand	40.787	40.787	40.787	40.787

Abbildung 7-8: Sonstige Verbindlichkeiten

---

[65] Vereinfachend unterstellen wir, dass sämtliche Zugänge zu Jahresbeginn und die Abgänge kurz vor Ende des zweiten Jahres erfolgen. Ferner nehmen wir an, dass das nicht leasingbezogene Anlagevermögen, z.B. Betriebs- und Geschäftsausstattung, von untergeordneter Bedeutung ist und vernachlässigt werden kann.

Vermarktungsergebnis	2005 T€	2006 T€	2007 T€	2008 T€
Verkaufserlöse aus forfaitierten Restwerten	0	43.920	43.920	43.920
Verkaufserlöse aus nicht forfaitierten Restwerten	0	4.880	4.880	4.880
./. geplante Abgänge zu Buchwerten	0	48.000	48.000	48.000
Gesamt	**0**	**800**	**800**	**800**

Abbildung 7-9: Vermarktungsergebnis

Die Differenz zwischen den kalkulierten Restwerten und dem Forfaitierungsbetrag wird als Zinsaufwand im Leasingergebnis erfasst. Die Verteilung des Zinsaufwands erfolgt gleichmäßig über die Grundmietzeit und erhöht die sonstigen Verbindlichkeiten (Restwerte). Das Vermarktungsergebnis ergibt sich aus dem kalkulierten Restwert (= Verkaufserlös) abzüglich dem Buchwert im Zeitpunkt des Abgangs.

Durch Zusammenfügen der bilanziellen Weiterentwicklung des Alt-Vertragsbestands und der bilanziellen Entwicklung des Neuvertragsvolumens lässt sich eine rudimentäre Bilanz und Gewinn- und Verlustrechnung für Bewertungszwecke ableiten, die bereits die we-

Gewinn- und Verlustrechnung XY Leasing GmbH	Ist 2002 T€	2003 T€	2004 T€	Plan 2005 T€	2006 T€	2007 T€	2008ff. T€
Umsatzerlöse	30.000	35.000	37.500	38.470	42.440	39.940	39.940
./. Abschreibungen	24.000	28.000	30.000	30.500	34.500	32.000	32.000
./. Refinanzierungsaufwendungen	4.800	5.600	6.000	6.333	6.466	6.266	6.266
Leasingergebnis	**1.200**	**1.400**	**1.500**	**1.637**	**1.474**	**1.674**	**1.674**
Verkaufserlöse	39.000	44.000	46.000	41.000	54.800	48.800	48.800
./. Buchwertabgänge	38.100	43.000	45.200	40.000	54.000	48.000	48.000
Vermarktungsergebnis	**900**	**1.000**	**800**	**1.000**	**800**	**800**	**800**
Serviceergebnis	1.300	1.600	1.800	1.900	2.100	2.100	2.100
Riskoergebnis	-100	-300	-200	-300	-300	-300	-300
./. Personal- und Sachaufwand, s.b.A.	2.800	3.200	3.300	3.350	3.400	3.450	3.450
./. Zinsaufwand (Kontokorrent)	112	64	0	40	0	0	0
Ergebnis vor Ertragsteuern	**388**	**500**	**600**	**847**	**674**	**824**	**824**
./. Ertragsteuern (40%)	155	200	240	339	270	330	330
Jahresüberschuss	**233**	**300**	**360**	**508**	**405**	**495**	**495**

Bilanz XY Leasing GmbH	Ist 2002 T€	2003 T€	2004 T€	Plan 2005 T€	2006 T€	2007 T€	2008 T€
Leasingvermögen	55.000	60.000	63.000	72.500	64.000	64.000	64.000
nicht leasingbezogenes Vermögen	1.000	2.000	2.500	2.500	2.500	2.500	2.500
Summe Aktiva	**56.000**	**62.000**	**65.500**	**75.000**	**66.500**	**66.500**	**66.500**
Grundkapital	3.000	3.000	3.000	3.000	3.000	3.000	3.000
Bilanzgewinn	233	533	893	893	893	893	893
nicht refinanzierungsbezogene Schulden	3.367	2.667	2.607	4.863	4.063	4.063	4.063
Kontokorrentkredit	1.400	800	0	500	0	0	0
PRAP (Leasingraten)	12.000	16.000	19.000	19.757	17.757	17.757	17.757
Sonstige Verb. (Restwerte)	36.000	39.000	40.000	45.987	40.787	40.787	40.787
Summe Passiva	**56.000**	**62.000**	**65.500**	**75.000**	**66.500**	**66.500**	**66.500**

Abbildung 7-10: Vergangenheitsjahre und zusammengefasste Planung

sentlichen Werttreiber des Leasinggeschäfts abbildet. In der Gewinn- und Verlustrechnung müssen zusätzlich noch das Serviceergebnis, das Risikoergebnis, der Personal- und Sachaufwand, das Finanzergebnis, soweit es nicht leasingbezogen ist und die Ertragsteuern geplant werden. In der Bilanz sind noch das nicht leasingbezogene Vermögen, die nicht leasingbezogenen Schulden und ggf. ein Bilanzausgleichsposten (Passiv: Kontokorrentkredit, Aktiv: Liquide Mittel) festzulegen. Ferner sind die jährlichen Ausschüttungen festzulegen. Für Bewertungszwecke sind wir vereinfachend von einer Vollausschüttung der erzielten Jahreergebnisse ausgegangen.

Vorstehende Abbildung 7-10 zeigt die zusammengefasste Planung und drei Vergangenheitsjahre der XY Leasing GmbH.

7.6.3 Bewertung nach der DCF-Equity-Methode

Die Wertermittlung nach der DCF-Equity-Methode erfolgt durch Diskontierung des Cashflow to Equity mit den Eigenkapitalkosten auf den Bewertungsstichtag. Der Cashflow to Equity entspricht der Ausschüttung an die Eigenkapitalgeber. Die Ausschüttung kann bei Vorliegen einer integrierten Planung direkt aus den Planungsunterlagen (Bilanz und Gewinn- und Verlustrechnung) abgelesen werden oder – wie international üblich – über eine Cashflow-Rechnung abgeleitet werden. Die Cashflow-Rechnung ist untenstehend dargestellt.

XY Leasing GmbH		Jahr	2004	2005	2006	2007	2008ff.
				01.01.2005	01.01.2006	01.01.2007	
			31.12.2004	31.12.2005	31.12.2006	31.12.2007	
		Währung	T€	T€	T€	T€	T€
1.	**Berechnung des Cash Flow to Equity**						
	Jahresüberschuss/-fehlbetrag			508	405	495	495
+	Abschreibungen			30.500	34.500	32.000	32.000
-/+	Investition/Desinvestition ins Anlagevermögen			-80.000	-80.000	-80.000	-80.000
+	Zufluss aus Anlagenabgängen			41.000	54.800	48.800	48.800
-/+	Buchgewinne/-verluste aus Anlagenabgängen			-1.000	-800	-800	-800
-/+	Investition/Desinvestition ins Working Capital (nicht leasingbez. Vermögen u. Schulden)			2.255	-800	0	0
+/-	Mittelzufluss/-abfluss aus Erhöhung bzw. Verminderung PRAP (Leasingraten)			757	-2.000	0	0
+/-	Mittelzufluss/-abfluss aus Erhöhung bzw. Verminderung Sonstige Verb. (Restmietwerte)			5.987	-5.200	0	0
+/-	Erhöhung/Verringerung des zinspflichtigen Fremdkapitals			500	-500	0	0
	Cash Flow to Equity before personal tax (=Ausschüttung)			508	405	495	495
	Einkommensteuer			89	71	87	87
	Cash Flow to Equity			419	334	408	408
2.	**Berechnung des Marktwertes des Eigenkapitals**						
	Eigenkapitalkosten nach pers. Steuern			8,50%	8,50%	8,50%	7,00%
	Cash Flow to Equity			419	334	408	408
	Barwertfaktoren			0,92166	0,84946	0,78291	11,18440
	Barwerte			386	284	319	4.564
	Summe der Barwerte		5.553				
	Marktwert des Eigenkapitals (Equity Value)	31.12.2004	**5.553**	T€			

Abbildung 7-11: DCF-Equity-Verfahren

Sowohl die Ausschüttungen als auch die Eigenkapitalkosten sind um persönliche Steuern auf Anteilseignerebene zu vermindern.[66] Ausgehend von einer Steuerbelastung der Anteilseigner von 35% sind die Ausschüttungen nach dem Halbeinkünfteverfahren mit einem Satz von 17,5% zu belegen (nur die Hälfte der Dividende ist steuerpflichtig). Die unverschuldeten Eigenkapitalkosten der XY Leasing GmbH wurden mit 8,5% (nach persönlichen Steuern) ermittelt.[67] Da die XY Leasing GmbH kein nennenswertes zinspflichtiges Fremdkapital aufweist, ist eine Erhöhung der unverschuldeten Eigenkapitalkosten zur Berücksichtigung des Finanzierungsrisikos nicht erforderlich.[68] Der Inflations-/Wachstumsabschlag im Rentenjahr wurde mit 1,5 Prozentpunkten angenommen.

Der Marktwert der XY Leasing GmbH ergibt sich demnach nach dem DCF-Equity-Verfahren wie vorstehend in Abb. 7-11 dargestellt.

7.6.4 Bewertung nach der Substanzwertmethode

Die Substanzwertrechnung für das Beispiel stellt sich wie in Abb. 7-12 gezeigt dar.

Zukünftige Erträge

Die nicht forfaitierten Leasingraten der Jahre 2005 und 2006 (T€ 1.500 und T€ 500) werden künftig in voller Höhe ertragswirksam, sind aber auf den Bewertungsstichtag abzuzinsen, der Barwert beträgt annahmegemäß T€ 1.900. Weiterhin ergeben sich (nicht zahlungswirksame) künftige Erträge in Höhe des aufzulösenden passiven Rechnungsabgrenzungspostens aus der Forfaitierung der Leasingraten sowie der sonstigen Verbindlichkeiten aus der Forfaitierung von Restwerten (T€ 19.000 und T€ 40.000).

Zukünftige Aufwendungen

Aus der Abschreibung des Leasingvermögens resultieren nicht zahlungswirksame Aufwendungen in Höhe des Buchwerts des Vermietvermögens laut Bilanz zum 31.12.04 von T€ 63.000. Der Risikoabschlag von T€ 300 ist anhand von Portfolioanalysen und Ausfallerwartungen der nicht forfaitierten Leasingraten sowie der freien Service-Entgelte ermittelt worden und deckt im Beispiel pauschal auch alle übrigen Risikokosten ab (Gewährleistungen, Rechtsstreitigkeiten etc.). Die Gewerbesteuer auf Dauerschuldzinsen lässt sich in der Praxis relativ genau bestimmen und wurde für das Beispiel pauschal mit T€ 600 angenommen.[69] Die Verwaltungskosten von T€ 300 ergeben sich aus der Anzahl der beste-

---

[66] Vgl. *IDW* S1, Grundsätze zur Durchführung von Unternehmensbewertungen. Alternativ könnte die Bewertung auch vor persönlichen Steuern durchgeführt werden, was der international üblichen Vorgehensweise entspricht.

[67] Das Problem der Bestimmung der unverschuldeten Eigenkapitalkosten und der Berücksichtigung persönlicher Steuern im Eigenkapitalkostensatz ist nicht Gegenstand dieses Beitrags.

[68] Der aus der Forfaitierung resultierende passive Rechnungsabgrenzungsposten und die sonstige Verbindlichkeit (Restwerte) lösen kein Finanzierungsrisiko aus, da sie nicht zu zustandsunabhängigen Zinsaufwendungen führen, sondern vielmehr an das Neugeschäftsvolumen und damit die Umsatzerlöse gekoppelt sind und mithin zustandsabhängig variieren.

[69] Etwa zwei Drittel der Refinanzierungsaufwendungen (Forfaitierung von Restwerten) lösen Dauerschuldzinsen aus, also ca. T€ 4.000 p.a. Diese sind zur Hälfte gewerbesteuerpflichtig. Multipliziert mit einem unterstellten Gewerbesteuersatz von 15% ergibt sich eine Gewerbesteuer von T€ 300 p.a. oder T€ 600 insgesamt. Auf die nicht refinanzierungsbezogenen Schulden (Lieferantenschulden, sonstige Verbindlichkeiten, Rückstellungen) und Kontokorrentkredite fallen annahmegemäß aufgrund laufender Umwälzung keine Dauerschuldzinsen im Sinne von § 8 Nr. 1 GewStG an.

		T€
I.	**+ Zukünftige Erträge, soweit vertraglich unterlegt** Barwert der ausstehenden, zukünftig fälligen, nicht forderungsverkauften Leasingforderungen aus abgeschlossenen Leasingverträgen	
	– nicht forfaitierte Leasingraten (brutto)	2.000
	– Abzinsung	-100
	= Barwert	1.900
	Passivposten bezüglich zukünftiger Erträge aus Leasingverträgen:	
	– Leasingraten	19.000
	– Restwerte (Andienungsrechte)	40.000
	Zwischensumme Erträge	**60.900**
II.	**./. Zukünftige Aufwendungen**	
	Restbuchwert des Vermietvermögens	-63.000
	Risikoabschlag auf künftige Leasingforderungen und Restwerterlöse	-300
	Gewerbesteuer auf Dauerschulden	-600
	Künftige Verw.-kosten für die Abwicklung des Vertragsbestandes	-300
	Zwischensumme Aufwendungen	64.200
	[Deckungsbeitrag aus der Vermietung ohne Nachvermarktung	-3.300]
III.	**+ Barwert der erwarteten, nicht garantierten Vermarktungs- oder Nachmieterlöse**	
	– Nachvermarktungserlöse aus nicht forfaitierten Restwerten	+3.600
	– Abzinsung	-200
	= Barwert	3.400
IV.	**= Substanzwert des bilanzierten Vertrags- und Objektbestandes**	**+100**
	+ erwartetes zukünftiges Ergebnis aus dem Einsatz zinsfreier Mittel	+200
V.	**= Erweiterter Substanzwert**	**+300**
	+ Bilanzielles Eigenkapital zum Bewertungsstichtag	3.893
VI.	**= Erweitertes betriebswirtschaftliches Eigenkapital**	**4.193**

Abbildung 7-12: Substanzwertrechnung

henden Leasingverträge zum Stichtag von 2.500 multipliziert mit der durchschnittlichen gewichteten Restlaufzeit von zwölf Monaten mal pauschal € 10 je Vertrag. Die Vermarktungserlöse basieren auf Marktwertschätzungen des Managements unter Berücksichtigung von durchschnittlichen Vermarktungskosten (Werbung, Zinsen und Wertverlust bis zum Verkaufszeitpunkt, Verkäuferprovisionen). Da überwiegend Andienungsrechte (im Planungszeitraum zu 90%) vorliegen und diese annahmegemäß auch ausgeübt werden, sind diese der Gesellschaft frei zufließenden Erlöse vergleichsweise gering. Das erwartete kumulierte Zinsergebnis resultiert aus der Anlage kurzfristiger liquider Mittel, die für die jederzeitige Zahlungsbereitschaft vorgehalten werden müssen.

Bemerkenswert ist der **negative Deckungsbeitrag aus dem Leasinggeschäft** von T€ -3.300. Es resultiert, weil die künftigen Aufwendungen aus der Abschreibung des Leasingvermögens mit T€ 63.000 den Ertrag aus der Auflösung der Refinanzierungsposten (passiver RAP und sonstige Verbindlichkeiten) von T€ 59.000 übersteigen. Dies kann unter der Annahme der *vollen* Fremdfinanzierung bei linearer Abschreibung des Vermietvermögens und gleichzeitiger linearer Auflösung der Refinanzierungen nur dann resultieren, wenn die Restbuchwerte bei Mietende höher sind als die kalkulatorischen Restwerte. Die planmäßigen Abschreibungen spiegeln dann nicht den tatsächlichen Wertverlust wider und wären ggf. zu korrigieren. Im hier vorliegenden Fall liegt dies jedoch am *eigenfinanzierten Anteil* am Leasinggeschäft, d.h. die Unterdeckung wird erst durch den Verkauf der Leasingfahrzeuge beseitigt (siehe Nachvermarktungserlöse aus nicht forfaitierten Restwerten von T€ 3.600 unter Punkt III. der Substanzwertrechnung – s. *Abbildung 7-12*). Letztlich ist bei jeder Leasinggesellschaft immer das Leasingergebnis und das Vermarktungsergebnis im Zusammenhang zu sehen, da die Höhe der bilanziellen Abschreibungen auf das Vermietvermögen direkten Einfluss auf das Vermarktungsergebnis hat und hier erhebliche Ermessensspielräume und bilanzpolitische Möglichkeiten bestehen.

Nicht untypisch für im gewerblichen Bereich tätige Autoleasinggesellschaften ist die im Beispiel eher geringe Bruttozinsmarge von 1% (Leasingzinssatz 9%, Refinanzierungszinssatz 8%), die in etwa nur die laufenden Aufwendungen und die Risikokosten des Leasinggebers deckt. Dies resultiert aus dem sehr hohen Wettbewerb in dieser Branche und der Tatsache, dass die Leasinggesellschaft mangels entsprechender Größe sich nicht so günstig Mittel beschaffen kann wie größere Marktteilnehmer, die aufgrund wesentlich besserer Bonität und des Einsatzes der Fristentransformation sich günstiger refinanzieren und dies als Wettbewerbsvorteil am Markt nutzen.

Das im Modellbeispiel erzielte Leasingergebnis von ca. 4% bezogen auf die jährlichen Mieterlöse wird demnach vorwiegend aus dem mit Eigenkapital und zinslosen nicht refinanzierungsbezogenen Schulden (Lieferantenschulden, langfristige Rückstellungen etc.) finanzierten Anteil erwirtschaftet, bei dem keine Zinsaufwendungen anfallen. Das positive Jahresergebnis resultiert weiterhin in erheblichem Umfang aus dem Serviceergebnis und aus den Mehrerlösen derjenigen Fahrzeuge, die freihändig zu Preisen über den Restbuchwerten vermarktet werden können. Die Mehrerlöse gehen in die Substanzwertrechnung direkt ein.

Bei umfassender Betrachtung müsste zusätzlich der Substanzwert aus den noch zu erbringenden Serviceleistungen ermittelt werden, um ein genaues Bild der künftigen Ertragsund Vermögenslage zu erhalten. Da die Serviceleistungen in der Praxis häufig getrennt vom Leasingvertrag kündbar sind und zudem die geplante Marge nicht vertraglich gesichert ist (Kostenrisiko beim Einkauf der Leistungen bei Vertragswerkstätten, Herstellern, Versicherungen etc.), werden diese zusätzlich erwarteten Deckungsbeiträge oftmals nur in einer Ergänzungsrechnung zur Substanzwertrechnung geführt und beispielsweise von Banken nicht als wirtschaftliches Eigenkapital akzeptiert. Im Rahmen einer Unternehmensbewertung ist jedoch eine derartig vorsichtige Betrachtungsweise nicht sinnvoll.

Der geringe Substanzwert im Beispiel liegt neben dem Ausblenden des für die Geschäftstätigkeit sehr wesentlichen Serviceergebnisses vor allem an der laufzeitkonformen Abschreibung der Fahrzeuge auf realistische Restwerte (also ohne bewusstes Legen von stillen Reserven).

7.6.5 Resumée

Der Unternehmenswert nach der Equity-Methode ist interessanterweise mit T€ 5.553 nicht sehr viel höher als das erweiterte betriebswirtschaftliche Eigenkapital von T€ 4.193. Dies resultiert im Beispiel aus der zu geringen Wertschöpfung im Verhältnis zum eingesetzten Risikokapital und ein derartiges Werteverhältnis ist auch bei Transaktionen in der Praxis beobachtbar. Bereits bei einer nur leicht niedrigeren Ergebnisprognose eines möglichen Erwerbers würde es nahe liegen, nur den Substanzwert als Kaufpreis zu bieten.

Eine spürbare Steigerung des Unternehmenswertes könnte ansetzen an der Erzielung von Kostendegressionseffekten durch ein deutliches Wachstum bei besserer Auslastung der Kapazitäten, einer höheren Quote an Services je Fahrzeug und einer Ausdehnung der Zinsspanne durch günstigere Refinanzierungswege einschließlich Fristentransformation. Diese Strategien erfordern aber Investitionen, die aus dem eigenen Cashflow ggf. nicht darstellbar sind.

Falls ein möglicher Erwerber im gleichen Geschäftsfeld tätig ist, ließen sich durch Zusammenführung der Vertriebs- und Verwaltungsbereiche und durch günstigere Beschaffungs- und Refinanzierungskonditionen Einsparungen realisieren, welche die Integrationskosten übersteigen könnten. Der am deutschen Leasingmarkt seit Jahren zu beibachtende Konzertartionsprozess legt die Vermutung nahe, dass die Größenvorteile die Integrationskosten tatsächlich übersteigen.

7.7 Literatur

Bengsch, V. (2001): Die Vorteilhaftigkeit des Leasings bei der internen Erfolgsrechnung und der Shareholder-Value-Betrachtung, Supplement Leasing-Berater 2001, Beiheft zum Betriebs-Berater, S. 21-23

Bieg, H. (1997): Leasing als Sonderform der Außenfinanzierung, in: Der Steuerberater (StB) Heft 11, S. 425-435

Bordewin, A. (1996): Leasingverträge in der Handels- und Steuerbilanz, in: Neue Wirtschaftsbriefe Nr. 22 vom 28.5.1996, Fach 17, Seite 1435-1462

Bordewin, A., Tonner, N. (2003): Leasing im Steuerrecht, 4. Auflage 2003

Bundesminsterium der Finanzen (1996): Schreiben betr. bilanz- und gewerbesteuerliche Behandlung der Forfaitierung von Forderungen aus Leasing-Verträgen, vom 9. Januar 1996

Büschgen, H. (1998): Praxishandbuch Leasing, München 1998, S. 2

Bundesverband Deutscher Leasing-Unternehmen e.V., Berlin (2002): Jahresbericht 2002

Bundesverband Deutscher Leasing-Unternehmen e.V., Berlin (2003 a): Jahresbericht 2003

Bundesverband Deutscher Leasing-Unternehmen e.V., Berlin (2003 b): Substanzwertrechnung für Mobilien-Leasinggesellschaften, veröffentlicht im Herbst 2003

Engelland, F./Lütje, G. (1996): Rechtsnatur und Bilanzierung von Asset-Backed Securities-Transaktionen, in: Die Wirtschaftprüfung, Heft Nr. 14, S. 517

Fahrholz, B. (1998): Neue Formen der Unternehmensfinanzierung, München 1998

Feinen, K. (1999 a): Mehr Mut zur europäischen Identität, „off-balance-financing ist eine tragende Säule des Leasinggeschäfts", Supplement Leasing-Berater 1999, Beiheft zum Betriebs-Berater, S. 1-4

Feinen, K. (1999 b): Risikomanagement im Leasinggeschäft, Vortrag im Rahmen des Bank- und Börsenseminars des Lehrstuhls für Bankbetriebslehre der Universität Köln am 28. Oktober 1999, S. 1-19

Hauptfachausschuss des Instituts der Wirtschaftsprüfer e.V. (1989): Stellungnahme 1/1989

Kindler, S.u. Köchling, M. (2004): Vorteil Verwertung, in: Finance, Heft Nr. 6, S. 59

Maus, G. (1996): Leasing im Handels- und Steuerrecht, 1996

Milatz, J.E. (1996): Forfaitierung von Andienungsrechten bei Teilamortisations-Leasingverträgen, Der Betrieb, Heft Nr. 17, Seite 841-845

Paus, B. (1995): Lohnt sich das Kraftfahrzeug-Leasing?, in Neue Wirtschaftsbriefe Nr. 9 vom 27.2.1995, Fach 3, Seite 9291 ff.

Riess, M.S. (2004): Die Bewertung des Restwertrisikos eines PKW-Leasing-Portfolios, in: Finanzierung Leasing Factoring, Heft Nr. 1, 2004, S. 8-14

Schulz, J. (1999): Fuhrparkmanagement: Kosten sparen durch Outsourcing, in: Der Betrieb Spezial Leasing, Heft Nr. 7, Seite 17-18

Spittler, H.-J. (2002): Leasing für die Praxis, 6. Aufl., Köln, 2002

Städtler, A. (2005): Mobilien-Leasing in Deutschland und Europa auf Wachstumskurs, in: Finanzierung Leasing Factoring, Heft 1, 2005, Seite 18-26

Tacke, H. (1997): Asset Backed Securities – Refinanzierungsmöglichkeit für deutsche Leasinggesellschaften, in: Der Betrieb, Beilage Nr. 8/97 zu Heft 18, Seite 8-10

Tacke, H. (1997): Leasing, 3. Auflage 1999

Wassermann, H. (2003 a): Leasing im Jahre 2003: 2072 Gesellschaften – Teil 1, in: FLF, Nr. 6 (2003), S. 244

Wassermann, H. (2003 b): Auto-Leasing im Jahr 2003: Ein Markt in Bewegung, Finanzierung Leasing Factoring, 6/2004, Seite 250

Wendels, T.H. (2003): Konzentration im Leasingsektor, in: Thomas Hartman Wendels (Hrsg.) Leasing 2003 – Wissenschaft und Praxis, Nr. 1, Jg. 1 (2003), Köln

Wirtschaftsprüfer-Handbuch 2002, IDW-Verlag

8 Bewertung von Private Equity-Gesellschaften

von *Werner Gleißner*[*]

8.1 Einleitung: Ein Gesamtbewertungsmodell für einen unvollkommenen Kapitalmarkt	228
8.2 Strategieabhängige Renditeprognose für Kapitalbeteiligungsgesellschaften	229
8.2.1 Überblick	229
8.2.2 Bewertungsmodelle der Beteiligungen	230
8.2.3 Rendite einer repräsentativen Beteiligung	232
8.2.4 Prognose der Portfoliorendite	234
8.2.5 Gesamtkapitalrendite der Kapitalbeteiligungsgesellschaft	235
8.2.6 Eigenkapitalrendite der Kapitalbeteiligungsgesellschaft	235
8.3 Strategievarianten im Werttreibervergleich	237
8.3.1 Arbitrageure	237
8.3.2 Restrukturierer	237
8.3.3 Bewertungs- und Verhandlungsspezialisten	237
8.3.4 Substanzjäger	237
8.4 Grundlagen der Unternehmensbewertung bei unvollkommenen Kapitalmärkten	238
8.4.1 Bewertung bei vollkommenem Kapitalmarkt und Capital-Asset-Pricing-Modell	238
8.4.2 Kritik an der Theorie vollkommener Kapitalmärkte und am CAPM	239
8.4.3 Bewertung bei unvollkommenen Märkten: Eigenkapitalbedarf als Risikomaß	241
8.4.4 Bewertung mit der Sicherheitsäquivalentmethode	245
8.5 Bewertung der Kapitalbeteiligungsgesellschaft	246
8.6 Fallbeispiel der Value and Cash AG	247
8.7 Zusammenfassung	252
8.8 Literatur	253

---

[*] Dr. Werner Gleißner, FutureValue Group AG, Stuttgart.

8.1 Einleitung: Ein Gesamtbewertungsmodell für einen unvollkommenen Kapitalmarkt

Kapitalbeteiligungsgesellschaften, die Private Equity oder Venture Capital zur Verfügung stellen, müssen sich selbst von ihren Gesellschaftern im Hinblick auf den geschaffenen Unternehmenswert beurteilen lassen.[1] Der Erfolg eines solchen Unternehmens (unter Fonds) ist abhängig von der erzielten Rendite und dem dabei eingegangenen Risiko – also den primären Werttreibern. Beide Werttreiber werden wesentlich durch das Geschäftsmodell bzw. die zugehörige Strategie und die für diese maßgeblichen Erfolgspotenziale bestimmt.[2] Traditionell wird der Erfolg insgesamt im Wesentlichen durch die in der Vergangenheit tatsächlich erzielte Rendite beurteilt. Für die Entscheidung eines Investors, in eine Kapitalbeteiligungsgesellschaft zu investieren, ist jedoch offensichtlich die zukünftig zu erwartende Rendite und das entsprechend zukünftige Risiko maßgeblich. Kapitalbeteiligungsgesellschaften (Private Equity oder Venture Capital) sind daher nicht nur Anwender von Unternehmensbewertungsverfahren, sondern selbstverständlich auch Gegenstand einer Bewertung durch Investoren.

Wie bei anderen Unternehmen auch ist der Wert einer Kapitalbeteiligungsgesellschaft (oder eines Fonds) als Barwert der zukünftig zu erwartenden Zahlungen an die Eigentümer zu berechnen, wobei der Risikoumfang explizit zu berücksichtigen ist.[3] Die Summe der Werte der einzelnen Beteiligungen abzüglich Fremdkapital (und unter Berücksichtigung möglicher Liquidationskosten) stellt lediglich den Liquidationswert und damit eine Wertuntergrenze dar (Einzelbewertungsverfahren).[4] Die heute noch häufig anzutreffende Bewertung von Kapitalbeteiligungsgesellschaften auf Basis ihres Netto-Portfoliowerts vernachlässigt die bewertungsrelevanten zukünftig zu erwartenden Erträge aus Geschäftsmodell und Strategie (Erfolgspotenzialen) des Unternehmens, die von der Wertentwicklung im Portfolio und den eigenen Fixkosten abhängen.

In diesem Beitrag wird ein Bewertungsansatz für Private Equity- und Venture Capital-Gesellschaften (bzw. Fonds), im Folgenden zusammenfassend Kapitalbeteiligungsgesellschaften genannt, vorgestellt, der konsequent den Weg eines Gesamtbewertungsverfahrens anstelle der bisher noch üblichen Einzelbewertungsverfahren nutzt. Entsprechend wird der zukünftige Mehrwert, den das Management einer derartigen Gesellschaft aufgrund der vorhandenen Erfolgspotenziale realisieren kann, explizit in der Bewertung berücksichtigt. Kern des vorgestellten Bewertungsansatzes ist ein Modell für die Prognose der zukünftig erwarteten Rendite einer Kapitalbeteiligungsgesellschaft in Abhängigkeit nachvollziehbarer (und damit diskutierbarer) Werttreiber. Die Abbildung des Geschäftsmodells auf das Unternehmensbewertungsverfahren erlaubt dabei auch den Vergleich und die Optimierung alternativer strategischer Positionierungen von Kapitalbeteiligungsgesellschaften. Eine kritische Diskussion von prognostizierten Renditen kann auf eine Diskussion der wesentlichen Annahmen – der Werttreiber – zurückgeführt werden.

---

[1] Zur Performancemessung vgl. *Dirrigl, H.* (1998).
[2] Vgl. *Gleißner, W.* (2005).
[3] Vgl. *Drukarczyk, J.* (2003); *Hachmeister, D.* (1995), S. 93 ff.
[4] Theoretisch sind sogar noch niedrigere Unternehmenswerte möglich. Eine Private Equity-Gesellschaft, die keine Wertsteigerung ihrer Beteiligungen erreicht und keine wertsteigernden Neuinvestments vornimmt, zerstört wegen ihrer eigenen Kosten den Wert der Eigentümer.

Die aus den prognostizierten Renditen abgeleitete eigentliche Unternehmensbewertung wird mit Hilfe der Sicherheitsäquivalentmethode vorgenommen, die gegenüber der häufiger verwendeten Risikozuschlagmethode (Risikoprämie in einem Diskontierungszinssatz) konzeptionelle Vorteile hat. Eine weitere Besonderheit des hier vorgestellten Ansatzes ist die explizite Berücksichtigung einzelner Risiken als mögliche Abweichungen der tatsächlichen Ausprägung der Werttreiber von den Planwerten, die durch geeignete Verteilungsfunktionen erfasst werden. Die Aggregation der Risiken zur Bestimmung des Gesamtrisikoumfangs und des Eigenkapitalbedarfs als Risikomaß wird mit Hilfe eines Monte-Carlo-Simulationsmodells durchgeführt. Alternativ zur traditionellen Bewertung unter der Annahme vollkommener Kapitalmärkte wird dabei erläutert, wie die Bewertung mit einem risikodeckungsorientierten Konzept, d.h. unter Bezugnahme auf den Eigenkapitalbedarf als Risikomaß, durchgeführt werden kann. Der hier verwendete Risikodeckungsansatz der Unternehmensbewertung trägt Marktunvollkommenheiten (z.B. schlecht diversifizierter Portfolios, Konkurskosten und einem Informationsvorteil der Unternehmensführung gegenüber dem Kapitalmarkt) Rechnung.

8.2 Strategieabhängige Renditeprognose für Kapitalbeteiligungsgesellschaften

8.2.1 Überblick

Im Folgenden wird mit einem einfachen Bewertungsmodell gezeigt, wie die zukünftig zu erwartende Rendite und die Risiken in Abhängigkeit von Geschäftsmodell und Strategie einer Kapitalbeteiligungsgesellschaft abgeleitet werden kann. Die erwartete Rendite wird dabei auf grundlegende Werttreiber zurückgeführt. Die kritische Diskussion der konkre-

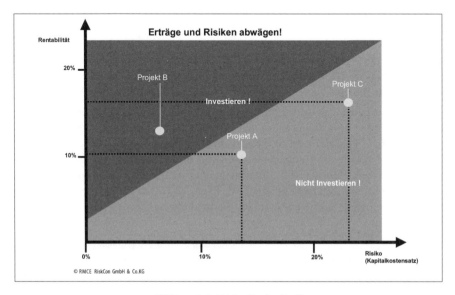

Abbildung 8-1: Risiko-Rendite-Profil

ten Ausprägungen dieser Werttreiber bei einer Kapitalbeteiligungsgesellschaft schafft die Grundlage für eine eigene Einschätzung, ob in der Vergangenheit erzielte oder aktuell für die Zukunft prognostizierte Renditen tatsächlich realistisch sind. Zudem erlaubt der Vergleich der Werttreiber, und der daraus ableitbaren Risikofaktoren, eine Einschätzung des Rendite-Risiko-Profils von Kapitalbeteiligungsgesellschaften, was für eine gezieltere Investition in die zunehmend interessantere Asset-Klasse „Private Equity" hilfreich ist. Aus Sicht eines Investors gilt dabei selbstverständlich immer, dass ein höheres Risiko (Volatilität der Rendite) nur durch eine höhere erwartete Rendite gerechtfertigt ist.

Im Folgenden wird zunächst ein einfaches (etwas idealisiertes) Renditeprognosemodell einer Kapitalbeteiligungsgesellschaft abgeleitet, das Prognosen über die zukünftig zu erwartende Rendite ermöglicht, sofern mit den Verantwortlichen der Kapitalbeteiligungsgesellschaft eine offene Diskussion über die maßgeblichen Werttreiber möglich ist. Die erwartete Rendite ist zunächst offensichtlich abhängig von der durchschnittlichen erwarteten Rendite einer einzelnen Beteiligungsinvestition (r^e) sowie dem durchschnittlichen Investitionsgrad (q), also dem Anteil des insgesamt der Gesellschaft zur Verfügung stehenden Vermögens, das auch tatsächlich in Beteiligungen investiert wird.

8.2.2 Bewertungsmodelle der Beteiligungen

Im Folgenden wird vereinfachend eine repräsentative Beteiligung betrachtet. Die Rendite der Kapitalbeteiligungsgesellschaft ist entscheidend – wenn auch nicht ausschließlich – von der Rendite der Beteiligungsinvestments abhängig.

Die jährliche durchschnittliche Rendite aus einem repräsentativen Beteiligungsinvestment ist abhängig vom Verhältnis des erzielten Verkaufspreises am Ende der unsicheren Halteperiode (beim Exit) T und dem Kaufpreis der Beteiligung. Der Verkaufswert ist dabei zu beschreiben in Abhängigkeit von

- dem Ertragswert, den das Unternehmen bei Weiterverfolgung der gegenwärtigen Strategie hat, sofern es bis zum Zeitpunkt T nicht insolvent wird (W_0);
- der Wahrscheinlichkeit der Insolvenz im Zeitraum t = 0 bis T (PD);
- den wertsteigernden Optimierungspotenzialen des Unternehmens (a).

Relevante Wertsteigerungspotenziale, die in dem Multiplikator-Faktor a zusammengefasst zum Ausdruck kommen, sind dabei z.B.: eine Rentabilitätsverbesserung, das Umsatzwachstum, die Risikoreduzierung sowie eine Verbesserung der Kapitalstruktur.

Der Ertragswert einer repräsentativen Beteiligung bei Fortsetzung der bisherigen Strategie (Status-quo-Wert) kann dabei einfach mit werttreibergestützten Bewertungsmodellen abgeleitet werden.[5] Zunächst wird ein einheitliches Bewertungsverfahren für die Beteiligungen festgelegt, bei der der Unternehmenswert (W) in Abhängigkeit von einzelnen Werttreibern wie z.B. Umsatz (U), Kapitalumschlag (KU), Eigenkapitalquote (EKQ), nachhaltig erwarteter EBIT-Marge (EBITM), Kapitalkostensatz (WACC)[6] oder Steuersatz (s) beschrieben wird. Solche einfache, auf Werttreibern basierenden Bewertungsmodelle

---

[5] Auf die Möglichkeiten einer gezielten Erschließung strategischer Wertsteigerungspotenziale und der Implementierung wertorientierter Führungssysteme sei auf *Gleißner, W.* (2004), verwiesen.

[6] Die WACC werden hier zunächst vereinfachend als zeitunabhängig angesehen und nicht vertiefend erläutert, was jedoch z.B. wertorientierte Finanzierung und konstante Risiken erfordert, vgl. hierzu *Kruschwitz, L./Löffler, A.* (2003).

sind oft Spezialfälle der Discounted-Cashflow-Verfahren (DCF-Verfahren), die den Unternehmenswert als Summe der risikoadäquaten diskontierten zukünftigen erwarteten Cashflows oder – näherungsweisen – Erträge (EBIT) beschreiben:

$$W_0 = \sum_{t=1}^{\infty} \frac{EBIT^e_t(1-s)}{(1+WACC)^t} - Fremdkapital_M$$

Für den Spezialfall eines im Mittel konstanten erwarteten EBIT (Wachstum w = 0) vereinfacht sich die Bewertungsformel wie folgt:

$$W_{0,w=0} = \frac{EBIT^e(1-s)}{WACC} - Fremdkapital_M$$

Ein mögliches einfaches, aus diesem Ansatz ableitbares Unternehmensbewertungsmodell, das die relevanten Werttreiber zeigt, könnte damit wie folgt aussehen:[7]

$$W_0 \approx U \times \left(\frac{1+w}{1+WACC}\right)^T \times \left(\frac{EBITM^e(1-s)}{WACC} + \frac{EKQ-1}{KU}\right)$$

Aus den Werttreibern lassen sich unmittelbar Risikofaktoren der Beteiligung ableiten.[8] Jeder risikobehaftete Werttreiber ist nämlich unmittelbar als Risikofaktor zu interpretieren. In einem zweiten Schritt kann es sinnvoll sein, diese (primären) Risikofaktoren (z.B. mögliche Umsatzschwankung) wiederum auf ihre Ursachen (sekundäre) Risikofaktoren zurückzuführen. Beispielsweise lässt sich die Umsatzschwankung eines Unternehmens (teilweise) durch Schwankungen der volkswirtschaftlichen Nachfrage erklären, was die Verbindung zu einem volkswirtschaftlichen (und damit systematischen) Risikofaktor ermöglicht. Die Risikofaktoren und die Werttreiber (Ertragsfaktoren) werden somit konsistent aus den Bewertungsmodellen für den Unternehmenswert der Beteiligungen abgeleitet.

Anschließend sind alle (wesentlichen) Beteiligungen bezüglich dieses Bewertungsrasters von Werttreibern und Risikofaktoren zu beurteilen. Damit ist die Grundlage geschaffen, um mittels einer Aggregation der Risiken, Aussagen über den Gesamtrisikoumfang einer Privat Equity- oder Venture Capital-Gesellschaft aus seinen Beteiligungen zu treffen.[9] Zudem lässt sich (mit dem Werttreibermodell) eine Bewertung sämtlicher Beteiligungen mit einem einheitlichen Verfahren vornehmen und jede Beteiligung analog dem Markowitz-Ansatz in einem Ertrags-Risiko-Portfolio positionieren.

Natürlich sind auch wesentlich komplexere Bewertungsverfahren möglich.[10] Eine besondere Herausforderung bei allen diesen Bewertungsverfahren besteht in einer adäquaten Berücksichtigung der Risiken im Kapitalkostensatz (Diskontierungszinssatz) oder im Sicherheitsäquivalent. In Anbetracht der Unvollkommenheit der Kapitalmärkte (z.B. asym-

---

[7] Diese Berechnung basiert auf dem Termin Value Ansatz. Die Jahre vor Periode T werden hier vernachlässigt, vgl. *Gleißner, W.* (2004), S. 124 ff.
[8] Zudem lässt sich auch der WACC ableiten (s. Abschnitt 8.5).
[9] Vgl. *Gleißner, W.* (2005).
[10] Vgl. *Behm, G.* (2003); *Ernst, D./Schneider, S./Thielen, B.* (2003); *Hommel, U./Scholich, M./Vollrath, R.* (2001).

metrisch verteilte Informationen und Konkurskosten) bieten sich für die Ableitung der Kapitalkosten so genannte „Risikodeckungs-Konzepte" an, bei denen ein angemessener Kapitalkostensatz – im Gegensatz beispielsweise zum Capital Asset Pricing-Modell (CAPM) – direkt mittels Simulationsverfahren aus den Risikoinformationen eines Unternehmens abgeleitet wird.[11]

Aufgrund des Fokus dieses Artikels auf die Bewertung einer ganzen Kapitalbeteiligungsgesellschaft, sollen die Bewertungsfaktoren auf Ebene einer Beteiligung hier nicht weiter betrachtet werden. Es wird lediglich angenommen, dass durch eine geeignete Bewertung bekannt ist, welcher Einkaufspreisvorteil (a) im Vergleich zum angemessenen Wert der Beteiligung (im Status quo) im Durchschnitt zu erzielen ist.

Das Renditeprognosemodell der Kapitalbeteiligungsgesellschaft lässt sich in mehrere Stufen zergliedern, die im Folgenden kurz erläutert sind.

8.2.3 Rendite einer repräsentativen Beteiligung

In seiner Grundstruktur geht das Renditeprognosemodell von der Betrachtung einer repräsentativen Beteiligung aus und verzichtet auf die (durchaus mögliche) Beschreibung unterschiedlicher Einzelbeteiligungen oder Beteiligungssegmente. Für die Prognose der Rendite (und die Abschätzung des Risikos) einer derartigen repräsentativen Beteiligung wird zunächst angenommen, dass diese bei weiterer Verfolgung der bisherigen Strategie einen bestimmten Wert aufweist, den Status-quo-Wert. Da in diesem Wert alle heute verfügbaren Informationen einfließen, lässt sich die zukünftige Wertentwicklung nicht besser prognostizieren als anzunehmen, dass der Wert trendmäßig entsprechend einer risikoabhängig zu erwartenden Rendite (den Kapitalkosten) wächst.[12] Für die folgende Darstellung wird (vereinfachend) unterstellt, dass sich der erwartete Wert einer Beteiligung bei gegebener Strategie während der gesamten Haltedauer nicht verändert. Selbstverständlich können sich aufgrund neuer Informationen, z.B. unvorhergesehene Veränderung von Konjunktur oder Wettbewerbsumfeld, Wertveränderungen ergeben, die jedoch nicht prognostizierbar sind.

Einen „Mehrwert" (bezogen auf risikoadäquate Renditeanforderungen) erzielt die Private Equity-Gesellschaft immer dann, wenn es ihr gelingt, unterhalb des oben genannten Wert W_0 eine Beteiligung zu erwerben, oder durch geeignete Maßnahmen den Wert der Beteiligung (auf W_T) zu erhöhen, was durch operative Verbesserungen, eine strategische Neuausrichtung oder einem positiven Wertbeitrag durch die Verbesserung der Finanzierungsstruktur[13] (Eigenkapitalzuschuss) überhaupt zu erreichen ist.

---

[11] Vgl. *Gleißner, W.* (2005 a), S. 220 ff. sowie Abschnitt 8.5.3.

[12] Entsprechend kann man auch unmittelbar den (erwarteten) Wert zum Zeitpunkt des Verkaufs einer Beteiligung bei weiterer Verfolgung der bisherigen Strategie abschätzen. Anzumerken ist, dass bei stochastischen Abhängigkeiten zwischen Perioden Diskontierungszins und erwarteter Rendite wegen zusätzlicher Risikoprämien nicht mehr genau übereinstimmen (z.B. *Kruschwitz, L./Löffler, A.* (2006) sowie *Schwetzler, B.* (2000)).

[13] Durch eine Eigenkapitalzufuhr in die Beteiligungen und damit eine Verbesserung von Eigenkapitalquote und Rating können die Fremdkapitalzinsen reduziert, die direkten oder indirekten Konkurskosten vermindert und neue strategische Handlungsoptionen (z.B. Wachstum oder Übernahme neuer Geschäftsfelder) eröffnet werden.

Geht man nun davon aus, dass es der Kapitalbeteiligungsgesellschaft im Mittel gelingen wird, den Wert ihrer Beteiligungen durch ein „strategisches Wertsteigerungspotenzial" c zu steigern und durch eine geschickte Verhandlung oder präzise Einschätzung des tatsächlichen Werts zu einem Abschlag in Höhe von a[14] gegenüber W_0 einzukaufen, errechnet sich folgende durchschnittliche Rendite einer Beteiligung r_i^e:

$$r_i^e = \left(\frac{W_T^e}{W_{Kauf}}\right)^{\frac{1}{T}} - 1 = \left(\frac{1+c}{1-a}\right)^{\frac{1}{T}} - 1 \quad (1)$$

mit $W_T^e = W_0 \times (1+c)$ und $W_0^{Kauf} = W_0 \times (1-a)$

Der Faktor T stellt dabei die Anzahl der Jahre dar (Haltedauer bis zum Exit), die erforderlich ist, um die Wertsteigerung zu realisieren.

Der Abschlagsfaktor a, der den Discount beim Kauf eines Unternehmens(-anteils) in Relation zum momentan angemessenen Wert (W_0) beschreibt, ist dabei nicht nur abhängig von der Stärke der Verhandlungspositionen und einer intelligenten Verhandlungsführung, mit deren Hilfe der Preis möglichst günstig gestaltet werden kann. Hohe Abschlagswerte sind immer auch dann zu erwarten, wenn es einer Kapitalbeteiligungsgesellschaft gelingt, durch überlegene Unternehmensbewertungsverfahren (vgl. oben) gezielt Unternehmen zu identifizieren, deren tatsächlicher Wert von den bisherigen Eigentümern (und anderen potenziellen Käufern) unterschätzt wird. In dieser Hinsicht ist der erzielbare Abschlagfaktor, der die erwartete Portfoliorentabilität maßgeblich mitbestimmt, insbesondere auch abhängig von der überlegenen Leistungsfähigkeit der eingesetzten Unternehmensbewertungsverfahren. Insbesondere die relativ neuen Verfahren einer adäquaten Berechnung der Kapitalkosten als Determinanten des Unternehmenswerts auf Basis der tatsächlichen Risikoprofile sind daher Ansatzpunkt, hier eine überlegene Bewertungsqualität zu erreichen (vgl. Abschnitt 8.5.3.). Bei gegebenem Wertsteigerungspotenzial eines Unternehmens ist erkennbar auch der Zeitrahmen zwischen Kauf und Exit, also T, ein maßgeblicher Werttreiber. Eine höhere Realisierungsgeschwindigkeit der Wertsteigerungspotenziale (Um-

---

[14] Zunächst einmal muss hier verdeutlicht werden, dass die Investitionssumme in zwei Komponenten zerfällt, nämlich einer Bezahlung an die bisherigen Gesellschafter und einer Veränderung der Eigenkapitalposition der Beteiligung (DEK), die durch die Beteiligungskapitalgesellschaft vorgenommen wird (was in der Gleichung (1) vereinfachend vernachlässigt wird). Beides wird unter dem Kapitalbedarf einer Beteiligung subsumiert und ist in Faktor a zu berücksichtigen. Bei Übernahme einer Beteiligung, deren Risikotragfähigkeit nicht dem (aggregierten) Risikoumfang entspricht, ist eine zusätzliche Einzahlung in die Gesellschaft erforderlich, um beispielsweise ein adäquates Rating sicherzustellen. Umgekehrt sind hier durchaus auch Situationen denkbar, dass durch den Verkauf nicht betriebsnotwendiger Vermögensgegenstände sofort eine Rückzahlung eines Teils des Kaufpreises an die Beteiligungskapitalgesellschaft möglich wird (negatives DEK). Der erforderliche Eigenkapitalbedarf kann mit Hilfe so genannter Risikoaggregationsverfahren abgeleitet werden, bei denen unter Verbindung der Unternehmensplanung und den Risiken eine große repräsentative Anzahl von Zukunftsszenarien des Unternehmens analysiert wird, um den realistischen Umfang an risikobedingten Verlusten (und damit Eigenkapitalbedarf) abzuleiten, vgl. *Gleißner, W.* (2005). Gleichung (1) kann durch Aufnahme von g im Nenner auch den Eigenkapitalzuschuss in Prozent des Kaufpreises separat berücksichtigen. Vereinfachend wird hier keine Unterscheidung zwischen Kapital, das in die Gesellschaft, und Kapital, das an die Gesellschafter geht, getroffen.

schlagsgeschwindigkeit des Vermögens der Kapitalbeteiligungsgesellschaft) erhöht die erwartete jährliche Rentabilität.

Die bisherige Betrachtung bezieht sich auf die Rendite einer Beteiligung, die tatsächlich irgendwann verkauft werden kann und ist damit als „bedingte Rendite einer Beteiligung" zu interpretieren. In der Praxis zeigt sich, dass (gerade bei Venture Capital-Investments) die Geschäftsmodelle und Strategien von einigen Beteiligungen komplett scheitern, was durch die bisherige Betrachtung nicht adäquat berücksichtigt wurde. Im einfachsten Fall kann man dies erfassen, indem man eine einfache Fallunterscheidung vornimmt. Auf der einen Seite wird unterstellt, dass mit einer bestimmten Wahrscheinlichkeit (gegebenenfalls pro Jahr oder für den Gesamtzeitraum T) das Geschäftsmodell einer Beteiligung komplett scheitert und die Gesellschaft damit insolvent oder liquidiert wird. Nur für diejenigen Beteiligungen, die im Rahmen der Haltedauer nicht insolvent werden, wird dann die Renditeprognose gemäß Gleichung (1) betrachtet.

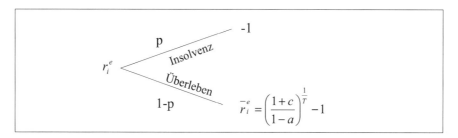

Abbildung 8-2: Fallunterscheidung: Rendite bei möglicher Insolvenz

Unter Berücksichtigung der Ausfallwahrscheinlichkeit p im Zeitraum T einer Beteiligung ergibt sich damit folgende Rendite einer repräsentativen Beteiligung des Portfolios r_i^e:

$$r_i^e = \left(\frac{1+c}{1-a}\right)^{\frac{1}{T}} \times (1-p) - 1 \qquad (2)$$

Zusätzlich zur Rendite durch die Wertsteigerung ist zu berücksichtigen, dass Beteiligungen während der Haltedauer auch Ausschüttungen an die Kapitalbeteiligungsgesellschaft tätigen (können).[15]

8.2.4 Prognose der Portfoliorendite

Die prognostizierte Rendite einer repräsentativen Beteiligung ist noch nicht identisch mit der erwarteten Portfoliorendite verstanden als Rendite des gesamten Vermögens der Kapitalbeteiligungsgesellschaft. Es ist nämlich zu beachten, dass lediglich ein durchschnittli-

---

[15] In einem vereinfachten Modellansatz kann auch angenommen werden, dass die Beteiligungen nicht betriebsnotwendige Anteile des Gewinns (entsprechend einer vorgegebenen durchschnittlichen Thesaurierungsquote) ausschütten, was auch die in Abschnitt 8.3.1 angenommene Konstanz des Unternehmenswerts im Haltezeitraum (ohne Berücksichtigung der strategischen Wertsteigerungsmöglichkeiten) erklärt.

cher Anteil q (Investitionsquote) diese Rendite erwirtschaften wird. Für das restliche Portfolio sei vereinfachend angenommen, dass diese lediglich eine risikolose Rendite r_0 erreicht, die sich beispielsweise durch die Investition in Staatsanleihen ergibt. In Abhängigkeit der Investitionsquote q ergibt sich damit als Gesamtportfoliorendite r_p^e:

$$r_p^e = r_i^e \times q + (1-q) \times r_0 \tag{3}$$

Die unsichere Investitionsquote ist abhängig z.B. vom Zugang zu potentiellen Beteiligungen und von den vorgegebenen Anforderungen an den zu erzielenden Preisabschlag auf den Wert einer gekauften Beteiligung (a).

8.2.5 Gesamtkapitalrendite der Kapitalbeteiligungsgesellschaft

Bei der bisherigen Betrachtung der Rendite auf das Gesamtportfolio der Kapitalbeteiligungsgesellschaft wurde von Kosten abstrahiert, die das Unternehmen selbst zu tragen hat. Neben den Kosten des allgemeinen Geschäftsbetriebs sind hier insbesondere die Kosten der Vorauswahl, Detailprüfung und Bewertung potenzieller Beteiligungen sowie die Kosten für die (strategische) Überwachung der Beteiligungen zu nennen. Bei einem Investitionsvolumen im Portfolio (in Beteiligungen und risikolosen Anlagen) von I und jährlichen Fixkosten K_{FIX} sowie den Kosten K_B für jede der Z Beteiligungen ergibt sich folgende Gesamtkapitalrendite der Kapitalbeteiligungsgesellschaft r_{GK}^e:[16]

$$r_{GK}^e = r_p^e - \frac{K_{fix} + K_B \times Z}{I} \tag{4}$$

Die Initiierungskosten der Kapitalbeteiligungsgesellschaft können dabei auf die jährlichen Fixkosten umgelegt werden.

8.2.6 Eigenkapitalrendite der Kapitalbeteiligungsgesellschaft

Für die Investoren in einer Kapitalbeteiligungsgesellschaft letztlich maßgeblich ist nicht die Gesamtkapitalrendite, sondern die Eigenkapitalrendite. Beides stimmt nur bei einer Gesellschaft überein, die keine Fremdmittel einsetzt. In Abhängigkeit des Verschuldungsgrads V, also des Verhältnisses von Fremd- zu Eigenkapital (FK und EK), berechnet sich folgende Eigenkapitalrendite der Kapitalbeteiligungsgesellschaft (Financial Leverage):

$$r_{EK}^e = r_{GK}^e + \frac{FK}{EK}(r_{GK}^e - k_{FK}) \tag{5}$$

---

[16] Wobei ausformuliert gilt:

$$r_{GK}^e = \left[\left(\frac{1+c}{1-a}\right)^{\frac{1}{T}} \times (1-p) - 1\right] \times q + (1-q) \times r_0 - \frac{K_{Fix} + K_B \times Z}{I}$$

Anders dargestellt ergibt sich:

$$r_{EK}^e = r_{GK}^e \times (1 + \frac{FK}{EK}) - \frac{FK}{EK} \times k_{FK} \qquad (6)$$

In die Gleichung 6 werden nun die bekannten Gleichungen eingesetzt:

$$r_{EK}^e = \left[\left[\left(\frac{1+c}{1-a}\right)^{\frac{1}{T}} \times (1-p) - 1\right] \times q + (1-q) \times r_0 - \frac{K_{Fix} + K_B \times Z}{I}\right]$$
$$\times (1 + \frac{FK}{EK}) - \frac{FK}{EK} \times k_{FK} \qquad (7)$$

Dies ist die zu prognostizierende Rentabilität,[17] die eine der wesentlichen Werttreiber der Kapitalbeteiligungsgesellschaft darstellt. Die tatsächlich erzielte Eigenkapitalrendite ist natürlich nicht sicher vorhersehbar. Abweichungen von der Prognose gemäß Gleichung (7) ergeben sich immer dann, wenn die genannten Modellparameter – Werttreiber – andere Ausprägungen annehmen, als erwartet. Aufgrund ihrer Unsicherheit (mögliche Planabweichungen) sind sämtliche Werttreiber zugleich als Risikofaktor zu interpretieren. Den realistischen Umfang von Abweichungen bei der Eigenkapitalrendite und damit das (aggregierte) Gesamtrisiko, das sich z.B. als Standardabweichung der Eigenkapitalrendite beschreiben lässt (vgl. Abschnitt 8.5.3 zur Risikoaggregation), wird berechnet, in dem man die Unsicherheit aller dieser Modellparameter explizit erfasst. Ein Weg für eine derartige Beurteilung des Rendite-Risiko-Profils der Kapitalbeteiligungsgesellschaften besteht darin, sämtliche Parameter (Werttreiber) des Renditemodells durch geeignete Wahrscheinlichkeitsverteilungen zu beschreiben.

Die für die erwartete Rendite besonders wichtigen Werttreiber sind zusammenfassend:
- strategisches Wertsteigerungspotenzial (c)
- der prozentuale Ausfall p.a. im Portfolio im Durchschnitt der Haltedauer (p)
- die Haltedauer (T) und
- der Einkaufsvorteil (a), d.h. der Abschlag auf den Wert beim Kauf einer Beteiligung

Um die von einer Kapitalbeteiligungsgesellschaft angegebene prognostizierte Zukunftsrendite kritisch zu hinterfragen, bietet es sich an, die hier implizit zugrunde liegenden Werttreiber einer kritischen Diskussion zu unterziehen.[18]

---

[17] Alternative Darstellung:

$$r_{EK}^e = \frac{\left[\left(\frac{1+c}{1-a}\right)^{\frac{1}{T}} \times (1-p)^T - 1\right] \times q + (1-q) \times r_0 - \frac{K_{Fix} + K_B \times Z}{I} - k_{FK}}{1 - \frac{FK}{EK+FK}} + k_{FK}$$

[18] Eine kostenlose Softwarelösung für die Berechnung einer realistischen Rentabilität einer Kapitalbeteiligungsgesellschaft kann unter info@futurevalue.de bei der Future Value Group AG angefordert werden.

8.3 Strategievarianten im Werttreibervergleich

Das hier dargestellte Werttreibermodell einer Kapitalbeteiligungsgesellschaft ist jedoch nicht nur für die kritische Diskussion mit potenziellen Investoren von Interesse. Es bietet für die Verantwortlichen der Kapitalbeteiligungsgesellschaft selbst auch die Ansatzpunkte für eine Optimierung der eigenen Strategie und der Zielsetzung einer Verbesserung der Wertsteigerungspotenziale für Investoren. Zudem lassen sich unmittelbar verschiedene denkbare Strategievarianten von Kapitalbeteiligungsgesellschaften ausmachen:

8.3.1 Arbitrageure

In dieser Strategievariante versucht die Kapitalbeteiligungsgesellschaft, einen möglichst hohen Umschlag des eingesetzten Kapitals (niedrige Werte für T) zu erreichen. Voraussetzung für diese Strategie sind hervorragende Möglichkeiten, gekaufte Beteiligungen im Sinne eines schnellen Exits weiterzugeben. Idealerweise steht schon beim Kauf einer Beteiligung ein Verkäufer zur Verfügung, der einen Mehrpreis gegenüber dem Einkauf zu zahlen bereit ist.

8.3.2 Restrukturierer

Die speziellen Kompetenzen von Beteiligungskapitalgesellschaften mit dieser Strategie besteht darin, eine erhebliche Wertsteigerung des Unternehmens durch eine Optimierung der Strategie und der operativen Werttreiber zu erreichen. Entsprechend wird die erwartete Portfoliorendite r_p^e insbesondere durch hohe Werte des Werttreibers c bestimmt.

8.3.3 Bewertungs- und Verhandlungsspezialisten

Beteiligungskapitalgesellschaften mit dieser Strategie verfügen über besonders leistungsfähige Verfahren der Bewertung von Unternehmen, um effizient und besser als ihre Wettbewerber (und potenzielle Verkäufer) die tatsächlichen Werte eines Unternehmens (bei gegebener Strategie) zu bestimmen. Flankierend verfügen sie über außergewöhnliche Fähigkeiten der Verhandlung, um im Vergleich zu den tatsächlichen Werten sehr günstige Einkaufspreise für Beteiligungen zu erreichen. Im Sinne einer Argumentationsfunktion der Unternehmensbewertungsverfahren gelingt es ihnen dabei insbesondere, einen gemessen an ihrer tatsächlichen Einschätzung vergleichsweise niedrigen Preis des Unternehmens „vorzurechnen" (d.h. hohe Werte von Werttreiber a).

8.3.4 Substanzjäger

Die Werttreiber bei dieser Strategie sind hohe unmittelbare Rückflüsse aus einer gekauften Beteiligung durch den Verkauf von nicht betriebsnotwendigen Vermögensgegenständen (negative Werte von DEK mit Wirkung auf a). Für diese Strategie erforderlich sind Kompetenzen bei der Einzelbewertung von Vermögensgegenständen eines Unternehmens (oder die Bewertung von Tochtergesellschaften) sowie ein adäquater Zugang zu einer möglichst transaktionskostenarmen Realisierung dieser Vermögenswerte.

Insgesamt zeigt das hier dargestellte Renditemodell, dass die realistisch zu erwartende Rendite einer Beteiligungskapitalgesellschaft oder eines Beteiligungs-Fonds durchaus transparent auf Werttreiber zurückgeführt werden können. Ein derartiges Renditemodell einer Kapitalbeteiligungsgesellschaft ist Grundlage für eine Optimierung ihrer Strategie. Eine realistische Einschätzung der erzielbaren Renditen durch einen Investor wird zudem ebenso möglich wie ein strukturierter Vergleich der unterschiedlichen Strategievarianten solcher Gesellschaften gemäß den oben genannten Strategietypen. Unter Berücksichtigung der Unsicherheit bezüglich der Ausprägung oben genannter Werttreiber kann ergänzend auch das Risikoprofil (die realistische Volatilität der erwarteten Rendite) einer Kapitalbeteiligungsgesellschaft eingeschätzt werden. Insgesamt kann das hier dargestellte Renditemodell einen Beitrag dazu leisten, mehr Transparenz über realistische Renditeerwartungen von Kapitalbeteiligungsgesellschaften zu erhalten.

8.4 Grundlagen der Unternehmensbewertung bei unvollkommenen Kapitalmärkten

8.4.1 Bewertung bei vollkommenem Kapitalmarkt und Capital-Asset-Pricing-Modell

Grundsätzlich gibt es zwei verschiedene konzeptionelle Ansätze, um Risiken in der Bewertung (von Investitionen, Unternehmen, Finanzanlagen) zu berücksichtigen. Beim „individualistischen Ansatz" wird explizit auf die Risikoeinstellung und sonstigen Rahmenbedingungen des jeweiligen Investors Bezug genommen. Damit wird ein subjektiver Entscheidungswert bestimmt. Den zweiten Weg stellt der „marktorientierte Ansatz" dar, der ohne Bezugnahme auf die individuelle Risikoneigung risikoadäquate Renditen aus Marktdaten ableitet, was ein Vergleich der zu bewertenden Zahlungsreihe mit vergleichbar riskanten Zahlungsreihen impliziert. Dementsprechend werden also die erwarteten Zahlungen mit der erwarteten Rendite vergleichbarer Zahlungsreihen, die am Markt beobachtet werden, diskontiert. Für den „marktorientierten Ansatz" benötigt man:[19]

- ein Risikomaß, dessen Relevanz für die Bewertung riskanter Projekte (Zahlungsreihe, Unternehmen) am Markt belegbar ist,
- ein Messverfahren, um das Risiko von Zahlungsreihen für Anlagen (auch wenn sie nicht am Markt gehandelt werden) quantifizieren zu können sowie
- eine Zuordnungsregel, die den Zusammenhang von erwarteter Rendite und Risikoeigenschaften beschreibt und nachweisbar für die Bewertung einer Anlage am Markt bedeutsam ist.

Meist wird die Existenz eines vollkommenen Kapitalmarkts mit folgenden Eigenschaften unterstellt:[20] Es existieren homogene Erwartungen aller Marktteilnehmer hinsichtlich der Zahlungen einer Anlage i beim Eintreten eines Umweltzustandes j (homogene Erwartungen), alle Anlagen sind beliebig teilbar, der Markt weist eine atomistische Struktur auf. Es gibt weder Transaktionskosten (und auch keine Steuern) noch Marktzutrittsbeschränkungen. Leerverkäufe sind in beliebigem Umfang möglich.

Unter dieser Annahme berechnet sich der Unternehmenswert bei konstanten WACC wie folgt:

---

[19] Vgl. *Drukarczyk, J.* (2003), S. 142.
[20] Vgl. *Kruschwitz, L.* (2004), S. 149-153.

$$W_j = \sum_{t=0}^{\infty} \frac{fCF_{t,j}}{(1+WACC)^t} - FK_j^M$$

Der für die Bewertung nötige, risikoabhängige Kapitalkostensatz ergibt sich als gewichteter Mittelwert der Fremdkapitalkosten k_{FK} und der verschuldungsgradabhängigen Eigenkapitalkosten k_{EK}, wobei die steuerlichen Vorteile des Fremdkapitals (Steuersatzes) erfasst werden müssen.[21] Üblicherweise wird in der Literatur empfohlen bei der Berechnung des Kapitalkostensatzes (WACC) die Gewichtung von Eigen- und Fremdkapital zu Marktpreisen vorzunehmen.[22]

$$WACC = k_{EK} \cdot \frac{Eigenkapital}{Gesamtkapital} + k_{FK} \cdot \frac{Fremdkapital}{Gesamtkapital} \times (1-s) \qquad (8)$$

Die Eigenkapitalkosten werden dabei als erwartete Rendite einer Alternativanlage meist mittels des Capital-Asset-Pricing-Modells (CAPM) berechnet: $k_{EK} = r_{EK}^e = r_0 + (r_m - r_0) \times \beta$, wobei r_0 der risikolose Zinssatz, r_m die erwartete Marktrendite für risikobehaftetes Eigenkapital (Marktportfolio) und β das Maß für das relative systematische Risiko (Geschäftsrisiko und Finanzstrukturrisiko) eines Unternehmens darstellt. Das β selbst ist theoretisch wieder linear vom Verschuldungsgrad abhängig. Analog lässt sich bei risikobehaftetem Fremdkapital auch für dieses ein β_{FK} berechnen.

8.4.2 Kritik an der Theorie vollkommener Kapitalmärkte und am CAPM

Kritisch zu betrachten ist z.B., dass gemäß dem CAP-Modell (Capital-Asset-Pricing-Modell) für die Berechnung der erwarteten Rendite und damit des Eigenkapitalkostensatzes herangezogene Beta-Faktor (β) nur die systematischen Risiken erfasst und aus der historischen Kursentwicklung an der Börse abgeleitet wird. Dies unterstellt, dass der Kapitalmarkt über die (zukünftige) Risikosituation eines Unternehmens mindestens so gut informiert ist, wie die Unternehmensleitung selbst (homogene Erwartungen). Für einen Investor sind zudem nur dann ausschließlich die systematischen Risiken bewertungsrelevant, wenn man von einem perfekt diversifizierten (effizienten) Portfolio im Sinne von Markowitz ausgeht und von Konkurskosten abstrahiert.

Bekannt ist jedoch seit langem, dass das CAP-Modell (und damit der β-Faktor) keine gute Erklärung für Renditen darstellt[23] – andere Faktoren (z.B. Unternehmensgröße oder Kurs-Buchwert-Verhältnis) sind hier bedeutsamer.[24] Empirische Untersuchungen deuten sogar eher darauf hin, dass ceteris paribus (z.B. also bereinigt um die Unternehmensgröße) gerade risikoarme Investments höhere Renditen erwirtschaften.[25]

---

[21] Vgl. *Drucarzyk, J.* (2003), S. 25-27.
[22] Alternativ kann der oft sinnvollere APV-Ansatz gewählt werden (vgl. *Kruschwitz, L./Löffler, A.* (2003), der im Gegensatz zum WACC-Ansatz eine autonome Finanzierung unterstellt).
[23] Vgl. *Ulschmid, C.* (1994); *Warfsmann, J.* (1993), sowie zur Bestimmung von β-Faktoren *Zimmermann, P.* (1997).
[24] Vgl. *Fama, E./French, K.* (1992); *Fama, E./French, K.* (1996). (3-Faktoren-Modell).
[25] Vgl. *Haugen, R.* (2004), S. 75-81 und das sog. „Risiko-Rendite-Paradoxon" von *Bowman, E.* (1980).

Die Probleme basieren auf der grundlegenden Annahme der traditionellen Kapitalmarkttheorie, dass die Märkte vollkommen und damit informationseffizient seien. Konkurskosten, Transaktionskosten, asymmetrisch verteilte Informationen, begrenzt-rationales Verhalten und nicht diversifizierte Portfolios zeigen aber, dass die grundlegenden Annahmen in der Realität leicht zu falsifizieren sind.[26] Somit besteht das Problem, dass die heute üblichen Verfahren zur Bestimmung der Kapitalkosten die gravierenden Konsequenzen ineffizienter Kapitalmärkte nicht berücksichtigen. Bei unvollkommen diversifizierten Portfolios und Informationsdefiziten der Investoren gegenüber der Unternehmensführung erscheint es wenig plausibel, dass der Beta-Faktor ein adäquates Risikomaß darstellt, das die zukünftig erwartende Rendite eines Vermögensgegenstandes prognostizieren lässt.[27]

Eine besondere Bedeutung im Rahmen der Erklärungsansätze für ineffiziente Märkte hat in der Zwischenzeit die so genannte Behavioral Finance-Theorie erreicht.[28]

Unvollkommene Kapitalmärkte, die speziell keine Informationseffizienz aufweisen, stellen die Nützlichkeit der Kapitalmarktinformationen „Marktwert des Eigenkapitals" und „β-Faktor" für die wertorientierte Steuerung des Unternehmens in Frage. Wert und Marktpreis können auseinander fallen, zumal Letzterer lediglich eine Information über marginale Änderung von Eigentumsanteilen darstellt.[29]

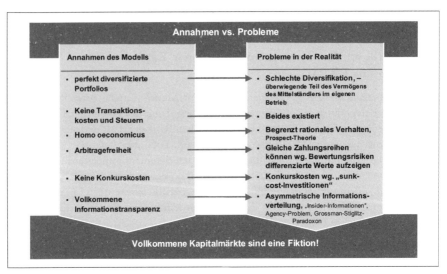

Abbildung 8-3: Vollkommene Kapitalmärkte und ihre realen Probleme

---

[26] Vgl. *Shleifer, A.* (2000); *Haugen, R.* (2002).

[27] Erwähnt sei hier nur beispielhaft, dass gerade bei der Beurteilung einzelner unternehmerischer Entscheidungsalternativen (z.B. die Auswahl strategischer Handlungsoptionen oder Investitionen) die Verwendung von kapitalmarktorientierten Ansätzen zur Ableitung der Kapitalkostensätze besonders kritisch zu beurteilen ist. Während über ein Unternehmen als Ganzes am Kapitalmarkt noch einige (wenn auch unvollkommene) Informationen hinsichtlich der Risikosituation vorliegen, die sich im Beta-Faktor widerspiegeln könnten, gibt es keinen glaubwürdigen Weg, einen solchen Beta-Faktor aus Kapitalmarktdaten für eine einzelne Sachinvestition zu bestimmen.

[28] Vgl. *Shleifer, A.* (2000) und *Shefrin, H.* (2000).

[29] Vgl. *Hachmeister, D.* (1995), S. 38 f.

8.4.3 Bewertung bei unvollkommenen Märkten: Eigenkapitalbedarf als Risikomaß

Wie kann der Informationsvorsprung der Unternehmensführung und die Relevanz unsystematischer Risiken bei Existenz von Konkurskosten oder nicht perfekt diversifizierter Portfolios bei der Bewertung eines Unternehmens berücksichtigt werden? Durch den „Risikodeckungsansatz"[30] gibt es eine konsistente Möglichkeit für eine risikoadäquate Bewertung bei unzureichenden Kapitalmarktinformationen.

Die Grundidee besteht darin, die Kapitalkostensätze (alternativ die Sicherheitsäquivalente) in Abhängigkeit des Eigenkapitalbedarfs (als Risikomaß) zu bestimmen, der mittels Risikaggregation ermittelt werden kann. Von den zwei Komponenten, die die Gesamtkapitalkosten bestimmen, nämlich Risikoprämie und Risikoumfang, wird in diesem Ansatz letztere also aus überlegenen unternehmensinternen Daten berechnet. Dies unterscheidet sich grundsätzlich von Modellen wie dem CAPM, bei dem sowohl Risikoprämie ($r_p = r_m - r_0$) wie auch Risikoumfang (β) über den Kapitalmarkt ermittelt werden. Damit wird der Informationsvorsprung der Unternehmensführung („Insider-Informationen") gegenüber dem Kapitalmarkt für die Bewertung genutzt, der charakteristisch für ineffiziente Märkte ist – speziell auch bei Private Equity oder Venture Capital-Investment.

Um die Einzelrisiken – systematische und unsystematische – eines Unternehmens zu aggregieren, müssen diese zunächst durch eine geeignete Wahrscheinlichkeitsverteilung beschrieben (quantitativ bewertet) und dann denjenigen Positionen der Unternehmensplanung (Bilanz- und Erfolgsrechnung) zugeordnet werden, bei denen diese Risiken zu Planabweichungen führen können. Risiken sind letztlich nichts anderes als Ursachen für mögliche Planabweichungen. Mit Hilfe von Simulationsverfahren (Monte-Carlo-Simula-

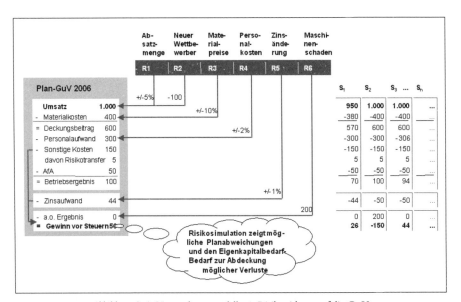

Abbildung 8-4: Unternehmensmodell mit Risikowirkung auf die GuV

---

[30] Vgl. *Gleißner, W.* (2005 a).

tion) wird anschließend eine große repräsentative Stichprobe möglicher risikobedingter Zukunftsszenarien des Unternehmens ausgewertet, was Rückschlüsse auf den Umfang möglicher Planabweichungen von der prognostizierten (möglichst erwartungstreuen) Ergebnisvariable zulässt (z.B. „Bandbreiten der Gewinne").

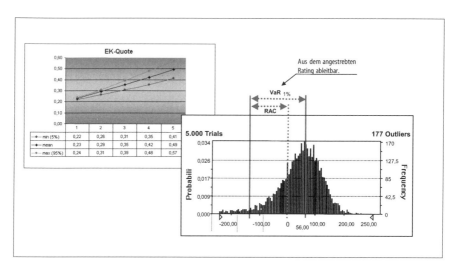

Abbildung 8-5: Monte-Carlo-Simulation als Methodik zur Risikoaggregation

Damit kann unmittelbar abgeleitet werden, welcher Umfang risikobedingter Verlust bei einem gegebenen Risikoprofil realistisch ist und welcher Bedarf an Eigenkapital zur Risikodeckung (RAC oder EK^{Bedarf}) mithin besteht, um eine vorgegebene Insolvenzwahrscheinlichkeit nicht zu überschreiten.[31] Der Eigenkapitalbedarf ist (ähnlich dem Value-at-Risk, VaR) ein auf unternehmensintern verfügbaren Informationen basierendes (Downside-)Risikomaß, das auf die knappe Ressource „Risikotragfähigkeit" (Risikobereitschaft) Bezug nimmt.

Zur Berechnung des modifizierten Kapitalkostensatzes ($WACC^{mod}$) wird dann die folgende Formel herangezogen. Das restliche, nicht risikotragende Kapital (Gesamtkapital – Eigenkapital**bedarf**)[32] wird lediglich mit dem Fremdkapitalkostensatz bewertet, weil es keine Risikoprämie benötigt.

---

[31] Vgl. vertiefend, speziell auch zur Risikoaggregation, *Gleißner, W.* (2001), S. 111-138 und *Gleißner, W.* (2005 a).

[32] Für die Bestimmung des Gesamtkapitals (= Betriebsvermögen) in Gleichung (5) wird der individuelle Wert der einzelnen Vermögensgegenstände des Unternehmens abgeschätzt, was auch die Einbeziehung immaterieller Vermögensgegenstände (wie z.B. Marken) erfordert. Die Renditeanforderungen von Eigen- und Fremdkapitalgebern können sich dabei höchstens auf diesen Wiederbeschaffungswert beziehen, selbst wenn der aktuelle Marktwert des Kapitals (vorübergehend) höher sein sollte (Tobin-Q?1).

$$WACC^{mod} = k_{EK} \times \frac{Eigenkapitalbedarf}{Gesamtkapital} + k_{FK} \times \frac{Gesamtkapital - Eigenkapitalbedarf}{Gesamtkapital} \times (1-s) \quad (9)$$

„Überschüssiges" Eigenkapital, das prinzipiell auch ausgeschüttet werden könnte, ohne damit Insolvenzwahrscheinlichkeit und Rating wesentlich zu beeinflussen, kann näherungsweise wie Fremdkapital als „quasi risikofrei" angesehen werden.

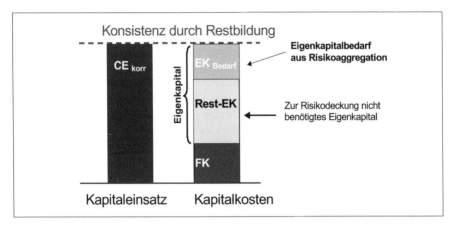

Abbildung 8-6: Eigenkapitalbedarf und Gesamtkapital

Diese WACC-Formel für unvollkommene Kapitalmärkte lässt sich alternativ auch in Abhängigkeit einer risikoadjustierten Eigenkapitalquote (EKQ^{ra}), also Eigenkapitalbedarf (EK^b) zu Gesamtkapital, wie folgt darstellen.[33] Vereinfachend wird von einem Steuersatz von 0 (keine Steuer, also s = 0) ausgegangen und k_{EK} durch die Summe von k_{FK} und der Risikoprämie (r_p) ersetzt. Wir erhalten so folgende Schreibweise für den Kapitalkostensatz (WACC).

$$WACC^{mod} = k_{FK} + EKQ^{ra} \times r_p \quad (10)$$

Bei der Zerlegung von k_{EK} in k_{FK} (oder r_0) und Risikoprämie (r_p) kann man sich am Marktportfolio oder einem geeigneten Vergleichsportfolio (z.B. MSCI Weltaktienindex) orientieren, der vom Investor als geeignete Alternative zur Kapitalanlage zu dem Vermögensgegenstand (Unternehmen) betrachtet wird, für den der risikoadäquate Kapitalkostensatz berechnet wird. Durch die Ableitung des Eigenkapitalbedarfs zu einem vorgegebenen (z.B. aus dem angestrebten Rating abgeleiteten) Sicherheitsniveau (Überschuldungswahrscheinlichkeit), das von den Fremdkapitalgebern akzeptiert wird, ergibt sich eine (gewisse) „Normierung" der Eigenkapitalkosten.[34] Es wird den Unternehmen soviel Eigenkapital

---

[33] $WACC^{mod} = K_{FK} \times EKQ^{ra} + k_{FK} \times (1 - EKQr^{ra}) \times (1-s)$.
[34] Da der Risikoumfang durch den Eigenkapitalbedarf berücksichtigt ist, kann man als pragmatische Lösung auch eine durchschnittliche Risikoprämie für Eigenkapital (z.B. 5%) oder eine ratingabhängige Prämie verwenden.

zugeordnet, dass sie bezüglich des vorgegebenen Risikomaßes danach gleich risikoreich sind, also gleiche k_{EK} angemessen sind. Anders als im CAPM wird beim „Risikodeckungsansatz" nur die Risikoprämie mit unternehmensexternen Daten fundiert – die Risikomenge wird aus unternehmensinternen Informationen abgeleitet.

Für die Ableitung von Eigenkapitalkostensätzen oder Risikoprämien kann auch eine spezifische, empirisch fundierte Renditeerwartung verwendet werden, die (anstatt von Beta) abhängig ist z.B. von Rating, Firmengröße oder dem Kurs-Buchwert-Verhältnis.[35] Alternativ zur Betrachtung historischer Finanzmarktrenditen sollte bei der Schätzung der Eigenkapitalkosten auch eine realwirtschaftliche Fundierung in Erwägung gezogen werden, weil empirische Schätzungen mit Kapitalmarktdaten sehr breite Konfidenzintervalle zeigen und zudem auf eine zu hohe Aktienrendite in den vergangenen 50 Jahren im Vergleich zur fundamentalen Entwicklung der Gewinne hinweisen.[36] Über den Gesamtzeitraum von 1872 bis 2000 finden beispielsweise Fama und French eine Risikoprämie (Überrendite der Aktien gegenüber Bonds) von 5,57% an den Finanzmärkten gegenüber realwirtschaftlich angemessenen 3,54%, wobei die realwirtschaftliche Rendite sich aus bezahlten Dividenden sowie dem Wachstum der Gewinne (etwa reales Wirtschaftswachstum plus Inflationsrate) ergibt. Das Auseinanderfallen zwischen finanz- und realwirtschaftlicher Rendite ist dabei insbesondere ein Phänomen der vergangenen 50 Jahre. Es deutet darauf hin, dass sich die Bewertungen an den Aktienmärkten von ihrem realwirtschaftlichen Fundament durch eine Überbewertung erheblich abgehoben haben oder eine nicht in die Zukunft fortschreibbare strukturelle Änderung stattgefunden hat (z.B. bei der Risikoaversion). Für einen realistischen Schätzer der zukünftigen Rendite von Aktien, die gemäß Opportunitätskostenkalkül den Eigenkapitalkostensatz bestimmen, sollte deshalb die Summe der Dividendenrendite, der erwarteten realen Wachstumsrate der Wirtschaft und der erwarteten Inflationsrate herangezogen werden, wenn das heutige Bewertungsniveau (gemessen am KGV) beibehalten wird.

Grundsätzlich sind natürlich auch Fremdkapitalkosten risikoabhängig. Berücksichtigt man die mögliche Insolvenz eines Unternehmens, erscheint es naheliegend, dass der Fremdkapitalkostensatz unmittelbar mit der Insolvenzwahrscheinlichkeit steigt, also insbesondere vom Rating abhängig ist. Hierbei ist jedoch zu beachten, dass nicht der (von der wahrgenommenen Insolvenzwahrscheinlichkeit unmittelbar abhängige) vertragliche Fremdkapitalzinssatz mit den erwarteten Fremdkapitalkosten verwechselt wird, was in der Literatur häufiger festzustellen ist. Eine klare Unterscheidung zwischen Fremdkapitalzinssatz und erwarteten Fremdkapitalkosten (allerdings unter der Annahme vollkommener Kapitalmärkte) findet man bei Volkart.[37]

Zusammenfassend wird deutlich, dass aus dem Eigenkapitalbedarf auf den Gesamtkapitalkostensatz geschlossen werden kann. Je weniger relativ teures Eigenkapital ein Unternehmen bereithalten muss, um Risiken auffangen zu können, desto geringer sind (ceteris pa-

---

[35] Vgl. das 3-Faktoren-Modell von *Fama, E./French, K.* (1992) und *Fama, E./French, K.* (1996). Neben dem durch einen Index repräsentierten Marktportfolio werden noch die Marktkapitalisierung und das Buchwert-Marktwert-Verhältnis als Erklärungsfaktoren für die Aktienrenditen herangezogen.

[36] Vgl. *Mehra, R./Prescott, E.* (1985) sowie *Fama, E./French, K.* (2002) und *Daske, H./Gebardt, G./Klein, S.* (2006) zu implizite Kapitalkosten.

[37] *Volkart, R.* (1999), S. 8 f.

ribus) auch die Kapitalkosten.[38] Eine Reduzierung des Risikos hat so – über die Reduzierung des Eigenkapitalbedarfs – eine Reduzierung der Gesamtkapitalkostensätze zur Folge und damit auch direkt Auswirkungen auf den Gesamtunternehmenswert.[39] Im Gegensatz zum CAPM mit Beta-Faktor wird hier der Ableitung von Kapitalkostensätzen ein risikobedingter Eigenkapitalbedarf als Risikomaß verwendet, weil unvollkommene Märkte angenommen werden. Der Gesamtkapitalkostensatz (WACC) bestimmt sich aus dem benötigten Risikodeckungspotenzial und dem sonstigen im Unternehmen gebundenen „quasi risikofreien" (Fremd-)Kapital (inklusive „überschüssigem" Eigenkapital).

Analog der durch die so genannte Kapitalmarktlinie[40] ausgedrückten Zusammenhänge führt eine Zunahme des Gesamtrisikos (also der Summe von systematischen und unsystematischen Risiken), die sich auch in einer größeren Standardabweichung der Gesamtkapitalrendite (?r) ausdrückt, zu einer Zunahme des Bedarfs an Eigenkapital (zur Abdeckung möglicher Verluste) und entsprechend zu einer Zunahme der von den Gesellschaftern erwarteten Mindestrendite.[41] Der Kapitalkostensatz, mit dem die freien Cashflows oder Erträge eines Unternehmens diskontiert werden, ist damit abhängig vom aggregierten Gesamtrisiko, weil höhere Risiken in einem nicht diversifizierten Portfolio ceteris paribus einen größeren Bedarf an teurem Risikodeckungspotenzial erfordern.

8.4.4 Bewertung mit der Sicherheitsäquivalentmethode

Der ermittelte Kapitalkostensatz (WACC^{mod}) kann für die Bestimmung des Gesamtunternehmenswertes oder des Barwertes einer einzelnen Investition genutzt werden, indem die erwarteten Zahlungsströme $E(Z)$ mit dem jeweiligen risikoadjustierten WACC^{mod} diskontiert werden:[42]

$$W(\widetilde{Z}) = \frac{E(\widetilde{Z}_1)}{1 + WACC^{mod}}$$

Der Wert des Eigenkapitals errechnet sich durch Abzug des verzinsten Fremdkapitals vom Gesamtunternehmenswert.

Ein Problem jeder Diskontierung, die die Zeit und Risikopräferenz im WACC verbindet, besteht darin, dass bei negativen Erwartungswerten dieses Vorgehen fehlerhafte Ergebnisse liefert.[43] Das Sicherheitsäquivalent einer Zahlung mit negativem Erwartungswert bei Risikoaversion wird kleiner als der Erwartungswert sein, während sich bei einer Diskontierung mit einer positiven Risikoprämie ein Wert ergibt, der größer als der Erwartungswert ist. Nur der Betrag wird kleiner. Alternativ dazu kann deshalb die Berechnung des Unternehmenswertes über das Sicherheitsäquivalent erfolgen. Der Eigenkapitalbedarf dient

---

[38] Die Aussagen von *Modigliani* und *Miller* gelten nur bei vollkommenen Kapitalmärkten.
[39] Der Wert des Eigenkapitals muss nicht unbedingt steigen, weil – wie Realoptionsmodelle zeigen – Veränderungen des Risikos (bei möglicher Insolvenz mit Verlustbegrenzung) Verschiebungen der Anteile von Eigen- und Fremdkapitalgebern am Gesamtunternehmenswert bewirken können (vgl. *Hommel, U./Scholich, M./Vollrath, R.* (2001), S. 99 ff.
[40] Vgl. *Perridon, L./Steiner, M.* (2002), S. 271-273.
[41] Eine Zunahme der erwarteten Rendite senkt ceteris paribus dagegen den Eigenkapitalbedarf.
[42] Hier vereinfacht dargestellt für eine Periode.
[43] Vgl. *Spremann, K.* (2004), S. 253-295.

auch hier als Risikomaß und ersetzt einen risikoadjustierten Eigenkapitalkostensatz. Eine Berechnung der WACC ist hier nicht notwendig.[44]

$$W(\widetilde{Z}) = \sum_{t=0}^{\infty} \frac{S\ddot{A}(\widetilde{Z}_t)}{(1+r_0)^t} = \sum_{t=0}^{\infty} \frac{E(\widetilde{Z}_t) - r_p \times EK_t^{Bedarf}}{(1+r_0)^t} \quad (11)$$

Diese Gleichung kann vereinfacht werden, wenn im Rentenfall von zeitabhängigen Ausprägungen von E(Z) und EK^{Bedarf} ausgegangen wird:

$$W(\widetilde{Z}) = \frac{E(\widetilde{Z}) - r_p \times EK^{Bedarf}}{r_0} \quad (12)$$

Die Risikoprämie kann auch wie folgt dargestellt werden: $r_p = r_m - r_0$. Die Ermittlung der Risikoprämie sollte wie beschrieben aus realwirtschaftlichen Modellen basierend auf Fundamentaldaten gewonnen werden. Mit der Risikoprämie zeigt sich die Risikopräferenz, im risikolosen Zinssatz r_0 die Zeitpräferenz.

8.5 Bewertung der Kapitalbeteiligungsgesellschaft

Das hier erläuterte Verfahren einer Unternehmensbewertung für unvollkommene Kapitalmärkte wird nun zur Bewertung der Kapitalbeteiligungsgesellschaften angewendet. Mit dem (vorgegebenen) Investitionsvolumen I der Kapitalbeteiligungsgesellschaft und der erwarteten Rendite (gemäß Gleichung 7) kann auf den erwarteten Gewinn (G) geschlossen werden.[45] Die mittels Risikoaggregation abgeleitete Bandbreite der Gesamtkapitalrendite lässt unmittelbar den Eigenkapitalbedarf als Risikomaß ableiten:

$$G^e = r_{EK}^e \times EK = r_{EK}^e \times I \times (1 - FKQ)$$

Mit der Bewertungsgleichung gemäß Gleichung (12) ergibt sich damit als Wert der Kapitalbeteiligungsgesellschaft folgende Formel:

$$W_{Gesamt} = \frac{S\ddot{A}(G)}{r_0} = \frac{E(G) - RA_Z}{r_0} = \frac{E(G) - r_p \times EK^{Bedarf}}{r_0} =$$
$$\frac{r_{EK}^e \times (1 - FKQ) \times I - (r_m - r_0) \times EK^{Bedarf}}{r_0} \quad (13)$$

---

[44] Vgl. zur Herleitung *Gleißner, W.* (2005 a), wobei hier gegenüber WACC^{mod} in Abschnitt 8.4.1 eine andere Annahme bezüglich der Renditeanforderung des Nettokapitalwerts („Vernachlässigung").

[45] Vereinfachend wird nicht zwischen Gewinn und Zahlung unterschieden.

Dabei ist r_{EK}^e Gleichung (7) zu entnehmen:

$$G_t^e = I \times (1 - FKQ) \times \left[\left[\left(\frac{1+c}{1-a} \right)^{\frac{1}{T}} \times (1-p) - 1 \right] \times q + (1-q) \times r_0 - \frac{K_{Fix} + K_B \times Z}{I} \right]$$

$$\times (1 + \frac{FK}{EK}) - \frac{FK}{EK} \times k_{FK}$$

Bei dieser einfachen Betrachtung wurden Änderungen des Investitionsvolumens im Zeitverlauf, also Wachstum, nicht berücksichtigt, was jedoch im Rahmen einer Erweiterung des Modellansatzes leicht möglich wäre (vgl. im einfachsten Fall das bekannte Gordon-Wachstumsmodell).

Um die ökonomische Sinnhaftigkeit der Investitionen einer solchen Kapitalbeteiligungsgesellschaft aufzuzeigen, ist die Berechnung wertorientierter Kennzahlen hilfreich. Interessant ist hier insbesondere das Kurs-Buchwert-Verhältnis (KBV), also das Verhältnis des Marktwerts der Kapitalbeteiligungsgesellschaft zum Bilanzwert des Eigenkapitals (d.h. des von den Investoren aufzubringende Kapital):

$$KBV = \frac{W_{Gesamt}}{EK} = \frac{W_{Gesamt}}{I \times (1 - FKQ)}$$

Kurs-Buchwert-Relationen von > 1 zeigen, dass die Gesellschaft einen Mehrwert für das eingesetzte Kapital erzielt, wobei in der Wertberechnung sowohl die erwartete Rendite als auch das tatsächliche Risiko explizit mit berücksichtigt wurden.

8.6 Fallbeispiel der Value and Cash AG

Die bisherigen grundsätzlichen Überlegungen zu Renditeprognose und Bewertung einer Private Equity-Gesellschaft sollen nunmehr an einem „vereinfachten" Fallbeispiel erläutert werden. Beurteilt werden soll die Strategie der in Gründung befindlichen Value and Cash AG, die ein Portfoliovolumen von 30 Mio. Euro erhalten soll. Die Initiatoren diskutieren Geschäftsmodell und Strategie des geplanten Unternehmens sowie die sich damit ergebenden Werttreiber mit potentiellen Lead-Investoren, um diesen die Wertsteigerungspotenziale einer Investition in die Value and Cash AG zu verdeutlichen. Da bekanntlich Prognosen über die zukünftig erwarteten Renditen ohne Kenntnis der damit eingegangenen Risiken keine sinnvolle Beurteilung zulassen, soll insbesondere das Rendite-Risiko-Profil nachvollziehbar verdeutlicht werden.

Die Initiatoren beschreiben das Geschäftsmodell der geplanten Kapitalbeteiligungsgesellschaft wie folgt: Die Value and Cash AG möchte Beteiligungen an bestehenden mittelständischen Unternehmen erwerben, die bei an sich ausgeprägten Erfolgspotenzialen momentan eine Ertragsschwäche aufweisen oder durch die Bereitstellung zusätzlichen Eigenkapitals bisher verschlossene strategische Handlungsoptionen (z.B. Wachstum) erschließen können. Investitionen in Existenzgründungen, insolvenznahe Krisenunternehmen oder Unternehmen, deren Wertentwicklung wesentlich durch (schwierig zu beurteilendes) technologisches Spezial-Know-how bestimmt wird, sind nicht vorgesehen. Nach einer Vorauswahl potenziell interessanter Beteiligungen wird eine detaillierte strategisch orientierte Analyse vorgenommen und die potenziellen Beteiligungen werden bewertet unter Nutzung eines (IT-unterstützten) Bewertungsverfahren, das nicht auf Kapitalmarktinformationen angewiesen ist (risikodeckungsorientierte Unternehmensbewertung, vgl. Abschnitt 8.5.3). Es ist die Übernahme von Anteilen zwischen 25 und 50% vorgesehen, wobei hier durch eine aktive Aufsichts- oder Beiratstätigkeit und die Unterstützung bei der Strategieentwicklung eine Wertsteigerung der Unternehmen gefördert werden soll. Das Gesamtinvestitionsvolumen soll zu 50% fremdfinanziert werden (Fremdkapitalzinssatz: 5%) und die Fixkosten der Gesellschaft pro Jahr sind gemäß Geschäftsplan mit 200.000 Euro zuzüglich 12.000 Euro für jede der (voraussichtlich zehn) Beteiligungen prognostiziert. Maximal 25% des Fondsvolumens darf in eine einzelne Beteiligung investiert werden. Im Durchschnitt wird eine Investitionsquote von 70% des verfügbaren Kapitals in Beteiligungen angenommen; die Liquiditätsreserven werden jeweils risikolos (zu einem Zinssatz von 4%) investiert.

Für die Renditeprognose wird, mangels zur Zeit detaillierterer Daten, zunächst lediglich eine „repräsentative Beteiligung" betrachtet. Es wird unterstellt, dass Beteiligungen im Schnitt 30% unterhalb des berechneten Wertes (log normalverteilt mit Standardabweichung 50%) eingekauft und dann im Mittel fünf Jahre (lognormalverteilt mit Standardabweichung zwei Jahre) bis zum Exit gehalten werden. Aufgrund der durch das zugeführte Eigenkapital möglichen verbesserten strategischen Aufstellung wird ein durchschnittliches „strategisches Wertsteigerungspotenzial" von 40% im Gesamtzeitraum (log normalverteilt mit Standardabweichung von 40%) angenommen. Die jährliche Ausfallwahrscheinlichkeit einer Beteiligung wird mit 5% (vorsichtig) pro Jahr eingeschätzt (ca. ein „B-Rating"). Diese Information wird genutzt, um mittels einer Binomialverteilung auf die Anzahl der Insolvenzen pro Jahr und in der gesamten Betrachtungsperiode zu schließen. Mögliche Gewinnausschüttungen der Beteiligungen an die Cash und Value AG werden ebenso vernachlässigt wie Veränderungen (Wachstum) des Gesamtinvestitionsvolumens.[46]

Durch die Beschreibung sämtlicher hier genannten Faktoren, der Werttreiber, durch einen Erwartungswert und eine zugehörige Standardabweichung (als Streuungsmaß) kann simultan und in einem konsistenten Gesamtmodell auf das Rendite-Risiko-Profil geschlossen werden, weil mit Hilfe der Risikoaggregation (Monte-Carlo-Simulation, vgl. Abschnitt 8.5.3) die Konsequenzen aller Risiken (möglicher Planabweichungen) unter Berücksichtigung bestehender Korrelationen auswertbar sind.[47]

---

[46] „Einkaufsvorteil" (a) und „Strategisches Wertsteigerungspotenzial" (c) ergeben das gesamte Wertsteigerungspotenzial einer Beteiligung, das die erwartete Rendite maßgeblich bestimmt. Da beide Faktoren sowohl von unternehmensspezifischen (unsystematischen) Faktoren bestimmt werden, wie auch von unternehmensübergreifenden Einflüssen (z.B. Konjunktur, Bewertungsniveau am Aktienmarkt), wird angenommen, dass die hier zu berücksichtigenden Risiken jeweils zur Hälfte als systematische und unsystematische Risiken zu betrachten sind, was die Korrelationsstruktur der Renditen im Portfolio, den Umfang der durch die Portfoliobildung möglichen Diversifikationsvorteile und damit letztlich das Gesamtrisiko (Standardabweichung der Rendite des Unternehmens) und den Eigenkapitalbedarf bestimmt.

[47] Anstelle der Modellierung eines Risikos durch eine Standardabweichung bestehen hier auch alternative – u.U. intuitiv zugänglichere – Varianten. Beispielsweise können Risiken quantifiziert werden, indem für jeden Planungsparameter (Werttreiber) drei mögliche Ausprägungen angegeben werden („Mindestwert", „wahrscheinlichster Wert" und „Maximalwert"). Mit Hilfe dieser im

Abbildung 8-7 zeigt zusammenfassend einige der wichtigen Modellparameter einer repräsentativen Beteiligung. Man erkennt dabei unmittelbar, dass unter der Berücksichtigung von Diversifikationseffekten im Portfolio zunächst bei einer repräsentativen Beteiligung auf das Risiko des insgesamt in Beteiligungen investierten Volumens (Investitionsvolumen) geschlossen werden muss. Aufgrund der Diversifikationseffekte ist das Risiko (die Standardabweichung der Rendite) über alle Beteiligungen niedriger als dasjenige für eine Einzelbeteiligung.

	Mittelwert	Standardabweichung	
		pro Beteiligung	im Portfolio
Haltedauer der Beteiligung	5,0 Jahre	2,0 Jahre	0,8 Jahre
Strategisches Wertpotential	40,0%	40,0%	15,1%
Einkaufsvorteil (gegenüber Marktwert); max: 80%!	30,0%	50,0%	34,4%
Eigenkapitalzuschuss in % Kaufpreis	0%		
Ausfallwahrscheinlichkeit p.a.	5,0%	2,0%	0,8%
Gewinnrendite (1/KGV bezogen auf mittl. Gewinn)	10,0%	5,0%	5,0%
Gewinnquote für Dividende (und Tilgung)	0,0%		

Abbildung 8-7: Wichtige Parameter einer Beteiligung

Mit Hilfe der Monte-Carlo-Simulation wird nunmehr eine große repräsentative Anzahl möglicher (risikobedingter) Szenarien für die Entwicklung der Value and Cash AG berechnet und ausgewertet, um erwartete Renditen und die damit verbundenen Risiken simultan bestimmen zu können. Die Abbildungen 8-8 und 8-9 zeigen zusammengefasst die wichtigsten Ergebnisse, die im Folgenden kurz interpretiert werden.

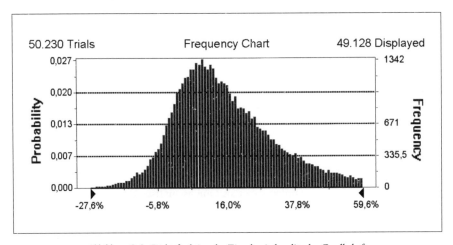

Abbildung 8-8: Dichtefunktion der Eigenkapitalrendite der Gesellschaft

Controlling sowieso üblichen Betrachtung von Szenarien ist die vollständige Spezifikation einer so genannten Dreiecksverteilung gegeben, was auch Rückschlüsse auf die Eintrittswahrscheinlichkeit beliebiger Szenarien zwischen den genannten Eckpunkten ermöglicht.

Man erkennt zunächst, dass die erwartete Rendite einer „repräsentativen Beteiligung" bei der Ausprägung der oben genannten Werttreiber ca. 15,3% beträgt. Diese gesamte Wertentwicklung setzt sich zusammen aus der Wertsteigerung von Beteiligungen, die nicht insolvent werden, aus Verlusten durch die Insolvenz und (im Beispiel vernachlässigten) Ausschüttungen. Die Gesamtrendite des Portfolios (gesamtes Vermögen) liegt mit 11,9% unter der Rendite einer repräsentativen Beteiligung, weil ein Teil (nämlich 30% im Mittel) des Portfoliovolumens lediglich in risikolosen Anlagen investiert sind. Die Gesamtkapitalrendite der Value and Cash AG liegt mit 10,8% noch niedriger, weil nunmehr die Fixkosten für den Betrieb des Unternehmens berücksichtigt werden. Aufgrund des Financial-Leverage-Effekts liegt die erwartete Eigenkapitalrendite jedoch mit 16,6% wiederum höher, wobei jedoch der Einsatz von Fremdkapital zugleich zu einer Erhöhung des Risikos (der Standardabweichung) der Eigenkapitalrendite relativ zur Gesamtkapitalrendite führt. Das folgende Diagramm zeigt das Rendite-Risiko-Profil des Eigenkapitals der Value and Cash AG (Eigentümersicht) sowie – zum Vergleich – das hypothetische Rendite-Risiko-Profil im hypothetischen Fall des unverschuldeten Unternehmens (also in Bezug auf Gesamtkapitalrendite).[48]

	Zufallsvariable	Erwartungswert
erwartete Rendite der PE-Gesellschaft	36,6%	10,8%
Rendite der representativen Beteiligung	41,4%	15,3%
davon Wertsteigerung (bedingt)	41,4%	16,2%
davon Insolvenz	0,0%	-1,0%
davon Auschüttung	0,0%	0,0%
Prognose der Portfoliorendite	37,6%	11,9%
Gesamtkapitalrendite der Gesellschaft	36,6%	10,8%
Eigenkapitalrendite der Gesellschaft	68,1%	16,6%
Eigenkapitalrendite aus Wertsteigerung	82,8%	30,5%
W'Keit für Rendite <r0		21,3%
Verlustwahrscheinlichkeit		6,3%
Insolvenzwahrscheinlichkeit		0,0%
Standardabweichung		8,7%
Sharpe-Ratio		78,0%
EKb 95%		0,6%
EKb 99%		4,9%
Angemessene Rendite		4,6%
Spread		6,22%

Abbildung 8-9: Ergebnisse

Sämtliche Renditeangaben wurden dabei als Durchschnittsrendite über einen Zeitraum von fünf Jahren berechnet (hier genau entsprechend der (mittleren) Haltedauer einer Beteiligung).[49] Für diesen Fünf-Jahreszeitraum lässt sich auch feststellen, dass die Wahrschein-

---

[48] Die Standardabweichung der jährlichen Rendite lässt sich mit ca. 19%, nämlich $\sqrt{5}$ mal der durchschnittlichen Standardabweichung von 8,7% über den fünfjährigen Betrachtungszeitraum abschätzen.

[49] Eine detaillierte Betrachtung und Ableitung des Eigenkapitalbedarfs kann eine Analyse einzelner Jahre sinnvoll machen, die dann auch den zeitlichen Risikodiversifikationseffekt explizit zeigt.

lichkeit einer negativen Rendite (Verlust) bei ca. 6,3% und die Wahrscheinlichkeit für eine Rendite unterhalb der risikolosen Verzinsung (4%) bei rund 21% liegt. Der notwendige Eigenkapitalbedarf (eines Jahres!) aus der Simulation gemäß Abschnitt 8.5.3, der ausreicht, um mit 99%iger Sicherheit die (über die Halteperiode geglätteten!) (möglichen) Verluste abzufangen, liegt bei 4,9% des Investitionsvolumens, also rund 1,5 Mio €. Eine Hochrechnung des Eigenkapitalbedarfs für einen Zeitraum von zehn Jahren, der als Gesamtinvestitionshorizont des Unternehmens geplant ist, führt zu einem Eigenkapitalbedarf zur Risikodeckung von 10 Mio. €, was etwa dem geplanten Eigenkapitaleinsatz von 15 Mio. € (50% von 30 Mio. € Investitionsvolumen, s. unten) entspricht.[50]

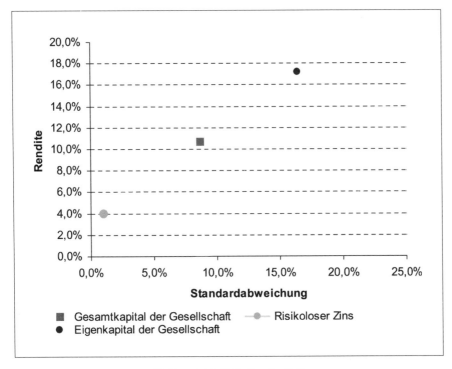

Abbildung 8-10: Risiko-Rendite-Profil

Mit der Gleichung (13) aus Abschnitt 6 berechnet sich aufgrund der prognostizierten Renditen und der damit abgeleiteten Gewinne sowie des Eigenkapitalbedarfs folgender (Markt-)Wert des Eigenkapitals der Value and Cash AG:

---

[50] Die Berechnung des Eigenkapitalbedarfs für mehrere Jahre ist mittels Simulation einzelner Planungsjahre unter Berücksichtigung von Autokorrelationen möglich, was hier jedoch nicht vertieft wird. Erwähnt sei lediglich, dass sich ein erheblicher Teil aller Risiken (und damit des Eigenkapitalbedarfs) bereits im ersten Planjahr ergibt, weil hier bereits (annahmegemäß) die Investitionen vorgenommen werden und sich Risiken aus Abweichungen beim „Einkaufsvorteil" materialisieren.

$$W_{Gesamt} = \frac{r_{EK}^e \times (1-FKQ) \times I - r_p \times EK^{Bedarf}}{r_0} = \frac{16{,}6\% \times (1-50\%) \times 30.000.000 - (10\% - 4\%) \times 10.000.000 \,€}{4\%}$$
$$\approx 47\,Mio.$$

Der Wert des Eigenkapitals (Unternehmenswert) beläuft sich somit gemäß dem Prognosemodell auf ca. 47 Mio. €, was bei einem einzubringenden Eigenkapital der Aktionäre von insgesamt 15 Mio. € einem (sehr guten) Kurs-Buchwert-Verhältnis (KBV) von ca. 3,2 entspricht. Bei den gegebenen Planungsparametern (einschließlich Risiken) können Investoren in die Value and Cash AG damit gegenüber dem eingebrachten Kapital mit einer erheblichen Wertsteigerung rechnen, wenn alle Werttreiber – wie hier vereinfacht angenommen – in der gesamten Zukunft der aktuellen Ausprägung erhalten bleiben. Das Geschäftsmodell ist damit ökonomisch sinnvoll, sofern die Modellparameter fundiert sind (bzw. bezüglich dieser zwischen Initiatoren und Investoren Konsens besteht). Wer die Ergebnisse zu optimistisch einschätzt, muss über die Annahmen diskutieren.

8.7 Zusammenfassung

Das hier vorgestellte Modell für die Bewertung von Kapitalbeteiligungsgesellschaften weist gegenüber konventionellen Ansätzen eine Reihe wesentlicher Vorteile auf. Zunächst wird von den Einzelbewertungsverfahren Abstand genommen und eine Prognose der zukünftig erwarteten Erträge vorgenommen, die explizit aus den Werttreibern des Geschäftsmodells abgeleitet werden. Die Ableitung zukünftig erwarteter Erträge (bzw. Renditen) aus klar definierten Werttreibern führt zu einem hohen Maß an Transparenz bei der Bewertung und erlaubt eine kritische Diskussion der maßgeblichen Einflussfaktoren sowie den strukturierten Vergleich alternativer strategischer Geschäftsmodelle von Private Equity-Gesellschaften. Infolge der Unvorhersehbarkeit der Zukunft wird dabei einer adäquaten Erfassung der Risiken besondere Beachtung geschenkt. Mit Hilfe eines Simulationsmodells werden einzelne Risiken, die Planabweichungen in der Zukunft auslösen können, zu einem Gesamtrisikoumfang verdichtet, um den Eigenkapitalbedarf (Bedarf an Risikotragfähigkeit) als Risikomaß abzuleiten. Durch eine Kombination der Sicherheitsäquivalentmethode mit einer risikodeckungsorientierten Bewertung wird schließlich ein Unternehmenswert abgeleitet, der – ohne von einem vollkommenen Kapitalmarkt auszugehen – eine risikoadäquate Bewertung einer Kapitalbeteiligungsgesellschaft ermöglicht. Der Bewertungsansatz insgesamt bietet damit zunächst für die Verantwortlichen einer Kapitalbeteiligungsgesellschaft die Möglichkeit, die eigene Strategie im Hinblick auf eine stärkere Wertgenerierung zu optimieren. Zudem bietet sich Investoren und (potenziellen) Eigentümern von Kapitalbeteiligungsgesellschaften die Chance, prognostizierte Renditen kritisch zu hinterfragen – um sich nicht nur auf die unter Umständen zufallsbedingten (und damit für die Zukunft nicht repräsentativen) vergangene Performance verlassen zu müssen.

Der in diesem Beitrag vorgestellte Bewertungsansatz bietet die Grundlage, die Idee einer wertorientierten Unternehmensführung auch auf Ebene von Private Equity- und Venture-Capital-Gesellschaften – und nicht nur bei ihren Beteiligungen – in die Praxis umzusetzen.

8.8 Literatur

Behm, G. (2003): Valuation of Innovative Companies, Köln, 2003
Bowman, E. (1980): A-Risk-Return-Paradoxon for Strategic Management, in: Sloan- Management Review, Vol. 21, 1980, S. 17-33
Daske, H./Gebhardt, G./Klein, S. (2006): Estimating the Expected Cost of Equity Capital Using Analysts' Consensus Forecasts, in: ZfbF, Vol. 58, S. 2-36
Dirrigl, H. (1998): Wertorientierung und Konvergenz in der Unternehmensrechnung, in: BFuP 50, 1998, S. 540 ff.
Drukarczyk, J. (2003): Finanzierung, Stuttgart, 2003
Ernst, D./Schneider, S./Thielen, B. (2003): Unternehmensbewertungen erstellen und verstehen, München, 2003
Fama, Eugene F./French, Kenneth, R. (1992): The cross section of stock returns, in: Journal of Finance, 1992, S. 427-465
Fama Eugene F./French, Kenneth, R. (1993): Common risk factors in the returns on stocks and bonds, in: Journal of Financial Economics, Vol. 47, 1993, S. 3-56
Fama E.ugene F./French, Kenneth, R. (1996): Multifactor Explanations of Asset Pricing Anomalies, in: Journal of Finance, vol. 51, no. 1, 1996, S. 55-84
Fama Eugene F./French, Kenneth, R. (2002): The Equity Premium, in: Journal of Finance 57, 2002, S. 637-659
Gleißner, W. (2001): Identifikation, Messung und Aggregation von Risiken, in: Gleißner, W., Meier, G. (Hrsg.) Wertorientiertes Risiko-Management für Industrie und Handel, Wiesbaden, 2001, S. 111-137
Gleißner, W. (2002): Wertorientierte Analyse der Unternehmensplanung auf Basis des Risikomanagements, in: Finanz Betrieb, Heft 7/8, 2002, S. 417-427
Gleißner, W. (2004): Future Value: 12 Module für eine strategische wertorientierte Unternehmensführung, Wiesbaden, 2004
Gleißner, W. (2005): Betriebswirtschaftliche Instrumente für Kapitalbeteiligungsgesellschaften und Beteiligungscontrolling, in: Controlling, Heft 7/2005, S. 411-422
Gleißner, W. (2005 a): Kapitalkosten: Der Schwachpunkt bei der Unternehmensbewertung und im wertorientierten Management, in: Finanz Betrieb, 4/2005, S. 217-229
Hachmeister, D. (1995): Der Discounted Cash Flow als Maß der Unternehmenswertsteigerung, Frankfurt am Main, 1995
Haugen, R. (2002): Inefficient Stock Markets, Prentice Hall
Haugen, R. (2004): The New Finance, 3 rd edition, New Jersey, 2004
Hommel, U./Scholich, M./Vollrath, R. (2001): Realoptionen in der Unternehmenspraxis – Wert schaffen durch Flexibilität, Berlin, 2001
Kruschwitz, L./Löffler, A. (2003): Fünf typische Missverständnisse im Zusammenhang mit DCF-Verfahren, Finanz Betrieb, 2003, S. 731
Kruschwitz, L. (2004): Finanzierung und Investition, 2004
Kruschwitz, L./Löffler, A. (2006): Discounted Cash Flow: A Theory of the Valuation of Firms, Chichester
Mehra, R./Prescott, E. (1985), The Equity Premium: A Puzzle, in: Journal of Monetary Economics 15, 1985, S. 145-161
Perridon, L./Steiner, M. (2002): Finanzwirtschaft der Unternehmung, München, 2002
Schierenbeck, H./Lister, M. (2001): Value Controlling: Grundlagen wertorientierter Unternehmensführung, München, 2001, S. 122-179
Schwetzler, B. (2000): Unternehmensbewertung unter Unsicherheit – Sicherheitsäquivalent- oder Risikozuschlagsmethode?, in: ZfbF, Vol. 52. S. 469-486
Shefrin, H. (2000): Börsenerfolg mit Behavioral Finance, Stuttgart, 2000
Shleifer, A. (2000): Inefficient Markets: An Introduction to Behavioral Finance Oxford University Press, New York, 2000

Spremann; K. (2004): Valuation – Grundlagen moderner Unternehmensbewertung, München, 2004

Steiner, M./Bauer, C. (1992): Die fundamentale Analyse und Prognose des Marktrisikos deutscher Aktien, in: Zeitschrift für betriebswirtschaftliche Forschung, 4/1992, S. 347/368

Ulschmid, C. (1994): Empirische Validierung von Kapitalmarktmodellen; Untersuchungen zum CAPM und zur APT für den deutschen Aktienmarkt, in: Hochschulschriften, Reihe V, Volks- und Betriebswirtschaft, Bd. 1602, 1994

Uzik, M./Weiser, F. (2003): Kapitalkostenbestimmung mittels CAPM oder MCPM. In: Finanz Betrieb, Heft 11, 2003, S. 705-717

Volkart, R. (1999): Risikobehaftetes Fremdkapital und WACC-Handhabung aus theoretischer und praktischer Sicht, Arbeitspapier Nr. 16 des Instituts für schweizerisches Bankwesen, 1999

Warfsmann, J. (1993): Das Capital Asset Pricing Model in Deutschland: univariate und multivariate Tests für den Kapitalmarkt, Wiesbaden, 1993

Zimmermann, P. (1997): Schätzung und Prognose von Betawerten, Bad Soden, 1997

9 Bewertung von Steuerberatungs- und Wirtschaftsprüfungsgesellschaften

von *Matthias Popp**

9.1 Einführung	255
9.2 Abgrenzung des Bewertungsgegenstands	257
9.2.1 Operationalisierung einer Kanzlei	257
9.2.2 Lebenszyklen und Erscheinungsformen freiberuflicher Unternehmen	260
9.2.3 Kanzleidimensionale Bewertung	261
9.3 Traditionelle Wertmaßstäbe	262
9.4 Konzepte einer kanzleidimensionalen Unternehmensbewertung	263
9.4.1 Übertragung einer Organisationseinheit	264
9.4.2 Teilnahme an einer (fortbestehenden) Kanzlei	266
9.4.2.1 Externer Eintritt	266
9.4.2.2 Interner Eintritt in eine vermögensrechtliche Stellung	267
9.4.2.3 Personalentwicklung zur Existenzsicherung	267
9.4.2.4 Ertragswertbasierter Bewertungsansatz	269
9.5 Veräußerungsgewinnbesteuerung	272
9.6 Primat der Kaufpreisanpassung über die Wertermittlung	273
9.7 Literatur	274

9.1 Einführung

Während im steuerrechtlichen Kontext der Begriff des – abschreibbaren – Praxiswerts als eine über den Substanzwert einer freiberuflichen Praxis hinausgehende Gewinnaussicht konkret belegt ist,[1] wird in der bewertungsorientierten Literatur wahlweise von Kanzleien, freiberuflichen Praxen bzw. Wirtschaftsprüfungs- und/oder Steuerberatungsgesellschaften besprochen. Ein materieller Unterschied zwischen diesen einzelnen Begriffen ist nicht erkennbar. Unterschiede ergeben sich vielmehr hinsichtlich der Größenvorstellung. Eine mehrere tausend Mann umfassende Unternehmung wird man sprachlich kaum noch mit dem altehrwürdigen Begriff der Kanzlei, ein mit Schranken (cancelli) umgebener Ort, an dem Urkunden, Gerichtsurteile, landesherrliche Verfügungen und andere Schriftstücke gefertigt wurden bzw. einem Büro eines Rechtsanwalts oder Steuerberaters in Verbindung bringen. Demgegenüber passt der Gesellschaftsbegriff bürgerlich-rechtlich nicht zu einer

---

* Dr. Matthias Popp, Ebner, Stolz & Partner, Stuttgart.
[1] Vgl. *Schmidt*, L. (2004), § 18 Anm. 200.

Einzelpraxis oder dem Partnerschaftsgesetz. Im Rahmen dieses Betrags werden die Begriffe in Anlehnung die gebräuchliche Verwendung synonym verwendet, wobei der Kanzleibegriff im Vordergrund steht.

Der Aufgabenstellung einer Bewertung freiberuflicher Steuerberater- oder Wirtschaftsprüfungskanzleien kann man sich aus unterschiedlichster Blickrichtung nähern. Die erste Frage zielt auf die Identifizierung des Entscheidungsträgers. Soll die Bewertung aus der Perspektive einer typischerweise kaufenden oder verkaufenden natürlichen Person oder eines Personenverbands (z.B. Partnerschaftsgesellschaft oder GmbH) und damit mehrerer Entscheidungsträgern erfolgen? Im letzten Falle wären zusätzlich intersubjektive Differenzierungen zu berücksichtigen.

Die zweite Frage stellt auf die Handlungsmöglichkeiten im Entscheidungsfeld ab. Im Sinne einer gedanklich über die notwendigen finanziellen Mittel verfügenden Person stehen neben dem Erwerb der freiberuflichen Kanzlei der Konsum nicht verausgabter Mittel oder die Realisierung anderer Investitionsobjekte als Handlungsalternativen offen. Versetzt man sich in die Position eines (jungen) Berufsträgers, so besteht eine weitere Alternative zum Kanzleierwerb in der Möglichkeit weiterhin als angestellter Steuerberater oder Wirtschaftsprüfer zu arbeiten.[2] Als weitere Handlungsalternative kann auch über die Neugründung einer eigenen Kanzlei nachgedacht werden.[3]

Als dritter Gesichtspunkt ist das Zielsystem des Entscheidungsträgers abzuleiten. In aller Regel werden nichtfinanzielle Ziele wie Selbständigkeit oder Unabhängigkeit aus Praktikabilitätsgründen bei Unternehmensbewertungen nicht berücksichtigt.[4] Das zu bewertende Unternehmen stellt keinen eigenen Zielträger dar, sondern dient dem Inhaber als Einkunftsquelle.[5] Speziell bei einer freiberuflichen Tätigkeit dürfte, selbst ohne Überhöhung der idealistischen Ziele,[6] dem Bereich nichtfinanzieller Ziele eine nicht zu vernachlässigende Bedeutung zukommen. Vielmehr ist davon auszugehen, dass gerade der Käufer einer Kanzlei mit dem Kauf nicht nur ein monetäres Erfolgsziel, sondern auch die Möglichkeit zur selbstständigen und unabhängigen Berufsausübung verbindet.

In Abhängigkeit unterschiedlichen Bewertungsanlässe ist vielmehr eine unterschiedliche Gewichtung von Zielen zu vermuten. Steht im Rahmen des Generationsübergangs der Verkauf des Gesamtunternehmens an, lässt sich vor dem Hintergrund der Gewinnmaximierung eine Beschränkung auf rein finanzielle Ziele vermuten. Obliegt die Entscheidung innerhalb eines Personenverbandes einer einzelnen Person, so könnte dieses Prinzip auch beim Anteilsverkauf bei gleichzeitigem Ausscheiden gelten. Komplexer dürfte die Formulierung des Zielsystems werden, wenn Anteile an einer Kanzlei zum Verkauf stehen, die bisherigen Mitgesellschafter aber im Unternehmen verbleiben. Zu denken ist im Hinblick auf die kommende gemeinsame Berufsausübung mit dem neu Eintretenden dessen Qualifikation, seine Akquisitionsstärke oder auch eine Vermeidung der finanziellen Überforderung, die sich ihrerseits negativ in Qualitäts- und Haftungsfragen niederschlagen könnte. Auch aus Käufersicht können mehrschichtige Ziele bestehen. Klar dürfte ein finanzielles Ziel im Erwerb einer Einkunftsquelle bestehen. Bedeutung dürfte aber auch

---

[2] Vgl. *Peemöller, V.H./Bömelburg, P./Hoferer, G.* (1994), S. 919.
[3] Vgl. *Gratz, K.* (1987), S. 2422-2424.
[4] Vgl. *Moxter, A.* (1983), S. 76.
[5] Vgl. *Wagner, F.* (1994), S. 477.
[6] Vgl. Definition in § 1 PartG.

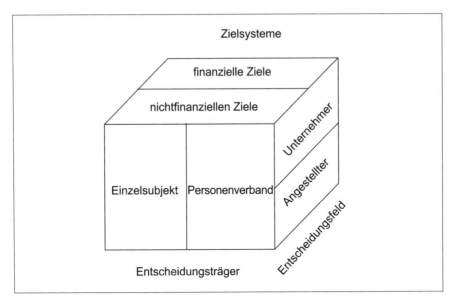

Abbildung 9-1: Grundstruktur des Entscheidungsmodells

dem Kreis der künftigen Mitgesellschafter, dem Verbleiben der Leistungsträger sowie der Übergang und Erhalt der Mandantschaft haben.

Die Vielschichtigkeit der Aufgabenstellung zur Bewertung eines freiberuflichen Unternehmens kommt in dem breiten Spektrum möglicher Bewertungsanlässe zu Ausdruck. Zu nennen sind insbesondere:

- Praxisübertragung (aus Altersgründen)
- Gründung einer Sozietät durch Aufnahme eines Partners
- Aufnahme weiterer Partner
- Austritt eines Partners
- Zusammenschluss von Kanzleien
- Erwerb einer Beteiligung

Sonderfragen wie die Bewertung im Rahmen des Zugewinnausgleichs bei Ehescheidungen oder der Nachlassbewertung im Erbfall werden aus Platzgründen im Rahmen dieses Beitrags nicht weiter verfolgt.

9.2 Abgrenzung des Bewertungsgegenstands

9.2.1 Operationalisierung einer Kanzlei

Steuerberatungs- wie auch Wirtschaftsprüfungskanzleien sind grundsätzlich als normale Unternehmen anzusehen. Für die Bewertung von Unternehmen haben sich in Theorie, Praxis und Rechtsprechung allgemein anerkannte Regeln herausgebildet, wonach Unternehmen an ihrem Erfolg gemessen werden. Nach h.M. kann dieser Zukunftserfolg nach dem Ertragswertverfahren oder den Discounted-Cashflow-Verfahren (DCF) ermittelt werden.[7] Vereinfachte Methoden der Preisfindung sind damit aber insbesondere bei kleinen oder mittleren Unternehmen nicht ausgeschlossen.[8]

Die zentrale Frage ist hier aber nicht, wie diese Erfolgsgrößen im Sinne von Einzahlungs- oder Einnahmeüberschüssen inhaltlich abzugrenzen sind,[9] sondern was den Wert einer freiberuflichen Kanzlei im Kern bestimmt. Als „Besonderheiten" werden hierzu in der Literatur genannt:[10]

- Divergenz zwischen Praxiswert und dem Geschäfts- oder Firmenwert eines gewerblichen Unternehmens,
- Personenabhängige Mandatsbeziehung sowie die
- Personenbezogenheit der freiberuflichen Tätigkeit.

Auch wenn den Feststellungen, dass die Substanz einer Kanzlei regelmäßig von untergeordneter Bedeutung für den Gesamtwert ist und dass der Praxiswert viel wesentlicher, stark personenabhängig und nicht beliebig übertragbar ist, im Ergebnis vollumfänglich zuzustimmen ist, so eignet sich dies u.E. nicht, um die tiefer liegenden Ursachen zu erkunden, da eigentlich nur deren Wirkungen aufgelistet werden.

Ein Blick auf das von der monetären Wertebene gelöste Bild auf die Kanzlei ergibt sich, wenn man die Sachperspektive mittels eines „Fünf-Faktoren-Modell" operationalisiert.[11]

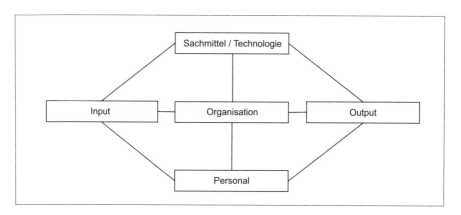

Abbildung 9-2: Fünf-Faktoren-Modell

Der in der Vergangenheit erzeugte Output spiegelt sich in der art- und mengenmäßigen Zusammensetzung der Dienstleistungsprogramms sowie dessen zeitlicher Veränderung wider. Die Erscheinungsformen reichen hierbei von primär von Buchhaltungs- und Steuerdeklarationsarbeiten geprägten Kanzleien bis hin zu Prüfungs- und Beratungsgesellschaften, die von der Gestaltungsberatung über EDV-Revision bis hin zur internationalen Rechnungslegung ein ganzheitliches Spektrum an Dienstleistungen abdecken.

---

[7] Vgl. *IDW* (2005), IDW S 1 n.F., Tz. 4-7.
[8] Vgl. *IDW* (2005), IDW S 1 n.F., Tz. 153-154.
[9] Vgl. *Popp, M.* (1997), S. 28.
[10] Vgl. *Englert, J.* (2005), S. 528.
[11] Vgl. *Pfeiffer, W./Weiß, E.* (1994), S. 58.

Im Gegensatz zu den strukturellen Faktoren „Personal" und „Sachmittel/Technologie" beschränkt sich der laufende Input neben Informationen (Gesetze, Standards, Seminare und Fortbildungsveranstaltungen, Fachliteratur) auf nachrangige (Büro-)Materialen. Beim Faktor „Personal" wären beispielsweise neben der beruflichen Qualifikation des vorhandenen Mitarbeiterbestands und dessen Altersstruktur die Entlohnungssysteme zu untersuchen. Unter dem Begriff der „Sachmittel/Technologie" sind Immobilien, Büro-, Telefon- und EDV-Ausstattung, Fahrzeuge, Musterprüfungsberichte, Formblätter und Checklisten, Datenbanken u.Ä. zu subsumieren. Besondere Aufmerksamkeit ist der Erfassung der im Unternehmen vorhandenen Technologie des Produktionsprozesses zur Erbringung der Dienstleistungen zuzuwenden. Bildlich gesprochen ist der Frage nachzugehen, ob die Vorjahresarbeitspapiere und -berichte mittels Klebstoff und Schere für die Folgeaufträge vorbereitet werden, kommen EDV-gestützte Prüfungs- und Analysesoftware (z.B. IDEA, Audit Agent) zum Einsatz, wird das Erfahrungswissen mittels Wissensmanagementsystemen gesichert u.v.m. Diese stichpunktartigen Ausführungen dürfen gemäß dem Grundsatz der systemtheoretischen Analyse – „Das Ganze ist mehr als die Summe seiner Teile"[12] – aber nicht isoliert voneinander betrachtet werden. Mit der in der betriebswirtschaftlichen Organisationslehre verbreiteten Differenzierung zwischen Aufbau- (= Strukturgestaltung) und Ablauforganisation (= Prozessgestaltung) können die in der Vergangenheit realisierten Verbindungslinien zwischen den einzelnen Faktoren herausgearbeitet werden. Dabei sei die These formuliert, dass sich gerade bei personellen Änderungen in der Person des Kanzleiinhabers die Existenz und Stabilität einer solchen Ordnung einen wesentlichen Wertbeitrag liefern kann.

Für die realwirtschaftliche Analyse der Organisation[13] sind dann beispielsweise folgende Fragen zu beantworten:

- Welche Durchlaufzeit liegt zwischen Auftragsannahme, Auslieferung und Fakturierung?
  Allein die Überwachung der Durchlaufzeit kann positive Einflüsse auf die Kapitalbindung und damit Rentabilität des Unternehmens haben. Gegenüber den Mandanten erleichtert eine Reduzierung der Durchlaufzeit die Einhaltung von Terminzusagen.
- Wie erfolgt die Mitarbeiterdisposition?
  Als zentrales Instrument zur Führung des Unternehmens wie auch zur Qualitätssicherung sind kanzleiübergreifend Aufträge und der Mitarbeitereinsatz zu planen. Nach welchen Verfahren werden Dispositionslücken koordiniert?
- Werden Einzelaufträge geplant?
  Die zeitliche und finanzielle Planung von Einzelaufträgen geht über in die Kalkulation der Angebotspreise. Erfolgt ein Abgleich zwischen Plan- und Istzeiten?
- Welche Maßnahmen zur Qualitätssicherung bestehen in der Kanzlei?
  Ergebnis der letzten Peer-Review-Prüfung; wie werden Fragen der Vorbefassung mit Mandanten im Sinne der Unbefangenheit überprüft und dokumentiert; Postausgangsbuch, Überwachung von Fristen und Bescheiden?
- Wie erfolgt die Koordination von Aufgaben?
  In Abhängigkeit des Dienstleistungsumfangs einerseits und den Mandantenwünschen andererseits stellt sich die Frage, wie unterschiedliche Aufgaben durch die Kanzleistruk-

---

[12] Vgl. *Luhmann, N.* (1968), S. 36.
[13] Zur Organisation von Prüfungsgesellschaften vgl. auch: *Sieben, G./Russ, W.* (2002), Sp. 1790-1798.

tur bewältigt werden. Bestehen für jede Aufgabe abgetrennte Einzelbereiche (Trennung Prüfung und Steuerberatung) oder werden die Mandanten einer Teamstruktur zugeordnet?
- In welchem Umfang sind Abläufe standardisiert?
Die Standardisierung soll dazu führen, dass die Mitarbeiter beim Vorliegen bestimmter Vorgänge und Entscheidungen zwangsläufig und routinemäßig abwickeln. Existieren Musterauftragsbestätigungsschreiben, Checklisten für die Steuerdeklaration und Prüfung, Standardgliederungen für die Arbeitspapiere?
- Ist die Organisation und der Informationsfluss schriftlich fixiert?
Durch die Formalisierung wird die Standardisierung schriftlich festgehalten und insoweit ergänzt. Dokumentierte Abläufe sind leichter überprüfbar als nur mündliche Weitergaben und verbessern die Überwachung und Steuerung des Unternehmens.
- Erfolgen Entscheidungen zentral oder dezentral?
Die Entscheidungsbefugnis kann von der Auswahl zwischen möglichen Handlungsalternativen bis hin zum Recht, Ziele für das Unternehmen festzusetzen, reichen. Die Übertragung von Entscheidungskompetenz auf Mitarbeiter oder Teams kann dazu beitragen, die Führungskräfte von operativen Tagesaufgaben zu entlasten und relativiert die Abhängigkeit der Kanzleigeschicke von dem oder den Inhabern. Durch die berufsständischen Vorgaben sind jedoch einer allzu weiten Delegation von Entscheidungskompetenzen enge Grenzen gesetzt.

9.2.2 Lebenszyklen und Erscheinungsformen freiberuflicher Unternehmen

So heterogen die Erscheinungsformen von freiberuflichen Kanzleien, gemessen am Dienstleistungsspektrum sind, so unterschiedlich sind die Lebenszyklen, in der eine Bewertung vorzunehmen ist. Soweit ersichtlich wurde dieser Aspekt im einschlägigen Schrifttum bislang nicht berücksichtigt.

Abgesehen von großen, international tätigen Prüfungsgesellschaften kann ein typischer Lebenszyklus wie folgt beschrieben werden. Ausgangspunkt ist die Existenzgründung als Einzelkanzlei. Der Gründer ist zwar nicht durch die Finanzierung eines Kaufpreises belastet, er trägt aber das volle bis zur Existenzvernichtung reichende Unternehmerrisiko. Nach einigen Jahren erfolgt durch Aufnahme des ersten Partners die Gründung einer Gesellschaft. Dem weiteren Wachstum der Kanzlei wird im Zeitablauf durch Eintritt weiterer Partner Rechnung getragen. Mit jedem weiteren Jahr stabilisiert sich die Organisationsstruktur, die Abhängigkeit von Einzelmandanten geht zurück, der Bekanntheitsgrad und das Renommee der Kanzlei nehmen zu. Schließlich kommt es zum Wunsch des Gründers und/oder von Altgesellschaftern nach einem Ausscheiden aus dem Unternehmen. Unterstellt man ein zwischenzeitlich erreichtes hohes Umsatzniveau und damit implizit auch hohen Gesamtunternehmenswert, so stellt sich das Problem, dass die Übernahme von Anteilen des Gründers für neue Partner mit erheblichen finanziellen Belastungen verbunden sein dürfte. Diesen Finanzierungsrestriktionen steht der sicherlich nicht in Abrede zu stellende Anspruch des Gründers auf die Vergütung seines Lebenswerkes und als Teil seiner Altersvorsorge gegenüber. Die Aufsplittung eines Unternehmensanteils in Zwerganteile sind dabei durch die Zahl potenzieller Neugesellschafter faktische Grenzen gesetzt.

Die zunehmenden Globalisierungstendenzen in der Mandantschaft beispielsweise können die Leistungsfähigkeit einer kleineren Kanzlei an Grenzen führen, die durch Kooperationen mit Kollegenunternehmen und die Anlehnung an mittelständische Prüfungs- und Beratungsunternehmen gelöst werden können. Damit tritt eine Fallgestaltung in den Vordergrund, die die bisherige Fixierung auf die altersbedingte Übertragung einer Einzelkanzlei als typischen Bewertungsanlass überlagert.

Anstelle der vollständigen Übertragung der Kanzlei und des Ausscheidens des bisherigen Inhabers kommt es zur Bündelung der beruflichen Aktivitäten bei einem Verbleiben der bisherigen Kanzleiinhaber. Dass es sich allein durch das gemeinsame Auftreten am Markt unter einheitlicher Firmierung nicht um eine bloße Finanzbeteiligung handeln kann, liegt auf der Hand. Fragen der sinnvollen Beteiligungshöhe, der Verteilung von Risiken und Chancen, dem notwendigen Maß an Vereinheitlichung und Integration, der Verrechnung zentraler Leistungen und des gegenseitigen Mitarbeitereinsatzes sind weit ersichtlich bislang nicht wissenschaftliche untersucht worden und können hier nur angesprochen werden.

9.2.3 Kanzleidimensionale Bewertung

Entsprechend der unterschiedlichen Betrachtungsweise bei der Abgrenzung von Zielen und Bewertungsanlässen kann die kanzleidimensionale Unternehmensbewertung auf zwei sich diametral gegenüberstehende Pole zurückgeführt werden. Stellt man die vollständige Übertragung der Organisationseinheit in den Vordergrund, orientiert sich die Bewertung von Kanzleien an der Übernahme des Mandantenstamms. Ist dagegen die Bewertung am Kriterium der Fortführung bzw. Erweiterung der freiberuflichen Tätigkeit orientiert, werden die wechselseitig eingebrachten Leistungsmerkmale für die Teilhabe am Bewertungsobjekt „bewertet".

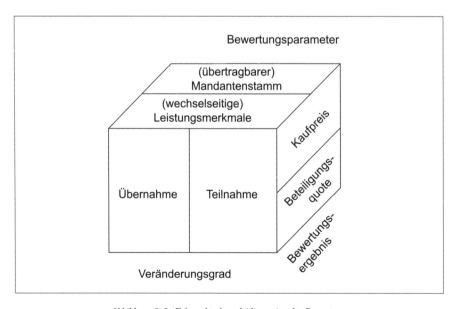

Abbildung 9-3: Eckpunkte kanzleidimensionaler Bewertung

Unter kanzleidimensionaler Unternehmensbewertung wäre demzufolge die Ermittlung des potenziellen Gesamtkaufpreises im Falle der Übernahme oder alternativ die Festlegung der Beteiligungsquote (mit oder ohne Barkomponente) im Falle der Teilnahme zu verstehen.

9.3 Traditionelle Wertmaßstäbe

Unter finanziellen Aspekten wird der Wert eines Unternehmens durch den Barwert der mit dem Eigentum an dem Unternehmen verbundenen Nettozuflüsse an die Unternehmenseigner bestimmt.[14] Die gegenwärtige Praxis der Bewertung von Steuerberatungs- und Wirtschaftsprüfungskanzleien richtet sich nicht nach diesem Grundsatz. Hier werden weitgehend Umsatzverfahren angewandt, die den Kaufpreis als einen bestimmten Prozentsatz des Jahresumsatzes festlegen.[15] Die Bundessteuerberaterkammer empfiehlt ihren Mitgliedern die Anwendung eines modifizierten Umsatzverfahrens zur Ermittlung des Praxiswerts.[16] Nach deren Auffassung setzt sich der Wert einer Steuerberaterkanzlei aus dem Substanz- und Praxiswert zusammen. Der Substanzwert ergibt sich aus der Summe der Vermögensgegenstände (Anlagevermögen, Honorarforderungen, noch nicht abgerechnete Leistungen, etc.) abzüglich von Verbindlichkeiten und Rückstellungen. Über den Wertansatz der einzelnen Vermögensgegenstände finden sich keine Ausführungen. Im Mittelpunkt der Wertermittlung steht der Praxiswert, der nach dem Umsatzverfahren als Multiplikator auf den Umsatz aus den bestehenden Mandatsverhältnissen eines Jahres zu berechnen ist. Zu Kontrollzwecken wird ein modifiziertes Ertragswertverfahren empfohlen, um die beim Umsatzverfahren vernachlässigte Kostenstruktur zu berücksichtigen. Nachfolgendes Beispiel ist den Empfehlungen der Bundessteuerberaterkammer entnommen.[17]

	EUR
Umsatz	300.000
– Kosten	-150.000
– kalkulatorische Tätigkeitsvergütung	-70.000
= Nettoüberschuss	80.000
Rentenbarwertfaktor (8 %; 6 J)	4,6229
Praxiswert	369.830

Abbildung 9-4: Berechnung des Praxiswerts nach dem modifizierten Ertragswertverfahren

Zur Bewertung von Wirtschaftsprüfungsgesellschaften hat das IDW anhand praktischer Erfahrungen einige Eckpunkte zusammengefasst.[18] Im Mittelpunkt steht die Aussage, dass

---

[14] Vgl. *IDW* (2005), IDW S 1 n.F., Tz. 4.
[15] Vgl. *Peemöller, V.H./Bömelburg, P./Hoferer, G.* (1994), S. 914.
[16] Vgl. Bundessteuerberaterkammer (1990), Abschnitt 4.2.1 Tz. 3 (Praxiswert).
[17] Vgl. Bundessteuerberaterkammer (1990), Abschnitt 4.2.1 Tz. 4 (Praxiswert).
[18] Vgl. *IDW* (Hrsg.), WP-Handbuch 2000, Bd. I, S. 148-149.

maßgebend für den Wert der übertragbare Mandantenstamm sei.[19] Auf Grundlage des nachhaltigen Jahresumsatzes erfolgt eine Festlegung des Veräußerungswertes in einer Bandbreite von 100% bis 130% des nachhaltigen Jahresumsatzes. Die Praxiseinrichtung ist, falls sie übernommen werden soll, gesondert neben dem Praxiswert berücksichtigt.

Nur gemäß dem Motto: „Der Schuster hat die schlechtesten Schuhe" kann zur Kenntnis genommen werden, dass das vom Berufsstand der Wirtschaftsprüfer für die berufliche Tätigkeit propagierte Zukunftserfolgswertverfahren in eigenen Angelegenheiten nicht zum Tragen kommen soll. Dieser Umstand ist wiederholt kritisiert worden, ebenso wenig fehlt es an Überlegungen zur Umsetzung der Zukunftserfolgswertverfahrens bei Kanzleibewertungen.[20] Gleichwohl ist in praxi ungeachtet der theoretischen Kritik ein Festhalten an tradierten umsatzorientierten Verfahren zu beobachten. Ein möglicher Grund könnte darin gesehen werden, dass für kleinere und mittlere Kanzleien ein relativ homogener Markt besteht,[21] an dem sich ein umsatzabhängiger „Marktpreis" gebildet hat.

An dieser Stelle soll daher nicht ein weiterer Versuch unternommen werden, die Preisfindungsmethoden einer wissenschaftlichen Beurteilung zu unterziehen. Die nachfolgenden Ausführungen beschränken sich auf einer Wiedergabe der wesentlichen Kritikpunkte an den berufsständischen Preisfindungsmethoden. Zu nennen sind hierbei insbesondere:

- Fehlende Berücksichtigung der funktionalen Bewertungslehre[22]
- Fehlende Subjektivität der Bewertung
- Einschränkungen der Multiplikatormethode gegenüber den Zukunftserfolgswertverfahren[23]
- Alleinige Fixierung auf den Umsatz als adäquate Bewertungsgröße[24]
- Außerachtlassung der Kostenstruktur

Ergänzend wäre anzuführen, dass der Unternehmensgröße, dem Lebenszyklus und dem konkreten Anlass der Bewertung nicht erkennbar durch Differenzierungen Rechnung getragen wird. Damit ist im Kern keine Kritik an den Berufsständen verbunden, die sich auf eine Wiedergabe der tatsächlich beobachteten Marktgegebenheiten beschränken und ihre Aufgabe nicht in der autoritären Festlegung einer „angemessenen" Bewertungsmethode verstehen.

9.4 Konzepte einer kanzleidimensionalen Unternehmensbewertung

Entsprechend der potenziellen Veränderungsgrade „Übernahme" und „Teilhabe" sollen im Folgenden Möglichkeiten einer Weiterentwicklung der traditionellen Wertmaßstäbe

---

[19] Vgl. *IDW* (2005), IDW S 1 n.F., Tz. 176.
[20] Vgl. *Goetzke, W.* (1976), S. 525-542; *Gratz, K.* (1987), S. 2421-2426; *Then Berg, W.* (1985), S. 171-174; *Peemöller, V.H./Bömelburg, P./Hoferer, G.* (1994), S. 914-920; *Englert, J.* (2005), S. 527-539.
[21] Vgl. *Gratz, K.* (1987), S. 2421.
[22] Vgl. hierzu: *IDW* (Hrsg.), WP-Handbuch 2002, Bd. II, S. 9-14.
[23] Vgl. hierzu: *Ballwieser, W.* (2004), S. 197-198; *Ernst, D./Schneider, S./Thielen, B.* (2003), S. 214-215.
[24] Vgl. *Engler, J.* (2004), S. 533.

untersucht werden. Der vorliegende Problemaufriss soll einen Anstoß zu Diskussion geben, wobei der Verfasser keineswegs beansprucht hier schon eine vollständige Lösung aller Einzelfragen anzubieten.

9.4.1 Übertragung einer Organisationseinheit

Nach den bisherigen Ausführungen möchten wir auf die eingangs gestellte Frage zurückkommen, was den Wert einer freiberuflichen Praxis im Kern bestimmt. Ausgangspunkt soll zunächst ein junger Kollege sein, der nach der Steuerberaterprüfung gerade sein Wirtschaftsprüferexamen erfolgreich abgelegt hat und sich mit dem Gedanken der Selbstständigkeit trägt. Ein Mietvertrag über passende Kanzleiräume ist schnell abgeschlossen,[25] die notwendige Büroausstattung und Infrastruktur einfach zu beschaffen und auch erste Mitarbeiter können zügig eingestellt werden. Damit ist aber noch kein Mandant gewonnen, kein einziger Auftrag im Haus. Mit anderen Worten helfen die beruflichen Qualifikationsnachweise alleine wenig, um erfolgreich am Markt zu agieren. Oder nochmals anders ausgedrückt: Der Substanzwert, der z.B. nach Auffassung der Bundessteuerberaterkammer[26] als eine Komponente des Wertes einer Steuerberaterpraxis genannt wird, ist losgelöst von Details seiner Berechnung, sicherlich nicht die wertentscheidende Größe.

Im Sinne einer Make-or-buy-Entscheidung sind für den Aufbau einer selbständigen Existenz vor allem die Akquisitionskosten und die Dauer für den Aufbau eines Netzwerkes zu Mandanten und Institutionen zu berücksichtigen. Die – sofortige – Verfügbarkeit über einen Mandantenstamm und ein adäquates Renommee der Kanzlei stellen u.E. den zentralen Werttreiber einer Steuerberater- oder Wirtschaftsprüfungskanzlei dar, der sich letztlich im Umsatz widerspiegelt.

Wenn das Bewertungsobjekt i.e.S. ausschließlich Mandantenbeziehungen umfasst, so bietet sich eine Orientierung an den übertragbaren und letztlich auch übertragenen Umsatzerlösen an. Gemäß dem Schmalenbach zugeschriebenen Satz: „Für das Gewesene gibt der Kaufmann nichts" gilt hier im Sinne der Zukunftsbezogenheit der Bewertung, dass ein sachgerechter Anspruch auf Vergütung nur für künftige Erlöse bestehen kann. Gleichwohl dürfte es im verständlichen Interesse des übertragenden Kanzleiinhabers liegen, die Verantwortung für die erfolgreiche Fortführung der Mandatsbeziehungen nicht in die alleinigen Geschicke des Übernehmenden zu stellen.

Wird neben den reinen Mandantenbeziehungen auch die Kanzlei als sozio-ökonomische Organisationseinheit einschließlich der bisherigen Mitarbeiter übertragen, findet eine (teilweise) Fixierung der Kostenstrukturen statt. Deren Einbeziehung im Sinne des modifizierten Ertragswertverfahrens ist dem Grunde nach zu befürworten.

Nach dem so genannten Arbeitseinsatzäquivalenzprinzip ist der Erfolg von mehreren Handlungsalternativen auch hinsichtlich des zur Erfolgserzielung notwendigen Arbeitseinsatzes vergleichbar zu machen. Um den Erfolg mit anderen Kapitalanlagen ohne Einsatz der eigenen Arbeitskraft vergleichen zu können, wird allgemein gefordert, den Unternehmerlohn für tätige Partner oder Gesellschafter als Aufwand abzuziehen.[27]

---

[25] Die Existenz langfristiger Mietverträge wird heute primär als Malus angesehen.
[26] Vgl. Bundessteuerberaterkammer (1990), Abschnitt 4.2.1 Praxiswert.
[27] Vgl. *Peemöller, V.H.* (2005), S. 23.

Eine Befassung mit diesem Thema ist für manche Fälle entbehrlich, da über die Höhe der Angemessenheit von Bezügen (bis hin in die Vorstandsetagen deutscher DAX-Unternehmen) höchst unterschiedliche Auffassungen bestehen, die zum Teil als philosophischer Natur bezeichnet werden. Wenn der Eintretende alleine entscheidet oder zumindest maßgebliche Mitwirkungsrechte bei der Festlegung des – späteren – Unternehmerlohns hat, dann spielt die Frage keine Rolle.

Völlig offen ist bei der Ermittlung eines Ertragswertes die zeitliche Abgrenzung des Ergebniszeitraums, sprich die implizite Lebensdauer der Kanzlei. Diese ist zwar grundsätzlich unendlich. Aufgrund der vermuteten Personenabhängigkeit des Praxiswertes verflüchtigt sich jedoch der übertragbare Vorteil.

Als groben Anhaltspunkt für die Ableitung der impliziten Lebensdauer wird folgende Rechnung angestellt. Der „richtige" Praxiswert kann durch Multiplikation des Umsatzes ermittelt werden. Die anzuwendenden Multiplikatoren liegen in einer Bandbreite zwischen 100% und 130%. Für die Ertragswertermittlung wird (vor Tätigkeitsvergütung) ein Kostenanteil von 50% des Umsatzes unterstellt. Die geforderte Eigenkapitalrendite[28] (vor persönlicher Einkommensteuer) liegt in einer Bandbreite zwischen 8% und 12%.

Umsatzmethode		Ertragswertmethode		
	TEUR			TEUR
Umsatz	300	Umsatz		300
		Kosten	50%	-150
		Ergebnis vor Tätigkeitsvergütung		150
		KZF (vor ESt)	12%	
		LD	2,997	
Multi	120,0%	Rentenbarwertfaktor		2,40
UW	360	UW		360
mit:	KZF (vor ESt)	= Kapitalisierungszinsfuß vor Einkommensteuer		
	LD	= implizite Lebensdauer (in Jahren)		

Abbildung 9-5: Vergleichsrechnung zur Ableitung des Praxiswerts

Wie nachfolgende Tabelle *(Abbildung 9-6)* zeigt, lassen sich den typischen Umsatzmultiplikatoren relativ verlässliche implizite Lebensdauern für eine Rentenbarwertberechnung zuordnen. Aufgrund der kurzen Zeiträume zwischen zwei und drei Jahren ist der Einfluss der geforderten Eigenkapitalkosten auf das Bewertungsergebnis innerhalb einer Ergebnisreihe relativ gering.

Demhingegen spielt in größeren Kanzleien mit zunehmender Anzahl von Partnern beim Ausscheiden eines Berufsträgers oder bei der Kanzleiübertragung die „Verflüchtigung"

---

[28] Der Hinweis von *Breidenbach, B.* (1991), S. 51, auf den „für Fremdkapital geltenden Zinsfuss" ist u.E. nicht sachgerecht.

Multi	LD (12%)	LD (10%)	LD (8%)
100%	2,4	2,3	2,3
110%	2,7	2,6	2,5
120%	3,0	2,9	2,8
130%	3,3	3,2	3,0

Abbildung 9-6: Äquivalente implizite Lebensdauer gegenüber Umsatzmultiplikatoren

seiner beraterisch-unternehmerischen Wirkung eine immer geringere Rolle.[29] Dies leitet über zur Bewertung im Falle einer Teilhabe.

9.4.2 Teilnahme an einer (fortbestehenden) Kanzlei

9.4.2.1 Externer Eintritt

Bei der Aufnahme eines weiteren Partners oder dem Zusammenschluss von Kanzleien besteht eine andere Situation, auf die Knief bereits hingewiesen hat. Wenn der oder die bisherigen Kanzleiinhaber nicht ausscheiden, bleiben die persönlichen Bindungen und Geschäftsbeziehungen aufrechterhalten. Die Frage nach dem Risiko eines Mandatsverlustes, als gewichtigem Bewertungsfaktor, stellt sich in diesem Kontext nicht. Vor diesem Hintergrund kommt Knief zu dem Ergebnis, dass erstens der (interne) Kanzleiwert um so höher sei, je größer die Anzahl der Teilhaber ist, die diesen Wert garantieren und zweitens der interne Wert über jenem bei Kanzleiveräußerung liege.[30]

Im Falle des Zusammenschlusses von Kanzleien ergibt sich eine verschmelzungsähnliche Situation, in der lediglich eine relative Bewertung vorzunehmen ist. Je vergleichbarer die beiden Bewertungsobjekte sind, desto nachrangiger wird die Wahl der konkreten Bewertungsmethode.

Eine unmittelbare Aufnahme eines Externen (ohne eigene Organisationseinheit) in den Gesellschafterkreis dürfte jedoch in praxi die Ausnahme sein. Selbst bei einer unbestrittener fachlichen Qualifikation des externen Berufskollegen dürfte die Vereinbarung einer „Probezeit" wirtschaftlich sinnvoll sein.[31] Wesentlich für den Erfolg einer Kanzlei ist nicht nur die fachliche Qualifikation, sondern auch die persönliche Beziehung der Gesellschafter zueinander. Typischerweise wird daher ein angemessener Zeitraum vereinbart, in dem die Zusammenarbeit mit dem künftigen Partner erprobt wird.

Gleich ob es um die Übernahme einer Einzelpraxis oder die Aufnahme in eine Kanzlei geht, eine längere Arbeitsphase, in der sich der Erwerber mit den besonderen Verhältnissen des Bewertungsobjekts vertraut machen kann, dürfte der effektivste Weg zur Risikominimierung sein.

---

[29] Vgl. *May, B.* (2004), S. 474, in anderem aber übertragbaren Zusammenhang.
[30] Vgl. *Knief, P.* (1978), S. 22.
[31] Vgl. *BFH* (2004), S. 2455-2456.

9.4.2.2 Interner Eintritt in eine vermögensrechtliche Stellung

Unter dem Gesichtspunkt des Mandatverlustrisikos wird in der Literatur der (Sonder-)Fall diskutiert, dass der Käufer der Steuerberatungs- und Wirtschaftsprüfungskanzlei ein ehemaliger Mitarbeiter ist.[32] Durch Empfehlungen des bisherigen Inhabers und die Gelegenheit durch Einarbeitung und Zusammenarbeit das Vertrauensverhältnis auf den Nachfolger hinüberzuziehen, wird eine Reduzierung des Mandatsverlustrisikos – aus Erwerbersicht – attestiert.[33]

Gerade in größeren Kanzleien dürfte es der Normalfall sein, dass die potenziellen künftigen Teilhaber aus dem Kreis der eigenen Mitarbeiter stammen. Entsprechende Fähigkeiten vorausgesetzt, verläuft die typische berufliche Entwicklung vom Assistenten, über die Prüfungsleiterposition hin zu einem leitenden Angestellten mit Vertretungsmacht und erfolgsabhängigen Vergütungsbestandteilen. Bei dieser mehrjährigen Tätigkeit im Angestelltenverhältnis verändert sich die auch die Wahrnehmung des Mitarbeiters durch den Mandanten sowie den Kanzleiinhabern. Mit zunehmender Berufserfahrung werden Verantwortlichkeiten in sachlicher, zeitlicher und finanzieller Hinsicht für einzelne Mandate übertragen. Darüber hinaus führt die Entwicklung zur Übertragung bestehender Verbindungen bis zum Aufbau eines eigenen Beziehungsnetzwerkes und ersten eigenen Akquisitionserfolgen. Letztlich kommt es durch die Bindung zwischen Mandat und Mitarbeiter zu einem gleitenden Übergang vom sachbezogenen Mitarbeiter hin zu dem Ansprechpartner des Mandanten.

Als sachgerechte Maßnahme zur Reduzierung des Mandatsverlustrisikos aus Sicht der Kanzlei gegenüber einem ausscheidungswilligen leitenden Mitarbeiter dürfte in der Regel ein Wettbewerbsverbot vereinbart werden.

9.4.2.3 Personalentwicklung zur Existenzsicherung

Bei der Ermittlung objektivierter Unternehmenswerte wird typisierend unterstellt, dass das vorhandene Management im Unternehmen verbleibt.[34] Bezogen auf Steuerberatungs- und Wirtschaftsprüfungskanzleien ergibt sich jedoch aufgrund der starken Personenabhängigkeit des Erfolgs einen andere Situation. Dabei geht es in erste Linie nicht um die Diskussion über den angemessenen Unternehmerlohn, sondern die grundsätzliche Fortführungsmöglichkeiten der Kanzlei als solcher.

Steht die bisherige Unternehmensleitung altersbedingt künftig nicht mehr zur Verfügung, und haben es die Gründungsgesellschafter versäumt, rechtzeitig den internen Generationswechsel einzuleiten, dürfte eine Fortführung der Kanzlei nicht möglich sein. In diesem Fall ist regelmäßig davon auszugehen, dass der Wert der Kanzlei dem Liquidationswert entspricht.[35]

Aus der Diskussion über den Managementfaktor ist bekannt, dass eine direkte Analyse des Einflusses des Managements auf den Unternehmenswert Schwierigkeiten bereitet.[36] Die

---

[32] Vgl. *Peemöller, V.H./Bömelburg, P./Hoferer, G.* (1994), S. 915.
[33] Vgl. *Knief, P.* (1987), S. 23.
[34] Vgl. *IDW* (2005), IDW S 1 n.F., Tz. 49.
[35] Vgl. *IDW* (2005), IDW S 1 n.F., Tz. 52.
[36] Vgl. *Kleber, P.* (1989), S. 340-341.

Managementleistung schlägt sich aber in der existierenden Führungsorganisation nieder und kann auf diesem Wege analysiert werden.[37]

Personalentwicklungsstrategien[38] kommen in einem personengeprägten Tätigkeitsfeld zur Verwicklung der angestrebten Unternehmensziele und die Aufrechterhaltung der Wettbewerbssituation über die Lebensarbeitszeit der bisherigen Kanzleiinhaber hinaus, eine zentrale Rolle zu. Aufgrund der Zukunftsbezogenheit der Bewertung, die an den zukünftigen Erfolgen für die Unternehmenseigner anknüpft, gilt dies sowohl für die subjektiven Grenzpreise der bisherigen Kanzleiinhaber als auch der potenziell künftigen Teilhaber.

Aus Sicht der bisherigen Kanzleiinhaber sind die langfristig mit der Personalentwicklung verbundenen Ziele abzuleiten, wobei sich dieser Beitrag auf den Kreis der potenziellen künftigen Teilhaber beschränkt.

- Fachliche Qualifikation
  Die Erbringung qualifizierter Prüfungs- und Beratungsleistungen ist die Grundlage für den gegenwärtigen und künftigen Markterfolg. Die fachliche Qualifikation wird durch das Ablegen der Berufsexamen abstrakt bewiesen und im Berufsalltag konkretisiert. Ohne hinreichende fachliche Kenntnisse und Fähigkeiten sind die Karrierechancen ohnehin begrenzt, sodass dieser Punkt als zwingend notwendige Voraussetzung anzusehen ist.
- Soziale Kompetenz
  Beratungsdienstleistungen werden von Menschen erbracht. Der Umgang auch mit schwierigen Mandatssituationen, die Durchsetzungsfähigkeit, das Vertrauen und die Akzeptanz gegenüber Mandanten, Mitarbeitern und den Kanzleiinhabern stellt hierbei hohe Anforderungen an den Einzelnen.
- Unternehmerische Fähigkeiten
  Die Führung einer Kanzlei erfordert neben fachlichen und sozialen Gesichtspunkten insbesondere unternehmerische Fähigkeiten. Repräsentanz der Kanzlei in der Öffentlichkeit, Ausbildung und Führung von Mitarbeitern, Erkennen und Wahrnehmen von Marktchancen, Übernahme interner Projekte und Aufgaben, Vermeidung von Haftungsfällen, Aufbau von Netzwerken und von besonderer Bedeutung der Erhalt und Ausbau der Mandatsbasis durch Akquisition stellen die zentralen Voraussetzungen für die Erzielung laufender Erfolge und damit die Sicherung der Einkunftsquelle dar.

Die vorstehenden drei Ziele können als conditio sine qua non angesehen werden, sodass deren Vorhandensein zwar grundsätzlich geeignet wäre, in die Formulierung eines mehrdimensionalen Zielsystems einzufließen. Faktisch aber bereits bei der Auswahl der Kandidaten dergestalt berücksichtig werden, dass eine weitere Diskussion entbehrlich ist. Aus Sicht des künftigen Teilhabers dürfte sich eine ähnliche Motivlage einstellen, da – in einem mehrköpfigen Führungsverbund – die nichtfinanziellen Ziele wie „Selbstständigkeit" oder „Unabhängigkeit" ohnehin nur „gemeinsam" und mit Rücksicht auf die Mitgesellschafter verwirklicht werden können. Zudem ist es schwer vorstellbar, unüberwindliche Differenzen bei der Entscheidung über die Teilhabe auszublenden.

Die laufende Verjüngung der Gesellschafterbasis ist somit kein Selbstzweck, sondern dient der konsequenten Sicherung des Wertes einer Kanzlei.

---

[37] Vgl. *Popp, M.* (2005), S. 130-131.
[38] Vgl. *Schmidt, J.* (1997), S. 189-195.

9.4.2.4 Ertragswertbasierter Bewertungsansatz

Ein Ansatz zur Ertragswertermittlung von Steuerberatungs- und Wirtschaftsprüferkanzleien findet sich bereits in der Literatur.[39] Zur Vermeidung von Wiederholungen beschränken sich die nachfolgenden Ausführungen auf ergänzende Aspekte.

Schwierigkeitskomplex 1: Gesamtkanzleiwert

Bei einer indirekten Ableitung ist der Wert eines Gesellschaftsanteils quotal aus dem Gesamtwert der Kanzlei abzuleiten. Die hierzu notwendige Kenntnis des Gesamtwertes, über den durchaus konkrete Vorstellungen bestehen mögen, ist mit dem Problem behaftet, dass die Kanzlei als Ganzes gar nicht Gegenstand einer potenziellen Veräußerung ist. Die Intension der Aufnahme weiterer Gesellschafter letztlich zur Wahrung der Selbstständigkeit steht im Widerspruch zu einer Veräußerung aller Anteile durch die bisherigen Kanzleiinhaber. Einen Marktpreis für die Gesamtkanzlei kann man mithin nur schwer zuverlässig ermitteln, da die dazugehörige Handlungsalternative gerade nicht verfolgt wird.

Schwierigkeitskomplex 2: Ausgestaltung der Anteilsrechte/Vergütungssysteme

Die indirekte Ermittlung der Anteilswerte setzt eine einheitliche Ausgestaltung der Anteilsrechte voraus. Solange die Beteiligungsrechte am Ertrag, an der Vermögenssubstanz und an der Willensbildung übereinstimmen, ist der Grundgedanke der indirekten Methode sachgerecht.[40] Das buchhalterische Ergebnis vor allen Bezügen der Gesellschafter wird in aller Regel im Hinblick auf die Gewinnverteilung, die Festlegung von fixen und variablen Tätigkeitsvergütungen, die Verzinsung von Gesellschafterdarlehen und nicht zuletzt der ertragsteuerlichen Implikationen aus der Finanzierung und Abschreibung des Kaufpreises auseinander fallen. Gesellschaftsvertragliche Regelungen über die konkrete Beteiligung am definierten Unternehmenserfolg unterliegen im Zeitablauf Veränderungen, sodass bei einer heterogenen Gesellschafterstruktur auch die (damaligen) Zugangsbedingungen variieren.

Neben dem aus dem Anteilsrecht abzuleitenden Gewinnanspruch sind auch die Vergütungssysteme von Bedeutung. Dabei lassen sich im Wesentlichen zwei unterschiedliche Konzepte unterscheiden.[41] Das eine Konzept führt zu einer Gleichbehandlung aller Gesellschafter nach einer mehrjährigen Entwicklungsphase. In diesem Zeitraum werden die jüngeren Gesellschafter automatisch an die oberste Vergütungsstufe herangeführt – so genanntes Lock-Step-System. Im Gegensatz hierzu stehen leistungsbezogene Vergütungssysteme (Performance Systeme), in denen differenziert auf die Leistung des einzelnen Gesellschafters Bezug genommen wird.

Schwierigkeitskomplex 3: Unternehmerrisiko

Ein unternehmerisches Engagement ist stets mit Risiken und Chancen verbunden. Die Übernahme dieser unternehmerischen Unsicherheit (des Unternehmerrisikos) lassen sich Marktteilnehmer durch Risikoprämien abgelten.[42] Wie die Mitteilungen der Versicherungswirtschaft über Haftpflichtfälle in steuerberatenden und wirtschaftsprüfenden Berufen einerseits und die bis zur Existenzvernichtung gehenden Beispiele der letzten Zeit an-

---

[39] Vgl. *Peemöller, V.H./Bömelburg, P./Hoferer, G.* (1994), S. 914–920.
[40] Vgl. *Wiechers, K.* (2005), S. 460.
[41] Vgl. *Haarmann, W.* (1997), S. 614–616.
[42] Vgl. *Drukarczyk, J.* (2003), S. 78–79.

derseits zeigen, ist die freiberufliche Tätigkeit mit erheblichen (Haftungs-)Risiken verbunden. Da der Unternehmenserfolg in hohem Maße auch vom Renommee einer Kanzlei anhängt, darf eine vordergründige zivil- und gesellschaftsrechtliche Haftungsbeschränkung nicht über den Umfang des unternehmerischen Risikos hinwegtäuschen.

Bei einem Eintritt in eine bestehende Kanzlei ist daher das Risikomanagementsystem hinsichtlich der künftigen Mitgesellschafter ebenso zu würdigen, wie die Frage der zeitlichen Abgrenzung für Haftungsrisiken vor dem Eintritt. Eine bloße Erhöhung der geforderten Eigenkapitalkosten für die Barwertberechnung greift hier zu kurz.

Schwierigkeitskomplex 4: Bemessung des Ergebniszeitraums

In aller Regel ist von einer unbegrenzten Lebensdauer des zu bewertenden Unternehmens auszugehen. Zwar ist bei einer größeren Kanzlei aufgrund der Vielzahl der Gesellschafter ebenso von einer unbegrenzten Lebensdauer auszugehen. Die Personengebundenheit des Erfolges und damit die für freiberufliche Dienstleistungen typische Verknüpfung an die Arbeits- und Lebensleistung des Einzelnen geht damit nicht verloren, sondern wird nur teilweise kompensiert. Der Ergebniszeitraum im Sinne der Lebensdauer für die Barwertberechnung einer Gesamtkanzlei variiert in Abhängigkeit der Mandanten-, Mitarbeiter- sowie Führungs- und Organisationsstrukturen. Als mögliche Zeiträume werden in der Literatur fünf bis sechs Jahre genannt.[43]

Problematischer als die Festlegung des Ergebniszeitraums für die Gesamtkanzlei ist es, den individuellen Einfluss eines potenziellen Teilhabers abzugrenzen. Anders formuliert stellt sich die Frage, ob der individuelle Ergebniszeitraum deckungsgleich mit dem Gesamtergebniszeitraum ist.

Bis zu dem Eintritt in eine vermögensrechtliche Stellung innerhalb der Kanzlei war der potenzielle Teilhaber bereits eine Reihe von Jahren tätig und ist, anders als der Aufbau einer losgelösten selbständigen Existenz, bereits Teil der internen und externen Kanzleistruktur geworden.

Je nach Perspektive lassen sich aus dieser Tatsache unterschiedliche Schlussfolgerungen ziehen. Ein potenzieller Teilhaber wird argumentieren, dass ein Teil der Mandatsbeziehungen und Kanzleierfolge bereits auf der eigenen beruflichen Tätigkeit beruhen und somit nur noch ein Rest des Goodwills zu erwerben und damit zu vergüten sei. Bildlich gesprochen reduziert dies den relevanten individuellen Ergebniszeitraum. Aus Sicht der Kanzleiinhaber sind die bisherigen Erfolgsbeiträge bereits durch die laufende Vergütung abgegolten und die Einräumung der Vertrauenssituation durch eine Wettbewerbsklausel abgesichert. Konsequenterweise wäre damit der der gesamte Goodwill zu vergüten. Welcher Perspektive man eher zuneigt ist sicherlich von der jeweiligen Stellung abhängig.

Schwierigkeitskomplex 5: Kapazitätsauslastung

Erlösplanungen für Dienstleistungsunternehmen werden oftmals aus dem Produkt der fakturierbaren Stundenkapazität und den durchschnittlichen Honorarsätzen abgeleitet. Da ferner ein Großteil der Ausgaben (im Wesentlichen Personalaufwendungen und Mieten) unabhängig von der Kapazitätsauslastung anfallen,[44] ergibt sich eine Gewinnfunktion, die in hohem Maße von der Auslastung der vorhandenen Kapazität abhängt. Der bei der tra-

---

[43] Vgl. *Knief, P.* (1987), S. 26; *Breidenbach, B.* (1991), S. 51; *Englert, J.* (1997), S. 144.
[44] Vgl. *Peemöller, V.H./Bömelburg, P./Hoferer, G.* (1994), S. 918.

ditionellen Umsatzmethode unterstellte lineare Zusammenhang zwischen Umsatz und Erfolg bildet dies nicht zutreffend ab. Für die Prognose künftiger Erfolge sind folglich Annahmen über die Kapazitätsauslastung zu treffen, die in Abhängigkeit vom Dienstleistungsspektrum speziell im Projektgeschäft nur eine geringe Planungssicherheit aufweisen. Die Auftragsstruktur hinsichtlich Zahl und Volumen der Aufträge sowie deren Verteilung auf bestimmte Dienstleistungsarten, Mandanten und Regionen ist damit ein zentraler Faktor, der in die Bewertung eingeht.[45]

Schwierigkeitskomplex 6: Verwässerungseffekt

Im Zusammenhang mit z.B. Aktienoptionen kann es zu einer Verminderung des Unternehmenswertes je Aktie kommen, soweit dieser vor Ausübung des Optionsrechts höher ist als der Ausübungspreis der Option (Verwässerungseffekt). Die Formulierung eines als „attraktiv" angesehenen Einstiegsangebots in eine Kanzlei kann – aus Sicht der bisherigen Kanzleiinhaber – wie eine Option zu einem solchen Verwässerungseffekt bei der Ausweitung des Gesellschafterkreises führen, wie nachfolgendes Beispiel (Abbildung 9-7) zeigt:

vorläufiger Gesamtkanzleiwert	T€	10.000
Anzahl bisheriger Kanzleianteile	Stück	100
vorläufiger Gesamtkanzleiwert je Anteil	T€	100,00
Ausstehende Anteilsrechte (Option)	Stück	5
Ausübungspreis je Anteil	T€	60
Barmittelzufluss	T€	300
Gesamtkanzleiwert nach Ausübung der Option	T€	10.300
Anzahl Kanzleianteile nach Ausübung Option	Stück	105
Wert je Anteil nach Verwässerung	T€	98,10
Verwässerungseffekt je Anteil	T€	1,90
Verwässerungseffekt gesamt	T€	-190

Abbildung 9-7: Verwässerungseffekt

Bei der ökonomischen Interpretation des Verwässerungseffektes ist zu bedenken, dass die bisherigen Gesellschafter als rational handelnde Akteure mit dem Angebot einer attraktiven Einstiegsoption die notwendige Personalentwicklung auch in ihrem ureigensten Interesse betreiben und das Verbleiben von Leistungsträgern sicherstellen. Der Verwässerungseffekt ist quasi als Schattenpreis für die rechtliche Selbstständigkeit der Kanzlei anzusehen. Die Frage, ob der Gesellschafterkreis in absehbarer Zeit überhaupt erweitert werden soll, wird sich jedoch an übergeordneten Überlegungen und Einschätzungen des künftigen Entwicklungspotenzials der Kanzlei ausrichten.

---

[45] Vgl. *Sieben, G./Russ, W.* (2002), Sp. 1791.

9.5 Veräußerungsgewinnbesteuerung

So rustikal die tatsächlichen Methoden zur Bestimmung des Kaufpreises auch sein mögen, spätestens wenn es um die Veräußerungsgewinnbesteuerung geht, greift die berufsübliche Sorgfalt wieder Platz.

Im Rahmen der Ermittlung objektivierter Unternehmenswerte werden lediglich die mit den künftigen laufenden Einkünften verbundenen persönlichen Einkommensteuern berücksichtigt.[46] Die Berücksichtigung von Steuerwirkungen, die sich aus dem Verkauf für den Verkäufer bzw. den Käufer ergeben,[47] sind den subjektiven Unternehmenswerten vorbehalten.

Für den Fall der Veräußerung eines nicht gewerblichen Einzelunternehmens bzw. eines Anteils an einer Personengesellschaft (GbR, PartG) muss der potenzielle Unternehmensverkäufer, der nach der Veräußerung mindestens die gleichen Erfolge erzielen will wie bei (gegenwärtiger und künftiger) Nichtveräußerung, berücksichtigen, dass sich in Höhe der Veräußerungsteuer die wieder anlegbaren Mittel vermindern.[48] Der Grenzpreis eines solchen Veräußerers erhöht sich um die Steuerzahlung. Formal lässt sich der Zusammenhang wie folgt beschreiben: Der Grenzpreis, sprich die Preisuntergrenze des Veräußerers entspricht der Summe aus dem subjektiven Wert und der Veräußerungsteuer. Letzter hängt neben dem Steuersatz wieder von dem Veräußerungsgewinn und damit auch dem gesuchten Grenzpreis ab.

$$Grenzpreis_{(Verkäufer)} = \frac{E}{i} + \left(Grenzpreis_{(Verkäufer)} - Kapitalkonto - Freibetrag \right) \times s_{Veräußerung}$$

bzw. umgeformt:

$$Grenzpreis_{(Veräußerer)} = \frac{\frac{E}{i} - (Kapitalkonto + Freibetrag) \times s_{Veräußerung}}{(1 - s_{Veräußerung})}$$

Beispiel:

Bei einem vorläufigen subjektiven Unternehmenswert von E i gleich T€ 1.000, einem Kapitalkonto von T€ 50 und einer effektiven steuerlichen Belastung der Veräußerung in Höhe von 26,6% (unter Berücksichtigung eines ermäßigten Steuersatz von 25,2% zzgl. Solidaritätszuschlag) erhöht sich der Grenzpreis nach vorstehender Formel um die Veräußerungsteuer von T€ 344,0 auf T€ 1.344,0. Der Freibetrag von maximal T€ 45 wird in diesem Zahlenbeispiel durch die Höhe der Veräußerungserlöse vollständig aufgezehrt. Wie nachstehende Kontrollrechnung zeigt, sind die somit wiederanlegbaren Mittel mit T€ 1.000 dann wieder auf ursprünglichem Niveau.

---

[46] Vgl. *IDW* (2005), IDW S 1 n.F., Tz. 37-40, 53-54.
[47] Vgl. hierzu ausführlich: *Kunowski, S./Popp, M.* (2005), S. 745-762.
[48] Vgl. *Moxter, A.* (1983), S. 179; *Wagner, F./Rümmele, P.* (1995), S. 433-441.

		T€	T€
Grenzpreis Veräußerer		1.344,0	1.344,0
./. Buchwert des Kapitalkontos		-50,0	
= Veräußerungsgewinn		1.294,0	
./. Freibetrag		0,0	
= Bemessungsgrundlage		1.294,0	
./. Ermäßigter Steuersatz	25,20 %	-326,1	-326,1
./. Solidaritätszuschlag	5,50 %	-17,9	-17,9
= nach Steuerverfügbarer beim Veräußerer			1.000,0

Abbildung 9-8: Veräußerungsbesteuerung von Mitunternehmeranteilen

Inwieweit diese Mehrforderungen durch z.B. Abschreibungsvorteile beim Erwerber kompensiert werden können, ist eine Frage der individuellen Kaufpreisverhandlungen. Die steuerliche Optimierung der Kaufpreismodalitäten wie Ratenzahlungen, Leibrenten, die verzögerte Festlegung des Übertragungsstichtags z.B. bis zur Erreichung der Altersgrenze von 55 Jahren gemäß § 18 Abs. 3 i.V.m. § 16 Abs. 4 EStG erstreckt sich auf ein weites Feld und wird regelmäßig in die Vertragsverhandlungen einfließen.

Ohne diesen Punkt hier weiter zu vertiefen, sei auf die unterschiedlichen steuerlichen Folgen des Erwerbs von Kanzleianteilen hingewiesen. Für einen Käufer und damit den subjektiven Grenzpreis ist es von erheblicher Bedeutung, ob Anteile an einer Kanzlei in der Rechtsform einer Kapitalgesellschaft oder einer Mitunternehmerschaft erworben werden sollen.[49]

9.6 Primat der Kaufpreisanpassung über die Wertermittlung

Aus dem Bereich der transaktionsorientierten Unternehmensbewertung bzw. kautelarjuristischen Begleitung von Unternehmenskäufen und -verkäufen sind umfangreiche Maßnahmen zur Absicherung gegen Risiken des Unternehmenskaufs geläufig. Der Grad der Übernahme von Risiken bzw. der Schutz vor Risiken durch Gewährleistungen hat unmittelbaren Einfluss auf die Fixierung des Kaufpreises. Wenn der Käufer spezielle Risiken nicht zu tragen hat, werden diese nicht durch Abschläge vom Unternehmenserfolg oder (höhere) Zuschläge beim Kapitalisierungszins in die Wertermittlung einfließen. Typische Absicherungsstrategien für den Käufer können sein:[50]

- Umfassende Due Diligence-Untersuchungen
- Plausibilisierungshandlungen für die Planung
- Einbehalt eines Teil des Kaufpreises mit Auflagen (Earn-out-Klauseln)
- Vereinbarung von Gewährleistungen und Garantien durch den Verkäufer

---

[49] Vgl. hierzu: *Kunowski, S./Popp, M.* (2005), S. 745-754.
[50] Vgl. *Helbing, C.* (2005), S. 171.

Die Durchführung einer Due Diligence-Untersuchung ist zu einem festen Bestandteil im Rahmen von Unternehmenstransaktionen geworden. Die detaillierte und systematische Erhebung und Analyse von unternehmensbezogenen Daten kann dabei wichtige Hilfestellungen bei der Erfassung von Risiken bieten. Der Durchführung einer Due Diligence bei einer Kanzleiübertragung steht dabei die Verschwiegenheitspflicht entgegen. Steuerberater wie Wirtschaftsprüfer haben ihren Beruf verschwiegen auszuüben (§ 57 Abs. 1 StBerG, § 43 Abs. 1 WPO). Im Zusammenhang mit Übertragungen von Kanzleien ist die Durchführung einer Due Diligence wohl noch nicht gängige Praxis.

Zur Sicherstellung der vom Verkäufer abgegeben Gewährleistungen und Garantien wird oftmals ein Teil des Kaufpreises treuhänderisch hinterlegt. Die Freigabe der hinterlegten Mittel erfolgt dann, wenn nach Ablauf der vertraglich fixierten Frist keine Mängel geltend gemacht wurden.

Durch die typischerweise anzutreffende Fixierung auf die Übertragung des erworbenen Mandantenstamms finden sich in praxi häufig Kaufpreisanpassungsklauseln, wenn die damit verbundenen Umsatzerwartungen nach der Übertragung nicht eingetreten sind. Aus Wirtschaftlichkeits- und Praktikabilitätsgründen sind solche Kaufpreisanpassungsklauseln positiv zu beurteilen, da sie einen Großteil der Bewertungsmängel im Vorfeld der Praxisübertragung kompensieren.

9.7 Literatur

Ballwieser, W. (2004): Unternehmensbewertung, München 2004
BFH (2004): Urteil vom 16. September 2004, Der Betrieb, 57 Jg. (2004), S. 2455-2457
Breidenbach, B. (1991): Überlegungen zur Ermittlung des Wertes einer Steuerberaterpraxis, Deutsches Steuerrecht, 29. Jg. (1991), S. 47-53
Bundessteuerberaterkammer (1998): Hinweise der Bundessteuerberaterkammer für die Praxisübertragung, in: Berufsrechtliche Handbuch, Loseblattsammlung Stand: Juli 2004, Punkt 5.2.3.3
Bundessteuerberaterkammer (1990): Hinweise der Bundessteuerberaterkammer für die Ermittlung des Werts einer Steuerberaterpraxis, in: Berufsrechtliche Handbuch, Loseblattsammlung Stand: Juli 2004, Punkt 4.2.1
Drukarczyk, J. (2003): Unternehmensbewertung, 4. Aufl., München 2003
Englert, J. (1997): Die Bemessung von rechtlichen Abfindungsansprüchen bei Wirtschaftsprüfungs- und/oder Steuerberatungsgesellschaften, Die Wirtschaftsprüfung, 50. Jg. (1997), S. 761-767
Englert, J. (2005): Bewertung von Steuerberaterkanzleien und Wirtschaftsprüfungsgesellschaften, in: Peemöller, V.H. (Hrsg.), Praxishandbuch der Unternehmensbewertung, 3. Aufl., Herne, Berlin 2005, S. 527-539
Ernst, D./Schneider, S./Thielen, B. (2003): Unternehmensbewertungen erstellen und verstehen, München 2003
Goetzke, W. (1976): Bewertung freiberuflicher Praxen, BFuP, 28. Jg. (1976), S. 525-542
Gratz, K. (1987): Bewertung von Freiberufler-Praxen bei Veräußerung und Auseinandersetzung, Der Betrieb, 40. Jg. (1987), S. 2421-2426
Haarmann, W. (1997): Strategische Fragestellungen für eine multidisziplinäre internationale Kanzlei, in: Haarmann, Hemmelrath & Partner (Hrsg.), Gestaltung und Analyse in der Rechts-, Wirtschafts- und Steuerberatung von Unternehmen, Köln 1997, S. 605-622
Helbing, C. (2005): Absicherungsstrategien gegen Risiken des Unternehmenskaufs, in: Peemöller, V.H. (Hrsg.), Praxishandbuch der Unternehmensbewertung, 3. Aufl., Herne, Berlin 2005, S. 169-177
Institut der Wirtschaftsprüfer (2000): Wirtschaftsprüferhandbuch 2000, Bd. I, 12. Aufl., Düsseldorf 2000

Institut der Wirtschaftsprüfer (2002): Wirtschaftsprüferhandbuch Bd. II, 2. Aufl., Düsseldorf 2002

Institut der Wirtschaftsprüfer (2005): IDW Standard: Grundsätze zur Durchführung von Unternehmensbewertungen (IDW S 1 n.F.), IDW Fachnachrichten (2005), S. 690-718

Kleber, P. (1989): Prognoseprobleme in der Unternehmensbewertung, Wiesbaden 1989

Knief, P. (1978): Neue Ansätze zur Bewertung von Wirtschaftsprüfer- und Steuerberaterpraxen, Deutsches Steuerrecht, 16. Jg. (1978), S. 21-27

Kunowski, S./Popp, M. (2005): Berücksichtigung von Steuern, in: Peemöller, V.H. (Hrsg.), Praxishandbuch der Unternehmensbewertung, 3. Aufl., Herne, Berlin 2005, S. 725-762

Luhmann, N. (1968): Zweckbegriff der Systemrationalität, Tübingen 1968

May, B. (2004): Bemessung des Ergebniszeitraums bei der Bewertung von Arztpraxen, Unternehmensbewertung und Management (2004), S. 474-478

Moxter, A. (1983): Grundsätze ordnungsmäßiger Unternehmensbewertung, 2. Aufl., Wiesbaden 1983

Peemöller, V.H./Bömelburg, P./Hoferer, G. (1994): Ansätze zur Ertragswertermittlung von Steuerberatungs- und Wirtschaftsprüfungskanzleien, Deutsches Steuerrecht, 32. Jg. (1994), S. 914-920

Peemöller, V.H. (2005): Anlässe der Unternehmensbewertung, in: Peemöller, V.H. (Hrsg.), Praxishandbuch der Unternehmensbewertung, 3. Aufl., Herne, Berlin 2005, S. 15-25

Pfeiffer, W./Weiß, E. (1994): Lean Management, 2. Aufl., Berlin 1994

Popp, M. (1997): Bewertung ertragsteuerlicher Verlustvorträge, München 1997

Popp, M. (2005): Vergangenheits- und Lageanalyse, in: Peemöller, V.H. (Hrsg.), Praxishandbuch der Unternehmensbewertung, 3. Aufl., Herne, Berlin 2005, S. 101-133

Schmidt, J. (1997): Unternehmensbewertung mit Hilfe strategischer Erfolgsfaktoren, Frankfurt a.M. 1997

Schmidt, L. (2004): Kommentar zum EStG, 23. Aufl., München 2004

Sieben, G./Russ, W. (2002): Prüfungsgesellschaften, Organisation von, in: Ballwieser, W./Coenenberg, A./v. Wysocki, K. (Hrsg.), Handwörterbuch der Rechnungslegung und Prüfung, 3. Aufl., Stuttgart 2002, Sp. 1790-1798

Then Berg, W. (1985): Besonderheiten der Preisfindung für Kleinunternehmen und freiberufliche Praxen, Die Wirtschaftsprüfung, 38. Jg. (1985), S. 171-174

Wagner, F. (1994): Unternehmensbewertung und vertragliche Abfindungsbemessung, BFuP, 46. Jg. (1994), S. 477-498

Wagner, F./Rümmele, P. (1995): Ertragsteuern in der Unternehmensbewertung, Die Wirtschaftsprüfung, 48. Jg. (1995), S. 433-441

Wichers, K. (2005): Besonderheiten bei der Bewertung von Anteilen an Unternehmen, in: Peemöller, V.H. (Hrsg.), Praxishandbuch der Unternehmensbewertung, 3. Aufl., Herne, Berlin 2005, S. 459-466

10 Bewertung von Rechtsanwaltskanzleien

von *Ulrich Nehm*[*]

10.1	Vorbemerkung	277
10.2	Bewertungsbedarf	278
10.3	Die Bewertungsverfahren	278
10.4	Der Substanzwert	280
10.5	Der Praxiswert (Goodwill)	281
	10.5.1 Umsatzermittlung	281
	10.5.2 Umsatzbereinigung	282
	10.5.3 Das Anwaltsnotariat	283
	10.5.4 Der Bewertungsfaktor	283
	10.5.5 Der kalkulatorische Anwaltslohn	285
	10.5.6 Der kalkulatorische Anwaltslohn und der Fortführungswert	285
10.6	Bewertung von Sozietätsbeteiligungen	286
10.7	Bewertung von Großsozietäten und anderen Anwaltsgesellschaften	289
10.8	Zusammenfassung	290
10.9	Praxisbeispiele	290
10.10	Literatur	291

10.1 Vorbemerkung

Die Anwaltschaft in Deutschland ist einem tief greifenden Wandel des Berufsbildes ausgesetzt, der etwa Mitte der 1980 er Jahre verstärkt eingesetzt hat.

Dem klassischen Erscheinungsbild der allein oder von wenigen Anwälten in Sozietät betriebenen Praxis, häufig ohne definiertes Dienstleistungsangebot, stehen heute zunehmend Unternehmen im Anwaltsmarkt gegenüber, die sich nicht mehr als Zusammenschluss von Freiberuflern verstehen, sondern als Wirtschaftsunternehmen, die zum Teil aggressiven Wettbewerb betreiben und gewinnorientiert arbeiten.

In der Literatur und der Bewertungspraxis finden die Großsozietäten und Anwalts-Kapitalgesellschaften bisher ungeachtet ihrer erreichten und wahrscheinlich zunehmenden Bedeutung für den Anwaltsmarkt kaum Erwähnung.

Nachdem auch heute noch weniger als 5% der in Deutschland zugelassenen Rechtsanwälte in den überwiegend international beherrschten und ausgerichteten Großsozietäten und anwaltlichen Kapitalgesellschaften arbeiten, erscheint es zulässig, die Bewertung kleiner und mittlerer Anwaltspraxen in den Vordergrund zu stellen.

---

[*] Ulrich Nehm CMS Hasche Sigle, München.

Die berufsrechtlichen Grundsätze verpflichten den Rechtsanwalt zur Verschwiegenheit gegenüber den Mandanten und zum Schutz ihrer Daten. Voraussetzung für die Veräußerung von Einzelpraxen oder von Beteiligungen an Sozietäten ist die Zustimmung der Mandanten zur Übertragung der Mandate, aber auch zu Zusammenschlüssen von Einzelpraxen oder Sozietäten. Die Erfüllung oder Erfüllbarkeit der berufsrechtlichen Anforderungen wird nachfolgend vorausgesetzt.

10.2 Bewertungsbedarf

Anlässe für die Feststellung des Kanzleiwerts sind vor allem:[1]
- Die Feststellung des Wertes einer Anwaltskanzlei bei Übergabe oder Verkauf durch den bisherigen Inhaber oder dessen Erben und für die Ermittlung von Erb- und Pflichtteilsansprüchen;
- die Feststellung des Wertes eines Kanzleianteils bei Eintritt in eine bestehende Sozietät, bei Begründung einer Sozietät, beim Ausscheiden aus einer Sozietät oder bei deren Auflösung;
- die Feststellung des Wertes einer Anwaltskanzlei oder eines Kanzleianteils für die Berechnung des ehelichen Zugewinns.

10.3 Die Bewertungsverfahren

(a) Der Ausschuss Bewertung von Anwaltskanzleien der Bundesrechtsanwaltskammer (BRAK) hat im Jahre 2004 die vorangegangenen Berichte (zuletzt 1991) fortgeschrieben.

Der Bericht postuliert, dass die Anwaltskanzlei kein gewerblicher Betrieb und kein kaufmännisches Unternehmen sei. Sie unterscheide sich von diesen in wesentlichen Faktoren und Funktionen. Der Kanzleiwert sei aufgrund der ausgeprägten, durch das Gesetz geschützten Vertrauensbeziehung zwischen Anwalt und Mandanten nachhaltig personengebunden. Er sei daher seinem Wesen nach etwas anderes als der Geschäftswert (Firmenwert) des gewerblichen Unternehmens, der auf einer durch sachliche Maßnahmen und Aufwendungen besonders geförderten Leistungsfähigkeit des Betriebes beruhe.[2]

Der Bericht spricht sich für die Ermittlung zunächst des Substanzwertes der Kanzlei aus[3] und sodann für die Ermittlung des Kanzleiwertes, der sich im Wesentlichen vom erzielten Umsatz ableite. Die am Gewinn des Unternehmens orientierte Ertragswertmethode verwirft der Bericht als nicht geeignet, da der Gewinn weitgehend von den wirtschaftlichen Gegebenheiten des einzelnen Rechtsanwaltes abhänge. Der Umsatz sei der geeignete Wertbestimmungsfaktor, da er am sichersten festzustellen sei und da sich aus dem erzielten Umsatz und dessen Entwicklung die Chancen des Übernehmers oder Fortführers einer Kanzlei am ehesten beurteilen ließen. Auch entspreche die Berechnung nach dem Umsatz der Praxis.[4]

---

[1] BRAK-Mitt. (2004), 223.
[2] BRAK-Mitt. (2004), 223.
[3] BRAK-Mitt. (2004), 223.
[4] BRAK-Mitt. (2004), 224.

(b) Gegen die umsatzorientierte Praxisbewertung werden Bedenken vorgebracht.

Der Auffassung der BRAK wird entgegengehalten, dass die leichte Ermittelbarkeit einer Bezugsgröße kein Kriterium dafür sein könne, dass sie auch zu einem zutreffenden Ergebnis führe.[5]

Weiter weist die Kritik an der umsatzorientierten Bewertungsmethode darauf hin, dass der wirtschaftliche Erfolg einer Freiberuflerpraxis durchaus in erheblichem Maße von Kostenfaktoren abhänge, die der Berufsträger nicht beeinflussen könne und denen sich der Übernehmer ausgesetzt sehe.[6] Tatsächlich unterliegt der Kostenfaktor bei Anwaltspraxen einer erheblichen Bandbreite. Ein in Einzelpraxis arbeitender Anwalt mit hohem Spezialisierungsgrad (z.B. als Strafverteidiger) kann seine Kosten bei weniger als 30% des erzielten Umsatzes halten, während die Kostenbelastung großer Praxen, die personalintensiv in repräsentativen Räumen mit hochwertiger Betriebsausstattung arbeiten, ohne weiteres bei mehr als 60% des erzielten Umsatzes liegen kann.

Die Praxis bedient sich bei der Wertermittlung, ausgehend vom erzielten Umsatz, des Instrumentes der Umsatzbereinigung und der Anwendung des Berechnungsfaktors für den Einzelfall, siehe Abschnitte 10.5.2 und 10.5.4. Sie nähert sich damit ein gutes Stück dem Ertragswertverfahren.

(c) Die von der BRAK empfohlene und in der Praxis überwiegend angewendete umsatzorientierte Wertfindungsmethode für Anwaltspraxen ist wissenschaftlich nicht fundiert. Wesentliche Erkenntnisse der betriebswirtschaftlichen Bewertungslehre – insbesondere die Erfolgs-, Subjekt- und Funktionsbezogenheit der Bewertung – werden nicht beachtet. Was bleibt, ist der Vorzug der leichten Handhabung und der Akzeptanz auf Seiten der Nachfrager der Bewertung, auch beim Einsatz in gerichtlichen und schiedsgerichtlichen Verfahren.[7]

(d) Gegenüber der bei der Bewertung von Freiberuflerpraxen unverändert im Vordergrund stehenden Methode der Substanz- und Umsatzbewertung hat die Ertragswertmethode ihren Schwerpunkt in der Betrachtung des Ertrages (Gewinnes) eines Unternehmens bei entscheidender Gewichtung der Prognose, also der künftigen Wiederholung der festgestellten Erträge. Die Ertragswertmethode ist herrschend bei der Bewertung von Wirtschaftsunternehmen. Sie geht von der ewigen Unternehmensdauer aus (was für eine Freiberuflerpraxis nicht zutreffend kann) und gewichtet den Wert der Unternehmenssubstanz im Wesentlichen als Kontrollgröße und ergänzenden, nicht aber als wesentlichen Bewertungsfaktor.[8]

Eine nähere Darstellung des Ertragswertverfahrens bei der Bewertung von Anwaltspraxen unterbleibt im Folgenden, da sich wesentliche Abweichungen von der allgemeinen betriebswirtschaftlichen Bewertungslehre für diese Branche nicht ergeben und der Bewertungsbedarf für die noch geringe Zahl von Großpraxen derzeit vernachlässigt werden kann.

---

[5] *Englert* (1997), 146.
[6] *Englert* (1997), 146.
[7] *Englert* (1997), 149, *Möller*, § 3 Rnr. 27.
[8] *Wollny* Rnr. 2875, 2877.

10.4 Der Substanzwert

(a) Zu erfassen ist nach den allgemeinen betriebswirtschaftlichen Grundsätzen das zur Praxis gehörende Anlage- und Umlaufvermögen, insbesondere:
Raulmeinrichtung und -ausstattung

- Bürogeräte einschließlich EDV-Hardware und Software
- Vorräte (Büromaterial und dgl.)
- Bibliothek
- Fahrzeuge
- Dauerschuldverhältnisse
- Forderungen und Verbindlichkeiten
- Bei der Büroeinrichtung und -ausstattung ist zwischen betriebsnotwendigem und nicht betriebsnotwendigem Vermögen zu unterscheiden.

Für betriebsnotwendiges Vermögen ist der Wiederbeschaffungswert abzüglich angemessener Abschreibungen (Reproduktionsaltwert) maßgebend; für das nichtbetriebsnotwendige Vermögen gilt der Liquidationswert.[9]

Bei der Bewertung der Bibliothek ist auf die Tatsache der raschen Überalterung Rücksicht zu nehmen. Zum Tagespreis zu bewerten sind gängige Kommentare neuester Auflage, komplette und auf den neuesten Stand gebrachte Gesetzessammlungen und sonstige Loseblattwerke, während bei älteren Auflagen und wenig gebrauchter Spezialliteratur Abschläge bis zum Erinnerungswert angebracht sind. Die Preise für vollständige Entscheidungs- und Zeitschriftensammlungen lassen sich durch Anfrage bei den Fachbuchhandlungen und -antiquariaten ermitteln.

Der Wert gebrauchter Kraftfahrzeuge lässt sich aus den anerkannten Gebrauchtwagenlisten (DAT, Schwacke) entnehmen.

(b) Gegenstand der Substanzwertermittlung können zahlreiche Dauerschuldverhältnisse sein, insbesondere:

- der Praxismietvertrag
- Miet- oder Leasingverhältnisse über Kommunikationsmittel wie Telefonanlagen, Faxgeräte, Kopierer und dgl.
- Miet- oder Leasingverträge über die kanzleiinterne EDV (Hardware und Software)
- Fahrzeug-Leasingverträge

Zu prüfen sind bei diesen Vertragsverhältnissen die Konditionen, insbesondere die Laufzeit und das Miet- oder Leasingentgelt. Dabei kann eine lange Restlaufzeit des bestehenden Praxismietvertrages werterhöhend sein, wenn die Lage der Praxisräume aus Fortführungsgesichtspunkten attraktiv erscheint und der Mietzins günstig ist. Bei beweglichen Gütern, insbesondere der Telekommunikations- und EDV-Ausrüstung kann dagegen eine lange Vertrags-Restlaufzeit angesichts der schnellen Überalterung der Hard- und der Software zu Bewertungsabschlägen führen.

(c) Ist die Bewertung einer Anwaltspraxis durch den Tod oder die endgültige Berufsaufgabe des Anwalts (etwa durch dauernde Erkrankung) bedingt, so kann die Ermittlung des Liquidationswertes der Substanz der Anwaltspraxis angebracht sein, insbesondere

---

[9] *Englert* (1997), 143.

dann, wenn sich zeitnah kein Erwerber findet, der die Praxis fortsetzt. Der Liquidationswert liegt meist deutlich unter dem Substanzwert unter Fortführungsgesichtspunkten, da Nachfrage für Einzelwirtschaftsgüter wie Büroeinrichtung und -ausstattung kaum zu finden ist und die außerplanmäßige Beendigung von Dauerschuldverhältnissen in aller Regel zu Schadenersatz- oder sonstigen Ausgleichsforderungen der Vertragspartner (Vermieter, Leasinggeber) führt.

(d) Bei der Bewertung von Forderungen und Verbindlichkeiten werden auf der Forderungsseite im Wesentlichen ausstehende Honorarforderungen zu beachten sein, das sind abgerechnete aber noch nicht eingegangene Honorare aus laufenden und abgeschlossenen Mandanten und noch nicht gegenüber den Mandanten abgerechnete Honorare, bei denen der Anspruch auf Honorarzahlung aufgrund der Annahme des Mandats und des Tätigwerden des Anwalts bereits entstanden ist. Bei der Bewertung von Einzelpraxen oder Sozietätsbeteiligungen wird eine Einzelerfassung aus den Handakten des betroffenen Anwalts möglich und notwendig sein. Bei Berufsträgern, die kraft Gesetzes zur Bilanzierung verpflichtet sind, oder die freiwillig bilanzieren, kann auf die entsprechende Bilanzposition zurückgegriffen werden.

Verbindlichkeiten werden bei der Bewertung in erster Linie im Rahmen des Eintritts in bestehende Dauerschuldverhältnisse zu gewichten sein (fällige Mieten oder Leasingraten). Daneben können eingegangene, aber noch nicht vollständig abgerechnete und ausgekehrte Fremdgelder für die Bewertung eine Rolle spielen, insbesondere wenn Anlass der Bewertung der Eintritt in eine bestehende Sozietät im Hinblick auf die persönliche Haftung des Übernehmers ist.

10.5 Der Praxiswert (Goodwill)

Der wirtschaftliche Erfolg des Rechtsanwalts als Freiberufler drückt sich in seiner Inanspruchnahme durch seine Mandanten aus, die wiederum bestimmend für den erzielten Umsatz ist. Es wird angenommen, dass es auch dem Praxisübernehmer möglich sein müsste, diesen Umsatz zu erzielen, wobei personen- und berufstypische Merkmale den vom Umsatz abgeleiteten Praxiswert regulieren müssen.[10] Der Erwerber hat die Chance, die Mandanten weiter betreuen zu dürfen; diese Chance ist dem Übergeber zu vergüten und zwar selbst dann, wenn der Erwerber diese Chance – aus welchen Gründen auch immer – nicht zu nutzen vermag.[11]

10.5.1 Umsatzermittlung

Nach dem Bericht der BRAK sowohl für 1991,[12] wie auch im Bericht 2004,[13] ist von den drei letzten Kalenderjahren vor dem Kalenderjahr des Bewertungsfalles auszugehen, wobei es sich bewährt habe, das letzte Kalenderjahr vor dem Stichtag doppelt zu gewichten, da sich so die positive oder negative Entwicklung der Kanzlei in jüngster Zeit ausdrücke.

---

[10] *Englert* (1997), 149; *Möller*, § 3 Rnr. 21.
[11] *Möller*, § 3 Rnr. 21.
[12] BRAK-Mitt. (1992), 24.
[13] BRAK-Mitt. (2004), 224.

Sofern keine Besonderheiten vorliegen, sind daher die Umsätze der letzten drei vollendeten Kalenderjahre zusammenzuzählen und der Umsatz des letzten vollendeten Kalenderjahres nochmals hinzuzuzählen. Das Ergebnis ist dann durch vier zu teilen.

Die Umsatzentwicklung des laufenden Jahres kann für die Beurteilung der Entwicklung der Kanzlei im Vergleich mit den Umsätzen der drei vergangenen Jahre hilfreich sein, da sie möglicherweise eine aktuelle Tendenz abbildet.

Der zugrunde zu legende Umsatz versteht sich netto, d.h. ohne Mehrwertsteuer, gemäß der von Freiberuflern überwiegend angewendeten Einnahmen-Überschuss-Rechnung. Zum Stichtag bereits verdiente, aber noch nicht in Rechnung gestellte oder noch nicht als Zahlung eingegangene Honorare bleiben dabei unberücksichtigt, was hingenommen werden kann, da das erste Kalenderjahr der Betrachtung von Einkünften mitgeprägt wird, die in Zeiträumen verdient wurden, die der Betrachtung nicht mehr unterliegen.

10.5.2 Umsatzbereinigung

(a) Der Umsatz ist um außerordentliche Einnahmen zu bereinigen, die weniger Ausfluss der Anwaltstätigkeit als vielmehr der Persönlichkeit des Kanzleiinhabers oder Partners und daher personenbezogen oder außerordentlich anwaltsbezogen sind.[14]

Beispiele für außerordentliche personenbezogene Einnahmen sind Einnahmen als:

- Politiker
- Mitglied eines Aufsichtsrats oder Beirats
- Organ eines Verbandes, Vereins und/oder einer sonstigen Organisation
- Schriftsteller
- Lehrer
- Referent in Fort-, Aus- und Weiterbildungsveranstaltungen

(b) Als außerordentliche anwaltsbezogene Einnahmen werden genannt Einnahmen als:[15]

- Testamentsvollstrecker
- Insolvenzverwalter
- Vergleichsverwalter
- Zwangsverwalter
- Vormund
- Pfleger
- Vermögensverwalter
- Treuhänder
- Mediator
- Mitglied eines Schiedsgerichts, einer Schiedsstelle und/oder eines Berufsgerichts
- Sachverständiger
- Betreuer

(c) Die von der BRAK empfohlene Umsatzbereinigung um außerordentliche personenbezogene Einnahmen kann nur für die Bewertung einer Einzelpraxis richtig sein, die auf einen Erwerber übergehen soll.

---

[14] BRAK-Mitt. (2004), 224.
[15] Soweit diese Einnahmen nur gelegentlich erzielt werden und nicht aus der Haupttätigkeit des Rechtsanwalts resultieren.

Ist hingegen der Wert der Beteiligung an einer Sozietät zu ermitteln, muss dem Umstand Rechnung getragen werden, dass die Sozien häufig faktisch oder aufgrund ausdrücklicher Vereinbarung eine Arbeitsteilung dergestalt vornehmen, dass ein oder mehrere Partner ihren Arbeitsschwerpunkt in der Akquisition haben, das können die im Bericht der Rechtsanwaltskammer genannten außerordentlichen personenbezogenen Tätigkeiten sein, während die übrigen Sozien die so akquirierten Mandate bearbeiten.

Bei einer Sozietät, bei der der Gewinn nach einem Verteilungsschlüssel auf die Partner aufgeteilt wird, dürfen die außerordentlichen personenbezogenen Einnahmen nicht aus der umsatzbezogenen Betrachtung herausfallen, solange sie als Einnahmen der Sozietät verbucht worden sind.

Außer Ansatz bleiben Tätigkeiten der Sozien nur dann, wenn sie in der Freizeit erbracht werden (wissenschaftliche, schriftstellerische Tätigkeit).

(d) Das Herausrechnen außerordentlicher anwaltsbezogener Einnahmen wird in der Bewertungspraxis in zunehmendem Maß die Ausnahme, nicht aber die Regel sein. Die anwaltliche Tätigkeit als Insolvenzverwalter, Vergleichsverwalter oder Zwangsverwalter kennzeichnet bereits heute und verstärkt in Zukunft das Berufsbild des spezialisierten Anwalts mit den notwendigen Verbindungen zu den Insolvenz- und Vollstreckungsgerichten.

Für die Tätigkeit des Anwalts als Vormund, Pfleger und Betreuer gilt Ähnliches; die Tätigkeit des Anwalts als Mediator ist von seiner Spezialisierung im Übrigen, insbesondere im Bereich des Familienrechts nicht zu trennen. Auch die Tätigkeit des Schiedsrichters, insbesondere in wirtschafts- und gesellschaftsrechtlichen Fragen, ist heute Spezialistensache, die kaum nebenher oder nur im Einzelfall erfolgreich betrieben werden kann.

10.5.3 Das Anwaltsnotariat

Der vom Anwaltsnotar aus seiner Notariatstätigkeit erzielte Umsatz ist bei der Bewertung nicht zu berücksichtigen, da die Notarkanzlei kein veräußerliches Wirtschaftsgut ist.

Nachdem aber zwischen der Anwalts- und der Notartätigkeit eine positive, umsatzerhöhende Wechselwirkung besteht, kann die Notarstelle ein werterhöhender oder wertmindernder Faktor sein, je nach dem, ob der Erwerber die Möglichkeit hat, die Position zu übernehmen oder ob sie mit dem Ausscheiden des bisherigen Berufsträgers für die Kanzlei wegfällt.

Erfolgt die Berechnung zum Zwecke des Ausgleichs des ehelichen Zugewinns (Fortführungswert), so ist der Umsatz des Notariats in die Bewertung einzubeziehen.

10.5.4 Der Bewertungsfaktor

(a) Der Bewertungsfaktor dient der Korrektur der systemimmanenten Fehlerhaftigkeit und Ungenauigkeit der Ableitung des Praxiswertes vom erzielten Umsatz. Der Bewertungsfaktor stellt sich als Sammelbecken für die Berücksichtigung aller personen-, branchen- und konjunkturbezogenen Daten dar, die den Wert dieser Praxis betreffen und sich aus dem Umsatz allein nicht ableiten lassen.

In den Bericht des BRAK-Ausschusses 1992 wurde die Bandbreite des Bewertungsfaktors noch zwischen 0,5 und 1,0 – in Extremfällen bis zu 1,5 – angegeben mit der Begründung, dieser berufsübliche Rahmen habe sich in jahrelanger Übung der Anwaltschaft ergeben.

In dem Bericht der BRAK 2004 wird der Bewertungsfaktor als in der Regel zwischen 0,3 und 1,0 liegend angegeben, wobei er in Ausnahmefällen auf 0 fallen oder bis 1,3 steigen könne. Eine Reduzierung auf 0 komme insbesondere dann in Betracht, wenn durch Krankheit oder aus anderen Gründen eine Kanzlei lange nicht mehr betrieben wurde oder völlig unwirtschaftliche oder zerrüttete Verhältnisse vorliegen.

Die Verringerung des Multiplikators im Bericht 2004 gegenüber dem Bericht 1992 lässt sich zum einem mit der verringerten Rentabilität der Praxen aufgrund der Anwaltsschwemme (Tendenz geringere Umsätze bei steigenden Kosten) erklären, aber auch mit dem Umstand, dass der kalkulatorische Anwaltslohn im Bericht 2004 gegenüber seinem Vorgänger nicht mehr berücksichtigt wird.

(b) Als Beispiel wertmindernder Bestandteile des Berechnungsfaktors werden im BRAK-Bericht 2004 beispielhaft genannt:
- Bestehen der Kanzlei seit weniger als zehn Jahren,
- Alter des Kanzleiinhabers über 65 Jahre,
- schlechte Gesundheit des Kanzleiinhabers,
- Einkünfte von wenigen Großklienten,
- überdurchschnittliche kanzleibedingte Kosten,
- Kosten angestellter Rechtsanwälte
- Auslaufende Tätigkeitsarten der Kanzlei (z.B. Vertreibungsschäden, Rückübertragungen).

(c) Als werterhöhende Merkmale nennt der Bericht beispielhaft:
- Bestehen der Kanzlei länger als zehn Jahre,
- breitgestreuter Klientenkreis,
- überdurchschnittlich niedrige Kosten,
- Einführung des Bewerbers in die Klientel durch bisherige Tätigkeit des Erwerbers in der Kanzlei oder weitere Übergangstätigkeit des Übergebers,
- besonderer Ruf der Kanzlei,
- günstige Geschäfts- und Konkurrenzlage der Kanzlei,
- günstiger Mietvertrag der Kanzlei,
- moderne Ausstattung der Kanzlei.

(d) Die vorstehenden wertbestimmenden Merkmale gelten im Wesentlichen für die Einzelpraxis und die kleine oder mittlere Sozietät. Für die wirtschaftliche Betrachtungsweise und Bewertungspraxis werden sich die Großsozietäten immer stärker der Beurteilung nach dem Ertragswertverfahren annähern, soweit sie diese nicht bereits erreicht haben.

(e) Den wesentlichen Anteil an der Ermittlung des angemessenen Ermittlungsfaktors hat dabei die Kostensituation der zu bewertenden Kanzlei. Das Ergebnis der Einnahmen-Überschuss-Rechnung der Jahre, die zur durchschnittlichen Umsatzermittlung herangezogen wurden, zeigt, ob dem erzielten Umsatz ein vertretbarer Aufwand gegenübersteht.

10.5.5 Der kalkulatorische Anwaltslohn

(a) Sowohl für den Veräußerer (Desinvestition) wie auch für den Erwerber (Investition) spielt der Wert seines persönlichen Arbeitseinsatzes eine entscheidend mitbestimmende Rolle bei der Bewertung der Praxis. Während bei der Bewertung eines gewerblichen Unternehmens der Faktor des Arbeitseinsatzes des Unternehmers in den Hintergrund treten kann, etwa weil der Unternehmer sich auf den Einsatz sachlicher Mittel beschränkt und die Führung der Geschäfte dritten Personen überlässt, ist die persönlich erbrachte Dienstleistung des Freiberuflers der bestimmende Faktor. Der Erwerber wird einen Praxiswert nur bezahlen, wenn ein den Wert des persönlichen Arbeitseinsatzes übersteigender Ertrag erwartet werden kann; für den Veräußerer kann ein Kaufpreis entscheidungsbestimmend sein, wenn er über dem Wert seines Arbeitseinsatzes liegt.

Der BRAK-Ausschuss hat im Bericht 1992 bei der umsatzbezogenen Ermittlung des Praxiswertes eines Anwalts die Berücksichtigung eines kalkulatorischen Anwaltslohnes vorgesehen und zwar in Höhe eines Richtergehaltes zuzüglich Ortszuschlag zuzüglich eines Aufschlags von 40% als Ausgleich für Kranken- und Altersvorsorge, für die der Freiberufler selbst aufkommen muss.[16]

Im Einzelfall empfiehlt der BRAK-Bericht 1992 den Ansatz nur des halben kalkulatorischen Anwaltslohnes. Dies wird damit begründet, dass der Übergeber dem Übernehmer seine Praxisleistung bzw. sein Lebenswerk überlässt und ihm damit auch die Chance der beruflichen Entwicklung ohne Anlaufzeit ermöglicht, die der Übernehmer aus eigener Kraft sonst nicht hätte.[17]

Der Ansatz von nur der Hälfte des kalkulatorischen Anwaltslohnes bei der Ermittlung des Goodwill ist ein Kompromiss. Der kalkulatorische Unternehmerlohn ist ein Element des Ertragswertverfahrens und passt methodisch nicht zu der umsatzbezogenen Ermittlung des Praxiswertes.

Trotz erheblicher Bedenken gegen den methodischen Ansatz ist die Bewertungspraxis der Empfehlung, den halben kalkulatorischen Anwaltslohn anzusetzen, zunächst noch gefolgt.[18]

(b) Im Bericht des BRAK-Ausschusses 2004 wurde die Berücksichtigung des kalkulatorischen Anwaltslohnes insgesamt aufgegeben; es hat den Anschein, als sei dieser Bewertungsfacktor in den Bewertungselementen der Umsatzbereinigung und des Berechnungsfaktor für den Einzelfall aufgegangen. Bedenklich erscheint, dass der kalkulatorische Anwaltslohn im Bericht des BRAK-Ausschusses 2004 auch keine Erwähnung mehr im Zusammenhang mit der Bewertung unter Fortführungsgesichtspunkten, insbesondere zum Zwecke der Berechnung des ehelichen Zugewinns, findet.

10.5.6 Der kalkulatorische Anwaltslohn und der Fortführungswert

(a) Zu gewichten ist der kalkulatorische Anwaltslohn bei der Ermittlung des Fortführungswertes einer Einzelpraxis oder eines Sozietätsanteils, insbesondere bei der Er-

---

[16] BRAK-Mitt. (1992), 26.
[17] BRAK-Mitt. (1992), 27.
[18] *Möller*, § 3 Rnr. 216.

mittlung des ehelichen Zugewinns, § 1358 BGB, oder bei der streitigen Auseinandersetzung von Sozietäten.

Die Bewertung einer Freiberuflerpraxis zur Ermittlung des Anfangs- und Endvermögens im Zugewinnverfahren erfolgt unter Fortführungsgesichtspunkten,[19] denn der Praxisinhaber wird seine Praxis im Allgemeinen nicht scheidungsbezogen aufgeben. Die Rechtsprechung bewertet nicht nur Einzelpraxen, sondern auch Sozietätsbeteiligungen unter vollem Wertansatz ohne Berücksichtigung von Veräußerungsbeschränkungen, die das Gesetz oder der Sozietätsvertrag vorsehen. Dabei geht die Rechtsprechung von der Annahme aus, dass der Praxisinhaber zumindest für einen mittelfristigen Zeitraum Praxiseinnahmen in gleicher Höhe haben wird wie zum Zeitpunkt des Eheendes (§ 1375 I BGB). Diese nachhaltige Gewinnerwartung wird als Vermögenswert angesehen, der dem Ausgleich des ehelichen Zugewinns unterliegt.

(b) Nicht Gegenstand der Berücksichtigung im Anfangs- und Endvermögen ist jedoch der Wert der eingesetzten persönlichen Arbeitsleistung für den Erfolg der Praxis. Die Arbeitsleistung ist kein Faktor bei der Ermittlung eventuellen Zugewinns, genauso wenig wie dies ein kapitalisiertes Erwerbseinkommen aus nichtselbständiger Tätigkeit sein könnte.

Der kalkulatorische Unternehmerlohn ist deshalb bei der Ermittlung des Zugewinns im Anfangs- und Endvermögen in voller Höhe als Abzugsposten zu berücksichtigen, gleichgültig, ob ertrags- oder umsatzbezogene Überlegungen bei der Bewertung im Vordergrund stehen. Der kalkulatorische Anwaltslohn im Zugewinnverfahren ist dem selbständigen oder nichtselbständigen Arbeitseinkommen des Verpflichteten gleichzusetzen. Dieses findet familienrechtlich ausschließlich bei der Ermittlung eventueller Unterhaltsansprüche Beachtung. Der Ehegatte, der den Praxiswert ohne Abzug des Unternehmerlohns ausgleichen und daneben aus seinem Erwerbseinkommen nachehelich Unterhalt bezahlen müsste, sähe sich einer ungerechtfertigten Doppelbelastung ausgesetzt.

(c) Der volle Ansatz des kalkulatorischen Unternehmerlohns unter Fortführungsgesichtspunkten kann auch bei der Bewertung aus Anlass der streitigen Trennung von Sozietäten eine Rolle spielen.

Kündigt etwa ein Sozius die Sozietät wegen gesellschaftswidrigen Verhaltens der übrigen Sozien außerordentlich, so wird bei der Berechnung des Goodwills ebenfalls der volle kalkulatorische Anwaltslohn (140% eines Richtergehaltes) anzusetzen sein, soweit unterstellt werden kann, dass der ausscheidende Sozius seine Arbeitskraft in diesem Umfang in anderer Weise wird einsetzen können.

10.6 Bewertung von Sozietätsbeteiligungen

(a) Anlässe für die Bewertung von Sozietätsanteilen sind im Wesentlichen:
- Gründung einer Sozietät oder Eintritt in eine bestehende Sozietät,
- Beteiligungswert bei Bestehen der Sozietät,
- Auflösung einer Sozietät oder Ausscheiden aus einer Sozietät.[20]

---

[19] BGH FamRZ 1999, 361.
[20] BRAK-Mitt. (2004), 225.

In der Praxis wird Bewertungsbedarf bei der Gründung einer Sozietät oder beim Eintritt in eine bestehende Sozietät nur in vergleichsweise seltenen Fällen entstehen. Nimmt eine Sozietät einen Berufsanfänger als Partner auf, so wird sie in den meisten Fällen von ihm keine Geld- oder Sacheinlage fordern, sondern ihn für einen längeren Zeitraum mit einer geringeren Quote als die der bereits seit längerer Zeit zusammengeschlossenen Sozien am Gewinn der Sozietät beteiligen.

Nimmt die Sozietät einen bisher in Einzelpraxis tätigen Partner auf oder schließen sich Sozietäten zusammen, so werden Bewertungen selten vorgenommen. Ziel einer Bewertung aus Anlass des Zusammenschlusses wird meist nur die Feststellung der Substanzwerte sein.

Soweit Bewertungsbedarf besteht, erfolgt die Ermittlung nach den vorstehenden Grundsätzen für die Einzelpaxis.

(b) Bei der Bewertung von Sozietäten und Sozietätsanteilen kann meist ein höherer Berechnungsfaktor angenommen werden als bei der Bewertung einer Ein-Mann-Kanzlei, da eine Sozietät in aller Regel aufgrund des besseren Dienstleistungsangebotes (höherer Spezialisierungsgrad der einzelnen Sozien höherer Bekanntheitsgrad) erfolgreicher arbeiten kann als der einzelne Rechtsanwalt.

(c) Häufig entsteht Bewertungsbedarf für die Beteiligung an Sozietäten unter Fortführungsgesichtspunkten, wobei neben Bewertungen zur Streitschlichtung oder -entscheidung Anlass für die Bewertung die Ermittlung des ehelichen Zugewinns ist.

In diesem Fall ergibt sich gegenüber dem vorstehend für die Einzelpraxis gesagten nichts wesentlich anderes. Zu ermitteln ist der Substanzwert und der Praxiswert der Sozietät, Letzterer ebenfalls unter Zugrundelegung des von der Sozietät erzielten Umsatzes unter Ansatz eines angemessenen Bewertungsfaktors. Der Wert des betroffenen Anteils entspricht der sich aus Gesetz oder Vertrag ergebenden Beteiligungsquote. Der kalkulatorische Anwaltslohn für den Partner, dessen Anteil der Bewertung unterliegt, ist wie bei der Einzelpraxis in voller Höhe anzusetzen.

(d) Bei Auflösung einer Sozietät oder dem Ausscheiden eines Partners aus einer Sozietät werden im Allgemeinen drei Fallgruppen unterschieden:
- Auflösung einer Sozietät unter Fortführung mehrerer Einzelkanzleien bzw. Sozietäten,
- Ausscheiden aus der Sozietät unter Fortführung der Sozietät und der Kanzlei des A
- scheiden aus der Sozietät ohne Fortführung einer Kanzlei durch den Ausscheidenden.

(da) Für den Substanzwert gilt das vorstehend (Abschnitt 10.4) Gesagte. Der Anteil der Sozien am Substanzwert ergibt sich aus dem Sozietätsvertrag oder dem Gesetz.

(db) Die Auflösung der Sozietät hat regelmäßig zur Folge, dass den bisherigen Sozien – auch unter Zusammenschluss zu neuen Sozietäten – die Verbindung zu den von ihnen in bestehender Sozietät akquirierten und betreuten Mandanten bleibt. Meist werden die so übernommenen Umsatzanteile aus dem von der Sozietät erarbeiteten Umsatz im Wesentlichen der Beteiligungsquote der bisherigen Partner entsprechen, so dass wechselseitige Ansprüche auf Ausgleich des Kanzleiwertes die Ausnahme sein dürften.

Etwas anderes kann gelten, wenn aus Anlass der Trennung eine erhebliche Abweichung zwischen den Umsätzen aus mitgenommenen Mandaten und dem ehemaligen Sozietätsanteil entsteht. In diesem Fall empfiehlt der BRAK-Ausschuss, eine Schätzung des Umsatzanteils der von den einzelnen Sozien mitgenommenen Mandate vorzunehmen und mit der früheren Beteiligungsquote zu vergleichen. Mehr- oder Minderwerte zwischen anteilig (mitgenommenem) Umsatz und der bisher geltenden Beteiligungsquote können zu Ausgleichszahlungen führen.

(dc) Scheidet ein Partner aus der fortbestehenden Sozietät aus und führt er seine Praxis fort, ergeben sich keine wesentlichen Änderungen gegenüber der vorstehenden Betrachtung. Der Ausscheidende erhält meist nur eine Entschädigung für den ihm anteilig zustehenden Substanzwert der Praxis. Der Ausgleich des Goodwill ist in der Regel ausgeschlossen.

Enthält der Gesellschaftsvertrag der Sozietät keine Mandantenschutzklausel und hat der ausscheidende Partner Gelegenheit, insbesondere nach vorangegangener Mandantenbefragung, aus Anlass der Trennung seine Mandate weiter zu bearbeiten, so stellt diese vertraglich vereinbarte oder sehr häufig faktisch praktizierte Aufteilung der Mandate auf die Verbleibenden und den ausscheidenden Partner den angemessenen Ausgleich des Goodwill dar, ohne dass darüber hinaus eine weitere Abfindung verlangt werden könnte.[21]

Für die Berechnung des Zugewinns spielen Mandantenschutzklauseln und andere Veräußerungsbeschränkungen im Sozietätsvertrag keine Rolle, da angenommen wird, dass die Tätigkeit in weiter bestehender Sozietät fortgesetzt wird.

Die frühere obergerichtliche Rechtsprechung, wonach der Sozietätsvertrag entscheidet, ob ein Goodwill bei der Bewertung des Anteils auch im Zugewinnverfahren anzusetzen ist, kann seit der Entscheidung BGH FamRZ 1999, 361 als aufgegeben angesehen werden.

(dd) Scheidet ein Sozius, insbesondere aus Alters- oder Krankheitsgründen ohne Fortführung einer Kanzleitätigkeit aus der Sozietät aus, so ist mangels entgegenstehender rechtswirksamer Vereinbarungen im Sozietätsvertrag neben dem anteiligen Substanzwert der Anteil am Goodwill der Sozietät ebenfalls nach der umsatzorientierten Bewertungsmethode zu ermitteln. Soweit der Sozietätsvertrag Leistungen bei Krankheit oder Ausscheiden aus Altersgründen vorsieht, kann dies den Anspruch auf Abfindung für den anteiligen Goodwill einschränken oder ausschließen.

Verstirbt ein Sozius, so steht den Erben regelmäßig der Substanzwert der Beteiligung zu, soweit der Sozietätsvertrag in Einzelfällen nicht wirksam etwas anderes regelt. Eine Entschädigung der Erben für den anteiligen Goodwill des verstorbenen Partners ist vertraglich meist ausgeschlossen und/oder durch eine Hinterbliebenenversorgung ersetzt.

Bei Fehlen einer wirksamen vertraglichen Vereinbarung ist der Goodwill des Anteils des Verstorbenen unter Zugrundelegung des von ihm erzielten Umsatzes nach den allgemeinen Grundsätzen zu ermitteln, wobei sich der Bewertungsfaktor häufig an der unteren Grenze der Skala bewegen wird, da der Tod des Partners häufig

---

[21] BGH NJW (1995), 1551; NJW 2000, 2584.

dazu führt, dass seine Mandatsbeziehungen für die Sozietät nicht gehalten werden können.

(de) In Ausnahmefällen kann trotz entgegenstehender vertraglicher Regelung dem aus einer Sozietät ausscheidenden Partner der seinem Sozietätsanteil entsprechende Anteil am Goodwill der Sozietät zu ersetzen sein, wenn der Ausschluss der Abfindung zu einem grob unbilligem Ergebnis führen würde. Zu prüfen ist hier
- Dauer der Mitgliedschaft des Ausscheidenden,
- Beitrag des Ausscheidenden zum Aufbau und Erfolg der Sozietät,
- Anlass des Ausscheidens.

10.7 Bewertung von Großsozietäten und anderen Anwaltsgesellschaften

Anwaltliche Großsozietäten und Zusammenschlüsse von Anwälten in anderer Rechtsform (Anwalts GmbH und dergleichen), haben sich von den Einzelpraxen und den klassischen kleinen und mittleren Sozietäten in ihrem Selbstverständnis, ihrem Auftritt auf dem Anwaltsmarkt und ihrer inneren Organisation (Unternehmensführung, Unternehmensziele) bereits weitgehend entfernt. Dies gilt im Besonderen für Anwaltsunternehmen auf dem deutschen Rechtsmarkt, die zu großen internationalen Zusammenschlüssen, meist US-amerikanischer oder britischer Prägung, gehören.

Diese Zusammenschlüsse haben sich in ihrem Selbstverständnis und in ihrer Außenwirkung bewusst abgesetzt; sie treten auf dem Markt als „Firmen" auf, bei denen die Person und die Leistung des einzelnen Anwalts hinter dem Unternehmen zurücktritt. Die anwaltliche Dienstleistung wird meist im Team erbracht; Auftraggeber sind überwiegend mittlere und große Wirtschaftsunternehmen und nicht mehr Einzelpersonen. Die wirtschaftliche Zielsetzung, der Werbeauftritt und die innere Organisation dieser Anwaltsunternehmen ist zentral gesteuert; auch die am Unternehmen beteiligten Partner haben sich der Unternehmensführung unterzuordnen. In der Regel arbeiten die Partner und die angestellten Anwälte in dieser großen Einheiten nach Zeitaufwand (Stundenhonorare). Die Abrechnung nach BRAGO und RVG wird zur Ausnahme. Unternehmerisches Ziel ist das Erreichen einer möglichst hohen Zahl abrechenbarer Stunden zu möglichst attraktiven Stundensätzen.

Es ist zu erwarten, dass die Bewertungspraxis für derartige Einheiten künftig den Umsatz als zentralen Faktor der Bewertung aufgibt und derartige Unternehmen nach den Kriterien behandelt, die allgemein für Wirtschaftsunternehmen zutreffen.

Die Argumente für die vom Umsatz abgeleitete Bewertung des inneren Wertes der anwaltlichen Betätigung sind für die anwaltliche Betätigung der großen Einheiten nicht mehr zutreffend. Gründe, die der Unternehmensbewertung nach der Ertragswertmethode entgegenstehen könnten, sind nicht ersichtlich.

10.8 Zusammenfassung

Die noch vorherrschende umsatzorientierte Bewertungsmethode für Anwaltspraxen in der Mehrzahl ihrer Erscheinungsformen entspricht nicht den Erfordernissen der betriebswirtschaftlichen Bewertungslehre an ein sachgerechtes Bewertungskalkül.[22]

Die zunehmende Kommerzialisierung der anwaltlichen Dienstleistung, wie sie sich bereits heute in den überwiegend international auftretenden großen Anwaltsfirmen darstellt, kann in zunehmendem Maße von einer Abkehr der bisherigen umsatzorientierten Bewertung führen.

Der vom Umsatz abgeleitete branchentypische Wert einer Anwaltspraxis oder Sozietätsbeteiligung wird beim Kauf oder Verkauf von Einzelpraxen häufig hinter dem freien Spiel von Angebot und Nachfrage zurücktreten, nicht zuletzt im Hinblick auf die schwere Einschätzbarkeit des Zukunftserfolges und der Übertragbarkeit anwaltlicher Tätigkeit.

Der branchentypische Wert (Verkehrswert) der sich aus dem Substanzwert und dem vom Umsatz abgeleiteten inneren Wert zusammensetzt, stellt nach wie vor die anerkannte Bewertungsmethode, insbesondere als Grundlage für gerichtlich veranlasste Gutachten zur Ermittlung des Fortführungswerts von Praxen, dar.

10.9 Praxisbeispiele

(a) Einzelpraxis in einer Kreisstadt in Innenstadtlage, angemessene Miete, Alter des Inhabers 60 Jahre, geringer Spezialisierungsgrad, Durchschnittsumsatz € 200.000,00 jährlich mit leicht rückläufiger Tendenz, Substanzwert € 20.000,00, EDV-Ausstattung teilweise nicht mehr auf dem neuesten Stand; die Praxis soll an einen jüngeren Kollegen verkauft werden, der in der Kanzlei bisher nicht tätig war.

Substanzwert	€ 20.000,00
Abschlag 25% im Hinblick auf Nachrüstungsbedarf	€ 5.000,00
Substanzwert netto	€ 15.000,00
Praxiswert	
Umsatz	€ 200.000,00
Bewertungsfaktor 0,5	
Praxiswert netto	€ 100.000,00
Zuzüglich Substanzwert	€ 15.000,00
Kaufpreis	€ 115.000,00

(b) Anteil an einer Sozietät mit zehn Partnern, hoher Spezialisierungsgrad, gute Lage der Kanzlei in einer Großstadt, günstige Miete, Büroeinrichtung – und Ausstattung ist auf dem neuesten Stand, der Anteil des betroffenen Partners an der Sozietät beträgt 10%. Die Sozietät erwirtschaftet einen durchschnittlichen Jahresumsatz von € 4 Mio. Die Bewertung erfolgt zur Berechnung des Zugewinnausgleichs. Der Substanzwert der Sozietät beträgt € 350.000,00.

Anteiliger Substanzwert	€ 35.000,00
Anteiliger Umsatz	€ 400.000,00

---

[22] *Englert* (1997), 149.

Bewertungsfaktor 1,0	
Anteiliger Goodwill	€ 400.000,00
Kalkulatorischer Anwaltslohn Richtergehalt	
(vergleichbares Dienstalter) € 3.500,00 monatlich	
zuzüglich 40% zum Ausgleich für Kranken- und Altersvorsorge	€ 1.400,00
Gesamt € 4.900,00, jährlich	€ 58.800,00
Bereinigter Goodwill	€ 341.200,00
zuzüglich anteiliger Substanzwert	€ 35.000,00
Wert der Beteiligung	€ 376.200,00

10.10 Literatur

Englert, Die Bewertung von freiberuflichen Praxen mit Hilfe branchentypischer Wertlinderungsmethoden, BB 1997

Möller, Kauf, Verkauf und Fusion von Anwaltskanzlein, Deutscher Anwalt Verlag

Wollny, Unternehmens- und Praxisübertragungen, 5. Auflage, Verlag neue Wirtschaftsbriefe

BRAK-Mitteilungen 1992

BRAK Mitteilungen 2004

11 Bewertung von Software-Unternehmen

von *Marcus O. Klosterberg*★

11.1 Branche der Software-Hersteller aus Investorensicht	293
11.1.1 Größe, Wachstum und Struktur	294
11.1.2 Branchenbesonderheiten	296
11.1.3 Unternehmenscharakteristika	300
11.2 Unternehmensbewertung in der Software-Branche	303
11.2.1 Anlässe, Motivation und Ziele der Bewertung	294
11.2.2 Verfahren zur Bewertung von Software-Unternehmen	304
11.2.2.1 Faktoren	304
11.2.2.2 Substanz- und periodenerfolgsorientierte Verfahren	306
11.2.2.3 Zahlungsstromorientierte Verfahren	308
11.2.2.4 Vergleichsverfahren	310
11.2.2.5 Realoptionsverfahren	312
11.3 Zusammenfassung	313
11.4 Literatur	314

11.1 Branche der Software-Hersteller aus Investorensicht

Investitionen in Software-Unternehmen erreichten in den USA in 2004 ein Volumen von 5,1 Mrd. US$. In Europa wurde im selben Jahr ein Volumen von 1,7 Mrd. € in Software-Hersteller investiert. Computer-Software stellt damit aus Sicht der Investoren den größten Einzelbereich dar, sowohl gemessen am Investitionsvolumen als auch gemessen an der Zahl der Investitionen.[1]

Software-Unternehmen zu bewerten gilt gemeinhin als ein schwieriges Unterfangen. Zeigt die Erfahrung doch, dass Unternehmen der Software-Branche einer vergleichbar hohen Volatilität unterliegen. Gerade diese Volatilität aber birgt nicht nur ein hohes Risiko, sie ist auch Ausdruck besonderer Chancen, die sich mit Investitionen in den Software-Markt verbinden. Die Aufgabe, den Wert eines Software-Herstellers möglichst exakt zu bestimmen, entbehrt daher nicht eines besonderen Reizes.

Der vorliegende Beitrag beschreibt grob die Struktur und die Eigenheiten der Software-Branche aus Sicht einer Person, die im Rahmen einer Finanzanlage-Investition mit der Aufgabe der Bewertung von Software-Herstellern betraut ist. Im Anschluss werden die

---

★ Dr. Marcus O. Klosterberg, Excelsis Business Technolgy AG, Stuttgart.
[1] Vgl. *Lefteroff* 2005, S. 2; *Arundale* 2005, S. 3.

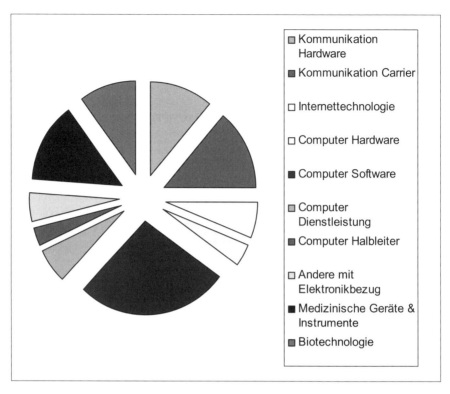

Abbildung 11-1: Private Equity Investitionen in 2004 in Europa, unterteilt nach Technologiesektoren (Arundale, S. 7)

bekanntesten Bewertungsverfahren vor diesem Hintergrund auf ihre Eignung untersucht. Es folgt eine kurze Zusammenfassung.

11.1.1 Größe, Wachstum und Struktur

Der weltweite Software-Markt zeigt mittlerweile eine beachtliche Größe und ist damit ein nicht mehr wegzudenkender Teil des Dienstleistungssektors.

Abbildung 11-2 zeigt, dass der weltweite Markt in 2003 einen Umfang von 183 Mrd. US$ eingenommen hat. Die Statistik zeigt auch, dass mit der zunehmenden Größe die Dynamik des Gesamtmarktes zurückgegangen ist. Die Zeiten außergewöhnlichen Wachstums über die gesamte Branche hinweg sind vorerst vorbei. Die letzten Jahre weisen ein eher moderates Wachstum auf.

Die Software-Branche hat trotz Wachstums in der letzten Zeit vielfache Konsolidierungszyklen durchlaufen. Daraus resultiert eine angebotsseitige Marktverteilung, die wenigen großen Unternehmen einen bedeutenden Marktanteil zuschreibt. Darüber hinaus wird die überragende Stellung der USA in der Software-Herstellung sichtbar *(Abbildung 11-3)*.

In der Bundesrepublik Deutschland ist der Anteil der Software-Branche am Bruttoinlandsprodukt weniger bedeutend als in den USA, hat sich aber dennoch durch das stetige Wachstum der letzten Jahre auf über 16 Mrd. € zu einem signifikanten Anteil entwickelt.

Ein stetiges moderates Wachstum ist auch in der Bundesrepublik zu erkennen und wird ebenso für die nahe Zukunft erwartet.

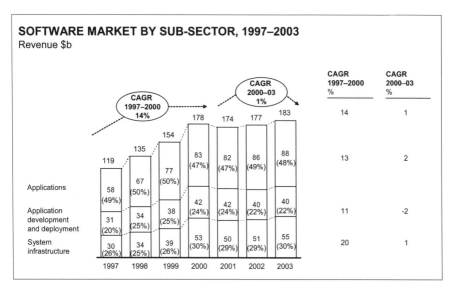

Abbildung 11-2: Strukturelle Aufteilung der Umsätze des globalen Software-Marktes von 1997 bis 2003 (DTI 2005, S. 34)

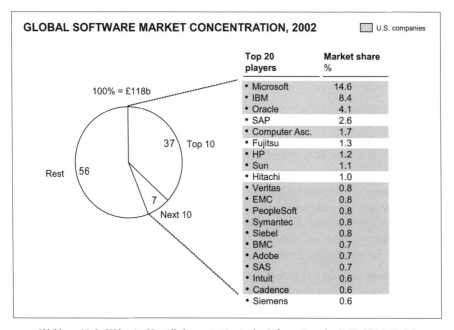

Abbildung 11-3: Weltweite Herstellerkonzentration in der Software-Branche (DTI 2005, S. 24)

ITK-Markt Deutschland	Marktvolumen (in Mrd. Euro)				
	2002	2003	2004	2005	2006
Summe ITK	127,2	127,5	130,8	135,2	139,4
Summe Informationstechnik[1]	66,3	64,9	66,0	68,4	70,7
Summe Telekommunikation[2]	60,8	62,6	64,9	66,8	68,7
Summe ITK Hardware u. Systeme[3]	34,7	33,3	33,6	34,2	34,3
Computer Hardware	17,8	16,9	16,6	16,8	16,6
TK-Endgeräte	4,4	4,8	5,2	5,2	5,1
Bürotechnik	2,9	3,0	3,2	3,3	3,5
Datenkommunikations- u. Netzinfrastruktur	9,6	8,5	8,7	9,0	9,2
Software	15,1	14,9	15,4	16,2	17,1

Abbildung 11-4: Volumen verschiedener ITK-Segmente in der Bundesrepublik Deutschland (BITKOM 2005, S. 1)

11.1.2 Branchenbesonderheiten

(a) Dynamik

Auch wenn die relativ moderaten Wachstumsraten im Software-Markt nicht darauf schließen lassen, die Dynamik der Branche ist ungebrochen. Sie zeichnet sich durch drei wesentliche Aspekte aus, die Branchenteilnehmer auf Anbieter- wie Abnehmerseite in Atem halten:

- kurze Produktlebenszyklen,
- geringe Zeitabstände zwischen aufeinander folgenden Produktversionen und
- eine hohe Innovationsrate, also eine große und stetige Anzahl neuer Technologien, Entwicklungswerkzeuge, Prozesse und Standards.

Die Gründe dieser ungebrochenen Dynamik liegen insbesondere in der zunehmenden Konvergenz von Informations-, Kommunikations- und Medientechnologien. Eine Vielfalt an neuen Verbindungs- und Kommunikations- und Darstellungsmöglichkeiten, neue Gerätetypen und neue bzw. weiterentwickelte Standardisierungen verändern Nachfrage- und Angebotsstruktur permanent.

Hinzu kommt die nach wie vor bestehende Gültigkeit des empirischen Moore'schen Gesetzes. Es besagt, dass sich die Komplexität eines integrierten Schaltkreises alle 18 bis 24 Monate verdoppelt. Primär gilt diese Aussage für Computer-Hardware. Der Konnex zur Software-Branche bildet sich dadurch, dass für die kontinuierlich weiterentwickelte Hardware beständig leistungsfähigere Applikationen gefordert und angeboten werden.

Darüber hinaus verändern sich die Leistungsbeziehungen in der Software-Branche durch neue Wege der Software-Vermarktung. Application Service Providing ist die wesentlichste der neuen Vermarktungsformen. Sie lässt die Grenze zwischen Produktanbietern und Dienstleistern noch unschärfer werden und generiert zudem eine Reihe neuer Geschäftsmodelle und Marktnischen.

Die Unternehmen im Software-Markt müssen aufgrund der vielfältigen und kontinuierlichen Veränderungsprozesse dynamisch, flexibel und in vielen Fällen auch innovativ und kreativ sein, um sich langfristig im Markt behaupten zu können.

(b) Entwicklungs- versus Produktionskosten

Software-Entwicklung und -Vermarktung ist ein Geschäft, das hohe Anfangsinvestitionen erfordert, deren Rückflüsse mit erheblicher zeitlicher Verzögerung eintreten. Gerade im Vergleich mit der Herstellung materieller Güter weist die Software-Herstellung eine deutlich unterschiedliche Verteilung der Herstellungskosten auf Entwicklungs- und Produktionsphasen auf. Die Produktionsphase ist in der Software-Herstellung kostenmäßig vernachlässigbar, da die variablen Produktionsstückkosten praktisch unerheblich sind. Die Aufwände für das Pressen einer CD oder die Herstellung einer Umverpackung sind im Vergleich zu den (anteiligen) Entwicklungskosten vernachlässigbar gering. In dieser Relation steckt denn auch der Grund für das enorme, in manchen Fällen exponentielle Ertragspotenzial eines einmal erfolgreich eingeführten Software-Produktes. Die Vervielfältigung des Produkts erzeugt im Gegensatz zu materiellen Gütern kaum zusätzliche Kosten.

Im Gegenzug zeigt sich die Entwicklung von Software-Produkten als vergleichsweise kostenintensiv. Zwar bedarf es in der Regel keiner größeren Aufwände für Entwicklungs- und Testinfrastrukturen, wie bei der Entwicklung materieller Güter. Die erforderlichen Aufwände für das notwendige spezialisierte Personal, die aufgrund der oben beschriebenen hohen Dynamik geringe ‚Time to Market' und die nach wie vor bestehende Unausgereiftheit von Basistechnologien, Werkzeugen und Entwicklungsprozessen, lassen die Kosten einer Software-Produktentwicklung in die Höhe schießen.

(c) Bedeutung immaterieller Güter

Eine Eigenheit der Software-Branche ist der im Vergleich mit anderen Branchen hohe Anteil an Forschungs- und Entwicklungsaufwänden. Sie steht in engem Zusammenhang mit dem Verhältnis von Entwicklungs- zu Produktionsaufwänden. Die Entwicklung von Software ist der Kern der Wertschöpfung eines Software-Unternehmens. Für sie wird regelmäßig der größte Teil der Investitionen aufgewendet. Aufgrund ihres immateriellen Charakters sind die Ergebnisse dieser Wertschöpfung, die Software-Produkte, in einigen Fällen nicht aktivierbar, auf jeden Fall aber schwierig zu bewerten.

Das HGB schließt die Bilanzierung eigener immaterieller Entwicklungsleistungen aus. Die bedeutenden internationalen Rechnungslegungen IFRS und US-GAAP hingegen schreiben eine Aktivierung vor.[2] Hier verlagert sich das Problem auf die sachgerechte Bewertung der selbstentwickelten Software-Produkte. Da Software keinen Materialwert hat, liegt die Bewertung allein im Spannungsverhältnis zwischen Herstellungskosten und nachfragebedingtem Marktwert. Die Herstellungskosten der Software können genau festgestellt werden. Sie stehen jedoch in keinem berechenbaren Verhältnis zu dem mit der Software erzielbaren Erlös. Die Aussagekraft der Herstellungskosten in Bezug auf die Werthaltigkeit einer selbstentwickelten Software muss daher kritisch beurteilt werden. Den Marktwert festzustellen ist hingegen schwer, da intime Kenntnisse des Marktes, seiner Nachfrage- und Wettbewerbsstruktur sowie deren Veränderungen im Zeitablauf erforderlich sind. Aufgrund der Dynamik des Software-Marktes ein mit hohen Unsicherheiten behaftetes Unterfangen.

---

[2] Vgl. IAS 38.45 und SFAS 86.

(d) Patentsituation

In anderen Bereichen wie Medizin und Biotechnologie kann bei der Bewertung selbst erstellter Forschungs- und Entwicklungsleistungen regelmäßig auf Patente und deren Verwertungsmöglichkeiten zurückgegriffen werden. In der Software-Branche ist dieser Rückgriff mit Schwierigkeiten verbunden und teilweise nicht möglich.

Die Vergabe von Patenten auf Software-Entwicklungen wird international unterschiedlich gehandhabt. In Deutschland und der Europäischen Union sind Software-Entwicklungen nur unter bestimmten Bedingungen patentierbar. In den Vereinigten Staaten und in Japan hingegen kann potenziell jede Software patentiert werden. In Deutschland können Computerprogramme bei strenger Auslegung nach aktueller Gesetzeslage nicht patentiert werden. Die Rechtsprechung zeigt jedoch für bestimmte Computerprogramme Ausnahmen auf. Demnach sind – kurz gefasst und etwas verallgemeinert dargestellt – Software-Produkte dann patentierfähig, wenn sie einen Bezug zum ingenieurwissenschaftlichen Bereich, die so genannte Technizität aufweisen. Diese Voraussetzung erfüllen zum Beispiel Entwicklungen aus den Bereichen digitale Signalverarbeitung, Steuerungs- und Regelungstechnik oder CAD/CAM. Nicht patentierfähig sind hingegen Programmierwerkzeuge oder Systeme aus dem Office-Bereich wie Tabellenkalkulation, Textverarbeitung. Die Rechtsprechung und auch die Praxis der Patentämter weist in der Frage der Patentierbarkeit von Computerprogrammen keine einheitliche, transparente und nachvollziehbare Behandlung auf. Dies wirkt sich auch auf die Verwertung und Durchsetzbarkeit erteilter Patentrechte aus. Patente spielen in der europäischen Software-Herstellung nur eine untergeordnete Rolle.[3]

Die vollständige Patentierfähigkeit von Computerprogrammen in den USA, verbunden mit einer im Vergleich zu Europa niedrigen Hürde bezüglich der erforderlichen Innovationshöhe, hat eine umgekehrte Auswirkung. Sie bewirkt, dass auch einfachste Verfahren und Algorithmen patentiert werden können. Da es derzeit kein geeignetes System gibt, um schnell und ohne größeren Aufwand festzustellen, ob ein bestimmtes Verfahren bereits patentiert ist, besteht permanent die Gefahr, dass eine neue Entwicklung bestehende Patente verletzt.

Beide Patentsituationen in Europa wie in den USA behindern eine Wertfeststellung von selbsterstellten Software-Produkten mehr als das sie diese erleichtern.

(e) Open Source Software

Eng verbunden mit der Frage der Patentierbarkeit von Computerprogrammen ist ein einzigartiges Phänomen der Software-Branche: die Open Source Bewegung. Open Source Software sind Software-Programme, die von – in der Regel professionellen – Entwicklern hergestellt und der Allgemeinheit kostenlos zur Verfügung gestellt werden. Die Regeln zur Verwendung dieser Entwicklungen werden in Open Source Lizenzen festgehalten, von denen es verschiedene Ausführungen gibt. Dabei erlauben alle diese Lizenzen die private und kommerzielle Nutzung, die Veränderung, Anpassung und Erweiterung der Entwicklungen. Die Open Source Lizenzen unterscheiden sich zumeist hinsichtlich der Erlaubnis einer kommerziellen Verwertung (Verkauf, Leasing etc.) der Software-Entwicklungen selbst. Einige, wie die älteste und verbreitetste, die GNU Open Source Lizenz der Free Software Foundation, verbieten die kommerzielle Verwertung der Entwick-

---

[3] Vgl. *Blind* 2001, S. III.

lungen. Andere, mittlerweile ebenfalls verbreitete, wie die Apache Open Source Lizenz erlauben hingegen die kommerzielle Verwertung der Open Source Entwicklungen, zum Beispiel durch Einarbeitung in Software-Produkte, die kommerziell vermarktet werden.

Es gibt zigtausende von Open Source Projekten und daraus resultierende Produkte. Viele dieser Entwicklungen genügen hochprofessionellen Ansprüchen, sind millionenfach und weltweit im Einsatz und werden regelmäßig weiterentwickelt, um der Dynamik des Software-Marktes gerecht zu werden. Die Auswirkungen auf Unternehmen der Software-Branche sind mannigfach. Zum einen besetzen Open Source Produkte Marktanteile. Dies in manchen Fällen so umfassend, dass eine kommerzielle Produktvermarktung in diesen Märkten nicht mehr möglich ist. Zum anderen bieten Open Source Produkte die Basis für Weiterentwicklungen, die erfolgreich und profitabel vermarktet werden können. Zudem haben sich um besonders erfolgreiche Open Source Produkte, wie das Betriebssystem Linux, Geschäftsmodelle entwickelt, die ebenfalls die Basis profitabler Unternehmen bilden. Open Source kann also aus Sicht einer Unternehmensbewertung sowohl einen wertvernichtenden als auch einen werterzeugenden Faktor einbringen.

(f) Software-Piraterie

Die einfache und unaufwändige Reproduzierbarkeit von Software bringt nicht nur Vorteile im Sinne einer extrem günstigen Produktion. Sie ist auch das Tor für eine massenhafte Herstellung und Distribution durch Unautorisierte, die Software-Piraterie. Die Business Software Alliance (BSA), ein weltweiter Verband softwareherstellender Unternehmen, die sich dem Kampf gegen die Software-Piraterie verschrieben hat, beziffert den Schaden in Deutschland im Jahr 2004 auf 1,84 Mrd. €, bei steigender Tendenz. Der weltweite Schaden wird auf 32,7 Mrd. US$ geschätzt.[4] Auffallend sind auch die Wachstumsraten, die von der BSA festgestellt werden. In allen Ländern wächst der Schaden durch Software-Piraterie zweistellig und damit vielfach schneller als der Markt.

Dem entgegen stehen Entwicklungen wie Digital Rights Management, die geeignet sind, Software-Piraterie deutlich einzuschränken. Allerdings erhöhen diese Verfahren für Software-Hersteller und Anwender den Aufwand bei Distribution und Inbetriebnahme. Sie werden sich daher nur langsam und voraussichtlich auch nicht vollständig durchsetzen.

Aus Sicht einer Unternehmensbewertung muss die Software-Piraterie differenziert betrachtet werden. Ihr Einfluss hängt wesentlich mit der anvisierten Kundengruppe und der Produktart des Unternehmens zusammen. Je konsumentenorientierter ein Software-Produkt vermarktet wird und je standardisierter es eingesetzt werden kann, desto größer ist die negative Wirkung der Software-Piraterie auf das Umsatzpotenzial des Unternehmens. Wendet das Unternehmen Schutzmaßnahmen gegen Software-Piraterie an, wie Kopierschutz oder ein Lizenzschlüsselsystem, so müssen die entsprechenden Aufwände berücksichtigt werden.

(g) Globales Sourcing

Kaum eine Wertschöpfung ist in so geringem Maße ortsgebunden wie die Software-Entwicklung. Grundsätzlich ist es nicht erforderlich, dass die an der Entwicklung beteiligten Personen an einem Ort arbeiten, regelmäßig zusammen kommen, oder in einer bestimmten Nähe zueinander tätig sind. Bestes Beispiel hierfür sind viele Open Source Projekte,

---

[4] Angaben gemäß Pressemitteilung der BSA vom 18. Mai 2005.

die von einer Vielzahl an Entwicklern vorangetrieben werden, die ausschließlich über das Internet kommunizieren und Leistungen austauschen. In vielen Fällen haben sich die Beteiligten dieser Projekte nie gesehen oder direkt miteinander gesprochen.

Diese Unabhängigkeit von Ort (und Zeit) in der Software-Entwicklung ist eine optimale Voraussetzung für eine kostenmäßige Steuerung der Allokation der Ressourcen im globalen Sinne. Software kann in vielen Fällen direkt dort entwickelt werden, wo die weltweit günstigsten geeigneten Ressourcen zu finden sind. Und so haben viele Software-Unternehmen Entwicklungsstandorte in Osteuropa, Indien oder Südostasien aufgebaut. Die Entwicklungskosten können dort aufgrund der wesentlich geringeren Personalkosten erheblich reduziert werden. Dies gilt für große gleichermaßen wie für mittelständische Unternehmen.

Diese Flexibilität in der Allokation der Entwicklungsressourcen findet ihre Grenzen, wenn besondere Infrastrukturen erforderlich sind. Das kann zum Beispiel bei Lasttests von Software für Echtzeitsteuerungen der Fall sein. Erfordert die Software-Entwicklung eine intensive und häufige Abstimmung mit Kunden, schränkt dies ebenfalls die Allokationsalternativen ein.

Aus Sicht einer Unternehmensbewertung kann globales Sourcing Vorteile versprechen. Ein zu bewertendes Unternehmen nutzt gegebenenfalls die globalen Möglichkeiten zur kostenoptimalen Entwicklung oder, es kann durch entsprechende Allokation weitere Vorteile aufbauen. Zum anderen sind die globalen Sourcing-Alternativen Ausdruck eines weltweiten Kostenwettbewerbs, dem ein Unternehmen ausgesetzt ist und dem es sich erwehren muss.

(h) Vertrieb und Distribution

Als immaterielles Gut kann Software nicht nur über das Internet angeboten und verkauft, sondern auch distribuiert werden. Auch hier waren Open Source Projekte Vorreiter. Mittlerweile gibt es viele Internetportale, auf denen zehntausende von Software-Produkten angeboten werden. Die Produkte können direkt nach Kauf herunter geladen werden. Viele Software-Hersteller vertreiben zudem ihre Produkte über die eigene Website.

Ein Standard-Software-Produkt, dessen Installation keiner individuellen Integration bedarf, kann daher mit vergleichsweise geringen Mitteln und ohne logistischen Aufwand an Kunden verteilt werden – und das weltweit. Die Beschränkungen eines Produktvertriebs im Software-Markt sind demnach mehr im Marketing und insbesondere bei konsumentenorientierten Produkten in der Lokalisierung der Software zu sehen.

Aus Sicht der Unternehmensbewertung fördert die einfache und unaufwendige Distribution von Software die Umsatzchancen eines einmal erfolgreich eingeführten Produktes. Eine weltweite Vermarktung und Distribution kann ohne den langwierigen und teueren Aufbau internationaler Handelskanäle und Absatzwege vorgenommen werden. Bestehen bleibt freilich die Herausforderung, in jedem erklärten Absatzgebiet Kunden für das Software-Produkt zu gewinnen, also sie über Produkt und Hersteller zu informieren, ihr Vertrauen zu gewinnen und die Kaufentscheidung herbei zu führen.

11.1.3 Unternehmenscharakteristika

Neben den Besonderheiten der Branche und des Geschäfts mit Software lässt sich bei Betrachtung der software-herstellenden Unternehmen eine Reihe von Charakteristika beobachten, die bei einer Unternehmensbewertung ebenfalls eine ausgewogene Berücksichtigung finden sollten. Wie häufig bei Aussagen über eine Allgemeinheit sind die nachfolgenden Darstellungen als Tendenz- oder Trendbeschreibung zu verstehen, die für viele, sicherlich aber nicht für alle Marktteilnehmer gelten oder anwendbar sind.

(a) Einkunftsarten

Software-Unternehmen können Umsätze auf unterschiedlichen Wegen erzielen. Neben der Vermarktung des Software-Produkts selbst, können um dieses Produkt herum angeordnete Dienstleistungen zusätzliche Umsatzquellen darstellen.

Die gängigen Wege der Produktvermarktung sind der (einmalige) Lizenzverkauf, Vermietung und Leasing sowie die Vermarktung von Upgrades, also neuen Versionen, die ein umfangreicheres Funktionsspektrum bieten. In Zusammenhang mit einem eingeführten Software-Produkt werden zumeist daran gekoppelte Dienstleistungen angeboten. Dazu zählen Wartung (über die Gewährleistung hinausgehende Fehlerbeseitigung), Support (Unterstützung der Anwender bei Einsatz des Produktes), Professional Service (jegliche Art von Dienstleistung, die mit dem Produkt in Zusammenhang steht; häufig in Form von Projekteinsätzen) oder Application Service Providing (Betrieb und Bereitstellung der Software für Dritte). Eine zusammenfassende Darstellung zeigt *Abbildung 11-5*.

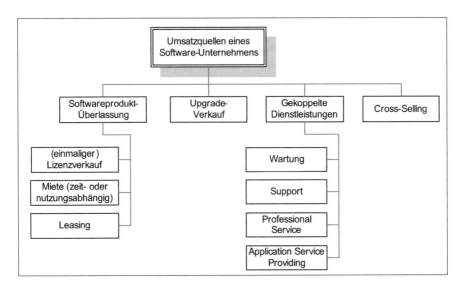

Abbildung 11-5: Umsatzquellen eines Software-Unternehmens

Darüber hinaus kann in der Software-Branche wie auch in anderen Märkten ein einmal etablierter Vertriebskanal zum Kunden für Cross Selling genutzt werden.

(b) Einproduktunternehmen

Software-Unternehmen, insbesondere jüngere Firmen, sind vielfach Einproduktunternehmen. Sie vermarkten nur ein Produkt beziehungsweise ein Produktbündel. Diese Einteilung ist auch dann relevant, wenn auf Basis eines Produkts die verschiedenen Umsatzquellen rund um das Erzeugnis, wie oben dargestellt, genutzt werden. Einproduktunternehmen sind einer besonderen Risikostruktur ausgesetzt. Der gesamte Unternehmenserfolg ist von der Entwicklung eines einzigen Produktes und seines Marktes abhängig. Sollte dieser Markt oder dieses Produkt nicht die Erwartungen erfüllen, sind die investierten Mittel häufig verloren. Die Gründe einer derartigen Fehlentwicklung können vielfältig sein. Beginnend bei einer Nachfrageverschiebung, über das Aufkommen von Substituten, reicht das Ursachenspektrum bis zum Eintritt vielfacher Wettbewerber in den Markt. Hinzukommen können die Entstehung einer hochwertigen Open Source Alternative, oder insbesondere in den USA, patentrechtliche Probleme. Selbst wenn sich ein benachbartes Segment, oder eine verwandte Marktnische als alternatives Geschäftsfeld aufzeigt, ist ein Umschwenken nur mit hohem Aufwand und Zeitverzug, also mit zusätzlichen Investitionen und erweitertem Risiko möglich.

(c) Junge Unternehmen

Motor der außergewöhnlichen Dynamik in der Software-Branche ist ein ungebrochener Schub durch vielfältige Innovationen. Viele der Innovationen und der daraus entstehenden Produktentwicklungen werden in jungen Unternehmen umgesetzt. In der Regel sind diese eigens für die Umsetzung der initialen Produktidee gegründet worden, sei es als Spin-Off eines größeren Unternehmens oder einer Forschungseinrichtung oder auch durch selbständige Neu-Unternehmer. Diese jungen Software-Unternehmen sind bis heute vielfach Objekte von Investitionen aus dem Wagniskapitalbereich.[5] Ihre Bewertung ist besonders schwierig, da die jungen Unternehmen eine Reihe zusätzlicher Risikofaktoren aufweisen, denen aber auch besondere Chancen gegenüberstehen.

Junge Software-Unternehmen haben, insbesondere wenn sie von Entrepreneurs gegründet wurden, die nicht viel mehr als die Produktidee und ihre eigene Entwicklungskapazität einbringen, in der Regel keine Reserven aufzuweisen. Ihre Überlebenschancen sind aufgrund der vorab zu leistenden Investitionen in die Produktentwicklung und -vermarktung stark konjunkturbedingt. Die Erfahrung zeigt, dass junge Unternehmen mit Software-Innovationen es in Zeiten konjunktureller Seitwärts- oder Abwärtsbewegung schwer haben, zahlende Kunden zu finden. Hinzu kommt bei Unternehmen dieser Art eine häufig anzutreffende Technikorientierung der Gründer, die gleichzeitig die Geschäftsführung stellen. Sie geht regelmäßig einher mit einem Mangel an Führungserfahrung in Bezug auf Mitarbeiter wie Unternehmen und schließt ebenso geringe Kenntnisse in Vertrieb und Marketing ein. Die in der Anfangsphase dieser Unternehmen zwingend erforderliche Konzentration auf eine zügige Produktentwicklung und die Kundenakquise führt in manchen Fällen zu Mängeln in der internen Organisation und Ordnung. Regelmäßige Konsequenz ist ein Finanzwesen, das ausreicht, um den gesetzlichen Mindestanforderungen gerecht zu werden, aber nicht in der Lage ist, aussagekräftige Finanzkennzahlen zur Verfügung zu stellen. Zudem hängt der Fortbestand dieser Unternehmen erfahrungsgemäß stark an Einsatz und Verfügbarkeit einzelner Kernkompetenzträger. Fallen diese Mitarbeiter aus oder verlassen das Unternehmen, gelingt es den jungen Unternehmen häufig nicht, das verloren gegangene Know-how zügig zu ersetzen.

---

[5] *PwC* zählte in 2004 in Europa 304 Seed-, Start-Up- oder Early Stage-Investitionen (Arundale 2005, S. 10).

Trotz aller Risiken versprechen junge Software-Hersteller vielfach ein exponentielles Wachstumspotenzial und damit auch exponentielle Wertsteigerungen. So verwundert es nicht, dass auch in 2004 rund 70% aller Private Equity Investitionen in Europa im Software-Bereich der Frühphasen- und Expansionsfinanzierung dienten (Arundale 2005, S. 10).

(d) Wirkung der Wagniskapitalfinanzierung

Wagniskapital spielt weltweit in der Entwicklung junger Software-Unternehmen eine große Rolle und dies bereits seit einigen Jahren.[6] Ohne Zweifel fördert die Bereitschaft der Investoren in Software-Hersteller zu investieren Anzahl und Durchsetzung der Innovationen. Aus Sicht einer Unternehmensführung kann die Durchdringung eines Marktes mit Wagniskapital aber auch vom Segen zum Fluch mutieren. Die Erfahrung zeigt, dass Unternehmen mit Wagniskapital im Rücken beim Kampf um Aufträge ein anderes Angebots- und Wettbewerbsverhalten aufweisen als solche, deren kurz- und mittelfristiges Überleben vom Erzielen regelmäßiger positiver Cashflows abhängig ist. Das Verhalten wagniskapitalfinanzierter Entrepreneurs kann als besonders aggressiv bezeichnet werden, da der Gewinnung von Referenzkunden und Umsatzvolumen häufig mehr Aufmerksamkeit geschenkt wird als der kurz- oder mittelfristig profitablen Geschäftsentwicklung.

Die Investition in ein Marktsegment, auf das viele Kapitalgeber ihr Augenmerk gelegt haben, ist demnach doppelt problematisch. Zum einen erhöht die Zahl der Kapitalanbieter den Preis, den ein Investor zu zahlen hat, im Sinne von sinkenden Gesellschaftsanteilen. Zum anderen wird es in einem solchen Markt aufgrund der besonderen Wettbewerbskonstellation für das einzelne Unternehmen schwieriger, kurz- und mittelfristig profitabel zu agieren.

11.2 Unternehmensbewertung in der Software-Branche

„Ein Unternehmen kompetent bewerten heißt, seine Erfolgspotenziale kompetent beurteilen. Nicht die intime Kenntnis finanzmathematischer Verfahren und entscheidungstheoretischer Modelle macht den Unterschied zwischen einer guten und einer schlechten Unternehmensbewertung aus, sondern die Fähigkeit zur Einschätzung von Produkten, Märkten und Strategien. Die konsistente Anwendung der Rechentechnik ist eine notwendige, aber keine hinreichende Bedingung für eine sachgerechte Unternehmensbewertung."[7] Das vorausgeschickt konzentriert sich dieses Kapitel auf die Untersuchung verschiedener bekannter Methoden der Unternehmensbewertung in Hinblick auf eine Eignung bzw. Nicht-Eignung für Wertermittlungen in der Software-Branche.

11.2.1 Anlässe, Motivation und Ziele der Bewertung

Die Anlässe und mit ihnen die Motivationen zur Bewertung von Software-Unternehmen sind unterschiedlich. Studien aus den USA und Europa zeigen übereinstimmend, dass Investitionen in Software-Unternehmen zum Zwecke der Finanzanlage eine überragende

---

[6] *PwC* zählte allein in den USA in den Jahren 1995 bis 2004 über 10.000 Early-Stage-Investments in Software-Firmen (www.pwcmoneytree.com).
[7] *Bretzke* 1988, S. 813/821/823.

Bedeutung zukommt.[8] Darüber hinaus weist die Software-Branche eine große Zahl an M&A-Transaktionen auf (Morgan 2005, S. 4).[9]

Eine relativ klare und transparente Motivation weist die Unternehmensbewertung im Rahmen einer Finanzanlage auf. Hierbei geht es im Regelfall darum, einen aktuellen und einen zukünftigen, sachlich gerechtfertigten Unternehmenswert zu ermitteln. Bei Mergers & Acquisitions spielen neben der Wertentwicklung des Unternehmens weitere Überlegungen und Erwartungen eine Rolle. Seien dies Synergieeffekte, Veränderungen in der Wettbewerbsstruktur oder persönliche Interessen einzelner Beteiligter. Auch bei Nachfolgeregelungen, zum Beispiel über Buy-outs und Buy-ins ist die Interessenlage regelmäßig differenzierter.

Die nachfolgenden Analysen gehen von einer Zielstellung aus, die allein daran orientiert ist, den aktuellen, respektive zukünftigen Wert eines Unternehmens aus Sicht eines Finanzinvestors zu ermitteln. Die zu bewertenden Unternehmen werden dabei als selbständig am Markt agierende Subjekte betrachtet. Synergie-Effekte mit anderen Unternehmen, der Einfluss veränderter Marktkonstellationen oder die Bedeutung machtpolitischer Interessen werden nicht betrachtet; auch wenn solche Einflüsse regelmäßig wesentliche Komponenten der Entscheidungsfindung im Rahmen einer Transaktion darstellen.

11.2.2 Verfahren zur Bewertung von Software-Unternehmen

Nachfolgend werden die bekanntesten Bewertungsverfahren auf ihre Eignung bei oben genannter Zielstellung und unter Berücksichtigung der Besonderheiten in der Software-Branche untersucht. Dazu werden zuerst wesentliche Faktoren, die in vielen Methoden wiederkehren, betrachtet und anschließend die unterschiedlichen Ansätze analysiert.

11.2.2.1 Faktoren

(a) CAPM

Das Capital Asset Pricing Model dient der Bestimmung der Eigenkapitalkosten einer Investition. Das Modell berücksichtigt das Risiko einer Anlage über Marktrisikoprämie und Betafaktor â. Zur Bestimmung dieser Faktoren für die Software-Branche kann auf verschiedene breite Indizes zurückgegriffen werden. Diese bilden die Entwicklung öffentlich notierter Unternehmen ab. Zu erwähnen sind beispielhaft der Dow Jones US Software Index, der GSO Index von Goldman Sachs und der Prime Software Performance-Index der Deutschen Börse AG.

Die Charts zeigen die Volatilität der Software-Branche in den letzten zehn Jahren auf. Erkennbar ist auch, wie unterschiedlich die im Rahmen des CAPM zu berechnende Marktrisikoprämie in Abhängigkeit vom herangezogenen Zeitraum ausfällt.[10] Der Betafaktor der Software-Branche kann durch Vergleich der Varianzen dieser Indizes mit denen marktbreiter Indizes ermittelt werden. Hier können Vergleiche mit DAX, EuroStoxx, NASDAQ oder Dow Jones relevant sein. Die Charts lassen vermuten, dass das â der Software-Branche bei diesen Vergleichen größer Eins ausfällt, da die Volatilität höher ist.

---

[8] Vgl. *Lefteroff* 2005, S. 2; *Arundale* 2005, S. 3.
[9] In 2004 wurden 455 und damit 49% aller weltweit gezählten M&A-Transaktionen in den Sektoren Software und IT-Services getätigt. Das Volumen betrug 38 Mrd. US$ (Morgan 2005, S. 4).
[10] Vgl. *Ernst* 2003, S. 56.

11 Bewertung von Software-Unternehmen

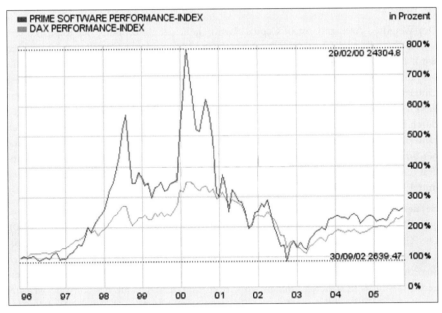

Abbildung 11-6: Charts verschiedener Sektor-Indizes der Software-Branche

Geht es darum, die durchschnittliche Entwicklung nicht börsennotierter Unternehmen in der Software-Branche festzustellen, können die mit Hilfe dieser Indizes berechneten Werte nur als Näherungen verwendet werden. Börsennotierte Software-Unternehmen sind in der Regel größer und reifer als nichtnotierte Software-Hersteller. Zusätzliche Aufschläge für Marktrisiko und Volatilität erscheinen daher berechtigt, führen aber auch zu einer weiteren Subjektivierung der Wertberechnungen.

(b) WACC

Der Weighted Average Cost of Capital Ansatz dient der Berechnung der Kapitalkosten, sofern Fremdkapital in relevantem Ausmaß zur Unternehmensfinanzierung eingesetzt wird. Fremdkapital, insbesondere Bankkredite, sind bei Software-Unternehmen, zumal bei jungen Unternehmen ohne Reserven, ein heikles Thema. Mit anderen Worten: Diese Unternehmen bekommen Bankkredite wenn überhaupt, nur gegen persönliche Haftung der Gesellschafter. Etablierte Software-Unternehmen erhalten bei Bonitätsbestimmungen durch Banken aufgrund der Branchenzugehörigkeit regelmäßig ein niedrigeres Rating als Unternehmen anderer Sektoren mit vergleichbaren Unternehmenskennzahlen. Aufgrund der Standardisierung der Bonitätsberechnungen durch Basel II hat diese Aussage zumindest für Europa Allgemeingültigkeit. Entsprechend höher fallen die Kreditkosten aus, was mittels WACC berechnete Unternehmenswerte überproportional sinken lässt.

Bei der Berechnung eines Unternehmenswertes unter Zuhilfenahme der WACC wird regelmäßig von einer zukünftigen Zielkapitalstruktur ausgegangen (vgl. Ernst 2003, S. 50). Die Zielkapitalstruktur beschreibt die im Unternehmen erwartete oder angestrebte Kapitalstruktur. Bei Software-Herstellern ist dabei zu überprüfen, inwieweit das Unternehmen die Entwicklung zukünftiger Produktversionen oder gänzlich neuer Produkte aus dem eigenen Cashflow finanzieren können wird. Aufgrund der Dynamik des Software-Marktes besteht in vielen Produktbereichen die Notwendigkeit, mittels regelmäßiger Produkt-Upgrades auf der Höhe des Wettbewerbs zu bleiben. Dies kann, insbesondere in den Anfangsphasen eines Unternehmens, zu einem nachhaltig hohen Bedarf an Kapitalerhöhungen oder Außenfinanzierungen führen. Entsprechende Planungen sollten daher bei der Berechung der WACC in die Bestimmung der Zielkapitalstruktur(en) eingehen.

11.2.2.2 Substanz- und periodenerfolgsorientierte Verfahren

(a) Substanzwertverfahren

Die Eignung von Substanzwertverfahren ist auf die Situationen beschränkt, in denen die vorhandenen Unternehmenswerte bedeutender sind als zukünftige Ertragswerte. Solche Situationen sind natürlich auch für Software-Hersteller denkbar. Wie aber kann der gegenwartsbezogene Substanzwert eines Software-Unternehmens ermittelt werden?

Unter der Prämisse der Unternehmensfortführung werden bei Substanzwertverfahren die Aufwände für eine identische Reproduktion des Unternehmens ermittelt und addiert. Für Software-Unternehmen kommt dabei nur der Vollreproduktionswert in Frage, der auch immaterielle Werte, wie die selbstentwickelten Software-Produkte oder eigene Patente beinhaltet. Die Schwierigkeit besteht in der Ermittlung des Reproduktionswertes der Eigenentwicklungen.[11] Eine Möglichkeit besteht in der Bestimmung der Aufwände, die in die Entwicklung eingeflossen sind. Eine Reproduktion kann aber aufgrund fortgeschrittener Technologien und Standards deutlich geringere Aufwände aufweisen. Gegebenenfalls kann ein Teil der Entwicklungen durch fertige Open Source Komponenten ersetzt werden. Andererseits negiert eine rein aufwandbasierte Schätzung die in vielen Fällen eingeflossene Innovation, die von spezifischen Know-how-Trägern abhängt, deren Know-how und Innovationskraft eben nicht ohne weiteres reproduziert werden können.

---

[11] Vgl. *Collmann* 2002, S. 2.

Die Einschätzung dieser Sachverhalte erfordert tiefgehendes und aktuelles Fachwissen sowie explizite Kenntnis des Know-hows der Kernentwickler.

Keine Berücksichtigung bei Anwendung der Substanzwertverfahren finden immaterielle Vermögenswerte, wie zum Beispiel Qualifikation, Leistungsfähigkeit und Innovationskraft des Mitarbeiterstammes oder das in einer Anwendungsdomäne angesammelte Know-how. Und das, obwohl diese Elemente zu den zentralen Werten eines Software-Unternehmens gehören. Aufgrund der praktischen Unmöglichkeit eine objektive oder sachlich begründete Bewertung vorzunehmen, werden diese Werte in der Regel gar nicht betrachtet, was tendenziell zu niedrige Unternehmenswerte ergibt. Die Bestimmung des Wertes eines Software-Unternehmens über den Substanzwert wird damit zu einer rein subjektiven Einschätzung, die die Anforderungen an Nachvollziehbarkeit und Transparenz eines Verfahrens regelmäßig nicht erfüllt.

(b) Liquidationswertverfahren

Noch deutlicher wird die Tendenz einer zu niedrigen Bewertung bei der Abschätzung auf Basis von Liquidationswerten. Hierbei werden alle Werte, die sich erst aus dem Zusammenwirken der Unternehmensbestandteile ergeben, nicht berücksichtigt. Bei Software-Herstellern stellen aber gerade diese Elemente oftmals den einzigen nennenswerten Unternehmenswert dar. Dies gilt auch für den Fall der Insolvenz, mit dem Substanzwertbestimmung auf Basis von Liquidationswerten häufig in Verbindung gebracht wird. In diesen Fällen gilt es regelmäßig einen Käufer für den insolventen Software-Hersteller zu finden. Sofern sich Interessenten finden, sind diese aber nicht an den materiellen Vermögenswerten interessiert, sondern eben am Know-how der Mitarbeiter und dem im Unternehmen vorhandenen Wissen über spezifische Anwendungsgebiete, also den Kundenbedarf. Das Liquidationswertverfahren erfasst somit die Werte, die für den potenziellen Käufer relevant sind, überhaupt nicht. Es kann daher auch nicht als geeignet betrachtet werden.

(c) Ertragswertverfahren

Aufgrund ihrer Zukunfts- und Erfolgsorientierung umgehen Ertragswertverfahren die Probleme der Substanzwertverfahren. Sie erfassen immaterielle Unternehmenswerte implizit über ihren Beitrag zum Periodenerfolg des Unternehmens. Ertragswertverfahren orientieren sich an Kennzahlen des Jahresabschlusses. Diese fallen je nach zugrunde liegendem Regelwerk (HGB, IFRS, US-GAAP) aufgrund der unterschiedlichen Behandlung selbsterstellter immaterieller Güter verschieden aus. Diese Problematik ist für Software-Hersteller besonders relevant (vgl. Abschnitt 11.1.2 (c)). Ein Ertragswertverfahren auf Basis von HGB-Bilanzen kann daher kaum als geeignet betrachtet werden.

Ertragswertverfahren bieten keine dedizierte Berücksichtigung von Risikofaktoren. Auch Abschläge auf die Ertragswertberechnung oder Zuschläge zum verwendeten Kapitalmarktzinssatz greifen hier zu kurz. Da Unternehmensrisiken in der Software-Branche besonders deutlich ausgeprägt sind und somit eine differenzierende Risikobetrachtung erfordern, können die Ergebnisse des Ertragswertverfahrens nicht befriedigen.

(d) Mittelwertverfahren

Mittelwertverfahren, häufig auch Praktikerverfahren genannt,[12] bestimmen den Unternehmenswert durch eine gewichtete Mischung aus Substanz- und Ertragswertverfahren.

---

[12] Vgl. *Wiehle* 2005, S. 36.

Zu kritisieren ist hierbei schon die regelmäßig willkürlich gewählte Gewichtung der jeweils ermittelten Unternehmenswerte bei ihrer Zusammenführung. Da die für Software-Unternehmen aufgeführten Nachteile der Verfahren bei einer derartigen Mischung kombiniert werden – ohne sich aufzuheben – kann die Kombination ebenso wenig wie die Einzelverfahren als geeignet angesehen werden. Dies gilt trotz der immer wieder ins Feld geführten Praktikabilität. Aufgrund der erheblichen Verzerrungen bei der Bewertung von Unternehmen der Software-Branche sind Mittelwertverfahren auch nicht als Näherungswerte verwendbar.

11.2.2.3 Zahlungsstromorientierte Verfahren

Am Zahlungsstrom orientierte Verfahren haben den für Bewertungen im Software-Sektor wesentlichen Vorteil, dass immaterielle Vermögensgegenstände wie selbsterstellte Software keiner Bewertung bedürfen. Alle für die Wertschöpfung erforderlichen Vermögensgegenstände werden implizit über ihren Beitrag an der Erzielung zukünftiger Cashflows erfasst. Hinzu kommt die im Gegensatz zu periodenerfolgsorientierten Verfahren verbesserte Unabhängigkeit von unterschiedlichen Rechnungslegungsvorschriften. So beeinflussen auch Unterschiede in der Aktivierung immaterieller Vermögensgegenstände wie eigene Patente den ermittelten Unternehmenswert nicht. Die zahlungsstromorientierten Verfahren können somit den substanz- und periodenerfolgsorientierten Methoden als grundsätzlich überlegen bewertet werden.

Basis des Discounted-Cashflow-Verfahrens ist die Summe der abgezinsten zukünftigen Cashflows. Erzeugt ein Unternehmen im Rahmen eines mittelfristig planbaren Zeitraums keine positiven Zahlungsströme, hat es nach diesem Verfahren auch keinen (positiven) Wert. Dennoch finden sich insbesondere im Software-Sektor viele Unternehmen, darunter auch an Börsen notierte, die für die mittelbare Zukunft keine Zahlungsüberschüsse erwarten lassen und dennoch einen positiven, bisweilen nicht unerheblichen Marktwert aufweisen oder Finanzinvestoren für Investitionen gewinnen können. Der Wert dieser in der Regel jüngeren Unternehmen ergibt sich aus Erfolgserwartungen, die jenseits der mittelfristig planbaren Periode liegen. Sollen für diese weit in der Zukunft liegenden Jahre Zahlungsüberschüsse geschätzt werden, so erscheint dies aufgrund vielfältiger Unsicherheiten und Ungenauigkeiten bezüglich der Werttreiber kaum fundiert möglich. Antworten auf Fragen nach künftigen Umsätzen, Kostenstrukturen, Kapitalstrukturen sowie Managementqualität, Wettbewerbsintensität oder Konjunkturlage unterliegen insbesondere in der volatilen Software-Branche hohen Unsicherheiten. Diese Risiken könnten durch einen entsprechend hohen Risikoabschlag auf die erwarteten positiven Cashflows oder durch eine höhere Kapitalkostenprämie berücksichtigt werden.[13] Vielfach bleibt dann aufgrund der pauschalen Risiko-Adjustierung zusammen mit der erheblichen Wirkung der Diskontierung trotz potenzieller zukünftiger Erfolge kein nennenswerter Unternehmensbarwert erhalten. Die Unternehmensbewertung gerät zu pessimistisch.

Bei der Unternehmensbewertung mittels Discounted-Cashflow-Verfahren werden die zukünftigen Zahlungsströme üblicherweise in zwei Perioden eingeteilt: einen Planungshorizont von etwa drei bis maximal sieben Jahren und der darauf folgende Zeitraum. Für den Planungshorizont werden die Cashflows detailliert geschätzt. Die Zahlungsströme des

---

[13] Vgl. *Beike* 2000, S. 47.

nachfolgenden Zeitraums werden über den so genannten Terminal Value in Form einer ewigen Rente berechnet. Die Schätzung des Terminal Value bedarf größter Sorgfalt, macht dieser Wertbeitrag doch vielfach 50% oder mehr des berechneten Firmenwertes aus.[14] Diese Anforderung gilt insbesondere dann, wenn das zu bewertende Unternehmen aller Voraussicht nach erst nach dem Planungshorizont positive Cashflows erzielen wird. Verfahrensbedingt ist aber die Bestimmung des Terminal Value durch die höchste Unsicherheit gekennzeichnet. Eben deshalb wird auf eine detaillierte Ermittlung verzichtet – sie würde nur zu einer Scheingenauigkeit der Wertbestimmung führen.

Für die Bewertung junger Software-Unternehmen mangelt es demnach im Discounted-Cashflow-Verfahren an zwei Elementen:

- Es fehlt die Möglichkeit zur differenzierten Risikobetrachtung und -bewertung. Pauschale Justierungen durch Risikoaufschläge oder Renditeprämien erhöhen die Aussagekraft der Wertbeurteilung nur unzureichend und führen zu einer Übergewichtung der Risikoaversion.
- Die in ferner Zukunft liegende Unternehmensentwicklung wird nur ungenügend erfasst, da die implizite Voraussetzung des Terminal Value, ein Gleichgewichtszustand mit konstanter EBIT-Marge, regelmäßig nicht vorausgesetzt werden kann.

Für reife und insbesondere für bereits ertragreiche Unternehmen ist der Discounted-Cashflow-Ansatz hingegen geeignet. Die unterschiedlichen Ausprägungen werden wiederum vor dem Hintergrund einer Anwendung im Software-Bereich untersucht.

(a) Entity-Verfahren

Im Entity-Verfahren wird der zur Anwendung kommende Zinsfuß nach dem WACC-Verfahren berechnet. Damit nimmt die Einschätzung der zukünftigen Kapitalstruktur Bedeutung an. Diese unterliegt insbesondere bei Unternehmen der Software-Branche Veränderungen. Es bietet sich daher an, den Planungshorizont in die Perioden einzuteilen, in denen unterschiedliche Kapitalstrukturen vorliegen werden und die jeweils anzunehmenden WACC zu berechnen.

(b) Equity-Verfahren

Da der Equity-Ansatz den Unternehmenswert aus Sicht des Eigenkapitalgebers berechnet, wird der Flow To Equity, die dem Gesellschafter zustehenden Einzahlungsüberschüsse, zur zentralen Größe. Der Flow To Equity basiert auf dem Free Cashflow. Dieser wird durch die Investitionstätigkeit des Unternehmens beeinflusst. Da die Software-Branche aufgrund ihrer Dynamik kurze Investitionszyklen verlangt, schwankt der Wertansatz stark mit den erforderlichen Investitionen. Hinzu kommt, dass der Investitionsbedarf in der Software-Branche verstärkt zu Außenfinanzierungen führt. Diese müssen ebenfalls bei korrekter Anwendung des Verfahrens periodengerecht berücksichtigt werden. Verfolgt das zu bewertende Unternehmen zum Beispiel eine kontinuierliche Ausschüttungspolitik, so ergeben sich erhebliche Unterschiede zwischen den berechneten Flows To Equity und den real vorhandenen Ausschüttungen.

Liegen negative Cashflows vor, kehrt sich die implizit im Modell vorhandene Vollausschüttungshypothese um. Das Modell setzt voraus, das die negativen Cashflows voll durch

---

[14] Vgl. *Ernst* 2003, S. 40; *Wiehle* 2005, S. 44.

die Kapitalgeber ausgeglichen werden. Dieser Annahme wird die Realität in der Regel nicht gerecht.[15]

(c) Dividend Discount-Verfahren

Die regelmäßig vorhandenen Differenzen zwischen den Flows To Equity und den tatsächlichen und handelsrechtlich zulässigen Ausschüttungen werden durch das Dividend Discount-Verfahren ausgeblendet. Es orientiert sich allein an den zu erwartenden tatsächlichen Ausschüttungen. Das Dividend Discount-Modell kann bei der Bewertung von Software-Herstellern dann sinnvoll eingesetzt werden, wenn die zu erwartenden Ausschüttungen keinen größeren, unregelmäßigen und unsicheren Schwankungen unterliegen. Diese Voraussetzungen können für die größeren und reifen, an der Börse notierten Unternehmen angenommen werden. Bei anderen Unternehmen ist die Anfälligkeit der Dividendenpolitik gegenüber Schwankungen der Geschäftsergebnisse zu überprüfen.

11.2.2.4 Vergleichsverfahren

Vergleichs- oder Multiplikatorverfahren haben sich gerade für junge Technologie-Unternehmen als zum Teil einzige Bewertungsmöglichkeit herausgestellt, da aufgrund anfänglicher hoher negativer Cashflows, bedeutender immaterieller Vermögensgegenstände sowie der Zugehörigkeit zu jungen Branchen andere Methoden, wie das Discounted-Cashflow-Verfahren, an ihre Grenzen gestoßen sind.[16] Bei Anwendung von Vergleichsverfahren werden schwierige Aspekte wie

- Risikoadjustierungen anlässlich hoher Unsicherheit über die Entwicklung der Werttreiber oder
- die differenzierte Planung einer Unternehmensentwicklung in ferner Zukunft

umgangen.

(a) Vorgehen

Grundsätzlich unterscheiden lässt sich der Vergleich mit öffentlich notierten Unternehmen von dem Vergleich mit Unternehmen deren Werte im Rahmen von M&A-Transaktionen festgestellt wurden. Bei der ersten Vergleichsart schlägt die hohe Volatilität der Kurse in der Software-Branche zu Buche. Sie ist nicht allein Ausdruck realer Wertschwankungen, sondern unterliegt zusätzlich Faktoren, die mehr dem Verhältnis zwischen Angebot und Nachfrage nach technologie-orientierten Titeln zuzuordnen sind.[17] Dieser Nachteil kann durch Verwendung eines durchschnittlichen Kurses einer längeren Periode ausgeglichen werden. Die zweite Vergleichsart hat den Nachteil, dass die im Rahmen von M&A-Transaktionen verhandelten Kaufpreise durch Faktoren beeinflusst sein können, die im Rahmen einer Finanzinvestition irrelevant sind. Dazu gehören die Prämie für eine Kontrollmehrheit, oder der Aufschlag für erwartete Synergien mit dem Käuferunternehmen, bzw. die Vorteile eines ausgeschalteten Wettbewerbers. Da die quantitativen Auswirkungen dieser Faktoren regelmäßig nicht aufgedeckt werden, können sie nur schwer eliminiert werden.

---

[15] Dieses Paradigma der Vollausschüttungshypothese gilt im Übrigen auch für das Entity-Verfahren.
[16] Vgl. *Wiehle* 2005, S. 42.
[17] Vgl. *Froideveaux* 2004, S. 78.

Die Kunst bei der Wertbestimmung über Unternehmensvergleiche besteht im Heranziehen geeigneter Vergleichsobjekte. Hier sind zum einen die klassischen Faktoren zu beachten, die immer eine möglichst hohe Ähnlichkeit aufweisen sollten: Geschäftsmodell, Kapitalstruktur, Margen, Größe, Rechnungslegung und Steuersystem. Eine besondere Rolle in Technologiebranchen spielen Faktoren wie: Wachstum, Kundenstruktur bzw. Absatzbranche, Absatzgebiet (national/regional/global), Reifegrad des Unternehmens, Marktanteil. Darüber hinaus können spezifisch für die Software-Branche eine Reihe weiterer Ähnlichkeitskriterien aufgestellt werden. Diese sind: Umsatzstruktur, Lizenzierungspolitik, Alter des Produkttyps, Infrastrukturnähe/Einsatzbreite des Produkttyps, Produktumfang/Produktpreis, Standardisierungsgrad des Produkts. Die Zusammensetzung des Umsatzes aus den möglichen Einkommensarten eines Software-Unternehmens ist wesentlich für das Wachstumspotenzial. So können nur Lizenzumsätze ohne Personalaufbau wesentlich gesteigert werden. Die Steigerung der Service-Umsätze erfordert immer eine Ausweitung der Personalkapazität. Die Lizenzierungspolitik zeigt auf, ob Lizenzeinnahmen pro Kunde regelmäßig und kontinuierlich oder in Form von unregelmäßigen Einmalzahlungen erwartet werden können. Das Alter des Produkttyps gibt Hinweise auf die zu erwartende Wettbewerbsentwicklung. Bei neuen Produkttypen sind weitere neue Wettbewerber im Markt zu erwarten. Die Infrastrukturnähe bzw. Einsatzbreite eines Software-Produkts gibt Hinweise, wie interessant eine solche Entwicklung für die weltweite Open Source Community sein könnte. Produktumfang und -preis verhalten sich ungefähr proportional zueinander. Sie bestimmen Vertriebszyklen, Entscheidungsverhalten der Kunden und beeinflussen auch die potenziellen Kundensegmente. Der Standardisierungsgrad des Software-Produktes gibt an, wie viele Vorleistungen für eine Verwendung des Produktes erbracht werden müssen und erlaubt auch Aussagen über den Grad an speziellem Know-how, das für den erfolgreichen Produkteinsatz erforderlich ist. Zudem ist die Standardisierung ein Gradmesser für die Attraktivität des Produktes für Software-Piraterie. Sind diese Kriterien bei den Vergleichsunternehmen als gleich oder ähnlich zu bewerten, werden auch viele Entwicklungen in und um das zu bewertende Unternehmen vergleichbar ablaufen. Lässt sich keine vollständige Ähnlichkeit in der Vergleichsgruppe erzielen, kann durch Ab- oder Zuschläge ein Ausgleich geschaffen werden. Von diesem Mittel sollte aber nur zurückhaltend Gebrauch gemacht werden, da die Unternehmensbewertung an Nachvollziehbarkeit verliert und die Subjektivität steigt.

Das Multiplikatorverfahren dient in erster Linie dem Vergleich des zu bewertenden Unternehmens mit einer Gruppe von Einzelunternehmen. Mit Hilfe von Marketmultiples, die regelmäßig von Analysten erhoben werden, ist zusätzlich der Vergleich mit dem eigenen

	Oracle	SAP	Microsoft	IBM	Software-Branche	Techno-logie	S&P 500
KGV (erwartet)	20,7	29,9	21,6	17,7	27,7	24,7	17,4
KGV (historisch)	23,6	34,0	21,7	19,6	33,2	29,2	19,7
Kurs/Umsatz	6,6	5,8	7,8	1,7	5,2	2,9	1,8
Kurs/Buchwert	8,1	10,8	3,9	5,5	3,9	3,5	2,9
Kurs/Cashflow	16,2	17,9	13,9	10,4	12,9	12,2	11,7

Abbildung 11-7: Multiplikatoren und Marketmultiples (Eliason 2005, S. 3)

Sektor oder dem Gesamtmarkt möglich. Alle drei Vergleiche geben spezifische Informationen und verbessern die Entscheidungsgrundlage, wenn auch bislang keine sinnvolle rechnerische Verknüpfung bekannt ist. *Abbildung 11-7* zeigt eine Reihe von Multiplikatoren bekannter Software-Hersteller zusammen mit den Marketmultiples der Software-Branche, des Technologiesektors und des S&P 500 Portfolios, basierend auf Daten von Ende 2004.

(b) Multiplikatoren

Die Auswahl der in Literatur und Praxis zu findenden Multiplikatoren ist groß. Neben der korrekten Anwendung gilt es zu beachten, die Multiplikatoren heranzuziehen, die den Besonderheiten der Software-Branche Ausdruck verleihen. Dazu zählt insbesondere die Dynamik. Ein Multiplikator wie das Price Earnings Growth Ratio erfasst die im Markt vorhandene Dynamik besser als das statische Kurs-Gewinn-Verhältnis. Cashflow-orientierte Multiplikatoren bringen Probleme auf, wenn Unternehmen unterschiedlichen Reifegrads verglichen werden. Die typischerweise negativen Cashflows eines jungen aufstrebenden Unternehmens mit denen eines wenn auch gleichgroßen aber gereiften Software-Herstellers zu vergleichen, führt zu inkonsistenten Ergebnissen. Buchwertorientierte Multiplikatoren sind insbesondere bei handelsrechtlichen Bilanzen für Software-Hersteller nicht geeignet, da sie die wesentlichen immateriellen Vermögenswerte nicht erfassen.

Der Vorteil der Vergleichsverfahren liegt in der abstrakten Bewertung des Unternehmens. Über sie gelingt es auch, qualitative Aspekte wie die Managementqualität oder nicht detailliert erfasste zukünftige Chancen und Risiken einzubeziehen. Auf der anderen Seite können die über Vergleichsverfahren ermittelten Unternehmenswerte nur zur Ergänzung oder für erste Näherungen verwendet werden. Sonst müsste die Frage gestellt werden, was passiert, wenn alle Marktteilnehmer sich auf durch Vergleichsverfahren ermittelte Unternehmenswerte verlassen würden.

11.2.2.5 Realoptionsverfahren

Chancen und Risiken, die sich aus den zukünftigen Handlungsspielräumen eines Unternehmens ergeben, werden in keinem der bisher beschriebenen Verfahren explizit betrachtet. Gerade in der Software-Branche, in der Dynamik, Flexibilität und Innovationskraft eines Unternehmens maßgeblich für den Erfolg verantwortlich sind, ist eine solche Betrachtung geeignet, neue Wege aufzuzeigen. Die Möglichkeit dazu bietet das Realoptionsverfahren.

Realoptionen können zur Bewertung eines gesamten Unternehmens und zur Wertbestimmung ausgewählter Unternehmensteile eingesetzt werden. Die Gesamtunternehmensbewertung ist zum Beispiel bei der Entscheidung über eine Start-up-Finanzierung (Seed-Finanzierung) sinnvoll, wie sie nach wie vor häufig in der Software-Branche vorkommt.[18] Bei einer Seed-Finanzierung ist in aller Regel mit Anschlussfinanzierungen zu rechnen, über die jeweils einzeln aufgrund der dann aktuell vorliegenden Informationen entschieden werden kann.[19] Die Bewertung von Unternehmensteilen mittels Realoptionen macht dann Sinn, wenn die Entwicklung verschiedener Bereiche mit unterschiedlichen Unsicherheiten belegt ist. Ein Phänomen, das bei Software-Herstellern zum Beispiel vorkommt, wenn neben einer etablierten Produktreihe ein weiteres Produkt aufgebaut

---

[18] Vgl. *Arundale*, S. 10.
[19] Vgl. *Ernst* 2003, S. 237.

und vermarktet werden soll. In diesen Fällen ist es sinnvoll, für die Bewertung des Geschäfts mit der etablierten Produktreihe ein Discounted-Cashflow-Verfahren einzusetzen. Der neue, noch zu etablierende Produktbereich kann getrennt und unter expliziter Berücksichtigung der vorliegenden Unsicherheit über die Geschäftsentwicklung mittels Realoptionsansatz bewertet werden. Dieser Ansatz liefert erheblich mehr Transparenz als die klassische Gesamtbewertung mittels Discounted-Cashflow-Verfahren. Bei dieser würden aufgrund des erhöhten Risikos im neuen Produktbereich die gesamten zukünftigen Cashflows mit einem Risikoabschlag oder mit einem höheren Zinsfuß belegt werden. Die Aufteilung mittels verschiedener Bewertungsverfahren macht hingegen unterschiedliche Risiko- **und** Chancenstrukturen transparent.

Besonders interessant wird der Realoptionsansatz für die Software-Branche, wenn er dazu genutzt wird, das potenzielle Verhalten von Wettbewerbern zu berücksichtigen. Dies ist über die Ergänzung um spieltheoretische Ansätze möglich. Die hohe Wettbewerbsintensität und die oligopolistische Anbieterstruktur in manchen Software-Produktkategorien kann dadurch explizit erfasst werden. Auch der Markteintritt eines Wettbewerbers, der häufig nicht durch patentrechtliche Hürden verhindert werden kann,[20] lässt sich dann explizit in der Unternehmensbewertung berücksichtigen.

Der Nachteil des Realoptionsansatzes liegt in den notwendigen Voraussetzungen. Die vorliegende Entscheidungssituation muss einige Kriterien erfüllen, damit die impliziten Modellvoraussetzungen des Realoptionsansatzes zur Realität passen. Dazu gehört unter anderem der Optionscharakter, also die Mehrstufigkeit der Investitionsentscheidung. Darüber hinaus ist das Verfahren aufwendig und komplex. Dieser Aufwand ist angebracht, wenn andere Verfahren nicht zu einem eindeutigen Urteil führen.

11.3 Zusammenfassung

Die Betrachtungen zeigen, dass es kein grundsätzlich bestgeeignetes Verfahren zur Unternehmenswertbestimmung in der Software-Branche gibt. Vielmehr sind die Verfahren in Abhängigkeit von der Situation, in der sich das zu bewertende Unternehmen befindet, auszuwählen. Darüber hinaus kann es sinnvoll sein, Verfahren zu kombinieren. Den stärksten systematischen Einfluss auf die Eignung der Bewertungsverfahren hat die Stellung des Unternehmens im Lebenszyklus. *Abbildung 11-8* gibt einen schematischen Überblick, welche Verfahren wann geeignet sein können.

Zu Beginn des Lebenszykluses eines Software-Unternehmens eignen sich für die Unternehmenswertbestimmung das Realoptionsverfahren und das Vergleichsverfahren. Das Realoptionsverfahren ist in der Lage, Entscheidungen über Folge-Investitionen oder den potenziellen Einfluss von Wettbewerbern explizit zu erfassen. Die Vergleichsverfahren eignen sich relativ besser für Wertbestimmungen, die über die mittelfristige Planungsperiode hinausgehen. In der Wachstumsphase ermöglicht das Vergleichsverfahren hingegen, die wertmäßige Annäherung eines Unternehmens an vergleichbare börsennotierte Unternehmen zu berechnen. Diese Berechnungen können über die Discounted-Cashflow-Verfahren abgesichert werden. In der Reifephase eines Software-Herstellers weisen die Discounted-Cashflow-Verfahren die größten Vorteile auf. Auch die Berechnung eines

---

[20] Vgl. *Blind* 2001, S. III f.

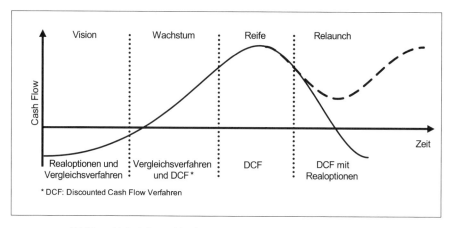

Abbildung 11-8: Lebenszyklusphasen mit geeigneten Wertbestimmungsverfahren

Terminal Value mittels ewiger Rente ist in dieser Phase regelmäßig angebracht, da die Voraussetzungen relativer Stabilität und Kontinuität erfüllt sind. Kommt ein (reifes) Unternehmen in eine schwierige Phase, in der es gilt, wesentliche Weichen neu zu stellen, kann der Unternehmenswert in Abhängigkeit verschiedener Handlungsoptionen wiederum gut über den Realoptionsansatz in Kombination mit einem Discounted-Cashflow-Verfahren ermittelt werden.

11.4 Literatur

Arundale, K. (2005): Money for Growth – The European Technology Investment Report 2005, PwC-Studie, London

Beike, R. (2000): Neuer Markt und Nasdaq, Stuttgart

BITKOM (2005): Kennzahlen zur ITK-Branchenentwicklung, Berlin

Blind, K. et al. (2001): Mikro- und makroökonomische Implikationen der Patentierbarkeit von Softwareinnovationen: Geistige Eigentumsrechte in der Informationstechnologie im Spannungsfeld von Wettbewerb und Innovation; Studie des Max-Planck-Instituts für ausländisches und internationales Patent-, Urheber- Wettbewerbsrecht und des Fraunhofer-Instituts für Systemtechnik und Innovationsforschung, Karlsruhe

Bretzke, W.-R. (1988): Risiken in der Unternehmensbewertung, in ZfbF 1988

Collmann, O. et al. (2002): SoftValue – ein strukturiertes Bewertungsverfahren für Software, Whitepaper Fraunhofer Institut für Software und Systemtechnik ISST, Berlin

Department of Trade and Industry (DTI), Großbritannien (2004): Sector Competitevness Analysis of the Software and Computer Services Industry, London

Drukarczyk, J. (2003): Unternehmensbewertung, 4. Aufl., München

Eliason, N. (2005): Oracle Corporation – Financial Research Report, The Applied Finance Group Ltd., Fresno (CA)

Ernst, D.; Schneider, S.; Thielen, B. (2003): Unternehmensbewertungen erstellen und verstehen, München

Froideveaux, P. (2004): Fundamental Equity Valuation, Dissertation an der Universität Fribourg (CH)

Lefteroff, T.; Walden, K. (2005): MoneyTree Survey – 2004 results; PriceWaterhouseCoopers

Morgan, A. (2005): Corporate Finance Insights 2005 – Technology Sector, PriceWaterhouseCoopers

Wiehle, U. et al. (2005): Unternehmensbewertung – Methoden, Rechenbeispiele, Vor- und Nachteile, 2. Aufl., Wiesbaden

12 Bewertung von IT-Dienstleistungsunternehmen

von *Alex Paiusco* und *Saki Riffner*

12.1 Einführung	315
12.2 IT-Dienstleistungsunternehmen – Definition und Abgrenzung	316
12.3 Marktentwicklung und Industrietrends	317
12.3.1 Marktübersicht	317
12.3.2 Zyklikalität	318
12.3.3 Konsolidierungstendenzen	320
12.3.4 Offshoring	322
12.4 Unternehmensanalyse	324
12.4.1 Operative Analyse	324
12.4.2 Planungsrechnung und finanzielle Analyse	326
12.5 Bewertungsmethoden und praktische Anwendung	329
12.5.1 Einleitende Überlegungen	329
12.5.2 DCF Bewertung	329
12.5.3 Multiplikatorverfahren	331
12.6 Literatur	333

12.1 Einführung

In folgender Darstellung wird ein Konzept zur Bewertung von IT-Dienstleistern vorgestellt. Da sich die Bewertungsmethoden nicht wesentlich von denjenigen unterscheiden, die auch in anderen Branchen angewendet werden, liegt der Fokus auf den Besonderheiten der IT-Dienstleistungsindustrie und der relevanten Unternehmen. Zum Abschluss wird an einem Fallbeispiel aufgezeigt, wie mit Hilfe der praktischen Anwendung einer DCF-Analyse sowie einer Multiplikatorbewertung eine marktorientierte Wertbandbreite abgeleitet werden kann. Das weitere Vorgehen lässt sich folgendermaßen zusammenfassen:

Bewertungsobjekt	Marktanalyse	Operative Analyse	Finanzanalyse	Bewertung

■ Definition
■ Abgrenzung gegenüber anderen Unternehmen im Sektor
	■ Relevanter Markt
	■ Marktentwicklung
	■ Wettbewerb
		■ Horizontal
		■ Vertikal
		■ Geographische Präsenz
		■ Kundenstamm
		■ Marktposition
		■ Management
			■ Erstellen der Planungsrechnung
			■ Relevante Kennzahlen
				■ Auswahl Bewertungsverfahren
				■ Anwendung
				  ■ DCF
				  ■ Multiplikatoren
				■ Ableiten der Bewertungsbandbreite

Abbildung 12-1: Ablauf Analyse und Bewertungsprozess

12.2 IT-Dienstleistungsunternehmen – Definition und Abgrenzung

IT-Dienstleistungsunternehmen lassen sich vereinfachend in vier Gruppen einteilen, die sich am Produktportfolio, und damit anhand der angebotenen Leistungen, sowie anhand des Beitrags zur Wertschöpfung (dem sogenannten „Value Added") bei den Abnehmern der Dienstleistungen orientieren. Die folgende Wertschöpfungspyramide ist eine schematische Aufteilung der verschiedenen Typen von IT-Dienstleistungsunternehmen entsprechend der angebotenen Leistungen:

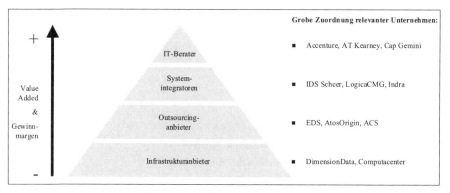

Abbildung 12-2: Wertschöpfungspyramide

Auf der unteren Ebene der Pyramide finden sich Anbieter, die sich auf die Bereitstellung von Hardware und Netzwerktechnik konzentrieren, sowie Kunden bei der Installation und Vernetzung der verschiedenen IT-Komponenten unterstützen. Ein typisches Beispiel ist der Aufbau eines unternehmensinternen Computernetzwerks. Da ein Großteil des Umsatzes mit dem Wiederverkauf (Reselling) von Hardware erzielt wird, sind die Gewinnmargen im Vergleich zu anderen Unternehmen in der IT-Branche relativ niedrig. Dies liegt daran, dass beim Kunden durch den reinen Weiterverkauf von Komponenten nur ein sehr geringer Zusatznutzen entsteht, der jederzeit auch von anderen Anbietern erhältlich ist. Der Markt für IT-Infrastrukturleistungen ist unter einer Vielzahl von Spielern aufgeteilt. Neben den spezialisierten Anbietern, die aufgrund ihrer limitierten Größe nur Aufträge bis zu einem gewissen Umsatzvolumen annehmen können, bieten auch die meisten weltweit tätigen IT- und Telekommunikationskonzerne entsprechende Produkte und Dienstleistungen an.

Das Leistungsspektrum von IT-Outsourcinganbietern ist breit gefächert und beinhaltet etwa die Bereitstellung von Infrastruktur und Rechenzentren, über Application Management Services, d.h. die Installation, Überwachung und Wartung von Firmensoftware, bis hin zur telefonischen Servicehotline. Der Anbieter übernimmt also einen Teil der Tätigkeiten, die bisher von den meisten Unternehmen intern abgewickelt worden sind. Werden ganze Geschäftsabläufe ausgelagert, beispielhaft kann es sich hierbei um die Rechnungsstellung inklusive Druck und Versand der Rechnungen sowie Abrechnung der erhaltenen Zahlungen handeln, spricht man von „Business Process Outsourcing," eine der momentan wichtigsten Entwicklungen im IT-Dienstleistungsmarkt.

Systemintegratoren sind auf die Installation und Verknüpfung komplexer Software spezialisiert. Programme wie die „Enterprise Resource Planning Software" von SAP müssen entsprechend den Bedürfnissen des jeweiligen Kunden speziell angepasst werden. Ebenso wichtig ist die Einbindung der neuen Software in die Abläufe und die bereits genutzten Programme des Unternehmens, um eine optimale Integration in die Geschäftsabläufe des Abnehmers zu gewährleisten. Im Produktportfolio von Systemintegratoren findet sich oft auch das Angebot, eine individuelle und maßgeschneiderte Software-Lösung zu erstellen. Dies ist insbesondere für Unternehmen von Bedeutung, denen das Leistungsspektrum bzw. die Spezifikationen marktüblicher Programme nicht ausreichen, oder falls existierende Programme mit bereits installierter Software nicht kompatibel sind.

An der Spitze der Wertschöpfungspyramide finden sich IT-Beratungsfirmen, die nicht nur die IT-Architektur für Unternehmen entwerfen und entwickeln, sondern zusätzlich auch strategische Beratungsleistungen bezüglich IT-relevanter Sachverhalte anbieten. Wie auf den anderen Stufen der Wertschöpfungspyramide reicht auch hier die Bandbreite von kleinen Unternehmen mit geringen Kapazitäten und entsprechend kleinen Auftragsvolumina bis hin zu großen Beratungsfirmen mit mehreren Tausend Mitarbeitern. Mittlerweile beinhaltet das Produktportfolio der typischen IT-Berater nicht mehr nur die Beratung bezüglich der IT-Infrastruktur. Die Installation der entsprechenden Komponenten, also das Kerngeschäft der Systemintegratoren stellt einen immer wichtiger werdenden Teil des Angebots dar. Andererseits überschneiden sich die Leistungen von IT-Beratern auch mit den Dienstleistungen klassischer Unternehmensberatungen, insbesondere wenn es sich um strategische Aufgabenstellungen mit IT Bezug handelt.

12.3 Marktentwicklung und Industrietrends

12.3.1 Marktübersicht

Die IT-Dienstleistungsbranche ist einer Studie des Marktforschungsunternehmens Gartner zufolge mittlerweile zu einem globalen Industriezweig mit einem Jahresumsatz von über USD 600 Milliarden angewachsen, wobei hiervon ca. die Hälfte auf den amerikani-

Position	Unternehmen	Land	Umsatz 2004 (Mio. $)	Marktanteil
1	IBM Global Services	USA	46.239	7,9%
2	EDS	USA	20.669	3,5%
3	Fujitsu	Japan	16.832	2,9%
4	Hewlett-Packard	USA	15.073	2,6%
5	Accenture	USA	14.142	2,4%
6	CSC	USA	14.032	2,4%
7	Lockheed Martin	USA	8.949	1,5%
8	Northrop Grumman	USA	8.181	1,4%
9	Automatic Data Processing	USA	8.056	1,4%
10	CapGemini	Frankreich	7.817	1,3%
11	Hitachi	Japan	7.760	1,3%
12	T-Systems	Deutschland	7.267	1,2%

Quelle: Gartner, Bear Stearns

Abbildung 12-3: Weltweit führende IT-Dienstleister

schen Raum entfällt. Der Markt für IT-Dienstleistungen ist noch stark fragmentiert und der führende Anbieter ist momentan IBM Global Services, die IT-Dienstleistungssparte von IBM, mit einem Marktanteil von weniger als 10%. Der größte europäische Anbieter verzeichnet einen weltweiten Marktanteil unter 2%.

In Deutschland ist die Situation ähnlich, wobei der Marktführer T-Systems mit etwa 16% Marktanteil eine Ausnahmestellung einnimmt. Dies ist darauf zurückzuführen, dass T-Systems als Tochterunternehmen der Deutschen Telekom AG einen Großteil der konzerninternen IT-Leistungen liefert. Die Firmen auf Marktposition 2 bis 10 in Deutschland kommen zusammen auf einen Marktanteil von weniger als 30% bei einem Marktvolumen von ca. € 35 Milliarden.

Position	Unternehmen	Land	Umsatz 2004 (Mio. $)	Marktanteil
1	T-Systems	Deutschland	5.731	16,0%
2	IBM Global Services	USA	2.572	7,2%
3	SBS (Siemens)	Deutschland	2.522	7,0%
4	Hewlett-Packard	USA	1.149	3,2%
5	SAP	Deutschland	895	2,5%
6	Accenture	USA	894	2,5%
7	Fiducia	UK	879	2,5%
8	EDS	USA	837	2,3%
9	CSC	USA	521	1,5%
10	CapGemini	Frankreich	373	1,0%

Quelle: Gartner, Bear Stearns

Abbildung 12-4: Führende IT-Dienstleister in Deutschland

12.3.2 Zyklikalität

Das Marktwachstum der vergangenen Jahre verlief keineswegs stetig, sondern war von starken Umsatzschwankungen gekennzeichnet, die auf die Abhängigkeit der Branche von konjunkturellen Entwicklungen und zyklischen Schwankungen zurückzuführen sind.

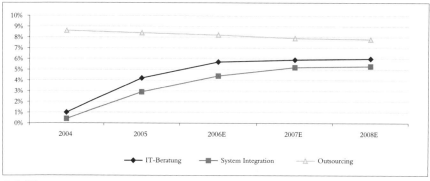

Quelle: IDC

Abbildung 12-5: Antizyklisches Wachstum von Outsourcing-Umsätzen

Vereinfachend kann festgestellt werden, dass in Zeiten des konjunkturellen Aufschwungs eine steigende Nachfrage nach IT-Dienstleistungen besteht, da sich in den Budgets der Unternehmen freie Mittel für Investitionen finden. In Zeiten der Rezession stellt sich eine gegenläufige Entwicklung ein und die Nachfrage geht in den meisten Teilbereichen der IT-Dienstleistungsbranche zurück, da viele Unternehmen davon ausgehen, dass eine Verschiebung der Investition keine allzu negativen Auswirkungen haben wird. Bei Anbietern von IT-Outsourcing stellt sich Situation anders dar, da diese vom steigenden Kostendruck der Kunden während einer Rezession profitieren, der durch Einsparungen eingedämmt werden muss.

Die folgende Abbildung stellt die Korrelation zwischen der Entwicklung des Bruttoinlandsprodukts im europäischen Raum und dem Umsatz der IT-Dienstleistungsbranche dar. Die Spitzenumsätze der Jahre 1999 und 2000 sind dabei zum großen Teil auf die sogenannte „Internetblase" zurückzuführen. Zu dieser Zeit war die Nachfrage nach IT-Produkten und Dienstleistungen nicht nur bei Industrieunternehmen extrem hoch. Es waren insbesondere junge Internetunternehmen, die IT-Dienstleistungen extern einkaufen mussten, um die hohen Wachstumsraten umsetzen zu können. Mit der Pleitewelle der Internetbranche in den Jahren 2000 und 2001 ging auch die Nachfrage nach IT-Dienstleistungen sprunghaft zurück.

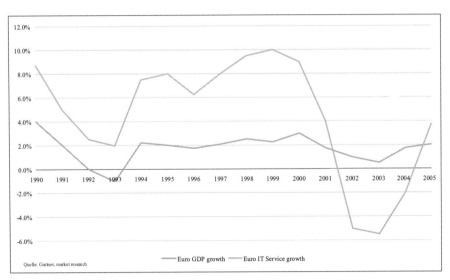

Abbildung 12-6: Entwicklung BIP vs. Wachstum IT-Ausgaben

Zurzeit ist der Ausblick für weite Teile der IT-Dienstleistungsbranche von der Erwartung einer weiterhin positiven Wirtschaftsentwicklung geprägt. Während erwartet wird, dass das starke Wachstum in den USA eher gebremst wird, ist in Europa ein deutlicher Optimismus spürbar, von dem insbesondere die regionalen Anbieter profitieren sollten. Im Vergleich zu den Zeiten der Internetblase sehen Industrieexperten momentan allerdings keine Faktoren, die die Nachfrage nach IT-Dienstleistungen überproportional zum Wirtschaftswachstum in die Höhe treiben könnten.

Auch in Deutschland ist in der Branche eine deutliche Erholung zu spüren. Dabei hat die schlechte wirtschaftliche Situation der letzten Jahre hierzulande viele IT-Dienstleister vor besondere Herausforderungen gestellt. Obwohl das deutsche Bruttoinlandsprodukt über dem der anderen europäischen Staaten liegt, ist Deutschland bezüglich der Ausgaben für IT-Dienstleistungen mit einem Marktanteil von ca. 20% in Europa deutlich hinter Großbritannien mit einem Marktanteil von ca. 31% positioniert.

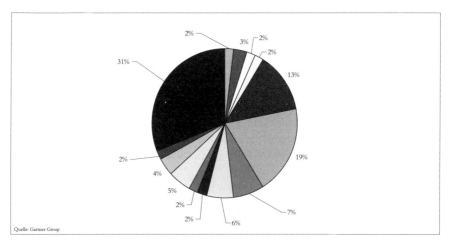

Abbildung 12-7: Aufteilung IT-Ausgaben in Europa in 2006E

Vielfach wird das im angelsächsischen Bereich beliebte Outsourcing von Aktivitäten in Deutschland noch immer skeptisch beurteilt, sei es um Expertise im Unternehmen zu halten oder aus anderen durchaus plausiblen Gründen. Trotzdem steigt seit einiger Zeit auch in Deutschland die Bereitschaft zum Outsourcing von Geschäftsabläufen, da mit der Internationalisierung der Kapitalmärkte die Fokussierung von Unternehmen auf wenige Kerngeschäftsbereiche zunehmend an Bedeutung gewinnt.

12.3.3 Konsolidierungstendenzen

Seit einiger Zeit ist ein zunehmender Trend zur Industriekonsolidierung zu beobachten. Tabelle 3 gibt eine Übersicht ausgewählter Transaktionen der Jahre 2004 bis 2006.

Es gibt zahlreiche Gründe für Unternehmenstransaktionen, für einen Großteil der Übernahmen und Fusionen im IT-Dienstleistungssektor sind jedoch insbesondere die folgenden relevant:

1. Die Notwendigkeit kritischer Masse: Vor allem im Outsourcing-Bereich ist eine gewisse kritische Masse notwendig um profitabel zu wirtschaften. Erst ab einer bestimmten Größe und Mitarbeiterzahl sind Unternehmen in der Lage, die notwendigen Infrastrukturinvestitionen zu finanzieren und eine rentable Auslastung zu gewährleisten. Ausreichende Kapazitäten um Großprojekte erfolgreich abwickeln zu können sind vor allem bei Ausschreibungen von lukrativen Projekten für die öffentliche Hand von entscheidender Bedeutung, da sich diese über einen Zeitraum von fünf bis zehn Jahren er-

Datum	Käufer	Land	Zielunternehmen	Land	Volumen (Mio.)	EV/Sales	EV/EBIT	P/E
Aug 06	LogicaCMG	Niederlande/UK	WM Data	Schweden	EUR 1318	1,20x	17,2x	38,5x
Mrz 06	EDB	Norwegen	Guide Konsult	Schweden	NKR 658	1,26x	11,4x	NA
Dez-05	T-Systems	Deutschland	gedas	Deutschland	EUR 425	0,75x	NA	NA
Dez-05	Fujitsu	Japan	Siemens PRS	Deutschland	EUR 250	0,19x	NA	NA
Okt-05	TietoEnator	Finnland	Comnet	Italien	EUR 10	0,83x	8,3x	NA
Sep 05	LogicaCMG	Niederlande/UK	Unilog	Frankreich	GBP 435	0,98x	11,5x	30,2x
Apr 05	TietoEnator	Finnland	AttetiV	UK	GBP 56	1,74x	NA	NA
Mrz 05	BT	UK	Radianz	USA	USD 175	NA	NA	NA
Mrz 05	Getronics	Niederlande	PinkRoccade	Niederlande	EUR 350	0,50x	NA	NA
Dez-04	Serrco Group	UK	ITNet	UK	GBP 235	1,25x	NA	20,7x
Dez-04	LogicaCMG	UK	Edinfor	Portugal	EUR 135	0,72x	NA	NA
Dez-04	TietoEnator	Finnland	SESA	Deutschland	EUR 70	1,04x	8,7x	NA
Dez-04	Steria	Frankreich	Mummert	Deutschland	EUR 82	0,63x	NA	NA
Nov 04	BT	UK	Infonet Services	USA	USD 575	NA	NA	NA
Aug 04	IBM	USA	Maersk+DmData	Daenemark	USD 575	0,62x	NA	NA
Jul 04	Hewlett-Packard	USA	Synstar	UK	GBP 163	0,73x	19,1x	27,8x
Jul 04	Morse	UK	Diagonal	UK	GBP 50	0,83x	NA	31,1x
Jul 04	Unilog	Frankreich	Avinci	Deutschland	EUR 40	0,96x	9,5x	NA
Feb 04	CGI	Kanada	AMS	USA	USD 586	0,63x	NA	NA
Jan 04	Hewlett-Packard	USA	Triaton	Deutschland	EUR 340	0,92x	NA	NA

Quelle: Bear Stearns

Abbildung 12-8: Transaktionen im IT-Dienstleistungssektor

strecken können. In diesen Fällen wird die Größe eines Anbieters oft auch als Zeichen wirtschaftlicher Stabilität und Leistungsfähigkeit interpretiert.

2. Geographische Expansion: Im Zuge der Globalisierung erschließen viele Unternehmen neue Regionen und Märkte (z.B. Osteuropa und Asien). Das gleiche gilt auch für IT-Dienstleister, die Umsatzwachstum in neuen Regionen und mit neuen Kunden anstreben. Allerdings kann die geographische Expansion auch zwangsläufig erforderlich sein, sollte sich ein guter Kunde dazu entschließen neue Märkte zu bedienen. Um die eigene Position beim Kunden zu festigen bzw. nicht zu verwässern kann es notwendig sein, dem Kunden in neue Märkte zu folgen. Ansonsten würde das internationale Geschäft einem Wettbewerber überlassen, der dadurch direkten Zugang zum Kunden erhält. Das könnte auch die Position im ursprünglichen Heimatmarkt des Anbieters schwächen.

3. Zukauf von Expertenwissen und Produkten: Wie in anderen Branchen ist in der IT-Industrie eine Akquisition in vielen Fällen der einfachste und günstigste Weg um Fachwissen hinzuzukaufen oder Zugang zu interessanten Technologien sicherzustellen. Dabei kann es sich um Produkte oder Know-how in einem spezifischen Sektor, um Erfahrung im Umgang mit einer speziellen Software, oder um anderes technisches Wissen handeln.

Der deutsche Markt wird zukünftig wahrscheinlich zu einem der begehrtesten Ziele für Unternehmensübernahmen in der IT-Dienstleistungsbranche werden. Industrieexperten sehen mehrere Gründe für diese Entwicklung:

1. Deutschland ist der zweitgrößte Markt für IT-Dienstleistungen in Europa, die Marktdurchdringung ist jedoch noch wesentlich niedriger als in anderen europäischen Ländern.

2. Der Markt ist fragmentiert und es gibt eine hohe Anzahl von Anbietern jeder Größe und auf jeder Ebene der Wertschöpfungspyramide.

3. Unter deutschen Konzernen ist zunehmend die Tendenz zu beobachten, dass unternehmensinterne IT-Dienstleistungssparten veräußert werden, um die bereits erwähnte Fokussierung auf wenige Kerngeschäftsbereiche voranzutreiben.

Neben der traditionellen Unternehmensakquisition haben sich in den vergangen Jahren in zunehmendem Maße Outsourcing-Verträge etabliert, die im Stil einer Übernahme implementiert werden. Dabei werden nicht nur die Prozessabläufe an den Outsourcing-Anbieter übertragen, sondern damit einhergehend gleich die komplette IT-Abteilung inklusive der Infrastruktur und des Personals. Der IT-Dienstleister zahlt dafür einen Kaufpreis und erhält im Gegenzug die Zusicherung, dass der Verkäufer in einem bestimmten Zeitraum einen Mindestbetrag an Outsourcing-Leistungen kostenpflichtig in Anspruch nehmen wird. Damit wird eine Grundauslastung der erworbenen Kapazitäten sichergestellt, die als Basis für eine Ausweitung des Kundenstamms dient. Solche Transaktionen sind auch in Restrukturierungsfällen interessant, da das zu restrukturierende Unternehmen in der Lage ist, die Kosten kurzfristig zu senken. Gleichzeitig fließt beim Verkauf Liquidität zu, die für die Weiterführung der Geschäftstätigkeit genutzt werden kann. Dies war beispielsweise beim Kauf von Itellium, der IT-Dienstleistungstochter des KarstadtQuelle Konzerns, durch Atos Origin im Jahr 2004 der Fall.

Datum	Käufer	Branche	Zielunternehmen	Verkäufer	Land	Umsatz (Mio.)	Kaufpreis (Mio.)
Jan 06	T-Systems	Automobil	gedas	VW	Deutschland	NA	NA
Jul 05	Softlab	Finanzen	Entory	Deutsche Boerse	Deutschland	NA	NA
Mai-05	Thales IS	Chemie	Unbenannt	SGL Carbon	Deutschland	EUR 150	NA
Mai-05	T-Systems	Versicherungen	Alldata	ARAG	Deutschland	NA	NA
Apr 05	SBS	Versicherungen	Gerling Gesellschaft	Gerling	Deutschland	EUR 300	NA
Dez 04	SBS	Stahl	RAG Informatik	RAG	Deutschland	EUR 108	NA
Dez-04	LogicaCMC	Versorger	Edinfor	EDP	Portugal	EUR 187	EUR 135
Sep 04	AtosOrigin	Einzelhandel	Itellium	KarstadtQuelle	Deutschland	EUR 180	NA
Feb 04	Hewlett-Packard	Stahl	Triaton	ThyssenKrupp	Deutschland	EUR 370	EUR 340

Quelle: Bear Stearns

Abbildung 12-9: Outsourcing Transaktionen

12.3.4 Offshoring

Eine Weiterführung des Outsourcing ist das Offshoring, also das Verlagern von IT-Dienstleistungen in Länder, in denen eine kostengünstigere Bereitstellung möglich ist. Dadurch erreicht ein Unternehmen nicht nur die Fokussierung auf das Kerngeschäft, sondern kann zudem noch deutlich höhere Einsparungen realisieren, als durch die Abgabe der Prozesse an einen in Europa oder in den USA ansässigen Anbieter.

Bisher wird dieses Geschäftsmodell vor allem von indischen Firmen erfolgreich betrieben, die ihre Leistungen zumeist vom Industriezentrum Bangalore aus anbieten. Von großem Vorteil ist dabei, dass diese Unternehmen auf eine große Zahl gut ausgebildeter Mitarbeiter zurückgreifen können, die sowohl IT-Expertise als auch die notwendigen Kenntnisse der englischen Sprache besitzen. Insbesondere die Entwicklung maßgeschneiderter Software verzeichnet in Indien hohe Wachstumsraten, ebenso wie Fernverwaltung von Software-Applikationen (Remote Application Management). Es ist wahrscheinlich, dass in einem nächsten Entwicklungsschritt verstärkt komplexere Dienstleistungen wie Hosting und Outsourcing, sowie zu einem gewissen Grad auch Beratungsleistungen im Rahmen von Offshoring-Modellen angeboten werden.

Zu den bestehenden indischen Anbietern im Offshoring-Sektor, darunter z.B. so bekannte Namen wie Tata, Infosys und Satyam, gesellen sich mittlerweile auch europäische und amerikanische Firmen, die hohe Investitionen in den Aufbau eigener Betriebsstätten

12 Bewertung von IT-Dienstleistungsunternehmen

	2006E	2007E	2008E	2009E	Offshoring Penetration 2004	Moeglichkeit zum Offshoring	Offshoring Penetration 2012E
IS Outsourcing	9,1%	8,8%	8,5%	8,1%	1%	Mittel	25%
Network and Desktop Outsourcing	10,4%	10,0%	9,6%	9,4%	11%	Niedrig	25%
Application Management	14,5%	14,4%	13,5%	12,5%	15%	Hoch	75%
Hosting Infrastructure	23,7%	26,6%	25,0%	22,0%	0%	Hoch	75%
Software as a Service	36,8%	29,7%	23,4%	21,6%	1%	Niedrig	25%
Systemintegration	7,2%	7,5%	7,3%	7,1%	6%	Niedrig	25%
Network Consulting and Integration	11,9%	12,1%	13,4%	13,5%	0%	Mittel	50%
IT-Beratung	7,1%	7,9%	8,1%	7,9%	9%	Niedrig	25%
Custom Application Development	5,1%	5,9%	6,4%	6,2%	41%	Hoch	75%
Software Deploy and Support	9,4%	9,2%	8,6%	7,8%	11%	Mittel	50%
Hardware Deploy and Support	4,0%	3,9%	4,1%	3,1%	1%	Niedrig	25%
IT Eduction and Training	6,9%	8,1%	7,4%	6,8%	1%	Niedrig	25%
Gesamtwachstum Outsourcing-Industrie	**9,2%**	**9,5%**	**9,4%**	**9,0%**			

Quelle: IDC, Credit Suisse

Abbildung 12-10: Offshoring Potential und Entwicklung 2004-2012E

in Indien tätigen bzw. getätigt haben. Beispielsweise beschäftigt Accenture ca. 24,000, also 17% von insgesamt 140,000 Mitarbeitern in Indien und China.

Erst seit kurzem, aber nicht weniger erfolgreich, findet sich im Outsourcing-Markt eine steigende Zahl von Anbietern aus osteuropäischen Ländern sowie aus Russland. Großes Wachstum wird in Zukunft auch chinesischen Offshoring-Unternehmen prognostiziert, die aufgrund des rasanten Wirtschaftswachstums in der Region mittel- bis langfristig sogar Indiens führende Position im Offshoringmarkt übernehmen könnten.

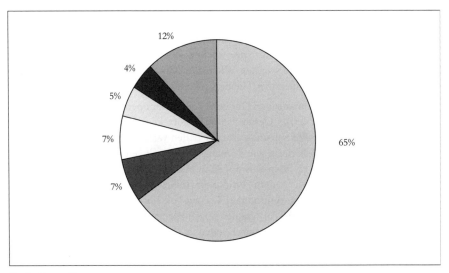

Quelle: Gartner Group

Abbildung 12-11: Offshoring Aktivität nach Ländern

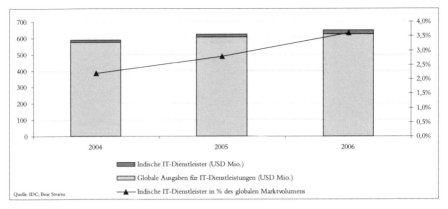

Abbildung 12-12: Anteil Indiens am IT-Dienstleistungsmarkt

12.4 Unternehmensanalyse

12.4.1 Operative Analyse

Die Konzepte zur Berechnung des Unternehmenswerts eines IT-Dienstleisters unterscheiden sich nicht wesentlich von den in den meisten anderen Branchen genutzten Verfahren. Jedoch gibt es eine Vielzahl industriespezifischer Faktoren, die den Wert beeinflussen. Deren detaillierte Analyse ist notwendig, um die Wachstumsaussichten des Bewertungsobjekts abzuschätzen, die Planungsrechnungen zu plausibilisieren, und die relevanten Vergleichsunternehmen zu identifizieren. Um sich mit den speziellen Charakteristika eines Unternehmens und der Branche vertraut zu machen greifen Investoren in der IT-Dienstleistungsbranche beispielsweise auf das nachfolgend dargestellte Schema zurück, welches eine einfache aber trotzdem sinnvolle Ausgangsbasis für die Analyse des Geschäftsmodells, der finanziellen Planung und der anschließenden Bewertung bildet. Dabei geht es vor allem darum festzustellen, welches die wesentlichen Wachstumstreiber sind und wie das Unternehmen aufgestellt ist, um von den Wachstumchancen zu profitieren und Gewinne zu erwirtschaften. Folgende operative Themen sollten eingehend untersucht werden:

1. Horizontale Unternehmensanalyse: Der erste Schritt der operativen Analyse eines Unternehmens besteht darin, das Geschäftsmodell korrekt einzuordnen. Dazu kann auf das in Kapitel 2 dargestellte Schema zurückgegriffen werden, wobei in der Praxis eindeutige Zuordnungen schwierig sein können, da die weltweit führenden Anbieter das komplette Spektrum an IT-Dienstleistungen offerieren. Beispielhaft sei hier IBM Global Services genannt, mit einem Produktportfolio das sowohl die IT-Beratung, Outsourcing, Systemintegration und den Verkauf von Infrastruktur beinhaltet. In diesem Fall ist eine differenzierte Analyse der verschiedenen Unternehmensbereiche bzw. der Beiträge zum finanziellen Ergebnis notwendig. Nur dann ist es möglich, die Werttreiber des Unternehmens zu verstehen und die möglichen Auswirkungen externer Faktoren auf die Entwicklung des Unternehmens abzuschätzen.

Die korrekte Einordnung des Geschäftsmodells eines Unternehmens ist aufgrund der unterschiedlichen Dynamik in Teilbereichen der Branche und der extrem zyklischen

Natur des Markts für IT-Dienstleistungen notwendig. Vereinfachend ist die Aussage möglich, dass Investoren in Zeiten des Aufschwungs dazu tendieren, Unternehmen in der IT-Beratung und Systemintegration zu favorisieren. In diesen Bereichen lassen sich bei guter Konjunkturlage überdurchschnittliche Wachstumsraten und Gewinnmargen realisieren. In Zeiten des ökonomischen Abschwungs ist das Investoreninteresse in diesen Bereichen sowie an Infrastrukturanbietern wesentlich geringer. Stattdessen verlagert sich der Fokus während diese Phasen auf IT-Outsourcingfirmen, die aufgrund langfristiger Vertragsvereinbarungen eine gewisse Stabilität der Erträge garantieren. Außerdem ist das Geschäftsmodell im Outsourcingsektor zumindest teilweise antizyklisch, da kosteneffizente Lösungen für Kunden angeboten werden die insbesondere dann interessant sind, wenn das Umsatzwachstum nachlässt und die Gewinnmargen zurückgehen.

2. Vertikale Unternehmensanalyse: Die Bedeutung der Spezialisierung auf bestimmte Kundengruppen und Industriesektoren wird auch in der IT-Dienstleistungsbranche immer wichtiger. Es ist mittlerweile essentiell für den Anbieter, die Abläufe und Prozesse im Unternehmen des Kunden zu verstehen. Zudem nimmt durch die Sektorfokussierung das Know-how in diesem Bereich zu, was Wettbewerbsvorteile gegenüber weniger spezialisierten Konkurrenten ergibt. Deshalb haben die meisten IT-Dienstleister intern vertikale Spezialisierungen entwickelt, die sich an den Industriebranchen der Kunden orientieren. So wird gewährleistet, dass optimal auf die Bedürfnisse von Kunden eingegangen werden kann. Damit steigt auch die Chance auf wichtige Folgeaufträge und in manchen Fällen kann sogar eine gewisse Abhängigkeit des Kunden von den Dienstleistungen des Anbieters erreicht werden.

Des weiteren ermöglicht die Analyse der vertikalen Industriesektoren, die Stärken und Schwächen des Geschäftsmodells zu verstehen. Es wird möglich einzuschätzen, ob das Unternehmen Kunden aus wirtschaftlich interessanten Industriebranchen bedient, die sowohl bezüglich der Größe als auch bezogen auf die Wachstumsaussichten attraktiv sind. Dies wiederum hat großen Einfluss auf den Wert des IT-Dienstleisters.

Die vertikale Unternehmensanalyse liefert auch eine Indikation dafür, wie sich ein wirtschaftlicher Auf- bzw. Abschwung auf das Unternehmen auswirken könnte. IT-Dienstleister mit starken Kundenbeziehungen zum öffentlichen Sektor profitieren in vielen Fällen von langfristigen Verträgen, und bieten stabile Umsätze und gute Wachstumsaussichten auch im wirtschaftlichen Abschwung. Andere zyklische Sektoren, wie z.B. die Telekommunikationsbranche und die chemische Industrie haben in den letzten Jahren nur relativ geringe Summen in IT-Infrastruktur investiert. Seit einiger Zeit sind aber auch hier wieder deutlich höhere Ausgaben zu verzeichnen.

3. Geographische Präsenz: Eine Einschätzung der Wachstumsaussichten eines IT-Dienstleisters ist in hohem Maße von der geographischen Präsenz bzw. dem regionalen Fokus des Unternehmens abhängig. Ist ein Unternehmen international aktiv empfiehlt sich eine Planung nach Ländern oder zumindest nach Regionen, deren Wachstumscharakteristika und Entwicklungspotential ähnlich sind. Der Einfluss, den der geographische Fokus hat wurde bereits in Kapitel 3 erwähnt. Unternehmen die im US-Markt stark engagiert sind haben in den letzten Jahren besonders hohe Wachstumsraten realisieren können. Dies ist zum großen Teil auf den ökonomischen Aufschwung in der Region zurückzuführen.

4. Kundenstamm: Die Untersuchung des Kundenstamms spielt bei Erstellung der Planungsrechnung insofern eine wichtige Rolle, da eine ausführliche Analyse neben Aussagen zur Qualität des Kundenportfolios auch Aussagen über ein mögliches „Klumpenrisiko" liefert. Das Risiko steigt, je geringer die Anzahl der Kunden ist, die den Großteil der Umsätze generieren. Wie in anderen Branchen besteht bei einer zu hohen Konzentration auf wenige große Kunden die Gefahr, dass ein erheblicher Teil der Umsätze wegfallen könnte, falls sich einer der Hauptkunden für einen Wechsel zur Konkurrenz entscheidet.

Deshalb ist bei Durchsicht der Kundenliste wichtig, die verschiedenen Kundenbeziehungen richtig einzuordnen. IT-Dienstleister, die als sogenannte „Prime Contractors" tätig sind, sind in einer besseren Position als „Subcontractors." Der Unterschied besteht darin, dass Prime Contractors über eine direkte Vertragsbeziehung zum Kunden verfügen. Aufgrund der direkten Beziehungen bestehen bessere Aussichten bei den Verhandlungen der Lieferbedingungen und es besteht außerdem die Möglichkeit, zusätzliche Dienstleistungen an den jeweiligen Kunden zu verkaufen.

5. Marktposition: Die Marktposition eines IT-Dienstleisters im Vergleich zu Konkurrenzunternehmen gewinnt zunehmend an Bedeutung. Dabei handelt es sich sowohl um messbare Kriterien wie z.B. die Größe des Unternehmens, aber auch die Reputation und die Sicht des Markts bezüglich der Qualität der angebotenen Produkte und Dienstleistungen. Eine führende Marktposition kann ein guter Indikator dafür sein, ob das Unternehmen und das Geschäftsmodell langfristig gute Zukunftsaussichten haben. Zudem wird einer starken Stellung im Markt auch von Kundenseite eine hohe Relevanz zugemessen und kann insbesondere bei Ausschreibungen für Großaufträge ein entscheidender Faktor sein.

6. Management: IT-Dienstleister sind von ihren Mitarbeitern und deren Wissen abhängig, wobei das Management den primären Erfolgsfaktor darstellt. Das Management entscheidet über die Strategie sowie deren Implementierung und damit über Erfolg oder Misserfolg eines Unternehmens. Ein starkes Management-Team muss die nötige Vision, Kreativität und das Durchsetzungsvermögen haben, um zukünftige Wachstumsbereiche zu identifizieren und die notwendigen Investition zu tätigen, um vom deren Potential profitieren zu können und einen Wettbewerbsvorteil zu erlangen. Des weiteren muss das Management eines IT-Dienstleisters in der Lage sein, die Anforderung einer extrem kompetitiven Industrie zu meistern, in der die Auslastung des Personals sowie der Datenzentren Schlüsselfaktoren für Umsatzwachstum und Profitabilität sind.

12.4.2 Planungsrechnung und Finanzanalyse

Auf die Prüfung der operativen Tätigkeit eines Unternehmens sollte eine detaillierte Analyse der finanziellen Situation folgen, die die Basis für die Planungsrechnung bildet, auf der die Berechnung des Unternehmenswerts bzw. der Bandbreite möglicher Unternehmenswerte aufsetzt.

Während eine typische Analyse der historischen Finanzdaten und der Planungsrechnung im Rahmen einer Due Diligence Prüfung normalerweise mehrere Wochen in Anspruch nimmt, zeigen wir der Einfachheit halber lediglich den typischen Aufbau eines Umsatzmodells für ein IT-Dienstleistungsunternehmen, das in den Bereichen Systemintegration

Jahr	0	1	2	3	4	5	Kommentar
Beratung und System Integration							
1 Mitarbeiter	5.000	5.250	5.500	5.750	6.000	6.250	Annahme
2 davon Berater (%)	0,85	0,85	0,85	0,85	0,85	0,85	Annahme (ohne Administration)
3 Berater	4.250	4.463	4.675	4.888	5.100	5.313	=1 x 2
4 Auslastungsquote	70%	71%	68%	70%	72%	75%	Annahme
5 Arbeitstage pro Jahr	240						Annahme
6 Produktive Tage	168	170	163	168	173	180	= 4 x 5
7 Durchschnittlicher Beratersatz pro Tag €	650	670	690	710	732	754	Annahme
8 Durchschnittlicher Umsatz pro Berater € '000	109	114	113	119	126	136	= 6 x 7
9 Umsatz (€ Mio.)	464	509	526	583	645	721	= 8 x 3
10 Personalkosten (€ Mio.)	302	326	331	367	406	447	= 9 x 11
11 als % des Umsatzes	65%	64%	63%	63%	63%	62%	Annahme
12 Sonstige Kosten (€ Mio.)	116	127	132	146	161	180	= 9 x 13
13 als % des Umsatzes	25%	25%	25%	25%	25%	25%	Annahme
14 EBITDA (€ Mio.)	46	56	63	70	77	94	= 9 - 10 -12
15 EBITDA Marge	10%	11%	12%	12%	12%	13%	= 14 : 9
16 Abschreibungen (€ Mio.)	5	5	5	6	6	7	= 9 x 17
17 als % des Umsatzes	1%	1%	1%	1%	1%	1%	Annahme
18 EBIT (€ Mio.)	42	51	58	64	71	86	= 14 - 16
19 EBIT Marge	9%	10%	11%	11%	11%	12%	= 18 : 9
Outsourcing							
20 Durchschnittliche Vertragsgröße (€ Mio.)	50	50	50	50	50	50	Annahme
21 Durchschnittliche Vertragslänge Jahre	4						Annahme
22 Neuverträge	4	6	4	8	6	4	Annahme
23 Durchschnittlicher Umsatz pro Vertrag (€ Mio.)	12,5	13	13	13	13	13	= 20 : 21
24 Umsatz Neuverträge in Jahr 1	50	50	50	50			= 22 x 23
25 Umsatz Neuverträge in Jahr 2		75	75	75	75		
26 Umsatz Neuverträge in Jahr 3			50	50	50	50	
27 Umsatz Neuverträge in Jahr 4				100	100	100	
28 Umsatz Neuverträge in Jahr 5					75	75	
29 Umsatz Neuverträge in Jahr 6						50	
30 Umsatz (€ Mio.)	50	125	175	275	300	275	= Summe (24 - 29)
31 Personalkosten (€ Mio.)	28	69	96	146	156	140	= 30 x 32
32 als % des Umsatzes	56%	55%	55%	53%	52%	51%	Annahme
33 Sonstige Kosten (€ Mio.)	17	41	58	91	99	91	= 30 x 34
34 als % des Umsatzes	33%	33%	33%	33%	33%	33%	Annahme
35 EBITDA (€ Mio.)	6	15	21	39	45	44	= 30 - 31 -33
36 EBITDA Marge	11%	12%	12%	14%	15%	16%	= 36 : 30
37 Abschreibungen (€ Mio.)	4	9	12	19	21	19	= 30 x 38
38 als % des Umsatzes	7%	7%	7%	7%	7%	7%	Annahme
39 EBIT (€ Mio.)	2	6	9	19	24	25	= 35 - 37
40 EBIT Marge	4%	5%	5%	7%	8%	9%	= 39 : 30
Konzern							
41 Umsatz (€ Mio.)	514	634	701	858	945	996	= 9 + 30
42 Wachstum in %		23%	11%	22%	10%	5%	
43 EBITDA (€ Mio.)	52	71	84	108	122	138	= 14 + 35
44 EBITDA Marge	10%	11%	12%	13%	13%	14%	= 43 : 41
45 EBIT (€ Mio.)	44	57	67	83	95	111	= 18 + 39
46 EBIT Marge	9%	9%	10%	10%	10%	11%	= 46 : 41

Abbildung 12-13: Umsatzmodell

und Outsourcing tätig ist. Im Bereich Systemintegration wird der Umsatz üblicherweise durch Annahmen zu Mitarbeiterzahl, Auslastungsquote und durchschnittlichen Beratersätzen abgeleitet. Auf der Kostenseite stellt das Personal den wichtigsten Posten dar. Materialkosten und Abschreibungen sind relativ gering. Im Gegensatz dazu sind die Umsatztreiber von Outsourcing-Anbietern die Anzahl der Verträge, deren Laufzeit und das durchschnittliche Auftragsvolumen. Kosten entstehen ebenfalls hauptsächlich durch das Personal. Allerdings sind die Abschreibungen aufgrund der notwendigen Infrastruktur wesentlich höher als bei einem Systemintegrator.

Um sich einen ersten Überblick über das Bewertungsobjekt zu verschaffen bietet sich eine Kennzahlenanalyse an. Die wichtigste Kennzahl im Rahmen der Bewertung von IT-Dienstleistern ist das EBIT (Earnings before Interest and Tax). Mit Hilfe des EBIT bzw. der EBIT-Marge und mit Kenntnis des Produktportfolios lässt sich relativ schnell erschließen, ob ein Unternehmen effizient geführt und operativ erfolgreich ist. Als Industriestandard gelten die folgenden EBIT-Margen für die verschiedenen Ebenen der Wertschöpfungspyramide:

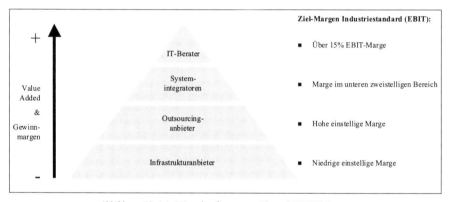

Abbildung 12-14: Wertschöpfungspyramide und EBIT-Margen

Der Umsatz pro Mitarbeiter lässt ebenfalls Rückschlüsse darauf zu, wie erfolgreich ein Unternehmen ist. Allerdings ist auch diese Kennzahl nur dann aussagekräftig, wenn die Art des Geschäftsmodells bekannt ist. Nur Unternehmen, die das gleiche Produktportfolio anbieten können miteinander verglichen werden, da z.B. der Umsatz pro Mitarbeiter bei einem Infrastrukturanbieter aufgrund des Wiederverkaufs von Komponenten deutlich höher ist, als der eines IT-Beraters. Im Gegensatz dazu sollte die Marge eines IT-Beraters entsprechend höher sein.

Ein weiterer Indikator der Profitabilität eines Unternehmens ist die Bruttomarge. Die großen Unterschiede der Geschäftsmodelle auf den verschiedenen Ebenen der Wertschöpfungspyramide und die Tatsache, dass die Definition der Bruttomarge je nach Unternehmen unterschiedlich ausfallen kann, erschweren jedoch die Vergleichbarkeit.

Vor allem im Bereich Systemintegration ist die Auslastungsquote, definiert als in Rechnung gestellte Tage dividiert durch Arbeitstage im Kalenderjahr (Wochentage minus Urlaubs- und Feiertage) eine häufig genutzte Kennzahl. Als Faustregel gilt, dass eine Auslastungsquote von ca. 70% notwendig ist, um profitabel zu wirtschaften.

12.5 Bewertungsmethoden und praktische Anwendung

12.5.1 Einführende Überlegungen

Wie bereits erwähnt wird erwartet, dass die Zahl der Unternehmenstransaktionen im IT-Dienstleistungssektor weiterhin ein hohes Niveau ausweisen wird. Neben Übernahmen gibt es noch eine Vielzahl anderer Situationen, in denen die Notwendigkeit einer Unternehmensbewertung besteht. Je nach Bewertungsanlass ist auch die Zielsetzung unterschiedlich, und es kann neben der Ermittlung des finanziellen Nutzens der Unternehmung auch die Notwendigkeit der Ermittlung nichtfinanzieller Nutzenpotentiale bestehen. Diese werden nachfolgend nicht weiter beachtet, da es sich um schwer quantifizierbare persönliche Präferenzen der Eigentümer handelt. Zudem werden eigentümerspezifische Faktoren wie z.B. Synergiepotentiale mit bestehenden Aktivitäten oder Marktbereinigungsstrategien zur Verminderung des Wettbewerbsdrucks nicht weiter untersucht. Die folgenden Ausführungen stellen lediglich auf das Nettoentnahmepotential (also den finanziellen Ertrag) eines Unternehmens für einen beliebigen Investor ab.

Bei der Bewertung von IT-Dienstleistern wird meist auf die Bewertungsmethoden zurückgegriffen, die auch bei der Bewertung von Unternehmen anderer Branchen die wesentliche Rolle spielen. Dies sind vor allem der Discounted Cash Flow-Ansatz und die Multiplikatorverfahren.[1]

12.5.2 DCF Analyse

Im Rahmen einer DCF-Analyse werden die prognostizierten Zahlungsströme, die sogenannten Free Cash Flows, einer Gesellschaft diskontiert, um den Barwert der zukünftigen Auszahlungen an die Kapitalgeber zu ermitteln. Dabei lassen sich verschiedene Ansätze unterteilen, wobei die wesentlichen Unterschiede in der Definition und Berechnung der Cash Flows, sowie in der entsprechenden Variation im Diskontierungssatz zu finden sind. Im folgenden Bewertungsbeispiel wird auf den WACC-Ansatz zurückgegriffen, da dieser unter Investmentbanken, Institutionellen- und Private Equity-Investoren sowie Hedge Fonds der am weitesten verbreitete DCF-Ansatz ist. Dabei werden die erwateten Free Cash Flows an Eigen- und Fremdkapitalgeber errechnet und dann mit den steuerangepassten gewichteten Kapitalkosten diskontiert.

Entscheidend ist, dass im Rahmen der Berechnung der Free Cash Flows lediglich die Zahlungsströme des operativen Geschäfts berücksichtigt werden. Die Länge der Detailplanung der Free Cash Flows beträgt üblicherweise zwischen fünf und zehn Jahren, wobei dies von der Verfügbarkeit der benötigten Daten abhängig ist. Ein längerer Planungshorizont ist vorteilhaft um zu vermeiden, dass der größte Teil des Unternehmenswerts im Endwert, dem sogenannten „Terminal Value" reflektiert wird. Dieser errechnet sich als ewige Rente auf Basis der normalisierten Finanzdaten der letzten Planungsperiode. Normalisiert bzw. angepasst werden sollten im Terminal Value-Jahr etwa Abschreibungen und Investitionen, die grundsätzlich übereinstimmen sollten. Konsequenterweise müssen auch die Steuerzahlungen entsprechend adjustiert werden.

---

[1] Im folgenden Kapitel werden die verschiedenen Bewertungsmethoden lediglich kurz beschrieben. Für eine ausführlichere Darstellung unterschiedlicher Ansätze empfiehlt sich z.B. *Nowak, K.* (2003) oder *Schacht, U./Fackler, M.* (2005).

Eine weitere wichtige Rolle spielt der Diskontierungssatz. Im hier vorgestellten WACC-Ansatz ergibt sich dieser aus den gewichteten Kapitalkosten, d.h. entsprechend dem Verschuldungsgrad des Unternehmens werden die Kosten des Eigenkapitals und des Fremdkapitals gewichtet. Darüberhinaus werden die Fremdkapitalkosten steuerangepasst („Tax Shield") um die Steuervorteile der Fremdfinanzierung abzubilden. Dies ist nicht schon im Free Cash Flow geschehen, da dieser unter der Annahme einer kompletten Eigenkapitalfinanzierung berechnet wird (die Steuern werden auf EBIT-Basis berechnet, also vor steuerabzugsfähigen Zinsen). Die Eigenkapitalkosten errechnen sich gemäß dem Capital Asset Pricing Model (CAPM) aus dem risikolosen Zinssatz, der um einen Risikozuschlag erhöht wird. Dieser ergibt sich aus der Marktrisikoprämie multipliziert mit dem Betafaktor des zu bewertenden Unternehmens, der die Volatilität der Rendite des Bewertungsobjekts relativ zum Marktportfolio darstellt. Die Kosten des Fremdkapitals lassen sich am Zinssatz der Finanzverbindlichkeiten des Unternehmens ableiten, bzw. im Falle gehandelter Schuldtitel aus dem „Yield to Maturity."

Nach der Diskontierung der Free Cash Flows wird der Wert der nichtbetriebsnotwendigen Vermögensgegenstände addiert, um den Wert des Unternehmens zu erhalten (Enterprise Value). Um daraus den Wert des Eigenkapitals abzuleiten muss die Nettofinanzverschuldung, bestehend aus den zinstragenden Finanzverbindlichkeiten minus freier Liquidität, abgezogen werden. In den Fällen, in denen Pensionsverpflichtungen bestehen und der Zinsanteil der Pensionszuführungen nicht im Personalaufwand sondern im Zinsergebnis abgebildet ist, müssen die Pensionsverpflichtungen ebenfalls als Verschuldung in den Nettofinanzverbindlichkeiten berücksichtigt werden.

	Historisch				Planung		Terminal
	0	1	2	3	4	5	value
Sales	514,1	634,1	701,1	858,2	944,7	995,6	
Wachstum		*23,3%*	*10,6%*	*22,4%*	*10,1%*	*5,4%*	
EBITDA	51,9	71,0	84,1	108,5	122,4	137,7	137,7
Marge	*10,1%*	*11,2%*	*12,0%*	*12,6%*	*13,0%*	*13,8%*	
EBIT	43,8	57,2	66,6	83,4	94,9	111,2	106,9
Marge	*8,5%*	*9,0%*	*9,5%*	*9,7%*	*10,0%*	*11,2%*	
- Steuern auf EI 35,0%		(20,0)	(23,3)	(29,2)	(33,2)	(38,9)	(37,4)
+ Abschreibungen		13,8	17,5	25,1	27,4	26,5	30,8
- Investitionen		(10,0)	(19,0)	(26,4)	(30,2)	(30,8)	(30,8)
+/- Veränderung Working Capital		(1,2)	(1,9)	(2,3)	(3,1)	(3,3)	(3,3)
= Free Cash Flow		**39,8**	**39,9**	**50,6**	**55,8**	**64,6**	**66,2**
Free cash flow fuer Bewertung		20,1	39,9	50,6	55,8	64,6	822,4
Diskontierungsfaktor		0,9 x	0,9 x	0,8 x	0,7 x	0,6 x	0,6 x
Diskontierte Free Cash Flows		19,0	34,0	38,7	38,4	39,9	508,0
Kumulierter Wert der diskontierten Free Cash Flows		19,0	53,0	91,7	130,1	170,0	

Bewertungsstichtag	30-Jun	Wert Planungsperiode	170	25%
Tage bis Jahresende	184	Endwert	508	75%
		Enterprise value	**678**	
Risikoloser Zinssatz	5,0%	Liquide Mittel	50	
Risikoprämie	5,0%	Finanzverbindlichkeiten	300	
Beta	1,4	**Eigenkapitalwert**	**428**	
Verschuldungsgrad	10,0%			
Fremdkapitalkosten	7,5%			
Steuersatz	35,0%			
WACC	**11,3%**			
Wachstumsrate ewige Rente	3,0%			

Abbildung 12-15: DCF-Analyse

Um die Auswirkungen verschiedener Wachstumsraten im Endwert bzw. verschiedener Diskontierungssätze zu prüfen kann auf eine Sensitivitätsanalyse zurückgegriffen werden. Daraus lässt sich für das Beispiel eine Bewertungsbandbreite von € 650-710 Millionen ableiten.

Enterprise value - Sensitivitäten

		WACC				
		10,9%	11,1%	11,3%	11,5%	11,7%
	2,0%	648	633	619	605	592
	2,5%	679	663	647	632	617
	3,0%	714	696	678	661	645
Terminal	3,5%	754	733	713	695	677
growth	4,0%	799	775	753	732	712

Eigenkapitalwert - Sensitivitäten

		WACC				
		10,9%	11,1%	11,3%	11,5%	11,7%
	2,0%	398	383	369	355	342
	2,5%	429	413	397	382	367
	3,0%	464	446	428	411	395
Terminal	3,5%	504	483	463	445	427
growth	4,0%	549	525	503	482	462

Abbildung 12-16: Sensitivitätsanalyse

12.5.3 Multiplikatorverfahren

Um zu überprüfen, ob die in der DCF-Analyse errechnete Bewertungsbandbreite sinnvoll ist, bietet sich eine Bewertung mit Hilfe von Multiplikatoren vergleichbarer Unternehmen an. Dabei werden die Kennzahlen des Bewertungsobjekts mit den Kennzahlen vergleichbarer Unternehmen verglichen, für die ein Marktwert festgestellt werden kann. Hierbei handelt es sich entweder um börsennotierte Vergleichsunternehmen, deren Marktwert mit Hilfe des Aktienkurses bestimmt werden kann oder um Unternehmen, deren Marktpreis im Rahmen einer Unternehmenstransaktion bestimmt worden ist.

Entscheidend bei der relativen Bewertung eines Unternehmens mit Hilfe von Multiplikatoren ist die Vergleichbarkeit des Bewertungsobjekts mit den gewählten Vergleichsunternehmen, der so genannten „Peer Group". Für die Auswahl einer Gruppe aussagekräftiger Vergleichsunternehmen bietet sich die in Kapitel 3 vorgestellte Systematik an, die jedoch um weitere Aspekte ergänzt werden sollte. So muss insbesondere auf die Art der Rechnungslegung der verschiedenen Unternehmen geachtet werden, da sich aufgrund unterschiedlicher Regelungen Differenzen ergeben können.

Im IT-Dienstleistungssektor wird der EBIT-Multiplikator am häufigsten genutzt. Die folgende Tabelle stellt die Multiplikatoren von Vergleichsunternehmen aus dem Bereichen Systemintegration und Outsourcing dar. Dies ist notwendig, da die Geschäftsbereiche auf-

IT-Beratung und Systemintegration	Aktienkurs 1.30.07	Markt-kap.	Enterprise Value	EV/Revenue Jahr 1	EV/Revenue Jahr 2	EV/EBIT Jahr 1	EV/EBIT Jahr 2
ACCENTURE LTD-CL A	37,00	23.080	21.106	1,10x	1,01x	8,6x	7,6x
LOGICACMG PLC	1,71	2.629	3.077	1,16x	0,90x	14,5x	10,2x
IDS SCHEER AG	14,95	479	450	1,30x	1,19x	14,5x	11,1x
CAP GEMINI SA	48,68	7.010	6.213	0,81x	0,75x	14,8x	11,1x
BEARINGPOINT INC	7,98	1.609	1.930	0,55x	0,51x	13,0x	7,8x
Median				1,10x	0,90x	14,5x	10,2x
Durchschnitt				0,98x	0,87x	13,1x	9,6x

	Revenue Jahr 1	Revenue Jahr 2	EBIT Jahr 1	EBIT Jahr 2
Zielgesellschaft - Finanzdaten IT-Beratung und Systemintegration	509	526	51	58
Multiplikator	0,98x	0,87x	13,1x	9,6x
Enterprise Value - Consulting and Systems Integration Bereich	500	459	666	553

Outsourcing	Stock Price 1.30.07	Market Cap	Enterprise Value	EV/Revenue Jahr 1	EV/Revenue Jahr 2	EV/EBIT Jahr 1	EV/EBIT Jahr 2
COMPUTER SCIENCES CORP	52,42	9.002	10.421	0,71x	0,67x	10,8x	9,0x
ELECTR. DATA SYSTEMS CORP	26,24	13.572	14.334	0,68x	0,65x	18,7x	11,2x
GETRONICS NV	7,13	874	1.366	0,52x	0,52x	16,5x	12,9x
ATOS ORIGIN SA	43,40	2.931	3.415	0,63x	0,59x	12,3x	9,5x
Median				0,66x	0,62x	14,4x	10,4x
Durchschnitt				0,63x	0,61x	14,5x	10,7x

	Revenue Jahr 1	Revenue Jahr 2	EBIT Jahr 1	EBIT Jahr 2
Zielgesellschaft - Finanzdaten Outsourcing	125	175	6	9
Multiplikator	0,63x	0,61x	14,5x	10,7x
Enterprise Value - Outsourcing Bereich	79	106	91	93
Enterprise Value - Gruppe	*580*	*565*	*757*	*646*

Quelle: Capital IQ

Abbildung 12-17: Multiplikatorenanalyse

grund der unterschiedlichen Aktivitäten mit verschiedenen Multiplikatoren bewertet werden sollten.

Aus den Multiplikatoren der jeweiligen Peer Group und den Planzahlen der Divisionen des Bewertungsobjekts lässt sich im Fallbeispiel eine marktorientierte Bewertungsbandbreite von € 650-750 Millionen ableiten. Inwieweit eine solche Bewertung tatsächlich marktorientiert ist lässt sich schwierig nachweisen. Die Nutzung von Börsenkursen ist zumindest in liquiden Aktienmärkten ein wirkungsvoller Ansatz im Rahmen einer Bewertung. Allerdings spielen wie in jeder Bewertung auch subjektive Einflüsse eine Rolle, sei es bei der Auswahl der Peer Group oder bei der Festlegung der relevanten Multiplikatoren.

Wichtig ist auch, dass die so ermittelte Bandbreite die Bewertung darstellt, mit der das Bewertungsobjekt an der Börse bewertet würde. Dies impliziert eine große Zahl an Investoren mit begrenzten Kontrollrechten. Wird im Rahmen einer Unternehmenstransaktion die Kontrolle an einem Unternehmen übernommen ist üblicherweise die Zahlung einer Kontrollprämie notwendig, deren Höhe von Fall zu Fall unterschiedlich sein kann, aber typischerweise mit ca. 20% bis 30% angesetzt wird.

Eine Multiplikatorbewertung ist auch mit Hilfe der Preise möglich, die in vergleichbaren Unternehmenstransaktionen tatsächlich gezahlt worden sind (siehe auch die Darstellung in Abbildung 12-8). Dabei wird ebenfalls hauptsächlich auf den EBIT-Multiplikator aufgesetzt. Bei dieser Methodik ist es nicht notwendig den errechneten Werten eine Kontrollprämie hinzuzufügen, da es sich um Multiplikatoren handelt, die bereits eine vollständige Übernahme oder zumindest den Erwerb von Kontrolle reflektieren.

12.6 Literatur

Nowak, K. (2003): Marktorientierte Unternehmensbewertung − Discounted Cash Flow, Realoption, Economic Value Added und der Direct Comparison Approach, 2., aktualisierte Auflage, Wiesbaden

Schacht, U./Fackler, M. (Hrsg.), (2003): Praxishandbuch Unternehmensbewertung − Grundlagen, Methoden, Fallbeispiele, Wiesbaden

13 Bewertung von Halbleiterunternehmen

von *Volker Stoll*[*]

Es gilt im Halbleitersektor das „Matthäus-Prinzip" (Lukas, 19,26): „Wer hat, dem wird noch gegeben; wer nicht hat, wird noch weiter genommen".

13.1 Charakterisierung der Halbleiterunternehmen 335
    13.1.1 Marktüberblick 336
    13.1.2 Zyklik und Perspektiven des Marktes 340
    13.1.3 Marktaussichten 343
13.2 Unternehmensbezogene Analysen, Unternehmensplanung 344
    13.2.1 Relevanz der Positionierung 344
    13.2.2 Analyse der Unternehmensplanung 344
13.3 Bewertungsmethoden 345
    13.3.1 Bewertung mit Hilfe von Vergleichsunternehmen
    (Peergroupmultiples) 346
    13.3.2 Indirekte Multiplikatoren 347
    13.3.3 DCF-Modell 350
    13.3.4 Fallbeispiel 351
    13.3.5 Zusammenfassung 353
13.4 Literatur 354

13.1 Charakterisierung der Halbleiterunternehmen

Wie bei keiner anderen Branche hängt eine Bewertung des Halbleitersektors von der Marktentwicklung und den Unternehmensprodukten ab. Im vorliegenden Buchabschnitt gehen wir zunächst auf Marktentwicklungen ein, die den Halbleitermarkt wesentlich beeinflussen. Die Ausführungen umreißen weiterführend die wichtigsten Elemente der Bewertung, ohne allerdings den Anspruch auf Vollständigkeit zu haben. Dafür ist die Halbleiterrealität zu komplex. Grundsätzlich werden sowohl Marktentwicklungen als auch Zyklen im Halbleitersektor langfristig antizipiert. Kurzfristige Preisvolatilitäten ziehen hingegen aufgrund des nach wie vor hohen einstelligen bis knapp zweistelligen prozentualen Branchenwachstums starke Kursreaktionen nach sich. Bei Vorliegen einer guten Stra-

---

[*] Volker Stoll, Landesbank Baden-Württemberg, Stuttgart
    Besonderen Dank an Herrn Binder, Director Investor Relations & Technology Communications von Infineon Technologies für die Diskussion des branchenspezifischen Abschnitts.

tegie und der richtigen Produktpalette, steigen die Unternehmensbewertungen bei hohen Margen und in der Regel hohem Wachstum exponentiell an. Ist hingegen die Produktpalette weniger attraktiv und die Technologieplattform nicht sonderlich aussichtsreich, gilt lediglich der Buchwert mit moderaten Auf- oder Abschlägen als Bewertungsmaßstab.

Der Marktdarstellung folgt die Diskussion positionierungsbedingter Margen- und Wachstumschancen anhand expliziter Beispiele und deren Auswirkung auf die Bewertung.

13.1.1 Marktüberblick

Der Wert eines Unternehmens wird im Halbleitersektor durch eine fortschreitende Produkttechnologie, eine effiziente Produktion, die Kundennähe beim Engineering der Produkte, ein weltweit effizientes Vertriebsnetz und durch eine hohe Qualität geschaffen.

Gerade bei weniger stark miniaturisierten Produkten, wie z.B. bei Leistungshalbleitern für den Automobilbereich, ist die Integration des Engineerings in die Produktentwicklung des Kunden und eine anhaltend hohe Qualität erforderlich, um Kostennachteile an Hochlohnstandorten zu kompensieren.

Im gesamten Halbleitersektor ist ein Konzentrationsprozess vor allem bei den 50 größten Unternehmen aufgrund von Skalen- und Technologieeffekten hin zu großen Halbleiterunternehmen festzustellen. Kleine Unternehmen können sich nur durch Flexibilität, Liefergeschwindigkeit und eine schnelle Reaktion auf kundenspezifische Anforderungen diesem Trend widersetzen.

Infolge des Konzentrationsprozesses in der Halbleiterbranche dürften nach Meinung von Gartner etwa 35% der heute existierenden 1000 Unternehmen aus dem Markt gedrängt oder von größeren Firmen aufgekauft werden. Insbesondere mittlere Unternehmen die zudem kaum über Differenzierungsmöglichkeiten verfügen und nicht mehr flexibel genug sind, dürften aufgrund niedriger Skaleneffekte Kostenprobleme bekommen.

Die großen wie z.B. *Intel* (Prozessoren) und *Texas Instruments* (Chips für die Mobiltelefonie) tragen zur Marktkonzentration durch weitere Maßnahmen bei: Hierzu zählt eine strategisch geschickte Positionierung der Produktpipeline durch hohe Aufwendungen für Forschung und Entwicklung sowie günstige Fertigungskosten. Dadurch setzt sich eine Erfolgsspirale in Gang: Die Produkte sind zukunftsorientiert und auf die wichtigsten Kunden ausgerichtet. Damit werden Kunden mit großvolumiger Nachfrage wie z.B. *Nokia*. gewonnen. Dadurch werden höhere Skaleneffekte erzielt und sämtliche investitionsintensiven, effizienzsteigernden Miniaturisierungsstufen können umgesetzt werden. Daraus resultieren niedrigere Stückpreise bei gleichzeitig höheren Margen. Zu den skalentreibenden Effekten zählt auch die Umstellung der Wafergröße auf die neueste und produktivste Generation. Voraussichtlich ab 2012 könnte die nächste Wafergeneration mit einem Durchmesser von 450mm einen neuen Konzentrationsprozess mit sich bringen. Zudem nutzen die führenden Anbieter gerne proprietäre Konzepte z.B. für die Chipsoftware oder spezifische Funktionen, die einen Austausch durch die Konkurrenz erschweren. Daher beeinflusst die strategische Positionierung in außerordentlicher Weise die Wachstumserwartungen. Aufgrund der hohen Margen sind große Anbieter besser in der Lage, Investitionen in die strategisch bedeutende Forschung & Entwicklung vorzunehmen. Meist wird nur durch weltweit agierende Großkunden mit wenigen Endprodukten und großen Stückzahlen eine hohe Rendite erwirtschaftet. Kleinere, regional aktive Kunden hingegen benötigen nur mittlere oder noch häufiger nur kleinere Stückzahlen, die oftmals beim

Halbleiterhersteller zu roten Zahlen führen. Daher konzentriert sich der Markt auf weniger Kunden mit globaler Präsenz. Die Erkenntnis, dass die besten Unternehmen die Marktführerschaft längerfristig behaupten, ist im Grunde eine alte Weisheit und auch in anderen kapitalintensiven Branchen gültig.

Grundsätzlich kann der Halbleitermarkt in reife und unreife Teilmärkte untergliedert werden. So gilt z.B. der Markt für DRAM-Speicherchips als reif, während Chips für die Telekommunikation noch mehrere Jahre hohe Wachstumsraten aufweisen dürften. Das solideste und langfristigste Wachstum dürften hingegen Chips für die Konsumgüterelektronik aufweisen.

Für die Bewertung von Halbleiterunternehmen ist daher u.a. die strategische Produktausrichtung besonders wichtig, weil z.B. ein Wechsel der Ausrichtung von Telekommunikationschips hin zu Konsumgüterelektronikchips nur mit hohem wirtschaftlichen Aufwand erreicht werden kann.

Dieser Sachverhalt spiegelt auch die Praxis wider. In der unten stehenden Grafik weisen insbesondere die großen, strategisch gut aufgestellten Anbieter wie *Intel*, *Texas Instruments* und *Samsung* hohe Renditen auf. Beispielsweise kann *Samsung* u.a. wegen einer breiten Produktpalette (NAND, DRAM, Grafikchips, Spezialchips) und einer geschickten Positionierung eine hohe Rendite ausweisen.

Die Konzentration im Halbleitermarkt nahm aufgrund der genannten Effekte in den Jahren zwischen 2003 und 2005 weiter zu. Dies ist an dem sukzessive von 33,2% auf 34,3% gestiegnen Marktanteil der vier größten Hersteller abzulesen. Umgekehrt aber zersplit-

ROE 05		Marktanteil 2005		Marktanteil 2003
23%	Intel	15,0%	Intel	14,9%
21%*	Samsung Semiconductors	7,3%	Samsung Electronics	5,3%
21%	Texas Instruments	4,5%	Renesas Technology	4,4%
9%**	Toshiba Semiconductors	3,8%	Texas Instruments	4,3%
3%	STMicroelectronics	3,7%	Toshiba	4,2%
negativ	Infineon	3,5%	STMicroelectronics	4,0%
n.a.	Renesas	3,5%	Infineon Technologies	3,9%
negativ	NEC Semiconductors	2,4%	NEC Electronics	3,2%
8%*	Philips Semiconductors	2,4%	Freescale Semiconductor	2,6%
13%	Freescale (ex. Motorola)	2,4%	Philips Semiconductors	2,5%
35%	Hynix	2,3%	Matsushita Electric	2,2%
3%	Micron Technology	2,0%	Advanced Micro Devices	2,2%
negativ	Sony Semiconductors	1,9%	Sony	1,9%
~6%**	Matsushita Semiconductors	1,7%	Micron Technology	1,9%
5%	AMD	1,7%	Sharp Electronics	1,7%
21%	Qualcomm (fabless)	1,5%	Hynix	1,7%
n.a.	Sharp Semi.	1,4%	Fujitsu	1,5%
5%	Rohm	1,2%	IBM Microelectronics	1,4%
n.a.	IBM Microelectronics (2)	1,2%	Qualcomm	1,4%
15%	Broadcom (3) (fabless)	1,1%	Rohm	1,3%
	Rest	35,5%	Rest	33,9%
	Branchenumsatz in Mio. USD	237000		181000
	Marktanteil der Top 4	34,3%		33,2%

Legende:
 * Return on Assets
 ** Umsatzrendite

Quelle: Unternehmensberichte/Eigene Berechnungen

Abbildung 13-1: Veränderung der Konzentration der Halbleiterbranche

terte der Markt am unteren Ende bei den Herstellern, die keine Alleinstellungsmerkmale aufweisen und vorwiegend in Asien beheimatet sind. Daher gewinnen insbesondere die nicht aufgeführten Gesellschaften (Rest) Marktanteile.

Diesen Effekt können wir ebenfalls im nur schwer abgrenzbaren DRAM-Markt feststellen, in dem kleinere, asiatische Anbieter Marktanteile gewinnen. DRAMs sind für PCs (nicht für Server) vorwiegend Massenware, die im Rahmen von Kooperationen mit Technologielieferanten mit vertretbarem Engineeringaufwand hergestellt werden. Den DRAM-Markt verließen bereits etliche namhafte Hersteller: *Intel, Hitachi, IBM* etc.

Es ist ferner festzustellen, dass die Halbleiterfertigung in Asien sowohl vom Staat als besonders förderungswürdig eingestuft wird (z.T. subventioniert und geringe Steuern erhoben) als auch von niedrigen Währungskursen profitiert. Die meisten asiatischen Währungen korrelieren mehr oder weniger stark mit der relativ zum Dollar günstigen chinesischen Währung.

Regional ist der asiatische Halbleitermarkt in den letzten zehn Jahren der weltweit wichtigste Markt mit den nach wie vor höchsten Wachstumsraten geworden. Insbesondere der europäische Markt stagniert weitestgehend, aber auch der US-Markt weist keine nennenswerte Wachstumstendenzen auf.

Das bedeutet allerdings nicht, dass z.B. US-Firmen nicht mehr wachsen.

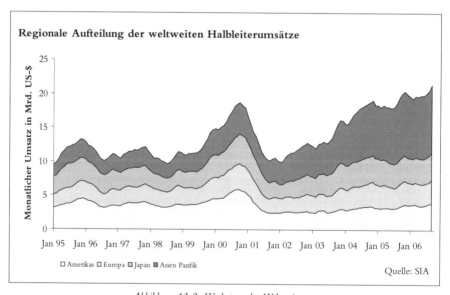

Abbildung 13-2: Wachstum der Weltregionen

Vielmehr wird das Wachstum nicht mehr allein auf dem jeweiligen Heimatmarkt erzielt. Die weltweite Vertriebspräsenz und eine überlegene technologische Positionierung gewinnt hierbei immer mehr an Bedeutung. Beispielsweise ist die technologische Positionierung von *Philips Semiconductors* (nun unter *NXP Semiconductors* firmierend) u.a. durch kaum überschaubare 25000 Patente abgesichert.

Allerdings sind die im Halbleiterbereich großen Unternehmen wie z.B. *Intel, Hitachi* oder *Samsung* die innovativsten Unternehmen. Dies geht aus einem Innovationsranking von ipIQ hervor. ipIQ analysierte hierfür verschiedene Dimensionen der Innovationsstärke wie z.b. die Technologiestärke (relative Bedeutung des geistigen Eigentums bzw. der Patente), die Aktualität der Innovationen (Nutzungsintensität der Patente), die Wissenschaftsnähe (reflektiert die Nähe zur aktuellen angewandten Wissenschaft) und zuletzt die am einfachsten zu interpretierende Zahl der neu angemeldeten Patente. Aus den genannten Dimensionen wird von ipIQ ein Gesamtranking erarbeitet, von dem wir in der oben stehenden Tabelle die 10 führenden Unternehmen darstellen. Unseres Erachtens ist die Beachtung dieses Innovationsrankings hilfreich, allerdings für eine abschließende Unternehmensbewertung nicht ausreichend, weil es bedeutend ist, die Positionierung auf Produktebene (inklusive Produktdesign bzw. inklusive dem nicht gemäß dem Patentrecht zu schützendem Know-how) zu erfassen.

2005 Rang	2004	Unternehmen	Technologie-stärke*	Aktualitäts-index**	Wissenschafts-nähe***	Anzahl der Patente****
1	2	Micron	3057	195	7,44	1571
2	3	Intel	2824	182	1,32	1553
3	1	Hitachi	2778	113	0,52	2720
4	5	Samsung	1908	102	0,25	1884
5	4	Toshiba	1688	126	0,54	1488
6	6	Texas Instr.	1063	143	0,75	745
7	9	NEC	931	87	0,78	1091
8	13	Broadcom	929	222	3,24	418
9	8	AMD	838	154	0,97	544
10	12	Applied Mater.	797	205	4,37	389

Legende
* Technologiestärke bewertet das gesamte Geistige Eigentum und Innovationsstärke.
** Zeigt die allgemeine Bedeutung der Patente dadurch auf, wie oft die angemeldeten Patente für andere Innovationen genutzt werden.
*** Reflektiert die Nähe zu den aktuellsten Basiswissenschaften, die in den U.S.-Patenten angewandt werden. Ein hoher Index deutet auf hohes wissenschaftliches Niveau hin.
**** Zahl der angemeldeten Patente. Keine Berücksichtigung von designbezogenen Erfindungen und anderen Spezialerfindungen.

Quelle: ipIQ

Abbildung 13-3: Objektivierte Innovationsstärke

Bei der Erfassung der Positionierung der Produkte helfen z.B. Befragungen von bedeutenden Anwendern wie z.B. Hersteller von Servern, Motherboards oder Mobiltelefonen. So ist die genaue Positionierung z.B. für Automobil-Mikrocontroller, bei ASICS (applikationsspezifischer integrierter Schaltkreis) etc. zu erfassen, um schließlich ein Bild über die Positionierung der gesamten Produktpalette eines Unternehmens zu gewinnen.

Auf Basis oben dargestellter Recherche zur Produktpositionierung kann z.B. einem gut aufgestellten Segment eines Unternehmens eine gute technologische Positionierung relativ zu Wettbewerbern zugebilligt und dadurch eine höhere Bewertung eines Segments ermöglicht werden.

Gerade die Problematik hoher Fixkosten in Produktion und Vertrieb und die hohen Investitionen für Forschung und Entwicklung drängen Unternehmen vermehrt zu punktuellen Allianzen. So kooperiert beispielsweise *Infineon* mit *IBM*, *Chartered Semiconductor Manufacturing* und *Samsung* um für Telekommunikationschips die 65nm-Struktur einzuführen. Grundsätzlich dürften solche Kooperationsmodelle zunächst aber nichts an der relativen Marktpositionierung zueinander ändern: Auf dem Telekommunikationshalbleitermarkt müssen sich die Kooperationspartner gegen die mit knapp 50% Marktanteil dominierende *Texas Instruments* behaupten, die z.B. Standards beim weltweit größten Mobiltelefonhersteller *Nokia* setzt. Doch ab einer Strukturgröße von 32nm wird die Produktivität der Fabriken so hoch, dass auch selbst *Texas Instruments* eine eigene Fabrik nicht mehr rentabel betreiben kann und u.E. sich der oben genannten Allianz gegebenenfalls anschließen dürfte. Im Zuge der immer leistungsfähigeren Produktionstechnologien (*Infineon* dürfte z.B. für einen rentablen Betrieb einer Fabrik der nächsten, sehr produktiven 450mm-Wafergeneration über einen zu geringen Umsatz verfügen, mit dem die Fabriken dann ausgelastet werden) Fertigungsdienstleister (Foundries) zunehmend an Bedeutung. Daher stellt sich die Frage nach der optimalen Fertigungstiefe. Infolgedessen öffnet sich Raum für Nischenanbieter, die z.B. Prozessoren und Chips für Spezialanwendungen entwickeln und von Fertigungsdienstleistern fertigen lassen. *Broadcom* ist bei dem „fabrikfreien" (fabless) Geschäftsmodell der größte und erfolgreichste Anbieter mit einer hohen Marge und Rentabilität. Die obige Abbildung zeigt, dass diese Geschäftsmodelle aber ein bedeutendes technologisches Know-how erfordert.

13.1.2 Zyklik und Perspektiven des Marktes

Die Märkte sind im Halbleitersektor stark von Produkt- bzw. Systemlebenszyklen, Nachfragetrends und -zyklen sowie vom z.T. überschwänglichen Kapazitätsauf- und abbau determiniert. Im folgenden Beispiel soll anhand des extremen Schwankungen unterliegenden DRAM-Speicher-Marktes die Zyklik, deren auslösende Mechanismen sowie Hilfsmittel zur methodischen Antizipation veranschaulicht werden.

Die Nachfrage nach DRAMs wird einerseits durch das PC-Stückzahlwachstum und andererseits durch die Ausstattung des durchschnittlichen PCs mit DRAMs definiert. Als einen der wesentlichen Treiber für den Speicherbedarf der PCs sehen wir das Betriebssystem. Daher führen wir neben dem durchschnittlichen Arbeitsspeicherbedarf der PCs (RAM) auch die Einführungszeitpunkte neuer Betriebssysteme auf.

PC-Entwicklung	1995	1999	2002	2004	2006	2006e
RAM	16 MB	128 MB	128 MB	512 MB	512 MB	1024 MB
Betriebssystem	Windows 95	Windows 98	Windows 2000	Windows XP Home	Windows XP Home	Vista
						Quelle: Dell/LBBW

Abbildung 13-4: Entwicklung der PCs, deren Betriebssysteme sowie der Arbeitsspeicher

Das starke Mengenwachstum bei den Speichern wurde von einem starken Kapazitätsaufbau bei den Fabriken begleitet sowie von stets leistungsfähigeren Produktionsmethoden. So reduzierten sich z.B. aufgrund größerer Fabriken und leistungsfähigerer Produktionsmethoden die Einheitskosten für DRAMs binnen von 30 Jahren um den Faktor 1 Million. Daher wechselten sich die Markteintritte (Winbond, Nanya 1995) und Marktaustritte (Intel 1985, Sanyo 1994, Motorola 1997) verschiedener Firmen ab. Nach dem Marktaustritt von Motorola sowie der Einführung des Betriebssystems Windows 98 erholten sich die DRAM-Preise bis zum Jahr 2000 u.a. auch wegen einer infolge der Interneteuphorie des Jahres 2000 gestiegenen PC-Nachfrage spürbar. Die Ernüchterung folgte aber, da das durchschnittliche Speichervolumen pro PC im Vergleich zu den Vorjahren zögerlicher als erwartet stieg, sich die PC-Lebenszyklen verlängerten und wegen der zu hohen Markterwartungen zu viele neue Fertigungskapazitäten auf den Markt kamen und zudem sich auch noch die PC-Nachfrage verlangsamte. Erst im Jahr 2006 erholte sich der Markt signifikant nachdem verschiedene Hersteller die Fertigungskapazitäten für andere Produkte als den DRAM-Speicher priorisierten. So distanzierten sich große, langjährig etablierte Marktteilnehmer von diesem Markt: z.B. hatten *Samsung*, *Micron* und *Hynix* DRAM-Produktionskapazitäten mit wenig Aufwand für die lukrative NAND-Flash-Produktion umgerüstet. *Infineon* bevorzugte die Fertigung von Spezialchips für Spielkonsolen. Daher kam es zum ersten Mal seit langem zu einem klaren Nachfrageüberhang nach DRAMs mit einem entsprechenden heftigen Preisanstieg am Spotmarkt und mit einer gewissen zeitlichen Verzögerung auch bei den bilateral, zwischen Lieferant und Kunde verhandelten, längerfristigen Kontraktpreisen. Einhergehend stiegen die Margen branchenweit binnen eines halben Jahres von einem Niveau im Dezember 2005, bei dem die Investitionen nicht mehr amortisiert wurden, hin zu einem sehr auskömmlichen Margenniveau im August 2006. Auch verlängerten sich die sonst üblichen Rahmenvereinbarungen zwischen Speicherhersteller und PC-Kunden auf ein bis zwei Quartale. Der historische Blick ermöglicht sicherlich ein Verständnis für die Branchenmechanismen. Die Historie ist allerdings notwendig, um den Ausblick auf die nächsten ein bis zwei Jahre zu ergänzen und um eine sinnvolle Bewertung der Branchensituation zu ermöglichen.

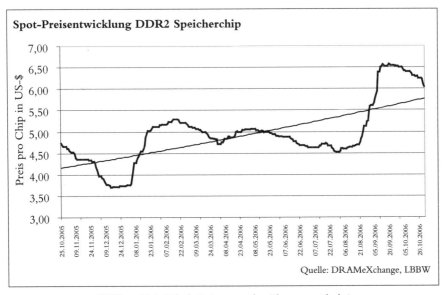

Abbildung 13-5: Volatile Preise verursachen Planungsunsicherheit

Im Verlauf des Jahres 2007 dürften fünf große Speicherfabriken die Produktion aufnehmen. Die Branchenkapazitäten werden dadurch signifikant steigen. Für die Bewertung der Halbleiterunternehmen ist allerdings davon auszugehen, dass sich die Preise aufgrund der höheren Kapazitäten normalisieren und im langfristigen Trend um etwa 30% p.a. fallen dürften. So planen z.B. asiatische Anbieter einerseits von größeren und damit effizienteren Wafergrößen (300mm Wafer, anstatt bisher 200mm Wafer) und ferner noch von den Niedriglohnstandortbedingungen zu profitieren. Daraus resultiert ein zusätzlicher Preisdruck.

Nicht nur die Lohndifferenzen zwischen europäischen und asiatischen Herstellern sorgen für Preisdruck und haben dadurch Relevanz für die Bewertung. Auch die Investitionsanreize asiatischer Regierungen fließen in die Bewertung der strategischen Positionierung ein.

Hilfreich für eine Marktprognose ist daher die Erstellung einer weltweiten Kapazitäts- und Angebotsübersicht um ein genaueres Bild über die aktuellen und zu erwartenden Über- bzw. Unterkapazitäten zu erhalten.

Kapazitätsüberblick Produktionsstätten

		Fabrikstandort	Strukturgröße	Wafergröße	Output Q1/07e in Wafer pro Monat
Angebot	**Infineon**	Dresden 200	110nm	200mm	35000
		Richmond	110nm	200mm	25000
		Dresden 300	90nm	300mm	77940
		Richmond II	90nm	300mm	55000
		Total			**192940**
	Nanya	Fab1	110nm	200mm	32000
		Fab2	110nm	200mm	41000
		Fab3	90nm	300mm	54000
	...	...	...	...	...
	...	...	...	...	...
	Promos	...	...	...	...
	Kapazität Welt				319940
	Angebotene DRAM-Einheiten weltweit (Mrd.)				2334

Quelle: LBBW

Abbildung 13-6: Prognose des weltweiten Angebots via Produktionsüberblick

Im Gegensatz zur Angebotsseite können für die Modellierung der Nachfrageseite die Schätzparameter PC-Stückzahl, RAM je PC und Absatzvolumen herangezogen werden. In der Historie klassifiziert die Gegenüberstellung von Angebot und Nachfrage grob, dass in den Jahren 1997 bis 1998 Überkapazitäten, 1998 bis 2000 Unterkapazitäten und bis 2006 z.T. wesentliche Überkapazitäten den DRAM-Markt prägten. Mittels eines Nachfrageausblicks sowie einer Kapazitätsprognose kann dann eine Prognose für erwartete Über- bzw. Unterkapazitäten erstellt werden.

Ein solcher Ausblick erfordert allerdings eine profunde Kenntnis der Technologieentwicklung von elektronischen Massenprodukten wie z.b. PC, Servern, Mobiltelefonen oder Fernseher (Flachbildschirme enthalten mittlerweile auch DRAM-Speicher) und ggf. auch eine Einschätzung der Auswirkungen auf die etablierten Kunden-Lieferanten-Beziehungen. So dürfte z.b. der Eintritt in einen neuen Zyklus mittels neuer Produkte zu erwarten sein: Das neue Betriebssystem Vista und die Integration des DRAMs in neue Produkte wie z.b. in das Mobiltelefon oder den Fernseher könnten temporär einen neuen Aufschwung bei der Nachfrage nach DRAMs ermöglichen. Auch werden derivate Produkte des DRAMs, z.B. Spezialspeicher wie für Grafikkarten, in Bezug auf die Marktanteile immer bedeutender. Vor diesem Hintergrund dürfte sich auch die Bedeutung der PC-Hersteller als Kundengruppe für die DRAM-Produzenten wieder normalisieren

Die folgende Grafik veranschaulicht, dass die Zyklik des DRAM-Marktes auch im gesamten Halbleitermarkt besteht. Auf extreme Wachstumsperioden folgen Umsatzrückgänge, wobei die Investitionen (gemessen am Umsatz) in den Schwächephasen aufgrund überzogener Wachstumserwartungen noch relativ hoch sind. Nach den Schwächephasen werden wegen der ständig günstiger werdenden Funktionalität neue Anwendungsbereiche für die Halbleiter gefunden und damit wächst der Markt wieder.

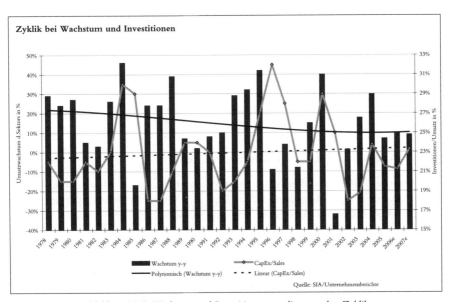

Abbildung 13-7: Wachstum und Investitionen unterliegen starker Zyklik

13.1.3 Marktaussichten

Der Halbleitermarkt dürfte Marktforschungsinstituten zufolge bis zum Jahr 2010 um jährlich knapp 10% wachsen. Dann sollte sich das Wachstum wiederum zyklisch verlangsamen. Aufgrund der auch längerfristig steigenden Funktionalität und Leistungsfähigkeit der

Halbleiter dürfte u.E. der Wachstumstrend auch bis etwa 2015 anhalten. Dabei dürften die Produktionsstandorte und die Absatzmärkte weiterhin unterschiedlich wachsen. Während Westeuropa und Nordamerika das Volumen nur unwesentlich steigen dürften, wird u.E. das Wachstum vorwiegend in Asien stattfinden. Ein herausragendes Wachstum dürften Halbleiter für den High-End-Consumer-Elektronikmarkt aufweisen. In den nächsten fünf Jahren wird mit einer Verdopplung des Marktanteils auf etwa 24 Prozent gerechnet.

13.2 Unternehmensbezogene Analysen, Unternehmensplanung

13.2.1 Relevanz der Positionierung

In die Unternehmensbewertung fließen insbesondere strategische Neupositionierungen ein, wie z.B. neue Produkte (Eintritt in den NAND-Flash Markt), strategische Allianzen (NAND-Flash-Kooperation von Micron Technologies mit Intel) oder Konsolidierung via Technologie oder Kapazitäten. Grundsätzlich ist die Kenntnis der strategischen Positionierung des Unternehmens a priori eine wichtige Voraussetzung für die Unternehmensbewertung. Beispielsweise war bei Texas Instruments zwischen 1996 und 2006 nahezu jeder strategischer Zug erfolgreich und resultierte in profitablen Produktlinien. Die Bewertungen reflektierten über eine lange Zeit hinweg die Strategie entsprechend. Allerdings könnte diese Erfolgsserie u.a. aufgrund von Problemen mit einer Produktplattform im Jahr 2007 abreißen. Einhergehend gerät der Bewertungsaufschlag unter Druck.

Die Größe des Unternehmens spielte z.B. in der Produktion auch bei der Einführung der 300mm-Wafergeneration eine Rolle: So haben z.B. die größeren Unternehmen deutlich früher die im Vergleich zu den 200mm-Anlagen um den Faktor von etwa 1,3 effizientere 300mm-Generation eingeführt, und somit über Effizienzvorteile verfügt. Bei der nächsten Wafergeneration von 450mm wäre z.B. aus heutiger Sicht selbst *Infineon* zu klein, um die Produktionsanlagen effizient auszunutzen.

13.2.2 Analyse der Unternehmensplanung

Bis auf wenige Ausnahmen erfordert die Unternehmensplanung von Halbleiterunternehmen wegen einer stark schwankenden Nachfrage, schwankender Bevorratung und einem hohen Fixkostenblock eine besondere Vorsicht. So sollte die Nettokasse die gegebenenfalls zu erwartenden Verluste in der Abschwungphase auffangen und zugleich die geplanten Investitionsprojekte (Investitionen/Umsatz schwanken zwischen etwa 17% und 30%) finanzieren.

Grundsätzlich wird bei der Unternehmensbewertung eine Planungsrechnung des Unternehmens anhand der Vergangenheit verprobt und auf veränderte Marktbedingungen überprüft. Bilanzielle Gestaltungsspielräume sind vor allem bei der Ausweisung von Sondererträgen oder von Reorganisationskosten zu berücksichtigen, wobei von Unternehmen zu Unternehmen unterschiedlich vorgegangen wird. So nutzen die Unternehmen z.T. eine schlechte Berichtsperiode auch für den Ausweis etwas höherer Restrukturierungsaufwendungen, um in der darauf folgenden Periode ein um so besseres Ergebnis darstellen zu können. Die Verbuchung der Umsätze ist hingegen kaum ein Thema, weil nur die ausgelieferten, fakturierten Chips in den Umsatz einfließen. Aktivierte Eigenleistungen sind gleichfalls selten ein Thema, da Entwicklungsaufwendungen aufgrund der latenten Vermarktungsrisiken vorwiegend direkt als Kosten verbucht werden.

Die Prüfung der Unternehmensplanung wird ferner durch die reduzierte Transparenz der Produktionskapazität limitiert, weil z.B. Umrüstungen von Anlagen auf neue Produktionsstrukturen für externe Beobachter schwer kalkulierbar sind. Die Einführungsgeschwindigkeit und Zulassung neuer Produkte durch Kunden ist ebenfalls ein Unsicherheitsfaktor. Zudem ist die wirtschaftliche Entwicklung der Kunden, der Branchenzyklus, der Kapazitätsaufbau innerhalb der Branche und die Höhe der Vorräte in der weltweiten Lieferkette (z.b. Halbleiterhersteller – PC-Hersteller) von zentraler Bedeutung für kurzfristige Nachfrageveränderungen. Auch ist die Unternehmensplanung auf die Entwicklungen (Nachfragestärke bzw. -schwäche) beim Kundenportfolio zu verproben: Fallen bedeutende Kunden aus? Welche Kunden wachsen? Die Prüfung der Unternehmensplanung sollte sich ferner auf Produktlinien mit besonderer Wachstumscharakteristik fokussieren:

1. Produkte, die am Ende des Produktlebenszyklusses stehen, verdienen oftmals aufgrund ausgeschiedener Konkurrenten eine höhere Marge, bei tendenziell fallenden Umsätzen.
2. Neu eingeführte Produkte bzw. neu aufgebaute Werke können aufgrund von Einführungskosten und Anlaufkosten im Vorfeld der Volumenproduktion eine deutlich veränderte Ertragscharakteristik mit sich bringen. Dabei ist gegebenenfalls auch vom Verzug bei der Einführung auszugehen, da Termine (sowohl vom Halbleiterproduzent als auch vom Kunden oder Vorproduktlieferanten) oftmals ehrgeizig gesteckt werden und z.T. aus technologischen Gründen nicht gehalten werden können.

Auf der Ergebnisseite kann ferner eine Verschiebung des Kunden- und Produktmixes zu einer Ertragsverbesserung führen: Wenn z.B. *Infineon* verstärkt margenstarke Grafikchips für die X-Box von *Microsoft* liefert, verbessert sich der Deckungsbeitrag.

Auch die Veränderung der Kundenstruktur ist zu beachten. Kann ein Unternehmen sich von wenigen Großkunden durch die Aufnahme von Lieferungen an kleinere Unternehmen unabhängiger machen, so zeigt sich in der Regel eine Verbesserung der Ertragsstruktur.

Für die Fixkostenentwicklung sind die normalen Kostenwachstumsannahmen (bei Energie, Personal) anzunehmen und den Kostensenkungsmaßnahmen entgegenzustellen. Die Kosten sinken je nach Fertigungs- und Produktstruktur um bis zu 30% je produzierter Einheit jährlich.

13.3 Bewertungsmethoden

Allgemein ist festzustellen, dass die Halbleiterunternehmen mit sehr unterschiedlichen Modellen bewertet werden, die ggf. je nach Beurteilung der Lage des zu bewertenden Unternehmens durch den Analysten in der Gewichtung verändert werden. Daher ist bei der Bewertung ein großer Erfahrungshintergrund und eine genaue Kenntnis der fundamentalen Situation notwendig. Veränderungen in der Kundenbranche, wie z.B. zunehmende Integration von DRAM-Chips und Spezialchips in Mobiltelefone, Veränderungen der Kapazitäten, Verschiebungen der Marktanteile von Kunden etc. sind bei der Bewertung von hoher Bedeutung. Daher sind langfristig orientierte DCF-Modelle in der Analyse-Praxis selten zu finden.

Zur Bewertung von Halbleiterunternehmen sind zwar Multiple-Verfahren weit verbreitet. Tendenziell ist es aber schwierig, ein adäquates Multiple im Rahmen einer Multiple-Bewertung zu finden und die faire Bewertung eindeutig festzulegen. Daher kann ein indirektes Multiple-Verfahren zur genauen Multiple-Bestimmung genutzt werden.

Die Einarbeitung der Branchenperspektiven in Prognosemodelle ist u.E. insbesondere über die Gewinnprognosen darstellbar. Demgemäss sollten Spielräume relativ zum Marktkonsens für die Schätzungen ausgenutzt werden, um veränderten Gewinnerwartungen des Marktes zuvorzukommen.

Unterschiedliche Abschreibungspolitik (Anlagen und Geschäftswerte), Steuerpolitik und unterschiedliche Ansätze bei Rückstellungen verzerren den Vergleich bei einer international aufgestellten Branche wie der Halbleiterbranche, sofern die Bilanzen der Vergleichsunternehmen z.B. aus Zeitgründen nicht im Detail analysiert und interpretiert werden können. Teilweise kann dieser Problematik mit dem Enterprise Value-Ansatz begegnet werden.

13.3.1 Bewertung mit Hilfe von Vergleichsunternehmen (Peergroupmultiples)

In der Halbleiterbranche werden Peergroupmultiples bevorzugt angewandt.

In einer ertragsschwachen Zeit orientiert sich der Markt vorwiegend an Umsatz- oder EBITDA-basierten Kennzahlen. Gegen Ende des Zyklus kommen dann verstärkt ertragsnahe Kennzahlen wie z.B. EV/EBIT oder KGV zum Einsatz. Unter anderem werden auch zyklusspezifische KGV-Multiples genutzt, bei denen gekauft oder verkauft wird: Sogenannte Mid-Cycle oder End of Cycle KGVs. In einer schwierigen Turnaroundphase bzw. bei latenter Ertragsschwäche werden auch buchwertbasierte Bewertungen angewandt.

Infineon		Kurs	EV/Umsatz		EV/EBITDA		KGV	
			2005e	2006e	2005e	2006e	2005e	2006e
Micron*	USD	11,91	1,5	1,4	5,3	4,9	n.m.	n.m.
Texas Instruments	USD	31,80	3,8	3,4	13,0	11,3	27,2	22,8
National Semiconductor*	USD	24,78	4,0	3,7	12,9	10,3	23,5	22,5
Qualcomm*	USD	40,15	10,1	8,4	18,9	15,1	33,1	27,6
Hynix	KRW	23 500	2,2	2,0	5,4	4,7	10,0	8,1
Samsung	KRW	560 000	1,6	1,4	6,6	5,5	12,3	9,8
Nanya	TWD	23,35	2,3	2,1	5,0	5,9	19,2	11,1
Powerchip	TWD	23,60	2,1	1,7	3,6	3,3	14,1	11,4
STM	EUR	14,58	1,8	1,7	7,0	6,0	36,1	18,7
Mittelwert			**3,3**	**2,9**	**8,6**	**7,4**	**21,9**	**16,5**
Median			**2,2**	**2,0**	**6,6**	**5,9**	**21,4**	**15,1**
Infineon	EUR	8,50	1,0	0,9	5,8	4,6	n.m.	n.m.

* annualisiert   Quelle: LBBW, I/B/E/S, Sommer 2005

Abbildung 13-8: Globale Peergroup

Herkömmliche Bewertungskennzahlen wie z.B. Kurs-Umsatz, Kurs-Gewinn, EV-EBITDA haben generell den Nachteil, dass z.b. die Rendite des eingesetzten Kapitals ignoriert wird und ferner im Grenzbereich des Break-evens ergebnisnahe Kennzahlen kaum eingesetzt werden können. Daher ist die „einfache" Multiple-Methode mit Vorsicht zu genießen und wenn möglich durch andere Verfahren zu ergänzen. Die häufigsten Fehler entstehen dann, wenn der Versuch unternommen wird, aus dem Median der Peergoup eine Indikation für das zu bewertende Unternehmen zu erhalten. In der oben dargestellten Peergroup kann ohne zusätzliche Kriterien eine aussagekräftige Bewertung nur bedingt abgeleitet werden, etwa in der Art, dass *Infineon* im Vergleich relativ günstig ist. Nur durch eine Perspektive bezüglich der Veränderung der Ertragskraft kann eine Aussage zur relativen Bewertung gemacht werden.

Ausgehend von den Unzulänglichkeiten der Peergroup-Bewertung für den Halbleitersektor applizieren wir ein stärker an der jeweiligen Unternehmensrendite orientiertes Verfahren für die Halbleiterbranche, das im folgenden Kapitel vorgestellt wird.

13.3.2 Indirekte Multiplikatoren

Methodisch gute Ergebnisse bei der Bewertung liefert u.E. ein Verfahren, das die Bewertung mit Hilfe der Theorie des Economic Profit durchführt.

Das Modell des Economic Profit basiert auf folgendem Zusammenhang:

*Economic Profit = Investiertes Kapital * (ROIC − WACC)*

ROIC = Return on invested capital
WACC = Weighted average cost of capital

In unserem Modell arbeiten wir mit der Relation Enterprise Value = investiertes Kapital * (ROIC − WACC). Damit berücksichtigen wir bei der Bewertung indirekt die Ertragsstärke (über ROIC), das unternehmensspezifische Risiko (über WACC) und das investierte Kapital.

Kalkulation investiertes Kapital

   Buchwert Anlagevermögen
+ Buchwert Umlaufvermögen
− nicht verzinsliche, kurzfristige Verbindlichkeiten
− marktgängige Wertpapiere
− Anlagen im Bau
+ Wertberichtigungen auf Forderungen
+ LIFO Reserve (ggü. FIFO gemessen)
+ Kumulierte Abschreibungen auf den abgeleiteten Firmenwert
+ Kapitalisierung der Miet- und Leasingaufwendungen
+ Kapitalisierung der Aufwendungen für Forschung und Entwicklung
+ Kapitalisierung marktwertbildender Vorlaufkosten
+ Liquiditätsreserve (halbleiterspezifische Anpassung für die Kalkulation des IC)

Quelle: Zeidler, DVFA/Eigene Darstellung

Abbildung 13-9: Ausführliche Definition des investierten Kapitals

Das investierte Kapital (IC) entspricht vereinfacht der Bilanzsumme abzüglich der Verbindlichkeiten aus Lieferungen und Leistungen oder dem Buchwert des eingesetzten Kapitals. Aufgrund der extremen Gewinnzyklik sollte die Definition des investierten Kapitals eine Liquiditätsreserve für Krisenzeiten beinhalten, weil normalerweise in einem schwierigen Umfeld die externe Kapitalzufuhr nur unter großen Zugeständnissen zu bewerkstelligen ist. Daher beziehen wir die liquiden Mittel (ohne Wertpapiere des Umlaufvermögens) in die Definition des investierten Kapitals mit ein.

Die Berechnung des investierten Kapitals kann bei umfangreicher Datenlage auch nach folgender ausführlicher Definition erfolgen. Aus unserer Erfahrung heraus verzerren im Halbleitersektor die im Bau befindlichen Anlagen das investierte Kapital, weil Erweiterungen aufgrund der immer leistungsfähigeren Anlagen z.T. sehr umfangreich vollzogen werden. Die zweite bedeutende theoretische Annahme bezieht sich auf die Wachstumserwartung: Die Wachstumsrate kann mit der Formel (1-Ausschüttungsquote) * (ROC) geschätzt werden. Mit dieser Gleichung wird das Wachstum des Unternehmens auf das verfügbare Kapital (je höher die Ausschüttungsquote z.B. in der Form einer Dividende, desto weniger kann in das Wachstum investiert werden) und die erzielbare Kapitalrendite zurückgeführt. Insofern bezieht die soeben dargestellte Bewertungsmethode die relativen Wachstumschancen im Vergleich zu anderen Unternehmen mit ein. Denn bei einer höheren Unternehmensrendite erzeugt auch das neu investierte Kapital ceteris paribus ein höheres Wachstum. Dabei nivelliert die Über- bzw. Unterrendite des Unternehmens die Bewertung. So wird z.B. ein Unternehmen mit 10 Mrd. € IC, einem ROIC von 6% und einem WACC von 10% auf einen Wert von 6 Mrd. € taxiert. Das entspricht wiederum einer Rendite von 10% für Investoren.

Kurzfristige Stimmungsänderungen werden aber in diesem Modell nur bedingt berücksichtigt. Die Bewertung von Halbleiterunternehmen kann aber mit guten oder schlechten

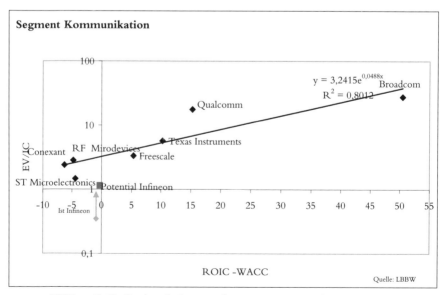

Abbildung 13-10: Korrektur der Bewertung beim Segment Kommunikation von Infineon

Meldungen, z.B. Veränderung der Unternehmensperspektive, der Konjunktur- oder Brancheneinschätzung, schnell wechseln. Grundsätzlich ist aber das Branchensentiment ceteris paribus in der Bewertung enthalten. Das bedeutet, dass eine Verbesserungs- bzw. Verschlechterungstendenz zumindest auf mittlere Sicht in der Unternehmensbewertung reflektiert wird. Insbesondere wird die Bewertung über eine Veränderung des vom Analysten geschätzten ROIC beeinflusst. Damit fließt die Ergebnisschätzung des Analysten in die Regressionsfunktion von (EV/IC) zu (ROIC – WACC) ein. D.h. die Freiheitsgrade des Analysten sind letztendlich auf die Einschätzung der Ergebnisprognosen und eines positionierungsbedingten Korrekturfaktors beschränkt, der durch die Unternehmensqualität (z.B. durch Repositionierung, neue Produkte, verbesserte Fertigungseffizienz, neue Patente oder eine Verzerrung infolge einer im Bau befindlichen Fabrik), der bedingten relativen Premiumbewertung oder, im negativen Fall, durch die Taxierung eines Abschlags erforderlich ist. In der Abbildung 10 ist diese Korrektur mittels eines Pfeils (zwischen Ist und Potential) symbolisiert.

Der Zyklik wird mit diesem Modell hingegen nur teilweise Rechnung getragen, weil die zyklische Komponente nur im Rahmen der in das Modell einfließenden Schätzung und der bereits im Markt antizipierten Skepsis bzw. Zukunftserwartung berücksichtigt wird. Sind z.B. die am Markt erzielbaren Gewinne höher oder niedriger als antizipiert, so muss mittels einer modifizierten Gewinnkalkulation erneut eine Bewertung durchgeführt werden.

Infolge der hohen Branchendynamik und der damit einhergehenden Prognoseunsicherheit ist es sinnvoll, für die Bewertung mittels eines renditeorientierten Verfahrens eher auf Basis der Schätzungen des aktuellen Jahres zu bewerten. Sollte dennoch eine Bewertung auf Basis des nächsten Jahres ausgeführt werden, so ist zur Berechnung der erforderlichen Parameter (investiertes Kapital, Kapitalrendite), eine Bilanzprognose, Kapitalflussprognose (einschließlich der geplanten Investitionen) und eine Gewinnprognose für sämtliche Vergleichsunternehmen zu erstellen. Insbesondere ist aber bei Planzahlen zu den geplanten Investitionsvolumina auf die Qualität der Schätzungen zu achten, da hierbei erhebliche Unsicherheiten aufgrund kurzfristig z.T. um bis zu 50% veränderte Dispositionen auftreten können. Als Grundlage für die Investitionsprognose kann dabei die folgende Formel genutzt werden: Reinvestitionsrate = erwartete Wachstumsrate / Return on Capital.

Die Reinvestitionsrate ermittelt sich bei einem stabilen Return on Capital auch mittels folgender Formel:

(Investitionen – Abschreibungen + Veränderung des Working Capital vor Kassenveränderungen) /EBIT * (1 – Steuersatz)

Die Wachstumsrate kann unter bestimmten Randbedingungen durch folgende Formel ermittelt werden:

Erwartetes Wachstum = Return on Capital$_t$ * Reinvestitionsrate + (Return on Capital$_t$ – Return on Capital$_{t-1}$)/ROC$_{t-1}$

Wir haben bislang mit der regressiven Ermittlung des fairen Multiples auf Basis der Peergroup positive Erfahrungen gemacht. Bei großen Renditedifferenzen der Unternehmen sehen wir die exponentielle Regression im Vorteil im Vergleich zur linearen Regression, weil die Eulersche-Wachstumsfunktion den Wachstumsgesetzen bei der Bewertung gerechter wird. Exponentialfunktionen mit der Zahl e sind grundlegend für Gleichungen, die Wachstumsprozesse und andere Veränderungsprozesse beschreiben.

In den unten benutzten Funktionen ae^{cx} sind a und c über die Regression ermittelte Konstanten. Normalerweise ist c < 1. X wird über die „Überrendite" (ROCI – WACC) geschätzt. Daraus lässt sich ein Zielwert für das Verhältnis EV/IC für das zu bewertende Unternehmen errechnen. Für die Ermittlung der Bewertungsfunktion mittels Regressionsanalyse werden die Werte der Vergleichsunternehmen zugrundegelegt. Damit wird die Bewertung des Unternehmens eine über die Vergleichsunternehmen definierte Funktion.

Zur Kontrolle überführen eine Bewertung per exponentieller Funktion in eine Bewertung per Buchwert. Aufgrund meist niedriger Verschuldung der Halbleitertitel ist der Buchwert in der Regel auf ähnlichem Niveau wie das Investierte Kapital. Da $e^0 = 1$ und $e^{cx} < 1$ mit cx < 1 ist, resultiert daraus, was in der Bewertungspraxis meist Realität ist: Unternehmen mit negativem ROCI werden mit einem Abschlag zum Buchwert beziehungsweise zum investierten Kapital bewertet. Die e-Funktion dürfte hierbei jedoch nur im Falle einer zu erwartenden Erholung des Unternehmens bis in die Gewinnzone anwendbar sein. Am oberen Ende der Bewertung mit x > 1 wird $e^{cx} > 1$ und somit dürfte die e-Funktion erklären, warum bei steigender Rentabilität die Bewertung überproportional wächst. Da allerdings die Regression in der vorgestellten Art einen hohen Anspruch an die Daten und die theoretische Interpretation stellt (Beta, Steuersatz, Capital Invested, Capital Employed etc. für alle Vergleichsunternehmen), und die für die Regression erforderlichen Daten über die Vergleichsunternehmen nicht einfach von Datendienstleistern „heruntergeladen" werden können, werden meist vereinfachte Peergroup-Methoden angewandt, z.E. EV/EBITDA, Marktkapitalisierung/Umsatz etc. und das faire Multiple unter gewissen Unschärfen eintaxiert.

Grundsätzlich aber ändern sich z.B. aufgrund einer konjunkturellen Verlangsamung die Bewertungsabstände der Unternehmen relativ zueinander nicht, da diese vorwiegend durch die relative Wettbewerbsstärke definiert werden. Wir erwarten, dass diejenigen Unternehmen, die in stabilen Phasen eine höhere Rendite erwirtschaften, auch eine bessere Kursentwicklung in einer Abschwungphase aufweisen als diejenigen mit einer negativen Rendite.

In der Bewertungspraxis für Halbleiterunternehmen setzten sich u.a. weitere Darstellungen für Bewertungszusammenhänge durch: Auf der Basis des EV-Konzepts werden auch folgende Kennzahlen mittels Regression zueinander ins Verhältnis gesetzt:

- EV/Sales (Y-Achse) zur EBIT-Marge (X-Achse),
- EV/EBITDA (Y-Achse) zum erwarteten EBITDA-Wachstum (X-Achse)

13.3.3 DCF-Modell

DCF-Modelle werden in der Regel nicht angewandt, da wegen der schwer kalkulierbaren Zyklik zu viele Prognosefehler gemacht werden. Nicht nur bei der Gewinnprognose sind hierbei Fehleinschätzungen festzustellen, sondern insbesondere auch bei den erforderlichen Investitionen.

13.3.4 Fallbeispiel

Wir bewerten *Infineon* mittels des Sum of the Parts-Modells auf Basis der Enterprise Value/Invested Capital Verhältnisse. Wir ziehen dabei die Enterprise/Invested Capital Methode den traditionellen Ertragsmultiples vor. Dieses Verfahren ermittelt u.E. aufgrund der dynamischen Ertragsverbesserung einen konservativen fairen Wert für *Infineon*. Dazu ermitteln wir auf Basis des Verhältnisses von Enterprise Value/IC zu Return on Invested Capital – WACC für die einzelnen Segmente das optimale Multiple. In der Peergroup weisen vor allem die gut positionierten Unternehmen *Texas Instruments, National Semiconductor* und *Qualcomm* eine Premiumbewertung auf. U.E. sollte aufgrund der langjährigen

Segment-Peer-Group		Kurs	EV/IC
Automobil-, Industrieelektr. u. Multimarket			
National Semiconductor	USD	29,56	8,5
STMicroelectronics	EUR	14,57	1,8
Freescale	USD	32,00	2,6
ON Semiconductor	USD	6,92	8,3
Median			**5,4**
Geschätztes faires Multiple (LBBW)			**2,3**
Kommunikation			
Broadcom	USD	40,90	32,6
STMicroelectronics	EUR	14,57	1,8
Texas Instruments	USD	34,38	5,9
RF Microdevices	USD	9,16	2,9
Conexant	USD	3,65	2,3
Freescale	USD	32,00	3,5
Qualcomm	USD	50,56	17,9
Median			**3,5**
Geschätztes faires Multiple (LBBW)			**1,1**
Speicherprodukte			
Micron	USD	16,74	1,7
Hynix	KRW	31 110	2,2
Nanya	TWD	20,35	1,3
Powerchip	TWD	21,70	1,4
Median			**1,6**
Geschätztes faires Multiple (LBBW)			**1,5**

Quelle: LBBW, I/B/E/S, Mai 2006

Abbildung 13-11: Regressiv geschätzte faire Multiples

Ertragsschwäche von *Infineon* bei der Bewertung vor allem weniger gut positionierte bzw. bewertete Unternehmen wie z.B. *Nanya* (Technologiepartner) als Vergleichsunternehmen herangezogen werden. Im Rahmen des obig skizzierten Verfahrens bewerten wir *Infineon* mit meist erheblichen Abschlägen zu den Peergroupmedianen, da spezifische Ertragsprobleme infolge eines niedrigen ROIC Berücksichtigung finden.

Das Multiple für das Segment Automobil- Industrieelektronik und Multimarket liegt deutlich höher als das für das Kommunikations- und Speichersegment, weil dieses Segment eine deutlich höhere Rendite aufweist und relativ zum Wettbewerb deutlich besser aufgestellt ist. Allerdings kann *Infineon* auch hier aufgrund der defizitären Situation mit Chipkarten sowie der Anlaufverluste im Werk in Kulim den Median der Vergleichsunternehmen noch nicht erreichen. Jedoch zeichnet sich wegen einer starken Nachfrage und Produktbereinigungsmaßnahmen eine deutliche Margenverbesserung ab, die z.T. von uns Berücksichtigung fand. Daher rechnen wir mit einem EV/IC-Multiple von 2,3 das zwischen dem von *STMicroelectronics* und *Freescale* liegt.

Die zwei im Turnaround befindlichen Segmente Speicher und Kommunikation werden von uns im Rahmen des EV/IC-Verfahrens infolge der unterschiedlichen Positionierung relativ zum Median unterschiedlich eingestuft. Das Speichersegment verfügt relativ zum Wettbewerb über hinreichende Skaleneffekte und dürfte eine zügig steigende Profitabilität aufzeigen können. Im Kommunikationssegment muss *Infineon* weitere Kunden gewinnen, um über ausreichende Skaleneffekte zu verfügen. Daher liegt die Bewertung des Speichersegments deutlich näher am Median als die des Kommunikationssegments.

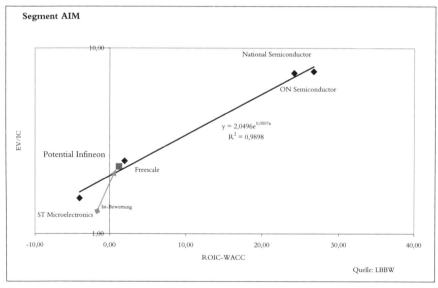

Abbildung 13-12: Bewertung via Potentialzuordnung

Wegen der u.E. zur Zeit laufenden Repositionierung von *Infineon* und der wachsenden Nachfrage nach Speicherbauteilen erwarten wir mittelfristig eine sich moderat verbessernde Ertragssituation, da der Produktmix (vor allem durch Grafikchips und im Vergleich zum DDR 1 Speicher stromsparendere DDR 2 Chip) verbessert werden dürfte. Daher sehen wir einen Aufschlag von 50% auf das investierte Kapital als sinnvoll an.

Fairer Wert:

Der faire Wert wird über den Bruttoansatz ermittelt: Enterprise Value = Marktkapitalisierung + Buchwert der Nettofinanzverschuldung + Buchwert der Pensionsrückstellungen + Buchwert der Minderheitenanteile + Sonstiges (z.B. Verlustvorträge).

Sum of the parts			
Infineon (Mio. €)	IC	x Multiple	= EV
Automobil-, Industrieelektr. u. Multimarket	1 607	2,3	3 701
Kommunikation	743	1,1	852
Speicherprodukte	2 937	1,5	4 275
Sonstige			- 360
Enterprise Value Infineon (Mio. €)			
Enterprise Value Gesamtkonzern			8 467
Nettoverschuldung			- 161
Unterdeckung der Pensionszusagen			- 284
Modifizierter Buchwertgewinn Inotera			429
Abdiskontierter Wert der steuerl. Verlustvorträge			184
Fairer Wert Infineon (Mio. €)			8 957
Fairer Wert je Aktie (€)			11,98
*sonst. Geschäftseinheiten und Konzernfunktion; IC= Invested Capital			Quelle: LBBW, I/B/E/S, Mai 2006

Abbildung 13-13: Berechnung des fairen Werts mittels geschätzter, fairer Multiples

Wir errechnen auf Basis der EV/IC-Multiples aus den Vergleichsunternehmen den Enterprise Value der Segmente. Auf Basis des EBITDA der Konzernfunktionen und der sonstigen Geschäftsbereiche (Ergebnisbeitrag von minus 40 Mio. €) und einem aus der Peergroup abgeleiteten Multiplikator von etwa 9 errechnen wir den Wert für „Sonstige" Segmente und die Konzernfunktionen. In den fairen Wert beziehen wir ferner die Nettoverschuldung ein, die Unterdeckung der Pensionszusagen, einen modifizierten Buchwertgewinn auf das JV *Inotera* und zudem den diskontierten Wert der steuerlichen Verlustvorträge. Dies führt zu einem fairen Wert von 11,98 € je Aktie.

13.3.5 Zusammenfassung

Die Ausführungen hinsichtlich der Branchenstruktur und der Erfolgsfaktoren zeigt die Notwendigkeit der Berücksichtigung verschiedener Parameter wie z.B. die Kaptialrendite, die Kapitalkosten und das investierte Kapital bei der Bewertung auf. Die Berücksichtigung der technologischen und strategischen Positionierung erfordert eine fundierte Branchenkenntnis. Eine dynamische Veränderung der Branchennachfrage bringt erfahrungsgemäß nur eine unterproportionale Veränderung der Renditestreuung innerhalb der Branche mit sich, da diese eine Frage der grundlegenden Positionierung ist.

13.4 Literatur

Albach, Horst: Empirische Theorie der Unternehmensentwicklung, 1984
Copeland, Koller, Murrin: Valuation, 2000
Damodaran, Aswath: The Dark Side of Valuation. Valuing Old Tech, New Tech, and New Economy Companies, 2002
Kames, Christian: Unternehmensbewertung durch Finanzanalysten als Ausgangspunkt eines Value Based Measurements, 2000
Stewart, G. Bennett: The Quest for Value, 1998
Zeidler, Uwe: Handout der DVFA, Equity Valuation and Analysis, 2004.

14 Bewertung von Telekommunikationsunternehmen

von *Sonia Rabussier**

14.1 Einführung	355
14.2 Der Markt für Telekommunikationsdienste	355
14.2.1 Bedeutung der Telekommunikationsdienste in der Volkswirtschaft	356
14.2.2 Liberalisierung der Telekombranche	358
14.2.3 Wettbewerbssituation in der Telekommunikationsbranche	359
14.2.3.1 Wettbewerb im Festnetzbereich	360
14.2.3.2 Wettbewerb im Breitband-Bereich	361
14.2.3.3 Wettbewerb im Mobilfunkbereich	364
14.3 Bewertung in der Telekommunikationsbranche	366
14.3.1 Bewertung der TK-Unternehmen: ein alltäglicher Prozess	366
14.3.2 Bewertung der TK-Unternehmen: Hauptverfahren	367
14.3.2.1 Discounted Free Cashflow – Bewertung (Entity-Verfahren)	367
14.3.2.2 Sum-of-the-Parts-Bewertung	369
14.3.2.3 Relative Bewertung mittels der Multiplikatoren	371

14.1 Einführung

Die Telekommunikation stellt einen der Grundpfeiler unserer global vernetzten Wirtschaft dar. Sie trägt zu einem erheblichen Teil zur Innovationskraft, zur internationalen Wettbewerbsfähigkeit und zum Wachstum der Volkswirtschaft bei. So erklärt es sich auch, dass in der Vergangenheit die Telekomunternehmen im staatlichen Besitz waren und von staatlicher Seite gelenkt und geführt wurden. Diese Unternehmen waren dann „Monopolisten".

14.2 Der Markt für Telekommunikationsdienste

Unter den Telekommunikationsdiensten werden sowohl die Sprach- und Mobiltelefonie als auch die Datenübertragung verstanden. Die Netzinfrastruktur und die Herstellung der Endgeräte werden unter dem allgemeineren Begriff der Telekommunikation, nicht aber unter dem der Telekomunikationsdienste, eingegliedert.

---

* Sonia Rabussier, Sal. Oppenheim, Frankfurt am Main.

14.2.1 Bedeutung der Telekommunikationsdienste in der Volkswirtschaft

Nach Schätzung des Instituts für Weltwirtschaft trug in 2004 die Telekommunikationsdienstindustrie circa 4% zum globalen Bruttoinlandsprodukt (BIP) bei. Die Ausgaben für private Telekommunikationsdienstleistungen betrugen 3% der gesamten Konsumausgaben der privaten Haushalten. Sie liegen damit deutlich hinter den durchschnittlichen Ausgaben für Tabak und Alkohol.

Weltweit rechnen unabhängige Marktforscher mit einem durchschnittlichen Wachstum der Telekommunikationsdienstleistungen bis 2006 von über 4,5% p.a. auf USD 1,28 Mrd., wobei diese Zuwachsrate sich stark nach Bereichen (Festnetz, Mobil und Datenübertragung) und nach Regionen untergliedert.

In Deutschland erwirtschaftete die gesamte Telekommunikationsdienstbranche in 2004 € 55,1 Mrd. (+3,4% vs. Vorjahr). Dabei profitierten vor allem die Bereiche Mobilfunk und Internet mit jeweiligen Wachstumsraten von 5,3% bzw. 7,6%. Bis 2007 wird eine Steigerungsrate für die gesamte Branche von 3,6% p.a. prognostiziert.

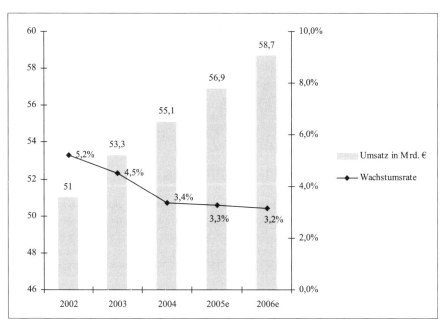

Quelle: BITKOM

Abbildung 14-1: Telekommunikationsdienstmarkt in Deutschland

Während die klassische Sprachtelefonie (Festnetz) am Umsatzanteil verlieren wird (von 43% weltweit in 2002 auf 35% in 2007), werden Mobilfunktelefonie und Internet deutliche Zuwächse verzeichnen.

Geographisch betrachtet wird das Wachstum voraussichtlich vor allem durch Asien (und hier insbesondere durch China und Indien) und Lateinamerika getragen werden. In den

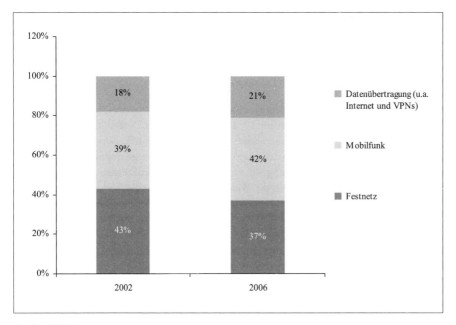

Quelle: iDATE

Abbildung 14-2: Umsatzverteilung der Telekommunikationsdienste nach Bereichen weltweit

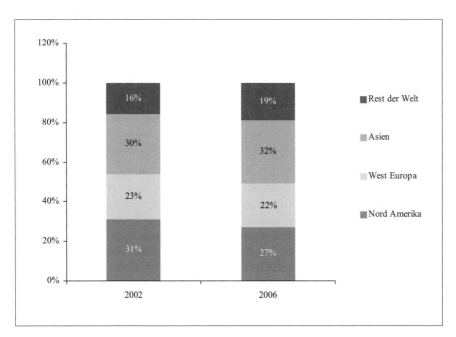

Quelle: iDATE

Abbildung 14-3: Umsatzverteilung der Telekommunikationsdienste nach Regionen weltweit

gesättigteren Märkten von Nord-Amerika und West-Europa werden die Telekommunikationsdienstumsätze hingegen leicht sinken. Ihr Anteil am Gesamtumsatz im Jahr 2006 wird von 54% auf 49% zurückgehen.

14.2.2 Liberalisierung der Telekombranche

Ihren Ursprung haben die zum Teil bis heute bestehenden monopolistischen Strukturen in der Telekommunikation bereits im 19. Jahrhundert. Die Überzeugung von der Notwendigkeit einer weitgehenden Liberalisierung des Telekommunikationsmarktes geht einher mit einer recht modernen Vorstellung von der Funktionsweise desselben. Eine Vorreiterrolle spielten dabei – wie so häufig – die USA, Japan und Großbritannien. Dort wurden bereits vor mehr als zwanzig Jahren die Weichen für die Liberalisierung des Telekommunikationsmarktes gestellt. So zerschlugen die USA und Großbritannien bereits 1984 ihre Telekommunikationsmonopole und privatisierten die bis dahin staatliche geführten Unternehmen *AT&T* bzw. *British Group*. Die weiteren europäischen Länder folgten diesen Beispielen dann in den neunziger Jahren des vergangenen Jahrhunderts. China bleibt bis heute der größte Markt, in dem die Telekommunikationsindustrie noch mehrheitlich unter staatlicher Kontrolle ist.

Die Liberalisierung wird im Wesentlichen auf zwei Wegen erreicht: Zum einen wird dabei der bisherige Monopolist privatisiert und zum anderen wird der Wettbewerb durch die Abgabe von Lizenzen an neue Akteure für Teilmärkte (insbesondere in den Bereichen mit neuer Technologie) oder für den gesamten Telekommarkt gefördert. Das beste Beispiel ist hierbei der Mobilfunkmarkt. Wohl jeder Markt in Europa zählt zwischenzeitlich neben dem ehemaligen Monopolisten zumindest einen weiteren Anbieter.

Zahlreiche Faktoren beeinflussen den Erfolg der Liberalisierung der Telekommunikationsbranche in dem jeweiligen Land. Der entscheidendste Faktor ist dabei sicherlich immer die weiterhin bestehende staatliche Regulierung des Marktes. Es stellt sich daher die grundsätzliche Frage, wie viel und welche Art von Regulierung im Telekommunikationsmarkt benötigt wird?

Die Regulierungsbehörden in der Telekommunikation haben die Aufgabe, den Wettbewerb zu fördern und drauf zu achten, dass das marktbeherrschende Unternehmen – in der Regel der ehemalige Monopolist – rechtzeitig wesentliche Leistungen den Konkurrenten zur Verfügung stellt.

In den einzelnen Ländern sind unterschiedliche Ausprägungen der Regulierung vorhanden. In den USA gibt es regionale, bundesstaatliche und eine nationale Regulierungsinstanzen. In Europa gibt es eine europäische und jeweils eine länderspezifische Regulierungsinstanz. Die Europäische Union gibt den Mitgliedsländern Richtlinien vor, deren Umsetzung und Ausarbeitung in nationales Recht dann in den Verantwortungsbereich der einzelnen Mitgliedsländer und den dort zuständigen Institutionen fällt.

In den meisten Fällen reguliert die Regulierungsbehörde den Markt durch ein Preiskontrollsystem. Dieses System schreibt dem ehemaligen Monopolisten vor, welche Preisänderungen erlaubt sind oder durchgeführt werden müssen. Üblicherweise sind diese Preiskontrollen mit den lokalen Inflationsindikatoren verknüpft. Eine Preiskontrolle von RPI+2% (Retail Price Index +2%) bedeutet dabei beispielsweise, dass die Endverbraucherpreise nicht mehr als 2% die Inflationsrate überschreiten dürfen. Das Preiskontrollsystem gilt als ein Anreizsystem. Es wird dabei keine direkte Kontrolle über die Margen des ehemaligen Monopolisten ausgeübt.

Eine Regulierung findet jedoch nicht lediglich auf der Ebene der Endverbraucherpreise statt. Auch die Preise, welche von den Wettbewerben an den ehemaligen Monopolisten für bestimmte Leistungen wie beispielsweise den Netzzugang (so genannte Verbindungsrate oder auch interconnection rates) gezahlt werden müssen, werden reguliert.

Ende Juni 2004 ist in Deutschland das neue Telekommunikationsgesetz (TKG) in Kraft getreten. In den kommenden Jahren wird erwartet, dass die Regulierungsbehörde weiteren Druck ausübt, um die Netzzugangskosten für die Wettbewerber des ehemaligen Monopolisten zu mindern.

Januar 04:	RegTP* fordert Mobilfunker auf, Preise vom Festnetz aufs Handy freiwillig zu senken
Juni 04:	Senkung Einmal-Entgelte für die Teilnehmeranschlussleitung (TAL) um bis zu 36%
August 04:	RegTP* setzt Rahmenbedingungen für Rufnummern bei Voice over IP (VoIP)
Sept. 04:	Neue Durchleistungsentgelte für Stadtnetzbetreiber und niedrigere Entgelte für T-DSL-ZISP
Dez. 04:	Senkung DSL-Anschluss Entgelte um 30%
April 05:	Senkung Mietpreises für die Teilnehmeranschlussleitung (TAL) um 9,75% auf EUR 10,65
August 05:	Senkung Einmal-Entgelte für die Teilnehmeranschlussleitung (TAL), sog. „letzte Meile" um 10% auf EUR 43,10
	Senkung monatlicher Gebühren für die Line-Sharing von 5% auf EUR 2,31 + Einmal-Entgelt um 17% auf EUR 51,43

* RegTP: Deutsche Regulierungsbehörde für Telekommunikation und Post die, in 2005 in BNetzA (Bundesnetzagentur für Elektrizität, Gas, Telekommunikation, Post und Eisenbahnen) umbenannt wurde

Abbildung 14-4: Hauptergebnisse in der deutschen Regulierung in 2004 und 2005

14.2.3 Wettbewerbssituation in der Telekommunikationsbranche

Die Wettbewerber lassen sich grob in zwei Gruppen unterteilen: die „virtuellen" Netzanbieter und die „alternativen" Netzanbieter.

Die „virtuellen" Netzanbieter verkaufen Minuten- oder Breitband-Kapazitäten von dem ehemaligen Monopolisten zu einem günstigeren Preis oder in einer anderer Verpackung weiter (beispielsweise *Tele2*). Die alternativen Netzanbieter haben entweder ihr eigenes Netz (wie *Arcor* in Deutschland) oder mieten das Netz von dem ehemaligen Monopolisten. Sie haben den großen Vorteil einer exklusiven Beziehung zu ihren Endkunden.

14.2.3.1 Wettbewerb im Festnetzbereich

Die Wettbewerbssituation im Festnetzbereich ist für alle Beteiligten extrem schwierig. Ursächlich hierfür sind vor allem die stark fallenden Umsätzen in dem Segment. Bis 2006 wird die klassische Sprachtelephonie voraussichtlich nur noch 37% des gesamten weltweiten Telekomumsatzes vs. 43% in 2002 ausmachen. Dieser kontinuierliche Rückgang der Umsätze im Festnetzbereich ist durch unterschiedliche Faktoren zu erklären:

- Penetrationsrate über 100% in gesättigten Märkten wie Nord-Amerika und Westeuropa
- Substitutionseffekt von Mobilfunk und andere Formen von Kommunikation wie E-Mails und zunehmend Voice over IP (VoIP)
- Druck auf die Preise und Margen sowohl für internationale Gespräche wie für Ortsgespräche.

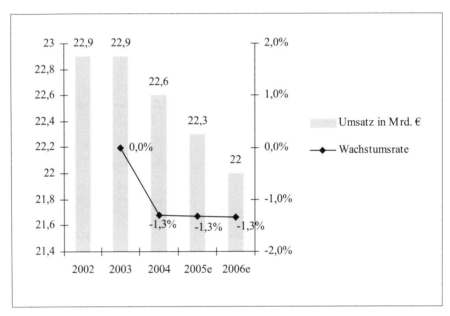

Quelle: BITKOM

Abbildung 14-5: Umsatzentwicklung im deutschen Festnetzbereich

Eindrucksvoll spiegelt sich die schwierige Wettbewerbssituation auch bei den Endverbraucherpreisen wider. Call-by-call (Auswahl eines Netzbetreibers pro Anruf) und Preselection (feste Vorauswahl des Anbieters im Telefon) Unternehmen führen einen intensiven Preiskampf mit dem ehemaligen Monopolisten um die Gunst des Verbrauchers. Diese Wettbewerber haben ihren Anteil an den Verbindungsminuten pro Tag deutlich ausgebaut. In Deutschland wurden im Jahr 2004 208 Minuten pro Tag vs. 161 Minuten ein Jahr zuvor durch diese Verbindungsarten vertelefoniert. Hierbei muss bedacht werden, dass dieser Erfolg ganz wesentlich durch extrem aggressive und oft nicht kostendeckende Einführungsangebote der Anbieter erkauft wurde. Außerdem erhöhen die ehemaligen Monopolisten zusätzlich den Preisdruck durch ihre massive Bündelprodukte und Optionstarifangebote. Zwischen den Standardtarifen der ehemaligen Monopolisten und den günstigsten Call-by-call Anbietern gibt es in Deutschland eine besonders große Differenz von bis zu 90% bei den Preisen für die Ferngespräche.

In diesem hart umkämpften Feld versuchen insbesondere kleine Festnetzbetreiber und City-Carrier ihre Marktposition durch Kooperationen oder Zusammenschlüsse und durch den Fokus auf das margenträchtigere Geschäftskundensegment zu verbessern. Eine neue Strategie ist es dabei auch, die Angebotspalette auf Breitband-Internetanschlüsse zu erweitern. Der deutsche alternative Festnetzanbieter *Arcor* bietet neben Festnetzanschlüsse auch DSL-Zugang an.

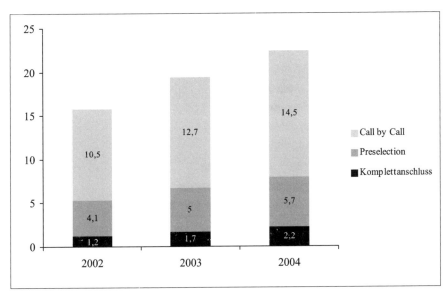

Quelle: DIALOG Consult/VATM

Abbildung 14-6: Wettbewerber im deutschen Festnetz nach Kundenanzahl (in Mio.)

14.2.3.2 Wettbewerb im Breitband-Bereich

Grundsätzlich ist Breitband ein Begriff, der, relativ zum Stand der Technik, hohe Datenübertragungsraten meint. Bei einem Breitband-Internetanschluss können „Triple-Play"-Möglichkeiten angeboten werden: TV-Übertragung, Sprach- und Daten-Telefonie (Voice over IP: Telefonie über das Internet).

Kabelmodem und DSL sind und werden mittelfristig die bevorzugten Technologien für den Breitbandzugang. Diese beiden Technologien zeichnen sich durch eine große Bandbreite aus, die einen Hochgeschwindigkeitszugang zum Internet oder die Übertragung von Multimediadaten oder Video in Echtzeit erlaubt.

Bei DSL (Digital Subscriber Line) werden Daten digital über Telefonleitungen über ein Zweidraht-Kupferkabel übertragen. Die Reichweite von DSL beträgt aber im Höchstfall nur fünf bis sechs Kilometer und kann nur verlängert werden, wenn ein Teilstück der Verbindung aus Glasfaserkabeln besteht oder Verstärker dazwischengeschaltet werden.

DSL ist fast doppelt so weit verbreitet wie das Kabelmodem. Ein internationaler Vergleich zeigt jedoch, dass sich eine hohe Breitband-Penetration nicht allein auf die Verbreitung von DSL beschränkt.

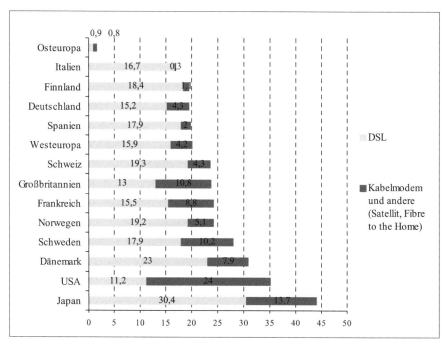

Quelle: EITO, EU-Kommission

Abbildung 14-7: Kabel- und DSL-Breitbandanschlüsse je 100 Haushalte 2004

In 2004 lag die Breitbandpenetration in Deutschland mit 17% noch unter dem EU-Durchschnitt (19,5%). In den EU-Ländern mit dem höchsten Verbreitungsgrad (Dänemark, Schweden, Großbritannien) entfällt ein beträchtlicher Marktanteil auf die schnellen Internetzugängen über das Kabel. In den Niederlanden und Österreich, aber auch in den USA ist sie sogar die dominierende Zugangsart.

In Deutschland bieten TV-Kabelanbieter noch keine ernsthafte Alternative zu DSL an. Und dies obwohl Deutschland in Bezug auf die Anzahl der ans Kabel angeschlossenen Haushalte in der weltweiten Spitzengruppe liegt.

Die regionalisierten Kabelnetze haben in den vergangenen Jahren in erheblichem Maße unter dem verzögerten Verkaufsprozess der *Deutschen Telekom* gelitten. Das Kabelnetz war dadurch im Zeitpunkt des Verkaufs technisch gesehen veraltet. Investitionen mussten schnell und in großem Umfang getätigt werden. Die Vielzahl der Verhandlungspartner durch die Zersplitterung des Kabelmarktes in eine Netzebene 3 (Verteilernetze) und auf eine Netzebene 4 (Hausanschlussnetze) mit ihren vielen Hundert unabhängigen Betreibern stellt dabei ein massives Hindernis dar. Selbst eine flächendeckende Aufrüstung des Netzes auf der Netzebene 3 sichert noch keine Vermarktungsmöglichkeiten zu Endkunden, da diese überwiegend direkte Kunden von den Netzebene 4-Betreiber sind.

Demnach versuchen alle großen Kabelnetzbetreiber wie *Kabel Deutschland (KDG)* Breitband über Kabel vor allem zusammen mit neuen innovativen digitalen TV-Angeboten zu bieten. Ab Oktober 2005 plant *KDG* mehr als einer Million seiner Kunden einen Internet- und Telefonanschluss über das TV-Kabel anzubieten. Ende des Jahres 2005 sollen bereits drei Millionen Kabelkunden das Angebot in Deutschland nutzen können. Die Telekommunikationsgesellschaften müssen daher erstmals einen wirklich ernsthaften Angriff der Kabeldienstbetreiber fürchten.

Im Breitband-Geschäft hat sich das Kundenwachstum in den letzten zwei Jahren rasch zugespitzt und entsprechend härter ist der Kampf um die Internetnutzer geworden. Mittels aggressiver Preisstrategien kommt es allmählich zu einer Marktanteilsverschiebung zwischen ehemaligen Monopolisten und den Wettbewerbern. So werden beispielsweise Bereitstellungsentgelte erlassen sowie Flatrate- bzw. Volumentarife angeboten. Die erforderliche Hardware erhält der Kunde vergünstigt oder sogar kostenlos bei Abschluss eines entsprechenden Vertrages.

Haupteigentümer des Telekommunikationsfestnetzes sind und bleiben jedoch in nahezu allen Ländern die ehemaligen Monopolisten, weshalb diese in der Regel den DSL-Markt auch dominieren. Der Marktzutritt für die Wettbewerber kann aufgrund des Eigentums an der so genannten „letzten Meile" durch die ehemaligen Monopolisten erheblich erschwert werden.

Darüber hinaus verfügen die ehemaligen Monopolisten aufgrund ihrer tradierten direkten Kundenbeziehung gegenüber den neuen Mitbewerbern über einen wichtigen Wettbewerbsvorsprung. So betreibt die *Deutsche Telekom* direkt noch 64% aller DSL-Anschlüsse in Deutschland. Die *BT Group* ist der am stärksten zurückgedrängte ehemalige Monopolist, hält aber noch immerhin 34% aller Anschlüsse.

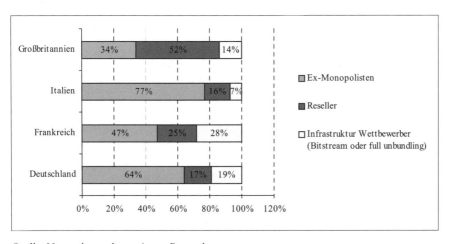

Quelle: Unternehmensdaten, eigenes Research

Abbildung 14-8: Anteil der Ex-Monopolisten an retail DSL-Anschlüssen

Das Ende der analogen Sprachtelefonie steht, trotz des raschen Wachstums von Breitband und der damit unter anderem verbundenen Möglichkeit der Internet-Telefonie (VoIP) keinesfalls unmittelbar bevor. Gleichwohl ist die Internet-Technologie ein prominentes Beispiel dafür, dass die Konvergenz der Telekommunikationstechnologien die Wettbewerbspolitik immer mehr unter Zugzwang setzt und von der Regulierung eine neue Abgrenzung der relevanten Märkte abverlangt.

14.2.3.3 Wettbewerb im Mobilfunkbereich

Längst ist das Mobiltelefon vom Elite-Tool zum Massenprodukt avanciert. Der Datenaustausch und die Datenübertragung kann auf immer unterschiedlichere Weise erfolgen: zuerst per Kabel, dann per Infrarot-Funkverbindung und seit kurzer Zeit per Bluetooth tauscht es Daten, E-Mail-Attachments mit anderen Mobiltelefonen, Organizer, Laptops und PCs aus. Die Einsatz- und Nutzungsmöglichkeiten eines Mobiltelefons haben sich deutlich erweitert. Man ist nicht mehr allein auf die „einfache" Telefonie beschränkt.

Die Anzahl der Anbieter im Mobilfunkbereich ist mittlerweile deutlich höher als die im Festnetzbereich und der ehemalige Monopolist hat an Marktdominanz erheblich verloren. Ihr Marktanteil an dem gesamten Minutenvolumen steigt stetig (über 25% des gesamten Volumen weltweit). Bereits circa 10% der Endkunden nutzen ausschließlich ein Mobiltelefon zum Telefonieren und verzichten ganz auf einen Festnetzanschluss. Mit Ausnahme der USA gibt es schon heute in allen westeuropäischen Ländern mehr Mobilfunk- als Festnetzanschlüsse. Italien und Frankreich sind hierbei Vorreiter: hier hatten 2004 bereits 17% der Haushalte keinen Festnetzanschluss mehr.

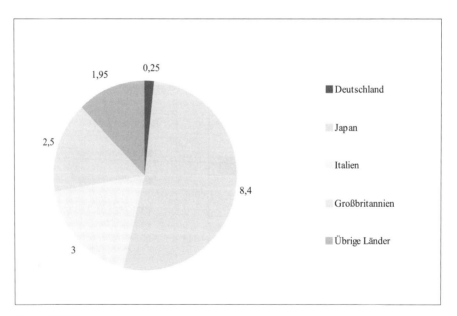

Quelle: BITKOM

Abbildung 14-9: UMTS-Teilnehmer 2004 im internationalen Vergleich

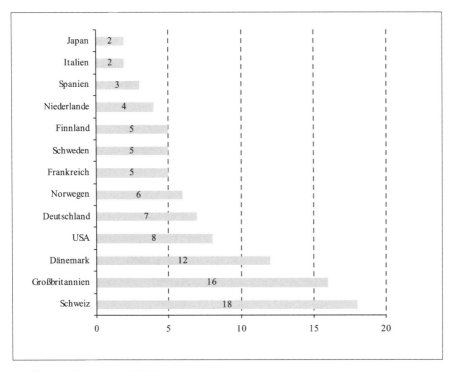

Quelle: www.jiwire.com, BITKOM

Abbildung 14-10: WLAN-Hotspots je 100.000 Einwohner 2004

Dieses hohe Wachstum im Mobilfunkbereich liegt hauptsächlich an den folgenden Gründen:

- In viele Regionen wie China und Indien ist die Mobilfunkpenetration noch sehr gering.
- Substitution der Festnetz-Sprachtelefonie durch Mobilfunk
- Neue Mobilfunktechnologien wie UMTS und Wireless LAN treten immer mehr in Konkurrenz zu Festnetztechnologien und versprechen zusätzliche Wachstumsimpulse in der Branche

UMTS, die dritte Generation des Mobilfunknetzes, wurde bereits 2002 in Japan eingeführt. In Europa ging sie erst 2004 an den Start. Obwohl bei der Markteinführung zunächst noch die passenden Geräte für die breite Masse fehlten, gehen nunmehr zahlreiche Anbieter davon aus, dass die dritte Generation (3G) noch in diesem Jahr in Europa den Durchbruch schaffen wird. In Deutschland gab es Ende 2004 lediglich rund 250.000 Mobiltelephone und PC-Karten der dritten Generation. Bis Ende 2005 werden rund 1,5 Millionen erwartet.

Wireless LAN-Anschlüsse (WLAN-Karten) ermöglichen eine drahtlose schnelle Datenverbindung zum Internet mit mobilen Geräten. Voraussetzung für den Zugang ist jedoch, dass sich der Benutzer in der Nähe eines WLAN-Senders aufhält, einem so genannten Hotspot. Parallel zu der der weltweiten Zunahme der Breitbandanschlüsse engagierten sich die Mobilfunkunternehmen verstärkt im WLAN-Geschäft und trieben den Ausbau von öffentlichen Zugangspunkten, den Publik Hotspots, voran.

Im internationalen Vergleich ist die Schweiz mit 18 Hotspots pro 100.000 Einwohner führend – vor Großbritannien und Dänemark. Hinter den USA folgt rasch Deutschland mit sieben Hotspots pro 100.000 Einwohner. Im Jahr 2003 gab es in Deutschland gerade mal einen Einwahlpunkt pro 100.000 Einwohner.

Da das Wachstumspotenzial im Mobilfunkbereich noch nicht ausgeschöpft ist, ist mit dem Eintritt weiterer Wettbewerber zu rechnen. In Großbritannien vermarkten bereits Virgin und die Supermarktkette *Tesco* Mobiltelefone und mobile Dienste. Im Gespräch sind noch der Möbelgigant *IKEA* und Mineralölkonzerne wie *Shell* und *Aral*, die über gigantische Kundenstämme und Vertriebsnetze verfügen. Der harte Preiskampf ist noch nicht zu Ende!

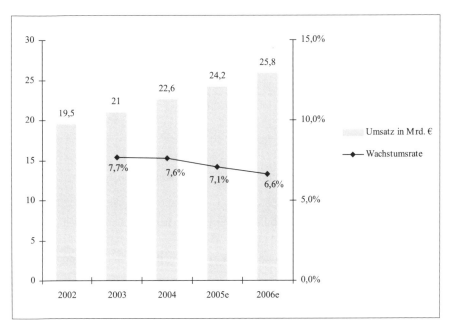

Quelle: BITKOM

Abbildung 14-11: Umsatzentwicklung im deutschen Mobilfunkbereich

14.3 Bewertung in der Telekommunikationsbranche

14.3.1 Bewertung der TK-Unternehmen: ein alltäglicher Prozess

Unternehmen zu bewerten ist ein alltäglicher Prozess, welcher mittels unterschiedlicher Methoden durchgeführt wird.

Zu den wichtigsten Anlässen für die Durchführung einer Unternehmensbewertung zählen unter anderem:

- Unternehmensbörsengang (IPO, Initial Public Offering)
- Übernahme und Fusion (M&A, Merger & Acquisitions)
- Kapitalmaßnahmen (Aktien(um)platzierung, Kapitalerhöhung etc.)
- Fundamentales Aktienresearch
- Strategische Unternehmenssteuerung
- Private Equity Transaktionen

Das Jahr 2005 wurde in der Telekommunikationsbranche durch zahlreiche Übernahmetransaktionen geprägt. Dieser Trend sollte sich auch noch kurzfristig fortsetzen, da zahlreiche Telekom-Märkte vor einer Konsolidierung stehen. Hierfür gibt es zahlreiche Gründe. Die Telekomunternehmen haben ihre Schulden abgebaut und verfügen über frisches Geld, die Märkte sind weitgehend gesättigt, der Wettbewerb ist intensiv. Das Wachstum in der Branche schwächt sich – wie oben dargestellt – zunehmend ab. Neukunden sind sowohl im Mobilfunk- wie auch im Festnetzbereich kaum mehr zu finden. Der Kampf um Marktanteile wird über einen aggressiven Preiswettbewerb geführt. Durch Übernahmen und die damit erhofften Synergieeffekte versuchen die Telekomanbieter, ihre Position zu verbessern und ihre Überkapazitäten auszulasten. Im Jahr 2005 hat die *Deutsche Telekom* den österreichischen Mobilfunkanbieter Telering gekauft und diesen mit der eigenen Tochter *T-Mobile* verschmolzen. *France Telecom* übernahm den spanischen Mobilfunker *Amena*. Spaniens *Telefónica* schluckte den tschechischen Konzern *Cesky Telecom* und ist dabei *D2* zu übernehmen und der britische Ex-Monopolist *BT* kaufte drei Anbieter in den USA.

Für jede Transaktion wird eine ausführliche Analyse benötigt, um den so genannten „fairen Wert" des zu bewertenden Unternehmens zu ermitteln.

14.3.2 Bewertung der TK-Unternehmen: Hauptverfahren

Zur Bewertung der Telekommunikationswerte werden hauptsächlich vier Verfahren angewandt. Neben der Bewertung des Gesamtkonzerns mittels Discounted Free Cashflow (DCF) und Sum-of-the-Parts (SOP) wird eine relative Bewertung auf Basis des Kurs-Free-Cashflow-Verhältnisses und EV/EBITDA-Multiplikators durchgeführt.

Gleichgültig welche Methode letztlich angewandt wird, ein wirklich „fairer Wert" ist objektiv wohl kaum zu ermitteln. Dieser basiert letztlich auf Prognosen sowie den aktuellen Marktverhältnissen.

14.3.2.1 Discounted Free Cash Flow – Bewertung (Entity-Verfahren)

Dieses Bewertungsmodell ermittelt den Wert des gesamten Unternehmens aus Sicht der Kapitalgeber. Die den Kapitalgebern in Zukunft zur Verfügung stehenden Zahlungsströme (Cashflows) werden mittels der unternehmensspezifischen Kapitalkosten auf den Bewertungsstichtag diskontiert.

Die DCF-Modelle werden in der Regel über zehn Jahre aufgebaut, wobei das nicht operative Vermögen separat bewertet wird. Unter nicht operative Vermögen fallen insbesondere die nicht betriebsnotwendige Liquidität und die Beteiligungen. Nach dem zehnten Jahr wird ein Restwert (so genannter Terminal Value) auf Basis des letzten explizit geschätzten Cashflows und einer nominal langfristigen Wachstumsrate errechnet.

Bei den unternehmensspezifischen Kapitalkosten wird zwischen den Eigenkapitalkosten und den Fremdkapitalkosten unterschieden.

Basis für die Berechnung der Eigenkapitalkosten sind der risikolose Zinssatz (in der Regel das zehnjährige Staatspapier) und die Risikoprämie des relevanten Marktes für das zu bewertende Unternehmen sowie das unternehmensspezifische Beta.

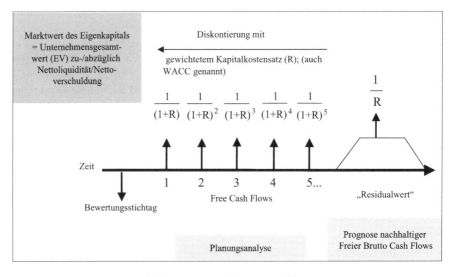

Abbildung 14-12: Diskontierungsverfahren

Eigenkapitalkosten (CAPM) = Risikofreier Zinssatz + (Marktrisikoprämie × Beta)

Die Risikoprämie des Marktes wird nach Marktsegmenten differenziert. Dabei werden höhere Prämien für Venture Capital und kleine Unternehmen berücksichtigt als für die großen börsennotierten Unternehmen, die so genannten „Big Caps".

Das Beta misst die Volatilität eines Wertes im Vergleich zu dem relevanten Aktien-Index. Bei einem Beta von 1,2 würde sich der Wert des Unternehmens um 20% erhöhen, sofern der Index um 10% steigt. Je höher das Beta ist, desto höher ist die Volatilität bzw. das Investment-Risiko für einen Investor. Das Beta wird nach einem Kriterienkatalog fundamental abgeleitet.

Die Fremdkapitalkosten berücksichtigen auch den risikofreien Zinssatz des relevanten Marktes sowie eine Risikoprämie. Die Risikoprämie des Fremdkapitals (Credit Spread) entspricht der Differenz zwischen dem Zinssatz, zu dem das Unternehmen Fremdkapital aufnehmen kann, und dem risikolosen Zinssatz.

Fremdkapitalkosten (CAPM) = (Risikofreier Zinssatz + Credit Spread) × (1 − Steuerquote)

Der gewichtete Kapitalkostensatz (WACC) dient als Abzinsungsfaktor für das Unternehmen und stellt eine Mindestrendite auf das investierte Kapital dar.

> WACC = (Eigenkapital/Gesamtkapital × Eigenkapitalkosten) +
> (Fremdkapital/Gesamtkapital × Fremdkapitalkosten)

Bei den Telekommunikationsdienstanbietern werden trotz der geringen Zyklik und der vergleichsweise hohen Prognosesicherheit Betas zwischen 1 und 1,2 verwendet. Grund hierfür ist ihr relativ hoher Verschuldungsgrade. Der wichtigste Faktor für die Beta-Ermittlung ist die Verschuldung, die mit 35% in den Gesamtwert mit einfließt. Hieraus ergeben sich im Wesentlichen auch die Unterschiede in den Betas der einzelnen Unternehmen.

Unternehmen	Beta	Langfrist-Wachstum
British Group	1,07	0,0 %
Deutsche Telekom	1,10	0,5 %
France Telecom	1,11	0,5 %
Telefonica	1,10	0,5 %
Vodafone	0,99	1,5 %
* Zum 1.10.2005		

Quelle: Oppenheim Research

Abbildung 14-13: Annahmen zur DCF Bewertung von Telekommunikationsdienstanbietern

Darüber hinaus werden bei der Ermittlung des Residualwerts (Terminal Value) gewisse Unterschiede zwischen den Telekommunikationsdienstanbietern bei den nominalen langfristigen Wachstumsraten unterstellt. Bei *British Group*, als reinem Festnetzanbieter, ist diese mit nominal 0% am niedrigsten. Bei Mischkonzernen wie *France Telecom, Deutsche Telekom* oder *Telecom Italia* wird eine Wachstumsrate von 0,5% unterstellt. Bei *Vodafone*, als reinem Mobilfunkanbieter ist die Wachstumsrate mit 1,5% am höchsten. Diese Raten spiegeln die unterschiedlich hohen Wachstumsaussichten jedes Telekommunikationsunternehmen wider.

Der Hauptnachteil einer DCF-Bewertung ist, dass der Residualwert einen sehr großen Einfluss auf dem Gesamtwert hat. In der unten dargestellten Bewertung von *Telecom Italia* macht der Restwert 86% des gesamten Unternehmenswert aus (siehe Abbildung 14-14, Seite 370).

14.3.2.2 Sum-of-the-Parts-Bewertung

Die Sum-of-the-Parts-Bewertung beruht auf ähnlichen Grundsätzen wie die DCF-Bewertung. Im Rahmen einer Sum-of-the-Parts-Bewertung werden für die Kerngeschäfte Bewertungsmaßstäbe angewendet, die sich aus der erwarteten realökonomischen Entwicklung ableiten, wie beispielsweise DCF-Modelle für Teilkonzerne.

Die Finanzbeteiligungen und Randgeschäfte werden, soweit möglich, mit ihrem aktuellen Börsenwert angesetzt. Durch die Addition der einzelnen Geschäftswerte erhält man den Wert des Gesamtunternehmens.

TELECOM ITALIA – DCF Werttreiber		31.12.2005	31.12.2006	31.12.2007	30.12.2008	31.12.2009	31.12.2010	31.12.2011	30.12.2012	31.12.2013	31.12.2014
Umsatzwachstum		7,1%	2,3%	2,2%	2,0%	1,7%	1,5%	1,3%	1,1%	0,9%	0,7%
EBITDA-Marge		44,3%	44,7%	45,3%	44,7%	44,0%	43,3%	42,7%	42,0%	41,3%	40,7%
EBIT-Marge		27,2%	30,3%	31,1%	30,2%	29,3%	28,4%	27,5%	26,7%	25,8%	24,9%
Cash-Steuerquote		25,0%	28,0%	30,0%	30,1%	30,2%	30,4%	30,5%	30,6%	30,7%	30,9%
Abschreibungsquote		17,1%	14,4%	14,2%	14,5%	14,7%	14,9%	15,1%	15,3%	15,6%	15,8%
Anteil sonstiger Non Cash Items		0,0%	0,0%	0,0%	0,0%	0,0%	0,0%	0,0%	0,0%	0,0%	0,0%
Sachinvestitionsquote		17,4%	17,2%	14,1%	14,2%	14,3%	14,4%	14,6%	14,7%	14,8%	14,9%
Anteil Net Working Capital		-1,4%	-1,8%	-2,2%	-2,0%	-1,7%	-1,4%	-1,1%	-0,8%	-0,6%	-0,3%
Mio. EUR	**Bewertung**	**31.12.2005**	**31.12.2006**	**31.12.2007**	**30.12.2008**	**31.12.2009**	**31.12.2010**	**31.12.2011**	**30.12.2012**	**31.12.2013**	**31.12.2014**
Umsatz		30.589	31.307	31.982	32.606	33.174	33.684	34.132	34.515	34.830	35.077
Kosten		-17.033	-17.313	-17.489	-18.047	-18.582	-19.091	-19.572	-20.020	-20.435	-20.813
EBITDA		13.557	13.994	14.493	14.559	14.592	14.593	14.560	14.494	14.396	14.264
Abschreibungen		5.241	4.514	4.556	4.716	4.871	5.020	5.161	5.295	5.420	5.535
EBIT		8.316	9.480	9.937	9.843	9.721	9.573	9.399	9.199	8.976	8.729
Operative Steuern		-2.079	-2.654	-2.981	-2.965	-2.941	-2.908	-2.867	-2.817	-2.760	-2.695
NOPLAT		6.237	6.825	6.956	6.878	6.781	6.665	6.532	6.382	6.216	6.034
Abschreibungen		5.241	4.514	4.556	4.716	4.871	5.020	5.161	5.295	5.420	5.535
Sonst. Non Cash Items		0	0	0	0	0	0	0	0	0	0
Operativer Cash Flow		11.478	11.340	11.512	11.594	11.652	11.685	11.694	11.677	11.636	11.569
Sachinvestitionen		-5.335	-5.376	-4.512	-4.636	-4.754	-4.864	-4.967	-5.062	-5.147	-5.222
Veränd. Working Capital		-820	140	140	-77	-81	-85	-89	-92	-94	-96
Nettoinvestitionen		-6.155	-5.236	-4.372	-4.713	-4.835	-4.950	-5.056	-5.153	-5.241	-5.319
Free Cash Flow		5.323	6.104	7.140	6.881	6.817	6.735	6.637	6.524	6.394	6.250
Kapitalkosten		5,5%	5,6%	5,8%	6,1%	6,3%	6,3%	6,6%	6,8%	6,9%	6,9%
Faktor kurze Periode		0,97	0,97	0,97	0,96	0,96	0,96	0,96	0,96	0,96	0,96
Faktor Jahr		1,00	0,95	0,90	0,85	0,80	0,75	0,71	0,66	0,62	0,58
Diskontierungsfaktor		0,97	0,92	0,87	0,82	0,77	0,72	0,68	0,64	0,60	0,56
Barwert operative Cash Flows	98.825	5.148	5.592	6.187	5.627	5.250	4.879	4.515	4.159	3.816	3.489
Nicht operative Vermögensgegenstände	0										
Unternehmenswert	98.825										
Fremdkapital	-38.902										
Pensionsrückstellungen	-1.200										
Sonderheitenanteile	-547										
Wert Optionsrechte	0										
Equity Value	**58.177**										
Anzahl Aktien	19.496										
Wert je Aktie	**2,98**										

Risikoprofil			Prämissen für den Endwert	
Zyklik			Langfr. Wachstumsrate	15%
Prognoserisiko			Risikoloser Zins	30%
Größe/Liquidität			Risikoprämie	10%
Finanzstruktur			Anteil EK	35%
Sonstige			Kreditrisiko	10%
Fundamentales Beta			Share of Debt	**1,16**

Quelle: Eigene Schätzungen – Oppenheim Research

Abbildung 14-14: DCF-Modell von Telecom Italia

Bei der Sum-of-the-Parts-Bewertung von *Telecom Italia* wurden die zwei Kernbereiche Festnetz und Mobilfunk nach der DCF-Methode bewertet, der Wert der Randbereiche orientiert sich jedoch am Börsenkurs vergleichbarer Unternehmen. Im Rahmen einer Peergroup werden diese anhand eines EV/EBITDA-Multiplikators und somit nach der aktuellen Marktkapitalisierung bewertet (siehe Abbildung 14-15).

14.3.2.3 Relative Bewertung mittels der Multiplikatoren

Das Grundprinzip des Multiplikator-Verfahrens ist es, zunächst die Bewertung vergleichbarer Unternehmen, die so genannte Peergroup, in Relation zu aussagekräftigen Kennzahlen zu setzen. Gleiche Relationen sind danach auch für das zu bewertende Unternehmen anzusetzen. Gegebenenfalls werden aufgrund der Marktposition, der Managementqualität, den Wachstumsperspektiven und der Profitabilität Zu- oder Abschläge vorgenommen, um das Unternehmen innerhalb seiner Branche entsprechend einordnen zu können.

Bei den Telekommunikationsdienstanbietern werden am häufigsten die Kennzahlen Kurs/Free Cashflow und EV/EBITDA angewandt.

Bewertungsmatrix	(in Mrd. €)			Bewertungs-maßstab	Wert in bn	Minderheiten
Domestic Wireline						
DCF valuation	WACC	7,3 %		DCF	53,15	
Umsatz 2006	18,26			EV. × Umsatz		
EBITDA 2006	8,36		5,5	EV. × EBITDA		
EBITDA-Marge	46 %					
TIM						
DCF valuation	WACC	7,3 %		DCF	46,39	
Umsatz 2006	13,78			EV. × Umsatz		
EBITDA 2006	6,22		6,5	EV. × EBITDA		
EBITDA-Marge	45 %					
International Operations						
Umsatz 2006	0,19			EV. × Umsatz		
EBITDA 2006	0,07		5,5	EV. × EBITDA	0,15	0,22
EBITDA-Marge	36 %					
Internet und Media (TI Media)						
Market Value	Preis der Aktie	3,70			0,49	0,32
Olivetti						
Umsatz 2006	0,45			EV. × Umsatz		
EBITDA 2006	0,02		6,00	EV. × EBITDA	0,12	
EBITDA-Marge						
Sonstige P&L Aufwendungen (Corporate Costs)	-0,60		12,00	KGV auf Nopat	-5,18	
Sonstiges Capex	WACC	7,3 %			-2,11	
					93,01	0,55
				Netto Finanzposition	-39,88	
				Pensionsrückstellungen	-1,23	
				Tax assets from write-downs	0,00	
	Sum-of-the-Parts-Wert			Mrd. €	51,91	
	Wert je Aktie				3,22	
Aktuelle Marktkapitalisierung Aktienanzahl (tSt.)	16.097,85	Kurs (EUR)		Mrd. €	51,91	

Quelle: eigene Schätzungen – Oppenheim Research

Abbildung 14-15: Sum-of-the-Parts-Bewertung von Telecom Italia

BT Group (in GBP)	2003	2004
– Working Capital	–1.999	–2.470
– Umsatz	18.519	18.623
– WC/Umsatz	–10,8 %	–13,3 %
Deutsche Telekom		
– Working Capital	–3.701	–3.210
– Umsatz	55.837	57.880
– WC/Umsatz	–6,6 %	–5,5 %
France Telecom		
– Working Capital	–3.494	–2.199
– Umsatz	46.121	46.158
– WC/Umsatz	–7,6 %	–4,8 %
Telecom Italia		
– Working Capital	–7.340	–3.453
– Umsatz	29.898	28.573
– WC/Umsatz	–24,6 %	–12,1 %
Telefonica		
– Working Capital	–1.468	–2.169
– Umsatz	28.400	30.322
– WC/Umsatz	–5,2 %	–7,2 %

* in Mrd. GBP

Abbildung 14-16: Working Capital in der Telekommunikationsdienstbranche (in Mrd. €)

Dem Verhältnis Kurs/Free Cashflow pro Aktie oder Free Cashflow-Rendite wird bei Telekommunikationswerten der Vorzug vor dem üblichen Verhältnis Kurs/Gewinn pro Aktie (KGV) gegeben. Das Free Cashflow berücksichtigt zusätzlich zum Netto-Gewinn auch Werte wie das Working Capital und die Investitionen. Unter dem Begriff Working Capital werden die Forderungen gegen Kunden, die Lieferantenverbindlichkeiten und das Vorratsvermögen erfasst.

Bei Telekommunikationsunternehmen ist das Working Capital in der Regel negativ und hat ein untergeordnetes Gewicht bei strategischen Entscheidungen. Telekommunikationsunternehmen haben im Vergleich zu anderen Industrien deshalb erst spät angefangen, Working Capital zu optimieren. Hingegen haben Investitionen in der sehr kapitalintensiven Telekommunikationsbranche eine große Bedeutung. Die Investitionsquote liegt im Durchschnitt bei über 10% des Umsatzes.

Relative Bewertung auf Basis des EV/EBITDA-Multiplikatoren

Zur relativen Bewertung der Telekommunikationswerte ist die EBITDA-Größe (Earnings before Interest, taxes, depreciation and amortisation) aussagekräftiger als die Netto-Gewinn-Größe, da sie einen realistischeren Überblick über die operative Profitabilität des Unternehmens wiedergibt. Aufgrund des hohen Anlagenbestandes und des weiterhin hohen Investitionsniveaus weisen Telekommunikationswerte hohe Abschreibungen aus. Der Netto-Gewinn wird daher durch einen rein buchhalterischen Schritt belastet im Gegen-

BT Group (in GBP)	2003	2004
– Investitionen	2.684	3.056
– Umsatz	18.519	18.623
– Investitionen/Umsatz	14,5 %	16,4 %
Deutsche Telekom		
– Investitionen	6.031	6.127
– Umsatz	55.837	57.880
– Investitionen/Umsatz	10,8 %	10,6 %
France Telecom		
– Investitionen	5.102	5.215
– Umsatz	46.121	46.158
– Investitionen/Umsatz	11,1 %	11,3 %
Telecom Italia		
– Investitionen	4.951	5.335
– Umsatz	29.898	28.573
– Investitionen/Umsatz	16,6 %	18,7 %
Telefonica		
– Investitionen	3.727	3.458
– Umsatz	28.400	30.322
– Investitionen/Umsatz	13,1 %	11,4 %

Abbildung 14-17: Investitionen in der Telekommunikationsdienstbranche (in Mrd. €)

EV/EBITDA Valuation

Unternehmen	Kurs	EV/EBITDA 2005e	EV/EBITDA 2006e	EV/EBITDA 2007e	CAGR EBITDA 04-07e
British Telecom*	2,19	5,0	4,9	5,0	1,0%
Deutsche Telekom	16,00	5,7	5,1	4,9	6,5%
France Telecom	25,27	5,6	5,7	5,6	5,2%
KPN	7,44	5,4	5,2	5,1	-2,8%
Telecom Italia	2,65	6,9	6,6	6,5	3,4%
Telefonica	13,80	7,4	6,4	6,2	7,6%
Vodafone*	1,51	7,8	7,0	6,7	5,8%
07 Oktober 2005 *in GBP					5,8%
Median		5,7	5,7	5,6	5,2%

Quelle: Oppenheim Research, IBES, Unternehmensangaben

Abbildung 14-18: Überblick über die Bewertung der Telekommunikationsdienstunternehmen in Europa

Free cash flow per share / Free cash flow multiples							
		FCF per share			Price Free Cash Flow Ratio		
Company	Kurs	2005e	2006e	2007e	2005e	2006e	2007e
British Telecom*	2,19	0,27	0,23	0,22	8,0	9,6	9,9
Deutsche Telekom	16,00	1,21	2,16	2,46	13,3	7,4	6,5
France Telecom	25,27	3,0	2,4	2,8	8,4	10,5	9,0
KPN	7,44	1,07	0,94	0,92	7,0	8,0	8,1
Telecom Italia	2,65	0,09	0,18	0,21	31,0	15,0	12,8
Telefonica	13,80	1,53	1,81	1,85	9,0	7,6	7,4
Vodafone*	1,51	0,103	0,111	0,119	14,7	13,5	12,7
07 Oktober 2005 * in GBP							

Quelle: Oppenheim Research, IBES, Unternehmensangaben

Abbildung 14-19: Überblick über die Bewertung der Telekommunikationsdienstunternehmen in Europa

satz zum EBITDA. Aufgrund den hohen Abschreibungen kann der Netto-Gewinn in der Telekommunikationsbranche bis zu 40% unter dem Cashflow per share liegen. Ein Nachteil dieser Kennzahl im Vergleich zum Kurs/Free Cashflow ist, dass die Investitionsbedürfnisse nicht berücksichtigt werden.

Die Stärke einer relativen Bewertung liegt in ihrer Aktualität. Damit ist gesichert, dass sich sämtliche am Markt verfügbaren Informationen in der Bewertung widerspiegeln. Versteht man den Marktpreis als Gleichgewichtspreis, der sich aufgrund der Einschätzungen aller am Markt agierenden, rational und wirtschaftlich sachverständigen Individuen bildet, gleicht die Multiplikatorbewertung dem Konsens von Expertenmeinungen.

Nachteilig ist vor allem, dass die Beteiligungen und Anteile von Minderheitsaktionären unberücksichtigt bleiben. Außerdem wird das zukünftige Wachstum vernachlässigt.

15 Bewertung von Biotechnologie-Unternehmen

von *Kerstin M. Bode-Greuel* und *Joachim M. Greuel**

15.1 Einleitung 375
15.2 Evaluation von früheren F&E-Projekten: Erfassung von Riskien
und Wert von Flexibilität 377
   15.2.1 Projekt-Zielprofile 377
   15.2.2 Der Net Present Value (NPV)-Algorithmus als Instrument
zur Evaluation von Investitionen: Theoretischer Hintergrund 378
   15.2.3 Anwendung eines erweiterten NPV-Konzepts, das die Risiken
und Entscheidungsoptionen pharmazeutischer F&E-Aktivitäten
reflektiert 380
   15.2.4 Erarbeitung verlässlicher Annahmen 384
      15.2.4.1 Umsatzprognosen 385
      15.2.4.2 Wahrscheinlichkeitsverteilungen 386
      15.2.4.3 Kostenschätzungen 386
   15.2.5 Erweiterter NPV: Interpretation der Ergebnisse 387
15.3 Bewertung von Technologieplattformen 389
15.4 Evaluation von Lizenzverträgen 390
15.5 Optionspreismodelle 391
15.6 Schlussfolgerungen und Aussichten 392
15.7 Literatur 393

Zusammenfassung: Im vorliegenden Artikel wird ein umfassender, systematischer Ansatz zur Bewertung von Projekten und Technologieplattformen in der Arzneimittelentwicklung unter Verwendung eines erweiterten Net Present Value (NPV)-Konzeptes (erweiterte Kapitalwertmethode) vorgestellt. Zudem werden die Vorteile von Finanzmodellen für ein wertorientiertes Projekt- und Portfoliomanagement sowie für Lizenzverhandlungen und Investorentscheidungen beschrieben.

15.1 Einleitung

Der Wert von Biotechnologieunternehmen ist von den antizipierten zukünftigen Produktentwicklungen und Umsatzerlösen sowie von den erwarteten Cashflows einer Technologieplattform abhängig. Des Weiteren tragen IP-Rechte, gut ausgebildete Wissen-

---

* Dr. Kerstin M. Bode-Greuel und Dr. Joachim M. Greuel, beide BioScience Valuation BSV GmbH, Grainau.

schaftler und umfassende Erfahrungen des Managementteams zum Wert eines Unternehmens bei, da diese die F&E- und Marktrisiken reduzieren. Der vorliegende Artikel beschäftigt sich mit der quantitativen finanziellen Evaluation von Technologien und Produktentwicklungskandidaten – den entscheidenden Determinanten des Unternehmenswerts.

Die quantitative finanzielle Evaluation von Investitionen im Biotechnologiesektor ist keine leichte Aufgabe. Biotechnologieunternehmen beschäftigen sich typischerweise mit innovativen Technologien und Entwicklungskandidaten, die durch besondere Unsicherheitsfaktoren gekennzeichnet sind. Die Anwendungen und Auswirkungen einer Technologie sind häufig noch nicht definiert und die Wirkungsmechanismen neuer Arzneistoffe nicht validiert. Eine finanzielle Bewertung und Risikoanalyse ist jedoch aus den folgenden Gründen wichtig:

- Investoren benötigen Wertschöpfungskennzahlen zur Unterstützung ihrer Finanzierungsentscheidungen.
- Unternehmensleitungen von Biotechnologieunternehmen möchten die Risiken sowie die zu erwartenden finanziellen Auswirkungen ihrer Projekte verstehen, um eine Priorisierung von Projekten durchführen zu können.
- Bei der Verhandlung von Technologiepartnerschaften und Lizenzverträgen müssen die beteiligten Parteien den finanziellen Wert einer derartigen Transaktion nachvollziehen sowie marktkonforme und angemessene Vertragsbedingungen vereinbaren können.

Zu den ausschlaggebenden Faktoren für den Wert eines Biotechnologie-Unternehmens zählen die erwarteten Barmittelzuflüsse aus Arzneimitteln, Risiken bezüglich der F&E-Resultate sowie der Marktentwicklung, Kosten und Geschwindigkeit der Entwicklung sowie strategische Optionen, die sich aus den Technologien und Projekten ergeben. Der Umsatz von Biotechnologieunternehmen ergibt sich normalerweise nicht durch verkaufte Arzneimittel, da die für die komplette Entwicklung und Markteinführung erforderliche Finanzkraft fehlt. Stattdessen werden Entwicklungskandidaten häufig auslizenziert oder gemeinsam mit einem Partner entwickelt, was zu verschiedenen Modellen der Kosten- bzw. Umsatzaufteilung führt. An solchen Modellen sind manchmal auch mehr als zwei Partner beteiligt. Nur eine quantitative Finanzanalyse, die die Risiken und Chancen der Projekte umfassend untersucht, kann offen legen, in welchem Maße die beteiligten Parteien vom Gesamtprojektwert profitieren.

Der vorliegende Artikel beschreibt ein weithin anerkanntes Finanzmodell, eine erweiterte Version des Net Present Value (NPV)-Algorithmus, der an die Bedürfnisse von F&E-orientierten Branchen angepasst wurde.[1] Dieses Konzept wird auch als „risikoadjustierter NPV" oder „erwarteter NPV" bezeichnet. Wir bevorzugen den Begriff des erweiterten NPV, weil wir in den NPV-Modellen nicht nur F&E und geschäftliche Risiken berücksichtigen, sondern solche Modelle auch zur Untersuchung der Auswirkungen operativer Optionen und alternativer Entwicklungsstrategien auf den Wert von F&E-Projekten nutzen.[2] Wir glauben, dass der Begriff des erweiterten NPV den Nutzen des Modells besser beschreibt. Der erweiterte NPV liefert – sofern er sich auf solide Annahmen stützt – not-

---

[1] Nichols (1994); Matheson, D./Menke, M.M. (1995); Bode-Greuel, K.M. (1997); Sharpe, P./Keelin, T. (1998); Stewart, J.J./Allison, P.N./Johnson, R.S. (2001); Greuel, J.M. (2002, 2004).

[2] Bode-Greuel, K.M. (2000); Loch, C.H./Bode-Greuel, K.M. (2001).

wendige Informationen, die Manager von Biotechnologieunternehmen, Investoren und alle Parteien, die an Lizenzvergaben und Technologiepartnerschaften beteiligt sind, für wertorientierte Entscheidungen benötigen.

15.2 Evaluation von frühen F&E-Projekten: Erfassung von Risiken und Wert von Flexibilität

Vor der Erstellung von Finanzmodellen ist eine Strukturierung des F&E-Projektportfolios sinnvoll. So können beispielsweise zur Unterstützung der Entwicklung eines neuen Produktes mehrere Projekte (z.b. basierend auf verschiedenen Forschungsansätzen) parallel durchgeführt werden, um die Erfolgswahrscheinlichkeit zu erhöhen. In einem solchen Strukturierungsprozess würden dann Entscheidungspunkte definiert, an denen die Forschungsergebnisse mit dem Ziel ausgewertet werden, die Aktivitäten auf die vielversprechendsten Projekte zu konzentrieren. Projekte mit geringer Priorität können auslizenziert oder beendet werden. Dies führt im ersten Fall zu Lizenzeinnahmen und im zweiten Fall zur Abschreibung der erfolgten Investitionen. Umgekehrt kann ein einziges Arzneimittelentwicklungsprojekt (z.B. auf einem innovativen Forschungsansatz basierend) im Laufe der Entwicklung zu mehreren Entwicklungskandidaten für eine Vielzahl therapeutischer Indikationen führen. Auch in diesem Fall würden die Unternehmen einige therapeutische Indikationen für die betriebsinterne Weiterentwicklung auswählen, während Substanzen für andere Indikationen auslizenziert werden können. Zusammenfassend kann gesagt werden, dass am Ende des Strukturierungsprozesses ein transparentes Projektportfolio mit verschiedenen Vermarktungsstrategien und Wertschöpfungsoptionen zur Darstellung kommt. Finanzmodelle können in einem re-iterativen Prozess eine Projektpriorisierung unterstützen.

15.2.1 Projekt-Zielprofile

Nachdem attraktive therapeutische Indikationen identifiziert werden, sollten Projekt-Zielprofile (Project Target Profiles – PTPs) festgelegt werden, um die notwendigen Ergebnisse der präklinischen und klinischen Entwicklung zu definieren. PTPs sollten Produkte repräsentieren, die sowohl aufgrund ihrer Zulassungsfähigkeit als auch ihrer Wettbewerbsfähigkeit in der Lage sind, ausreichende Umsatzerlöse zu generieren. Die Festlegung solcher PTPs ist nicht nur für klinische, sondern auch für präklinische Projekte sinnvoll – selbst dann, wenn Entwicklungskandidaten auslizenziert werden müssen – weil die Screening-Strategie im Hinblick auf die erforderlichen Merkmale für ein in Zukunft wettbewerbsfähiges Produkt optimiert werden kann.

PTPs bilden einerseits die Grundlage für den Produktentwicklungsplan und andererseits die Basis für die Umsatzprognose. Das PTP unterstützt die Definition von Patientengruppen, die sich für eine Behandlung eignen, und bestimmt die Messvariablen und Endpunkte der klinischen Studien. Zudem können mit Hilfe von PTPs selbst in der präklinischen Entwicklung relevante Wettbewerber identifiziert, Marktrisiken bewertet und sinnvolle Umsatzprognosen erstellt werden.

15.2.2 Der Net Present Value (NPV)-Algorithmus als Instrument zur Evaluation von Investitionen: Theoretischer Hintergrund

Der NPV repräsentiert den durch eine Investition erzeugten Wert. Der NPV ist eine zukunftsorientierte Finanzkennzahl, mit deren Hilfe die Ressourcenverteilung gesteuert werden kann, wenn der Wert des Unternehmens maximiert werden soll.[3] In den NPV-Algorithmus fließen Annahmen über sich verändernde Barmittelzuflüsse (z.B. Umsatzerlöse, Lizenzgebühren) und Barmittelabflüsse (z.B. F&E- und Vertriebskosten, Herstellungskosten) ein. In der Vergangenheit erzeugte Cashflows werden nicht berücksichtigt, da der Wert eines Projekts nur von zukünftigen Cashflows abhängt. Wir empfehlen bei der Evaluation von Biotechnologie-Projekten die Cashflows mindestens bis zum Ablauf des Patentschutzes zu berücksichtigen. Über den Ablauf des Patentschutzes hinaus anfallende Cashflows können unter der Annahme, dass auch nach Patentablauf ein fortgesetzter Umsatzstrom zu erwarten ist (normalerweise auf reduziertem Niveau) als Terminalwert repräsentiert werden.

Die erwarteten Netto-Cashflows werden üblicherweise in Jahresintervallen dargestellt und mit einem Diskontierungssatz r abgezinst. Cashflows nach Ablauf des Patentschutzes werden durch einen Terminal-Wert wiedergegeben, der auch den Einfluss von Generika berücksichtigen kann.

$$NPV = C_0 + \frac{C_1}{1+r} + \frac{C_2}{(1+r)^2} + \ldots\ldots + \frac{C_t}{(1+r)^t} + \frac{C_{TV}}{r(1+r)^t}$$

C = Netto-Cashflow
r = Diskontierungssatz
$\frac{C_{TV}}{r(1+r)^t}$ = Terminalwert

Abbildung 15-1: Net Present Value (NPV)

Abbildung 15-1 zeigt die NPV-Gleichung. Die erwarteten zukünftigen Netto-Cashflows werden normalerweise für Jahresintervalle ermittelt. Der Net Present Value wird durch Diskontierung der Cashflows mithilfe eines Diskontierungssatzes r ermittelt. Die Summe der diskontierten Cashflows repräsentiert den Wert des Projekts: Ein positiver Wert zeigt an, dass das Projekt wahrscheinlich Wert erzeugen wird und somit finanzierungswürdig ist (wobei Projekte mit höherem NPV priorisiert werden sollten). Bei Projekten mit einem negativen NPV ist eine Werterzeugung unwahrscheinlich. Hier sollten Möglichkeiten eruiert werden, den Wert zu steigern. Ist dies nicht möglich, so sollten die Projekte eingestellt werden.

Der Diskontierungsatz r reflektiert die Opportunitätskosten des Kapitals, oder, mit anderen Worten, die Rendite, die ein Anleger für eine alternative Investition mit vergleichbarem Risiko erwarten würde.[4] In diesem Zusammenhang bezieht sich der Risikobegriff auf das Kapitalmarktrisiko (nicht auf das Entwicklungs- oder Vermarktungsrisiko). Investoren

---

[3] Brealey, R.A./Myers, S.C. (2003).
[4] Brealey, R.A./Myers, S.C. (2003).

erwarten dieselbe Rendite wie bei einer Investition mit einem vergleichbaren „systematischen" Risiko.

Das Capital Asset Pricing Model erlaubt den erwarteten Zinssatz für das Eigenkapital zu bestimmen. Danach entspricht die erwartete Verzinsung der Summe aus dem Zinssatz für risikolose Anlagen plus einer Risikoprämie, welche mit einem Beta-Faktor gewichtet wird. Der Beta-Wert lässt sich aus der Volatilität der Aktie relativ zum Markt herleiten.

$$r_e = r_F + \beta \times (r_M - r_F)$$

r_e	r_F	β	$(r_M - r_F)$
Erwartete Eigenkapitalrendite	Rendite risikoloser Anlagen	Beta-Wert	Risikoprämie (Differenz zwischen erwarteter Rendite eines Marktportfolios und der Rendite risikofreier Anlagen

Abbildung 15-2: Capital Asset Pricing Model (CAPM)

Aus der Sicht eines Unternehmens besteht der Diskontierungssatz aus den Kapitalkosten, mit dem der Betrieb finanziert wird. Meistens wird das Capital Asset Pricing Model (CAPM) verwendet, um eine angemessene Eigenkapitalrendite abzuleiten (*siehe Abbildung 15-2*), obwohl dieses Modell das Anlegerverhalten nicht völlig korrekt abbildet. Das CAPM geht davon aus, dass die Investoren einen Risikoaufschlag (definiert als Differenz zwischen durchschnittlicher Kapitalmarktrendite und risikofreiem Zinssatz) für die Übernahme des Risikos verlangen, das durch eine Investition in Vermögenswerte mit einem äußerst volatilen Wert entsteht. Der Risikoaufschlag erhält über einen „Beta-Faktor" eine angemessene Gewichtung. Der Beta-Faktor ist ein unternehmensspezifischer Wert, der die Kovarianz des Eigenkapitalwerts eines Unternehmens mit dem Markt beschreibt. Ist der Beta-Faktor eines Unternehmens beispielsweise größer als 1, ist die Volatilität seines Eigenkapitals größer als die des Marktes. In einem solchen Fall würde das CAPM in einem höheren Diskontierungssatz resultieren, weil der Risikoaufschlag eine höhere Gewichtung erhält.

Wenn ein Unternehmen neben Eigenkapital auch Anleihekapital platziert hat, wird das CAPM erweitert und die normalerweise geringere Mindestrentabilität für Anleihekapital in Form des Weighted Average Cost of Capital (WACC, *siehe Abbildung 15-3*) berücksichtigt. Der WACC – der durchschnittliche Kapitalkostensatz – trägt zudem der steuermindernden Wirkung der Fremdkapitalzinsen Rechnung (Tax Shield-Effekt).

Die erwartete Rendite ergibt sich als gewichtetes Mittel von Eigen- und Fremdkapitalrendite.

$$r_{WACC} = \frac{E}{E + D} r_e + \frac{D}{E + D} r_d (1 - T_C)$$

E	= Eigenkapital
D	= Fremdkapital
r_e	= erwartete Eigenkapitalrendite
$r_d (1 - T_C)$	= Fremdkapitalrendite unter Einbeziehung steuermindernder Effekte

Abbildung 15-3: Durchschnittlicher gewichteter Kapitalkostensatz (WACC: weighted average cost of capital)

Wie sähe ein typischer Diskontierungssatz für ein Biotechnologieunternehmen heute aus? Üblicherweise liegen Diskontierungssätze in einer Größenordnung von 10% für große Pharmazieunternehmen, von rund 20% für börsennotierte Biotech-Unternehmen und von 30% für private Biotechnologieunternehmen (wagniskapitalfinanziert). Analysen der European Venture Capital Association (EVCA) ist jedoch zu entnehmen, dass die auf das Jahr umgerechneten Nettorenditen für Private Equity-Investments im Zeitraum zwischen 1980 und 2003 nur bei rund 10% lagen[5] – ein Hinweis darauf, dass die Renditeerwartungen nicht immer erfüllt werden.

Die Unterschiede zwischen den Diskontierungssätzen großer Pharmazieunternehmen und mittelgroßer oder Biotechnologieunternehmen müssten nach der Logik von CAPM durch Unterschiede im Beta-Faktor verursacht sein. Wir haben die Beta-Werte börsennotierter Pharmazieunternehmen unterschiedlicher Kategorien (Drug-Discovery, Early Stage-Entwicklung, mittelgroße und integrierte Pharmaunternehmen/FIPCOS) in den Jahren 1997 bis 2002 untersucht. Unsere Analysen ergaben eine starke Korrelation des Beta-Faktors mit dem durchschnittlichen Risiko der jeweiligen F&E-/Marketingaktivitäten (Korrelationskoeffizient: 0,98).[6] Die durchschnittlichen Beta-Werte je Kategorie lagen zwischen 1,70 (Schwerpunkt auf Drug-Discovery) und 0,39 (große, internationale Pharmafirmen) und unterstützen somit die erheblichen Unterschiede zwischen den angewandten Diskontierungssätzen. Analoge Schlussfolgerungen hat auch Myers 1996 gezogen.

15.2.3 Anwendung eines erweiterten NPV-Konzepts, das die Risiken und Entscheidungsoptionen pharmazeutischer F&E-Aktivitäten reflektiert

Ursprünglich ist der NPV-Algorithmus für „statische" Investitionen entwickelt worden, bei denen unternehmerische Maßnahmen praktisch keinen Einfluss auf den Wert haben. Bei der Entwicklung neuer Arzneimittel ist die Situation jedoch anders. Bei Forschungs- und Entwicklungsprojekten ist das Risiko von Entwicklungsproblemen, insbesondere im Hinblick auf die in erheblichem Umfang zu tätigenden Investitionen, von entscheidendem Belang. Die Ungewissheit der Ergebnisse präklinischer und klinischer Studien und die sich daraus ergebenden unternehmerischen Entscheidungsoptionen sollten deshalb in den Finanzmodellen, die zur Evaluation von F&E-Projekten eingesetzt werden, unbedingt berücksichtigt werden. Wenn Risiken bestehen, stellen unternehmerische Handlungsoptionen einen Wert dar, da sie die Auswirkungen negativer Ereignisse minimieren können.

Entscheidungsbäume sind ein sinnvolles Instrument zur Darstellung von Entwicklungsrisiken und Entscheidungsoptionen (*siehe Abbildung 15-4*). Sie bilden die stufenweisen Investitionen in F&E-Projekte ab. An jedem Meilenstein kann entschieden werden, ob eine weitere Investition erfolgen soll oder nicht. Entscheidungsbäume sollten sich auf die Aktivitäten konzentrieren, die für den Abschluss der Entwicklung und für das Erreichen eines wettbewerbsfähigen Produktprofils ausschlaggebend sind. Sie illustrieren Entscheidungspunkte, d.h. Zeitpunkte, zu denen neue Ergebnisse erwartet werden. Typischerweise

---

[5] European Private Equity & Venture Capital Association (2004).
[6] Meergans, M. (2003).

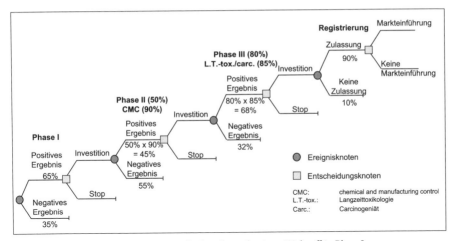

Abbildung 15-4: Entscheidungsbaum für einen Wirkstoff in Phase I

treten solche Entscheidungspunkte zum Abschluss präklinischer und klinischer Studien auf. Entscheidungsrelevante, potenzielle Ereignisse sollten entsprechend den Entscheidungsoptionen, die der Unternehmensleitung zur Verfügung stehen, differenziert werden. Jedem potenziellen Ereignis (siehe oben) wird eine Wahrscheinlichkeit zugeordnet. Es kann auch von Bedeutung sein, die Ergebnisse von pivotalen klinischen Studien hinsichtlich ihrer Auswirkungen auf das Produktprofil und die Wettbewerbsfähigkeit im Entscheidungsbaum zu differenzieren. Häufig macht es Sinn, mehrere Umsatzprognosen zu erstellen und das Geschäftspotenzial eines Arzneimittels an bestimmte Studienergebnisse zu koppeln. Die finanzielle Evaluation kann den Wert eines Projekts exakter abbilden, wenn nicht nur zulassungsrelevante Minimalergebnisse, sondern auch Szenarien mit dem Gewinnpotenzial bei überdurchschnittlicher Wirksamkeit in die Auswertung einbezogen werden.

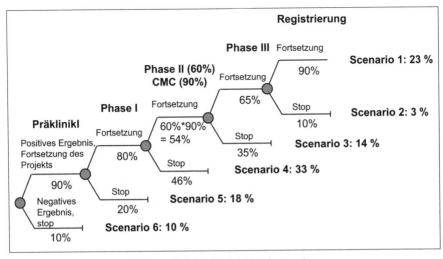

Abbildung 15-5: Vereinfachter Entscheidungsbaum

Cash Flows	Year	2004	2005	2006	2007	2008	2009	2010	2011	2012	2013	2014	2015	2016	2017	2018	2019	2020	2021	2022	
EUR thousds.																					
Preclinical Development		-431																			
Phase I			-500	-500																	
Phase II			-400	-400	-500																
Phase III				-1.275	-1.275	-7.000	-7.000														
Registration								-500	-500												
Internal costs		-87	-158	-158	-158	-158	-158	-158	-158												
Techn. Product Dev.		-2.323	-1.500	-1.500	-6.333	-1.167	-1.167	-333	-333												
Launch/Marketing exp.								-18.120	-36.240	-36.240	-36.240	-27.180	-27.180	-25.602	-25.886	-26.186	-26.501	-26.833	-27.180	-26.993	
G&A Costs 5%										-821	-3.313	-5.434	-7.178	-8.534	-8.629	-8.729	-8.834	-8.944	-9.060	-8.998	
COGS										-1.020	-4.119	-6.757	-8.923	-10.607	-10.722	-10.843	-10.970	-11.102	-11.240	-11.156	
Sales										16.417	66.255	108.688	143.559	170.680	172.572	174.571	176.675	178.885	181.202	179.951	
Net cash flows		-2.841	-2.558	-3.833	-8.266	-8.824	-8.325	-19.111	-37.232	-21.665	22.583	69.317	100.277	125.936	127.335	128.813	130.370	132.006	133.721	132.805	
Inflation rate 2%		1,00	1,02	1,04	1,06	1,08	1,10	1,13	1,15	1,17	1,20	1,22	1,24	1,27	1,29	1,32	1,35	1,37	1,40	1,43	
Inflated Net Cash Flows		-2.841	-2.609	-3.988	-8.772	-9.552	-9.191	-21.523	-42.767	-25.384	26.989	84.497	124.682	159.718	164.722	169.967	175.461	181.217	187.242	189.678	
Discounted C.		-2.841	-2.269	-3.015	-5.768	-5.461	-4.570	-9.305	-16.078	-8.298	7.672	20.886	26.800	29.852	26.772	24.021	21.563	19.366	17.400	15.327	25.545
Scenario NPV	177.600																				Terminal value

Abbildung 15-6: Cashflow des Projekts BB1

Terminalwert:
Es wird angenommen, dass die Netto-Cash Flows nach Ablauf der Marktexklusivität auf 25% des vorjährigen Werts absinken.

Entscheidungsbäume illustrieren alternative Projektszenarien. Das erweiterte NPV-Modell enthüllt auch den Wert einzelner Szenarien oder den Wert, den ein Projekt – abhängig von möglichen Studienergebnissen oder Marktveränderungen – in Zukunft haben könnte. Im Fallbeispiel aus *Abbildung 15-5* wird aufgezeigt, wie der erweiterte NPV errechnet wird.

					Monte Carlo Simulation: NPV (EUR million)	
Expected Project NPV = EUR 31 million					Minimum	-68,60
					Mean	30,21
		Scen. NPV	Exp. Scen. NPV		Maximum	388,44
Scenario	Probability	(EUR thousands)	(EUR thousands)		Std Dev	84,23
					Mode	-11,63
1	23%	177.600	40.395	Launch		
2	3%	-49.305	-1.246	STOP after failure of Registration		
3	14%	-23.923	-3.255	STOP after failure of Phase III		
4	33%	-11.627	-3.851	STOP after failure of Phase II		
5	18%	-6.143	-1.106	STOP after failure of Phase I		
6	10%	-2.841	-284	STOP after failure of Preclinical		

Abbildung 15-7: Berechnung des erweiterten NPV

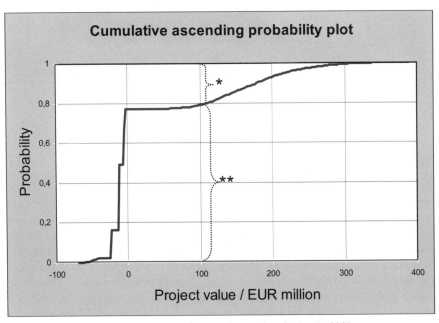

* Die Wahrscheinlichkeit, dass der NPV € 100 Millionen überschreitet, ist 20 %
** Die Wahrscheinlichkeit, dass der NPV bei oder unterhalb € 100 Millionen liegt, ist 80 %

Abbildung 15-8: Monte-Carlo-Simulation: NPV-Verteilung

In der Praxis werden die Entscheidungspunkte oft aus den Abbildungen entfernt, um die Darstellung zu vereinfachen. Es wird hierbei implizit angenommen, dass ein positives Ergebnis die Werthaltigkeit des Projekts bestätigt und zu der Entscheidung führt, das Projekt fortzusetzen (entweder durch den Eigentümer oder durch einen Lizenznehmer).

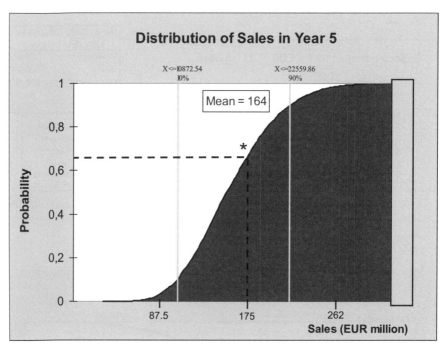

* Die Wahrscheinlichkeit, dass die Umsätze im Jahr 5 € 175 Millionen überschreiten, ist ungefähr 33 %

Abbildung 15-9: Monte-Carlo-Simulation: Umsatzverteilung im Jahr 5

15.2.4 Erarbeitung verlässlicher Annahmen

Einem erfahrenen Finanzexperten mag die Erstellung eines NPV-Modells als einfache Aufgabe erscheinen. Verlässliche Annahmen sind jedoch nicht so einfach zu erhalten. Wenn ein Projekt einer finanziellen Evaluation unterzogen werden soll, müssen auch Annahmen über zukünftige Kosten und Umsatzerlöse aufgestellt werden. Zudem sind die Risiken in quantitativer Form als Wahrscheinlichkeitsverteilungen zu berücksichtigen. Der Wert von F&E-Projekten ist äußerst sensitiv gegenüber Änderungen der Umsatzprognosen (insbesondere bei Projekten im klinischen Stadium) sowie gegenüber den Wahrscheinlichkeitsschätzungen im Entscheidungsbaum. Im Folgenden möchten wir einige Wege aufzeigen, wie zuverlässige Annahmen gemacht werden können, wobei der besondere Schwerpunkt auf frühen Projekten liegt.

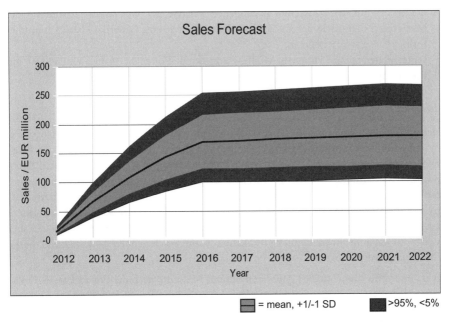

Abbildung 15-10: Monte-Carlo-Simulation: Entwicklung der erwarteten Umsätze mit Darstellung der Vertrauensintervalle

15.2.4.1 Umsatzprognosen

Die Unsicherheit von Umsatzprognosen nimmt mit fortschreitender Entwicklung ab, da immer mehr Informationen über die Eigenschaften des Entwicklungskandidaten im Vergleich zu bestehenden und zukünftigen Wettbewerbern zur Verfügung stehen. Für präklinische und frühe klinische Entwicklungskandidaten sind Umsatzprognosen wesentlich schwieriger, da die Bandbreite der potenziellen Ergebnisse größer ist und das gesundheitspolitische Umfeld mit größerer Wahrscheinlichkeit Veränderungen unterliegt. Wir sind aber davon überzeugt, dass auch für frühe Projekte zuverlässige Umsatzprognosen erzeugt werden können, wenn die folgenden Ansätze berücksichtigt werden:

- Erstellen Sie, wenn möglich, epidemiologische Marktmodelle.
- Nutzen Sie das PTP zur Ermittlung der Patienten, die für eine Behandlung in Frage kommen, sowie zur Definition von Patienten-Untergruppen mit spezieller Relevanz.
- Bewerten Sie die Positionierung des zukünftigen Produkts im Kontext von Behandlungsalternativen sowohl auf der Grundlage des medizinischen Bedarfs als auch des antizipierten Wirksamkeitsprofils.
- Berücksichtigen Sie alternative Marktszenarien und Produktprofile.
- Untersuchen Sie die Akzeptanz des neuen Produkts durch gezielte Umfragen.
- Analysieren Sie mithilfe von Conjoint-Analysen die Präferenzen der Ärzte für bestimmte Produkteigenschaften.
- Arbeiten Sie mit Wahrscheinlichkeitsverteilungen (z.B., Triangulär-, Uniform-, Poisson-, PERT-Verteilung) statt mit Einzelpunktschätzungen für unsichere Variablen, wie beispielsweise der Prävalenz, der Diagnose- und Behandlungsrate oder der zu erwartenden Entwicklung der Marktanteile (Patientenpenetration).

- Stellen Sie auf der Basis einer gründlichen Analyse der Wettbewerber, umfassender Marktforschung sowie der zukünftigen Verfügbarkeit von Generika Hypothesen über realisierbare Preisbereiche an.
- Untersuchen Sie mit Hilfe von Monte-Carlo-Simulationen die Wahrscheinlichkeit, ein bestimmtes Umsatzniveau zu erreichen.

15.2.4.2 Wahrscheinlichkeitsverteilungen

Beim Würfeln können wir die Wahrscheinlichkeit (mit anderen Worten, die Häufigkeit) eines bestimmten Ergebnisses exakt berechnen. Aufgrund unseres Wissens über den Würfel sind wir in der Lage, die Wahrscheinlichkeit vorherzusagen, und wir könnten durch oftmalig wiederholtes Würfeln nachweisen, dass unsere Berechnung korrekt ist. Leider hilft ein solcher Ansatz der objektiven Häufigkeit („frequentist approach") bei pharmazeutischen F&E-Projekten nicht weiter. Für bestimmte klinische Entwicklungsphasen gibt es zwar Informationen über Erfolgswahrscheinlichkeiten,[7] diese Referenzwerte nehmen aber weder auf die untersuchte klinische Indikation Bezug, noch nennen sie den Grund für die Einstellung von Projekten.

Referenzwerte (Benchmarks) definieren unserer Meinung nach die Bandbreite angemessener Wahrscheinlichkeitsschätzungen. Bei der Auswertung einzelner Projekte bevorzugen wir jedoch Wahrscheinlichkeitsschätzungen, die von Experten für das jeweilige individuelle Projekt erstellt werden. Zudem definieren wir nicht nur phasenrelevante Wahrscheinlichkeiten, sondern differenzieren Wahrscheinlichkeiten in Bezug auf unabhängige Variablen – wie beispielsweise klinische Studienergebnisse versus Ergebnisse aus der langfristigen Toxikologie – die in vergleichbarer Weise zum Erfolg eines Entwicklungsabschnitts beitragen können (siehe Beispiel in *Abbildung 15-4*).

Experten zögern manchmal, Wahrscheinlichkeitsangaben auf der Grundlage ihrer persönlichen Einschätzung zu machen, da die Richtigkeit solcher Zahlen nicht nachzuweisen ist. Die Unternehmensleitung misstraut solchen Schätzungen möglicherweise, da sie dahinter zu optimistische Annahmen vermutet. Wir sind davon überzeugt, dass Risikoanalysen sehr von der Einbeziehung eines erfahrenen und unabhängigen Moderators profitieren, der die interaktive Diskussion der Experten untereinander anregt. So kommen unterschiedliche Sichtweisen zu Wort. Nach unseren Erfahrungen nähern sich die Wahrscheinlichkeitsschätzungen mit zunehmendem Informationsaustausch der Experten einander an. Schließlich hat es sich als sinnvoll erwiesen, fachlich übergeordnete Experten mit langjähriger Erfahrung in einen Peer Review-Prozess einzubeziehen: dabei werden Wahrscheinlichkeitsschätzungen projektübergreifend verglichen und auf ihre Konsistenz hin überprüft. Nach unserer Überzeugung lässt sich dadurch die Zuverlässigkeit von Wahrscheinlichkeitsschätzungen verbessern. Durch eine Einbeziehung der Führungskräfte in den Prozess wird gleichzeitig die Akzeptanz der Analyse verstärkt.

15.2.4.3 Kostenschätzungen

Wenn Detailpläne fehlen, können Kostenschätzungen aus Referenzwerten abgeleitet werden.[8] Für eine definierte präklinische Entwicklungsstrategie und für Phase I-Studien sind

---

[7] Siehe www.tufts.edu/med/research/esdd sowie ww.ems.org.
[8] Siehe www.tufts.edu/med/research/esdd sowie ww.ems.org.

bei den Auftragsforschungsinstituten (CROs) oft Unterlagen mit Budgetansätzen erhältlich. Die Kostenkalkulation für klinische Entwicklungen nach Phase I können sich schwieriger gestalten, da sie je nach therapeutischer Indikation erheblich voneinander abweichen. Solche Unterschiede entstehen durch die Anzahl der für eine Studie erforderlichen Probanden und durch die Behandlungskosten je Proband (z.B. ambulante versus intensive stationäre Behandlung, Kosten für Diagnoseverfahren und begleitende Medikationen, Dauer der Behandlung und Follow-up Betreuung). Das PTP bildet eine gute Grundlage, um Informationen über die Kosten der klinischen Entwicklung zu sammeln, da es die Ziele der Entwicklung, den Behandlungsmodus sowie die klinischen Meßparameter skizziert.

Oftmals unterschätzen Biotechnologieunternehmen die Kosten für die Vermarktung ihrer Produkte. Der Aufwand für den Verkaufsaußendienst und die Werbemaßnahmen hängt sehr stark vom Zielmarkt ab. Krankenhausprodukte sind generell mit geringeren Vertriebskosten verbunden als Produkte, die über Fach- oder Hausärzte vermarktet werden, da die Anzahl der erforderlichen Arztkontakte hier eine große Rolle spielt. Die Werbungskosten sind zudem sehr stark vom Wettbewerbsumfeld in einem bestimmten therapeutischen Bereich abhängig. Obwohl beispielsweise die Onkologie hauptsächlich den Hospital- und Facharztmarkt betrifft, sind die Marketingkosten in den letzten Jahren erheblich gestiegen, weil eine steigende Anzahl von Unternehmen auf diesem Gebiet tätig ist, von denen einige über beträchtliche Marketingbudgets verfügen. Auch das Umfeld für Krankenhausprodukte ist nach der Einführung pharmazeutischer Behandlungsrichtlinien schwieriger geworden.

Der finanzielle Wert eines Projekts hängt auch von den Herstellungskosten (Cost of Goods Sold – CoGs) ab, die insbesondere in der frühen Phase der Entwicklung schwierig einzuschätzen sind. Wenn hohe CoGs die Profitabilität eines Projekts gefährden, könnte durch Ermittlung eines realisierbaren Produkt-Marktpreises ein akzeptables CoGs-Spektrum definiert und dieses Spektrum dann im Bewertungsmodell eingesetzt werden. Das Risiko, das definierte CoGs-Ziel zu verfehlen, könnte ebenso im Modell berücksichtigt werden.

15.2.5 Erweiterter NPV: Interpretation der Ergebnisse

Kommen wir auf das Fallbeispiel in den *Abbildungen 15-5 bis 15-10* zurück. Das Projekt BB1 von BestBiotech weist einen Durchschnittswert von € 31 Mio. aus. Das Projekt sollte also weitergeführt werden. Abhängig vom Gesamtrisiko und der Risikostruktur der Projekte in Verbindung mit Umsatzerlösen und Kosten rangieren die Projekte in einem solch frühen Stadium zwischen € 10 und € 35 Mio. Der Wert liegt höher, wenn Expansionsoptionen bestehen und quantifiziert werden können.[9]

Bei der Interpretation der Bewertungsergebnisse hilft eine detaillierte Analyse. Wird der gute Wert durch hohe Umsatzerwartungen, durch ein geringes Entwicklungsrisiko, durch eine ungewöhnliche Kostenstruktur oder durch niedrige CoGs erzielt? Die Sensitivitätsanalyse illustriert, wie sich die Unsicherheit bestimmter Annahmen auf die Bewertung auswirkt. Während die Sensitivitätsanalyse einzelne Risiken betrachtet, bildet die Monte-Carlo-Simulation die Auswirkungen aller Unsicherheiten ab. Die Monte-Carlo-Simula-

---

[9] Bode-Greuel, K.M. (2000); Loch, C.H./Bode-Greuel, K.M. (2001).

tion liefert Wahrscheinlichkeiten, bestimmte NPV-Werte oder Umsatzergebnisse zu übertreffen oder zu verfehlen.

Die hier beschriebene quantitative finanzielle Bewertung führt zu einem intrinsischen Projektwert. Das Ziel besteht darin, auf Fakten basierende und zustimmungsfähige Annahmen zu verwenden, um zu einer Bewertung zu gelangen, die transparent und allgemein akzeptabel ist. Im Prinzip repräsentiert der Wert eines Projektportfolios den Wert eines Biotechnologieunternehmens. Vorsicht ist jedoch geboten, wenn es um realistische Annahmen hinsichtlich der Größenordnung des F&E-Budgets und anderer Ressourcen geht. Möglicherweise können nicht alle Projekte durch betriebsinterne Ressourcen unterstützt werden. Vielleicht sind bestimmte Projekte nur in Partnerschaft zu realisieren oder müssen auslizenziert werden. Folglich müssen sich in der Projekt- und Portfoliobewertung das Geschäftsmodell und die Portfoliostrategie eines Unternehmens widerspiegeln. Das hat zur Folge, dass sich bei bestimmten Projekten möglicherweise nur ein Bruchteil des Werts im Besitz des Urhebers befindet, während der Rest einem Lizenznehmer zuzuschreiben ist. Eine realistische Bewertung wird nur erreicht, wenn solche Projekte als zukünftige Lizenzkandidaten bewertet werden (siehe unten).

Finanzielle Bewertungen werden für ein wertorientiertes Projekt- und Portfoliomanagement eingesetzt. Zudem dienen die Ergebnisse solcher Bewertungen dazu, den Projekt- und Portfoliowert gegenüber Investoren und potenziellen Unternehmenspartnern zu kommunizieren. Zusätzlich zum Kapitalwert ist für Investoren insbesondere der zukünftig zu erwartende Wertzuwachs von Interesse, der sich bei Erreichen der einzelnen Entwicklungsabschnitte des Projekts einstellt. In *Abbildung 15-11* werden der Kapitalwert und der zukünftige Wert von BB1 unter der Annahme dargestellt, dass die Projektabschnitte bzw. die Milestones erfolgreich erreicht werden. Dies ist nach unserer Erfahrung eine besonders hilfreiche Darstellung. Man kann jeden Projekt-Milestone durch Zeitlinien ergänzen, die den erwarteten Eintritt bestimmter Entwicklungsergebnisse anzeigen. Die gleiche Analyse kann auch für den Wertzuwachs des Gesamtportfolios durchgeführt werden. Der-

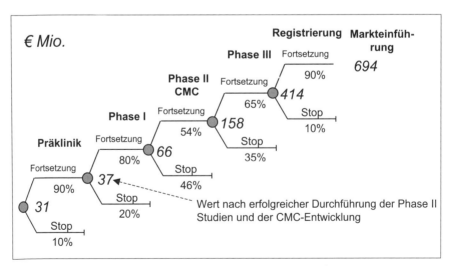

Abbildung 15-11: Wertentwicklung nach Erreichen der Meilensteine

artige Analysen sind für Investoren hilfreich, die das Projektportfolio eines Unternehmens im Hinblick auf ihre Exit-Strategien analysieren wollen.

Die großen, kursiv gedruckten Zahlen repräsentieren den gegenwärtigen („31") und die zukünftigen erwarteten Projektwerte, falls die entsprechenden Meilensteine erreicht werden.

15.3 Bewertung von Technologieplattformen

Bisher behandelte dieser Artikel die Bewertung von F&E-Projekten, für die therapeutische Anwendungen vorhergesehen werden können. Der Wert von Biotechnologieunternehmen basiert jedoch nicht nur auf Arzneimittelentwicklungsprojekten, sondern auch auf firmeneigenen Technologien. Solche Technologien sind normalerweise nicht auf bestimmte therapeutische Anwendungen begrenzt. Vielmehr unterstützen sie die Entdeckung neuer Arnzeistoffe oder dienen dem F&E-Prozess. Beispiele:

- Entdeckung innovativer Targets (z.B. Genomics, Proteomics), die die Entwicklung neuer Arzneistoffe mit verbesserter Wirksamkeit und/oder Sicherheit unterstützen.
- Technologien zur Unterstützung der chemischen Synthese:
  - Gewinnung strukturell optimierter Entwicklungskandidaten mit höherer Potenz und Selektivität
  - Erhöhung der Effizienz der chemischen Synthese, wodurch die Zeit bis zum Start der präklinischen Entwicklung verkürzt werden kann
  - Optimierung des Herstellungsprozesses und Senkung der Wirkstoffkosten
- Präklinische Profilierung von Entwicklungskandidaten, um
  - das Entwicklungsrisiko durch frühere Untersuchung der Toxizität oder der Wechselwirkungen mit anderen Arzneistoffen zu reduzieren
  - die Wirksamkeit und/oder die Sicherheit bei speziellen Patienten-Untergruppen zu optimieren, die nach pharmakogenetischen Aspekten kategorisiert werden (was zu einem reduzierten Entwicklungsrisiko, niedrigeren Entwicklungskosten und einer besseren Marktpenetration für die betreffende Untergruppe führen kann, aber auch zu einer Begrenzung des Umsatzpotenzials)
  - die Anzahl der Projekt-Einstellungen in den klinischen Phasen zu reduzieren

Technologien schöpfen Wert, weil sie den Zeit- und Kostenaufwand zur Identifizierung eines neuen Entwicklungskandidaten reduzieren, weil sie das F&E-Risiko senken und die Datenqualität verbessern können. Die Auswirkungen einer Risiko- und Kostenreduktion, einer verkürzten Entwicklungszeit und eines verbesserten Produktprofils können quantifiziert werden. In Abbildung 15-12 wird veranschaulicht, wie eine Technologie, die das Entwicklungsrisiko in den Phasen II und III reduziert, den Wert von BB1 erhöhen kann. Einer unserer Mandanten verwendet seine umfangreichen betriebsinternen Statistiken mit detaillierten Daten über die Gründe des Scheiterns von Projekten beispielsweise dazu, die Auswirkungen von Toxikologiescreening-Technologien auf die Reduktion des Ausfallrisikos in bestimmten Entwicklungsphasen zu evaluieren.

Werden Technologien ausschließlich auf betriebsinterne Projekte angewandt, ist ihr Wert bereits im Wert des F&E-Portfolios enthalten. Werden Technologien jedoch auch als Serviceleistung für Fremdunternehmen angeboten, stellen sie eine zusätzliche Quelle der Wertschöpfung dar. Zur Bewertung vermarktbarer Technologien sind Annahmen über die Kapazität erforderlich, die den externen Serviceleistungen zugewiesen wird, sowie über die Anzahl der Dienstleistungen, die in einem Jahr realisiert werden können. Der Wert der Serviceleistungen kann dann wie folgt quantifiziert werden:

Abbildung 15-12: Steigerung des Projektwerts durch den Einsatz Risiko-reduzierender Technologien

- Ermitteln Sie den finanziellen Wert des Entwicklungskandidaten für den Partner, sofern Ihnen solche Informationen zur Verfügung stehen. Alternativ setzen Sie durchschnittliche Annahmen über Umsatzvolumen, Kosten, Risiken und Zeitlinien ein.
- Bewerten Sie die Auswirkungen der Technologie in Bezug auf Risikoreduktion und/oder Entwicklungskosten und -zeit und/oder Veränderungen des Produktprofils.
- Ermitteln Sie die Steigerung des Projektwertes, die durch die Technologie verursacht wird.
- Ermitteln Sie einen marktkonformen Anteil des Wertzuwachses durch Einsatz der Technologie, der dann dem Partner in Rechnung gestellt wird:
  – Identifizieren Sie (soweit möglich, quantitative) Informationen über abgeschlossene Transaktionen für Technologien, die hinsichtlich ihrer Auswirkungen auf F&E-Projekte sowie den Marktexklusivitäts-/Intellectual Property-Status vergleichbar sind.
  – Kalkulieren Sie den Kapitalwert, der auf den Anbieter entfällt, indem Sie die finanziellen Details der Referenztransaktionen analysieren.
  – Ziehen Sie Schlüsse hinsichtlich der Transaktionsbedingungen und der Verhandlungsstrategie.

Nach unserer Erfahrung sind Unternehmen bereit, an den Technologie-Anbieter rund 2% bis 15% der Kapitalwerterhöhung zu zahlen (Zahlungen können gestaffelt und an den Projektfortschritt gekoppelt werden).

Die Bewertung neuer Drug-Targets ohne vorhersehbaren Bezug zu bestimmten Therapiegebieten, wie sie sich beispielsweise aus der Genomics- oder Proteomics-Forschung ergeben, ist schwierig. Manchmal ist es nicht möglich, den intrinsischen Wert solcher Technologien zu ermitteln. Die Analyse von Referenztransaktionen kann sinnvolle Informationen darüber liefern, wie der Markt solche Vermögenswerte bewertet.

15.4 Evaluation von Lizenzverträgen

Wir wenden das erweiterte NPV-Modell als Grundlage für die Ermittlung marktgerechter Preise für Lizenzierungskandidaten an. Zur Vorbereitung von Verhandlungen empfehlen wir die folgenden vier Schritte:

(1) Erstellen Sie ein quantitatives Finanzmodell (erweitertes NPV-Modell) zur Kalkulation des Gesamtprojektwertes.
(2) Definieren Sie eine logische Grundlage für die Aufteilung des Werts zwischen Lizenzgeber (Licensor – LOR) und Lizenznehmer (Licensee – LEE).
(3) Übersetzen Sie den gewünschten Transaktionswert in ein „Term Sheet" (Upfront-, Milestone-Zahlungen, Royalties ...).
(4) Ermitteln Sie alternative Term Sheets mit vergleichbaren NPVs, um Ihre Verhandlungsposition (insbesondere im persönlichen Gespräch) zu stärken.

Wir halten es für besonders wichtig, das PTP von Lizenzierungskandidaten so detailliert wie möglich zu beschreiben. Die im Rahmen des Due Diligence-Verfahrens gewonnenen Informationen reichen normalerweise aus, um ein Kandidatenprofil und sinnvolle Finanzmodelle zu erstellen. Die Argumentation für die Wertaufteilung, definiert als Prozentsatz des Kapitalwerts für LOR und LEE, kann aus der Analyse von Referenzverträgen mit veröffentlichten Finanzinformationen abgeleitet werden. Dadurch wird der Verhandlungsrahmen abgesteckt. Gleichzeitig entsteht so eine hilfreiche Informationsgrundlage für die Vereinbarung der Transaktionsbedingungen. Unsere Analysen haben ergeben, dass nicht alle veröffentlichten Transaktionen tatsächlich einen fairen Wert für beide Parteien generiert haben. Wir empfehlen deshalb, den Verhandlungsprozess durch LEE/LOR-Finanzmodelle auf der Grundlage eines erweiterten NPV zu unterstützen, mit dem Auswirkungen der vorgeschlagenen Transaktionsbedingungen sofort ermittelt werden können.

15.5 Optionspreismodelle

Die bisher beschriebene Methodik, basierend auf NPV-Kalkulationen, erlaubt es, den Wert von Entscheidungsoptionen zu berechnen. Die erweiterte NPV-Methode wird von Anwendern bevorzugt, da sie sehr konkret und anschaulich Risiko abbildet. Eine Alternative, den Wert realer Optionen zu ermitteln, besteht in der Anwendung der Optionspreistheorie. Hierbei wird nicht zwischen systematischem Risiko, welches den Diskontierungssatz beeinflusst, und unsystematischem Risiko, welches als Wahrscheinlichkeitsverteilung in den Zähler der NPV-Gleichung eingeht, unterschieden. Vielmehr wird, analog zu Finanzoptionen, Risiko als Volatilität des der Option zugrunde liegenden Wertes verstanden. Da Pharma-Projekte oder auch Medikamente nicht wie Aktien frei gehandelt werden, ist es im Prinzip nicht möglich, diese Volatilität zu bestimmen. Im Finanzbereich ist es möglich, für Optionen replizierende Portfolios aus den entsprechenden Aktien und Anleihen zu konstruieren, deren Wert exakt dem der Option entspricht. Es konnte gezeigt werden, dass damit eine risikolose Anlage möglich ist und daher der Diskontierungssatz für risikofreie Anlagen Anwendung finden sollte.

Verschiedene Autoren haben vesucht, den Wert realer Optionen mit aus der Optionspreistheorie abgeleiteten Modellen zu berechnen. Schwartz und Moon[10] nehmen an, dass in der pharmazeutischen Entwicklung drei wesentliche Unsicherheiten bestehen: die Kostenunsicherheit, die Unsicherheit bezüglich des Wertes des zugelassenen Produkts, und die Möglichkeit, dass das Projekt aufgrund negativer Studienergebnisse während der Entwicklung abgebrochen werden muss. In ihrem Ansatz modellieren die Autoren die Kostenunsicherheit und die Produktwert-Unsicherheit als einen stochastischen Diffusionsprozess (in Anlehnung an Aktienpreismodelle). Das Abbruchrisiko wird als Poisson-Prozess beschrieben. Zur Bestimmung des Projektwerts, das Projekt wird dabei als Option auf ein fertiges Produkt verstanden, müssen mehrdimensionale partielle Differentialgleichungen auf numerischem Wege gelöst werden. Es ergeben sich eindeutige Lösungen, jedoch werden von Kritikern dieses Modells einige der Annahmen bezweifelt. Beispielsweise gehen auch Schwartz und Moon von der Möglichkeit eines replizierenden Portfolios aus, welches es ihnen ermöglicht, die vorhergesagten Cashflows risikofrei abzuzinsen. Ein weiterer kritischer Punkt ist die Annahme eines Wienerprozesses bezüglich der Wertentwicklung des pharmazeutischen Produktes, welche nicht belegbar ist.

---

[10] Schwartz, E.S./Moon, M. (2000).

Einen alternativen Vorschlag machen Brach und Paxson.[11] Ihr Modell beschreibt einen Jump-Diffusion-Prozess, der die Möglichkeit sprunghafter Werteentwicklung zulässt. Da sich Projektwerte nach Erreichen von wichtigen Meilensteinen in der Regel immer sprunghaft erhöhen, stellt ihr Vorschlag eine Weiterentwicklung einfacher Diffusionsmodelle dar. Allerdings nehmen auch Brach und Paxson eine kontinuierliche Wertediffusion an, die dann durch einen Poisson-Prozess ergänzt wird. Daher gelten auch für ihren Ansatz die gleichen Vorbehalte wie für Schwartz und Moon.

Einen interessanten Ansatz verfolgen Kellogg und Charnes.[12] Sie vergleichen den erweiterten NPV- mit dem Optionspreisansatz zur Berechnung realer Optionen. Beim Optionspreisansatz wird die zugrunde liegende Diffusion des Produktwerts durch eine Binomialverteilung beschrieben. Auch hier gibt es keinen endgültigen Beweis für die Richtigkeit der Annahme der Autoren bezüglich des Diffusionsprozesses. Bemerkenswert an dieser Veröffentlichung ist weiterhin, dass die Optionswert-Binomialverteilung durch diskrete Projekt-Abbruchwahrscheinlichkeiten ergänzt wird, was der Logik der Optionspreismethode eigentlich widerspricht. Immerhin ergeben in dem vorgestellten Beispiel die erweiterte NPV-Methode und die Optionspreismethode konvergierende Resultate, was vermuten lässt, dass beide Modelle, wenn die richtigen Eingangsgrößen ermittelt werden, zu identischen Ergebnissen führen. Zu der gleichen Schlussfolgerung kommen auch Smith und Nau.[13]

Zusammenfassend lässt sich feststellen, dass die Optionspreismodelle eine interessante Ergänzung bestehender NPV-basierter Methoden darstellen. Sie sind jedoch noch nicht endgültig validiert und die Richtigkeit einiger essentieller Annahmen ist bisher noch nicht belegt. Optionspreismodelle haben ferner den Nachteil, weniger anschaulich zu sein als NPV-Berechnungen, und Schlussfolgerungen, welche sich aus den Modellen ergeben, sind daher Entscheidungsträgern schwerer zu vermitteln. Die erweiterte NPV-Methodik ist folglich der heutige gültige Standard, und zumindest mittelfristig wird es diese Methode auch bleiben.

15.6 Schlussfolgerungen und Aussichten

Im vorliegenden Artikel beschreiben wir eine Methode zur Evaluation von Entwicklungskandidaten und Technologieplattformen, wie sie typischerweise von Biotechnologieunternehmen angestrebt werden. Der erweiterte NPV-Algorithmus berücksichtigt die für die Wertmaximierung ausschlaggebenden Faktoren sowie alle relevanten Risiken. Wir haben die Erfahrung gemacht, dass der vorgeschlagene Evaluationsansatz sinnvoll ist für

- die interne Projektpriorisierung und das Portfoliomanagement
- Lizenzverhandlungen
- Fund-Raising von Biotechnologie-Firmen
- Investoren

Der erweiterte NPV-Algorithmus ist ein weithin anerkanntes Modell für die Evaluation von F&E-Projekten der pharmazeutischen Industrie (und anderer F&E-intensiven Indus-

---

[11] Brach, M.A./Paxson, D.A. (2001).
[12] Kellogg, D./Charnes, S.M. (2000).
[13] Smith, J.F./Nau, R.F. (1995).

trien), weil dieses Konzept sowohl das Risiko als auch die Optionalität und die stufenweise Investitionsstrategie solcher Projekte abbilden kann.

Manager vertreten manchmal die Ansicht, dass der vorgeschlagene Ansatz einer finanziellen Projektevaluation für Drug-Discovery-Projekte wenig sinnvoll ist, da die Spannweite möglicher Ergebnisse zu weit sein und zu Bewertungsergebnissen führen könnte, die eine Projektdifferenzierung und -priorisierung nicht wirklich unterstützen. Es kann zuweilen schwierig sein, die erwarteten Eigenschaften eines innovativen Arzneimittels zu beschreiben, das z.B. auf der Grundlage eines neu entdeckten Enzyms oder eines neu entdeckten Rezeptors entwickelt wird. Wir haben jedoch die Erfahrung gemacht, dass der in Abschnitt 13.2 beschriebene Strukturierungsprozess dazu beiträgt, die werttreibenden Faktoren besser zu verstehen. Die mit den Bewertungen verbundenen Diskussionen führen schließlich zu PTPs, die den Wissenschaftlern in jeder F&E-Phase Leitlinien zur Optimierung ihrer Forschungstools und Entscheidungskriterien liefern. Die finanzielle Bewertung baut dann auf dem PTP und der Entwicklungsstrategie auf. Aus der Monte-Carlo-Simulation lässt sich auch bei hoher Unsicherheit die stochastische Dominanz von Projekten bestimmen, deren Standardabweichungen überlappen. Wir sind deshalb überzeugt, dass auch eine finanzielle Bewertung von frühen, noch präklinischen, Projekten durchführbar, sinnvoll und empfehlenswert ist.

15.7 Literatur

Bode-Greuel, K.M. (1997): Financial project evaluation and risk analysis in pharmaceutical development, Scrip Reports, BS890, Richmond, UK: PJB Publications

Bode-Greuel, K.M. (2000): Real options evaluation in pharmaceutical R&D: a new approach to financial project evaluation, Scrip Reports, BS 1038, Richmond, UK: PJB Publications

Brach, M.A. and Paxson, D.A. (2001): A gene to drug venture: Poisson options analysis, R&D Management, Vol. 31, no. 2, pp. 203-214

Brach, M. (2003): Real options in practice, Wiley Finance, New Jersey, pp. 95-103

Brealey, R.A. and Myers, S.C. (2003): Principles of corporate finance, McGraw-Hill, New York

European Private Equity & Venture Capital Association (2004): Final net long-term returns for European private equity show slight decrease on 2002, short-term returns indicate signs of recovery, Berlin, 3 June 2004

Greuel, J.M. (2002): The R&D value conundrum, Current Drug Discovery, July, pp. 37-42

Greuel, J.M. (2004): Assessing the economics of biogenerics, J of Generic Medicines, Vol. 2, Issue 2, pp. 153-160

Kellogg, D. and Charnes, J.M. (2000): Real-options valuation for a biotechnology company, Association for Investment Management and Research, May/June, pp. 76-84

Loch, C.H. and Bode-Greuel, K.M. (2001): Evaluating growth options as sources of value for pharmaceutical research projects, R&D Management, Vol. 31, no. 2, pp. 231-248

Matheson, D. and Menke, M.M. (1995): Best-practice decision making in R&D, Scrip Magazine, July/August, pp. 34-37

Myers, S. (1996): Measuring pharmaceutical risk and the cost of capital, in Sussex, J., Marchant, N., Risk and Return in the Pharmaceutical Industry, Office of health Economics, London, pp. 59-76

Nichols, N.A. (1994): Scientific management at Merck: an interview with CFO Judy Lewent, Harvard Business Review, Vol.1, pp. 88-99

Schwartz, E.S. and Moon, M. (2000): Evaluating research and development investments, in Brennan, M.J., Trigeorgis, L., Project Flexibility, Agency, and Competition, Oxford University Press, New York, pp. 85-106

Sharpe, P. and Keelin, T. (1998): How SmithKline Beecham makes better resource-allocation decisions, *Harvard Business Review*, Vol. 2, pp. 45-57

Smith, J.E. and Nau, R.F. (1995): Valuing risky projects: option pricing theory and decision analysis, *Management Science*, May, pp. 795-816

Stewart, J.J., Allison, P.N. and Johnson, R.S. (2001): Putting a price on biotechnology, *Nature Biotechnology*, Vol. 19, pp. 813-817

16 Bewertung von Pharmaunternehmen

von *Heike Merk* und *Wolfgang Merk**

16.1 Überblick über den pharmazeutischen Sektor	396
16.1.1 Der Weltpharmamarkt	396
16.1.2 Der deutsche Pharmamarkt	399
16.2 Besonderheiten bei der Bewertung von Pharmaunternehmen	401
16.2.1 Die Einbindung von Phamaunternehmen in den Gesundheitsmarkt	401
16.2.1.1 Allgemeine Besonderheiten des Gesundheitsmarktes	402
16.2.1.2 Wichtige Steuerungsinstrumente in der Arzneimittelversorgung	402
16.2.1.3 Die demographische Entwicklung und der medizinische Fortschritt als originäre Nachfragedeterminanten der Arzneimittelnachfrage	404
16.2.2 Markttransparenz durch Verfügbarkeit von Marktzahlen über Markforschungsunternehmen	405
16.2.3 Abhängigkeit von Pharmaunternehmen von bestehenden und zukünftigen Produkten	406
16.2.4 Geschäfts-Segmentierung als Mittel für mehr Bewertungs-Transparenz	407
16.2.4.1 Regionale Aufteilung	407
16.2.4.2 Aufteilung des Produkt-Portfolios	407
16.2.4.3 Lohnfertigungsanteil	408
16.2.4.4 Verteilung der Funktionskosten	408
16.2.5 Besonderheiten bei der Bewertung von Originatoren	409
16.2.5.1 Bewertung von F&E als Kernkompetenz von Originatoren	409
16.2.5.2 Produktlebenszyklus bei Originatoren	412
16.2.5.3 Hohes Risiko der Produkthaftung	412
16.2.6 Besonderheiten bei der Bewertung von Generika-Unternehmen	413
16.2.6.1 Bewertung der Entwicklungsstrategie und -fähigkeit als Kernkompetenz von Generika-Unternehmen	413
16.2.6.2 Produktlebenszyklus eines generischen Produktes	414
16.2.6.3 Außendienst-Stärke als Werttreiber in der Generikaindustrie	414
16.2.6.4 Tiefe der vertikalen Integration eines Generika-Unternehmens als Werttreiber	415

---

* Heike Merk, ratiopharm, Ulm, und Prof. Dr. Wolfgang Merk, Berufsakademie Stuttgart, Sachverständiger.

16.3 Unternehmensplanung in der Pharmabranche am Beispiel
   von Generika-Unternehmen 416
   16.3.1 Das Produktportfolio als Determinante der Umsatz- und Margen-
      Entwicklung in der Pharmaindustrie 416
      16.3.1.1 Absatzmengen- und Verkaufspreisplanung von bestehenden
         Produkten 417
      16.3.1.2 Absatzmengen- und Verkaufspreisplanung von zukünftigen
         Produkten 417
      16.3.1.3 Planung der Gross Margin 418
   16.3.2 Planung der Funktionskosten 418
   16.3.3 Planung der Cashflow relevanten Bilanzpositionen 419
16.4 Bewertungsverfahren 419
   16.4.1 Umsatz- und Ebit-Multiples in der Pharmaindustrie 419
   16.4.2 DCF-Verfahren 420
   16.4.3 Value-Added-Verfahren 421
16.5 Schlusswort 422
16.6 Literatur 422

16.1 Überblick über den pharmazeutischen Sektor

16.1.1 Der Weltpharmamarkt

Der Gesamtumsatz mit Arzneimitteln lag im Jahr 2004 weltweit mit insgesamt 545,2 Mrd. US$ rund 16,9% über dem Vorjahresniveau und weist damit eine exorbitante Steigerungsrate auf. Ca. 86% des Gesamtumsatzes auf dem Weltpharmamarkt entfällt dabei auf Nordamerika, Europa und Japan. Der Umsatz von Nordamerika ist zuletzt um 7,8% auf 247,7 Mrd. US$ gestiegen und macht damit fast die Hälfte (45%) des weltweiten Pharmamarkt-Umsatzes 2004 aus. Der Pharmamarkt in Europa wuchs in Vergleich zum Vorjahr ebenfalls stark um 34% auf 154,6 Mrd. US$ an. Lateinamerika steigerte seinen Umsatz im Jahr 2004 um 41% auf 24,5 Mrd. US$, was eine enorme Verbesserung darstellt, da der Umsatz im Jahr 2002 noch um 10% gesunken war.

Die unternehmerische Branchenstruktur war in den vergangenen Jahren durch eine starke Konsolidierungs- und Konzentrationstendenz geprägt. Letztes Beispiel hierfür war die

Weltpharmamarkt / Entwicklung

Jahr	1999	2000	2001	2002	2003	2004
Gesamtmarkt (Mrd. US$)	339,5	362,8	396	423,5	466,3	545,2
Veränderung (in Prozent)	+11,4%	+6,9%	+8,9%	+7,0%	+9,0%	+16,9%

Quelle: Bundesverband der Pharmazeutischen Industrie e.V. (Hrsg.): Pharmadaten 2005, S. 22

Abbildung 16-1: Entwicklung des Weltpharmamarktes von 1999 bis 2004

Region	Umsatz in Mrd. US$	Wachstum ggü. Vorjahr
Nordamerika	247,7	7,9 %
EU	154,6	34,0 %
Japan	64,7	23,5 %
Asien, Afrika, Australien	53,7	44,0 %
Lateinamerika	24,5	41,0 %

Quelle: Bundesverband der Pharmazeutischen Industrie e.V. (Hrsg.): Pharmadaten 2005, S. 23

Abbildung 16-2: Verteilung des Weltpharmamarktes 2004 auf Regionen

Übernahme von Aventis durch Sanofi-Synthelabo im Jahr 2004. Ca. 65 % des Marktanteils verteilen sich auf die 20 größten Pharmaunternehmen. Sonofi-Aventis nimmt zwischenzeitlich den dritten Platz im Ranking ein.

Grundsätzlich lassen sich Pharmaunternehmen in drei Industriezweige unterteilen:[1]

Zum ersten Industriezweig gehören Unternehmen der **forschenden pharmazeutischen Industrie,** auch Originatoren genannt, deren Erfolg entscheidend davon abhängt, ständig neue und erfolgreiche Arzneimittel zu entwickeln. Hervorgehobene Bedeutung kommt hierbei der Produktpipeline zu, die keine großen Lücken aufweisen darf. Ansonsten besteht die Gefahr, dass die hohen Kosten für Forschung und Entwicklung nicht mehr über die am Markt befindlichen Produkte gedeckt werden können. Als Faustregel gilt, dass ein Pharmakonzern ca. 1/10 seines Umsatzes aus neuen Arzneimitteln erlösen muss, um erfolgreich zu bleiben. Vor dem Hintergrund eines sehr hohen Niveaus der pharmazeutischen Forschung wird es daher für forschende Unternehmen immer notwendiger, hohe Anstrengungen zur Entwicklung von Innovationen vorzunehmen. Aus Forschung an ca. 6.000 Substanzen resultiert nach durchschnittlich etwa 12 Jahren Forschung lediglich ein marktreifes Medikament. Die durchschnittlichen F&E-Kosten werden dabei pro Medikament regelmäßig zwischen 500 und 800 Mio. € angegeben. Der Patentschutz beträgt in der Bundesrepublik Deutschland und den meisten Industrieländern 20 Jahre vom Zeitpunkt der Erteilung des Patents. Da ein Patent häufig sehr früh im Forschungsstadium angemeldet wird, beginnt die Patentlaufzeit bereits vor der Marktreife des Produkts, sodass nach Abschluss der klinischen Prüfung des Arzneimittels sowie des Zulassungsverfahrens dem Unternehmen häufig weniger als zehn Jahre effektive Patentlaufzeit zur Verfügung stehen, in denen die Forschungs- und Entwicklungskosten des Arzneimittels erwirtschaftet werden müssen. Ein weiterer Größenvorteil begründet sich häufig darin, dass weltweit agierende Unternehmen auf einen schlagkräftigen Außendienst zurückgreifen und dadurch eine schnelle globale Marktdurchdringung gewährleisten können. Es verwundert daher nicht, dass sich insbesondere in dem Bereich der forschenden pharmazeutischen Industrie in den letzten Jahren eine Vielzahl von Unternehmenskäufen und Zusammenschlüssen ergaben. So sind etwa die früheren eigenständigen Firmen Pharmacia, Warner-Lambert, Searle und Upjohn zwischenzeitlich alle im Pfizer-Konzern aufgegangen.

---

[1] Vgl. *Fischer, D.; Breitenbach, J.* (2003): Die Pharmaindustrie: Einblick – Durchblick – Perspektiven, S. 15 ff.

Top 20 Pharmaunternehmen 2002	Ums. in Mrd. US$	Marktanteil in %
1. Pfizer (USA)	40,3	11,0
2. GlaxoSmithKline (GB)	27,0	7,2
3. Merck & Co. (USA)	21,6	5,6
4. AstraZeneca (GB)	17,3	4,5
5. Johnson & Johnson (USA)	17,2	4,5
6. Aventis (F)	16,6	4,3
7. Bristol-Myers-Sqibb (USA)	14,7	3,8
8. Novartis (Schweiz)	13,6	3,5
9. Roche (Schweiz)	12,4	3,2
10. Wyeth (USA)	11,7	3,1
11. Eli Lilly (USA)	10,3	2,6
12. Schering-Plough (USA)	8,9	2,3
13. Abbott (USA)	7,3	1,9
14. Sanofi-Synthélabo	7,0	1,8
15. Takeda (Japan)	5,9	1,5
16. Boehringer Ingelheim (D)	5,3	1,3
17. Amgen (USA)	5,0	1,2
18. Bayer (D)	4,3	1,1
19. Sankyo (Japan)	4,2	1,1
20. Schering (D)	3,3	0,8

Quelle: IMS Health

Abbildung 16-3: Top 20 Pharmaunternehmen (2002)

Zum zweiten Industriezweig gehören Hersteller von **Generika oder Nachahmerpräparaten,** die Medikamente auf den Markt bringen, deren Patentschutz abgelaufen ist. Die Wirkstoffe, Dosierung und Arzneiform sind in der Regel identisch mit dem Originalpräparat. Generikaproduzenten wie Teva (Israel), Ranbaxy (Indien), ratiopharm oder Stada (beide Deutschland) profitieren insbesondere vom zunehmenden Finanzierungsproblemen in den einzelnen nationalen Gesundheitssystemen, da sie aufgrund wegfallender F&E-Aufwendungen deutlich billiger produzieren und anbieten können als die Originatoren. Entscheidend für den Erfolg eines Generika-Unternehmens ist die Geschwindigkeit ein Präparat in der notwendigen Qualität „nachbauen" zu können. In einzelnen Fällen verschaffen sich Generika-Unternehmen einen Wettbewerbsvorteil, indem sie kurz vor Ende des Patentschutzes eine Lizenz des Originators (Early Entry) kaufen. Das Generikageschäft zeichnet sich des Weiteren durch vergleichsweise geringe Gewinnmargen und eine hohe Wettbewerbsintensität aus. Das Potenzial economies of scale zu generieren ist hier die Haupttriebfeder für Mergers & Acquisitions. Auch haben Originatoren erkannt, dass sie über die Akquisition einer Generikasparte, die Generierung von Gewinnen mit ihren Produkten verlängern können bzw. sich weitere Synergieeffekte, etwa bei der Auslastung von Produktionskapazitäten realisieren lassen.

Zum dritten Industriezweig gehören **Contract Research Organizations (CROs)**. Dies sind Unternehmen, die einzelne Bereiche der Arzneimittelentwicklung als Dienstleistung übernehmen. Diese Unternehmen haben sich auf präklinische (z.B. Quintiles) oder die klinische Entwicklung (z.B. Paraxel) spezialisiert. Durch die Beauftragung von CROs können Originatoren ihre eigenen F&E-Kapazitäten klein halten und ihr Risiko minimieren. In diesem Zusammenhang sollen auch Unternehmen genannt werden, die die Entwicklung von patentierten Darreichungssystem (drug delivery systems) übernehmen. Solche Unternehmen, wie z.B. ALZA entwickeln Systeme, die die Wirksamkeit und Effizienz bereits bekannter Wirkstoffe verbessern können (z.B. über eine verzögerte Wirkstofffreisetzung, das gezielte „Ansteuern" von Organen oder die Reduktion von Nebenwirkungen). Durch die Entwicklung solcher Systeme (die selbst patentgeschützt werden können) wird es unter Umständen möglich, den Lebenszyklus eines Arzneimittels um weitere Jahre auszudehnen.

Biotechnologie-Unternehmen gehören im weiteren Sinne ebenfalls zu den Industriezweigen der Pharmaindustrie. Auf diese soll jedoch an dieser Stelle nicht weiter eingegangen werden, da sich damit ein eigenständiger Beitrag in diesem Werk beschäftigt.

16.1.2 Der deutsche Pharmamarkt

Bis in die 1980 er Jahre des vergangenen Jahrhunderts zählte Deutschland zu den führenden Pharmanationen und beherbergte mit Unternehmen wie Hoechst und Bayer die weltgrößten Pharmakonzerne. Die Zeiten, in denen Deutschland als „Apotheke der Welt" galt, sind längst vorbei. In Deutschland sind gerade noch 500 pharmazeutische Unternehmen beheimatet. Es herrscht hier weitgehend eine mittelständisch geprägte Struktur vor. Etwa 90 % der Pharmaunternehmen haben weniger als 500 Beschäftigte, der Großteil wird von den Eigentümern selbst geführt. Hinzu kommen noch ca. 200 Unternehmen im so genannten Biomed-Sektor, die sich schwerpunktmäßig der Forschung und Entwicklung von Arzneimittel widmen.[2]

Pharmabetriebe nach Größenklassen	
Bis 99 Mitarbeiter	71 %
100 bis 499 Mitarbeiter	21 %
500 und mehr Mitarbeiter	8 %

Quelle: Bundesverband der Pharmazeutischen Industrie e.V. (Hrsg.): Pharmadaten 2005, S. 6

Abbildung 16-4: Pharmabetriebe nach Größenklassen

---

[2] Vgl. hierfür und die weiteren gemachten statistischen Angaben: *Bundesverband der Pharmazeutischen Industrie e.V.* (Hrsg.): Pharmadaten 2005, S. 1 ff.

Im Jahr 2004 waren 113.989 Personen in der pharmazeutischen Industrie beschäftigt. Insgesamt gingen seit 1996 6.787 der ursprünglich 120.776 Arbeitsplätze verloren. Dies entspricht einem Rückgang der Beschäftigtenzahl um 5,6%. In der Bundesrepublik sind ca. 16.000 Pharmareferenten tätig, die pro Jahr ca. 25 Mio. Besuche absolvieren.

Der überwiegende Anteil der Pharmaunternehmen erwirtschaftet den Großteil seines Umsatzes auf dem deutschen Heimatmarkt. Gleichwohl der Exportanteil wächst, signalisiert dies eine starke Anhängigkeit vom heimischen Gesundheitsmarkt und den hier vorherrschenden gesundheitspolitischen Rahmenbedingungen.

Der Produktionswert (bewertet zu Abgabepreisen) der pharmazeutischen Industrie in Deutschland betrug 2003 ca. 20,7 Mrd. €, die Gesamtausgaben für Arzneimittel (inkl. Verbandsmittel) lagen im selben Jahr laut statistischem Bundesamt bei ca. 37,5 Mrd. €. Durch die gesetzliche Krankenversicherung wurden 2003 ca. 22,8 Mrd. € aufgewandt. Diese Summe fiel 2004 auf ca. 21,8 Mrd. € ab, da sich hier die restriktiven Regelungen des GKV-Modernisierungsgesetzes bemerkbar machten. Etwa 15,5% der GKV-Gesamtausgaben entfallen auf Arzneimittel. Nach der Krankenhausbehandlung (34,0%) ist dies damit der zweitgrößte Ausgabenblock und liegt noch vor den Ausgaben für ärztliche Behandlung (15,3%).

Nach dem Umsatz ist der Marktführer auf dem deutschen Pharmamarkt 2004 Sanofi-Aventis. Damit liegt dieses Unternehmen vor Pfizer und den beiden Generikaherstellern ratiopharm und Hexal.

Die Zahl der Arzneimittel in Deutschland, für die eine Zulassung oder Registrierung besteht, lag per Stichtag 15. Juli 2005 laut Statistik des Bundesinstitutes für Arzneimittel und Medizinprodukte (BfArM) bei ca. 52.000 Diese hohe Zahl wird in internationalen Vergleichen häufig kritisiert. Die „Rote Liste®", das das umfassendste Arzneimittelverzeichnis Deutschlands darstellt, nennt in seiner aktuellen Ausgabe jedoch nur eine Zahl von 8.933 Präparaten und macht dabei 35.063 Preisangaben (da die Präparate fast immer in verschiedenen Packungsgrößen zu unterschiedlichen Preisen gehandelt werden).

Im Jahr 2003 wurden in Deutschland 1,64 Mrd. Packungseinheiten abgegeben, davon entfielen auf verschreibungspflichtige Medikamente 728 Mio. (44,3%), rezeptfreie Verordnungen 266 Mio. (16,2%) und Selbstmedikation 648 Mio. (39,5%).

Hinsichtlich der möglichen Vertriebswege ist zunächst auf die Präparate abzuheben. Diese können zunächst in freiverkäufliche und apothekenpflichtige Präparate unterschieden werden. Bei freiverkäuflichen Präparaten kann auch der normale Einzelhandel Distributor sein, wenn dort ein entsprechender Sachkundenachweis vorliegt. Weiter können Präparate danach Unterschieden werden, ob sie rezeptpflichtig sind und ob die Kosten für den Versicherten erstattungsfähig sind.

Der klassische Vertriebsweg von Arzneimitteln verläuft von den Hersteller über Großhändler und eine der ca. 21.500 Apotheken zum Endverbraucher. Über diesen Distributionskanal werden ca. 75% des Marktes abgedeckt. Ein weiterer quantitativ bedeutsamer Weg geht von den Herstellern direkt an die ca. 2.200 Krankenhäuser. Die Krankenhäuser geben die Arzneimittel dann ohne gesonderte Berechnung an ihre Patienten ab. Darüber hinaus werden Arzneimittel an krankenhausversorgende Apotheken oder Krankenhäuser mit eigener Apotheke geliefert. Ein geringer Anteil des Marktes wird ohne Einbeziehung des Großhandels direkt vom Hersteller an den Apotheker abgegeben.[3] Zunehmende Bedeutung gewinnt in der Pharmabranche auch der Versandhandel. Die Internetapotheke DocMorris hat hier bekanntlich neue Vertriebsstrukturen etabliert.

Im Gegensatz zu anderen Ländern ist in Deutschland die Direktabgabe von Medikamenten durch Ärzte verboten (Dispensierverbot). Sie können zwar Maßnahmen zur Direktmedikation durchführen (z.B. eine Infusion, Injektion), ansonsten ist ihnen nur die Abgabe von Ärztemustern in geringen und geregelten Mengen erlaubt. Durch ihr Verordnungsmonopol für rezeptpflichtige Arzneimittel konzentriert sich das Marketing der Pharmahersteller natürlich bisher auf die deutsche Ärzteschaft. 2003 waren in Deutschland ca. 304.000 Ärzte berufstätig, davon im ambulanten Bereich ca. 132.000 und im stationären Bereich 145.500. In Behörden oder Körperschaften und anderen Bereichen sind 26.200 Ärzte tätig. Durch den zunehmenden Anteil von OTC-Produkten (over the counter) in Apotheken sowie der Erlaubnis, bestimmte verschriebene Medikamente durch wirkstoffgleiche, preisgünstigere Medikamente zu ersetzen (sog. Aut-idem-Regelung) werden zunehmen Apotheker zum Mittelpunkt von Marketingaktivitäten der Pharmahersteller. Durch den wachsenden Markt der Selbstmedikation rückt natürlich auch der Patient oder Endverbraucher selbst immer mehr in den Fokus des Marketinginteresses.

16.2 Besonderheiten bei der Bewertung von Pharmaunternehmen

16.2.1 Die Einbindung von Phamaunternehmen in den Gesundheitsmarkt

Wie bereits erwähnt, sind Unternehmen der pharmazeutischen Industrie in hohem Maße abhängig von den gesundheitspolitischen Rahmenbedingungen eines Landes. Um ein Unternehmen der pharmazeutischen Industrie zu bewerten, ist es daher absolut notwendig, dass ein Bewerter nicht nur über die notwendige Methodenkompetenz hinsichtlich der entsprechenden Bewertungsverfahren verfügt. Ebenso notwendig sind vertiefte Kenntnisse der Pharmabranche und hierbei insbesondere ein entsprechendes Grundverständnis über seine Einbettung in den Gesundheitsmarkt und das Gesundheitssystem eines Landes. Nur das Durchschauen der zahlreichen Interdependenzen zu anderen privaten und staatlichen Unternehmen und Institutionen im Health-Care-Markt ermöglicht die gesundheitssystemimmanenten Chancen und Risiken, denen ein einzelnes Pharmaunternehmen gegenübersteht, abzuschätzen. Durch die Spezifika des Gesundheitsmarktes und den hohen Grad der Regulierung, der diesem Bereich innewohnt, werden seriöse und fundierte Prognosen, etwa über zukünftig zu erzielende Cashflows, zur besonderen Herausforderung. Nachfolgend werden wir beispielhaft einige dieser Besonderheiten skizzieren:

---

[3] Vgl. hierzu *Dambacher, E.; Schöffski, O.* (2002): Vertriebswege und Vertriebswegeentscheidung. In: Schöffski, O. et al. (Hrsg.): Pharmabetriebslehre, S. 243 ff.

16.2.1.1 Allgemeine Besonderheiten des Gesundheitsmarktes

„Gesundheit ist nicht alles, aber ohne Gesundheit ist alles nichts" oder „Gesundheit ist das höchste Gut" sind häufig genannte Werturteile, die auf die Besonderheit von Gesundheit hinweisen. Aus theoretischer Sicht weist der Markt für Gesundheitsleistungen in der Tat eine Reihe von Besonderheiten auf, die dazu geführt haben, dass unter Gesundheitsökonomen weitestgehend Konsens darüber besteht, dass die klassische ökonomische Nachfragetheorie hier nur sehr eingeschränkt gelten kann. Es besteht jedoch große Uneinigkeit darüber, wie ein effizienter Einsatz der knappen Mittel auf diesem Markt herbeigeführt werden soll. Zwischen wettbewerblichen Lösungen bis hin zu einem vollkommen staatlich geplanten Gesundheitswesen schwanken die Ansätze. Insbesondere unterscheidet sich der Gesundheitsmarkt von anderen Märkten durch folgende Punkte:[4]

- **Eingeschränkte Konsumentensouveränität**, die aus der Informationsasymmetrie zwischen Anbietern von Gesundheitsleistungen und dem Nachfragern entsteht.
- **Möglichen Nichterreichung sozialpolitisch definierter Ziele**, z.B. der Gleichbehandlung von Individuen bei gleichen Bedürfnissen (Zwei-Klassen-Medizin).
- **Hohes Risiko bei der Produktion von Gesundheitsleistungen**, im Extremfall kann Marktversagen zu irreparablen körperlichen und/oder geistigen Defekten oder letztlich zum Tod führen.
- **Diskriminierender oder selektiver Wettbewerb**, der dadurch entstehen kann, dass Anbieter von Gesundheitsleistungen versuchen, für sie nicht lukrative Behandlungsleistungen oder Patientengruppen vom Angebot auszuschließen (adverse-selection) und so genannte Rosinenpickerei (cream-skimming) zu betreiben.
- **Externe Effekte**, die dadurch entstehen, dass durch ökonomische Aktivitäten von Anbietern oder Nachfragern bei Dritten unbeabsichtigte Kosten und/oder Nutzeneffekte entstehen (z.B. die zwangsweise Impfung einer Person, um die Ansteckung für Dritte zu verhindern).

Das Ergebnis dieser marktlichen Unvollkommenheiten besteht nun darin, dass der Gesetzgeber regulierend in den Gesundheitsmarkt eingreift, um die Sicherstellung seiner mehr oder weniger gut definierten gesundheitspolitischen Ziele zu verwirklichen. Diese Eingriffe waren in den letzten Jahre insbesondere darauf bezogen, eine Beitragssatzstabilität im komplexen System der gesetzlichen Krankenversicherung zu gewährleisten.

16.2.1.2 Wichtige Steuerungsinstrumente in der Arzneimittelversorgung

Nach dem maßgeblichen Paragrafen der gesetzlichen Krankenversicherung, dem § 12 des SGB V, dürfen nur Maßnahmen zur Behandlung der Versicherten getroffen werden, die „... ausreichend, zweckmäßig und wirtschaftlich" sind und „das Maß des Notwendigen nicht überschreiten". Leistungen, die nicht notwendig oder unwirtschaftlich sind, „können Versicherte nicht beanspruchen, dürfen die Leistungserbringer nicht bewirken und die Krankenkassen nicht bewilligen".

Für die Leistungserbringer und die Versicherten in der GKV (dies sind ca. 90% der deutschen Bevölkerung) sind die folgenden Regulierungen als besonderes bedeutsam für die Preis- und Nachfrageentwicklung zu nennen:

---

[4] Vgl. ausführlich: *Merk, W.* (1999): Wettbewerbsorientiertes Management von Arztpraxen, S. 64. ff.

Arzneimittelbudgets: Nach § 84 SGB V vereinbaren Krankenkassen und die Kassenärztliche Vereinigung bis zum 30. November für das jeweils folgende Kalenderjahr eine Arzneimittelvereinbarung. Die Vereinbarung umfasst insbesondere ein Ausgabenvolumen für die insgesamt von den Vertragsärzten veranlassten Leistungen, Versorgungs- und Wirtschaftlichkeitsziele und konkrete, auf die Umsetzung dieser Ziele ausgerichtete Maßnahmen (Zielvereinbarungen), insbesondere zur Information und Beratung und Kriterien für Sofortmaßnahmen zur Einhaltung des vereinbarten Ausgabenvolumens innerhalb des laufenden Kalenderjahres. Bei der Anpassung des Ausgabenvolumens sind eine Reihe von Einflussfaktoren zu berücksichtigen, z.B. die Veränderungen der Zahl und Altersstruktur der Versicherten, die Veränderungen der Preise der Arznei- und Verbandmittel oder Änderungen der Richtlinien des Gemeinsamen Bundesausschusses. Für Über- und Unterschreitungen des Arzneimittelbudgets sind bestimmte Regelungen mit Anreizwirkung für die Beteiligten vorgesehen.

Wirtschaftlichkeitsprüfungen: Nach § 106 SGB V wird die Verordnungsweise der einzelnen Vertragsärzte überwacht. Bei Überschreitung von Richtgrößen (Orientierungsgrößen für den einzelnen Vertragsarzt, die aus den Arzneimittelbudgets abgeleitet werden) sind Auffälligkeitsprüfungen vorgesehen, außerdem Zufälligkeitsprüfungen, die mindestens 2% der Ärzte pro Quartal als Stichprobe beinhalten sollen.

Festbeträge: Die sind nach § 35 SGB V Erstattungshöchstbeträge für Arzneimittel zu Lasten der GKV und werden für erstattungsfähige Arzneimittel vom Bundesausschuss Ärzte/Krankenkassen gebildet. In den Festbetragsgruppen sind Präparate mit denselben Wirkstoffen (Stufe 1), Präparate mit pharmakologisch-therapeutisch vergleichbaren Wirkstoffen (Stufe 2) und Präparate mit therapeutisch vergleichbarer Wirkung (Stufe 3) enthalten. Ausgenommen sind patent-geschützte Arzneimittel mit Zulassung nach dem 31.12.1995.

Arzneimittelpreisverordnung (AMPreisV): Für verschreibungspflichtige Arzneimittel gilt derzeit die Formel: Apothekeneinkaufspreis + 3% + 8,10 € + MwSt = Apothekenverkaufspreis. Für nicht verschreibungspflichtige Medikamente gilt bei Erstattungsfähigkeit zu Lasten der GKV vorläufig die bis zum 31.12.2003 gültige AMPreisV weiter, ansonsten können hier die Apotheker frei kalkulieren. Derzeit gilt jedoch ein Zwangsrabatt von 2,00 € (netto 1,72 €) für jedes abgegebene verschreibungspflichtige Arzneimittel und für sonstige Arzneimittel in Höhe von 5%.

Zwangsrabatte: Für das Jahr 2003 mussten die pharmazeutischen Unternehmen der GKV einen Zwangsrabatt in Höhe von 6% einräumen, in Jahr 2004 stieg dieser Rabatt auf 16%.

Zuzahlungsregelungen: Seit dem 1.1.2004 muss der gesetzlich versicherte Patient 10% des Arzneimittelpreises zuzahlen, minimal jedoch 5,00 Euro, maximal 10,00 Euro. Kinder und Jugendliche sind von den Zuzahlungen ausgenommen. Es gilt eine Belastungsgrenze von 2% Bruttoeinnahmen. Bei chronisch Kranken liegt diese Grenze bei 1% der Bruttoeinnahmen.

Anreiz zu Parallelimporten: Hier wird versucht, die Apotheker zu zwingen, Preisdifferenzen zwischen den einzelnen Ländern zu nutzen. Derzeit sollen von den Apothekern mindestens 7% des Umsatzes durch Parallelimporte nach § 129 SGB V erzielt werden.

Negativliste: Seit 1983 gilt in der GKV eine Negativliste, für erwachsene Versicherte sind Mittel bei Erkältungskrankheiten und grippalen Infekten, Mund- und Rachentherapeutika, Abführmittel und Mittel gegen Reisekrankheiten von der Erstattung ausgeschlossen.

In den vergangen Jahren haben sich aufgrund der Tatsache, dass keine grundlegenden Reformbemühungen von der Politik unternommen wurden (sog. Kurieren an Symptomen), verschiedene Gesundheitsökonomen sehr besorgt hinsichtlich der Beitragsatzentwicklung in den nächsten 20 bis 30 Jahren geäußert. Bei unveränderten Strukturen und gleichem Leistungskatalog wird eine Steigerung des Beitragsatzes bis auf ein Niveau von ca. 25 % um das Jahr 2030 vermutet. Bei einer wachsenden originären Nachfrage nach Gesundheitsleistungen, die insbesondere durch die absehbare demographische Veränderung und den medizinisch-technologischen Fortschritt verursacht wird, muss staatliche Budgetierung zu Rationierung von Gesundheitsleistungen führen oder der Katalog der solidarisch finanzierten Leistungen in der GKV ausgedünnt werden. Unabhängig davon, welche „Kosten dämpfenden" Maßnahmen sich die Politiker auch einfallen lassen werden, der Gesundheitsmarkt im Allgemeinen und damit auch der Arzneimittelmarkt im Speziellen wird langfristig in den meisten Industrienationen ein Wachstumsmarkt bleiben. Die wichtigen makroökonomischen originären Nachfragetreiber werden sich zukünftig weiterhin positiv entwickeln. Diese Nachfrage kann nicht dauerhaft durch staatliche Eingriffe unterdrückt werden.

16.2.1.3 Die demographische Entwicklung und der medizinische Fortschritt als originäre Nachfragedeterminanten der Arzneimittelnachfrage

Ein erheblicher Einfluss auf die Nachfrage eines Gesundheitsmarktes geht von der Altersstruktur seiner Bevölkerung aus. Wie in fast allen anderen europäischen Ländern ist in der Bundesrepublik Deutschland eine Überalterung der Bevölkerung zu beobachten. Diese

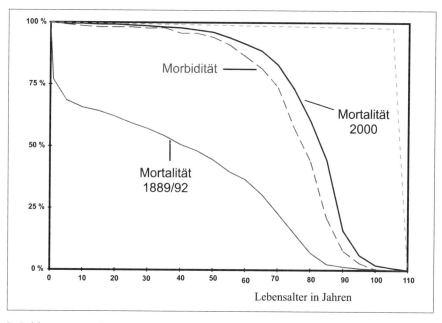

In Anlehnung an: Köck, C. M. (1996), S. 22.

Abbildung 16-5: Rektangularisierung der Morbiditätskurve

doppelte Überalterung (einerseits der Rückgang der Geburtenzahlen, anderseits die Erhöhung der Lebenserwartung) wird in der Bundesrepublik dazu führen, dass sich der Gesamtlastkoeffizient, der das Verhältnis zwischen den nicht oder nicht mehr Erwerbstätigen einerseits und den Erwerbstätigen andererseits angibt, von 78,4% (1995) auf etwa 115% (2030) erhöhen wird. Das bedeutet, dass auf jeden Erwerbstätigen statt 0,78 nicht Erwerbstätige dann 1,15 nicht Erwerbstätige kommen.

Für die Entwicklung der Nachfrage nach Gesundheitsleistungen ist jedoch nicht primär die Mortalitätskurve, also die Sterblichkeit, sondern die Morbiditätsentwicklung der Bevölkerung verantwortlich.

In Abbildung 16-5 ist der Anteil der Überlebenden einer Geburtskohorte in Abhängigkeit vom Lebensalter dargestellt (Mortalitätskurven von 2000 und 1889/92). Die Morbiditätskurve bezeichnet den Sachverhalt, dass der Großteil der individuellen Gesundheitsleistungen in einem relativ kurzen Zeitraum vor dem Tod anfällt.

Die Fläche zwischen der Morbiditätskurve und der Mortalitätskurve ist demnach der ausschlaggebende Faktor für die Nachfrage nach Gesundheitsleistungen. Für die Entwicklung dieser Fläche spielt der medizinische Fortschritt eine entscheidende Rolle. Er findet vor allem durch neue und bessere Einsichten in medizinische Zusammenhänge und Fortschritte im therapeutischen Bereich statt. Dies bedeutet heute in allererster Linie technologische und pharmakologische Innovationen. Den Löwenanteil dieser Innovationen stellen jedoch sog. „halfway-technologies" dar.[5] Dies sind neue Behandlungsverfahren, mit denen keine vollständige Heilung erzielt wird, der Verlauf von Krankheiten jedoch verlangsamt wird. Die Zeitspanne zwischen Erkrankung und Tod wird dadurch verlängert (z.B. Chemo- oder Strahlentherapie bei Krebserkrankungen, Proteasehemmer bei AIDS). Die Fläche zwischen Morbiditätskurve und Mortalitätskurve wird sich zukünftig also tendenziell ausdehnen, und damit die Nachfrage nach Gesundheitsleistungen sowie den „Kostendruck" in den Versicherungssystemen erhöhen.

Für die forschenden Pharmaunternehmen ergibt sich hieraus eine gewaltige Herausforderung: Der immense Forschungsaufwand für neue Medikamente steht immer häufiger konträr zu den generellen zukünftigen Finanzierungsmöglichkeiten eines Gesundheitssystems. Die meisten der Innovation verschärfen durch die Belastung der Gesundheitssysteme eine Kostendämpfungspolitik. Werden die Preise aber etwa künstlich gedrückt, bedeutet dies für Pharmaunternehmen verminderte Renditeerwartungen für die Innovationen, sodass sich gegebenenfalls die hohen F&E-Kosten nicht mehr amortisieren können.

16.2.2 Markttransparenz durch Verfügbarkeit von Marktzahlen über Markforschungsunternehmen

Eine Besonderheit des Pharmamarktes, im positiven Sinne für die Durchführung einer Unternehmensbewertung, ist seine außerordentliche Transparenz. Die Absatzmengen und damit erzielten Umsätze sämtlicher Arzneimittel aller konkurrierender Marktteilnehmer werden über Marktforschungsinstitute erfasst und können von interessierten Unterneh-

---

[5] Vgl. *Weisbrod, B.A.* (1991): The Health Care Quadrilemma: An Essay on Technological Change, Insurance, Quality of Care, and Cost Containment. In: Journal of Economic Literature, 29. Jg. (1991), S. 523 ff.

men von diesen bezogen werden. In Europa hat IMS Health, ein britisches Marktforschungsunternehmen, dabei die beste länderübergreifende Abdeckung. Hinsichtlich der Interpretierbarkeit der Zahlen ist jedoch zu beachten, dass in manchen Ländern Rabatte nicht von IMS Health gezeigt werden. Entsprechend hinken für solche Länder die Wettbewerbsvergleiche, da nicht von einer identischen Rabattpolitik aller Wettbewerber ausgegangen werden kann. Dennoch erleichtern solche Marktzahlen die Analyse von Unternehmenszahlen bei der Bewertung, die meist vom verkaufenden Unternehmen zur Verfügung gestellt werden. Auch wenn mit Hilfe dieser Marktzahlen noch lange keine Absicherung der Prognosen möglich ist, so sind zumindest die vergangenheitsbasierten Ist-Umsätze, auf denen die Prognosen aufsetzen, zu einem hohen Maße extern verifizierbar.

16.2.3 Abhängigkeit von Pharmaunternehmen von bestehenden und zukünftigen Produkten

Grundsätzlich sind die gängigen Unternehmensbewertungsverfahren der Betriebswirtschaftslehre branchenunabhängig anwendbar und somit auch für Unternehmen der Pharmaindustrie gültig. Eine Besonderheit der Pharmaindustrie ist jedoch, dass eine Bewertungen in drei Komponenten zu trennen ist,[6] die jeweils individuell betrachtet werden müssen. Diese Notwendigkeit rührt daher, dass der Wert eines Pharmaunternehmens signifikant von den zur Verfügung stehenden vermarktbaren Produkten bestimmt wird. D.h. welche Produkte hat das Unternehmen schon heute im Markt und wie sieht die zukünftige Produkt-Pipeline aus.

Die erste Komponente, die Bewertung von bestehenden Produkten über zukünftig zu erwartende Cashflows, unterscheidet sich nicht von der Bewertung anderer Branchen, da die Problematik der Prognose zukünftiger Cashflows betriebswirtschaftlich Usus ist.

Die zweite Komponente, die Einschätzung zukünftiger Cashflows von Produkten, die sich zum Zeitpunkt der Bewertung noch nicht im Markt befinden, erfordert jedoch eine zusätzliche Risikoanpassung bei Bewertungen in der Pharmaindustrie, da neben der Prognose zukünftiger Cashflows dieser Produkte auch eine Prognose der Erfolgswahrscheinlichkeit zu treffen ist, ob bzw. wie viele der sich in Forschung und Entwicklung befindlichen Produkte tatsächlich die Marktreife erreichen werden. Dieser Punkt wird im weiteren Verlauf des Artikels noch detaillierter diskutiert werden.

Die dritte Komponente, die jeden Bewerter in der Pharmaindustrie vor Schwierigkeiten stellt, ist die Beurteilung des Fortführungswerts des Unternehmens gemäß des Going-concern-Prinzips. Die Schwierigkeit der Beurteilung dieser Komponente bedeutet ein Triplizieren des Unsicherheitsfaktors. Die Beurteilung des Fortführungswertes beinhaltet neben der Prognose zukünftiger Produkt-Cashflows und der Einschätzung der Erfolgswahrscheinlichkeit von den in Forschung und Entwicklung befindlichen Produkten (die letztendlich auch vermarktet werden müssen), auch noch die Schwierigkeit der Prognose bezüglich einer zukünftigen F&E-Pipeline. Da dieser Punkt im Detail nicht abschätzbar ist, muss über investitionsrechnungstechnische Verfahren hier eine Lösung gefunden werden. Dies wird im Abschnitt 14.4.2 DCF-Verfahren detaillierter erläutert werden.

---

[6] Vgl. *Brandt, Stefan M.* (2002): Die Berücksichtigung der Unsicherheit in der Planung bei der Bewertung von Pharma-Unternehmen, S. 29.

16.2.4 Geschäfts-Segmentierung als Mittel für mehr Bewertungs-Transparenz

Die Basisdaten für eine Unternehmensbewertung, die Gewinn- und Verlustrechnung (kurz GuV) und die Bilanz des zu bewertenden Unternehmens, reichen in der Regel nicht aus, um eine fundierte Bewertung erstellen zu können. Es sollte auf jeden Fall immer auch ein analytischer Ansatz verfolgt werden, im Rahmen dessen zumindest die GuV des Unternehmens oder der Unternehmensgruppe – im optimalen Fall auch die Bilanz – segmentiert dargestellt wird. Handelt es sich um börsennotierte Unternehmen, so sind die GuV-Informationen meist in der Segmentberichterstattung ohnehin vorhanden. Unterliegt das zu bewertende Unternehmen nicht diesen rechtlichen Vorschriften, so sind die im Folgenden dargestellten Informationen zur Segmentierung zu beschaffen und in die Bewertung einzubeziehen.

16.2.4.1 Regionale Aufteilung

Eine regionale Aufteilung der GuV und optimalerweise der Bilanz, d.h. eine Darstellung, wie sich Umsatz, Ebit und evtl. das Anlagevermögen und Working Capital (also die Summe von Beständen und Forderungen abzüglich Verbindlichkeiten) auf einzelne Länder verteilen, ist notwendig, wenn es sich bei dem zu bewertenden Unternehmen um ein multinationales Unternehmen handelt. In einem solchen Fall sind differenzierte Länderinformation von Bedeutung, um Länderrisiken wie Währungskursstabilität, Inflationsraten, kulturelle Barrieren und politische Stabilität bei der Prognose zukünftiger Cashflows in die Bewertung eingehen lassen zu können. So zeigte beispielsweise die Russland-Krise 1999, dass Unternehmen, die in diesem Land ungesicherte Forderungsausstände hatten, diese de facto abschreiben mussten. Ist ein Unternehmen zu bewerten, das nur in einem Land tätig ist (lokales Unternehmen bzw. eine lokale Tochtergesellschaft eines Konzerns), kann eine regionale Aufteilung auf bestimmte Regionen des Landes hilfreich sein. Eine solche Segmentierung beschränkt sich dann in der Regel jedoch auf den Umsatz bzw. je nach Datenverfügbarkeit des zu bewertenden Unternehmens auf einen unternehmensspezifisch berechneten Deckungsbeitrag. Um diesen zu ermitteln können beispielsweise vom segmentierten Umsatz der entsprechende Wareneinsatz und die Außendienst-Kosten (Personalkosten und andere personenabhängige Kosten wie Reisekosten) abgezogen werden. Anhand dieser Deckungsbeiträge ist dann eine Aussage über die Außendienststärke und die Profitabilität der einzelnen Regionen möglich.

16.2.4.2 Aufteilung des Produkt-Portfolios

Informationen zum Produktportfolio – Umsatz und Gross Margin (Umsatz abzüglich Wareneinsatz) – sind hinsichtlich mehrer Kriterien von Bedeutung. Zum einen sollte eine Unterteilung in die verschiedenen Indikationsgebiete vorliegen. Unter Indikationen werden Gruppen von Arzneimitteln zur Therapie bestimmter (meist Organ-bezogener) Krankheitsbilder verstanden. Beispiele dafür sind die Indikationsgruppen „Magen/Darm", „Herz/Kreislauf", aber auch Gruppen wie „Onkologie" (also Arzneimittel zur Krebstherapie).

Zudem von Bedeutung ist eine Unterteilung des Geschäfts, das häufig in die Bereiche Verordnungen, OTC- und Klinik vorgenommen wird. Das Verordnungsgeschäft beinhaltet alle Arzneimittel, die der Patient per Verschreibung vom Arzt erhält. OTC beinhaltet alle Produkte, die ein Patient frei verkäuflich in der Apotheke, also ohne Rezept, erhält. Das Klinikgeschäft zeigt den Anteil, der direkt vom Pharmaunternehmen an Krankenhäuser geliefert wird. Die Gross Margin, also die Profitabilität dieser drei Geschäftszweige unterscheidet sich in der Regel stark. Zudem ist diese Unterteilung wichtig für die Beuteilung der Qualität des Außendiensts des zu bewertenden Unternehmens. Eine wichtige zu beurteilende Frage ist hier beispielsweise, wie viele Außendienstmitarbeiter, die Krankenhäuser kontaktieren, welchen Umsatz und welche Gross Margin erwirtschaften. Außerdem können so Aussagen zur Qualität des Marketings getroffen werden. Häufig geht es dabei um die Frage, wie effizient die Endverbraucherwerbung beim Patient ist, der für den Kauf von OTC-Produkten in der Apotheke umworben wird.

16.2.4.3 Lohnfertigungsanteil

Handelt es sich bei dem zu bewertenden Unternehmen um ein produzierendes Unternehmen, so ist aus Umsatz und Gross Margin auch der Anteil des Lohnfertigungsgeschäfts separat darzustellen. Hierbei handelt es sich um die Produktion von Produkten, die vom zu bewertenden Unternehmen im Auftrag eines Mitwettbewerbers mit dessen Verpackung produziert und entsprechend an diesen verkauft werden. Solche Produkte erscheinen im Markt (also beim Arzt, Apotheker und Patienten) dann als Produkt des Wettbewerbers. Die entsprechenden Umsätze sind also unabhängig von der Stärke und Qualität des Außendienstes des zu bewertenden Unternehmens. Bei der Bewertung des Lohnfertigungsgeschäfts ist entsprechend zu hinterfragen, ob dieser Geschäftszweig im Falle eines Verkaufs des Unternehmens vom potenziellen zukünftigen Käufer übernommen werden kann oder dann entfällt. Der Wegfall dieses Geschäfts ist häufig bei internationalen Konzernen zu finden, die eine Tochtergesellschaft zum Verkauf anbieten. Der Fall stellt sich dann meist so dar, dass die zum Verkauf stehende Tochtergesellschaft bisher auch für andere Konzernunternehmen bestimmte Produkte produziert hat. Wird die Tochtergesellschaft verkauft, verlagert der Konzern dieses Lohnfertigungsgeschäft häufig an andere konzerninterne Standorte, so dass die Abhängigkeit von einem potenziellen Käufer der zum Verkauf stehenden Tochtergesellschaft reduziert wird.

16.2.4.4 Verteilung der Funktionskosten

Unter Funktionskosten werden alle Aufwendungen in der GuV verstanden, die zwischen Gross Margin und Ebit dargestellt werden (z.B. Personalkosten, Reisekosten, Marketingaufwendungen etc.). Diese Aufwendungen sind in die Funktionen des zu bewertenden Unternehmens aufzuteilen. Normalerweise wird in der Pharmaindustrie in die Funktionen „Forschung und Entwicklung", „Marketing und Vertrieb", „Finanzen und Administration" und im Falle eines produzierenden Unternehmens zusätzlich in „Produktion" unterschieden. Wichtig für das Verständnis bezüglich der Funktion „Produktion" ist, dass in den Funktionskosten, also den Aufwendungen unterhalb der Gross Margin, nur die Aufwendungen dargestellt werden, die nicht bereits in die Herstellkostenkalkulation der Produkte und damit in der Darstellung des Wareneinsatzes eingehen.

Wenn gleichzeitig zur Aufteilung der entsprechenden GuV-Positionen in Funktionen noch eine entsprechende Darstellung der Mitarbeiteranzahl pro Funktion erfolgt, kann die Qualität der einzelnen Funktionen, auch im Vergleich zum Industriestandard, sehr gut beurteilt werden. So kann beispielsweise über die Bildung von Kennzahlen, wie durchschnittliche Personalkosten pro Funktionsmitarbeiter, erkannt werden, wie die Gehaltsstruktur ist, ohne im Detail die Gehaltslisten analysieren zu müssen. Eine derartige Information ist für Entscheidungen wertvoll, wenn durch einen Unternehmenskauf zwei Unternehmen fusioniert werden und entsprechende Synergien gesucht werden. Nach der Darstellung der allgemeinen Besonderheiten der Bewertung von Pharmaunternehmen werden im Folgenden nun spezielle Probleme bei der Bewertung von Originatoren und Unternehmen in der Generikaindustrie dargestellt. Diese Differenzierung ist notwendig, da sich diese beiden Unternehmensgruppen stark hinsichtlich ihrer Kernkompetenzen und Produktlebenszyklen unterscheiden, die sich dann auf die Organisations- und Risikostruktur sowie die finanzielle Darstellung, also die Struktur der GuV, entsprechend unterschiedlich auswirken.

16.2.5 Besonderheiten bei der Bewertung von Originatoren

16.2.5.1 Bewertung von F&E als Kernkompetenz von Originatoren

Im Unterschied zu Unternehmen in der Generikaindustrie liegt die Kernkompetenz von Originatoren im Bereich der Forschung und Entwicklung (F&E). Der F&E-Prozess eines Originators bis zur Vermarktung des Produktes und damit der ersten Zahlungsrückflüsse, unterteilt sich in sechs Phasen *(siehe Abbildung 16-6)*.

In der Wirkstoff-Findungsphase wird mit unterschiedlichen Verfahren, auf die nicht weiter eingegangen werden soll, nach neuen Wirkstoffsubstanzen gesucht. Die Erfolgswahrscheinlichkeit dieser Phase ist sehr gering. So hat beispielsweise Merck & Co. Im Jahre 1990 mehr als 40.000 neue Substanzen anhand eines Screening-Verfahrens untersucht.[7]

Ist eine neue Substanz gefunden, werden in der präklinischen Phase Versuche an lebenden Organismen (Pflanzen, Tiere) durchgeführt. Hat ein Wirkstoff diese Phase erfolgreich be-

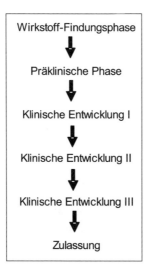

Abbildung 16-6: Der F&E-Prozess von Originatoren, Eigene Darstellung

---

[7] Vgl. *Herzog, R.* (1995): F&E-Management in der Pharma-Industrie, S. 80.

standen, erfolgen in der Klinischen Entwicklung I erste Versuche an gesunden, sich freiwillig zur Verfügung stellenden Menschen, in noch geringer Test-Anzahl (10 bis 80 Personen) mit Hauptfokus auf pharmakologische und pharmakinetische Eigenschaften und Verträglichkeit der Substanz. In der Klinischen Entwicklung II wird dann an einer größeren Anzahl Patienten (30 bis 500 Personen) die therapeutische Wirksamkeit untersucht, bis letztendlich in der klinischen Entwicklung III Wirksamkeit und Verträglichkeit in einer groß angelegten Studie (2000 bis 4000 Personen) überprüft werden.

Als letzte Hürde müssen die Unterlagen des so entwickelten neuen Produkts, die alle F&E-Phasen dokumentieren, bei den stattlichen Zulassungsbehörden eingereicht werden. Erst wenn die staatliche Zulassung vorliegt, kann das Produkt Cashflow bringend im Markt verkauft werden.

Grundsätzlich besteht das Risiko in jeder der sechs F&E-Phasen, dass das Projekt die Marktreife nicht erreicht. Aus diesem Grund werden Meilensteine definiert, an denen überprüft wird, ob das Projekt noch im zeitlichen Plan und im finanziellen Rahmen liegt. Abhängig davon wird dann die „Stop-or-Go"-Entscheidung gefällt. Diese Entscheidung ist von extremer Bedeutung, da neben den eventuell nie erzielbaren Zahlungsrückflüssen – in Abhängigkeit davon, in welcher Phase die Stop-Entscheidung getroffen wird – bereits immense, Zahlungen abgeflossen sein können oder noch hohe Zahlungen zu tätigen sind, da die einzelnen F&E-Phasen sich hinsichtlich der Höhe der getätigten bzw. zu erwartenden Zahlungsabflüsse unterscheiden. Bei jeder „Stop-or-Go"-Entscheidung ist also abzuwägen, ob das individuelle F&E-Risiko einer jeden Substanz in der entsprechenden F&E-Phase eine Weiterverfolgung des Projekts rechtfertigt oder nicht.

Im Hinblick auf die Bewertung von Originatoren ist es demzufolge wichtig zu berücksichtigen, dass ein gewisses „Risikokapital" (d.h. verfügbarer Cashflow) notwendig ist, um letztendlich das „Produkt-Stop"-Risiko in der Entwicklung finanziell verkraften zu können, um letztendlich die Chance auf die zukünftige Vermarktung eines neuen Wirkstoffs zu haben.

Berücksichtigt man darüber hinaus, dass der skizzierte F&E-Prozess im Erfolgsfall durchschnittlich 11,1 Jahre beträgt,[8] so muss zusätzlich zum F&E-Erfolgsrisiko dieser lange Zeitraum hinsichtlich der Liquidität überbrückt werden können, bis schließlich Zahlungsrückflüsse erwartet werden können. Zusätzlich zur ohnehin langen durchschnittlichen F&E-Zeitspanne eines neuen Produktes bis zur Markteinführung ist zudem das Risiko der zeitlichen Volatilität des F&E-Prozesses zu berücksichtigen. So ist beispielsweise die durchschnittliche Dauer der klinischen Entwicklung III mit 34 Monaten beziffert. Erfahrungswerte zeigen jedoch, dass allein diese Phase 20 bis 46 Monate in Anspruch nehmen kann.[9] Über alle F&E-Phasen hinweg kann es somit leicht zu Verzögerungen um mehrere Jahre kommen, die aus Cashflow-Sicht überbrückbar sein müssen.

Grundsätzlich ist es bei der Bewertung von Originatoren demzufolge wichtig, die F&E-Qualität zu beurteilen. Am nahe liegendsten ist es, dies aus vergangenen F&E-Erfolgen abzuleiten. Hat jedoch ein hoher personeller Wechsel bzw. ein Personalabbau in diesem Bereich stattgefunden, bei dem evt. die besonders zum Erfolg beitragenden Mitarbeiter das Unternehmen verlassen haben, lassen sich darüber nur schwer Aussagen für die Zukunft treffen. Generell können jedoch Rückschlüsse auf die F&E-Qualität eines Origina-

---

[8] Vgl. Pharma Daten '98, S. 52, *Herzog, R.* (1995): F&E-Management in der Pharma-Industrie, S. 252.

tors anhand der Anzahl der Mitarbeiter im F&E-Bereich und deren Betriebszugehörigkeitsdauer bzw. deren berufsspezifischer Erfahrung (z.B. F&E-Erfolge in anderen Unternehmen oder Institutionen) getroffen werden. Im Rahmen einer Bewertung der F&E-Qualität eines Originators muss allerdings immer noch zu den oben erwähnten Punkte die Abhängigkeit des F&E-Erfolgs von einzelnen Personen berücksichtigt werden. Ist der Erfolg von einer oder sehr wenigen Personen (z.B. Forscher mit hochspeziellen Kenntnissen) abhängig, so muss in die Bewertung des F&E-Erfolgs ein Risikoabschlag für den Fall eingehen, dass diese Personen dem Unternehmen nicht mehr zur Verfügung stehen sollten. Anders herum kann – wenn es individuell realistisch erscheint – jedoch diesem Risiko auch Rechnung getragen werden, indem zusätzliche Zahlungsabflüsse in den Personalkosten-Prognosen dieses Bereichs berücksichtigt werden. Dem würde dann der Gedanke zugrunde liegen, das Gehaltspaket für die entscheidenden F&E-Mitarbeiter so attraktiv zu gestalten, dass über diese Bindung des Mitarbeiters an das Unternehmen die zukünftige F&E-Erfolgswahrscheinlichkeit für den Originator so weit als möglich positiv beeinflusst wird.

Abbildung 16-7 zeigt den Anteil der Forschungsausgaben von Originatoren (basierend auf dem Jahre 2001) und wie viele Blockbuster-Produkte, d.h. Produkte mit einem Umsatzpotenzial von mindestens einer Milliarde US$, derzeit in deren Entwicklungspipeline (in der Klinischen Entwicklung II oder III) sind.[10]

	Anteil F&E-Ausgaben vom Umsatz	Anzahl Blockbuster in F&E-Pipeline
Pfizer	18 %	4
Eli Lilly	23 %	4
Merck	12 %	3
Astra Zeneca	16 %	3
Novartis	19 %	2
GlaxoSmithKline	15 %	2
Altana	21 %	2
Roche	22 %	1
Bayer	27 %	1
Bristol-Myers Squibb	15 %	1
Aventis	17 %	1
Boehringer Ingelheim	15 %	1
Schering	19 %	0★

★ nur Nischenprodukte

Abbildung 16-7: F&E-Ausgaben von Originatoren und erwarteter F&E-Erfolg, 2001, eigene Darstellung

---

[9] Vgl. *Brockhoff, K.* (1995): Der Innovationsaufwand in Unternehmen der forschenden Pharma-Industrie, S. 293. In: Herzog, R. (Hrsg.) (1995): F&E-Management in der Pharma-Industrie.

[10] Vgl. o.V. (2002): Nicht wieder zu beleben. In: Wirtschaftswoche Nr. 45, v. 31.10.2002, S. 53.

Die Übersicht verdeutlicht das Risiko der Originatoren durch deren Abhängigkeit von wenigen Produkten, deren Entwicklungserfolg recht wahrscheinlich, jedoch immer noch risikobehaftet ist, im Vergleich zu den sehr hohen F&E-Aufwendungen.

16.2.5.2 Produktlebenszyklus bei Originatoren

Der Produktlebenszyklus eines Originators hat für die Prognose zukünftiger Cashflows eine entscheidende Bedeutung. Wie bereits erwähnt, sind pharmazeutische Entwicklungen in der Regel durch Patente geschützt. Bei Ablauf des Patents ist es den Generika-Unternehmen erlaubt, mit den „Nachahmer-Produkten" auf den Markt zu kommen. Da die Generika-Unternehmen nur auf diesen Zeitpunkt warten und alles unternehmen, um bis dahin das Produkt „nachgekocht" und verfügbar zu haben, wird die Umsatz- und Profitabilitätskurve des Originators zu diesem Zeitpunkt einen starken Knick nach unten bekommen. Die Preise gehen nach unten, da generischer Wettbewerb mit „Preiskampf" gleichzusetzen ist. Gleichzeitig werden die Absatzmengen der Originators dezimiert. Man spricht hier von einer Generisierungsrate, also dem Anteil des Marktes, der dem Originator von den Generika-Unternehmen abspenstig gemacht wird. Abhängig davon wie viele Generika-Unternehmen zu welchem Zeitpunkt nach Patentablauf in den Markt eintreten, verliert der Originator im Laufe der ersten 2 bis 3 Jahre nach Patentablauf ca. 80% seines ursprünglichen Absatzvolumens. Eine solche Entwicklung muss entsprechend in den Cashflow-Prognosen berücksichtigt werden.

Die Schwierigkeit der Berücksichtigung dieses Effekts in der Bewertung ist dabei zudem, dass der Patentschutz in der Regel länderspezifisch unterschiedlich ist und deswegen eine länderindividuelle Berücksichtigung erfordert. Ein Extrembeispiel, das jedoch auf keinen Fall repräsentativ ist, ist Indien. Bis vor wenigen Jahren gab es in Indien gar keine Patente auf pharmazeutische Entwicklungen, sodass in diesem Land jederzeit Generika entwickelt, produziert und vertrieben werden konnten. Die neuerliche Einführung eines Patentschutzes in Indien bezieht sich jedoch nur auf Neuentwicklungen und wurde nicht retrospektiv auf bereits im Markt befindliche Produkte angewandt. Dadurch stellt Indien für Originatoren immer noch einen schwierigen Markt dar.

16.2.5.3 Hohes Risiko der Produkthaftung

Trotz der hohen Anforderungen, die an die Zulassung eines Arzneimittels gestellt werden, lässt sich nie gänzlich ausschließen, dass bestimmte Risiken der Arzneimitteleinnahme erst nach der Markteinführung eines Produktes evident werden. Unter Umständen können Arzneimittel kausal für schwere Gesundheitsschäden oder Missbildungen sein und im Extremfall zum Tode führen. Der Contergansskandal der 1960er Jahre kann hier beispielhaft genannt werden, ebenso die jüngst aufgetretenen Schlagzeilen hinsichtlich der Medikamente Lipobay von Bayer oder Vioxx von Merck & Co. Aufgrund der hohen Schadensersatzsummen, die Geschädigte insbesondere in den USA erstreiten können, besteht hier ein erhebliches Geschäftsrisiko für Originatoren. So sank der Börsenwert von Merck & Co. in den Monaten nach dem Vioxxskandal um ca. ein Drittel, da die möglichen Kosten in Milliardenhöhe durch tausende Schadensersatzprozesse den Handlungsspielraum des Konzerns erheblich einschränken können. Am 3.11.2005 konnte der Anwalt eines Vioxx-Geschädigten die Richter eines US-Gerichts in New Jersey aber nicht davon überzeugen, dass der Arzneimittelhersteller Patienten und Ärzte falsch über die Risiken informiert hat. Die Aktie legte daraufhin in wenigen Stunden um ca. 7% zu.

Im Rahmen einer Unternehmensbewertung sollte man sich diesen Risikos bewusst sein, den „Businessplan" gleichzeitig aber nicht zu pessimistisch darstellen. Eine Berücksichtigung durchschnittlicher Kosten aus Schadensersatzklagen und Anwalts-/Gerichtskosten der letzten Jahre ist im Rahmen der Bewertung zu empfehlen.

16.2.6 Besonderheiten bei der Bewertung von Generika-Unternehmen

16.2.6.1 Bewertung der Entwicklungsstrategie und -fähigkeit als Kernkompetenz von Generika-Unternehmen

Auch wenn Generika-Unternehmen nicht forschen, so kommt der Entwicklung bzw. der Entwicklungsstrategie auch bei Generika-Unternehmen hohe Bedeutung zu. Unter Entwicklung von Generika versteht man das „Nachkochen" der Rezeptur des Originalpräparats, verbunden mit einem „Upscaling", d.h. der Erhöhung von Pilot-Produktionschargen auf industrielle Maßstäbe, dem Erbringen von Bioäquivalenzstudien (d.h. dem Nachweis, dass die Wirkstofffreisetzung des generischen Präparats im Körper von Patienten identisch, im Rahmen bestimmter gesetzlich erlaubter Abweichungstoleranzen, mit der des Originalpräparats ist) und letztendlich der Erlangung der behördlichen Zulassung des Produktes zur Vermarktung.

Grundsätzlich gibt es zwei Entwicklungsstrategien, die Generika-Unternehmen in der Regel verfolgen:

- Die erste Möglichkeit ist, mit einer unternehmensinternen Entwicklungsabteilung die oben beschriebenen Schritte einer generischen Entwicklung durchzuführen.
- Die zweite Möglichkeit besteht darin, externe, auf generische Entwicklungen spezialisierte Unternehmen mit der Entwicklung zu beauftragen. Ähnlich dem F&E-Prozess der forschenden Pharmaindustrie werden dann zwischen Generika-Unternehmen und Entwickler Meilensteine definiert, an denen der Projektfortschritt gemessen, Teilzahlungen fällig werden und Projekt-Stops bzw. ein Ausstieg des Generika-Unternehmens aus dem Entwicklungsvertrag möglich sind. Man spricht hier von einer Einlizensierungsstrategie. Aufgabe der Entwicklungs-Mitarbeiter eines Generika-Unternehmens ist dann die Auswahl der Entwicklungspartner, die entsprechende Vertragsgestaltung, die Nachverfolgung des Projekt-Fortschritts und letztendlich die Einreichung der Zulassungsunterlagen bei den Behörden.

Wenn sich ein Generika-Unternehmen für die Aufnahme eines Produktes in das Produktportfolio entschieden hat (ca. fünf Jahre vor Patentablauf bzw. geplanter Markteinführung), wird Produkt für Produkt definiert, ob das Produkt selbst entwickelt oder einlizensiert werden soll. Der Großteil eines generischen Portfolios wird in der Regel über den Weg der Einlizensierung entwickelt.

Auch wenn das Risiko eines generischen Entwicklungsprozesses deutlich geringer ist als das eines forschenden Pharmaunternehmens, so kann es dennoch zu zeitlichen Verzögerungen kommen, bis das Produkt vermarktungsfähig ist. Solche zeitlichen Verzögerungen sind für die Generikaindustrie geschäftskritisch, da der Kernerfolgsfaktor von Generika-Unternehmen darin liegt, am Tag nach Patentablauf das Produkt vermarkten zu können. Dies wird auch als „Time to market" bezeichnet. Denn, je mehr Zeit zwischen diesem

Tag und dem tatsächlichen Markteintritt verstreicht, desto mehr Wettbewerber sind bereits auf dem Markt und desto schwieriger wird es, mengenmäßig Marktanteile zu gewinnen, zumal in der Regel mit der Anzahl der Wettbewerber gleichzeitig die erzielbaren Verkaufspreise sinken. Um letztendlich das Risiko, nicht zum Zeitpunkt des Patentablaufs vermarkten zu können, zu reduzieren, werden Entwicklungsaufträge von Generika-Unternehmen bei Blockbuster-Produkten oft an mehrere Entwickler vergeben. Zwar bedeutet dies dann deutlich höhere Entwicklungsaufwendungen (durch die Zahlung von Meilensteinen an mehrer Entwickler), der „Time to market"-Vorteil überkompensiert dies jedoch.

Für die Cashflow-Prognose zukünftiger Produkte, d.h. Produkte, die in der generischen Entwicklungsphase sind, ist es entsprechend von Bedeutung die Qualität der Entwicklungsabteilung des Generika-Unternehmens zu beurteilen. Dies kann über die gleichen Ansätze erfolgen, wie bei den Originatoren für die F&E-Qualität beschrieben. Entscheidend ist jedoch zusätzlich zu berücksichtigen, ob die Produktneueinführungen zum Patentablauf vermarktbar sind oder erst später zur Verfügung stehen. Diese Information muss in die Prognose der Marktanteils- und Verkaufspreis-Annahmen, die den Cashflow-Prognosen zugrunde liegen, eingehen.

16.2.6.2 Produktlebenszyklus eines generischen Produktes

Wie für Originatoren bereits erläutert, ist auch für Generika-Unternehmen die Berücksichtigung des Produktlebenszyklus von Bedeutung. Mit dem Patentablauf steigen die Generisierungsraten, bezogen auf Verkaufsmengen, in den ersten 2 bis 3 Jahren in der Regel auf ca. 80% des Gesamtmarktes an. Der gleichzeitig einsetzende Preisverfall ist weit schwerer zu prognostizieren, da dies von der Aggressivität des generischen Wettbewerbs abhängt, und produktindividuell beurteilt werden muss. Da es sich bei generischen Produkten ja um Wirkstoffe handelt, die rund 20 Jahre vorher entwickelt worden sind, ist im Rahmen einer Bewertung immer auch produktindividuell zu prüfen, ob Neuentwicklungen seitens der Originatoren in naher Zukunft auf den Markt gebracht werden, die einen exorbitanten therapeutischen Zusatznutzen bei der Behandlung der gleichen Krankheitsfälle im Vergleich zum Generikum haben, so dass das Generikum obsolet wird. Entsprechend müsste die Absatzmengenentwicklung des Generikums als stark rückläufig prognostiziert werden. In vorsichtigen Prognosen wird deshalb mit einem nur fünfjährigen Produktlebenszyklus für generische Produkte gerechnet, was jedoch sicherlich als „worst case" anzusehen ist.

16.2.6.3 Außendienst-Stärke als Werttreiber in der Generikaindustrie

Im Unterschied zu Originatoren ist der Außendienst von Generika-Unternehmen kein wissenschaftlicher Außendienst, da ja keine neuen Produkte im engeren Sinn bzw. keine neuen Wirkmechanismen erklärt werden müssen. Aus diesem Grund ist es auch nicht verwunderlich, dass ein Generika-Außendienst eine weit breitere Produktpalette bewerben kann als ein Originator-Außendienst.

Entscheidend für den Vermarktungserfolg in der Generika-Industrie – mangels wissenschaftlicher Neuheiten – ist entsprechend die Außendienststärke, die durch die richtige Positionierung des Außendienstes beim Kunden bestimmt wird (auch „Targeting" genannt). In Abhängigkeit von den länderspezifischen gesetzlichen Regelungen im Gesundheitswesen darf jedoch nicht allein über die Anzahl der Außendienstmitarbeiter beim zu bewertenden Unternehmen auf dessen Stärke geschlossen werden. Vielmehr muss detailliert betrachtet werden, wie viele Außendienstmitarbeiter sich welchen Kundengruppen (Arzt, Apotheker, Großhändler) mit Hilfe welchen Vertriebsansatzes zuwenden. Diese Struktur muss dann im Zusammenhang mit den geltenden Gesetzen beurteilt werden. Für Zukunftsprognosen zur Bewertung sollten zudem gesundheitspolitische Trends mit Einfluss auf das Targeting berücksichtigt und beurteilt werden, ob die bestehende Außendienststruktur auf eventuell bevorstehende gesundheitspolitische Änderungen vorbereitet ist. So ist beispielsweise in vielen Ländern ein Trend festzustellen, dass die Ärzte immer weniger Einfluss darauf haben, welches Präparat der Apotheker letztendlich an den Patienten abgibt (z.B. Substitutionspflicht oder – möglichkeit des Apothekers innerhalb gleicher Wirkstoffgruppen). Generika-Unternehmen mit einem reinen Arztaußendienst sind auf eine solche Entwicklung sicherlich nur unzureichend vorbereitet, wohingegen andere, deren Arztaußendienst mit zusätzlichen Kontakten zu Apothekern bereits begonnen hat, hier sicherlich positiver zu bewerten ist.

16.2.6.4 Tiefe der vertikalen Integration eines Generika-Unternehmens als Werttreiber

Wenn in der Generikaindustrie von vertikaler Integration gesprochen wird, wird dies auch als Vorwärts- und Rückwärtsintegration bezeichnet.

Rückwärtsintegration meint, die Integration vorgelagerter Wertschöpfungsstufen. Konkret bedeutet dies für Generika-Unternehmen, den Zugang zu Entwicklern und Wirkstoffproduzenten durch Kapitalverflechtungen (Zugehörigkeit zum Konzern oder Joint Venture). Dies ist insofern von Vorteil, als Entwicklungsverträge in der Regel mit fünfjährigen Lieferbindungen verknüpft sind. D.h. das Generika-Unternehmen ist verpflichtet, die ersten fünf Jahre nach Markteinführung das Produkt vom Entwickler produzieren zu lassen. Führt man sich den marktseitigen Preisdruck vor Augen, kann man sich leicht die unglückliche Abhängigkeit von Generika-Unternehmen vom Entwickler und dessen Warenpreisgestaltung vorstellen. Im schlechtesten Fall verdient der Entwickler durch die Produktion des Produktes sehr gut und das Generika-Unternehmen nichts mehr. Durch eine kapitalmäßige Verflechtung könnten Margen zwischen den an der Wertschöpfung beteiligten Parteien besser verteilt werden bzw. das Generika-Unternehmen könnte im Kampf um Marktanteile mit den niedrigeren Verkaufspreisen des Wettbewerbs mitziehen. Gleiches gilt für eine kapitalmäßige Beteiligung an Wirkstoffproduzenten. Da rund 70% des Warenbezugspreises bzw. der Herstellkosten eines generischen Produkts Wirkstoffkosten sind, könnten auch an dieser Stelle durch Rückwärtsintegration bessere Wareneinsatzpreise erzielt werden, die mehr preisliche Flexibilität am Markt ermöglichen würden. Erfolgreiche Generika-Unternehmen wie Teva und Sandoz sind bereits stark rückwärtsintegriert und sind in Besitz eigener Rohstoff- und Entwicklungsquellen sowie der entsprechenden eigenen Produktionsmöglichkeiten.

Vorwärtsintegration meint die Integration nachgelagerter Wertschöpfungsstufen. Konkret bedeutet dies für Generika-Unternehmen, den Zugang zu Großhändlern und über diese zu Apotheken, also Zugang zum Distributionskanal. Der Vorteil einer solchen Verflechtung wäre, dass Wettbewerber „kontrolliert" werden können. Da Wettbewerb von den Gesundheitsbehörden in der Regel gewünscht ist, beschränken sich die Vorwärtsintegrationsmöglichkeiten vornehmlich auf Kooperationsvereinbarungen („preferred partnership agreements"). In manchen Ländern ist es sogar gesetzlich verboten, dass diese Wertschöpfungsstufen in einer Hand sind, um echten Wettbewerb aufrechtzuerhalten.

Für die Bewertung von Generika-Unternehmen ist es entsprechend von Bedeutung, die Integrationstiefe des zu bewertenden Unternehmens zu analysieren und in die Bewertung eingehen zu lassen. Im Grundsatz gilt: Je höher bzw. besser das Maß an vertikaler Integration, desto besser strategisch positioniert ist das Unternehmen.

16.3 Unternehmensplanung in der Pharmabranche am Beispiel von Generika-Unternehmen

Wenn Unternehmen zum Kauf angeboten werden, werden in der Regel Ist- und Prognose-Zahlen (meist eine verkürzte GuV und eine ebenso verkürzte Bilanz) in den Verkaufsdossiers gezeigt. Meist sind die so genannten „Hokey-stick"-Prognosen zu finden, d.h. die Ist-Zahlen sind zwar relativ verhalten, es wird jedoch ein ambitionierter Wachstumsschub erwartet, sodass die zukünftig zu erwartenden Geschäftsergebnisse tadellos aussehen. Allein diese Erfahrung zeigt, dass den Prognoseplanungen in Verkaufsdossiers nicht blind zu trauen ist, da es sich meist um „eine geschmückte Braut" handelt. Da die Bewertung des Unternehmens grundsätzlich aus Käufersicht zu erfolgen hat, gemäß der Maßgabe, welchen Wert das zum Verkauf stehende Unternehmen für den potenziellen Käufer hat, muss auf jeden Fall – unabhängig davon, ob vom Verkäufer Prognoseplanungen vorliegen oder nicht – eine eigene Prognose erstellt werden. Bevor diese Prognose in Zahlen gefasst wird, ist es jedoch wichtig, sich über die strategische Intention des potenziellen Kaufs im Klaren zu sein.

Im Folgenden wird nun beschrieben, welche Punkte bei der Erstellung einer Prognoseplanung zur Bewertung eines Unternehmens in der Pharmaindustrie zwingend berücksichtigt werden sollten. Die Erläuterungen beschränken sich dabei auf Prognoseplanungen für Generika-Unternehmen.

16.3.1 Das Produktportfolio als Determinante der Umsatz- und Margen-Entwicklung in der Pharmaindustrie

Da Produkte – bestehende wie zukünftige – das „A und O" in der Generikaindustrie sind, erfolgt eine Prognoseplanung hinsichtlich Umsatz und Gross Margin grundsätzlich auf Produktebene. Zunächst ist das Produktportfolio des zu bewertenden Unternehmens auf eventuelle Überlappungen mit einem beim Käufer bereits vorhandenen Produktportfolio zu überprüfen. Nur nicht-überlappende Produkte dürfen in die Bewertung einfließen. Außerdem ist zu prüfen, ob die bei der Segmentierung gewonnenen Erkenntnisse (vgl. Abschnitt 14.2.4) zur strategischen Intention passen oder ob bestimmte, existierende Geschäftsfelder in Falle eines Kaufs zukünftig nicht mehr fortgeführt werden können oder sollen. Auch Produkte dieser Geschäftsfelder sind aus der Prognoseplanung zu eliminieren.

Steht dann inhaltlich das bestehende und zukünftige Produktportfolio des zu bewertenden Unternehmens, so sind anhand von IMS-Marktzahlen diese Produkte hinsichtlich Absatzmengen und Verkaufspreisen zu quantifizieren.

16.3.1.1 Absatzmengen- und Verkaufspreisplanung von bestehenden Produkten

Bei **bestehenden Produkten** wird auf den von IMS ausgewiesenen Ist-Zahlen aufgesetzt. Um Prognosen bezüglich einer zukünftigen **Mengen**entwicklung treffen zu können, werden die Mengenwachstumsraten der vergangenen drei Jahre von IMS herangezogen und Wachstumstrends, auch negativer Art, daraus abgeleitet. Zudem müssen alle produktspezifischen Sonderinformationen dabei verwertet werden, wie beispielsweise das Wissen um eine zukünftige Produkteinführung eines starken Wettbewerbers.

Um einen zukünftigen **Preis**verfall planen zu können, werden in der Regel die aktuellen Generikapreise im Verhältnis zum Preisniveau des Originators vor Patentablauf betrachtet, um daraus Rückschlüsse zu ziehen, basierend aus Erfahrungen von Preisverfallskurven bereits seit längerer Zeit generischer Produkte, ob die Talsohle des Preisverfalls bereits erreicht ist, oder nicht.

16.3.1.2 Absatzmengen- und Verkaufspreisplanung von zukünftigen Produkten

Zur Prognose von Umsätzen **zukünftiger Produkte** wird von der Systematik her gleich vorgegangen wie bei bestehenden Produkten, indem Absatzmengen- und Preisentwicklungen abgeschätzt werden. Da für zukünftige Produkte des zu bewertenden Unternehmens noch keine Ist-IMS-Zahlen vorliegen, auf denen Prognosen aufsetzen könnten, wird für zukünftige Produkte zunächst das jeweilige **Absatzmengen**volumen des Gesamtmarkts dieses Produkts und der durchschnittliche Verkaufspreis des Gesamtmarktes aus IMS gezogen und Gesamtmarktprognosen erstellt. Unter der Annahme, dass das Produkt noch unter Patentschutz steht, stellen die IMS-Gesamtmarkt-Zahlen und die entsprechenden Prognosen die Mengen und Preise des Originators dar. Um zukünftige Absatzmengen eines Produktes des zu bewertenden Unternehmens zu prognostizieren, wird über eine typisierte Generisierungsratenkurve die Generikamarktentwicklung (in Mengen) abgeleitet. Auf Basis dieser Entwicklung wird eine für das zu bewertende Unternehmen typische Generikamarktanteilsentwicklungskurve angelegt, mit Hilfe derer die Absatzmengen des zu bewertenden Unternehmens dann berechnet werden können. Zu berücksichtigen ist dabei auch der bereits beschriebene „Time to market"-Aspekt. Wird die Produkteinführung zum Zeitpunkt des Patentablaufs erwartet, sind höhere Marktanteile erzielbar, als wenn die Einführung zu einem späteren Zeitpunkt erfolgt.

Hinsichtlich der Prognose des **Preises** von zukünftigen Produkten wird mit einem Prozentsatz vom Originatorpreis zum Patentablauf gearbeitet (meist 20 bis 30% Abschlag). In Abhängigkeit der Anzahl erwarteter Wettbewerber kann dieser Prozentsatz auch niedriger sein bzw. muss mit zusätzlichen Preisabschlagssätzen in den Folgejahren gerechnet werden. Dies kann unter Umständen zu Preisprognosen drei Jahre nach Patentablauf in Höhe von nur noch 20% der Originatorpreises führen. Auch bei der Prognose der Verkaufspreise muss wieder der „Time to market"-Aspekt berücksichtigt werden. Je später die Einführung nach Patentablauf, desto geringer der Preis.

Sind pro Produkt die Absatzmengen und Verkaufspreise prognostiziert, ergibt sich aus der Multiplikation der beiden Faktoren der zu planende Umsatz. Wichtig ist allerdings noch, dass zusätzlich eventuell notwendige Erlösschmälerungen (z.B. Naturalrabatte) Umsatz reduzierend in der Prognose berücksichtigt werden müssen. Zum einen bildet IMS diese Erlösschmälerungen in manchen Ländern nicht korrekt ab. Zum anderen muss der Bewerter die seitens des potenziellen Käufers richtige Rabattstrategie in die Prognose einbeziehen, unabhängig von der bisherigen Strategie des zu bewertenden Unternehmens.

16.3.1.3 Planung der Gross Margin

Neben der Umsatz-Prognose kommt der Bestimmung des jeweiligen Wareneinsatzes größte Bedeutung zu, der abhängig von den jeweiligen Ländergegebenheiten zwischen 20 und 92% des Umsatzes liegen kann.

Für bestehende Produkte ist es wichtig im Rahmen der Erstellung der Prognoseplanungen eine Segmentierung der Produkte nach Eigenproduktion und Fremdbezug vorzunehmen. Die Höhe der Herstellkosten der selbst produzierten Waren kann über die Prüfung der Produktionseffizienz und -auslastung beurteilt und wenn nötig angepasst werden. Für Produkte, die von Dritten produziert werden (Fremdbezug) und somit eingekauft und dann vertrieben werden, sollten die Lieferverträge überprüft werden, um Anhaltspunkte über die Höhe der richtigen Bezugspreise zu erhalten. Häufig beinhalten solche Verträge mittlerweile (aufgrund der signifikanten Verkaufspreiserosion) Vereinbarungen über flexible Warenbezugspreise. D.h. der Warenbezugspreis ist als Prozentsatz des Verkaufspreises definiert, der jedoch meistens nach unten mit meinem Minimumbezugspreis (auch „floor price" genannt) gedeckelt ist. Auch für die Prognose des Wareneinsatzes von fremdbezogenen Produkten gilt, dass für den Fall, dass die Bezugpreise vom Bewerter als zu schlecht verhandelt angesehen werden und zukünftig bessere Bezugspreise durch Nachverhandlungen realistisch sind, diese besseren Wareneinsatzbeträge für die Bewertung angesetzt werden können.

Mangels besserer Informationen wird zur Prognose des Wareneinsatzes zukünftiger Produkte meist der durchschnittliche Wareneinsatz (in Prozent vom Umsatz) von vergleichbaren bestehenden Produkten des zu bewertenden Unternehmens angesetzt.

Ist der Wareneinsatz prognostiziert, ergibt sich durch Subtraktion des selben vom Umsatz (nach Erlösschmälerungen) die Prognose der Gross Margin.

16.3.2 Planung der Funktionskosten

Bedeutend ist in diesem Zusammenhang die fundierte Prognose der folgenden Positionen:

- Personalkosten und Personalnebenkosten (wie z.B. Reisekosten), am besten nach Funktionsbereich, basierend auf einer Planung der jeweiligen Anzahl Mitarbeiter
- Marketingkosten (z.B. für Anzeigen in Zeitschriften, Fernsehwerbung, Werbematerial für Arztbesuche, Kongressteilnahmen etc.)
- Distributionskosten: diese werden meist als Prozentsatz vom Umsatz prognostiziert (3 bis 5% in Abhängigkeit der Länderspezifika) sind hierfür realistisch
- Lizenzgebühren: Lizenzgebühren können für fremd entwickelte Produkte vertraglich fixiert worden sein, in der Regel als Prozentsatz vom Umsatz (in der Regel 3 bis 5%). Sind solche Verträge vorhanden, müssen die entsprechenden Aufwendungen berücksichtig werden.
- Miete und andere allgemeine Aufwandspositionen sind ebenfalls für die Prognose anzusetzen, es handelt sich dabei jedoch nicht mehr um als pharmaspezifisch zu erwähnende Positionen.

Als Ergebnis der Gross Margin- und Funktionskostenprognose erhält man dann die für die Bewertung notwendige Ebit-Prognose. Auf die Diskussion der Prognoseschwierigkeiten des für eine Cashflow-Betrachtung notwendigen Finanzergebnisses und der Berücksichtigung von Steuern soll an dieser Stelle verzichtet werden, da sich die dort auftretende Problematik für die Pharmaindustrie nicht von der anderer Branchen unterscheidet.

16.3.3 Planung der Cashflow-relevanten Bilanzpositionen

Auch hinsichtlich der Cashflow-relevanten Bilanzpositionen soll an dieser Stelle keine umfassende Darstellung gegeben werden, sondern nur auf die Vorgehensweise zur Prognose generikaspezifischer Bilanzpositionen eingegangen werden. Alle drei folgenden Bilanzposition werden über die Verwendung von Kennzahlen indirekt geplant:

- Warenbestände: Die Prognose erfolgt über die Kennzahl „Lagerumschlagshäufigkeit pro Jahr", die als Verhältnis des Wareneinsatzes zur Warenbestandshöhe berechnet wird. Ein Lagerumschlag von ca. dreimal im Jahr ist für die Generikaindustrie normal. Ist der Wareneinsatz geplant, kann über die Lagerumschlagshäufigkeit von 3 die Prognose für die Warenbestände berechnet werden.
- Forderungen aus Lieferungen und Leistungen: Die Prognose erfolgt über die Kennzahl „Außenstände von Forderungen aus Lieferungen und Leistungen in Tagen", die als Verhältnis der entsprechenden Forderungen zum Umsatz multipliziert mit 365 Tagen berechnet wird. Die Außenstandsdauern unterscheiden sich in verschiedenen Ländern stark. In Italien kann man beispielsweise mit der Zahlung von Forderungen in ca. 120 bis 150 Tagen rechnen, in Deutschland hingegen ist ein automatischer Zahlungseinzug innerhalb von zwei Tagen üblich. Ist der Umsatz geplant, kann über die länderspezifische Außenstandsdauer die Prognose für die Forderungen aus Lieferungen und Leistungen berechnet werden.
- Verbindlichkeiten aus Lieferungen und Leistung: Wie bei den Forderungen aus Lieferungen und Leistungen erfolgt die Prognose über die Kennzahl „Verweildauer von Verbindlichkeiten aus Lieferungen und Leistungen in Tagen", die als Verhältnis der entsprechenden Verbindlichkeiten zum Wareneinsatz multipliziert mit 365 Tagen berechnet wird. Üblicherweise wird hier mit 30 Tagen gerechnet, um über die Prognose des Wareneinsatzes auch die Verbindlichkeiten aus Lieferungen und Leistungen ableiten zu können.

16.4 Bewertungsverfahren

16.4.1 Umsatz- und Ebit-Multiples in der Pharmaindustrie

Wie in anderen Industrien auch werden Umsatz- und Ebit-Multiples (also Vielfache von Umsatz und Ebit) verwendet, um Anhaltspunkte über bezahlte Unternehmenspreise zu erhalten. Die folgende Abbildung zeigt ausgewählte Fusionen bzw. Akquisitionen der letzten Jahre und deren bezahlte Umsatz-Multiples.

In der Übersicht wird erkennbar, dass eine große Welle von Fusionen bzw. Akquisitionen um die Jahrtausendwende stattgefunden hat. Hierbei hat es sich immer um Originatoren gehandelt. Eine neue Fusions- und Akquisitionswelle, diesmal der Generikaindustrie, ist im Jahr 2005 gestartet und wird sich sicherlich noch fortsetzen. Bemerkenswert ist dabei

Fusionspartner bzw. Käufer und Target	Jahr der Fusion/ Akquise	Bezahltes Umsatzvielfaches
Teva and Ivax	2005	4 ×
Sandoz und Hexal	2005	6,5 ×
Bayer and Roche (weltweites OTC-Geschäft)	2004	2,5 ×
Stada and Nizhpharm OJSC (Rußland)	2004	2 ×
Abbott und Knoll Pharma	2001	4 ×
SmithKline Beecham und Glaxo Wellcome	2000	5,5 ×
Pfizer und Warner-Lambert	2000	7 ×
Astra und Zeneca	1999	5 ×
Synthélabo und Sanofi	1999	5,5 ×
Rhône-Poulenc und Hoechst	1999	2 ×
Ciba-Geigy und Sandoz	1996	2 ×

Abbildung 16-8: Ausgewählte Fusionen/Akquisitionen und Umsatzmultiples, eigene Darstellung

der bezahlte Übernahmepreis bei der Übernahme von Hexal durch Sandoz, dessen Höhe doch deutlich über das bisher als branchenübliche betrachtete hinausgeht.

Generell muss bei der Verwendung von Umsatz- und Ebit-Multiples bekanntlich mit extremer Vorsicht vorgegangen werden. Diese Indikatoren können keine fundierte Bewertung ersetzen, sondern lediglich einen Anhaltspunkt für einen zu zahlenden Preis sein. An dieser Stelle soll noch ergänzt werden, dass auch in der Pharmabranche ein bezahlter Preis normalerweise nicht dem Wert eines Unternehmens entspricht, da im bezahlten Preis strategische Prämien beinhaltet sind, die nicht im Detail bei der Bewertung spezifizierbar sind.

16.4.2 DCF-Verfahren

Das in der Generikaindustrie geläufigste Verfahren zur Unternehmensbewertung ist das DCF (Discounted Cashflow)-Verfahren. Hierbei wird üblicherweise der FCF (Free Cashflow) verwendet, der die Veränderung des NCE (Net Capital Employed) berücksichtigt, d.h. der Veränderung des Anlagevermögens (beweglich und unbeweglich), der Bestände, Forderungen und Verbindlichkeiten. Grundsätzlich möglich wäre auch, die Veränderung von Dalehen (Aufbau und Rückführung) noch zusätzlich zu den Komponenten des FCF in einem modifizierten FCF zu berücksichtigen. Diese Betrachtungsweise hat sich allerdings nicht durchgesetzt.

Die Diskussion des Abzinsungsfaktors unterscheidet sich in der Pharmaindustrie nicht von denen anderer Industrien. Befürwortet wird allerdings der Ansatz eines Zinssatzes, der eine Finanzierung allein mit Eigenkapital zugrunde legt. Rund 12% werden derzeit dafür angesetzt.

Bezüglich des für eine Bewertung zu verwendenden Prognosezeithorizonts werden in der Generikaindustrie üblicherweise zwei Bewertungsansätze parallel zueinander verwendet. Zum einen wird ein 10-jähriger Prognosezeitraum zur Berechnung des Barwerts verwendet und als Fortführungswert zusätzlich eine ewige Rente, basierend auf dem FCF des letzen Prognosejahres, angesetzt. Zum anderen wird ein Prognosezeitraum von 25 Jahren zur Ermittlung des Barwerts verwendet, verbunden mit der Annahme der Unternehmensliquidation nach dem letzten Prognosejahr und der entsprechenden Berücksichtigung eines Liquidationserlös. Durch den Vergleich beider Bewertungsergebnisse ist eine Art Sensitivitätsanalyse möglich, indem Ursachen für unterschiedliche Bewertungsergebnisse untersucht werden. Durch diese Sensitivitätsanalyse kann die alles entscheidende Qualität der Prognose nochmals verifiziert und eventuell adaptiert werden. Dieses zweigleisige Vorgehen relativiert die Problematik der Bestimmung des Fortführungswerts (normalerweise über die ewige Rente).

16.4.3 Value-Added-Verfahren

Unter „Value added"-Verfahren wird im Folgenden ein Verfahren verstanden, das sich anstelle abdiskontierter Prognose-Cashflows an der abzudiskontierenden Quantifizierung der zukünftigen Wertgenerierung eines Unternehmens für den Eigentümer bzw. die Aktionäre orientiert. Bekannt ist dabei der von der amerikanischen Unternehmensberatung *Stern Stewart* per Marke geschützte Economic Value Added (EVA).

Im Rahmen dieses Bewertungsverfahrens werden „Return on Capital" und „Cost of Capital" des zu bewertenden Unternehmens verglichen und mit dem „Capital", meist definiert als Net Capital Employed (NCE) multipliziert. Im Ergebnis erhält man dann einen Wert, der zeigt, um wie viel sich das investierte Kapital im Vergleich zur erwarteten Rendite im Laufe eines Jahres vermehrt bzw. reduziert hat.

Zur Ermittlung des „Return on Capitals" wird im ersten Schritt der „Return" berechnet, d.h. das Ergebnis vor Zinsen, aber nach Steuern. Dabei muss auch der Steuerminderungseffekt abzugsfähiger Zinsen, der in einem „Ergebnis nach Zinsen und Steuern" üblicherweise berücksichtigt wird, eliminiert bzw. das „Ergebnis vor Zinsen, aber nach Steuern" entsprechend verringert werden. Hintergrund der Ermittlung des „Ergebnisses vor Zinsen, aber nach Steuern" ist, dass bei diesem Ansatz zunächst eine absolute Trennung zwischen operativ-betrieblichen und finanziellen Ergebnissen erfolgt. Ist der „Return" berechnet, wird dieser ins Verhältnis zum NCE, also dem gebundenen Kapital gesetzt. Man erhält einen Prozentsatz, der eine Aussage zur Rendite des eingesetzten Kapitals zulässt.

Zur Ermittlung der „Cost of Capital" werden die Fremdfinanzierungskosten nach Steuern (als Prozentsatz) sowie die erwarteten Eigenkapitalkosten (üblicherweise derzeit 12%) mit der entsprechenden Fremd- bzw. Eigenkapitalquote gewichtet, um die durchschnittlichen „Cost of Capital" des gebundenen Kapitals zu ermitteln.

Die Differenz zwischen „Return on Capital" und „Cost of Capital" wird als „Spread" bezeichnet. Dieser gibt an, um wie viel Prozent die Wertgenerierung über bzw. unter der notwendigen bzw. der erwarteten Rendite des Unternehmens liegt. Beträgt der „Return on Capital" beispielsweise 11% und die „Cost of Capital" 9%, so beläuft sich der „Spread" und damit die Wertsteigerung auf 2%. Wird der „Spread" letztendlich mit dem gebundenen Kapital multipliziert, erhält man einen absoluten Wert, der die Wertsteigerung bzw. -minderung innerhalb eines Jahres angibt.

Zur Ermittlung des Barwertes zukünftiger Wertsteigerungen bzw. -minderungen und damit des Unternehmenswertes wird der jeweilige „Cost of Capital"-Satz des jeweiligen Jahres als Diskontierungssatz herangezogen.

Da in Zeiten, in denen die Maxime „Liquidität, vor Profitabilität, vor Wachstum" für die meisten Unternehmen gilt und damit ein klarer Fokus auf dem Cashflow liegt, konnte sich das „Value Added"-Verfahren in der Pharmaindustrie nicht als Bewertungsverfahren durchsetzen.

16.5 Schlusswort

Ein Unternehmen der pharmazeutischen Industrie zu bewerten ist aufgrund der hohen Komplexität, der zunehmenden Internationalisierung und der starken Regulierung sowie den Besonderheiten des Gesundheitsmarktes ein vergleichsweise schwieriges Unterfangen. Das Unternehmen und die Unternehmensumwelt sind im Hinblick auf zukünftige Chancen und Risiken zu untersuchen. Dies erfordert hier ganz besondere Anstrengungen und Kenntnisse. Die „technische" Seite, welches Bewertungsverfahren in der Pharmaindustrie anzuwenden ist, ist nicht der entscheidende Punkt. Vielmehr geht es um die inhaltlich richtige Einschätzung der Risiken und deren adäquater Abbildung in finanzieller Hinsicht. Häufig gibt es dafür keine Standard-Regeln, vielmehr hängt die Güte einer Bewertung primär von der Informationsqualität ab, die der Bewerter hat bzw. davon, wie gut er den Markt und das Unternehmen kennt. Demzufolge zeigt die Praxis der Unternehmensbewertung in der Pharmabranche den Wahrheitsgehalt unseres abschließenden Zitats: „Valuation is 95% research and analysis. The actual calculation takes about 30 seconds on a calculator."[11]

16.6 Literatur

Bundesverband der Pharmazeutischen Industrie e.V. (Hrsg.): Pharmadaten 2005
Bundesverband der Pharmazeutischen Industrie e.V. (Hrsg.): Pharmadaten 1998
Brandt, S.M. (2002): Die Berücksichtigung der Unsicherheit in der Planung bei der Bewertung von Pharma-Unternehmen, Berlin 2002
Brockhoff, K. (1995): Der Innovationsaufwand in Unternehmen der forschenden Pharma-Industrie. In: Herzog, R. (Hrsg.): F&E-Management in der Pharma-Industrie, Aulendorf 1995, S. 287-300
Born, K. (1995): Unternehmensanalyse und Unternehmensbewertung, Stuttgart 1995
Dambacher, E.; Schöffski, O. (2002): Vertriebswege und Vertriebswegeentscheidung, S. 243-256, In: Schöffski, O. et al. (Hrsg.): Pharmabetriebslehre, Berlin 2002
Fischer, D.; Breitenbach, J. (2003): Die Pharmaindustrie: Einblick – Durchblick – Perspektiven, Heidelberg 2003
Herzog, R. (1995): F&E-Management in der Pharma-Industrie, Aulendorf 1995
Köck, C.M. (1996): Das Gesundheitssystem in der Krise: Herausforderung zum Wandel für System und Organisation. In: Heimerl-Wagner, P.; Köck, C.M. (Hrsg.): Management in Gesundheitsorganisationen. Wien 1996, S. 17-71
Merk, W. (1999): Wettbewerbsorientiertes Management von Arztpraxen, Wiesbaden 1999
o.V. (2002): Nicht wieder zu beleben. In: Wirtschaftswoche Nr. 45, v. 31.10.2002, S. 52-56
Weisbrod, B.A. (1991): The Health Care Quadrilemma: An Essay on Technological Change, Insurance, Quality of Care, and Cost Containment. In: Journal of Economic Literature, 29. Jg. (1991), S. 523-552

---

[11] Zitiert nach *Born, K.* (1995): Unternehmensanalyse und Unternehmensbewertung, S. 65.

17 Bewertung von Krankenhäusern

von *Georg A. Teichmann**

17.1 Einleitung	423
17.1.1 Ausgangssituation	423
17.1.2 Problemstellung	424
17.2 Rahmenbedingungen im Umbruch	426
17.2.1 Krankenhausmarkt im Umbruch	426
17.2.2 G-DRG-Einführung – Regulatorische Änderungen	427
17.2.3 Finanzierung – Rechnungslegung – Besteuerung	430
17.3 Wesentliche Erfolgsfaktoren im Krankenhaus	432
17.4 Besondere Aspekte bei der Bewertung von Krankenhäusern	433
17.4.1 Vorbemerkung	433
17.4.2 Erlösplanung	433
17.4.2.1 Externe Faktoren	433
17.4.2.2 Interne Faktoren	434
17.4.3 Planung der Aufwendungen	435
17.4.3.1 Vorbemerkung	435
17.4.3.2 Personalaufwand	435
17.4.3.3 Sachkostenaufwand	437
17.4.3.4 Ableitung der Free Cashflows	438
17.4.4 Diskontierungsfaktor	438
17.5 Zusammenfassung	439
17.5 Literatur	439

17.1 Einleitung[1]

17.1.1 Ausgangssituation

Der Gesundheitssektor besitzt einen hohen Stellenwert im deutschen Wirtschaftsleben und hat mit mehr als 4 Mio. Erwerbstätigen auch arbeitsmarktpolitisch eine große Bedeutung.[2] Der seit Jahren steigende Bedarf an Gesundheitsleistungen ist u.a. auf die demographische Entwicklung und die Veränderung der sozialen Bedürfnisse der Bevölkerung, den medizinisch-technischen Fortschritt sowie auf die Einkommensentwicklung zurückzu-

---

* Dr. Georg A. Teichmann, PwC Corporate Finance GmbH, Frankfurt am Main.
[1] Für die Unterstützung bei der Entstehung dieses Beitrags möchte ich mich bei *Franziska Bienz* bedanken.
[2] Vgl. Norddeutsche (2002), S. 7.

führen. So hat Deutschland nach den USA und der Schweiz die dritthöchsten Ausgaben für Gesundheit im Verhältnis zum Bruttoinlandsprodukt weltweit. Gleichzeitig wird mit Hilfe staatlicher Eingriffe versucht, die stetig steigenden Gesundheitsausgaben zu begrenzen mit dem Ziel, die Beitragssätze des umlagefinanzierten Sozialversicherungssystems stabil zu halten bzw. zu senken. So wurde in der Vergangenheit durch den Gesetzgeber eine Vielzahl an Maßnahmen zur Kostendämpfung durchgeführt, wie z.B. die im Jahr 2004 eingeführte Praxisgebühr, durch die niedrigere Beitragssätze erzielt werden sollten.[3]

Den wirtschaftlich bedeutendsten Bereich innerhalb des Gesundheitswesens nimmt der Krankenhaussektor mit rd. 31,1% der Gesamtkosten ein.[4] Aufgrund des zunehmenden Kostendrucks, der sich verstärkenden Marktorientierung und der Einführung eines neuen Vergütungssystems, den so genannten German Diagnosis Related Groups (G-DRG bzw. DRG) steht der Krankenhaussektor vor strukturellen Veränderungen. Diese Veränderungen haben öffentliche Träger von Krankenhäusern in der Vergangenheit dazu veranlasst, sich von den Krankenhäusern zu trennen oder aber über regionale Verbünde eine verbesserte Markt- und Kostenposition zu erreichen.[5] In beiden Fällen ist regelmäßig der Wert des Krankenhauses, sei es als Kaufpreis oder zur Bestimmung der Beteiligung an einer Krankenhausholding, entscheidungskritisch.

17.1.2 Problemstellung

Der Krankenhaussektor ist durch eine vergleichsweise umfangreiche Regulierung hinsichtlich seiner Finanzierung gekennzeichnet. Die Krankenhäuser sind aufgrund der dualen Finanzierung zur Tätigung von Investitionen auf Fördermittel der öffentlichen Hand angewiesen. Jedoch befinden sich die öffentlichen Haushalte selbst in angespannter finanzieller Situation.

Des Weiteren arbeiten Krankenhäuser verschiedener Träger mit unterschiedlichen Geschäftsmodellen. So sind Krankenhäuser in öffentlicher oder freigemeinnütziger Trägerschaft regelmäßig nicht gewinn-, sondern sachzielorientiert. D.h. das Ziel liegt in einer Nutzenmaximierung im Sinn des Sachziels unter der Nebenbedingung der zur Verfügung stehenden Mittel. Dies wurde in der Vergangenheit häufig mit dem Ziel eines periodisch ausgeglichenen Ergebnisses gleichgesetzt. Die Veränderungen im Gesundheitswesen haben aber bereits viele dieser Anbieter zu einer temporär weiter gefassten Definition der sachzielorientierten Geschäftsmodelle bewegt. Diese Neudefinition sieht die Erwirtschaftung periodischer Überschüsse vor, um auch bei sinkenden Förderquoten für Investitionen mittel- und langfristig Investitionen aus der eigenen Ertragskraft durchführen zu können. Insoweit nähern sich die Geschäftsmodelle der in öffentlicher und freigemeinnütziger sowie privater Trägerschaft geführten Krankenhäuser an. Die Unterschiede liegen daher nicht in der Intensität und dem Nachdruck der Einkommenserzielung, sondern in der Art der Einkommensverwendung.[6]

Der Wert eines Krankenhauses bestimmt sich – wie bei Unternehmen anderer Branchen – aus dem Nutzen, den dieses aufgrund seiner im Bewertungszeitpunkt vorhandenen Er-

---

[3] Vgl. www.die-gesundheitsreform.de/presse/infopakete/bilanz_gesundheitsreform/pdf/bilanz_gesund-heitsrefrom.pdf.
[4] Vgl. *Deutsche Krankenhausgesellschaft* (2003), S. 68.
[5] Vgl. auch *Saure, C.* (2004), S. 2 f.
[6] Vgl. *Wagner, F.W.* (1997), S. 22-23.

folgsfaktoren, seines Dienstleistungsangebots und Stellung am Markt, inneren Organisation, Mitarbeiter und seines Managements in Zukunft erwirtschaften kann. Unter der Voraussetzung, dass ausschließlich finanzielle Ziele, definiert als bewerteter Nutzen, verfolgt werden, wird der Wert eines Unternehmens aus seiner Eigenschaft abgeleitet, durch Zusammenwirken aller, die Ertragskraft beeinflussender Faktoren finanzielle Überschüsse für den Eigner/Träger des Krankenhauses zu erwirtschaften.

Für die Ermittlung des Werts eines Krankenhauses als Zukunftserfolgswert stehen grundsätzlich neben dem Ertragswert- und dem Discounted-Cashflow-Verfahren (DCF-Verfahren) marktwertorientierte Verfahren zur Verfügung.[7] Das Ertragswert- und DCF-Verfahren sind grundsätzlich gleichwertig und führen bei entsprechender Prämissensetzung zu identischen Ergebnissen, da sie auf derselben investitionstheoretischen Grundlage (Kapitalwertkalkül) fußen. Ergänzt werden diese Verfahren regelmäßig durch eine vergleichende Marktbewertung.[8]

Allen Bewertungsmethoden ist gemein, dass sie auf künftigen finanziellen Erfolgsgrößen basieren. Die Prognose der künftigen finanziellen Überschüsse stellt das Kernproblem jeder Unternehmensbewertung dar. Die in der Vergangenheit erwiesene Ertragskraft dient im Allgemeinen als Ausgangspunkt für Plausibilitätsüberlegungen. Sofern die Ertragsaussichten aus unternehmensbezogenen Gründen bzw. aufgrund veränderter Markt-, Wettbewerbs- und regulatorischen Bedingungen zukünftig andere sein werden, sind die erkennbaren Unterschiede zu berücksichtigen. In der Bewertungspraxis kommt vor dem Hintergrund der besonderen Finanzierungssituation von Krankenhäusern häufig die DCF-Methode zum Einsatz.

Je nach Bewertungszweck variiert der Grad der tolerierten Fehlervermeidung, die Nachprüfbarkeit der Ergebnisse sowie die Offenlegung der Vorgehensweise. Im Rahmen der Vorbereitung einer Entscheidung steht die Nachprüfbarkeit der Vorgehensweise weniger im Vordergrund als bei einer Vermittlung zwischen streitigen Parteien.[9]

Im Folgenden werden die betriebswirtschaftlich relevanten regulatorischen Rahmenbedingungen im Krankenhausmarkt sowie die aktuellen Veränderungen erläutert, die wesentlichen Einfluss auf die künftigen finanziellen Überschüsse und damit auf den Wert eines Krankenhauses haben.[10]

---

[7] Zu den Verfahren vgl. *Drukarczyk, J.* (2003); *Ballwieser, W.* (2004) sowie IDW ES 1 n.F.
[8] Soweit die Annahme der Verfolgung finanzieller Zielsetzungen nicht unterstellt werden kann, führt die Ableitung eines Zukunftserfolgswerts zu nicht mehr interpretierbaren Unternehmenswerten. Multiplikatorverfahren lassen sich in der Bewertung von Krankenhäusern nur äußerst begrenzt einsetzen. Zum einen gibt es sehr wenige nationale börsennotierte Krankenhäuser und die sind wiederum nur bedingt mit einzelnen Krankenhäusern vergleichbar. Des Weiteren mangelt es zudem an veröffentlichten Daten über Krankenhaustransaktionen.
[9] Vgl. zum Bewertungszweck *Ballwieser, W.* (2004), S. 1-5.
[10] Vgl. zum Status eines Krankenhauses *Bohle, T./Grau, U.* (2003), S. 698-699.

17.2 Rahmenbedingungen im Umbruch

17.2.1 Krankenhausmarkt im Umbruch

Die Veränderungen in der Unternehmens- und Aufgabenumwelt für Krankenhäuser, beispielsweise in der Entwicklung der Patientenstruktur, der Intensität des medizinischen Fortschritts und dem steigenden Druck auf Effektivität sowie Effizienz des betrieblichen Handelns, führen zu einem starken Anstieg der Wettbewerbsintensität.[11]

Der Marktzugang im Krankenhaussektor ist im Sozialgesetzbuch (SGB) manifestiert. In § 108 SGB V ist geregelt, dass Krankenkassen Krankenhausbehandlungen lediglich durch Hochschulkliniken, so genannte Plankrankenhäuser[12] oder durch Krankenhäuser mit einem gesonderten Versorgungsauftrag mit den Krankenkassen erbringen lassen dürfen. Aus der Situation, dass lediglich Hochschulkliniken und Plankrankenhäuser Aussicht auf Investitionsförderung haben, die bestehenden Überkapazitäten auf dem Krankenhausmarkt den Abschluss gesonderter Versorgungsaufträge durch Krankenkassen nicht erwarten lassen sowie der profitable Betrieb einer Privatklinik die Ausnahme darstellen dürfte, ist das Interesse an der Übernahme oder der Fusion von bzw. mit Hochschulkliniken und Plankrankenhäusern zu erklären.

Die Regulierung im Krankenhauswesen betrifft neben dem Marktzugang im Wesentlichen deren Finanzierung, die seit In-Kraft-Treten des Krankhausfinanzierungsgesetzes (KHG) 1972 diversen Reformbemühungen der jeweiligen Bundesregierung unterlag.[13] Grundsätzlich werden in Deutschland Krankenhäuser dual finanziert. Die Finanzierung der Investitionen liegt bei der öffentlichen Hand, während die in den Krankenhäusern anfallenden laufenden Betriebs- und Behandlungskosten von den Krankenkassen getragen werden.

Die letzte wesentliche Änderung ist die Einführung eines neuen einheitlichen, pauschalierenden und diagnoseorientierten Vergütungssystems zur Deckung der Betriebs- und Behandlungskosten. Die bisherige Mischfinanzierung stationärer Krankenhausleistungen aus mit den Krankenkassen verhandelten tagesgleichen Pflegesätzen, Sonderentgelten und Fallpauschalen wurde durch die G-DRG abgelöst.[14] Der Fokus des bisherigen Vergütungssystems auf Leistungs- bzw. Erlösmaximierung erweitert sich nun zusätzlich auf eine Kostenminimierung. Der Paradigmenwechsel wurde zum 1. Januar 2004 vollzogen.

Im neuen Fallpauschalen-System ist ein Entgelt zur Abdeckung der mit einem Behandlungsfall im Zusammenhang stehenden Kosten vorgesehen, das im Wesentlichen von der Verweildauer des Patienten im Krankenhaus unabhängig ist.

Das neue Fallpauschalensystem zielt auf mehr Effizienz und Bedarfsgerechtigkeit im stationären Sektor. Damit soll die Qualität, Transparenz und Wirtschaftlichkeit der Krankenhausbehandlung verbessert werden.[15] Im Folgenden wird zunächst das G-DRG-System

---

[11] Zu Veränderungen im Unternehmens- und Aufgabenumfeld vgl. *Saure, C.* (2004), S. 23-38.
[12] Plankrankenhäuser sind in dem Krankenhausplan eines Bundeslandes aufgenommen.
[13] Aufgeführt seien hier das Krankenhaus-Neuordnungsgesetz 1985, der Grundheitsstrukturgesetz 1993 und das Gesetz zur Stabilisierung der Krankenhausausgaben 1996; vgl. darüber hinaus *Tuschen, K.-H./Quaas, M.* (1998), S. 9-24 sowie *Goedereis, K.* (1999), S. 11-32.
[14] Vgl. *Schlottmann, N.* (2002), S. 26.
[15] Vgl. *Bundesministerium für Gesundheit* (2002).

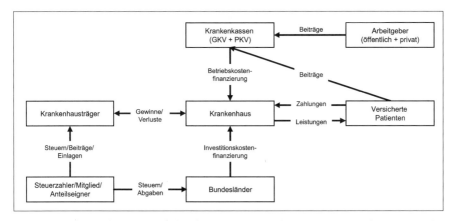

Abbildung 17-1: Struktur der Krankenhausfinanzierung (in Anlehnung an Janssen, Dirk, 1999, S. 62)

erläutert und ausgewählte Aspekte zur Finanzierung, Bilanzierung sowie der Besteuerung angesprochen.

17.2.2 G-DRG-Einführung – Regulatorische Änderungen

Durch das GKV-Gesundheitsreformgesetz im Jahr 2000 wurden die Selbstverwaltungspartner im Krankenhaussektor (Spitzenverbände der Krankenkassen, der Verband der privaten Krankenkassen und die Deutsche Krankenhausgesellschaft) beauftragt ein durchgängiges, leistungsorientiertes und pauschalieren-des Vergütungssystem für den stationären Krankenhaussektor einzuführen, zunächst mit Ausnahme von psychiatrischen und psychosomatischen Einrichtungen. Als Grundlage für das deutsche DRG-System wurde das australische AR-DRG-System gewählt.[16]

Das G-DRG-System ordnet die gesamten medizinischen Leistungen kostenhomogenen Fallgruppen (DRG) zu. Der Fallpauschalen-Katalog 2005 umfasst 845 kalkulierte Fallpauschalen zuzüglich 33 individuell zu vereinbarenden Fallpauschalen. Die Zuordnung zu einer Fallpauschale erfolgt anhand mehrere Merkmale wie z.B.:

- Vorliegende Erkrankungen,
- diagnostische und therapeutische Maßnahmen,
- Alter,
- Geschlecht,
- Gewicht etc.

Eine DRG besteht aus drei Teilen, wie das nachfolgende Beispiel zeigt:

| B | 70 | A | = | Hirnschlag mit äußerst schweren Komplikationen |

Die erste Stelle gibt an, welcher der 25 Hauptdiagnosekategorien die DRG zu geordnet wird.

---

[16] Vgl. www.dkgev.de/pub/newpdf/RS17502-Anlage-ref-Entw_Begründung.pdf.

Die beiden nachfolgenden Zahlen geben die Partition an:

0-39 = chirurgische Behandlung
40-69 = andere, diagnostische Behandlung
70-99 = konservative Behandlung

Die letzte Stelle ist ein Buchstabe, der die DRG in unterschiedliche Schweregrade gliedert. Insgesamt werden sechs Schweregradstufen unterschieden.

Jeder DRG wird ein Relativgewicht[17] (Kostengewicht) in Form eines Punktwerts zugeordnet. Die zuvor dargestellte DRG B70A beispielsweise besitzt ein Relativgewicht von 1,779.

Das Relativgewicht nimmt mit Höhe des Schweregrads einer DRG zu. So hat die DRG B70B, die einen niedrigeren Schweregrad besitzt, z.B. ein Relativgewicht von 1,398. Eine wichtige Kennzahl des DRG-Systems ist der so genannte Case-Mix-Index, der den durchschnittlichen Schweregrad von Fällen in einem Krankenhaus oder einer Abteilung angibt. Dieser wird ermittelt, indem die Summe an Relativgewichten durch die Summe an Fallzahlen dividiert wird.[18]

Aus der Multiplikation des Relativgewichts und dem krankenhausindividuellen Basisfallwert[19] ergibt sich der Erlös, den ein Krankenhaus für einen Patienten erhält. Diese Erlösberechnung soll beispielhaft für die DRG B70A aufgezeigt werden, dabei wird von einem fiktiven krankenhausindividuellen Basisfallwert von 2.700 € ausgegangen.

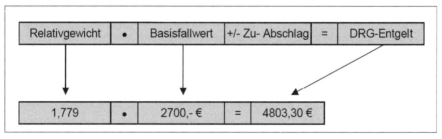

Berechnung Erlös DRG B70A

---

[17] Das Relativgewicht stellt den durchschnittlichen Behandlungsaufwand einer DRG-Fallgruppe in Relation zum Behandlungsaufwand für einen durchschnittlichen Fall mit der standardisierten Messgröße 1,0 dar. Die Ermittlung der Relativgewichte erfolgt indem bei einer Stichprobe an Krankenhäusern eine Kalkulation der Rohfallkosten durchgeführt wird. Dabei werden alle DRG-relevanten Kosten unter Beachtung aller DRG-relevanter Leistungen vollständig auf die DRG-Fälle verteilt. Momentan erfolgt jedes Jahr zur Anpassung der bestehenden Relativgewichte eine Nachkalkulation. Somit stellt das DRG-System ein lernendes System dar, das sich ständig weiterentwickelt. Es ist anzumerken, dass bei den bisher durchgeführten Kalkulationen zur Ermittlung der Relativgewichte die Anzahl der teilnehmenden Universitätsklinika niedrig war.

[18] Vgl. *Thiex-Kreye, M./Kalbitzer, M./Von Collas, T.* (2003), S. 34.

[19] Der krankenhausindividuelle Basisfallwert wird durch Division des Budgets durch die Summe der Relativgewichte des jeweiligen Krankenhauses ermittelt. In Anlehnung an: *Breßlein, S.* (2004), S. 327.

Die zurzeit noch krankenhausspezifischen Basisfallwerte sollen spätestens ab dem Jahr 2009, nach Ende der so genannten Konvergenzphase,[20] durch landesweite Basisfallwerte ersetzt werden.[21] Erstmalig wurden für das Jahr 2005 landesweite Basisfallwerte bestimmt, deren Höhe maßgeblichen Einfluss auf die Budgets der Krankenhäuser hat. Ferner wird ab 2005 eine so genannte Kappungsgrenze[22] in Höhe von 1% mit einer jährlichen Steigerungsrate von 0,5%-Punkten bis 2009 die maximal möglichen Erlösverluste begrenzen.[23] Die folgende Tabelle zeigt die periodischen Anpassungen des krankenhausindividuellen Basisfallwerts bis zur vollen Geltung der landeseinheitlichen Basisfallwerts.

	2005	2006	2007	2008	2009
% Anpassung Basisfallwert des Vorjahres (Konvergenzquote)	15 %	23,5 %	30,8 %	44,4 %	100 %
Höhe Kappungsgrenze	1,0 %	1,5 %	2,0 %	2,5 %	3,0 %

Abbildung 17-2: Stufenweise Anpassung krankenhausindividueller Basisfallwerte an landesweiten Basisfallwert

Wie bereits erwähnt, erfolgt durch die Einführung der DRG die Vergütung eines Krankenhauses nicht mehr, wie bisher, auf Basis der vom Krankenhaus verursachten Kosten, sondern auf Basis der Kosten, die im statistischen Mittel aller Krankenhäuser für die jeweilige Behandlung anfallen.

Zur Sicherung und Weiterentwicklung der medizinischen Qualität hat der Gesetzgeber parallel zum DRG-System flankierende Regelungen eingeführt. Beispielsweise könnte mit dem DRG-System für Krankenhäuser der Anreiz bestehen, Patienten verfrüht zu entlassen, da Krankenhäuser einen Festpreis für die medizinische Behandlung eines Patienten erhalten. In diesem Zusammenhang ist auch der Begriff „blutiger Patient" entstanden. Eine weitere Auswirkung, die aufgrund der DRG-Einführung entstehen könnte, ist eine mangelnde qualitative medizinische Versorgung von Patienten. Dies wäre z.B. der Fall, wenn auf die Durchführung von angemessenen Teilleistungen aufgrund von überbetontem wirtschaftlichen und effizienten Handeln verzichtet werden würde. Um solche Folgen zu vermeiden, wurden durch den Gesetzgeber nach § 137 SGB V regulatorische Maßnahmen zur Qualitätssicherung eingeführt.

Auf Bundesebene wurde ein Katalog planbarer Leistungen aufgestellt, bei dem eine Abhängigkeit der Ergebnisqualität besonders von der Menge der erbrachten Leistungen unterstellt wird. Für solche Leistungen wurden Mindestmengen je Arzt oder Krankenhaus

---

[20] In der so genannten Konvergenzphase werden die krankenhausindividuellen Basisfallwerte stufenweise jeweils zum 1. Januar eines Jahres an einen landesweit geltenden Basisfallwert angepasst.
[21] Ursprünglich war das Ende der Konvergenzphase für das Jahr 2007 vorgesehen, mit dem Ergebnis einer Abflachung der stufenweisen Anpassung der krankenhausindividuellen Basisfallwerte an den landeseinheitlichen Basisfallwert.
[22] Die Funktion der Kappungsgrenze besteht darin, die Höhe des maximal möglichen Verlusts eines Krankenhauses auf 1% des momentanen Budgets zu beschränken.
[23] Vgl. hierzu die Beispielrechnung bei *Hensen, P./Roeder, N./Rau, F.* (2005), S. 96 ff.

bestimmt. Im Falle, dass die festgelegte Mindestmenge für planbare Leistungen nicht eingehalten werden kann, dürfen ab dem Jahr 2004 diese Leistungen nicht mehr erbracht werden. Eine Abweichung von dieser Regelung ist möglich, wenn dadurch andernfalls eine Gefährdung der flächendeckenden medizinischen Versorgung der Bevölkerung besteht.[24] Des Weiteren legt § 137 SGB V fest, dass sämtliche Krankenhäuser in einem Turnus von zwei Jahren einen Qualitätsbericht, der Informationen über den Stand der Qualitätssicherung beinhaltet, vorzulegen haben. Falls die Krankenhäuser diesen Qualitätsbericht nicht fristgerecht veröffentlichen, droht eine Sanktion in Form einer jährlichen Prüfung durch den medizinischen Dienst der Krankenkassen.[25]

17.2.3 Finanzierung – Rechnungslegung – Besteuerung

Seit 1972 ist das Krankenhausfinanzierungsgesetz (KHG) in Deutschland die bedeutendste rechtliche Grundlage für die Krankenhausfinanzierung und die Krankenhausplanung.

Mit § 1 Abs. 1 KHG wird die Absicht verfolgt, die wirtschaftliche Lage der Krankenhäuser zu sichern, um eine bedarfsgerechte Versorgung der Bevölkerung mit leistungsfähigen und eigenverantwortlich wirtschaftenden Krankenhäusern zu gewährleisten. Das KHG ist auf Bundesebene der äußere Rahmen für die Krankenhausplanung und -finanzierung, der auf Bundesländerebene durch die individuellen Landeskrankenhausgesetze ergänzt wird.[26] Mit dem In-Kraft-Treten des Krankenhausfinanzierungsgesetzes wurde die duale Finanzierung der Krankenhäuser eingeführt. Diese beruht auf einer Trennung der Finanzierung der Investitions- und Betriebskosten.

Die Investitionskosten werden grundsätzlich über öffentliche Fördermittel der Bundesländer finanziert. Voraussetzung ist, dass das Krankenhaus Bestandteil des Krankenhausbedarfsplans ist, den die Länder nach § 6 Abs. 1 KHG aufzustellen haben.[27]

Unter Investitionskosten sind die Kosten für die Errichtung oder Erstausstattung eines Krankenhauses und die Anschaffung der zum Krankenhaus gehörenden Wirtschaftsgüter (keine Verbrauchsgüter) zu verstehen. Die Abgrenzungsverordnung (AbgrV) nimmt eine genaue Trennung von Wirtschaftsgütern in Anlage- und Verbrauchsgüter vor. So sind gemäß der AbgrV Verbrauchs- und Gebrauchsgüter pflegesatzfähig, Anlagegüter zur Errichtung und Erstausstattung von Krankenhäusern sowie wiederbeschaffte Anlagegüter mit einer Nutzungsdauer von über drei Jahre sind dagegen durch Fördermittel zu finanzieren.[28] Die Finanzierung der Investitionskosten wird in zwei Bereiche, in Einzelförderung[29] und in Pauschalförderung,[30] unterteilt. Des Weiteren bestehen gesonderte Bestimmungen zur

---

[24] Vgl. § 137 Abs. 1 Nr. 6 SGB V.
[25] Vgl. *Lüngen, M./Lauterbach, K.W.* (2003), S. 22 ff.
[26] Vgl. *Deutsche Krankenhausgesellschaft* (2003), S. 3.
[27] Vgl. *Sattlegger, C.* (2001), S. 28.
[28] Vgl. *Goedereis, K.* (1999), S. 89.
[29] In § 9 Abs. 1 und 2 KHG wird die Einzelförderung eines Krankenhauses geregelt. Danach fördern die Länder auf Antrag des Krankenhausträgers besonders entstehende Investitionskosten für die Errichtung von Krankenhäusern einschließlich der notwendigen Erstausstattung an Anlagegütern für den Krankenhausbetrieb. Des Weiteren wird die Wiederbeschaffung von Anlagegütern finanziert, vorausgesetzt diese haben eine durchschnittliche Nutzungsdauer von mehr als drei Jahren.
[30] Unter einer Pauschalförderung gemäß § 9 Abs. 3 KHG sind jährliche Pauschalbeträge zu verstehen, über die die Krankenhäuser frei verfügen können. Diese Pauschalbeträge werden zur Wiederbeschaffung kurzfristiger Anlagegüter sowie für kleine bauliche Maßnahmen verwendet.

Investitionsförderung von Universitätsklinika. Deren Investitionskosten teilen sich Bund und Länder zu gleichen Teilen.

Die Bereitstellung von Investitionsfördermitteln durch die Bundesländer ist seit Jahren rückläufig, wodurch ein erheblicher Investitionsstau bei den Krankenhäusern entstanden ist. Schätzungen der Deutschen Krankenhausgesellschaft über die Höhe des Investitionsstaus liegen mittlerweile bei rund 50 Mrd. €.[31] Aus diesem Grund sind Krankenhäuser gezwungen, sich neue Finanzierungsquellen zur Tätigung von Investitionen zu suchen. Neben der Finanzierung aus Gewinnrücklagen ist die Kreditfinanzierung eine Finanzierungsmöglichkeit. Bei der Finanzierung mit Hilfe langfristiger Darlehen kann die Bewilligungsbehörde des jeweiligen Bundeslands den Schuldendienst[32] übernehmen. Parallel werden zurzeit alternative Finanzierungswege, wie beispielsweise Public-Private-Partnership-Modelle und die Forfaitierung von Krankenhausforderungen diskutiert. Erwartet werden weiterhin Börsengänge von Krankenhausbetreibern zur Finanzierung nicht aufschiebbarer Investitionen.[33]

Die laufenden Betriebskosten werden den Krankenhäusern über die Krankenkassen finanziert. Unter den laufenden Betriebskosten sind die Kosten zur medizinischen und pflegerischen Versorgung von Patienten sowie die Aufwendungen für deren Unterbringung und Verpflegung zu verstehen. Zur Finanzierung der laufenden Betriebskosten findet jährlich zwischen den Leistungsträgern (Krankenhaus) und den Kostenträgern (Krankenkasse) eine Verhandlung über die Aufstellung der Entgelte und Budgetermittlung (AEB) statt. In diesem Vertrag werden für einen festgelegten Zeitraum die zu erbringenden Leistungen und die dabei entstehenden Kosten festgelegt.[34]

Für die krankenhausspezifische Finanzierung sind zugleich besondere Rechnungslegungsvorschriften erforderlich geworden, um eine Abbildung der Krankenhausfinanzierung in der Rechnungslegung zu ermöglichen. Diese sind in der Krankenhaus-Buchführungsverordnung (KHBV) geregelt. Nach § 3 KHBV hat ein Krankenhaus seine Bücher nach den Regeln der kaufmännischen doppelten Buchführung zu führen. Der Jahresabschluss eines Krankenhauses besteht aus einer Bilanz, einer Gewinn- und Verlustrechnung und einem Anhang einschließlich eines Anlagennachweises. Die Aufstellung und der Inhalt des Jahresabschlusses richten sich nach den Bestimmungen des HGB. Daneben beinhaltet die KHBV auch Einzelvorschriften zum Jahresabschluss, von denen die wichtigsten hier genannt werden.

- Nach § 5 Abs. 2 sind nicht auf dem KHG beruhende Fördermittel der öffentlichen Hand für Investitionen in aktivierte Vermögensgegenstände des Anlagevermögens auf der Passivseite der Bilanz als „Sonderposten aus Zuweisungen und Zuschüssen der öffentlichen Hand" auszuweisen, wie z.B. Betriebskostenzuschüsse.
- Fördermittel für Investitionen gemäß dem Krankenhausfinanzierungsgesetz werden in der Bilanz als Sonderposten aus Fördermitteln nach KHG passiviert, wie z.B. notwendige Anlagegüter zur Erstausstattung eines KrankenhausBetriebs.

---

[31] Vgl. *Flintrop, J.* (2004), S. A-3438.
[32] Der Schuldendienst bezieht sich auf die Verzinsungen, Tilgung und die Verwaltungskosten des Kredits. In Anlehnung an: ebenda. S. A-3438.
[33] Vgl. *Bandey, U./Fitzner, V.* (2002), S. 852.
[34] Vgl. *Lüngen, M./Lauterbach, K.W.* (2003), S. 3.

Der wesentliche Zweck der Bildung dieser Sonderposten liegt in der erfolgsneutralen Verbuchung der Fördermittel sowie der korrespondierenden Abschreibungen auf die aktivierten Wirtschaftsgüter.

Hinsichtlich steuerlicher Besonderheiten ist zu beachten, dass Krankenhäuser in öffentlicher oder freigemeinnütziger Trägerschaft i.d.R. Steuerbegünstigungen aufgrund ihrer gemeinnützigen Tätigkeit besitzen. Diese Krankenhäuser sind aufgrund des § 67 Abgabenordnung (AO) steuerbegünstigter Zweckbetrieb. Dadurch werden die Krankenhäuser von der Körperschaftssteuer (§ 5 Abs. 1 Nr. 9 KStG), der Gewerbesteuer (§ 3 Nr. 6 GewStG), der Umsatzsteuer (§ 4 Nr. 16 UStG), der Erbschaftsteuer (§ 13 ErbStG) sowie der Grundsteuer (§ 3 Abs. 1 und § 4 Nr. 6 GrStG) befreit. Dies gilt jedoch ausschließlich für die angebotenen ärztlichen und pflegerischen Leistungen. Darüber hinaus erbrachte Dienstleistungen stellen entweder einen eigenständigen Zweckbetrieb dar oder unterliegen als wirtschaftlicher Geschäftsbetrieb wie beispielsweise ein Kiosk der Steuerpflicht.

17.3 Wesentliche Erfolgsfaktoren im Krankenhaus

Der Erfüllungsgrad der beeinflussbaren Erfolgsfaktoren eines Krankenhauses hat maßgeblichen Einfluss auf den Wert eines Krankenhauses. Im Folgenden werden die wesentlichsten Erfolgsfaktoren eines Krankenhauses dargestellt, die in den Plandaten zum Teil explizit und zum Teil implizit Niederschlag finden und damit den Wert eines Krankenhauses bestimmen.

Zu den wesentlichen Erfolgsfaktoren beim Betrieb eines Krankenhauses werden die folgenden Punkte gezählt:

- Stringente Fokussierung der Organisation auf den Patienten,
- eine gute Zusammenarbeit mit vor- und nachgelagerten Sektoren,
- die Qualität der medizinischen Leistung,
- eine zielorientierte in- und externe Kommunikationsstrategie insbesondere in Ballungsräumen,
- ein effizientes und effektives Prozessmangement mit optimierten Prozesskosten,
- zeitnahes Controlling sowie
- kurze Reaktionszeiten bei veränderten Rahmenbedingungen und schnelle Entscheidungswege bei Strukturentscheidungen.

Da die zentrale Aufgabe eines Krankenhauses in der medizinischen Behandlung von Patienten liegt, ist eine gute Reputation in Bezug auf die Qualität der medizinischen Versorgung und eine gute Zusammenarbeit mit den einweisenden Ärzten (Multiplikatoren) ein entscheidender Erfolgsfaktor für die Entwicklung der Patientenzahlen. Im medizinischen Bereich ist die Qualität gegenüber anderen Branchen schwerer messbar. Im Gegensatz zu anderen Branchen soll eine gute medizinische Leistung die Rückkehr eines Kunden vermeiden. Hinzu kommt, dass lediglich eine geringe Anzahl von Patienten die medizinische Qualität qualifiziert beurteilen kann.[35] „Altkunden" haben deshalb im Krankenhausbereich eine deutlich geringere Bedeutung als in anderen Branchen. Ferner sind die Lage und die Verkehrsanbindung des Krankenhauses wichtige Kriterien. Dieser Aspekte sind in

---

[35] Vgl. *von Eiff, W.* (2003), S. 961.

eine externe Kommunikationsstrategie einzubeziehen und den potenziellen Patienten bzw. Multiplikatoren regelmäßig transparent zu machen.

Bei vergleichsweise begrenztem Erlössteigerungspotenzial ist ein effizientes und effektives Prozessmangement, verbunden mit optimierten Prozesskosten,[36] der wesentliche Bestimmungsfaktor für positive Renditen im Krankenhausbetrieb. Die Optimierung des Prozessmanagements setzt bei der Schaffung von Transparenz in der Ablauforganisation an, definiert klare Zuständigkeiten und reicht über die Standardisierung von Kernprozessen bis zu einer bedarfsgerechten Ressourcensteuerung. Darüber hinaus können mit einer zielgerichteten Patientensteuerung, die bereits bei der Aufnahme beginnt, ergänzt um standardisierte Behandlungsabläufe Wartezeiten und Doppeluntersuchungen vermieden werden. Letztlich können damit schnellere Durchlaufzeiten erreicht werden, die zu einer Verbesserung der Deckungsbeiträge pro Fall führen.

Darüber hinaus sind gut ausgebildete, kosten- und qualitätsbewusste sowie flexible Mitarbeiter für ein Krankenhaus ein entscheidender Erfolgsfaktor, um die Chancen aus den anstehenden Veränderungen zeitnah nutzen zu können.

17.4 Besondere Aspekte bei der Bewertung von Krankenhäusern

17.4.1 Vorbemerkung

In Krankenhäusern ist ein ausführliches und belastbares Planungswesen, welches einen Zeitraum von mehre Jahren abdeckt, eher die Ausnahme. Üblich sind Budgets für das laufende Jahr mit Fortschreibungen für weitere zwei bis drei Jahre. Aus diesem Mangel an Bottom-up-Planungen sind bei Wertermittlungen für Krankenhäuser regelmäßig Planzahlen neu zu ermitteln. Der Planungszeitraum sollte dabei mindestens bis zum Ende der Konvergenzphase im Jahr 2009 reichen, um eine belastbare Grundlage für die Ableitung eines nachhaltigen Ergebnisses für die Zeit nach 2009 zu legen.

17.4.2 Erlösplanung

17.4.2.1 Externe Faktoren

Die wesentliche Erlösgröße „Erlöse aus Krankenhausleistungen", die regelmäßig über 95 % der Gesamterlöse repräsentiert, setzt sich nach der Einführung des DRG-Systems aus zwei Faktoren zusammen, die nicht durch das Management des Krankenhauses beeinflusst werden können. Diese Parameter, die zusammen den Preis der medizinischen Dienstleistung darstellen, sind zum einen die künftigen landesweiten Basisfallwerte und zum anderen die im Fallpauschalen-Katalog für jede DRG hinterlegten Relativgewichte. Für beide Parameter sieht sich das Management vor der Herausforderung, dass das DRG-System ein lernendes System darstellt und dass es zu fortlaufenden, insbesondere in der Übergangsphase schwer abschätzbaren, Veränderungen kommen kann.

Die Relativgewichte unterliegen jedes Jahr einer Nachkalkulation, um pro DRG einen möglichst aktuellen durchschnittlichen Ressourcenaufwand ermitteln zu können. Bei-

---

[36] Vgl. *Knorr, G.* (2003), S. 679-680.

spielsweise hatte die DRG B70A (Hirnschlag mit äußerst schweren Komplikationen und Komorbiditäten) im Fallpauschalen-Katalog 2003 ein Relativgewicht in Höhe von 1,936. In dem für das Jahr 2004 geltendem Fallpauschalen-Katalog hat dieselbe DRG jedoch nur noch ein Relativgewicht von 1,779. Daraus ergibt sich eine Punktwertdifferenz von 0,157, die sich je nach Höhe des krankenhausindividuellen Basisfallwerts unterschiedlich auf die Erlöshöhe auswirkt. Bei einem geschätzten krankenhausindividuellen Basisfallwert in Höhe von 2.700 € ergibt sich ein geringerer Erlös von 423,90 € bzw. 15,7% pro DRG B70A. Je nach vereinbarter Mengenanzahl pro DRG kann dadurch eine erhebliche Erlöseinbuße entstehen. Insbesondere in der Anfangsphase kann es hier zu deutlichen Verwerfungen kommen. Langfristig werden damit jedoch ressourcenschonendere Behandlungsmethoden die Entwicklung der Behandlungspreise bestimmen.

Die künftigen landesweiten Basisfallwerte werden zwischen den Krankenhausgesellschaften und Krankenkassenverbänden auf Landesebene vereinbart. Deren Entwicklung ist jedoch ebenso wenig abzuschätzen wie die Entwicklung der Relativgewichte. Der sich durch die Parameter Relativgewicht und Basisfallwert ergebende Preis für Gesundheitsleistungen ist damit im DRG-Zeitalter, wie in anderen Branchen auch, extern gegeben und somit im Gegensatz zur alten Vorgehensweise von den Aufwendungen des jeweiligen Krankenhauses unabhängig.

17.4.2.2 Interne Faktoren

Der bedeutendste interne Faktor durch den die Erlösplanung eines Krankenhauses beeinflusst werden kann, ist die Veränderungsrate und die Struktur der Fallzahlen. Dabei kann zwischen den Fallzahlen der stationären und ambulanten Krankenversorgung unterschieden werden. Durch die DRG-Einführung wird künftig eine Abnahme der stationären Fallzahlen und gleichzeitig eine weitere Zunahme der Fallzahlen im ambulanten Sektor erwartet.[37]

Eine Möglichkeit zur Fallzahlsteigerung im ambulanten Bereich besteht beispielsweise in der Errichtung von medizinischen Versorgungszentren (MVZ).[38] Diese MVZ können auch Einfluss auf die stationären Fallzahlen haben, da sie eine geeignete Maßnahme zur Patientenbindung sind. Weiterhin können mittels MVZ Doppeluntersuchungen zur Diagnose von Krankheiten, wie z.B. mehrmaliges Röntgen, vermieden werden und Patienten als Kunden langfristig für mögliche weitere ambulante oder stationäre medizinische Behandlungen gebunden werden.

---

[37] Vgl. *Strehlau-Schwoll, H.* (2002), S. 997.
[38] Medizinische Versorgungszentren (MVZ) können gemäß § 95 SGV V seit dem 1.1.2004 an der vertragsärztlichen Versorgung teilnehmen. Unter MVZ sind fachübergreifende ärztlich geleitete Einrichtungen zu verstehen, in denen Ärzte, die über eine Zulassung als Vertragsarzt verfügen, als Angestellte oder Vertragsärzte tätig sind. Die medizinischen Versorgungszentren können sich aller zulässigen Organisationsformen bedienen. Sie können von den Leistungserbringern, die aufgrund von Zulassung, Ermächtigung oder Vertrag an der medizinischen Versorgung teilnehmen, gegründet werden, darunter fallen auch zugelassene Krankenhäuser. Ziel dieser neuen Versorgungsform soll es sein, eine ambulante und fachübergreifende Versorgung aus einer Hand in einheitlicher Trägerschaft anzubieten. Damit sollen medizinische Versorgungszentren eine wichtige Ergänzung zur ambulanten ärztlichen Versorgung durch Einzel- und Gemeinschaftspraxen werden.

Des Weiteren haben Erträge aus Wahlleistungen wesentlichen Einfluss auf die Erlös- und Ergebnisplanung, da diese kein Bestandteil des vereinbarten Budgets sind bzw. neben den DRGs generiert werden können. Die Erträge aus Wahlleistungen lassen sich in drei Gruppen unterteilen. Dazu zählen die Erlöse aus wahlärztlichen Leistungen z.B. die Behandlungen durch den Chefarzt, die Erlöse aus sonstigen nichtärztlichen Leistungen, wie z.B. die Unterbringung von Begleitpersonal und schließlich die Erlöse aus Unterbringung im Ein- oder Zweibettzimmer.[39]

17.4.3 Planung der Aufwendungen

17.4.3.1 Vorbemerkung

Vor dem Hintergrund der weitreichenden Regulierung oder außerhalb des Einflussbereichs der Klinik liegender Parameter der Einnahmeseite sind die Aufwendungen die wesentliche Steuerungsgröße, um positive Renditen von bis 15% zu erzielen.

Den größten Aufwandsblock stellen die Personalkosten mit einem Anteil von rund zwei Drittel der Gesamtkosten dar. Der verbleibende Teil entfällt auf Sachkosten inklusive Zinsen und Steuern. Im Weiteren werden die Personal- und Sachkosten sowie die Investitionstätigkeit angesprochen.

17.4.3.2 Personalaufwand

Der Personalaufwand stellt mit einer Quote von 60 bis 80% der Umsatzerlöse die größte Aufwandsposition im Krankenhaus dar und beinhaltet damit auch das größte Einsparpotenzial.

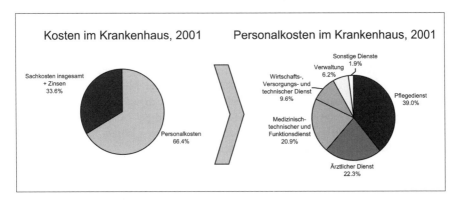

Quelle: Deutsche Krankenhausgesellschaft: Zahlen, Daten, Fakten, 2003, S. 20

Abbildung 17-3: Personalkosten im Krankenhaus

---

[39] Vgl. *Hentze, J./Kehres, E.* (1998), S. 99–104.

In der Vergangenheit ist der Personalaufwand im Vergleich zu den Krankenhausbudgets überdurchschnittlich gestiegen.[40] Die Folge waren zum Teil unterfinanzierte Krankenhäuser.[41]

Im Verhältnis zu den Gesamtkosten beträgt der Anteil der Personalkosten rund 66%. Innerhalb der Personalkosten stellen die zwei Dienstarten Pflegedienst und ärztlicher Dienst mit zusammen rund 62% den größten Personalkostenanteil, gefolgt vom medizinisch-technischen Dienst mit rund 21% und dem Funktionsdienst mit rund 10%.

Das neue aufwandsunabhängige DRG-Systems hat zu Überlegungen geführt, den größten Aufwandsblock ohne negative Auswirkungen auf die Behandlung und Betreuung der Patienten zu reduzieren. Die Planungen enthalten regelmäßig Maßnahmen, deren Plausibilität und Erfolgsaussicht im Rahmen von Unternehmensbewertungen zu untersuchen sind.

Wesentliche Anknüpfungspunkte, die letztendlich zur Reduzierung des Personalaufwands z.T. unabhängig von Prozessoptimierungen führen, sind:

- die Einführung eines Haustarifs
- die Veränderung der Personalstruktur
- Outsourcing
- Arbeitsverdichtung
- Zusammenlegung von Fachabteilungen, Apotheken, Labors, Verwaltungs- und Wirtschaftsdiensten bei Krankenhaustransaktionen und Holdinggründungen

Die Vergütung der Mitarbeiter nach BAT/TVöD oder ähnlichen Tarifen wird seit Jahren diskutiert. Die Struktur des BAT/TVöD ermöglicht durch seine vergleichsweise starren Regelungen und fehlenden bzw. begrenzten Leistungsanreize keine ausreichende wettbewerbsorientierte Steuerung der Krankenhausbetriebe. Soweit die Einführung eines Haustarifvertrags nicht möglich ist, versuchen viele Krankenhäuser Einsparungspotenziale durch Outsourcing von Teilleistungen, wie z.B. Reinigung, Wäscherei, Catering an externe Dienstleister zu realisieren, die ihre Beschäftigten nicht nach BAT/TVöD bezahlen. Diese haben somit niedrigere Personalkosten und erreichen z.T. durch andere Anreizsysteme eine höhere Produktivität.

Ein weiterer Faktor, der im Rahmen einer Personalkostenplanung zu analysieren ist, ist die Beitragsentwicklung der betrieblichen Altersversorgung der Mitarbeiter. Gemäß § 46 BAT haben Arbeitnehmer des öffentlichen Diensts Anspruch auf betriebliche Altersversorgung, die über Zusatzversorgungskassen des Bundes und der Länder (VBL/ZVK) gewährt wird.[42] Die Beitragsentwicklung unterlag in den letzten Jahren, nicht zuletzt aufgrund von Sanierungszuschlägen, wesentlichen Steigerungen.

Die Beteiligungsvereinbarung kann unter Berücksichtigung von bestehenden Fristen gekündigt werden, jedoch muss dann ein finanzieller Ausgleich zur Deckung der nach dem Ausscheiden zu erfüllenden Leistungsansprüche gezahlt werden. Unter anderem aufgrund der Höhe des zu zahlenden Ausgleichs ist der Ausstieg aus einer Zusatzversorgungskasse nur selten möglich.[43]

---

[40] Im Jahr 2004 lag der Anstieg der Personalkosten im Westen bei 2,8%, im Osten bei 4,5%. In Anlehnung an *Flintrop, J./Clade, H./Stüwe, H.* (2004), S. A-3303.
[41] Vgl. *ebenda*, S. A-3303.
[42] Vgl. *Rocke, B.* (2003), S. 450.
[43] Vgl. *ebenda*, S. 450.

Darüber hinaus können Anpassungen der Personalstruktur, in der Regel parallel zur Neuorganisation von Arbeitsabläufen sowie Arbeitsinhalten,[44] zu Einsparungen bei den Personalkosten führen. Inwieweit die den Planungen zugrunde liegenden Maßnahmen nachvollziehbar und belastbar sind und damit in einer Unternehmensbewertung berücksichtigt werden können hängt grundsätzlich von Bewertungszweck ab. Regelmäßig ist eine Plausibilisierung der Personalkostenstruktur durch Benchmark-Vergleiche zu empfehlen.

17.4.3.3 Sachkostenaufwand

Im Krankenhaussektor nehmen die Sachkosten einen Anteil von rund einem Drittel der Gesamtkosten ein. Wie in der nachfolgenden Abbildung zu erkennen ist, besitzt innerhalb dieses Kostenblocks der medizinische Bedarf mit dem Posten Arznei-, Heil- und Hilfsmittel, die wirtschaftlich größte Bedeutung.

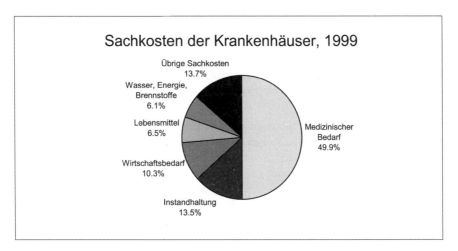

Quelle: Statistisches Bundesamt 2001

Abbildung 17-4: Sachkosten der Krankenhäuser 1999

Im Bereich der Sachkosten können Einsparungspotenziale besonders durch die Reorganisation des Einkaufs erzielt werden. Hierzu bestehen verschiedene Möglichkeiten, wie z.B. durch die Zentralisierung des Einkaufs, die Bündelung von Bestellvorgängen bzw. der Belieferung, die Bildung von Einkaufverbänden oder die Sortimentskonzentration.[45] Zudem verbessert sich aufgrund des größeren Einkaufsvolumens die Betreuung durch die Lieferanten und die Bonussituation.[46] Eine weitere Maßnahme, die Krankenhäuser mittlerweile vermehrt anwenden, ist die Kooperation mit Logistikdienstleistern. Die Krankenhäuser können dadurch ihre klinikeigenen Lager auflösen oder verkleinern und steigen bei bestimmten Produkten, für die in Art und Menge ein konstanter Bedarf besteht, wie z.B.

---

[44] Beispielsweise die weitgehende Entlastung des medizinischen Dienstes von Verwaltungsaufgaben.
[45] Vgl. *Rocke, B.* (2002), S. 534.
[46] Vgl. *ebenda*, S. 534.

Lebensmittel, planbares OP-Material, auf Just-in-Time-Lieferung um. In der Folge können diese Krankenhäuser nicht nur Kosteneinsparungen realisieren, sondern auch aufgrund einer geringeren Kapitalbindung über mehr liquide Mittel verfügen.[47]

17.4.3.4 Ableitung der Free Cashflows

Aus der Erlös- und Aufwandsplanung ergibt sich der Jahresüberschuss, der zu den Free Cashflows übergeleitet wird. Zu modifizieren ist der Jahresabschluss daher um Abschreibungen auf Investitionen, die aus Eigenmitteln finanziert wurden, Investitionen und Veränderungen des Nettoumlaufvermögens sowie der Rückstellungen.

Der Planung der nicht aufwands- aber zahlungswirksamen Positionen „Investitionen" und der „Veränderungen des Nettoumlaufvermögens sowie der Rückstellungen" kommt im Rahmen der Unternehmensbewertung eine große Bedeutung zu. Diese Auszahlungen reduzieren unmittelbar die den Unternehmenswert bestimmenden Cashflows. Die Besonderheiten aus der dualen Finanzierung der Krankenhäuser und die damit verbundene Aussicht auf Fördermittel für Investitionen sind bei den Planungen zu berücksichtigen. Zudem ist eine Abschätzung der Entwicklung der seit einigen Jahren kontinuierlich sinkenden Förderquote vorzunehmen. Gegebenenfalls ist ein Verzicht der Inanspruchnahme in Erwägung zu ziehen, wenn damit ein schnellerer Beginn des Bauprojektes sowie eine kürzere Bauphase erreicht werden kann, was eine frühzeitigere Nutzung optimierter Abläufe möglich macht.

Durch eine Minimierung des Nettoumlaufvermögens, das sich aus den Vorräten, Forderungen aus Lieferungen und Leistungen, betriebsnotwendigen liquiden Mitteln sowie Verbindlichkeiten aus Lieferungen und Leistungen und sonstigen Verbindlichkeiten zusammensetzt, kann die Kapitalbindung reduziert und damit werterhöhende Cashflows generiert werden. Dabei sind geplante Veränderungen der medizinischen Dienstleistungen im Zusammenhang mit der Entwicklung des Vorratsvermögens sowie Maßnahmen zur Reduzierung der Forderungen aus Lieferungen und Leistungen zu berücksichtigen.

17.4.4 Diskontierungsfaktor

Die abgeleiteten Free Cashflows sind mit einem risikoadäquaten Zinssatz zu diskontieren. Als Kapitalisierungszinssatz werden die mit den Kapitalanteilen der Eigen- und der Fremdkapitalgeber gewichteten Eigen- und Fremdkapitalkosten herangezogen (WACC = Weighted average cost of capital = gewogener Gesamtkapitalkostensatz).

Der gewogene Gesamtkapitalkostensatz bildet zusammengefasst die Mindestverzinsung ab, die das zu bewertende Unternehmen für die Gesamtheit der Kapitalgeber zu erwirtschaften hat. Der gewogene Gesamtkapitalkostensatz repräsentiert damit die gewichteten Alternativrenditen der Eigen- und Fremdkapitalgeber, die diese jeweils bei vergleichbarer, äquivalenter Kapitalanlage erzielen könnten.

Die Bestimmung von Eigenkapitalkosten erfolgt regelmäßig mit Hilfe des Capital Asset Pricing Model (CAPM). Die dafür erforderlichen vergleichbaren börsennotierten Unter-

---

[47] Ein aktuelles Beispiel ist die *DRK-Kinderklinik Siegen gGmbH*, die seit 1998 mit einem Logistikparter ein prozessorientiertes Logistikkonzept umsetzt und dadurch pro Jahr Kosteneinsparungen in Höhe von 127.823 € erzielte. In Anlehnung an: wds: Der strategische Einkauf macht an Boden gut, in: MTD (2002), S. 34.

nehmen stellt bei Krankenhausbewertungen das zu lösende Problem dar, da in Deutschland lediglich ein reiner Krankenhausbetreiber börsennotiert ist.

Die zinsfrei zur Verfügung gestellten Fördermittel sind grundsätzlich nicht rückzahlungspflichtig und bleiben deshalb bei der Ableitung des Diskontierungsfaktors unberücksichtigt.[48] Fremdkapital, dessen Zins- und Tilgungsleistungen durch Fördermittel gedeckt sind, die nicht in den geplanten Free Cashflows enthalten sind, bleiben bei den Bestimmung des Diskontierungsfaktors ebenfalls unberücksichtigt.

17.5 Zusammenfassung

Bei der Bewertung von Krankenhäusern sind zunächst der Zweck der Bewertung und das dem Bewertungsobjekt zugrunde liegende Geschäftsmodell festzustellen. Soweit das Geschäftsmodell des Krankenhauses die Annahme einer finanziellen Zielsetzung erlaubt, kann ein Zukunftserfolgswert ermittelt werden. Aus der Sicht eines privaten Krankenhausbetreibers mit dem Ziel der Gewinnmaximierung ist das regelmäßig der Fall.

Im Rahmen der Wertableitung sind neben den rechtlichen Rahmenbedingungen die wesentlichen Werttreiber die Entwicklung der geplanten Umsatzerlöse vor dem Hintergrund der DRG-Einführung sowie die Planung der Personalkosten. Ein weiterer wertbestimmender Faktor sind die erforderlichen Investitionen sowie der Umfang der erwarteten Förderung. Bei der Ableitung und/oder Plausibilisierung dieser Planungen empfiehlt es sich regelmäßig Sensitivitäts- sowie Benchmark-Analysen vorzunehmen.

Bewertungsmethodisch ist die Ableitung des Diskontierungsfaktors bei intersubjektiv nachprüfbaren Bewertungsanlässen aufgrund der geringen Anzahl vergleichbarer börsennotierter Krankenhausgesellschaften eine Herausforderung.

17.6 Literatur

Arnold, M./Klauber, J./Schnellschmidt, H. (2002): Krankenhaus-Report, Schwerpunkt Personal, Stuttgart 2002

Ballwieser, Wolfgang (2004): Unternehmensbewertung, Stuttgart 2004

Bandey, U./Fitzner, V. (2002): Kliniken vor dem Börsengang, in: krankenhaus umschau, 71. Jahrgang (2002), S. 846-852

Bohle, T./Grau, U. (2003): Verschmelzung oder Veräußerung öffentlicher Krankenhäuser? – Aspekte des Kommunal-, des Gesellschafts- und des Vergaberechts, in: das Krankenhaus, 95. Jahrgang (2003), S. 698-706

Brandmaier, R./Fischenbeck, E./Leisenheimer, M.H./Radtke, D. (2003): Die Gesamtatmosphäre entscheidet, ob Patienten eine Klinik weiterempfehlen, in: f & w, 20. Jahrgang (2003)

Breßlein, S. (2004): Wie ausgereift sind die DRGs?, in: krankenhaus umschau, 73. Jahrgang (2004)

Bundesministerium für Gesundheit (2002): Informationen zum Gesetz zur Einführung des diagnoseorientierten Fallpauschalensystems für Krankenhäuser, Bonn 2002

Copeland, T./Koller, T./Murrin, J. (2002): Unternehmenswert – Methoden und Strategien für eine wertorientierte Unternehmensführung, Frankfurt 2002

Deutsche Krankenhausgesellschaft (2003): GKV-Modernisierungsgesetz: Neue Versorgungsformen im Krankenhaus, Deutsche Krankenhausverlagsgesellschaft mbH, Düsseldorf 2004

---

[48] Zu einer Rückforderung der Fördermittel kann es kommen, wenn die geförderte Investition nicht zwecksprechend eingesetzt wird.

Deutsche Krankenhausgesellschaft (2003): Zahlen, Daten, Fakten 2003, Deutsche Krankenhausverlagsgesellschaft mbH, Düsseldorf 2003

Deutsche Krankenhausgesellschaft (2003): Krankenhausplanung und Investitionsförderung in den Bundesländern, 2003

Drukarczyk, J. (2003): Unternehmensbewertung. 4. Auflage, München 2003

Flintrop, J. (2004): Finanzlage der Krankenhäuser: Insolvenzrisiko steigt, Deutsches Ärzteblatt, 50. Ausgabe, (2004)

Goedereis, K. (1999): Finanzierung, Planung und Steuerung des Krankenhaussektors, Köln 1999

Hensen, P./Roeder, N./Rau, F. (2005): Start in die Konvergenzphase 2005, in: das Krankenhaus, 97. Jahrgang, (2005)

Hentze, J./Kehres, E. (1998): Buchführung und Jahresabschluss in Krankenhäusern, Stuttgart 1998

Janssen, D. (1999): Wirtschaftlichkeitsbewertung von Krankenhäuser – Konzepte und Analysen von Betriebsvergleichen, Stuttgart/Berlin/Köln 1999

Knorr, G. (2003): Probleme der Grundversorgungskrankenhäuser im DRG-System – Spezialisierung als Ausweg?, in das Krankenhaus (2003), S. 679-682

Kuhlmann, J.M. (2004): Neue Versorgungsmöglichkeiten für Krankenhäuser durch das GMG, in: das Krankenhaus, 96. Jahrgang, (2004)

Lüngen, M./Lauterbach, K.W. (2003): DRG in deutschen Krankenhäusern, Stuttgart 2003

Norddeutsche Landesbank Volkswirtschaft (2004): Krankenhausmarkt im Umbruch, Hannover 2002

Peemöller, V.H. (2001): Praxishandbuch der Unternehmensbewertung, Herne/Berlin 2001

Rocke, B. (2003): Flucht aus dem BAT und aus der Zusatzversorgung?, in: das Krankenhaus, 95. Jahrgang, (2003)

Rocke, B. (2002): Zur Theorie und Praxis der Kooperation und Fusionen im Krankenhausbereich, in: das Krankenhaus, 94. Jahrgang, (2002)

Rocke, B. (2002): Die Balance muss stimmen: mehr Wirtschaftlichkeit der Leistungen ebenso nötig wie Verbesserung der Einnahmen, in: das Krankenhaus, 94. Jahrgang, (2002)

Sattlegger, C. (2001): Leasing als Investitions- und Finanzierungsinstrument im Krankenhausbereich der Bundesrepublik Deutschland, Frankfurt am Main 2001

Saure, C. (2004): Akquisitionsmangement im Krankenhauswesen, Frankfurt am Main 2004

Saure, C. (2005): Erfolgsfaktoren bei der Akquisition öffentlicher Krankenhäuser durch private Klinikbetreiber, in: Eiff, W. v./Klemnann, A. (Hrsg.): Unternehmensverbindungen, Wegscheid 2005, S. 75-106

Schlottmann, N. (2002): Die Anpassung der AR-DRGs und ihre Grenzen, in: das Krankenhaus, 94. Jahrgang, (2002)

Schmidt, H. (2005): Gesundheitsreport – Wahrheiten, die keiner sehen, sagen oder hören will, Büttelborn 2005

Schultze, W. (2003): Methoden der Unternehmensbewertung – Gemeinsamkeiten, Unterschiede, Perspektiven, Düsseldorf 2003

Statistisches Bundesamt (2001): Gesundheitswesen: Grunddaten der Krankenhäuser und Vorsorge- oder Rehabilitationseinrichtungen, Wiesbaden 2001

Strehlau-Schwoll, H. (2002): Unternehmenspoltische Konsequenzen bei der Einführung der DRGs, in: das Krankenhaus, 94. Jahrgang, (2002)

Thiele, G. (2003): Einführung der DRGs in Deutschland, Heidelberg 2003

Thiex-Kreye, M./Kalbitzer, M./von Collas, T. (2003): Controlling im DRG-System, in: ku – Spezial Controlling, (2003)

Tuschen, K.H./Quaas, M. (2001): Bundespflegesatzverordnung – Kommentar mit einer umfassenden Einführung in das Recht der Krankenhausfinanzierung, Kohlhammer Verlag Stuttgart 2001

Wagner, F.W. (1997): Die Rücklagenbildung als Problem einer ökonomischen Theorie gemeinnütziger Stiftungen, in: Wagner, Franz W./Walz, W. Rainer: Zweckerfüllung gemeinnütziger Stiftungen durch zeitnahe Mittelverwendung und Vermögenserhaltung, Baden-Baden 1997

Walger, M./Hurlebaus, T. (2005): Änderung der EU-Arbeitszeitrichtlinie, in: das Krankenhaus, 97. Jahrgang, (2005)

18 Bewertung von Arztpraxen, Zahnarztpraxen und Medizinischen Versorgungszentren

von *Wolfgang Merk*[*]

18.1 Überblick über den ambulanten Versorgungssektor 441
   18.1.1 Allgemeiner Überblick 441
   18.1.2 Arztpraxen 442
   18.1.3 Zahnarztpraxen 444
   18.1.4 Medizinische Versorgungszentren 445
18.2 Besonderheiten bei der Bewertung von Arzt- und Zahnarztpraxen 447
   18.2.1 Betriebswirtschaftliche Spezifika 447
   18.2.2 Starke Heterogenität der Bewertungsobjekte 448
   18.2.3 Hohe Relevanz des konkreten Bewertungsanlasses 450
18.3 Bewertungsmethoden 452
   18.3.1 Faustformeln 452
   18.3.2 Die Richtlinie der Bundesärztekammer zur Bewertung von Arztpraxen 453
   18.3.3 Die Indexierte Basis-Teilwert-Methode 455
   18.3.4 Die Ertragswertmethode 459
   18.3.5 Die Discounted Cash-Flow-Verfahren 462
18.4 Der Markt für Arzt- und Zahnarztpraxen 463
18.5 Literaturverzeichnis 469

18.1 Überblick über den ambulanten Versorgungssektor

18.1.1 Allgemeiner Überblick

Das deutsche Gesundheitswesen kann im Hinblick auf die Art der medizinischen Versorgung der Bevölkerung als zweigeteilt bezeichnet werden. Die stationäre Versorgung der Bevölkerung wird von 2.139 Krankenhäusern gewährleistet, hinzukommen noch ca. 1.290 Vorsorge- und Rehabilitationseinrichtungen.[1] Die ambulante Versorgung obliegt weitestgehend niedergelassenen Ärzten und Zahnärzten, die zu einem weit überwiegenden Teil in Praxen freiberuflich tätig sind.[2] Seit dem Wirksamwerden des Gesetzes zur

---

[*] Professor Dr. Wolfgang Merk, BA Stuttgart, Sachverständiger.
[1] Vgl. Statistisches Bundesamt (Hrsg.), Fachserie 12 Gesundheitswesen, Reihe 6.1.1 Grunddaten der Krankenhäuser, 2006.
[2] Vgl. zu einer detaillierten Übersicht zur Teilnahme an der ambulanten Versorgung Schirmer, H.D., Vertragsarztrecht kompakt. 2005, S. 215 ff.

Modernisierung der gesetzlichen Krankenversicherung (GMG) zum Jahresbeginn 2004 sind zudem Medizinische Versorgungszentren (MVZ) als neue Entität innerhalb des Kanons der ambulanten medizinischen Leistungserbringer entstanden.[3]

Bis auf wenige Ausnahmen sind alle unternehmerisch selbständig tätigen Ärzte und Zahnärzte berechtigt, gesetzlich Versicherte zu behandeln und die vorgenommenen Leistungen zu Lasten der Gesetzlichen Krankenversicherung (GKV) abzurechnen. Es handelt sich dann um eine vertragsärztliche bzw. vertragszahnärztliche Tätigkeit, die jedoch einer vorherigen Zulassung der Leistungserbringer durch einen Zulassungsausschuss bedarf. Durch die Erteilung einer Zulassung werden die ärztlichen und zahnärztlichen Leistungserbringer Teil des Systems der GKV, in dem ca. 90% der deutschen Bevölkerung, sei es als Pflicht- oder als freiwillige Mitglieder, versichert sind. Die Einbindung in dieses komplexe System der GKV manifestiert sich für Vertragsärzte und -zahnärzte insbesondere dadurch, dass sie qua Zulassung Mitglied einer von 17 Kassenärztlichen bzw. 17 Kassenzahnärztlichen Vereinigungen (KV bzw. KZV) werden und damit in ein kollektivvertragliches Rechts- und Organisationsgefüge eingebunden werden, das insbesondere für die Honorierung ihrer erbrachten Leistungen an GKV-Patienten verantwortlich ist.

Die Anzahl der in einer Praxis rein privatärztlich tätigen Ärzte und Zahnärzte hat allerdings in den letzten Jahren deutlich zugenommen. Gab es bei den Ärzten im Jahre 2001 ca. 5.700 reine Privatärzte, so hat sich diese Zahl um 2.200 bis zum Jahresende 2005 auf 7.900 erhöht.[4] Dies entspricht einer Steigerungsrate um knapp 40% in vier Jahren. Auch hat sich der Anteil der Leistungen erhöht, die zwar von zugelassenen Vertragsärzten erbracht werden, die jedoch nicht durch die GKV erstattet werden und dem sog. Privat- oder Selbstzahlermarkt zuzurechnen sind. Dies ist dann der Fall, wenn es sich um einen privat- oder nicht versicherten Patienten handelt, ebenso bei GKV-Versicherten, bei denen die erbrachten Leistungen nicht im versicherten Leistungsumfang enthalten sind. So lag der Anteil der Umsätze bei niedergelassenen Vertragszahnärzten, die über die Kassenzahnärztlichen Vereinigungen vereinnahmt wurden, in den alten Bundesländern 1988 noch bei 71,6%. Bis zum Jahr 2004 war der Anteil der GKV-Honorare auf 52,9% vom Gesamtumsatz gefallen.[5]

18.1.2 Arztpraxen

Zum Jahresende 2005 waren in der Bundesrepublik 117.547 Vertragsärzte zugelassen. Zusammen mit ermächtigten Ärzten, Partner-Ärzten und angestellten Ärzten nahmen insgesamt 131.802 Ärzte an der vertragsärztlichen Versorgung der gesetzlich Versicherten teil. Die Anzahl der Einzelpraxen betrug 76.895, die von Gemeinschaftspraxen 17.704.[6] Zusammen mit den reinen Privatpraxen ergeben sich damit ca. 100.000 ärztliche Praxen in der Bundesrepublik, die als Unternehmen zu kategorisieren sind und Gegenstand einer Unternehmensbewertung werden können.

Eine Klassifikation der Praxen lässt sich etwa hinsichtlich der Fachdisziplinen oder der vorherrschenden Rechts- bzw. Praxisformen vornehmen.

---

[3] Vgl. BGBl. 2003 I, S. 2190.
[4] Vgl. Online-Informationen der Bundesärztekammer, Ärztestatistik, http://www.bundesaerztekammer.de/page.asp?his=0.3.1666.1673 vom 18.01.2007.
[5] Vgl. Kassenzahnärztliche Bundesvereinigung (Hrsg.), KZVB Jahrbuch 2005, S. 116 ff.
[6] Vgl. Kassenärztliche Bundesvereinigung (Hrsg.), Grunddaten 2005, S. 15 ff.

Die vertragsärztliche Niederlassung setzt seit 1994 den Abschluss einer abgeschlossenen fachärztlichen Weiterbildung voraus.[7] Die (Muster-)Weiterbildungsordnung (MWBO) der Bundesärztekammer mit Stand Januar 2006 sieht 32 (Fach-) Gebietsbezeichnungen und 43 Facharztbezeichnungen vor. Allgemeinärzte, Internisten, Frauenärzte, Kinderärzte, Augenärzte, Orthopäden und Nervenärzte sind dabei am zahlreichsten vertreten. Darüber hinaus kann von einem Arzt zusätzlich zur Facharztbezeichnung eine Schwerpunktbezeichnung geführt werden. Eine Schwerpunktbezeichnung weist darauf hin, dass in einem rechtlich und tatsächlich verselbständigten Teilgebiet innerhalb eines medizinischen Hauptgebietes (Gebietsbezeichnung) besondere Kenntnisse vorhanden sind. Die Führung der Schwerpunktbezeichnung ist nur mit der Facharztbezeichnung zulässig. Nach der MWBO vom Januar 2006 gibt es 18 Schwerpunktbezeichnungen. Ein Arzt, der umgangssprachlich als Kardiologe bezeichnet wird, ist demnach in entsprechender Terminologie ein „Facharzt für Innere Medizin", der auch die Schwerpunktbezeichnung „Kardiologie" besitzt. Eine Zusatzbezeichnung weist dagegen auf zusätzlich erworbene Kenntnisse hin, die selber keine medizinischen Hauptgebiete oder verselbständigte Teilgebiete sind. Zusatzbezeichnungen dürfen nur mit der Berufsbezeichnung Arzt oder mit einer Facharzt- bzw. Gebietsbezeichnung geführt werden. Es gibt 46 führbare Zusatzbezeichnungen, Beispiele hierfür sind Akupunktur, Homöopathie, Plastische Operationen oder Sportmedizin. Neben diesen, in der MWBO vorgesehenen Bezeichnungen, kann ein Arzt nach dem sog. „Implantologie-Urteil" des Bundesverfassungsgerichts vom Juli 2001 zudem sog. Tätigkeitsschwerpunkte ausweisen.[8] Voraussetzung hierfür ist, dass der Arzt bestimmte Kenntnisse und Fähigkeiten erworben hat und seinen Tätigkeitsschwerpunkt nachhaltig ausübt.

Durch die Novellierung der (Muster-)Berufsordnung (MBO) anlässlich des 107. Deutschen Ärztetages vom 18.-21. Mai 2004 sind die unternehmerischen Freiheitsgrade für Ärzte stark erweitert worden. So dürfen nach § 18 Abs. 2 der MBO vom 24.11.2006 Ärztinnen und Ärzte ihren Beruf einzeln oder gemeinsam in allen für den Arztberuf zulässigen Gesellschaftsformen ausüben, wenn ihre eigenverantwortliche, medizinisch unabhängige sowie nicht gewerbliche Berufausübung gewährleistet ist. Damit besteht grundsätzlich die Möglichkeit eine Arztpraxis als GmbH oder AG zu betreiben,[9] das Vertragsarztrecht zieht jedoch hier einen deutlich engeren juristischen Rahmen und knüpft die Tätigkeit als Vertragsarzt weiterhin an eine freiberufliche Tätigkeit. Daher sind Vertragsärzte in eigener Einzelpraxis bisher ausschließlich als Einzelunternehmer freiberuflich tätig. Vertragsärztliche Gemeinschaftspraxen sind aus selbigem Grund weit überwiegend Gesellschaften des bürgerlichen Rechts, gelegentlich finden sich auch Partnerschaftsgesellschaften (Ärztepartnerschaft). Im Arztrecht findet sich zudem der Terminus Praxisgemeinschaft. Dies bezeichnet eine reine Organisationsgemeinschaft, bei der die Ärzte nach außen hin nicht gemeinschaftlich auftreten, sondern lediglich eine Kostengemeinschaft bilden. Jeder Arzt in einer Praxisgemeinschaft hat daher seine eigene Abrechnungsnummer, über die er mit der Kassenärztlichen Vereinigung abrechnet, es besteht daher nur eine „Innengesellschaft", üblicherweise eine Gesellschaft bürgerlichen Rechts.

---

[7] Es bestehen jedoch Ausnahmeregelungen, wie z.B. bei praktischen Ärzten.
[8] Vgl. BVerG, 1 BvR 873/00 vom 23.7.2001.
[9] Dies ist der Fall, sofern nicht die Heilberufekammergesetze der einzelnen Bundesländer hier entgegenstehen.

Die Zulassung zur vertragsärztlichen Versorgung ist ein durch den Zulassungsausschuss[10] für Ärzte oder Zahnärzte erlassener Verwaltungsakt, der Voraussetzung für die Teilnahme an der vertragsärztlichen Versorgung ist. Jeder Arzt, der die persönlichen Zulassungsvoraussetzungen erfüllt, hat einen persönlich öffentlich-rechtlichen Anspruch auf Zulassung an dem Ort der eigenen Wahl durch den Zulassungsausschuss aufgrund der formalen Regelungen der Zulassungsverordnung.

Etwas anderes gilt jedoch seit 1993 im Falle von Zulassungsbeschränkungen. Wird für einen Planungsbereich eine Überversorgung durch den Landesausschuss festgestellt, müssen Zulassungsbeschränkungen angeordnet werden. Im vertragsärztlichen Planungsbereich wird dann Ärzten der entsprechenden Facharztgruppe der Zugang zur vertragsärztlichen Versorgung durch eine Neuniederlassung verweigert (sog. gesperrtes Gebiet). Die Feststellung der Überversorgung erfolgt dabei nach vorgegebenen Arzt-/Einwohner-Relationen. Zulassungsbeschränkungen werden dann angeordnet, wenn der bedarfsgerechnete Versorgungsgrad um 10% überschritten wird. Für die meisten Ballungsräume in der Bundesrepublik waren zum Jahresbeginn 2006 für alle der Bedarfsplanung unterliegenden Arztgruppen Niederlassungsbeschränkungen angeordnet. In einzelnen Facharztgruppen bestehen dadurch de facto bundesweite Niederlassungsverbote. Für fachärztliche Internisten etwa war lediglich in 3 von 395 bestehenden Planungsbereichen eine Neuniederlassung möglich, bei Chirurgen waren ganze 4 Planungsbereiche „geöffnet".[11]

Zum 01.01. 2007 ist das Vertragsarztrechtsänderungsgesetz in Kraft getreten. Dieses Gesetz schafft nach der berufsrechtlichen Liberalisierung des Arztrechts nun auch deutlich erweiterte unternehmerische Spielräume im vertragsärztlichen Sektor. Vertragsärzten und -zahnärzten ist es nun z.B. erlaubt, andere Ärzte auch anderer Facharztzugehörigkeit anzustellen, Filialpraxen zu gründen und Teilzulassungen inne zu haben. Die wohl wichtigste Neuerung besteht außerdem in der Tatsache, dass nun auch im vertragsärztlichen Bereich überörtliche Berufsausübungsgemeinschaften begründet werden können, unter bestimmten Voraussetzungen auch KV-Bezirksübergreifend.

18.1.3 Zahnarztpraxen

Zum Jahresende 2004 waren in der Bundesrepublik 64.997 behandelnde Zahnärzte tätig, davon waren 55.883 vertragsärztlich niedergelassen.[12] Wie bei den Ärzten praktiziert die überwiegende Anzahl der Zahnärzte in Einzelpraxen, Ende 2004 existierten 37.935 Einzelpraxen (81,9%) und 8405 Gemeinschaftspraxen (18,1%). Von den Gemeinschaftspraxen bestehen 86,4% zwischen 2 Ärzten, 13,6% haben mehr als 2 Inhaber. Damit ist ca. ein Drittel aller niedergelassenen Vertragszahnärzte in einer Gemeinschaftspraxis tätig.[13]

Nach der MWBO der Bundeszahnärztekammer existieren für Zahnärzte nur 2 Gebietsbezeichnungen, nämlich der Zahnarzt für Kieferorthopädie und der Zahnarzt für Oralchirurgie[14]. Zahnärzte für Oralchirugie waren am 31.12.2005 im Bundesgebiet insge-

---

[10] Der Zulassungsausschuss ist ein Ausschuss der gemeinsamen Selbstverwaltung der Kassenärztlichen Vereinigung und der Landesverbände der Kassen und wird paritätisch von beiden Seiten besetzt.
[11] Vgl. Kassenärztliche Bundesvereinigung (Hrsg.), 2006, S. 22 f.
[12] Vgl. Kassenzahnärztliche Bundesvereinigung (Hrsg.), KZBV Jahrbuch 2005, S. 146 ff.
[13] Vgl. Kassenzahnärztliche Bundesvereinigung (Hrsg.), KZBV Jahrbuch 2005, S. 155.
[14] Im Bereich der Zahnärztekammer Nordrhein existiert als Besonderheit die Gebietsbezeichnung Paradontologie.

samt 2.010 tätig, davon waren 1.530 niedergelassen.[15] Zahnärzte für Kieferorthopädie waren 3.683 tätig, hiervon niedergelassen tätig 2.268.[16] Wie bei Ärzten besteht bei Zahnärzten die Möglichkeit, Tätigkeitsschwerpunkte auszuweisen, dabei sind Implantologie, Paradontologie und Zahnärztliche Prothetik wohl die gebräuchlichsten.

Insgesamt existieren damit in der Bundesrepublik ca. 52.000 Zahnarztpraxen als unternehmerische Einheiten und stellen damit potenzielle Objekte einer Unternehmensbewertung dar.

Hinsichtlich des Leistungsspektrums können Zahnarztpraxen auch insbesondere danach unterschieden werden, ob sie ein zahntechnisches Labor besitzen bzw. einen oder mehrere Zahntechniker angestellt haben. In den alten Bundesländern besaßen 2004 19,2% aller Praxen ein Labor und hatten mindestens einen Techniker angestellt, der Anteil von Praxen mit Labors ohne angestellten Techniker lag bei 14,5%. In den neuen Bundesländern lagen diese Anteile bei jeweils 10,5%.[17]

Hinsichtlich der möglichen Rechtsformen unterscheiden sich Zahnarztpraxen nicht wesentlich von Arztpraxen. Auch bei Zahnärzten hat wie bei den Ärzten eine Liberalisierung der Berufsordnung stattgefunden, es finden sich in § 16 Abs. 1 der MBO für Zahnärzte vom 16.02.2005 die entsprechenden Bestimmungen analog der ärztlichen Berufsordnung.

Wie für Ärzte galt für Zahnärzte seit 1993 eine Bedarfsplanung, diese wird jedoch ab dem 01.04.2007 von Gesetzgeber wieder aufgehoben, so dass es dann für jeden Zahnarzt, der die Zulassungsvoraussetzungen erfüllt, wieder möglich sein wird, am Ort seiner Wahl eine vertragszahnärztliche Zulassung zu erhalten.

Die oben angeführten Änderungen durch das Vertragsarztrechtsänderungsgesetz gelten ab dem 01.01.2007 grundsätzlich auch für Vertragszahnärzte.

18.1.4 Medizinische Versorgungszentren

Seit Anfang 2004 besteht für Leistungserbringer in der GKV die Möglichkeit, Medizinische Versorgungszentren (MVZ) zu gründen.[18] Die Legaldefinition eines MVZ ist in § 95 Abs. 1 SGB V enthalten: „Medizinische Versorgungszentren sind fachübergreifende ärztlich geleitete Einrichtungen, in denen Ärzte, die in das Arztregister (...) eingetragen sind, als Angestellte oder Vertragsärzte tätig sind. Die medizinischen Versorgungszentren können sich aller zulässiger Organisationsformen bedienen; sie können von den Leistungserbringern, die aufgrund von Zulassung, Ermächtigung oder Vertrag an der medizinischen Versorgung teilnehmen, gegründet werden".

Zu unterscheiden ist in diesem Kontext zwischen den Gründern und den Leistungserbringern. Bei den Gründern handelt es sich üblicherweise um die Gesellschafter bzw. Trä-

---

[15] Vgl. Online-Informationen der Bundeszahnärztekammer: http://www.bzaek.de/service/oav10/artikel.asp?lnr=207, am 22.01.2007.
[16] Vgl. Online-Informationen der Bundeszahnärztekammer: http://www.bzaek.de/service/oav10/artikel.asp?lnr=208, am 22.01.2007.
[17] Kassenzahnärztliche Bundesvereinigung (Hrsg.), KZBV Jahrbuch 2005, S. 137.
[18] Vgl. ausführlicher zu diesem Thema z.B. Altendorfer, R.; Merk, W.; Jentsch, I., Das medizinische Versorgungszentrum: Rechtliche, wirtschaftliche und steuerliche Aspekte, Frankfurt am Main 2004 sowie aus rechtlicher Sicht Dahm, F.-J.; Möller, K.-H.; Ratzel, R., Rechtshandbuch Medizinische Versorgungszentren, Berlin u.a. 2005.

ger eines MVZ. Potenzielle Gründer eines MVZ sind z.b. Vertragsärzte, Vertragspsychotherapeuten und Vertragszahnärzte aber auch Krankenhausträger nach § 108 SGB V und Apotheken. Ein MVZ kann auch ohne die Beteiligung eines Arztes, z.b. durch einen Krankenhausträger gegründet werden, in dem MVZ müssen aber Ärzte als Leistungserbringer tätig sein, um die ärztliche Versorgung sicherzustellen. Ärzte können als Vertragsärzte Träger eines MVZ sein oder aber lediglich als Angestellte in einem MVZ tätig sein. Dadurch entsteht folgende MVZ-Typologie:

- Vertragsärztliches MVZ: Die Träger eines MVZ sind ausschließlich Vertragsärzte, die im MVZ ihre vertragsärztliche Tätigkeit im Rahmen einer Personengesellschaft freiberuflich ausüben.
- Reines Angestellten-MVZ: Die Gründung eines MVZ erfolgt hier üblicherweise durch einen oder mehrere Leistungserbringer, die selbst keine Vertragsärzte sind. Es hat sich gezeigt, dass die weit überwiegende Anzahl dieser MVZ-Gründungen durch Krankenhäuser erfolgt. Grundsätzlich besteht auch die Möglichkeit, dass ein oder mehrere Vertragsärzte ein MVZ gründen, in „ihrem" MVZ aber nicht als Vertragsärzte, sondern als Angestellte tätig sind.
- Mischformen: Ein Misch-MVZ besteht dann, wenn sowohl freiberufliche Vertragsärzte als auch angestellte Ärzte im MVZ tätig sind.

Die Zulassung für die vertragsärztliche Versorgung erfolgt nicht für einen einzelnen Arzt, sondern als „institutionelle" Zulassung für das gesamte MVZ. Da ein MVZ jedoch grundsätzlich der Bedarfsplanung unterliegt, ist die Tätigkeit als Vertragsarzt oder angestellter Arzt im MVZ nur dann möglich, wenn die leistungserbringenden Ärzte bereits eine „individuelle" vertragsärztliche Zulassung besitzen oder eine Anstellung von Ärzten im Rahmen der Bedarfsplanung noch möglich ist. Ein MVZ kann jedoch Zulassungen bzw. Praxen von Vertragsärzten erwerben, um damit die Voraussetzung zu schaffen, weitere Ärzte in einem gesperrten Planungsbereich anstellen zu dürfen.

Zum Ende des 3. Quartals 2006 waren in Deutschland 562 MVZ zugelassen.[19] Darin waren insgesamt 2.183 Ärzte tätig, in einem Anstellungsverhältnis arbeiteten davon 1.365. In der Trägerschaft von Vertragsärzten befanden sich 65% der MVZ, in reiner Trägerschaft eines Krankenhauses waren 28%. In gemeinschaftlicher Trägerschaft von Vertragsärzten und einem Krankenhaus lagen 2%, sonstige Trägerschaften bestanden in 11% der Fälle. Von der Kassenärztlichen Bundesvereinigung (KBV) wird die durchschnittliche MVZ-Größe mit ca. 4 Ärzten angegeben, die häufigsten Rechtsformen von MVZ sind die GbR, die GmbH und die Partnerschaftsgesellschaft.[20]

---

[19] Vgl. Online-Information der Kassenärztlichen Bundesvereinigung, http://www.kbv.de/koop/9173.html vom 18.01.2007.
[20] Ebenda.

18.2 Besonderheiten bei der Bewertung von Arzt- und Zahnarztpraxen

18.2.1 Betriebswirtschaftliche Spezifika

Bereits 1961 bezog Erich Kosiol[21] als einer der Nestoren der deutschsprachigen Betriebswirtschaftslehre den freien Beruf des Arztes explizit in das Forschungsgebiet der Wirtschaftswissenschaften ein. Den Forschungsgegenstand der Betriebswirtschaftslehre stellt dabei die wirtschaftliche Dimension von Entscheidungen dar, die bezüglich einer Arztpraxis getroffen werden. Eine Arzt- oder Zahnarztpraxis lässt sich dabei problemlos unter den betriebswirtschaftlichen Unternehmensbegriff subsumieren.

Insbesondere durch die Verschlechterungen der allgemeinen Rahmenbedingungen innerhalb der GKV hat sich die Betriebswirtschaftslehre in Forschung und Praxis zunehmend der Arztpraxis zugewandt. So existiert zwischenzeitlich eine Reihe von Dissertationen zum Thema.[22] Zudem sind eine große Anzahl von betriebswirtschaftlichen Ratgebern, insbesondere zu betrieblichen Funktionalbereichen (wie z.b. Marketing, Organisation, Kostenmanagement, Controlling etc.) erschienen. Seminare und gar Zusatzstudiengänge, in denen niedergelassenen Ärzten betriebswirtschaftliches Wissen vermittelt wird, können besucht werden, auch hat sich eine Vielzahl von betriebswirtschaftlichen Beratern auf die Lösung von ökonomischen Problemstellungen bei Arzt- und Zahnarztpraxen spezialisiert.

Zusätzlich zu der bereits entstandenen bzw. sich in weiterer Entstehung befindlichen speziellen Betriebswirtschaftslehre von Arztpraxen ist es möglich, sich den Besonderheiten dieses Unternehmenstyps dadurch zu nähern, dass aus Sicht der Betriebswirtschaftslehre eine Arztpraxis in fünf bereits bestehende spezielle Betriebswirtschaftslehren eingeordnet werden kann. Jede der fünf Perspektiven eröffnet dabei den Blick auf betriebliche Besonderheiten, die ein sachverständiger Bewerter explizit berücksichtigen muss:[23]

- Perspektive Dienstleistungsbetrieb
- Perspektive freiberuflich geführter Betrieb
- Perspektive öffentlich gebundener Betrieb
- Perspektive Mittel- und Kleinbetrieb
- Perspektive Medizin- oder Gesundheitsbetrieb

So resultieren bewertungsrelevante Besonderheiten von Arztpraxen z.B. dadurch, dass aus dem konstitutiven Merkmal der Immaterialität von Dienstleistungen Probleme für die Betriebsführung durch die fehlende Lagerfähigkeit und der notwendigen Simultaneität von Leistungserstellung und Konsum (uno-actu-Prinzip) erwachsen. Eine Einordnung in die Perspektive eines freiberuflich geführten Betriebes ergibt sich nicht nur durch die Regelungen des § 18 EStG, sondern insbesondere auch dadurch, dass es sich bei Arzt- und Zahnarztpraxen um Unternehmen handelt, bei denen der Freiberufler, der eine komplexe und divergierende Leistung erstellt, als personengebundener Produktionsfaktor agiert und dominiert. Für einen Unternehmensbewerter ist es hier folglich sehr bedeutsam, eine vor-

---

[21] Vgl. Kosiol, E.: Erkenntnisstand und methodologischer Standort der Betriebswirtschaftslehre. In: Zeitschrift für Betriebswirtschaft, 31. Jg. (1961), Heft 3, S. 129-136.
[22] Vgl. hierzu ausführlich Merk, W., Wettbewerbsorientiertes Management von Arztpraxen, Wiesbaden 1999, S. 10 ff.
[23] Vgl. Merk, W., Wettbewerbsorientiertes Management von Arztpraxen, Wiesbaden 1999, S. 10 ff.

liegende hohe Personenbezogenheit adäquat zu würdigen. Durch eine partielle Instrumentalisierung von Arzt- und Zahnarztpraxen durch den Gesetzgeber kann dieser Unternehmenstyp zudem als öffentlich gebundener Betrieb bezeichnet werden. Diese öffentliche Bindung manifestiert sich z.b. durch die Festlegung von Gebührenordnungen durch den Gesetzgeber, sowie im Bereich der GKV durch die Zwangseinbindung in ein korporatistisches Verhandlungssystem. Für einen Bewerter sind dadurch vertiefte Kenntnisse insbesondere der persönlichen Qualifikationen des Arztes, der Abrechnungssystematik incl. der ggf. vorliegenden Honorarbudgetierungssysteme sowie des Arzt- bzw. des Vertragsarztrechtes als unternehmerischem Handlungsrahmen unabdingbar. Fast ausnahmslos kann eine Arztpraxis auch als Klein- oder Mittelbetrieb bezeichnet werden, denen typischerweise etwa eine gering formalisierte Ablauforganisation oder ein nur rudimentär vorhandenes Rechungswesen zugeschrieben werden kann. Letztlich kann eine Arzt- oder Zahnarztpraxis unter den Überbegriff des Medizin- oder Gesundheitsbetrieb subsumiert werden. Bei diesem Betriebstypus sind üblicherweise ökonomisch relevante Besonderheiten wie z.B. das Vorliegen von Informationsasymmetrien und dadurch resultierende Principal-Agent-Beziehungen oder die übliche Zweistufigkeit bei der Input/Output-Betrachtung des Medizinbetriebsprozesses bedeutsam.

Überblicksweise sind die wichtigsten betriebswirtschaftlichen Besonderheiten von Arzt- und Zahnarztpraxen sowie von MVZ nachstehend tabellarisch aufgeführt:

Perspektive	Dienstleistungsbetrieb	Freiberuflich geführter Betrieb	Öffentlich gebundener Betrieb	Klein- und Mittelbetrieb	Medizin- oder Gesundheitsbetrieb
Konstitutionelle Charakteristika	• Erstellung immaterieller Produkte • Integration eines externen Faktors	• Dominanz eines personengebundenen Produktionsfaktors • Hohe Komplexität und Divergenz der Leistung • § 18 EStG	• Partielle Instrumentalisierung • Kontrolle durch eigene „ständische" Kontrollstellen • Bindung auf Dauer angelegt, mit Intensität und Tiefenwirkung	• Quantitative Kriterien • Qualitative Kriterien	• Erstellung einer Leistung, die den Gesundheitszustand einer Person erhalten, wiederherstellen oder verbessern soll.
Betriebswirtschaftlich relevante Auswirkungen für Arztpraxen	• fehlende Lagerfähigkeit • Simultaneität und Standortgebundenheit von Leistungserstellung und Konsum (uno-actu-Prinzip) • Festlegung einer Faktorvorkombination, die Fixkosten prädeterminiert • "Spezifische" Rationalisierungspotentiale	• Zentrale Rolle des dominierenden Faktors in der betrieblichen Organisation • Qualitätssicherung des dominierenden Produktionsfaktors • Wissensspezialisierung bewirkt starken Kooperationsdruck • Physische und psychische Limitationen des Leistungsvermögens • Steuerlicher Sonderstatus	• Beschränkung betrieblicher Entscheidungsautonomie hinsichtlich Preisfestlegung, Qualitäts- und Konditionenfestsetzungen, Kontrahierung, Expansion, Gewinnerzielung, Werbung etc. • Gefahr der Übertragung "exogener Shocks" durch Einbindung in neokorporatistisches Verhandlungssystem kollektiver Rationalitäten	• Unternehmerpersönlichkeit als „general manager" • begrenzte Risikostreuung • hohe Transparenz- und Flexibilität des Betriebsgeschehens • begrenzte Marktmacht • Anfälligkeit gegenüber familiären Einflüssen • Gering formalisierte Organisation	• Durch Meßprobleme Outputorientierung zu intermediären Einzelleistungen • Spezifische Besonderheiten von Gesundheitsleistungen wie z.B. Informationsasymmetrien zwischen Anbietern und Nachfragern

Quelle: *Merk, W. (1999), S. 42.*

Abbildung 18-1: Betriebswirtschaftliche Spezifika von Arzt- und Zahnarztpraxen aus der Perspektive spezieller Betriebswirtschaftslehren

18.2.2 Starke Heterogenität der Bewertungsobjekte

Unternehmen, die mit dem Terminus Arztpraxis, Zahnarztpraxis oder MVZ bezeichnet werden, unterscheiden sich bei näherer Betrachtung exorbitant voneinander. Von der psychotherapeutischen Kleinstpraxis mit einem Jahresumsatz von € 10.000 über radiologische Gemeinschaftspraxen mit 10 und mehr Partnern bis hin zu Laborarztpraxen, die bundesweit in einer stark kartellisierten Branche agieren und Umsätze im mehrstelligen Millionenbereich realisieren, reicht das Spektrum der potenziellen Bewertungsobjekte.

Zu unterscheiden sind Praxen etwa danach, ob eine Praxis eher auf den „Patientenmarkt" oder den „Überweisungsmarkt" ausgerichtet ist. Während z.B. Allgemeinärzte nahezu ausnahmslos vom Patienten direkt konsultiert werden, werden Radiologen oder Laborärzte nur „im Auftrag" von anderen Ärzten tätig. Es ergibt sich dadurch eine vollständig unterschiedliche Ausrichtung des Praxismarketings.

Für eine Bewertung hochrelevant ist auch die Anzahl der gemeinschaftlich praktizierenden Ärzte. Je mehr Ärzte gemeinsam in einer Praxis tätig sind, desto eher tritt das Merkmal der Personenbezogenheit bei einer Bewertung in den Hintergrund et vice versa. Es ist evident, dass bei einer Arztpraxis mit 10 und mehr Partnern, die z.B. de facto als „Radiologie X-Stadt" firmiert, eine geringere Personenbezogenheit vorherrscht als bei einem Arzt in einer Einzelpraxis, der von vielen Patienten konsultiert wird, weil er es geschafft hat, eine höchst individuelle Reputation auf dem Gebiet von alternativen Behandlungsmethoden zu erreichen. Dass hier eine Praxis völlig losgelöst von der Person des einzelnen Behandlers wahrgenommen werden kann, zeigt sich an neueren Entwicklungen wie der „Zahnarztkette" McZahn. Einzelne Zahnärzte können hier gegen Entrichtung einer Gebühr Franchisenehmer bzw. Partnerärzte werden und als MacZahn-Partnerärzte auftreten. Ähnliche Konzepte existieren bereits auch für Apotheken (Doc-Morris) und sind kurzfristig für den ärztlichen Bereich zu erwarten.

Weiterhin bewertungsrelevant sind bei Arzt- und Zahnarztpraxen sowie bei MVZ Umsatzgröße und -zusammensetzung sowie die Kostenstruktur. Wie oben erwähnt, unterscheiden sich hier Arztpraxen nicht nur vom erzielten Umsatz immens, auch die Umsatzstruktur weicht stark voneinander ab. Während in den neuen Bundesländern der Anteil der Privatumsätze vom Gesamtumsatz bei Vertragsarztpraxen häufig unter 10% liegt, finden sich besonders bei hochspezialisierten Praxen in den alten Bundesländern, die etwa ein umfassendes Spektrum von Individuellen Gesundheitsleistungen (IGeL-Leistungen) anbieten, Privatumsatzanteile von bis 70%. Auch innerhalb der über die KV oder KZV vereinnahmten Umsätze bestehen starke Unterschiede. Zwischen den maßgebenden Honorarverteilungsverträgen (HVV) der einzelnen KVen bzw. KZVen bestehen starke Differenzen. Die Aufteilung der von den gesetzlichen Krankenkassen erhaltenen Gesamtvergütung in sog. Honorartöpfe sowie die Anwendung von Budget- und Punktwertsteuerungsregelungen wird von jeder KV bzw. KZV höchst unterschiedlich praktiziert. Eine Arztpraxis im Bereich der KV Mecklenburg-Vorpommern erhält ihr Honorar daher nach gänzlich anderen Honorarverteilungsmechanismen als eine Arztpraxis in der KV Bayern. Eine identische vertragsärztliche Leistung wird de facto durch jede der 17 KVen unterschiedlich vergütet. Zudem wurden von einer Reihe von KVen sog. Strukturverträge zur Förderung bestimmter Leistungen mit einzelnen Krankenkassen oder Kassenverbänden für begrenzte Zeiträume geschlossen. Für eine Bewertung einer Praxis ist daher stets zu hinterfragen, ob ein bestimmter Umsatzanteil aus strukturvertraglich geförderten Leistungen stammt.

Von hervorgehobener Bedeutung ist auch die große Unterschiedlichkeit der durchschnittlichen Kostensätze. Während bei geräteintensiven radiologischen Großpraxen regelmäßig Umsatzrenditen von weniger als 25% erzielt werden, können bei Arztgruppen, die typischerweise geringere Praxiskosten bzw. -ausgaben aufweisen, Umsatzrenditen von ca. 75% erzielt werden. Die Umsatzrenditen unterscheiden sich aber auch innerhalb der einzelnen Arztgruppen immens. Ursachen hierfür sind etwa regional unterschiedliche Faktorpreise, wie Personal- und Raumkosten (Stadt- vs. Landpraxen), aber auch der Effizienzgrad der Ablauforganisation. Prozessoptimierte Praxen weisen teilweise dauerhaft eine um eine 10-15% höhere Umsatzrendite auf, als durchschnittlich geführte Praxen unter gleichen oder ähnlichen Rahmenbedingungen.

Hingewiesen sei auch auf Veränderungen hinsichtlich der gesellschaftsrechtlichen Organisationsstruktur von Arzt- und Zahnarztpraxen, die sich in den letzten Jahren ergeben haben. So finden sich des Öfteren von den beteiligten Ärzten gegründete Betreibergesellschaften, die z.B. aus umsatzsteuerlichen Gründen die Praxisräume angemietet haben und die notwendigen medizintechnischen Großgeräte besitzen. Die Infrastruktur wird dann häufig an die eigentliche Praxis vermietet oder verleast. In vielen Fällen finden sich auch (steuer-) rechtlich eigenständige Gesellschaften wie z.B. Ernährungsberatungen, Kontaktlinsenhandlungen, Forschungsinstitute oder Privatkliniken als Annex der eigentlichen Praxis. Je nach Bewertungsanlass kann es notwendig werden, diese rechtlich selbständigen Gesellschaften in eine umfassende Unternehmensbewertung mit zu integrieren.

Mit dem Wirksamwerden des Vertragsarztrechtsänderungsgesetzes zum 01.01.2007 besteht wie oben erwähnt für Vertragsärzte und Zahnärzte insbesondere auch die Möglichkeit, überörtliche Gemeinschaftspraxen zu gründen oder „Filialen" zu eröffnen. Die ohnehin bereits starke Heterogenität der Arzt- und Zahnarztpraxen sowie von MVZ als Objekten einer Unternehmensbewertung wird daher noch zunehmen.

Durch die Summe dieser Betrachtungen wird deutlich, dass es bei der Bewertung von Arztpraxen nicht darum gehen kann, eine typische Arztpraxis nach einem speziell für Arztpraxen entwickelten Bewertungsverfahren zu bewerten. Es geht vielmehr, wie bei jeder Unternehmensbewertung darum, ein einzelnes Unternehmen, das sich in einer Vielzahl seiner bewertungsrelevanten Charakteristika von anderen stark unterscheiden kann, zusammen mit seiner Umwelt eingehend zu analysieren und darauf aufbauend mit Hilfe von wissenschaftlich anerkannten Methoden, breiten wirtschaftlichen Kenntnissen, Urteilskraft und Erfahrung, Aussagen über dessen voraussichtliche Entwicklung zu machen und unter Darlegung von Chancen und Risiken in einem Wert zu bündeln.[24]

18.2.3 Hohe Relevanz des konkreten Bewertungsanlasses

Wie bei Unternehmensbewertungen in anderen Branchen, determiniert der konkrete Bewertungsanlass in entscheidender Weise, wie ein Bewertungsmodell aufzubauen bzw. anzuwenden ist. Bei Arzt- und Zahnarztpraxen ergeben sich auch hier einige Spezifika. Nachfolgend sollen die wichtigsten Bewertungsanlässe in diesem Bereich genannt und kurz angesprochen sein:

- Praxisabgabe bzw. -übernahme

Zu beachten ist hier, dass Vertragsarztpraxen in einem gesperrten Planungsbereich nur nach den Regelungen des § 103 Abs. 4 SGB V sowie den weitergehenden Regelungen der Zulassungsverordnung übergeben werden können. Es besteht hier u.U. eine Interes-

---

[24] Vgl.: Born, K., Unternehmensanalyse und Unternehmensbewertung, Stuttgart 1995, S. 9.

senskollision zwischen einem privatrechtlichen Veräußerer der Praxis und der Übertragung der vertragsärztlichen Zulassung auf einen potenziellen Käufer als öffentlich-rechtlicher Verwaltungsakt durch den Zulassungsausschuss. Innerhalb der Regelungen des § 103 SGB V findet sich zudem folgender Passus: „Die wirtschaftlichen Interessen des ausscheidenden Vertragsarztes oder seiner Erben sind nur insoweit zu berücksichtigen, als der Kaufpreis die Höhe des Verkehrswertes der Praxis nicht übersteigt." Diese Regelung soll ausschließen, dass ein Bewerber (unter mehreren Anderen) eine Zulassung nur deswegen erhält, weil er bereit ist, einen Preis für die Praxis zu bezahlen, der höher liegt, als ihr Verkehrswert.

Bei diesem Bewertungsanlass ist auch zu prüfen, ob die Praxis abrupt zu einem bestimmten Stichtag, mit kurz- oder mittelfristiger Zusammenarbeit, oder gar im Rahmen einer längeren zeitlich befristeten Übergangskooperation übertragen werden soll. Dies ist insbesondere bei stark personenbezogenen Praxen von hoher Relevanz, da bei einem plötzlichen Behandlerwechsel das Risiko einer Patientenabwanderung oftmals stark ansteigt. Speziell zu berücksichtigen sind hier auch der Verkauf einer Praxis bzw. die Übertragung einer vertragsärztlichen Zulassung an ein MVZ oder, wie seit dem 01.01.2007 möglich, an eine Vertragsarztpraxis.

- Gründung und Auflösung ärztlicher Kooperationen

Durch gesellschaftsrechtliche Fragestellungen wird bei der Aufnahme eines Partners oder mehrerer Partner in eine Praxis in der Regel der Wert der Praxis und die Beteiligung am Gesellschaftsvermögen zum Thema. Zu berücksichtigen ist hier insbesondere, ob eine Gemeinchaftspraxis im Rahmen des sog. Jobsharing nach § 101 Abs. 1 Satz 1 Nr. 4 und Abs. 3 SGB V unter Inkaufnahme einer vergangenheitsbezogenen Budgetierung gegründet wird oder die Ärzte über eine vertragsärztliche „Vollzulassung" verfügen.

Genauso wird es häufig notwendig, Abfindungsansprüche zu beziffern, wenn Gesellschafter aus einer Praxis ausscheiden. Hierbei muss auf vertraglich bestimmte Abfindungsklauseln geachtet werden, insbesondere ist zu berücksichtigen, ob in einem gesperrten Gebiet die Zulassung des ausscheidenden Partners der Praxis zur Neuausschreibung hinterlassen wird, oder ob die Zulassung der Praxis verloren geht. Es stellt einen signifikanten Unterschied dar, ob eine Praxis als vertragsärztliche Einzelpraxis oder als Gemeinschaftspraxis fortgeführt werden kann.

Zunehmend wird auch die Fusion von mehreren Praxen zum Bewertungsanlass, dabei sind i.d.R. die Verschmelzungsverhältnisse zu berechnen.

- Ehescheidung

Da die meisten Praxisinhaber in gesetzlicher Zugewinngemeinschaft leben, kommt es im Scheidungsfall fast immer zu diametral entgegenstehenden Auffassungen über den Praxiswert. Bei „Scheidungsgutachten" wird es sehr häufig notwendig, stichtagsbezogen praxisbezogene Forderungen und Verbindlichkeiten festzustellen sowie die latente Ertragsteuerlast zu berechnen. Zu berücksichtigen sind hierbei insbesondere Bewertungsprämissen von Arztpraxen, die sich durch die Rechtssprechung entwickelt haben.[25]

---

[25] Vgl. hierzu Boos, F., Bewertung von Arztpraxen im Rahmen des Zugewinnausgleichs. In: MedizinRecht, Heft 4 (2005), S. 203-208.

- Sonstige Bewertungsanlässe

Darüber hinaus kommen wie in anderen Branchen noch eine Vielzahl von Sonderfällen vor, z.B. Todesfälle und Erbregelungen, Schadensereignisse oder wie die bereits oben erwähnte vertragsarztrechtlich bestimmte Verkehrswertfeststellungen nach § 103 SGB V[26].

Wie bei jeder Unternehmensbewertung sind natürlich auch bei der Bewertung von Arztpraxen insbesondere Annahmen darüber zu treffen, ob die Praxis fortgeführt wird (going concern-Annahme) oder ob sie zerschlagen wird (Liquidations- oder Zerschlagungsannahme).[27]

18.3 Bewertungsmethoden

Bezogen auf Arzt- und Zahnarztpraxen hat es sich unabhängig von dem Bewertungsanlass und von der Bewertungsmethode eingebürgert, zwischen ideellem Wert und materiellem Wert zu unterscheiden.[28] Dabei kann der ideelle Wert als der Wert definiert werden, der sich aus der Zusammenfassung der bisher erworbenen Positionen und Beziehungen einer gut eingeführten, allgemein bekannten Praxis mit festem Patienten-/Überweiserstamm und gut geführter Dokumentation und der daraus folgenden Möglichkeit einer Auswertung und Weiterarbeit für einen Praxisübernehmer ergibt.[29]

Es sei vorsorglich darauf hingewiesen, dass es sich, mit Ausnahme der Ertragswertmethode und der DCF-Verfahren, bei allen der nachfolgend beschriebenen Methoden nicht um theoretisch fundierte Bewertungsmethoden auf Basis eines investitionstheoretischen Kalküls handelt, sondern viel eher um mehr oder weniger vereinfachte Methoden zur Kaufpreisfindung. Da sie aber im Zusammenhang mit der Bewertung von Arzt- und Zahnarztpraxen häufig als Bewertungsmethode diskutiert werden, sollen sie nachfolgend auch unter diesem Terminus thematisiert werden.[30]

18.3.1 Faustformeln

Wie in anderen Branchen haben sich auch bei Arzt- und Zahnarztpraxen Faustformeln (Rules of Thumb) gebildet. Die gängigen Faustformeln beziehen sich dabei ausnahmslos

---

[26] Henkel, M.P.; Merk, W., Zur Bedeutung des Verkehrswerts einer Praxis bei der Nachfolgezulassung. Eine Besprechung des Urt. v. 30.05.2001 des SG Dortmund – S 9 Ka 60/01, In: Medizin-Recht (2002), Heft 6.

[27] Diese altbekannte Prämissenbildung ist insbesondere zu berücksichtigen, wenn es darum geht, den „Wert" einer vertragsärztlichen Zulassung zu bestimmen.

[28] Vgl. grundsätzlich auch die erste umfangreichere betriebswirtschaftliche Veröffentlichung zum Thema: Gatzen, M., Bewertung von Arztpraxen, Bergisch Gladbach; Köln 1992; zugleich Köln, Univ. Diss. 1991.

[29] Vgl. hierzu OLG Karlsruhe, Urt. vom 24.5.1989.

[30] Bemerkenswert ist sicherlich die Tatsache, dass sich die Bewertung von Arzt- und Zahnarztpraxen eine ganze Reihe von Menschen zutrauen, die mit Bewertungen anderer Unternehmen keinerlei Erfahrung haben und dazu häufig keinen akademischen Abschluss auf ökonomischem Gebiet vorweisen können. Ebenso bemerkenswert ist, dass immer wieder versucht wird, „neue" und „spezielle" Bewertungsverfahren für die Bewertung von Arzt- oder Zahnarztpraxen zu kreieren. Insbesondere Finanzdienstleister aus Strukturvertrieben, ärztliche Standesorganisationen wie die KVen, Rechtsanwälte oder Berater diverser Couleur machen sich so kreativ um die Fortschreibung der Betriebswirtschaftslehre redlich verdient.

auf den ideellen Wert einer Praxis und schlagen diesem den materiellen Wert der Praxis (üblicherweise als Zeitwert unter Fortführungsgesichtspunkten) zu. Zu berücksichtigen ist natürlich immer, welche Institution welche Faustformeln vertritt oder verbreitet. So sind Praxismakler üblicherweise an höheren Kaufpreisen interessiert, während die Kassenärztlichen Vereinigungen, Ärztekammern oder ärztlichen Berufsverbände aus standespolitischen Gründen die Preise niedrig halten wollen, um ihren zukünftigen Mitgliedern einen vergleichsweise unbelasteten Einstieg in die Selbständigkeit zu ermöglichen.

Umsatzbezogene Faustformeln geben den ideellen Wert als Verhältnis zum zuletzt erzielten Jahresumsatz an. Die Spanne der „umlaufenden" Faustformeln reicht je nach Verfasser und regionaler Lage von einem Quartalsumsatz als ideellem Wert bis hin zum 1,5fachen des Jahresumsatzes für Praxen in gefragter Ballungsraumlage. Bei Zahnärzten wird ebenfalls häufig ein Quartalsumsatz oder Halbjahresumsatz genannt, als Variante hört man auch vereinzelt einen Bruchteil des Jahresumsatzes abzüglich der Laborkosten, die als durchlaufender Posten charakterisiert werden.

Gewinnbezogene Faustformeln versuchen, den letzten Jahresgewinn vor Steuern, üblicherweise ermittelt auf Basis der steuerlichen Gewinnermittlung, mit einem Faktor zu multiplizieren. Gegebenenfalls werden noch Korrekturen am steuerlichen Gewinn als Berechnungsbasis vorgenommen. Es werden hier häufig Multiplikatoren von 0,5 bis 5,0 genannt.

Insgesamt kann konstatiert werden, dass es heute bei Arzt- und Zahnarztpraxen keine branchenweiten bzw. facharztbezogenen Faustformeln gibt, die als marktrelevant bezeichnet werden könnten. Man könnte die Situation auch so beschreiben, dass jeder am Kauf/ oder Verkauf einer Praxis interessierte „Bewerter" sich je nach Bedarf seine eigene Faustformel konstruiert und für allgemeingültig erklärt.

18.3.2 Die Richtlinie der Bundesärztekammer zur Bewertung von Arztpraxen

Die sog. Bundesärztekammermethode wurde von der ständigen Konferenz der Rechtsberater der Bundesärztekammer erarbeitet und berechnet ideellen Wert und Sachwert getrennt voneinander.[31] Laut Richtlinie ist der Substanzwert unter dem Gesichtspunkt der Fortführung zu Wiederbeschaffungswerten anzusetzen. Die Berechnung des ideellen Wertes einer Praxis erfolgt dadurch, dass zunächst ein so genannter Basiswert ermittelt wird. Dieser bestimmt sich aus 1/3 des um einen kalkulatorischen Arztlohn nach Bundesangestelltentarifvertrag (BAT) korrigierten Durchschnittsumsatzes der letzten 3-5 Jahre nach folgender Formel:

Basiswert = (durchschnittlicher Umsatz − kalkulatorischer Arztlohn) × 1/3.

Für die Festlegung des kalkulatorischen Arztlohnes besteht eine genaue Vorgabe, sie bemisst sich am Jahresgehalt eines Oberarztes nach BAT I b, brutto, verheiratet, 2 Kinder, Endstufe, ohne Mehrarbeitsvergütung. Die Höhe des kalkulatorischen Arztlohnes ist aber

---

[31] Vgl. hierzu und zu folgenden Ausführungen über die Bundesärztekammermethode: Bundesärztekammer, Richtlinie zur Bewertung von Arztpraxen, in: Deutsches Ärzteblatt (1987), A-926 bis A-929. Die Ursprünge der Bundesärztekammermethode reichen allerdings bis zum Ende der 1950-iger Jahre zurück.

abhängig von der jeweiligen Umsatzgröße. So ist von einem Umsatz in Höhe von 50.000 DM / 100.000 DM / 200.000 DM / 300.000 DM jeweils 25% / 50% / 75% / 100% des kalkulatorischen Arztlohnes anzusetzen. Unterhalb eines Umsatzes von 50.000 DM entfällt ein Ansatz.

Dieser Basiswert ist dann in einem zweiten Schritt durch eine Reihe von objektiven und subjektiven Faktoren zu korrigieren. Hier werden von der Bundesärztekammer z.B. genannt: Arztdichte, Lage der Praxis, Alter des abgebenden Arztes, Patientenstruktur. In der Richtlinie werden diese Faktoren zwar genannt, eine Aussage über die konkrete Berücksichtigung dieser Faktoren erfolgt jedoch nicht.

Aufgrund ihrer offensichtlichen übergroßen Komplexitätsreduzierung und der groben Missachtung betriebswirtschaftlicher Bewertungsgrundsätze wird die Bundesärztekammermethode von nahezu allen mit der Bewertung von Arztpraxen vertrauten Personen zwischenzeitlich als Bewertungsmethode abgelehnt. Seit Beginn der 1990-iger Jahre besitzt sie außerdem keinen signifikanten Einfluss mehr auf das Preisbildungsgeschehen bei Arztpraxen. Dennoch hat sich die Richtlinie aufgrund ihrer Einfachheit und der Tatsache, dass sie durch eine ärztliche Standesorganisation verabschiedet wurde, weit verbreitet. Sie wird insbesondere häufig von Juristen und Steuerberatern „wiederbelebt", die fallspezifisch in der Literatur auf die Methode stoßen und diese dann in Ermangelung detaillierter Kenntnisse kritiklos übernehmen. In der gängigen Bewertungspraxis findet man zwischenzeitlich kaum noch ein Gutachten, das den Wert einer Arztpraxis über diese Methode entwickelt.

Dies liegt insbesondere daran, dass es sich dabei um ein sog. Kombinationsverfahren handelt, bei dem der Gesamtwert einer Praxis aus der Summe von Substanzwert und ideellem Wert (Goodwill) entwickelt wird, wobei beide Werte weitestgehend isoliert voneinander bestimmt werden.[32] Diese Verfahren werden wie bekannt, von der Betriebswirtschaftslehre seit langem als überholt betrachtet, da für ein Unternehmen die Substanz lediglich ein Hilfsmittel zur Erzielung von Erträgen darstellt und keinen eigenständigen Wert besitzt.[33]

Aus betriebswirtschaftlicher Sicht ist neben der generellen Kritik, dass es sich um ein Kombinationsverfahren handelt insbesondere anzumerken, dass die Berechnung des Goodwill rein vergangenheitsorientiert erfolgt, indem die Methode den durchschnittlichen Umsatz der Vergangenheit als entscheidend für die Bewertung betrachtet. Eine Prüfung, ob ein Übernehmer die bisher vom Praxisabgeber erzielten Umsätze auch weiterführen kann, ist nicht vorgesehen. Des Weiteren ist auszuführen, dass der reine Umsatzbezug dieser Methode bekanntlich wenig betriebswirtschaftliche Aussagekraft hat. Letzten Endes spielt für die Bewertung einer Praxis der zukünftige, nachhaltig entnehmbare Überschuss die zentrale Rolle für eine Wertbestimmung. Dies bedeutet, dass die Kosten- bzw. die Ausgabenstruktur einer Praxis bei einer Bewertung unbedingt Berücksichtigung finden muss. Mit der Ärztekammermethode wird jedoch eine allgemeinärztliche Praxis, die einen Kostensatz von 40% vom Umsatz besitzt, gleich bewertet wie eine radiologische Praxis, deren betriebswirtschaftlicher Gewinn ggf. nur 10% vom Umsatz beträgt. Insofern wird die Ärztekammermethode der stattgefundenen und oben beschriebenen Heterogenisierung der ärztlichen Praxen sowohl innerhalb als auch zwischen den

---

[32] Vgl. Pilz, D., Die Unternehmensbewertung in der Rechtsprechung, 3. Aufl. 1994, S. 250.
[33] Vgl. Münstermann, H., Wert und Bewertung der Unternehmung, Wiesbaden 1966, S. 18.

einzelnen Fachgruppen längst nicht mehr gerecht. Auch ist es mit der Ärztekammermethode unmöglich, die spezifischen Bewertungsprämissen, die durch den einzelnen Bewertungsanlass vorgegeben werden, ausreichend zu berücksichtigen. Eine Praxis wird nach dieser Methode gleich bewertet, unabhängig davon, ob diese als Einheit an einen Nachfolger verkauft wird oder ob mit einem „Juniorpartner", der eine eigene vertragsärztliche Zulassung besitzt, eine Sozietät gebildet wird. Der Mulitplikationsfaktor von 1/3 außerhalb der Klammer wird von der Bundesärztekammer nicht ökonomisch begründet und soll wohl eine gewisse Marktorientierung in die Formel einbringen. Auch dürften bei der Wahl des Faktors standespolitische Interessen hinsichtlich der Gestaltung moderater Kaufpreise für Praxen eine Rolle gespielt haben. Letztlich ist die Bemessung der Zu- und Abschläge auf den Basiswert aufgrund der von der Bundesärztekammer genannten Faktoren betriebswirtschaftlich nicht isoliert ohne Bezug zur Gesamtbewertung kalkulierbar und auch nicht ökonomisch begründbar. Der Ansatz von prozentualen Zu- und Abschlägen muss damit immer willkürlich erscheinen.

Es wäre in diesem Zusammenhang sehr begrüßenswert, wenn die Bundesärztekammer als Standesorganisation ihre verabschiedete Richtlinie für die Bewertung von Arztpraxen aufheben würde. Auf die Verabschiedung einer neuen Richtlinie kann dann getrost verzichtet werden. Die Betriebswirtschaftslehre wird sich bei der Weiterentwicklung im Bereich der Unternehmensbewertung wohl kaum nach den Vorgaben und den standespolitischen Interessen der Bundesärztekammer richten, ebenso werden sich die Marktteilnehmer, wie bisher auch, bei der Preisbestimmung an ihren individuellen Nutzenkalkülen und Finanzierungsmöglichkeiten orientieren.

18.3.3 Die Indexierte Basis-Teilwert-Methode

Bei der Indexierten Basis-Teilwert-Methode handelt es sich um ein sog. Kombinationsverfahren, das 1989 von Frielingsdorf[34] veröffentlicht wurde. Die Methode soll besonders dafür geeignet sein, den Wert von Arzt- und Zahnarztpraxen berechnen zu können.

Der Substanzwert der Praxis wird dabei unabhängig vom Goodwill der Praxis als Summation der Zeitwerte der einzelnen Wirtschaftsgüter einer Praxis festgestellt. Der ideelle Wert einer Praxis wird hingegen mit Hilfe der folgenden Formeln berechnet:[35]

$$B_K = \left(\frac{\sum_{n=1}^{x} U_n}{x} \cdot \frac{P_U}{100} + \frac{\sum_{n=1}^{x} G_n}{x} \cdot \frac{P_G}{100} \right) \cdot \frac{S}{2}$$

---

[34] Vgl. Frielingsdorf, G., Praxiswert – Der Wert zur richtigen Bestimmung in Arzt- und Zahnarztpraxen, Neuwied 1989. Die Veröffentlichung von Frielingsdorf stellt allerdings keinen wissenschaftlichen Beitrag dar – so fehlen in ihr z.B. jegliche Literaturhinweise. Das Buch ist vielmehr als „Ratgeber" für Ärzte konzipiert.

[35] Vgl. Frielingsdorf, G., (1989), S. 22 f.

und

$$B_V = \left(\frac{\sum_{n=1}^{x} U_n}{x} \cdot \frac{P_u}{100} + \frac{\left(\sum_{n=1}^{x} U_n\right) \cdot \frac{g}{100}}{x} \cdot \frac{P_G}{100} \right) \cdot \frac{S}{2}$$

sowie

$$D = B_K - B_v$$

mit
- B_k = konkreter Basiswert,
- B_v = Vergleichsbasiswert,
- U_n = (objektivierter) Jahresumsatz in €,
- G_n = (objektivierter) Jahresgewinn in €,
- P_u = Quote vom Umsatz,
- P_G = Quote vom Gewinn,
- g = Gewinnanteil Durchschnittspraxis der Fachrichtung,
- S = Sättigungsgrad,
- D = Differenz zwischen B_k und B_v,
- x = Anzahl betrachteter Jahre,
- n = Laufvariable.

Mit der ersten Formel wird zunächst ein „Basiswert" (B_k) einer Praxis festgestellt, der dann einem „Vergleichswert" (B_v) gegenübergestellt wird. Letzterer entspricht einer Art von historischem, durchschnittlichem Goodwill von Praxen gleicher Fachrichtung. B_k soll dann nach einem Vergleich zwischen B_k und B_v in Teilwerte und Unterteilwerte zerlegt werden, deren Umfang sich nach Art und Ausprägung der Goodwill bildenden Faktoren einer Praxis richten soll.[36] Diese Teilwerte werden sodann mit Zu- und Abschlägen versehen. Die mit Zu- und Abschlägen versehenen Teilwerte werden dann wiederum addiert. Durch Summation der mit Zu- und Abschlägen versehenen Teilwerte entsteht schließlich der ideelle Wert der Praxis.

Der ideelle Wert B_k berechnet sich nach der angegebenen IBT-Formel zunächst aus zwei Komponenten: dem durchschnittlichen (als übertragbar eingeschätzten) Jahresumsatz der letzten Jahre und dem durchschnittlichen (um außergewöhnliche Einflüsse bereinigten) Gewinn der letzten Jahre. Der durchschnittliche Jahresumsatz wird mit einem Faktor multipliziert, der eine Umsatzquote repräsentieren soll. Der durchschnittliche Gewinn wird mit einem Faktor multipliziert, der eine Gewinnquote darstellt. Weiter wird dann zur Berechnung von B_k die so ermittelte Summe halbiert und mit einem Faktor, dem so genannten Sättigungsgrad S multipliziert. Der so berechnete ideelle Wert B_k wird dann in „Teilwerte" aufgespalten, die einen unterschiedlich großen Beitrag zum Gesamtgoodwill der Praxis leisten sollen. Nach Zu- und Abschlägen auf diese Teilwerte wird der ideelle Wert als Summe der korrigierten Teilwerte neu berechnet.

---

[36] Vgl. Frielingsdorf, G., (1989), S. 25 ff.

Nach den Berechnungsformeln und den gegebenen Erläuterungen kann die IBT-Methode daher in die nachfolgenden Schritte eingeteilt werden:

- Basis der Bewertung des Goodwills stellen der Durchschnittsumsatz der letzten Jahre $\frac{\sum_{n=1}^{x} Un}{x}$ und der Durchschnittsgewinn der Praxis $\frac{\sum_{n=1}^{x} Gn}{x}$ dar. Durchschnittsumsatz und Durchschnittsgewinn werden grundsätzlich addiert.

- Die „erste Verfeinerung" (in der Klammer) erfolgt dadurch, dass eine Multiplikation des Durchschnittsumsatzes mit einer „Umsatzquote" und eine Multiplikation des Durchschnittsgewinnes mit einer „Gewinnquote" vorgenommen werden. Bei einer angenommenen Umsatzrendite von 50% muss der ermittelte Durchschnittsumsatz mit 0,5 multipliziert werden, der Durchschnittsgewinn ebenfalls mit 0,5.[37] Die Faktoren P_u und P_g dienen damit letztendlich als Gewichtungsfaktoren für die Addition von Durchschnittsumsatz und Durchschnittsgewinn. Ist z.B. $P_u/100 = 0,6$ und $P_g/100 = 0,4$ wird dem Umsatz bei der Addition in der Klammer ein höheres Gewicht beigemessen als dem Gewinn. Bei $P_u = 0,5$ und $P_g = 0,5$ würde die Hälfte des Durchschnittsumsatzes zur Hälfte des Durchschnittsgewinnes addiert werden.

- Als „zweite Verfeinerung" wird dann der als Sättigungsgrad bezeichnete Faktor eingeführt. Dieser Sättigungsgrad der „mitunter nur durch aufwendige Recherchen zu ermitteln ist"[38], wird nach den Erläuterungen zur IBT-Methode u.a. anhand der Arztdichte und dem Angebot bzw. der Nachfrage nach Arztpraxen gleicher Fachrichtung festgelegt. Bei einer „relativ hohen" Arztdichte liegt er nach den Ausführungen unter 1,0 und vice versa.[39] Unter der Annahme, dass eine normale Arztdichte vorhanden ist sowie Angebot und Nachfrage nach Arztpraxen als üblich zu bezeichnen sind, müsste S daher 1,0 sein. Die ermittelte Summe aus gewogenen Durchschnittsumsatz und gewogenem Durchschnittsgewinn

$$\left(\frac{\sum_{n=1}^{x} Un}{x} \cdot \frac{Pu}{100} + \frac{\sum_{n=1}^{x} Gn}{x} \cdot \frac{PG}{100} \right)$$

würde in diesem Fall mit 1/2 (außerhalb der Klammer) multipliziert werden. Damit wäre dann B_k als vorläufiger idealer Wert berechnet.

- Als „dritte Verfeinerung" wird der (vorläufige) ideale Wert B_k anhand von „Goodwill bildenden Faktoren" aufgeteilt. Berücksichtigung finden sollen hier z.B. die Ertragskraft, die Wettbewerbssituation im Planbereich, Lage und Umfeld der Praxis, die Praxisorganisation sowie die Funktionalität des Sachanlagevermögens. Je nachdem, ob diese Faktoren ausgeprägter sind als beim üblichen Goodwill der Fachgruppe, der durch B_v und D repräsentiert wird, sind Zu- und Abschläge auf die Teilwerte zu machen. Ist die Summe aus Zu- und Abschlägen > 100%, hat sich ein Erhöhung von B_k ergeben, ist sie < 100%, muss eine Verminderung des Goodwill stattfinden.

---

[37] Umsatzquote + Gewinnquote müssten per definitionem immer = 1,0 sein.
[38] Vgl. Frielingsdorf, G., (1989), S. 23.
[39] Vgl. Frielingsdorf, G., (1989), S. 23 f.

Dem IBT-Verfahren müssen damit in toto gravierendste Mängel bescheinigt werden: Natürlich liegt eine methodische Schwäche aller Kombinationsverfahren darin, den Gesamtwert eines Unternehmens über die Addition der einzeln und unabhängig voneinander berechneten Werte für Substanzwert und Goodwill zu ermitteln. Dieser Sachverhalt wurde bereits oben im Zusammenhang mit der Bundesärztekammermethode kritisiert.

Zur Ermittlung des ideellen Wertes werden bei der IBT-Methode die Durchschnittsumsätze und Durchschnittsgewinne mit Umsatzquoten und Gewinnquoten multipliziert. Diese sollen wohl üblich bzw. durchschnittlich für eine ärztliche Fachgruppe sein. Die Berechnung eines Praxiswertes mittels IBT-Methode setzt daher zwangsläufig voraus, dass ein Bewerter kostenrechnerisch bereinigte, valide und reliable Vergleichszahlen für alle Bewertungsobjekte vorliegen hat. Da dies niemals der Fall sein kann, werden Äpfel immer mit Birnen verglichen werden müssen. Aber auch falls tatsächlich auf solche Vergleichszahlen zurückgegriffen werden könnte, macht dieses Vorgehen wenig Sinn. Bei einer Unternehmensbewertung primär auf Durchschnittswerte von Vergleichsunternehmen abzuheben, ist insbesondere deswegen nicht Ziel führend, weil jedes Unternehmen seine individuelle Kostenstruktur besitzt. Es spielt hierbei auch z.B. eine Rolle, ob eine Praxis in einer Großstadtlage oder auf dem Land liegt (Mietkosten), welche Umsatzklasse vorliegt (Kostendegressionsvorteile), wie viele Partner vorhanden sind (Synergieeffekte), ob in die Praxis ausreichend Reinvestitionen vorgenommen wurden, wie verbucht wurde (einheitlicher Kontenrahmen) etc. Zudem ist fraglich, wie effizient die Prozesse der Vergleichsobjekte organisiert sind. Zutreffend kann hier Erich Schmalenbach, einer der Begründer der Betriebswirtschaftslehre, mit den Worten zitiert werden, dass bei solchen Betriebsvergleichen stets „Schlendrian mit Schlendrian" verglichen wird.

Völlig sinnfrei stellen sich die Multiplikation des Durchschnittsumsatzes mit einer Umsatzquote und die Multiplikation des Durchschnittsgewinnes mit einer Gewinnquote als Gewichtungsfaktoren vor einer Addition dar. Da der Durchschnittsumsatz maximal mit 1,0 multipliziert werden kann und der Gewichtungsfaktor für den Gewinn dann 0 sein muss, kann sich als Wert in der Klammer maximal der Durchschnittsumsatz ergeben. Bei einem Sättigungsfaktor von S = 1,0 könnte sich für B_k als ideellem Wert rechnerisch maximal ein halber Durchschnittsumsatz ergeben. Durch Ansatz von S = 2,0 könnte der theoretische Maximalwert für B_k allerdings auf den Durchschnittsumsatz erhöht werden, bei einem Ansatz von S = 3,0 auf das 1,5fache etc. p.p.

Es zeigt sich dadurch, dass der in der IBT-Methode anzunehmende Sättigungsgrad S, der innerhalb der betriebswirtschaftlichen Literatur ja ansonsten gänzlich unbekannt ist, eine willkürliche Manipulationsmöglichkeit des ideellen Wertes B_k darstellt.[40] Unabhängig davon, dass eine auch nur annähernd genaue und objektive Bestimmung von S als Indikator von Arztdichte sowie von Angebot und Nachfrage nach Praxen unmöglich ist, würde es auch keinen Sinn ergeben, aufgrund einer 50%igen höheren Arztdichte und S = 0,5 den ermittelten Wert von B_k um 50% zu vermindern. In der Realität werden gerade für Praxen in Gebieten mit hoher Arztdichte üblicherweise höhere Preise erzielt als in Gegenden mit geringer Arztdichte.

---

[40] Vgl. hierzu Schmidt von Rhein, Gisela: Bewertung von Freiberuflerpraxen, Wiesbaden 1997. Sie führt über die die IBT-Methode aus: „Die Isolierung des Standortfaktors mag als Vereinfachung bei der Goodwillermittlung mehrerer Arztpraxen der gleichen Fachrichtung am gleichen Standort betrachtet werden, zu einer ökonomischen Fundierung der Methode führt sie allerdings nicht.".

Ebenso ökonomisch fragwürdig ist die Berechnung von B_v als einem Vergleichswert. Die oben genanten Schwächen für die Berechnung von B_k gelten prinzipiell alle auch für B_v. Aus der Differenzbildung D folgt sich lediglich, dass, wenn D > 0, der vorläufige ideelle Wert der Praxis B_k höher sein muss als B_v als Vergleichswert et vice versa. Es fragt sich hier, welcher für eine Unternehmensbewertung ertragversprechende Erkenntnisgewinn dadurch abgeleitet werden kann?

Letztlich ist eine Zerlegung eines ideellen Wertes in einzelne Faktoren (im Sprachgebrauch der IBT-Methode „Teilwerte") gänzlich abzulehnen. Eine Bestimmung, welchen Anteil die „Organisation" am gesamten ideellen Wert besitzt oder welchen Anteil „Lage und Umfeld der Praxis" repräsentieren, ist für die rechnerische Bestimmung eines Gesamtunternehmenswertes, sofern diese Aufteilung überhaupt ökonomisch fundiert begründbar wäre[41], auch gar nicht notwendig, da ja üblicherweise vom Fortbestand des Unternehmens als Einheit ausgegangen wird und keine Zerschlagung in einzelne Unternehmensteile unterstellt wird. Daher macht es folglich auch keinerlei Sinn, einen Gesamtwert zuerst zu zerlegen, die Einzelfaktoren mit Zu- und Abschlägen zu versehen (wie sollen sich diese begründen?) und erneut zusammenzusetzen.

Resümierend kann konstatiert werden, dass die IBT-Methode keinen Zukunftserfolgswert aus einer spezifischen Unternehmensplanung ableitet und daher kein investitionstheoretisch fundiertes Kalkül besitzt. Auch ist nicht erkennbar, wie durch die Anwendung der Methode einem spezifischen Bewertungsanlass Rechnung getragen werden könnte. Mit der Anwendung der IBT-Methode werden in hochproblematischer Weise aus dem Gesamtkontext losgelöste Gedanken der Unternehmensbewertung mit historischen Kostenstrukturen und Marktdaten von Vergleichsobjekten vermischt und anhand von laienökonomischen Überlegungen zusammengeführt. Letztlich bleibt die Erkenntnis, dass die IBT-Methode, ähnlich wie die Bundesärztekammermethode, als stark vereinfachtes Preisfindungsverfahren einzustufen ist, wobei der Basiswert für den ideellen Wert vereinfacht wie folgt berechnet werden kann:

Basiswert = (gewog. Durchschnittsumsatz p.a. + gewog. Durchschnittsgewinn p.a.) * 0,5

Sämtliche weiteren Berechnungsschritte und Verfeinerungen werden zwar in Formeln gekleidet, stellen aber letztlich nur höchst subjektive Stellschrauben dar, mit denen der errechnete Basiswert an bekannt geglaubte, historische Kosten- und Marktverhältnisse angepasst werden soll. Die „Bewertung" wird nicht zukunftsorientiert, sondern anhand des früheren Marktes vorgenommen. Von einer nachvollziehbaren Unternehmensbewertung auf betriebswirtschaftlich fundierter Basis ist die IBT-Methode damit Lichtjahre entfernt.[42]

18.3.4 Die Ertragswertmethode

Zur Berechnung des Gesamtwertes einer Arztpraxis wird heute üblicherweise die Ertragswertmethode herangezogen. Dies erfolgt unter weitmöglichster Berücksichtigung der Grundsätze ordnungsgemäßer Unternehmensbewertung und den Besonderheiten von

---

[41] Vgl. hierzu die Probleme, die in der aktuellen betriebswirtschaftlichen Literatur unter der Thematik Bewertung von Intangibles diskutiert werden.
[42] Vgl. auch Goetzke, W., Der Verkehrswert der Zahnarztpraxis – die Bewertungsmethodik muss stimmen, in: Niedersächsisches Zahnärzteblatt NZB Nr. 5/1993. Goetzke bezeichnet die IBT-Methode als „nicht nachvollziehbaren Dogmatismus in pseudowissenschaftlichem Gewand.".

ärztlichen und zahnärztlichen Praxen, wie sie oben dargestellt wurden. Der Ertragswert eines Unternehmens ergibt sich grundsätzlich aus der Summe seiner abgezinsten künftigen Überschüsse (Zukunftserfolge). Die grundsätzliche Methodik dieses Verfahrens kann natürlich auch für die Ermittlung von Werten von Arzt- und Zahnarztpraxen übernommen werden.[43] Der Ertragswert einer Arztpraxis entspricht somit grundsätzlich dem Wert, der sich aus der Summe der auf den Stichtag abgezinsten zukünftigen Überschüsse ergibt. Anders als in der „klassischen" Unternehmensbewertung, die ja in der Regel eine unendliche Lebensdauer des Unternehmens unterstellt, muss nun aber die oftmals stark ausgeprägte Personengebundenheit der Praxis an den bisherigen Inhaber berücksichtigt werden. Um diese Personenbezogenheit adäquat zu würdigen, wurde in der Bewertungspraxis, zunächst abzielend auf den Bewertungsanlass des Kaufs/Verkaufs einer Einzelpraxis, folgender Grundgedanke entwickelt: Beim Kauf (einer Einzelpraxis) erwirbt der Praxisnachfolger in erster Linie die Chance, im Rahmen der bestehenden Praxisorganisation das Vertrauen der Patienten bzw. der Überweiser des ausscheidenden Arztes oder Zahnarztes zu gewinnen und die Erfolge des Praxisabgebers zukünftig in seiner Person zu verwirklichen. Diese Chance ist zeitlich begrenzt. Bei der Anwendung des Ertragswertverfahrens muss daher die zeitliche Dauer dieser Chance prognostiziert werden, in dem der Nachfolger von dem durch den Übergeber aufgebauten Patienten- bzw. Überweiserstamm profitiert und das Erfolgspotential auf seine Person verlagern kann. Diese zeitliche Befristung wird als Ergebniszeitraum bezeichnet. Daraus ergibt sich, dass der Ertragswert für solche Bewertungsobjekte nicht aus einer abgezinsten unendlichen Zahlungsreihe entsteht, sondern aus einer begrenzten Anzahl von zukünftigen Überschüssen, die bis zum Ende des Ergebniszeitraum, d.h. dem Ende der zeitlichen Chance des Käufers, reichen.

Diese Adaption der Ertragswertmethode wird gelegentlich auch als modifizierte Ertragswertmethode bezeichnet. Die Begrenzung des Ergebniszeitraums stellt dabei faktisch die Einführung eines (zusätzlichen) Risikoparameters dar, der der hohen Personenbezogenheit der Patienten oder Zuweiser als besonderem betriebswirtschaftlichem Spezifikum bei Arzt- und Zahnarztpraxen Rechung trägt. Dieses Vorgehen darf jedoch nicht mit einer Unternehmenswertberechnung durch Multiples anhand der zuletzt verfügbaren Überschüsse verwechselt werden. Letztlich ist für den gesamten Ergebniszeitraum eine möglichst fundierte Unternehmensplanung zu erstellen, aus der die zukünftigen Gewinne abgeleitet werden.

Die Festlegung des Ergebniszeitraums ist dabei abhängig von dem der Bewertung zugrunde liegenden Bewertungsanlass, dem Bewertungsobjekt und den Ergebnissen der Analyse von Unternehmen und Unternehmensumwelt. Eine Übernahme einer psychotherapeutischen Einzelpraxis, die einem intensiven Wettbewerb ausgesetzt ist, wird regelmäßig mit einem höheren personenbezogenen Risiko verbunden sein als der Anteilserwerb einer radiologischen Großpraxis, die zum Bewertungsstichtag ein Angebotsmonopol für eine bestimmte Region inne hat und in der 10 bereits etablierte Partner tätig sind. Demzufolge wäre der Ansatz des Ergebniszeitraums für den zweiten Fall deutlich höher zu bemessen als im erstgenannten Beispiel. Der Ergebniszeitraum kann damit nicht willkürlich gewählt werden, sondern ist vom Bewerter sorgfältig argumentativ zu begründen. Je nach Bewertungsobjekt kann sich dabei die Bewertung einer Arztpraxis der klassischen

---

[43] Vgl. z.B. Küntzel, W., Bewertung von Arztpraxen, in: Deutsches Steuerrecht, Heft 26 (2000), S. 1104 ff.

Unternehmensbewertung annähern. Bei Praxen oder Medizinischen Versorgungszentren, die ein weitestgehend selbständiges Unternehmen ohne besonderen Personenbezug auf die darin tätigen Behandler darstellen, kommt auch eine Bewertung nach der „klassischen" Ertragswertbewertung mit unendlicher Lebensdauer, ggf. unter Anwendung der 2 Phasenmethode in Frage. Eine Berücksichtigung des unternehmerischen Risikos erfolgt dann ausschließlich über einen Risikozuschlag auf den Basiszinssatz.

Während des Ergebniszeitraums wird mit der Vergütung des Barwerts der Praxiserfolge auch die Nutzung der Praxissubstanz abgegolten, da die Zukunftserfolge nur unter Verwendung des vorhandenen betriebsnotwendigen Vermögens erzielt werden können. Nach Ablauf des Ergebniszeitraums kann aber nicht von der Zerschlagung einer Praxis ausgegangen werden. Ein Übernehmer müsste das betriebsnotwendige Vermögen nach Ablauf des Ergebniszeitraums anschaffen, um weiterhin die ärztliche Tätigkeit ausüben zu können. Daher stellen die Wiederbeschaffungszeitwerte für die Gegenstände der Praxissubstanz aus der Sicht des übernehmenden Arztes ersparte Ausgaben in dem Zeitpunkt dar, in dem die Zukunftserfolge dem Übernehmer zugeordnet werden können. Deshalb weisen die Ausstattungsgegenstände nach Ablauf des Ergebniszeitraums für den Übernehmer einen Gebrauchswert (Übernahmewert) auf, da sie von ihm auch in der Zukunft genutzt werden können. Dieser Übernahmewert ist als Bestandteil des Praxiswertes zum Barwert der Zukunftserfolge hinzuzurechnen, da dieser dem Übernehmer nach Abgeltung des ideellen Wertes weiterhin zur Verfügung steht.[44]

Zur Ermittlung des Praxisgesamtwertes kann damit folgende Strukturgleichung herangezogen werden.[45]

$$W_{pr} = \sum_{t=1}^{n}[E_t - S_e(G_t)] \bullet q^{-t} + E_{nV} \bullet q^{-1} + W \bullet q^{-n}$$

mit

W_{pr} = Praxisgesamtwert,
E_{nv} = Liquidationserlös des nicht betriebsnotwendigen Vermögens,
W = Wiederbeschaffungswert der Praxissubstanz am Ende des Ergebniszeitraums,
E_t = Einnahmenüberschuß des Jahres t,
$S_e(G_t)$ = Persönliche Ertragssteuern,
G_t = Steuerlicher Praxisüberschuß,
q^{-t} = Abzinsungsfaktor.

Die Ermittlung des Ertragswertes einer Praxis hängt daher u.a. von den wesentlichen Größen ab:

- erwarteter Zukunftserfolg
- Länge des Ergebniszeitraums
- Kalkulationszinssatz
- Persönlicher Ertragssteuersatz.

---

[44] Vgl. etwa Kupsch, P., Bewertung von Arztpraxen mittels Ertragswertverfahren – Zusammenfassung eines Gutachtens, in: Bayerisches Zahnärzteblatt, Heft 2/1994, S. 14-20.
[45] Vgl. Kupsch, P., (1994), S. 14 ff.

Wie erwähnt, hat sich diese Methodik seit Beginn der 1990er Jahre für die Bewertung von Arztpraxen sukzessive durchgesetzt. Sie wird auch von den meisten von einer Industrie- und Handelskammer für die Bewertung von Arzt- und Zahnarztpraxen speziell öffentlich bestellten und vereidigten Sachverständigen angewandt. Bereits seit 1994 wird sie seitens der Bayerischen Landeszahnärztekammer ihren Mitgliedern zur Anwendung empfohlen.

18.3.5 Die Discounted Cash-Flow-Verfahren

Bei der Anwendung von Discounted Cash-Flow-Verfahren (DCF) wird der Unternehmenswert durch die Diskontierung von zukünftigen Cash-Flows ermittelt. Der Diskontierungssatz ergibt sich dabei aus den Renditeforderungen der Kapitalgeber (Fremd- und Eigenkapitalgeber). Grundsätzlich können 3 Verfahren unterschieden werden: Entity-Approach (Brutto-Verfahren), Equity-Approach (Netto-Verfahren) und Adjusted Present Value-Verfahren. Die Unterschiede zwischen den Verfahren bestehen vor allem in Art und Umfang der Einbeziehung der Fremdfinanzierung sowie der daraus resultierenden Steuerwirkung und der Änderung der Kapitalstruktur im Zeitablauf.

Die Renditeforderung der Kapitalgeber fungiert als Basis zur Feststellung des Diskontierungssatzes und wird in den Verfahren aus kapitalmarkttheoretischen Modellen abgeleitet, im Allgemeinen aus dem Capital Asset Pricing Model (CAPM). Das CAPM kann direkt für börsennotierte Unternehmen verwendet werden, da aus der Entwicklung der historischen Börsenkurse des Unternehmens und deren Gegenüberstellung zu Vergleichsindizes der Risikozuschlag auf einen Basiszinssatz abgeleitet werden kann.

Für nicht börsennotierte Unternehmen können die kapitalmarkttheoretischen Annahmen des CAPM grundsätzlich durch analytisch ermittelte Modellannahmen ersetzt werden. Damit sind die DCF-Verfahren grundsätzlich auch für die Bewertung von Arztpraxen anwendbar. Den spezifischen Besonderheiten, insbesondere der hohen Personengebundenheit bei Arztpraxen, müssen jedoch analog der Anwendung des Ertragswertverfahrens Rechnung getragen werden.

Bewertungsgutachten, in denen das DCF-Verfahren zur Bewertung von Arzt- und Zahnarztpraxen sowie von MVZ angewendet wird, sind in Deutschland noch sehr selten. Vereinzelt findet man solche Gutachten für die Bewertung von größeren radiologischen Praxen und von MVZ in der Rechtsform einer juristischen Person. In den Vereinigten Staaten haben sich die DCF-Verfahren zur Bewertung von Arztpraxen dagegen bereits auf breiter Ebene durchgesetzt. In der einschlägigen US-amerikanischen Literatur findet sich eine Vielzahl von Autoren, die den Wert von Arztpraxen über DCF-Verfahren bestimmen.[46]

Durch die weitere zunehmende Verbreitung der DCF-Verfahren im Bereich der Unternehmensbewertung ist damit zu rechnen, dass diese Methoden auch für die Bewertung für Arztpraxen in Deutschland weitreichendere Anwendung finden werden. Da die meisten Arztpraxen in Deutschland ihren steuerlichen Gewinn auf Basis einer Einnahmenüberschussrechnung nach § 4 Abs. 3 EStG feststellen, die ja primär aus periodenbezogenen Ein- und Auszahlungen gebildet wird, besteht bereits häufig eine zahlungsflussorientierte

---

[46] Vgl. z.B. Tinsley, R.; Sides, R.; Anderson, G.D., Valuation of a Medical Practice, New York u.a. 1999 oder Dietrich, M.O., Medical Practice Valuation, Guidebook 2001/2002, San Diego 2001.

Berechnungsbasis für den Aufbau eines Bewertungsmodells. Von der Ertragswertmethode zu den DCF-Verfahren ist es damit nur ein kleiner Schritt.

18.4 Der Markt für Arzt- und Zahnarztpraxen

Der Markt für Arzt- und Zahnarztpraxen in Deutschland gestaltet sich insbesondere durch große regionale und fachgruppenspezifische Besonderheiten sehr heterogen. Die einzigen regelmäßig erscheinenden „Marktstudien" werden von der Apotheker- und Ärztebank in Kooperation mit dem Zentralinstitut für die Kassenärztliche Versorgung in der Bundesrepublik Deutschland (ZI) für Arztpraxen und dem Institut der deutschen Zahnärzte (IDZ) für Zahnarztpraxen erhoben. Für Arztpraxen wurden in der Vergangenheit jeweils Durchschnitte für die ideellen Werte und die Sachwerte je Facharztgruppe bei der Übernahme von Einzelpraxen festgestellt. Seit dem Erhebungszeitraum 2004/2005 werden für Ärzte in den westlichen Bundesländern die Werte danach unterschieden, ob eine Übernahme einer Einzelpraxis, die Überführung einer Einzelpraxis, die Übernahme einer Gemeinschaftspraxis oder ein Eintritt in eine Gemeinschaftspraxis vorliegt. Für die östlichen Bundesländer wird weiterhin lediglich eine Differenzierung nach ideellem Wert und Substanzwert für den Fall einer Einzelpraxisübernahme ausgewiesen. Für den Erhebungszeitraum 2004/2005 liegen der Studie rund 2.900 von der Deutschen Apotheker und Ärztebank durchgeführten Finanzierungen von Praxisgründungen nach einer einheitlichen Systematik zugrunde. Die Ergebnisse der Studie sind nachfolgend in den folgenden Abbildungen dargestellt.

	Ideeller Wert			in EUR
Arztgruppen	Einzelpraxis-übernahme	Überführung EP in GP	Gemeinschafts-praxis-übernahme	Gemeinschafts-praxisbeitritt
Allgemeinärzte	54.537	60.518	71.792	78.557
Anästhesisten	44.000	-	-	143.791
Augenärzte	72.609	130.971	72.010	102.580
Chirurgen	104.333	167.233	111.667	115.455
Dermatologen	77.285	-	55.205	75.000
Gynäkologen	77.838	78.730	132.091	99.520
HNO-Ärzte	81.009	93.748	157.406	165.281
Internisten	84.709	109.213	75.409	125.423
Kinderärzte	84.765	49.250	92.000	75.700
Nervenärzte/Neurologen	49.130	124.344	94.750	86.161
Orthopäden	143.300	127.900	111.038	184.429
Psychotherapeuten/Psychiater	30.929	-	-	-
Urologen	166.668	-	140.000	134.714
Alle Ärzte	80.210	93.616	90.149	119.079

Quelle: *Apotheker- und Ärztebank, Zentralinstitut für die Kassenärztliche Versorgung in der Bundesrepublik Deutschland (Hrsg.), Existenzgründungsanalyse Ärzte 2004/2005, Düsseldorf, Berlin 2006, S. 8.*

Abbildung 18-2: Ideeller Praxiswert in Euro bei Einzelpraxisübernahme und -überführung sowie bei Gemeinschaftspraxisübernahme und -beitritt in Westdeutschland nach Arztgruppen 2004/2005

Arztgruppen	Substanzwert			in EUR
	Einzelpraxis-übernahme	Überführung EP in GP	Gemeinschafts-praxisübernahme	Gemeinschafts-praxisbeitritt
Allgemeinärzte	24.985	33.777	31.932	32.158
Anästhesisten	33.714	-	-	97.875
Augenärzte	45.591	50.429	134.323	106.766
Chirurgen	46.917	77.900	159.167	86.700
Dermatologen	44.572	-	68.296	27.500
Gynäkologen	40.856	29.820	39.182	90.789
HNO-Ärzte	35.851	65.688	42.095	47.163
Internisten	39.763	70.624	56.657	61.329
Kinderärzte	26.085	53.429	14.167	37.900
Nervenärzte/Neurologen	21.614	55.084	26.125	73.333
Orthopäden	52.574	53.000	106.600	127.850
Psychotherapeuten/Psychiater	12.857	-	-	-
Urologen	57.496	-	20.000	59.429
Alle Ärzte	35.875	52.894	53.215	70.286

Quelle: *Apotheker- und Ärztebank, Zentralinstitut für die Kassenärztliche Versorgung in der Bundesrepublik Deutschland (Hrsg.), Existenzgründungsanalyse Ärzte 2004/2005, Düsseldorf, Berlin 2006, S. 8.*

Abbildung 18-3: Sachwert in Euro bei Einzelpraxisübernahme und -überführung sowie bei Gemeinschaftspraxisübernahme und -beitritt in Westdeutschland nach Arztgruppen 2004/2005

Im Zeitvergleich hat sich in den westlichen Bundesländern der durchschnittliche ideelle Wert der Praxen bei einer Einzelpraxisübernahme seit 1988/89 von 44.420 € auf 80.210 € deutlich erhöht. Der in der Erhebung festgestellte durchschnittliche Substanzwert blieb seit 1988/89 nahezu unverändert. Ein Anstieg des durchschnittlichen ideellen Werts hat sich insbesondere nach der Einführung der Bedarfsplanung eingestellt.[47] Die zeitliche Entwicklung ist in Abb. 5 dargestellt.

Einen ähnlichen Aufbau besitzt die jährliche Untersuchung des Investitionsverhaltens bei Zahnärzten. Die Datenbasis bilden die von der Deutschen Apotheker- und Ärztebank durchgeführten Finanzierungen zahnärztlicher Existenzgründungen. Diese werden seit 1984 nach einer einheitlichen Systematik erfasst und ausgewertet. Im Jahr 2005 belief sich die Zahl der auswertbaren Finanzierungsfälle auf 768, die sich im Verhältnis 9 zu 1 auf die alten und neuen Bundesländer aufteilten. Für die alten Bundesländer ergaben sich für die Jahre 2001 bis 2005 folgende Werte:

---

[47] Anzumerken ist, dass es sich bei den in den Untersuchungen gebrauchten Begriffen „ideeller Wert" bzw. „Substanzwert" streng genommen nicht um betriebswirtschaftliche fundierte Werte handelt, die aus einer Planrechung abgeleitet wurden. Vielmehr handelt es sich um tatsächlich realisierte Preise für Arzt- und Zahnarztpraxen. Vgl. hierzu auch Merk, W., Preis und Wert der Praxis: Die Kluft wird größer, in: Deutsches Ärzteblatt, 94. Jg. (1997), Heft 10 vom 07.03.1997, S. A-608.

18 Bewertung von Arztpraxen, Zahnarztpraxen und Medizinischen Versorgungszentren

Arztgruppen	Ideeller Wert	Substanzwert	Gesamtwert
	Einzelpraxisübernahme		in €
Allgemeinärzte	35.918	18.688	54.606
Anästhesisten	-	-	-
Augenärzte	57.200	32.200	89.400
Chirurgen	-	-	-
Dermatologen	-	-	-
Gynäkologen	40.844	17.344	58.188
HNO-Ärzte	52.313	19.688	72.001
Internisten	42.518	17.003	59.521
Kinderärzte	32.642	11.033	43.675
Nervenärzte/Neurologen	-	-	-
Orthopäden	71.750	18.250	90.000
Psychotherapeuten/ Psychiater	-	-	-
Urologen	88.333	62.000	150.333
Alle Ärzte	42.832	18.973	61.805

Quelle: *Apotheker- und Ärztebank, Zentralinstitut für die Kassenärztliche Versorgung in der Bundesrepublik Deutschland (Hrsg.), Existenzgründungsanalyse Ärzte 2004/2005, Düsseldorf, Berlin 2006, S. 9.*

Abbildung 18-4: *Ideeller Wert und Sachwert in Euro bei Einzelpraxisübernahme in Ostdeutschland nach Arztgruppen 2004/2005*

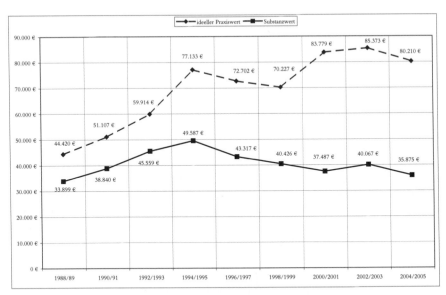

Quelle: *Apotheker- und Ärztebank, Zentralinstitut für die Kassenärztliche Versorgung in der Bundesrepublik Deutschland (Hrsg.), Existenzgründungsanalyse Ärzte 2004/2005, Düsseldorf, Berlin 2006, S. 9.*

Abbildung 18-5: *Zeitliche Entwicklung des durchschnittlichen ideellen Wertes und des Substanzwertes bei Einzelpraxisübernahmen von 1988/89 bis 2004/2005*

Übernahme einer Einzelpraxis (ABL)	2001	2002	2003	2004	2005
Substanzwert	67	64	60	59	62
+ Neuanschaffungen	45	46	43	50	54
Substanzwert zzgl. Neuanschaffungen	112	110	103	109	116
+ Goodwill	84	82	73	82	76
+ Bau- und Umbaukosten	12	13	9	10	10
= Praxisinvestitionen	208	205	185	201	202
+ Betriebsmittelkredit	56	55	52	54	62
= Finanzierungsvolumen	264	260	237	255	264

Angaben in 1.000 €

Quelle: *Institut der Deutschen Zahnärzte (Hrsg.), Investitionen bei der zahnärztlichen Existenzgründung 2005, IDZ-Information* Nr. 3/2006 v. 18.10.2006, S. 13.

Abbildung 18-6: Investitionsvolumen bei Einzelpraxisübernahme in den alten Bundesländern bei Zahnärzten 2004/2005

Übernahme einer Einzelpraxis (NBL)	2001	2002	2003	2004	2005
Substanzwert	48	50	42	36	38
+ Neuanschaffungen	52	36	36	31	33
Substanzwert zzgl. Neuanschaffungen	100	86	78	67	71
+ Goodwill	54	50	50	50	46
+ Bau- und Umbaukosten	4	3	2	5	7
= Praxisinvestitionen	158	139	130	122	124
+ Betriebsmittelkredit	37	35	35	37	38
= Fianzierungsvolumen	195	174	165	159	162

Angaben in 1.000 €

Quelle: *Institut der Deutschen Zahnärzte (Hrsg.), Investitionen bei der zahnärztlichen Existenzgründung 2005, IDZ-Information* Nr. 3/2006 v. 18.10.2006, S. 25.

Abbildung 18-7: Investitionsvolumen bei Einzelpraxisübernahme in den neuen Bundesländern bei Zahnärzten 2004/2005

Leider gehen aus den Untersuchungen keine weiteren Differenzierungen der Praxen hinsichtlich der erzielten Verkaufspreise hervor. So wird insbesondere keine Unterscheidung nach dem zuletzt erzielten Umsatz bzw. der zuletzt realisierten Gewinne der Praxen getroffen. Auch findet zwischen Praxen, die zwar der gleichen Fachrichtung angehören, sich aber hinsichtlich des spezifischen Leistungsspektrums und des notwendigen Investitionsbedarfs erheblich unterscheiden können, keine weitere Unterscheidung statt. Lediglich innerhalb der Untersuchung über das Investitionsverhalten bei Zahnärzten wird eine Aussage über den Zusammenhang zwischen zuletzt erzieltem Umsatz und dem realisierten Goodwill getroffen. Das Verhältnis zwischen Goodwill und dem Vorjahresumsatz der übernommenen Praxen liegt demnach in 36% der erfassten westdeutschen Existenzgründungen zwischen 0,21 und 0,30, in 28% der Finanzierungsfälle zwischen 0,11 und 0,20 und in 18% der Finanzierungsfälle zwischen 0,31 und 0,40. Für Arztpraxen existiert lediglich eine Veröffentlichung von Barthel[48] aus dem Jahr 1996, die Erfahrungsrelationen zwi-

---

[48] Vgl. Barthel, C.W., Unternehmenswert – Der Markt bestimmt die Bewertungsmethode, in: Der Betrieb (1996), S. 149-163.

schen Umsatz und Goodwill von Arztpraxen ausweist. Nach dem Autor wurden diese Relationen durch Informationen von Finanzdienstleistern, Kassenärztlichen Vereinigungen und Praxisvermittlungsdiensten ermittelt. Dabei wurde zwischen einem Mindestsatz, einem Mittelsatz und einem Höchstsatz unterschieden.

Erfahrungssätze zur Ermittlung des Goodwill einer Arztpraxis (in Prozent vom Umsatz)			
	Mindestsatz	Mittelsatz	Höchstsatz
Allgemeinarzt	30%	44%	60%
Augenarzt	25%	37%	48%
Frauenarzt	26%	42%	56%
HNO-Arzt	27%	36%	46%
Dermatologie	18%	27%	42%
Innere Medizin	25%	36%	48%
Kinderarzt	25%	38%	47%
Labormedizin	24%	36%	50%
Neurologie	26%	32%	38%
Orthopädie	15%	29%	42%
Praktischer Arzt	24%	40%	56%
Radiologie	20%	24%	28%
Urologie	22%	34%	46%
Zahnarzt	20%	34%	50%
Heilpraktiker	21%	35%	54%
Tierarzt	18%	35%	52%

Quelle: Barthel, C.W., (1996), S. 163.

Abbildung 18-8: Goodwill als Erfahrungssatz in Prozent des letzten Umsatzes

Unabhängig von der Tatsache, dass es bei der Untersuchung nicht um eine wissenschaftliche Erhebung, sondern wohl eher um eine Umfrage unter stark interessengeleiteten Probanden mit enormer Subjektivität gehandelt hat, denen außerdem eine stark unterschiedliche Marktkenntnis unterstellt werden muss, sind seit der Veröffentlichung von Barthel über 10 Jahre vergangen. Die Ergebnisse von Barthel, sollten diese jemals die Marktverhältnisse auch nur annähernd reflektiert haben, sind daher sicherlich nach heutigen Marktgesichtspunkten stark zu revidieren.

Um einen aktuellen Marktüberblick zu liefern, sind in der nachfolgenden Tabelle Preise für Gesamtpraxen, die bei unterschiedlichen Transaktionen (Verkauf Einzelpraxis und Gemeinschaftspraxis, Anteilsveräußerung, Sozietätsgündung durch Neuaufnahme eines Partners, Fusion) realisiert bzw. vertraglich festgelegt wurden, aufgeführt. Der Tabelle liegen ca. 300 Transaktionen in den Jahren 2004-2006 zugrunde. Beim Großteil der Transaktionen erfolgte die Preisfestlegung auf der Basis eines vorliegenden Bewertungsgutachtens, das den Praxiswert mit der Ertragswertmethode bezifferte. Die Statistik enthält sowohl

„Stadt-" als auch „Landpraxen" mit unterschiedlichster Gewinnsituation. Eliminiert wurden Sonderfälle, wie z.B. stark defizitäre Praxen, für die kein idealler Wert realisiert werden konnte.

Goodwill in Prozent vom letzten Jahresumsatz 2004-2006		
	Untergrenze	Obergrenze
Allgemeinärzte / Hausärzte	10%	75%
Chirurgen	45%	95%
Gynäkologen	38%	83%
HNO-Ärzte	35%	75%
Hautärzte	30%	72%
F.ä. Internisten mit Schwerpunkt	42%	110%
Kinderärzte	33%	63%
Neurologen	38%	95%
Orthopäden	40%	112%
Urologen	35%	80%
Radiologen	18%	60%
Zahnärzte	15%	70%

Quelle: *Eigene Darstellung*

Abbildung 18-9: Goodwill in Prozent des letzten Umsatzes des Bewertungsobjektes bei Arzt- und Zahnarztpraxen 2004-2006

Es zeigt sich, dass teilweise erhebliche Schwankungsbreiten vorliegen, sowohl innerhalb, als auch zwischen den Facharztgruppen. Im Vergleich zu der Statistik von Barthels ist außerdem auffällig, dass sich die Obergrenzen bzw. Höchstsätze deutlich erhöht haben. Dies ist sicherlich auch darauf zurückzuführen, dass die Umsatz- und Gewinnsituation zwischen den Praxen im Vergleich zu 1996 weitaus stärker schwankt. Renditestarke Praxen, die Größenvorteile durch economies of scale und/oder economies of scope realisieren können, sind daher in der Lage, bei Transaktionen insbesondere für Praxisanteile, weit überdurchschnittliche Sätze betriebswirtschaftlich zu begründen und am Markt zu realisieren. In den stark angestiegenen Obergrenzen spiegelt sich daher auch die angestiegene Heterogenität der Bewertungsobjekte und Bewertungsanlässe wider.

Hinzuweisen ist aber auch auf die insbesondere in den Neuen Bundesländern feststellbare Differenz zwischen betriebswirtschaftlich begründbaren Werten und den tatsächlich erzielbaren Verkaufserlösen. Für eine allgemeinärztliche Landpraxis in Mecklenburg-Vorpommern kann unter Umständen durchaus ein nennenswerter Ertragswert unter Fortführungsgesichtspunkten ermittelt werden. Es ist aber aufgrund der derzeitigen Marktverhältnisse häufig fraglich, ob überhaupt eine Nachfrage für diese Praxis besteht.

Die starke Schwankungsbreite macht aber auch deutlich, dass die bisher häufig von Bewertern implizierte Auffassung, dass Arzt- und Zahnarztpraxen weitestgehend homogene Bewertungsobjekte sind und eine Bewertung nicht auf Basis einer spezifischen betrieblichen Planungsrechnung, sondern vergleichsweise einfach (retrograd) über den Markt erfolgen kann, nicht zutrifft. Letztlich muss eine fundierte Bewertung immer aus einer betrieblichen Planungsrechung abgeleitet werden, deren Ergebnis dann gegebenenfalls unter bekannten Markt- bzw. Verkehrswertaspekten zu plausibilisieren ist. Eine Bewertung, die lediglich anhand von mehr oder weniger guten Kenntnissen über in der Vergangenheit erzielte Marktpreise vorgenommen wird, kann den Anforderungen, die an eine ordnungsgemäße Unternehmensbewertung gestellt werden, im Regelfall nicht gerecht werden. Dies gilt natürlich auch – oder wenn man so will ganz besonders – für die Bewertung von Arzt- und Zahnarztpraxen.

18.5 Literatur

Altendorfer, R.; Merk, W.; Jentsch, I.: Das medizinische Versorgungszentrum: Rechtliche, wirtschaftliche und steuerliche Aspekte, Frankfurt am Main 2004

Apotheker- und Ärztebank, Zentralinstitut für die Kassenärztliche Versorgung in der Bundesrepublik Deutschland (Hrsg.): Existenzgründungsanalyse Ärzte 2004/2005, Düsseldorf, Berlin 2006

Barthel, C.W.: Unternehmenswert – Der Markt bestimmt die Bewertungsmethode. In: Der Betrieb (1996), S. 149-163

Boos, F.: Bewertung von Arztpraxen im Rahmen des Zugewinnausgleichs. In: MedizinRecht, Heft 4 (2005), S. 203-208

Born, K.: Unternehmensanalyse und Unternehmensbewertung, Stuttgart 1995

Bundesärztekammer: Richtlinie zur Bewertung von Arztpraxen. In: Deutsches Ärzteblatt (1987), A-926 bis A-929

Dahm, F.-J.; Möller, K.-H.; Ratzel, R.: Rechtshandbuch Medizinische Versorgungszentren, Berlin u.a. 2005

Dietrich, M.O.: Medical Practice Valuation, Guidebook 2001/2002, San Diego 2001

Frielingsdorf, G.: Praxiswert – Der Wert zur richtigen Bestimmung in Arzt- und Zahnarztpraxen, Neuwied 1989

Gatzen, M.: Bewertung von Arztpraxen, Bergisch Gladbach; Köln 1992; zugleich Köln, Univ. Diss. 1991

Goetzke, W.: Der Verkehrswert der Zahnarztpraxis – die Bewertungsmethodik muss stimmen. In: Niedersächsischen Zahnärzteblatt NZB, Nr. 5/1993, o.S

Henkel, M.P.; Merk, W.: Zur Bedeutung des Verkehrswerts einer Praxis bei der Nachfolgezulassung. Eine Besprechung des Urt. v. 30.05.2001 des SG Dortmund – S 9 Ka 60/01, In: MedizinRecht (2002), Heft 6

Institut der Deutschen Zahnärzte (Hrsg.): Investitionen bei der zahnärztlichen Existenzgründung 2005, IDZ-Information Nr. 3/2006 v. 18.10.2006

Kassenärztliche Bundesvereinigung (Hrsg.): Grunddaten zur vertragsärztlichen Versorgung in Deutschland 2005

Kassenzahnärztliche Bundesvereinigung (Hrsg.): KZBV Jahrbuch 2005 – Statistische Basisdaten zur vertragsärztlichen Versorgung

Kosiol, E.: Erkenntnisstand und methodologischer Standort der Betriebswirtschaftslehre. In: Zeitschrift für Betriebswirtschaft, 31. Jg. (1961), Heft 3, S. 129-136

Küntzel, W.: Bewertung von Arztpraxen, in: Deutsches Steuerrecht, Heft 26 (2000), S. 1103-1110

Kupsch, P.: Bewertung von Arztpraxen mittels Ertragswertverfahren – Zusammenfassung eines Gutachtens. In: Bayerisches Zahnärzteblatt, Heft 2/1994, S. 14-20

Münstermann, H.: Wert und Bewertung der Unternehmung, Wiesbaden 1966

Merk, W.: Preis und Wert der Praxis: Die Kluft wird größer. In: Deutsches Ärzteblatt (1997), Heft 10 vom 07.03.1997, S. A-608

Merk, W.: Wettbewerbsorientiertes Management von Arztpraxen, Wiesbaden 1999

Schirmer, H.D.: Vertragsarztrecht kompakt. Köln 2005, S. 215 ff

Pilz, D.: Die Unternehmensbewertung in der Rechtsprechung, 3. Aufl. 1994

Schmidt von Rhein, G.: Bewertung von Freiberuflerpraxen, Wiesbaden 1997

Statistisches Bundesamt (Hrsg.): Fachserie 12 Gesundheitswesen, Reihe 6.1.1 Grunddaten der Krankenhäuser

Tinsley, R.; Sides, R.; Anderson, G.D.: Valuation of a Medical Practice, New York u.a. 1999

19 Bewertung von Fußballunternehmen

von *Vera-Carina Elter**

19.1 Vorbemerkung	472
19.2 Die objektivierte Ermittlung von Marktwerten für Spielervermögen	472
19.2.1 Allgemein	472
19.2.2 Das Recht auf Transferentschädigung	473
19.2.2.1 Das – abtretbare – geldwerte Recht am Spieler	473
19.2.2.2 Das föderative Recht am Spieler	473
19.2.2.3 Das Bosman-Urteil	473
19.2.3 Die Bilanzierung des Spielervermögens	474
19.2.3.1 Die bilanzielle Bedeutung des Spielervermögens	474
19.2.3.2 Die Bilanzierung nach HGB	474
19.2.3.3 Die Bilanzierung nach International Financial Reporting Standards	476
19.2.3.4 Unterschiede zwischen Buch- und Marktwerten	477
19.2.3.5 Unterschiede zwischen Preis und Wert	477
19.2.4 Bewertungsanlässe beim Spielervermögen	478
19.2.5 Bewertungsmethoden für Spielervermögen	479
19.2.5.1 Der kapitalwertorientierte Ansatz	479
19.2.5.2 Der kostenorientierte Ansatz	480
19.2.5.3 Der marktpreisorientierte Ansatz	480
19.2.6 Ausblick	480
19.3 Markenbewertung bei Fußballunternehmen	481
19.3.1 Bedeutung der Marke	481
19.3.2 Ökonomische Messung der Marke	481
19.3.3 Marke versus Trademark	482
19.3.4 Bilanzierung von Marken	483
19.3.5 Bewertungsanlässe	483
19.3.6 Allgemein anerkannte Verfahren zur Markenbewertung	486
19.3.7 Abgrenzung zu Medienanalysen	488
19.3.8 Markenbewertung von FutureBrand	488
19.4 Literaturverzeichnis	490

---

* Dr. Vera-Carina Elter ist Director bei KPMG in München im Bereich Corporate Finance.

19.1 Vorbemerkung

Sportvereine werden zu umsatzstarken Wirtschaftsunternehmen, die sich zu großen Teilen aus der Vermarktung des Sports und nur noch zu einem geringen Teil aus Mitgliederbeiträgen finanzieren. Sportveranstaltungen werden immer häufiger zu kommerziellen Events, die durch den Verkauf von medialen Rechten sowie Werbe- oder sonstigen Rechten refinanziert werden.

Vor diesem Hintergrund gehören mediale Verwertungs-, Werbe-, Marken- und Vermarktungs-, Transfer- sowie Ticketingrechte zu den wesentlichen Vermögenswerten der Vereine und sind gleichzeitig wichtige Werttreiber und Erfolgsfaktoren im operativen Geschäft.

Durch das wachsende Interesse von Wirtschaft und Medien und den damit einhergehenden Steuerungsmechanismen gewinnt demnach auch die Bewertung dieser zentralen Rechte zunehmend an Bedeutung und praktischer Relevanz. Nachfolgend ist daher beispielhaft die Bewertung von Markenrechten und Transferrechten (= Spielervermögen) für Fußballunternehmen dargestellt.

19.2 Die objektivierte Ermittlung von Marktwerten für Spielervermögen

19.2.1 Allgemein

Durch die Ausgliederungen von Lizenzmannschaften der Fußballunternehmen in Kapitalgesellschaften wird der Kreis der bisherigen Bilanzadressaten (Verband, Steuerbehörden, Kreditinstitute) um Aktionäre und potenzielle Investoren vergrößert. Die Aufnahme von Eigen- und Fremdkapital erfordert eine größere Transparenz der Vermögenssituation im externen Rechnungswesen sowie Kapitalmarktfähigkeit (insbesondere durch die Implementierung von Planungs- und Controllingsystemen) und eine stärkere Kapitalmarktkommunikation. Dies bedingt für die Fußballunternehmen teilweise eine große Umstellung, da in der Vergangenheit die Offenlegung der Finanzinformationen oftmals nur sehr zurückhaltend betrieben wurde. Jedoch können die mit der Ausgliederung in Kapitalgesellschaften zwangsläufig verbundenen Publizitätspflichten nicht nur als Belastung sondern auch als Chance verstanden werden, den Zugang zu externem Kapital zu erleichtern und den Marktauftritt zu unterstützen.

Angesichts sinkender Fernseheinnahmen (bis zur Saison 2005/06 einschließlich) und steigender Personalkosten in der Vergangenheit haben Fußballunternehmen häufig noch heute erhebliche finanzielle Probleme, die sie oftmals an den Rand einer bilanziellen Überschuldung führen. Da die Fußballunternehmen häufig ein geringes, teilweise sogar ein negatives Eigenkapital aufweisen, erhält das Spielervermögen als potenzieller Träger von stillen Reserven und Lasten bzw. zur Aufstellung eines Überschuldungsstatus eine hohe Bedeutung.

Der Wert des Spielervermögens stellt das zentrale Vermögen eines Fußballunternehmens dar. Dieser kann bisweilen 50% der Bilanzsumme übersteigen. Das Spielervermögen dient folglich häufig als Sicherheit zur Unterlegung von Kreditengagements, da den Fußballunternehmen alternativ nur wenige bilanziellen Sicherheiten mit hoher Bonität (Sach- oder

Finanzanlagen) zur Verfügung stehen. Aus Sicht aller Stakeholder besteht daher die Notwendigkeit eines objektivierbaren Bewertungsverfahrens von Spielervermögen, da dieses den entscheidenden Werttreiber darstellt und somit erhebliche bilanzielle und finanzielle Wirkung besitzt.

Die Implementierung bzw. Anwendung eines objektivierbaren Bewertungsverfahrens für Spielervermögen kann unter den derzeitigen Bedingungen einen wesentlichen Beitrag zur Stärkung der Transparenz und Glaubwürdigkeit der Fußballunternehmen leisten.

19.2.2 Das Recht auf Transferentschädigung

19.2.2.1 Das – abtretbare – geldwerte Recht am Spieler

Unter dem Recht auf Transferentschädigung (=Transferrecht) ist das – abtretbare – geldwerte Recht am Spieler zu verstehen, das bei dem Fußballunternehmen liegt, bei dem der Spieler unter Vertrag steht. Es beinhaltet hauptsächlich das Recht, von einem am Spieler interessierten Fußballunternehmen eine Ablösesumme (Vertragsauskaufsumme) für die vorzeitige Entlassung des Spielers aus dem Arbeits-/Vertragsverhältnis zu verlangen. Über ein solches Recht auf eine Entschädigung verfügt jeder Arbeitgeber (nicht nur im Bereich des Fußballs), der mit einem Arbeitnehmer ein befristetes Arbeitsverhältnis eingegangen ist, da ein Arbeitgeber bei vorhandenem Interesse an einer Verpflichtung des Arbeitnehmers durch einen Dritt-Arbeitgeber für das Einverständnis einer vorzeitigen Vertragsaufhebung eine Entschädigung (Ablösesumme) verlangen kann.

19.2.2.2 Das föderative Recht am Spieler

Vom – abtretbaren – geldwerten Recht ist das föderative Recht (verbands- und fußballspezifische Recht) an einem Spieler zu unterscheiden, welches gemäß den einschlägigen Verbandsvorschriften immer bei dem Fußballunternehmen liegt, das den Spieler unter Vertrag hat, und somit als unabtretbar zu bezeichnen ist. Das föderative Recht an einem Spieler beinhaltet das Recht des Fußballunternehmens, im Zusammenhang mit dem Wechsel des Spielers die Freigabe zu erteilen, da dieser beim neuen Fußballunternehmen grundsätzlich erst registriert (Ausstellen der Spielberechtigung) werden kann, wenn die Freigabeerklärung erfolgt ist.

19.2.2.3 Das Bosman-Urteil

Das Transfergeschäft wurde durch das sog. Bosman-Urteil des Europäischen Gerichtshofes (EuGH) vom 15. Dezember 1995 stark beeinflusst. Der EuGH erklärte die damaligen Transferbestimmungen und die Ausländerklauseln in den Regeln der professionellen Fußballverbände für unvereinbar mit dem Freizügigkeitsrecht gemäß Art. 48 EG-Vertrag. Dieses Recht gewährt den EU-Ausländern die Gleichbehandlung mit Inländern als Arbeitnehmer, also in Bezug auf Arbeitsplatzwahl und Beschäftigungsbedingungen. Das Urteil gilt nur für Transfers nach Vertragsende, so dass ein Fußballunternehmenden Spieler nach wie vor herauskaufen muss, wenn zwischen dem Spieler und einem anderen Fußballunternehmen noch ein laufender Vertrag besteht

Als Folge setzte sich eine Transferpraxis durch, nach der regelmäßig langfristig befristete Verträge geschlossen wurden, um die Spieler an das Fußballunternehmen zu binden. Eine ordentliche Kündigung war i.d.R. während der Laufzeit des befristeten Vertrags ausgeschlossen. In dieser Transferpraxis sah die EU-Kommission jedoch eine Umgehung des Bosman-Urteils.

Im März 2001 haben sich daher die Fédération Internationale de Football Association (FIFA) und die Union des Associations Européennes de Football (UEFA) mit der EU über die Prinzipien eines internationalen Transfersystems geeinigt. Die FIFA hat daraufhin auf Basis dieser Grundsätze das Reglement bezüglich Status und Transfer von Spielern überarbeitet und die Neufassung mit Wirkung zum 1. September 2001 (ersetzt durch aktuelles Reglement zum 1. Juli 2005) in Kraft gesetzt. Hiernach dürfen Vertragslaufzeiten von Lizenzspielern 5 Jahre nicht überschreiten.

Die Ablösesumme ist zwischen den beiden Fußballunternehmen – unter dem Vorbehalt zu beachtender vertraglicher Abmachungen – frei verhandelbar, wobei ein vorzeitiger Vereinswechsel das Einverständnis des Spielers voraussetzt. Das Bezahlen einer Ablösesumme kommt grundsätzlich unabhängig vom Alter für sämtliche Spieler, die aus dem bestehenden Vertrag herausgelöst werden sollen, zum Tragen. Bei einem Wechsel eines Spielers unter 23 Jahren während der Laufzeit eines Vertrages wird gemäß des FIFA-Reglements – neben der Ablösesumme – zusätzlich auch eine Ausbildungsentschädigung fällig. Diese hat das den Spieler verpflichtende Fußballunternehmen an alle Fußballunternehmen, die zwischen dem 12. und 21. Lebensjahr des Spielers bzw. dem Lebensjahr des Spielers in dem die Ausbildung abgeschlossen wurde, zu seinem Training und zu seiner Ausbildung beigetragen haben, gemäß bestimmter Parameter zu leisten.

19.2.3 Die Bilanzierung des Spielervermögens

19.2.3.1 Die bilanzielle Bedeutung des Spielervermögens

In den letzten Jahren ist ein deutlicher Anstieg der durchschnittlichen Bilanzsumme der Fußballunternehmen der 1. Bundesliga festzustellen, der zum größten Teil auf die Entwicklung des aktivierten Spielervermögens zurückzuführen ist. Gründe für den kontinuierlichen Anstieg des durchschnittlich aktivierten Spielervermögens in dieser Zeit könnten Verschiebungen in der Bilanzierungspraxis der Fußballunternehmen sowie die möglicherweise im Zusammenhang mit einer Ausgliederung vorgenommene Hebung von stillen Reserven im Spielervermögen sein.

Seit 2003 ist das durchschnittlich aktivierte Spielervermögen jedoch rückläufig. Diese Entwicklung spiegelt die seit 2002 sinkenden Transferausgaben, die steigende Anzahl von ablösefreien Transfers, die zunehmende Zahl an Ausleihungen der Fußballunternehmen sowie den Anstieg der Verpflichtungen von Eigengewächsen wider. Mit dieser Entwicklung sinken gleichzeitig auch die bilanziellen immateriellen Vermögenswerte der Fußballunternehmen, die für Fremd- und Eigenkapitalgeber von wesentlicher Bedeutung sind.

19.2.3.2 Die Bilanzierung nach HGB

In der deutschen bilanzrechtlichen Literatur wird seit vielen Jahren darüber diskutiert, ob das Spielervermögen eines Fußballunternehmens einen aktivierungsfähigen Vermögensgegenstand darstellt oder nicht. Die Diskussion wurde insbesondere durch ein Urteil des Bundesfinanzhofs (BFH) vom 26. August 1992 beeinflusst, nach dem die Spielerlaubnis – nicht die Transferzahlung als solche – als immaterieller Vermögensgegenstand, welcher

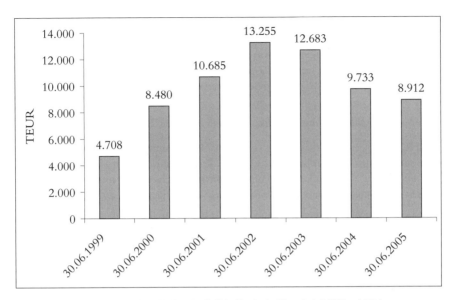

Quelle: DFL, Bundesliga Report 2006; DFL, Die wirtschaftliche Situation im Lizenzfussball 2005 und 2004.

Abbildung 19-1: Durchschnittlich aktiviertes Spielervermögen in der 1. Bundesliga

selbständig verkehrsfähig und bewertbar ist, im Sinne eines konzessionsähnlichen Rechts zu aktivieren ist.

Zu berücksichtigen ist, dass diese Entscheidung zu einer Zeit getroffen wurde, als der DFB die Lizenzierungsbestimmungen noch mit der Zahlung einer Transferentschädigung durch das aufnehmende Fußballunternehmen an das abgebende Fußballunternehmen als notwendige Voraussetzung zur Erteilung der Spielerlaubnis verbunden hat. Zumindest in der steuerlichen Gewinnermittlung ist seit dem von einer Aktivierungspflicht der entgeltlich erworbenen Spielerlaubnis auszugehen. Nach dem Bosman-Urteil des EuGH wurden auch die Lizenzbestimmungen des DFB geändert. Transferzahlungen fallen seit dem nur noch dann an, wenn ein Spieler vor dem Ende der Vertragslaufzeit zu einem anderen Fußballunternehmen wechselt. Die Erteilung der Spielerlaubnis durch die DFL ist hiernach nur noch an formale Voraussetzungen wie z.B. das Bestehen eines Arbeitsvertrags mit dem neuen Fußballunternehmen gebunden.

Derzeit wird nur das erworbene Spielervermögen nach den Vorschriften des HGB mit den gezahlten Anschaffungskosten (entspricht der Transferentschädigung) in der Bilanz aktiviert. Der immaterielle Vermögensgegenstand wird planmäßig über die Laufzeit des Arbeitsvertrages abgeschrieben, da die Spielerlaubnis mit Ablauf der Vertragsdauer ihre Gültigkeit verliert. Bei einer dauerhaften Wertminderung des Spielers (z.B. Sportinvalidität) muss darüber hinaus eine außerplanmäßige Abschreibung vorgenommen werden. Bei nur vorübergehender Wertminderung besteht für die Fußballunternehmen ein Abschreibungswahlrecht.

Eventuell gezahlte Spielervermittlungskosten werden bei einem Transfer mit der gezahlten Transferentschädigung i.d.R. als Anschaffungsnebenkosten ebenfalls aktiviert. Im Falle direkter Zahlungen an Spieler im Zusammenhang mit Vereinswechseln (sog. Signing Fee) werden diese dagegen nicht als Anschaffungsnebenkosten im Anlagevermögen sondern als aktiver Rechnungsabgrenzungsposten aktiviert.

Spieler aus den eigenen Jugend- und Amateurmannschaften dürfen handels- und steuerrechtlich nicht bilanziert werden, da für selbsterstellte immaterielle Vermögensgegenstände des Anlagevermögens ein Aktivierungsverbot besteht.

19.2.3.3 Die Bilanzierung nach International Financial Reporting Standards

Die IFRS erfordern die Bilanzierung von Humankapital unter bestimmten Bedingungen, insbesondere muss die hierfür häufig fehlende Verfügungsmacht im Sinne der Kontrolle über den aus der Verfügbarkeit des Humankapitals erwachsenden Nutzens gegeben sein. Diese ist durch entsprechende Gestaltung von Arbeitsverträgen erreichbar.

Erworbenes Spielervermögen stellt auch nach IFRS einen aktivierungsfähigen immateriellen Vermögenswert dar (IAS 38). Zu bilanzieren ist mit Zugang des Spielers der wirtschaftliche Vorteil aus der exklusiven Einsetzbarkeit des Spielers und damit dessen Motivation und Fähigkeiten im Spielbetrieb, ab einem bestimmten Zeitpunkt (der vor Ablauf des bisherigen Arbeitsvertrags liegt) und für einen festgelegten Zeitraum. Darüber hinaus kann aus einem möglichen künftigen Verkauf des Spielers dem Fußballunternehmen ein zusätzlicher wirtschaftlicher Nutzen zufließen. Die Bewertung erfolgt bei Zugang zu Anschaffungskosten, soweit sie dem Zugang des Vermögenswertes direkt zurechenbar sind. Hierzu zählt insbesondere eine Transferzahlung an das abgebende Fußballunternehmen. Provisionszahlungen an Spielervermittler/-berater sowie an den Spieler gezahlte Signing Fees sind hinsichtlich ihrer Zurechenbarkeit zu den Anschaffungskosten im Einzelfall zu beurteilen. Diese Zahlungen können insbesondere Bestandteil der Anschaffungskosten sein, wenn sie nur im Hinblick auf den Vertragsschluss mit dem Spieler erfolgen, d.h. keine weiteren Gegenleistungen oder Rückforderungsmöglichkeiten für das Fußballunternehmen vereinbart werden.

Die Folgebewertung erfordert planmäßige lineare Abschreibungen, wobei der Restwert am Ende der Nutzungsdauer zu berücksichtigen ist. Die alternative Neubewertungsmethode ist mangels Erfüllung der Kriterien eines aktiven Marktes nicht zulässig. Im Rahmen der Folgebewertung sind ggf. auch außerplanmäßige Wertminderungen (impairments) zu berücksichtigen, wobei zur Bestimmung des Zeitwerts das auf einem Marktansatz basierende objektivierte Bewertungsmodell herangezogen werden kann, das auf Basis einer hinreichend großen Grundgesamtheit an Spielern und Spielerkriterien aus vergangenen Transferpreisen durch Clustering Transaktionspreise für Spieler vergleichbarer Qualität ermöglicht. Ist die Ermittlung des Nutzungswerts erforderlich, muss mangels Zuordenbarkeit von Cash Flows zu einzelnen Spielern der Impairment Test auf Ebene der Cash Generating Unit, d.h. für das gesamte Fußballunternehmen/die Lizenzspielerabteilung, durchgeführt werden.

Die Bilanzierung von selbst ausgebildeten Nachwuchsspielern als selbsterstellte immaterielle Vermögenswerte wird durch das Kriterium der Verfügungsmacht stark eingeschränkt; mangels zuverlässiger Bestimmung der Herstellungskosten ist die Bilanzierung im Regelfall nicht zulässig. Da das Vorliegen eines aktiven Marktes für Humankapital im vorliegenden Fall zu verneinen ist, ist die Inanspruchnahme der Erleichterungsregel des IFRS 1 zur Übernahme der immateriellen Vermögenswerte des Spielervermögens mit Zeitwerten in die IFRS-Eröffnungsbilanz bei erstmaliger Anwendung der IFRS nicht möglich.

19.2.3.4 Unterschiede zwischen Buch- und Marktwerten

Der bilanzierte Buchwert entspricht i.d.R. (Ausnahme: aktueller Zugang) nicht dem Marktwert des Spielervermögens, sondern den fortgeführten Anschaffungskosten (Anschaffungskosten abzüglich planmäßiger und außerplanmäßiger Abschreibungen) der von anderen Fußballunternehmen erworbenen Lizenzspieler. Der Buchwert ist somit abhängig von den jeweiligen Rechnungslegungsvorschriften, von der Art des Zugangs sowie von der Restlaufzeit des Arbeitsvertrags.

Der Marktwert kann in Anlehnung an die Definition nach IFRS wie folgt beschrieben werden: „Der Marktwert eines Vermögenswertes ist der Betrag, zu dem dieser Vermögenswert zwischen sachverständigen, vertragswilligen und voneinander unabhängigen Geschäftspartnern („at arm's length") getauscht werden könnte."

Der Marktwert des Spielervermögens wird daher zum einen von der erbrachten Leistung und den spezifischen Merkmalen eines Spielers („innerer Wert") und zum anderen von dessen Vertragslaufzeit sowie dem Marktumfeld und damit von der wirtschaftlichen Situation der Anbieter bzw. Nachfrager beeinflusst. Der Buchwert ist daher nur in einigen wenigen Fällen (bei relativ aktuellen Spielertransfers mit gezahlter Entschädigung) ein Indikator für den Marktwert. I.d.R. besteht jedoch eine große Diskrepanz zwischen Buch- und Marktwert, insbesondere bei Eigengewächsen bzw. unentgeltlich (ablösefrei) erworbenen Spielern, möglicherweise aber auch bei Spielern, die in einer „Hochphase des Transfermarktes" zu relativ hohen Preisen und vice versa gekauft worden sind.

19.2.3.5 Unterschiede zwischen Preis und Wert

Ausgangspunkt einer marktorientierten Bewertung von Spielervermögen sind Einzel-Preise, die am Markt durch individuelle Ertrags- und Risikoerwartungen von Anbietern und Nachfragern zustande gekommen sind.

Durch die Bildung eines repräsentativen Branchendurchschnittes kann von spezifischen Bewertungskomponenten für einzelne Spieler und den damit verbundenen individuellen Ertrags- und Risikoaussichten abstrahiert werden. Aus den beobachtbaren Einzel-Preisen wird ein Marktkonsens im Hinblick auf das aktuelle Bewertungsniveau von Vergleichsspielern abgeleitet und diese Preisinformation auf ein konkretes Bewertungsobjekt („Spieler") angewendet. Der somit ermittelte objektivierbare Wert für Spieler spiegelt die aggregierten Wertvorstellungen einer Vielzahl von Marktteilnehmern bei einer Vielzahl von Transaktionen wider.

Daneben existieren jedoch auch individuelle subjektive Einschätzungen bezüglich eines Vermögenswertes („Spielers"), die zu einem Marktpreis führen, der sich aus den Angebots- und Nachfrageverhältnissen am Markt einstellt. Der Marktpreis eines Spielers stellt die Grenzeinschätzung der Marktteilnehmer hinsichtlich des Wertes des Spielers dar und kann daher von einem typisierten ermittelten Wert abweichen.

Es zeigt sich aber auch, dass für Finanzierungs- oder Rechnungslegungszwecke unabhängig von einzelnen Transaktionspreisen und damit verbundener subjektiver Einflüsse ein objektivierbarer nachprüfbarer Wert ermittelt werden muss.

19.2.4 Bewertungsanlässe beim Spielervermögen

Die Bewertungsanlässe für eine monetäre Wertermittlung von Spielervermögen können vielfältigster Natur sein. Durch das Instrument eines objektivierbaren Bewertungsverfahrens erhalten Kreditinstitute und andere Stakeholder (Versicherungen, Steuerbehörden, Verband) mehr Transparenz und die Fußballunternehmen gewinnen an Glaubwürdigkeit. Dies ist insbesondere vor dem Hintergrund der neuen Baseler Eigenkapital-Vereinbarung (Basel II) wesentlich, nach deren Einführung die Kreditvergabe zukünftig an die individuelle Risikoeinstufung des Kreditnehmers mittels Rating geknüpft wird.

Das Spielervermögen als Sicherheit wird bisher auf Grund der hohen Abhängigkeit vom sportlichen Erfolg und Gesundheitszustand der Akteure sowie der vorhandenen Intransparenz bei Kreditgebern oftmals nur als „second best" Lösung angesehen. Darüber hinaus verbinden Kreditinstitute mit dem Spielervermögen i.d.R. einen unter Risikogesichtspunkten intransparenten und eher subjektiv bewertbaren Vermögenswert, dessen Marktwertermittlung sich schwierig gestaltet.

> „Eine objektivierbare einheitliche Bewertung der Lizenzspieler wäre aus versicherungstechnischer Sicht sehr zu begrüßen. Insbesondere würde dann eine allgemeingültige und von der Versicherungswirtschaft akzeptierte Grundlage für die Ermittlung der Marktwerte der einzelnen Lizenzspieler bestehen.
>
> Diese würde bei der Ermittlung der Versicherungssummen, die der Klub bei der Marktwertdeckung aufgeben muss, herbeigezogen und stellt für die Versicherer gleichzeitig die vom Versicherungsnehmer zu erbringende Rechtfertigung der Versicherungssumme dar (justification of Sum Insured)." Kai Bockelmann, Leiter der Abteilung Sport, Recreation & Entertainment, Aon Jauch & Hübener.

Ein objektivierbares Bewertungsverfahren ist nicht nur für Fremdkapitalgeber notwendig, sondern in gleichem Maße auch für die Gewinnung von Eigenkapitalgebern (strategische oder Finanzinvestoren) sowie für alternative Finanzierungsformen wie z.B. Mezzanine Kapital, Anleihen oder auch Asset Back Securities.

Außerdem haben Methoden zur Bewertung von „Spielervermögen" durch die Einführung des europäischen Lizenzierungsverfahrens, das sog. Impairment of Assets vorschreibt, an Bedeutung gewonnen. Hierbei wird das „Spielervermögen" jährlich auf eine mögliche Wertbeeinträchtigung überprüft. Liegt der aktuell ermittelte Marktwert eines Spielers unter dem bilanzierten Buchwert, ist eine Abschreibung vorzunehmen. Die Werthaltigkeit des Buchwertes ist jährlich für jeden einzelnen bilanzierten Akteur nachzuweisen und vom Wirtschaftsprüfer zu testieren. Auch im Rahmen einer bilanziellen Überschuldung müssen Marktwerte ermittelt werden, da der Bilanzposten Spielervermögen für die Fußballunternehmen oftmals die einzige Möglichkeit darstellt, stille Reserven zur Vermeidung eines Insolvenztatbestandes aufzudecken.

Darüber hinaus müssen europaweit ab dem 1. Januar 2005 bis auf wenige Ausnahmen alle kapitalmarktorientierten Unternehmen ihre Rechnungslegung für den Konzernabschluss auf IFRS umstellen. Zu beachten ist, dass diese Verpflichtung nicht nur Unternehmen trifft, deren Anteile an einer Börse in einem geregelten Markt gehandelt werden, sondern auch solche, die z.B. eine öffentliche Anleihe am Kapitalmarkt platziert haben (für letzteres gilt eine Übergangsfrist bis 2007). Aufgrund der zunehmenden Bedeutung internationaler Vergleichbarkeit könnte die Anwendung der IFRS künftig insbesondere beim europäischen Lizenzierungsverfahren zum Tragen kommen, so dass die bilanzielle Behandlung des Spielervermögens nach IFRS an Relevanz gewinnt. Des Weiteren wurde auch im Bilanzrechtsreformgesetz für nicht börsennotierte Unternehmen in Deutschland ab 2005 ein Wahlrecht implementiert.

„Ein einheitliches objektivierbares Bewertungsverfahren der Marktwerte von Lizenzspielern schafft Transparenz und sorgt somit für erhöhtes Vertrauen in die Managementfähigkeiten der Clubführung.

Das erleichtert die Bereitschaft der Sport-Versicherungsbranche zur Zeichnung von höhersummigen D&O-Policen (directors & officers liability/Organhaftung der Clubs bzw. deren Kapitalgesellschaften), die schließlich für Schadensersatzansprüche Dritter aufgrund von Managementfehlern aufkommen müssen.

Auch würde sich die latente Sorge der Branche um den moral hazard bei der Sportinvaliditätsversicherung („Marktwertdeckung") reduzieren. D.h., die Branche gewinnt mehr Sicherheit, dass die Versicherungssumme dem tatsächlichen Wert entspricht – im Invaliditätsfall also nur der tatsächliche Schaden des Clubs ersetzt wird. Während ohne dieses Verfahren die Gefahr einer „Über"-Versicherung von Spielern besteht, deren Potenzial sich eher dem Ende zuneigt." Jürgen Görling, Geschäftsführer, Hamburg-Mannheimer Sports GmbH.

Ein objektivierbares Bewertungsverfahren kann für die Fußballunternehmen auch wertvolle Unterstützung bei der internen wertorientierten Unternehmenssteuerung leisten, z.B. in Form von Orientierungshilfen für Kauf- und Verkaufspreise von Spielern, Leihgebühren sowie für eine Gehaltsanalyse der Spielergehälter.

19.2.5 Bewertungsmethoden für Spielervermögen

Die Bewertung von Spielervermögen hat generell nach denselben theoretischen Grundsätzen und Methoden wie die Bewertung von Unternehmen und sonstigen Vermögenswerten zu erfolgen. Werte können somit grundsätzlich auf Basis historischer Anschaffungs- und Herstellungskosten bzw. Entwicklungskosten (kostenorientierter Ansatz), mit Hilfe des Discounted Cashflow Verfahrens (kapitalwertorientierter Ansatz) sowie mittels unterschiedlicher Marktpreisverfahren (marktorientierter Ansatz) ermittelt werden.

19.2.5.1 Der kapitalwertorientierte Ansatz

Beim kapitalwertorientierten Ansatz erfolgt die Ableitung des Wertes aus dem zukünftigen finanziellen Nutzen des jeweiligen Vermögenswertes. Da der Einzelspieler in eine Mannschaftssportart „eingebettet" ist und deren Gesamtleistung die Erträge (neben mannschaftsunabhängigen Erträgen) des Fußballunternehmens bestimmen, müssten für eine Einzelbewertung zunächst die Erträge auf die einzelnen Spieler separiert werden. Diese Einzelallokation erscheint nur in Ausnahmefällen sowie durch eine Vielzahl von kaum nachprüfbaren Annahmen möglich. Der kapitalwertorientierte Ansatz scheidet daher zur Ermittlung der Marktwerte von Spielervermögen aus.

19.2.5.2 Der kostenorientierte Ansatz

Auch der kostenorientierte Ansatz erscheint für die Spielerbewertung mit Problemen behaftet zu sein. Zur Ermittlung des Rekonstruktions- bzw. Wiederbeschaffungswertes müssen die relevanten Kosten angesetzt werden, die zur Beschaffung eines gleichwertigen Spielers bzw. eines Spielers, der dem Fußballunternehmen denselben Nutzen stiftet, notwendig sind. Dies bedeutet für einen erworbenen Spieler, dass die historisch gezahlte Ablösezahlung, bereinigt um die bisher eingetretenen Wertminderungen, sowie weitere Kosten, die während der Vertragslaufzeit angefallen sind, rekonstruiert werden müssten.

Diese Rekonstruktion der Kosten dürfte regelmäßig schwierig ausfallen. Auch bei Spielern, die aus der eigenen Jugend- bzw. Amateurmannschaft („Eigengewächse") kommen, erscheint der kostenorientierte Ansatz problematisch zu sein. Bei den „Eigengewächsen" ist eine Kostenträgerrechnung auf Basis jedes einzelnen Spielers notwendig, die neben den direkt zuordenbaren Kosten auch alle Gemeinkosten nach bestimmten Verteilungsschlüsseln erfassen muss. Diese Kostenträgerrechnung dürfte in den wenigsten Fußballunternehmen vorhanden sein. Darüber hinaus erscheint eine Ermittlung des Marktwertes auf Basis der angefallenen Kosten nicht aussagefähig. Demnach hätte möglicherweise ein nicht so talentierter Spieler auf Grund seines höheren Trainingsaufwandes einen höheren Wert, als ein talentierter Spieler mit einem geringeren Trainingsaufwand.

19.2.5.3 Der marktpreisorientierte Ansatz

Demnach erscheint nur der marktpreisorientierte Ansatz für die Ermittlung eines Marktwertes für Spielervermögen möglich zu sein, da bei diesem Ansatz auf Marktpreise, die zwischen fremden Dritten in der Vergangenheit realisiert worden sind, abgestellt wird. Durch die Definition von Kriterien bzw. Ausprägungsmerkmalen (Alter, Spielposition, Nationalität, Spieleigenschaft, gewichtete Leistungskriterien etc.) können im Rahmen einer Clusteranalyse Ähnlichkeiten zwischen den Vergleichsspielern, für die bereits eine Transaktion auf dem Markt zustande gekommen ist, und dem Bewertungsobjekt („zu bewertender Spieler") hergestellt werden. Die realisierten Transferpreise der Vergleichsspieler aus der Vergangenheit sind jedoch zwingend auf das heutige Marktniveau hinsichtlich des Preises und der Transferwahrscheinlichkeit anzupassen. Darüber hinaus sind bei den zu bewertenden Spielern individuelle Besonderheiten, die sich auf den Wert des Spielers auswirken (z.B. langfristige Verletzung), in Form von Abschlägen bzw. Zuschlägen zu berücksichtigen.

19.2.6 Ausblick

Die Bilanzierung und Bewertung von Spielervermögen wird bei Rechnungslegungs- sowie Finanzierungsfragen der Fußballunternehmen und Verbände eine zunehmend bedeutendere Rolle spielen, da durch das Spielervermögen ein erheblicher Einfluss auf das Bilanzbild und somit auf die Vermögenssituation der Fußballunternehmen resultiert. Für alle Stakeholder werden Branchenkenntnisse bei der Beurteilung von Sicherheiten immer bedeutender. Die Unsicherheiten auf Seiten der Investoren bzw. Fremdkapitalgeber können von den Fußballunternehmen z.B. durch die Einführung eines objektivierbaren Bewertungsmodells für Spielervermögen aktiv gestaltet bzw. reduziert werden.

Einheitlich angewendete objektivierbare Bewertungsverfahren zur Ermittlung des Marktwertes von Spielervermögen existierten in Deutschland bisher nicht. Der auf Bewertungen aller Art spezialisierte Bereich Corporate Finance der KPMG hat sich sehr intensiv mit dem Thema Bewertung von Spielervermögen beschäftigt. Dabei wurde ein objektivierbares Bewertungsverfahren für Spielervermögen entwickelt, das auf dem marktpreisorientierten Ansatz basiert und bereits in der Praxis getestet wurde. Ein derartiges einheitlich objektivierbares Verfahren zur Ermittlung von Marktwerten für Spielervermögen kann nicht nur für rechnungswesenbasierte Bewertungsanlässe eine wertvolle Unterstützungsfunktion leisten, sondern auch die für die Inanspruchnahme von innovativen Finanzierungsinstrumenten notwendige Transparenz wesentlich verbessern sowie als Unterstützung für ein internes Wertmanagement dienen.

19.3 Markenbewertung bei Fußballunternehmen

19.3.1 Bedeutung der Marke

Bedingt durch ein ständig steigendes Freizeitangebot sowie dem damit einhergehenden zunehmenden Konkurrenzdruck zwischen diesen Angeboten müssen sich die Fußballunternehmen zu modernen Dienstleistungsunternehmen mit entsprechender Kundenorientierung wandeln.

Der Wettbewerb zwischen den Fußballunternehmen findet inzwischen zunehmend international statt. Gleichermaßen sind auch die Absatzmärkte der Fußballunternehmen internationaler geworden.

Die damit verbundene Erschließung neuer Absatzmärkte und die Steigerung des Markenbekanntheitsgrades stehen in der Regel im Vordergrund bei Entscheidungen von Fußballunternehmen ihre Trainingslager bzw. Freundschaftsspiele in attraktiven Märkten wie Asien oder Amerika auszurichten. So nutzen inzwischen eine Reihe von Fußballunternehmen die freien Zeiten zwischen den Ligaspielen um Tourneen in Asien oder Amerika durchzuführen. Es handelt sich hierbei im Wesentlichen um strategische Überlegungen zur Stärkung der Marke.

19.3.2 Ökonomische Messung der Marke

Vor diesem Hintergrund erlangt die Marke des Fußballunternehmens und ihre Messung bzw. ihre ökonomische Dimension eine zunehmende Bedeutung. Profisportvereine sind Markenartikelunternehmen, d.h. das Markenpotenzial bestimmt gleichzeitig auch das ökonomische Potenzial. Je höher die Markenattraktivität eines Fußballunternehmens ist, desto größer ist sein Ertragspotenzial. Sämtliche qualitativen und quantitativen Kriterien fließen direkt oder indirekt in den Markenwert der Fußballunternehmen ein. Erst durch ihr komplexes/interdependentes Zusammenwirken entsteht eine vermarktbare Einheit. Die Marke ist daher ein wichtiger Vermögenswert der Fußballunternehmen.

Die Markenattraktivität oder Markenstärke hat einen direkten Einfluss auf die Einnahmen aus dem Ticketing, dem Merchandising-Geschäft und der Verwertung der Marketingrechte sowie der zentralen/dezentralen medialen Rechte. Auch wenn derzeit der größte Teil der medialen Rechte (Fernsehrechte der Bundesliga) zentral durch den Ligaverband/ die DFL vermarktet und ausschließlich nach sportlichen Kriterien an die Fußballunternehmen verteilt wird, spielt auch bei diesen die Markenstärke eine wichtige Rolle. Die Markenstärke ist wesentliche Grundlage für die medial generierte Reichweite, denn über attraktive Marken und somit über „Marken-Fußballunternehmen" wird in der Regel unabhängig vom sportlichen Erfolg im Rahmen von Hintergrundberichterstattungen intensiver und länger berichtet. Dies trifft für Deutschland aber auch für die anderen europäischen Kernmärkte sowie für die Zukunftsmärkte in Asien zu. Eine höhere mediale Reichweite hat wiederum große Auswirkung auf alle anderen Einkunftsarten.

Welchen Wert haben Marken eigentlich und wie ermittelt man diesen? Diskussionen um die Markenbewertung werden schon lange nicht mehr nur von den Marketingabteilungen der Unternehmen geführt, sondern erhalten insbesondere durch Regelungen der internationalen Rechnungslegung einen hohen Stellenwert in der „Finanzwelt". In den letzten Jahren haben sich Marken auf Grund einer allgemein zunehmenden Bedeutung von immateriellen Vermögenswerten zu einer der zentralen Wertdeterminanten von Unternehmen allgemein entwickelt.

19.3.3 Marke versus Trademark

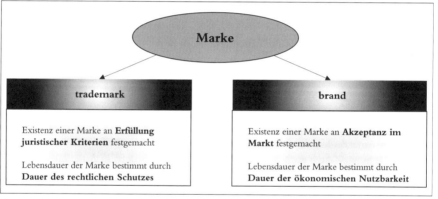

Quelle: KPMG

Abbildung 19-2: trademark vs. brand

Grundsätzlich wird zwischen der rechtlichen und der ökonomischen Dimension von Marken unterschieden.

Die rechtliche Dimension einer Marke betrifft den generellen (rechtlichen) Markenschutz. Der Markenschutz entsteht formal durch die Anmeldung und Eintragung einer Marke – unabhängig von ihrer Benutzung – für bestimmte Produkte und Dienstleistungen in nationalen und internationalen Markenregistern oder – ohne Eintragung – durch eine so lang andauernde, umfangreiche Verwendung eines Zeichens im Geschäftsverkehr, dass bei Abnehmern und Kunden dieses Produktes im Verletzungsfall durch teure Meinungsumfragen die erworbenen Verkehrsgeltung nachgewiesen werden kann.

Die wirtschaftliche Dimension einer Marke wird vielmehr an der Akzeptanz und Wahrnehmung der Marke bzw. der mit ihr versehenen Produkte im Markt festgemacht. Markenprodukten wird in der Regel ein größeres ökonomisches Potenzial beigemessen als „No Name Produkten".

Der Wert selbst geschaffener Marken darf wie auch der Wert anderer selbst geschaffener immaterieller Vermögenswerte nicht in der Bilanz von Fußballunternehmen aktiviert werden, der Wert entgeltlich erworbene Marken dagegen schon. Bei Fußballunternehmen stellen die Marken-, Namens- und Logorechte in der Regel zunächst einmal in der Rechtsform des e.V. selbst geschaffene Vermögenswerte dar.

19.3.4 Bilanzierung von Marken

Häufig sind Sportvereine dergestalt strukturiert, dass unter einem Vereinsnamen (Markennamen)[1] mehrere Sportarten angesiedelt sind. Profisportvereine haben z.B. neben der ersten Fußball-Lizenzmannschaft vielfach weitere Fußball-Mannschaften sowie weitere Abteilungen wie Bob, Rodeln, Handball, Tennis, Turnen etc., die in der Regel nicht dem wirtschaftlichen Geschäftsbetrieb des Vereins zugerechnet werden.

19.3.5 Bewertungsanlässe

Marken sind bei einer Vielzahl von Unternehmen Gegenstand eines Wertermittlungsprozesses geworden. Die Bewertungsanlässe für eine monetäre Wertermittlung von Marken können unterschiedlichster Natur sein. Nachfolgende Abbildung zeigt exemplarisch verschiedene Bewertungsanlässe für Markenbewertungen auf, die alle gleichermaßen für Fußballunternehmen zutreffend sein können.

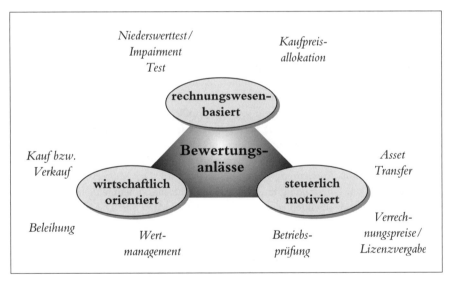

Quelle: KPMG

Abbildung 19-3: Bewertungsanlässe

Je nach Bewertungsanlass können unterschiedliche Markenwerte Ergebnis der Bewertung sein. Analog zur Bewertung von Unternehmen und Unternehmensanteilen gilt auch für

---

[1] In der Industrie vergleichbar mit einer Dach- oder Unternehmensmarke

die monetäre Bewertung von Marken, dass der ermittelte Markenwert nicht losgelöst vom jeweiligen Bewertungszweck ermittelt werden kann. Dabei sind die Anlässe einer Markenbewertung ebenso vielfältig wie die Versuche seitens der Literatur, diese zu klassifizieren.

Es erscheint zweckmäßig, eine prinzipielle Differenzierung in unternehmensintern und -extern motivierte Bewertungsanlässe vorzunehmen.

Für Zwecke der internen Steuerung und Kontrolle sind Informationen über den Wert von Marken von erheblicher Bedeutung. Dies ist nicht zuletzt darauf zurückzuführen, dass Marken in vielen Unternehmen so auch in Fußballunternehmen mittlerweile zu den zentralen Werttreibern des Unternehmenserfolgs zählen. Zunehmend wird die Bedeutung von Markenwerten auch im Rahmen eines unternehmenswertorientierten Controllings betont. Auf der Basis einer monetären Bewertung lässt sich der Einfluss von markenbezogenen Aktivitäten auf die gesamtunternehmerische Zielsetzung darstellen.

Ein unternehmensinterner Bewertungsanlass kann ebenfalls aus der Übertragung von Markenrechten innerhalb des Fußballunternehmens resultieren. Dies kann im Rahmen eines Verkaufs des (originären) Markenrechtes des Vereins zu Marktwerten an eine Kapitalgesellschaft innerhalb der „Fußballunternehmensgruppe" möglich sein, aber auch bei der Ausgliederung der Lizenzmannschaft in eine Kapitalgesellschaft.

Eine Vielzahl der Fußballunternehmen hat in der Zwischenzeit ihre Lizenzmannschaft (Profibereich) sowie teilweise auch Amateurmannschaften in die Rechtsform einer Kapitalgesellschaft ausgegliedert. Die restlichen Fußballmannschaften (z.B. Jugendmannschaften) sowie die anderen Sportarten verbleiben in der Regel im Verein (nachfolgend Alt- oder Mutterverein genannt).

Bei der Ausgliederung sind zwei Möglichkeiten in Bezug auf das Markenrecht (und potenzielle andere Rechte) denkbar bzw. üblich. Zum Einen kann bei einer Ausgliederung das Markenrecht (Logo- und Namensrecht) bei dem Mutterverein verbleiben und die Fußball-Kapitalgesellschaft erwirbt ein sog. entgeltpflichtiges Lizenzrecht. Zum Anderen ist auch die entgeltliche Übertragung der Marke z.B. im Rahmen einer Sacheinlage möglich. Im Falle der Übertragung muss von der Fußball-Kapitalgesellschaft ein Betrag an den Mutterverein gezahlt werden, der bei diesem als Veräußerungspreis und bei der Fußball-Kapitalgesellschaft als Anschaffungskosten behandelt wird. Der Mutterverein behält sich bei einer derartigen Übertragung in der Regel ein einfaches (unentgeltliches) Nutzungsrecht für die zurückbleibenden sportlichen Vereinsaktivitäten vor. Die Übertragung der Marke kann zu Buch- oder zu Teilwerten erfolgen.

Auf Grund dieser beiden Alternativen können sich die Bilanzbilder von Fußballunternehmen unterscheiden, da in einem Fall nur eine aufwandswirksame Lizenzgebühr von der Fußball-Kapitalgesellschaft entrichtet wird, und im anderen Fall ein immaterieller Vermögenswert bei der Fußball-Kapitalgesellschaft entsteht, der über die Nutzungsdauer der Marke aufwandswirksam abgeschrieben wird.

Fußballunternehmen, die bisher mindestens ihre Lizenzmannschaft ausgegliedert haben, müssten mit dem Alt- bzw. dem Mutterverein eine derartige Regelung vereinbart haben.

Darüber hinaus kann es weitere Kapitalgesellschaften der Fußballunternehmen geben, wie z.B. Marketing- oder Merchandisinggesellschaften, die ebenfalls Markenrechte vom Altverein in Form von Lizenzen erwerben müssen.

Fußballunternehmen der Bundesliga mit ausgegliederter Kapitalgesellschaft		
Fußballunternehmen	Ausgegliederte Kapitalgesellschaft	Gesellschafter/Aktionäre
BV Borussia Dortmund 09 e.V.	Borussia Dortmund GmbH & Co. KGaA	Börsennotiert 20,62% Absolute Capital Management Holdings Limited 17,09% Blue Bay Asset Management 10,94% BV. Borussia 09 e.V. Dortmund 7,66% Bernd Geske 7,56% Och-Ziff Management Europe 36,49% Streubesitz
TSV Bayer 04 Leverkusen e.V.	Bayer 04 Leverkusen Fußball GmbH	100 % Bayer AG
FC Bayern München e.V.	FC Bayern München AG	90 % FC Bayern München e.V. 10 % adidas Salomon AG
Herta BSC Berlin e.V.	Herta BSC KG mbHaA	100 % Herta BSC Berlin e.V.
FC Schalke 04 e.V.	FC Schalke 04 AG (Ausgliederung noch nicht vollzogen)	100 % FC Schalke e.V.
VfL Wolfsburg e.V.	VfL Wolfsburg Fußball-GmbH	90% Volkswagen AG 10 % VfL Wolfsburg e.V.
Borussia Mönchengladbach e.V.	VfL 1900 Mönchengladbach GmbH	100 % Borussia Mönchengladbach e.V
Hannover 96 e.V.	Hannover 96 GmbH & Co. KGaA	100 % Hannover 96 e.V.
Arminia Bielefeld e.V.	Arminia Bielefeld GmbH Co. KGaA	100 % Arminia Bielefeld e.V
1. FC Köln e.V.	1. FC Köln GmbH Co. KGaA	100 % 1. FC Köln e.V.
Eintracht Frankfurt e.V.	Eintracht Frankfurt Fußball AG	72 % Eintracht Frankfurt e.V. 28 % 5 Banken (DZ Bank, Helaba, BHF-Bank, Bankhaus Metzler, Deutsche Zentral-Genossenschaftsbank), Fraport und 2 Privatpersonen
MSV Duisburg e.V.	MSV Duisburg GmbH & Co. KGaA	100 % MSV Duisburg e.V.
VfB Stuttgart e.V.	k.A.	
Hamburger SV e.V.	k.A.	
SV Werder Bremen e.V.	Werder GmbH & Co. KGaA	100% SV Werder Bremen e.V.
TSV 1860 München e.V.	TSV 1860 München KGaA	100% TSV 1860 München e.V.
Alemania Aachen	Alemania Aachen GmbH	100 % Alemania Aachen
1. FC Kaiserslautern e.V.	k.A.	

Quelle: KPMG-Research

Abbildung 19-4: Fußballunternehmen der Bundesliga mit ausgegliederter Kapitalgesellschaft, Stand: 19. Dezember 2006

Durch den Transfer ist die Marke bei der erwerbenden Gesellschaft als derivativ erworbener Vermögenswert zu bilanzieren. Hierdurch kann eine Aufdeckung von stillen Reserven erreicht werden.

Unternehmensexterne Bewertungen können dadurch erforderlich werden, dass Gesellschaftsanteile an Fußballunternehmen von Investoren übernommen werden. Wenn bspw. wie in England ein Fußballunternehmen mehrheitlich – mehr als 50% der Anteile – übernommen wird (z.B. gehören 100% der Anteile am FC Chelsea London der Einzelperson Roman Abramowich) müsste der Erwerber bei Anwendung internationaler Rechnungslegung (IAS/IFRS oder US-GAAP) den Gesamtkaufpreis der Anteile des Fußballunternehmens auf alle erworbenen Vermögenswerte im Rahmen einer Kaufpreisallokation aufteilen. Folglich müsste eine Bewertung der Marke des Fußballunternehmens sowie aller anderen Vermögenswerte vorgenommen werden.

Derzeit ist ein mehrheitlicher Verkauf von Gesellschaftsanteilen von Fußballunternehmen in Deutschland nicht möglich, da nach den gültigen Statuten mindestens 50% plus eine Stimme bei der Muttergesellschaft des Fußballunternehmens verbleiben müssen. Dies ist in anderen europäischen Fußball-Ligen teilweise nicht der Fall.

Gleiches gilt, wenn Fußballunternehmen selbst Anteilsmehrheiten an anderen Unternehmen erwerben und im Rahmen einer Kaufpreisallokation (bei Anwendung internationaler Rechnungslegung) auch eine mit erworbene Marke bewerten müssen.

Marken können auch als Kreditsicherheit herangezogen werden sowie Gegenstand von Zwangsvollstreckungsmaßnahmen sein. Auch Markenrechtsverletzungen können unter den externen Bewertungsanlässen subsumiert werden. Sind Schadenersatzansprüche infolge von Markenrechtsverletzungen („Plagiate") zu bemessen, stellt der entgangene Gewinn, der vom Schädiger erzielte Gewinn oder die Erhebung eines angemessenen Lizenzentgelts den Ausgangspunkt der Markenbewertung dar.

19.3.6 Allgemein anerkannte Verfahren zur Markenbewertung

Die Bewertung immaterieller Vermögenswerte, wie zum Beispiel einer Marke, hat generell nach denselben theoretischen Grundsätzen und Methoden wie die Bewertung von Unternehmen zu erfolgen. Jedoch weisen die für die Bewertung von immateriellen Vermögenswerten diskutierten Verfahren auf Grund der Eigenarten des Bewertungsobjekts bestimmte Besonderheiten auf.

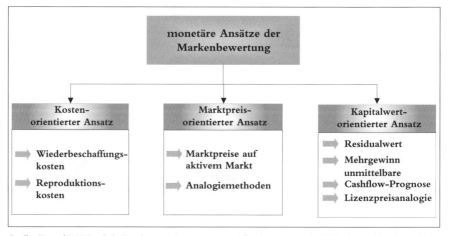

Quelle: *Entwurf IDW Standard: Grundsätze zur Bewertung immaterieller Vermögenswerte (IDW ES 5), Stand 25. August 2006*

Abbildung 19-5: Methoden zur Markenbewertung

Der Wert kann somit grundsätzlich auf Basis historischer Anschaffungs- und Herstellungskosten bzw. Entwicklungskosten (kostenorientierter Ansatz), mittels unterschiedlicher Marktpreisverfahren (marktpreisorientierter Ansatz) sowie mit Hilfe des Discounted Cashflow Verfahrens (kapitalwertorientierter Ansatz), ermittelt werden.

Der Wertansatz nach dem kostenorientierten Verfahren basiert auf der Annahme, dass der Betrag, der aufzuwenden wäre, wenn die betreffende Marke wieder erstellt werden müsste (Reproduktionswert bzw. Wiederbeschaffungswert) den Wert der Marke vollständig widerspiegelt. Allerdings ist zu beachten, dass nicht zwingend ein Zusammenhang zwischen Kosten und Marktwert bestehen muss, da der zukünftige Nutzen, ausgedrückt als zukünftiger finanzieller Überschuss, in den Kosten nicht berücksichtigt wird.

Die Wertermittlung nach dem marktpreisorientierten Verfahren basiert grundsätzlich auf einer Analyse von Markttransaktionen und der damit verbundenen Feststellung der Transaktionspreise für vergleichbare Marken. Kritik erfährt das marktpreisorientierte Verfahren dabei insbesondere hinsichtlich der Homogenität und der eindeutigen Vergleichbarkeit von Bewertungs- und Vergleichsobjekten sowie der Handelbarkeit der betrachteten Marken.

Auf Grund der genannten Kritik in der Wissenschaft, Praxis und Rechtsprechung wird für immaterielle Vermögenswerte oftmals der kapitalwertorientierte Ansatz bevorzugt. Hierbei werden grundsätzlich Bewertungsverfahren herangezogen, die auf dem erzielbaren zukünftigen finanziellen Nutzen basieren, der von dem Bewertungsobjekt erwirtschaftet wird. Dieser zukünftige finanzielle Nutzen zeigt sich dabei grundsätzlich im Einzahlungsüberschuss, der als Überschuss der Einzahlungen über die Auszahlungen in der auf den Bewertungsstichtag folgenden Zukunft zu erwarten ist. In Analogie zur Unternehmensbewertung bestimmt sich der Wert von immateriellen Vermögenswerten als die Summe der Barwerte aller dem Eigentümer in der Zukunft aus dem zu bewertenden immateriellen Vermögenswert zufließenden Einzahlungsüberschüsse.

Bei jeder Bewertung von immateriellen Vermögenswerten aber auch von Unternehmen ist jedoch die jeweilige Bewertungsmethode im Einzelnen zu prüfen und festzulegen. Während z.B. bei der Bewertung von Spielervermögen der marktpreisorientierte Ansatz zum Tragen kommt, ist bei Markenbewertungen in der Regel der kapitalwertorientierte Ansatz am besten geeignet.

Bei dem kapitalwertorientierten Verfahren gibt es verschiedene Methoden zur Bewertung.

Nach der Incremental Cashflow Methode wird gedanklich der Cashflow aus einem Unternehmen mit der zu bewertenden Marke dem Cashflow aus einem fiktiven Unternehmen ohne Marke gegenübergestellt.

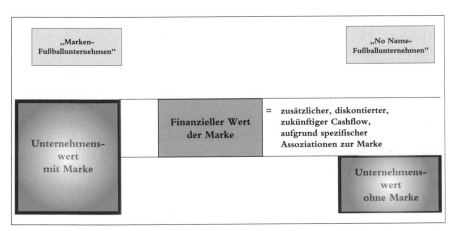

Quelle: KPMG

Abbildung 19-6: Beispiel für den Wert einer Marke

Der Wert der Marke entspricht dann dem Unterschiedsbetrag zwischen dem Barwert des Unternehmens mit Marke und dem Barwert des Unternehmens ohne Marke bzw. dem Barwert der auf dem Wege einer Differenzbetrachtung direkt abgeleiteten markenbedingten Einzahlungsüberschüsse.

Das in der Praxis üblicherweise verwendete Verfahren für die Ermittlung von Marktwerten stellt die Relief from Royalty Methode dar. Danach ergibt sich der Wert der Marke aus der Summe der Barwerte zukünftiger Lizenzzahlungen, die ein Unternehmen aufwenden müsste, wenn es die Marke von einem Dritten lizenzieren würde. Der Wert der Marke ergibt sich als Barwert der zukünftig ersparten Lizenzgebühren. Die übliche Bezugsbasis für die Bestimmung der Lizenzgebühr stellt der mit der Marke generierte Umsatz dar.

19.3.7 Abgrenzung zu Medienanalysen

Steigende Anforderungen in einem zunehmend anspruchsvollen Markt, Wettbewerbsdruck und enger werdende Budgetrahmen zwingen Unternehmen zu Effizienzsteigerungen. Gezielte und individuelle Informationen, sind daher von zentraler Bedeutung für die Wettbewerbsfähigkeit von Unternehmen. Anerkannte und vielfach angewendete Methoden zur Messung der Effizienz von Sponsoringmaßnahmen sind sog. Medienanalysen.

Unter der Medienanalyse versteht man die Ermittlung des Medienechos (Medien- und Nutzerinteresse) bspw. auf eine bestimmte Sponsoringmaßnahme. Die Medienanalysen werden in der Regel für die Medien TV, Print, Hörfunk oder Online Medien durchgeführt und sind häufig Bestandteil von Sponsoring-Vereinbarungen. Derartige Analysen sollen auf Grundlage von komplexen Ergebnissen eine objektive Bewertungsgrundlage für Sportevents und Sponsorships für den Sponsor ergeben. Dabei werden Kennziffern berechnet, die einen Vergleich von Sportevents und Sponsorships unter (Media-)Leistungsgesichtspunkten ermöglichen. Ausgangspunkt ist in der Regel der sog. Tausender-Kontakt-Preis (TKP), auf dessen Grundlage eine Vergleichbarkeit zu anderen Kommunikationsinstrumenten des Sponsors möglich ist.

Derartige Analysen bzw. Instrumente errechnen einen Werbe- bzw. Leistungswert z.B. eines bestimmten Sponsoringengagements, der im Wesentlichen darauf ausgerichtet ist, den Erfolg von Marketingmaßnahmen aus Sponsorensicht zu messen.

Der monetäre Wert der Marke bildet jedoch eine andere Betrachtungsweise ab und bleibt bei derartigen Medienanalysen unberücksichtigt. Der ökonomische Wert der Marke basiert auf der Tatsache, dass die Marke einen wesentlichen nachhaltigen Beitrag zur Nachfrage der von ihr markierten Produkte und Dienstleistungen schafft. Um den Nutzen der Marke für ihren Eigentümer zu erfassen, wird der Markenwert daher bei den gängigen Markenbewertungsmethoden als gegenwärtiger Wert der zukünftigen Erträge definiert, die sich ausschließlich auf das Vorhandensein der Marke zurückführen lassen.

19.3.8 Markenbewertung von FutureBrand

Die einzigen bisher veröffentlichten Markenwerte für Fußballunternehmen stammen von der Firma FutureBrand in England, ein Tochterunternehmen der internationalen Werbeholding Interpublic Group of Companies, Inc., New York. Diese veröffentlicht in unregelmäßigen Abständen eine Studie der „wertvollsten Fußball-Marken in Europa". Future Brand ist eine internationale Markenberatungsgesellschaft und ermittelt nach öffentlichen Informationen den Markenwert auf Basis von folgenden drei Faktoren:

1. Bedeutung der Marke bei der Gewinnung von Kunden oder Fans sowie der Erzeugung von Loyalität

2. Markenstärke im Vergleich zu anderen Marken von Fußballunternehmen (Titel, Größe und Reichweite der Fanbasis, Zahl der Stars)
3. Finanzstärke der Marke (Anteil der Marke an den Umsatzerlösen)

Eine detaillierte Beschreibung zur Ableitung der veröffentlichten Markenwerte ist öffentlich nicht bekannt. Daher kann an dieser Stelle keine Aussage getroffen werden, inwieweit die zugrunde liegende Bewertungsmethodik für Rechnungslegungs- oder Finanzierungszwecke in Deutschland anerkannt bzw. anwendbar ist.

Die bisher veröffentlichten Markenwerte von europäischen Fußballunternehmen der Firma FutureBrand aus den Studien der Jahre 2002 und 2004 zeigen das Manchester United die werthaltigste Marke unter den europäischen Fußballunternehmen ist. Der FC Bayern München ist nach dieser Studie das Fußballunternehmen mit dem höchsten Markenwert in Deutschland.

Football Brands

Football Brand and Value 2002*	in Mio. Euro	Football Brand and Value 2004**	in Mio. Euro
1. Manchester United	247	1. Manchester United	288
2. Real Madrid	148	2. Real Madrid	278
3. FC Bayern München	143	3. AC Mailand	197
4. Juventus Turin	97	4. FC Bayern München	149
5. FC Liverpool	81	5. FC Barcelona	141
6. FC Barcelona	81	6. Juventus Turin	131
7. FC Arsenal London	79	7. FC Arsenal London	111
8. Inter Mailand	73	8. Inter Mailand	97
9. Glasgow Rangers	52	9. Borussia Dortmund	85
10. Lazio Rom	49	10. FC Liverpool	84
11. Ajax Amsterdam	44	11. FC Chelsea	80
12. FC Chelsea	41	12. AS Rom	60
		13. Newcastle United	52
		14. FC Schalke 04	47
		15. Bayer 04 Leverkusen	40
		16. Ajax Amsterdam	36
		17. Valencia CF	32
		18. Leeds United	32
		19. Lazio Rom	31
		20. Paris Saint Germain	28
		21. Tottenham Hotspur	24
		22. Deportivo de La Coruna	23
		23. Olympique Lyon	22
		24. Olympique Marseilles	21
		25. PSV Eindhoven	20
		26. Celtic FC	19
		27. FC Porto	14
		28. VfB Stuttgart	13
		29. Galatasary Instanbul	11
		30. Glasgow Rangers	7

*nur Auswahl der europäischen Fußballunternehmen, Umrechnung von Dollar in Euro zum 31.12.02
**nur Europa

Quelle: *Future Brand*

Abbildung 19-7: Football brands and their value 2002 and 2004

19.4 Literatur

DFL, Bundesliga Report 2006
DFL, Die wirtschaftliche Situation im Lizenzfussball 2005 und 2004
Elter, Vera-Carina: Vorbild Schwacke-Liste, in Horizont Sport Business Oktober 2003
Elter, Vera-Carina: Wie viel ist ein Fußballer in der Bilanz wert?, Börsen-Zeitung vom 28.11.2003
Elter, Vera-Carina: Brands am Ball, Horizont Sport Business, 3/2004
Galli, Albert: Individuelle finanzielle Spielerbewertung im Teamsport, Finanzbetrieb 2003
IDW, Entwurf IDW Standard: Grundsätze zur Bewertung immaterieller Vermögenswerte (IDW ES 5), Stand 25. August 2006
KPMG, Corporate Finance, München: Valuation Snapshot, Der Fußball-Transfermarkt in Deutschland, Januar 2006
KPMG, Corporate Finance/WGZ-Bank; FC €uro AG – Fußball und Finanzen, September 2004
FutureBrand: The most valuable football brands in Europe – The 2004 report, 2004

20 Bewertung von Stadtwerken

von *Wilhelm Schierle*[*]

20.1 Vorbemerkung	492
20.2 Entwicklungstendenzen seit Beginn der Liberalisierung	492
20.3 Vorherrschende Bewertungsanlässe	495
20.4 Zur Anwendbarkeit vereinfachter Bewertungsverfahren	496
20.5 Anwendung von ertrags- und zukunftsorientierten Bewertungsverfahren	497
20.6 Untersuchung des bestehenden Business-Mix	497
20.6.1 Analyse der einzelnen Geschäftsfelder	497
20.6.2 Analyse der Kundenstruktur und der Profitabilität von Kundengruppen	498
20.6.3 Differenzierung zwischen Netz- und Energiekunden	500
20.6.4 Marge als Ergebnis einer optimierten Energiebeschaffung	500
20.6.5 Besonderheiten des Netzbetriebs	501
20.6.6 Besonderheiten der Gasversorgung	502
20.6.7 Besonderheiten der Wasserversorgung	502
20.6.8 Behandlung nachhaltig defizitärer Geschäftsfelder	502
20.6.9 Behandlung vorhandener Eigenerzeugung von Energie	503
20.7 Prognosen zur Entwicklung des künftigen Business-Mix	503
20.8 Gesonderte Analyse langfristig zu kalkulierender Geschäftsprozesse	504
20.8.1 Vorbemerkungen	504
20.8.2 Berücksichtigung von Kapitalbindungs- und -freisetzungsprozesse	504
20.8.3 Abwicklung von Baukostenzuschüssen	505
20.9 Bemessung des Risikozuschlags bei der Ermittlung des Kapitalisierungszinsatzes	505
20.10 Bewertungsfragen anlässlich der Beendigung von Konzessionsverträgen	506
20.10.1 Wesentliche Entscheidungs- und Bewertungsfragen	506
20.10.2 Zur Problematik der Netzbewertung	506
20.10.2.1 Zur Historie und Ausgangssituation der Diskussion über die Netzbewertung	506
20.10.2.2 Gegenstand der bisherigen Netzbewertung: Netzbetrieb und Stromvertrieb als Betriebseinheit	507
20.10.2.3 Die maßgeblichen Vorschriften zur Erlöskalkulation für den Netzbetrieb	508

---

[*] Wilhelm Schierle, Ernst & Young AG Wirtschaftsprüfungsgesellschaft, Stuttgart.

20.10.2.4 Feststellungen zu bewertungsfähigen Gewinnerwartungen
eines Netzes 510
20.10.2.5 Ertragskraft und Ertragswert des Netzes 512
20.10.2.6 Diskrepanzen zum sog. Sachzeitwert des Netzes 512

20.1 Vorbemerkung

Die nachfolgenden Ausführungen beschränken sich auf die Erläuterung der branchenbezogenen Besonderheiten bewertungsrelevanter Aspekte. Um das bisherige und sich in Zukunft abzeichnende rechtliche, wirtschaftliche und wettbewerbliche Umfeld der Stadtwerke besser verstehen zu können, wird im nachfolgenden Abschnitt ein kurzer Einblick auf die Entwicklung seit Beginn der Liberalisierungsphase gegeben. Der Autor dieses Artikels stützt sich weitgehend auf unternehmensintern verfügbare Daten und Informationen und verzichtet deshalb auf entsprechende Fußnotenangaben.

20.2 Entwicklungstendenzen seit Beginn der Liberalisierung

Stadtwerke befassen sich überwiegend mit der Energieversorgung in einem regional begrenzten Umfeld, das in der Regel dem Gebiet ihres ehemaligen Versorgungsmonopols entspricht. Die rechtlichen und wirtschaftlichen Rahmenbedingungen dieser Versorgungsaktivitäten unterlagen in den vergangenen Jahren einem erheblichen Veränderungsprozess, der bis heute noch nicht abgeschlossen ist. Die Bundesrepublik Deutschland ist mit der Umsetzung der EU-rechtlichen Vorgaben zur Liberalisierung der Energiemärkte sogar in Verzug geraten; die notwendigen Anpassungen des inländischen Rechtsrahmens befinden sich derzeit in der Novellierungsphase.

Der erste Schritt zur Liberalisierung des Energiemarktes erfolgte mit dem In-Kraft-Treten des Energiewirtschaftsgesetzes zum 29. April 1998, das die Grundlagen für einen Wettbewerb in der Energieversorgung schaffen sollte. Die Monopolstrukturen (sog. Demarkationsgebiete) wurden aufgehoben; jeder Stromanbieter hat Anspruch auf freien Netzzugang, womit im Prinzip jeder Kunde von jedem Lieferanten direkt beliefert werden kann. Die Liberalisierung der Gasmärkte wurde von der EU auf der Basis der EU-Gasmarktrichtlinie von 1998 eingeleitet. Die Realisierung des Wettbewerbs auf dem Gasmarkt verzögerte sich durch eine schleppende Umsetzung gesetzlicher Regelungen. Ferner bestehen auf dem inländischen Gasmarkt bereits oligopolistische Strukturen, weshalb ein Preiswettbewerb, wie er sich auf dem Strommarkt durch die Marktöffnung abgezeichnet hatte, sich in vergleichbarer Intensität bislang noch nicht eingestellt hat und voraussichtlich auch nicht entwickeln wird.

Vor Beginn des Liberalisierungsprozesses in der Energieversorgung waren namhafte Experten von der Prognose überzeugt, dass der eintretende Wandel bei den künftigen Marktbedingungen dazu führen wird, dass von den rund 900 Stadtwerken (1997) künftig nur ca. 300 Unternehmen übrig bleiben werden. Die bisherige Entwicklung hat diese düstere Prognose widerlegt. Die Stadtwerke profitierten sogar in den Anfangsjahren der Energiemarktliberalisierung, von den teilweise aggressiven (Preis-)Maßnahmen der Stromerzeuger. Vor dem Hintergrund erheblicher Überkapazitäten bei der Stromerzeugung verbilligten sich die Strombezugspreise für die Stadtwerke in einem Ausmaß, die in einem ersten Schritt noch nicht in vollem Umfang an die Endabnehmer bzw. insbesondere an die Sonderabnehmer weitergegeben wurden. Viele Stadtwerke erzielten in den ersten beiden Jahren nach Beginn der Liberalisierungsphase (1999 und 2000) sogar beachtliche Rekordergebnisse. Die Stromkonzerne waren bestrebt, die Weiterverteiler und damit die an Endkunden verteilenden Stadtwerke in die Lage zu versetzen, ihren stark auf wettbewerbsbedingte Preisvorteile bedachten Sondervertragskunden rechtzeitig mit marktgerechten Stromlieferungskonditionen bedienen zu können, um die Wechselquote der Kundschaft ihrer langjährigen Geschäftspartner möglichst niedrig halten zu können.

Die Stadtwerke verfügten somit über einen ausreichenden Spielraum, um den Preiszugeständnissen der Sondervertragskunden nachzukommen. Dennoch hat sich bei den Sondervertragskunden ein reger Versorgerwechsel ergeben. Während der Preissturz bei den Sonderkunden eine Größenordnung von durchschnittlich 25 % erreichte, blieb er bei den Tarifkunden weit weniger dramatisch. Auch die Wechselquote bei den Tarifkunden blieb weit hinter den Erwartungen zurück; es sind zwar viele neue Anbieter aufgetreten, bestehende Versorger versuchten den Aufbau neuer Angebote unter gleichzeitiger aufwendiger Etablierung neuer Strommarken (z.B. Yellow). Bislang blieb der Erfolg dieser neuen Anbieter eher bescheiden, wozu nicht zuletzt die neu eingeführte Kalkulation von Netznutzungsentgelten beigetragen hat. Diese waren zu Beginn der Liberalisierung tendenziell zu hoch und damit prohibitiv für die neuen Stromanbieter festgesetzt worden. Nur sehr schleppend haben sich die Netznutzungsentgelte moderat nach unten angepasst. Hierbei spielte eine entscheidende Rolle, dass Deutschland zur Ermittlung und Überwachung der Netznutzungsentgelte einen europäischen Sonderweg wählte, indem sie die Kalkulation der Netznutzungsentgelte dem Reglement einer sog. Verbändevereinbarung überließ. Ferner verfügte die Kartellbehörde nur über begrenzte Möglichkeiten, um gegen auffällige und unangemessen hoch erscheinende Netznutzungsentgelte wirksam vorzugehen.

Nachdem zuletzt das Zustandekommen einer vergleichbar angestrebten Verbändevereinbarung für die Gasdurchleitung an erheblichen Widerständen der Gaslieferanten sowie an einer unzureichenden Konsensbereitschaft der verhandelnden Parteien scheiterte, konnte die Bundesregierung nicht einen gespaltenen Weg für die beiden Energiemärkte beschreiten, wonach für den Strommarkt die Verbändevereinbarung und für den Gasmarkt das europaweit praktizierte Regulierungsregime gegolten hätte. Die nunmehr anstehende Novellierung des Energiewirtschaftsgesetzes (EnWG-E), mit der die im Sommer 2003 in Kraft getretene Elektrizitäts- und Erdgasbinnenmarktrichtlinie der EU (sog. Beschleunigungsrichtlinien) in nationales deutsches Recht umgesetzt werden sollen, sieht die Einführung von verbindlichen Kalkulationsrichtlinien vor und überträgt die Markt- und Preisüberwachung der Netznutzung einer Regulierungsbehörde.

Viele Stadtwerke hatten die „Drohkulisse eintretender Wettbewerbsverschärfungen" zum Anlass genommen, bestehende und am bisherigen Versorgungsmonopol orientierte Kostenstrukturen zu optimieren, personelle Überbesetzungen durch Vorruhestand, Altersteilzeit und Einstellungsstopps abzubauen, Investitionen auf ein Mindestmaß zu reduzieren und eigene vertriebliche Aktivitäten zur Kundenbetreuung und -akquisition aufzubauen. Eine große Zahl von Stadtwerken hatte sich dazu entschlossen, einen strategischen Partner mit einer Minderheitsbeteiligung zu engagieren, um zugleich weitgehende Kooperationsvorteile nutzen zu können. Das Engagement der an einer fortbestehenden Stromlieferung interessierten Stromkonzerne war dabei besonders ausgeprägt und hat zum Teil zur Realisierung hoher Transaktionswerte für sog. strategische Beteiligungen geführt. Durch die gesellschaftsrechtlichen Verflechtungen zwischen Stadtwerken und ihren Vorlieferanten ist es zu einer wettbewerbsrechtlich eher bedenklichen Entwicklung zur Verstärkung der sog. vertikalen Integration gekommen.

Ambitionierte (größere) Stadtwerke hatten die Marktöffnung für eine eigene Erweiterungsstrategie genutzt. Sie engagierten sich nicht nur beim Aufbau neuer energienaher Geschäftsfelder, sondern auch beim Erwerb von Beteiligungen an anderen kleinen Stadtwerken. Ebenso haben viele größere Stadtwerke sog. technische und kaufmännische Betriebsführungsverträge mit anderen kleineren Versorgungsbetrieben abgeschlossen, um so eine bessere Auslastung und Effizienz ihrer eigenen Infrastruktur bei Technik, Vertrieb und Verwaltung realisieren zu können.

Die bisherige Entwicklung hat die kommunale Versorgungswirtschaft nicht revolutionär verändert. Die Mehrzahl der Stadtwerke haben auf Basis einer Stand-alone-Fortführung ihre Marktposition auch nach der Marktliberalisierung behaupten können. Sie decken nach den Verhältnissen des Jahres 2002 rund 43% des Stromverbrauchs, rund 70% des Gasverbrauchs und des Fernwärmebedarfs sowie rund 50% des Wasserverbrauchs in Deutschland.

Währenddessen hatte die Marktliberalisierung zu einer weiteren Konzentration auf der Ebene der großen Verbundunternehmen (E.ON und RWE/VEW) sowie zum Engagement ausländischer Konzerne (EnBW/EdF bzw. HEW/BEWAG/Vattenfall) geführt. Ferner haben sich Strombörsen in Deutschland etabliert, wobei die EEX AG in Frankfurt, ursprünglich getragen von den Energieversorgern und der Deutschen Börse, und die LPX GmbH in Leipzig, die mit maßgeblicher Unterstützung der norwegischen Strombörse (Nord Pool ASA, Oslo) gegründet worden war, zwischenzeitlich fusioniert worden sind. Viele Stadtwerke gründeten zur Kooperation und zur Optimierung ihrer Energiebeschaffung neue Einkaufs- und Servicegesellschaften.

Zwischenzeitlich sind viele neue Stromanbieter wieder vom Markt verschwunden, da die geringe Wechselbereitschaft der Tarifkunden wie auch das im europäischen Vergleich sehr hohe Niveau der Netznutzungsentgelte die Erfolgschancen für neue Anbieter unerwartet stark behindert und einzelne Newcomer sogar in die Insolvenz getrieben haben. Auch die Zukunft des Tochterunternehmens der EnBW, Yellow, bzw. deren bisherige Geschäftsstrategie steht nach lang anhaltender Verlustphase zur Disposition.

Die Anstrengungen der Bundesregierung zur weiteren Liberalisierung waren von heftiger Kritik seitens der Versorgungswirtschaft aber auch seitens der Interessenvertreter der Verbraucher und der Industrie begleitet worden. Während die Bemühungen zur Senkung der Energieversorgungspreise seitens der zuletzt genannten Interessengruppen als nicht weitgehend und nicht effizient genug eingeschätzt wurden, entzündete sich die Kritik der Versorgungswirtschaft an den vielfältigen neuen Vorgaben in dem geplanten Novellierungsverfahren, die als zu weitgehend und zudem als kostentreibend eingestuft worden sind. Besonderer Kritik wurden die geplanten Regelungen zur Kalkulation der Netznutzungsentgelte unterzogen, die nach Meinung der Versorgungswirtschaft eine unzureichende und nicht risikoadäquate Verzinsung des Kapitalinvestments bei den Netzanlagen und nur eine unvollständige kalkulatorische Erfassung der zur Substanzhaltung notwendigen Kostenkomponenten (z.B. Körperschaftsteuer auf sog. Scheingewinne) zulassen.

Die Novellierung des Energiewirtschaftsgesetzes hat die Hürden des Gesetzgebungsverfahrens noch nicht überwunden; dennoch wird mit einer weitgehenden gesetzlichen Umsetzung der geplanten neuen Regelungen im Jahr 2005 gerechnet. Eine neue Phase der Marktliberalisierung wird damit eröffnet. Sie führt dazu, dass neue Aufgaben und Anforderungen auf die Stadtwerke zukommen werden. Vor dem Hintergrund der zunehmenden Restriktionen, der sich die Haushalte der Kommunen in Zukunft ausgesetzt sehen, wird eine neue Privatisierungswelle bei den Stadtwerken wie auch deren Öffnung zur Aufnahme strategischer Partner erwartet. Auch die Vorgaben zum gesellschaftsrechtlichen Unbundling bei Netzen, zu deren Umsetzung die Verteilernetzbetreiber mit einer Kundenzahl größer 100.000 bis spätestens ab dem 1. Juli 2007 verpflichtet werden, löst gesellschaftsrechtliche Neuordnungen aus, die zugleich Anlass für mögliche Änderungen an bestehenden kommunalen Besitzverhältnissen geben.

Der Bewertung von Stadtwerken kommt damit auch nach sieben Jahren seit Beginn der Marktliberalisierung eine sehr aktuelle Bedeutung zu.

20.3 Vorherrschende Bewertungsanlässe

Die meisten Bewertungsanlässe zur Bewertung von Stadtwerken resultierten in der Vergangenheit aus dem Vorhaben der Altgesellschafter (überwiegend Stadt und oder deren Zwischenholding), die Aufnahme eines strategischen Partners in Erwägung zu ziehen. Weit geringer veranlassten Fusionsvorhaben zwischen (in der Regel benachbarten) Stadtwerken entsprechende Wertermittlungen. Vorhaben dieser Art existierten nach Beginn der Liberalisierungsphase zwar sehr häufig, von denen jedoch viele nicht an den durchgeführten Bewertungsaufgaben sondern überwiegend an den komplexen kommunalpolitischen Entscheidungsprozessen scheiterten. Die Bewertung von Stadtwerken bzw. von entsprechenden Beteiligungen gehörten regelmäßig zu sehr vielen Wertermittlungen, die anlässlich der Fusionen von Verbundunternehmen durchzuführen waren, da diese jeweils über ein sehr beachtliches Beteiligungsportfolio mit unterschiedlichen Beteiligungsquoten an Stadtwerken und zum Teil auch über Optionen zu weiteren Anteilsübernahmen verfügen.

Nicht selten waren geplante Einbringungen von Versorgungsbetrieben (z.B. Gasversorgung), von benachbarten Netzen oder von vorgelagerten Versorgungsstufen Anlass und Gegenstand zugleich für eine Bewertung der Sacheinlagen als auch des aufnehmenden Stadtwerksgesellschaft.

Börsengänge von Stadtwerken waren bislang eine seltene Ausnahme. Viel häufiger spielten besondere Bewertungen eine Rolle, die an die Überlegung einzelner Stadtwerke anknüpften, bestimmte Teilbereiche wie den Netzbetrieb oder den Energievertrieb zusammenzulegen, um damit größere Effizienzvorteile im Vergleich zum jeweiligen Standalone-Betrieb erzielen zu können. Hierbei gehörten die Abgrenzung der aufzugebenden Teilbetriebe sowie Gestaltungsfragen im Hinblick auf künftige Leistungsverrechnungen zu den komplexen Fragestellungen.

In Zukunft dürfte den sog. Teilfusionsvorhaben von Stadtwerken wieder eine höhere Bedeutung zukommen, da mit künftig sinkenden Netznutzungsentgelten die Anforderungen an einen effizienteren Netzbetrieb zunehmen werden und hierbei auch verschiedene Modelle der Netzzusammenlegung zu den zukunftsträchtigen Optionen gehören. Selbstverständlich führen die Vorgaben zum gesetzlichen Unbundling im Fall von Stadtwerken mit mehr als 100.000 Kunden zu vergleichbaren Überlegungen, die im Vergleich zu dem einfachen Unbundling in Form einer Ausgliederung auf ein Tochterunternehmen zu den wirtschaftlich attraktiven Alternativen zählen werden. Die Möglichkeiten zur Aufnahme neuer Gesellschafter in die künftig entstehenden Netzgesellschaften liegen dabei ebenfalls auf der Hand. Die in Zukunft kalkulatorisch begrenzten Renditemöglichkeiten lassen eine neue Orientierung beim sog. Asset-Management der Stadtwerke erwarten. Das Entstehen größerer Netzgesellschaften wird mit hoher Wahrscheinlichkeit zu einer neuen Entwicklung innerhalb der Versorgungswirtschaft führen.

Selbstverständlich dürfte der klassische Bewertungsanlass der Vergangenheit, die Aufnahme eines oder mehrerer strategischer Partner, auch in Zukunft zu den nach wie vor wichtigsten bewertungsrelevanten Transaktionen gehören.

Mit dem künftigen Auslaufen einer Vielzahl von Konzessionsverträgen stehen viele Kommunen vor der Entscheidungsfrage, ob sie das Netz vom bisherigen Konzessionsvertragspartner erwerben oder zugunsten eines Neuabschlusses eines Konzessionsvertrages optieren sollen. Hiermit sind zugleich mehrere Bewertungsaufgaben verbunden, die von der Bewertung des zu übernehmenden Netzes, der Bewertung einer hierbei einzuräumenden Beteiligung für einen Partner bis hin zur Bewertung des sog. künftigen „virtuellen" Stadtwerkes reichen werden.

20.4 Zur Anwendbarkeit vereinfachter Bewertungsverfahren

Aufgrund der Vielzahl stattgefundener Transaktionen im Bereich von Stadtwerken bzw. von Anteilspaketen an Stadtwerksgesellschaften liegt die Überlegung nahe, davon ausgehen zu können, dass sich ein Markt und somit eine a priori vorgegebene Verkehrswertvermutung für Stadtwerksbeteiligungen herausgebildet hat. Es liegt nahe, aus erfolgten Transaktionen sog. Multiples abzuleiten und diese auf konkret zu bewertende Stadtwerke zu übertragen. Grundsätzlich können verschiedene Multiples in Frage kommen, die entweder als finanzielle oder nicht-finanzielle Multiplikatoren ermittelt werden können. Umsatz- und Ergebnismultiplikatoren stellen Transaktionswerte, die für einen Geschäftsanteil oder ein Gesamtunternehmen bezahlt worden sind, nach deren Umrechnung auf den Gesamtwert des Unternehmens in Beziehung zu bekannten Größen wie Umsatz oder Jahresergebnis des letzten vorangegangenen Geschäftsjahres.

Unzulässig erscheint ein derartiger Approach grundsätzlich nicht; sehr zweifelhaft erscheint jedoch der Aussagewert solcher vereinfachter Verfahren zu sein. Eine Reihe von Gründen stellt sich dieser Wertfindung entgegen. Stadtwerke sind nur bedingt vergleichbar, da sich ihr Business- und Kunden-Mix erheblich unterscheiden kann. Die Bedeutung von Non-Profit-Aktivitäten kann sehr unterschiedlich ausgeprägt sein, ebenso auch deren Behandlung beim Engagement von Beteiligungspartnern. Multiples können ferner nur eine stichtagsbezogene Aussage liefern. Deshalb kann es auch nicht überraschen, dass für Multiples eine sehr große Bandbreite feststellbar ist.

Vergleicht man die Kaufpreise, die nach Beginn der Liberalisierung in den Jahren 1999 bis 2001 für Beteiligungen an größeren Stadtwerken bezahlt worden sind, so reicht die Bandbreite der Multiples für die Kennzahl „Transaktionswert (100%) pro Umsatz" von 1,1 bis zu 2,2. Dabei blieb eine Transaktion ausgeklammert, für die sich ein extrem hoher Multiplikator von 3,0 errechnet. Noch viel größer ist die Bandbreite, wenn der Transaktionswert auf den Jahresüberschuss bezogen wird; sie reicht von dem Faktor 19,2 bis zum Faktor 88,1. Die bisherige Entwicklung hat gezeigt, dass die Wertvorstellungen wie auch die Zukunftserwartungen, die mit dem kommunalen Versorgungsmarkt verbunden werden, sich zwischenzeitlich erheblich nach unten bewegt haben.

20.5 Anwendung von ertrags- und zukunftsorientierten Bewertungsverfahren

Die Vielgestaltigkeit der Bewertungsobjekte sowie der einzelnen Transaktions- und Bewertungsanlässe erfordert eine individuelle und fallbezogene Vorgehensweise bei der Bewertung. Die zu erwartenden Veränderungen hinsichtlich rechtlicher und wirtschaftlicher Rahmenbedingungen in der Energie- und Versorgungswirtschaft als auch eine Reihe von gesondert zu beurteilenden Geschäftsprozessen mit langfristiger Auswirkung erlauben eine sachgerechte Bewertung nur im Rahmen einer zukunftsgerichteten Analyse. Die Abbildung einer Vielzahl von Einflussfaktoren kann nur unter Einsatz von sog. dynamischen Bewertungsverfahren sowie ggf. unter Einbeziehung von Szenarien vorgenommen werden. Transaktionen im Bereich der Versorgungswirtschaft und der Stadtwerke gehören in der Regel zu langfristig ausgerichteten Investitionsentscheidungen, die eine sorgfältige Auslotung der damit verbundenen Ergebniserwartungen erfordert.

Die notwendige Anwendung bzw. die Anwendbarkeit von ertrags- und zukunftsorientierten Bewertungsverfahren bedarf deshalb keiner weiteren Diskussion. Die bisherige Bewertungs- und Entscheidungspraxis bei Transaktionen in der Vergangenheit beruht bereits seit vielen Jahren auf deren Anwendung. Hieraus lassen sich keine neuen Erkenntnisse gewinnen, die für eine Abkehr von dieser Bewertungspraxis sprechen. Eine neue und sehr aktuelle Bewertungsdiskussion dürfte sich allerdings bei Bewertungsfragen anlässlich der Beendigung von Konzessionsverträgen ergeben; hier eröffnet sich vor dem Hintergrund der neuen rechtlichen und wirtschaftlichen Rahmenbedingungen für den reinen Netzbetrieb eine zentrale Grundsatzfrage mit der Zuspitzung „Sachzeitwert versus Ertragswert", deren Hintergrund und mutmaßlichen Auswirkungen in einem gesonderten Abschnitt ausführlicher diskutiert werden.

20.6 Untersuchung des bestehenden Business-Mix

20.6.1 Analyse der einzelnen Geschäftsfelder

Der Geschäftsumfang von Stadtwerken kann in einer sehr weiten Bandbreite und Kombinationsvielfalt variieren. Er reicht von der reinen Stromversorgung bis hin zum umfassenden Multi-Utility-Portfolio. Neben der klassischen Erbringung von Versorgungsleistungen in den Sparten Strom, Gas, Fernwärme und Wasser, die zu den sog. leitungsgebundenen und damit kapitalintensiven Geschäftsfeldern gerechnet werden, können weitere Versorgungsaktivitäten hinzukommen, die sich auf die Abwasserentsorgung, die Abfallwirtschaft, den öffentlichen Personennahverkehr aber auch auf die Telekommunikation und das Betreiben von Parkhäusern erstrecken können. Das klassische Produktportfolio der Vergangenheit hat sich bei vielen Stadtwerken seit Beginn der Liberalisierung erweitert um zusätzliche „energienahen" Geschäftsfelder, wozu Energiehandel, Kommunikationsdienste, Gebäudemanagement, Mess- und Abrechnungsservice, technische Dienste und andere gehören können. Vielfach werden auch umfassende Dienstleistungsangebote für andere (kleinere) Stadtwerke im Rahmen sog. kaufmännischer und technischer Betriebsführungsverträge erbracht.

Grundsätzlich ist zwischen Profit- und Non-Profit-Aktivitäten eines Stadtwerkes zu unterscheiden. Während Non-Profit-Geschäfte bei Vorliegen von Bäder- und ähnlichen Freizeiteinrichtungen sowie von ÖPNV-Betrieben von nachhaltiger Dauer sein können, da dies vom politisch bzw. sozial motivierten Träger so gewollt ist, können auch andere profitabel gestaltbare Geschäftsfelder wegen ihrer noch andauernden Aufbauphase für eine bestimmte Zeit defizitär bleiben. Von der Beurteilung ihrer nachhaltigen Entwicklungsmöglichkeiten hängt deren Ergebnis- und Wertbeitrag ab. Dauerhaft defizitäre Sparten sind gesondert zu behandeln; hierzu geben die nachfolgenden Ausführungen gesonderte Erläuterungen.

Im Zentrum der Analyse der Ertragskraft eines Stadtwerkes steht die sog. Spartenerfolgsrechnung. Bei den leitungsgebundenen Energiesparten ist die Zusammensetzung der Deckungsbeiträge der Versorgungsgeschäfte von entscheidendem Aussagewert, getrennt nach Netzbetrieb und Energievertrieb. Hier wiederum entscheiden die Erfolgsbeiträge der einzelnen Kundensegmente, die in der Regel nach Tarifkunden und Sonderabnehmer unterschieden werden, soweit nicht in Einzelfällen auch noch andere Abnehmer als sog. Weiterverteiler hinzukommen, über welche besondere Umsatz- und Ergebnisqualität der spezifische Kunden-Mix des Stadtwerkes verfügt.

20.6.2 Analyse der Kundenstruktur und der Profitabilität von Kundengruppen

Die Umsatzerlöse eines Stadtwerkes, die auf dem Geschäftsfeld der Energieversorgung erzielt werden, sind hinsichtlich ihrer Deckungsbeiträge keineswegs homogen. Sie differieren zwischen spezifischen Kundengruppen, die in der Regel nach Tarif- und Sonderkunden unterschieden werden. Aber auch innerhalb dieser Kundengruppen können erhebliche Unterschiede bestehen, wozu unter anderem die jeweils bestehenden Preissysteme der Stadtwerke beitragen können bzw. beigetragen haben.

Besonders interessant ist der Anteil „träger" sowie risikoscheuer Haushaltskunden, die bislang zu keinem vorteilhaften Verbrauchertarif gewechselt haben. Die Preispolitik der Energieversorger hat nach Beginn der Liberalisierung zum Teil unterschiedliche Zielsetzungen verfolgt. Zum Teil haben Versorger ihren Abnehmern ein generelles Preiszugeständnis eingeräumt. Andere Anbieter haben sich weniger großzügig verhalten; sie boten ihren Abnehmern lediglich optionale Preissysteme an. Sie spekulierten darauf, dass nur preissensible Kunden zugunsten vorteilhafter Tarifangebote optieren. Die weit verbreitete Trägheit vieler Verbraucher führte dazu, dass große Teile der Abnehmerschaft in alten und nur moderat angepassten Tarifsystemen verblieben sind.

Stadtwerke mit einem hohen Anteil an sog. träger und treuer Tarifkundschaft verfügen zwar derzeit noch über einen überdurchschnittlich lukrativen Abnehmerkreis. Die Nachhaltigkeit dieser Deckungsbeitragssituation ist vor dem Hintergrund künftiger Wettbewerbsverschärfungen gesondert zu beurteilen, da hierbei ggf. mit einem erhöhten Veränderungsrisiko bei der Margensituation zu rechnen sein wird.

Die Ausgangssituation beim Energieabsatz an Sonderkunden ist ggf. unter einem anderen Vorzeichen zu beurteilen. Hier können zum Teil umfangreiche Kundenbeziehungen bestehen, bei denen zu aggressive Preiszugeständnisse vorherrschten, die aus der Anfangszeit der Liberalisierung resultieren und denen ein vertriebspolitisch motiviertes Fehlverhalten einer unzureichend ergebnisorientierten Strategie zugrunde liegt, das der Umsatz- bzw. Absatzsicherung den ausschließlichen Vorrang eingeräumt hat. Viele Versorger haben zwar zwischenzeitlich versucht, die betriebswirtschaftlichen Irrtümer einer Kunden- und Umsatzsicherung ohne effiziente und transparente Kontrolle von positiven Kundendeckungsbeiträgen zu beheben. Trotzdem können nach wie vor viele Geschäftsvolumina mit großen Sonderkunden bestehen, für die bei einer effektiven Nachkalkulation keine Deckungsbeiträge, sondern sogar eine negative Marge nachgewiesen werden kann.

Die Analyse der bestehenden Kundenbeziehungen kann somit auch latente Optimierungsvorteile für die Zukunft erkennen lassen.

Generell kann festgestellt werden, dass die Deckungsbeiträge aus dem Energieabsatz an Sondervertragskunden tendenziell bescheiden ausfallen im Gegensatz zu jenen der Tarifkunden. Stadtwerke mit einem hohen Umsatzanteil von Tarifkunden verfügen in der Regel über eine signifikant höhere Rentabilität als Stadtwerke mit vergleichbaren Umsatzleistungen, die jedoch einen höheren Sonderkundenanteil infolge bestehender industrieller Strukturen haben. Nicht selten bestehen Versorgungsverträge mit Sondervertragskunden, denen bei entsprechender sachgerechter Prozesskostenrechnung sogar eine negative Marge zuzurechnen ist. Bei Aufgabe solcher defizitärer Handelsgeschäfte würde sich der Kundenertrag in Zukunft steigern lassen, da das Stadtwerk dann mindestens über die betreffenden Netznutzungsentgelte über eine unbelastete Rendite des dann noch als Netzkunden verbleibenden Geschäftspartners verfügen könnte.

Die Diskussion über das strategische Wertpotenzial von Stadtwerken rückt die Beurteilung des wichtigsten Assets „Kundenstamm und dessen Kundentreue" sehr häufig in den Mittelpunkt. Hierauf beruhen auch die Begründungen für die Angemessenheit oftmals sehr hoher und strategisch motivierter Transaktionspreisaufschläge beim Erwerb von Stadtwerksbeteiligungen.

Die Wertigkeit eines vorhandenen Kundenstammes ist in der Anfangsphase der Liberalisierung oftmals überschätzt worden, da die Chancen für den Ausbau neuer Geschäftsmöglichkeiten in Richtung dieser Kundschaft unter der Perspektive einer sog. Multi-Utility-Strategie betrachtet wurden. Nicht nur Marketingexperten agierten mit diesem „Zauberwort" und neigten zu ambitionierten Einschätzungen, sondern auch von technischer Seite sind beachtliche Visionen bedient worden, die sich auf mögliche Innovationen bei der Nutzung von Netzleitungen für Zwecke der Kommunikation und der Datenübertragung (z.B. zwischenzeitlich eingestelltes Projekt „Powerline") erstreckt haben.

Die sachgerechte und zukunftsorientierte Bewertung eines Stadtwerkes setzt eine sehr sorgfältige Analyse dessen Kundenbeziehungen vor dem Hintergrund bislang verfolgter Preisstrategien und künftiger Wettbewerbsentwicklungen voraus. Die genannten Ausführungen sollten diese Aufgabe keineswegs abschließend erläutern; es sollten Hinweise darauf gegeben werden, dass das bisherige Angebotsverhalten und die damit zustande gekommene Marktposition der zu bewertenden Stadtwerke speziell vor dem Hintergrund einer künftigen Wettbewerbsverschärfung zu untersuchen ist.

20.6.3 Differenzierung zwischen Netz- und Energiekunden

Bei der Analyse des Kundenportfolios ist die Unterscheidung zwischen Netzkunden und Energiekunden in mehrfacher Hinsicht von Bedeutung.

Ein Energieversorger (Stadtwerk) verfügt dann über eine mutmaßlich gute Performance, wenn es ihm trotz bisheriger Liberalisierungsprozesse gelungen ist, nahezu alle seiner Netzkunden auch weiterhin als Energiekunden beliefern zu können. Noch besser ist dessen Marktposition zu beurteilen, wenn er zusätzliche Energiekunden bzw. Abnehmer außerhalb seines bisherigen Versorgungsgebietes hinzugewinnen konnte. Eine positive Feststellung hinsichtlich netzexterner Kundenakquisitionen steht unter dem betriebwirtschaftlichen Vorbehalt, dass diese neuen Kundenbeziehungen trotz anfallender externer Netznutzungsentgelte zu einem positiven Ergebnisbeitrag geführt haben bzw. in Zukunft führen können.

Bei Netzkunden, die als Geschäftskunden mit großem Energiebedarf zu versorgen sind, ist das Ziel der Kundenerhaltung nur sinnvoll, wenn das Stadtwerk über entsprechende wettbewerbsfähige Konditionen beim Energiebezug verfügt. Auch hier spielt die Art des Energiebedarfs, seine zeitlichen und umfangsmäßigen Schwankungen und die damit einhergehenden Anforderungen an die Energiebereitstellung eine wichtige Rolle. Kundenerhalt ist deshalb kein Selbstzweck. Jede Kundenbeziehung muss einen zuordenbaren Deckungsbeitrag erwirtschaften; sollten die Voraussetzungen bei einzelnen Sonderkunden nicht erfüllbar sein, wäre es für die Gesamtrentabilität schädlich, wenn unrentable Kundenbeziehungen fortgesetzt werden. Infolge des weiterhin bestehenden Netzmonopols bleiben jedoch solche Grenzkunden aber stets als Netzkunden dem Stadtwerk erhalten.

Oftmals sind zu Beginn der Liberalisierung bestehende Netzkunden als Energiekunden verloren gegangen, da aggressive Wettbewerber mit äußerst attraktiven Energielieferungsangeboten in das Versorgungsgebiet eines Stadtwerkes vorgestoßen sind. Solche Konstellationen müssen grundsätzlich nicht von Dauer sein, da sich zwischenzeitlich die Verhältnisse geändert haben und die Stadtwerke wettbewerbsfähiger geworden sind. Auch Fehlakquisitionen seitens des Wettbewerbs können dazu führen, dass der aggressive Wettbewerber keineswegs über nur lukrative neue Kundenbeziehungen verfügt. Es eröffnen sich dann durchaus auch Chancen für eine spätere Kundenrückgewinnung.

20.6.4 Marge als Ergebnis einer optimierten Energiebeschaffung

„Marge entsteht aus der Optimierung der Energiebeschaffung" und stellt eine Handlungsmaxime dar, die nunmehr auch für Stadtwerke gilt. Sie fungieren – oder sollten entsprechend fungieren – als Strom- bzw. Energiehändler, nachdem die starren Tarif- und Preisstrukturen wie auch die Bindung an einen exklusiven Energielieferanten seit Beginn der Liberalisierung in Wegfall gekommen sind.

Bewertungsrelevant ist, ob das zu bewertende Stadtwerk bereits alle Möglichkeiten zur Optimierung des Energiebezugs ausschöpft bzw. hierfür die Voraussetzungen in rechtlicher und wirtschaftlicher Hinsicht bestehen bzw. in Zukunft hergestellt werden können.

Ein Stadtwerk kann im Rahmen von Lieferverträgen für die restliche Vertragsdauer an bestimmte Energielieferanten gebunden sein. In der Vergangenheit waren sog. Sorglosverträge die Regel, bei dem der gesamte Energiebedarf, sowohl die Grundlast als auch die Spitzenlast, von einem Lieferanten je nach Bedarf geliefert worden ist. Diese Verträge existieren zum Teil auch heute noch. Hat das Stadtwerk eine gewisse Größenordnung, kann es über die Managementexpertise und das Know-how verfügen, um ein eigenes aktives Einkaufsmanagement betreiben zu können, um das Instrumentarium des Fahrplanbezuges, den Bezug von Bandbreiten sowie den Bezug von Spitzenlast ggf. auf freien Märkten anwenden zu können. Viele Stadtwerke nutzen auch die Möglichkeiten des gemeinsamen Energieeinkaufs zusammen mit anderen Stadtwerken, mit denen sie ihren Einkauf über Kooperationsgesellschaften bündeln und organisieren. Dementsprechend können sich Vorteile bei der Energiebeschaffung ergeben, die die Beschaffungskonditionen im Rahmen sog. Sorglosverträge übertreffen. Die Möglichkeiten zur künftigen Optimierung auf der Beschaffungsseite sind bewertungsrelevant und auszuloten.

20.6.5 Besonderheiten des Netzbetriebs

Der Netzbetrieb stellt nach wie vor einen Monopolbetrieb dar. Stadtwerke gehören in der Regel zu den Verteilernetzbetreibern. In seltenen Fällen verfügen sie auch über Netzkapazitäten auf der vorgelagerten Übertragungsnetzebene.

Die Netzbetreiber haben die Pflicht, das Netz anderen Energielieferanten für Zwecke der Durchleitung zur Verfügung zu stellen. Hierfür erhält das Stadtwerk sog. Netznutzungsentgelte. Die Prinzipien zur Kalkulation von Netznutzungsentgelten gelten jedoch auch für die Bereitstellung des Netzes zur Übertragung eigener Energielieferungen. Der eigene Energievertrieb wie auch fremde Energieanbieter sind grundsätzlich gleich zu behandeln (Prinzip des sog. diskriminierungsfreien Netzzugangs).

Hinsichtlich der Erlöserzielung aus Energielieferungen bedeutet dies, dass der Energiepreis für Energielieferungen sich grundsätzlich aus zwei Komponenten zusammensetzt:

(1) aus dem Energiepreis und
(2) dem Preis für Energietransport.

Die Preiserzielung bzw. -bildung für die reine Energielieferung (unterliegt dem Wettbewerb und kann weitgehend ausgehandelt werden, während die Preiserzielung für den Energietransport (Netznutzung) auf eine kostenbasierte Kalkulation mit begrenzten und geregelten Kostenkomponenten begrenzt bleibt und über diese Kostenorientierung hinaus dem Überwachungsregime der künftigen Regulierungsbehörde unterworfen sein wird.

Ein Stadtwerk verfügt deshalb über ein relativ sicher zu kalkulierendes Einnahmenpotenzial aus sog. Netznutzungsentgelten für den Netzbetrieb, der zwangsweise von allen angeschlossenen Netzkunden in Anspruch genommen werden muss.

Trotz der als sicher einzustufenden Erlösbasis ist zu untersuchen, ob die bestehende Kalkulation für Netzungsnutzungsentgelte den gesetzlichen Anforderungen genügt. Neben der Beachtung gesetzlich normierter Kostenparameter ist hierbei von großer Bedeutung, ob die Zuordnung der indirekten Unternehmenskosten zum Netzbetrieb den tatsächlichen Verhältnissen entspricht und inwieweit Kostenzuordnungsverfahren angewandt wurden, die auch in Zukunft anwendbar erscheinen. Viele Unternehmen haben in der Vergangenheit versucht, eine Kostenzuordnung zu praktizieren, die geeignet war, möglichst viele Kosten dem Netzbereich mit dessen kostenbasierter Entgeltkalkulation zuzuordnen.

Hinweise auf eine künftig in Frage zu stellende Kalkulationspraxis und eine darauf beruhende Festlegung von Netznutzungsentgelten kann auch ein Vergleich von Netznutzungsentgelten mit benachbarten bzw. vergleichbaren anderen Netzbetreibern liefern.

Unabhängig von den genannten internen Kalkulationsgegebenheiten besteht in Zukunft eine Reihe von weiteren Erlösrisiken, die sich durch neu zur Anwendung kommende Kalkulationsprinzipien ergeben können, die die Freiheitsgrade der bisherigen Kalkulationspraxis in Zukunft weiter begrenzen werden. Auf weitere Einzelheiten der Netznutzungsentgeltkalkulation und deren Bedeutung für die Netzbewertung wird in den Abschnitten ab 16.2.3 ff. gesondert eingegangen.

20.6.6 Besonderheiten der Gasversorgung

Stadtwerke, deren Gasversorgung sich noch in der Ausbauphase befindet, weisen in dieser Sparte noch ein bescheidenes oder gar ein negatives Ergebnis aus. Hier können mit zunehmendem Grad der Netzverdichtung infolge neuer Haus- bzw. Kundenanschlüsse in Zukunft Ergebnisverbesserungen erzielbar erscheinen. Die Chancen der Zukunft sind vor dem Hintergrund der erwarteten Entwicklung neuer Kundenanschlüsse aus Neubautätigkeit wie auch aus der Umstellung alter heizölbetriebener Heizungsanlagen auf den Gasbetrieb zu analysieren.

20.6.7 Besonderheiten der Wasserversorgung

Bei vielen Stadtwerken gehört die Wasserversorgung zu jener Sparte, deren Defizite durch gewinnbringende Energiesparten ausgeglichen worden sind. Im Zuge der Liberalisierung sind vielfach Anstrengungen unternommen worden, diese Quersubventionierung zu beenden und eine sukzessive Erhöhung des Wasserpreises zu beschließen. Nur wenn der politische Rahmen es erlaubt, künftig mindestens die Erzielung eines kostendeckenden Wasserpreises zu gewährleisten, kann auf den Ansatz eines negativen Ertragswertes verzichtet werden.

20.6.8 Behandlung nachhaltig defizitärer Geschäftsfelder

Die Bewertung von Stadtwerken hat zu beachten, ob in Zukunft nachhaltig defizitäre Geschäftsbereiche fortzuführen sind. Zu diesen Bereichen zählt neben der Wasserversorgung, der öffentliche Nahverkehr sowie der Betrieb von Hallen- und Freibädern. Hierbei ist zunächst zu unterscheiden, ob die defizitären Bereiche, beispielsweise im Rahmen eines Betriebsführungsvertrages, ausgegliedert werden können oder ob diese Geschäftssparten mit Rücksicht auf politische Auflagen innerhalb der Stadtwerksgesellschaft fortgeführt werden müssen.

Für den Fall, dass defizitäre Betriebsbereiche vor einer geplanten Transaktion aus dem zu bewertenden Unternehmen ausgegliedert oder abgespalten werden, sind die Konsequenzen dieser Vorgänge wie aber auch die Konditionen eines ggf. ergänzend abzuschließenden Betriebsführungsvertrages zwischen dem Stadtwerk und dem ausgegliederten Bereich (Kommune) festzulegen. Es ist insbesondere zu untersuchen, ob die Voraussetzungen für eine ergebnisneutrale Behandlung dieser defizitären Sparten gegeben sind.

Für den Fall, dass die defizitären Geschäftsbereiche innerhalb der Stadtwerksgesellschaft verbleiben, ist zu analysieren, welche Auflagen und Rahmenbedingungen hinsichtlich deren Fortführung vereinbart werden können. Die Alternativen müssen in der Regel so gestaltet werden, dass sowohl den Interessen der Kommune an einer weiterhin effizienten Leistungserbringung und insbesondere der Erhaltung des steuerlichen Querverbundes als auch den Interessen eines strategischen Geschäftspartners an einer Ausschüttungsfähigkeit von Ergebnissen der positiven Energiesparten Rechnung getragen wird. Kostenzuschüsse seitens der Kommune wie auch eine abweichende Gewinnverteilung, bei der die Verluste defizitärer Geschäftsfelder mit dem Gewinnanteil der Kommune verrechnet werden, können vertraglich vereinbart werden, damit der Gewinnanteil des künftigen Geschäftspartners unbeeinträchtigt bleibt. Vereinbarungen dieser Art bergen auch Risiken für den neuen Geschäftspartner, insbesondere wenn das Engagement eines neuen Geschäftspartners kombiniert wird mit der künftigen Übernahme des Managements durch den neuen Partner und zugleich Zielvereinbarungen zur Verminderung der Defizitsituation getroffen und oder neue Möglichkeiten zur künftigen Preisfestsetzung für Leistungen defizitärer Geschäftsbereiche zugelassen werden.

20.6.9 Behandlung vorhandener Eigenerzeugung von Energie

Die Eigenerzeugung von Strom hatte in den vergangenen Jahren erheblich an Bedeutung verloren. Aufgrund der gesunkenen Strompreise lagen die Erzeugungskosten eigener Kraftwerke erheblich über den vergleichbaren Fremdbezugskosten. Für noch vorhandene und unrentable Kraftwerke sind deshalb in der Regel die Auswirkungen einer frühzeitigen Stilllegung (Auslaufbetrieb) zu kalkulieren. Zwischenzeitlich bestehen aufgrund gestiegener Stromkosten bei verschiedenen Stadtwerken Überlegungen, in den Aufbau moderner Eigenerzeugungsanlagen zu investieren und solche Vorhaben ggf. gemeinsam mit anderen Stadtwerken umzusetzen. Die damit verbundenen Möglichkeiten zur Optimierung der Strombeschaffung können fallweise Bestandteil der Wertermittlungen werden.

20.7 Prognosen zur Entwicklung des künftigen Business-Mix

Das Kerngeschäft von Stadtwerken erstreckt sich in der Regel auf die Versorgung der im Netzgebiet angesiedelten Kunden mit Strom, Gas, Fernwärme und Wasser. Die künftige Geschäftsentwicklung wird deshalb in starkem Maße vom künftigen Energiebedarf beeinflusst, der von der demographischen Entwicklung sowie von strukturellen Faktoren des betreffenden Wirtschaftsraumes abhängen wird. Die Ausgangsdaten für eine auf demographischen Trends aufbauende Prognose des Energiebedarfs der privaten Haushalte sind in der Regel in ausreichendem Umfang vorhanden und können in entsprechende Prognosemodelle eingesetzt werden. Größere Unsicherheiten und Volatilitäten stellen sich der Prognose des Energiebedarfs der Geschäftskunden entgegen. Die Analyse der regionalen Wirtschaftstruktur und deren branchenmäßige Zusammensetzung sowie deren bisherige Entwicklung liefern Ansatzpunkte, um wichtige langfristige Einflussfaktoren neben konjunkturell bedingten Energiebedarfsschwankungen identifizieren zu können. Die Bedeutung großer Sonderkunden dürfte trotz des damit verbundenen großen Energiebedarfs in der Regel eher als untergeordnet eingestuft werden, da diese Klientel ihren Energiebedarf in der Regel nicht über das Stadtwerk bezieht und in Einzelfällen einer Direktbelieferung nur die Erzielung geringer Margen möglich erscheint. Auch auf das Potenzial an Netznutzungsentgelten hat deren Mengenkomponente letztendlich keinen entscheidenden Einfluss, da die Gesamtheit der Netznutzungsentgelte durch entsprechende kalkulatorische Regelungen zum Periodenausgleich von erzielten Kostenüber- und -unterdeckungen begrenzt bleiben wird.

Die auf die Bewertung eines Stadtwerkes bezogene Einschätzung der wirtschaftlichen Entwicklung eines Versorgungsgebietes hängt vielmehr von der Frage ab, wie sich der Bestand an energieverbrauchenden Betrieben mit kleiner bis mittlerer Größe entwickeln wird. Diese Frage entspricht insoweit einer allgemeinen Analyse eines Wirtschaftsstandortes und dessen Attraktivität. Hiervon wird ein in Zukunft zu erwartendes regionales Wirtschaftswachstum abhängen, soweit nicht branchenspezifische Besonderheiten einer Region vorliegen, die in Zukunft zu einer verstärkten Abwanderung bzw. Schließung von Betrieben führen kann. Die erforderliche Zukunftseinschätzung kann sich hier auf den Einsatz bewährter Szenarien- und Prognosetechniken abstützen, da der relevante Markt durch die regionale Erstreckung eines begrenzten Versorgungsnetzes überschaubar abgegrenzt werden kann. Die Einschätzung netzexterner Geschäftsmöglichkeiten steht eher im Hintergrund anstehender Zukunftsbetrachtungen und erlangt tendenziell den Charakter von Spekulationsgeschäften, soweit nicht spezielle Besonderheiten im regionalen Umfeld eines Stadtwerkes für eine Berücksichtigung konkreter Akquisitionschancen sprechen.

20.8 Gesonderte Analyse langfristig zu kalkulierender Geschäftsprozesse

20.8.1 Vorbemerkungen

Bei Stadtwerken bestehen in der Regel Versorgungsaktivitäten, die eine langfristig ausgelegte Vorhaltung von Infrastrukturen und eine entsprechende Ausrichtung deren Erneuerungen und Ersatzbeschaffungen zur Folge haben.

Neben möglicherweise bestehenden eigenen Energieerzeugungsanlagen erstreckt sich die langfristige Kapitalbindung überwiegend auf die Versorgungsnetze. Ihre Altersstruktur und technische Beschaffenheit bestimmen den Umfang und deren zeitliche Verteilung von künftigen Ersatzbeschaffungs- und Erneuerungsmaßnahmen.

Ferner bestehen bei Stadtwerke-Gesellschaften auch noch langfristige Energieversorgungsverträge mit Vorlieferanten. Ihre Auswirkungen sind nach Maßgabe der Restlaufzeit der Vereinbarungen gesondert zu untersuchen.

Vertragsverhältnisse mit teilweise belastendem Charakter bestehen sehr häufig auf dem Gebiet der Altersversorgung, die zum Teil erst in der Zukunft zu wachsenden finanziellen Belastungen führen können. Diese entziehen sich einer einfachen bewertungsrelevanten Kalkulation im Rahmen von zeitlich begrenzten Vorschaurechnungen, die in der Regel auf den Planungshorizont von drei bis fünf Jahren beschränkt bleiben.

Langfristig ausgelegte Analysen der betreffenden Zukunftseffekte und deren gesonderte Kalkulation sind für Bewertungszwecke vorzunehmen.

Da die Bewertung von Altersversorgungsverpflichtungen kein branchenspezifisches Problem darstellt, wird auf deren nachfolgende Erörterung verzichtet.

20.8.2 Berücksichtigung von Kapitalbindungs- und -freisetzungsprozesse

Die Energieversorgung gehört zu jenen Branchen, die durch eine hohe Kapitalbindung gekennzeichnet sind. Zur Gewährleistung einer angemessenen Versorgungssicherheit sind langfristige und umfangreiche Investitionen in Versorgungsnetze erforderlich. Investitionen in die Energieerzeugung sind für Stadtwerke ebenfalls denkbar.

Die Bewertung erfordert eine gesonderte Erfassung der durch diese Investitionen induzierten Kapitalbindung- und -freisetzungsprozesse. Bei der Einschätzung künftiger Reinvestitionserfordernisse ist die spezifische Historie vergangener Investitionen zu beachten. Es ist insbesondere eine differenzierte Analyse der Restnutzungsdauer, der variierenden Reinvestitionszeitpunkte und der Reinvestitionsvolumina vorzunehmen. Ein Stromversorgungsnetz kann beispielsweise dadurch gekennzeichnet sein, dass in den sechziger Jahren hohe Investitionen getätigt wurden, die in den folgenden Jahrzehnten abnahmen (altes Netz). Andererseits existieren auch „moderne" Netze oder Netzteile, deren Investitionsphase nur wenige Jahre zurückliegt, wie es bei Gemeinden zutrifft, deren Einwohnerzahlen in den letzten Jahren stark gestiegen sind. Die zum Teil unzutreffenden pauschalen Bewertungsmethoden, die den Reinvestitionsbedarf auf Basis von sog. kalkulatorischen Abschreibungen abbilden, vernachlässigen dabei die im Einzelfall zu beachtenden zeitlichen und finanziellen Intervallprozesse. Sie lassen sich im Wege einer gesonderten langfristigen Analyse künftiger Reinvestitionsausgaben erfassen, bei der die Auswirkungen auf künftige Abschreibungen und Zinsergebnisse infolge des Liquiditätsverbrauchs zutreffend abgebildet werden können. Langfristig fortgeschriebene Zeitreihen können finanzmathematisch in uniforme Rentenbeträge umgerechnet werden, um sie in eine überschaubare Darstellung in Form einer nachhaltigen Ergebniskomponente am Ende eines Planungszeitraumes zu transformieren.

20.8.3 Abwicklung von Baukostenzuschüssen

Eine langfristige Analyse ist auch zur Erfassung befristet anfallender Erträge aus der Auflösung sog. Baukostenzuschüsse erforderlich, da diese über die Zeitachse eines kurzfristigen Planungshorizontes hinausreichen.

20.9 Bemessung des Risikozuschlags bei der Ermittlung des Kapitalisierungszinsatzes

Auf die Einzelheiten der Ermittlung von Kapitalisierungszinsätzen ist an dieser Stelle nicht einzugehen, da diese Fragen im allgemeinen Teil der Unternehmensbewertung diskutiert werden.

Hinzuweisen ist auf die branchenbezogene Beurteilung von Risiken, die bei der Bemessung des Risikozuschlags Berücksichtigung finden.

Die Praxis der Bewertung orientiert sich bei der Adjustierung der allgemeinen durchschnittlichen Marktrisikoprämie von 5 bis 6 Prozentpunkten an der Einschätzung, dass kommunale Energieversorgungsunternehmen einem tendenziell geringeren branchenbedingten Unternehmensrisiko unterliegen, weshalb die durchschnittliche Marktrisikoprämie mit Faktoren in Höhe von maximal 0,5 gewichtet werden. Zur Begründung lassen sich Betafaktoren von börsennotierten Unternehmen der gesamten Energiebranche heranziehen, da eine Peergroup aus börsennotierten Stadtwerken nicht zur Verfügung steht.

20.10 Bewertungsfragen anlässlich der Beendigung von Konzessionsverträgen

20.10.1 Wesentliche Entscheidungs- und Bewertungsfragen

Eine besondere Herausforderung stellt die Bewertung eines „virtuellen" Stadtwerkes dar. Kommunen, denen sich anlässlich des Auslaufens von Konzessionsverträgen die Option zur Gründung eines Stadtwerkes bietet, haben in der Regel mehrere Bewertungsaufgaben zu lösen, die zugleich auch noch miteinander verzahnt sind. Neben der Frage, wie hoch der Transaktionswert für die Netzübernahme ist bzw. sein darf, ist zu beurteilen, welche Perspektiven mit der Gründung eines eigenen Stadtwerkes verbunden sein können und wie hoch der Ertragswert des künftigen Stadtwerkes zu beziffern ist, da hieraus der strategische Wert für einen Anteil am künftigen Stadtwerk aus der Sicht eines potenziellen Partners für eine gemeinsame Stadtwerksgründung abgeleitet werden kann. Jede einzelne Fragestellung stellt bereits eine komplexe Bewertungsproblematik dar; sie erhöht sich insoweit, da alle Bewertungsaufgaben nur in einem engen sachlichen und funktionalen Zusammenhang gelöst werden können. Der auszuhandelnde Netzübernahmewert beeinflusst ganz erheblich den Ertragswert des neu zu gründenden Stadtwerkes. Weitere bewertungsrelevante Verknüpfungen können sich aus zusätzlichen Optionen ergeben, wenn die betreffende Kommune in Erwägung zieht, den bisherigen Konzessionsvertragspartner bzw. Netzbesitzer in den Kreis potenzieller Geschäftspartner einzubeziehen und ihm hierbei die Möglichkeit einräumt, im Wege einer Sacheinlage das zu erwerbende Netz in die neu zu gründende Stadtwerksgesellschaft einzubringen. Die Einbringungslösung sowie die Höhe einer baren Zuzahlung sind auf Basis einer sachgerechten Bewertung des virtuellen Stadtwerkes und der vorgesehenen Sacheinlage abzuleiten. Einerseits steht der reine Transaktionswert des Netzes – ohne gleichzeitige Beteiligung des bisherigen Netzbesitzers – im Raum, andererseits ist ihm eine strategische Wertvorstellung für die Einräumung einer Beteiligung gegenüberzustellen.

Wird dem künftigen Geschäftspartner auch noch die Möglichkeit eingeräumt, sich im Rahmen eines abzuschließenden Betriebsführungsvertrages als Managementpartner bewerben zu können, ergibt sich eine weitere funktionale Verknüpfung der einzelnen Bewertungsaufgaben, da die Vorteilhaftigkeit einzelner Managementlösungen für die technische und kaufmännische Betriebsführung die Kosten- und Ergebnissituation des neuen Stadtwerkes und damit dessen Ertragswert erheblich beeinflussen kann.

Die Beratung einer Kommune anlässlich ihrer Optionen bei Auslaufen eines Konzessionsvertrages erfordert zunächst eine schrittweise Vorgehensweise, da die Chancen einer Stadtwerksgründung erst dann sinnvoll diskutierbar erscheint, wenn sich für die Frage der Wertermittlung bzw. Preisfindung für die Netzübernahme eine angemessene wirtschaftliche Lösung abzeichnet.

20.10.2 Zur Problematik der Netzbewertung

20.10.2.1 Zur Historie und Ausgangssituation der Diskussion über die Netzbewertung

Das Thema Netzbewertung konzentrierte sich bis zum Beginn der Liberalisierung und der damit einhergehenden Neuordnung gesetzlicher Rahmenbedingungen auf jene

Transaktions- und Bewertungsanlässe, die sich infolge von Optionen zur Netzübernahme (Ortsnetze) durch Kommunen anlässlich der Beendigung von sog. Konzessionsverträgen ergeben haben. Die betreffenden Kommunen haben in der Regel die vertragliche Option, das örtliche Versorgungsnetz zum Sachzeitwert zu erwerben. Diese Übertragungskondition galt lange Zeit als unumstrittenes Dogma. Infolge gesetzlicher Vorschriften zum Unbundling sind nunmehr Transaktionen denkbar, die sich auf den reinen Netzbetrieb erstrecken. Hierzu können Ausgliederungen und Einbringungen in gesonderte Netzgesellschaften gehören, fremde Gesellschafter aufzunehmen sowie auch Verkäufe von Netzbetrieben als auch deren Zusammenlegung oder Fusionierung mit anderen Netzbetreibern. Ferner kann eine Verschärfung der Unbundlingvorgaben nicht ausgeschlossen werden, die eine strikte Entflechtung von Energieerzeugung bzw. -handel und Netzbetrieb in Zukunft vorsehen.

20.10.2.2 Gegenstand der bisherigen Netzbewertung: Netzbetrieb und Stromvertrieb als Betriebseinheit

Zum Übertragungsgegenstand gehörten bislang selbstverständlich nicht nur die bestehende Netzinfrastruktur sondern auch alle damit versorgten Energiekunden bzw. Stromabnehmer und der damit verbundene Energievertrieb und -handel.

Ungeachtet dessen begründete sich das Wertpotenzial eines Netzes aus dem Blickwinkel eines Investors, der sein zu verkaufendes bzw. zu erwerbendes Asset „Netz" nach dem Konzept ersparter Investitionskosten bemisst. Der sog. Sachzeitwert ist in der Regel definiert als Herstellungswert der Versorgungsanlagen zum Übergabezeitpunkt unter Berücksichtigung der bisherigen Nutzungsdauer und des technischen Erhaltungszustandes.

Die Frage, ob eine solche Wertfindung auch unter betriebswirtschaftlichen Gesichtspunkten ökonomisch sinnvoll und angemessen ist, blieb jahrelang ausgeblendet. Sie konnte solange als unerheblich betrachtet werden, soweit die geltende Strompreiskalkulation und ihre regulatorischen wie wettbewerblichen Umfeldbedingungen auskömmliche Spielräume bei der Margenerzielung ermöglichte, um einen Ertragswert aus Stromtransport und Stromvertrieb (-handel) zu erwarten, der eine angemessene Verzinsung und Amortisation des Transaktionswertes „Sachzeitwert" erlaubte.

Bereits vor der Neuordnung der energierechtlichen Rahmenbedingungen war in Einzelfällen, wo die genannten Erwartungen nicht erfüllbar erschienen, die Diskussion über eine nicht akzeptable Diskrepanz zwischen Sachzeitwert und Ertragswert von zu übertragenden Ortsnetzen entstanden und hatte diese Frage zum Gegenstand gerichtlicher Auseinandersetzungen gemacht. Das Ergebnis der hierzu ergangenen Rechtsprechung hat für großes Aufsehen gesorgt, denn der Kartellsenat des BGH hatte 1999 entschieden, dass eine Endschaftsbestimmung in einem Konzessionsvertrag zwischen einer Gemeinde und einem EVU, die für die Übertragung des örtlichen Versorgungsnetzes auf die Gemeinde ein Entgelt in Höhe des Sachzeitwertes vorsieht, gemäß § 1 GWB, § 103a GWB a.F. unwirksam ist, wenn der Sachzeitwert den Ertragswert des Netzes nicht unerheblich übersteigt, so dass die Übernahme der Stromversorgung durch einen nach den Maßstäben wirtschaftlicher Vernunft handelnden anderen Versorger ausgeschlossen ist und die Kommune infolgedessen nach Beendigung des Konzessionsvertrages faktisch an den bisherigen Versorger gebunden bleibt.

Die damals unter der Vorherrschaft der alten Rahmenbedingungen diskutierte Frage der Angemessenheit des Sachzeitwertes als maßgeblicher Transaktionswert für Ortsnetze hat vor dem Hintergrund des aktuell geltenden Energierechts eine neue rechtliche wie auch wirtschaftliche Dimension und Aktualität erlangt.

20.10.2.3 Die maßgeblichen Vorschriften zur Erlöskalkulation für den Netzbetrieb

Die Vorschriften zum Unbundling führen zu einer klaren Aufteilung des ehemaligen Stromverteilungsgeschäfts und zu einer Segmentierung des Wertschöpfungspotenzials für den reinen Netzbetrieb.

Die gesetzlichen Vorschriften zum buchhalterischen sowie auch zum organisatorischen und rechtlichen Unbundling und die nunmehr für den reinen Netzbetrieb geltenden Rechtsbestimmungen führen zu neuen Rahmenbedingungen, die wie folgt zusammengefasst werden können.

Die Verteilungsanlagen für leitungsgebundene Energieübertragung werden vom Gesetzgeber als überwachungs- und regulationsbedürftige Monopolbetriebe eingestuft. Durch Vorgaben zum Unbundling sowie zum diskriminierungsfreien Netzzugang fremder Energieanbieter und zur rechtlich regulierten und überwachten Gestaltung der Netznutzungsentgelte und deren Dokumentation und Transparenz haben sich die Rahmenbedingungen für den reinen Netzbetrieb im Vergleich zum bisherigen „Kombinationsbetrieb" der Energie- bzw. Stromverteilung erheblich verändert.

Die EU-Richtlinien und deren nationale Umsetzung führen zu Vorgaben, die die ehemals vorherrschenden Spielräume der bisherigen Strompreisgenehmigungspraxis der einzelnen Bundesländer außer Kraft setzen.

Den Energie- bzw. Strom-Übertragungsnetzen kann nunmehr ein prinzipiell fest fixiertes Wertpotenzial zugeordnet werden, das sich aus gesetzlich geltenden Kalkulationsvorschriften und in einzelnen europäischen Ländern aus autonomen Preisfeststetzungen zuständiger Regulierungsbehörden ableiten lässt.

Das rechtlich fixierte bzw. kalkulatorisch limitierte Erlöspotenzial, das nunmehr aus der Netznutzung maximal erzielt werden kann, stellt ein Novum gegenüber der bisherigen Preisgenehmigungspraxis dar. Dem disponierenden Management verbleiben nur sehr eingeschränkte Gestaltungsfreiräume.

Im vorliegenden Entwurf des zweiten Gesetzes zur Neuregelung des Energiewirtschaftsgesetzes werden in § 21 die Bedingungen und Entgelte für den Netzzugang geregelt. Nach § 21 Abs. 2 werden „die Entgelte auf der Grundlage der Kosten einer energiewirtschaftlich rationellen Betriebsführung, die denen eines effizienten und strukturell vergleichbaren Netzbetreibers entsprechen müssen, unter Beachtung der Nettosubstanzerhaltung unter Berücksichtigung von Anreizen für eine kosteneffiziente Leistungserbringung und einer angemessenen Verzinsung des eingesetzten Kapitals gebildet, soweit in einer Rechtsverordnung nach § 24 nicht eine Abweichung von der kostenorientierten Entgeltbildung bestimmt ist. Soweit die Entgelte kostenorientiert gebildet werden, dürfen Kosten und Kostenbestandteile, die sich ihrem Umfang nach im Wettbewerb nicht einstellen würden, nicht berücksichtigt werden." Die Ergebnisse der kostenorientierten Netznutzungsentgeltkalkulation können darüber hinaus einem Vergleichsverfahren unterworfen werden und letztendlich einer korrigierenden Anpassung durch die Regulierungsbehörde unterliegen.

Mit § 24 des EnWG-Entwurf wird die Grundlage für detaillierte Regelungen durch Erlass einer Rechtsverordnung geschaffen. Auch hierfür liegt ein Entwurf in Form der Stromnetzentgeltverordnung (StromNEV) vor, der wesentliche Elemente der bisherigen Kalkulationsrichtlinien der Verbändevereinbarung (VV II plus) übernommen hat.

Der Gewinnanspruch des Netzbetreibers wird hiernach begrenzt auf eine angemessene Verzinsung des investierten Eigenkapitals, wobei die anzusetzende kalkulatorische Eigenkapitalquote auf maximal 40% beschränkt bleiben muss. Die Verzinsung des eingesetzten Fremdkapitals erfolgt nach Maßgabe der tatsächlichen Zinsvereinbarungen bzw. -aufwendungen, maximal jedoch in Höhe kapitalmarktüblicher Zinsen.

Der Eigenkapitalzinssatz darf den Zehnjahresdurchschnitt festverzinslicher Wertpapiere inländischer Emittenten abzüglich einer Inflationsrate und zuzüglich eines angemessenen Zuschlages zur Abdeckung netzbetriebsspezifischer unternehmerischer Wagnisse nicht überschreiten. Bis zur erstmaligen Festlegung durch die Regulierungsbehörde soll der Eigenkapitalzinssatz 6,5% betragen. Eine Festlegung durch die Regulierungsbehörde soll im Abstand von zwei Jahren, erstmals zum 1. Januar 2007, erfolgen.

Die Gewinnberechtigung und dessen Bemessung orientiert sich somit ausschließlich am Investitionsvorgang und dem damit verbundenen Kapitalbindungs- und -freisetzungsprozess. Andere gewinnberechtigende Geschäftsprozesse bleiben mit der Vorgabe ihrer aufwandsgleichen Verrechnung von einem Gewinn- bzw. Margenaufschlag ausgeklammert. Bezieht das Netzunternehmen Fremdleistungen aus dem Konzernverbund, stehen dessen Verrechnungspreise ebenfalls unter dem Vorbehalt des Angemessenheitsgebotes bzw. des Fremdvergleichs.

Weitere Kostenzuordnungs- und -ermittlungsprinzipien schränken die Kalkulationsfreiheit zur Bemessung kostenbasierter NNE ein. Kalkulatorische Kosten können lediglich zur Bemessung von substanzerhaltenden Abschreibungen auf das eigenfinanzierte Sachanlagevermögen und zur Einrechnung einer angemessenen Verzinsung des betriebsnotwendigen Eigenkapitals berücksichtigt werden; darüber hinaus sind nur aufwandsgleiche Kostenpositionen anzusetzen. Abschreibungen sind nach der linearen Methode unter Beachtung betriebsgewöhnlicher Nutzungsdauern (laut Anlage 1 der StromNEV) vorzunehmen, wobei Abschreibungen unter null verboten sind. Ferner besteht eine stringente Kalkulationskontinuität, die sicherstellen soll, dass anfallende Kosten nur einmal verrechnet werden können und zuviel erzielte NNE sowie deren Zinseffekte kostenmindernd in der Folgeperiode verrechnet werden müssen (sog. periodenübergreifende Saldierung gemäß § 11 StromNEV).

Die Kalkulation von Abschreibungen ist streng an die Investitionshistorie des Netzes gebunden. Änderungen beim Netzbesitz und hierbei bezahlte Transaktionspreise haben keinen Einfluss auf die NNE-Kalkulation. Ein kalkulatorischer Neustart auf Basis bezahlter Netzübernahmekosten scheitert am Prinzip der tarifkalkulatorischen Kontinuität, die der Erwerber eines Netzes unbeachtlich seiner höheren Übernahmekosten (z.B. bei einer Übernahme zum Sachzeitwert) fortzuführen hat.

20.10.2.4 Feststellungen zu bewertungsfähigen Gewinnerwartungen eines Netzes

Das Konzept der kostenbasierten NNE-Kalkulation begrenzt den Gewinnanspruch des Netzbetreibers auf eine angemessene Verzinsung des eingesetzten Kapitals nach Maßgabe einer kalkulatorischen Eigenkapitalquote von 40%, wobei eine Substanzerhaltung nur für den eigenfinanzierten Anlagenteil unter der Einschränkung gewährleistet wird, dass steuerliche Belastungen der sog. Scheingewinnbesteuerung nur für die Gewerbesteuer als sog. Kostensteuer kostenwirksam erfasst werden dürfen. Die Einrechnung der körperschaftsteuerlichen Folgewirkungen, wie sie in den Kalkulationsrichtlinien der Verbändevereinbarung (VV II Plus) vorgesehen war, ist im vorliegenden Entwurf der StromNEV nicht mehr zugelassen.

Ungeachtet der zuletzt genannten Einschränkung liegt die Schlussfolgerung nahe, dass der Wert eines Netzes sich letztendlich nach der Höhe des sich verzinsenden Kapitalbetrages ausrichten muss, der sich zum Bewertungs- bzw. Übertragungszeitpunkt – im Wesentlichen – aus den noch nicht amortisierten kalkulatorischen Restbuchwerten des eigenfinanzierten Sachanlagevermögen zusammensetzt, da sich hiernach die künftige NNE-Kalkulation und die hieraus erzielbare Gewinnerwartung orientiert.

Die Konsequenzen lassen sich folgerichtig verdeutlichen anhand der in der Praxis nicht selten anzutreffenden Fallkonstellation eines kalkulatorisch voll abgeschriebenen Altnetzes, bei dem der Anspruch auf eine Verzinsung mangels amortisationsfähiger kalkulatorischer Restbuchwerte „ausgelaufen" ist und erst wieder mit Beginn der Erneuerungs- bzw. Reinvestitionsphase „auflebt". Für ein voll abgeschriebenes Altnetz lässt sich mangels kalkulatorisch zulässiger Gewinnberechtigung auch kein Ertragswert ermitteln.

Der Ertragswert eines Netzes, für das kalkulatorische Restbuchwerte bestehen, entspricht – soweit der hierbei anzusetzende Kalkulationszinssatz mit dem kalkulatorischen Verzinsungsanspruch vergleichbar ist, wie er sich nach Maßgabe der Bestimmungen der StromNEV (§ 7 Abs. 4 bis 6) ergibt – somit dem Gesamtbetrag der kalkulatorischen Restbuchwerte.

Der Verzinsungsanspruch des Eigenkapitals wird nach der StromNEV als Realverzinsung definiert; vom Zehnjahres-Durchschnitt der Umlaufrenditen festverzinslicher Wertpapiere wird ein Abzug in Höhe der für den gleichen Zeitraum feststellbaren Inflationsrate vorgenommen, um eine kalkulatorische Doppelerfassung von Inflationseffekten zu vermeiden. Die hiermit vorgesehene (inflationsbereinigte) Realverzinsung bezieht sich auf die Restbuchwerte eigenfinanzierter Sachanlagen auf Basis von Tagesneuwerten, die zugleich als Ausgangsbasis für die Ermittlung kalkulatorischer Abschreibungen dient und damit den Inflationsausgleich über die Abschreibungsverrechnung sicherstellt.

Der vorläufig bis zum 1. Januar 2007 geltende Eigenkapitalzinssatz von 6,5% entspricht bei einer durchschnittlichen Inflationsrate von rund 2% einem vergleichbaren Nominalzins von rund 8,5% p.a.

Die Kalkulationsregelungen der StromNEV erlauben dem Netzbetreiber nur „limitierte Gewinnerwartungen", die lediglich als hinreichend gesicherter Verzinsungsanspruch des zur Errichtung des Netzes investierten Eigenkapitals qualifiziert werden können.

Zusätzliche Gewinnchancen, wie sie ggf. mit dem späteren Wegfall von kalkulatorisch verrechneten Teuerungen für Ersatz- und Erneuerungsinvestitionen verbunden sein können und nach den Regeln der VV II Plus vorstellbar gewesen wären, sind mit den Regelungen der Absätze 4 und 5 des § 6 der StromNEV nunmehr ausgeschlossen; hiernach sind überhöht verrechnete Wiederbeschaffungsabschreibungen einschließlich deren Zinseffekte spätestens im Zeitpunkt der Ersatzbeschaffung als Minderung der kalkulierbaren Netzkosten in der folgenden Kalkulationsperiode in Abzug zu bringen.

Ebenso sind Gewinnchancen aus kalkulatorischen Plan-Ist-Abweichungen, wie sie nach der sog. VV II Plus bei vorsichtigem Ansatz von Stromabsatz- bzw. Durchleitungsvolumina sowie bei Kostenunterschreitungen denkbar gewesen wären, mit den Ausgleichsregelungen für die Folgeperioden („periodenübergreifende Saldierung" gemäß § 11 StromNEV) ausgeschlossen worden.

Bedeutende kalkulatorische Spielräume eröffnen sich nur noch durch eine konsequente Ausnutzung von organisatorischen Gestaltungen, die wesentliche Geschäftsprozesse des Netzbetriebs auf andere Mutter- bzw. Schwesterunternehmen der Netzgesellschaft verlagern. Hierbei können in Anspruch zu nehmende Fremdleistungen im Konzernverbund mit Entgeltregelungen versehen werden, die kalkulatorische Kostenbestandteile mit Gewinncharakter enthalten können (Cost-Plus-Verfahren u.a.) und somit aus Konzernsicht eine Optimierung im Vergleich zur Alternative einer aufwandsgleichen Kostenverrechnung bei eigener Leistungserbringung der Netzgesellschaft darstellen.

Obwohl es sich grundsätzlich um Wertschöpfungsprozesse des Energietransportes bzw. Netzgeschäftes handelt, fallen Gewinnbestandteile der konzerninternen Leistungsverrechnung nicht unmittelbar bei der Netzgesellschaft, sondern bei deren Mutter- bzw. Schwestergesellschaften an, die die Leistungen für die Netzgesellschaft erbringen.

Soweit entsprechende Leistungs- bzw. Organisationsstrukturen nicht Bestandteil einer Netztransaktion werden, können damit verbundene Gewinnverlagerungen nicht als bewertungsfähige Gewinneffekte des originären Netzbetriebes behandelt werden. Bewertungsfähig erscheinen sog. externe Gewinneffekte nur dann, wenn der Netzerwerber über vergleichbare Organisations- und Gestaltungsmöglichkeiten verfügen kann.

Die Vorbehalte, die sich aus den allgemeinen Prinzipien der Angemessenheit und des Fremdvergleichs ableiten lassen, begrenzen die genannten Gestaltungsmöglichkeiten. Im Hinblick auf die Beweiskraft dieser Kriterien wie auch auf mögliche Einwendungen, die sich im Wege des Vergleichsverfahren oder einer Vermutung nichtrationaler Leistungserbringung ergeben können, besteht sicherlich ein weites Feld möglicher Beurteilungen.

Die im Entwurf des EnWG vorgesehene Dominanz der Ex-post-Überprüfung von NNE, die nach der Kritik des Bundesrates zugunsten einer Ex-ante-Regelung bzw. Ex-ante-Prüfungs- und Genehmigungsverfahrens aufgehoben werden sollte, lässt die Erwartung zu, dass sich für Modelle „aggressiv" optimierter Netzgesellschaften eine „längere Schonfrist" ergeben könnte. Bewertungstechnisch handelt es sich hierbei ggf. um befristete Vorteile, deren Bewertungsfähigkeit von der künftigen Entwicklung insbesondere infolge der Vorgehensweise der Regulierungsbehörde abhängen wird.

Die in den vorgesehenen gesetzlichen Regelungen vorgesehene Begrenzung der Gewinnerzielung auf den Wertschöpfungsprozess „Kapitalbereitstellung" provoziert profitablere und optimierende Gestaltungen anlässlich der Organisation und des Unbundling des Netzbetriebes, um die genannten Gewinnbeschränkungen durch ausgelagerte Wertschöpfungsprozesse (mit Gewinnaufschlägen) aufwerten zu können.

20.10.2.5 Ertragskraft und Ertragswert des Netzes

Aufgrund der gesetzlichen Vorgaben zur NNE-Kalkulation und der hierzu ergänzenden Kontroll- und Sanktionsmöglichkeiten der Regulierungsbehörde wird sich die Frage der Wertigkeit eines reinen Netzbetriebes auf die gesetzlich verbleibenden Gewinnerzielungsmöglichkeiten beschränken. Zusätzlichen Chancen kann nur in begrenztem Rahmen Rechnung getragen werden, soweit die kalkulatorischen Begrenzungen durch entsprechende Gestaltungsmaßnahmen erweitert werden können.

Der Ertragswert des Netzes entspricht damit grundsätzlich dem – die NNE-Kalkulation dominierenden – kalkulatorischen Restbuchwert der Netzanlagen. Zusätzliche Gewinnchancen wirken sich nur bedingt oder zeitlich befristet werterhöhend aus.

Diese Aussagen betreffen die Bewertung des reinen Netzbetriebs. Soweit eine Netzübertragung einschließlich des Stromvertriebs erfolgt, ist zusätzlich der Wert der des Energievertriebs unter Berücksichtigung hieraus nachhaltig erzielbarer Handelsmargen zu ermitteln.

20.10.2.6 Diskrepanzen zum sog. Sachzeitwert des Netzes

Der Ertragswert eines Netzes liegt erheblich unter dem vergleichbaren Sachzeitwert, wenn bei der Strompreiskalkulation bzw. der Kalkulation der hierin enthaltenen Netznutzungsentgelte kalkulatorische Abschreibungen verrechnet wurden, denen Nutzungszeiten zugrunde liegen, die im Vergleich zu den technisch-wirtschaftlichen Nutzungszeiten wesentlich kürzer angesetzt wurden. Hieraus resultiert eine sog. Kalkulationslücke, die das künftig realisierbare NNE-Potenzial reduziert. Der Erwerber übernimmt zwar Netzanlagen mit einem hohen Restnutzugsnutzungspotenzial, dem jedoch kein adäquates Einnahmepotenzial in Form von kalkulatorischen Abschreibungen und Zinsen gegenüber steht. Die Strompreisgenehmigungsbehörden der einzelnen Länder orientierten sich an unterschiedlichen Arbeitsanleitungen, die zum Teil auch bilanzielle Abschreibungen bzw. deren vorsichtig bemessene Nutzungszeiten als kalkulatorische Prämissen zugelassen haben.

Den betriebswirtschaftlichen Vorteilen einer hohen Preiskalkulation infolge von Aufwands- bzw. Kostenantizipationen in den vergangenen Geschäftsjahren steht somit ein preiskalkulatorischer Nachteil für die Zukunft gegenüber.

Diese Diskrepanzen erhöhen sich noch durch aufwandswirksam verbuchte Modernisierungsmaßnahmen und nicht aktivierte Erneuerungsinvestitionen, da diese zu einer Verlängerung der Nutzungsdauern beitragen, und somit für die Sachzeitwertermittlung eine werterhöhende Bedeutung haben. Hingegen ist deren tarifkalkulatorischer Effekt im Jahr der Maßnahme bereits verbraucht und entfällt als künftig ansatzfähige Kostenkomponente bei der Ermittlung kostenbasierter NNE.

Die Sachzeitwertermittlung entspricht einer isolierten Bestandsaufnahme des technisch-wirtschaftlichen Nutzungspotenzials und liefert somit nur eine Aussage darüber, welche Investitionsausgaben durch das Vorhandensein einer bestehenden Netzinfrastruktur in Zukunft erspart bleiben. In diesem Bewertungskonzept wird jedoch nicht unterschieden, welcher Teil dieser ersparten Ausgaben bereits in der Vergangenheit tarifkalkulatorisch verbraucht und somit bereits über Strompreise bzw. NNE amortisiert worden ist.

Kalkulatorisch verbrauchte bzw. amortisierte Abschreibungen reduzieren das bei der künftigen NNE-Ermittlung verrechenbare Abschreibungspotenzial sowie die Basis der zu verzinsenden Kapitalbindung.

Ein Netzerwerber kann im Ertragswert maximal nur jene Zukunftsgewinne erfassen, die über Netznutzungsentgelte im Rahmen der künftigen kostenbasierten NNE-Kalkulation erzielbar sind. Soweit Kosten der Kapitalbindung bzw. Kapitalbereitstellung (kalkulatorische Zinsen) bereits in vergangenen Perioden verrechnet wurden, bleiben sie für die Zukunft ohne kalkulatorische und damit „gewinnerzeugende" Wirkung.

21 Bewertung von Immobilien

von *Karl-Werner Schulte* und *Gerrit Leopoldsberger* [*]

21.1 Charakterisierung der Immobilienbranche	515
21.1.1 Marktvolumen	515
21.1.2 Markteigenschaften und Trends	516
21.1.3 Marktteilnehmer	518
21.2 Grundlagen der Immobilienbewertung	519
21.2.1 Bewertungszweck und Wertbegriffe	519
21.2.2 Bewertungsmethoden	521
21.2.3 Rechnungslegung	530
21.3 Marktdaten als Bewertungsgrundlage	533
21.4 Bewertungsbeispiel	534
21.5 Literatur	535

21.1 Charakterisierung der Immobilienbranche

21.1.1 Marktvolumen

Einer bisher unveröffentlichten Studie des *ifo Instituts für Wirtschaftsforschung e.V.* zur volkswirtschaftlichen Bedeutung der Immobilienwirtschaft zufolge belief sich das zu Wiederbeschaffungspreisen bewertete Nettoanlagevermögen in Deutschland Anfang 2003 auf 6.526 Mrd. €. Auf das Nettobauvermögen entfielen hiervon 5.533 Mrd. €, also rund 85%. Betrachtet man das so genannte „erweiterte Nettoanlagevermögen", welches auch die Werte der bebauten Grundstücke als „nichtproduzierte Vermögensgüter" einbezieht, so vergrößert sich das Immobilienvermögen um 1.684 Mrd. € auf 7.217 Mrd. € und repräsentiert nun rund 88% des erweiterten Nettoanlagevermögens. Bedenkt man diese Zahlen, wird schnell klar, dass die volkswirtschaftliche Bedeutung der Immobilienbranche weitgehend unterschätzt wird.

Neben dem Nettobauvermögen als Bestandsgröße ist auch die Bruttowertschöpfung als Stromgröße relevant. Die Bruttowertschöpfung der Immobilienbranche kann aus der Dienstleistungsstatistik des Statistischen Bundesamtes abgeleitet werden. Die relevanten Kategorien sind hierbei „Grundstücks- und Wohnungswesen" sowie „Baugewerbe". Die Bruttowertschöpfung des Wirtschaftszweigs Grundstücks- und Wohnungswesen, in dem sämtliche von Unternehmen mit einschlägigem Schwerpunkt über den Markt abgewi-

---

[*] Prof. Dr. Karl-Werner Schulte, European Business School, Oestrich-Winkel, und Prof. Dr. Gerrit Leopoldsberger, Hochschule für Wirtschaft und Umwelt, Nürtingen-Geislingen.

ckelte immobilienbezogene Leistungen wie Käufe und Verkäufe, Vermietung und Verpachtung, Vermittlung und Verwaltung erfasst werden, erreichte 2002 in

Jahresanfangswerte in Mrd. €

	nach VGR	Anteil	+ Wert der bebauten Grundstücke	gesamt	Anteil
Bauten/Immobilien	5.533	84,8	1.684	7.217	87,9
Ausrüstungen und sonstige Anlagen	993	15,2		993	12,1
insgesamt	6.526	100,0	1.684	8.210	100,0

Quelle: Berechnungen und Schätzungen des ifo Instituts auf der Grundlage von Daten des Statistischen Bundesamtes (VGR) 2004

Abbildung 21-1: Erweitertes Nettoanlage- bzw. Immobilienvermögen 2003

jeweiligen Preisen rund 249 Mrd. €; das Baugewerbe brachte es auf etwa 89 Mrd. €. Der Anteil des Grundstücks- und Wohnungswesens an der gesamtwirtschaftlichen Bruttowertschöpfung von 1.960 Mrd. € lag 2002 bei etwa 12,7%, der des Baugewerbes bei rund 4,5%. Subsumiert man die beiden Kategorien, so erreicht die dadurch approximierte Bruttowertschöpfung der Immobilienbranche mit über 17% der gesamten Bruttowertschöpfung ein beachtlich hohes Gewicht.[1]

21.1.2 Markteigenschaften und Trends

Der Immobilienmarkt weist eine Reihe von Besonderheiten auf, die ihn von anderen Märkten unterscheiden. Als erstes ist hier seine Gliederung in **räumliche Teilmärkte** zu nennen, die sich auf verschiedenen Aggregationsebenen manifestiert. Das bedeutet, dass Regionen, Städte, aber auch einzelne Stadtteile durch unterschiedliche immobilienbezogene Angebots- und Nachfrageparameter bestimmt werden und daher unterschiedlich strukturierte Immobilienteilmärkte ausbilden. Die räumlichen Teilmärkte können zusätzlich in **sachliche Teilmärkte** gegliedert werden. Dies ist darauf zurückzuführen, dass eine bestimmte Nutzungsart meist an einen bestimmten Immobilientyp gebunden ist. Unterschieden wird hierbei zwischen Wohnimmobilien, Gewerbeimmobilien (z.B. Büro- und Handelsimmobilien), Industrieimmobilien sowie Sonderimmobilien (z.B. Hotels). Anders als beispielsweise in Frankreich oder Großbritannien verfügt der deutsche Immobilienmarkt über eine **polyzentrische Struktur** anstelle einer dominanten Metropole, in welcher sich das Marktgeschehen konzentriert. Auch die größeren regionalen Märkte weisen dadurch jeweils eine relativ geringe Bedeutung für den deutschen Anlagemarkt auf. Nicht zuletzt wegen der polyzentrischen Struktur ist die hiesige Immobilienbranche entsprechend fragmentiert, tätig sind zum großen Teil **regionale Unternehmen mit mittelständischer Prägung**. Speziell in den Bereichen Asset Management oder Projektentwicklung gibt es nur wenige unabhängige Marktteilnehmer von nationalem Format.

---

[1] Vgl. ifo Institut für Wirtschaftsforschung.

Die Immobilienteilmärkte weisen eine Reihe von Gemeinsamkeiten auf. Zunächst ist hier die **geringe Markttransparenz** anzuführen. Diese liegt hauptsächlich darin begründet, dass ein großer Teil der Immobilientransaktionen privat, also von der Öffentlichkeit unbemerkt, abgewickelt werden. Selbst wenn einzelne Details bekannt werden, ist aufgrund der generellen Heterogenität von Immobilien noch keine unmittelbare Vergleichbarkeit der gezahlten Preise gewährleistet. Darüber hinaus funktioniert der Preismechanismus anders als auf effizienten Märkten. Während beispielsweise auf dem Aktienmarkt gleichzeitig eine große Anzahl von Anbietern auf eine große Zahl von Nachfragern stößt, vollzieht sich auf dem Immobilienmarkt meist ein sequenzieller Bietungsprozess, bei dem der resultierende Preis nur selten dem Wert entspricht. Ein weiterer Grund für die geringe Markttransparenz ist die bereits angesprochene Gliederung in räumliche und sachliche Teilmärkte. Es gibt jedoch eine Reihe von Unternehmen wie die *DID Deutsche Immobilien Datenbank GmbH* und die *BulwienGesa AG*, deren Ziel die Verbesserung der Transparenz auf dem Immobilienmarkt ist.

Wie bei anderen Branchen besteht seitens der Immobilienbranche eine **Abhängigkeit von volkswirtschaftlichen Entwicklungen**. So hängt die lokale Nachfrage nach Wohnflächen in erster Linie von Anzahl und Einkommen

der Haushalte ab, die lokale Nachfrage nach Büroflächen von der Anzahl der im Dienstleistungssektor beschäftigten Arbeitnehmer. Die Nachfrage nach Handelsflächen wird hauptsächlich vom Einkommen der Haushalte bestimmt, die Nachfrage nach Industrieflächen von der Produktion. Die letztgenannten Parameter wiederum werden durch die konjunkturelle Entwicklung bestimmt.

Der Immobilienmarkt weist eine **geringe Anpassungselastizität** an Marktveränderungen auf, denn durch die Dauer des Entwicklungsprozesses kann die Angebotsmenge zumindest kurzfristig als fix betrachtet werden. Dies verursacht eine ausgeprägte **Zyklizität**. Wird ausgehend von einem Marktgleichgewicht die Nachfrage nach z.B. Büroflächen durch einen exogenen Schock erhöht, so steigen aufgrund der kurzfristig fixen Angebotsmenge zunächst die Mietpreise. Dies erhöht die Rendite der Gebäudeeigentümer und steigert die Attraktivität eines entsprechenden Immobilieninvestments für Dritte. Die dadurch induzierte höhere Nachfrage nach Immobilieneigentum steigert die Kaufpreise, was wiederum die Projektentwickler auf den Plan ruft. Erst jetzt wird die Angebotsmenge ausgedehnt, allerdings mit erheblicher Zeitverzögerung. Falls die Flächennachfrage nicht weiter gestiegen oder gar gesunken ist, sinken aufgrund der ausgedehnten Angebotsmenge zunächst die Miet- und dann die Kaufpreise. Die Projektentwickler schränken daraufhin ihre Tätigkeit ein, und der Zyklus beginnt von neuem.[2]

Im Vergleich zu ausländischen Märkten wies der deutsche Immobilienmarkt in den letzten Jahrzehnten eine relativ hohe Beständigkeit hinsichtlich der Miet- und Wertentwicklung auf. Die Marktmieten und Anfangsrenditen als wesentliche wertbeeinflussende Parameter unterlagen historisch nur relativ geringen Schwankungen. Allerdings hat sich die **Volatilität** in den letzten Jahren tendenziell verstärkt.

Die großen deutschen Büromärkte stecken seit 2001 in einem zyklischen Abschwung und damit zunehmend in der Krise. Die **problematische Marktsituation** wirkt sich auf alle Marktteilnehmer aus. Insbesondere die Offenen Publikumsfonds leiden unter einer Ver-

---

[2] Vgl. Bone-Winkel/Schulte/Focke, S. 21-23.

trauenskrise, da zunehmend die Werthaltigkeit ihrer Bestände in Frage gestellt wird. Der schwache Anlagemarkt und die daraus resultierenden geringen Neuinvestitionen haben auch die Bauwirtschaft schwer getroffen. Einbußen zu erleiden haben außerdem die Banken, speziell die Hypothekenbanken. Da aufgrund der schleppenden wirtschaftlichen Entwicklung kurz- und mittelfristig ein wirtschaftlicher Aufschwung eher unwahrscheinlich erscheint, kann auch für die Immobilienmärkte zunächst keine spürbare Erholung erwartet werden. Selbst bei einer konjunkturellen Belebung reagieren die Immobilienmärkte erfahrungsgemäß erst mit einer Verzögerung von ein bis zwei Jahren. Die Preise dürften am gewerblichen Immobilienmarkt zunächst tendenziell weiter stagnieren oder fallen.[3]

21.1.3 Marktteilnehmer

Es lassen sich folgende Teilnehmer auf dem Immobilienmarkt identifizieren:

- Immobilien-Projektentwickler
- Immobilieninvestoren
- Bauunternehmen
- Immobilienfinanzierer
- Immobiliendienstleister
- Immobiliennutzer

Immobilien-Projektentwickler konzipieren und verwirklichen Neubauprojekte und widmen sich in zunehmendem Maße auch der Revitalisierung von Bestandsobjekten. Es kann unterschieden werden zwischen Trader-Developern und Investor-Developern, die auf eigenes Risiko Projekte für den Verkauf bzw. für den eigenen Bestand entwickeln, sowie Service-Developern, die als Dienstleister für Dritte agieren. Ein großer Teil der Projektentwickler in Deutschland ist mittelständisch organisiert.

Als **Immobilien-Investoren** betätigen sich Privatanleger, institutionelle Anleger, „Non-Property-Companies", Wohnungsunternehmen, Kirchen und Stiftungen sowie der Staat. Der BulwienGesa AG zufolge waren von den 8.723 Mrd. € des **Privatvermögens** deutscher Haushalte in 2003 rund 1.000 Mrd. € (11%) in Gebrauchsvermögen investiert, 3.923 Mrd. € (45%) in Geldvermögen und 3.800 Mrd. € (44%) in Immobilienvermögen. Private Investoren agieren momentan jedoch eher zurückhaltend. Viele Anleger haben bei Immobilienengagements in den neuen Bundesländern substanzielle Verluste erlitten. Gleichzeitig wird die Investitionsbereitschaft durch die unsichere wirtschaftliche Perspektive und die politische Diskussion um die Kürzung von Steuervorteilen bei Immobilienanlagen getrübt.

Als **institutionelle Investoren** treten Kapitalanlagegesellschaften, Fondsinitiatoren, Immobilienaktiengesellschaften, Versicherungen und Pensionskassen, Immobilienleasinggesellschaften sowie ausländische Investoren und Opportunity Funds auf. **Offene Immobilien-Publikumsfonds** verfügen gegenwärtig über ein Anlagevolumen von rund 91 Mrd. €, davon werden ca. 67% in Immobilien und Grundstücksgesellschaften gehalten. **Offene Spezialfonds** haben ein Volumen von insgesamt rund 14 Mrd. €.[4] Die **Geschlossenen Immobilienfonds** verfügten 2003 über ein Gesamtinvestitionsvolumen von 159,6 Mrd. €

---

[3] Vgl. Becker/Bone-Winkel/Sotelo/Väth, S. 91-94.
[4] Quelle: Deutsche Bundesbank, ZEW-Berechnungen; vgl. Becker et al., S. 110, 113.

in Immobilien, davon 127,2 Mrd. € in deutschen Objekten.[5] Die im DIMAX Aktienindex für deutsche **Immobilienaktiengesellschaften** Bankhauses *Ellwanger & Geiger* erfassten Unternehmen wiesen Ende 2004 eine Marktkapitalisierung von 5.788 Mio. € auf.[6]

Non-Property Companies sind Unternehmen, deren Kerngeschäft außerhalb der Immobilienwirtschaft angesiedelt ist. Viele von ihnen verfügen dennoch über einen erheblichen Immobilienbestand. So wiesen in 2002 alleine die 30 im Deutschen Aktienindex DAX gelisteten Firmen in ihren Konzernbilanzen Immobilien mit einem Buchwert von 113,4 Mrd. € aus.[7]

Bauunternehmen übernehmen die Produktion der Immobilien nach den Vorgaben der Eigentümer bzw. des Entwicklers und erbringen einen wesentlichen Bestandteil der immobilienwirtschaftlichen Wertschöpfung. Unterschieden werden Unternehmen des Bauhauptgewerbes (Bauindustrie und Bauhandwerk) und des Baunebengewerbes (z.B. Fertigteilproduktion und Baustoffhandel).

Als **Immobilienfinanzierer** werden (im Gegensatz zu den Eigenkapital gebenden Immobilieninvestoren) die Fremdkapitalgeber der Immobilienbranche verstanden. Sie sind bemüht, keine direkten wirtschaftlichen Risiken zu tragen. Ihr Kerngeschäft liegt in der Kapitalbeschaffung für die Herstellungs- und Nutzungsphase von Immobilien. Da die Finanzierungsstrukturen in Deutschland sehr fremdkapitalgeprägt sind, kommt den Immobilienfinanzierern eine große Bedeutung zu.

Als **Immobiliendienstleister** betätigt sich eine Vielzahl von Marktteilnehmern. Hierzu gehören Planer (z.B. Stadtplaner, Architekten und Ingenieure), Projektsteuerer, Sachverständige, Makler, Berater (z.B. Marktforscher, Juristen, Steuerberater, Wirtschaftsprüfer und Strategieberater), Facilities Manager bzw. Immobilienverwalter sowie Immobilienbetreiber.

Der **Immobiliennutzer** schließlich entscheidet durch seine Nachfrage über den Wert der zur Verfügung stehenden Immobilien und sollte daher im Fokus der Aufmerksamkeit beim unternehmerischen Handeln aller Marktteilnehmer stehen. Vor dem Hintergrund der demographisch und wirtschaftlich bedingt stagnierenden bis sinkenden Nutzerzahlen wird eine detaillierte Auseinandersetzung mit dem Bedürfnissen der Nutzer in Zukunft immer stärker an Bedeutung gewinnen.[8]

21.2 Grundlagen der Immobilienbewertung

21.2.1 Bewertungszweck und Wertbegriffe

Es gibt unterschiedliche Anlässe, die eine Immobilienbewertung erforderlich machen. Als wichtigste sind Transaktionen, Finanzierung und Rechnungslegung zu nennen. Bevor eine Immobilie oder ein Immobilienportfolio den Besitzer wechselt, müssen sich Käufer und Verkäufer eine Preisvorstellung machen. Zu diesem Zweck werden häufig Wertgutachten in Auftrag gegeben. Auch bei einer Immobilienfinanzierung ist ein Wertgutachten

---

[5] Vgl. Loipfinger, S. 12.
[6] Vgl. Ellwanger & Geiger.
[7] Vgl. Bone-Winkel/Müller, S. 32.
[8] Vgl. Bone-Winkel/Müller, S. 29-30; Schulte/Holzmann, S. 169-202.

erforderlich, welches der Gläubiger für die Ermittlung eines akzeptablen Kreditvolumens benötigt. Schließlich wird auch die zukünftig stärker marktwertorientierte Rechnungslegung nach IAS/IFRS eine große Nachfrage nach Wertgutachten generieren.

Bei den verschiedenen Bewertungszwecken sind unterschiedliche Wertbegriffe zugrunde zu legen. Für Transaktionen am Markt ist meist der **Verkehrswert** ausschlaggebend. Der Verkehrswert ist im § 194 des Baugesetzbuches definiert:

„Der Verkehrswert (Marktwert) wird durch den Preis bestimmt, der in dem Zeitpunkt, auf den sich die Ermittlung bezieht, im gewöhnlichen Geschäftsverkehr nach den rechtlichen Gegebenheiten und tatsächlichen Eigenschaften, der sonstigen Beschaffenheit und der Lage des Grundstücks oder des sonstigen Gegenstands der Wertermittlung ohne Rücksicht auf ungewöhnliche oder persönliche Verhältnisse zu erzielen wäre."

Der Verkehrswert ist also stichtagsbezogen und reflektiert alle relevanten Eigenschaften des Grundstücks. Er entspricht dem Preis, zu dem das Grundstück am wahrscheinlichsten am Markt gehandelt würde. Von besonderen Umständen ist dabei abzusehen; hierzu zählen beispielsweise besondere Finanzierungsmodalitäten oder ein unter Zwang stehender Verkäufer. Zwischen den Begriffen Wert und Preis ist sorgsam zu unterscheiden. **Wert** ist ein objektivierter, intersubjektiv nachprüfbarer Begriff, der sich aus dem funktionalen Zusammenhang zwischen Angebot und Nachfrage am Markt ergibt. Der **Preis** einer Sache liegt in jedem konkreten Einzelfall zwischen den Wertvorstellungen von Käufer und Verkäufer, wobei die endgültige Festlegung des Preises durch unterschiedliche Verhandlungspositionen und andere subjektive Faktoren beeinflusst werden kann.

Neben der Information von potenziellen Käufern bzw. Verkäufern über den objektivierten Wert von Grundstücken findet der Verkehrswert auch Anwendung bei der Bemessung der Entschädigung bei Enteignungen und dient zur Orientierung bei Zwangsversteigerungen. Des Weiteren ist der Verkehrswert bei der Wertermittlung von Beständen offener Immobilienfonds maßgeblich.[9]

Im europäischen Raum hat sich mittlerweile das vom *International Valuation Standards Committee* (IVSC) und der *European Group of Valuers Associations* (TEGoVA) entwickelte Konzept des **Market Value** durchgesetzt. Auch die *Royal Institution of Chartered Surveyors* (RICS) hat den Market Value übernommen und damit das von ihr zuvor gebrauchte Konzept des Open Market Value aufgegeben. Der „Market Value" ist wie folgt definiert:

„Der Marktwert ist der geschätzte Wert, für welchen ein Immobilienvermögen **am Tag der Bewertung** zwischen einem **verkaufsbereiten Veräußerer** und **einem kaufbereiten Erwerber**, nach **angemessenem Vermarktungszeitraum**, in einer Transaktion im **gewöhnlichen Geschäftsverkehr** ausgetauscht werden sollte, **wobei jede Partei mit Sachkenntnis, Umsicht und ohne Zwang handelt**."

Die Definitionen des Verkehrswertes und des Market Value weisen eine starke Ähnlichkeit auf. Beide Werte sind unabhängig von den besonderen Interessen der Käufer bzw. Verkäufer und unter Annahme eines gewöhnlichen Geschäftsverkehrs zu ermitteln.

Für die Rechnungslegung nach IAS/IFRS ist der **beizulegende Zeitwert (Fair Value)** von Bedeutung. Der beizulegende Zeitwert ist definiert als „der Betrag, zu dem ein Vermögenswert **zwischen sachverständigen, vertragswilligen und voneinander unab-

---

[9] Vgl. Leopoldsberger/Thomas/Naubereit, S. 460-462.

hängigen Geschäftspartnern getauscht werden könnte".[10] Im Ergebnis ist daher festzuhalten, dass Verkehrswert, Marktwert und Fair Value im Regelfall identisch sind.

21.2.2 Bewertungsmethoden

Neben den vom Gesetzgeber in Wertverordnung (**WertV**) und Wertrichtlinien (**WertR**) vorgeschriebenen und nur in Deutschland gültigen Bewertungsmethoden gibt es noch weitere Standards zur Wertermittlung. So gibt es die im **White Book** zusammengefassten International Valuation Standards (IVS) des IVSC. Die IVS sind auf den IAS basierende internationale Qualitätsstandards. Ziel des IVSC ist die Harmonisierung von Bewertungsstandards auf internationaler Ebene. Des Weiteren gibt es das **Blue Book** mit den European Valuation Standards (EVS) der TEGoVA. Hierbei handelt es sich um internationale Qualitätsstandards, die sich an den Richtlinien der EU orientieren. Bei den im **Red Book** zusammengefassten Appraisal and Valuation Standards der RICS handelt es sich um britische Qualitätsstandards, die jedoch auch international, insbesondere in den ehemals britisch dominierten Gebieten, Anwendung finden. Daneben existieren die von der Appraisal Foundation herausgegebenen Uniform Standards of Professional Appraisal Practice (**USPAP**), welche vorwiegend in den USA Anwendung finden.

Bei den in Deutschland angewandten Bewertungsmethoden kann zwischen **normierten Verfahren** und **nicht normierten Verfahren** unterschieden werden. Zunächst widmen wir uns den drei in der WertV geregelten klassischen Verfahren:

- Vergleichswertverfahren (§§ 13 bis 14 WertV)
- Ertragswertverfahren (§§ 15 bis 20 WertV)
- Sachwertverfahren (§§ 21 bis 25 WertV)

Beim **Vergleichswertverfahren** erfolgt die Bewertung von Grundstücken und Gebäuden mittels geeigneter zeitnaher Vergleichspreise. Das Vergleichswertverfahren ist **gegenwartsbezogen**. Es findet hauptsächlich Anwendung bei der Ermittlung des Verkehrswertes unbebauter Grundstücke und des Bodenwertes bebauter Grundstücke. Wenn in allen wertrelevanten Merkmalen eine große Übereinstimmung besteht, kann das Vergleichswertverfahren auch auf Ein- und Zweifamilienhäuser, Reihenhäuser sowie Eigentumswohnungen angewandt werden. Schematisch stellt sich das Vergleichswertverfahren wie in *Abbildung 21-2* dar.

Der Preisvergleich bildet das zentrale Element des Vergleichswertverfahrens, wobei zwischen dem mittelbaren und dem unmittelbaren Preisvergleich unterschieden werden kann. Beim unmittelbaren Preisvergleich wird der Verkehrswert aus zeitnahen Transaktionen gleichartiger Grundstücke abgeleitet. Da die am Markt gehandelten Grundstücke jedoch selten in allen Merkmalen übereinstimmen und zudem die Transaktionen meist länger zurückliegen, findet in der Praxis meist der mittelbare Preisvergleich Anwendung. Die relevanten Vergleichsmerkmale sind hier Lage, Art und Maß der baulichen Nutzung, Bodenbeschaffenheit, Größe, Grundstücksgestalt und Erschließungszustand. Die aus den Unterschieden abgeleiteten Zu- bzw. Abschläge dürfen 30 bis 35 % nicht übersteigen, weil ansonsten eine hinreichende Vergleichbarkeit nicht mehr gegeben ist.[11]

---

[10] IASB 2002, IAS 40.4.
[11] Vgl. Kleiber/Simon/Weyers 2002, S. 1030 f.

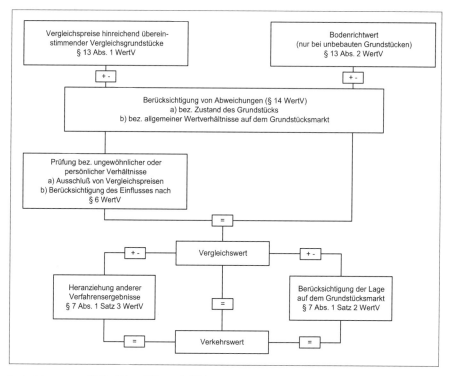

In Anlehnung an: *Kleiber/Simon/Weyers*, S. 1026

Abbildung 21-2: Schematischer Ablauf des Vergleichswertverfahrens

Bei fehlenden Vergleichspreisen können zur Wertermittlung von unbebauten Grundstücken ersatzweise auch Bodenrichtwerte eingesetzt werden, welche von den Gutachterausschüssen ermittelt werden. Es ist hierbei der Bodenrichtwert anhand von Umrechnungskoeffizienten an die jeweils zulässige Grundflächenzahl (GRZ), Geschossflächenzahl (GFZ), Baumassenzahl (BMZ) und die zulässige Anzahl der Vollgeschosse anzupassen. Außerdem sind individuelle Wertmerkmale des Grundstücks, wie besondere Lagemerkmale, Größe und Zuschnitt des Grundstücks sowie die Bodenbeschaffenheit, zu berücksichtigen.

Wenn auf Basis der zuvor beschriebenen Verfahren unter Ausschluss von ungewöhnlichen oder persönlichen Verhältnissen ein Vergleichswert ermittelt worden ist, können weitere Anpassungen erforderlich werden. So sind Korrekturen des Vergleichswertes vorzunehmen, wenn die Lage auf dem Grundstücksmarkt im Rahmen des Bewertungsverfahrens nicht hinreichend berücksichtigt worden ist. Darüber hinaus sind die Ergebnisse anderer Wertermittlungsverfahren nach deren Prüfung in die Verkehrswertermittlung einzubeziehen.

Beim **Ertragswertverfahren** erfolgt die Bewertung von Grundstücken und Gebäuden auf Grundlage der zukünftig zu erzielenden Nettoerträge. Das Ertragswertverfahren ist **zukunftsbezogen**. Es findet Anwendung auf Grundstücke, die zur Ertragserzielung durch Vermietung und Verpachtung bestimmt sind, so dass der Grundstückswert im Wesentlichen durch den nachhaltig erzielbaren Grundstücksertrag bestimmt wird. Diese Kriterien treffen meist auf Mietwohngrundstücke, Geschäftsgrundstücke, Bürohäuser, Ladengeschäfte, gemischt genutzte Grundstücke, Garagen und Hotels zu. Schematisch stellt sich das Ertragswertverfahren wie in *Abbildung 21-3* dar.

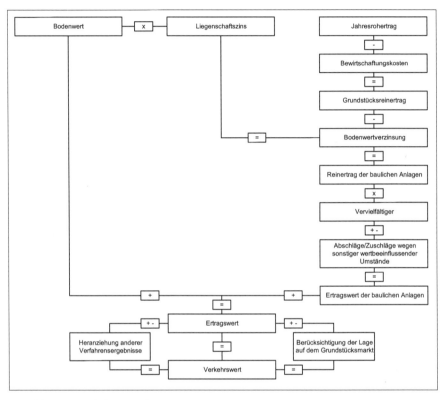

In Anlehnung an: *Kleiber/Simon/Weyers*, S. 1300

Abbildung 21-3: Schematischer Ablauf des Ertragswertverfahrens

Das Ertragswertverfahren kann mit folgender Formel beschrieben werden:

$$EW = (RoE - BewK - i \cdot BW) \cdot \frac{(1+i)^n - 1}{(1+i)^n \cdot i} + BW$$

mit:
- EW = Ertragswert des Grundstücks
- RoE = Jahresrohertrag
- BewK = Bewirtschaftungskosten
- BW = Bodenwert
- i = Liegenschaftszinssatz
- n = Restnutzungsdauer bauliche Anlagen

Ausgangspunkt zur Ermittlung des Ertragswertes ist der **Rohertrag**, welcher alle Einnahmen umfasst, die bei ordnungsgemäßer Bewirtschaftung nachhaltig aus dem Grundstück erzielbar sind. Umlagen, die zur Deckung von Betriebskosten gezahlt werden, sind nicht zu berücksichtigen. Ist das Grundstück zum Zeitpunkt der Wertermittlung ungenutzt, müssen üblicherweise erzielbare Einnahmen zugrunde gelegt werden. Dies gilt auch für Fälle, in denen die gezahlte Miete ober- oder unterhalb der üblicherweise erzielbaren Miete liegt.

Vom Rohertrag sind die **Bewirtschaftungskosten** abzuziehen. Als Bewirtschaftungskosten sind die Kosten anzusetzen, welche bei gewöhnlicher Bewirtschaftung nachhaltig entstehen. Hierzu zählen Verwaltungskosten, Instandhaltungskosten und Betriebskosten, sofern diese nicht auf den Mieter umgelegt werden. Ein Mietausfallwagnis ist ebenfalls anzusetzen. Die **Verwaltungskosten** machen bei Mietwohngrundstücken etwa 2 bis 4% des Rohertrages aus, bei Geschäftsgrundstücken etwa 3 bis 8%. Die **Instandhaltungskosten** werden im Rahmen des Ertragswertverfahrens mit 7,10 bis 11,50 € pro m^2 bei Wohnungen und mit 6 bis 9 € pro m§ bei Büros angesetzt. Die nicht auf die Mieter umgelegten **Betriebskosten** belaufen sich erfahrungsgemäß auf 5 bis 12% des Jahresrohertrages. Das **Mietausfallwagnis** bei Wohngrundstücken wird üblicherweise mit 2% des Rohertrages angesetzt und bei gewerblich genutzten Objekten mit 2,5 bis 7%. Der Jahresrohertrag abzüglich der Bewirtschaftungskosten ergibt den **Grundstücksreinertrag**.[12]

Vom so ermittelten Grundstücksreinertrag ist die **Bodenwertverzinsung** abzuziehen, welche als Produkt aus Bodenwert und Liegenschaftszins errechnet wird. Der Bodenwert wird mithilfe des bereits beschriebenen Vergleichswertverfahrens ermittelt. Die Liegenschaftszinssätze werden vom örtlichen Gutachterausschuss ermittelt und veröffentlicht. Höhere Risiken resultieren in einem höheren Liegenschaftszins, niedrigere Risiken in einem niedrigeren Liegenschaftszins. *Abbildung 21-4* zeigt die Bandbreite auf, in welcher Liegenschaftszinssätze typischerweise liegen.

Gebäudetyp	Liegenschaftszins
Fabriken	7,5 bis 9,0
Lagerhallen	6,0 bis 8,0
Hotels	6,5 bis 7,5
Büro- und Geschäftshäuser	6,0 bis 7,0
Geschosswohnungshäuser	4,0 bis 5,0
Zweifamilienhäuser	3,5 bis 4,0
Einfamilienhäuser	2,5 bis 3,5

Abbildung 21-4: Beispielhafte Liegenschaftszinssätze

Der Grundstücksreinertrag abzüglich der Bodenwertverzinsung ergibt den **Reinertrag der baulichen Anlagen**. Dieser wird nun mit dem **Vervielfältiger** multipliziert, in welchen der Liegenschaftszins und die Restnutzungsdauer der baulichen Anlagen eingehen:

---

[12] Vgl. Leopoldsberger/Thomas/Naubereit, S. 480-483.

$$\frac{(1+i)^n - 1}{(1+i)^n \cdot i}$$

Die wirtschaftliche Restnutzungsdauer der baulichen Anlagen bestimmt sich aus der wirtschaftlichen Gesamtnutzungsdauer abzüglich des Gebäudealters. Sie kann jedoch durch Modernisierung verlängert bzw. durch unterlassene Instandhaltung verkürzt werden. Die folgende Tabelle zeigt die Bandbreite auf, in der die wirtschaftliche Gesamtnutzungsdauer von baulichen Anlagen typischerweise liegt:

Gebäudetyp	GND in Jahren
Einfamilienhäuser (in entsprechener Qualität)	60 bis 100
Fertighäuser in Massivbauweise	60 bis 80
Siedlungshäuser	50 bis 60
Mietwohngebäude	60 bis 80
Gemischt genutzte Gebäude (Gewerbe = 80 %)	50 bis 70
Verwaltungs- und Bürogebäude	50 bis 70
Gewerbe- und Industriegebäude	40 bis 60
Tankstellen	10 bis 20
Einkaufszentren/SB-Märkte	30 bis 50

Quelle: *Leopoldsberger/Thomas/Nauberei*t, S. 487

Abbildung 21-5: Beispielhafte wirtschaftliche Gesamtnutzungsdauern

Um zum **Ertragswert** zu gelangen, muss der entsprechende vervielfältigte Reinertrag der baulichen Anlagen mittels Zu- oder Abschlägen an sonstige wertbeeinflussende Umstände angepasst werden. Hierunter fallen unter anderem Abweichungen der tatsächlich gezahlten Miete von der nachhaltig erzielbaren Miete, welche in Höhe ihres Barwertes zu- oder abgeschlagen werden. Auch vorhandene Baumängel bzw. Bauschäden müssen mit ihren Beseitigungskosten berücksichtigt werden. Schließlich wird der Bodenwert addiert. Die Aufteilung in Ertragswert der baulichen Anlagen und Bodenwert wird vorgenommen, da Grund und Boden ein unvergängliches Gut darstellen, während die aufstehenden Gebäude auch bei ordnungsgemäßer Instandhaltung nur eine begrenzte Nutzungsdauer haben. Unter Berücksichtigung der Lage am Grundstücksmarkt und unter Heranziehung der Ergebnisse anderer Wertermittlungsverfahren wird schließlich der Verkehrswert abgeleitet.

Beim **Sachwertverfahren** erfolgt die Bewertung von Grundstücken und Gebäuden auf Grundlage der historischen, jedoch auf den Bewertungsstichtag abgeschriebenen Herstellungskosten. Das Sachwertverfahren ist **vergangenheitsbezogen**. Es wird eingesetzt bei Grundstücken, für deren Werteinschätzung es nicht in erster Linie auf den Ertrag ankommt. Dies gilt überwiegend bei eigengenutzten Ein- und Zweifamilienhäusern. Bei anderen Immobilien sind die vom Sachwert repräsentierten Kosten für den Erwerber oftmals nur von untergeordnetem Interesse. Schematisch stellt sich das Sachwertverfahren wie in *Abbildung 21-6* dar.

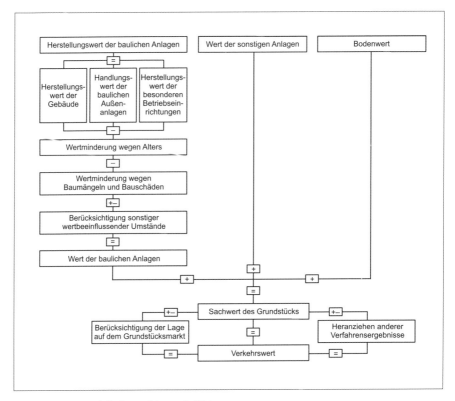

In Anlehnung an: *Kleiber/Simon/Weyers*, S. 1026

Abbildung 21-6: Schematischer Ablauf des Sachwertverfahrens

Das Sachwertverfahren steht im Gesetz gleichrangig neben dem Vergleichs- und dem Ertragswertverfahren. Während die vorhergehenden Verfahren jedoch Werte ausweisen, die aus dem Markt abgeleitet werden, resultieren aus dem Sachwertverfahren meist sehr marktferne Werte. Das Sachwertverfahren ist daher in der Regel nur dann angebracht, wenn es um die Ermittlung von Wiederherstellungskosten (z.B. für Versicherungszwecke) geht.

Wie beim Ertragswertverfahren sind Bodenwert und der Wert der baulichen Anlagen getrennt zu ermitteln und anschließend zu summieren, wobei der Bodenwert im Vergleichswertverfahren zu ermitteln ist. Das Sachwertverfahren gliedert die baulichen Anlagen in Gebäude, bauliche Außenanlagen sowie besondere Betriebseinrichtungen.

Zur Ermittlung des Herstellungswertes von **Gebäuden** wird von den Normalherstellungskosten ausgegangen. Die derzeit maßgebliche Quelle für Normalherstellungskosten sind die Tabellenwerke der NHK 2000, welche vom Bundesministerium Verkehr, Bau- und Wohnungswesen herausgegeben worden sind und den Preisstand von 2000 widerspiegeln. Die NHK 2000 sind u.a. nach Gebäudetyp, Ausstattungsstandard und nach Errichtungszeitpunkt differenziert. Bezugsgröße der Normalherstellungskosten sind entweder die Brutto-Grundfläche oder der Brutto-Rauminhalt gemäß DIN 277. Der aus den

NHK 2000 resultierende Wert wird anschließend unter Bezugnahme auf den Baupreisindex des Statistischen Bundesamtes auf den Wertermittlungsstichtag umgerechnet. Nicht erfasste oder fehlende Bauteile werden anschließend durch Zu- bzw. Abschläge erfasst. Baunebenkosten werden mittels eines prozentualen Zuschlags berücksichtigt, der sich im Regelfall auf 8 bis 22% beläuft.

Zu den **Außenanlagen** werden alle baulichen Maßnahmen gerechnet, die nicht Gebäude sind. Hierzu zählen beispielsweise Wege und Stellflächen, Tore und Türen sowie Ver- und Entsorgungsleitungen bis zur Grundstücksgrenze. In der Regel wird der Wert der Außenanlagen als Zuschlag auf den Gebäudewert ermittelt, wobei die gleiche Restnutzungsdauer wie beim Gebäude unterstellt wird. Zu den **besonderen Betriebseinrichtungen** zählen beispielsweise Personen- und Lastenaufzüge, Müllbeseitigungsanlagen und Gleisanlagen. Deren Herstellungswerte sind analog zu denen von Gebäuden zu berechnen.

Die **Wertminderung** wird als Verhältnis von Gesamtnutzungsdauer und Restnutzungsdauer ausgedrückt. Meist wird ein linearer Werteverzehr unterstellt. Bei der Schätzung der Gesamtnutzungsdauer kann auf tabellierte Werte für verschiedene Immobilienarten zurückgegriffen werden. Die Restnutzungsdauer des Gebäudes wird ausgehend vom baulichen Zustand geschätzt. Die errechnete Wertminderung wegen Alters ist von den Normalherstellungskosten abzuziehen. Die Wertminderung sollte auf 30% der Normalherstellungskosten begrenzt werden, da auch ältere Gebäude ihrem Alter entsprechend genutzt werden können. Des Weiteren sind **Baumängel** und **Bauschäden** mit ihren Beseitigungskosten zum Abzug zu bringen.

Um zum **Wert der baulichen Anlagen** zu kommen, sind noch die sonstigen wertbeeinflussenden Umstände wie wirtschaftliche Überalterung, überdurchschnittlicher Erhaltungszustand oder ein erhebliches Abweichen der tatsächlichen von der maßgeblichen Nutzung zu berücksichtigen. Schließlich werden der Bodenwert, der Wert der baulichen Anlagen und der Wert der sonstigen Anlagen zum **Sachwert des Grundstücks** addiert. Der Begriff „Sonstige Anlagen" bezieht sich hierbei auf Nutz- und Ziergärten. Sofern es sich jedoch nicht um besonders wertvolle Anpflanzungen handelt, sind diese bereits im Bodenwert enthalten, so dass ihr Wert nicht gesondert festgestellt werden muss.[13]

Auch der Sachwert des Grundstücks soll an die Lage am Grundstücksmarkt angepasst werden. Dies ist jedoch nur möglich, wenn der Sachverständige die Ergebnisse von mindestens einem der anderen beiden Wertermittlungsverfahren bereits kennt. Abschließend kann daher gesagt werden, dass dem Vergleichswertverfahren und dem Ertragswertverfahren der Vorzug zu geben ist, weil sich diese näher am Markt orientieren.

Die **nicht normierten Verfahren** stammen aus dem angelsächsischen Raum und sind daher nicht in der WertV geregelt. Ähnlich wie in Deutschland existieren ein Direct Value Comparison Approach, ein Income Approach und ein Cost Approach. Der Direct Value Comparison Approach und der Cost Approach sind dem deutschen Ertragswertverfahren bzw. Sachwertverfahren sehr ähnlich, weshalb hier nicht näher darauf eingegangen werden soll. Der Income Approach bietet jedoch im Vergleich zum Ertragswertverfahren erweiterte Möglichkeiten, weshalb er auch in die deutsche Wertermittlung Einzug gehalten hat.

---

[13] Vgl. Leopoldsberger/Thomas/Naubereit, S. 491-495.

Zunächst sollen die **Growth Implicit Models** vorgestellt werden, bei denen die gegenwärtig und zukünftig erzielbaren Nettoerträge entsprechend einer ewigen Rente als im Zeitablauf konstant angenommen und kapitalisiert werden. Bei der Ermittlung des Kapitalwertes können drei Anwendungsfälle unterschieden werden. Bei **rack-rented properties** entspricht die vertraglich vereinbarte Miete der Marktmiete. Bei **under-rented properties** liegt die gezahlte Miete unter der Marktmiete, und bei **over-rented properties** über der Marktmiete. Die Annahme bei allen drei Szenarien ist, dass die Immobilie bei Anpassung bzw. nach Auslauf des laufenden Mietvertrages zur Marktmiete neuvermietet wird. Eine Unterscheidung zwischen Gebäude- und Bodenwert wird nicht vorgenommen.

Bei rack-rented properties ergibt sich der Kapitalwert aus der Nettomiete multipliziert mit dem Kehrwert des **all risks yield (ARY)**. Beim ARY handelt es sich um einen Diskontierungszinssatz, der von verschiedenen Einflussgrößen abhängig ist. Höhere Risiken resultieren in einem höheren ARY, niedrigere Risiken in einem niedrigeren ARY.

Bei under-rented properties muss zwischen mehreren Mietniveaus differenziert werden, wobei sich zwei Ansätze abgrenzen lassen: das **Term and Reversion Model** sowie das **Top Slicing Model**. Beim Term and Reversion Model wird die unter Marktniveau liegende Miete über deren vertraglich vereinbarte Laufzeit kapitalisiert („Term"). Für den nachfolgenden Zeitraum wird eine Vermietung zum Marktniveau angenommen, als ewige Rente kapitalisiert („Reversion") und anschließend auf den Wertermittlungsstichtag diskontiert. Da eine unter Marktniveau liegende Miete als relativ sicherer Ertrag anzusehen ist, wäre für den Term ein niedrigerer ARY angebracht als für die Reversion.

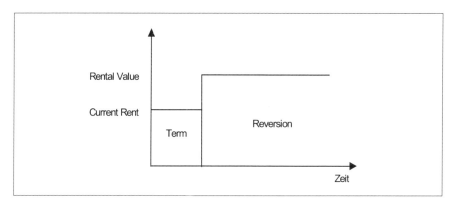

Quelle: *Leopoldsberger/Thomas/Naubereit*, S. 505

Abbildung 21-7: Term and Reversion Model

Beim Top Slicing Model wird das niedrigere Mietniveau („Core") als ewige Rente kapitalisiert. Die Differenz zwischen dem höheren und dem niedrigeren Mietniveau („Top Slice") wird ebenfalls als ewige Rente kapitalisiert und anschließend auf den Wertermittlungsstichtag diskontiert. Die Wahl des Diskontierungszinssatzes des Top Slice ist äußerst problematisch, sie lässt sich jedoch aus den subjektiv festgesetzten ARY für die beiden Mietniveaus mathematisch herleiten.

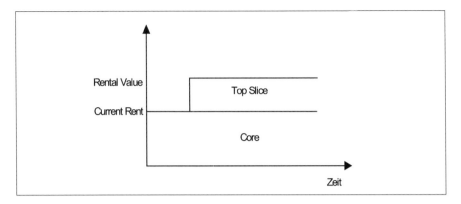

Quelle: *Leopoldsberger/Thomas/Naubereit*, S. 505

Abbildung 21-8: Top Slicing Model

Beide beschriebenen Verfahren führen zu ähnlichen Ergebnissen und sind analog auch für over-rented properties anzuwenden.[14] Anpassungen bei über oder unter Marktniveau liegender Miete werden auch in den deutschen Verfahren vorgenommen und fließen bei den sonstigen wertbeeinflussenden Umstände ein.

Die **Growth Explicit Models** setzen **Discounted-Cashflow (DCF)**-Analysen ein, mit denen sich Einkommensströme sehr differenziert darstellen lassen. Voraussetzung für die Durchführung solch detaillierter Analysen ist die Verfügbarkeit entsprechenden Datenmaterials.

Das DCF-Verfahren soll anhand eines einfachen Beispiels mit einem Betrachtungshorizont von fünf Jahren verdeutlicht werden. Wir gehen von einer Immobilie aus, die potenzielle jährliche Mieteinnahmen (Potential Gross Income, PGI) in Höhe von 1.000.000 € generiert. Es wird angenommen, dass das PGI pro Jahr um 3% steigt. Es wird mit bonitätsbedingten Mietausfällen und Leerstand (Vacancy and Credit Allowance) in Höhe von 10% des PGI gerechnet. Von den daraus resultierenden tatsächlichen Mieteinnahmen (Effective Gross Income, EGI) werden im ersten Jahr 425.000 € Bewirtschaftungskosten (Operating Expenses) abgezogen. Es wird angenommen, dass die Operating Expenses pro Jahr um 6% steigen. Die Differenz aus dem EGI und den Operating Expenses ergibt den Reinertrag (Net Operating Income, NOI). Es wird angenommen, dass die Immobilie am Ende des fünften Jahres zu einer Kapitalisierungsrate (Cap Rate) von 11% verkauft wird. Die Cap Rate entspricht dem Verhältnis vom NOI zum Verkaufspreis. Von Transaktionskosten wird aus Vereinfachungsgründen hier abgesehen. Der Cashflow in den ersten vier Jahren entspricht also den Mieteinnahmen aus der Immobilie, der Cashflow des fünften Jahres entspricht der Summe aus Mieteinnahmen und Verkaufspreis. Es wird angenommen, dass die so ermittelten Cashflows vergleichsweise hohen Risiken unterliegen und diskontieren sie daher mit 9% auf den Wertermittlungsstichtag. Es ergibt sich ein Barwert (Present Value) von rund 4,67 Mio. €.

---

[14] Vgl. Leopoldsberger/Thomas/Naubereit, S. 503-511.

Durch das DCF-Verfahren lässt sich eine Reihe von Faktoren explizit berücksichtigen. Unter Einbeziehung von Finanzierungsmodalitäten und steuerlichen Gesichtspunkten entspricht das DCF-Verfahren einer Investitionsrechnung. Die explizite Berücksichtigung der Mieterträge darf jedoch nicht darüber hinwegtäuschen, dass ein großer Teil des Wertes (in unserem Beispiel 60%) durch den diskontierten Verkaufspreis bestimmt wird.

	Valuation Date	Period 1	Period 2	Period 3	Period 4	Period 5
Potencial Cross Income Vacancy + Credit Allowance		1.000.000 100.000	1.030.000 103.000	1.060.900 106.090	1.092.727 109.273	1.125.509 112.551
Effective Gross Income Operating Expenses		900.000 425.000	927.000 450.000	954.810 477.530	983.454 506.182	1.012.958 536.553
Net Operating Income Selling Price @	11%	475.000	476.500	477.280	477.273	476.405 4.33.957
Cashflow Discounted Cashflow @	9%	475.000 435.780	476.500 401.061	477.280 368.548	477.273 338.112	4.807.362 3.124.455
Present Value	4.667.955					

Abbildung 21-9: Beispielhafte DCF-Analyse

21.2.3 Rechnungslegung

Ab 1.1.2005 sind börsennotierte Unternehmen innerhalb der EU verpflichtet, ihre Konzernabschlüsse nach IAS/IFRS aufzustellen. Eine Übergangsfrist bis 2007 haben diejenigen Unternehmen, die bereits heute einen Konzernabschluss nach US-GAAP aufstellen. Die Umstellung der Rechnungslegung auf IAS/IFRS eröffnet die Möglichkeit, Teile oder die Gesamtheit des konzerneigenen Grundbesitzes zum beizulegenden Zeitwert („Fair Value") periodisch neuzubewerten. Für nicht börsennotierte Unternehmen gelten weiterhin folgende HGB-Bestimmungen:

(a) Immobilien-Rechnungslegungsnormen nach HGB

Nach § **253 Abs. 1 HGB** sind Immobilien mit den **Anschaffungs- oder Herstellungskosten** anzusetzen. Immobilien, die dauerhaft dem Geschäftsbetrieb dienen sollen, werden dem Anlagevermögen zugeordnet (§ 247 Abs. 2 HGB) und ansonsten dem Umlaufvermögen zugerechnet.

Immobilien des **Anlagevermögens** (ausgenommen Grund und Boden) werden über ihre betriebsgewöhnliche Nutzungsdauer planmäßig abgeschrieben. Bei voraussichtlich dauernder Wertminderung wird eine außerplanmäßige Abschreibung erforderlich (§ 253 Abs. 2 HGB). Bei Wegfall des Grundes für die außerplanmäßige Abschreibung muss eine Zuschreibung vorgenommen werden, jedoch nur bis maximal zu den fortgeführten Anschaffungs- und Herstellungskosten.

Immobilien des **Umlaufvermögens** sind nicht planmäßig abzuschreiben. Es besteht jedoch eine Pflicht zu außerplanmäßigen Abschreibungen unabhängig davon, ob eine vorübergehende oder dauerhafte Wertminderung vorliegt.

(b) Immobilien-Rechnungslegungsnormen nach IAS/IFRS

Während in der Rechnungslegung nach HGB das Vorsichtsprinzip die entscheidende Rolle spielt, steht nach HGB/IFRS die Vermittlung von investorrelevanten Informationen im Vordergrund.[15]

Die Bilanzierung und Bewertung von **zum Verkauf bestimmten Immobilien** ist im **IAS 2** geregelt. Dies betrifft in erster Linie Unternehmen, deren gewöhnliche Geschäftstätigkeit auf die Entwicklung und den Verkauf von Immobilien gerichtet ist. Diese Immobilien werden wie nach HGB zu Anschaffungs- oder Herstellungskosten im Umlaufvermögen bilanziert.

Im **IAS 16** ist die Bewertung und Bilanzierung von **betrieblich genutzten Immobilien** festgelegt. Als solche werden diejenigen Immobilien bezeichnet, die ein Unternehmen für Zwecke der Herstellung und Lieferung von Gütern und Dienstleistungen oder für Verwaltungszwecke besitzt, und die voraussichtlich länger als eine Periode genutzt werden. Die Eingangsbewertung erfolgt zu Anschaffungs- und Herstellungskosten. Anschaffungskosten umfassen den Anschaffungspreis abzüglich etwaiger Anschaffungspreisminderungen und zuzüglich aller Anschaffungsnebenkosten. Herstellungskosten umfassen alle herstellungsbezogenen Kosten.

Für die Folgebewertung von betrieblich genutzten Immobilien gibt es zwei Möglichkeiten:

- Benchmark-Methode
- Alternativ-zulässige Methode

Nach der **Benchmark-Methode** erfolgt die Folgebewertung zu fortgeführten Anschaffungs- und Herstellungskosten analog zum HGB. Die planmäßigen Abschreibungen der Immobilie (ausgenommen Grund und Boden) können linear, degressiv oder leistungsabhängig erfolgen. Es ist eine den tatsächlichen wirtschaftlichen Verhältnissen entsprechende Methode zu wählen. Bei dauerhaften Wertminderungen sind außerplanmäßige Abschreibungen zu tätigen. Nach Wegfall der Wertminderung ist eine Zuschreibung nur bis maximal zu den fortgeführten Anschaffungs- und Herstellungskosten möglich. Die Bildung von stillen Reserven ist also möglich.

Die **Alternativ-zulässige Methode** ermöglicht eine Neubewertung zum beizulegenden Zeitwert abzüglich kumulierter Abschreibungen sowie Wertminderungsaufwendungen am Tage der Neubewertung. Bei einer Erhöhung des Buchwerts einer Immobilie durch die Neubewertung wird die Differenz erfolgsneutral in eine Neubewertungsrücklage eingestellt. Bei einer Reduzierung des Buchwerts einer Immobilie durch die Neubewertung wird die Differenz als Aufwand erfasst. Von den planmäßigen Abschreibungen ist nur derjenige Teil erfolgswirksam, der sich auf die (evtl. außerplanmäßig geminderten) Anschaffungs- und Herstellungskosten bezieht. Eine möglicherweise vorhandene Neubewertungsrücklage wird gemäß der Restnutzungsdauer des Gebäudes anteilig erfolgsneutral aufgelöst. Es besteht die Pflicht zur regelmäßigen Neubewertung alle drei bis fünf Jahre. Bisher tendieren die deutschen Unternehmen dazu, die Benchmark-Methode anzuwenden.

Die Bewertung und Bilanzierung von **als Finanzinvestition gehaltenen Immobilien** ist im **IAS 40** festgelegt. Unternehmen haben das Wahlrecht zwischen zwei Verfahren:

---

[15] Vgl. Achleitner/Behr, S. 55 ff.

- Kostenmodell (Cost Model)
- Marktwertmodell (Fair Value Model)

Das **Kostenmodell** entspricht der Benchmark-Methode des IAS 16. Beim **Marktwertmodell** sind alle als Finanzinvestitionen gehaltenen Immobilien zum Zeitwert zu bewerten und auszuweisen. Im Unterschied zur Alternativ-zulässigen Methode des IAS 16 sind jedoch alle Änderungen des beizulegenden Zeitwertes erfolgswirksam zu berücksichtigen. Das Wahlrecht zwischen den beiden Methoden muss einheitlich auf alle Anlageimmobilien des Unternehmens angewandt werden[16] Auch für Immobilien-Finanzanlagen wird

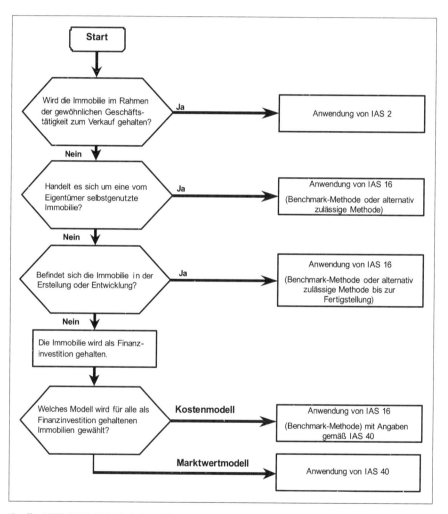

Quelle: IASB 2002, IAS 40, Anhang A

Abbildung 21-10: Entscheidungsbaum für die Immobilienbilanzierung

---

[16] Vgl. Schulte/Pitschke/Raethel, S. 1013-1039.

von deutschen Unternehmen bisher überwiegend das Kostenmodell angewandt, so dass im Ergebnis die IAS/IFRS-Werte den „alten" HGB-Werten stark ähneln. Britische Unternehmen neigen dagegen eher dazu, das Fair Value Model zu wählen. Das Diagramm in Abbildung 21-10 dient zur Veranschaulichung der Anwendung von IAS.

21.3 Marktdaten als Bewertungsgrundlage

Unabhängig davon, ob die Bewertung auf Basis des DCF-Verfahrens oder auf Basis des Ertragswertverfahrens gemäß der Wertermittlungsverordnung erfolgt, ist der Bewerter auf marktadäquate Bewertungsparameter angewiesen. Diese sind nur durch die – entweder eigene oder fremde – Analyse von Markttransaktionen zu gewinnen.

Als Fremddaten kommen regelmäßig in Betracht:

(a) Auszüge aus der Kaufpreissammlung der örtlichen Gutachterausschüsse

Gemäß den Bestimmungen des Baugesetzbuches erhalten die Gutachterausschüsse von allen Kaufverträgen innerhalb ihres Zuständigkeitsbereiches Kopien, aus denen sie die wesentlichen Marktdaten abzuleiten haben. Öffentlich bestellte und vereidigte Sachverständige haben die Möglichkeit, bei Nachweis eines berechtigten Interesses, d.h. eines Auftrages, Auskünfte aus der Kaufpreissammlung mit Nennung der Objektanschriften und weiterer Parameter zu erhalten. Sofern die ausgewerteten Transaktionen noch den Verhältnissen am Grundstücksmarkt entsprechen, können diese Vergleichstransaktionen herangezogen werden. Eine Nennung der Vergleichsdaten im Gutachten unter Angabe der Anschrift ist aus datenschutzrechtlichen Gründen jedoch ausgeschlossen.

(b) Marktberichte der Gutachterausschüsse

Neben den Primärdaten der Kaufpreissammlung veröffentlichen viele Gutachterausschüsse auch Grundstücksmarktberichte mit aggregierten Daten. Sofern die Auswertungsdauer es zulässt, können diese Daten im Rahmen der Bewertung Verwendung finden.

(c) Marktberichte von Maklerhäusern

Für eine ganze Reihe von Städten und Objektarten werden auch von Privatunternehmen regelmäßig Marktberichte veröffentlicht. Es ist zu berücksichtigen, dass diese – meist kostenlos zur Verfügung gestellten – Informationen unter Umständen mit einem gewissen Selbstzweck veröffentlicht worden sind und nicht in jedem Fall allen Anforderungen, die die Statistik fordert, entsprechen. Allerdings ist der Grundstücksmarkt in den wenigsten Regio-nen so umfangreich, dass man von statistisch abgesicherten Daten sprechen könnte.

(d) Marktberichte der Wirtschaftsförderungen

Zum Teil werden von den örtlichen Wirtschaftsförderungsgesellschaften selbst Marktdaten erhoben oder aufgrund von durchgeführten Maßnahmen ausgewertet. Häufig sind die genannten Daten allerdings auch unverhandelte Angebotspreise.

(e) Mietdatenbank der DID, Wiesbaden

Die Mietdatenbank der *Deutschen Immobilien Datenbank* (DID) in Wiesbaden enthält Daten von tatsächlich abgeschlossenen Mietverträgen bzw. von durchgeführten Mietpreisanpassungen. Die Qualität der Aussagen hängt von dem Umfang der bekannten Verträge an den Standorten ab. Aus Datenschutzgründen müssen mindestens drei Verträge bekannt sein, bevor die Daten bezogen werden können.

(f) ReBase-Datenbank des BIIS, Frankfurt am Main

Für einen beschränkten Benutzerkreis, namentlich für die Mitglieder des *Bundesverbandes der Immobilien-Investment-Sachverständigen*, steht eine Mietpreisdatenbank, gespeist aus den Daten der Wertgutachten der beteiligten Sachverständigen, zur Verfügung. Bei der Verwendung dieser Daten ist zu beachten, dass sie zum Teil nicht auf Verträgen beruhen, sondern auf Ansätzen aus den genannten Gutachten.

(g) Immobilienbörsen

In gewissem Umfang können auch die Immobilienbörsen des Internets herangezogen werden. Auch hier ist zu beachten, dass keine Abschlussdaten, sondern natürlich nur Angebotsdaten gespeichert sind.

(h) Rechenschaftsberichte von offenen Immobilienfonds

Bei einer Reihe von Fonds werden objektspezifische Daten veröffentlicht, die für vergleichbare Objekte unter Umständen herangezogen werden können. Inhaltlich kann es hier zu Überschneidungen mit den Datenbeständen der ReBase-Datenbank kommen.

(i) Weitere Informationsquellen

Neben den Mietpreis- und Investitionsdaten (Renditen, Kaufpreisvervielfältiger) sind auch Auswertungen zu Bewirtschaftungskosten verfügbar. Verwiesen sei hier auf die OSCAR-Studie (Office Service Charge Analysis Report) von Jones Lang LaSalle oder die Bewirtschaftungskosten-Benchmarks (Key-Report Office) von Atis real.

21.4 Bewertungsbeispiel

Das nachfolgende Beispiel geht von folgenden Annahmen aus:

Es handelt sich um ein Einmieterobjekt mit einem zehnjährigen Mietvertrag über eine Fläche von 5.050 m^2 zu 11,50 €/m^2. Allerdings ist das Gebäude in einem Zustand, der die Annahme wahrscheinlich sein lässt, dass eine Vermietung über diesen Zeitpunkt hinaus nicht gegeben ist. Die wirtschaftliche Restnutzungsdauer wird daher mit 10 Jahren angenommen. Die Instandhaltungskosten betragen für den gesamten Zeitraum schätzungsweise 10,00 €/m^2/Jahr. Die Verwaltungskosten, der Anteil der Betriebskosten, die vertragsgemäß vom Vermieter zu tragen sind, und das Mietausfallwagnis betragen in Summe 10%. Der Bodenwert beträgt nach sachverständiger Einschätzung rund 1.500.000 €. Unter Berücksichtigung des objektspezifischen Risikos wird ein marktgerechter Liegenschaftszinssatz von 7,5% ermittelt.

Der Ertragswert des Grundstücks entspricht in etwa dem Ergebnis der beispielhaften DCF-Analyse gemäß *Abbildung 21-9*, obwohl der Jahresrohertrag nicht 1.000.000 € beträgt, die Bewirtschaftungskosten deutlich geringer sind und der verwandte Liegenschaftszinssatz mit 7,5% deutlich unter den Diskontierungszinsätzen von 11% respektive 9% liegt.

Dennoch ist nicht auszuschließen, dass sich beide Rechnungen auf das gleiche Objekt beziehen:

Jahresrohertrag:	12 × 5.050 m² × 11,50 €/m²	696.900 €
abzüglich der Instandhaltungskosten:	5.050 m² x 10,00 €/m²	−50.500 €
abzüglich der übrigen Bewirtschaftungskosten:	696.900 × 10%	**−69.690 €**
= Jahresreinertrag des Grundstücks:		576.710 €
abzüglich angemessene Verzinsung des Bodenwertes:	1.500.000 € × 7,5%	−112.500 €
= Jahresreinertrag der baulichen Anlagen:		464.210 €
Der Vervielfältiger (Rentenbarwertfaktor) für 10 Jahre und 7,5% beträgt 6,86.		
Ertragswert der baulichen Anlagen:	6,86 × 464.210 €	3.184.481 €
zuzüglich Bodenwert		1.500.000 €
Ertragswert des Grundstücks		4.684.481 €

Das DCF-Beispiel geht den US-amerikanischen Marktgepflogenheiten folgend von einer Bruttobruttomiete aus, wohingegen das oben stehende Beispiel die zusätzlich zur Miete zu zahlenden Betriebskosten weder bei den Erträgen noch bei den Aufwendungen berücksichtigt.

Der Umstand, dass beide Rechnungen mit unterschiedlichen Diskontierungszinssätzen operieren, ist nicht mit einer unterschiedlichen Risikoeinschätzung zu begründen, sondern zum einen dadurch, dass ein Teil der Risiken hier implizit und dort explizit berücksichtigt wird. Zum anderen lassen sich die unterschiedlichen Diskontierungszinssätze auch dadurch begründen, dass das DCF-Verfahren Mietpreissteigerungen unterstellt hat, die zum Teil auf Inflationsannahmen beruhen, und Inflationsannahmen in der Bewertung gemäß Wertermittlungsverordnung nicht explizit berücksichtigt werden. Schließlich hat die Berücksichtigung des Bodenwertes bei dieser kurzen Restnutzungsdauer ein stabilisierendes Element. Ein Bodenwertansatz wie im oben stehenden Beispiel setzt aber voraus, dass – aus heutiger Sicht – eine Verkaufsmöglichkeit des geräumten Grundstücks nach Ablauf des Zehnjahresvertrages besteht. Eine Annahme, die man – ebenfalls aus heutiger Sicht – nicht für jeden Standort, insbesondere in wirtschaftlichen schwachen Regionen, machen sollte.

21.5 Literatur

Bankhaus Ellwanger & Geige (Hrsg.): DIMAX Titelliste, <http://www.privatbank.de/web/home.nsf/VCO/VSIN-59XEBA/$file/dimlist.pdf>, Abrufdatum: 20.5.2005

Becker, M./Bone-Winkel, S./Sotelo, R./Väth, A.: REITs, in: Bundesministeriums der Finanzen (Hrsg.): Staatliche Rahmenbedingungen für neue Assetklassen im internationalen Vergleich – Private Equity und REITs, Mannheim 2005

Bone-Winkel, S./Müller T.: Bedeutung der Immobilienwirtschaft, in: Schulte, K.-W. (Hrsg.): Immobilienökonomie, Bd. 1., 3. Aufl., München 2005

Bone-Winkel, S./Schulte, K.-W./Focke, C.: Begriff und Besonderheiten der Immobilie als Wirtschaftsgut, in: Schulte, K.-W. (Hrsg.): Immobilienökonomie, Bd. 1., 3. Aufl., München 2005

Bundesministerium für Verkehr, Bau- und Wohnungswesen (Hrsg.): Normalherstellungskosten (NHK) 2000, Berlin 2001 *ifo Institut für Wirtschaftsforschung* an der Universität München: Die volkswirtschaftliche Bedeutung der Immobilienwirtschaft – Studie für die gif – Gesellschaft für Immobilienwirtschaftliche Forschung e.V., Wiesbaden 2005

International Accounting Standards Board (Hrsg.): International Accounting Standards (IAS) 2002: Deutsche Ausgabe, Stuttgart 2002

Kleiber, W./Simon, J./Weyers, G.: Verkehrswertermittlung von Grundstücken, 4. Aufl., Köln 2002

Leopoldsberger, G./Thomas, M./Naubereit, P.: Immobilienbewertung, in: Schulte, K.-W. (Hrsg.): Immobilienökonomie, Bd. 1., 3. Aufl., München 2005

Loipfinger, S.: Marktanalyse der Beteiligungsmodelle 2004, Griesstätt 2004, <http://www.loipfinger.de/source/doc/vorwort2004.pdf>, Abrufdatum: 20.5.2005

Schulte, K.-W./Holzmann, C.: Institutionelle Aspekte der Immobilienökonomie, in: Schulte, K.-W. (Hrsg.): Immobilienökonomie, Bd. 1., 3. Aufl., München 2005

Schulte, K.-W./Pitschke, C./Raethel, J.: Rechnungswesen, insbesondere Immobilien-Rechnungslegung, in: Schulte, K.-W. (Hrsg.): Immobilienökonomie, Bd. 1., 3. Aufl., München 2005.

22 Bewertung von Immobilienunternehmen

von *Wolfgang Schäfers* und *Frank J. Matzen*[*]

22.1 Einleitung	538
22.2 Besonderheiten der Immobilienwirtschaft als Rahmenbedingungen	540
22.3 Vergleichsbewertungsverfahren zur Bewertung von Immobilienunternehmen	543
22.3.1 Überblick über die Vergleichsbewertungsverfahren	543
22.3.2 Darstellung gängiger Vergleichsbewertungsverfahren zur Bewertung von Immobilienunternehmen	543
22.3.2.1 Vergleichsbewertung nach Empfehlungen der DVFA/SG	544
22.3.2.2 Vergleichsbewertung nach den Empfehlungen der NAREIT	546
22.3.2.3 Vergleichsbewertung nach immobilienorientierten Erfolgskennzahlen	547
22.3.3 Kritische Würdigung der Vergleichsbewertungsverfahren	548
22.3.3.1 Eingeschränkte Vergleichbarkeit der Vergleichsunternehmen	548
22.3.3.2 Zuordnung operativer und finanzieller Aufwendungen	549
22.3.3.3 Komplexitätsreduktion durch Multiplikatoren	549
22.3.3.4 Ermittlung des Enterprise Values der Vergleichsunternehmen	549
22.3.3.5 Berücksichtigung von Veräußerungsgewinnen/-verlusten	550
22.4 Net Asset Value-Verfahren zur Bewertung von Immobilienunternehmen	550
22.4.1 Überblick über das Net Asset Value-Verfahren zur Bewertung von Immobilienunternehmen	550
22.4.2 Kritische Würdigung des Net Asset Value-Verfahrens	551
22.4.2.1 Mangelnde Berücksichtigung der Ausschüttbarkeit	552
22.4.2.2 Unvereinbarkeit der Wertkonzeptionen	552
22.4.2.3 Mangelndes Publizitätsverhalten	553
22.4.2.4 Marktwertermittlung sonstiger Vermögensgegenstände und Schulden	553
22.4.2.5 Fehlende Eindeutigkeit der Bewertung mittels des Net Asset Values	553
22.5 Discounted Cashflow-Verfahren zur Bewertung von Immobilienunternehmen	553
22.5.1 Überblick über die Discounted Cashflow-Verfahren	553

---

[*] Prof. Dr. Wolfgang Schäfers, Universität Regensburg, und Dr. Frank J. Matzen, Ernst & Young AG, Frankfurt am Main.

22.5.2 Ausgewählte Aspekte der Anwendung der DCF-Verfahren
       zur Bewertung von Immobilienunternehmen 554
    22.5.2.1 Einschätzungen des regionalen Immobilienmarktes 555
    22.5.2.2 Planung der Bestandsmiete und der Erlösschmälerungen 556
    22.5.2.3 Planung der Betriebskosten und Umlagen 556
    22.5.2.4 Planung der Instandhaltungs- und Modernisierungskosten 557
    22.5.2.5 Planung der Ertragsteuern 557
    22.5.2.6 Entwicklung eines integrierten Planungsmodells 558
    22.5.2.7 Ermittlung der Kapitalkosten 559
        22.5.2.7.1 Ermittlung der Eigenkapitalkosten 559
        22.5.2.7.2 Ermittlung der Fremdkapitalkosten 561
22.5.3 Kritische Würdigung des Discounted Cashflow-Verfahrens 561
    22.5.3.1 Hohe Informationsanforderungen 561
    22.5.3.2 Ermittlung des Diskontierungszinsfusses 562
    22.5.3.3 Mangelnde Berücksichtigung stiller Reserven 562
22.6 Fallstudie zur Bewertung eines Immobilienunternehmens 562
    22.6.1 Ausgangssituation 562
    22.6.2 Ermittlung des Wertes bei vollständiger Eigenkapitalfinanzierung . . . 564
    22.6.3 Ermittlung des Wertes der finanzierungsbedingten Steuervorteile . . . 567
    22.6.4 Ermittlung des Wertes der Fremdfinanzierung 570
    22.6.5 Ermittlung des Wertes des Eigenkapitals 571
22.7 Bedeutung der unterschiedlichen Bewertungsverfahren in der Praxis 574
22.8 Literatur 575

22.1 Einleitung

Die vergangenen Jahre waren durch einen starken Anstieg spektakulärer Immobilientransaktionen mit anwachsenden Transaktionsvolumina sowie das verstärkte Engagement internationaler Investoren in den nationalen Immobilienmärkten geprägt. Vor allem Private-Equity-Fonds mit Fokus auf den Immobilienbereich gewannen an Bedeutung und beteiligten sich bei dem Verkauf und der Ausgliederung mehrerer Immobilienunternehmen mit weitreichenden Immobilienbeständen sowohl im Bereich von Unternehmen als auch im Bereich der öffentlichen Hand. In diesem Zusammenhang sei beispielsweise auf die in 2004 erfolgte Übernahme der *GAGFAH* mit rund 80.000 Wohnungen durch *Fortress Investment Group* für 3,5 Mrd. €, den Verkauf der *ThyssenKrupp*-Immobiliengruppe an *Morgan Stanley Real Estate/Corpus* für 2,1 Mrd. € oder den Erwerb der *GSW*-Beteiligung des Landes Berlin mit rd. 67.000 Wohnungen durch ein Konsortium von *Cerberus Capital Investment/Whitehall Group* verwiesen. Die dabei entfachte Diskussion um die „richtige" Bewertung von Immobilienunternehmen erhält nicht zuletzt durch eine mögliche Einführung von so genannten Real Estate Investment Trusts (kurz: REITs), einer spezialisierten Form einer Immobilienaktiengesellschaft mit bevorzugter steuerlicher Behandlung, zusätzlichen Aufwind. Vor dem Hintergrund dieser Entwicklungen ist es notwendig, eine klare Übereinkunft zur Bewertung von Immobilienunternehmen zu finden.

Der Grundgedanke der modernen Unternehmensbewertung besteht darin, den zu bestimmenden Wert eines Unternehmens im Wege eines Analogieschlusses durch Vergleich mit einem Unternehmen, dessen Preis bekannt ist, herzuleiten. Auf dieser Basis erfolgt auch die Bewertung von Immobilienunternehmen. Im Gegensatz zu anderen Branchen beschränken sich die Fragestellungen bei der Bewertung von Immobiliengesellschaften jedoch nicht allein auf die Identifizierung und adäquate Berücksichtigung von branchenspezifischen Charakteristika, sondern sind – wie noch zu zeigen wird – grundsätzlicher.[1] Denn die Bewertung von Immobiliengesellschaften ist mit zahlreichen spezifischen theoretischen und praktischen Problemen verbunden, die erst in jüngster Zeit Anlass zu Diskussionen geben.[2] Zunächst ist der Begriff des Immobilienunternehmens weiter gefasst, als dieses auf den ersten Blick erscheint.[3] Auch sind sich die Beteiligten uneinig, ob zur Bewertung von Unternehmen mit großen Immobilienbeständen die Methoden der Immobilienbewertung oder auch der Unternehmensbewertung heranzuziehen sind.[4] Aber auch die heranzuziehenden Methoden zur Unternehmensbewertung sind strittig. Es herrscht jedoch Einigkeit darüber, dass „der richtige Unternehmenswert" im Sinne eines objektiven Wertes nicht existiert, sondern vielmehr die Ermittlung des Unternehmenswertes von dem bei der Bewertung verfolgten Zweck abhängig ist.

Grundsätzlich muss zwischen Wert und Preis unterschieden werden: Nach Sicht der Unternehmensbewertungslehre resultiert der Wert eines Objektes aus den Eigenschaften, insbesondere aus der Nutzung, die das Bewertungssubjekt dieser Sache beimisst.[5] Diese – aus Sicht der Unternehmensbewertung einfach erscheinende Feststellung – ist jedoch keinesfalls selbstverständlich, steht sie doch im Widerspruch zu der Verkehrswertdefinition der Immobilienbewertung nach Baugesetzbuch (BauGB), die vor allem die Abstraktion von persönlichen Verhältnissen fordert.

Der realisierte Preis wird in der Regel weder mit dem subjektiven Entscheidungswert des Verkäufers noch dem des Käufers übereinstimmen, da in diesem Falle beide Parteien bezüglich ihrer Entscheidung indifferent wären. Der tatsächliche gezahlte Preis wird durch eine Vielzahl von Faktoren geprägt, die weit über die Parameter einer Wertermittlung hinausreichen und nicht Gegenstand dieses Artikels sind.

Im Rahmen des vorliegenden Beitrags wird daher versucht, durch verschiedene theoretische und praktische Ansätze den Anteilen eines Immobilienunternehmens einen Wert zuzuordnen und damit eine Preisfindung zu unterstützen, wobei die Besonderheiten der Geschäftstätigkeit, des Immobilienmarktes und des -portfolios eine determinierende Rolle einnehmen und den Wert eines Immobilienunternehmens nachhaltig beeinflussen.[6]

---

[1] Vgl. zu Unternehmensbewertung *Achleitner, A.-K.* (2002), S. 166-177.
[2] Vgl. *Schäfers, W./Siepmann, A./Stock, A.* (2002), S. 377; *Schäfers, W./Hörner, C.* (2002), S. 537 ff.; *Schulte, K.-W./Matzen, F.J.* (2003), S. 384.
[3] Vgl. *Cadmus, A.* (2003), S. 197; *Väth, A.* (2002), S. 817; *Block, R.L.* (1998), S. 52.
[4] Vgl. *Zoller E./Kiesl, B.* (2002), S. 202.
[5] Vgl. *Born, K.* (1995), S. 21.
[6] Vgl. *Schäfers, W./Siepmann, A./Stock, A.* (2002), S. 375-402.

22.2 Besonderheiten der Immobilienwirtschaft als Rahmenbedingungen

Bei der Diskussion um die Bewertung von Immobilienunternehmen ist zunächst zu klären, wodurch sich Immobilienunternehmen als Unternehmenstypus auszeichnen. In der Literatur existieren verschiedene Begriffsfassungen und Abgrenzungen, die sich von Unternehmen, die ihr Kapital ausschließlich in Immobilien investieren und aus der Vermietung und Verwaltung dieses Immobilienbestandes ihre Erträge erzielen,[7] bis hin zu Unternehmen die alle Leistungen „rund um die Immobilie" anbieten, erstrecken. Hierzu zählen neben der Bestandsverwaltung auch die Projektentwicklung sowie mit Immobilien zusammenhängende Dienstleistungen. Dieses weite Spektrum der Definitionen von Immobilienunternehmen spiegelt die empirisch zu beobachtenden unterschiedlichen Ausprägungen der Immobilienunternehmen wider.[8] In der folgenden Betrachtung wird jedoch primär auf bestandshaltende Immobiliengesellschaften fokussiert, da vor allem hier in der Fachliteratur verschiedene bewertungstheoretische Ansätze diskutiert werden.[9]

Dabei ist der Markt für das Wirtschaftsgut „Immobilie" nicht mit dem Idealbild eines vollkommenen Marktes vergleichbar, sondern stellt vielmehr einen Spezialmarkt dar.[10] Dies ist durch die physisch-technischen Eigenschaften der Immobilie selbst bedingt wie bspw. der Standortgebundenheit und Heterogenität und der damit verbundenen Aufspaltung in verschiedene Teilmärkte, die nur bedingt miteinander im Zusammenhang stehen und auf denen Angebot und Nachfrage erheblich differieren können.[11] Aber auch die mangelnde Liquidität von Immobilienmärkten führt zu einer eingeschränkten Markttransparenz und damit verbundenem hohen Informationsbedarf.[12] Aufgrund der Länge des Entwicklungs- und Nutzungszyklus von Immobilien passen sich Angebot und Nachfrage auf Immobilienmärkte nur relativ langsam an.[13]

Die dargelegten Besonderheiten des Immobilienmarktes sowie die im Verhältnis zu anderen Märkten hohen Transaktionskosten erschweren die Bildung von Gleichgewichtspreisen und damit die Möglichkeit, Immobilienunternehmen ohne Berücksichtigung der Lage der sich im Bestand befindlichen Immobilien zu bewerten. In der hohen Bedeutung regionaler Märkte ist ein wesentlicher Unterschied zur Bewertung Unternehmen anderer Branchen zu sehen.

Vielfach handelt es sich bei Immobilienunternehmen i.d.R. nicht um Einobjektgesellschaften, sondern es wird eine Vielzahl von Objekten zu einem Portfolio zusammengefasst. Hierdurch ergeben sich Verbundeffekte zwischen den einzelnen Objekten, die so-

---

[7] Vgl. *Scharpenack, F./Nack, U./Haub, C.* (1998), S. 666.
[8] Vgl. zu möglichen weiteren Formen der Immobilienunternehmen *Rehkugler, H.* (2003), S. 6.
[9] Vgl. *Rehkugler, H.* (2003), S. 17; *Thomaschowski, D./Rehkugler, H./Nack, U.* (2003), S. 55-70; *Cadmus, A.* (2000), S. 96; *Haub, C.* (1998), S. 150; *Schäfers, W./Siepmann, A./Stock, A.* (2002), S. 379 ff.; *Schulte, K.-W./Matzen, F.J.* (2003), S. 384-387; *Schäfers, W./Haub, C./Stock, A.* (2002), S. 313 ff.
[10] Vgl. *Bals, W.* (1993), S. 14; *Schäfers, W.* (1997), S. 74-80.
[11] Vgl. *Heuer, J.H.B./Nordalm, V.* (2001), S. 116; *Engels, R.* (2002), S. 329.
[12] Vgl. *Dubben, N./Sayce, S.* (1991), S. 27; *Abromeit-Kremser, B.* (1986), S. 127.
[13] Vgl. *Fraser, W.D.* (1984), S. 120; *Schäfers* (1997), S. 76 ff.

wohl eine Risikostreuung als auch Effizienzvorteile bei der Verwaltung ermöglichen.[14] Die Risiko-Rendite-Struktur z.b. eines Wohnungsportfolios wird dabei vor allem durch folgende Merkmale determiniert:[15]

- **Region:** Bedingt durch die bereits diskutierte Heterogenität der Immobilienmärkte, beeinflussen die regionale Lage und die Streuung des Immobilienportfolios das gegenwärtige und zukünftige Mietniveau, die Stabilität der Mieterlöse, den Leerstand aufgrund von z.b. Wanderungsbewegungen, den Modernisierungsbedarf sowie das erforderliche Personal
- Die **Altersstruktur** des Portfolios beeinflusst die Instandhaltungskosten und den Investitions- bzw. Modernisierungsbedarf von Immobilien
- **Mieterstruktur:** In Abhängigkeit von der Diversität und Bonität der Mieter und ggf. Branchen, in denen die Mieter aktiv sind, tritt eine Risikostreuung ein, die bei der ausschließlichen Vermietung an einen Mieter nicht vorhanden ist
- **Mietniveau:** Das bestehende Mieterhöhungspotenzial im Verhältnis zum Marktmietniveau ist von der bisher verfolgten Mietpreispolitik abhängig
- **Nutzung:** Vermietung von Wohnraum unterliegt starken gesetzlichen Regulierungen zum Schutze der Mieter, wohingegen Gewerberaumvermietungen von Vertragsfreiheit profitieren
- **Öffentliche Förderung:** Geförderter Wohnraum ist zur Kostenmiete zu vermieten und darf erst nach der Förderung – unter Berücksichtigung der Kappungsgrenze – angepasst werden.

Die Bildung und Umstrukturierung von Portfolien von mehreren Immobilien stellt somit eine marktwertbeeinflussende Transformationsleistung der Immobilienunternehmen dar, die – im Gegensatz zur Immobilienbewertung nach BauGB bzw. WertV – Gegenstand der Unternehmensbewertung ist.

Die Herausforderungen einer adäquaten Bewertung spiegeln sich aber auch in der Finanzierung von Immobilienunternehmen wider. Zu unterscheiden ist dabei zwischen der i.d.R. grundschuldlich besicherten Immobilien- oder Objektfinanzierung und der durch Negativklauseln oder Convenants besicherten allgemeinen Unternehmensfinanzierung. Neben der Besicherung unterscheiden sich diese beiden Finanzierungsarten aber auch in der Fristigkeit, Verzinsung und Rückzahlbarkeit.

Typischerweise zeichnen sich die Objektfinanzierungen, welche den größten Anteil an der Gesamtfinanzierung von Immobilienunternehmen ausmacht, durch lange Tilgungsdauern und Zinsbindungsfristen aus.[16] Kehrseite dieser zur Planungssicherheit führenden Modalitäten sind die daraus resultierenden Einschränkungen bei einer von der geplanten Tilgung abweichenden Rückzahlung. So kann eine vorzeitige Rückzahlung grundsätzlich nur nach Ablauf der Zinsbindungsfrist erfolgen. Soll diese dennoch vorgenommen werden, so ist von dem Darlehensnehmer i.d.R. insbesondere bei – nach Vertragsabschluss – sinkenden Zinsen eine Vorfälligkeitsentschädigung zu leisten. Aber auch aus der hypothekarischen Besicherung der Darlehen, die zu Zinsvorteilen gegenüber unbesicherten (Unternehmens-)Darlehen führen, resultiert eine Einschränkung in der Verfügung über das Immobilienportfolio. Da die hypothekarische Besicherung die Ermittlung von Belei-

---

[14] Vgl. *Rehkugler, H.* (2003), S. 11.
[15] Vgl. *Schnapp, M.* (2002), S. 616.
[16] Vgl. *Paschedag, H.* (2002), S. 70.

hungswerten der zu finanzierenden Immobilien voraussetzt, kann der Verkauf von Objekten während der Darlehenslaufzeit nicht nur aufgrund etwaig zu leistender Vorfälligkeitsentschädigungen, sondern auch aufgrund einer erforderlichen Umbesicherung und einer damit notwendig werdenden erneuten Beleihungswertermittlung zu erheblichen Nebenkosten führen.

Diese Eigenschaften der Objektfinanzierung lassen unmittelbare Schlüsse auf die von Immobilienunternehmen verfolgte Gestaltung der Kapitalstruktur – im Folgenden als Finanzierungspolitik bezeichnet – zu. Hierbei kann grundsätzlich zwischen einer wertorientierten und einer autonomen Finanzierungspolitik unterschieden werden:[17]

- **Wertorientierte Finanzierungspolitik:** Die Kapitalstruktur wird an dem Marktwert des Unternehmens ausgerichtet. Diese Annahme führt dann zu – in Abhängigkeit vom Unternehmensgesamtwert – schwankenden Fremdkapitalbeständen,[18] was bei einem gegebenen Investitionsrisiko zu einem konstanten Ausfallrisiko des Gläubigers führt[19]
- **Autonome Finanzierungspolitik:** Der Finanzierungsverlauf ist unabhängig von der Wertentwicklung des Unternehmens, was im Zeitablauf zu variablen Verschuldungsgraden und damit zu einer Veränderung des Finanzierungsrisikos führen kann,[20] bspw. erfolgt die Rückzahlung der Kredite gemäß eines Tilgungsplans

Während eine autonome Finanzierungspolitik intuitiv nahe liegt, ist die Bestimmung der Finanzierungspolitik in der Literatur zur Unternehmensbewertung Gegenstand von Diskussionen, da in Abhängigkeit der Finanzierungspolitik unterschiedliche Bewertungsmethoden unterschiedlich gut geeignet sind.[21] Insbesondere im Hinblick auf die Immobilienfinanzierung erscheint jedoch – aufgrund der mit einer vorfälligen Tilgung verbundenen hohen Kosten – die Annahme einer wertorientierten Finanzierungspolitik abwegig.[22] Aber auch in anderen Zusammenhängen nehmen in der Literatur die Stimmen zu, welche die Annahme einer autonomen Finanzierungspolitik in Deutschland generell für angemessener halten.[23]

Im Zusammenhang mit der Bewertung von Immobilienunternehmen werden drei grundlegende Konzepte diskutiert und in der Praxis in Abhängigkeit von dem verfolgten Bewertungszweck angewandt: die Bewertung mittels marktwertorientierter Verfahren, mittels substanzwertorientierter Verfahren und mittels fundamentalwertorientierter Verfahren. Die Anwendung dieser Konzepte bei der Bewertung von Immobilienunternehmen soll in den folgenden Kapiteln diskutiert werden, wobei vor allem auch auf die Sichtweise potenzieller Investoren bei der Bewertung eingegangen wird.[24]

---

[17] Vgl. *Richter, F.* (1998), S. 379-389.
[18] Vgl. *Krolle, S.* (2001), S. 25.
[19] Vgl. *Drukarczyk, J.* (2003), S. 276.
[20] Vgl. *Löffler, A.* (2002), S. 296; *Drukarczyk, J./Honold, D.* (1999), S. 343.
[21] Vgl. *Kruschwitz, L./Löffler, A.* (2003 a), S. 731.
[22] Vgl. *Matzen, F.J.* (2005), S. 31.
[23] Vgl. u.a. *Baetge, J./Niemeyer, K./Kümmel, J.* (2002), S. 255; *Castedello, M./Davidson, R./Schlumberger, E.* (2004), S. 370; *Schumann, J.* (2005), S. 26; *Schüler, A.* (2000), S. 1531.
[24] Vgl. *Leopoldsberger, G./Thomas, M.* (1998), S. 152.

22.3 Vergleichsbewertungsverfahren zur Bewertung von Immobilienunternehmen

22.3.1 Überblick über die Vergleichsbewertungsverfahren

Bei den Vergleichsbewertungsverfahren wird der Wert eines zu bewertenden Unternehmens aus den Marktpreisen eines anderen Unternehmens im Rahmen eines Analogieschlusses abgeleitet.[25] Dieses Vorgehen basiert auf der Annahme, dass alle Unternehmen einer Branche relativ gleich zu bewerten seien.[26] Das Ergebnis einer Bewertung nach einem Vergleichsverfahren ist demnach als potenzieller Marktpreis zu verstehen, zu dem ein Unternehmen erworben werden kann.[27]

Im Rahmen der Vergleichsbewertungsverfahren wird der Unternehmenswert bzw. der Kurs je Aktie durch Multiplikation einer Bezugsgröße mit einem Multiplikator ermittelt.[28] Aufgrund dieser Vorgehensweise werden die Vergleichswertverfahren z.T. auch als „Multiple-Verfahren" bezeichnet.[29] Die Bezugsgröße ist i.d.R. eine Ertrags- oder Zahlungsgröße, die z.B. aus der Gewinn- und Verlustrechnung der zu bewertenden Immobiliengesellschaft abgeleitet wird. Verbreitet sind aber auch operative Kennzahlen wie Wohn- und Nutzfläche oder Wohneinheiten.

Im Hinblick auf die Auswahl der Bezugsbasis werden die Vergleichsbewertungsverfahren in die Comparable Transaction Method,[30] bei der Preise aus abgeschlossenen Transaktionen herangezogen werden, und in die Comparable Company Method, deren Bewertung auf Börsenkursen vergleichbarer Unternehmen basiert, unterteilt.[31] Ein Sonderfall des Vergleichs mit börsennotierten Unternehmen ist der Vergleich mit Emissionspreisen bei Börseneinführungen vergleichbarer Unternehmen, im Folgenden als Comparable IPO Method bezeichnet.[32] Im Rahmen der Comparable Transaction und der Comparable-Company-Bewertung kommen jedoch nicht nur unterschiedliche Bezugsgrößen zum Ausdruck: So liegen bei vergleichbaren Transaktionen in der Regel der Erwerb von Mehrheitsanteilen vor, in dessen Preisfindung ebenfalls strategische Prämien eines Investors berücksichtigt werden, während der Börsenkurs lediglich Auskunft über den Preis für einen Minderheitsanteil gibt, in dem i.d.R. keine strategischen Prämien berücksichtigt sind.

22.3.2 Darstellung gängiger Vergleichsbewertungsverfahren zur Bewertung von Immobilienunternehmen

Bei der Unternehmensbewertung werden i.d.R. verschiedene Multiplikatoren verwendet, damit ein ausgewogenes Bild des Unternehmenswertes und seiner zu erwartenden zukünftigen Entwicklung dargestellt werden kann. Im Folgenden werden die gegenwärtig

---

[25] Vgl. *Bausch, A.* (2000), S. 451; *Schäfers, W./Siepmann, A./Stock, A.* (2002), S. 380.
[26] Vgl. *Rams, A.* (1999), S. 350.
[27] Vgl. *Moser, U./Auge-Dickhut, S.* (2003), S. 11.
[28] Vgl. *Mandl, G./Rabel, K.* (1997), S. 44.
[29] Vgl. *Benninga, S./Sarig, O.H.* (1997), S. 305.
[30] Vgl. *Weston, J.F./Siu, J.A./Johnson, B.A.* (2001), S. 225.
[31] Vgl. *Löhnert, P.G./Böckmann, U.J.* (2002), S. 412.
[32] Vgl. *Mandl, G./Rabel, K.* (1997), S. 264; *Achleitner, A.-K.* (2002), S. 290-296.

durch Kapitalmarktexperten für Immobiliengesellschaften häufig verwendeten Multiplikatoren näher dargestellt und erläutert: das Kurs-Gewinn-Verhältnis, das P/FFO-Verhältnis, der Wohnflächen-, der Miet- und der EBITDA-Multiplikator. Die folgende Abbildung gibt einen Überblick über die Vorgehensweisen und den Zusammenhang dieser Verfahren:

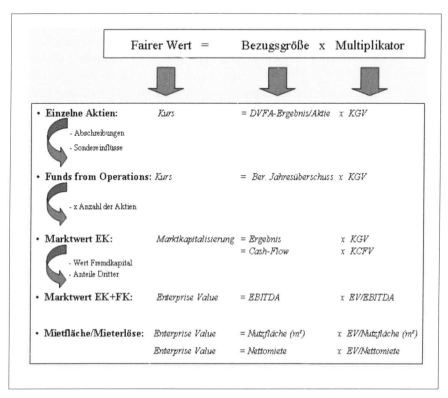

Abbildung 22-1: Bewertung anhand von Multiplikatoren[33]

22.3.2.1 Vergleichsbewertung nach Empfehlungen der DVFA/SG

Bei der Bewertung von Unternehmen mit Hilfe des Kurs-Gewinn Verhältnisses (kurz: KGV bzw. P/E-Ratio) wird auf das „Ergebnis nach DVFA/SG" (*Deutsche Vereinigung für Finanzanalyse und Asset Management/Schmalenbach Gesellschaft*) zurückgegriffen, wodurch eine Vergleichbarkeit verschiedener Unternehmen in Bezug auf ihren wirtschaftlichen Erfolg ermöglicht wird.

Bei der Ergebnisermittlung nach DVFA/SG wird das Jahresergebnis um Sondereinflüsse wie bspw. außerordentliche, einmalige und periodenfremde Ergebniskomponenten bereinigt. Diese Erfolgskennzahl eignet sich zur Darlegung von Ergebnistrends im Zeitablauf

---

[33] In Anlehnung an *Seppelfricke, P.* (1999), S. 300-307; *Schäfers, W./Siepmann, A./Stock, A.* (2002), S. 381.

sowie zur Abschätzung zukünftiger Ergebnisentwicklungen und kann daher als Bewertungskennzahl zum Vergleich des wirtschaftlichen Erfolges verschiedener Immobiliengesellschaften herangezogen werden. Im Rahmen der kapitalmarktorientierten Vergleichsbewertung wird das Ergebnis nach DVFA/SG als Referenzgröße zur Ableitung des Wertes des Eigenkapitals verwendet.

Jahresüberschuss nach Anteilen Dritter
+/- Bereinigungen nach DVFA
= **DVFA-Ergebnis**
+ Anzahl der dividendenberechtigten Aktien (Jahresdurchschnitt)
= **DVFA-Ergebnis je Aktie**

Abbildung 22-2: Berechnung des Ergebnisses nach DVFA/SG[34]

Die Anwendung der allgemeinen Bereinigungsempfehlungen der DVFA/SG, die vor allem an Industrieunternehmen orientiert sind, birgt jedoch für bestandshaltende Immobilienunternehmen besondere Probleme, da die im Rahmen der gewöhnlichen Geschäftstätigkeit anfallenden Gewinne bzw. Verluste aus der Veräußerung von Immobilien nach den Bereinigungsregeln der DVFA/SG zu eliminieren wären.[35] Aus diesem Grund wurden die Empfehlungen der DVFA/SG für Immobilien-AGs mit Bestandscharakter im Hinblick auf die Behandlung von Veräußerungsgewinnen erweitert. Unter der Voraussetzung, dass die Veräußerungen von Immobilien einer branchenüblichen Bestandspflege zuzurechnen sind, gelten folgende Empfehlungen:[36]

- Veräußerungsgewinne/-verluste sind im Ergebnis nach DVFA/SG nicht zu bereinigen, insoweit sie ordentlichen Ergebnischarakter haben
- Abschreibungen nach § 6b EStG oder Zuführungen zu Sonderposten zur Neutralisierung von Buchgewinnen sind zu bereinigen
- Buchgewinne aus in Vorjahren vorgenommenen Abschreibungen nach § 6b EStG sind zur Vermeidung von Mehrfacherfassungen bei der Ermittlung des Ergebnisses nach DVFA/SG zu bereinigen
- Die im Ergebnis nach DVFA/SG enthaltenen Buchgewinne sind gesondert auszuweisen.
- Von einer branchenüblichen Bestandspflege ist nach DVFA/SG immer dann auszugehen, wenn der Unternehmensgewinn überwiegend aus der Vermietung resultiert, die Veräußerungserlöse 5% des Verkehrswertes des Bestandes nicht übertreffen und die Verkaufserlöse regelmäßig reinvestiert werden. Damit sind Veräußerungsgewinne/-verluste, die aus einem kontinuierlichen Bestandsabbau resultieren, zu bereinigen.[37] Diese Empfehlungen zur Ergebnisbereinigung gelten jedoch grundsätzlich nur für die Ermittlung des Ergebnisses nach DVFA/SG.

---

[34] Vgl. *DVFA/SG* (2000), S. 3.
[35] Vgl. *Krolle, S.* (2003), S. 39; *Schäfers, W./Siepmann, A./Stock, A.* (2002), S. 381 f.
[36] Vgl. *DVFA/SG* (2000), S. 3; *Rehkugler, H.* (2003), S. 38 ff.; *Schäfers, W./Siepmann, A./Stock, A.* (2002), S. 383.

Im Anschluss an die Berechnung des „Ergebnis nach DVFA/SG" wird dieses mit dem Kurs-Gewinn-Verhältnis multipliziert, um einen Wert des Eigenkapitals für das zu bewertende Immobilienunternehmen zu ermitteln, der dem Börsenumfeld entspricht. Hierbei werden typischerweise nicht nur des Ergebnis nach DVFA/SG des laufenden Jahres herangezogen, sondern gleichzeitig auf Basis der Ergebnisse von ein bis zwei prognostizierten Jahren – soweit diese Prognosen vorliegen – gerechnet.

$$\text{Unternehmenswert} = \text{Ergebnis nach DVFA/SG}_{\text{des zu bewertenden Unternehmens}} \times \text{KGV}_{\text{des Vergleichsunternehmens}}$$

Abbildung 22-3: Berechnung des Unternehmenswertes mittels KGV

22.3.2.2 Vergleichsbewertung nach den Empfehlungen der NAREIT

Aufgrund der Kritik an dem durch Abschreibungen beeinflussten Jahresüberschuss als Erfolgskennzahl für amerikanische Immobilienunternehmen mit REIT-Status hat die NAREIT, die amerikanischen Standesorganisation der REITs, die Anwendung der Erfolgskennzahl „Funds from operations" (kurz: FFO) empfohlen.[38]

Ziel der FFO-Definition der NAREIT ist insbesondere die Bereinigung des Jahresüberschusses um die Effekte der Abschreibung von Immobilien, um eine Kennzahl für den operativen Erfolg von Immobilienunternehmen zu schaffen und einen Vergleich zwischen Immobilienunternehmen zu ermöglichen.[39] Darüber kann der FFO im Rahmen der Vergleichsbewertung alternativ zum KGV eingesetzt werden. Die NAREIT beabsichtigte hingegen nicht die Nutzung des FFO als Indikator der Dividendenkapazität, da die Kapitalflussrechnung hierfür bereits adäquat zu verwenden ist.[40]

Zur Ermittlung des FFO wird das Jahresergebnis mit dem Ziel bereinigt, die Einflüsse der handelsbilanziellen Abschreibung und Sondereinflüsse zu eliminieren. Die wesentlichsten Bereinigungen zur Ermittlung des FFO sind dabei wie folgt:[41]

- Abschreibungen von Immobilien
- Gewinne oder Verluste aus dem Verkauf abschreibbarer Immobilien
- Optionale Bereinigung der Gewinne oder Verluste anderer nicht abschreibbarer Immobilien, insb. Grundstücke und Wertpapiere
- Ergebnisbeiträge nicht fortgeführter Geschäftstätigkeiten, das außerordentliche Ergebnis nach der Definition von US-GAAP sowie die Ergebniswirkung von Bewertungsänderungen

---

[37] Vgl. *Krolle, S.* (2003), S. 40; *Schäfers, W./Siepmann, A./Stock, A.* (2002), S. 387 f.
[38] Vgl. *NAREIT* (2002), S. 2. Neben dem FFO werden in der Literatur Kennzahlen wie Funds for Distribution (kurz: FAD) oder Adjusted Funds for Operation (kurz: AFFO) diskutiert. Hierbei handelt es sich um Kennzahlen, die von Wertpapieranalysten vor allem zur Beurteilung der Dividendenausschüttungsfähigkeit definiert wurden und nicht Gegenstand des NAREIT White Papers zur Ermittlung des FFOs sind. Darüber hinaus werden die Definitionen von FAD und AFFO uneinheitlich verwendet. Vgl. *NAREIT* (2002), S. 6. Zu weiteren Informationen vgl. u.a. *Krolle, S.* (2003), S. 41 f.; *Funk, B./Schulz-Eickhorst, T.* (2002), S. 805 f.
[39] Vgl. *Block, R.L.* (1997), S. 37; *NAREIT* (2002), S. 2.
[40] Vgl. *NAREIT* (2002), S. 3.
[41] Vgl. *NAREIT* (2004), S. 2 ff.

- Weitere Adjustierungen wie z.B. die Mietereinbauten, abgegrenzte Leasingaufwendungen sowie Ergebnisanteile von Minderheitsgesellschaftern und Ergebnisanteile nicht konsolidierter Gesellschaften.

Bei der Ermittlung des FFO wird bezüglich der Definition außerordentlicher Ergebnisse – im Gegensatz zu der Bereinigungsempfehlung nach DVFA/SG – auf Maßgaben der Rechnungslegung zurückgegriffen und es werden keine ergänzenden Sachverhalte definiert. Weiterhin wird bei einer Bereinigung nach DVFA/SG keine Eliminierung nicht fortgeführter Geschäftstätigkeiten vorgenommen. Gemeinsam ist der Ermittlung des FFO und des Ergebnisses nach DVFA/SG, dass Ergebniswirkungen von Bewertungsänderungen neutralisiert werden. Im Hinblick auf die Bereinigung der Sondereinflüsse aus der Veräußerung von Immobilien kommt es bei dem FFO trotz der Eliminierung der Gewinne bzw. Verluste aus der Veräußerung von Immobilien zu Ergebnisverzerrungen, da nach der Definition der NAREIT nicht die aus der Aufdeckung der stillen Reserven resultierenden Ertragssteuern bereinigt werden.

Aufgrund der US-amerikanischen Herkunft basiert die FFO-Definition auf US-GAAP und adressiert insbesondere die Ergebnisverzerrung des Jahresüberschusses durch die Bilanzierung von Immobilien zu fortgeführten Anschaffungs- und Herstellungskosten abzüglich von Abschreibungen. Diese Problematik existiert jedoch lediglich für die nach US-GAAP und HGB bilanzierenden Unternehmen. Da nach § 315a HGB ab 2005 alle börsennotierten Unternehmen nach IFRS bilanzieren müssen, ist die Bereinigung der Auswirkung von Abschreibungen auf Immobilien auf solche Immobilienunternehmen begrenzt, die von dem Wahlrecht nach IAS 40.56 Gebrauch machen und gemäß IAS 16 zu fortgeführten Anschaffungs- und Herstellungskosten bilanzieren. Wird jedoch davon ausgegangen, dass die börsennotierten Unternehmen ihre Immobilien aus Gründen der internationalen Vergleichbarkeit zu Verkehrswerten nach IAS 40.33 ff. bilanzieren, so ist das durch die NAREIT mit der FFO Definition adressierte Problem bei börsennotierten Immobilienunternehmen in Europa nicht existent.

22.3.2.3 Vergleichsbewertung nach immobilienorientierten Erfolgskennzahlen

Neben der Vergleichsbewertung nach den Empfehlungen der DVFA/SG und der NAREIT haben sich in der Praxis Vergleichsbewertungsansätze herausgebildet, die insbesondere die Anlehnung an die Immobilienbewertung suchen. Hierzu zählen Bewertungen auf Basis von Wohn- bzw. Nutzflächen, Mieterlösen und dem EBITDA.

Ein wesentliches operatives Maß eines bestandshaltenden Immobilienunternehmens ist die Wohn- bzw. Nutzfläche, also der Teil der Bruttogeschoss- bzw. Wohnfläche, die vermietbar ist.[42] Von der Wohn- und Nutzfläche hängt nicht nur die erzielbare Miete, sondern auch die Höhe der Bewirtschaftungs- und Instandhaltungskosten als wesentlichste Aufwandskomponenten eines bestandshaltenden Immobilienunternehmens ab.

Ein weiteres Maß ist dabei die jährliche Miete. Hierbei kommen in praxi unterschiedliche Bezugsgrößen wie z.B. Brutto- und Nettomieten vor oder nach Berücksichtigung von Erlösschmälerungen zur Anwendung. Verbreitet ist dabei die Anwendung der Nettokaltmiete als Bezugsgröße.

---

[42] Vgl. Mietflächendefinition der *gif – Gesellschaft für Immobilienwirtschaftliche Forschung*.

In der modernen Finanzanalyse werden zunehmend operative Ergebnisgrößen z.B. in Form des EBITDA-Multiplikators (Earnings before interest, taxes, depreciation and amortization = Gewinn vor Steuern, Zinsen und Abschreibungen auf immaterielle und materielle Wirtschaftsgüter) betrachtet. Damit entspricht der EBITDA im Grundsatz dem Reinertrag vor Abschreibung, der bei der Ermittlung des Ertragswertes nach WertV seine Berücksichtigung findet.[43] Diese Ergebnisgröße stellt die Ertragskraft der eigentlichen Geschäftstätigkeit einer Immobiliengesellschaft heraus. Im Gegensatz zu dem FFO wird hierin jedoch nicht die Erfolgswirkung der Kapitalstruktur berücksichtigt, während der Gewinn bzw. Verlust aus der Veräußerung von Immobilien ergebniswirksam sind. Die Berücksichtigung des Gewinns bzw. Verlusts aus der Veräußerung von Immobilien kann z.T. zu erheblichen Verzerrung von EV/EBITDA-Multiplikatoren führen, die vermieden werden kann, wenn der Gewinn bzw. Verlust bereinigt bzw. aus Vergleichbarkeitsgründen gesondert ausgewiesen wird.

Insbesondere die Rentabilitätsgröße EBITDA/EV erscheint für den Immobilienbereich geeignet, da diese am ehesten der Nettoanfangsrendite auf Immobilienebene entspricht, die zu den wichtigsten Indikatoren zur Performancemessung im Immobilienbereich zählt.[44]

Da mit den bereits genannten immobilienorientierten Kennzahlen eine Betrachtung vor Berücksichtigung der Verschuldung angestellt wird, wird im Gegensatz zum KGV und FFO-Verfahren nicht der Marktwert des Eigenkapitals als Unternehmenswert, sondern der „Enterprise Value" (kurz: EV), die Summe der Marktwerte des Eigen- und Fremdkapitals (sog. „Marktwert des Gesamtkapitals"), herangezogen.

Der Enterprise Value eines Vergleichsunternehmens errechnet sich dabei durch die Addition des verzinslichen Fremdkapitals abzüglich der verzinslichen Vermögensgegenstände zum Wert des Eigenkapitals. Der Wert des Eigenkapitals ergibt sich entweder aus der Marktkapitalisierung börsennotierter Unternehmen oder dem Kaufpreis für die Anteile aus Unternehmenstransaktionen.

Der Enterprise Value der zu bewertenden Gesellschaft errechnet sich damit aus dem Produkt der operativen Ergebnisgröße der zu bewertenden Immobiliengesellschaft und dem Multiplikator (EV/EBITDA) eines Vergleichsunternehmens bzw. der sog. Peergroup. Der Marktwert des Eigenkapitals ergibt sich nach Abzug der zinstragenden Verbindlichkeiten zuzüglich der zinstragenden Vermögensgegenstände vom Enterprise Value. Aus der Kombination des Enterprise Values mit den Maßzahlen zur Wohn- bzw. Nutzfläche und zur Miete lassen sich z.B. aus vergleichbaren Transaktionen bewertungsrelevante Informationen über das zu bewertende Immobilienunternehmen ableiten.

22.3.3 Kritische Würdigung der Vergleichsbewertungsverfahren

22.3.3.1 Eingeschränkte Vergleichbarkeit der Vergleichsunternehmen

Für die Anwendung der Vergleichsbewertungsverfahren ist die Existenz von vergleichbaren Immobilienunternehmen notwendig. Die Identifikation vergleichbarer börsennotier-

---

[43] Vgl. *Krolle, S.* (2003), S. 49.
[44] *Schäfers, W./Siepmann, A./Stock, A.* (2002), S. 384.

ter Unternehmen bzw. vergleichbarer Transaktionen wird in praxi jedoch durch eine Vielzahl von Faktoren erschwert:[45]

- Geringe Anzahl von börsennotierten Immobilien-AGs, insbesondere in Deutschland
- Nicht vergleichbare Umstände von Unternehmenstransaktionen
- Unterschiedliche Steuer- und Rechnungslegungssysteme (HGB, IFRS oder auch US-GAAP)[46]
- Belastung des Jahresüberschusses nach HGB oder US-GAAP[47] durch planmäßige Abschreibungen, obwohl der Wert der Immobilien im Laufe der Zeit Wertschwankungen unterworfen ist. Vor diesem Hintergrund wird der Jahresüberschuss z.B. nicht als adäquate Darstellung des operativen Erfolgs eines Immobilienunternehmens angesehen.[48]

Bedingt durch diese Umstände können erhebliche Probleme bei der Bildung der sog. Peergroup und der Ermittlung der relevanten Multiplikatoren auftreten, so dass der ermittelte Unternehmenswert stark verzerrt sein kann.

22.3.3.2 Zuordnung operativer und finanzieller Aufwendungen

Trotz umfangreicher Bereinigungen kann die Vergleichbarkeit operativer Ergebnisgrößen stark eingeschränkt sein, da die Zuordnung der Aufwendungen zur operativen oder finanziellen Ebene in der deutschen Rechnungslegung im Vergleich zu international üblichen Standards nicht immer eindeutig ist. Erschwerend kommt der Einsatz von Off-Balance-Finanzierungen wie Immobilien-Leasing z.B. in Form von Sale-and-Lease-Back oder Buy-and-Lease, Erbbaurechten und Miet- und Pachtverträgen hinzu. Die Qualität der Bereinigungen sowie die Qualität der Zukunftsprognosen, die im Rahmen der Anwendung von Multiplikatorverfahren erstellt werden, sind stark von den dazu veröffentlichten Informationen abhängig.

22.3.3.3 Komplexitätsreduktion durch Multiplikatoren

Durch die Anwendung von Multiplikatoren wird die Unternehmensbewertung auf wenige Ergebniskennzahlen und Bewertungsmultiplikatoren verdichtet. Dieses Vorgehen kann die Bewertung zum Zwecke von Indikationen vereinfachen und die Kommunikation über Bewertungsergebnisse erleichtern. Gleichzeitig besteht aber auch die Gefahr, dass die Bewertungsergebnisse aufgrund der starken Komplexitätsreduktion verzerrt werden. So kann das Ergebnis bei Miet- und Flächenmultiplikatoren bspw. durch die uneinheitliche Verwendung von Flächen und Mietdefinitionen erheblich beeinträchtigt werden.

22.3.3.4 Ermittlung des Enterprise Values der Vergleichsunternehmen

Die grundsätzliche Ermittlung des Enterprise Values eines Vergleichsunternehmens bei bekanntem Wert des Eigenkapitals durch Addition des verzinslichen Fremdkapitals und

---

[45] Vgl. grundsätzlich zur Kritik an dem Vergleichsbewertungsverfahren *Schäfers, W./Siepmann, A./Stock, A.* (2002), S. 387 f.
[46] Vgl. *Krolle, S.* (2003), S. 38 und 44; *Schäfers, W./Siepmann, A./Stock, A.* (2002), S. 387 f.
[47] Im Gegensatz zu IFRS gibt es nach US-GAAP kein Investment Property und dementsprechend keine Bewertung zu Verkehrswerten. Analog zu HGB erfolgt die Bilanzierung zu historischen Anschaffungskosten gemindert um Abschreibungen.
[48] Vgl. *NAREIT* (2002), S. 2.

Abzug der zinstragenden Vermögensgegenstände erscheint zunächst trivial. In der praktischen Umsetzung ergeben sich aufgrund der i.d.R. nur unzureichenden Informationen über Vergleichsunternehmen jedoch erhebliche Schwierigkeiten.

Da nicht nur das Eigenkapital, sondern auch das Fremdkapital zu Marktwerten zu berücksichtigen ist, ergeben sich in diesem Zusammenhang besondere Schwierigkeiten bei bestandshaltenden Immobilienunternehmen. Aufgrund einerseits langer Restlaufzeiten und damit erheblicher Abweichungen von kontrahierter und marktüblicher Verzinsung, aber auch durch ggf. bestehende zinsgünstige Darlehen können erhebliche Abweichungen zwischen Markt- und Buchwerten resultieren,[49] die i.d.R. aus veröffentlichten Informationen nicht ermittelbar sind. Weitere Probleme können sich bei der Berücksichtigung des Marktwertes von Off-Balance-Finanzierungen wie Immobilienleasing, Miet- und Pachtverträgen sowie Erbbaurechten oder Finanzanlagen ergeben.

Aufgrund unzureichender Informationen über den Marktwert des Fremdkapitals und der verzinslichen Aktiva kann es bei der Ermittlung von Enterprise Value basierten Multiplikatoren bereits zu erheblichen Verzerrungen kommen, die sich dann bei einer Anwendung im Rahmen der Vergleichsbewertung auf das Bewertungsresultat übertragen.

22.3.3.5 Berücksichtigung von Veräußerungsgewinnen/-verlusten

Im Hinblick auf die Gewinne bzw. Verluste aus dem Verkauf von Immobilien besteht ein Dilemma hinsichtlich der Bereinigung. Erfolgt keine Bereinigung, so wie nach DVFA/SG bei branchenüblicher Bestandspflege empfohlen, kann der Jahresüberschuss erheblich durch Erträge aus dem Verkauf von Immobilien verzerrt sein und repräsentiert ggf. nicht den nachhaltig erzielbaren Gewinn. Werden die Gewinne bzw. Verluste hingegen bereinigt, so ist die wirtschaftliche Ertragskraft nur unvollständig dargestellt. Dieses Bereinigungsdilemma erschwert beispielsweise die Analyse und die Prognose der Finanz- und Ertragskraft des (originären) Immobiliengeschäfts und damit die Bewertung von bestandshaltenden Immobilienunternehmen.

Diese Bereinigungsproblematik ergibt sich für alle Ergebniskennzahlen wie EBITDA, Jahresüberschuss und FFO. Da bei Miet- und Wohn-/Nutzflächenmultiplikatoren die Ergebniswirkung aus Verkäufen nicht berücksichtigt wird, sind diese Multiplikatoren hiervon nicht betroffen.

22.4 Net Asset Value-Verfahren zur Bewertung von Immobilienunternehmen

22.4.1 Überblick über das Net Asset Value-Verfahren zur Bewertung von Immobilienunternehmen

Im Kern handelt es sich bei der Net Asset Value-Ermittlung um eine Einzelbewertung, die den Wert des Unternehmens durch eine isolierte Bewertung einzelner Vermögensgegenstände (z.B. Immobilien) und Schulden zu einem bestimmten Stichtag ermittelt.[50] Dabei ist die Bewertung der einzelnen Vermögenspositionen in der Regel zukunftsorientiert,

---

[49] Vgl. *Krolle, S.* (2003), S. 47.
[50] Vgl. *Matzen, F.J.* (2005), S. 34; *Spremann, K.* (2002), S. 142.

dennoch werden durch die isolierten Betrachtungen der einzelnen Aktiva und Passiva Kombinationseffekte, welche sich aus dem Zusammenwirken der einzelnen Elemente ergeben, nicht in Betracht gezogen.[51] *Abbildung 22-4* gibt einen vereinfachten Überblick über die Vorgehensweise zur Berechnung des Net Asset Values (NAV) wieder.

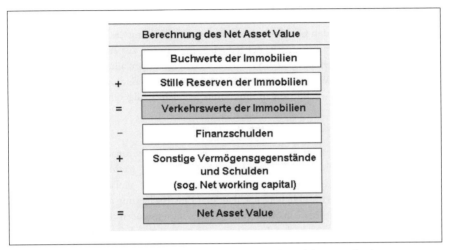

Abbildung 22-4: Berechnung des Net Asset Value (vereinfachte Darstellung)

Wesentlich für die Ermittlung des Net Asset Values ist die Ermittlung der Verkehrswerte der Immobilien, bspw. durch das Sachwert-, das Vergleichswert- oder das Ertragswertverfahren nach WertV.[52] Für Immobilien, die der Ertragserzielung dienen, wird der Verkehrswert mit dem Ertragswertverfahren nach §§ 15-20 WertV oder – im internationalen Rahmen – Discounted Cashflow-Verfahren der Immobilienbewertung ermittelt. Hierbei wird von den persönlichen Verhältnissen und Strategien des Investors abstrahiert, sodass der ermittelte Verkehrswert nicht zur Ermittlung eines Entscheidungswertes heranzuziehen ist.[53] Aufgrund dieser von der Unternehmensbewertung abweichenden Wertkonzeption liegen der Immobilienbewertung i.d.R. andere Einnahmeüberschüsse zugrunde als der Unternehmensbewertung.[54]

22.4.2 Kritische Würdigung des Net Asset Value-Verfahrens

Das NAV-Konzept stellt den Bezug zwischen Marktwert des Immobilienvermögens und Wert der Immobiliengesellschaft her, wobei der Vorteil dieser Methode in der Eliminierung von zufälligen Sondereinflüssen aus den jeweilgen Abrechnungsperioden liegt und

---

[51] Vgl. zur Vorgehensweise bei der Bewertung von Immobilien *Kleiber, W./Simon, J./Weyers, G.* (2002), Rz. 18, S. 100; *Thomaschowski, D./Rehkugler, H./Nack, U.* (2003), S. 59; *Cadmus, A.* (2000), S. 97; *Schäfers, W./Siepmann, A./Stock, A.* (2002), S. 389 f.

[52] Zur detaillierten Darlegung der verschiedenen Verfahren zur Immobilienbewertung vgl. den Beitrag von Schulte in diesem Buch.

[53] Vgl. *Matzen, F.J.* (2005), S. 46; *Tillmann, A.* (2003), S. 336; *Paul, E.* (2002), S. 568.

[54] Vgl. *Schulte, K.-W./Matzen, F.J.* (2003), S. 393.

daher in der Fachliteratur zahlreiche Befürworter findet.[55] Als Vorzug der NAV-Methode wird insbesondere die Berücksichtigung der individuellen Chance/Risikostruktur der einzelnen Immobilien gesehen.[56] Jedoch gibt es bei der Anwendung des NAV-Konzeptes auch bewertungstechnische Nachteile.

22.4.2.1 Mangelnde Berücksichtigung der Ausschüttbarkeit

Aufgrund der mangelnden Cashflow- und Ergebnisorientierung des Net Asset Value-Ansatzes wird zwar ein Wert ermittelt, der jedoch keinen Bezug zur Ausschüttungsfähigkeit des Immobilienunternehmens hat. So können Wertsteigerungen allein aus der nicht realisierten Steigerung des Wertansatzes von Immobilien resultieren, die insbesondere für den Anteilseigner, der an Ausschüttungen interessiert ist, nicht maßgeblich sind.

22.4.2.2 Unvereinbarkeit der Wertkonzeptionen

Aufgrund der Wertkonzeption der Immobilienbewertung, die unabhängig von der tatsächlichen Situation eine marktübliche, gewöhnliche bzw. nachhaltige Nutzung der Immobilien unterstellt, werden nicht die von dem Investor geplante Bewirtschaftung, sondern die bei einer marktüblichen, nachhaltigen Bewirtschaftung anzunehmenden Cashflows unterstellt.[57] Darüber hinaus werden Unternehmensteuern der Gesellschaft sowie Synergiewirkungen zwischen den Immobilien nicht berücksichtigt, sodass die wertsteigernde Transformationsleistung der Portfoliobildung und -umschichtung durch das Immobilienunternehmen nicht in die Bewertung einfließt.[58] Bedingt durch diese Vorgehensweise spiegelt die Immobilienbewertung systematisch nicht die vom Management geplante oder die von Investoren erwartete Unternehmens- und Portfolioentwicklung wider, so dass dieser Wert weder für Kapitalmarkttransaktionen noch für individuelle Kaufentscheidungen geeignet ist.[59]

Der für Unternehmensbewertungen wesentliche Mangel der Verkehrswertdefinition, nämlich die Abstraktion von den entscheidungsrelevanten persönlichen Verhältnissen des Investors, wird selbst durch die Bilanzierung nach IFRS und dem Ansatz von Zeitwerten für *investment properties* nach IAS 40.33 ff. nicht behoben. Im Gegensatz zu dem *value in use* der nach IAS 36 für Ermittlung der Wertminderung von Vermögensgegenständen – ausgenommen von den dort genannten Sachverhalten wie z.B. vermietete Immobilien, die zu Zeitwerten nach IAS 40.33 ff. zu bewerten sind – Anwendung findet, ist nach IAS 40.59 bei der Ermittlung des *fair values* von unternehmens- oder investorenspezifischen Nutzenpotenzialen, wie z.B. positiven Wertbeiträgen aus der Portfoliobildung, Synergien mit anderen Vermögensgegenständen und Geschäftsbereichen sowie rechtlichen und steuerlichen Vorteilen, abzusehen.[60]

---

[55] Vgl. *Rehkugler, H.* (2003), S. 15 ff.
[56] Vgl. *Plein, C.* (1999), S. 469.
[57] Vgl. *Tillmann, A.* (2003), S. 336; *Pensel, J.* (1993), S. 369.
[58] Vgl. *Mansch, H.* (1979), S. 64.
[59] Vgl. *Schulte, K.-W./Matzen, F.J.* (2003), S. 399.
[60] Vgl. *Beck, M.* (2004), S. 500.

22.4.2.3 Mangelndes Publizitätsverhalten

Eine weitere Problematik bei der Ermittlung entscheidungsrelevanter Werte ist das Publizitätsverhalten von Immobiliengesellschaften. Aufgrund eingeschränkter Veröffentlichung notwendiger, zukunftsorientierter Informationen, die Bezug auf die tatsächlich geplanten Mieterträge und Bewirtschaftungskosten nimmt, wird selbst die entscheidungsrelevante Wertermittlung von Einzelimmobilien erschwert, von der Ermittlung des Portfoliowertes ganz abgesehen.[61]

22.4.2.4 Marktwertermittlung sonstiger Vermögensgegenstände und Schulden

Zur Ermittlung des Net Asset Values ist nicht nur die Ermittlung des Marktwertes der Immobilien, sondern auch des Marktwertes aller sonstigen Vermögensgegenstände und Schulden erforderlich.[62] Hierbei stellen sich für den unternehmensexternen Bewerter die bereits bei der Ermittlung des Enterprise Values im Rahmen der Vergleichsbewertung diskutierten Probleme, wodurch der Net Asset Value ebenfalls verzerrt werden kann.

22.4.2.5 Fehlende Eindeutigkeit der Bewertung mittels des Net Asset Values

Wird akzeptiert, dass der Wert eines Immobilienunternehmens aufgrund der abweichenden Wertdefinitionen von Immobilien- und Unternehmensbewertung i.d.R. über oder unter dem Net Asset Value liegt, so bleibt unklar wie der Wert des Eigenkapitals aus einem festgestellten Net Asset Value ermittelt werden soll. In Anbetracht der jeweils unternehmensspezifischen Abweichungen der Bewertungsannahmen bei Immobilien- und Unternehmensbewertung erscheint eine Ableitung von NAV-Discount oder -Premium aus vergleichbaren Unternehmen eher schwierig.[63]

22.5 Discounted Cashflow-Verfahren zur Bewertung von Immobilienunternehmen

22.5.1 Überblick über die Discounted Cashflow-Verfahren

Die Discounted Cashflow (kurz: DCF)-Verfahren basieren auf dem Barwertkalkül. Zur Ermittlung des Unternehmenswerts werden die zukünftig erwarteten Cashflows des Unternehmens diskontiert, d.h. eine Einbeziehung anderer Unternehmen in die Bewertung kann vermieden werden.

Die Discounted Cashflow-Methoden unterscheiden sich – wie in der folgenden Abbildung dargestellt – auf den ersten Blick vor allem in der Ermittlung des Wertes des Eigenkapitals.[64]

---

[61] Vgl. *Schäfers, W./Siepmann, A./Stock, A.* (2002), S. 389 f.; *Schulte, K.-W./Matzen, F.J.* (2003), S. 403.
[62] Vgl. *Thomaschowski, D./Rehkugler, H./Nack, U.* (2003), S. 61.
[63] Zur vertieften Diskussion der Discount- bzw. Prämienproblematik beim NAV-Konzept vgl. *Haub, C.* (1998), S. 132-202; *Schäfers, W./Siepmann, A./Stock, A.* (2002), S. 390 ff.
[64] Vgl. *Hachmeister, D.* (1996), S. 256; *Steiner, M./Wallmeier, M.* (1999), S. 3.

Die Discounted Cashflow-Methoden lassen sich anhand der unterschiedlichen Berücksichtigung von Zahlungsströmen an Fremdkapitalgeber in Brutto- bzw. Entity- und Netto- bzw. Equity-Ansätze unterscheiden.[65] Während bei Brutto- bzw. Entity-Ansätzen zunächst der Unternehmensgesamtwert ermittelt wird, in einem zweiten Schritt die Ansprüche der Fremdkapitalgeber berücksichtigt werden und als Residualgröße der Wert des Eigenkapitals berechnet wird,[66] erfolgt die Ermittlung des Wertes des Eigenkapitals im Equity-Ansatz in einem Schritt.[67]

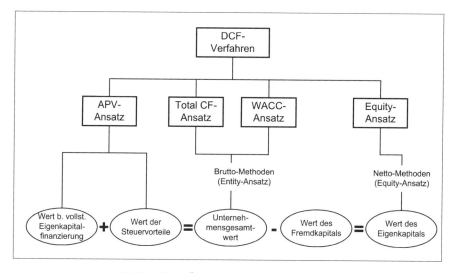

Abbildung 22-5: Übersicht über die DCF-Methoden[68]

Weitere Differenzierungen der Entity-Ansätze basieren auf der unterschiedlichen Berücksichtigung der aus der Absetzbarkeit der Fremdkapitalzinsen resultierenden Steuerersparnis (Tax Shield). Bei dem Entity-Ansatz wird das Tax Shield im Diskontierungszins berücksichtigt, in der Total-Cashflow und dem APV-Ansatz hingegen direkt im zu diskontierenden Cashflow.[69] Im Gegensatz zum Total-Cashflow-Ansatz wird das Tax Shield im APV-Ansatz jedoch separat bewertet.[70]

22.5.2 Ausgewählte Aspekte der Anwendung der DCF-Verfahren zur Bewertung von Immobilienunternehmen

Der Anwendung der DCF-Verfahren bei Immobilienunternehmen ist gemeinsam, dass sie zunächst eine integrierte Unternehmensplanung voraussetzen. Dabei ist der Planung der erwarteten Unternehmensentwicklung eines Immobilienunternehmens zunächst die Ver-

---

[65] Vgl. *Ballwieser, W.* (1995), S. 121.
[66] Vgl. *Steiner, M./Wallmeier, M.* (1999), S. 3.
[67] Vgl. *Copeland, T.E./Koller, T./Murrin, J.* (2000), S. 146.
[68] In Anlehnung an *Schultze, W.* (2003), S. 89; *Steiner, M./Wallmeier, M.* (1999), S. 3.
[69] Vgl. *Steiner, M./Wallmeier, M.* (1999), S. 4 f.; *Richter, F.* (1997), S. 228.
[70] Vgl. *Drukarczyk, J.* (2003), S. 231; *Wallmeier, M.* (1999), S. 1474.

gangenheitsanalyse vorausgeschaltet. Dieser integrative Bestandteil einer Unternehmensplanung dient dem grundlegenden Verständnis der Erfolgsmechanik und Werttreiber des zu bewertenden Unternehmens. Hierzu werden i.d.R. die Entwicklung der Vermögens-, Finanz- und Ertragslage der vergangenen drei Jahre analysiert. Bei geplanten Unternehmensakquisitionen ist diese Analyse Gegenstand der Financial Due Diligence.

Auf der Grundlage dieses Verständnisses wird in einem nächsten Schritt die Unternehmensplanung entwickelt bzw. kritisch analysiert. Hierbei sind zunächst die angestrebten Unternehmensziele sowie geeignete Strategien, Maßnahmen und Zeitpläne zur Realisierung dieser Ziele zu definieren. Im Weiteren werden Tendenzen in der Vergangenheit, die nicht von einer ggf. veränderten Unternehmenspolitik betroffen sind, sowie die Auswirkungen einer veränderten Unternehmenspolitik modelliert.

Besonders problematisch und deshalb fehlerträchtig ist die Berücksichtigung von erheblichen Veränderungen der strategischen Ausrichtung eines Immobilienunternehmens, wie bspw. die Veränderung von reiner Bestandshaltung zu einem aktiven Portfoliomanagement. Da die Auswirkungen dieser veränderten Unternehmenspolitik sich nicht aus der Vergangenheit ableiten lassen, kann in diesem Fall die Analyse der Vermögens-, Finanz- und Ertragslage von Unternehmen, welche dieser Strategie folgen, weiterhelfen.

Branchenspezifisch für die Planung von Immobilienunternehmen ist vor allem die Prognose der Entwicklung der Marktmiete und -entwicklung der jeweiligen Region, die Entwicklung der Mieterfluktuation, die Neuvermietungsdauer bei Mieterwechsel sowie die Entwicklung der Betriebs-, Instandhaltungs- und Modernisierungskosten. Bei einem im Hinblick auf die regionalen Immobilienmärkte, die Altersstruktur oder den baulichen Zustand u.Ä. heterogenen Immobilienportfolio des zu bewertenden Unternehmens sollte diese Prognose anhand von Teilportfolien erfolgen, die im Hinblick auf diese Merkmale jeweils homogen sind. Darüber hinaus sind übrige nicht branchenspezifische Kosten wie Personal- und sonstiger betrieblicher Aufwand zu planen.

22.5.2.1 Einschätzungen des regionalen Immobilienmarktes

Zunächst ist die Entwicklung des relevanten regionalen Immobilienmarktes zu prognostizieren. Aufgrund der Ortsgebundenheit der Immobilien kommt dieser Prognose besondere Bedeutung zu. Hierbei sind zunächst Nachfrage beeinflussende Aspekte wie z.B. die erwartete Bevölkerungsentwicklung, Entwicklung beschäftigter und erwerbsloser Arbeitnehmer oder Kaufkraftentwicklung zu betrachten. Weiterhin ist die Entwicklung der Angebotssituation im Hinblick auf Neubauten, Abrisse sowie Leerstände und Ausstattungsstandards der konkurrierenden Vermieter zu beurteilen.[71]

Auf Basis dieser Analyse der Makrostandortfaktoren kann eine Prognose der Entwicklung der Marktmiete erfolgen. Während typischerweise von einer inflationsbedingt steigenden Marktmiete ausgegangen wird, kann es insb. in Regionen mit abnehmender Bevölkerung – wie z.B. dem Ruhrgebiet oder Ostdeutschland angezeigt – zu rückläufigen Mieten kommen.[72]

---

[71] Vgl. *Paschedag, H.* (2002), S. 79; *Schneider, W./Völker, A.* (2002), S. 48-59; *Muncke, G./Dziomba, M./Walther, M.* (2002), S. 141-150.
[72] Vgl. *Bulwien, H.* (2004), S. 48; *Schneider, W./Völker, A.* (2002), S. 64 ff.; *Muncke, G./Dziomba, M./Walther, M.* (2002), S. 161 ff.

22.5.2.2 Planung der Bestandsmiete und der Erlösschmälerungen

Die Entwicklung der Bestandsmiete erfolgt auf Basis der gesetzlichen bzw. mietvertraglichen Regelungen zur Steigerung der Miete sowie der Entwicklung der Marktmiete. Während im Rahmen der gewerblichen Vermietung weitestgehende Vertragsfreiheit herrscht und somit vor allem die Vereinbarungen im Mietvertrag zur Anpassung der Miete relevant sind,[73] kommen bei der Wohnraumvermietung aus Gründen des Mieterschutzes vor allem gesetzliche Regelungen zum Zuge.

Bei der Wohnraumvermietung kann z.B. die Bestandsmiete nach § 558 BGB nur dann an die Marktmiete angepasst werden, wenn seit der letzten Mieterhöhung mindestens zwölf Monate vergangen sind und eine dreimonatige Ankündigungsfrist eingehalten wurde. Darüber hinaus darf die Mieterhöhung gemäß § 558 BGB nicht mehr als 20% innerhalb von drei Jahren betragen. Diese auch als Kappungsgrenze bekannte Restriktion beschränkte die Mieterhöhungen auf durchschnittlich 6,7% p.a. Bei fluktuationsbedingten Neuvermietungen kann die Miete unmittelbar an die Marktmiete angepasst werden.

Unter Berücksichtigung der Entwicklung der Marktmiete und der Mieterfluktuation einerseits und der möglichen Anpassung der Bestandsmiete unter Berücksichtigung der insgesamt fünfzehnmonatigen Wartefrist sowie der Kappungsgrenze andererseits, kann dabei die Entwicklung der Bestandsmiete als Residualgröße geplant werden.

Die Entwicklung der Erlösschmälerungen ist von der Entwicklung der Mietminderungen und von der Entwicklung des Leerstandes abhängig. Während die Mietminderungen i.d.R. eine geringe Bedeutung haben, ist die Entwicklung des Leerstandes genauer zu beleuchten, so kann dieser strukturell, fluktuationsbedingt oder modernisierungsbedingt sein. Bei nachhaltigem strukturellen Leerstand ist dieser unter Berücksichtigung der erwarteten Bevölkerungsentwicklung und dem Wohnungsangebot in der Region fortzuschreiben. Der fluktuationsbedingte Leerstand ist eine Funktion der Mieterfluktuation und der Neuvermietungsdauer, wohingegen der modernisierungsbedingte Leerstand von geplanten Großmodernisierungen und deren Dauer abhängig ist. Aus dem sich aus diesen Aspekten ergebenden Leerstand ergibt sich die Erlösschmälerung von der sich bei Vollvermietung ergebenden Sollmiete.

22.5.2.3 Planung der Betriebskosten und Umlagen

In Abhängigkeit von der Ausgestaltung des Mietvertrages werden mit der Miete bereits die anfallenden Betriebskosten vergütet („Warmmiete") oder sind Umlagenvorauszahlungen zu leisten, die mit den tatsächlich anfallenden Betriebskosten im Nachhinein verrechnet werden („Kaltmiete"). Eine Kaltmiete mit Umlagenvorauszahlung ist in der Wohnraumvermietung üblich und auch im Bereich der Vermietung an gewerbliche Mieter verbreitet.

Bei der Planung der Betriebskosten ist zu berücksichtigen, dass diese häufig aufgrund stark steigender Kosten für Energie, Strom und öffentliche Abgaben stärker zunehmen als die generelle Entwicklung aller Lebenshaltungskosten. Weiterhin ist bei der Planung der Umsatzerlöse aus Umlagenabrechnungen zu beachten, dass diese – aufgrund der Umla-

---

[73] Vgl. *Kleiber, W./Simon, J./Weyers, G.* (2002), Rz. 28, S. 1529.

genabrechnung am Ende eines Betriebsjahres – erst im Folgejahr erfolgt. In diesem Zusammenhang sind dann sowohl die Bestandserhöhungen für noch nicht abgerechnete Betriebskosten sowie die Bestandsminderungen bei Abrechnung zu berücksichtigen.[74]

22.5.2.4 Planung der Instandhaltungs- und Modernisierungskosten

Bei der Planung der Instandhaltungs- und Modernisierungskosten ist zwischen folgenden Aspekten zu unterscheiden:
- Instandhaltungsaufwendungen im Zusammenhang mit der Beseitigung eines **Instandhaltungsstaus**
- **Laufende Instandhaltungsaufwendungen** zur Beibehaltung des ordnungsgemäßen Zustandes
- **Modernisierungsaufwendungen und -investitionen** zur Verbesserung des Zustandes

Bei einem vorliegenden Instandhaltungsstau – also unterlassener laufender Instandhaltung in den vergangenen Jahren – ist zu planen, über wie viele Jahre dieser Instandhaltungsstau beseitigt werden soll.

Bei der Planung der laufenden Instandhaltungen ist zu berücksichtigen, dass die Instandhaltungsintensität vom Alter der Gebäude abhängig ist und zyklisch verläuft. Typischerweise sind bei Wohnimmobilien alle 20 bis 30 Jahre Großinstandhaltungen wie z.B. Erneuerung des Dachstuhls, Wechsel der Fenster, Austausch der Heizungen vorzunehmen.[75] Gleichzeitig ist davon auszugehen, dass sich der Geschmack der Mieter in 10- bis 20-Jahreszyklen verändert, sodass in kompetitiven Mietermärkten eine verstärkte Anpassung der Räumlichkeiten an aktuelle Wohntendenzen erfolgen sollte. Bei Gewerbeobjekten kann dieser Zyklus aufgrund der generell kürzeren Nutzungsdauer durchaus kürzer sein. Wurde eine solche Großinstandhaltung abgeschlossen, so sind die für dieses Objekt notwendigen laufenden Instandhaltungsaufwendungen in den Folgejahren wieder niedriger.

Modernisierungsaufwendungen und -investitionen können einerseits durch gesetzliche Auflage wie z.B. die Umsetzung der Energieeinsparverordnung bis 2007 bedingt sein und anderseits durch veränderte Marktanforderungen notwendig werden.

Die Planung der Instandhaltungs- und Modernisierungskosten erfordert i.d.R. die Unterstützung von Immobiliensachverständigen, die entsprechende Schätzungen vornehmen. Gleichzeitig ist zu berücksichtigen, dass die Instandhaltungs- und Modernisierungskosten in der Phase der Planrealisierung ein Potenzial zur Kompensation von Planabweichungen bei anderen Ertrags- und Aufwandsabweichungen aufweist, da ein großer Teil der Instandhaltungs- und Modernisierungsmaßnahmen – ausgenommen der akut notwendigen Maßnahmen – in einem gewissen Umfang bis zu zwei Jahren verschoben werden können, ohne dass hierdurch ein nachhaltiger Schaden eintritt.

22.5.2.5 Planung der Ertragsteuern

Grundsätzlich unterliegen Immobilienunternehmen in der Rechtsform der Kapitalgesellschaft der Gewerbe- und Körperschaftbesteuerung. Bezüglich der Gewerbebesteuerung

---

[74] Vgl. *Leopoldsberger, G./Thomas, M.* (1998), S. 146 f.
[75] Vgl. *Rottke, N./Wernecke, M.* (2005), S. 217 f.

besteht jedoch für bestandshaltende Immobilienunternehmen das Wahlrecht von der erweiterten Kürzung nach § 9 Nr. 1 S. 2-5 GewStG.

Wird von der Möglichkeit der erweiterten Kürzung Gebrauch gemacht, so wird der aus der Immobilienbewirtschaftung resultierende Gewerbeertrag vollständig durch die Kürzung neutralisiert, so dass für die Gewerbeertragsteuer keine Bemessungsgrundlage vorliegt, was grundsätzlich der pauschalierten Kürzung vorzuziehen ist. Allerdings ist die Nutzung der erweiterten Kürzung daran gebunden, dass keine schädlichen Maßnahmen wie z.B. gewerblicher Grundstückshandel durchgeführt werden.

22.5.2.6 Entwicklung eines integrierten Planungsmodells

Unter Berücksichtigung dieser Vorüberlegungen sollten bei der Unternehmensplanung des Immobilienunternehmens folgende Aspekte berücksichtigt werden:[76]

- **Preis-Mengengerüst:** Die Abbildung des Geschäftsbetriebes und der dafür notwendigen Produktionsfaktoren erfolgt in wesentlichen Zügen durch das Preis-Mengengerüst. Ein Beispiel für das Preis-Mengengerüst der Ertragsseite ist die Berechnung der Mieteinnahmen aus Miete pro m^2 multipliziert mit der vermieteten Fläche. Je gründlicher das Preis-Mengengerüst aufgeschlüsselt wird, desto transparenter wird die Bewertung, daher sollte ein detailliertes Preis-Mengengerüst für alle wesentlichen Positionen der GuV und der Bilanz aufgestellt werden
- **Integrierte Bilanz-, GuV- und Cashflow-Planung:** Die Planung der GuV, der Bilanz und der Cashflows erfordert eine Verknüpfung miteinander und eine Integration ineinander. Es bestehen beispielsweise wechselseitige Beziehungen zwischen der Entwicklung des Anlagevermögens und der Abschreibungen, der Finanzverbindlichkeiten, des Zinsergebnisses, des Jahresüberschusses und des Eigenkapitals usw.
- **Steuerliche Nebenrechnung:** Eine steuerliche Nebenrechnung zur Ermittlung des steuerlichen Ergebnisses und der sich daraus ableitenden steuerlichen Belastung ist unabdingbar, da die Nutzung steuerlicher Vorteile bzw. die unterschiedliche Besteuerung von Immobilien den Cashflow einer Immobiliengesellschaft in hohem Maße beeinflusst.[77] Bestehende Verlustvorträge und steuerliches Mehrkapital gehen als separate Sondervermögenswerte in die Unternehmensbewertung ein

Aus der Kapitalflussrechnung lässt sich der zur Unternehmensbewertung benötigte Free Cashflow ermitteln (vgl. die nachfolgende Abbildung 22-6).[78] Die Position der Free Cashflow-Rechnung können mit Ausnahme der Steuern auf das operative Ergebnis aus der Kapitalflussrechnung entnommen werden. Da sowohl im WACC- als auch im APV-Ansatz die Steuern nicht auf das Ergebnis bei realisierter Finanzierung zu beziehen sind, sondern auf das Ergebnis bei angenommener vollständiger Eigenkapitalfinanzierung, sind die relevanten Ertragsteuern aus der steuerlichen Nebenrechnung zu entnehmen.

---

[76] Vgl. *Schäfers, W./Siepmann, A./Stock, A.* (2002), S. 395.
[77] Vgl. *Bone-Winkel, S./Schulte, K.-W./Sotelo, R./Allendorf, G.J./Ropeter-Ahlers, S.-E.* (2005), S. 639 f.
[78] Vgl. *Jürgensonn, I. v./Schäfers, W.* (1998), S. 827 ff.

22.5.2.7 Ermittlung der Kapitalkosten

Die nach Abbildung 22-6 ermittelten Free Cashflows werden mit einem angemessenen Diskontierungszinssatz abgezinst. Der Diskontierungszinssatz entspricht dabei dem Verzinsungsanspruch – der sog. hurdle rate – der Eigenkapital- bzw. Fremdkapitalgeber und korrespondiert mit dem Risiko, das die Eigen- und Fremdkapitalgeber dem Portfolio beimessen. Gemäß dem Shareholder-Value-Ansatz werden die Renditeanforderungen als Kapitalkosten interpretiert und steigen mit dem bereichsspezifischen Investitionsrisiko. Folglich ist das Ziel der Immobiliengesellschaft eine – die Kapitalkosten übersteigende – Cashflow-Rendite zu erzielen. Die Ableitung der Eigen- und Fremdkapitalkosten erfolgt im Folgenden jeweils in getrennten Schritten.[79]

	Operatives Ergebnis (vor Zinsen und Steuern) (EBIT)
–	Steuern auf operatives Ergebnis (Cash Taxes)
=	**Operatives Ergebnis nach Steuern (NOPLAT)**
+/–	Veränderung der langfristigen Rückstellungen
+	Abschreibungen
+/–	Gewinne/Verluste aus Abgängen des Anlagevermögens
=	**Operativer Cashflow nach Steuern**
+/–	Veränderung Working Capital*
+	Einzahlungen von Abgängen des Anlagevermögens
–	Auszahlungen für Investitionen in das Anlagevermögen
+/–	Veränderung sonstiger Vermögensgegenstände
=	**Operativer freier Cashflow**
+	Nicht operativer Cash-flow
=	**Gesamter freier Cashflow**

*Umlaufvermögen
– kurzfristige Verbindlichkeiten (weniger als 1 Jahr)
– kurzfristige Rückstellungen (weniger als 1 Jahr)
= Working Capital

Abbildung 22-6: Schema zur Berechnung eines Free Cashflows[80]

22.5.2.7.1 Ermittlung der Eigenkapitalkosten

Die Eigenkapitalkosten und damit die individuelle Risikoprämie errechnet sich nach dem „Capital Asset Pricing Model" (kurz: CAPM). Dabei wird zu einer risikolosen Rente ein Risikozuschlag addiert und dieser dann mit dem Eigenkapital multipliziert. Der Risikozuschlag selbst ergibt sich aus der Multiplikation der Renditedifferenz von Aktien und Anleihen – der sog. Marktrisikoprämie – mit einem Risikomaß – dem sog. Beta-Faktor. Die so erhaltenen Eigenkapitalkosten werden mit dem benötigten Eigenkapitalanteil multipliziert.

Der Betafaktor gibt Auskunft über das systematische Risiko einer Aktie im Vergleich zum marktrepräsentativen Aktienindex, einer Gruppe von Referenzunternehmen (der sog. Peergroup) oder auch des gesamten Marktes – bspw. des Immobilienaktienmarktes – in

---

[79] Vgl. *Schäfers, W./Haub, C.* (2004), S. 506 ff.
[80] Vgl. *Schäfers, W./Siepmann, A./Stock, A.* (2002), S. 396.

$$k_{EK} = \underbrace{i}_{\text{Basiszins}} + \underbrace{(k_M - i)}_{\text{Marktrisikoprämie}} \times \underbrace{\beta}_{\text{Unternehmensbeta}}$$

Abbildung 22-7: Eigenkapitalkostensatz nach dem Capital Asset Pricing-Model

der Historie.[81] Ein Betafaktor von 1 bedeutet somit ein marktidentisches Risiko, während ein Betafaktor größer 1 für überproportionale Schwankungen steht; bei einem Betafaktor zwischen 0 und 1 liegt eine unterproportionale Entwicklung vor, die jedoch in die marktgleiche Richtung erfolgt.[82] Gesellschaften mit einem höheren operativen Risiko (z.B. aufgrund ausgeprägter Branchenzyklen) erfahren größere Schwankungen des Aktienkurses und weisen damit definitionsgemäß einen höheren Betafaktor auf. Problematisch ist die Herleitung von Beta-Faktoren für nicht börsennotierte Gesellschaften.

Die exakte Bestimmung des Unternehmenswertes für Immobilienunternehmen kann – bedingt durch die multiplikative Verknüpfung des Betafaktors – nur mit Hilfe eines möglichst genau bestimmten Betafaktors durchgeführt werden. Daher wird an dieser Stelle auf die empirischen Ergebnisse einer Studie von Schäfers/Haub zurückgegriffen, die anhand verschiedener europäischer Immobilienaktiengesellschaften Betawerte für die verschiedenen Sektoren des Immobiliengeschäftes ermittelt haben.[83] Es konnte festgestellt werden,

Deutschland	Durchschnittlicher Beta-Wert	Anzahl der Gesellschaften
Bestandshaltung Gewerbe	0,13	8
Bestandshaltung Wohnen	0,16	8
Projektentwicklung	0,12	4
Gesamtbetrachtung Europa		
Bestandshaltung Gewerbe	0,18	38
Bestandshaltung Wohnen	0,13	14
Projektentwicklung	0,28	17
Unverschuldete Beta-Werte Berechnung auf Basis von Monatswerten Betrachtungszeitraum: 5 Jahre Vergleichsindex: jeweils lokaler Marktindex, in Deutschland CDAX Doppelzählung einzelner Gesellschaften aufgrund mehrfacher Zuordnung zu Sparten		

Abbildung 22-8: Betafaktoren europäischer Immobilien-Aktiengesellschaften[84]

---

[81] Vgl. *Schäfers, W./Haub, C.* (2004), S. 516.
[82] Vgl. *Schäfers, W./Haub, C.* (2004), S. 514 f.; *Schäfers, W./Siepmann, A./Stock, A.* (2002), S. 399.
[83] Vgl. *Schäfers, W./Haub, C.* (2004), S. 517 f.; *Copeland, T./Koller, T./Murrin, J.* (1993), S. 274.
[84] In Anlehnung an *Schäfers, W./Haub, C.* (2004), S. 520 f.; *Schäfers, W./Siepmann, A./Stock, A.* (2002), S. 399.

dass die durchschnittlichen Betawerte börsennotierter Immobiliengesellschaften in Europa – und im speziellen in Deutschland – stets kleiner als 0,5 ist – wie *Abbildung 22-8* verdeutlicht – und dabei sehr geringen Schwankungen unterliegt.

Dies bestätigt zum einen die These, dass Immobilienaktivitäten mit wesentlich weniger operativem Risiko behaftet sind als der Durchschnitt anderer Branchen, und dass in der Tat Projektentwicklung mit dem höchsten, Bestandshaltung Gewerbe mit mittlerem und Bestandshaltung Wohnen mit dem niedrigsten Risiko angesetzt wird.

22.5.2.7.2 Ermittlung der Fremdkapitalkosten

Bei der Ermittlung der Fremdkapitalkosten kann nicht unmittelbar von den kontrahierten Nominalzinsen der aufgenommenen Kredite ausgegangen werden, sondern es sind die zum Bewertungsstichtag marktüblichen Zinsen heranzuziehen.[85] Insbesondere bei langen Restlaufzeiten wie z.B. bei Immobilienfinanzierungen kann der Einfluss von Abweichungen zwischen den kontrahierten und marktüblichen Zinsen auf den zu ermittelnden Wert des Fremdkapitals erheblich sein.

Bei der Ermittlung des marktüblichen Zinssatzes ist jedoch nicht nur das Kreditvolumen, sondern auch die Kreditbesicherung zu berücksichtigen und zwischen unterschiedlichen Finanzierungsformen zu differenzieren.[86] Aber auch die zunehmend vorgenommene risikoabhängige Bestimmung der Kreditzinsen und der damit im Zusammenhang stehende Einfluss des Ratings von Immobilienunternehmen ist ein weiterer zu beachtender Aspekt bei der Bestimmung der marktüblichen Zinssätze.[87] So ergeben sich erhebliche Unterschiede zwischen unbesicherten Kontokorrentdarlehen und grundschuldlich besicherten Realdarlehen. Zur Ermittlung der marktüblichen Fremdkapitalkosten können bspw. Statistiken der *Deutschen Bundesbank* herangezogen werden.[88]

22.5.3 Kritische Würdigung des Discounted Cashflow-Verfahrens

22.5.3.1 Hohe Informationsanforderungen

Die Anwendung von Discounted Cashflow-Methoden setzt erhebliche Informationen über das zu bewertende Unternehmen voraus und führt häufig zu komplexen Modellen. Dieser nicht von der Hand zu weisende Nachteil ist jedoch gleichzeitig der Vorzug der DCF-Methoden. Wird die DCF-Analyse als iterativer Prozess verstanden, so kann eine anfänglich weitestgehend auf Annahmen des Bewerters beruhende Bewertung sukzessive durch neue Informationen angereichert werden, so dass das Bewertungsmodell mit zunehmendem Erkenntnisstand verfeinert werden kann. Dabei führen die fehlenden Informationen notwendigerweise zu den für die Akquisitionsentscheidungen relevanten Fragen, sodass methodenbedingt einer intensivere Auseinandersetzung mit dem zu bewertenden Unternehmen erfolgt, als dieses bei einer Anwen-dung von Vergleichsbewertungsmethoden notwendig ist. Diese zeitaufwendige Analyse des Unternehmens kann damit helfen, Fehlentscheidungen zu vermeiden.

---

[85] Vgl. *Copeland, T.E./Koller, T./Murrin, J.* (2000), S. 210 ff.
[86] Vgl. *Schäfers, W./Haub, C.* (2004), S. 508.
[87] Vgl. *Breitenbücher, U./Ernst, D.* (2004), S. 77.
[88] Vgl. *Bäzner, B./Timmreck, C.* (2004), S. 13.

22.5.3.2 Ermittlung des Diskontierungszinsfusses

Darüber hinaus stellt die Ermittlung eines risikoadäquaten Diskontierungszinssatzes in der Regel eine große Herausforderung dar. Hierbei ist insbesondere die Ermittlung des risikoadäquaten Diskontierungszinssatzes vor dem Hintergrund der geringen Anzahl börsennotierter Immobilienunternehmen in Deutschland sowie deren in der Regel geringer Marktliquidität eine wesentliche Schwierigkeit bei der Durchführung von DCF-Bewertungen von Immobilienunternehmen.[89]

22.5.3.3 Mangelnde Berücksichtigung stiller Reserven

Weiterhin wird von Kritikern häufig beklagt, dass die DCF-Methode die den Immobilien innewohnenden (handelbilanziellen) stillen Reserven bei der Wertermittlung nicht berücksichtigt.[90] Dieser Sichtweise ist jedoch zu entgegnen, dass im Rahmen der DCF-Bewertung lediglich die von einem Bewertungssubjekte angestrebte Entwicklung und nicht alle potenziell möglichen Entwicklungen berücksichtigt werden, da nur die geplante Fortführung zu dem für den Investor verfügbaren Einkommen führt. Wird dementsprechend nicht die Realisierung der stillen Reserven geplant, so steht dem Anteilseigner dieses zusätzliche, daraus resultierende Einkommen auch nicht zur Verfügung.

22.6 Fallstudie zur Bewertung eines Immobilienunternehmens

22.6.1 Ausgangssituation

Im Folgenden wird der APV-Ansatz als eine DCF-Methode zur Bewertung eines beispielhaften Immobilienunternehmens herangezogen. Im ersten Schritt wird der Wert des Immobilienunternehmens bei einer angenommenen vollständigen Eigenkapitalfinanzierung ermittelt. Nachfolgend wird der Wert der finanzierungsbedingten Steuervorteile und der Wert der Fremdfinanzierung errechnet. Aus der Addition des Wertes bei vollständiger Eigenkapitalfinanzierung sowie des Wertes finanzierungsbedingter Steuervorteile ergibt sich der Enterprise Value. Wird von diesem der Wert des Fremdkapitals subtrahiert, so resultiert der Wert des Eigenkapitals.[91]

Es handelt sich um eine Kapitalgesellschaft, die ein Portfolio von 38.513 Wohneinheiten mit einer Wohnfläche von 2.618.884 m² hält. Um dem Verkäufer im Rahmen einer unterstellten Transaktion einen Preis bieten zu können, der über dem Wert bei Fortführung im bisherigen Konzept liegt, plant der potenzielle Investor die nachfolgend aufgezählten Maßnahmen:

- Das derzeitig bestehende **Mieterhöhungspotenzial** von rd. 1,50 €/m² p.a. wird einerseits durch Neuvermietung zur Marktmiete und andererseits durch 3% Erhöhung der Bestandsmieten sukzessive ausgeschöpft

---

[89] Vgl. *Arthur Andersen/European Business School* (1999); *Schäfers, W./Haub, C.* (2004), S. 518 und S. 523 f.
[90] Vgl. *Cadmus, A.* (2000), S. 96-106.
[91] Vgl. *Drukarczyk, J.* (2003), S. 214.

in Mio. €	2004 a	2005 e	2006 e	2007 e	2008 e	2009 e ff.
Wohneinheiten	38.513 WE	36.513 WE	34.613 WE	32.813 WE	32.813 WE	32.813 WE
Wohnfläche	2.618.884 m²	2.482.884 m²	2.353.684 m²	2.231.284 m²	2.231.284 m²	2.231.284 m²
Mieterlöse	135,1	136,5	137,0	136,8	143,5	143,5
Kaltmiete in €/m² p.m.	4,30 €/m²	4,58 €/m²	4,85 €/m²	5,11 €/m²	5,36 €/m²	5,36 €/m²
[+] Umlagen	46,2	48,2	47,9	47,5	47,0	47,0
Umlagen in €/m² p.m.	1,47 €/m²	1,62 €/m²	1,70 €/m²	1,77 €/m²	1,75 €/m²	1,75 €/m²
[-] Erlösschmälerungen	−4,1	−4,1	−4,1	−4,1	−4,3	−4,3
in % der Mieterlöse	3,0 %	3,0 %	3,0 %	3,0 %	3,0 %	3,0 %
[+/-] Bestandsveränderungen	1,9	−0,3	−0,4	−0,5	0,0	0,0
[-] Betriebskosten	−53,2	−52,9	−52,4	−51,9	−54,4	−54,4
Betriebskosten in €/m² p.m.	1,46 €/m²	1,53 €/m²	1,60 €/m²	1,67 €/m²	1,75 €/m²	1,75 €/m²
[-] Instandhaltung	−33,4	−31,7	−30,0	−28,5	−28,5	−28,5
Instandhaltung in €/m² p.a.	11,00 €/m²	11,00 €/m²	11,00 €/m²	11,00 €/m²	11,00 €/m²	11,00 €/m²
[-] Personalaufwand	−10,6	−10,2	−9,9	−9,5	−9,7	−9,7
[-] Sonstiger Aufwand	−10,3	−10,5	−10,5	−10,5	−10,8	−10,8
[-] Grundsteuer	−0,9	−0,9	−0,9	−0,9	−0,9	−0,9
EBITDA I	**70,7**	**74,1**	**76,7**	**78,4**	**81,9**	**81,9**
in % der Umsatzerlöse	39,9 %	41,0 %	42,4 %	43,5 %	44,0 %	44,0 %
[+] Sonstige Erträge Abgang Anlagevermögen	0,0	103,8	109,0	113,0	0,0	0,0
EBITDA II	**70,7**	**177,9**	**185,7**	**191,4**	**81,9**	**81,9**
in % der Umsatzerlöse	39,9 %	98,5 %	102,7 %	106,2 %	44,0 %	44,0 %
[-] Abschreibung	−35,3	−33,9	−32,5	−31,3	−31,6	−32,3
in €/m²	0,52 €/m²	1,11 €/m²	1,15 €/m²	1,18 €/m²	0,56 €/m²	0,56 €/m²
EBIT	**35,4**	**144,0**	**153,2**	**160,1**	**50,3**	**49,6**
in % der Umsatzerlöse	20,0 %	79,7 %	84,7 %	88,8 %	27,0 %	26,6 %
[-] Adjustierte Ertragsteuern	−9,4	−55,7	−59,2	−62,0	−13,3	−13,1
in % des EBIT	26,6 %	38,7 %	38,6 %	38,7 %	26,4 %	26,4 %
NOPLAT	**26,0**	**88,3**	**94,0**	**98,1**	**37,0**	**36,5**
in % der Umsatzerlöse	14,7 %	48,9 %	52,0 %	54,4 %	19,9 %	19,6 %
[+] Abschreibung	35,3	33,9	32,5	31,3	31,6	32,3
[-] Sonstige Erträge Abgang Anlagevermögen	0,0	−103,8	−109,0	−113,0	0,0	0,0
[+/-] Veränderung des Netto Working Capitals	0,1	−50,3	−0,4	0,0	52,4	0,0
[+] Desinvestition aus Anlagevermögen	0,0	156,9	157,9	157,7	0,0	0,0
[-] Investitionen in das Anlagevermögen	−21,4	−20,5	−19,6	−18,7	−18,9	−32,3
Free Cashflow vor ESt	**40,0**	**104,5**	**155,4**	**155,4**	**102,1**	**36,5**
[-] hälftige Einkommensteuern bei 35 %	−7,0	−18,3	−27,2	−27,2	−17,9	−6,4
Einkommen des Anteilseigners nach ESt	**33,0**	**86,2**	**128,2**	**128,2**	**84,2**	**30,1**

Abbildung 22-9: Ermittlung des Free Cashflows

- In den kommenden drei Planjahren sollen insgesamt 5.700 Wohneinheiten zum 21fachen der jeweiligen Netto-Kaltmiete im Rahmen eines Programms der **Mieterprivatisierung** veräußert werden
- Es wird von einer leerstandsbedingten **Erlösschmälerung** in Höhe von 3% ausgegangen, die auf einer Fluktuation von 9% p.a. und einer Neuvermietungsdauer von vier Monaten beruht
- Die **Instandhaltungsaufwendungen** (einschl. Modernisierungsmaßnahmen) liegen bei 11 €/m² und werden auf diesem Niveau in der Planung konstant gehalten. Ein Instandhaltungsstau liegt nicht vor
- Der bestehende Wohnungsbestand von 38.513 Wohneinheiten wurde bisher mit 257 Mitarbeitern bewirtschaftet (rund 150 Wohneinheiten je Mitarbeiter). Für Planungszwecke wird davon ausgegangen, dass diese Relation aufrechterhalten werden kann und die Anzahl der Mitarbeiter durch natürliche Fluktuation und einer restriktiven Einstellungspolitik sukzessive auf 219 Mitarbeiter im Jahr 2009 abnehmen wird. Gleichzeitig wird von einer Lohnerhöhung von durchschnittlich 3% p.a. ausgegangen.
- Der **sonstige betriebliche Aufwand** wird mit 6% der Umsatzerlöse angenommen
- In den Perioden, in denen keine Veräußerung von Immobilien erfolgt, wird von der so genannte Erweiterten Kürzung nach § 9 Nr. 1 S. 2-5 GewStG Gebrauch gemacht, was zu einer Gewerbesteuerbefreiung in den Jahren 2004 und 2008 und 2009 ff. führt. Der durchschnittliche Ertragsteuersatz variiert deshalb zwischen 26,6% bei ausschließlicher Körperschaftbesteuerung und 38,7% bei zusätzliche Gewerbeertragbesteuerung.

Unter Beachtung der vorgestellten Planungsprämissen des Investors ergibt sich die in *Abbildung 22-9* dargestellte Gewinn- und Verlustrechnung für die Jahre 2005 bis 2009.

22.6.2 Ermittlung des Wertes bei vollständiger Eigenkapitalfinanzierung

Der Wert bei vollständiger Eigenkapitalfinanzierung ergibt sich aus der Diskontierung des Free Cashflows unter Berücksichtigung der für den Investor zu leistenden Einkommensteuern. Hierbei ist zu berücksichtigen, dass die Ausschüttungen an Anteilseigner von Kapitalgesellschaften Kapitaleinkünfte im Sinne von § 20 EStG darstellen und somit dem Halbeinkünfteverfahren, also lediglich der hälftigen Besteuerung der Ausschüttung, unterliegen. Dieser Zahlungsstrom wird zur Ermittlung des Wertes mit der Renditeforderung der Anteilseigner bei vollständiger Eigenkapitalfinanzierung diskontiert:[92]

$$V^E = \sum_{t=1}^{T-1} \frac{FCF_t(1-0,5s_{ESt})}{(1+r_{EK})^t} + \frac{FCF_T(1+g)(1-0,5s_{ESt})}{(r_{EK}-g)(1+r_{EK})^{T-1}}$$

wobei die Variablen wie folgt definiert sind: VE_M Wert bei vollständiger Eigenkapitalfinanzierung; FCF_t Freier Cashflow im Jahr t; s_{ESt} Einkommensteuersatz; $r_{t,EK}$ Renditeforderung der Eigenkapitalgeber bei vollständiger Eigenkapitalfinanzierung; g erwartetes Wachstum der ewigen Rente; t laufende Periode; T letzte Periode.

---

[92] Vgl. *Drukarczyk, J./Richter, F.* (1995), S. 560.

22 Bewertung von Immobilienunternehmen

Zur Ermittlung der Renditeforderung der Eigenkapitalgeber bei angenommener vollständiger Eigenkapitalfinanzierung sind seitens des Investors Annahmen bezüglich des risikofreien Zinses, der Marktrisikoprämie, des Betafaktors und für die Fortführungsphase bezüglich des erwarteten Wachstums notwendig. Nach dem Capital Asset Pricing Model (CAPM) ergibt sich die Renditeforderung der Eigenkapitalgeber wie folgt:[93]

$$r_{EK} = i(1 - s_{ESt}) + \underbrace{\left(r_M^{vSt} - d_M(1 - 0{,}5 s_{ESt}) - i(1 - s_{ESt})\right)}_{\text{Marktrisikoprämie}} \times \beta_U$$

mit: r_{EK} Renditeforderung bei vollständiger Eigenkapitalfinanzierung; i risikofreien Zins vor Einkommensteuern; β_U unleveraged Beta; r_M^{vSt} erwartete Bruttorendite des Marktportfolios; d_M Dividendenrendite des Marktportfolios; s_{ESt} (typisierter) Einkommensteuersatz

Unter dem Begriff Risiko wird hier grundsätzlich die Gefahr von Renditeschwankungen verstanden. Folglich wird die Rendite der risikofreien Anlage auch als konstant angesehen. Die Rendite der einzelnen Anlage des Marktportfolios kann von der Marktrendite abweichen. Dieser Zusammenhang zwischen der Rendite der einzelnen Anlage und der Marktrendite wird durch den Betafaktor ausgedrückt. Die Risikoprämie, die ein einzelner Anleger für ein Wertpapier erwartet, ergibt sich dann durch Multiplikation des Betafaktors und der Marktrisikoprämie.

Für börsennotierte Unternehmen kann der Betafaktor grundsätzlich direkt aus der Rendite der Aktie des betrachteten Unternehmens im Vergleich zum Gesamtmarkt ermittelt werden. Ist das zu bewertende Unternehmen hingegen nicht börsennotiert oder sind die ermittelten Betafaktoren aufgrund z.B. geringer Marktliquidität nicht nutzbar, so können Betafaktoren lediglich im Wege des Analogieschlusses aus Betafaktoren von börsennotierten Unternehmen mit vergleichbaren Geschäftsrisiken ermittelt werden.

Bezogen auf das Beispiel geht der Investor von folgenden Annahmen bezüglich der zur Ermittlung der Renditeforderung notwendigen Parameter aus:

Risikofreier Zins vor Einkommensteuern	5,00 %
Risikofreier Zins nach Einkommensteuern	3,25 %
Bruttorendite des Marktportfolios	10,00 %
Dividendenrendite des Marktportfolios	4,00 %
Unleveraged Beta	0,30
Angenommene persönliche Einkommensteuer	35,0 %

Abbildung 22-10: Ermittlung der Renditeforderung

---

[93] Vgl. *Bayer, S./Gaar, A.* (2005), S. 242; *Matzen, F.J.* (2005), S. 211.

Ein weiteres wichtiges Element in der Ermittlung der Renditeforderung der Eigenkapitalgeber ist das angenommene Wachstum in der ewigen Rente, das der Investor mit 0,5% p.a. einschätzt.

Unter Beachtung der Annahmen wird die Renditeforderung der Eigenkapitalgeber für die Detailprognosephase (2005 bis 2008) und für die Fortführungsphase ab 2009 wie folgt ermittelt.

		2005–2008	2009 e ff.
Risikofreier Zinssatz vor Einkommensteuern		5,00 %	5,00 %
− Einkommensteuern	35 %	−1,75 %	−1,75 %
Risikofreier Zinssatz nach Einkommensteuern		3,25 %	3,25 %
Dividendenrendite vor Einkommensteuern	35 %	4,00 %	4,00 %
− Einkommensteuern		−0,70 % 1)	−0,70 % 1)
Dividendenrendite nach Einkommensteuern		3,30 %	3,30 %
Bruttorendite des Marktportfolios		10,00 %	10,00 %
− Dividendenrendite nach Einkommensteuern		−3,30 %	−3,30 %
− Risikofreier Zinssatz nach Einkommensteuern		−3,25 %	−3,25 %
Marktrisikoprämie		3,45 %	3,45 %
× Betafaktor		0,30	0,30
Risikoprämie		1,04 %	1,04 %
Risikofreier Zinssatz nach Einkommensteuern		3,25 %	3,25 %
+ Risikoprämie		1,04 %	1,04 %
Renditeforderung der Eigenkapitalgeber nach Einkommensteuern		4,29 %	4,29 %
− Wachstum Ewige Rente			−0,50 %
Renditeforderung der Eigenkapitalgeber nach Einkommensteuern		4,29 %	3,79 %

Abbildung 22-11: Ermittlung Renditeforderung der Eigenkapitalgeber

Aus den Annahmen des Investors ergeben sich 4,29% Renditeerwartungen in der Detailprognosephase und 3,79% in der Fortführungsphase, die im Folgenden zur Unternehmensbewertung herangezogen werden.

Für die betrachtete Kapitalgesellschaft[94] ergeben sich folgende Free Cashflow-Rechnungen sowie folgende Werte bei vollständiger Eigenkapitalfinanzierung im Planungszeitablauf:

---

[94] Zu den Besonderheiten der DCF-Bewertung von Personenunternehmen vgl. *Husmann, S./Kruschwitz, L./Löffler, A.* (2002), S. 25-42.

in Mio. €	2004 a	2005 e	2006 e	2007 e	2008 e	2009e ff.
Free Cashflow vor ESt	40,0	104,5	155,4	155,4	102,1	36,5
[-] hälftige Einkommensteuern bei 35 %	−7,0	−18,3	−27,2	−27,2	−17,9	−6,4
Einkommen des Anteilseigners nach ESt	33,0	86,2	128,2	128,2	84,2	30,1
Diskontierungszinssatz	4,29 %	4,29 %	4,29 %	4,29 %	4,29 %	3,79 %
Wert bei vollst. Eigenkapitalfinanzierung	1.048,4	1.060,2	1.019,4	935,1	847,0	799,1

Abbldung 22-12: Ermittlung des Wertes bei vollständiger Eigenkapitalfinanzierung

Unter Berücksichtigung der operativen Annahmen und Renditeerwartungen des Investors ergibt sich zum Bewertungsstichtag ein Wert bei vollständiger Eigenkapitalfinanzierung in Höhe von 1.060,2 Mio. €. In diesem Wert wurden bereits die geplanten Maßnahmen des Investors zur Steigerung des Unternehmenswertes berücksichtigt.

22.6.3 Ermittlung des Wertes der finanzierungsbedingten Steuervorteile

Der Wert der Unternehmensteuervorteile resultiert aus den Unternehmensteuerersparnissen, die aus der Finanzierung resultieren. Da diese aus der Finanzierung resultierende Steuerersparnis zu einer Erhöhung des Ausschüttungspotenzials führt, sind gleichzeitig hälftige Einkommensteuern des Anteilseigners zu berücksichtigen:[95]

$$V^{USt} = \sum_{t=1}^{T} \frac{[0,5 s_{GewSt}(1-s_{KSt}) + s_{KSt}] \times i F_{U,t}(1-0,5 s_{ESt})}{[1+i(1-s_{ESt})]^t}$$

mit: V^{USt} Wert des Unternehmensteuervorteils; i Fremdkapitalzinssatz; F_t Fremdkapital im Jahr t; s_{GewSt} Gewerbesteuersatz; s_{KSt} Körperschaftsteuersatz; s_{ESt} Einkommensteuersatz; i risikofreier Zinsatz; t laufende Periode; n Anzahl der Perioden.

Infolge der erweiterten Kürzung ist die Gesellschaft in dem Fallbeispiel de facto von der Gewerbeertragsteuer befreit und die Unternehmensteuerbelastung beschränkt sich auf 26,375 % Körperschaftsteuer inklusive Solidaritätszuschlag von dem Ergebnis vor Steuern.

Unter der Annahme, dass die Rückzahlung der Darlehen planmäßig erfolgt und diese Unternehmensteuervorteile damit risikolos sind, werden diese mit dem risikolosen Zinssatz nach Einkommensteuern i (1 − s_{ESt}), hier 2,59 %, diskontiert. Da die Anleger bei alternativer risikoloser Anlage Zinserträge erzielen, die im Gegensatz zu Dividendenausschüttungen nicht dem Halbeinkünfteverfahren unterliegen, wird der volle Einkommensteuersatz s_{ESt} im Diskontierungszins berücksichtigt.[96]

---

[95] Vgl. *Drukarczyk, J./Richter, F.* (1995), S. 560; *Kruschwitz, L./Löffler, A.* (2003 b), S. 243.
[96] Vgl. *Drukarczyk, J.* (2003), S. 236.

Bezogen auf das Beispiel, in dem das Fremdkapital im Jahr 08 getilgt wird und somit kein nachhaltiger Zinsaufwand resultiert, ergibt sich der Wert der Unternehmensteuervorteile wie folgt:

in Mio. €	2004 a	2005 e	2006 e	2007 e	2008 e	2009 e ff.
Gewerbeertragsteuerersparnis	0,0	2,6	2,5	2,3	0,0	0,0
[+] Körperschaftsteuerersparnis	8,0	7,4	7,3	6,7	6,7	6,4
Unternehmensteuerersparnis vor ESt	**8,0**	**10,0**	**9,8**	**9,0**	**6,7**	**6,4**
[-] hälftige Einkommensteuern bei 35 %	−1,4	−1,8	−1,7	−1,6	−1,2	−1,1
Unternehmensteuerersparnis nach ESt	6,6	8,2	8,1	7,4	5,5	5,3
Diskontierungszinssatz	2,59 %	2,59 %	2,59 %	2,59 %	2,59 %	2,59 %
Wert der Unternehmensteuervorteile	**37,8**	**32,2**	**24,8**	**17,4**	**10,4**	**5,1**

Abbildung 22-13: Ermittlung des Wertes der Unternehmensteuervorteile

Bezüglich des Wertes der Unternehmensteuervorteile werden die Implikationen der erweiterten Kürzung deutlich: Eine finanzierungsbedingte Gewerbeertragsteuerersparnis kann nur in den Jahren 2005 bis 2007 eintreten, da in diesen Jahren nicht von der erweiterten Kürzung Gebrauch gemacht wird und Gewerbeertragsteuern zu leisten sind.

Grundsätzlich stellt der Wert der finanzierungsbedingten Steuervorteile einen Mehrwert dar, der von einem Anteilseigner, der sich an einem vollständig eigenkapitalfinanzierten Unternehmen beteiligt, nicht auf privater Ebene dupliziert werden kann. Der Einkommensteuereffekt I ist insofern eine Korrektur der Einkommensteuern, die erforderlich wird, um die der DCF-Bewertung zugrunde liegenden Bedingungen der Arbitragefreiheit zu gewährleisten:[97]

$$V^{\text{ESt I}} = \sum_{t=1}^{T} \frac{-0{,}5 s_{ESt} i F_{U,t-1}}{[1+i(1-s_{ESt})]^t}$$

mit: $V^{\text{ESt I}}$ Wert des Einkommensteuereffektes I; i Fremdkapitalzinssatz; F_t Fremdkapital im Jahr t; s_{GewSt} Gewerbesteuersatz; s_{KSt} Körperschaftsteuersatz; s_{ESt} Einkommensteuersatz; i risikofreier Zinsatz; t laufende Periode; n Anzahl der Perioden.

Da auch hier die Annahme der planmäßigen Rückzahlung der Darlehen gilt, wird auch der Einkommensteuereffekt I mit dem risikolosen Zinssatz nach Einkommensteuern

---

[97] Vgl. *Drukarczyk, J.* (2003), S. 251.

i $(1 - s_{ESt})$, hier 2,59%, diskontiert. Im Hinblick auf das Bewertungsbeispiel werden die Einkommensteuereffekte I wie folgt ermittelt:

in Mio. €	2004 a	2005 e	2006 e	2007 e	2008 e	2009 e ff.
Objektfinanzierung	25,0	24,7	24,5	24,2	24,0	23,7
Unternehmensfinanzierung	5,3	5,9	5,6	3,5	1,5	0,4
Zinsaufwand	30,3	30,6	30,1	27,7	25,5	24,1
hälftige Einkommensteuern bei 35 %	5,3	5,4	5,3	4,8	4,5	4,2
Diskontierungszinssatz	2,59 %	2,59 %	2,59 %	2,59 %	2,59 %	2,59 %
Wert des Einkommensteuereffektes I	−27,1	−22,5	−17,7	−12,9	−8,4	−4,1

Abbildung 22-14: Ermittlung des Wertes des Einkommensteuereffektes I

Aufgrund der Veränderung des Fremdkapitals durch Tilgungen oder Kreditaufnahmen, wird die zur Ausschüttung zur Verfügung stehende Liquidität beeinflusst. Aus dieser Veränderung der Ausschüttungen ergeben sich unmittelbare Auswirkungen auf die Einkommensbesteuerung des Anteilseigners:[98]

$$V^{ESt\,II} = \sum_{t=1}^{T} \frac{0{,}5 s_{ESt} \Delta F_{U,t}^{T} - 0{,}5 s_{ESt} \Delta F_{U,t}^{A}}{[1 + i(1 - s_{ESt})]^{t}}$$

mit: $V^{ESt\,II}$ Wert des Einkommensteuereffektes II; $DFT_{U,t}$ Tilgung des Fremdkapitals im Jahr t; $\Delta FA_{U,t}$ Aufnahme von Fremdkapitals im Jahr t; s_{GewSt} Gewerbesteuersatz; s_{KSt} Körperschaftsteuersatz; s_{ESt} Einkommensteuersatz; i risikofreier Zinssatz; t laufende Periode; n Anzahl der Perioden.

Analog zu den Unternehmensteuervorteilen, werden die aus der Veränderung des Fremdkapitals resultierenden Einkommensteuereffekte mit dem risikofreien Zins nach Einkommensteuern i $(1 - s_{ESt})$, hier 2,59%, berücksichtigt, da bei einem geplanten Finanzierungsverlauf diese Einkommensteuereffekte ebenfalls risikofrei sind.

Im Falle von Tilgungen ist dieser Effekt positiv, da die tilgungsbedingte Thesaurierung von Ausschüttungen die Einkommensteuerbelastung der Anteilseigner des anteilig fremdfinanzierten Unternehmens senkt, wohingegen die Aufnahme von Fremdkapital zu einer Erhöhung der entziehbaren Mittel und somit zu einer Einkommensteuerbelastung der Anteilseigner führt.

Aufgrund der Tilgungen ergibt sich ein Einkommensteuervorteil II in Höhe von 30,9 Mio. €, der jedoch erwartungsgemäß aufgrund der abnehmenden Tilgung sukzessive abnehmen wird.

---

[98] Vgl. *Baetge, J./Niemeyer, K./Kümmel, J.* (2002), S. 329.

in Mio. €	2004 a	2005 e	2006 e	2007 e	2008 e	2009 e ff.
Tilgung der Objektfinanzierung	6,9	7,1	7,4	7,6	7,9	0,0
Tilgung der Unternehmensfinanzierung	10,8	0,0	54,0	49,6	56,8	0,0
Tilgungszahlungen	17,7	7,1	61,4	57,2	64,7	0,0
hälftige Einkommensteuern bei 35 %	3,1	1,2	10,7	10,0	11,3	0,0
Diskontierungszinssatz	2,59 %	2,59 %	2,59 %	2,59 %	2,59 %	2,59 %
Wert des Einkommensteuereffektes II	33,2	30,9	30,5	20,5	11,0	0,0

Abbildung 22-15: Ermittlung des Wertes des Einkommensteuereffektes II

22.6.4 Ermittlung des Wertes der Fremdfinanzierung

Grundsätzlich entspricht der Wert des Fremdkapitals bei identischen Nominal- und Diskontierungszins seinem Buchwert. Vor diesem Hintergrund wird in der Unternehmensbewertung üblicherweise das Fremdkapital grundsätzlich mit seinem Buchwert angesetzt.[99] Aber gerade bei langfristiger Finanzierung und sich in der Zwischenzeit stark verändernden Marktzinsen, kann es z.T. zu erheblichen Unterschieden zwischen dem Markt- und Buchwert der Finanzierung kommen.[100] Aus diesem Grunde sollte gerade bei Immobilienunternehmen, bei denen langfristige Objektfinanzierung typisch ist, nicht leichtfertig von dieser allgemeinen Annahme ausgegangen werden, sondern der tatsächliche Wert ermittelt werden.

Der Wert der Fremdfinanzierung wird durch Diskontierung der den Gläubigern zufließenden Zins- und Tilgungszahlungen ermittelt. Hierbei ist zu berücksichtigen, dass die Zinszahlung auf Ebene der Gläubiger der Einkommensbesteuerung unterliegt. Da es sich um Zinserträge handelt, ist der volle Einkommensteuersatz anzusetzen. Die Tilgungszahlungen werden hingegen keiner Einkommensteuerbesteuerung unterworfen, da die Rückführung des Nominalkapitals durch Tilgungszahlung kein zu versteuerndes Einkommen aus Sicht der Gläubiger darstellt.

$$F_U = \sum_{t=1}^{T} \frac{-\Delta F_{U,t}^A + \Delta F_{U,t}^T + i_U F_{U,t-1}(1-s_{ESt})}{[1+i(1-s_{ESt})]^t}$$

mit: F_U Wert des Fremdkapitals; $\Delta FT_{U,t}$ Tilgung des Fremdkapitals im Jahr t; $\Delta FA_{U,t}$ Aufnahme von Fremdkapitals im Jahr t; F_t Fremdkapital im Jahr t; s_{GewSt} Gewerbesteuersatz; s_{KSt} Körperschaftsteuersatz; s_{ESt} Einkommensteuersatz; i risikofreier Zinssatz; t laufende Periode; n Anzahl der Perioden.

---

[99] Vgl. *Bäzner, B./Timmreck, C.* (2004), S. 14.
[100] Vgl. *Matzen, F.J.* (2005), S. 162.

Der in der Immobilienwirtschaft vorherrschenden Differenzierung zwischen Objekt- und Unternehmensfinanzierung folgend, werden im Folgenden die Werte der beiden Finanzierungsarten gesondert ermittelt. Bezogen auf das Beispiel ergibt sich der Wert der Objektfinanzierung wie folgt:

in Mio. €	2004 a	2005 e	2006 e	2007 e	2008 e	2009 e ff.
Tilgung	6,9	7,1	7,4	7,6	7,9	0,0
[+] Zinsaufwand	25,0	24,7	24,5	24,2	24,0	23,7
[-] Einkommensteuern bei 35 %	−4,4	−4,3	−4,3	−4,2	−4,2	−4,1
Cashflow der Darlehensgeber	27,5	27,5	27,6	27,6	27,7	19,6
Diskontierungszinssatz	2,59 %	2,59 %	2,59 %	2,59 %	2,59 %	2,59 %
Wert der Objektfinanzierung	452,9	441,5	429,7	417,5	404,9	391,9

Abbildung 22-16: Ermittlung des Wertes der Objektfinanzierung

Analog zur Ermittlung des Wertes der Objektfinanzierung wird der Wert der Unternehmensfinanzierung ermittelt:

in Mio. €	2004 a	2005 e	2006 e	2007 e	2008 e	2009 e ff.
Tilgung	10,8	0,0	54,0	49,6	56,8	0,0
[-] Kreditaufnahme	0,0	−37,9	0,0	0,0	0,0	0,0
[+] Zinsaufwand	5,3	5,9	5,6	3,5	1,5	0,4
[-] Einkommensteuern bei 35 %	−0,9	−1,0	−1,0	−0,6	−0,3	−0,1
Cashflow der Darlehensgeber	15,2	−33,0	58,6	52,5	58,0	0,3
Diskontierungszinssatz	2,59 %	2,59 %	2,59 %	2,59 %	2,59 %	2,59 %
Wert der Unternehmensfinanzierung	167,6	158,0	158,6	105,4	56,4	0,2

Abbildung 22-17: Ermittlung des Wertes der Unternehmensfinanzierung

22.6.5 Ermittlung des Wertes des Eigenkapitals

Der Wert des Eigenkapitals ergibt sich aus dem Wert des Eigenkapitals, der Hinzurechnung des Wertes der Unternehmensteuerersparnis sowie des tilgungsbedingten Einkommensteuereffektes II abzüglich des Einkommensteuereffektes I und des Wertes des Fremdkapitals:[101]

$$V^E = E + V^{EW} + V^{USt} - V^{ESt I} + V^{ESt II} - F$$

---

[101] Vgl. *Drukarczyk, J.* (2003), S. 252.

Bezogen auf das Fallbeispiel wird der Wert des Eigenkapitals der Kapitalgesellschaft wie folgt ermittelt:

in Mio. €	2004 a	2005 e	2006 e	2007 e	2008 e	2009 e ff.
Unternehmenswert bei Eigenkapitalfinanzierung	1.048,4	1.060,2	1.019,4	935,1	847,0	799,1
Unternehmensteuereffekt	37,8	32,2	24,8	17,4	10,4	5,1
Einkommensteuereffekt I	1086,2	1092,4	1044,2	952,5	−8,4	−4,1
Einkommensteuereffekt II	33,2	30,9	30,5	20,5	11,0	0,0
Finanzierungsbedingte Steuereffekte	1157,2	1155,5	1099,5	990,4	13,0	1,0
Unternehmensgesamtwert	2.205,6	2.215,7	2.118,9	1.925,5	860,0	800,1
Marktwert des Objektfinanzierung	−452,9	−441,5	−429,7	−417,5	−404,9	−391,9
Marktwert des Unternehmensfinanzierung	−167,6	−158,0	−158,6	−105,4	−56,4	−0,2
Verzinsliche Verbindlichkeiten	−620,5	−599,5	−588,3	−522,9	−461,3	−392,1
Liquidität	5,6	5,7	5,7	5,7	6,0	6,0
Netto Finanzverbindlichkeiten	−614,9	−593,8	−582,6	−517,2	−455,3	−386,1
Wert des Eigenkapitals	1.590,7	1.621,9	1.536,3	1.408,3	404,7	414,0

Abbildung 22-18: Ermittlung des Wertes des Eigenkapitals

Zum Bewertungsstichtag 1. Januar 2005 ergibt sich aus Sicht des Investors ein Wert des Eigenkapitals in Höhe von 1.621,9 Mio. €. Aufgrund der geplanten Immobilienverkäufe in den Jahren 2005 bis 2007 steigt der Unternehmensgesamtwert von 2.205,6 Mio. € in 2004 auf 2.215,7 Mio. € im Jahr 2005 an. In den folgenden Jahren nimmt der Unternehmensgesamtwert sukzessive ab, da der Cashflow aus Desinvestition ebenfalls abnimmt. Nach Beendigung der geplanten Verkäufe in 2007 hat der Immobilienbestand von 38.513 Wohneinheiten auf 32.813 Wohneinheiten abgenommen und der daraus resultierende Free Cashflow ist entsprechend geringer als vor Beginn des Verkaufsprogramms, sodass der Unternehmenswert zwar kurzfristig angestiegen ist, aber nachhaltig sinken wird.

Aus den ermittelten Unternehmenswerten lassen sich ebenfalls so genannte implizite Multiplikatoren, die das Verhältnis zwischen dem ermittelten Wert und einer Bestands- oder Erfolgsgröße ausdrücken, ermitteln, die in Tabelle 22-19 zusammengefasst werden.

Anhand der impliziten Multiplikatoren lässt sich die grundsätzliche Problematik der Anwendung von Vergleichsbewertungen zur Bewertung von Immobilienunternehmen illustrieren. Durch die verkaufsbedingt auftretenden Erhöhungen des Ergebnisses in den Jahren 2005 bis 2007 kommt es zu einer Verzerrung des nicht um die Erträge aus Verkauf von Immobilien bereinigten EBITDA-I-Multiplikators, so dass dessen Anwendung auf Unternehmen ohne Verkaufsprogramm zu einer erheblichen Fehlbewertung führen

22 Bewertung von Immobilienunternehmen 573

in Mio. €	2004 a	2005 e	2006 e	2007 e	2008 e	2009 e ff.
EV/Wohnfläche in €/m²	842	892	900	863	385	359
EV/Mieterlöse	16,3 ×	16,2 ×	15,5 ×	14,1 ×	6,0 ×	5,6 ×
EV/EBITDA I	858,3 ×	908,2 ×	915,5 ×	877,1 ×	10,5 ×	9,8 ×
EV/EBITDA II	31,2 ×	12,5 ×	11,4 ×	10,1 ×	10,5 ×	9,8 ×

Abbildung 22-19: Ermittlung impliziter Multiplikatoren

würde. Bezüglich der Wohnflächen-, Mieterlös- und EBITDA-II-Multiplikatoren kommt es hingegen nicht zu einer Verzerrung.

Die impliziten Multiplikatoren ermöglichen eine Rückkopplung der Bewertungsergebnisse zu vergleichbaren Transaktionen und dienen der Plausibilisierung der Bewertungsergebnisse aus der DCF-Bewertung.

Das Ergebnis der DCF-Bewertung mittels der APV-Methode kann einer Sensitivitätsanalyse bezüglich der wesentlichen operativen Werttreiber unterzogen werden. Für den Beispielfall ergeben die sich in *Abbildung 22-20* dargestellten Sensitivitäten der Werttreiber.

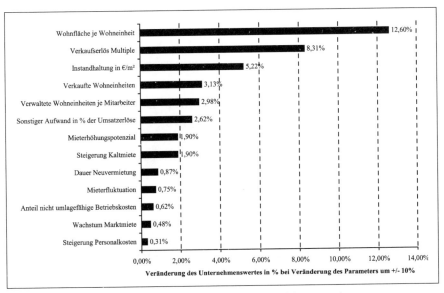

Abbildung 22-20: Einfluss einzelner Veränderungen auf den Unternehmenswert

Interessant ist, dass die Veränderung der Wohnfläche einen im Verhältnis zur Veränderung überproportionalen Einfluss auf den Unternehmenswert hat. Diese Sensitivität resultiert daraus, dass das Mengengerüst des Modells – wie für Unternehmensplanungsmodelle von Immobilienunternehmen charakteristisch – auf der vermietbaren Wohnfläche basiert.[102] Auch wenn diese Erkenntnis für die operative Steuerung irrelevant ist, da die Wohnflä-

---

[102] Vgl. *Jürgensonn, I. v.* (1997), S. 220 und 223.

chen kurzfristig ohne zusätzliche Umbauten und Investitionen nicht veränderbar sind, wird hierbei deutlich, dass die Definition der vermietbaren Fläche in Planungsmodellen mit äußerster Sorgfalt zu erfolgen hat.

Weitere wesentliche operative Werttreiber bezogen auf das Fallbeispiel sind die Höhe des Verkaufsmultiplikators, die Anzahl der verkauften Einheiten, der Instandhaltungsaufwendungen und des sonstigen betrieblichen Aufwandes, das Mieterhöhungspotenzials, die Steigerung der Netto-Kaltmiete sowie das Verhältnis von Mitarbeitern zu Wohnungen. Wichtig ist es hervorzuheben, dass es sich bei diesen Werttreibern zwar grundsätzlich im Hinblick auf Immobilienunternehmen wesentliche Werttreiber handelt, aber die Sensitivität einzelner Werttreiber jeweils fallspezifisch ist und keinesfalls verallgemeinert werden kann.

Die Kenntnis dieser operativen Werttreiber kann im Rahmen des Erwerbs von Immobilienunternehmen in zweifacher Hinsicht genutzt werden. Einerseits können Due Diligence Untersuchungen auf die Verifizierung der bedeutendsten Werttreiber fokussiert werden. So impliziert die Sensitivitätsanalyse des Fallbeispiels den Fokus auf die Verifizierung der vermietbaren Flächen und die in den Mietverträgen zugrunde gelegten Flächendefinitionen, die Begutachtung des baulichen Zustandes der Immobilien und damit die bessere Einschätzung des Instandhaltungsbedarfes sowie die Systematische Analyse möglicher Gemeinkostensenkungen. Darüber hinaus ist zu analysieren, wie hoch die Marktmieten im Vergleich zu den Bestandsmieten sind und welches Mieterhöhungspotenzial sich daraus ergibt. Weiterhin kann die Kenntnis der Werttreiber aber auch zur Priorisierung von Maßnahmen zur Wertsteigerung des Unternehmens eingesetzt werden.

22.7 Bedeutung der unterschiedlichen Bewertungsverfahren in der Praxis

Die Bewertung von Immobiliengesellschaften ist – wie oben dargestellt – mit einer Vielzahl unterschiedlicher Verfahren möglich und erfordert eine genaue Betrachtung und Diskussion über die optimale Wertbestimmung. Die Durchführbarkeit der einzelnen Verfahren wird dabei in hohem Maße von den vorhandenen Informationen geprägt sowie den Anforderungen des Bewerters.

Vergleichsbewertungsverfahren können bei Immobilienunternehmen angewendet werden, um basierend auf limitierten Informationen erste Wertindikationen vorzunehmen. Auch in der Praxis wird allgemein anerkannt, dass die Methoden der Vergleichsbewertung lediglich die Funktion einer ersten Wertindikation oder Marktpreiseinschätzung haben können. Die Ermittlung des Unternehmenswertes nach den Empfehlungen der DVFA/SG wird vor allem im Rahmen von Comparable Company und Comparable-IPO-Analysen angewandt, während die Anwendung im Rahmen der Comparable-Transaction-Bewertung von Immobilienunternehmen unüblich ist. Derzeit ist die Anwendung des FFO insbesondere bei US-amerikanischen Aktienanalysten zur Bewertung von REITs verbreitet.[103] Mit der Diskussion um die Einführung von REITs in Deutschland ist zu erwartet, dass diese für REITs typischen Kennzahlen ebenfalls in Deutschland in zunehmendem Maße erörtert werden. Die auf immobilienorientierte Erfolgskennzahlen basierende Ver-

---

[103] Vgl. *Krolle, S.* (2003), S. 41.

gleichsbewertung findet insbesondere im Rahmen von Comparable-Transaction-Analysen ihre Anwendung, wenngleich sie im Rahmen von Comparable-Company-Analysen ebenfalls nicht unüblich sind.

Bezüglich der Anwendung der Net Asset Value- und der DCF-Methode sind in praxi zwei Strömungen zu beobachten. Immobilienwirtschaftliche Investoren, die ausgehend von ihrer Erfahrung mit Asset- und Portfoliotransaktionen in zunehmendem Maße sich mit Immobilienunternehmen auseinander setzen, nutzen vielfach Immobilienbewertungen bzw. das damit verbundene Net Asset Value Verfahren. Cashflow-orientierte Finanzinvestoren versuchen hingegen, DCF-Immobilienbewertungs- und Unternehmensbewertungsmodelle miteinander zu integrieren.

Hinsichtlich der Verbreitung der DCF-Ansätze sind in praxi immer noch der WACC- aber auch der Equity-Ansatz sehr verbreitet, während der APV-Ansatz – trotz seiner Vorzüge im Hinblick auf in der Bewertungspraxis von Immobilienunternehmen vorzugsweise anzutreffende autonome Finanzierungspolitik – bisher noch untergeordnete Bedeutung hat. Ursache hierfür scheint das mangelnde Problembewusstsein bezüglich der Berücksichtigung der Finanzierungspolitik in der Unternehmensbewertung zu sein. Diese substanzielle Fragestellung erscheint vielen Praktiker esoterisch und wird von dem Mantra „Alle Methoden führen unter gleichen Annahmen zu gleichen Ergebnissen" übertönt.

22.8 Literatur

Abromeit-Kremser, B. (1986): Offene Immobilieninvestmentfonds – Betriebswirtschaftliche Aspekte ihres Managements, Wien, 1986

Achleitner, A.-K. (2002): Handbuch Investment Banking, Wiesbaden, 2002

Arthur A./European Business School (Hrsg.): Steuerung von Immobilien-Gesellschaften nach dem Shareholder-Value-Konzept, Eschborn, 1999

Baetge, J./Niemeyer, K./Kümmel, J. (2002): Darstellung der Discounted Cash Flow Verfahren (DCF-Verfahren) mit Beispiel, in: Peemöller, Volker H. (Hrsg.): Praxishandbuch der Unternehmensbewertung, 2. Aufl., Herne, Berlin, 2002, S. 263-362

Bäzner, B./Timmreck, C. (2004): Die DCF-Methode im Überblick, in: Richter, Frank/Timmreck, Christian (Hrsg.): Unternehmensbewertung – Moderne Instrumente und Lösungsansätze, Stuttgart, 2004, S. 3-20

Ballwieser, W. (1995): Aktuelle Aspekte der Unternehmensbewertung, in: Die Wirtschaftsprüfung, 48. Jg., 1995, H. 4-5, S. 119-129

Bals, W. (1993): Die ökonomische Position von Anteilseignern offener Immobilienfonds: Eine Analyse, Frankfurt, Berlin et al. 1994, zugl. Univ. Regensburg, Diss., 1993

Bausch, A. (2000): Die Multiplikator-Methode – Ein betriebswirtschaftlich sinnvolles Instrument zur Unternehmenswert- und Kaufpreisfindung in Akquisitionsprozessen?, in: Zeitschrift für Bankrecht und Betriebswirtschaft, 2. Jg., 2000, H. 7/8, S. 448-459

Beck, M. (2004): Bilanzierung von Investment Properties nach IAS 40 – Anwendungsprobleme bei der Implementierung und Lösungsansätze, in: Kapitalmarktorientierte Rechnungslegung, H. 12, S. 498-505

Benninga, S./Sarig Oded, H. (1997): Corporate Finance – A Valuation Approach, New York, 1997

Beyer, S./Gaar, A. (2005): Neufassung des IDW S 1 „Grundsätze zur Durchführung von Unternehmensbewertungen", in: Finanzbetrieb, Jg., H. 4, S. 240-251

Block, R.L. (1998): Investing in REITs – Real Estate Investment Trusts, Princeton, 1998

Block, R.L. (1997): The Essential REIT – A Guide to Profitable Investing in Real Estate Investment Trusts, San Francisco, 1997

Bone-Winkel, S./Schulte, K.-W./Sotelo, R./Allendorf, G., J./Ropeter-Ahlers, S.-E. (2005): Immobilieninvestition in: Schulte, Karl-Werner (Hrsg.): Immobilienökonomie: Band I: Betriebswirtschaftliche Grundlagen, 3. vollst. überarb. Aufl., München, 2005, S. 627-710

Born, K. (1995): Unternehmensanalyse und Unternehmensbewertung, Stuttgart, 1995

Breitenbücher, U./Ernst, D. (2004): Der Einfluss von Basel II auf die Unternehmensbewertung, in: Richter, Frank/Timmreck, Christian (Hrsg.): Unternehmensbewertung – Moderne Instrumente und Lösungsansätze, Stuttgart, 2004, S. 77-97

Bulwien, H. (2004): Der Immobilienmarkt in Deutschland: Struktur und Funktionsweise, Berlin, 2004

Cadmus, A. (2000). Zur Bewertung von Immobiliengesellschaften, in: Finanz Betrieb, 2. Jg., Nr. 2/2000, S. 96-106

Castedello, Ma./Davidson, R./Schlumberger, E. (2004): Unternehmensbewertung bei Halbeinkünfteverfahren und unsicheren Steuervorteilen – ein praktikabler Ansatz, in: FB, 6. Jg., 2004, H. 5., S. 369-376

Copeland, T.E./Koller, T./Murrin, J. (2000): Valuation – Measuring and Managing the Value of Companies, 3. Aufl., University Edition, New York et al., 2000

Copeland, T.E./Koller, T./Murrin, J. (1993): Unternehmenswert, Frankfurt, 1993

DVFA – Deutsche Vereinigung für Finanzanlage und Anlageberatung e.V./Arbeitskreis „Externe Unternehmensrechnung" der Schmalenbach Gesellschaft/Busse von Colbe (Hrsg.) (2000): Ergebnis nach DVFA/SG, 3., grundlegend überarbeitete Aufl., Stuttgart, 2000

Drukarczyk, J. (2003): Unternehmensbewertung, 4. Aufl., München, 2003

Drukarczyk, J./Honold, D. (1999): Unternehmensbewertung, DCF-Methoden und der Wert steuerlicher Finanzierungsvorteile, in: Zeitschrift für Bankrecht und Betriebswirtschaft, 11. Jg., 1999, H. 6, S. 333-408

Drukarczyk, J./Richter, F. (1995): Unternehmensgesamtwert, anteilseignerorientierte Finanzentscheidungen und APV-Ansatz, in: DBW, 55. Jg., 1995, H. 5. S. 559-580

Dubben, N./Sayce, S. (1991): Property Portfolio Management: An Introduction, London, New York, 1991

Engels, R. (2002): Das Aus für die DCF-Methode? – Eine wirtschaftstheoretische Modellanalyse der Tauglichkeit ertragsbasierter Wertermittlungsverfahren als Entscheidungsinstrument für die Vorteilhaftigkeit von Immobilien-Investitionen sowie für die Ermittlung von Verkehrswerten, in: Grundstücksmarkt und Grundstückswert, 2002, 13. Jg., H. 6, S. 321-332

Funk, B./Schulz-Eickhorst, T. (2002): REITs und REIT-Fonds, in: Achleitner, Ann-Kristin/Schulte, Karl-Werner/Knobloch, Bernd/Schäfers, Wolfgang (Hrsg.): Handbuch Immobilien-Banking, Köln, 2002, S. 789-814

Fraser, W.D. (1984): Principles of Property Investment and Pricing, Basingstoke/London, 1984

gif – Gesellschaft für Immobilienwirtschaftliche Forschung (1996): Richtlinie zur Berechnung der Mietfläche für Büroraum (MF-B), Wiesbaden, 1996

Hachmeister, D. (1996): Die Abbildung der Finanzierung im Rahmen verschiedener Discounted Cash Flow Verfahren, in: ZfbF, 48. Jg., 1996, H. 3, S. 251-277

Haub, C. (1998): Erfolgschancen einer Ausgliederung des Immobilienbereiches in eine börsennotierte Aktiengesellschaft und deren Steuerung mit dem Shareholder-Value-Konzept, in: Schulte, Karl-Werner/Schäfers, Wolfgang (Hrsg.): Shareholder Value und Immobilien: Konzepte wertsteigernder Strategien, Köln, 1998, S. 123-202

Heuer, J.H. B./Nordalm, V. (2001): Wohnungsmärkte im gesamtwirtschaftlichen Gefüge, in: Jenkis, Helmut (Hrsg.): Kompendium der Wohnungswirtschaft, 4. Aufl., München, Wien, 2001, S. 23-41

Husmann, S./Kruschwitz, L./Löffler, A. (2002): Unternehmensbewertung unter deutschen Steuern, in: Die Betriebswirtschaft, 62. Jg, 2002, H. 1, S. 25-42

Jürgensonn, I. von/Schäfers, W. (1998): Ansätze zur Shareholder Value-Analyse im Corporate Real Estate Management in: Schulte, Karl-Werner/Schäfers, Wolfgang (Hrsg.): Handbuch Corporate Real Estate Management, Köln, 1998, S. 819-856

Jürgensonn, I. von (1997): Strategische Optionen für das Real Estate Management – Beiträge zum Shareholder Value-Management, Frankfurt a.M. et al. 1998, zugl. Wien, Wirtschaftsuniv., Diss., 1997

Kleiber, W./Simon, J./Weyers, G. (2002): Verkehrswertermittlung von Grundstücken, 4. Aufl., Köln, 2002

Krolle, S. (2003): Bewertung der Immobilien-AG über das Unternehmensergebnis, in: Rehkugler, Heinz (Hrsg.): Die Immobilien-AG – Bewertung und Marktattraktivität, München, Wien, 2003, S. 33-53

Krolle, S. (2001): Unsicherer tax shield in der Unternehmensbewertung. Adjusted Present Value (APV) oder Discounted Cash Flow (DCF), in: Finanzbetrieb, 3. Jg., 2001, H. 1, S. 18-30

Kruschwitz, L./Löffler, A. (2003 a): Fünf typische Missverständnisse im Zusammenhang mit DCF-Verfahren, in: Finanzbetrieb, 5. Jg., 2003, H. 11, S. 731-733

Kruschwitz, L./Löffler, A. (2003 b): DCF = APV + (FTE & TCF & WACC)?, in: Richter, Frank/Schüler, Andreas/Schwetzler, Bernhard (Hrsg.): Festschrift für Drukarczyk, Jochen: Kapitalgeberansprüche, Marktwertorientierung und Unternehmenswert – Festschrift für Prof. Dr. Dr. h.c. Jochen Drukarczyk zum 65. Geburtstag, München, 2003, S. 235-254

Leopoldsberger, G./Thomas, M. (1998): Bewertung von Unternehmensimmobilien, in: Schulte, Karl-Werner/Schäfers, Wolfgang (Hrsg.): Handbuch Corporate Real Estate Management, Köln, 1998, S. 117-154

Löffler, A. (2002): Gewichtete Kapitalkosten (WACC) in der Unternehmensbewertung, in: Finanzbetrieb, 4. Jg., 2002, H. 2, S. 296-300

Löhnert, P.G./Böckmann, U.J. (2002): Multiplikatorverfahren in der Unternehmensbewertung, in: Peemöller, Volker H. (Hrsg.): Praxishandbuch der Unternehmensbewertung, 2. Aufl., Herne, Berlin, 2002, S. 401-426

Mandl, G./Rabel, K. (1997): Unternehmensbewertung – Eine praxisorientierte Einführung, Wien, 1997

Mansch, H. (1979): Ertragswerte in der Handelsbilanz, Thun, Frankfurt am Main, 1979, zugl.: Diss., Univ., Göttingen 1979

Matzen, F.J. (2005): Unternehmensbewertung von Wohnungsbauunternehmen, in: Schulte, Karl-Werner (Hrsg.): Schriften zur Immobilienökonomie, Bd. 32, Köln, 2005, zugl. European Business School, Diss., 2005

Moser, U./Auge-Dickhut, S. (2003): Unternehmensbewertung: Der Informationsgehalt von Marktpreisabschätzungen auf Basis von Vergleichsverfahren, in: Finanzbetrieb, 5. Jg., 2003, H. 1, S. 10-22

Muncke, G./Dziomba, M./Walther, M. (2002): Standort- und Marktanalysen in der Immobilienwirtschaft – Ziele, Gegenstand, methodische Grundlagen und Informationsbeschaffung, in: Schulte, Karl-Werner/Bone-Winkel, Stephan: Handbuch Immobilien-Projektentwicklung, Köln, 2002, S. 131-200

NAREIT (2004): NAREIT National Policy Bulletin FFO White Paper Disclosures, Washington D.C., Februar 2004

NAREIT (2002): NAREIT White Paper on Funds From Operations, Washington D.C., April 2002

Paschedag, H. (2002): Darlehens- und Hypothekenfinanzierung in: Schulte, Karl-Werner/Achleitner, Ann-Kristin/Schäfers, Wolfgang/Knobloch, Bernd (Hrsg.), Handbuch Immobilien-Banking, Köln, 2002, S. 69-88

Paul, E. (2002): Bewertung von Unternehmensimmobilien, in: Peemöller, Volker H. (Hrsg.): Praxishandbuch der Unternehmensbewertung, 2. Aufl., Herne, Berlin, 2002, S. 542-580

Pensel, J. (1993): Bemerkungen zur Bewertung von Grundstücksunternehmen, in: Die Wirtschaftsprüfung, 46. Jg., 1993, H. 12, S. 365-374

Plein, C. (1999): Sachgerechte Bewertung von Immobilienvermögen bei der Unternehmensbewertung, in: Betriebsberater, 54. Jg., 1999, H. 9, S. 463-470

Rams, A. (1999): Realoptionsbasierte Unternehmensbewertung, in: Finanzbetrieb, 1. Jg., 1999, S. 349-364

Rehkugler, H. (2003): Die Immobilien-AG – Chancen für Unternehmen und Investoren, in: Rehkugler, Heinz (Hrsg.): Die Immobilien-AG – Bewertung und Marktattraktivität, München, Wien, 2003, S. 1-32

Richter, F. (1998): Unternehmensbewertung bei variablen Verschuldungsgrad, in: Zeitschrift für Bankrecht und Betriebswirtschaft, 10. Jg., 1998, S. 84-85

Richter, F. (1997): DCF-Methoden und Unternehmensbewertung: Analyse der systematischen Abweichungen der Bewertungsergebnisse, in: Zeitschrift für Bankrecht und Betriebswirtschaft, 9. Jg., 1997, H. 3, S. 226-237

Rottke, N./Wernecke, M. (2005): Lebenszyklus von Immobilien, in: Schulte, Karl-Werner (Hrsg.): Immobilienökonomie: Band I: Betriebswirtschaftliche Grundlagen, 3. vollst. überarb. Aufl., München, 2005, S. 211-228

Schäfers, W./Haub, C. (2004): Shareholder Value-Analyse im Corporate Real Estate Management, in: Schulte, Karl-Werner/Schäfers, Wolfgang (Hrsg.): Handbuch Corporate Real Estate Management, Köln, 2004, S. 491-528

Schäfers, W./Haub, C./Stock, A. (2002): Going Public von Immobiliengesellschaften: Grundlagen – Voraussetzungen – Erfolgschancen in: Schulte, Karl-Werner/Achleitner, Ann-Kristin/Schäfers, Wolfgang/Knobloch, Bernd (Hrsg.) in: Handbuch Immobilien-Banking, Köln, 2002, S. 311-334

Schäfers, W./Hörner, C. (2002): Privatisierung von Wohnungsunternehmen der öffentlichen Hand: Grundlagen – Gestaltungsvarianten – Prozess, in: Schulte, Karl-Werner/Achleitner, Ann-Kristin/Schäfers, Wolfgang/Knobloch, Bernd (Hrsg.) in: Handbuch Immobilien-Banking, Köln, 2002, S. 535-560

Schäfers, W./Siepmann, A./Stock, A. (2002): Aspekte der Bewertung von Immobiliengesellschaften und -beständen zur Emissionspreisfindung, in: Schulte, Karl-Werner/Achleitner, Ann-Kristin/Schäfers, Wolfgang/Knobloch, Bernd (Hrsg.) in: Handbuch Immobilien-Banking, Köln, 2002, S. 375-402

Schäfers, W. (1997): Strategisches Management von Unternehmensimmobilien: Bausteine einer theoretischen Konzeption und Ergebnisse einer empirischen Untersuchung, in: Schulte, Karl-Werner (Hrsg.): Schriften zur Immobilienökonomie, Köln, 1997, zugl. European Business School, Diss., 1996

Scharpenak, F./Nack, U./Haub, C. (1998): Immobilien-Aktiengesellschaften, in: Schulte, Karl-Werner/Bone-Winkel, Stephan/Thomas, Matthias (Hrsg.): Handbuch Immobilien-Investition, Köln, 1998, S. 655-687

Schüler, A. (2000): Unternehmensbewertung und Halbeinkünfteverfahren, in: DStR, 38. Jg., 2000, H. 36, S. 1531-1536

Schulte, K.-W./Matzen, F.J. (2003): Unternehmensbewertung von bestandshaltenden Immobilienunternehmen: Eine kritische Betrachtung der Net Asset Value-Methode in: Richter, Frank/Schüler, Andreas/Schwetzler, Bernhard (Hrsg.); Festschrift für Drukarczyk, Jochen: Kapitalgeberansprüche, Marktwertorientierung und Unternehmenswert: Festschrift für Prof. Dr. Dr. h.c. Jochen Drukarczyk zum 65. Geburtstag, München, 2003, S. 383-408

Schultze, W. (2003): Methoden der Unternehmensbewertung – Gemeinsamkeiten, Unterschiede, Perspektiven, 2. Aufl., Düsseldorf, 2003, zugl.: Augsburg, Univ., Diss., 2000

Schumann, J. (2005): Residualgewinnorientierte Unternehmensbewertung im Halbeinkünfteverfahren: Äquivalenz- und Transparenzaspekte, in: Finanzbetrieb, 7. Jg., 2005, H. 1, S. 22-32

Schnapp, M. (2002): Deutschbau GmbH/WohnBau Rhein-Main AG, in: Schulte, Karl-Werner/Achleitner, Ann-Kristin/Schäfers, Wolfgang/Knobloch, Bernd (Hrsg.): Handbuch Immobilien-Banking: Von der traditionellen Immobilien-Finanzierung zum Immobilien-Investmentbanking, Köln, 2002, S. 609-631

Schneider, W./Völker, A. (2002): Grundstück-, Standort- und Marktanalyse, in: Schäfer, Jürgen/Conzen, Georg: Praxishandbuch der Immobilien-Projektentwicklung: Akquisition, Konzeption, Realisierung, Vermarktung, München, 2002, S. 47-68

Seppelfricke, P. (2003): Handbuch Aktien- und Unternehmensbewertung – Bewertungsverfahren – Unternehmensanalyse – Erfolgsprognose, Stuttgart, 2003

Seppelfricke, P. (1999): Moderne Multiplikatorverfahren bei der Aktien- und Unternehmensbewertung, in: Finanzbetrieb, Nr. 10/99, S. 300-307

Spremann, K. (2002): Finanzanalyse und Unternehmensbewertung, München, Wien, 2002

Steiner, M./Wallmeier, M. (1999): Unternehmensbewertung mit Discounted Cash Flow-Methoden und dem Economic Value Added-Konzept, in: Finanz Betrieb, 1. Jg., 1999, H. 5, S. 1-10

Thomaschowski, D./Rehkugler, H./Nack, U. (2003): Der Net Asset Value als Bewertungskonzept, in: Rehkugler, Heinz (Hrsg.): Die Immobilien-AG – Bewertung und Marktattraktivität, München, Wien, 2003, S. 55-72

Tillmann, Al. (2003): Unternehmens- und Immobilienbewertung, in: BFuP, 55. Jg., 2003, H. 3, S. 329-345

Timmreck, C. (2004): Bestimmung der Eigenkapitalkosten, in: Richter, Frank/Timmreck, Christian (Hrsg.): Unternehmensbewertung – Moderne Instrumente und Lösungsansätze, Stuttgart, 2004, S. 61-76

Väth, A. (2002): Die Grundstücks-Investment-AG als Pendant zum REIT, in: Schulte, Karl-Werner/Achleitner, Ann-Kristin/Schäfers, Wolfgang/Knobloch, Bernd (Hrsg.): Handbuch Immobilien-Banking – Von der traditionellen Immobilien-Finanzierung zum Immobilien-Investmentbanking, Köln, 2002, S. 816-848

Wallmeier, M. (1999): Kapitalkosten und Finanzierungsprämissen, in ZfB, 69 Jg., 1999, H. 12, S. 1473-1490

Weston, J.F./Siu, J.A./Johnson, Brian A. (2001): Takeovers, Restructuring & Corporate Governance, 3. Aufl., New Jersey, 2001

Zoller, E./Kiesl, B. (2002): Real Estate Structured Finance, in: Schulte, Karl-Werner/Achleitner, Ann-Kristin/Schäfers, Wolfgang/Knobloch, Bernd (Hrsg.) in: Handbuch Immobilien-Banking, Köln, 2002, S. 199-228

23 Bewertung von Hotelimmobilien

von *Matthias Schröder* und *Ulrike Schüler**

23.1 Branchenüberblick	581
23.1.1 Internationaler Tourismus	581
23.1.2 Marktüberblick Deutschland	583
23.1.3 Preis und Belegung – europäische Großstädte im Vergleich	585
23.1.4 Betriebsformen	586
23.1.5 Markttendenzen	588
23.2 Bewertung von Hotels	588
23.2.1 Besonderheiten der Bewertung von Hotels im Überblick	588
23.2.2 Internationale Bewertungsstandards und Bewertungsmethoden gewinnen an Bedeutung	590
23.2.3 Zusammensetzung der relevanten Cash-flows	591
23.2.4 Ableitung der Diskontierungzinsfußes	596
23.2.5 Berücksichtigung der Instandsetzungs- und Renovierungsrückstände	597
23.2.6 Berücksichtigung des Reinvestitionszyklus	597
23.2.7 Beispiel aus der Praxis	598
23.2.8 Verkürzte Bewertungsmethoden der Branchenpraxis	606
23.3 Exkurs:Bewertung von Hotelgesellschaften	588
23.4 Schlusswort	588
23.5 Literatur	609

23.1 Branchenüberblick

23.1.1 Internationaler Tourismus

Die Tourismusindustrie konnte in den vergangenen Jahren weltweit kontinuierliche Zuwächse verzeichnen. Die weltweiten Einkünfte aus dem internationalen Tourismus werden für das Jahr 2005 auf 682 Milliarden US$ geschätzt, ein Wachstum von ca. 7,7% gegenüber dem Jahr 2004.[1] Je nach Größe und Entwicklungsstand der Länder sind die Einkünfte und die Anzahl der internationalen Ankünfte jedoch sehr unterschiedlich verteilt. Die höchsten Einkünfte konnten mit 81,7 Milliarden US$ die USA, gefolgt von Spa-

---

* Dipl.-Kfm. Matthias Schröder Wirtschaftsprüfer und Steuerberater und Dipl.-Kff. Ulrike Schüler; PKF hotelexperts, München.
[1] Diese Einkünfte beziehen sich auf die Ausgaben von internationalen Besuchern im Einreiseverkehr und berücksichtigen noch keine Einnahmen aus dem internationalem Flugverkehr, vgl. WNWTO World Tourism Barometer (2006), S. 2.

nien (47,9 Milliarden US$), Frankreich (42,3 Milliarden US$) und Italien (35,4 Milliarden US$) verzeichnen. Deutschland rangiert mit 29,2 Milliarden US$ weltweit auf Platz 7.

Rang	Land	Mrd. US$
1	USA	81,7
2	Spanien	47,9
3	Frankreich	42,3
4	Italien	35,4
5	Großbritannien	30,4
6	China	29,3
7	Deutschland	29,2
8	Türkei	18,2
9	Österreich	15,5
10	Australien	14,9

Quelle: WNWTO Tourism Barometer Juni 2006

Abbildung 23-1: Einkünfte aus dem internationalen Tourismus

Die Anzahl der internationalen Ankünfte haben mit rund 806 Mio. im Jahr 2005 einen vorläufigen Höchststand erzielt. In den ersten acht Monaten des Jahres 2006 wurde jedoch bereits ein weiteres Wachstum von 4,5% im Vergleich zum Vorjahreszeitraum verzeichnet. Die durchschnittliche jährliche Wachstumsrate wird von der UNWTO auf 4,1% bis zum Jahr 2020 geschätzt. Zu den Regionen mit den höchsten Wachstumsraten zählen im Jahr 2006 Afrika mit 10,6%, gefolgt von der Region Asien-Pazifik mit 8,3%. Das Wachstum in Europa beläuft sich auf 3,1%, was jedoch bei einem Anteil Europas an den weltweiten Ankünften von über 50% einer Steigerung von etwa 14 Mio entspricht.[2]

Rang	Land	Anzahl der internationalen Ankünfte in Mio.
1	Frankreich	76,0
2	Spanien	55,6
3	USA	49,4
4	China	46,8
5	Italien	36,5
6	Großbritannien	30,0
7	Mexiko	21,9
8	Deutschland	21,5
9	Türkei	20,3
10	Österreich	20,0

Quelle: WNWTO Tourism Barometer Juni 2006

Abbildung 23-2: Internationale Ankünfte

---

[2] Vgl. WTO (2006).

Bis zum Jahr 2020 schätzt die WTO in Bezug auf die internationalen Ankünfte eine Vergrößerung der Marktanteile der Länder im asiatischen, afrikanischen und nord-/südamerikanischen Raum bei rückläufigen Marktanteilen der Länder in Europa und im Mittleren Osten. Der Marktanteil Europas wird jedoch auch im Jahr 2020 auf rund 46% geschätzt. Die Dynamik des weltweiten Tourismus ist sowohl das Ergebnis von Globalisierungsprozessen als auch ein Beschleuniger dieser Prozesse.

23.1.2 Marktüberblick Deutschland

Der Tourismus ist in Deutschland ein Wirtschaftsfaktor mit steigender Bedeutung. Die Deutsche Zentrale für Tourismus e.V. prognostiziert bis zum Jahr 2015 61 Mio. internationale Übernachtungen, ein Wachstum des BIP um 17,9 Milliarden Euro und über 5 Milliarden Euro zusätzliche Steuereinnahmen.[3]

In Deutschland liegt der Anteil der internationalen Übernachtungen an den Gesamtübernachtungen bei unter 20%, bei durchschnittlichen jährlichen Zuwachsraten von ca. 2%. Die Nachfrage nach Hoteldienstleistungen ist somit in Deutschland in erster Linie national motiviert, jedoch mit starken regionalen Unterschieden.

Die nachfolgende Tabelle zeigt die Entwicklung der Ankünfte und Übernachtungen in Beherbergungsbetrieben in Deutschland von 1992 bis 2005:

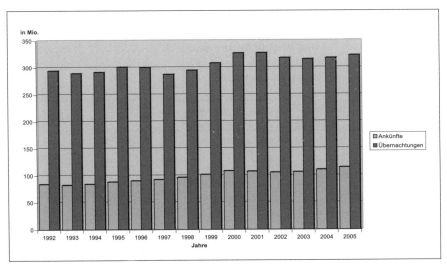

Quelle: *Statistisches Bundesamt Deutschland*

Abbildung 23-3: Ankünfte und Übernachtungen in Deutschland von 1992 bis 2005[4]

Die Anzahl der Ankünfte konnte im Beobachtungszeitraum bis auf die Jahre 2001 und 2002 (u.a. aufgrund der Auswirkungen des 11. September und SARS) einen kontinuierlichen Anstieg verzeichnen, während hinsichtlich der Anzahl der Übernachtungen

---

[3] Vgl. DTZ (2006) Presseinformation.
[4] In Betrieben ab neun Betten, ohne Campingplätze und Jugendherbergen.

Schwankungen und geringere Wachstumsraten verzeichnet wurden. Darin spiegelt sich insbesondere der Trend zu einer niedrigeren durchschnittlichen Aufenthaltsdauer wider, die von 3,5 Tagen im Jahr 1992 kontinuierlich auf 2,8 Tage im Jahr 2005 sank.

Die Struktur des deutschen Beherbergungsangebots[5] ist traditionsgemäß durch kleinbetriebliche und mittelständische Betriebe geprägt. Im Juli 2005 wurden in Deutschland 52.877 Betriebe mit rund 2,5 Mio. angebotenen Betten gezählt. Das entspricht einer durchschnittlichen Betriebsgröße von ca. 48 Betten pro Betrieb.

Rang	Name und Sitz	Zimmer Anzahl	Hotels Anzahl
1	InterContinental Hotels Group Windsor, Berkshire, England	537.533	3.606
2	Wyndham Worldwide Parsippany, N.J.	532.284	6.344
3	Marriott International Washington D.C. USA	499.165	2.741
4	Hilton Hotels Corp. Beverly Hills, Kalifornien, USA	485.356	2.817
5	Choice Hotels International Silver Spring, Maryland, USA	481.131	5.897
6	Accor S.A. Paris, Frankreich	475.433	4.065
7	Best Western International Phoenix, Arizona, USA	315.875	4.195
8	Starwood Hotels & Resorts White Plains, New York, USA	257.889	845
9	Carlson Hospitality Worldwide Minneapolis, Minnesota, USA	147.129	922
10	Global Hyatt Corp. Chicago, Illinois, USA	134.296	731
11	TUI AG/TUI Hotels & Resorts Hannover, Deutschland	82.455	279
12	Sol Meliá S A Palma de Mallorca, Spanien	81.282	328
13	Extended Stay Hotels Spartanburg, South Carolina, USA	74.936	672
14	Interstate Hotels & Resorts Arlington, Virginia, USA	65.293	286
15	Société du Louvre Torcy, Frankreich	55.538	819

Quelle: *Tophotel spezial (2006)*

Abbildung 23-4: Die weltweit größten Hotelgesellschaften

---

[5] Die Beherbergungsbetriebe beinhalten Hotels, Hotels garnis, Pensionen und Gasthöfe.

Wie in anderen Ländern der Welt ist auch in Deutschland eine Tendenz zu größeren Betrieben und zum Anschluss an nationale und internationale Hotelgesellschaften (Markenhotellerie)[6] erkennbar. Im Jahr 2006 waren auf dem deutschen Markt rund 123 agierende Hotelgesellschaften bekannt.[7] Insbesondere in Primärdestinationen, wie Berlin, Düsseldorf, Frankfurt, Hamburg und München findet ein Verdrängungswettbewerb zu ungunsten kleiner Betriebe ohne Anschluss an eine Hotelkette statt.

Weltweit verfügen die zehn größten Hotelgesellschaften mit Stand Juli 2006 über 32.163 Hotels (+ 5,7% im Vergleich zum Vorjahr).[8] Acht der zehn größten Hotelgesellschaften sind in den USA beheimatet. Auf dem elften Platz rangiert die deutsche TUI AG mit 279 Hotels.

Die Tabelle 23-4 stellt die weltweit größten Hotelgesellschaften nach der Anzahl der Zimmer dar.

Im Vergleich zu den USA ist die Marktdurchdringung der internationalen Hotelgesellschaften bzw. die Markendurchdringung in Deutschland mit rund 30% der Hotels gering, so dass in Zukunft mit einer weiteren Expansion der Markenhotellerie im Rahmen von Neubauprojekten oder/und Mergers & Acquisitions zu rechnen ist.

23.1.3 Preis und Belegung – europäische Großstädte im Vergleich

Zu den wichtigsten Indikatoren der Hotelbranche in Bezug auf die Beurteilung eines Hotelmarktes und eines einzelnen Hotelobjektes zählen:

- Kapazitäten (Anzahl der Betriebe und Zimmer)
- Hotelprojekte (zusätzliches kurz-, mittel- und langfristiges Angebot)
- Anzahl der Ankünfte und Übernachtungen
- Zimmerauslastung
- Netto-Zimmerpreis
- Revpar (Ertrag pro verfügbarem Zimmer)

Die Entwicklung des Angebotes (bestehende und zukünftige Kapazitäten) und der Nachfrage (Ankünfte und Übernachtungen) spiegelt sich u.a. in der durchschnittlichen Auslastung der Zimmer und des Netto-Zimmerpreises als eine der wichtigsten Kennzahlen zur Beurteilung eines Hotelmarktes wider. Der Revpar, definiert als Produkt aus Auslastung und Netto-Zimmerpreis, stellt den Ertrag pro verfügbarem Zimmer dar.

Die durchschnittlichen Auslastungen und Netto-Zimmerpreise variieren in Deutschland je nach Stadt und Region deutlich. Noch auffälliger sind die Unterschiede im europäischen Vergleich. Die folgende Abbildung stellt die im Jahr 2005 realisierten durchschnittlichen Zimmerbelegungen, Netto-Zimmerpreise und den Revpar einer Stichprobe von Hotels in ausgewählten Städten Europas dar.

---

[6] Unter dem Oberbegriff Markenhotellerie werden Hotelgesellschaften und Hotelgruppen zusammengefasst, die mindestens vier Hotels besitzen, und die mit einer eigenen Dachmarkenstrategie am deutschen Hotelmarkt operieren, die sich u.a. im Hotelnamen dokumentiert. Vgl. Dehoga (2006).
[7] Vgl. Dehoga (2006).
[8] Top hotel spezial (2006), S. 6.

Stadt	Belegung in %	Durchschnittlicher Netto-Zimmerpreis in €	Revpar in €
Amsterdam	75,5	159,86	120,74
Athen	67,6	160,54	108,45
Berlin	65,7	117,80	77,34
Frankfurt	67,2	119,73	80,50
London	77,7	153,43	119,28
Madrid	68,9	176,96	121,97
München	66,3	113,66	75,34
Paris	70,3	181,31	127,54
Rom	71,9	258,41	185,87

Quelle: *PKF Country trends 2006*

Abbildung 23-5: Europäische Städte im Vergleich

Im Vergleich zu Städten wie Rom, London oder Paris bewegen sich die durchschnittlichen Netto-Zimmerpreise in deutschen Hotels auf niedrigem Niveau. Dies hängt einerseits mit dem föderalen System in Deutschland zusammen: eine Metropole gibt es nicht und auch nicht zwei oder drei dominierende Großstädte (wie z.B. Rom und Mailand oder Madrid und Barcelona). Andererseits leidet der deutsche Hotelmarkt zum Teil unter Überkapazitäten. In den vergangenen Jahren ist das Angebot an Hotelzimmern insbesondere im gehobenen Segment deutlich gestiegen, was unter anderem zu einem Rückgang der Betriebsergebnisse führte.

Trotz der im Vergleich zu europäischen Metropolen unterdurchschnittlichen Betriebsergebnisse deutscher Hotels ist das Interesse internationaler Investoren am Kauf von Hotelimmobilien in Deutschland ungebrochen. Im Jahr 2005 betrug das Transaktionsvolumen 792 Mio. Euro bei einem 60% höheren Anteil an ausländischen Investoren als im Vorjahr. Weltweit wurden im Jahr 2005 Hoteltransaktionen in Höhe von 45,2 Mrd. US$ getätigt. Dies entspricht einer Steigerung von 63,5% gegenüber dem Jahr 2004. Für das Jahr 2006 wird ein Transaktionsvolumen von über 70 Mrd. US$ erwartet.[9]

23.1.4 Betriebsformen

Bis in die fünfziger Jahre waren Eigentümer und Betreiber des Hotels in der Regel identisch. Dadurch wurde Kapital gebunden, das für den Betrieb nicht eingesetzt werden konnte und eine Expansion erschwerte, so dass – ausgehend von den USA – eine Tren-

---
[9] Vgl. Jones Lang Lassalle (2006), News and Events.

nung von Eigentum und Betrieb auf zwei Gesellschaften – Verpächter und Pächter – erfolgte. Als Pachtzins wurde ein fester Pachtzins oder ein fester Pachtzins zuzüglich einer gewinnabhängigen Komponente vereinbart *(Profit-Sharing Lease* bzw. *Operating Lease).* Die beim Pächter verbleibenden Risiken sind bei einem Pachtvertrag insbesondere in Ländern mit einer politischen und wirtschaftlichen Instabilität jedoch vergleichsweise hoch, da die Betriebsverluste der Pächter trägt und das Personal bei der Gesellschaft des Pächters angestellt ist. Daher entstanden Ende der 1960er/Anfang der 1970er Jahre die ersten Managementverträge, die das unternehmerische Risiko auf den Eigentümer verlagerten.

In Deutschland konnte sich der Managementvertrag bislang nur begrenzt durchsetzen. Die weiterhin bevorzugte Vertragsart von deutschen Investoren und finanzierenden Banken ist der Pachtvertrag, der fest kalkulierbare Einnahmen zusichert. Bedingt durch die starke Marktstellung amerikanischer Ketten, die die internationale Hotellerie in großem Maße beeinflussen, und weiterer Konsolidierungs- und Konzentrationstendenzen auf den Hotelmärkten ist die Bereitschaft der Hotelgesellschaften zum Abschluss von Pachtverträgen in der Regel nur noch an strategisch wichtigen und begehrten Standorten gegeben. In der Praxis setzen sich so genannte Hybrid-Verträge durch, die einen Managementvertrag mit pachtvertragsähnlichen Varianten zugrunde legen und die die unterschiedlichen Interessen von Eigentümer und Betreiber berücksichtigen. In der folgenden Tabelle sind die wesentlichen Vor- und Nachteile von Pacht- und Managementverträgen aus Eigentümersicht dargestellt:

Pachtvertrag	**Managementvertrag**
Vorteile: • kalkulierbare Einnahmen • begrenztes Risiko • Personal verbleibt beim Pächter • einfacher Ausstieg (wenn keine Zahlung erfolgt) • nur begrenzt spezifisches Hotel-Know-How erforderlich • Einkünfte aus Vermietung und Verpachtung • Klare Interessenlage	Vorteile: • Betriebsgewinn verbleibt beim Eigentümer, der Betreiber erhält lediglich ein Entgelt für seine Dienstleistungen • Mitsprache- und Kontrollrecht Nachteile: • keine garantierte Deckung der Verzinsung des eingesetzten Kapitals • Personal ist beim Eigentümer • Hohes Streitpotential • Abhängigkeit des Betriebsergebnisses von der Kompetenz des Betreibers • Einkünfte aus Gewerbebetrieb
Nachteile: • Zementierung historischer (u.U. niedriger) Konditionen • keine Mitspracherechte • Konfliktpotential bei Rückgabe des Mietobjektes (Instandhaltung)	

Abbildung 23-6: Vor- und Nachteile von Pacht- und Managementverträgen

In Zukunft ist zu erwarten, dass sich auch in Deutschland Managementverträge aufgrund des Drucks internationaler Hotelketten immer mehr durchsetzen werden.

Eine Sonderstellung nimmt das in der Hotellerie weit verbreitete Franchising ein, das auch in Deutschland immer mehr an Bedeutung gewinnt. Während beim Managementvertrag der Betrieb durch eine Hotelgesellschaft geführt wird, verbleibt beim Franchising die Betriebsführung beim Eigentümer oder Pächter. Der Abschluss eines Franchisevertrages hat für den Franchisenehmer (Eigentümer oder Pächter eines Hotels) folgende Vorteile: a) Unterstützung durch die Hotelgesellschaft in der Projektierungs-, Bau- und Voreröffnungsphase des Hotels (technische und betriebswirtschaftliche Unterstützung); b) Betreuung und Beratung des laufenden Betriebs sowie im Rahmen eines Franchisevertrages mit einer internationale Hotelgesellschaft die Anbindung an eine leistungsstarkes Verkaufs- und Marketingorganisation. Für die Hotelgesellschaft (Franchisegeber) bietet Franchising die Möglichkeit zur flächendeckenden Marktdurchdringung ohne wirtschaftliches Risiko. Ein Beispiel für ein erfolgreiches Franchisesystem ist die Marke Best Western.

23.1.5 Markttendenzen

Die Tourismusindustrie gehört weltweit zu den Wachstumsbranchen. Während in Deutschland bereits Marktsättigungstendenzen erkennbar sind, bieten Märkte wie z.B. der osteuropäische oder asiatisch-pazifische Raum ein hohes Potential.

In der deutschen Hotellerie werden sich die Konzentrations- und Verdrängungsprozesse zu Gunsten großer international operierender Hotelkonzerne weiter fortsetzen. Einhergehend mit den gesellschaftlichen Veränderungen ist auch eine zunehmende Polarisierung (Budget – Luxus) in der Hotelindustrie erkennbar. Die Nachfrage nach Hoteldienstleistungen wird sich in den kommenden Jahren verstärkt auf das Budgetsegment konzentrieren. Nicht klar positionierte Hotelprodukte und unprofessionell geführte Betriebe werden vor dem Hintergrund zunehmender Gästeansprüche und gesättigter Märkte kurz- bis mittelfristig nicht überleben.

Die zunehmende Marktmacht internationaler Hotelkonzerne wird sich zukünftig auch verstärkt auf die Betriebsformen auswirken. Managementverträge und Vertragsmodelle mit einem Profit-Risk-Share werden den klassischen Pachtvertrag ablösen.

23.2 Bewertung von Hotels

23.2.1 Besonderheiten der Bewertung von Hotels im Überblick

Die Bewertung von Immobilien ist in Beitrag 21 dieses Buches bereits ausführlich von Prof. Dr. Karl-Werner Schulte und Herrn Prof. Dr. Gerrit Leopoldsberger dargestellt. Aus diesem Grund wird in diesem Buchabschnitt auf eine redundante Darstellung der Standards und Methoden der allgemeinen Bewertung von Immobilien verzichtet und lediglich zu den Besonderheiten der Bewertung von Hotels – im Unterschied zur Bewertung anderer Immobilienformen – Stellung genommen.

Die wesentlichen Besonderheiten der Hotelbewertung sind:

- **Komplexe Werteinflussfaktoren**

Der Wert von Hotels bestimmt sich maßgeblich durch langfristig abgeschlossene Pacht- und dinglich gesicherte[10] Managementverträge sowie durch das Ergebnispotenzial des Ho-

---

[10] Durch Eintragung als Dienstbarkeit in die Abteilung II des Grundbuches.

telbetriebes. Allgemeine Kriterien der Immobilienbewertung treten deshalb in den Hintergrund.

Die Laufzeit von Hotelpachtverträgen ist in der Regel sehr langfristig. Häufig schließt sich an die erste Laufzeit von zehn bis zwanzig Jahren eine Option des Pächters auf ein- oder mehrmalige Verlängerung des Pachtvertrages an. Maximal können die Konditionen für einen Pachtvertrag nach deutschem Recht auf 30 Jahre fest abgeschlossen werden[11]. Aufgrund des dinglichen Charakters der Pachtverträge[12] knüpft die Bewertung der Hotelimmobilie grundsätzlich an die Höhe der objektspezifischen Pacht an, auch wenn diese außerhalb der Bandbreite marktüblicher Pachten liegt. Die Praxis zeigt jedoch, dass sich die Vertragspartner bei nicht marktgerechten Konditionen häufig gezwungen sehen, die Verträge den Marktgegebenheiten anzupassen. Aus diesem Grund ist bei einer Hotelimmobilienbewertung immer auch die Analyse der erwirtschaftbaren Cash-flows erforderlich.

Die allgemein zu beobachtende Entwicklung zum Abschluss von Managementverträgen anstelle von Pachtverträgen wird künftig eine immer größere Rolle bei der Bewertung von Hotels spielen. Im Vergleich zu Pachtverträgen, bei denen für Bewertungszwecke Pachten vergleichbarer Hotelbetriebe als Basis herangezogen werden können, sind bei der Bewertung von Hotels, die auf der Grundlage von Managementverträgen geführt werden, die betriebsrelevanten Cash-flows heranzuziehen. Der Ansatz von Vergleichswerten wird dadurch deutlich schwieriger.

Bei der Bewertung ist weiterhin zu beachten, dass mit der gleichen Hotelimmobilie, je nach deren Positionierung im Markt (Produkt, Kategorie, Brand der Hotelgesellschaft) und der Qualität des Managements, sehr unterschiedliche Ergebnisse erzielt werden können. Auch die Vertragsarten führen bei einem gleichen Hotelbetrieb zu sehr unterschiedlichen Ergebnissen für den Eigentümer. Bei Pachtverträgen kommt es darauf an, an welche Bemessungsgrundlage die Pacht anknüpft (Umsatz und/oder Ergebnis oder Festpacht). Dies führt infolgedessen auch zu unterschiedlichen Bewertungen.

Die Bewertung von Hotels steht also im Spannungsfeld zwischen der Bewertung einer Immobilie, eines Vertrages und eines Hotelbetriebes.

- **Stark eingeschränkte Dritt-/Nachverwendungsmöglichkeit**

Eine weitere Besonderheit der Hotelimmobilie besteht darin, dass Hotels aufgrund öffentlich-rechtlicher Vorschriften und des Gebäudelayouts in ihrer Drittverwendungsmöglichkeit stark eingeschränkt sind. Sofern einer Umnutzung aus rechtlichen Gegebenheiten nichts entgegensteht – zum Beispiel zur Nutzung als Altenheim oder Bürogebäude – ist diese in vielen Fällen mit erheblichen Umbaukosten verbunden, die den Investitionskosten für einen Gebäudeabriss und Neuerrichtung nahe kommen.

Selbst eine Nachverwendung erweist sich oft als schwierig bzw. unmöglich, da Hotelbetreibergesellschaften zum Teil sehr unterschiedliche Gebäudekonzepte hinsichtlich Zimmergröße, Angebot an Restaurants, Bars sowie Einrichtungen für Fitness und Wellness fordern.

---

[11] § 544 BGB (Vertrag über mehr als 30 Jahre) i.V.m § 581 BGB (Vertragstypische Pflichten beim Pachtvertrag).
[12] § 566 BGB – Kauf bricht nicht Miete/Pacht.

Die eingeschränkte Dritt- und/oder Nachverwendungsfähigkeit ist deshalb immer dann ein wesentlicher wertbestimmender Einflussfaktor, wenn das Hotel unrentabel oder ein Betreiberwechsel in der Zeit nach dem Bewertungsstichtag unvermeidbar sein sollte.

- **Maßgeblichkeit des Wertschöpfungspotenzials des Hotelbetriebes für die Bewertung**

Pachten für Hotelimmobilien sind weitgehend abhängig von dem Wertschöpfungspotenzial des Hotelbetriebes. Dadurch unterscheidet sich die Hotelimmobilie zum Beispiel wesentlich von Büroimmobilien, für die Marktmieten bezahlt werden, die grundsätzlich unabhängig von der Wertschöpfung des Mieters sind.

Dem steht die verschiedentlich von Sachverständigen vertretene Meinung gegenüber, auch für Hotels seien Pachten pro Zimmer für unterschiedliche Hoteltypen bekannt, aus denen mit Hilfe des Vergleichswertverfahrens die marktübliche Pacht für das Bewertungsobjekt abgeleitet werden könne. Es bleibt jedoch die Frage offen, ob die Vergleichspacht von dem Bewertungsobjekt auch erwirtschaftet werden kann. Ist die Pacht *overrented* wird sie nach allgemeiner Erfahrung keinen dauerhaften Bestand haben. Deshalb ist für die sachgerechte Bewertung immer auch die Kenntnis der erzielten oder erzielbaren Hotelbetriebsergebnisse notwendig.

Die Bewertung von Hotels kann daher nicht auf der Grundlage von aus dem Markt abgeleiteten Pachten erfolgen, sondern bedarf immer einer auf das Bewertungsobjekt bezogenen Marktuntersuchung.

- **Geringe Transparenz der Hotelmärkte**

Hotelmärkte (erzielte Zimmerpreise und Zimmerbelegungen) und Hoteltransaktionsmärkte (erzielte Verkaufspreise und die mit dem Kaufvertrag mit erworbenen Rechte und Pflichten aus dinglichen oder nicht dinglich gesicherten Verträgen) weisen eine vergleichsweise niedrige Transparenz auf. Die Informationsbeschaffung im Rahmen einer Bewertung einer Hotelimmobilie ist schwieriger und komplexer als die für Büro- oder Einzelhandelsimmobilien. Bekannte Immobilienmakler veröffentlichen laufend aktuelle Marktberichte über die Höhe von Mieten für Büro- und Einzelhandelsflächen, differenziert nach Städten und Lagen.[13] Die veröffentlichten Marktdaten von Hotels liegen meist nur als Durchschnittswerte vor, die für das Bewertungsobjekt in der Regel nur wenig relevant sind. Voraussetzung für die Bewertung eines Hotels ist deshalb in der Regel eine Standort- und Marktuntersuchung und eine langjährige Branchenerfahrung.

23.2.2 Zunehmende Bedeutung internationaler Bewertungsstandards und Bewertungsmethoden

Die Bewertung von Hotels ist nach deutschem Recht überwiegend ein Unterfall der Immobilienbewertung nach den Vorschriften des § 194 BauGB[14] in Verbindung mit der

---

[13] Z.B CB Richard Ellis und DIP Deutsche Immobilien Partner.
[14] Kleiber, W., Simon, J. (2007), S. 430: „Die mit § 194 BauGB gegebene materiell-rechtliche Definition des Verkehrswerts (Marktwerts) ist von zentraler Bedeutung für das gesamte Wirtschafts- und Rechtsleben. Es handelt sich hierbei zwar um eine dem Städtebaurecht zugeordnete Definition; sie hat aber eine allgemeine Anerkennung gefunden. Infolgedessen findet auch die WertV,

Wertverordnung (WertV). International (und national auch für Zwecke betrieblicher Entscheidungen, wie die Ermittlung von Preisober- und Untergrenzen) stehen die Bewertungsmethoden kodifizierter Bewertungsvorschriften (EVS[15], RICS[16], IVS[17]) im Vordergrund. Für Hotelimmobilien dominiert dabei die DCF-Methode (Discounted-Cash-Flow-Methode), nach der die prognostizierten, dem Eigentümer aus der Nutzung der Immobilien netto zufließenden Cash-flows auf den Bewertungsstichtag diskontiert werden.

Im Gegensatz zu den Bewertungsvorschriften der deutschen WertV, die eine bis ins Detail gehende Struktur und Vorgehensweise für die Bewertung von Immobilien vorgibt, sind die zuvor genannten international gebräuchlichen Bewertungsvorschriften nicht allein auf die Bewertung von Immobilien beschränkt. Ein wesentlicher Teil dieser Vorschriften befasst sich mit den Rahmenbedingungen und Definitionen, die einer Bewertung zugrunde zu legen sind. Einzelheiten der Durchführung der Bewertung stehen im sachgemäßen Ermessen des jeweiligen Gutachters.

Internationale Finanzinvestoren bestimmen zunehmend die in Deutschland angewendeten Bewertungsvorschriften. Infolgedessen erwarten auch angelsächsisch geprägte Kreditinstitute immer häufiger Bewertungen, die diesen Vorschriften entsprechen.

23.2.3 Zusammensetzung der relevanten Cash-flows

Voraussetzung für die Bewertung eines Hotels ist – wie zuvor begründet – die Kenntnis seiner Ergebnissituation. Die Ergebnisse von Hotels werden von den großen nationalen und internationalen Hotelgesellschaften weltweit neben den jeweiligen Ausweisvorschriften des Landes (Deutschland zum Beispiel nach den Vorschriften des § 275 HGB) auch nach einer in der Hotelindustrie üblichen profitcenterorientierten Deckungsbeitragsrechnung pro Hotelbetrieb und gegebenenfalls auch mehrerer Hotelbetriebe zusammengefasst dargestellt. Diese Ausweisschriften, das „Uniform System of Accounts for the Lodging Industry", kurz auch USALI genannt, liegt zurzeit in der 10. Fassung vor[18]. Die neunte Fassung des USALI liegt in einer überarbeiteten deutschen Fassung vor.[19]

Die nachfolgende Tabelle zeigt einen schematischen Überblick bei Unterstellung der Betriebsführung auf der Grundlage eines Managementvertrages:

---

die die Ermittlung des Verkehrswertes regelt, breite Anwendung. Sie kann auch im Rahmen der Bilanzierung von Grundstücken und im Rechnungswesen herangezogen werden, soweit dort auf den Marktwert bzw. den beizulegenden Zeitwert (Fair Value) Bezug genommen wird ...".

[15] Die European Valuation Standards (EVS) sind in der Praxis unter dem Begriff Blue Book bekannt. The European Group of Valuers' Association (TEGoVA) entwickelte diese mit dem Ziel, einheitliche Bewertungsstandards für Europa zu schaffen.
[16] RICS steht für: Royal Institution of Chartered Surveyors. Das Institut stellt nicht nur in Großbritannien, sondern auch international eine anerkannte Institution hohen Qualitätsstandards dar.
[17] Herausgeber der International Valuation Standards (IVS), auch das so genannte White Book, ist das International Valuation Standard Committee (IVSC) der Vereinten Nationen.
[18] HOTEL ASSOCIATION OF NEW YORK CITY, INC: Uniform System of Accounts for the Lodging Industry, Tenth Revised Edition.
[19] Pannell Kerr Forster GmbH Wirtschaftsprüfungsgesellschaft: EINHEITLICHE BETRIEBSABRECHNUNG DIE ERFOLGSSTEUERUNG FÜR HOTELS; 1. Auflage 2000.

	Erträge Tsd. €	Wareneinsatz Tsd. €	Personalaufwend. Tsd. €	sonstige Aufwend. Tsd. €	Ergebnis Tsd. €
operative Abteilungen					
Logis	x	---	x	x	
Speisen & Getränke	x	x	x	x	
sonstige operative Abteilungen	x	x	x	x	
Vermietung und Sonstiges	x	---	---	x	
Summe operative Abteilungen					
Serviceabteilungen					
Verwaltung und Allgemeines			x	x	
Marketing			x	x	
Reparaturen und Instandhaltung			x	x	
Energie und Wasser			---	x	
+ **Summe Serviceabteilungen (Gemeinkosten)**					
= **Betriebsergebnis nach Gemeinkosten**					
./. Rücklagen für Erneuerungen (FF&E und Dach & Fach)					x
./. Managementvergütung					x
./. Objektsteuern und Versicherungen					x
./. sonstige nicht operative Verwaltungsaufwendungen					x
= **Relevante Cash-flows Managementvertrag**					

Abbildung 23-7: Schematische Darstellung nach USALI

Das Ausweisschema bildet zunächst die Ergebnisse der operativen Hotelabteilungen ab. Die wesentlichen Hotelabteilungen sind:

- Logis
- Speisen und Getränke
- sonstige operative Abteilungen
- Vermietung und sonstiges

Der durchschnittlich erzielte Netto-Zimmerpreis[20] (net average room rate) und die durchschnittliche Zimmerbelegung (average occupancy) sind die wichtigsten Ausgangsgrößen für die Bewertung des Hotels. Den entsprechenden Abteilungserträgen werden die Personal- und Sachkosten zugeordnet.

Die prozentuale Zusammensetzung der Erträge und das Verhältnis der Aufwendungen zu den Abteilungserträgen bilden wichtige Kennzahlen, die im Rahmen von Benchmarkanalysen mit Kennzahlen vergleichbarer Hotels verglichen werden können[21]. Aus den Abweichungen ergeben sich Rückschlüsse auf die Rentabilität des zu bewertenden Hotelbetriebes. Die aus den Relationen entwickelten Kennzahlen sind, je nach Hoteltyp, Größe des Hotels und Professionalität der Hotelbetriebsführung, sehr unterschiedlich.

---

[20] Das heißt ohne nicht ergebniswirksame Abgaben und Steuern; am bedeutendsten ist in der Regel die Mehrwertsteuer.
[21] Z.B. veröffentlicht in PKF Countrytrends 2006.

Von der Summe der Abteilungsergebnisse werden die Aufwendungen der so genannten Serviceabteilungen (Gemeinkosten) abgezogen. Diese Positionen beinhalten sowohl Personal- als auch Sachkosten.

Eine der wesentlichsten Aufwandsarten sind die Personalkosten, die bezogen auf die gesamten Erträge in der gehobenen Hotellerie in der Regel 30% bis 40% betragen.

Von dem Betriebsergebnis nach Gemeinkosten, in der Praxis als GOP (Gross Operating Profit) bezeichnet, sind noch folgende ergebniswirksame Aufwandspositionen abzuziehen:

- Zuführung zur Rücklage für Instandsetzung, Modernisierung und Ersatzbeschaffung des FF&E[22] und Dach&Fach
- Managementvergütung
- Objektsteuern und Versicherungen
- sonstige nicht operative Verwaltungsaufgaben

Die Rücklagenbildung dient der periodengerechten Aufwandsverteilung künftiger Instandsetzungs-, Modernisierungs- und Ersatzbeschaffungsmaßnahmen. Da die Hoteleinrichtung während der gesamten Lebenszeit eines Hotels ständig wieder erneuert werden muss – entweder weil sie abgenutzt (z.B. Teppiche) und/oder nicht mehr zeitgemäß ist (z.B. Zimmereinrichtung) – sind aus dem Ergebnis einer Abrechnungsperiode Rücklagen in ausreichender Höhe zu bilden. Instandsetzungs-, Modernisierungs- und Ersatzbeschaffungsmaßnahmen werden in den folgenden Jahren aus diesen Rücklagen – ohne ergebniswirksame Belastung der Abrechnungsperiode, in der sie angeschafft werden – bezahlt. Der schlechte Erhaltungszustand vieler Hotels ist daraus zu erklären, dass diese Rücklagen nur buchmäßig gebildet werden, ohne die entsprechenden Mittel auch liquide vorzuhalten, bzw. überhaupt nicht vorgenommen wurden. Der großen Bedeutung dieser Rücklagen für die marktgerechte Ausstattung wird heute sowohl in Pachtverträgen als auch in Managementverträgen durch entsprechende Regelungen Rechnung getragen. Die Rücklage beträgt in der Regel nach Einführung eines neuen Hotels im Markt mindestens 4,5% (3% für FF&E und 1,5% für Dach&Fach) der Erträge. Im Rahmen der Ermittlung der für die Bewertung relevanten Cash-flows wird unterstellt, dass es sich um Mittelabflüsse der Rechnungsperiode handelt. Tatsächlich erfolgt die Auszahlung – und nur diese sind eigentlich Cash-flow-wirksam – in späteren Perioden.

Die Managementvergütung setzt sich in der Regel aus einer ertragsbezogenen Basisgebühr (Basic oder Base Management Fee) und einer ergebnisabhängigen Erfolgsvergütung (Incentive Fee) zusammen.

Nach Abzug der Grundsteuer und Versicherungen sowie der Ausgaben für die Objektverwaltung (Asset Management) verbleibt der für die Bewertung relevante Cash-flow.

Für den Fall, dass das Bewertungsobjekt verpachtet ist, sind Grundlage für die Bewertung die vereinbarten Pachten. Die nachfolgende Tabelle zeigt eine Gegenüberstellung der relevanten Cash-flows. Zum besseren Verständnis des Lesers wurde dabei auf ein Beispiel aus der Praxis[23] zurückgegriffen:

---

[22] FF&E bezeichnet Fittings, Furniture and Equipment und ist ein in der Hotellerie weit verbreiteter Begriff, der „den Inhalt" des Hotels, wie Mobiliar, Einrichtungsgegenstände, technische Ausrüstung wie TV, Radio etc. bezeichnet. Nicht in FF&E enthalten, sind Verbrauchsgüter und Betriebsausstattung („Special operating equipment") wie z.B. Wäsche, Besteck etc.
[23] Schröder, Forstnig, Widmann (2005), S. 70 ff.

	Betrieb durch Hotelgesellschaft (Management)		Betrieb durch Pächter	
	T €	%	T €	%
Gesamterträge	12.253	100	12.253	100
Betriebsergebnis nach Gemeinkosten	4.102	33	*4.102*	*33*
Rücklage für FF&E	-368	-3	*-368*	*-3*
Managementvergütung	-741	-6		
Betriebserg. nach Gemeink., Rücklage FF&E u. Managementverg.	2.993	24		
Ergebnis Pächter vor Pacht, Zinsen und Ertragsteuern			*3.734*	*30*
Pacht			2.206	18
Rücklage für Dach & Fach	-245	-2	-245	-2
Grundsteuer, Gebäudeversicherungen und sonstiger Verwaltungsaufwand	-123	-1	-123	-1
= Bewertungsrelevante Cash-flows	2.626	21	1.838	15

Abbildung 23-8: Gegenüberstellung relevanter Cash-flows

Bei dem Fallbeispiel handelt es sich um ein 330-Zimmer-Hotel mit der typischen Ausstattung und Einrichtung eines Vier-Sterne-Hotels im Zentrum einer deutschen Großstadt. Der Bewertungsstichtag ist der 1. Januar 2004.

Die abgebildeten Zahlen sind eine Prognose der Erträge des Hotels in einem repräsentativen Jahr nach Einführung des Hotels im Markt auf der Preisbasis 2004 unter zwei alternativen Annahmen:

- Führung des Hotels auf der Grundlage eines Managementvertrages
- Führung des Hotels durch einen Pächter

Das Modell unterstellt, dass Gesamterträge und Betriebsergebnisse nach Gemeinkosten in gleicher Höhe erwirtschaftet werden. Auch die Höhe der Zuführungen zu den Rücklagen für FF&E und für Dach&Fach sind gleich, da sie sich auf die gleiche Bemessungsgrundlage (Gesamterträge) beziehen.

Die Ergebnisrechnung des Pachtbetriebes ist kursiv dargestellt. Sie ist für die Bewertung des gepachteten Betriebes von sekundärer Bedeutung und dient lediglich der Beurteilung, ob die vertraglich vereinbarte Pacht auch tatsächlich vom Pächter erwirtschaftet werden kann. Liegt ein Pachtvertrag vor, ist zunächst die Pacht Grundlage für die Ableitung des relevanten Cash-flows. Die Pacht ist allerdings noch um die Aufwendungen zu kürzen, die typischerweise vom Eigentümer getragen werden. Es gibt jedoch auch Pachtvertragsvarianten, in denen sich der Pächter verpflichtet, diese Aufwendungen (bis auf die Aufwendungen des Asset Managements) zu tragen[24]. In einem solchen Fall ist die bezahlte Pacht

---

[24] Dabei handelt es sich um die in der Praxis mit „triple net" bezeichneten Verträge. Triple bezieht sich auf die drei Aufwandsarten, die in diesen Vertragsgestaltungen vom Pächter zu tragen sind: Grundsteuer, Gebäudeversicherung und Unterhalt von Dach & Fach.

nach Abzug der Aufwendungen für das Asset Management auch gleichzeitig die für die Bewertung relevante Grundlage.

Liegt ein Managementvertrag vor, fließt dem Eigentümer das Betriebsergebnis nach Abzug der Vergütung der Managementgesellschaft zu. Von dem verbleibenden Ergebnis sind vom Eigentümer noch dieselben Aufwendungen abzuziehen wie bei dem Modell Pachtvertrag.

Die dem Eigentümer verbleibenden Überschüsse sind je nach Vertragsart unterschiedlich hoch und von unterschiedlicher Risikostruktur. Bei Unterstellung eines reinen Managementvertrages trägt der Eigentümer alle Chancen und Risiken des Betriebes. Als Verpächter kann der Eigentümer mit einer vertraglich vereinbarten Pacht rechnen, die bei einem Festpachtvertrag unabhängig von dem Ergebnis ist, das der Pächter mit dem gepachteten Betrieb erwirtschaftet. Das Risiko des Eigentümers bei einem Pachtvertrag liegt im Fall einer vereinbarten Festpacht nur in einem vertragsbedingten oder von der Bonität des Pächters abhängenden Ausfallrisiko. Der Ausgleich der unterschiedlichen Risiken der Ergebnisse aus einem Management- oder Pachtvertrag erfolgt im Markt durch unterschiedlich hohe Diskontierungszinssätze.

Bei Neuabschlüssen von Pachtverträgen für Hotels in deutschen Großstädten ist zu beobachten, dass in vielen Fällen die Pacht vom Pächter nicht verdient werden kann. Dies ist auf unterschiedliche Beweggründe der Pächter zurückzuführen. Immer noch wollen sich national und international operierende Hotelgesellschaften mit Produkten an guten

Szenario	Folge	Grundlage für die Bewertung
Die vereinbarte Pacht kann von dem Pächter nicht oder nicht in voller Höhe erwirtschaftet werden bzw. das Ergebnis des Pächters nach Pachtzahlung ist relativ gering und liegt unter dem Branchendurchschnitt.	Der Pachtvertrag führt beim Pächter zu Verlusten. Die Vertragsfortführung ist durch Insolvenz des Pächters oder Auflösung des Pachtvertrages gefährdet (Vertrag ist *overrented*).	Die Bewertung wird sich im Wesentlichen an einer Pacht orientieren, die an die künftige Ertragskraft des Hotels anknüpft.
Die vereinbarte Pacht wird von dem Pächter in voller Höhe erwirtschaftet.	Der Pächter erwirtschaftet Überschüsse:	
	a) Das Pächterergebnis ist marktüblich. Es kann von einer Vertragserfüllung während der Laufzeit des Vertrages ausgegangen werden.	Die Bewertung wird sich an der vertraglich vereinbarten Pacht orientieren.
	b) Das Pächterergebnis nach Pachtzahlungen ist überdurchschnittlich hoch.	Die Bewertung wird sich für die Laufzeit des Vertrages an der vereinbarten Pacht und für die Zeit nach Ablauf des Pachtvertrages an der für dieses Hotel dann marktüblichen Pacht orientieren.

Abbildung 23-9: Pachtszenarien[25]

---

[25] In Anlehnung an Schröder, Forstnig, Widmann (2005), S. 36.

Standorten etablieren (strategische Entscheidung) und nehmen in Kauf, dass sie auf absehbare Zeit damit ein hohes Risiko eingehen.

Um festzustellen, ob die objektspezifische Pacht Grundlage für die Bewertung sein kann, ist, wie in Abbildung 23-9 dargestellt, vorzugehen.

23.2.4 Ableitung des Diskontierungszinsfußes

Der für die Bewertung relevante Diskontierungzinsfuß zum Bewertungsstichtag ist aus den im Markt bekannt gewordenen Vervielfältigern abzuleiten. Dabei handelt es sich um das Verhältnis aus Transaktionspreis durch die erzielbare nachhaltige Anfangspacht oder das erwirtschaftete EBITDA[26]. Die Ableitung bedarf intensiver Branchenkenntnis, dabei der Hotelstandort, der Hoteltyp und die Vertragskonditionen der wesentlichen an die Hotelimmobilie dinglich oder tatsächlich gebundenen Verträge[27] zu berücksichtigen sind. Da Einzelheiten der Bedingungen erfolgter Hoteltransaktionen nur selten im Detail bekannt sind, sind die in Mitteilungen von Maklergesellschaften und Investmentbanken veröffentlichten Zahlen nur eingeschränkt aussagefähig. Dennoch sind diese Informationen marktgerechter als Liegenschaftszinssätze der Gutachterausschüsse für die Bewertung nach § 194 BauGB, da diese nicht die zum Bewertungsstichtag aktuelle Marktsituation widerspiegeln. Gerade in den Jahren 2005 und 2006 schossen die Vervielfältiger in die Höhe. Laut einer Veröffentlichung der EUROHYPO betrugen diese noch Anfang 2005 10 und lagen bereits Ende 2006 bei 15 und darüber.[28]

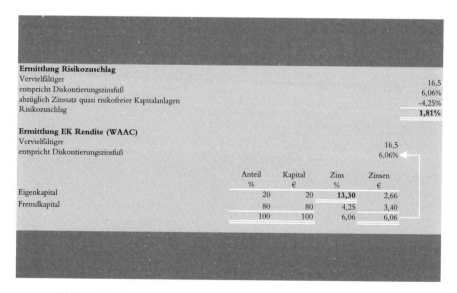

Abbildung 23-10: Interpretation im Markt erzielter Vervielfältiger bei Hoteltransaktionen

---

[26] EBITDA: gebräuchliche Abkürzung für das Ergebnis vor Steuern, Zinsen und Abschreibungen (**e**arnings **b**efore **i**nterest, **t**ax, **d**epreciation and **a**mortisation).
[27] Insbesondere der Pachtvertrag oder Managementvertrag.
[28] Vgl. Eurohypo (2007).

Der aus dem Vervielfältiger umgerechnete Diskontierungszinsfuß[29] gibt auch Rückschluss auf die Höhe des Risikozuschlages zur Rendite quasi sicherer Kapitalanlagen bzw. bei Anwendung des WAAC auf die Renditeerwartung des Eigenkapitals.

Der aus einem Multiplikator umgerechnete Zinssatz (100/Multiplikator) in Höhe von 6,06% liegt in diesem Beispiel um 1,81 Prozentpunkte über der Verzinsung so genannter quasi risikofreier Kapitalanlagen.

Der Zinssatz quasi risikofreier Kapitalanlagen entspricht den stichtagsbezogenen Zerobond-Zinssätzen der Deutschen Bundesbank[30].

Bei Unterstellung einer 80%igen Fremdfinanzierung zum Zinssatz in Höhe von 4,25% und einer Gesamtkapitalrendite in Höhe von 6,06% errechnet sich eine Eigenkapitalrendite in Höhe von 13,3%.

Zur Zeit der Erstellung dieses Abschnitts wurden bei Hoteltransaktionen von First-class-Hotels Vervielfältiger erzielt, die in die Nähe der Renditen quasi risikoloser Kapitalanlagen liegen.

23.2.5 Berücksichtigung der Instandsetzungs- und Renovierungsrückstände

Außerordentlich Wert mindernd können sich bei älteren Hotels unterlassene Instandhaltungs- und Erneuerungsmaßnahmen auswirken, da sich diese in der Regel mindernd auf die erzielbaren Cash-flows auswirken. Da die Prognose der bewertungsrelevanten Cashflows auf der Prämisse eines marktgerechten Erhaltungszustandes erfolgt, sind die unterlassenen Investitionen in ihrer geschätzten Höhe als Bewertungsabschlag vom Ertragswert abzusetzen. Für die Bewertung ist deshalb eine gutachterliche Beurteilung des Zustandes des Hotels vorzunehmen. Gegenstand der Begutachtung ist:

- „Dach & Fach"
- Hoteleinrichtung (FF&E)
- Gebäudetechnik

Diese Schätzung bleibt besonderen Sachverständigen (Architekten, Gebäudetechniker) vorbehalten.

23.2.6 Berücksichtigung des Reinvestitionszyklus

Die der Bewertung eines Hotels zugrunde gelegten Cash-flows berücksichtigen alle Einnahmen und Ausgaben der Rechnungsperioden nach dem Bewertungsstichtag. Eine Ausnahme bilden die Ersatzbeschaffungen von abnutzbaren Wirtschaftsgütern. Diese sind aus Rücklagen zu bezahlen, die durch Zuführungen nach dem Bewertungsstichtag gebildet werden. Diese Rücklagen reichen jedoch nicht aus für Ersatzbeschaffungen von Wirtschaftsgütern, die vor dem Bewertungsstichtag angeschafft wurden. Dies sei an dem stark vereinfachten Beispiel der Reinvestition „Teppich" gezeigt:

---

[29] Die Umrechnung in eine Rendite erfolgt durch Teilung von 100 durch Vervielfältiger.
[30] Zur Berechnung: Kniest, W. in: BewertungsPraktiker Nr. 1/2005, S. 9 ff. und Deutsche Bundesbank: Schätzung von Zinsstrukturkurven, Monatsbericht Oktober 1997.

Anschaffung des Teppichs: 31.12.2004 für 200.000 T€
Erneuerungsbedürftig nach vier Jahren zum 31.12.2008
Bewertungsstichtag: 31.12.2006.
Zuführung zur Reserve in 2007 und 2008: jeweils 50.000 T€
(als Ausgabe in der Cash-flow-Prognose berücksichtigt)
Reserve für Teppich zum 31.12.2008: 100.000 T€

Der für die Reinvestition notwendige Betrag in Höhe von 200.000 € ist nur zur Hälfte vorhanden. Die andere „fehlende" Hälfte ist als Bewertungsabschlag auf den ermittelten Ertragswert zu berücksichtigen. Betriebswirtschaftlich handelt es sich um den Werteverzehr des Teppichs in den zwei Jahren vor dem Bewertungsstichtag.

Hilfsweise kann sich die Schätzung dabei an der Höhe des zum Bewertungsstichtag in der vorliegenden oder fiktiven Bilanz eines Pächters auszuweisenden Pachterneuerungsrückstellung orientieren. Das Volumen ist unter Berücksichtigung der Zuführungen und Entnahmen vor dem Bewertungsstichtag zu schätzen.

Dem zuvor erläuterten Bewertungsabschlag wird in der Praxis im Allgemeinen wenig Bedeutung beigemessen, obwohl es sich, gerade bei älteren Hotels, um erhebliche Beträge handeln kann[31].

23.2.7 Beispiel aus der Praxis

Im Rahmen des Fallbeispiels[32] werden die Ertragswerte eines Vier-Sterne-Hotels mit 330 Zimmern und Suiten sowie gastronomischen Einrichtungen, Konferenz- und Wellnessbereich in der Stadtmitte einer deutschen Großstadt auf der Grundlage eines Management- und eines Pachtvertrages ermittelt. Bewertungsstichtag ist der 1.1.2004. Zum Zeitpunkt der Wertermittlung besteht ein Pachtvertrag, in dem eine Pacht von 3.168 T€ vereinbart wurde. Hintergrund der Wertermittlung ist die Überprüfung der Werthaltigkeit des Restbuchwerts zum 31.12.2003 in Höhe von 35,0 Mio.€.

Nach einer eingehenden Analyse des Bewertungsobjektes sowie einer Standort- und Marktuntersuchung ergibt sich für das Objekt – unabhängig ob Pacht- oder Managementvertrag – folgendes Betriebsergebnis für ein repräsentatives Jahr[33] nach Rücklagen für FF&E, wie in Abbildung 23-11 dargestellt.

Die Personalaufwendungen wurden anhand einer Einzelstellenkalkulation unter Berücksichtigung der Tarifverträge und anhand von Vergleichswerten ermittelt. Die sonstigen Aufwendungen wurden mit dem branchenüblichen Prozentsatz von den entsprechenden Erträgen angesetzt.

Das Ergebnis setzt sich im Einzelnen wie folgt zusammen:

- Logis

Für die Ermittlung der Logiserträge wurde ein durchschnittlicher Netto-Zimmerpreis von 105 € und eine nachhaltig erzielbare Zimmerbelegung von 64% zu Grunde gelegt.

---

[31] Beispiel: 200 Zimmer Vier-Sterne-Hotel im 6. Betriebsjahr: Rückstellung bei ca. 5% der Umsätze der letzten vier Jahre, das sind rund 2,1 Mio. €.
[32] Schröder, Forstnig Widmann (2005), S. 70 ff.
[33] Dabei handelt es sich um ein voraussichtlich nachhaltiges Ergebnis zu den Preisverhältnissen des Bewertungsstichtages.

23 Bewertung von Hotelimmobilien

	Erträge Tsd. €	Waren-einsatz Tsd. €	Personal-aufwend. Tsd. €	sonstige Aufwend. Tsd. €	Ergebnis Tsd. €
operative Abteilungen					
Logis	8.094	—	-1.664	-809	5.621
Speisen	2.791	-810	-1.305	-278	398
Getränke	1.059	-191	-244	-106	518
sonstige operative Abteilungen	308		-123	-31	154
Summe operative Abteilungen	12.252	-1.001	-3.336	-1.224	6.691
Serviceabteilungen					
Verwaltung und Allgemeines			-712	-367	-1.079
Marketing			-246	-367	-613
Reparaturen und Instandhaltung			-161	-307	-468
Energie und Wasser				-429	-429
Summe Serviceabteilungen (Gemeinkosten)			-1.119	-1.470	-2.589
= **Betriebsergebnis nach Gemeinkosten**					4.102
./. Rücklagen für Erneuerungen FF&E [1]					368
= **Betriebsergebnis nach Rücklagen für Erneuerungen FF&E**					3.734

Hinweis 1) bezogen auf Hoteleinrichtung/-ausstattung (Furniture, Fittings & Equipment)

Quelle: *In Anlehnung an: Schröder, Forstnig, Widmann (2005), S. 36*

Abbildung 23-11: Schematisierte Ergebnisrechnung des Fallbeispiels

Die folgenden Tabellen zeigen von unserem Beispielhotel die für ein repräsentatives Jahr prognostizierten Erträge und Aufwendungen sowie Branchendurchschnittswerte (Aufwendungen zu den Erträgen in Prozent) der Stadthotels in Deutschland der Zwei- bis Vier-Sterne-Kategorie:

	Branchendurchschnitt Deutschland			Fallbeispiel	
Hotelkategorie	**	***	****	****	
bei Anzahl von Zimmern	120	200	300	330	
(Stadthotellerie)	%	%	%	Tsd. €	%
Erträge Logis	100	100	100	8.094	100
Personalaufwendungen	-17	-17	-19	-1.664	-21
sonstige Aufwendungen	-8	-8	-10	-809	-10
Abteilungsergebnis Logis	75	75	71	5.621	69

Quelle: *In Anlehnung an: Schröder, Forstnig, Widman (2005), S. 36*

Abbildung 23-12: Erträge und Aufwendungen Logis

Im Vergleich zum Branchendurchschnitt liegen die Personalaufwendungen im Fallbeispiel über dem Durchschnitt. Gründe hierfür könnten z.B. in der Architektur des Gebäudes (z.B. lange Wege, Verteilung der Zimmer auf mehrere Gebäudeeinheiten) oder an ungünstigen Betriebsabläufen liegen.

- Speisen und Getränke

Nach der neuen Fassung des USALI werden die Abteilungen Speisen und Getränke zusammengefasst dargestellt:

Hotelkategorie	Branchendurchschnitt Deutschland			Fallbeispiel	
	**	***	****	****	
Bei Anzahl von Zimmern	120	200	300	330	
(Stadthotellerie)	%	%	%	T€	%
Erträge Speisen und Getränke	100	100	100	3.750	100
Wareneinsatz	-28	-27	-28	-1.001	-27
Personalaufwendungen	-39	-38	-41	-1.542	-41
sonstige Aufwendungen	-8	-9	-10	-384	-10
Abteilungsergebnis Speisen und Getränke	25	26	21	816	22

Quelle: *In Anlehnung an: Schröder, Forstnig, Widmann (2005), S. 36*

Abbildung 23-13: Erträge und Aufwendungen Speisen und Getränke

Die Ergebnisse der Abteilung Speisen und Getränke können aufgrund unterschiedlicher Gastronomiekonzepte in den Hotels deutlich variieren. Ein Gourmetrestaurant z.B. bedingt einen deutlich höheren Wareneinsatz und Personalaufwand als ein Hotelrestaurant, das Frühstück, Mittag- und Abendessen anbietet; Tagungshotels z.B. weisen oft eine bessere Kostenstruktur auf, da sie besser kalkulieren können. Einen Vorteil weisen auch die Hotelrestaurants, -cafés und -bars auf, die auch von Passanten frequentiert werden.

Das Ergebnis des Fallbeispiels liegt aufgrund eines niedrigeren Wareneinsatzes geringfügig besser als der Durchschnitt vergleichbarer Hotels.

- Sonstige operative Abteilungen

Die Ergebnisse aus den sonstigen operativen Abteilungen machen grundsätzlich nur einen geringen Anteil am Gesamtergebnis aus und umfassen in einem Stadthotel in der Regel die Erträge und Aufwendungen aus Telekommunikation, Wäsche, Parkplätzen und Kiosk.

Die Ergebnisse können in den unterschiedlichen Hotels stark variieren und hängen von der Positionierung und dem Angebot des Bewertungsobjektes ab. Hotels mit einer Tiefgarage, die vergleichsweise geringe Aufwendungen verursacht, werden über eine bessere Ergebnisstruktur verfügen als Hotels, die keine Parkplätze anbieten, dafür jedoch einen Wäscheservice zur Verfügung stellen.

	Branchendurchschnitt Deutschland			Fallbeispiel	
Hotelkategorie	**	***	****	****	
Bei Anzahl von Zimmern	120	200	300	330	
(Stadthotellerie)	%	%	%	Tsd. €	%
Erträge sonstiger operativer Abteilungen	100	100	100	308	100
sonstige Aufwendungen	-43	-41	-39	-154	-50
Abteilungsergebnis sonstige operative Abt.	57	59	61	154	50

Quelle: In Anlehnung an: Schröder, Forstnig, Widmann (2005), S. 36

Abbildung 23-14: Erträge und Aufwendungen sonstige Abteilungen

Dies verdeutlicht auch das Ergebnis des Fallbeispiels, das deutlich unter dem Branchendurchschnitt liegt.

- Ertragsstruktur

Das Fallbeispiel weist eine für ein Stadthotel typische Ertragsstruktur auf.

	Branchendurchschnitt Deutschland			Fallbeispiel	
Hotelkategorie	**	***	****	****	
Bei Anzahl von Zimmern	120	200	300	330	
(Stadthotellerie)	%	%	%	Tsd. €	%
Logis	82	60	56	8.094	66
Speisen	13	24	25	2.791	23
Getränke	4	12	12	1.059	9
sonstige operative AbteilungenAufwendungen	1	4	7	308	3
Gesamterträge	100	100	100	12.252	100

Quelle: In Anlehnung an: Schröder, Forstnig, Widmann (2005), S. 36

Abbildung 23-15: Zusammensetzung der Erträge

Bei Hotels der Ein- bis Drei-Sterne-Kategorien sind aufgrund des eingeschränkten Gastronomieangebots (Frühstücksrestaurant, Bistro, Bar) ein deutlich höherer Anteil an Logiserträgen festzustellen als bei Hotels der gehobenen Kategorie, die oft über mehrere Restaurants und Bars verfügen. Ferienhotels und Hotels mit vielen Veranstaltungsräumen weisen zum Teil höhere Erträge aus Speisen und Getränken als aus Logis aus.

- Abteilungsergebnisse

Die Summe der Abteilungsergebnisse im Verhältnis zu den Gesamterträgen sinkt grundsätzlich mit zunehmendem Standard und Dienstleistungsangebot, da die Deckungsbeiträge in der Abteilung Logis in der Regel am höchsten sind.

	Branchendurchschnitt Deutschland			Fallbeispiel	
Hotelkategorie	**	***	****	****	
Bei Anzahl von Zimmern	120	200	300	330	
(Stadthotellerie)	%	%	%	Tsd. €	%
Gesamterträge	100	100	100	12.253	100
Summe Abteilungsergebnisse	56	55	53	6.691	55

Quelle: *In Anlehnung an: Schröder, Forstnig, Widmann (2005), S. 36*

Abbildung 23-16: Summe Abteilungsergebnisse

Die Summe der Abteilungsergebnisse des Fallbeispiels liegen bedingt durch den höheren Anteil an Logiserträgen leicht über dem Branchendurchschnitt.

- Gemeinkosten

Von der Summe der Abteilungsergebnisse werden die Gemeinkosten abgezogen:

	Branchendurchschnitt Deutschland			Fallbeispiel	
Hotelkategorie	**	***	****	****	
Bei Anzahl von Zimmern	120	200	300	330	
(Stadthotellerie)	%	%	%	Tsd. €	%
Erträge gesamt	100	100	100	12.253	100
Verwaltung und Allgemeines	8	8	8	1.079	9
Marketing	4	5	5	613	5
Reparaturen und Instandhaltung	5	5	5	468	4
Energie und Wasser	4	4	4	429	4
Gemeinkosten gesamt	21	22	22	2.589	21

Quelle: *In Anlehnung an: Schröder, Forstnig, Widmann (2005), S. 36*

Abbildung 23-17: Zusammensetzung der Gemeinkosten

Die Gemeinkosten im Fallbeispiel bewegen sich im Rahmen vergleichbarer Hotels. Insbesondere die Höhe der Aufwendungen für Reparaturen und Instandhaltung sowie Energie und Wasser ist stark abhängig vom Angebot (z.B. Wellnessbereich) sowie Zustand und Alter (z.B. Isolierung, Wärmedämmung) des Hotels.

- Betriebsergebnis nach Gemeinkosten

Das Betriebsergebnis nach Gemeinkosten stellt sich dann wie folgt dar:

	Branchendurchschnitt Deutschland			Fallbeispiel	
Hotelkategorie	**	***	****	****	
Bei Anzahl von Zimmern	120	200	300	330	
(Stadthotellerie)	%	%	%	Tsd. €	%
Gesamterträge	100	100	100	12.253	100
Summe Abteilungsergebnisse	56	55	53	6.691	55
Gemeinkosten	-21	-22	-22	-2.589	-21
Betriebsergebnis nach Gemeinkosten	35	33	31	4.102	33

Quelle: *In Anlehnung an: Schröder, Forstnig, Widmann (2005), S. 36*

Abbildung 23-18: Betriebsergebnis nach Gemeinkosten

- Cash-flows

Unter Berücksichtigung der Varianten Management- und Pachtvertrag sowie dem Abschluss marktgerechter Vertragskonditionen ergeben sich folgende Cash-flows (s. Abb. 23-19 auf der folgenden Seite).

In beiden Varianten wurde eine Rücklage für FF&E in Höhe von 3% der Erträge in Abzug gebracht. Beim Managementvertrag wurde eine Managementvergütung von 6% berücksichtigt. Nach Abzug der eigentümerrelevanten Aufwendungen ergibt sich ein betriebsrelevanter Cash-flow in Höhe von 2.626 T€ (21%).

Dem steht ein betriebsrelevanter Cash-flow bei der Variante Pachtvertrag von 1.838 T€ (15%) gegenüber. Hierbei wurde unterstellt, dass der Pächter ein Ergebnis von 12% der Erträge für sich beansprucht, so dass eine Pacht vor Abzug der eigentümerrelevanten Aufwendungen in Höhe von 2.206 T€ bzw. 18% der Erträge für den Eigentümer verbleibt. Die marktübliche Pacht zum Zeitpunkt der Bewertung liegt erheblich unter der vereinbarten Pacht (3.168 T€).

Die für das Fallbeispiel prognostizierten, bewertungsrelevanten Cash-flows im zehnjährigen Prognosezeitraum setzten sich je nach Vertragvariante wie folgt zusammen (s. Abb. 23-20 auf der folgenden Seite).

Aufgrund der unterstellten Repositionierung und Neueinführung des Hotels am Markt wurden für die Jahre 2004 und 2005 eine niedrigere Ertrags- sowie eine höhere Aufwandsituation berücksichtigt.

	Betrieb durch Hotelgesellschaft (Management)		Betrieb durch Pächter	
	Tsd. €	%	Tsd. €	%
Gesamterträge	12.253	100	12.253	100
Betriebsergebnis nach Gemeinkosten	4.102	33	4.102	33
Rücklage für FF&E	-368	-3	-368	-3
Managementvergütung	-741	-6		
Betriebserg. nach Gemeink., Rücklage FF&E u. Managementverg.	2.993	24		
Ergebnis Pächter vor Pacht, Zinsen und Ertragsteuern			3.734	30
Pacht			2.206	18
Rücklage für "Dach & Fach"	-245	-2	-245	-2
Grundsteuer, Gebäudeversicherungen und sonstiger Verwaltungsaufwand	-123	-1	-123	-1
= Bewertungsrelevante Cash-flows	2.626	21	1.838	15

Quelle: In Anlehnung an: Schröder, Forstnig, Widmann (2005), S. 36

Abbildung 23-19: Relevante Cash-flows nach Vertragsvarianten

	2004	2005	2006	2007	2008	2009	2010	2011	2012	2013
	Tsd. €	Tsd. €	Tsd. €	Tsd. €	Tsd. €	Tsd. €	Tsd. €	Tsd. €	Tsd. €	Tsd. €
Gesamterträge	11.079	12.405	13.003	13.263	13.566	13.799	14.075	14.357	14.684	14.937
Cash-flows:										
Managementvertrag	1.321	2.550	2.786	2.842	2.902	2.957	3.016	3.076	3.142	3.201
Pachtvertrag	1.917	1.923	1.951	1.990	2.028	2.070	2.112	2.154	2.195	2.241
Cash-flows in % der Gesamterträge										
bei Managementvertrag	11,9%	20,6%	21,4%	21,4%	21,4%	21,4%	21,4%	21,4%	21,4%	21,4%
bei Pachtvertrag	17,3%	15,5%	15,0%	15,0%	14,9%	15,0%	15,0%	15,0%	14,9%	15,0%

Quelle: In Anlehnung an: Schröder, Forstnig, Widmann (2005), S. 36

Abbildung 23-20: Relevante Cash-flows nach Vertragsvarianten im Prognosezeitraum

- Ertragswert

Die folgende Tabelle zeigt die Ertragswertermittlung für die Varianten Management- und Pachtvertrag:

Jahr	Betrieb durch Hotelgesellschaft (Management)					Betrieb durch Pächter				
	Cash-flows	Kapital "ewige" Rente	Ein-nahmen gesamt	Diskon-tierungs-faktor	Barwert 1.1.2004	Cash-flows	Kapital "ewige" Rente	Ein-nahmen gesamt	Diskon-tierungs-faktor	Barwert 1.1.2004
	Tsd. €	Tsd. €	Tsd. €	Faktor	Tsd. €	Tsd. €	Tsd. €	Tsd. €	Faktor	Tsd. €
2004	1.321		1.321	0,9160	1.210	1.917		1.917	0,9346	1.791
2005	2.550		2.550	0,8391	2.140	1.923		1.923	0,8734	1.680
2006	2.786		2.786	0,7687	2.142	1.951		1.951	0,8163	1.593
2007	2.842		2.842	0,7042	2.001	1.990		1.990	0,7629	1.518
2008	2.902		2.902	0,6450	1.872	2.028		2.028	0,7130	1.446
2009	2.957		2.957	0,5909	1.747	2.070		2.070	0,6663	1.380
2010	3.016		3.016	0,5413	1.633	2.112		2.112	0,6227	1.315
2011	3.076		3.076	0,4958	1.525	2.154		2.154	0,5820	1.254
2012	3.142		3.142	0,4542	1.427	2.195		2.195	0,5439	1.194
2013	3.201	39.201	42.401	0,4161	17.642	2.241	37.350	39.591	0,5083	20.126
Summe Barwerte/Ertragswert					33.339					33.295
Ertragswert gerundet					33.300					33.300
Kapitalisierungszinsf.	8,2%					6,0%				
Diskontierungszinsfuß				9,2%					7,0%	

Quelle: In Anlehnung an: Schröder, Forstnig, Widmann (2005), S. 36

Abbildung 23-21: Ertragswertermittlung

Die Cash-flows auf der Grundlage der Vertragsvarianten Managementvertrag und Pachtvertrag werden mit unterschiedlichen Diskontierungszinssätzen abgezinst. Durch den Ansatz unterschiedlicher Kapitalisierungs- und Diskontierungszinsfüße wird dem unterschiedlichen Risiko der Vertragsarten Rechnung getragen. Bei beiden Vertragsvarianten wird der gleiche Ertragswert in Höhe von 33.300 T€ erzielt. Die Höhe des Diskontierungszinssatzes der Vertragsvariante Managementvertrag wurde in dem Beispiel mit Absicht in der Höhe bestimmt (als abhängige Variable), so dass sich der Ertragswert der Variante Managementvertrag mit der Variante Pachtvertrag deckt. Dies unterstellt eine Risikoeinschätzung, die zufällig marktgerecht sein kann aber nicht sein muss.

- Überleitung zum Market value

Die Überleitung zum Market value erfolgt durch Abzug noch festgestellter, unterlassener Instandhaltungs-, Renovierungs- und Modernisierungsmaßnahmen sowie durch Berücksichtigung der Stellung des Bewertungsstichtages im Instandhaltungs-, Renovierungs- und Modernisierungszyklus.

	Betrieb durch Hotelgesellschaft (Management) Tsd. €	Betrieb durch Pächter Tsd. €
Ertragswert	33.300	33.300
./. Unterlassene Instandhaltungs-, Renovierungs- und Modernisierungsmaßnahmen lt. Gutachten	-1.650	-1.650
./. Bewertungsabschlag Rücklagen für Ersatzbeschaffungen, Instandhaltungen, Renovierungen und Modernisierungen nach dem Bewertungsstichtag		
- FF&E	-1.000	-1.000
- Dach & Fach	-1.500	-1.500
Market Value	29.150	29.150
Market Value (gerundet)	29.000	29.000

Quelle: *In Anlehnung an: Schröder, Forstnig, Widmann (2005), S. 36*

Abbildung 23-22: Überleitung zum Market Value

Der Market Value in unserem Fallbeispiel beträgt somit rund 29 Mio. € und liegt damit unter dem Buchwert von 35 Mio. €. Die Gesellschaft wird eine Wertberichtigung vornehmen müssen.

23.2.8 Verkürzte Bewertungsmethoden der Branchenpraxis

Zur überschlägigen Schätzung des Wertes eines Hotels oder zur Plausibilisierung eines vorliegenden Wertes wird in der Praxis gelegentlich die so genannte 1.000stel Methode angewendet. Die Grundlage für diese Bewertung geht vom Ertragspotenzial des Hotels aus. Die Bewertung basiert auf der Unterstellung, dass das Hotel pro Zimmer so viel wert ist wie das Tausendfache des zu erwartenden durchschnittlichen Netto-Zimmerpreises.

Bei einem durchschnittlich erzielbaren Netto-Zimmerpreis in Höhe von beispielsweise 120 € beträgt der geschätzte Wert pro Zimmer rund 120.000 €. Auch wenn dieser Wert nicht weit von aktuellen Marktpreisen entfernt sein mag, ist diese Methode angesichts einer einfachen Überschlagsrechnung, in der auch die Belegung, die sonstigen Erträge, die Kostenstruktur, die erzielbare Pacht und die zum Bewertungsstichtag erzielten Vervielfältiger Eingang finden, nicht anzuraten:

Beispiel für eine genauere Überschlagsrechnung: s. Abb. 23-23 auf der folgenden Seite.

Nur mit Eingabe von sieben Annahmen (Eingabe in hellgrau hinterlegte Felder) lässt sich der Wert mit einem relativ hohen Genauigkeitsgrad schätzen. Im vorliegenden Beispiel wird der gleiche Wert erzielt, wie bei der 1.000stel Methode. Schon bei einer Belegung von 75% steigt der Wert auf 147 T€ oder bei einer Pacht von 23% und ansonsten unveränderten Annahmen auf 132 T€.

Abbildung 23-23: Beispiel einer Überschlagsrechnung (1.000stel Methode)

23.3 Exkurs: Die Bewertung von Hotelgesellschaften

Unternehmen sind von Wirtschaftsprüfern und Wirtschaftsprüfungsgesellschaften nach dem für den Berufsstand bindenden IDW Standard S 1[34] durchzuführen. Über die Bewertung von Immobilienunternehmen liegt im gleichen Band bereits ein Beitrag von Prof. Dr. Wolfgang Schäfers und Dr. Frank J. Matzen vor. Auch in diesem Abschnitt wird deshalb auf die allgemeinen Aspekte der Bewertung von Immobilienunternehmen verzichtet.

Die bei der Bewertung von Hotelgesellschaften auftretenden, von anderen Unternehmen möglicherweise abweichenden Fragestellungen, betreffen die Prognose der Cash-flows aus:

- dem Betrieb eigener Hotels
- dem Betrieb gepachteter und verpachteter Hotelbetriebe
- dem Betrieb von Hotels Dritter auf der Basis von Managementverträgen
- den Ergebnissen aus Franchiseverträgen

Die Finanzbuchhaltung von Hotelgesellschaften (Eigenbetriebe und Pachtbetriebe) erfolgt grundsätzlich für jeden Betrieb gesondert. Dies betrifft alle dem Betrieb direkt zurechenbaren Aufwendungen und Erträge. Die Aufwendungen der zentralisierten Abteilungen, wie beispielsweise Rechnungswesen, Gebäudetechnik, Sales & Marketing werden üblicherweise im Rahmen der innerbetrieblichen Leistungsverrechnung auf die Hotelbetriebe umgelegt. Im Idealfall verbleiben als nicht umgelegte Ausgaben nur solche, die nicht den operativen Hotelbetrieb betreffen, wie Zinsen, Abschreibungen, Asset Management, Hotelentwicklung und Geschäftsleitung.

---

[34] IDW Standard: Grundsätze zur Durchführung von Unternehmensbewertungen (IDW S 1), Stand 28.6.2000.

Die Ergebnisse der eigenen und gepachteten Hotels lassen sich deshalb auf der Basis vorgelegter Budgets anhand von Branchenkennzahlen plausibilisieren. Diese sind gegebenenfalls an die sachverständig zu ermittelnden Marktgegebenheiten anzupassen. Insofern gleichen die Bewertungsschritte grundsätzlich denen der Bewertung einer Hotelimmobilie.

Eine Unschärfe bei der Ermittlung relevanter Cash-flows ergibt sich daraus, dass die im Cash-flow berücksichtigten Zuführungen zu den Rücklagen für Ersatzbeschaffungen Mittelabflüsse erst künftiger Perioden darstellen. Eine periodengerechte Zuordnung der Reinvestitionen, die theoretisch möglich wäre, wird in der Regel in der Bewertungspraxis aufgrund des hohen rechnerischen Aufwandes nicht durchgeführt. Die sich daraus ergebende Wertminderung wird vernachlässigt.

Unterschiede ergeben sich jedoch aus der unterschiedlichen steuerlichen Behandlung der Zuführungen zu den Rücklagen für Erneuerung von FF&E und Dach&Fach. Bei gepachteten Betrieben ist, wenn laut Pachtvertrag die Substanzerhaltungsverpflichtung dem Pächter obliegt, die Zuführung zur Rücklage[35] eine steuerlich voll abzugsfähige Betriebsausgabe.[36] Bei Eigenbetrieben ist die Zuführung zur Rücklage weder handels- noch steuerrechtlich ergebniswirksam sondern ein Teil der zweckgebundenen Ergebnisverwendung. Handels- und steuerrechtlich werden Ersatzbeschaffungen erst in dem Jahr ergebniswirksam, in dem die Ausgabe erfolgt. In der Regel ergeben sich bei unveränderter Steuerrechtslage lediglich ergebniswirksame Zinswirkungen, die aber, je nach Gesamtsteuerquote, bewertungserheblich sind. Diese Zinswirkungen sind daher in einer Nebenrechnung überschlägig zu ermitteln und bei der Ermittlung der relevanten Cash-flows zu berücksichtigen.

Ein schwerwiegendes Problemfeld liegt in der Ermittlung der Ausgaben für Reinvestitionen in die Hoteleinrichtung (FF&E) und Dach&Fach, sofern zum Bewertungsstichtag in der Bilanz keine ausreichenden Rückstellungen bzw. Rücklagen gebildet wurden. Die Problematik wurde bereits unter dem Blickwinkel der Bewertung einer Hotelimmobilie erläutert. Obwohl hiefür für den Pächter eine handelsrechtliche Passivierungspflicht besteht, fehlen die entsprechenden Rückstellungen oftmals in Bilanzen kleiner, aber auch namhafter Unternehmen bzw. sind nicht in ausreichender Höhe berücksichtigt. In den Bilanzen von Konzernunternehmen fehlen die Rückstellungen meist mit der Begründung, dass diese steuerlich nicht anerkannt werden.

Hinzuweisen ist auf Rückstellungen für drohende Verluste aus schwebenden Pachtverträgen. In diesen werden die Verluste aus Pachtverträgen nach dem Bilanz-Bewertungsstichtag bereits antizipiert. Bei der Prognose der zu erwartenden Cash-flows ist darauf zu achten, dass diese Verluste nicht ein weiteres Mal berücksichtigt werden. Das heißt, die prognostizierten Pachtzahlungen sind entsprechend zu korrigieren.

Auch die Bewertung der erwarteten Ergebnisse aus Managementverträgen setzt voraus, dass für jedes Hotel, das auf der Grundlage eines Managementvertrages geführt wird, eine Ergebnisrechnung aufgestellt wird. Nur dann lässt ich mit hinreichender Genauigkeit die

---

[35] Im Jahresabschluss des Pächterunternehmens sind es Zuführungen zu Rückstellungen, da es sich um eine Nebenverpflichtung aus dem Pachtvertrag handelt, die Dritten geschuldet wird.
[36] Vgl. hierzu: Beck'scher Bilanzkommentar, 6. Auflage, TZ 100 (Substanzerhaltung), zu § 249 HGB.

Incentive-Gebühr ermitteln, die in der Regel 8% bis 10% des bereinigten Betriebsergebnisses beträgt.

Die Vergütung von Franchiseverträgen knüpft in der Regel an den Umsatz des Unternehmens des Franchisenehmers an. Grundlage für die erwartete Cash-flow-Schätzung sind deshalb die prognostizierten Erträge dieser Hotels.

23.4 Schlusswort

Wie in den vorhergehenden Abschnitten dieses Beitrags dargestellt, lässt sich eine Bewertung nur schwer nach einem Schema durchführen. Aufgrund der hohen Komplexität der Werteinflussfaktoren erfordert eine Bewertung der Spezialimmobile Hotel eine hohe Kenntnis der Branche und der Märkte. Die zunehmende Marktmacht internationaler Hotelgesellschaften wird sich nicht nur auf die Struktur der Hotelmärkte, sondern auch verstärkt auf die Betriebsformen auswirken. Managementverträge oder Verträge mit einer umsatz- und/oder ergebnisabhängigen Komponente werden die in der Vergangenheit vorherrschende Vertragsform des Festpachtvertrages ablösen. Diese Entwicklung verbunden mit einer vergleichsweise geringen Transparenz der Hotelmärkte erfordert eine erhöhte Markt- und Branchenkenntnis des Bewerters.

23.5 Literatur

C.H. Beck Verlag (Hrsg.) (2006): Beck'scher Bilanz Kommentar, 6. Auflage, München, 2006
DEHOGA Bundesverband (Hrsg.) (2006): Das Gastgewerbe im Zahlenspiegel IV/2005, März 2006
Deutscher Tourismusverband e.V. (Hrsg.) (2005): Tourismus in Deutschland 2005
Deutsche Zentrale für Tourismus e.V. (Hrsg.): Presseinformation – Tourismus als Top-Wirtschaftsfaktor
Eruohypo (2007): The european hotel sector: New territory for the property hunters?, Issue 6, January 2007
Hotel Association of New York City, Inc. (2006): Uniform System of Accounts for the Lodging Industry, Tenth Revised Edition, New York, 2006
IDW (Hrsg.): IDW-Fachnachrichten, Nr. 8, August 2000
Jones Lang Lasalle (Hrsg.) (2006): Global Hotel Deals set to hit $70 billion by the end of the year – 21.12.2006, <http://www.joneslanglasallehotels.com/en/-US/news/2006/HISS+Dec+06.htm>, Abrufdatum 25.01.2007
Kleiber, W. Simon J. (2007): Verkehrswertermittlung von Grundstücken, 5. vollständig neu bearbeitete und erweiterte Auflage 2007
Kniest, W. (2005): Quasi-risikolose Zinssätze in der Unternehmensbewertung, in: BewertungsPraktiker Nr. 1/2005
Schmidt, L. (2005): EstG Einkommensteuergesetz Kommentar, 24. Auflage, 2005
Schröder M., Forstnig J., Widmann M. (2005): Bewertung von Hotels und Hotelimmobilien, München, 2005
PKF Pannell Kerr Forster (2000): Einheitliche Betriebsabrechnung – Die Erfolgsteuerung für Hotels – Deutsche Bearbeitung des Uniform System of Accounts fort he Lodging Industry, 1. Auflage, März 2000
PKF Pannell Kerr Forster (2006): PKF Country Trends 2006
PKF Pannell Kerr Forster (2006): Monthly German trends (2006)
Tophotel spezial (12/2006): Hotellerie in Zahlen 2006

Wagner/Jonas/Ballwieser/Tschöpel (2006): Unternehmensbewertung in der Praxis, in: Die Wirtschaftsprüfung, Heft 16/2006, S. 1014

World Tourism Organisation: <http://www.world-tourism.org/newsroom/Releases/2006/november/barometer06.htm, Abrufdatum: 22.01.2007

World Tourism Organisation (2006): UNWTO World Tourism Barometer, Volume 4 No. 2. June 2006

World Tourism Organisation: Tourism 2020 Vision, <http://unwto.org/facts/eng/vision.htm, Abrufdatum: 22.01.2007

24 Bewertung von Beteiligungen an Containerschiffen

von *Michael Ketterl*[*]

24.1 Einleitung	612
24.2 Besonderheiten von Beteiligungen an Containerschiffen	613
24.2.1 Aufbau eines Schiffsfonds	613
24.2.2 Gesellschaftsrechtliche Besonderheiten	614
24.2.3 Steuerliche Besonderheiten	614
24.2.4 Der Markt für Containerschifffahrt	616
24.2.5 Der Markt für Beteiligungen an Containerschiffen	618
24.3 Einflussfaktoren auf den Wert eines Containerschiffes	619
24.3.1 Charterraten	619
24.3.2 Kosten der Einschiffsgesellschaft	619
24.3.3 Schiffsbetriebskosten	619
24.3.4 Kapitaldienst und Fremdfinanzierung	619
24.3.5 Restverkaufserlös	620
24.3.6 Diskontierungssatz	620
24.4 Probleme der Bewertung von Beteiligungen an Containerschiffen	620
24.4.1 Anzuwendender Bewertungsansatz	620
24.4.1.1 Zugrunde liegende Annahmen der Modellwelt	620
24.4.1.2 Mögliche theoretische Konzepte	621
24.4.1.3 APV als Fundament der Bewertung	624
24.4.2 Charakter der Steuerzahlungen und Berücksichtigung der Einkommensteuer	626
24.4.2.1 Steuervorteil aus der Fremdfinanzierung	626
24.4.2.2 Berücksichtigung der Einkommensteuer	626
24.4.3 Ermittlung der richtigen entziehbaren Überschüsse	627
24.4.4 Risikoäquivalente Diskontierungssätze	628
24.4.4.1 Problem und Einordnung in den Bewertungskontext	628
24.4.4.2 Grundzüge der Portfoliotheorie	629
24.4.4.3 Darstellung des Kapitalmarktmodells CAPM	629
24.4.4.4 Bewertung von Investitionsprojekten	630
24.4.4.5 Bestimmung von Risikoprämien für Charterraten	
24.4.5 Zur Diskontierung der Charterraten	633
24.4.6 Risikoprämien für Schiffsbetriebskosten	639
24.4.7 Ermittlung des Restverkaufserlöses	640
24.4.7.1 Die Problematik des Restverkaufserlöses	640

---

[*] Michael Ketterl, Ernst & Young AG, München.

24.4.7.2 Empirische Restverkaufserlöse 641
24.4.7.3 Optimale Nutzungsdauer 641
24.5 Beispielbewertungen der „NV Portugal Senator" 643
24.5.1 Aufbau der Bewertungen 643
24.5.2 Bewertung der „NV Portugal Senator" – Variante I 644
24.5.3 Bewertung der „NV Portugal Senator" – Variante II 646
24.6 Zusammenfassung der Ergebnisse 648
24.7 Anhang 650
24.7.1 Entziehbare Überschüsse der „NV Portugal Senator" Variante I 650
24.7.1 Entziehbare Überschüsse der „NV Portugal Senator" Variante II . . . 651
24.8 Verwendete Symbole 652
24.9 Literatur 653

24.1 Einleitung

Die Beteiligung an geschlossenen Fonds ist oft Bestandteil der Anlagestrategie vermögender Privatinvestoren in Deutschland. Dabei beteiligen sie sich typischerweise an Immobilien- oder Schiffsfonds. Diese Anlagealternativen haben einen gravierenden Nachteil: der Ausstieg während der Laufzeit ist nur schwer oder gar nicht möglich. Das hat zwei Gründe. Zum einen verfallen regelmäßig steuerliche Verlustvorträge, die das Investment oft erst attraktiv machen, zum anderen finden sich schwer Käufer, die bereit sind in den Fond einzusteigen.

Durch die Verschärfung der Mindestbesteuerung trat die Eigenschaft von geschlossenen Fonds als Steuersparmodell in den Hintergrund. Die Beteiligung an Schiffsfonds geht nun einen anderen Weg. Durch die Optierung zur Tonnagesteuer sind nahezu steuerfreie Ausschüttungen möglich.

Das zweite Problem, nämlich einen Käufer für die bereits bestehende Beteiligung zu finden, wäre leichter zu lösen, wenn es einen funktionierenden Markt für solche Beteiligungen gäbe. Um Preisbildungsmechanismen in Gang setzen zu können, müssen die Vertragparteien jedoch zunächst ihre eigenen Grenzpreise kennen. Vor diesem Problem stehen insbesondere die Ankäufer von Zweitmarktbeteiligungen.

Es ist das Anliegen dieses Beitrages, Lösungsmöglichkeiten für die Ermittlung eines solchen Grenzpreises aufzuzeigen. Dazu werden zuerst die Besonderheiten der Bewertungssituation und die wesentlichen Einflussfaktoren auf den Wert einer Beteiligung an einem Containerschiff analysiert. Danach soll dargestellt werden, wie sich die Kernprobleme der Bewertungssituation lösen lassen und wie diese Lösungsansätze Eingang in ein Bewertungskalkül finden können. Zur Veranschaulichung schließt sich eine Beispielbewertung an.

Die Arbeit basiert grundsätzlich auf der Rechtslage zum 1.1.2005. Einzige wichtige Änderung zum 1.1.2007 könnte die Einschränkung des Verlustausgleichs nach § 15b EStG sein. Diese ist jedoch nur für den Erstkäufer einer Beteiligung relevant.

Freundlicher Dank gebührt den Verantwortlichen und Mitarbeitern des Emissionshauses Salomon & Partner, Hamburg für die Unterstützung dieses Beitrags durch Informationen und Daten.

24.2 Besonderheiten von Beteiligungen an Containerschiffen

In diesem Kapitel sollen die Besonderheiten der Bewertungssituation dargestellt werden, die sich bei der Bewertung von Containerschiffen ergeben. Obwohl die Bewertung der Beteiligung an einem Containerschiff viele Gemeinsamkeiten mit der „normalen" Unternehmensbewertung einer Kapitalgesellschaft hat, so gibt es doch einige wichtige Besonderheiten.

24.2.1 Aufbau eines Schiffsfonds

In der vorliegenden Bewertungssituation soll der Wert eines Anteils an der Einschiffsgesellschaft bewertet werden. Das ist die Gesellschaft, die das Schiff betreibt. Sie hat in der Regel die Rechtsform einer Kommanditgesellschaft. An dieser Gesellschaft sind in der Regel ein Reeder als persönlich haftender Gesellschafter und die Investoren als Kommanditisten beteiligt.

Die Bewertung erfolgt aus der Sicht eines Investors, der eine Beteiligung an einer Einschiffsgesellschaft erwerben möchte. Aus diesem Grund möchte er seinen Grenzpreis ermitteln. Die folgende Darstellung verdeutlicht diesen Sachverhalt.

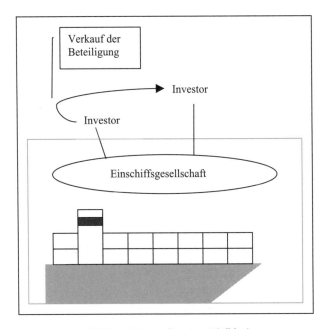

Abbildung 24-1: Aufbau eines Schiffsfonds

Da die Einschiffsgesellschaft nur ein Schiff betreibt, ist der Wert der Beteiligung maßgeblich vom Wert dieses Schiffes abhängig. Die Bewertung der Beteiligung konzentriert sich also auf die Frage, welchen Wert das Schiff verkörpert. Dabei steht allerdings nicht der Materialwert im Vordergrund, sondern der Ertragswert. Darunter wird die Auffassung verstanden, dass sich der Wert eines Unternehmens oder Projektes aus den an die Kapitalgeber fließenden Zahlungen ergibt.

24.2.2 Gesellschaftsrechtliche Besonderheiten

Die Einschiffsgesellschaften haben die Rechtsform der GmbH&Co.KG, sind also Personengesellschaften. Dies stellt eine erste Besonderheit im Vergleich zur Standardsituation der Unternehmensbewertung, der Bewertung von Kapitalgesellschaften, dar. Der wesentliche Unterschied besteht darin, dass es keine Ausschüttungsrestriktionen zu beachten gilt, da es für Personengesellschaften keine analogen Vorschriften zur Ausschüttungsbemessung und Kapitalherabsetzung wie bei Kapitalgesellschaften[1] gibt. Bei Personengesellschaften kann jederzeit Kapital im Wege der Entnahme aus dem Unternehmen entnommen werden. Die Entnahmen müssen somit lediglich finanzierbar sein.

24.2.3 Steuerliche Besonderheiten

Die Einschiffsgesellschaften sind Personengesellschaften, d.h. sie sind steuerlich transparent. Das bedeutet, sie sind kein eigenständiges Steuersubjekt wie Kapitalgesellschaften, sondern es werden die dahinter stehenden Gesellschafter besteuert.[2]

Es werden ausschließlich inländische Investoren betrachtet. Zwar würden auch ausländische Gesellschafter im Rahmen der beschränkten Steuerpflicht[3] in Deutschland besteuert, Aussagen über den Durchschnittssteuersatz lassen sich jedoch leichter treffen, wenn nur Inländer betrachtet werden.

Die Investoren erzielen Einkünfte aus Gewerbebetrieb i.S.d. § 15 EStG, da sie als Kommanditisten Mitunternehmer sind.[4] Grundsätzlich wird der steuerliche Gewinn nach § 5 EStG unter Beachtung des Maßgeblichkeitsprinzips ermittelt. Es sollen nur Beteiligungen an Containerschiffen betrachtet werden, deren Gesellschaften schon zur so genannten Tonnagesteuer optiert haben. Dies ist die Mehrheit der Einschiffsgesellschaften. Unter dem Begriff Tonnagesteuer versteht man die pauschale Gewinnermittlung für Handelsschiffe im internationalen Verkehr nach §5a EStG. Der Gewinn wird dabei nach Betriebstagen pro Jahr und gestaffelt nach Tonnage – gemessen in der dimensionslosen Einheit Nettoraumzahl – ermittelt.

Ein Beispiel soll die Gewinnermittlung verdeutlichen:

Betrachtet wird das Containerschiff MS „Annabelle Schulte" mit einer Nettoraumzahl (NT) von 15.048. Der Gewinn errechnet sich nach §5a Abs 1 EStG wie folgt:

$$0{,}92\ \text{€} * 1000\ \text{NT}/100\ \text{NT} = 9{,}20\ \text{€}$$
$$0{,}69\ \text{€} * 9000\ \text{NT}/100\ \text{NT} = 62{,}10\ \text{€}$$
$$0{,}46\ \text{€} * 5048\ \text{NT}/100\ \text{NT} = \underline{23{,}22\ \text{€}}$$
$$\text{Gewinn pro Tag} \qquad\qquad\quad \underline{94{,}52\ \text{€}}$$

---

[1] Relevant sind hier die §§ 58 AktG, 158 AktG, 222-228 AktG, 29 GmbHG, 58 GmbHG.
[2] Vgl. Djanani, C./Brähler, G. (2004), S. 49-50.
[3] Vgl. § 1 Abs. 4 EStG, § 49 Abs. 1 Nr. 2b EStG i.V.m. § 15 EStG.
[4] Vgl. § 15 Abs 1 Nr. 2 EStG.

Somit errechnet sich für 350 Einsatztage im Jahr ein Gewinn von

94,52 € * 350 = 33.082,28 €.

Dieser Gewinn ist auf Ebene des Gesellschafters anteilig der Einkommensteuer zu unterwerfen. Mit der pauschalen Gewinnermittlung ist nach § 5a Abs. 2 S. 2 EStG auch ein etwaiger Gewinn aus der Veräußerung des Schiffes abgegolten.

Bei der Gewerbesteuer ergeben sich ebenfalls Abweichungen. Die Gewerbesteuerpflicht der Einschiffsgesellschaft ergibt sich sowohl aus der gewerblichen Tätigkeit (§ 15 Abs. 3 Nr. 1 EStG) als auch aus der Rechtsform der GmbH&CoKG (§ 15 Abs. 3 Nr. 2 EStG). Der nach der Tonnagesteuer ermittelte Gewinn bildet auch die Grundlage für die Ermittlung der Gewerbesteuer, Hinzurechnungen oder Kürzungen kommen nicht in Betracht.[5] Auch die Gewerbesteueranrechnung nach §35 EStG kommt nicht zur Anwendung.[6]

In oben dargestellten Beispiel ergibt sich somit ein vorläufiger Gewerbeertrag in Höhe von 33.082,28 €. Dieser ist nach § 11 Abs. 1 GewStG auf volle 100 € nach unten abzurunden und bei Personengesellschaften um einen Freibetrag i.H.v. 24.500 € zu kürzen. Nach Anwendung der gestaffelten Messzahlen ergibt sich für einen Hebesatz von 400% eine Gewerbesteuerschuld von 326 €.

Wie oben dargestellt, gibt es grds. keine gesellschaftsrechtlichen Ausschüttungsrestriktionen; eine solche könnte jedoch in den Regelungen zum Verlustausgleich für Kommanditisten nach § 15a EStG existieren. Dabei wird dem Kommanditisten der Betrag als Gewinn zugerechnet, in dessen Höhe durch Entnahmen ein negatives Kapitalkonto entsteht oder um den es sich erhöht.[7] Dies gilt jedoch nicht, falls die ins Handelsregister eingetragene Haftsumme die geleistete Einlage übersteigt. Durch eine Eintragung in das Handelsregister lässt sich diese Ausschüttungsbegrenzung überwinden.[8]

Erwähnenswert ist eine weitere Besonderheit. Beim Wechsel zur Tonnagesteuer ist für jedes Wirtschaftsgut, das unmittelbar dem Betrieb von Handelsschiffen dient, der Unterschiedsbetrag zwischen Buchwert und Teilwert in ein besonderes Verzeichnis aufzunehmen und für jeden Gesellschafter gesondert festzustellen.[9] Dieser Unterschiedsbetrag ist in den Fällen des § 5a Abs. 4 S. 3 EStG, insbesondere bei Ausscheiden des Gesellschafters, dem Gewinn dieses Jahres hinzuzurechnen. Somit können für den ausscheidenden Gesellschafter beträchtliche Steuerzahlungen entstehen, falls die Anschaffungskosten wesentlich niedriger waren als der Marktpreis zum Zeitpunkt der Optierung zur Tonnagesteuer.

Der Käufer der Beteiligung, also der eintretende Gesellschafter, ist von der Problematik des Unterschiedsbetrages nicht betroffen. Da die Bewertung aus Käufersicht erfolgt, soll darauf auch nicht mehr weiter eingegangen werden; ein Grenzpreiskalkül aus Sicht des Verkäufers müsste die Steuerzahlungen aus dem Unterschiedsbetrag genauer betrachten.

Die Tonnagesteuer stellt eine steuerliche Subvention der Schifffahrt dar. Sie sorgt dafür, dass die Steuerzahlungen sehr gering ausfallen. Darüber hinaus sind die Steuerzahlungen

---

[5] Vgl. BMF-Schreiben vom 12.6.2002, Rz. 37.
[6] Vgl. § 5a Abs. 5 S. 2 EStG.
[7] Vgl. § 15a Abs. 3 EStG.
[8] Vgl. König & Cie (2005), S. 62.
[9] Vgl. § 5a Abs. 4 S. 1+2 EStG.

unabhängig von der wirtschaftlichen Situation der Einschiffsgesellschaft. Solange das Schiff betrieben wird, ist die Höhe der Steuerzahlung sicher.

Im Vergleich zur Bewertung von Kapitalgesellschafen fallen einige Besonderheiten ins Auge. Zum einen gibt es keine Besteuerung von Ausschüttungen, da nur ein einziges Steuersubjekt, nämlich der Investor, vorhanden ist. Es entstehen also keine Einkommenssteuereffekte[10] durch Ausschüttungen oder Tilgungen. Zum anderen sind Zinsen auf Fremdkapital wegen der pauschalen Gewinnermittlung nicht von der steuerlichen Bemessungsgrundlage abzugsfähig, ein Steuervorteil aus der Fremdfinanzierung kann daher nicht erzielt werden.

24.2.4 Der Markt für Containerschifffahrt

Im Folgenden sollen die wesentlichen Eigenschaften und Zusammenhänge des Marktes für Containerschifffahrt dargestellt werden.

Die Einführung des Containers hat das Transportwesen in den vergangenen 30 Jahren entscheidend geprägt. Unter einem Container wird ein standardisierter Einheitsbehälter verstanden, durch den heterogene Ladung homogen wird. Dies spart nicht nur viel Zeit beim Löschen der Ladung, auch die Gefahr von Verlust oder Beschädigung der Waren wird durch den Transport im Container entscheidend verringert. Das zeitraubende Umstauen der Ladung beim Wechsel des Transportmittels, etwa vom Schiff auf den Lkw entfällt ganz. So lässt sich viel Zeit einsparen und die Produktivität ist um ein Vielfaches höher als beim konventionellen Stückgutverkehr, d.h. Ware, die nicht in standardisierten Containern befördert wird.[11]

Daher ist auch nicht verwunderlich, dass es innerhalb des Seeverkehrs einen starken Trend zum Containerverkehr gegeben hat. Während zwischen 1980 und 2000 die durchschnittliche Wachstumsrate des Containerverkehrs fast 10% p.a. betrug, so wuchs der gesamte Welt-Seeverkehr nur mit ungefähr 2% p.a.[12]

Die hohen Zuwächse im Containerverkehr begünstigten den Einsatz größerer Schiffe und erhöhten die Produktivität weiter. Dadurch kam es zu immer weiter sinkenden Preisen im Seetransport. Zusammen mit einer Verbesserung der Transportqualität (schneller, sicherer und zuverlässiger) führte dies dazu, dass immer mehr Warenarten im Container über See transportiert wurden, selbst solche, die früher aufgrund von zu hohen Transportkosten nicht wettbewerbsfähig waren.[13]

Seit Beginn der neunziger Jahre wird in den meisten Ländern der Welt der Außenhandel dereguliert und liberalisiert.[14] Selbst mittelständische Unternehmen handeln heute global. Für den Containerhandel bedeutet dies, dass die Warenströme weitgehend unabhängig von konjunkturellen Einflüssen konstante Wachstumsraten aufweisen.[15]

---

[10] Unter Einkommenssteuereffekten werden die Steuerzahlungen verstanden, die durch den Zufluss der Dividende beim Anteilseigner entstehen: Bei einer Ausschüttung wird die Dividende nach den Grundsätzen des Halbeinkünfteverfahrens (§3 Nr. 40d EStG) zur Hälfte der Einkommenssteuer unterworfen. Bei der Tilgung entfällt diese Steuerbelastung.
[11] Vgl. Nordcapital (2004), S. 16.
[12] Vgl. Volk, B. (2001), S. 1.
[13] Vgl. Volk, B. (2001), S. 5.
[14] Vgl. Volk, B. (2001), S. 5.
[15] Vgl. Nordcapital (2004), S. 17.

Containerschiffe lassen sich nach Größenklassen einteilen. Diese werden nach der Anzahl der Container unterschieden, die sich mit dem Schiff maximal transportieren lassen. Je nach Größe haben die Schiffe unterschiedliche Einsatzmöglichkeiten. Während kleine Schiffe hauptsächlich Zubringerdienste zu großen Containerumschlaghäfen leisten, werden die großen im Liniendienst zwischen den Hauptumschlagplätzen eingesetzt.[16]

Die Einschiffsgesellschaft versucht in der Regel nicht, das Schiff selbst auszulasten, sondern stellt nur den Betrieb sicher. Die Transportkapazität wird im Ganzen an einen Charterer vermietet. Dafür erhält die Einschiffsgesellschaft die Charterrate. Sie wird üblicherweise pro Tag und in US-$ fakturiert.

Die folgende Abbildung zeigt den historischen Verlauf der Charterraten für verschiedene Größenklassen. Für Schiffe, die wesentlich größer als 4.700 TEU (Twenty foot equivalent [standardisierter Einheitsbehälter im Containerverkehr]) sind, gibt es noch keine aussagekräftigen Daten über die Entwicklung der Charterraten, da sich diese Schiffe noch überwiegend in der Laufzeit ihres längerfristigen Erstchartervertrages befinden.[17]

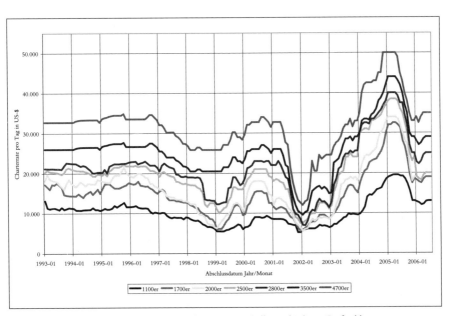

Abbildung 24-2: Charterraten für Containerschiffe verschiedener Größenklassen

Bis 1995/96 herrschte auf den Märkten für Containerschifffahrt ein Gleichgewicht von Angebot und Nachfrage. Durch den Ausbau der Flottenkapazität, der zu einem Großteil steuerlich motiviert war, sanken ab 1996 die Charterraten und erreichten im Januar 1999 durch die Asienkrise einen Tiefpunkt. In Folge der wirtschaftlichen Entwicklung nach den Terroranschlägen des 11. Septembers brachen die Chartermärkte erneut ein und erreichten ihr Minimum im Januar 2002. Seitdem stiegen die Charterraten wieder bis sie im

---

[16] Vgl. Nordcapital (2004), S. 20.
[17] Vgl. Nordcapital (2004), S. 19.

März 2005 ihr vorläufiges Maximum erreichten.[18] Danach sanken die Raten bis Anfang des Jahres 2006.

Das hohe Ratenniveau war jedoch maßgeblich von der wirtschaftlichen Entwicklung Chinas beeinflusst.[19] Durch massive Neubauten stieg das Angebot an Transportkapazität, was zu sinkenden Raten führte. Dies trifft die großen Schiffe umso stärker, wie in Abb. 2 zu erkennen ist. Mit sinkenden Charterraten werden kleinere Schiffe wieder vermehrt nachgefragt, da sie sich auch noch bei gesunkenem Transportaufkommen auslasten lassen.

Wie Abbildung 2 auch zeigt, hat die Volatilität der Charterraten in den letzten Jahren zugenommen. Dies ist auf eine Art „Schweinezyklus"[20] zurückzuführen. Ausgehend von einem steuerlich motivierten Bestellboom für Containerschiffe sanken nach der Auslieferung die Charterraten deutlich, da die Transportkapazität stark gestiegen war. Die Nachfrage nach Transportkapazität hingegen stagnierte bzw. sank.[21] Dadurch waren viele alte Schiffe nicht mehr kostendeckend zu betreiben und wurden verschrottet. Durch die Verknappung der Transportkapazität stiegen die Charterraten wieder und der Bau neuer Schiffe wurde wieder attraktiver. Zusammen mit den Schwankungen der Weltkonjunktur ergibt sich eine Entwicklung der Charterraten mit hoher Schwankungsbreite.

Die Höhe der Charterrate ist für den Wert eines Containerschiffes die zentrale Größe, da sie – abgesehen vom Restverkaufserlös des Schiffes – die einzige Einnahmequelle darstellt. Alle anderen Parameter lassen sich zudem gut schätzen, die hohe Volatilität der Charterraten erschwert dies.

24.2.5 Der Markt für Beteiligungen an Containerschiffen

Geschlossene Fonds haben in der Regel einen festen Gesellschafterkreis. Ein Ausstieg vor Ende der Laufzeit ist schwierig und wenn, dann nur unter Abschlägen beim Verkaufspreis möglich. Dennoch kann es für den einzelnen Inhaber einer Beteiligung wünschenswert sein, seinen Anteil zu verkaufen. Dies kann viele Gründe haben, z.B. Scheidung, Erbfall oder Umschichtung des Portefeuilles.[22]

Bisher existiert kein funktionierender Markt für Beteiligungen an geschlossenen Schiffsfonds. Neben steuerlichen Gründen, wie z.B. Verfall der Verlustvorträge, ist die schwierige Kaufpreisfindung die Hauptursache hierfür. Sowohl Käufer als auch Verkäufer sind über den Wert ihrer Beteiligung uninformiert. Drohende einseitige Übervorteilung schreckt viele Käufer wie auch Verkäufer ab. Eine große Zahl von Nachfragern und Anbieter, die einen funktionierenden Preisbildungsmechanismus in Gang setzen würden, ist nicht vorhanden. Ferner gibt es auch keinen „Marktplatz" auf dem Beteiligungen gehandelt werden. Einzelne Versuche in diese Richtung, wie z.B. die Etablierung einer Börse für Zweitmarktbeteiligungen namens „Gefox" in Düsseldorf, waren bisher nicht von Erfolg gekrönt.[23]

---

[18] Vgl. Zachcial, M. (2001), Nordcapital (2004), S. 19.
[19] Vgl. Nordcapital (2004), S. 19.
[20] Vgl. Hanau, A. (1927), S. 5-41.
[21] Vgl. Nordcapital (2004), S. 19.
[22] Vgl. Salomon & Partner (2005).
[23] Vgl. Uttich, S. (2004).

An diesem Punkt setzen Konzepte für Zweitmarktfonds an. Die Liquidität kaufbereiter Investoren wird in einem Fond gebündelt und mit diesen Mitteln Schiffsbeteiligungen von anderen Anlegern angekauft.

24.3 Einflussfaktoren auf den Wert eines Containerschiffes

In diesem Kapitel werden die Einflussfaktoren auf den Wert eines Containerschiffes vorgestellt. Die Betrachtung konzentriert sich dabei auf die wesentlichen Bewertungsparameter. Diese lassen sich wie bei anderen Situationen der Unternehmensbewertung grob in Einzahlungen, Auszahlungen und Diskontierungssatz unterteilen. Im Rahmen der Bewertung eines Containerschiffes sind als Einzahlungen Charterrate und Restverkaufserlös zu nennen. Auszahlungen treten in Form von Kosten der Einschiffsgesellschaft, Schiffsbetriebskosten, Zinsen und Tilgungen auf.

24.3.1 Charterraten

Bei Ankauf der Beteiligung besteht ein fester Chartervertrag, die Höhe der Charter ist während der Vertragslaufzeit festgelegt. Da die Charterrate meist in US-$ fakturiert wird, schwankt die vereinnahmte Charterrate aufgrund des flexiblen Wechselkurses.

Endet der Chartervertrag, so ist eine Annahme über die Anschlusscharter zu treffen. Aufgrund der hohen Volatilität der Chartermärkte bietet es sich an, als Anschlusscharter auf eine Durchschnittscharterrate, z.B. auf Basis eines gleitenden 8-Jahresdurchschnitts zurückzugreifen.

Es kann angenommen werden, dass ein Schiff an ungefähr 350 Einsatztagen im Jahr betrieben wird. An den verbleibenden Tagen werden keine Chartereinnahmen erzielt, weil das Schiff entweder repariert wird oder gerade nicht verchartert werden kann (sog. Off-Hire Zeiten).

24.3.2 Kosten der Einschiffsgesellschaft

Unter diesen Kosten werden die Aufwendungen der Einschiffsgesellschaft für Bereederung, Befrachtung, Treuhandgebühren, Geschäftsführungs- und Gesellschaftskosten verstanden. Sie betragen erfahrungsgemäß ca. 10% der Chartereinnahmen.

24.3.3 Schiffsbetriebskosten

Die Schiffsbetriebskosten fallen im Wesentlichen für Personal, Versicherungen und Instandhaltung des Schiffes an. Große Ausgaben fallen auch an, wenn das Schiff zur Reparatur oder Wartung in ein Trockendock muss. Die Schiffsbetriebskosten fallen an jedem Tag im Jahr an, also auch, wenn das Schiff gerade nicht verchartert ist. Schätzungen für Schiffbetriebskosten sollten somit die unregelmäßigen, aber hohen Ausgaben für Dockungen berücksichtigen

24.3.4 Kapitaldienst und Fremdfinanzierung

Im Rahmen der Bewertung von Beteiligungen an Containerschiffen stellt das Fremdkapital den Anspruch der Fremdkapitalgeber dar. Die realen Auszahlungen an die Kommanditisten sind um den Kapitaldienst zu kürzen. Die Bewertung des Fremdkapitals ist kein Kernproblembereich der Bewertung von Beteiligungen an Containerschiffen und wird deshalb auch nicht detailliert behandelt.

24.3.5 Restverkaufserlös

Die Nutzungsdauer eines Containerschiffes beträgt im Regelfall mehr als 30 Jahre. Für die Laufzeit von geschlossenen Fonds ist diese Zeitspanne zu lang. Deshalb verkaufen die Einschiffsgesellschaften die Schiffe in der Regel nach 12-18 Jahren nach Infahrtsetzung. Das Bewertungskalkül ist somit grundsätzlich endlich. Ein wesentlicher Teil der Einzahlungen fällt durch den Restverkaufserlös an, so dass dieser später genauer betrachtet werden soll.

Wie oben schon ausgeführt, braucht die Problematik des steuerlichen Unterschiedsbetrages nicht berücksichtigt werden, da dieser schon beim Ankauf der Beteiligung aufgelöst wird.

24.3.6 Diskontierungssatz

Wie bei allen Ertragswertkalkülen kommt der Ermittlung risikoäquivalenter Diskontierungssätze große Bedeutung zu. Sie stellt den Schwerpunkt dieses Beitrags dar, genauer soll auf den Diskontierungssatz später eingegangen werden.

24.4 Probleme der Bewertung von Beteiligungen an Containerschiffen

In diesem Kapitel sollen einzelne Punkte des Bewertungsproblems einer kritischen Analyse unterzogen und Lösungsmöglichkeiten aufgezeigt werden. Zuerst wird untersucht, welche Unterart der DCF- Methoden sich für das Bewertungsproblem eignet. Danach werden einzelne Einflussfaktoren genauer betrachtet; neben der Ermittlung des Restverkaufserlöses gilt das Hauptaugenmerk vor allem dem Diskontierungssatz und der Berücksichtigung der Einkommensteuer der Investoren.

24.4.1 Anzuwendender Bewertungsansatz

Zunächst soll der Hintergrund der Modellwelt beschrieben werden, vor dem die Analyse des Bewertungsproblems stattfindet. Anschließend werden verschiedene DCF- Methoden kurz vorgestellt und analysiert, auf welcher Unterart der DCF- Methoden zurückgegriffen werden sollte.

24.4.1.1 Zugrunde liegende Annahmen der Modellwelt

Die zugrunde liegende Modellwelt ist durch folgende Eigenschaften gekennzeichnet:[24]

(1) Steuern und Transaktionskosten bestehen nicht.
(2) Investoren sind risikoscheu. Die geforderte Rendite bei Unsicherheit ist größer als der sichere Zinssatz i.

---
[24] Vgl. Drukarczyk, J. (2003), S. 183, Drukarczyk, J. (1993), S. 131-132.

(3) Fremdmittelaufnahmen kosten den Zinssatz i. Zu diesem Zinssatz können sich sowohl Unternehmen als auch Investoren verschulden.
(4) Illiquiditätsrisiken sind ausgeschaltet.
(5) Die Investitionsprojekte der Unternehmen sind gegeben bzw. unabhängig von der Kapitalstruktur.

Die Annahmen (1) und (4) sind zusätzlich zu erläutern. Steuern bestehen zwar, jedoch sind die Steuerzahlungen zustandsunabhängig und Zinszahlungen von der steuerlichen Bemessungsgrundlage nicht abziehbar. Durch die Fremdfinanzierung ändert sich somit der an Eigen- und Fremdkapitalgeber fließende Zahlungsstrom nicht. Illiquiditätsrisiken sind deshalb vernachlässigbar, weil der Verschuldungsgrad aufgrund regelmäßig hoher anfänglicher Tilgungen niedrig ist sowie die Substanzwerte der Schiffe im Vergleich hoch sind.

In der dargestellten Modellwelt ist der Einfluss der Kapitalstruktur auf den Unternehmensgesamtwert Null. Diese Aussage beruht auf dem berühmten Aufsatz von Modigliani/Miller.[25] Der erwartete Strom an Überschüssen wird durch die Kapitalstruktur nur in Teilströme zerlegt. Die Zerlegung hat aber auf den Gesamtwert keinen Einfluss.

Diese Überlegung gilt rechtsformunabhängig, ist also nicht auf Kapitalgesellschaften beschränkt, sondern lässt sich auch auf Personengesellschaften anwenden.[26] Die realisierte Kapitalstruktur ist für den Gesamtwert des Unternehmens somit irrelevant.

24.4.1.2 Mögliche theoretische Konzepte

Nun sollen drei Unterarten der DCF-Methoden dargestellt werden. Allen DCF-Methoden ist die Annahme gemein, dass sich der Wert eines Unternehmens aus den entziehbaren Überschüssen ableitet. Unterschiede ergeben sich lediglich bei der Frage, welche entziehbaren Überschüsse mit welchem Diskontierungssatz zu bewerten sind und bei den Annahmen, die den einzelnen Ansätzen zugrunde liegen.

Equity-Ansatz

Zuerst soll der Equity-Ansatz vorgestellt werden.[27] Der Equity-Ansatz stellt ein reines Zuflusskalkül dar: Es werden die an die Eigentümer fließenden Zahlungen unter Beachtung der realisierten Kapitalstruktur mit einem Diskontierungssatz k^F bewertet, der nicht nur eine Prämie für das Investitionsrisiko des Unternehmens, sondern auch eine Risikoprämie für das Finanzierungsrisiko beinhaltet. Die Formel für k^F lautet:

$$k^F = k + (k-i)\frac{F}{E^F} \qquad (1)$$

$$E^F = \frac{X - iF}{k^F} \qquad (2)$$

---

[25] Modigliani, F./Miller, M.H. (1958).
[26] Vgl. Drukarczyk, J. (1993), S. 143.
[27] Vgl. Drukarczyk, J. (2003), S. 199-200, 204-206.

Für einen im Zeitablauf konstanten Diskontierungssatz müssen folgende Annahmen erfüllt sein:

1. konstantes Investitionsrisiko
2. konstanter Verschuldungsgrad $L^\star = \dfrac{F}{V^F}$
3. keine Insolvenzrisiken

Ein kurzes Beispiel soll die Anwendung verdeutlichen:

Es gelten folgende Daten:

X = 100
i = 0,1
k = 0,12
F = 200
L* = 0,24

Im Rentenfall ergibt sich pro Periode ein Nettozufluss von

X − iF = 100 − 0,1 *200 = 80
k^F = 0,126316

Somit ergibt sich für E^F ein Wert von 633,33.

Die Problematik des Equity-Ansatzes liegt darin, dass zur Berechnung von E^F der Quotient F/E^F bekannt sein muss. Damit wäre aber die Lösung des Problems schon bekannt. Im Fall der unendlichen Rente lässt sich dieses Problem lösen, wie folgende Umformung zeigt:

$$E^F = \frac{X - iF}{k + (k-i)\dfrac{F}{E^F}} = \frac{X}{k} - F = V^E - F \qquad (3)$$

Diese Formel entspricht dem APV-Ansatz. Falls die Annahme der unendlichen Rente aufgegeben wird, so ist der Equity-Ansatz auf das Ergebnis eines anderen Ansatzes angewiesen, um E^F berechnen zu können. Wenn der periodische Wert des Eigenkapitals E^F_t bekannt ist, können periodische Diskontierungssätze k^F_t berechnet werden. Eine eigenständige Herleitung des Bewertungsergebnisses kann der Equity-Ansatz jedoch nicht leisten.

Die Ertragswertmethode[28] stellt eine Unterart der Equitymethode dar. In Bezug auf die Definition der entziehbaren Überschüsse sind beide Ansätze identisch. Unterschiede ergeben sich bei der Herleitung des Diskontierungssatzes. Die Equitymethode benutzt marktdeterminierte Risikoprämien, während die Ertragswertmethode auf die individuelle Risikoeinstellung des Investors abstellt. Sie ermittelt durch eine Risikonutzenfunktion Sicherheitsäquivalente für gegebene Überschussverteilungen. Das vorhandene Vermögen eines Investors bleibt bei der Anwendung oft außer Acht, obwohl dieses Einfluss auf die Bewertung der Verteilung hat. Ein kurzes Beispiel soll dies veranschaulichen.

Es soll das Sicherheitsäquivalent für die folgende Verteilung von Nettoeinzahlungen in t = 1 ermittelt werden. Die Risikonutzenfunktion lautet $u(NE_j) = \ln(NE_j)$.

---

[28] Vgl. Drukarczyk, J. (2003), S. 310-314.

24 Bewertung von Beteiligungen an Containerschiffen

Zustände	z_1	z_2	z_3
Wahrscheinlichkeit	0,3	0,4	0,3
NE_j	100	160	200

Abbildung 24-3: Verteilung der Nettoeinzahlungen

Der Erwartungswert beträgt 154. Es errechnet sich ein Sicherheitsäquivalent von 148,58[29] und ein Barwert von 140,17. Daraus lässt sich ein Zuschlag zum sicheren Zinssatz i = 0,06 in Höhe von 3,87%[30] ableiten.

Besitzt der Investor ein Vermögen von 10.000, das er zum Zinssatz i anlegen kann, so ergibt sich für die Summe aus Projekt und Vermögensanlage ein Sicherheitsäquivalent von 10.753,93.[31] Der Wert des Projektes beträgt somit 153,93. Die Risikoaversion des Investors ist gesunken.

Ebenso wie das Vermögen des Investors werden auch dessen bereits realisierte Projekte und ihre Zahlungsverteilungen nicht berücksichtigt. Zwischen verschiedenen Projekten treten jedoch Verbundwirkungen auf, die – je nach Wirkungsrichtung – die Einschätzung von Projekten positiv oder negativ beeinflussen können.

Weitere Probleme treten auf, wenn mehrere Investoren ein Unternehmen erwerben wollen. Die Risikonutzenfunktionen sind investorspezifisch und für ein Kollektiv schwer zu ermitteln.

Für die hier vorliegende Bewertungssituation ist die Ertragswertmethode nicht geeignet. Die Ermittlung einer, für eine Vielzahl von wohlhabenden Investoren gültigen, Risikonutzenfunktion ist schwierig. Diese kann zudem den investorenspezifischen Vermögenshintergrund nicht berücksichtigen, da sich dieser für jeden Investor anders darstellt.

APV-Ansatz

Als nächstes soll der APV- Ansatz vorgestellt werden.[32] Der APV-Ansatz zerlegt das Bewertungsproblem in mehrere, einzeln zu bewertende Komponenten. Zuerst wird die Kapitalstruktur ausgeblendet und der Wert des Unternehmens unter der Fiktion der reinen Eigenfinanzierung ermittelt. Dieser Wert entsteht durch das von dem Unternehmen realisierte Investitionsprogramm. Im zweiten Schritt werden die Wertbeiträge der Finanzierungsseite, insbesondere Steuervorteile aus der Fremdfinanzierung, ermittelt. Die Summe aus V^E und den Wertbeiträgen ergibt V^F. Der Wert des Eigenkapitals ist eine Restgröße, die sich aus V^F abzüglich der Werte der Ansprüche der Nicht-Eigenkapitalgeber errechnet.

Der Wert bei Eigenfinanzierung ergibt sich, indem die Überschüsse unter der Fiktion der Eigenfinanzierung mit der geforderten Rendite der Eigentümer k abdiskontiert werden.

---

[29] $e^{0,3\ln 100 + 0,4\ln 160 + 0,3\ln 200} = 148,58$.

[30] $z = \dfrac{154 * 1,06}{148,58} - 1 - 0,06 = 0,0387$.

[31] $e^{0,3\ln(100+10.600)+0,4\ln(160+10.600)+0,3\ln(200+10.600)} = 10.753,93$.

[32] Vgl. Drukarczyk, J. (2003), S. 199-201, 207-214.

Diese ist konstant, wenn die oben genannten Annahmen 1) und 3) erfüllt sind. Auf einen konstanten Verschuldungsgrad kommt es nicht an.

Mit den Daten des obigen Beispiels errechnet sich nach Gleichung (3) ein Wert von

$$E^F = \frac{X}{k} - F = \frac{100}{0{,}12} - 200 = 633{,}33$$

Im Gegensatz zum Equity-Ansatz ist der APV-Ansatz in der Lage ein eigenständiges Bewertungsergebnis abzuleiten. Zur Berechnung von V^E muss nur die geforderte Rendite der Eigentümer bekannt sein.

WACC-Ansatz

Im Grundmodell ohne Steuern besteht kein Unterschied zwischen dem APV-Ansatz und dem nun vorzustellenden WACC-Ansatz.[33] Beide diskontieren die Größe X mit dem Diskontierungssatz k. Dies macht die folgende Umformung deutlich.

$$WACC = i\frac{F}{V^F} + k^F \frac{E^F}{V^F} \tag{4}$$

$$V^F = \frac{X}{WACC} \tag{5}$$

Mit Gleichung (1) ergibt sich:

$$WACC = i\frac{F}{V^F} + \left[k + (k-i)\frac{F}{E^F}\right]\frac{E^F}{V^F} = k \:. \tag{6}$$

Dieses Ergebnis passt zu den obigen Ausführungen zur Kapitalstruktur. Wenn die Finanzierung wertneutral ist, kann WACC auch nicht von k verschieden sein.

24.4.1.3 APV als Fundament der Bewertung

Nun sollen die verschiedenen Bewertungsansätze daraufhin überprüft werden, welcher Ansatz sich am besten für die vorliegende Bewertungssituation eignet.

Entscheidend für diese Frage ist die Finanzierungsstrategie der Einschiffsgesellschaft. Für den Fall einer atmenden Finanzierungsstrategie wäre der WACC- Ansatz am besten geeignet, für den Fall einer autonomen Finanzierungspolitik wäre der APV- Ansatz die erste Wahl. Der Equity Ansatz ist lediglich in der Lage ein Bewertungsergebnis zu rekonstruieren, er scheidet somit aus, da es auf diese Fähigkeit nicht ankommt. Auch die Ertragswertmethode – wie oben ausgeführt eine Unterart der Equitymethode – ist nicht geeignet, das Bewertungsproblem in praktikabler Weise zu lösen.

Eine atmende Finanzierungsstrategie bedeutet einen konstanten Verschuldungsgrad

$$L^\star = \frac{F}{V^F} \:.$$

---

[33] Vgl. Drukarczyk, J. (2003), S. 207.

Der Fremdkapitalbestand F „atmet" mit dem Unternehmensgesamtwert V^F. Steigt der Wert des Unternehmens, so steigt auch F, fällt er, so wird die Verschuldung zurückgefahren. Für die Tilgung stehen nur residuale Überschüsse zur Verfügung: Die Charterraten werden um die Kosten der Einschiffsgesellschaft und die Schiffsbetriebkosten verkürzt.

Der Unternehmensgesamtwert wird hauptsächlich von der Entwicklung der Charterraten beeinflusst. Bei sinkenden Raten sinkt auch die Tilgung, nicht aber der Fremdkapitalbestand, da weniger Mittel zur Tilgung zur Verfügung stehen. Eine Ausweitung des Fremdkapitalbestandes bei steigenden Charterraten und damit Unternehmenswerten findet ebenfalls nicht statt, im Gegenteil die Tilgung erhöht sich sogar. Ein konstanter Verschuldungsgrad liegt also nicht vor, diese Bedingung ist somit nicht erfüllt.

Aufgrund dieser Überlegungen ist dem APV -Ansatz klar der Vorzug vor dem WACC – Ansatz zu einzuräumen.

Typisch für den APV-Ansatz ist sein modularer Aufbau. Im Standardanwendungsfall, der Bewertung von Kapitalgesellschaften unter dem Steuerregime des Halbeinkünfteverfahrens, wird zuerst der Wert des Unternehmens unter der Fiktion reiner Eigenfinanzierung V^E ermittelt. Zu diesem wird der Werteffekt der Kapitalstruktur, also der Steuervorteil aus der Fremdfinanzierung ΔV addiert. Damit erhält man den Gesamtwert des Unternehmens V^F. Subtrahiert man hiervon den Wert des Fremdkapitals, so erhält man als Residualgröße den Wert des Eigenkapitals. Dieser Zusammenhang wurde schon in Formel (7) dargestellt.[34]

$$E^F = V^E + \Delta V - F \qquad (7)$$

Die Besonderheit bei der Anwendung des APV-Ansatzes auf die Bewertung von Containerschiffen liegt darin, dass das Bewertungskalkül endlich ist. Die Nutzungsdauer eines Containerschiffes ist auf Grund des Verschleißes begrenzt. Die Nutzungsdauer muss daher zuerst bestimmt werden. Wie sich diese bestimmen lässt wird später dargestellt. Danach können die entziehbaren Überschüsse ermittelt und zum Unternehmensgesamtwert diskontiert werden. Der Wert des Eigenkapitals ergibt nach Abzug der Ansprüche aller anderen Gruppen als Restgröße.

Bei der Bewertung von Containerschiffen sind zwei Phasen zu unterscheiden: In der ersten Phase besteht ein fester Chartervertrag; die Höhe der Charterrate ist sicher. In der zweiten Phase muss die erzielbare Charterrate geschätzt werden. Wie oben schon ausgeführt, müssen für die beiden Phasen unterschiedliche Diskontierungssätze verwendet werden. Wie sich diese ableiten lassen, soll später beschrieben werden.

Bei der Bewertung von Containerschiffen sind folgende Bewertungsprobleme zu lösen: Zuerst müssen die entziehbaren Überschüsse bei Eigenfinanzierung ermittelt werden. Diese setzen sich aus der Differenz von Chartereinnahmen, Schiffsbetriebkosten und Kosten der Einschiffsgesellschaft zusammen. Danach muss untersucht werden, wie die Besonderheiten der Tonnagesteuer Eingang in die Bewertung finden können. Ein weiterer Problembereich ist die Ableitung der geforderten Rendite der Eigentümer nach Steuern k_s.

---

[34] Vgl. Drukarczyk, J. (2003), S. 214.

24.4.2 Charakter der Steuerzahlungen und Berücksichtigung der Einkommensteuer

24.4.2.1 Steuervorteil aus der Fremdfinanzierung

Die Steuerzahlungen ergeben sich aus dem persönlichen Steuersatz der Gesellschafter und dem pauschal ermittelten Gewinn nach der Tonnagesteuer. Kennzeichnend dafür ist, dass keine Betriebsausgaben die steuerliche Bemessungsgrundlage kürzen. Dies gilt insbesondere für die Zinsaufwendungen. Es gibt somit keinen Steuervorteil aus der Fremdfinanzierung. Auch Einkommensteuereffekte existieren nicht, da die Einkommensteuer auf den Gewinn unabhängig von den getätigten Entnahmen und Tilgungen anfällt.

Die Steuerzahlungen fallen zustandsunabhängig, d.h. unabhängig von der wirtschaftlichen Entwicklung an. Ihre Höhe hängt von der Größe des Schiffes ab; diese ist unveränderlich, die Steuerzahlungen lassen sich somit genau vorhersagen. Sie sind sicher und daher mit dem sicheren Zinssatz abzudiskontieren. Ferner stellen die Steuerzahlungen einen Anspruch des Staates gegen die Gesellschafter der Einschiffsgesellschaft dar. Der Barwert der Steuerzahlungen mindert daher den Wert des Eigenkapitals, da für die Eigentümer weniger bleibt. Formel (8) beschreibt diesen Zusammenhang.

$$E^F = V^E - F - S \tag{8}$$

24.4.2.2 Berücksichtigung der Einkommensteuer

Die Einkommensbesteuerung wirkt aufgrund der Tonnagesteuer zwar nur sehr schwach auf die Schiffsgesellschaften, die alternativen Anlageformen der Investoren unterliegen hingegen in größerem Umfang der Besteuerung. Für die Ermittlung der Diskontierungssätze ist die Einkommensteuer somit relevant.

Auch unter der Tonnagesteuer herrscht kein finanzierungsneutrales Steuersystem. Die alternative Anlage des Investors wird durch die Einkommensteuer berührt. Dies erfolgt nicht in pauschaler Weise wie durch die Tonnagesteuer, sondern es wird ein proportionaler Steuersatz angewendet. Um komplizierte Berechnungen der Steuerwirkungen im indirekt-progressiven Tarif zu vermeiden, wird im Folgenden nach Maßgabe des IDW[35] ein typisierter Steuersatz von 35% unterstellt. Nach den Steuersenkungen der letzten Jahre könnte dieser typisierte Steuersatz als zu hoch eingestuft werden. Bei einem zu versteuerndem Einkommen von 226.114 € ergibt sich im Splittingtarif 2005 ein Durchschnittssteuersatz von 35%. Im Folgenden soll von wohlhabenden Investoren mit einem zu versteuernden Einkommen von 250.000 € ausgegangen werden. Die Wahl eines typisierten Steuersatzes in Höhe von 35% erscheint vor diesem Hintergrund als vertretbare Hypothese.

Durch die Berücksichtigung der Einkommensteuer werden alternative Anlageformen weniger attraktiv und der Wert des betrachteten Projektes steigt. Ein Beispiel soll dies verdeutlichen.

Betrachtet wird ein Investitionsobjekt mit der Anschaffungsauszahlung $A_0 = 100$. Die Einzahlungen des Projektes unterliegen nicht der Besteuerung. Es gilt ein Steuersatz von

---

[35] Vgl. IDW (2000), S. 842.

35%. Der sichere Zinssatz i beträgt 12%. Die Einzahlungen sind sicher und lauten wie folgt:

t	0	1	2	3
A_0	-100			
NE_t		40	40	40

Abbildung 24-4: Zahlungsverteilung des Investitionsprojektes

Ohne die Berücksichtigung der Steuer ergibt sich $NKW_{i=0,12} = -3,927$. Das Projekt ist nicht vorteilhaft. Wird die Einkommensteuer berücksichtigt, so ergibt sich $NKW_{i=0,078} = 3,457$. Durch die Wirkung der Steuer auf die alternative Anlage wird das Projekt vorteilhaft.

24.4.3 Ermittlung der richtigen entziehbaren Überschüsse

Der Ermittlung von V^E liegen die entziehbaren Überschüsse unter der Fiktion reiner Eigenfinanzierung zugrunde. Das bedeutet, dass Zinsen und Tilgungen nicht beachtet werden.[36] Sie werden später durch den Abzug des Fremdkapitals vom Unternehmensgesamtwert berücksichtigt. Als entziehbarer Überschuss bleibt pro Periode:

Charterrate
- Kosten der Einschiffsgesellschaft
- Schiffsbetriebskosten
= entziehbarer Überschuss

Am Ende der Nutzungsdauer fällt zusätzlich der Schrottpreis des Containerschiffes an.

Bei der Diskontierung der entziehbaren Überschüsse wird eine sehr „puristische" Form des APV-Ansatzes vorgeschlagen. Die Wertbeiträge von Charterraten und Kosten der Einschiffsgesellschaft sowie Schiffsbetriebskosten sollen getrennt ermittelt werden.

Die Annahme, dass die Schiffsbetriebskosten sicher sind, ist vermutlich nicht realitätsgetreu. Bei sehr niedrigen Charterraten wird die Reederei versuchen, diese zu senken, sei es durch Verringerung der Mannschaftsstärke, der Wartung oder ähnlichem. Umgekehrt steigen die Schiffsbetriebskosten bei hohen Charterraten, da Dockungen vorgezogen werden oder schlicht die Ausgabendisziplin nicht so stark ausgeprägt ist. Die Unsicherheit ist jedoch sehr gering. Wie sie sich einfangen lässt, soll im nächsten Kapitel beschrieben werden.

Der Wert bei Eigenfinanzierung setzt sich – im Fall der Periodenabhängigkeit – folgendermaßen zusammen:

$$V^E = (1-c)\sum_{t=1}^{n} C_t(1+k_s^C)^{-t} - \sum_{t=1}^{n} K(1+k_s^K)^{-t} + RVE_n(1+k_s^C)^{-n}.$$

---

[36] Vgl. Drukarczyk, J. (2003), S. 217.

Dabei steht der Ausdruck (1-c) für den Anteil der Charterraten der nach Abzug der Kosten der Einschiffsgesellschaft verbleibt;

$\sum_{t=1}^{n} C_t (1+k_s^C)^{-t}$ ist der Barwert der Charterraten und

$\sum_{t=1}^{n} K(1+k_s^K)^{-t}$ der Barwert der Schiffsbetriebskosten. Der Ausdruck

$RVE_n (1+k_s^C)^{-n}$ steht für den Barwert des Schrottpreises in der Periode 0, also im Bewertungszeitpunkt.

Die Barwerte werden durch die Diskontierung mit risikoäquivalenten Diskontierungssätzen ermittelt. Diese abzuleiten ist das Anliegen des nächsten Kapitels.

24.4.4 Risikoäquivalente Diskontierungssätze

„Keine Größe scheint in der Praxis so umstritten zu sein wie der Kalkulationszinsfuß. (…) Sein Hebeleffekt ist bekannt und berüchtigt: Schon geringe Verminderungen des Zinssatzes können den Wert überproportional erhöhen; Erhöhungen senken den Unternehmenswert. Diese Effekte machen ihn bei Parteien, die Einfluß auf den Wert nehmen wollen, so beliebt."[37]

Dieses Zitat von Wolfgang Ballwieser macht deutlich, dass der Diskontierungssatz zum einen große Wirkung auf den Unternehmenswert hat und zum anderen leicht angreifbar ist, falls er unbegründet ist. Um Fehlentscheidungen vorzubeugen, sollte der Wahl eines geeigneten Diskontierungssatzes große Beachtung geschenkt werden.

Geeignet heißt in diesem Zusammenhang risikoäquivalent. Die geforderte Rendite orientiert sich nicht nur an der der zum Vergleich herangezogenen Alternative, sondern am Risikogehalt des zu bewertenden Projektes.

In diesem Kapitel soll gezeigt werden, wie sich anhand der Botschaften des Kapitalmarktmodells CAPM risikoäquivalente Diskontierungssätze für die Bewertung von Containerschiffen bestimmen lassen.

24.4.4.1 Problem und Einordnung in den Bewertungskontext

Um den Unternehmensgesamtwert zu ermitteln, müssen die entziehbaren Überschüsse diskontiert werden. Da diese unsicher sind, muss der Diskontierungssatz den gleichen Risikogehalt aufweisen wie die entziehbaren Überschüsse. Dieser Risikogehalt besteht jedoch nicht nur aus dem Risiko der Charterraten, sondern es muss das Umfeld des Investors mitbetrachtet werden. Investoren halten in der Regel diversifizierte Positionen, d.h. ihr Vermögen ist auf mehrere Anlagealternativen verteilt. Auf Ebene des Investors bereits realisierte Projekte können zusammen mit dem betrachteten Investitionsobjekt „Containerschiff" ein höheres oder niedrigeres Risiko beinhalten als das Investitionsobjekt „Containerschiff" alleine. Ein Beispiel soll dies veranschaulichen:

Betrachtet werden zwei einperiodige Investitionsprojekte I_1 und I_2. Diese haben die folgenden Zahlungsverteilungen.

---

[37] Ballwieser, W. (2002), S. 736.

z	1	2	Var
p	0,5	0,5	
I_1	-10	50	900
I_2	60	40	100
Σ	50	90	400

Abbildung 24-5: Zahlungsverteilungen von I_1 und I_2

Investitionsprojekt 1 sei das Containerschiff. Die Varianz der Zahlungsverteilung ist 900. Falls der Investor schon Investitionsprojekt 2 realisiert hat, so ist die Varianz der Summe der Einzahlungen aus beiden Projekten (400) kleiner als der Durchschnitt der Varianzen beider Projekte (500).

24.4.4.2 Grundzüge der Portfoliotheorie

Die Portfoliotheorie geht auf Harry M. Markowitz[38] zurück. Sie besagt, dass rationale Anleger Portefeuilles aus solchen Anlagetiteln bilden sollen, die möglichst wenig miteinander korreliert sind. Das liegt daran, dass das Risiko eines Portefeuilles maßgeblich von der Kovarianz der Renditen der enthaltenen Aktien und Projekte bestimmt wird.[39] Durch Mischung von wenig korrelierten Anlagetiteln lässt sich Risiko abbauen.

24.4.4.3 Darstellung des Kapitalmarktmodells CAPM

Das CAPM[40] baut auf der Annahme auf, dass alle Anleger ihre Portefeuilles nach den Regeln der Portfoliotheorie zusammenstellen. Alle Anleger halten Abbilder des Marktportefeuilles M. Für die geforderte Rendite einer Aktie j gilt:

$$\bar{r}_j = i + \frac{\bar{r}_M - i}{\sigma_M^2} \text{cov}(\tilde{r}_j; \tilde{r}_M) = i + \lambda \text{cov}(\tilde{r}_j; \tilde{r}_M) = i + (\bar{r}_M - i)\beta_j \ . \tag{9}$$

Im Nachsteuerfall[41] wird daraus:

$$k_S = i(1 - s_I) + [\bar{r}_M - \bar{r}_D s_I - i(1 - s_I)]\beta \tag{10}$$

---

[38] Markowitz, H.M. (1959): Portfolio Selection. Diversification of Investments, New York.
[39] Für ein Portfolio aus n Aktien gilt für die Portfoliovarianz:

$$\sigma_P^2 = \sum_{j=1}^{n} x_j^2 \sigma_j^2 + \sum_{j=1}^{n}\sum_{i=1}^{n} x_j x_i \sigma_{ji} \quad \text{mit } j \neq i.$$

Die Zahl der Kovarianzen steigt schneller als die Zahl der Varianzen. Die Zahl der Varianzen beträgt n, die Zahl der Kovarianzen n²-n. Somit sind die Kovarianzen der Aktien entscheidend für die Varianz des Portfolios.
[40] Eine genauere Darstellung des CAPM findet sich z.B. in Drukarczyk, J. (1993), S. 234-239.
[41] In Deutschland ergeben sich durch die unterschiedliche Besteuerung von Zins- und Dividendeneinkünften sowie Kapitalgewinnen Abweichungen von der Betrachtung ohne Steuern. Die abgeleitete Formel (9) für die geforderte Rendite der Eigentümer muss an das deutsche Steuersystem

Der Term $\bar{r}_M - \bar{r}_D s_I - i(1-s_I)$ bezeichnet die Marktrisikoprämie nach Steuern. Sie wird für den deutschen Aktienmarkt mit 5,5% geschätzt.[42]

24.4.4.4 Bewertung von Investitionsprojekten

Bei der praktischen Anwendung der Botschaften des CAPM bereitet die Ermittlung der relevanten Risikomenge $\text{cov}(\tilde{r}_j; \tilde{r}_M)$ die größten Schwierigkeiten. Die Berechnung der Rendite r_j legt den Marktwert des Projektes j V_0 als Bezugspunkt zugrunde:

$$\tilde{r}_j = \frac{\widetilde{NE}_j}{V_{j,0}} - 1 \ . \tag{11}$$

Dieser ist aber gerade die gesuchte Größe bei der Bewertung des Investitionsprojektes. Um dieses Problem zu lösen, muss die Kovarianz umformuliert werden. Mit (11) ergibt sich:

$$\text{cov}(\tilde{r}_j; \tilde{r}_M) = \frac{1}{V_{j,0}} \text{cov}(\widetilde{NE}_1; \tilde{r}_M) \ . \tag{12}$$

Für die Berechnung von V_0 gilt dann unter Verwendung von (9) und (12) die folgende Formel:

$$V_{j,0} = \frac{\overline{NE}_1}{1 + i + \lambda \text{cov}(\tilde{r}_j; \tilde{r}_M)} = \left[\overline{NE}_1 - \lambda \text{cov}(\widetilde{NE}_1; \tilde{r}_M)\right](1+i)^{-1} \ . \tag{13}$$

Der Term in der eckigen Klammer ist das marktdeterminierte Sicherheitsäquivalent der Zahlungsverteilung $\widetilde{NE}$. Vom Erwartungswert wird ein Risikoabschlag vorgenommen. Dieser setzt sich aus Risikopreis und Risikomenge zusammen. Der Risikopreis ist λ, die relevante Risikomenge ist $\text{cov}(\widetilde{NE}_1; \tilde{r}_M)$. Diese Parameter sind aus dem Kapitalmarkt abgeleitet, deshalb ist das Sicherheitsäquivalent marktmäßig objektiviert. Um den Barwert zu ermitteln ist das Sicherheitsäquivalent mit dem sicheren Zinssatz abzudiskontieren, die Unsicherheit wird durch die Ermittlung des Sicherheitsäquivalents berücksichtigt.[43]

Ein Beispiel soll die Anwendung verdeutlichen. Die Tabelle gibt die Zahlungsverteilung eines Investitionsprojektes an. Der Erwartungswert der Einzahlungen beträgt 11,8; die erwartete Marktrendite $\bar{r}_M$ ist 0,102, ihre Varianz 0,000576. Der sichere Zinssatz i beträgt 5%.

---

angepasst werden. In Deutschland unterliegen Zinseinkünfte nach §20 Abs. 1 Nr. 7 EStG in vollem Umfang der Besteuerung. Der Sparerfreibetrag (§20 Abs. 4 EStG) soll nicht berücksichtigt werden. Dividendeneinkünfte unterliegen nach §§ 3 Nr. 40 Bst. d, 20 Abs. 1 Nr. 1 EStG zur Hälfte der Besteuerung. Dies kommt einer Besteuerung mit dem halben Steuersatz gleich. Kapitalgewinne werden bei nicht wesentlichen Beteiligungen (<1%, § 17 Abs. 1 S. 1 EStG) außerhalb einer Spekulationsfrist von einem Jahr (§23 Abs. 1 Nr. 2 EStG) nicht besteuert. Es wird angenommen, dass Kapitalgewinne nur außerhalb der Spekulationsfrist anfallen und deshalb unbesteuert bleiben.

[42] Stehle, R. (2004), S. 921.
[43] Vgl. Drukarczyk, J. (2003), S. 368-369.

(1)	(2)	(3)	(4)	(5)	(6)	(7)
z_j	p_j	$r_{M,j}$	NE_j	$r_{M,j}-E(r_{M,j})$	$NE_j - E(NE_j)$	(2)(5)(6)
1	0,2	0,07	7	-0,032	-4,8	0,0307
2	0,4	0,09	15	-0,012	3,2	-0,0154
3	0,4	0,13	11	0,028	-0,8	-0,0090
					$cov(r_{M,j};NE_j)=$	**0,0064**

Abbildung 24-6: Zahlungsverteilung und Berechnung der Kovarianz

Der Risikopreis λ beträgt:

$$\lambda = \frac{\bar{r}_M - i}{\sigma_M^2} = \frac{0,102 - 0,05}{0,000576} = 90,28 \ .$$

Somit lässt sich nach Formel (13) ein Wert des Investitionsprojektes von 10,69 ermitteln. Dies entspricht – analog zu Gleichung (11) – einem Diskontierungssatz von

$$k = \frac{E(\widetilde{NE}_1)}{V_0} - 1 = \frac{11,8}{10,69} - 1 = 10,41\% \ .$$

24.4.4.5 Bestimmung von Risikoprämien für Charterraten

In diesem Kapitel soll gezeigt werden, wie sich aus der Korrelation von Charterraten und Aktienrenditen Risikoprämien für verschiedene Größenklassen von Containerschiffen ableiten lassen. Dies erfolgt exemplarisch für Containerschiffe der Größenklasse von 4.700 TEU, da sich die Beispielbewertung auf ein Schiff dieser Größenordnung bezieht. Für andere Größenklassen kann die die Ermittlung der Risikoprämien analog erfolgen.

Die Daten zu den Aktienrenditen stammen aus einer Untersuchung von Prof. Dr. Richard Stehle zur Festlegung der Risikoprämie von Aktien.[44] Als Marktportefeuille dient der CDAX, der alle im amtlichen Handel an der Börse in Frankfurt befindlichen Aktien umfasst. Die Aktienrenditen wurden durch Prof. Dr. Richard Stehle an einen Einkommensteuersatz von 35% angeglichen, sie stellen also Nachsteuerrenditen dar. Der Übergang vom Steuersystem des Anrechnungsverfahrens zum Halbeinkünfteverfahren wurde ebenfalls berücksichtigt. Die Ermittlung der Risikoprämien basiert auf dem Steuersystem des Halbeinkünfteverfahrens.

Die Charterraten[45] wurden nicht um Steuerzahlungen verkürzt. Die Steuerzahlungen nach der Tonnagesteuer treten zustandsunabhängig auf und haben deshalb keinen Einfluss

---

[44] Stehle, Richard (2004), „Die Festlegung der Risikoprämie von Aktien im Rahmen der Schätzung des Wertes von börsennotierten Kapitalgesellschaften", in WPg, 57 Jg, 2004, S. 906-927.

[45] Die Daten zu den Charterraten wurden dem Autor von Salomon&Partner, Hamburg, einem Emmissionshaus für Zweitmarktfonds, zur Verfügung gestellt.

auf die Höhe der Risikoprämie. Dies beruht auf der Additivität von Marktwerten[46] und der Additivitätseigenschaft der Kovarianz.[47] Bei sicheren Zahlungen entspricht der Erwartungswert dem Sicherheitsäquivalent. Die Kovarianz der Steuerzahlungen mit r_M ist Null.

Es wird ein Investor betrachtet, der ein hoch diversifiziertes Aktienportefeuille hält. Für die Zielgruppe von wohlhabenden Kapitalanlegern für die eine Beteiligung an einem Containerschiff in Frage kommt, ist diese Annahme realistisch. Der Investor bewertet die Einzahlungen, die ihm das Projekt „Containerschiff" bringt, vor dem Hintergrund der aus seinem – als existent unterstelltem – Portefeuille resultierenden Aktienrenditen.

(1) z_j	(2) Jahr	(3) p_j	(4) $r_{M,j}$	(5) C_j	(6) $r_{M,j}-E(r_{M,j})$	(7) $C_j - E(C_j)$	(8) (3)(6)(7)
1	1993	0,07692	0,4671	32.760	0,3459	1112,51	29,60
2	1994	0,07692	-0,0594	33.233	-0,1806	1585,12	-22,02
3	1995	0,07692	0,0459	34.199	-0,0753	2551,01	-14,77
4	1996	0,07692	0,2198	33.814	0,0986	2166,71	16,44
5	1997	0,07692	0,4067	29.838	0,2855	-1809,64	-39,75
6	1998	0,07692	0,1542	26.019	0,0330	-5628,49	-14,30
7	1999	0,07692	0,3154	27.825	0,1942	-3822,49	-57,11
8	2000	0,07692	-0,1000	32.550	-0,2212	902,51	-15,35
9	2001	0,07692	-0,1803	24.728	-0,3015	-6919,99	160,47
10	2002	0,07692	-0,4013	19.953	-0,5225	-11694,82	470,01
11	2003	0,07692	0,3694	30.125	0,2482	-1522,49	-29,07
12	2004	0,07692	0,0826	43.375	-0,0386	11727,51	-34,79
13	2005	0,07692	0,2551	43.000	0,1339	11352,51	116,96

$cov(r_{M,s,j}; C_j) =$ 449,37

Abbildung 24-7: Verteilung der Charterraten und Ermittlung der Kovarianz

Der Erwartungswert der Marktrendite nach Einkommenssteuern $r_{M,s}$ beträgt im Halbeinkünfteverfahren 12,117%, die Varianz 0,06014. Der sichere Zinssatz vor Steuern betrage für eine Laufzeit von 32 Jahren 4,00%.[48] Bei einem Steuersatz von 35% ergibt sich

---

[46] Additivität der Marktwerte bezeichnet den Zusammenhang, dass sich der Gesamtwert V durch Addition der Teilwerte V_i ermitteln lässt:

$$V = \sum_{i=1}^{n} V_i .$$

Der Wert der Charterraten und der Wert der Steuerzahlungen lassen sich getrennt voneinander ermitteln. Der Gesamtwert ergibt sich durch Addition.

[47] Es gilt: $cov((\widetilde{X}_1 + \widetilde{X}_{j,1}); \widetilde{r}_M) = cov(\widetilde{X}_1; \widetilde{r}_M) + cov(\widetilde{X}_{j,1}; \widetilde{r}_M)$.

[48] Zinssatz für Staatsanleihe der BRD, ISIN DE0001135275, Laufzeit bis 4.1.2037.

ein sicherer Nachsteuerzinssatz von 2,6%. Der Korrelationskoeffizient zwischen den Charterraten C und den Aktienrenditen beträgt 0,290. Als Risikopreis λ ergibt sich:

$$\lambda = \frac{\bar{r}_M - i}{\sigma_M^2} = \frac{0{,}12117 - 0{,}026}{0{,}06014} = 1{,}58244 \ .$$

Das marktdeterminierte Sicherheitsäquivalent beträgt nach Gleichung (13):

$$S\ddot{A} = \overline{C}_1 - \lambda \operatorname{cov}(\widetilde{C}_1; \widetilde{r}_M) = 30.701{,}44 - 1{,}58244 * 499{,}37 = 30.936{,}39 \ .$$

Der Risikoabschlag ist somit klein.

Das Sicherheitsäquivalent wird mit dem sicheren Zinssatz i_S auf den Zeitpunkt 0 diskontiert. Für die oben gegebene Zahlungsverteilung ergibt sich damit ein Wert von:

$$V_{j,0} = [\overline{C} - \lambda \operatorname{cov}(\widetilde{C}_1; \widetilde{r}_M)](1+i)^{-1} = 30.936{,}39 * (1{,}026)^{-1} = 30152{,}43 \ .$$

Aus dem Sicherheitsäquivalent und dessen Diskontierung mit dem sicheren Zinssatz lässt sich auch ein Diskontierungssatz berechnen, in dem die Unsicherheit der Zahlungsverteilung abgebildet ist. Es gilt:

$$V_{j,0} = \frac{E(\widetilde{C}_1)}{1+k_S} = \frac{S\ddot{A}}{1+i} \tag{14}$$

Daraus folgt:

$$k_S = \frac{E(\widetilde{C}_1)}{S\ddot{A}(1+i)^{-1}} - 1 = \frac{30.936{,}39}{30.152{,}43} - 1 = 0{,}0496 \ .$$

Er beträgt 4,96%. Dies entspricht einem β-Wert von 0,248.[49] Bei einer langfristig gültigen Marktrisikoprämie nach Steuern $\bar{r}_{M,s}$ von 5,5%[50] ergibt sich nach Formel (9) ein Diskontierungssatz von 0,03964.[51]

24.4.5 Zur Diskontierung der Charterraten

Zunächst sind drei Phasen im Bewertungsmodell zu unterscheiden. In der ersten Phase besteht ein fester Chartervertrag, d.h. die Höhe der Charterrate ist sicher. In der zweiten Phase wird als Charterrate der Durchschnitt vergangener Perioden angesetzt. In Phase 3 fällt der Restverkaufserlös des Schiffes an. Das Risiko steigt von Phase 1 auf Phase 2, dies muss sich auch im Diskontierungssatz niederschlagen. Je nachdem wie der Restverkaufserlös ermittelt wird, muss auch dafür ein eigener Diskontierungssatz ermittelt werden. Die folgende Abbildung soll diese Überlegung veranschaulichen.

---

[49] $\beta = \dfrac{\operatorname{cov}(\widetilde{r}_j; \widetilde{r}_{M,s})}{\sigma_{M,s}^2} = \dfrac{\operatorname{cov}(\widetilde{C}_j; \widetilde{r}_{M,s})}{V_{j,0} \sigma_{M,s}^2} = \dfrac{449{,}37}{30.152{,}43 * 0{,}06014} = 0{,}248.$

[50] Vgl. Stehle, R. (2004), S. 921.
[51] Nach Formel (16) ergibt sich: k = 0,026 + 0,055 * 0,248 = 0,03964.

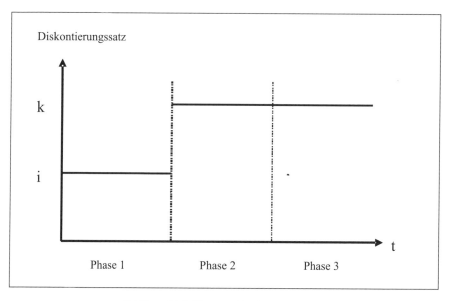

Abbildung 24-8: Phasen und Diskontierungssätze

Wie in Kapitel 2.4 beschrieben wurde, schwanken die Charterraten unterschiedlicher Größenklassen von Containerschiffen unterschiedlich stark. Die Schwankungen sind umso größer, je größer das Schiff ist. Das Risiko – gemessen an der Streuung der Charterraten um den Erwartungswert – steigt mit der Größe des Schiffes. Die Diskontierungssätze für Phase 2 müssen das Risiko der jeweiligen Größenklasse des Schiffes widerspiegeln. Die folgende Abbildung veranschaulicht diese Überlegung.

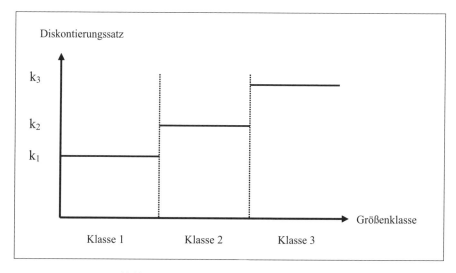

Abbildung 24-9: Größenklassen und Diskontierungssätze

Ebenso sind die Zahlungen, die an Eigentümer und Fremdkapitalgeber fließen unterschiedlichen Risikogehalts. Die Ansprüche der Fremdkapitalgeber sind denen der Eigentümer bevorrechtigt. Die Eigentümer erhalten nur den Teil der operativen Überschüsse, der nach Bedienung der Fremdkapitalgeber verbleibt. Während die Ansprüche der Fremdkapitalgeber unter dem Ausschluss von Illiquiditätsrisiken[52] sicher sind, so sind die Ansprüche der Eigentümer unsicher. Die Eigentümer tragen daher ein größeres Risiko. Somit müssen auch die risikoäquivalenten Diskontierungssätze unterschiedlich sein.

Die folgende Rechnung soll dies verdeutlichen. Die Einzahlungen der Periode t werden wie folgt geschätzt.

z	1	2
p	0,5	0,5
X	80	120
iF_{t-1}	50	50
D	30	70

Abbildung 24-10: Risikogehalt der Ansprüche der Eigentümer

Der Erwartungswert der operativen Überschüsse ist 100, das Risiko, gemessen an der Varianz ist 400. Die Gläubiger erhalten in jedem Zustand 50, ihre Ansprüche sind risikolos. Der Erwartungswert der Zahlungen ist 50, das Risiko null. Die Eigentümer erhalten die Residualzahlungen. Deren Erwartungswert ist 50, ihr Risiko, wiederum gemessen an der Varianz ist 400.

Bevor die Charterraten für ganze Zeitabschnitte nun diskontiert werden können, muss beurteilt werden, ob zwischen den einzelnen Perioden eine Abhängigkeit besteht, d.h. ob die Höhe der Charterrate in der Periode t+1 von der Höhe der Charterrate in der Periode t abhängt. Die Charterrate ist der Preis für Transportkapazität. Bei hohen Charterraten werden sich viele Investoren überlegen, ob sie in den Markt für Containerschifffahrt einsteigen. Dadurch werden mehr Schiffe gebaut, das Angebot an Transportkapazität steigt. Dadurch sinken die Charterraten, der Betrieb der Schiffe wird unattraktiver und viele alte Schiffe werden verschrottet. Dadurch tritt eine Verknappung der Transportkapazität ein und die Charterraten steigen. Dieser Schweinezyklus[53] – oder besser Schiffbauzyklus[54] – wird von einer, in Bezug auf den Schiffsbau exogenen, Konjunkturbewegung[55] überlagert. Die Weltkonjunktur beeinflusst den Zyklus, so z.B. in jüngerer Vergangenheit die Asien-

---

[52] Mit dem Ausschluss von Illiquiditätsrisiken ist gemeint, dass keine Zustände auftreten können, in denen die Ansprüche der Gläubiger nicht voll befriedigt werden können, da dies die Eröffnung eines Insolvenzverfahrens wegen Zahlungsunfähigkeit nach § 17 InsO nach sich ziehen würde.
[53] Vgl. Hanau, A. (1927), S. 5-41. Der Schweinezyklus beschreibt die verzögerte Angebotsreaktion auf hohe Preise für Schweinefleisch. Bei hohen Preisen werden vermehrt Schweine gezüchtet. Wenn diese zur gleichen Zeit schlachtreif werden, sinkt der Preis für Schweinefleisch aufgrund des Überangebots. Daher werden weniger Schweine gezüchtet und der Preis steigt aufgrund des Nachfrageüberschusses wieder. Der Zyklus beginnt von vorne.
[54] Vgl. Tinbergen, J. (1931), S. 152-164.
[55] Vgl. Tinbergen, J. (1931), S. 163.

krise und der wirtschaftliche Abschwung nach den Terroranschlägen des 11.9.2001. Dadurch wird die Schwankung teilweise verändert. Aktuell sind zunehmende Schwankungen beobachtbar, während bis 1996 die Schwankungen gering waren bzw. sich langsam verjüngten.

Nun ist zusätzlich zu beachten, dass die Charterrate abschnittsweise in gleicher Höhe anfällt, weil sie für eine bestimmte Zeit vertraglich fixiert ist. Erst bei Neuabschluss des Vertrages wird sie an das aktuelle Marktniveau angepasst und für die Dauer des Vertrages fixiert.

Es sind verschiedene Zustände bzw. Ratenniveaus denkbar, zu denen der Neuabschluss des Vertrages erfolgt. Jeder Zustand repräsentiert den Barwert eines Vertrages. Es werden 8 Zustände mit gleicher Eintrittswahrscheinlichkeit unterstellt, die acht historische Ratenniveaus beinhalten. Acht Jahre entsprechen in etwa der Wellenlänge des Tinbergen'schen Schiffbauzyklus.[56] Bei jedem Vertragsabschluss ergibt sich somit eine Verteilung von acht Zuständen. Die Verteilungen der Raten driften im Zeitablauf. Die Drift folgt folgender Regressionsgerade:

y(t) = 299,76 +29.593 mit t = Jahr − 1993.

Die Gerade beruht auf den Jahresdurchschnitten der Charterraten für Containerschiffe der Klasse von 4700 TEU im Zeitraum von 1993-2006. Die folgende Abbildung zeigt den Verlauf der Charterraten und die Regressionsgerade.

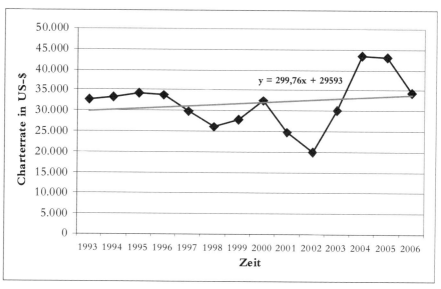

Abbildung 24-11: Charterraten und Regressionsgerade

---

[56] Vgl. Tinbergen, J. (1931), S. 163.

Die Struktur der Zahlungen kann also folgendermaßen dargestellt werden:

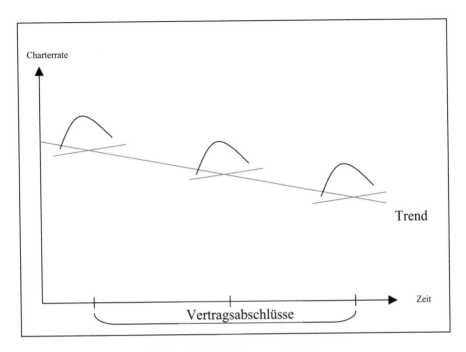

Abbildung 24-12: Verteilungen von Verträgen

Die Zahlungen innerhalb der Vertragslaufzeiten sind sicher, soweit man die Insolvenz des Charterers ausschließt. Sonst besteht Unsicherheit. Eine Verlängerung der Vertragslaufzeit senkt die Unsicherheit. Dies ist auch plausibel, da durch längerfristige Verträge die Reeder mehr Sicherheit über die Höhe der Einnahmen erhalten. Die Vertragslaufzeit hat keinen Einfluss auf die Höhe der Risikoprämie, sondern nur darauf, wie oft der Diskontierungssatz k_S zur Anwendung kommt.

Die Verteilungen der Barwerte der Charterraten aus den möglichen Verträgen müssen mit dem unsicheren Zinssatz k_S diskontiert werden. Dies entspricht der Ermittlung eines Sicherheitsäquivalents und seiner Diskontierung um eine Periode. Die restlichen Perioden dürfen dann nur mit dem risikolosen Zinssatz auf den Zeitpunkt 0 bezogen werden.[57]

Die Diskontierung einer Verteilung von Verträgen erfolgt also nach der Formel:

$$V_o(\widetilde{V}ertrag) = EW(\widetilde{C}_j) \star RBF_m^{i_s} \star (1+k_S)^{-1}(1+i_S)^{-n+1} \qquad (15)$$

mit:
m Vertragslaufzeit
n Periode des Vertragsabschlusses.

---

[57] Vgl. Drukarczyk, J. (2003), S. 340-343.

Die folgende Graphik soll die Diskontierung veranschaulichen:

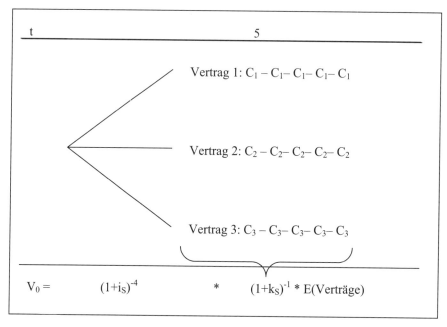

Abbildung 24-13: Diskontierung von Verträgen

Ein Beispiel soll die Diskontierung veranschaulichen.

Es werden drei Ratenniveaus gleicher Wahrscheinlichkeit betrachtet:

$C_1 = 80$

$C_2 = 100$

$C_3 = 120$.

Die Vertragslaufzeit sei 5 Jahre, der Abschluss erfolgt in t = 5. Der Erwartungswert beträgt 100. Nach Formel (15) beträgt der Wert der Verteilung von Verträgen:[58]

$$V_0(\widetilde{Verträge}) = 100 * 4{,}63249 * (1{,}03964)^{-1} * (1{,}026)^{-4} = 402{,}11 \,.$$

Eine weitere Frage ist, ob der Diskontierungssatz k_S im Zeitablauf konstant bleibt. Die Vertragslaufzeit hat lediglich Einfluss auf den Rentenbarwertfaktor. Dieser ist jedoch irrelevant für die Höhe der Risikoprämie, weil er auf den Erwartungswert der Charterrates des Vertrages und auf die Kovarianz als gleich hoher Faktor wirkt. Gleiches gilt für den

---

[58] Mit $RBF_{n=5}^{i_S=0{,}026} = \dfrac{(1-i_S)^n - 1}{(1-i_S)^n * i_S} = 4{,}63249$.

Faktor, der die Driftbewegung repräsentiert. Die Risikoprämie bleibt von diesen Faktoren unberührt, da gilt:[59]

$$\left[E(\alpha \widetilde{C}_j) - \lambda \operatorname{cov}(\alpha \widetilde{C}_j; \widetilde{r}_{M,s,j})\right](1+i_s)^{-1} =$$

$$= \alpha \left[E(\widetilde{C}_j) - \lambda \operatorname{cov}(\widetilde{C}_j; \widetilde{r}_{M,s,j})\right](1+i_s)^{-1} \quad . \tag{16}$$

Der Faktor α kann dabei sowohl für den Rentenbarwertfaktor also auch für einen Faktor zur Berücksichtigung der Drift stehen. Auch die Bewertung einer Endwertverteilung würde an der Risikoprämie nichts ändern. Sie lässt sich ebenfalls durch einen (Endwert)Faktor α ausdrücken.

Der Diskontierungssatz k_S bleibt also konstant. Mit ihm wird die Unsicherheit einer Verteilung von Barwerten bewertet. Er beträgt – wie oben abgeleitet – für Containerschiffe der 4.700 TEU- Klasse 3,964%. Die restlichen Perioden werden mit dem sicheren Zinssatz i_s diskontiert.

24.4.6 Risikoprämien für Schiffsbetriebskosten

Bisher wurden die Schiffsbetriebskosten als zustandsunabhängig angenommen. Es ist jedoch plausibel, dass die Schiffsbetriebskosten bei hohen Charterraten steigen, weil z.B. Dockungen vorgezogen werden oder einfach die Ausgabendisziplin der Reedereien nicht so stark ausgeprägt ist. Umgekehrt sinken die Schiffsbetriebskosten bei sinkenden Charterraten, da Dockungen verschoben werden und Personal eingespart wird. Die Entwicklung der Schiffsbetriebskosten ist also an die Entwicklung der Charterraten gekoppelt. Sie ist unsicher. Die Risikoprämie lässt sich analog zu der der Charterraten ermitteln.

Die folgende Tabelle zeigt die Ermittlung der Kovarianz für den Fall, dass eine Erhöhung der Charterraten über den Erwartungswert von einer Erhöhung der Schiffsbetriebskosten um 30% der prozentualen Erhöhung der Charterraten begleitet wird. Umgekehrt gehen die Schiffsbetriebskosten in gleichem Maße bei sinkenden Charterraten zurück. Der Wert für das Jahr 2004 errechnet sich also folgendermaßen:

$$\left[\left(\frac{C_{2004} - \overline{C}}{\overline{C}} * 0{,}3\right) + 1\right]\overline{K} = \left[\left(\frac{43.375 - 30.701}{30.701} * 0{,}3\right) + 1\right] * 7.183{,}5 = 8.073{,}1 \; .$$

Der Erwartungswert der Schiffsbetriebskosten beträgt 7.183 \$. Die anderen Parameter entsprechen denen der Ermittlung der Risikoprämie für Charterraten. Der Wert der Verteilung der Schiffsbetriebskosten ist nach Formel (13) 6958,36.[60] Es ergibt sich ein β-Wert von 0,0756.[61] Daraus lässt sich bei einer Marktrisikoprämie von 5,5% und einem sicheren Nachsteuerzinssatz von 2,6% ein Diskontierungssatz k_s^K von 3,0158% ermitteln.[62]

---

[59] Mit Hilfe von: $E(aX) = aE(X)$ und $\operatorname{cov}(X;Y) = E(XY) - E(X)E(Y)$.
[60] $V_0 = (7183{,}5 - 1{,}3223 * 33{,}4299)(1{,}026)^{-1} = 6958{,}36$.
[61] $\beta = \dfrac{\operatorname{cov}(\widetilde{r}_j; \widetilde{r}_{M,s})}{\sigma_{M,s}^2} = \dfrac{\operatorname{cov}(\widetilde{K}_j; \widetilde{r}_{M,s})}{V_0 \sigma_{M,s}^2} = \dfrac{33{,}2499}{0{,}06353 * 6958{,}36} = 0{,}0756$.
[62] Nach Formel (9) ergibt sich: $k_S^K = 0{,}026 + 0{,}055 * 0{,}0756 = 0{,}030158$.

(1)	(2)	(3)	(4)	(5)	(6)	(7)	(8)
z_j	Jahr	p_j	$r_{M,s,j}$	K_j	$r_{M,s,j}-E(r_{M,s,j})$	$X_j - E(X_j)$	(2)(5)(6)
1	1993	0,08333	0,4671	7.328	0,3571	144,5	4,3
2	1994	0,08333	-0,0594	7.361	-0,1694	177,7	-2,5
3	1995	0,08333	0,0459	7.429	-0,0641	245,5	-1,3
4	1996	0,08333	0,2198	7.402	0,1098	218,5	2,0
5	1997	0,08333	0,4067	7.123	0,2967	-60,6	-1,5
6	1998	0,08333	0,1542	6.855	0,0442	-328,7	-1,2
7	1999	0,08333	0,3154	6.982	0,2054	-201,9	-3,5
8	2000	0,08333	-0,1000	7.313	-0,2100	129,8	-2,3
9	2001	0,08333	-0,1803	6.764	-0,2903	-419,3	10,1
10	2002	0,08333	-0,4013	6.429	-0,5113	-754,5	32,1
11	2003	0,08333	0,3694	7.143	0,2594	-40,5	-0,9
12	2004	0,08333	0,0826	8.073	-0,0274	889,6	-2,0

$cov(r_{M,s,j}; X_j) = $ **33,4299**

Abbildung 24-14: Risikoprämien für Schiffsbetriebskosten

24.4.7 Ermittlung des Restverkaufserlöses

24.4.7.1 Die Problematik des Restverkaufserlöses

Ein großer Anteil der Mittelrückflüsse an die Gesellschafter eines Schifffonds entsteht durch den Verkauf des Schiffes. Dies ist darauf zurückzuführen, dass die meisten Schiffe weit vor Ende ihres Lebenszyklus an andere Reedereien, meist im Ausland verkauft werden.

Die Lebensdauer eines Containerschiffes beträgt bei guter Wartung mehr als 25 Jahre. Im Jahr 2004 war das jüngste verschrottete Containerschiff 35 Jahre alt.[63] Als Laufzeit für Schiffsfonds ist diese Zeitspanne zu lang. Daher werden die Schiffe meist nach 12-16 Jahren verkauft. Viele Emissionshäuser kalkulieren den Restverkaufserlös auf Basis einer linearen Abschreibung der Anschaffungskosten über Laufzeiten von 19-28 Jahren.[64] Die Schiffe haben also nach 12 Jahren Laufzeit Restbuchwerte zwischen 37% und 57% der ursprünglichen Anschaffungskosten.

Für die Bewertung der Einzahlung eines Containerschiffes bedeutet dies, dass die Charterraten nicht bis zum Ende der Nutzungsdauer des Schiffes anfallen, sondern dass prinzipiell Schätzungen für den Verkaufszeitpunkt und den dann anfallenden Verkaufserlös vorzunehmen wären. Wie diese Bewertungsprobleme gelöst werden können, soll im Folgenden beschrieben werden.

---

[63] Vgl. Molitor, A., (2005), S. 117.
[64] Vgl. Nordcapital (2004), S. 39, König&Cie. (2005), S. 11.

24.4.7.2 Empirische Restverkaufserlöse

Die folgende Tabelle zeigt die empirischen Restverkaufserlöse für gebrauchte Containerschiffe verschiedener Größenklassen. Die Daten stammen von Clarksons Research, einem Anbieter von Daten rund um den Markt für Containerschifffahrt. Sie wurden dem Autor vom Emmisionshaus Salomon& Partner, Hamburg zur Verfügung gestellt.

Basis	01.12.2005	
Größenklasse in TEU	Neubaupreis in Mio US-$	Secondhandpreis in Mio US-$
1100er	19,5	15,3
1500/1600er	23,0	20,5
1700er	32,7	26,3
2000er	33,8	27,3
2500er	40,0	31,0
2800er	44,3	33,8
3500er	46,6	35,8
4000er	52,5	40,7
4700er	62,0	48,0
5500er	67,5	52,3
6500er	80,0	61,9
7500er	99,8	77,2
8500er	109,7	84,9
9500er	119,6	92,6

Abbildung 24-15: Empirische Restverkaufserlöse

Weiterhin muss berücksichtigt werden, dass ein gebrauchtes Schiff sofort verchartert werden kann, während ein neu zu bauendes Schiff erst nach der Fertigstellung zur Vercharterung zur Verfügung steht. Der Preis für ein gebrauchtes Schiff spiegelt also auch das Charterratenniveau wieder. Bei hohen Raten sind die Wartezeiten länger, also steigt der Preis für gebrauchte Schiffe. Auch der Wert des gebrauchten Schiffes ist somit ein Ertragswert, für eine Wertermittlung auf Basis historischer Preise fehlt somit die Grundlage, da in ihnen nur vergangene Ertragswerte widergespiegelt sind. Der aktuelle Ertragswert ist – von den Ansprüchen der Fremdkapitalgeber einmal abgesehen – der Wert der Beteiligung.

24.4.7.3 Optimale Nutzungsdauer

Der Wert der Beteiligung an einem Containerschiff hängt zum einen von den bis zur Verschrottung erzielbaren Überschüssen und zum anderen vom zum Zeitpunkt der Verschrottung vorherrschenden Schiffsstahlpreisniveau ab.[65] Der vorgezogene Verkauf spielt

---

[65] Vgl. Molitor, A. (2005), S. 118.

nur eine untergeordnete Rolle, da der Verkäufer einen Preis fordern wird, zu dem er sich nicht schlechter stellt, als wenn er das Schiff selbst weiter betreiben würde.

Der Zeitpunkt der Verschrottung ist nicht genau vorhersagbar. Bei hohen Charterraten werden auch hohe Betriebskosten noch gedeckt, der Weiterbetrieb ist vorteilhaft. Bei niedrigem Ratenniveau hingegen ist der weitere Betrieb des Schiffes nicht mehr vorteilhaft; die Schiffsbetriebskosten, die mit zunehmendem Alter ansteigen, können nicht mehr gedeckt werden. Der erzielbare Schrottpreis hängt jedoch auch wiederum von den Charterraten ab. Sind diese hoch, so werden viele neue Schiffe gebaut, der Preis für Schiffsstahl ist hoch. Sind die Charterraten niedrig, so ist auch der Schrottpreis niedrig. Der Schrottpreis richtet sich nach den Tonnen Stahl, die in dem Containerschiff verbaut sind, nicht nach dessen Alter.[66]

Die optimale Nutzungsdauer eines Containerschiffes lässt sich folgendermaßen bestimmen.[67] Verglichen werden die erzielbaren Nettokapitalwerte, falls das Schiff bis zur Periode n (Formel (17)) oder bis zur Periode n+1 (Formel (18)) betrieben wird. Die Differenz (18)-(17) ergibt die Bedingung zur Bestimmung der optimalen Nutzungsdauer (Formel (19)): Die optimale Nutzungsdauer ist erreicht, wenn der zeitliche Grenzgewinn (Formel 19) negativ wird und bleibt.

$$NKW(n) = \sum_{t=1}^{n} X_t (1+i)^{-t} + RVE_n (1+i)^{-n} - A_0 \tag{17}$$

$$NKW(n) = \sum_{t=1}^{n} X_t (1+i)^{-t} + RVE_n (1+i)^{-n} - A_0 \tag{18}$$

$$X_{n+1} + RVE_{n+1} - RVE_n (1+i) < 0 \tag{19}$$

Ein kurzes Beispiel soll dies verdeutlichen. Die folgende Tabelle zeigt die erzielbaren Überschüsse X_t und die Restverkaufserlöse RVE_t, sowie die zeitlichen Grenzgewinne. Der Zinssatz i ist im Beispiel 10%.

t	15	16	17	18	19	20	21	22
X_t	3,0	2,7	2,4	2,1	1,8	1,8	1,5	1,2
RVE_t	14,0	13,0	12,0	11,5	11,0	10,0	9,0	7,0
Summe	17,0	15,7	14,4	13,6	12,8	11,8	10,5	8,2
$RVE_{t-1}(1+i)$		15,4	14,3	13,2	12,7	12,1	11,0	9,9
Grenzgewinn		0,3	0,1	0,4	0,2	-0,3	-0,5	-1,7

Abbildung 24-16: Bestimmung der Restnutzungsdauer

Die optimale Nutzungsdauer beträgt 19 Perioden.

---

[66] Vgl. Molitor, A. (2005), S. 118.
[67] Vgl. Zimmermann, G. (2000), S. 351-352.

24.5 Beispielbewertungen der „NV Portugal Senator"

Um die vorangegangen Überlegungen zu veranschaulichen, wird nun die Beispielbewertung des Containerschiffes „NV Portugal Senator" präsentiert.

Es werden zwei Varianten vorgestellt. Die erste Variante hat vorrangig didaktischen Wert. Sie entspricht hinsichtlich der Zahlungsstruktur eher klassischen Unternehmensbewertungen, da Periodenabhängigkeit unterstellt wird.

Die zweite Variante folgt den Überlegungen des Kapitels 4.5. Die Zahlungsstruktur berücksichtigt die Vertragslaufzeit sowie einen Trend in der Entwicklung der Charterraten. Dabei treten Unterschiede zur Variante I auf. Durch den steigenden Trend der Charterraten erhöht sich wegen steigender Grenzgewinne die optimale wirtschaftliche Nutzungsdauer des Containerschiffes. Der Übergang von Periodenabhängigkeit zu Periodenunabhängigkeit senkt die Unsicherheit und erhöht damit den Wert.

24.5.1 Aufbau der Bewertungen

Um den Wert bei Eigenfinanzierung V^E zu ermitteln, muss zuerst die optimale Nutzungsdauer bestimmt werden. Anschließend werden die Barwerte der Charterraten, Kosten der Einschiffsgesellschaft und der Schiffsbetriebskosten errechnet. Die Differenz ergibt V^E und stellt den Wert des Containerschiffes losgelöst von steuerlichen Besonderheiten wie der Tonnagesteuer dar.

Um den Wert des Eigenkapitals zu erhalten müssen noch der Barwert der Steuerzahlungen und der Wert des Fremdkapitals abgezogen werden.

Die wichtigsten Daten zur Portugal Senator lauten wie folgt: Der aktuelle Chartervertrag läuft bis zum 10.2.2008 zu einer Tagescharter von 31.575 US-$. Danach wird eine Durchschnittscharter von 26.440 US-$ pro Tag angenommen. Die Charterrate fällt an 350 Tagen im Jahr an. Die Kosten der Einschiffsgesellschaft betragen 10% der Chartereinnahmen. Die Schiffsbetriebskosten betragen in 2005 7.183,48 US-$ pro Tag und werden jährlich mit 3% gesteigert. Ab dem Jahr 2020 beträgt die Steigerung 6% und ab 2030 8%, um den im hohen Alter des Schiffes überproportional steigenden Schiffsbetriebskosten Rechnung zu tragen. Der Wechselkurs sei 1,17 $/€. Der Bewertungszeitpunkt ist der 1.1.2006.

Am Ende der Nutzungsdauer wird das Containerschiff an eine Abwrackwerft verkauft. Sie bezahlt dafür den Schrottpreis. Dieser ist unabhängig vom Alter des Schiffes; er richtet sich nach der Menge an Schiffsbaustahl, die in dem Schiff verbaut ist, und nach dem Stahlpreis. Genaue Werte über den zu erwartenden Schrottpreis am Ende der Nutzungsdauer der „NV Portugal Senator" liegen nicht vor, er könnte aber folgendermaßen geschätzt werden. Das Schiff hat eine maximale Tragfähigkeit von 63.645 t. Maximal kann es 3.361 Container à 14 t tragen. Somit bleibt für das Schiffsgewicht ein Wert von 16.591 t. Davon sind die Teile abzuziehen, die nicht als Schiffstahl verwertet werden können. Der verwertbare Anteil wird mit 95% geschätzt.[68] Es sind somit 15.761,45 t Schiffstahl verwertbar. Der Preis für Schiffstahl liegt derzeit bei über 400 $/t.[69] Langfristig wird in diesem

---

[68] Vgl. De Levie (2005), S. 18.
[69] Vgl. De Levie (2005), S. 18.

Beispiel von einem Preis von 200 \$/t ausgegangen. Dies ergibt einen Schrottwert von 3.152.390 US-\$. Bei einem angenommenen Wechselkurs von 1,17 \$/€ sind dies 2.694.265 €.

Es wird angenommen, dass die Verteilung der Preise für Schiffsbaustahl der Verteilung der Charterraten gleicht. Somit ist die Risikoprämie k identisch. Die Diskontierung erfolgt wie bei den Charterraten. Je nach Variante wird Abhängigkeit bzw. Unabhängigkeit unterstellt.

Der Gesellschaftsvertrag der „NV Portugal Senator" liegt nicht vor. Daher soll angenommen werden, dass bei der Vereinnahmung des Schrottpreises keine Provision für das Emissionshaus anfällt. Der gesamte Erlös steht somit den Kapitalgebern zu.

24.5.2 Bewertung der „NV Portugal Senator" – Variante I

In der Variante I wird nach Ende des aktuellen Chartervertrages eine Durchschnittscharter von 26.440 \$ pro Tag angesetzt. Die daraus resultierende Zahlungsreihe ist uniform. Es wird Abhängigkeit zwischen den Perioden unterstellt. Daher erfolgt die Diskontierung über alle Perioden mit dem Diskontierungssatz k_S.

Die prognostizierten Überschüsse für Variante I finden sich im Anhang 1.

Die folgende Tabelle zeigt den Verlauf der Grenzgewinne. k_S beträgt wie oben abgeleitet 3,964%. Die wirtschaftliche Restnutzungsdauer beträgt 23 Perioden.

t Jahr	20 2025	21 2026	22 2027	23 2028	24 2029
entziehbarer Überschuss	1.469.156	1.128.958	768.348	386.101	-19.081
RVE_t	2.692.265	2.692.265	2.692.265	2.692.265	2.692.265
Summe	4.161.421	3.821.223	3.460.613	3.078.366	2.673.184
- $RVE_{t-1}(1+k_s)$	2.798.986	2.798.986	2.798.986	2.798.986	2.798.986
= Grenzgewinn	**1.362.435**	**1.022.237**	**661.626**	**279.379**	**-125.802**

Abbildung 24-17: Ermittlung der Restnutzungsdauer – Variante I

Nun können die einzelnen „Bausteine" diskontiert werden. Die Charterraten, die bereits vertraglich vereinbart sind, gelten als sicher. Die Risikoprämie für die unsicheren Charterraten wurde oben abgeleitet. Die sicheren Chartereinnahmen werden mit dem sicheren Zinssatz i_S diskontiert. Die Kosten der Einschiffsgesellschaft betragen 10% der Chartereinnahmen. Die Verteilung der Kosten der Einschiffsgesellschaft gleicht somit der Verteilung der Charterraten bis auf einen Faktor α. Der Diskontierungssatz ist nach Formel (16) deshalb ebenfalls k_S. Der Restverkaufserlös fällt am Ende von Periode 23 an. Die Risikoprämie für die Schiffsbetriebskosten wurde oben abgeleitet. Der Wert des Fremdkapitals entspricht dem Buchwert im Bewertungszeitpunkt von 8.205.128 €.

Die Steuerzahlungen sind sicher und werden folgendermaßen ermittelt: Die „NV Portugal Senator" hat eine Nettoraumzahl von 30.816. Der steuerliche Gewinn pro Tag beträgt nach §5a EStG:

0,92 € * 1000 NT/100 NT =   9,20 €
+ 0,69 € * 9000 NT/100 NT = 62,10 €
+ 0,46 € * 15000 NT/100 NT = 69,00 €
+ 0,23 € * 5816 NT/100 NT = _13,38 €_
                              153,68 €

Ausgehend von 350 Betriebstagen pro Jahr ergibt sich ein Gewinn von:

350 * 153,68 € = 53.787 €.

Bei einem Einkommenssteuersatz von 35% ergibt sich eine Steuerzahlung von 18.825 € pro Jahr.

Zusätzlich fällt Gewerbesteuer an. Sie beträgt bei einem Hebesatz von 400% und unter Anwendung der Rundung des § 11 Abs. 1 S. 3 GewStG, des Freibetrags (24.500 €) für Personengesellschaften und der gestaffelten Messzahlen nach § 11 Abs. 2 Nr. 1 GewStG:

(53.700 − 24.500 − 12000) * 0,03 * 4 / (1 + 0,03 * 4) = 1.843 €

Die gesamte Steuerzahlung beträgt 20.668 € pro Jahr. Sie wird mit dem sicheren Zinssatz $i_s = 0,04 * (1 - 0,35) = 0,026$ abdiskontiert.

Barwert der Charterraten		
feste Vertragslaufzeit DKS= 0,0260	20.422.226	17%
Durchschnittscharter DKS= 0,03964	97.383.169	83%
Summe	**117.805.395**	**100%**
Barwert der Kosten der Einschiffsgesellschaft		
feste Vertragslaufzeit DKS= 0,0260	-2.042.223	-2%
Durchschnittscharter DKS= 0,03964	-9.738.317	-8%
Summe	**-11.780.540**	**-10%**
Barwert des Restverkaufserlöses		
DKS= 0,03964	1.101.056	0,93%
Barwert der Schiffsbetriebskosten		
DKS= 0,03018	-62.580.899	-53%
Wert bei Eigenfinanzierung	**44.545.013**	**38%**
Wert des Fremdkapitals	-8.205.128	-7%
Barwert der Steuerzahlungen		
DKS= 0,0260	-354.438	-0,30%
Wert des Eigenkapitals	**35.985.447**	**31%**

Abbildung 24-18: Ermittlung von E^F – Variante I

Die vorstehende Tabelle zeigt die Barwerte der einzelnen Elemente und ihre Verrechnung. Für den Wert des Eigenkapitals der „NV Portugal Senator" ergibt sich zum Bewertungszeitpunkt 1.1.2005 ein Wert von 35.985.447 €.

Empirische Werte für Containerschiffe sind kaum zu erhalten. Daher soll versucht werden, den oben errechneten Wert zumindest zu plausibilisieren. In Tabelle 8 ist für die Größenklasse der Potugal Senator (4.700 TEU) ein Secondhandpreis von 48,0 Mio. US-$ angegeben. Das entspricht nach dem zugrunde gelegten Wechselkurs 41,0 Mio €. Dieser ist mit V^E zu vergleichen, da der sich der angegebene Schiffswert auf Gebrauchtpreise des Vermögensgegenstandes „Containerschiff" bezieht. Schulden der Einschiffsgesellschaft werden beim Verkauf des Schiffes getilgt und nicht mit übertragen. Der genannte Secondhandpreis bezieht sich zudem nicht auf die Portugal Senator selbst, sondern auf Schiffe der Größenklasse von 4.700 TEU, der auch die Portugal Senator angehört.

Es ergibt sich eine Differenz von 3,5 Mio. €. Auf die Gründe für Unterschiede zwischen empirischen Verkaufspreisen und den errechneten Werten wird am Ende des nächsten Kapitels eingegangen.

24.5.3 Bewertung der „NV Portugal Senator" – Variante II

Die in Variante I angenommene Zahlungsstruktur ist vermutlich nicht realitätsgetreu. Die empirischen Vertragslaufzeiten betragen für Containerschiffe von 4.700 TEU ungefähr fünf Jahre. Danach wird ein neuer Vertrag abgeschlossen. Während des Vertrages ist die Höhe der Charterrate sicher. Unsicherheit besteht nur beim Abschluss des neuen Vertrages. Das bedeutet dass die Unsicherheit durch einmalige Anwendung eines risikoäquivalenten Diskontierungssatzes k_s^C berücksichtigt werden muss. Alle anderen Perioden werden mit dem sicheren Zinssatz i_S diskontiert. Bei einem Chartervertrag über 10 Jahre gilt bei konstanter Rate C_t:

$$V_0 = \sum_{t=1}^{10} \overline{C}_t (1+i)^{-t+1}(1+k)^{-1} = \overline{C}_t \cdot RBF_{n=9}^i (1+k)^{-1} . \tag{24}$$

Bei zwei aufeinander folgenden Charterverträgen über jeweils 5 Jahre gilt:

$$V_0 = \sum_{t=1}^{5} \overline{C}_t (1+i)^{-t+1}(1+k)^{-1} + \sum_{t=6}^{10} \overline{C}_t (1+i)^{-t+1}(1+k)^{-1} =$$

$$= \sum_{t=1}^{10} \overline{C}_t (1+i)^{-t+1}(1+k)^{-1} = \overline{C}_t \cdot RBF_{n=9}^i (1+k)^{-1} . \tag{25}$$

Die Vertragslaufzeit wird erst relevant, wenn die Entwicklung der Charterraten einem Trend folgt. Dieser Trend wurde in Kapitel 5.4.7. beschrieben. Der erste Vertrag wird zur Durchschnittscharter von 26.440$/Tag abgeschlossen, der zweite zu

26.440 $ + 299,76 $/Jahr* 5 Jahre = 27.939 $., usw.

Die für die Ermittlung der Durchschnittscharter angenommenen Ratenniveaus werden aus Vereinfachungsgründen als gleichwahrscheinlich unterstellt. Tatsächlich dürfte die Wahrscheinlichkeit je nach Startpunkt im Zyklus bei Auslaufen des Vertrages für bestimmte Ratenniveaus höher sein. Falls z.B. ein Vertrag mit einer Laufzeit von 5 Jahren im Maximum des Zyklus abgeschlossen wird, ist die Wahrscheinlichkeit für ein niedrigeres Ratenniveau bei Auslaufen des Vertrages bzw. Neuabschluss des Anschlusskontrakts bei unterstelltem 8-Jahreszyklus der Schwankungen der Charterraten größer als die für ein hohes Ratenniveau.

Wie bei Variante I muss auch jetzt zuerst die wirtschaftliche Nutzungsdauer ermittelt werden. Es wird unterstellt, dass die Charterverträge ab 2038 nur noch für ein Jahr abgeschlossen werden, da in jeder Periode abgewogen wird, ob sich ein Weiterbetrieb lohnt. Der Zinssatz k_S^C beträgt wie oben abgeleitet 3,964%. Die folgende Tabelle zeigt die Entwicklung der Grenzgewinne. Sie nehmen aufgrund der sinkenden entziehbaren Überschüsse ab. Deren Sinken ist auf die Steigerung der Schiffsbetriebskosten und die driftenden Ratenniveaus zurückzuführen.

| t | 26 | 27 | 28 | 29 | 30 |
Jahr	2031	2032	2033	2034	2035
entziehbarer Überschuss	1.888.419	1.220.472	971.211	192.118	-649.303
RVE_t	2.692.265	2.692.265	2.692.265	2.692.265	2.692.265
Summe	4.580.684	3.912.737	3.663.476	2.884.383	2.042.962
- RVE_{t-1} (1+k_s)	2.798.986	2.798.986	2.798.986	2.798.986	2.798.986
= Grenzgewinn	1.781.698	1.113.751	864.490	85.397	-756.024

Abbildung 24-19: Ermittlung der Restnutzungsdauer – Variante II

Die wirtschaftliche Restnutzungsdauer beträgt 30 Perioden.

Die entziehbaren Überschüsse übrigen Perioden sind in Anhang 3 dargestellt.

Nicht nur die Charterraten verändern sich abschnittsweise. Auch die Schiffsbetriebskosten können sich konsequenterweise nur an die Charterratenentwicklung anpassen, wenn die Einschiffsgesellschaft von der Ratenentwicklung durch Abschluss eines neuen Vertrages betroffen ist. Unsicherheit besteht also nur bei Abschluss eines Vertrages. Davon unabhängig wird jedoch eine Steigerung der Schiffsbetriebskosten von zunächst 4% pro Jahr angenommen. Um den überproportional steigenden Kosten mit zunehmendem Alter Rechnung zu tragen, wird ab dem Jahr 2020 eine Steigerungsrate von 6% und ab dem Jahr 2030 eine Steigerungsrate von 8% jährlich angenommen. Für die Zahlungsreihe der Schiffbetriebskosten ist also jede Zahlung einmal mit dem Zinssatz k_S^K zu bewerten, ansonsten erfolgt die Diskontierung mit dem sicheren Zinssatz i_S.

Die Tabelle 24-20 auf der folgenden Seite zeigt die an Variante II angepassten Barwerte und ihre Addition zu E^F.

Der Wert bei Eigenfinanzierung beträgt 79.865.233 €. Der Wert des Eigenkapitals ist 71.197.311 €. Der Barwert des Restverkaufserlöses ist aufgrund des Übergangs von Periodenabhängigkeit zur Periodenunabhängigkeit höher als bei Variante I.

Diese Einschätzung teilt der Markt nicht. Der ermittelte Wert liegt deutlich über den empirischen Preisen für gebrauchte Schiffe, wie in Tabelle 8 dargestellt von 41,0 Mio. €. Als Grund wäre denkbar, dass die Käufer ganzer Schiffe – und nicht Beteiligungen – aufgrund ihres Bewertungshintergrundes eine andere Risikoeinschätzung haben. Schließlich ist der Wert eine subjektive Größe. Aus der Sicht unterschiedlicher Investoren kann sich der

Barwert der Charterraten		
feste Vertragslaufzeit	20.365.380	10%
Durchschnittscharter	174.628.184	90%
Summe	**194.993.564**	**100%**
Barwert der Kosten der Einschiffsgesellschaft		
feste Vertragslaufzeit	-2.036.538	-1%
Durchschnittscharter	-17.462.818	-9%
Summe	**-19.499.356**	**-10%**
Barwert des Restverkaufserlöses	1.198.986	0,61%
Barwert der Schiffsbetriebskosten	-96.827.961	-50%
Wert bei Eigenfinanzierung	**79.865.233**	**41%**
Wert des Fremdkapitals	-8.205.128	-4%
Barwert der Steuerzahlungen	-462.794	-0,24%
Wert des Eigenkapitals	**71.197.311**	**37%**

Abbildung 24-20: Ermittlung von E^F – Variante II

Wert eines Projektes auch bei rationaler Betrachtung unterschiedlich darstellen.[70] Die vorliegende Bewertung unterstellt einen Investor, der das Investitionsobjekt „Containerschiff" vor dem Hintergrund seines hoch diversifizierten Aktienportefeuilles beurteilt. Die Käufer ganzer Secondhandschiffe haben vermutlich einen anderen Bewertungshintergrund. Sie betrachten die Einzahlungen des Containerschiffes vor leerem Hintergrund bzw. vor dem Hintergrund bereits erworbener Containerschiffe. Die Risikoeinschätzung und der damit verbundene Wert werden sich für solche Käufer anders darstellen als für die Investoren im Beispiel. Die in Kapitel 2 dargestellte hohe Volatilität der Charterraten trifft sie in vollem Umfang, während sie bei den Investoren im Beispiel risikostreuend wirkt.

24.6 Zusammenfassung der Ergebnisse

Die Bewertung von Beteiligungen an Containerschiffen ist besonders vor dem Hintergrund eines wachsenden Interesses am Zweitmarkt für Beteiligungen an geschlossenen (Schiffs)Fonds interessant.

Die DCF- Methoden sind auch auf die Bewertung von Containerschiffen anwendbar. Der APV- Ansatz ist dem Equity- Ansatz aus überlegen, da er in der Lage ist, unter der gegebenen autonomen Finanzierungspolitik ein eigenständiges Bewertungsergebnis abzuleiten. Ein Steuervorteil aus der Fremdfinanzierung besteht aufgrund der Besonderheiten der Tonnagesteuer nicht. Sie erlaubt keinen Abzug von Zinszahlungen von der steuerlichen Bemessungsgrundlage. Die für die Überschüsse der Einschiffsgesellschaft resultierende Steuerbelastung ist zustandsunabhängig und sehr gering. Daraus folgt jedoch nicht, dass die Bewertung ohne die Berücksichtigung von Steuern auskommen kann, da die Alternativrendite in der Regel der Besteuerung unterliegt.

---

[70] Vgl. Drukarczyk, J. (2003), S. 132.

Es wurde gezeigt, wie sich die Bewertungssituation im APV- Ansatz modellieren lässt. Dabei wurde eine sehr puristische Version gewählt, die die Wertbeiträge der einzelnen Einflussfaktoren deutlich macht. Der größte Problembereich ist die Bestimmung von risikoäquivalenten Diskontierungssätzen. Durch eine Ausweitung der Grundidee des CAPM auf Schiffsbeteiligungen als Teil des Portefeuilles der zu betrachtenden Investoren lässt sich die Unsicherheit im Bewertungskalkül jedoch einfangen. Die ermittelten Risikoprämien sind erstaunlich niedrig – die errechneten Werte liegen um 4,5% – befinden sich jedoch in der Region der langfristig mit Schiffsbeteiligungen erzielten Renditen. Somit bleibt weiter festzuhalten, dass sich die Anlage in Schiffsbeteiligungen zur Risikostreuung im Rahmen einer rationalen Portefeuillebildung eignet.

Ein Vergleich der Bewertungsergebnisse mit empirischen Verkaufspreisen für gebrauchte Schiffe ergibt deutliche Unterschiede: Die errechneten Werte liegen deutlich über den empirischen Preisen. Der Grund dafür liegt in der unterschiedlichen Risikoeinschätzung der Investoren, die ganze Containerschiffe erwerben und derer, die lediglich Beteiligungen daran als Teil ihres hochdiversifizierten Portefeuilles halten.

24.7 Anhang

24.7.1 Entziehbare Überschüsse der „NV Portugal Senator" Variante I

Die folgende Tabelle gibt die entziehbaren Überschüsse der „NV Portugal Senator" für die Variante I der Beispielbewertung an.

t Jahr	1 2006	2 2007	3 2008	4 2009	5 2010
Charterrate/ Verkaufserlös	9.445.513	9.445.513	8.293.429	7.909.402	7.909.402
- Schiffsbetriebskosten	-2.400.559	-2.496.582	-2.596.445	-2.700.303	-2.808.315
- Kosten der Einschiffsgesellschaft	-944.551	-944.551	-829.343	-790.940	-790.940
- Steuer	20.668	20.668	20.668	20.668	20.668
=entziehbarer Überschuss	6.121.071	6.025.048	4.888.310	4.438.827	4.330.815
t Jahr	6 2011	7 2012	8 2013	9 2014	10 2015
Charterrate/ Verkaufserlös	7.909.402	7.909.402	7.909.402	7.909.402	7.909.402
- Schiffsbetriebskosten	-2.920.647	-3.037.473	-3.158.972	-3.285.331	-3.416.744
- Kosten der Einschiffsgesellschaft	-790.940	-790.940	-790.940	-790.940	-790.940
- Steuer	20.668	20.668	20.668	20.668	20.668
=entziehbarer Überschuss	4.218.482	4.101.657	3.980.158	3.853.799	3.722.386
t Jahr	11 2016	12 2017	13 2018	14 2019	15 2020
Charterrate/ Verkaufserlös	7.909.402	7.909.402	7.909.402	7.909.402	7.909.402
- Schiffsbetriebskosten	-3.553.414	-3.695.551	-3.843.373	-3.997.108	-4.236.934
- Kosten der Einschiffsgesellschaft	-790.940	-790.940	-790.940	-790.940	-790.940
- Steuer	20.668	20.668	20.668	20.668	20.668
=entziehbarer Überschuss	3.585.716	3.443.579	3.295.757	3.142.022	2.902.196
t Jahr	16 2021	17 2022	18 2023	19 2024	20 2025
Charterrate/ Verkaufserlös	7.909.402	7.909.402	7.909.402	7.909.402	7.909.402
- Schiffsbetriebskosten	-4.491.150	-4.760.619	-5.046.256	-5.349.032	-5.669.973
- Kosten der Einschiffsgesellschaft	-790.940	-790.940	-790.940	-790.940	-790.940
- Steuer	20.668	20.668	20.668	20.668	20.668
=entziehbarer Überschuss	2.647.980	2.378.511	2.092.874	1.790.098	1.469.156
t Jahr	21 2026	22 2027	23 2028		
Charterrate/ Verkaufserlös	7.909.402	7.909.402	7.909.402		
- Schiffsbetriebskosten	-6.010.172	-6.370.782	-6.753.029		
- Kosten der Einschiffsgesellschaft	-790.940	-790.940	-790.940		
- Steuer	20.668	20.668	20.668		
=entziehbarer Überschuss	1.128.958	768.348	386.101		

Abbildung 24-21: Entziehbare Überschüsse der „NV Portugal Senator" – Variante I

24.7.2 Entziehbare Überschüsse der „NV Portugal Senator" Variante II

Die folgende Tabelle gibt die entziehbaren Überschüsse der „NV Portugal Senator" für die Variante II der Beispielbewertung an.

t Jahr	1 2006	2 2007	3 2008	4 2009	5 2010
Charterrate/ Verkaufserlös	9.445.513	9.445.513	8.293.429	9.254.000	9.254.000
- Schiffsbetriebskosten	-2.400.559	-2.496.582	-2.596.445	-2.700.303	-2.808.315
- Kosten der Einschiffsgesellschaft	-944.551	-944.551	-829.343	-925.400	-925.400
- Steuer	20.668	20.668	20.668	20.668	20.668
=entziehbarer Überschuss	**6.121.071**	**6.025.048**	**4.888.310**	**5.648.966**	**5.540.954**

t Jahr	6 2011	7 2012	8 2013	9 2014	10 2015
Charterrate/ Verkaufserlös	9.254.000	9.254.000	9.778.580	9.778.580	9.778.580
- Schiffsbetriebskosten	-2.920.647	-3.037.473	-3.158.972	-3.285.331	-3.416.744
- Kosten der Einschiffsgesellschaft	-925.400	-925.400	-977.858	-977.858	-977.858
- Steuer	20.668	20.668	20.668	20.668	20.668
=entziehbarer Überschuss	**5.428.621**	**5.311.795**	**5.662.418**	**5.536.059**	**5.404.646**

t Jahr	11 2016	12 2017	13 2018	14 2019	15 2020
Charterrate/ Verkaufserlös	9.778.580	9.778.580	10.303.160	10.303.160	10.303.160
- Schiffsbetriebskosten	-3.553.414	-3.695.551	-3.843.373	-3.997.108	-4.236.934
- Kosten der Einschiffsgesellschaft	-977.858	-977.858	-1.030.316	-1.030.316	-1.030.316
- Steuer	20.668	20.668	20.668	20.668	20.668
=entziehbarer Überschuss	**5.267.976**	**5.125.840**	**5.450.140**	**5.296.405**	**5.056.578**

t Jahr	16 2021	17 2022	18 2023	19 2024	20 2025
Charterrate/ Verkaufserlös	10.303.160	10.303.160	10.827.740	10.827.740	10.827.740
- Schiffsbetriebskosten	-4.491.150	-4.760.619	-5.046.256	-5.349.032	-5.669.973
- Kosten der Einschiffsgesellschaft	-1.030.316	-1.030.316	-1.082.774	-1.082.774	-1.082.774
- Steuer	20.668	20.668	20.668	20.668	20.668
=entziehbarer Überschuss	**4.802.362**	**4.532.893**	**4.719.378**	**4.416.603**	**4.095.661**

t Jahr	21 2026	22 2027	23 2028	24 2029	25 2030
Charterrate/ Verkaufserlös	10.827.740	10.827.740	11.352.320	11.352.320	11.352.320
- Schiffsbetriebskosten	-6.010.172	-6.370.782	-6.753.029	-7.158.211	-7.730.868
- Kosten der Einschiffsgesellschaft	-1.082.774	-1.082.774	-1.135.232	-1.135.232	-1.135.232
- Steuer	20.668	20.668	20.668	20.668	20.668
=entziehbarer Überschuss	**3.755.462**	**3.394.852**	**3.484.727**	**3.079.545**	**2.506.889**

t Jahr	26 2031	27 2032	28 2033	29 2034
Charterrate/ Verkaufserlös	11.352.320	11.352.320	11.876.900	11.876.900
- Schiffsbetriebskosten	-8.349.337	-9.017.284	-9.738.667	-10.517.760
- Kosten der Einschiffsgesellschaft	-1.135.232	-1.135.232	-1.187.690	-1.187.690
- Steuer	20.668	20.668	20.668	20.668
=entziehbarer Überschuss	**1.888.419**	**1.220.472**	**971.211**	**192.118**

Abbildung 24-22: Entziehbare Überschüsse der „NV Portugal Senator" – Variante II

24.8 Verwendete Symbole

β	Beta-Wert eines unverschuldeten Unternehmens
C	Charterrate
$\overline{C}$	Erwartungswert der Charterraten
$\tilde{C}$	Verteilung der Charterraten
Δ	Unterschied
D	Dividende, entziehbarer Überschuss
E^F	Marktwert des Eigenkapitals
F	Marktwert des Fremdkapitals
F_0	Darlehensvolumen in t_0
Fk	Buchwert des Fremdkapitals
i	sicherer Zinssatz
i_t	tatsächlicher Zinssatz
i_V	Verschuldungszinssatz
K	Schiffsbetriebskosten
k	geforderte Rendite der Eigentümer bei Eigenfinanzierung
k^F	geforderte Rendite der Eigentümer bei Mischfinanzierung
k_s^C	geforderte Rendite für Charterraten nach Steuern
k_s^K	geforderte Rendite für Schiffsbetriebskosten nach Steuern
L	Verschuldungsgrad in Marktwerten
λ	Risikopreis
NE	Nettoeinzahlung
$\tilde{NE}$	Verteilung der Nettoeinzahlungen
NKW	Nettokapitalwert
ρ	Korrelationskoeffizient
RVE	Restverkaufserlös
σ	Streuung
σ^2	Varianz
T	Tilgung
V^E	Unternehmensgesamtwert bei Eigenfinanzierung
V^F	Unternehmensgesamtwert bei Mischfinanzierung
ΔV	steuerlicher Vorteil aus der Fremdfinanzierung
X	erwarteter Überschuss; operativer Cashflow
$\overline{X}$	Erwartungswert der operativen Cashflows
$\tilde{X}$	Verteilung der operativen Cashflows

24.9 Literatur

Ballwieser, Wolfgang (2002): Der Kalkulationszinsfuß in der Unternehmensbewertung – Komponenten und Ermittlungsprobleme, in WPg, 55. Jg. (2002), Nr. 14, S. 736-743

Brealey, Richard A. / Myers, Stewart C. (2003): Capital Investment and Valuation, New York 2003

Bundesministerium der Finanzen (Hrsg) (2002): BMF-Schreiben vom 12.6.2002: Gewinnermittlung bei Handelsschiffen im internationalen Verkehr, sog. Tonnagesteuer §5a EStG, http://www.bundesfinanzministerium.de/lang_de/DE/Aktuelles/BMF_Schreiben/Veroffentlichungen_zu_Steuerarten/einkommensteuer/040,templateId =raw,property=publicationFile.pdf, abgerufen am 12.5.2005

De Levie (Hrsg) (2005): Emissionsprospekt „Vier plus Vier Jahre", http://www.delevie.de/schiffsbeteiligungen/alcas/prospekt-vier-vier.pdf, abgerufen am 22.6.2005

Djanani, Christiana / Brähler, Georg (2004): Umwandlungssteuerrecht, 1. Auflage, Wiesbaden 2004

Drukarczyk, Jochen (2003): Unternehmensbewertung, 4. Auflage, München 2003

Drukarczyk, Jochen (1993):, Theorie und Politik der Finanzierung, 2. Auflage, München 1993

Hanau, Arthur (1927): Die Prognose der Schweinepreise, in: Vierteljahreshefte zur Konjunkturforschung, Sonderheft 2 (1927), S. 5-41

IDW (Hrsg.) (2000): IDW Standard: Grundsätze zur Durchführung von Unternehmensbewertungen (IDW S1), in: WPg, 53. Jg. (2000), Nr. 17, S. 825-842

König & Cie (Hrsg) (2005): Emissionsprospekt MS „Cape Melville", http://www.cool-is.de/MWF_PHP/files/HP%20Cape%20Melville.pdf, abgerufen am 27.4.2005

Modigliani, F. / Miller, M.H. (1958): The Cost of Capital, Corporation Finance and the Theory of Investment, in American Economic Review, Bd. 48, S. 261-297

Molitor, Andreas (2005): Verschrotten? Es fährt doch noch!, in Brand eins, 6.Jg. (2005), Nr. 3, S. 117-119

Nordcapital (Hrsg) (2004): Emissionsprosekt MS „E.R. TIANSHAN", http://www.nordcapital.com/main/nca/de/daten/093_E.R._Tianshan_Prospekt_BE_Formul_Fernabsatz_ext.pdf, abgerufen am 18.4.05

Salomon & Partner (Hrsg.) (2005): Zweitmarkt, http://www.maritim-invest.de/beteiligungsankauf/zweitmarkt, abgerufen am 3.5.2005

Stehle, Richard (2004): Die Festlegung der Risikoprämie von Aktien im Rahmen der Schätzung des Wertes von börsennotierten Kapitalgesellschaften, in: WPg, 57. Jg (2004), Nr. 17, S. 906-927

Tinbergen, Jan (1931): Ein Schiffbauzyklus?, in: Weltwirtschaftliches Archiv, Bd. 34 (1931 II), S. 152-164

Uttich, Stefan (2004): Bewegung im Zweitmarkt für Schifffonds, in FAZ v. 21.10.2004, Nr. 246/43, Frankfurt 2004

Volk, Berthold (2001): Der Containerverkehr – eine Erfolgsstory, Elsfleth 2001, http://www.nordcapital.com/main/nca/de/daten/marktstudien_VolkErfo.pdf, abgerufen am 18.4.05

Zimmermann, Gebhard (2000): Investitionsrechnung, Fallorientierte Einführung, 1. Auflage, München 2000

Zachcial, Manfred (2001): Ratenentwicklung in der Weltschifffahrt, in Hansa Maritime Journal 5/2001, Bremen 2001, http://www.hansa-online.de/print.asp?artikelID=84, abgerufen am 2.5.2005

Die Herausgeber

Prof. Dr. Dr. h.c. Jochen Drukarczyk machte nach dem Abitur eine kaufmännische Lehre bei Farbwerke Hoechst AG. Es folgte das Studium der Betriebswirtschaftslehre an der Johann Wolfgang Goethe-Universität Frankfurt/Main. 1966 wurde er Assistent am Seminar für Treuhandwesen bei Adolf Moxter. 1969 erfolgte die Promotion zum Dr. rer. pol., 1973 die Habilitation. 1974 erhielt Jochen Drukarczyk Rufe an die Fernuniversität Hagen und an die Universität Regensburg auf den Lehrstuhl für Finanzierung. Trotz mehrerer ehrenvoller Rufe an andere Universitäten hat er Regensburg die Treue gehalten. Jochen Drukarczyk hat mehrere Gastprofessuren in England, Frankreich, u.a. am Insead, und Österreich wahrgenommen. 1999 hat die European Business School Jochen Drukarczyk durch die Verleihung des Ehrendoktors gewürdigt.

Seine Arbietsgebiete sind Finanzierung, Unternehmensbewertung, Wertorientierte Steuerung, Institutionelle Regelungen auf Kapitalmärkten und Sanierung. Er ist Autor mehrerer Lehrbücher und zahlreicher wissenschaftlicher Beiträge.

Prof. Dr. Dr. Dietmar Ernst ist Professor an der Hochschule für Wirtschaft und Umwelt (HfWU) Nürtingen-Geislingen für Corporate Finance und Direktor des Deutschen Instituts für Corporate Finance. Er ist Studiendekan und leitet den Masterstudiengang International Finance. Zuvor war er Investment-Manager bei einer Private Equity Gesellschaft und über mehrere Jahre Projektleiter im Bereich Mergers & Acquisitions. Dietmar Ernst hat an der Universität Tübingen Internationale Volkswirtschaftslehre studiert und sowohl in Wirtschaftswissenschaften als auch Naturwissenschaften promoviert. Er ist an namhaften Universitäten und Hochschulen als Lehrbeauftragter tätig. Seine Arbeitsgebiete sind Unternehmensbewertung, Corporate Finance und Investment Banking. Er ist Autor von Büchern und zahlreichen Veröffentlichungen.

Die Autoren

Nick Adamus studierte Volks- und Betriebswirtschaftslehre an den Universitäten Basel und Zürich und absolvierte sein MBA-Studium in Fontainebleau (INSEAD), Frankreich. Er ist Unternehmensberater im Bereich Financial Institutions. Schwerpunkte seiner Klientalität umfassen Gesamtbankstrategie, Retail und Private Banking, Risk Management und Corporate Finance.

Martin Beck studierte nach einer Ausbildung zum Industriekaufmann an der Fachhochschule Würzburg Betriebswirtschaftslehre mit dem Schwerpunkt Controlling und Rechnungswesen. Seit 2001 ist er Mitarbeiter bei BDO Deutsche Warentreuhand AG, Wirtschaftsprüfungsgesellschaft, in München. Sein Aufgabenschwerpunkt im Financial Advisory Services-Bereich sind Unternehmens- und Immobilienbewertungen. Im Rahmen der Abschlussprüfungstätigkeiten betreut er u.a. den Immobilienbereich von Vermögensverwaltungsgesellschaften. Des Weiteren berät er eine der größten europäischen Immobilienaktiengesellschaft bei der IFRS/IAS-Umstellung. Zur Bilanzierung nach IFRS und Bewertung von Unternehmen sowie Immobilien sind von ihm zahlreiche Veröffentlichungen erschienen. Martin Beck ist außerdem externer Doktorand am Institut für Betriebswirtschaftslehre der Universität Lüneburg.

Dr. Jürgen Elfers hat nach seiner Ausbildung zum Bankkaufmann in Göttingen Betriebswirtschaftslehre studiert. Eine sich anschließende Promotion auf Basis eines zweijährigen Forschungsaufenthalts an der London Business School (LBS) wurde mit dem Rigorosum in Göttingen abgeschlossen. Er führt den berufsqualifizierenden Abschluß als CEFA Finanzanalyst und leitet bei der Commerzbank Corporates & Markets die Aktienanalyse für den pan-europäischen Sektor Einzelhandel (Retail Research). Mit der Aktienanalyse von Einzelhandelsaktien begann Herr Dr. Elfers im Juli 1992 bei der Dresdner Bank und hat seitdem in Tätigkeiten bei ersten Adressen eine umfangreiche Erfahrung als Sell-Side-Aktienanalyst erworben. Zum Juli 1999 ist Herr Dr. Elfers als Leiter des pan-europäi-

schen Retail Research-Teams von der Deutschen Morgan Grenfell zur Commerzbank in London gewechselt und arbeitet seit Sommer 2001 im Frankfurter Büro der Commerzbank.

Beiträge zu aktuellen Themen des internationalen Handels finden sich in renommierten Fachmagazinen.

Dr. Vera-Carina Elter wurde 1969 in Essen geboren. Von 1990 bis 1996 studierte sie Wirtschaftswissenschaft an der Universität Essen. Ihre berufliche Laufbahn begann Frau Dr. Elter 1996 im Bereich Audit bei der KPMG Deutsche Treuhand-Gesellschaft AG, wo sie im Wesentlichen klassische Prüfungstätigkeiten erledigte. Nach einem Jahr als Beraterin bei Dr. Wieselhuber & Partner, kehrte sie im Jahr 2000 in den Bereich Corporate Finance von KPMG in München zurück. Dort bilden insbesondere Unternehmensbewertungen aller Art, die Bewertungen von immateriellen Vermögenswerten, die Durchführung und die Prüfung von Purchase Price Allocations sowie das Erstellen von Business Plänen den Schwerpunkt ihrer Tätigkeiten. Frau Dr. Elter hat in der Vergangenheit eine Vielzahl von Sport- und Medienunternehmen im Rahmen von Kapitaltransaktionen beraten. 2003 hat sie ihre Promotion mit dem Themenschwerpunkt mediale Sportrechte abgeschlossen. Auch ihr Branchenschwerpunkt bei der KPMG liegt im Bereich Sport und Medien, was durch zahlreiche Veröffentlichungen unterstrichen wird.

Dr. Werner Gleißner ist Vorstand der FutureValue Group AG sowie Geschäftsführer der RMCE RiskCon GmbH. Bereits seit 1990 ist er als Geschäftsführer der wima Gesellschaft für angewandte Betriebswirtschaft mbH – Unternehmensberatung im BDU – selbständiger Unternehmer. Die Schwerpunkte seiner Beratertätigkeit liegen in den Bereichen Strategieentwicklung, Rating, Risikomanagement und Quantitative Analyseverfahren. Dr. Werner Gleißner befasst sich zudem mit der Weiterentwicklung von Methoden der Risikoaggregation sowie Ansätzen zur Integration des Risikomanagements in umfassende Konzepte einer wertorientierten Unternehmenssteuerung. Er nimmt Lehraufträge u.a. an der Universität Stuttgart und der European Business School wahr. Dr. Werner Gleißner ist Autor zahlreicher Fachbücher und Artikel sowie Herausgeber der Loseblattsammlung „Risikomanagement im Unternehmen". Seine Forschungsschwerpunkte sind Bewertungs- und Entscheidungsverfahren bei Unsicherheit und unvollkommenen Kapitalmärkten. In diesem Kontext hat er spezielle Verfahren für die Bewertung und wertorientierte Steuerung von Beteiligungen von Konzernen und Private Equity Gesellschaften entwickelt und umgesetzt.

Konrad Göller begann nach dem Abschluss seines wirtschaftswissenschaftlichen Studiums 1995 seine Karriere bei KPMG München zunächst im Bereich Audit Commercial Clients und wechselte 1998 in den Bereich Audit Financial Services. Er hat aus der langjährigen Betreuung weltweit tätiger Konzerne umfassende Kenntnisse in der Prüfung von Einzel- und Konzernabschlüssen unter HGB, US-GAAP und insbesondere IFRS. Herr Göller spezialisiert sich ab 1999 auf die Betreuung von Leasing- und Absatzfinanzierungsunternehmen und seit 2002 zusätzlich auf die Betreuung von Fondsinitiatoren. Er betreute mehrere IFRS-Conversions und hält Schulungen zur internationalen Rechnungslegung insbesondere im Bereich Leasing. Seine Prüfungs-mandate umfassen bedeutende Leasingunternehmen sowie Anbieter strukturierter Finanzierungen. In diesem Zusammenhang war er an mehreren Unternehmensbewertungen für Leasinggesellschaften aktiv beteiligt.

WP/StB **Alfred Graßl** wurde 1985 als Steuerberater und 1987 als Wirtschaftsprüfer bestellt und verfügt über langjährige Erfahrungen im Prüfungs- und Rechnungswesen nationaler und internationaler Konzerne, insbesondere auch von Versicherungsunternehmen. Nach seiner Tätigkeit für ein Tochterunternehmen der KPMG Deutsche Treuhand-Gesellschaft AG trat Herr Graßl 1993 als leitender Mitarbeiter in die BDO Deutsche Warentreuhand AG, Niederlassung München, ein und betreut unter anderem Unternehmen der deutschen und internationalen Versicherungswirtschaft. In der Vergangenheit hat er verschiedene größere Fusionen und Bewertungen im Rahmen von Beherrschungsverträgen und Squeeze-Out Verfahren in der Versicherungswirtschaft als Wirtschaftsprüfer betreut. Zu seinen Aufgaben gehören die Durchführung von Unternehmensbewertungen, die Betreuung und Beratung bei Umstrukturierungen im Konzern und gleichgelagerte Problemlösungen im Financial Advisory Services-Bereich, die Erstellung von Schiedsgutachten und die Beratung bei der Transformation auf IFRS.

Dr. Joachim M. Greuel ist Mitgründer der Firma Bioscience Valuation BSV GmbH. Er unterstützt sowohl private als auch öffentliche Biotechnologiefirmen in Europa und in den USA in Bewertungsfragen. Dazu zählt sowohl die Bewertung von Firmen vor Finanzierungsrunden und die Kommunikation der Bewertungsergebnisse vor Investoren, als auch die Ausarbeitung von wert-maximierenden Term Sheets für Lizenzprojekte und die beratende Begleitung der Verhandlungen. Ferner unterstützt Dr. Joachim M. Greuel Firmen bei der Aquisition von Eigenkapital und berät Investment-Fonds. Nach seinem Studium leitete Dr. Joachim M. Greuel eine Forschungsgruppe bei der Bayer AG. Vor der Gründung von Bioscience Valuation war er als Investmentmanager bei einem Schweizer Venture Capital Fond beschäftigt. Er studierte Biologie an der Universität Marburg und an der Cambridge University in England. Seine Dissertation – bewertet mit summa cum laude – verfasste er am Max-Planck-Institut für Hirnforschung. Zusätzlich absolvierte Dr. Joachim M. Greuel einen MBA-Studiengang and der Wharton School der University of Pennsylvania. Dr. Joachim M. Greuel ist Mitglied der American Finance Association und des Institute of Operations Research and Management Science in den USA.

Dr. Kerstin M. Bode-Greuel ist Mitgründerin der Firma Bioscience Valuation BSV GmbH. Mit ihrer über zehnjährigen Erfahrung als Consultant berät sie Pharma- und Biotechnologie-Unternehmen in den Bereichen Projekt- und Portfoliobewertung und im Risikomanagement. Sie ist Expertin für finanzielle Bewertung von Forschung und Entwicklung (F&E), für Analyse und Management von Entwicklungsrisiken, Optimierung von Entwicklungsprozessen sowie für wertmaximierende Portfoliooptimierung. Zudem unterstützt sie ihre Kunden bei der Implementierung effizienter Portfoliomanagementprozesse. Ein weiterer Schwerpunkt von Dr. Kerstin M. Bode-Greuel ist die Bewertung von realen Optionen. Sie hat über 17 Jahre F&E-Erfahrung in nahezu allen therapeutischen Fachgebieten. Vor Beginn ihrer Beratertätigkeit arbeitete sie bei der Bayer AG, u.a. als internationaler Projektmanager. Dr. Kerstin M. Bode-Greuel studierte Medizin in Marburg, Nottingham und Cambridge (England) und promovierte im Fachgebiet Entwicklungsneurobiologie. Sie erhielt ihre Ausbildung in Corporate Finance an der Wharton School (University of Pennsylvania, USA). Dr. Kerstin M. Bode-Greuel ist Mitglied des Decision Sciences Institute in Atlanta (USA) und publiziert in renommierten Fachzeitschriften. U.a. verfasste sie zwei Fachbücher für Scrip (PJB Publications).

Michael Ketterl studierte Betriebswirtschaftslehre an der Universität Regensburg. Seit 2005 ist er Mitarbeiter der Ernst & Young AG Wirtschaftsprüfungsgesellschaft Steuerberatungsgesellschaft in München. Seine Tätigkeitsschwerpunkte liegen in der Prüfung von Einzel- und Konzernabschlüssen sowohl nach HGB als auch nach internationalen Normen. Besonders letztere erfordern regelmäßig die Lösung von Bewertungsproblemen, sei es in der Bewertung von Beteiligungen oder einzelnen Vermögensgegenständen.

Er ist Co-Autor des Buches „Zweitmarkt für geschlossene Fonds", das in Zusammenarbeit mit dem Hamburger Fondshaus Salomon & Partner entstand.

Dr. Marcus Klosterberg ist Geschäftsführer der International SOS Deutschland GmbH. Zuvor war er fünf Jahre im Vorstand der EXCELSIS Business Technology AG. Dort verantwortete er für die EXCELSIS Gruppe die zentralen Bereich Sales und Consulting. Dr. Klosterberg blickt auf über 18 Jahre Erfahrung im IT-Geschäft zurück. Er begann als selbständiger Systementwickler und Berater sowie als Dozent an verschiedenen Akademien und Hochschulen. Erfahrungen im internationalen Geschäft und in leitenden Positionen sammelte er bei DaimlerChrysler und Brokat. Er studierte Betriebswirtschaft und Rechtswissenschaften in Duisburg und Tübingen. Anschließend promovierte er an der Universität Hohenheim auf einem Gebiet der Wirtschaftsinformatik. Er ist Autor mehrerer fachbezogener Bücher und Co-Autor des Lexikons der Wirtschaftsinformatik.

Dr. Thorsten Koch ist als Leiter Global Business Development verantwortlich für M&A und organische Wachstumsinitiativen der Deutschen Bank im Privatkundengeschäft. Zusammen mit seiner vorherigen Tätigkeiten im Investment Banking bei JP Morgan und als Unternehmensberater bei McKinsey verfügt Dr. Koch über 10 Jahre Erfahrung im Bereich Financial Services mit Schwerpunktthemen M&A, Wachstumsstrategien und Gesamtbanksteuerung. Er studierte BWL an der WHU – Otto-Beisheim Hochschule – in Koblenz und promovierte zum Thema „Bewertung von Bankaquisitionen" bei Prof. Dr. Bernd Rolfes an der Gerhard-Mercator-Universität Duisburg.

Sigrid Krolle ist Diplom-Volkswirtin und seit Februar 1998 Senior Managerin bei PricewaterhouseCoopers in Frankfurt im Bereich Advisory. Sie ist zuständig für das Qualitätsmanagement bei innovativen Fragestellungen und Produktspezialist für die kapitalmarktorientierte Unternehmensbewertung. Zuvor war sie für die Commerzbank AG, Frankfurt, als Finanzanalystin, bei der Treuhandanstalt als Gruppenleiterin im Bereich Vertragsverhandlungen und beim Prüfungsverband Deutscher Banken tätig.

Frau Krolle ist Mitglied verschiedener Arbeitskreise der DVFA-Methodenkommission und hat mehrere Beiträge zur Bewertung von Unternehmen und Realoptionen veröffentlicht.

Prof. Dr. rer. pol. Gerrit Leopoldsberger promovierte nach dem Studium der Betriebswirtschaftslehre an den Universitäten von Paderborn, Lock Haven, USA und Puebla, Mexiko an der EUROPEAN BUSINESS SCHOOL in Oestrich-Winkel mit dem Thema „Kontinuierliche Wertermittlung von Immobilien". Nach Gründung der Grundstückssachverständigengesellschaft Dr. Leopoldsberger + Partner, Frankfurt am Main und Berlin ist er überwiegend mit der Bewertung von Renditeimmobilien und Immobilienportfolios befasst. Unter anderem ist er Vorsitzender des Sachverständigenausschusses der AAREAL IMMOBILIEN KAPITALANLAGEGESELLSCHAFT mbH, Wiesbaden und Mitglied im Sachverständigenausschuss der UBS REAL ESTATE KAPITALANLAGEGESELLSCHAFT mbH, München. Darüber hinaus ist der Chartered Surveyor Inhaber der Stiftungsprofessur Immobilienbewertung an der Hochschule für Wirtschaft und Umwelt, Geislingen und lehrt darüber hinaus an der EUROPEAN BUSINESS SCHOOL, Oestrich-Winkel sowie bei zahlreichen Weiterbildungseinrichtungen. Prof. Dr. Leopoldsberger ist Mitglied des Arbeitskreises Wertermittlung der Deutschen Gesellschaft für immobilienwirtschaftliche Forschung, Wiesbaden, Vorsitzender des Deutschen Valuation Faculty Boards der Royal Institution of Chartered Surveyors, Frankfurt am Main, Vertreter für Kontinentaleuropa im International Valuation Faculty Board of the Royal Institution of Chartered Surveyors, London, Mitglied im Bundesverband Deutscher Grundstückssachverständiger, München und Mitglied im Bundesverband der Immobilien-Investment-Sachverständigen, Frankfurt am Main.

Dr. Frank J. Matzen studierte im Anschluss an seine Banklehre Wirtschaftsinformatik an der Otto-Friedrich Universität Bamberg. Seit 1998 ist er Bereich Corporate Finance/Transaction Advisory Services tätig – zunächst bei Arthur Andersen und seit 2002 bei Ernst & Young – tätig. Heute betreut er als Assistant Director der Ernst & Young LLP in London Finanzinvestoren bei Fragestellungen im Zusammenhang mit Unternehmensakquisitionen und -desinvestitionen in allen Branchen, insbesondere aber im Immobiliensektor. Seine Beratungsschwerpunkte umfassen Financial Due Diligence, Unternehmensbewertung, Unternehmensplanung und Financial Modeling. Ferner wurde Herr Dr. Matzen bei Prof. Dr. Karl-Werner Schulte mit dem Thema „Unternehmensbewertung von Wohnungsbauunternehmen" promoviert und ist als Dozent an der EUROPEAN BUSINESS SCHOOL (ebs) Schloss Reichartshausen im Fachbereich Immobilienwirtschaft tätig.

Heike Merk studierte Wirtschaftswissenschaften an der Universität Stuttgart-Hohenheim. Ihren Berufseinstieg fand sie als Controllerin bei der Clariant Deutschland GmbH in Leinfelden-Echterdingen, einer Tochtergesellschaft des Schweizer Clariant-Konzerns (Chemie). 1998 erfolgte der Wechsel zur ratiopharm Gruppe, Ulm, wo sie zunächst als verantwortliche Controllerin für das Deutschlandgeschäft tätig war. Seit 2000 ist sie Leiterin des internationalen Beteiligungs-Controllings (Tochtergesellschaften in 24 Ländern). Seit Anfang 2005 übernahm sie zusätzlich die Verantwortung der Leitung der Abteilung Produktions- und Versandkoordination (Supply Chain Management). Sie ist ferner Dozentin für Controlling im Postgraduierten-Studiengang „Betriebswirtschaft für Ingenieure" an der FH Neu-Ulm.

Prof. Dr. Wolfgang Merk studierte Betriebswirtschaftslehre mit dem Schwerpunkt Krankenhausmanagement an der Berufsakademie Stuttgart sowie Wirtschaftswissenschaften an der Universität Stuttgart-Hohenheim. Nach Abschluss des Studiums war er betriebswirtschaftlicher Berater und Projektleiter bei der Kassenärztlichen Vereinigung Nord-Württemberg in Stuttgart. Nebenberuflich promovierte Wolfgang Merk an der Universität der Bundeswehr München. Seit 1997 ist er freiberuflich als Sachverständiger für die Bewertung von Unternehmen und Praxen im Gesundheitswesen tätig. 2001 erfolgte die Ernennung durch das Wissenschaftsministerium Baden-Württemberg zum Professor mit dem Schwerpunkt Unterneh-

mensführung an der Berufsakademie Stuttgart. Seit 2003 ist er Leiter des Studiengangs Gesundheitswirtschaft an der Berufsakademie Stuttgart. Ferner ist er als Aufsichtsrat für Unternehmen im Healthcare Sektor tätig. Er ist darüber hinaus an diversen anderen Hochschulen als Lehrbeauftragter tätig.

Ulrich Nehm ist seit 1967 Rechtsanwalt in München und seit 1974 Partner in der überörtlichen Sozietät CMS Hasche Sigle. Seine Tätigkeitsschwerpunkte sind Gesellschaftsrecht, Erbrecht und Familienrecht. Fragen der Bewertung von Freiberuflerpraxen nehmen in der Beratungspraxis nicht nur bei der Gestaltung von Sozietätsverträgen und der Auseinandersetzung von Gesellschaften, sondern auch im ehelichen Güterrecht und in geringerem Umfang im Erbrecht (Pflichtteilsberechnung) einen zunehmend breiten Raum ein.

Alexander Paiusco ist Fund Manager bei Laxey Partners Ltd., einem Hedge Fonds mit Büros in London und auf der Isle of Man. Zuvor war er mehrere Jahre Investmentbanker im Bereich M&A bei NM Rothschild & Sons in London. Als Mitglied des Technology M&A-Teams war er insbesondere auf Transaktionen im IT-Dienstleistungssektor spezialisiert. Davor war er ebenfalls im Bereich M&A bei der WestLB tätig. Seit 2006 ist Herr Pauisco im Aufsichtsrat des norwegischen Datensicherheitsunternehmens Norman ASA vertreten. Er hat Wirtschaftswissenschaften an den Universitäten St. Gallen und Wien studiert.

Matthias Pohl leitet die Aktivitäten der Landesbank Baden-Württemberg (LBBW) im Bereich Fokusbranchen Automobil/Maschinenbau. Als Ansprechpartner kümmert er sich u.a. für die Automobilzulieferindustrie, um branchenrelevanten Fragestellungen innerhalb von Finanzierungsprojekten oder im Rahmen von Kundengesprächen zu analysieren und zu bewerten.

Zuvor war er über mehrere Jahre im Bereich Mergers & Acquisitions und bei einer internationalen Unternehmensberatung tätig.

Matthias Pohl hat ein Diplom im Bereich Elektrotechnik (BA) und Wirtschaftingenieurwesen (FH).

Dr. Matthias Popp, Wirtschaftsprüfer und Steuerberater, studierte Betriebswirtschaftslehre an der Universität Erlangen-Nürnberg und promovierte berufsbegleitend über die Bewertung ertragsteuerlicher Verlustvorträge. Er war fünf Jahre in mittelgroßer Wirtschaftsprüfungs- und Steuerberatungsgesellschaft tätig. Seit 1998 ist Dr. Matthias Popp Mitarbeiter bei Ebner, Stolz & Partner. 1998 erfolgte die Bestellung zum Steuerberater, 2000 die Bestellung zum Wirtschaftsprüfer. Seit 2002 ist Dr. Popp Partner bei Ebner, Stolz & Partner. Dr. Matthias Popp hat sich neben der praktischen Bewertungstätigkeit in zahlreichen Veröffentlichungen und Vorträgen mit dem Thema Unternehmensbewertung befasst. Dr. Matthias Popp hat umfangreiche Veröffentlichungen auf dem Gebiet des Steuerrechts und der Wirtschaftsprüfung aufzuweisen. Er ist ferner Lehrbeauftragter der Universität Erlangen-Nürnberg für Konzernrechnungslegung.

Sonia Rabussier ist von ihrer Ausbildung Dipl.-Kfm., D.E.S.S., CEFA. Paris und Frankfurt kennzeichnen ihren Weg. Aufgewachsen in der Seine-Metropole studierte sie dort nach ihrem Schulabschluss BWL und Germanistik. Nach dem Doppelstudium absolvierte sie das „Diplôme d'études supérieures spécialiseés" im Bereich Banken-Finanzen-Versicherungen – unter anderem bei dem ehemaligen Wirtschaftsminister Prof. Dominique Strauss-Kahn und dem Präsidenten des Rückversicherungskonzerns SCOR, Denis Kessler. Danach zog es sie nach Frankfurt, wo sie ihre Karriere als Kreditanalystin bei der BNP Bank begann. Anschließend wechselte sie zu Independent Research, wo sie als Aktienanalystin unter anderem zahlreiche Börseneinführungen im Auftrag verschiedener Banken eng begleitete. Seit Juli 2000 ist sie bei Sal. Oppenheim im Bereich Telekommunikation und Medien als Aktienanalystin tätig.

Saki Riffner absolvierte das Studium der Betriebswirtschaftslehre an der Universität Mannheim sowie an der York University im kanadischen Toronto. Darauf folgten mehrere Jahre bei der Investmentbank Rothschild in Frankfurt und London. Dabei lag der Fokus insbesondere auf der Beratung bei M&A-Transaktionen im Telekommunikations- und Technologiesektor. Momentan ist er Hedge Fund Manager bei Laxey Partners Ltd. in London, wobei ein Schwerpunkt der Tätigkeit auf der Identifikation und Bewertung möglicher Investitionsobjekte liegt.

Prof. Dr. Wolfgang Schäfers studierte Betriebswirtschaftslehre an der Universität Mannheim und promovierte zum Dr. rer. pol. an der EUROPEAN BUSINESS SCHOOL bei Prof. Dr. Karl-Werner Schulte. Er arbeitete bis zum Jahr 2002 als Partner bei Arthur Andersen (heute Ernst & Young), wo er für den Bereich Real Estate Corporate Finance in Frankfurt verantwortlich war. In 2002 wurde er mit der Führung des Bereichs Real Estate Investment Banking beim renommierten Bankhaus Sal. Oppenheim betraut. Im Oktober 2004 erhielt Dr. Schäfers einen Ruf auf den Lehrstuhl für Immobilienmanagement an der Universität Regensburg. Er ist Autor und (Mit-)Herausgeber diverser Veröffentlichungen zu immobilienwirtschaftlichen Themen wie des Handbuchs „Corporate Real Estate Management" (1998/2004) oder des Handbuchs „Immobilien-Banking" (2002). Ferner ist Professor Schäfers Gründungsmitglied der Gesellschaft für Immobilienwirtschaftliche Forschung (gif), Mitglied der European Real Estate Society (ERES) und Mitglied im Editorial Board der „Zeitschrift für Immobilienökonomie".

Dr. Erik Schlumberger wurde 1969 in Heidenheim geboren. Von 1990 bis 1996 studierte er Betriebswirtschafslehre an der Universität Regensburg, an der Ecole Supérieure de Commerce Nantes (F) und an der Murray State University (USA). Seine berufliche Laufbahn begann Herr Dr. Erik Schlumberger 1997 im Corporate Finance Bereich der KPMG Deutsche Treuhand-Gesellschaft AG, München. Dort bildeten, neben der klassischen Prüfungstätigkeit, insbesondere Unternehmensbewertungen, Due Diligence-Prüfungen, die Bewertung von immateriellen Vermögenswerten, die Durchführung und die Prüfung von Purchase Price Allocations sowie das Einrichten von Planungs- und Value Based Management-Systemen den Schwerpunkt seiner Tätigkeit. Im Jahr 2001 erfolgte die Bestellung zum Steuerberater sowie die Promotion. Im Jahr 2002 die Bestellung zum Wirtschaftsprüfer. Seit 1. Januar 2005 ist Herr Dr. Erik Schlumberger selbständig in eigener Steuerberatungs- und Wirtschaftsprüfungspraxis mit Schwerpunkt Transaktionsberatung in Friedrichshafen am Bodensee tätig.

Wilhelm Schierle, geb. 1952, hat nach Abschluss des Studiums der Betriebswirtschaft an der Universität Erlangen-Nürnberg einige Jahre in der Prüfungsabteilung gearbeitet und wechselte danach in die Fachabteilung Transaction Advisory Services der Ernst & Young AG. Als Senior Manager berät er bei betriebswirtschaftlichen Fragestellungen anlässlich geplanter Transaktionen. Hierzu gehören die Durchführung von Due Diligence-Untersuchungen, Unternehmensbewertungen anlässlich Kauf, Verkauf oder Fusion sowie die Transaktionsberatung. Hierbei erfolgte eine langjährige Spezialisierung auf die Energie- und Versorgungswirtschaft, in der er über umfangreiche Erfahrungen aus einer Vielzahl von Beratungsprojekten verfügt.

Matthias Schröder absolvierte nach seiner Ausbildung zum Bankkaufmann bei Schröder Gebrüder & Co. Privatbankiers, Hamburg, ein Studium der Betriebswirtschaftslehre an der Universität München. Von 1972-1976 war er Prüfungsassistent bei der Bayerische Treuhand AG in München. Seit 1977 ist Herr Schröder Wirtschaftsprüfer bei der PKF Industrie- und Verkehrstreuhand GmbH Wirtschaftsprüfungsgesellschaft in München, eigenständiges und unabhängiges Mitglied des internationalen PKF-Netzwerks, und seit 2004 geschäftsführender Gesellschafter.

Seine wesentlichen Aufgabengebiete sind internationale Consultingtätigkeiten, Wirtschaftlichkeitsstudien für Hotelprojekte und Bewertung von Hotelimmobilien, Privatisierungen, Unternehmensbewertungen und Investitionsanalysen.

Herr Schröder hat sich in diversen Vorträgen und Veröffentlichungen zum Thema Bewertung von Hotels und Hotelimmobilien geäußert und ist Autor des gleichlautenden Fachbuchs.

Ulrike Schüler studierte Betriebswirtschaftslehre an der Ludwig-Maximilians-Universität in München. Sie war zehn Jahre im Development einer internationalen Hotelgesellschaft tätig und ist seit 2004 Geschäftsführerin der PKF hotelexperts GmbH, München.

Ihr Tätigkeitsschwerpunkt liegt in der Beratung internationaler Mandanten bei der Entwicklung von Hotelimmobilien. Sie unterstützt Investoren bei der Suche und Auswahl von Hotelbetreibergesellschaften und beim Abschluss von Hotelverträgen. Weitere Aufgaben sind die Ausarbeitung von Wirtschaftlichkeitsanalysen für Hotel- und Tourismusprojekte, die Repositionierung von Hotels, die Bewertung von Hotelimmobilien und das Unternehmens-Controlling.

Professor Dr. Karl-Werner Schulte wurde 1986 auf eine Professur für Allgemeine Betriebswirtschaftslehre, insbesondere Investition und Finanzierung, an der EUROPEAN BUSINESS SCHOOL Schloß Reichartshausen (ebs) in Oestrich-Winkel berufen. 1994 wechselte er auf den Stiftungslehrstuhl Immobilienökonomie der ebs. Mehrere Jahre war er Head of ebs Department of Real Estate. Zusammen mit fast allen Departmentkollegen wechselte er im Herbst 2006 an die International Real Estate Business School (**IREBS**) der Universität Regensburg, wo er eine Honorarprofessur für Immobilienwirtschaft annahm.

Seit 1990 ist er Wissenschaftlicher Leiter und seit 1992 Geschäftsführender Gesellschafter und Wissenschaftlicher Leiter der **IREBS** Immobilienakademie (ehemals ebs IMMOBILIENAKADEMIE).

International ist er derzeit als IRES International Real Estate Society Director für das AfRES African Real Estate Society Development, hier speziell für den Aufbau von Real Estate Education and Research in Afrika, zuständig.

Besondere Auszeichnungen waren seine Wahl zum Präsidenten der Gesellschaft für Immobilienwirtschaftliche Forschung (gif), zum Präsidenten der European Real Estate Society (ERES), zum Präsidenten der International Real Estate Society (IRES), seine Ernennung zum Honorary Member of the Royal Institution of Chartered Surveyors (HonRICS) sowie seine Erennung zum Counselor of Real Estate (CRE).

Ihm wurden für seine besonderen Verdienste der IRES Service Award, der ERES Achievement Award und der Award of Excellence des German Council of Shopping Centers e.V. (GCSC) sowie die Ehrenmitglied der gif und des GCSC verliehen.

Als Mitglied in zahlreichen Beiräten namhafter Immobilienunternehmen und Editorial Boards wissenschaftlicher immobilienökonomischer Zeitschriften verbindet Professor Dr. Karl-Werner Schulte die praktische und theoretische Seite der Immobilienökonomie.

Jan Sommerkamp, Diplom-Volkswirt und DVFA-Investmentanalyst, ist seit 2000 als Projektleiter im Bereich Valuation & Strategy bei PricewaterhouseCoopers in Frankfurt tätig. Tätigkeitsschwerpunkte bilden die Bewertung von Unternehmen sowie kapitalmarktbezogene Beratungsthemen in verschiedenen Branchen.

Volker Stoll, Dipl.-Wirtsch.-Ing. (TU) ist Senior Analyst im Equity Research der Landesbank Baden-Württemberg (LBBW). Er betreut die Branchen Industrial Goods und Konsumgüterelektronik. Weitere Researchexpertise exisiert in den Branchen Elektronische Bauelemente, Telematik, Transport, High-Tech-Maschinenbau, Laser und Optik. Zuvor war er zwei Jahre beim Fraunhofer IPA in Stuttgart und ein Jahr bei der TU Darmstadt als wissenschaftlicher Mitarbeiter tätig.

Dr. Georg A. Teichmann studierte nach der Ausbildung zum Finanzwirt Betriebswirtschaftslehre an der Universität Augsburg. Er war als wissenschaftlicher Mitarbeiter am Lehrstuhl von Prof. Dr. Dr. h.c. Franz W. Wagner, Universität Tübingen tätig. In seiner Promotion beschäftigte er sich mit steuerlichen Einflüssen auf grenzüberschreitende Finanzierungen. Seit dem Jahr 1999 ist er im Bereich Advisory bei PricewaterhouseCoopers tätig. Sein Beratungsschwerpunkt liegt auf dem Gebiet der transaktionsorientierten Unternehmensbewertung und Beratung. Spezialisiert hat er sich auf die Branchen Healthcare, Pharma, Biotechnologie und Chemie.

Bjoern Thielen ist im Bereich Corporate Finance der Landesbank Baden-Württemberg (LBBW) tätig. Sein Tätigkeitsschwerpunkt ist die Analyse und Bewertung wirtschaftlicher sowie rechtlicher Risiken von Leveragefinanzierungen. Zuvor arbeitete er im Beteiligungsgeschäft und im Investment Research der LBBW sowie bei einer M&A Gesellschaft. Er studierte Wirtschaftswissenschaften mit Schwerpunkt Unternehmensfinanzierung in Tübingen sowie in St. Andrews, Schottland, und ist CFA-Charterholder. Bjoern Thielen verfügt über langjährige praktische Erfahrung in den Bereichen Unternehmensanalyse und -bewertung sowie in der Unternehmensfinanzierung. Sein fachlicher Schwerpunkt liegt auf marktorientierten sowie kapitalwertbasierten Bewertungsverfahren und dem Aufbau integrierter Planungs- und Bewertungsmodelle.

Dr. Karl Ulrich ist als Partner von Roland Berger Strategy Consultants zuständig für das Competence Center InfoCom/Media und verantwortet die Medienaktivitäten des Hauses. Er studierte Philosophie, Kommunikationswissenschaft und Betriebswirtschaft und promovierte anschließend zum Dr. oec. publ. Karl Ulrich begann seine berufliche Karriere als Wissenschaftlicher Assistent am Lehrstuhl für Industrie-Ökonomik und Strategische Unternehmensführung an der Ludwig-Maximilians Universität in München. Seit 1993 ist Karl Ulrich für Roland Berger Strategy Consultants tätig, zunächst in der Practice Group Strategie in München, zwischen 1996 und 1999 als Chairman & Managing Director in Delhi. In den vergangenen Jahren hat Karl Ulrich mit seinem Medien-Team intensiv für TV-Sender, Entertainment-Produzenten, printgetriebene Medienkonzerne und Verlage und Electronic-Media-Gruppen sowie Dienstleister rund um Druck und Direktmarketingleistungen gearbeitet. Dabei lag ein Schwerpunkt in der Unterstützung von Redaktionen in der Entwicklung neuer Produkte, Formate und Features und im Aufsetzen schlagkräftiger Organisationsformen, um die kreative und wirtschaftliche Entwicklung medialer Inhalte zu ermöglichen.

Stichwortverzeichnis

Abdeckungsquote 147
Ablösesumme 473
Abwicklungsquote 182
Akquisitionen 94
Akquisitionsprämien 137
Aktienpreis 66
Aktienresearch 367
Aktienrückkaufprogramme 156
All Risks Yield (ARY) 528
Ambulanter Versorgungssektor 442
Angebotsrisiko 38
Ankerbetreiber 111
Anpassungselastizität 517
Anteilsrechte 269
Anwaltsgesellschaften 289
Anwaltslohn 285
Anwaltsnotariat 283
Anzahlungen 47
Apache Open Source Lizenz 299
Application Service Providing 296, 301
APV-Ansatz 622 ff., 627
Arbeitseinsatzäquivalenzprinzip 264
Arbitrage Pricing Theory (APT) 157
Arzneimittelentwicklung 375
Arzneimittelnachfrage 404
Arztpraxen 442, 463
Asset Backed Securities (ABS) 200
Asset Management 496
Asset/Liability Management (ALM) 149
Audience Flow 70
Auftragsbestand 55
Auftragsbuch 17, 19
Auftragsbuchanalyse 25
Auftragseingang 32
Auftragshistorie 43
Auftragsrückstellungen 39
Auftragswahrscheinlichkeit 21
Aufwendungen für den Versicherungsbetrieb 186

Aufwendungen für Versicherungsfälle 186
Ausbildungsentschädigung 474
Ausschüttungsfähigkeit 152
Ausschüttungspolitik 309
Ausschüttungsrestriktion 615
Automobilhersteller 12
Automobilzulieferindustrie 11
Autonome Finanzierungspolitik 542
Avalkredit 40
Avalverbindlichkeiten 32
Average Occupancy 592

Barwertkalkül 44
Basel II 138, 198, 306, 478
Basisjahr 44
Baunutzungsverordnung 102
Bauunternehmen 519
Beiträge 184
Beitragsüberträge 173
Benchmark-Methode 531
Berechnungsfaktor 279
Bestätigungsquote 23
Best-of-Class-Ansatz 107
Beta-Faktor 239, 304, 380, 559
Beta-Faktoren-Modell 239
Beteiligung 230
Beteiligungsgesellschaft (s. Kapitalbeteiligungsgesellschaft)
Betriebsführungsverträge 494
Betriebskosten 524
Betriebsnotwendige Kasse 49
Bewertungsanlässe 256, 303, 450, 478
Bewertungsansätze (s. Bewertungsverfahren)
Bewertungsfaktor 283
Bewertungsmodell 230
Bewertungsverfahren 24, 72, 452, 479, 329
Bewertungszweck 24
Bewirtschaftungskosten 524

Bezugsrisiken 38
Bilanzierungsmethode 115
Biotechnologie 376
Biotechnologieunternehmen 380
Blockbuster 70
Blue Book 521
Bodenwertverzinsung 524
Börsengang 376
Bosman-Urteil 473
Bottom-up-Modell 96
Brand Name 81, 130
Breitband 361
Broadcaster 68, 71
Bruttomethode 209
Brutto-Version 48
Buchwert 477
Build-Operate-Transfer-Vertrag (BOT) 34
Bürgschaften 40
Business Software Alliance (BSA) 298
Businessplan 23
Buy-ins 304
Buy-outs 304

Call-by-Call 360
Capex 122
Capital Asset Pricing Model (CAPM) 63, 157, 238, 239, 304, 379, 559, 629
Capital Intensity 90
Cash flow 63, 83, 101
Cash-Cost-Diagramm 39
Cashflow-orientierte Finanzinvestoren 575
Cashpool 56
Category Killer 79
Charterrate 617, 619, 635
Clusteranalyse 480
Combined Ratio 182
Company Value 64
Comparable Company Method 543
Comparable IPO Method 543
Comparable Transaction Method 543
Completed-Contract-Methode 41
Contract Research Organizations (CROs) 399
Contractual Trust Agreement (CTA) 98

Convenience Store 112
Cost Approach 527
Cost Reimbursable Contract 36
Cost-Plus-Verfahren 36, 511

Daten 72
Datenbeschaffung 30
DAX 304
Deckungsbeitragsrechnung 210
Defined Benefits 97
Defined Contributions 97
Demarkationsgebiete 492
Demographischer Trend 503
Dichtefunktion 249
Digital Rights Management 299
Digital Subscriber Line (DSL) 361
Direct Value Comparison Approach 527
Discount Store 112
Discounted-Cash-flow-(DCF)-Methode 24, 44, 63, 71, 122, 128, 141, 177, 221, 308, 329, 367, 420, 425, 462, 529, 553
Diskontierungsfaktor 438
Diskontierungsverfahren 116, 122
Distributionszentren 77
Dividend Discount Verfahren 310
Dividendenpolitik 310
Dow Jones US Software Index 304
Dow Jones 304
Duale Finanzierung 430
Due Diligence 274
Durchleitung 501
DVFA/Schmalenbachgesellschaft e.V. 121

EBITA 64, 71
EBITDA 120
EBITDAR 114, 122
Economic Value Added (EVA) 124, 421
Effektivverzinsung 208
Eigenbesitz 82
Eigenerzeugungsanlagen 503
Eigenkapitalbedarf 241
Eigenkapitalkosten 157, 243, 304, 564
Eigenkapitalrendite 24, 27, 235, 250
Eigenkapitalwert 56
Eigentumsrechte 67

Einbringungen 495
Einkommensbasierte Bewertungs-
  ansätze 63
Einkommenssteuereffekte 616
Einzelhandel 76
Einzelhandelsverkaufsfläche 77
Elektrizitäts- und Erdgasbinnen-
  marktrichtlinie 493
Embedded Value 171
Energiekunden 500
Energievertrieb 498
Engineering-Procurement-Construc-
  tion-Vertrag (EPC) 34
Enterprise-Value-Multiplikatoren 53,
  118
Entertainment-Markt 72
Entity-Ansatz 24, 309, 367, 554
Entscheidungsbäume 380
Entscheidungsfeld 256
Entscheidungsträger 256
Entwicklungsrisiko 38
Equity-Ansatz 24, 154, 309, 554, 621
Equity-Bewertung 153
Equity-Value-Multiplikatoren 118
Ergebniszeitraum 265
Erlösmodelle 62
Erlösplanung 433
Erlöspotenzial 508
Ertragswert 230, 512
Ertragswertmethode 44, 141, 177, 262,
  278, 307, 425, 459, 521, 522, 622
European Valuation Standards (EVS) 591
EuroStoxx 304
EV/EBITDA 371, 372
Eventualverbindlichkeiten 40, 100
Excess-Operating-Profits-Methode 65
Expansionsfinanzierung 87
Exponentialfunktionen 350

Fahrplanbezug 501
Fahrzeug-Leasing 196
Fahrzeugmodelle 12
Fair Value 520
Faustformel 452
Fertigungsgarantien 40
Fertigungsrisiken 38
Finanzanalyse 326

Finanzholding 113
Finanzierungs-Leasing 196
Finanzinvestor 24
Finanzmodelle 377
Firmenwert (s. Goodwill)
FF&E 593
Flächenproduktivität 87, 107
Flow to Equity 309
Föderative Recht am Spieler 473
Folgebewertung 476
Forfaitierung 200, 431
Formatbibliothek 67, 71
Formate 59, 68
Fortführungskonzept 124
Fortführungswert (s. Terminal Value)
Free Cash-flow 101
Free Software Foundation 298
Freiheitsgrade 63
Fremdkapitalkosten 119, 244
Frequenzbringer 111
Fristentransformation 201
Fristentransformationsergebnisse 142
Fund from Operations (FFO) 546
Fund-Raising 392
Fusionen 495

Garantien 39
Gearing 114
Gegenwartswert (s. Net Present Value)
Genehmigungsverfahren 511
Generika 398
Generika-Unternehmen 398, 412 ff.,
  416 ff.
German Diagnosis Related Groups
  (G- bzw. DRG) 424
Gesamtkanzleiwert 269
Gesamtleistung 42
Gesamtunternehmenswert 56
Geschäftsjahresschadenquote 182
Geschäftsmodell 229
Geschlossene Immobilienfonds 518
Gesundheitsmarkt 401 ff.
Gesundheitssektor 423
Gewerbeimmobilien 516
Gewinnkonzept 110
Gewinnthesaurierung 155
Globales Sourcing 299

GNU Open Source Lizenz 298
Going Concern 68, 71
Goodwill 64, 67, 278
Goodwill-Reserve 64
Gordon-Wachstumsmodell 247
Großhandel 76
Großsozietäten 289
Growth Implicit Model 528
Grundmietzeit 196
Grundstücks- und Wohnungswesen 515
Grundstücksreinertrag 524
GSO Index 304

Halbleitersektor 336
Haltedauer 236
Handelsimmobilien 108
Hockey-Stick-Prognose 416
Hotelgesellschaften 607
Hotelimmobilie 581
Humankapital 476
Hybrid-Verträge 587

IFRS 476
Immaterielle Vermögensgegenstände 64, 66, 297, 307, 308
Immobilienaktiengesellschaft 519
Immobiliendienstleister 519
Immobilienfinanzierer 519
Immobiliengesellschaften 539
Immobilieninvestoren 518, 575
Immobilienleasing 198
Immobiliennutzer 519
Immobilienportfolio 84
Immobilienprojektentwickler 518
Immobilienrechnungslegungsnormen 530
Immobilientransaktionen 538
Immobilienunternehmen 538
Immobilienwirtschaft 540
Impairment 476
Impairment Test 120, 476
Income Approach 527
Incremental Cashflow Methode 487
Indexierte Teilwertmethode 455
Industrieimmobilien 516
Innovationsranking 338
Innovationsrate 296

Innovationsstärke 339
Insider-Informationen 241
Insolvenz 234
Insolvenzwahrscheinlichkeit 244
Instandhaltungskosten 524
Instandhaltungsrisiko 198
Institutionelle Investoren 518
Intellectual Property 59, 67, 68
Interest Cover 114
International Valuation Standards (IVS) 591
Internetportale 300
Investitionsquote 114
Investment Properties 552
IT-Berater 316
IT-Dienstleistungsunternehmen 316
IT-Leasing 198

Junge Unternehmen 302
Kalibrierung 71
Kalkulationspraxis 502
Kalkulationsprinzipien 502
Kalkulationsrichtlinien 493
Kalkulatorische Kosten 509
Kalkulatorische Restbuchwerte 510
Kanzleiwert 278
Kapazitätsauslastung 270
Kapitalanlageergebnis 187
Kapitalanlagen 172
Kapitalbedarf 92
Kapitalbeteiligungsgesellschaft 228, 246
Kapitalbindung 504
Kapitalfreisetzung 504
Kapitalisierungszins 117, 124, 178
Kapitalkosten 62, 242, 245, 306, 559
Kapitalkostenprämie 308
Kapitalmarktfähigkeit 472
Kapitalmarktinformationen 248
Kapitalwertmethode 375
Kapitalwertorientierter Ansatz 479
Kassenbestand 49
Kaufpreisallokation 485
Kaufpreisanpassungsklausel 274
Kerngeschäft 503
KGV-Multiples 346
Konsolidierungskreis 95
Konsolidierungstendenzen 320

Konsumgüterelektronik 337
Kontraktpreise 341
Kontrollmehrheit 310
Konvergenz 296
Konzentration 494
Konzentrationstendenzen 60
Konzernbürgschaften 32, 40
Konzernfinanzierung 50
Konzernverbund 51, 509
Konzernverflechtung 51
Konzessionsähnliche Rechte 475
Konzessionsverträge 496
Kooperationsgesellschaft 501
Kooperationsvorteile 493
Kopierschutz 299
Korrelationsanalyse 145
Kostenbasierte Kalkulation 501
Kostenmodell (Cost Model) 532
Kostenorientierter Ansatz 480
Kostenparameter 501
Kostensatz 182
Kostenteilung 184
Kostenüberdeckung 503
Kostenunterdeckung 503
Kostenwettbewerb 300
Kostenzuordnungsverfahren 501
Krankenhausfinanzierungsgesetz 430
Kreditausfallrisiko 200
Kreditkosten 306
Kunden/Modell-Mix 20
Kunden/Produkt-Mix 19
Kundenstamm 62, 499
Kurs/Free Cash-flow 372
Kurs-Gewinn-Verhältnis 160, 161, 312, 372

Leasen 197
Leasing 82, 84, 100, 195
Leasinggeber 195
Leasingnehmer 195
Leasingraten 200
Lebensmittelhandel 79
Lebenszyklus 260, 313
Lebenszyklusmodell 59, 69, 71
Leistungsabrechnung 35
Leistungserstellung 62
Letter of Comfort 40

Letzte Meile 363
Liberalisierung 492
Lieferquote 20
Lieferverträge 500
Linux 299
Liquidationswert 211, 267, 281
Liquidationswertverfahren 307
Liquide Mittel 119
Liquidität 39
Liquiditätsbestand 51
Lizenzgeber 390
Lizenzgebühren 68
Lizenzierung 68
Lizenzierungsvereinbarung 72
Lizenznehmer 67, 390
Lizenzverhandlung 375
Lizenzverhandlungen 392
Lizenzverkauf 301
Lizenzvertrag 390
Logistik 81
Lump-Sum-Turn-Key-Vertrag (LSTK) 34

Managementverträge 587
Mandatsverlustrisiko 267
Margensituation 498
Markenaffinität 63
Markenbewertung 481
Markenschutz 482
Markenstärke 481
Market-to-Book Ratio 138, 161
Marktbasierte Bewertungsansätze 64
Marktentwicklung IT-Dienstleister 317
Marktkapitalisierung 118
Marktmultiplikatoren 159, 312
Marktpreise 65
Marktpreisorientierter Ansatz 480
Marktprognose 342
Marktrisiko 305
Marktrisikoprämie 304, 505
Marktwert 159, 297, 477
Marktwertmodell (Fair Value Model) 532
Marktwertorientierte Vergleichsverfahren 159, 425
Marktwertrisiko 198
Materielle Vermögensgegenstände 64

Mediale Inhalte 59, 62
Mediale Kanäle 60
Mediale Rechte 472
Mediale Werte 62
Medienanalyse 488
Medienmärkte 61
Medienunternehmen 62, 66
Medizinische Versorgungszentren 445
Mergers & Acquisitions 304, 367
Mietaufwandsquote 107
Mietausfallwagnis 524
Mietmultiplikatoren 101
Mietsonderzahlungen 208
Mietverlängerung 201
Mietverlängerungsoption 208
Minderheitsanteile 95
Mittelwertverfahren 307
Modernisierungsstau 87
Modullieferanten 14
Monopolbetrieb 501
Monte-Carlo-Simulation 241
Moor'sche Gesetz 296
Multiples (s. Multiplikatoren)
Multiple-Verfahren (s. Multiplikatorverfahren)
Multiplikatoren 27, 64, 312, 419, 496, 543, 572
Multiplikatorverfahren 44, 51, 95, 116, 118, 310, 331, 372, 543
Multi-Utility-Portfolio 497

Nachahmerpräparate 398
Nachfrageschwankungen 37
Nachvermarktungserlöse 213
NAREIT 546
NASDAQ 304
NAV-Discount 553
NAV-Premium 553
Net Average Room Rate 592
Net Capital Employed (NCE) 421
Net Present Value 64, 65, 375, 387
Net-Asset-Value-Verfahren (NAV Verfahren) 550 ff.
Nettomethode 209
Nettoumlaufvermögen (s. Working Capital)
Netto-Unternehmensvermögen 65

Netto-Version 48
Netto-Zimmerpreis 585
Netzanlagen 494
Netzbetrieb 498
Netzkunden 500
Netznutzungsentgelte 495
Netzübernahme 506
Netzverdichtung 502
Neuvertragsvolumen 207
Nicht betriebsnotwendiges Vermögen 119
Nichtversicherungstechnische Rechnung 174
Non-Profit-Aktivitäten 498
Non-Property Companies 519
Nutzungsdauer 63, 642
Nutzungsintensität 63
Nutzungsrechte 67

Objektfinanzierung 541
Objektivierbare Bewertungsverfahren 473
Off-Balance Sheet Liabilities 97
Offene Immobilien Publikumsfonds 518
Offene Spezialfonds 518
Offshoring 322
Open Source Software 298
Operate-Leasing 196
Operations Leases 100
Operative Analyse 324
Operative Ergebnismarge 114
Option 312, 391
Organisation 259
Original Equipment Manufacturer (OEM) 12
Originatoren 397, 409, 412
Outsourcinganbieter 316
Over-Rented Properties 528

Patente 298
Patentierbarkeit 298
Patronatserklärungen 40
Peer Group 127
Pensionsrisiken 97
Pensionsverpflichtungen 50
Pensionszusagen 97
Percentage of Completion-Methode 41

Periodenausgleich 503
Personalentwicklung 267
Pharmamarkt 397, 399
Pharmaunternehmen 398, 401
Pharmazeutische Industrie 397
Pharmazieunternehmen 380
Pkw-Leasing 198
Plandatenermittlung 141
Planungshorizont 309
Planungsmethode 43
Planungsrechnung 41, 326
Planungssicherheit 43
Planungs- und Controllingsysteme 472
Plattformen 13
Pönale 38
Portfoliobewertung 388
Portfolio-Cluster 71
Portfoliomanagement 392
Portfoliorendite 234
Portfoliotheorie 629
Praktikerverfahren 307
Praxiswert 281
Preis 520
Preisgleitklauseln 24
Preis-Mengen-Gerüst 19
Preisrisiken 38
Preissysteme 498
Preselection 360
Price Earnings (P/E) Ratio (s. Kurs-Gewinn-Verhältnis)
Price Earnings Growth Ratio 312
Primärsegmente 121
Prime-Software Performance-Index 304
Private Equity 228, 367
Produkthaftung 412
Produktionseffizienz 70
Produktionsentscheidung 59
Produktionsstart 21
Produktlebenszyklus 296, 412, 414, 340
Produktportfolio 416, 497
Prognosetechnik 504
Projektbuch 17, 21
Projektbuchanalyse 25
Projektentwicklung 100
Projektkalkulation 42
Projektportfolio 41
Projektvorkalkulation 42

Projektwert 388
Public-Private-Partnership-Modell 431

Quersubventionierung 502
Question Marks 71

Rack-Rented Properties 528
Rating 63, 142, 306
Räumliche Teilmärkte 516
Real Estate Investment Trusts (REITs) 538
Realoptionen 312, 391
Red Book 521
Referenzkunden 303
Refinanzierung 199
Regression 350
Regulierung 426
Regulierungsbehörde 508
Reinvestitionszeitpunkt 505
Relativgewicht 428
Relief from Royalty Methode 488
Renditeprognose 248
Renditeprognosemodell 232
Rendite-Risiko-Profil 230
Reproduktion 306
Reservenlegung 45
Ressourcenallokation 59, 73
Restschuldversicherung 203
Restverkaufserlöse 207, 620, 640
Restwert 200
Restwert-Problematik 129
Return on Capital Employed (RoCE) 108
Revpar 585
Richtlinie der Bundesärztekammer 453
Risikoabschlag 308
Risikoadjustierter Zinssatz 71
Risikodeckungsansatz 241
Risikofaktoren 69, 230
Risikograd 77
Risikokosten 207
Risikomaß 238
Risikoposition 63
Risikoprämie 77, 88, 244
Risikostruktur 302
Risikotragfähigkeit 242
Risiko-Volumen-Profil 36

Risikovorsorge 142
Risikozuschlag 179
Rising Stars 70, 71
Royal Institution of Charted Surveyors (RICS) 591
Royalty-Savings-Methode 65, 68
Rückversicherungsergebnis 186

Sacheinlagen 495
Sachliche Teilmärkte 516
Sachwertverfahren 521, 525
Sachzeitwert 497, 507
Sale and lease back 109, 197
SB-Warenhaus 111
Schaden-/Unfallversicherungsunternehmen 167
Schadenrückstellung 173
Scheingewinnbesteuerung 510
Schiffsbauzyklus 635
Schiffsfond 613, 618
Schwankungsrückstellung 173
Seed-Finanzierung 312
Segmentberichterstattung 121
Sektorkonsolidierung 94
Sekundärsegmente 121
Sensitivität 145
Sensitivitätsanalyse 573
Servicing-Risiko 200
Sicherheitsäquivalenzmethode 245
Signing Fee 475
Simulationsverfahren 241
Single-Source-Beziehung 15
Skaleneffekte 336
Software-Branche 294
Software-Entwicklung 297
Software-Hersteller 293
Software-Markt 294
Software-Piraterie 299
Solvabilität 176
Sonderabnehmer 498
Sonderimmobilien 516
Sorglosverträge 500
Sozietätsbeteiligung 286
Sparten 167
Spartenerfolgsrechung 498
Spielervermögen 472, 474
Spread 209

Stammaktien 118
Stand-Alone-Bewertung 50
Stand-Alone-Wert 68, 71
Standortrisiko 77
Start of Production (SoP) (s. Produktionsstart)
Stationärer Handel 80
Steuerlicher Querverbund 502
Steuervorteil der Fremdfinanzierung 616
Stille Reserven-Rechnung 210
Straßenfahrzeug-Leasing 196
Strategievariante 237
Strategischer Investor 24
Strombörse 494
Stromnetzentgeltverordnung 509
Substanzerhaltung 510
Substanzwert 84, 262, 278, 280, 287
Substanzwertmethode 117, 127, 210, 222, 280, 306
Sum of the Parts 121, 128, 369
Supermarkt 112
Support 301
Synergieeffekte 304
Synergiepotenzial 137
Systematisches Risiko 241
Systemintegratoren 316
Systemlieferanten 13
Systemlebenszyklen 340
Szenarientechnik 504
Szenarioanalysen 145

Tarifkunden 498
Tarifsysteme 498
Technologieplattform 375, 389
Technologische Treiber 63
Teilbewertung 65
Teilgewinnrealisierung 41
Teilhabe 263
Term and Reversion Model 528
Term Sheet 390
Terminal Value 69, 117, 285, 309
Tier-1-Lieferant 18
Tier-2-Lieferant 20
Tonnagesteuer 614
Top Slicing Model 528
Tourismus 581

Trägermedien 60
Transaktionen 496
Transaktionsbezogene Bewertung 59, 61
Transferentschädigung 473
Transferrechte 472

Übernahme 263
Übriges Ergebnis 188
Umsatzermittlung 281
Umsatzverfahren 262
Umsatzwachstum 114
Unbundling 495, 496
Under-Rented Properties 528
Uniform System of Accounts for the Lodging Industry 591
Unsystematisches Risiko 241
Unternehmensanalyse 324
Unternehmensbewertungsmodell 231, 303
Unternehmensmodell 241
Unternehmensplanung 25
Unvollkommener Kapitalmarkt 238
Upgrades 301
US GAAP 73

Value-Added-Verfahren 421
Value-at-Risk (VaR) 242
Venture Capital 228, 303
Veräußerungsgewinnbesteuerung 272
Verbändevereinbarung 493
Verbrauchermarkt 89, 112
Verdrängungswettbewerb 84
Vergangenheitsanalyse 32, 41, 181
Vergleichsbewertungsverfahren 543, 548
Vergleichsunternehmen 45, 53
Vergleichwertverfahren 310, 521
Vergütungssysteme 269
Verkaufsfläche 80
Verkehrsvermutung 496
Verkehrswert 520, 551
Verlängerungsoption 100
Vermietung 196
Vermögensbasierte Bewertungsansätze 65
Verrechungspreise 509
Versandhandel 80
Verschuldungsgrad 158

Versicherungstechnische Rechnung 174
Versicherungstechnische Rückstellungen 172
Versorgerwechsel 493
Vertragsauskaufsumme 473
Vertragsform 34, 38
Verwaltungskosten 524
Verwässerungseffekt 271
Virtuelle Netzanbieter 359
Voice over IP (VoIP) 360
Volatilität 305, 310, 517
Vollamortisation 196
Vollamortisationsleasing 201
Vollausschüttungshypothese 309
Vollreproduktionswert 306
Vorzugsaktien 118

WACC-Ansatz 624
Wachstumsabschlag 180
Wachstumsunternehmen 123
Wafergröße 342
Wagniskapital (s. Venture Capital)
Wahrscheinlichkeitsverteilungen 386
Wanderzirkus-Effekt 37
Warenhaus 111
Wasserpreis 502
Wasserversorgung 503
Weighted Average Cost of Capital (WACC) 125, 239, 242, 306, 379
Weiterverteiler 498
Werkzeugkosten 16
Wert 520
Wertbeitrag 51
Wertmanagement 61
Wertorientierte Finanzierungspolitik 542
Wertorientierte Steuerung 62, 73
Wertschöpfung 199, 297, 299
Wertschöpfungsstufen 33
Wertsteigerungsprogramm 68
Werttreiber 54, 142, 230, 236, 307
Wertverordnung 521
Wettbewerb-Benchmarks 143
White Book 521
Wiederbeschaffungswert 101
Wireless LAN-Anschlüsse (WLAN-Karten) 365

Wissenschaftsnähe 339
Wohnimmobilien 516
Working Capital 53, 82, 438
Work-in-Progress 59

Zahnarztpraxen 444, 463
Zeitwert 520
Zerschlagungskonzept 124
Zielgruppen-Affinität 70
Zielkapitalstruktur 306
Zielsystem 256

Zimmerauslastung 585
Zinsergebnis 148
Zinsmarge 200
Zugewinn 278
Zugewinnverfahren 286
Zukunftserfolgswert 425
Zukunftserfolgswertverfahren 141
Zulieferpyramide 12
Zweitmarktfonds 619
Zyklik 51, 517